编委会

主　编：唐万宏　孟繁华

副主编：杜育红　王大勇　宋　军

编　委：(以姓氏笔画为序)
　　　　丁　静　王大勇　杜育红
　　　　李万红　吴俊文　宋述龙
　　　　宋　军　杨　蓉　孟繁华
　　　　唐万宏　耿秋华　彭久麒

主编 唐万宏 孟繁华

高师财务管理研究

GAOSHI CAIWU
GUANLI YANJIU

第十一辑 上册

首都师范大学出版社
CAPITAL NORMAL UNIVERSITY PRESS

图书在版编目(CIP)数据

高师财务管理研究. 第十一辑 / 唐万宏，孟繁华主编. —北京：首都师范大学出版社，2017.10

ISBN 978-7-5656-3913-5

Ⅰ.①高… Ⅱ.①唐… ②孟… Ⅲ.①师范大学－财务管理－文集 Ⅳ.①G658.3-53

中国版本图书馆 CIP 数据核字(2017)第 246216 号

GAOSHI CAIWU GUANLI YANJIU

高师财务管理研究(第十一辑)

唐万宏　　孟繁华　主编

首都师范大学出版社出版发行

地	址	北京西三环北路 105 号
邮	编	100048
电	话	68418523(总编室)　68982468(发行部)
网	址	http://cnupn.cnu.edu.cn
印	刷	三河市博文印刷有限公司
经	营	全国新华书店
版	次	2017 年 10 月第 1 版
印	次	2017 年 10 月第 1 次印刷
开	本	710mm×1000mm　1/16
印	张	67
字	数	1188 千
定	价	168.00 元（全 2 册）

·序·

　　党和国家高度重视高等教育事业的发展，随着全国高校思想政治工作会议的召开和国务院《统筹推进世界一流大学和一流学科建设总体方案》的出台，我国高等教育开始进入一个新的更高发展阶段，为全国高师院校财务管理研究会的发展提供了更加广阔的空间。

　　围绕立德树人，直面发展课题。各高校紧紧围绕立德树人这个根本任务，认真落实党中央、国务院决策部署，坚持正确的办学方向，坚持服务大局、坚持改革创新，为办好中国特色社会主义大学、建设高等教育强国而戮力奋斗。按照中央和地方政府部门核准的大学章程、批复的办学目标和定位，各高校持续加强内涵式发展，依法依规建立起以举办者投入为主、受教育者合理分担培养成本、高等学校多种渠道筹措经费的机制，教育经费的投入逐年增加。如何管好、用好教育经费，不断提高教育经费效益，为教育事业的发展提供强有力的保障和支持，是高校财务工作者共同面临的课题，也是全国高师院校财务管理研究会成立的初衷和目的。

　　耕耘三十余载，机制日臻完善。全国高师院校财务管理研究会发端于1987年，1995年1月20日被中国教育会计学会接纳为团体会员，2002年11月20日在国家民政部正式登记为中国教育会计学会高等师范院校分会，暨全国高等师范院校财务管理研究会。30年来，在教育部财务司、中国教育会计学会的领导、指导和支持下，在各会员院校的共同努力下，全国高师院校财务管理研究会持续开展学习培训、经验交流和教育财会理论与实践的研究，不断探索学会工作的新途径和新方法，建立了严格规范而又行之有效的学会制度，形成了独具特色的学会管理模式和运行机制，被誉为会员单位经验交流的渠道、学习探索的平台、密切关系的纽带和展示风采的舞台。

　　自身特色凸显，研究成果斐然。一直以来，全国高师院校财务管理研究会结合国家财务会计制度，紧密结合工作实际，对于教育财务涉及的多方面工作开展研究和实践，形成了具有自身特色的研究体系。《高师财务管理研究（第十一辑）》集辑了会员单位的财务工作者2013年至2017年6月的最新研究成果，论文内容涵盖会计制度思考与实践、财务管理体制机制、内部控制与风险防范、成本核算与资源配置、预算与绩效管理、科研经费管理、专项经费管理、国有资产管理与政府采购、收费管理与税务筹划、财务信息化建设与管理、队伍建设等方面论文 150 篇，是《高师财务管理研究》截至目前收录论文篇幅最多、涵盖内容最为丰富的一辑。

金秋十月，硕果芬芳。在全国高师院校财务管理研究会即将迎来三十华诞之际，作为发起单位之一的首都师范大学，能承担本辑论文集的出版工作，深感荣幸。我们一定继续秉承优良传统，圆满完成学会安排的各项工作。

衷心感谢各会员单位长期以来对首都师范大学的支持和信任！

首都师范大学党委书记 郑萼

2017 年 9 月 19 日

·目　录·

会计制度思考与实践

内部控制与风险防范

成本核算与资源配置

会计制度思考与实践

新高校会计制度对高校财务工作的新要求

山西师范大学　邓先骐

【摘　要】2014 年 1 月 1 日财政部新公布的《高等学校会计制度》在财务管理、会计核算、预决算编制、绩效考评等方面提出了新的要求。与旧会计制度相比，新会计制度在七个方面发生了明显变化，而且新会计制度对高校财务队伍提出了新的要求，如要加强会计工作的领导和会计队伍的建设，加强财务人员培训、完善知识结构，提升财务信息化管理水平，实现财务人员的管理职责和服务意识的转变，以期高校财务工作能够更好地适应新的会计制度。

【关键词】高校会计制度　变化　财务影响　对策

随着公共财政体制的逐步改革和完善、《国家中长期教育改革与发展规划纲要(2010—2020 年)》的实施，高等学校的财务管理环境发生了深刻的变化。2000 年以来，以部门预算、政府采购、非税收入管理、国库集中支付、政府收支分类、绩效考评等为主要内容的财政改革不断向前推进。但是，1998 年发布并试行的《高等学校会计制度》已严重滞后于公共财政改革和高校改革的发展需要。因此，为满足新形势下高等学校加强会计核算工作的需要，提升高校内部精细化管理水平，财政部于 2014 年 1 月 1 日发布了新的《高等学校会计制度》。

一、新旧高校会计制度的变化

与原制度相比，新的《高等学校会计制度》的变化主要体现在以下几个方面：

1. 调整了《高等学校会计制度》的适用范围。新制度适用于各级人民政府举办的全日制普通高等学校、成人高等学校。"普通中等专业学校、技工学校、成人中等专业学校"不再作为适用主体。

2. 在财务管理体制方面，新制度要求高等学校应当设置总会计师岗位。总会计师为学校副校级行政领导成员，主要协助校(院)长管理学校财务工作，并承担相应的领导和管理责任，新制度还明确了总会计师的职责范围。

3. 完善了预算管理制度。高等学校的预算是按《预算管理办法》的要求来管理和编制预算的，预算编制遵循"量入为出、收支平衡"的原则，不得编制赤字预算。制定的依据是参考以前年度预算执行、结转和结余情况，年度事业发展目标、计划与财力可能来编制。与原制度相比，新制度在预算管理方面有《预算管理办法》规范预算工作（原制度没有）；在预算的编制依据方面，新增了参考上年结转和结余情况及预算年度事业发展目标等两个方面；在预算调整方面，进一步明确规定：财政补助收入和财政专户核拨资金以外的预算需要调增或调减的，由学校自行调整并报主管部门和财政部门备案，体现了会计"重要性"原则。

4. 按照政府收支科目分类改革要求，调整了高校收入和支出分类与口径，完善了结转和结余管理的规定，继续设置学生奖助基金等"专用基金"科目，调整了部分会计科目。（1）在收入科目上，将"财政补助收入"科目的定义由旧制度的"从财政部门取得"改为"从同级财政部门取得"，"科研事业收入"科目的定义为不包括按照部门预算隶属关系从同级财政部门取得的财政拨款。确认了"事业收入"的范围：将原规定修改为"按照国家有关规定应当上缴国库或者财政专户的资金，不计入事业收入；从财政专户核拨给事业单位的资金和经核准不上缴国库或者财政专户的资金，计入事业收入"。（2）在支出科目上，取消了原制度的分法，支出分为九大类并按不同需求细分。如"事业支出"科目分为"基本支出"和"项目支出"，同时又按资金的性质分为"财政补助支出、非财政专项资金支出和其他资金支出"明细科目。（3）增减了部分会计科目。如增加了"零余额账户用款额度、财政应返还额度、在建工程、累计折旧"等会计科目，取消了"自筹基本建设支出"等科目。这些规定满足了财务环境的变化和财务管理的要求。

5. 强化了资产管理和财务风险控制。具体内容包括：调整了固定资产的分类和价值划分标准；要求高等学校严格控制对外投资，不得使用财政拨款及其结余资金进行对外投资；出租出借资产，应该按照国家有关规定经主管部门审核同意后报同级财政部门审批；投资收益和出租、出借收入，应纳入学校预算，统一核算、统一管理。要规范和加强借入款项管理，严格审批程序，不得违反规定举借债务和提供担保。

6. 强化经济核算，实行内部成本费用管理。按照权责发生制原则，对固定资产除文物和陈列品、图书、档案、动植物等不计提折旧外，其余的都要计提折旧，对无形资产要实行摊销。要逐步细化成本核算，根据需要，开展学校、院系和专业的教育总成本和生均成本的核算工作。

7. 进一步完善财务监督制度。主要包括预算的编制，财务报告的科学性、真实性、完整性；预算执行的有效性、均衡性；各项收入和支出的合法性、合规性；资产管理的规范性、有效性；资金结转和结余的管理情况；负债的合规性和风险管理；对违反财务规章制度的问题进行检查纠正等。

二、新高校财务制度实施对财务工作的影响

新的高校会计制度的实施，有利于提升高校内部管理水平，加强经济核算工作，适应公共财政改革的要求，主要影响表现在以下几个方面：

1. 对财务工作者来说，要对新会计制度有深度认识。2000 年以来，随着高校扩招所带来的学生数量的快速增长，学校的办学规模也随之扩大，筹资在当时是财务工作的主要任务。近年来，财政对高校的投入已经纳入国家的发展纲要，财政支出精细化、科学化管理是当前高校财务工作的主要任务。新的会计制度适应了形势的变化，财务工作也要改变工作重心，不仅要关注收入，还要重视支出的效益，不仅要关注领导的投资决策，还要重视对可能产生的风险进行预防和控制。

2. 预决算编制更科学、更全面。预算编制要考虑上年结余结转资金，还要考虑事业发展对在建项目、新建项目贷款和还款对资金的需求，因此，在预算安排和决算执行方面更为缜密；会计支出类科目统一按照政府收支经济分类科目设置，改变了过去决算报表科目与会计账目部分会计科目分类的杂乱状况，从而有利于开展支出绩效的评价工作；决算报表涵盖了基建财务，更为全面地反映了高校的财务状况。

3. 会计核算带来的影响。(1)会计核算面加宽。改革后的高校会计制度要求资产计提折旧、基建账并入学校的大账，给会计核算带来非常大的难度和挑战：固定资产折旧由哪个部门核算、如何计提？基建账如何并入财务大账？这些都是从事高校财务工作的人员以前从未遇到过的问题。(2)会计核算难度加大。如在支出类科目中设置了教育事业支出、科研事业支出、行政管理支出、后勤保障支出等核算科目，既要按"基本支出"和"项目支出"设置明细科目，又要分"财政补助支出""非财政专项资金支出"和"其他资金支出"进行明细核算。这就要求财务人员在日常核算时应将每一笔发生的费用按不同的资金性质体现到教育成本中去反映和监督预算的执行情况。(3)收入和支出要区别资金的性质核算和结转。对九个会计核算支出科目要分基本支出、项目支出，同时还要按财政补助支出、非财政专项资金支出、其他资金支出等设置明细科目核算；收入、支出按资金性质分别转入结转和结余类科目，根据资金的性质和使用情况，确定是否上缴或留归单位继续使用。与旧制度相比，对同级财政部门各类拨款和专项资金核算得更加细致，监管更加严格，有利于对支出实行绩效考评。要求会计人员加强会计核算工作，对于收入、支出严格分清资金性质、用途，树立专款专用思想，促进财务管理工作，这也给会计人员增加了工作量。

三、应对措施

新制度的颁布和实施预示着高校会计制度得到了进一步的完善，适应了社会经济环境的变化和高校的发展需要。其变革在高校会计制度发展史上具有深远意义，我们必须去顺应它的变化进而把握它，因此要做好以下工作：

1. 加强学校财务工作的领导和会计队伍建设。

首先，要选拔或培育总会计师人才，设置总会计师岗位，统一领导单位的财务工作，有利于加强学校的财务管理工作。但由于其行政职务为学校副校级行政领导成员，在岗位编制的设置上需要各级部门的高度重视和支持。高校普遍存在现任副职行政领导不具备会计专业职称，具备专业职称的会计人员又不符合相应的行政岗位条件的实际情况。因此，高校要着重培育一批符合总会计师岗位任职条件的高素质专业人才，协助校（院）长管理学校财务工作，承担相应的领导和管理责任。其次，加强财会队伍建设，保证会计机构人员编制，充实会计人员。目前高校会计队伍普遍存在人员老化、专业知识陈旧、新人补充困难的窘境，这是长期不重视会计队伍建设积累的结果。

2. 有计划地培训和学习。

新制度对于长期从事高校财务工作的财会人员来说是一个挑战，更是一个学习新知识的契机，新制度要求财会人员更新知识结构，主动学习新的业务知识，熟练掌握并运用新会计制度。高校财务部门要组织财务人员自主学习，共同讨论，还应拟订送培计划，让财务人员分批次地去接受相关机构的培训。对参加培训的财务人员要求是带着问题去学习，回单位要进行汇报和实际操作，不能走过场，使其所学必有所用。

3. 提升财务信息化管理水平。

提升财务信息化管理水平，就是要用计算机技术，完善财务内部会计核算与管理，财务信息与学校相关部门管理信息资源共享，相互利用，共同促进，达到管理目标。具体而言，一是会计核算和管理工作要加快信息化步伐。会计账务处理、工资、资产、预算、报表、收费管理等日常工作要全面信息化管理，拓展使用功能，达到财务内部信息互通互用。二是财务信息与相关部门的信息资源共享。学生管理部门的学生管理信息系统，如新生的学籍注册，老生的开学注册、学籍变动应与财务部门的收费系统反映的学生交费状况信息对接，相互利用。资产管理部门的资产信息系统，应与财务部门的资产管理系统对接，尤其按新会计制度要求对部分固定资产计提折旧的情况下，对于资产的使用年限、购入、报废和存量等方面的信息要求更为全面、准确和及时。

4. 管理职责、服务意识要转变。

旧的高校会计制度要求的内容单一，所以过去的高校财务工作注重会计核算、轻视财务管理，财务人员也只是做简单的报账、算账工作，在参与高校的财务管理方面是极其被动的。新的高校会计制度对财务人员提出了更高的要求，更加注重资金的使用与管理，办学成本的核算、资源的优化配置、绩效考评、财务风险控制等。因此高校财务部门要重新审视过去的财务制度和管理办法，建立或完善符合内部控制制度要求的工作程序，根据工作内容和管理要求科学设置会计岗位、合理配置会计人员，适应管理职责的转变。财务人员也要树立服务意识，在服务中参与管理，在管理中提高服务，利用财务信息资源，主动参与到财务管理中去，真正体现高校的科学理财、民主理财，发挥会计人员的参谋作用。

【参考文献】

[1]李嘉亮. 新高校财务制度亮点：对支出实行绩效评价[N]. 中国会计报，2013-1-11(7).

[2]叶玉真. 高等学校会计制度改革探析[J]. 财务与金融，2013(5).

对规范高校收入会计核算的探讨

——基于新《事业单位会计制度》视角

江苏师范大学　何文兵

【摘　要】本文以新《事业单位会计制度》视角阐述规范高校收入会计核算是财政改革的要求和保证收入的合法性和合理性，以及高校收入的主要内容和分类，并且着重详述高校收入的确认与核算及结转情况，说明新《事业单位会计制度》对规范高校收入的新要求。

【关键词】高校收入会计核算　主要内容　确认与计量　结转

高校收入是高校开展教学、科研及其辅助活动依法取得的非偿还性资金，是高校完成事业计划和教学、科研任务的财力保证，是高校综合经济实力的体现。新《事业单位会计制度》(以下简称"新制度")的颁布实施，对规范高校收入的会计核算具有指导作用。

一、规范高校收入会计核算的必要性

(一)满足国家宏观管理的需要，适应政府财政改革的要求

2000 年以来，随着我国部门预算、政府采购、国库集中收付制度、"收支两条线"改革和政府收支分类改革方案等财政管理制度的推行，对高校的财务管理和会计核算产生了深刻的影响，新制度实现了高校会计核算与其他财政法规政策的有机衔接。

1. 适应部门预算管理的要求

高校预算作为政府预算的重要组成部分，一所学校一本预算，打破了多年来预算内、预算外资金的界限，为进行规范、科学、合理的预算管理提供依据。

2. 规范政府采购行为

合理组织收入是规范支出的前提，有收才能支。政府采购制度的实施，规范了高校购买商品或服务的程序，降低了采购成本费用，增强了采购过程的透明度，使高校采购商品或服务具有公开性、公正性、竞争性，在提高资金使用效益的同时，从源头上预防腐败现象的发生。

3. 配合国库集中收付的相关规定

国库集中收付制度是财政资金运作方式的一场根本性变革，它通过建立国库单一账户体系，收入直接缴入国库单一账户或财政专户，支出实行财政直接支付或财政授权支付，规范了财政收支行为，对高校资金运作方式提出了新要求。

4. 适应"收支两条线"改革的要求

"收支两条线"改革，将高校取得的纳入预算管理的收入与发生的支出脱钩，收入要全部上缴财政专户，支出纳入高校综合预算管理，并根据高校履行职能的需要安排支出预算和批复支出计划，按标准核定通过财政专户拨给高校资金，其核心是按照公共管理的要求，将高校财政性收支纳入政府预算管理，彻底改变传统对预算外资金的会计处理方式。

5. 适应政府收支分类改革的要求

按照《政府收支分类科目》，高等学校学费、住宿费、委托培养费、考试考务费等作为行政事业性收费，构成政府非税收入的一部分，纳入政府收支预算，是实施部门预算、国库集中收付制度、政府采购和"收支两条线"的重要措施。同时，政府收支分类改革对高校的会计核算内容、科目的设置等也产生深远影响。

（二）有利于高校加强收入的预算管理，保证收入的合法性和合理性

高校应当参考以前年度预算执行情况，根据预算年度收入增减因素和措施，综合以前年度结转和结余情况，测算编制收入预算，将各项收入全部纳入学校预算，统一核算，集中管理。高校还应当遵守国家的财经政策和财务制度，加强对收费的管理，依法取得各项收入，各收费项目、收费范围和收费标准必须按照法定程序审批，取得收费许可后实施。对纳入财政专户管理的事业性收费资金，高校应当按照集中收缴的有关规定及时足额上缴，不得隐瞒、滞留、截留、挪用和坐支。

二、高校收入的主要内容与分类

（一）高校收入的主要内容

根据新《事业单位会计制度》的规定，高校收入包括财政补助收入、事业收入、上级补助收入、附属单位上缴收入、经营收入和其他收入。

1. 财政补助收入是指高校按照部门预算隶属关系从同级财政部门取得的补助款项，包括基本支出补助和项目支出补助。基本支出补助是高校用于维持正常运行和完成日常教学工作任务所需要的补助经费，它按照一定拨款依据计算核拨，无特定用途限制；项目支出补助是高校在基本经费以外完成特定任务所需要的补助，具有特定用途限制。财政补助收入来源于国家财政预算资金，是国家按预算安排给予高校的补助，是高校办学经费来源的主渠道。

2. 事业收入是高校开展教学、科研及其辅助活动所取得的收入，包括教育事业收入和科研事业收入。教育事业收入是高校开展教学及其辅助活动取得的收入，包括通过学历和非学历教育向学生个人或者单位收取的学费、住宿费、委托培养费、考试考务费、培训费和其他教育事业收入。科研事业收入是高校开展科研及其辅助活动取得的收入，包括通过承接科研项目、开展科研协作、转化科研成果、进行科技咨询等取得的收入。

3. 上级补助收入是指高校从主管部门和上级单位取得的非财政补助收入。上级补助收入不同于财政补助收入，并非来源于财政部门，也不是财政部门安排的财政预算资金，而是由主管部门或上级单位拨入的非财政性资金。

4. 附属单位上缴收入是指高校附属独立核算单位按照有关规定上缴高校的收入。

5. 经营收入是指高校开展教学、科研及其辅助活动之外开展非独立核算经营活动取得的收入。

6. 其他收入是指高校财政补助收入、教育事业收入、科研事业收入、上级补助收入、附属单位上缴收入和经营收入以外的各项收入，包括投资收益、银行存款利息收入、捐赠收入、租金收入、现金盘盈收入、存货盘盈收入、收回已核销应收及预付款项、无法偿付的应付及预收款项等。

(二)高校收入的分类

1. 按资金性质划分，高校的收入可分为财政资金和非财政资金。财政补助收入属于财政资金，其他各项收入为非财政资金。

2. 按资金用途划分，高校的收入可分为基本支出补助和项目支出补助、专项资金收入和非专项资金收入。

3. 按收入是否纳税，高校的收入可分为非税收入和应税收入。

三、高校收入的确认与计量

会计确认和计量是会计核算职能的基础环节，是进行会计记录和会计报告的前提。通过会计确认和计量可以判定哪些经济业务纳入会计核算，哪些经济业务不纳入经济核算。高校收入的确认是指将高校实现的收入与收入要素联系起来加以认定的过程。高校收入确认的条件：第一，高校拥有或者能够控制的非偿还性资金；第二，流入的非偿还性资金导致高校资产的增加；第三，流入的非偿还性资金能够可靠计量。"新制度"规定："事业单位会计核算一般采用收付实现制，但部分经济业务或者事项的核算应当按照本制度的规定采用权责发生制。"为此，高校应区别不同收入分别进行确认和计量。

对于"财政补助收入"，由于财政国库管理制度改革，所有财政性资金都纳入国库单一账户体系管理，高校按照批准的年度部门预算和月度用款计划申请取得财政经费。在财政直接支付方式下，高校收到国库支付执行机构委托代理银行转来的"财政直接支付入账通知书"时，即可确认和计量财政补助收入。在财政授权支付方式下，高校在收到代理银行转来的"授权支付到账通知书"时，即可确认和计量财政补助收入。在财政实拨资金方式下，高校收到开户银行转来的"到账通知书"，款项已经到账时，即可确认和计量财政补助收入。

对于"事业收入"，应区分为财政专户返还收入和其他事业收入两种类型。财政专户返还收入是采用财政专户返还方式管理的事业收入。在这种管理方式下，高校取得的各项事业性收入不能立即安排支出，需要上缴同级财政部门设立的财政资金专户，只有经过审批取得从财政专户核拨的指标或款项时，方可确认和计量事业收入。其他事业收入是未采用财政专户返还方式管理的普通事业收入，高校在收到此类收入时，即可确认和计量事业收入。

对于"上级补助收入"，高校应按收付实现制基础确认，按实际收到的数额计量，即依据开户银行转来的"到账通知书"进行确认和计量。

对于"附属单位上缴收入"，高校应按收付实现制基础确认，按实际收到的数额计量，即依据开户银行转来的"到账通知书"进行确认和计量。

对于"经营收入"，作为一种有偿收入，以提供服务或商品为前提，是高校在经营活动中通过收费方式取得的，其确认条件：一是经营收入是高校在专业业务活动及辅助活动之外取得的收入；二是经营收入是高校非独立核算单位取得的收入。根据"新制度"规定，经营收入以权责发生制为基础确认，高校在已提供服务或商品并收讫价款或者取得收款凭据时，按照收到或应收的金额确认经营收入。

对于"其他收入"，高校应按收付实现制基础确认，按实际收到的数额计量，即依据开户银行转来的"到账通知书"进行确认和计量。

四、高校收入的结转

新制度下，高校结转（余）类净资产包括"财政补助结转""财政补助结余""非财政补助结转""事业结余""经营结余"和"非财政补助结余分配"六个会计科目，并为结转（余）设计了较为科学的账务处理流程，结转思路较为清楚。月末，为了编制月度会计报表，应当将各收入、支出类会计科目分别转到财政补助结转和非财政补助结转中。

财政补助结转是结转到下一年度按原用途继续使用的财政补助资金，包括基本支出结转和项目支出结转。基本支出结转是高校本期财政基本补助收入与财政基本补助支出的差额，高校基本经费收支应当在期末进行结转。项目支出结转是高校本期财政项目补助收入与财政项目补助支出的差额，高校的项目经费收支应当在期末进行结转，年末应当对项目的执行情况进行分析，转出符合财政补助结余性质的项目金额。

财政补助结余是高校年度财政项目补助收支差额中，符合财政补助结余资金性质的数额。年末，高校应当对财政补助项目执行情况进行分析，将已经完成预算工作目标或因故终止的项目当年剩余的财政补助资金，从"财政补助结转—项目支出结转"转到"财政补助结余"账户。财政补助结余只在年末进行处理，平时不需要核算。高校形成的财政补助结余资金，应当按照财政部门的规定管理。财政补助结余资金不参与高校的结余分配，不转入事业基金。年度结余的财政补助资金，或按规定上缴，或注销资金额度，或经批准转为其他用途。

非财政补助结转是高校财政补助资金以外的各专项资金收支相抵后的差额。非财政补助结转资金有两个特点，一是它属于非财政补助资金，二是它属于专项资金。高校除财政补助收入外，还存在一些非财政资金收入，如上级补助收入、教育事业收入、科研事业收入、附属单位上缴收入、其他收入。非财政资金收入包括专项资金收入和非专项资金收入，专项资金收入必须按规定用途使用，用于专项事业支出或其他支出。形成的非财政补助结转资金，按照规定结转下一年度继续使用。高校的非财政补助结转，应当在期末进行处理；年末需要对项目的执行情况进行分析，剩余资金按项目要求处理。高校的非财政补助结转资金，应区分未完成项目和已经完成项目。未完成项目的结转资金结转下一年度继续使用，已完成项目的剩余资金按项目规定处理，或缴回原专项资金拨款单位，或转入事业基金留归学校使用。

事业结余是高校一定期间事业类收入与支出相抵后的余额，反映学校专业业务的收支平衡情况。高校的财政补助收入、非财政专项资金收支和经营收支不转入事业结余，其他各项收支应当转入事业结余中。事业结余一般在期末进行结转。事业结余是非财政补助性质的结余，年末，应当将本年度累计形成的事业结余转入非财政补助结余分配。

经营结余是高校一定期间经营类收入与支出相抵后的余额，反映高校经营业务的成果。高校开展经营业务所取得的经营收入和发生的经营支出，应当转入经营结余中，以核算经营业务的成果。经营业务的盈利在弥补以前年度亏损后，应转入非财政补助结余分配。经营业务的亏损，留待以后年度的经营盈利弥补。

非财政补助结余分配，主要是对高校的年度事业结余（或亏损）和经营结余（不包括亏损）。财政补助形成的结余资金不得转入分配，各项结转资金也不得进行分配。

高校基建账务并入会计"大账"期初的实务研究

新疆师范大学　李静

【摘　要】在财政部颁布的最新修订的《高等学校会计制度》中，明确要求高校的基建账务要定期地并入会计"大账"。本文将针对目前高校在基建账务处理中存在的问题，以某高校的一个建设项目为实例，探讨债务资金和预算资金的使用，阐明固定资产如何交付，研究高校基建独立账务，以及基建账务并入会计"大账"之后要如何进行核算和反映。

【关键词】高校基建账务　会计"大账"　实务研究

2013 年颁布实施的《高等学校会计制度》，明确要求高校的基建账务要定期地并入会计"大账"。《高等学校会计制度》中规定：高等学校对基本建设方投资的会计核算，在执行本制度的同时，还应当按照国家有关基本建设会计核算的规定单独建账、单独核算。这就带来了一系列的问题以及对这些问题的反思：高校的基本建设应该怎么核算和反映？高校基本建设的独立核算，只是并入财务报表？怎么来处理基本建设的账务和会计报表、会计"大账"的关系？本文将针对这些问题进行研究和讨论。

一、高校基建账务处理中存在的问题

(一)处理基本建设的会计业务的程序混乱

在高校基建账务的合并过程中，对于建设项目工程款的支付，有的对工程进度款进行了列报，有的则没有进行列报，而且在核算程序上出现了严重的混乱和分歧。有的高校的基本建设项目是等建设的项目交付决算后再来一次性地处理结算账务，那么在这一个过程中，一些已经完工并开始使用的项目由于没有办理决算，就一直出现在"在建工程"的账上。而有的高校是在项目完工并交付使用后，在年终时暂估入账，等年初时用红字冲回，如果第二年也不结算，也不会将在建工程的费用进行归集。这些混乱的、不规范的会计业务处理程序，无法真实地反映高校的资产状态，从而对于会计信息的质量，也就更加难以保证了。

(二)未对在建工程的费用进行规范归集和分类

对于在建工程的费用进行归集和分类，是会计业务中最为基础的工作，但是相关制度的不完善，导致了这项工作的不规范性，出现模棱两可的现象。例如对于代付的施工单位的设计费和审计费，有的计入了预付工程款，有的则被计入其他应收款项；对于支付的施工单位的工程材料款，有的计入了预付工程款，而有的则计入了建筑安装工程投资；对于支付的零星的工程费或者附属工程的材料费，有的计入了建筑安装工程投资，有的则计入了待摊投资；而当对引资工程的回报款进行结算时，有的计入了应付工程款，有的则被计入了其他应付款。我们必须注意的是，高校中的基本建设项目都是几年才能进行结算的，如果上述基础工作没有做好，那么就会对项目的后期核算与总结算产生严重影响。

二、高校基建账务并入会计"大账"的可行性

二者是同属于一个会计主体的。也就是说，高校中有两套会计核算体系，一套是教育事业费核算体系，是核算教育主管部门的财政拨款以及教育事业的收入；另一套是教育基建投资体系，核算发展改革部门的拨款以及自筹的基建资金。前一套体系是报告给教育主管部门的，而后一套体系是报告给财政部门以及发展改革部门的。但随着财政体制的改革和发展，高校可以直接编报预算给财政部门，而财政部门也可以直接拨款，所以将高校的基建账务并入会计"大账"是可行的。

三、会计"大账"科目设置，有效防止高校基建账务的混乱

根据高校基本建设的会计业务中各种核算的内容，设置了相应的科目和明细，以此来对应基本建设中的各个项目。

(一)资产类的科目

会计"大账"对于高校中的在建工程的基本建设工程设置了预算形成、投资借款形成、学校借款等科目，对于在建工程的非流动资产基金，设置了基建账务。这些科目对应了基建账务中的建筑安装工程投资、设备投资、待摊投资以及其他投资。

设一级科目"预付基建工程款"。这一科目的核算将按照基建合同中所规定预付的工程进度款，按照施工单位和建设项目的明细核算。

设基建专户存款来对应基建专户的银行存款，用来反映基建资金的使用状况。

（二）负债类的科目

对于基建账务中的长期借款，设置了国内借款和国外借款，而基建账务中的短期借款，同样设置了国内借款和国外借款，以此来对应基建账务中的基建投资借款。而基建账务中的其他应收款，则对应了在建工程中的基建账务待安排预算和学校借款等应付款项。

设基建借款是反映高校所借的款项的本金和利息，并按照贷款项目和贷款银行进行明细核算。

（三）收入类的科目

设"基建收入"，用来核算基本建设的资金来源，反映出学校自筹的资金以及财政的拨款，要按照资金的来源进行明细的核算。

（四）支出类的科目

设"基建支出"，用来核算已经完工的工程的成本支出，按照工程具体项目进行明细的核算。

（五）净资产类的科目

按照基本建设的工程具体项目设置明细账，并根据资金的来源来设置专栏明细。

可以看出，在会计"大账"中，会计科目的设置非常细，这样就能够有效地防止高校基建账务的混乱。

四、高校基建账务并入会计"大账"的注意事项

（一）对于会计科目内涵的界定要有可操作性

比如科目中一项"建安投资"指的是建筑工程和安装工程的投资费用，包括了路面工程、道路绿化、隔离带、雨水排水管道、标识牌等，是建设单位按照项目大概算出的实际成本。在这个定义下，一些报建费、设计费等就应属于"建安投资"的支出项，但是在实际上，这些费用应属于"待摊投资"支出。在基建账务中，有几对科目是比较容易混淆的，例如上面提到的建安投资和待摊投资，还有预付工程款与其他应收款项，以及其他应付账款和应付工程款。所以会计人员必须准确地理解和把握会计科目的解释，才能够对会计对象有更透彻的理解，从而在工作中将所有的项目费用进行规范的分类和归集。

（二）会计科目的级数设置要有合理性

目前各大高校由于招生规模的扩大，基建项目也越来越多，经常出现多个包工头承建一个项目的现象。所以会计科目在设置明细级数时，必须要满足核

算的要求，不能太粗略，也不能过细，按照三级明细科目来进行设置是最好的：一级为总账科目，二级为对应工程项目名称，三级为对应项目的承建单位名称。这样才能算是合理的设置，才有利于保证项目结算费用时的准确性和完整性。

(三)注意新旧制度的衔接

由于高校基建账务并入会计"大账"还处于初期阶段，所以在新旧制度的衔接上可能还存在着一些问题。由于基建项目的建设期一般都比较长，有些大型的项目可能会建设好几年，那么在核算高校的固定资产时就要特别注意。这就对会计人员提出了更高的要求，要重视对新制度的学习，找到新旧制度之间的异同，在实际的工作中进行实践，避免再出现账务混乱等问题。

五、实例分析

在这里，我们以某个高校的建设项目为实例，并且在有借款的基础上来看看基建项目在高校的基建账务上和会计"大账"上的核算和反映。

高校的基建项目中的借款，主要包括了国内借款、国外借款以及会计"大账"借款等方式。其中国内外的借款，由学校来偿还本息，并通过学校的专用账户来实行这些借款的归集和管理。根据学校的管理，基建账务和会计"大账"都要核算并反映资金的收付等相关经济业务，而其余的经济业务由基建账务进行汇总和编制，再并入会计"大账"进行核算。

下面在进行资金核算时，为了简化，以一年的流动资金来反映。如果学校的预算不足，就由学校内部的借款反映。

该学校建设的学生公寓，项目总投资为 1000 万元，其中包括了 600 万元的流动资金借款、200 万元的学校自筹资金，不足的部分会由学校进行垫款，建设期为一年。建设过程中与资金的支付相关的合同和票据，由基建账务进行审核和管理。

某年 1 月该学校贷款 700 万元，12 月学校自筹资金 200 万元。1—12 月支付了土地征用及迁移补偿费、监理费等 140 万元，支付工程的进度款 780 万元。工程结算时留质保金 25 万元。每个季度要支付银行的贷款利息为 10 万元，而这些贷款在银行的存款利息为 2 万元。其余不足的部分由学校自行垫付。在 12 月工程竣工时办理决算 1000 万元。第二年的 1 月归还了贷款的本金，由学校"大账"支付利息 1.2 万元，2 月学校自筹资金 800 万元，用以归还之前的所有借款。年底时支付质保金。

(一)高校的基建账务上的核算和反映

高校的基建账务将按照发生的业务，进行逐笔的核算和反映。

1. 收到的短期借款

借：其他应收款——短期借款　700 万

　　贷：基建投资借款——短期借款　700 万

2. 支付的贷款利息和收到的存款利息

借：待摊投资　10 万

　　贷：其他应收款——短期借款　10 万

借：其他应收款——短期借款　2 万

　　贷：待摊投资　2 万

3. 学校自筹资金拨款

借：其他应收款——应收单位自筹拨款　200 万

　　贷：基建拨款——本年自筹拨款　200 万

4. 支付的工程进度款以及结算

借：建筑安装工程投资　805 万

　　待摊投资　140 万

　　贷：其他应收款——应收单位自筹拨款　200 万

　　　　其他应收款——短期借款　545 万

　　　　其他应收款——学校借款　150 万

　　　　应付工程款——质保金　250 万

5. 交付使用资产

借：交付使用资产　1000 万

　　贷：建筑安装工程投资　805 万

　　　　待摊投资　195 万

6. 下年年初，交付使用资产和基本建设资金冲转

借：基建拨款——本年自筹拨款　200 万

　　贷：基建拨款——以前年度自筹拨款　200 万

借：基建拨款——以前年度自筹拨款　200 万

　　待冲基建支出　800 万

　　贷：交付使用资金　1000 万

7. 1 月归还的贷款本金

借：基建投资借款——短期借款　700 万

　　贷：待冲基建支出　700 万

8. 归还学校垫款

借：其他应付款——学校借款　150 万

　　贷：待冲基建支出　150 万

9. 支付质保金

借：应付工程款——质保金　25 万

　　贷：待冲基建支出　25 万

(二)会计"大账"上的核算和反映

1. 收到的短期借款

借：银行存款——基建账务　700 万

　　贷：短期借款——基建账务　700 万

2. 支付的利息和收到存款的利息

借：其他应收款——基建账务　10 万

　　贷：银行存款——基建账务　10 万

借：银行存款——基建账务　2 万

　　贷：其他应收款——基建账务　2 万

3. 收到自筹资金拨款

借：银行存款——基建账务　200 万

　　贷：教育事业收入——项目支出——教育支出——基本建设　200 万

4. 支付款项

借：其他应收款——基建账务　955 万

　　贷：银行存款——基建账务　783 万

　　　　银行存款——学校大账　150 万

5. 汇总基建支出凭证

借：教育事业支出——项目支出——基本建设支出——建筑工程　200 万

　　贷：其他应收款——基建账务　200 万

借：在建工程——基建账务　1000 万

　　贷：其他应付款——在建工程——基建账务待安排预算　800 万

　　　　非流动资产基金——在建工程——基建账务　200 万

借：其他应收款——基建账务　25 万

　　贷：其他应收款——基建账务——质保金　25 万

六、结束语

　　综上所述，在目前财政部颁布的新修订的《高等学校会计制度》中，已经明确要求高校的基建账务要定期地并入会计"大账"。高校的基本建设既要并入"大账"，又要进行独立核算，这将使基本建设项目的收支情况更加全面地反映出来，有利于对资金的管理和使用。当高校的基本建设的账务并入会计"大账"后，财务报表上的信息将更加真实和完整，财务状况也能够有效地反映出一个学校所有资金的性质、使用等，有利于学校进行资金效益的分析，并有效地避免财务风险。在"并入"的过程中，虽然会带来一定量的重复工作，但是总体来说是非常有益的。所以，各所高校要根据自身的情况，实现基建账务并入会计"大账"。

【参考文献】

[1]龙素英. 高校基建账务并入会计"大账"期初的实务探讨[J]. 商业会计，2014(5)：24—27.

[2]王琼. 高校基建会计与事业会计合并初探[J]. 新财经(理论版)，2010(6)：127，129.

[3]刘嘉. 高校基建财务与事业财务核算的探讨[J]. 科技信息，2012(2)：77.

[4]黄青山. 高校基建会计并入事业会计核算研究[J]. 财会学习，2012(4)：33—34.

浅析《新事业单位会计制度》之基建并账

杭州师范大学　林莎　白雪蕊

【摘　要】财政部先后颁布的《事业单位会计准则》和《事业单位会计制度》明确提出将基本建设投资并入事业单位会计中，使事业单位会计核算更加完整、真实。但是，本文认为基建并账还存在一些问题亟须完善并对之进行探讨。

【关键词】基本建设　事业单位会计　并账

一、引言

财政部分别于 2012 年 12 月 6 日和 12 月 19 日颁布了新《事业单位会计准则》(中华人民共和国财政部令第 72 号)(以下简称"新准则")和修订后的《事业单位会计制度》(财会〔2012〕22 号)(以下简称"新制度")，均从 2013 年 1 月 1 日开始正式实施。

与 1997 年财政部发布的《事业单位会计制度》(财预字〔1997〕288 号，以下简称"旧制度")相比，新制度的一大亮点是首次明确提出将基建账相关数据并入事业单位会计"大账"。具体如下：事业单位的基本建设投资应当按照国家有关规定单独建账、单独核算，同时按照本制度的规定至少按月并入本科目及其他相关科目反映；新事业单位应当在"在建工程"科目下设置"基建工程"明细科目，核算由基建账并入的在建工程成本。

实现基建会计和事业单位会计并账，可谓意义重大。主要体现在以下几个方面。

首先，有利于全面反映事业单位会计信息。在"旧制度"下，我国行政事业单位会计以收付实现制为基础，而基建财务与基建会计本质是支出资本化过程，必须以权责发生制为基础，因此原事业单位会计无法反映基建业务。一直以来，我国事业单位对有关经济业务分设两套账本进行核算。该种分账管理，不利于全面反映事业单位的财务状况。"新制度"提出的基建并账，有效地解决了"旧制度"存在的这一问题。将基建会计纳入事业单位会计，有利于全面反映事业单位会计信息。

其次，有利于增强事业单位的固定资产管理，尤其是那些建设周期长、投资规模大的基建活动。"旧制度"下，事业单位会计根据基本建设投资竣工财务决算中交付使用资产清单登记入账固定资产，换言之，在基本建设投资还未进行竣工财务决算前，基本建设投资形成的资产不会反映在事业单位的资产中。同时，基本建设投资形成的固定资产绝大多数建设周期长，同时还存在着协调不畅等原因造成已经达到预定可使用状态的固定资产不能及时办理交付使用手续。从上可知，在"旧制度"下，可能存在一部分固定资产流离在事业单位会计信息系统之外，无法对其进行有效管理。而基建的并账，从根本上解决了固定资产不能及时有效管理的问题。

再次，符合当前财政预算管理改革的要求。我国传统预算管理方式的最大特点是分散，不同处室各负责一块经费；而 2000 年以来我国推行部门预算改革，其基本含义是"一个部门一本预算"，所有预算都集中到财务部门负责（刘用铨，2012）。有鉴于此，笔者认为在不远的将来，基本建设拨款也将与事业单位其他预算实现统一拨付。而基建并账是符合财政预算管理改革的要求。

为了确保新旧制度顺利衔接，平稳过渡，促进新制度的有效贯彻实施，财政部于 2013 年 1 月 10 日印发的《新旧事业单位会计制度有关衔接问题的处理规定》（财会〔2013〕2 号）中提出具体合并事宜：

1. 按照基建账中"建筑安装工程投资""设备投资""待摊投资""预付工程款"等科目余额，借记新账中"在建工程——基建工程"科目，贷记新账中"非流动资产基金——在建工程"科目；

2. 按照基建账中"交付使用资产"等科目余额，借记新账中"固定资产"等科目，贷记新账中"非流动资产基金——固定资产"科目；

3. 按照基建账中"基建投资借款"科目余额，贷记新账中"长期借款"科目；

4. 按照基建账中"基建拨款"科目余额中归属于财政补助结转的部分，贷记新账中"财政补助结转"科目；

5. 按照基建账中其他科目余额，分析调整新账中相应科目；

6. 按照上述借贷方差额，贷记或借记新账中"事业基金"科目。

综上所述，实现基建"并账"可谓意义重大，但是笔者认为从会计信息的及时性、完整性，以及可理解性的角度还存在需要修改的地方。

二、"新制度"下基建并账存在问题探讨

(一)事业单位会计和基建会计定期并账，违背及时性

"新制度"中规定"事业单位的基本建设投资应当按照国家有关规定单独建

账、单独核算，同时按照本制度的规定至少按月并入本科目及其他相关科目"。由此得知，本次基建并账，是将事业单位会计和基建会计分为"主账"和"从账"，"主账"只是从基建账中取数计入"在建工程"科目，将基建投资额实际发生数"搬来"反映在"主账"中，而基建业务仍然是单独建账进行核算和反映的，这仍是一种不完全的并账方法，"主账"中反映的基本建设投资有关的经济活动只在某一时点是完全的，这点与我们"新制度"中会计信息质量要求，第十三条的完整性，以及第十四条的及时性是相违背的。

（二）基建并账具体规定亟须完善

实现基建并账存在一定的难度，这是由我国国情、基建活动的复杂性等造成的，笔者认为主要有以下三点：第一，我国有多种性质的事业单位，不同事业单位的基本建设投资活动也存在差异性；第二，基本建设投资活动本身存在着复杂性，涉及基建筹资、成本核算、竣工结算等一系列复杂的经济活动；第三，基建会计和事业会计的确认基础不一致，基建会计以权责发生制为确认基础，是对项目支出的资本化过程，而事业会计以收付实现制为确认基础，反映和控制经费预算的执行过程。"衔接规定"中关于基建并账只是做了简单的说明，并没有进行具体的指引。这些问题的存在，会使一些基建账中的会计科目在合并时缺乏指引，造成会计信息存在不规范性。

（三）基建并账不利于会计信息的可理解性

"新制度"的实施，首次实现基建会计并账，解决了在我国长期存在的基建会计和事业单位会计两套账本的现象，可谓是一次事业单位会计的改革风暴，加之笔者前述谈到的基建活动复杂性，致使事业单位财务报告有些数据不易理解。而"新制度"中并没有规定应如何披露相关信息，以增加"新制度"下相关会计信息的可理解性。

（四）财务人员是否具备相关专业知识

"新制度"下基建并账具体规定对财务人员提出了更高的要求。基建会计人员不仅应完成本身的核算任务，还要提供事业会计人员需要的资料，不仅要熟悉基建会计，也要了解事业会计，对于事业会计而言要求更高，其必须精通基建数据并入事业账的处理程序和方法，还应当熟悉基建会计业务及基建项目管理，具备通过基建并账数据还原经济业务，通过数据识别真假的能力。这对财务人员是一个全新的挑战。

三、"新制度"下基建并账进一步修改意见

(一)取消单独设立基建账套

正如前述分析,"事业单位的基本建设投资应当按照国家有关规定单独建账、单独核算,同时按照本制度的规定至少按月并入本科目及其他相关科目反映"是一种并不完全的并账方式。"新制度"第五条规定"事业单位应当对其自身发生的经济业务或者事项进行会计核算"。基建投资活动是事业单位经济业务活动的一部分,笔者认为,为真正实现完整、及时地反映事业单位经济业务,事业单位可不再单独设立基建账套,而是应将全部基建业务并入事业单位"主账"中,在一套账本中反映事业单位所有经济业务。

(二)积极完善基建并账具体规定

基建并账的一大难点是正确合并相关会计信息,加之基建会计的会计科目设置与事业单位会计科目设置存在一定的差异性,为实现基建并账的规范性,仅仅依靠"衔接规定"是不够的。有鉴于此,笔者认为,相关部门应尽快制定详细的基建并账会计处理规则,这样可以规范基建并账的具体会计处理。

(三)会计报表附注应规定披露有关基建活动具体信息

为使事业单位会计信息使用者理解有关会计信息,笔者认为,应在会计报表附注中强制规定披露基建活动的具体经济活动。比如,应披露相关的基建投资活动的具体信息,基建并账影响的会计科目和金额,以及其他的相关信息。以上做法,将对会计报表中的数据来源进行解释说明,并加强会计信息的可理解性。

(四)对相关财务人员进行培训

基建并账,是事业单位会计的一次改革,尤其是计量基础的改变,对会计人员具有挑战性。为确保新旧制度顺利衔接,平稳过渡,应对相关财务人员进行培训,以加强他们的职业道德,提高他们的专业技能、职业能力等。

(五)建立健全内部控制制度

完善的内部控制制度,为各项业务活动有效进行提供保证,并对资产的安全完成和有效运用提供保护,同时可以有效防止错误、舞弊与欺诈行为的发生。为了实现基建并账,并实现在一个账套中对有关资产进行监督、控制,应建立健全内部控制制度。

实现基建会计和事业单位会计并账有利于全面反映会计信息,并有利于加强事业单位的固定资产管理,同时也符合有关要求的变革。但是,新制度意味

着新挑战，为加强事业单位会计信息的及时性、规范性、可理解性，应完善有关制度，提高相关财务人员的综合能力，并完善有关内部控制制度。

【参考文献】

［1］刘用铨．谈行政事业单位基建会计并账的两大基础［J］．财会月刊，2012(6)，7－8.

［2］财政部．事业单位会计制度［Z］．财会〔2012〕22 号，2012.

［3］财政部．事业单位会计准则［Z］．财政部〔2012〕第 72 号令.

［4］财政部．新旧事业单位会计制度有关衔接问题的处理规定［Z］．财会〔2013〕2 号，2013.

从国际比较的视野论中国公办高校总会计师制度的建立

四川师范大学　刘东

四川城市职业学院　王雁

【摘　要】 西方首席财务执行官(CFO)在公司治理结构中处于战略决策管理层面。我国高校总会计师制度由来已久。但因多方面原因,只有极少数高校设置了名不副实、无权无责的总会计师。2011年《高等学校总会计师管理办法》的颁布,此项工作再次提上议事日程。应站在建立现代大学制度的高度,进一步完善我国高校法人治理结构,深入分析高校领导干部任用管理体制、高校财务资产管理现状、总会计师的职责与定位、考核选拔机制等方面的问题,借鉴西方首席财务执行官(CFO)制度,积极推动并建立规范的公办高校总会计师制度。

【关键词】 西方CFO制度　总会计师制度　现代大学制度　法人治理结构　干部管理体制　总会计师职责与定位　考核选拔机制

西方首席财务执行官(CFO)制度已有八十余年的历史。我国国有大中型企业于新中国成立之初沿袭了苏联模式,建立了"一厂三师制",即厂长、总工程师、总经济师、总会计师,可见高校总会计师制度在我国也是由来已久的。1985年颁布的《会计法》第一次以法律的形式正式确定了总会计师制度,1987年原国家教委颁布了《高等学校总会计师工作试行规程》。但因多方面原因,只有极少数高校设置了无责无权、有责无权的总会计师。2010年7月,中共中央、国务院颁布的《国家中长期教育改革和发展规划纲要(2010—2020年)》(以下简称《教育规划纲要》)指出,"在高等学校试行设立总会计师职务,公办高等学校总会计师由政府委派"。2011年4月,教育部、财政部颁布了《高等学校总会计师管理办法》,公办高校总会计师的设置工作又被提上了议事日程。教育部虽于2012年、2013年先后公开选聘了16位部属高校的总会计师,但与全国普通公办高校两千一百多所的总规模(其中公办本科院校八百多所)还很不相称。必须站在建立现代大学制度的高度,进一步完善我国高校的法人治理结构,深入分析高校领导干部任用管理体制、高校财务资产管理的现状、总会计师的职责与定位、考核选拔机制等方面的问题，借鉴西方首席财务执行官(CFO)制度，积极推动并建立规范的公办高校总会计师制度。

一、中西方国家 CFO 制度的国际比较

CFO 在实务中又称首席财务执行官、财务总监或总会计师，其称谓都是舶来品。总会计师引入我国是在计划经济时代，首席财务执行官和财务总监引入我国是在市场经济时代。目前国有大中型企业和部分国有企业改制的上市公司一般设有总会计师；民营企业和其他类型的上市公司一般设财务总监；具有国际化背景的公司和海外上市公司一般设首席财务执行官。这里，重点比较分析一下西方国家的首席财务执行官(CFO)与我国的总会计师，二者存在的诸多不同之处。

(一)称谓不同，本质不同

"首席财务执行官"的称谓最早可以追溯到 1931 年美国的财务执行官协会(Financial Executives Institute，FEI)，20 世纪 70 年代开始在西方国家流行，是企业地位显赫的高级管理职位。首席财务执行官本质上是代表出资人(股东和董事会)对经营层进行监控，对企业外部资本实施控制，对企业战略等进行管理。"总会计师"的提法源自苏联的计划经济体制，当时是一个既对国家负责，又对企业行政一把手负责的职位。1990 年国务院发布《总会计师条例》，要求国有大中型企业设立总会计师岗位，并规定总会计师是单位的最高财务负责人。后来，《会计法》和《企业国有资产监督管理暂行条例》等对总会计师的地位、职责、权限等又做了相关规定。从本质上说，总会计师职位具有浓厚的行政色彩，是一种行政制度的安排，总会计师在企业法人治理结构中的地位、职责和权限等，与当前经济全球化和企业改革的进程都极不相称。

(二)治理结构不同，所处地位不同

公司治理结构(Corporate Governance)最早起源于美国和英国，又称"法人治理结构"。它是指由股东会、董事会、经理和监事会组成的一种制度安排和运行机制，以规制所有权与经营权分离产生的股东与董事会之间的信托关系和董事会与经理之间的代理关系。

首席财务执行官最早一般由首席执行官 CEO 提名，董事会聘任，对董事会负责，代表投资方对经营层进行监控。美国经过一系列管理层欺诈丑闻后，在 2002 年出台的《萨班斯—奥克斯法案》中明确把"首席财务执行官"提高到与"首席执行官"同等的法律地位，明确规定首席财务执行官由董事会聘任或解聘，并对董事会负责，进而对出资人或股东负责。综合我国《会计法》《总会计师条例》

等法律法规，可以看出总会计师是根据企业主要行政领导提名，由政府或者企业自己任命，是企业的行政领导成员，代表管理者当局，与经营者利益完全一致，协助主要行政领导工作，并对主要行政领导负责。在公司治理中，总会计师的定位在执行层，对行政领导负责，不属于决策层，不对董事会负责。

（三）职责不同，权限不同

首席财务执行官的职责不局限于财务筹划和会计核算方面，主要集中在参与制定和实施企业战略、向决策层提供决策信息支持、参与决策、促使股东财富最大化等方面。首席财务执行官同首席执行官、首席运营官同为董事会中不可或缺的三个内部人，首席财务执行官的权限主要由其在董事会中的地位和在管理层中发挥的作用决定，首席财务执行官管辖首席信息官（Chief Information Officer）、主计长（Controller）和司库（Treasurer），首席财务执行官往往还身兼若干专业委员会负责人。近年来，首席财务执行官的工作重心已经由财务工作，转向了财务、商业和战略计划方面兼顾。美国的《萨班斯—奥克斯法案》中明确了首席财务执行官要分别向首席执行官和审计委员会汇报工作，实际上进一步扩大了首席财务执行官的监督权限。

根据我国相关法律法规规定，总会计师的职责类似于西方的主计长，主要侧重于财务管理和会计核算，即集中在预算管理、成本管理、经济活动分析、财务报告、财务制度和财务人员管理等方面。近年来，国内总会计师的职责对企业战略、信息技术、管理会计等虽有一定的涉及，但层次和频率相对较少。总会计师的权限主要在重大财经事项的决策、财经法规的维护、财会队伍建设等方面。在实际工作中，总会计师往往排名在领导班子的最末位，较少成为党组（党委）成员，在党管干部和民主集中制的现实面前，其实际权限大打折扣。

（四）比较的结论

总体上来讲，发达国家的 CFO（首席财务执行官）更多地参与了公司战略，在设计财务业务处理流程的同时，领导实现股东的价值创造，参与公司战略决策，从一定意义上讲，西方国家的 CFO 与 CEO（首席执行官）是平起平坐的关系。我国的总会计师虽然在实务中也时常被称作 CFO，但主要发挥的是类似西方国家企业中主计长所履行的基本财务职能（如财务报表编制、财务制度的建立和完善、日常的财务会计核算、公司资产的保值增值、税务管理等），以及司库所履行的部分重要财务职能（如筹融资、资金管理、生产管理、和内部外部关系的沟通、业绩考核、产品定价等），而在制定公司全面预算、参与重大投资项目和公司战略决策、风险管理等方面的高级财务管理职能方面欠缺。在大多数情况下，中国的 CFO（总会计师）与公司的 CEO（执行总裁、总经理）之间是事实上的上下级关系。

二、现代大学法人治理结构问题分析

(一)现代大学法人治理结构的内涵

现代大学法人治理结构，是指对现代大学内部利益关系主体的权利进行合理安排，让各群体之间达到利益均衡，并协调处理好外部利益相关者之间权利机制的治理结构。建立现代大学制度的关键在于构建合理的法人治理结构。

法人治理结构追求的是利益的一致性，各个利益主体都在追求自己的权利，当多种利益发生冲突时，只能通过权力之间的制衡来实现利益的合理分配，这是治理的关键所在。现代大学的法人治理就是将高等教育由单一的政府投资转变为吸收社会多元化的投资，法人治理结构的本质就是用合同关系即以法律的方式规范各利益相关者之间的关系，其功能就是配置责任、权力、利益，构建满足现代大学需要的内部行政管理和学术管理机制。

(二)现代大学法人治理结构的基本原则

国外的大学都有自己的大学章程，在章程之中都明确规定了每个大学独立的治理原则，但其基本原则大致相同。以优异的教学质量和先进的教学设备在教育界享有很高声誉的英国著名学府肯特大学(KENT)，其大学管理委员会认为有效的治理结构必须遵循的基本原则有：第一，"大学的执行治理机构"和最终的决策制定机构必须实行集体决策机制，而不能实行个人决策机制；第二，常设的权力机构要负责大学法人财产安全；第三，要根据学校的需要明确常设权力机构以及其他专业委员会和老师、一般官员的角色权利、责任和职能；第四，大学的一切活动和决策都应该遵循大学的章程、纲领的要求，要遵循相关的法律制度；第五，常设的权力机构要像基金委员会一样，要有战略计划和全年的财务预算；第六，要建立处理所有合适的增强目标的运行系统；第七，对办学的决策和风险应建立评估、记载和监督的机制；第八，管理的信息应该是公开的、可信赖的、对称的，防止机会主义冒险；第九，各利益和权利之间的沟通应该是有效的。肯特大学的上述治理原则，比较全面和准确地涉及了大学治理应当涵盖的内容和形式。

(三)现代大学法人治理结构的特征

现代大学法人治理结构有如下特征：(1)现代大学法人治理结构的非营利性是区别于其他社会组织的前提。公共经济学理论把高等教育归属于准公共产品，现代大学是介于政府和企业之间的一种特殊的非营利性组织。(2)现代大学法人治理结构建立的基础是要有清晰的产权关系。任何组织治理结构的建立都需要清晰的产权，出资者和大学的产权关系要以法律的形式规定出来。所谓学校的产权，是指学校财产的所有权、支配权、处置权和收益权等权利。而目前我国的大学基本都存在产权结构不合理、不清晰等弊端。(3)现代大学法人治理结构建立的关键是权力的分配问题。现代大学有其自身特殊的权力结构即行政权力与学术权力的二元结构，二元结构体现的是行政权力和学术权力两种不同利益群体之间的关系，是体现现代大学作为特殊社会组织，区别于其他非学术性社会组织的重要特征。学术权力与行政权力的均衡发展将是建立现代大学法人治理结构的关键。

三、建立我国现代大学总会计师制度应考虑的因素

(一)我国现代大学制度和法人治理结构亟待完善

2010 年颁布的《教育规划纲要》提出要"完善中国特色现代大学制度"，国家教育部原副部长吴启迪将其总结为十六个字：依法办学、自主管理、民主监督、社会参与。构建和完善现代大学制度，实现高等教育可持续发展，是社会主义市场经济条件下和教育国际化大趋势下高等院校必然的选择。要建立完善的中国特色现代大学制度，就必须力克时弊，积极引导和鼓励高校在运行体制和决策机制上探索和创新，必须正确处理好高校党委与行政、高校行政权力与学术权力、高校内部管理与教职工民主参与、高校与政府、高校与学生等五大关系。具体来讲，就是要完善党委领导下的校长负责制，制定和完善现代大学章程，建立教授治学的体制机制，改革高校基层学术组织与运行，改革校内行政管理体制，探索民主管理的有效途径，深化人事分配制度改革，建立质量监控和内部自律机制，建立大学理事会或董事会，落实和扩大高校办学自主权。

建立现代大学制度的关键是构建合理的法人治理结构。正如前所述，有效的治理结构必须坚持集体决策机制而非个人决策机制。目前，我国公办高校存在的最大问题是，产权不清晰，"全民所有"等于"无人所有"，导致行政权力与学术权力结构失衡或交叉重叠的现象，具体表现为政府行政管理权与学校办学自主权、学校内部行政管理权与学术权的失衡。当下中国，由于高等教育资源的稀缺性和准垄断性，高校和国有垄断企业有诸多相似之处。2013 年曝光的国资委原主任、中石油原董事长蒋洁敏窝案，暴露出我国在国有企事业单位局部领域存在的严重弊病。学者张晓提出的"红黄蓝"新利益集团理论认为，资本与权力高度依附，权力资本化进一步延伸，久而久之，形成了以逐利权贵、垄断央企、割据外资为代表的新利益集团。以行政性垄断为根本的国企垄断成了腐败的温床，进而影响政府的公信力。"国字号"单位一把手手握大量的国家资源，

觊觎之人甚多，可以输送利益的漏洞甚多。高校校长虽不可等同于垄断央企负责人，但其直接的权力和间接可调配的资源也不少，在个别高校把校长叫作"老板"应当不会感到意外。从实际情况来看，目前高校在民主集中制、重大决策、学术评价、财务管理、资产设备管理、科研管理、招生就业、教学管理、文凭发放、基本建设等方面，问题时有发生。以设备采购和基本建设为例，近年来全国高校特别是建设新校区的现代大学，成了腐败的高危区。以笔者所在的四川省为例，2013 年前后仅仅大半年的时间，就有四所公办高校的 4 名正厅级、1 名副厅级校级干部因新校区建设涉案双规，其中 1 名校级干部已追究刑事责任。尤其突出的是有一所大学党委书记和校长双双落马，官媒称此情况"实属近年来全国高校罕见"。所以，公办高等学校要按照《教育规划纲要》要求，进一步明晰产权，完善法人治理结构，健全议事规则与决策程序，建立约束机制，依法落实党委领导下的校长负责制。这样，既保护了国有资源，又保护了高校领导干部，否则身在名利场，"牛不喝水也会被强按头"。

（二）高校领导干部"去行政化"管理尚需时日

按照我国现行的干部管理体制，副厅级以上干部的任免，要由省委组织部决定，自上而下推动。高校校级干部作为体制内的副厅级领导干部，均由政府任免，行政化倾向明显。尽管有众多学者多次提出高校要"去行政化"，但由于我国政治体制改革的步伐步履蹒跚，"去行政化"显然尚需时日。2010 年 7 月颁布的《教育规划纲要》指出，"完善教育经费监管机构职能，在高等学校试行设立总会计师职务，提升经费使用和资产管理专业化水平。公办高等学校总会计师由政府委派"；2011 年 4 月，教育部、财政部颁布的《高等学校总会计师管理办法》规定，"总会计师为学校副校级行政领导成员，由学校主管部门负责选聘、委派，可根据工作需要，实行异校或异地任职，依照干部管理权限任免。学校主管部门对总会计师实行统一管理"。也就是说，按规定高校总会计师必须经主管部门批准或政府委派。

当前高校校级领导干部职数问题又制约了总会计师岗位的设置。按规定，上级组织部门对高校校级领导班子均确定了相对固定的职数，普通公办高校实职一般为 7—9 人。教育部文件规定"凡设置总会计师的高等学校，在学校行政领导成员中，不设与总会计师职权重叠的副校（院）长"。实际工作中，高校分管财经工作的副校长大都不是财经类专业领域的专家，但其职称一般都是教授。由于目前全国绝大多数省份中，会计系列最高职称高级会计师一般对应高校中的副教授，加之高校人才评价体系中科研权重占比较大等因素影响，同等条件下，在职数受限时，总会计师岗位很难落实。所以，高校总会计师制度的建立，政府(组织部门)、教育主管部门、高校三方必须达成共识,首先解决总会计师的干部职数问题,建立联动机制,"上下齐动",否则无法得到较好的落实。

(三)总会计师的地位有待明确和提升

笔者通过对全国多个省份高校的调研发现,目前省属高校总会计师设置方式有三种:一是主管部门和组织部门考察委派制,异校交流任职,专职总会计师(实职副校级干部),如陕西省11所省属高校等。从具体操作上来看,高校设置实职副校级总会计师,由省委组织部、省委教育工委及财政厅考核任命,但总会计师必须异校交流任职。总会计师受校长委托,分管财务、国资、基建、产业等经济工作。二是内选制,本校任职,总会计师兼任财务处长,正处级、校长助理或享受副校级待遇(非实职),如天津市、黑龙江省等。目前,黑龙江省大多数高校都设有总会计师(正处级),部分学校为校长助理或享受副校级待遇(非实职),列席党委常委会,参加校长办公会。三是内选制,本校任职,专职总会计师(正处级),不兼财务处长,协助校长(或副校长)分管财务工作。三种设置模式中,第一种模式能够较好地发挥总会计师的作用,但目前按此方式设置的仅有全国16所部属高校和极少数省属高校。第二、三种模式仍属于当前的主流,由于总会计师不是副校级实职干部(仅为中层干部),系执行层而非决策层,没有赋予总会计师相应职权,话语权不够,地位偏低,总会计师的作用难以真正发挥。

(四)高校财经管理工作总体水平有待提高

总会计师制度是高校经济管理工作日益发展的内在必然需求,是统筹管理学校财经工作、维护校内经济秩序、落实经济责任制、强化权力制衡与监管、提高财经工作专业化的有效途径。学校财经工作不仅仅指预算决算、收入分配、会计核算、学生财务、工资统计等传统意义上的财务工作,还涉及国有资产管理、物资设备招投标采购管理、基本建设、校办产业、后勤社会化公司、学校出版社、附属学前教育和基础教育投资公司等各类经济实体,辐射面宽,业务范围与内容日趋复杂。近年来,随着高等教育事业和公共财政改革的稳步推进,高校由做大向做强转化,资产、资金规模稳步增加,对外合作交流、联合办学进一步深化,面临的社会环境、经济环境较为复杂,筹融资活动和规模增大,生均财政拨款大幅提高,财务收支总量稳步增加,化解债务、资金规划、风险控制、财务内部控制、二级财务部门监管等难度日益加大,经济决策难度加大。以资金管理工作为例,目前高校资金来源有财政拨款、教育事业收费收入、银行贷款、地方债、联合办学上交管理费、成人教育及各类培训创收、社会捐赠等,渠道多元化。从债务角度来看,虽然国家近年来出台了一系列化债政策与措施，高校债务总体风险尚属可控，但由于在推进大众化教育进程中长期累积的历史债务基数大，高校目前债务水平仍然较高，化债压力依然较大。某省属高校贷款余额最高峰值超过 12 亿元，每年付息就需近 8000 万元，按学校在职职工人数计算，人均年付息负担近 4 万元。因此，为实现财务精细化管理与财经重大决策的有机统一，提高学校整体财务管理水平，必须要有总会计师这样的懂专业、会管理、善协调的高级专业人才运筹帷幄，统领财经工作全局，否则高校会面临还贷危机和财务困境，这绝对不是危言耸听。

四、未来我国高校总会计师的定位与职责权限

借鉴西方国家 CFO 制度的先进经验，结合我国高校大学制度和法人治理结构、干部管理、财经管理等现状，实事求是地对未来高校总会计师制度进行研判，科学合理地对其定位，明确其职责与权限。

(一)定位与基本素质要求

关于总会计师的定位，《高等学校总会计师管理办法》中的规定有如下几个方面：(1)建立总会计师的目的是要进一步加强高等学校财务管理工作，提升经费使用和资产管理专业化水平。(2)高等学校总会计师为学校副校级行政领导成员，协助校(院)长管理学校财经工作，承担相应的领导和管理责任。(3)总会计师由学校主管部门负责选聘、委派，可根据工作需要，实行异校或异地任职，依照干部管理权限任免。(4)学校主管部门对总会计师实行统一管理。总会计师参加校领导班子年度考核，并向学校主管部门提交述职报告。如严格按照此规定执行，高校总会计师定位就会比较清晰，地位显著提升。在高校干部管理体制未发生根本性变革之前，为了让总会计师更好地发挥作用，不应单独对其实施"去行政化"，其职级应按规定确定为实职副校级干部。随着总会计师制度的深入推进，可借鉴西方发达国家 CFO 制度经验，结合高等教育改革发展的实际，总会计师定位可以有规则地拓展，总体定位为以战略为导向，以会计核算和资产管理为基础，以内部控制为主线，以预算为"指挥棒"和工具，统揽学校经济工作全局。

高校总会计师是实现高校财经工作和资产管理工作专业化的牵头人，作为校级领导干部，总会计师要具备德才兼备、人品端正、作风正派、清正廉洁、务实高效等领导干部必备的素养。同时，作为学校的首席财务执行官，要扮演好主计长、司库、战略家、领导者等多重角色，不是"二把手"但一定要有"二把手"思维，要树立全局意识、责任意识、风险意识，并着力提高其基本素质。具体来讲，在组织协调方面，要有政治家的智慧、战略家的风范、领导的艺术、

财务团队领头羊的素质和内外沟通协调能力。在预算及成本控制管控方面，甘当资源整合矛盾协调中的"铁公鸡"。在融资策划、资金调度、对外合作投资中，要有扎实的金融知识、资本运作的经验。在纳税策划中要精于"算计"，在业绩评价管理中当好"裁判员"，在危机和风险管理中当好"消防员"，在内外财务沟通中当好"吹鼓手"，在信息化时代要力争"电脑通"。当然，在发生财务违规违纪事件时，还要实事求是，勇于敢于承担自己应尽的责任。

（二）职责与权限

《高等学校总会计师管理办法》中对总会计师的职责与权限问题，规定了八项职责、五项权力。归纳起来有：（1）八项职责包括负责会计核算和财务报告、负责财务管理、参与重大财经决策、财务监管与风险控制、财务会计基础工作和队伍建设及制度建设、资产管理、督办审计整改、其他职责。（2）五项权限包括财经决策权、监督检查权、财务负责人任免考核权、大额资金联签审批权、财经违规违纪行为的处置权。从上述相关规定来看，目前国家对高校总会计师的定位、职责与权限做了明确的约束，主要局限于经费使用与资产管理，辐射面相对较窄。借鉴西方发达国家 CFO 制度经验，总会计师的职责和权限应不局限于财务筹划、经费管理、资产管理方面，还应向制定和实施学校发展战略、向决策层提供决策信息支持、参与学校所有重大决策等方面扩展。当然，凡事都应当遵循规则，把握好度，总会计师毕竟是协助校长管理财务资产工作的助手，职责权限扩展不能无边界，不能越俎代庖，不相容职务必须分离，相互牵制。否则，易出现权力过大、滥用职权、角色和定位偏差等问题，给总会计师制度的推进带来负面影响。

五、建立科学合理的高校总会计师选拔培养机制

毛泽东同志在 1938 年谈到党的干部政策时就强调指出："政治路线确定之后，干部就是决定的因素。"任何好的制度都需要适合的人来落实。为进一步提高高校财务资产管理精细化、专业化水平，发挥总会计师在教育行政决策、省级重大教育财经改革试点、学校内部管理等方面的作用，促进高等教育事业的健康有序发展，推动学校财务管理总体水平的提升，更好地落实总会计师制度，笔者建议教育、财政、组织、人事等主管部门尽快会商，结合各省省情，有计划、分步骤地落实《教育规划纲要》中关于"公办高等学校设置总会计师"的相关规定。

（一）强化财务高管职业培训教育，建立总会计师后备干部储备制度

由于我国高校的功能定位等特殊原因，长期以来，高校财经管理干部队伍

建设滞后，整体素质偏低。为改变这一状况，笔者建议：一是建立高级财经专门人才的后续职业教育培训制度。从高校财会队伍建设的长远角度考虑，除财务高管人员自身在职攻读学历学位之外，财政、教育等上级主管部门还应定期不定期地选派高校财务高管人员，到北京、上海、厦门三大国家会计学院进行后续职业教育培训学习，集中充电，开阔眼界，扩大视野，更新业务知识，提高理论素养，推动学校和教育系统财务管理水平的提高。2013年由财政部牵头，在厦门国家会计学院组织开展的企事业单位总会计师能力素质提升工程培训班，就是很好的培训方式。在培训中，结合高校总会计师干部任职的特殊性和具体要求，应当特别讲授以下内容：履行领导干部职责所需要的马克思列宁主义、毛泽东思想、邓小平理论、"三个代表"和科学发展观重要思想的理论素养，共产主义远大理想和中国特色社会主义坚定信念教育；党的基本路线和各项方针、政策、法规，包括各类财经法规、法律条例等相关内容；经济金融、财政财务管理、国有资产管理、审计等专业知识；教育行政管理、战略管理与领导学知识；廉政教育，包括惩防体系建设、违法违纪警示教育。二是全面推行正高级会计师（教授级高级会计师）评审制度和总会计师后备干部储备制度。由财政主管部门牵头，积极开展正高级会计师的评审工作，解决财经管理干部竞争总会计师时可能面临的职称偏低的尴尬问题，消除任职考核过程中的学历职称歧视，提升财经高管人员的职称。根据学历、职称、年龄、工作经验资历等多个因素，建立动态的总会计师后备干部人才储备库。

（二）建立职业资格准入机制，严把总会计师入口关

笔者建议尽快建立高校总会计师职业资格准入机制。一是推行总会计师资格认证考试制度。中国总会计师协会（CACFO）目前在全国部分省份开展总会计师资格认证考试，就是一个很好的做法，值得全面推开。从其课程体系上看，涵盖了总会计师必备的素质课程；从其培训效果来看，基本能够达到总会计师的执业要求；从培训的结果来看，既提升了财务高管人员财经业务能力和综合素养，又培养和储备了总会计师后备干部。同时，在总会计师取得任职资格或正式上岗后，要加强对总会计师的职业道德教育与后续教育培训，提高总会计师的综合素质。二是严格总会计师任职资格审查。2010年教育部、财政部颁布的《高等学校总会计师制度实施办法》中具体规定了总会计师的任职条件：必须具有大学本科以上文化程度，同时应具备下列条件之一："具有经济、管理类高级专业技术职务；具有从事财务、审计、资产等相关管理工作经验，担任正处级职务三年以上；具有会计学、经济学、管理类等相近专业背景，取得会计从业资格证书。"我国高校在选拔总会计师时，除应严格遵照以上资格条件外，还应着重考察总会计师后备人选的领导干部综合素养、全局观与权力观、党风廉政建设、德才评价、群众基础，考察其高校财经实践工作经验、组织协调能力、文化素养、财务和审计及资产管理专业知识功底、经济金融等知识，考察其看问题是否具有前瞻性、思考问题是否具有系统性、处理问题是否兼具原则性与灵活性，是否具有较好的处置重大突发事件的能力和水平。

（三）选择符合我国高校实际的总会计师遴选方式

目前，高校总会计师的遴选方式，有如下几种情况：一是教育部部属高校全国公选模式。2012年、2013年，教育部已经先后公选了两批共16所部属高校的总会计师，职级为实职副校级干部，异地或异校交流任职。主要的程序为个人报名、资格审查、职业综合素养评估、面试、组织考察（德、能、勤、绩、廉）、公示任职人选、正式任命上岗等。二是省属高校模式，又分为委派制（异校交流任职，实职副校级干部）、内选制（本校任职，总会计师兼任财务处长，正处级、校长助理或享受副校级待遇）、内选制（本校任职，正处级专职总会计师，不兼任财务处长）等三种方式。这一问题本文前面已论及，不再赘述。就总会计师的遴选方式，从具体操作层面，考虑到领导干部任职回避和轮岗交流等因素，笔者建议：

在总会计师制度实施的步骤和范围上，可先选择部分综合排名靠前、规模较大、有代表性的高校进行试点。试点高校的选择，可设定一些具体的评价指标，比如年财务收支总量在3亿元以上、全日制学生总规模在2万人以上等。经2年左右的试点，进一步总结经验，再逐步推广，力争到2018年前后，全国50%左右的公办本科院校设置符合规定的总会计师岗位；全面总结经验后，力争到2020年做到公办高校总会计师岗位"全覆盖"，并积极推进民办高校总会计师或财务总监的设置工作。

在总会计师的选拔任用上，试点阶段可结合高校实际，先在所在省份的公办高校范围内，采取组织推荐或个人自荐、组织定向考核任用的方式确定，也可完全采用教育部部属高校总会计师选拔模式，在所在省份的公办高校范围内公选产生。总会计师的职级应按规定确定为实职副校级干部，原则上异地或异校交流任职。在总会计师的考核评价方面，要强化监督管理，建立科学的高校总会计师绩效评价体系、轮岗交流机制、退出机制，真正做到能上能下，可进可出。

【参考文献】

[1]国家中长期教育和发展规划纲要工作小组办公室. 国家中长期教育改革和发展规划

纲要(2010-2020年)[Z]. 2010.

[2]教育部,财政部. 高等学校总会计师管理办法[Z]. 教人〔2011〕2号,2011.

[3]保罗·萨缪尔森. 经济学(第18版)[M]. 人民邮电出版社,2008.

[4]科斯 诺斯 威廉姆森等. 制度、契约与组织[M]. 北京:经济科学出版社,2003.

[5]洪源勃. 共同治理——论大学法人治理结构[M]. 北京:中国社会科学出版社,2010.

[6]王祚桥. 浅谈中国特色的现代大学制度[N]. 光明日报,2012-10-31.

[7]邹华. 中国企业CFO制度研究[G]. 西南财经大学硕士论文集. 2004.

[8]廖开锐. 现代大学总会计师制度建设探析[J]. 会计之友,2012(12).

[9]石平华. 现代大学总会计师制度难以推行的原因及对策再探析[J]. 财会研究,2012(11).

[10]张晓,史贵存. 大扩张后国企何处去[M]. 线装书局,2013.

[11]黄世忠. 总会计师的战略定位与基本素质要求[Z]. 厦门国家会计学院2013年行政事业单位总会计师素质能力提升工程专题讲座.

会计假设理论探索

辽宁师范大学　刘耀阳

　　【摘　要】会计假设在会计理论体系中占有非常重要的地位，它界定了会计工作的空间和时间范围，指导会计工作。但是在知识经济快速发展的影响下，经济环境发生了变化，产生了不同于工业经济的特点，对传统的会计假设产生了较大的影响。本文通过对会计假设的演变、定义、作用以及缺陷的研究来全面认识会计假设，并针对会计假设的缺陷提出改进构想。

　　【关键词】会计假设　作用　缺陷　改进构想

一、会计假设的演变过程

　　1922 年，佩顿（William Andrew Paton）最早提出会计假设这一概念，在《会计理论》中将会计假设归纳为"经营主体""持续经营""资产负债表恒等式""财务状况与资产负债表""成本与账面价值""应计成本与收益的后期影响"等六项。穆尼兹在其论文《会计的基本假设》中将会计假设分为三类：一是有关环境的假设，包括定量化、交换、个体、时间分期和计量单位五项假设；二是会计领域的研究命题，包括财务报表、市场价格、会计主体和暂时性四项；三是强制性命题，包括连续性、客观性、一致性、稳定计量单位和披露五项假设。沃克和弗朗西斯等人在《会计理论》一书中提出的会计假设为四项，分别为持续经营、会计分期、会计主体和货币性单位。Belkaoui 在《会计理论》第四版中提出的会计假设与沃克等人提出的会计假设只是在顺序上有差别：会计主体、持续经营、计量单位和会计期间。会计假设即会计核算的基本前提，是指为了保护会计工作的正常进行和会计信息的质量，对会计核算的范围、内容、基本程序和方法所做的合理设定。会计假设是人们在长期的会计实践中逐步认识和总结形成的。

　　1992 年我国财政部颁布了《企业会计准则》，规定了四项会计假设：会计主体、持续经营、会计分期和货币计量。会计主体假设是指会计核算应当以企业发生的各项经济活动为对象，记录和反映企业本身的各项经济活动，其中会计主体是指会计工作为其服务的特定单位或组织。这一假设明确了会计工作的空间范围。持续经营是指会计主体的生产经营活动将无限期地延续下去，在可以预见的未来不会因破产、清算、解散等而不复存在。这一假设明确了会计工作的时间范围。会计分期是指把企业持续不断的生产经营过程划分为较短的相对等距的会计期间。货币计量是指会计主体在会计核算过程中应采用货币作为计量单位记录、反映会计主体的经营情况。

二、会计假设缺陷

(一)会计假设自身局限性

会计假设在会计体系中占有重要的地位，自从佩顿首次提出这一概念，会计假设理论便受到广大学者的关注与研究。会计活动环境复杂且具有高度不确定性，会计假设是为了规范会计活动，使会计工作得以进行而进行人为的假定。因此，会计假设本身具有一定的局限性。会计假设的局限性主要体现在：

1. 持续经营假设的缺陷。

在经济不断发展、竞争愈加激烈的今天，持续经营假设并不完全适用。这主要是因为在竞争激烈的经济环境下，交易速度、资金周转期普遍减小，对企业资产的变现能力提出了更高的要求。企业只有具有较强的变现能力，才能适应竞争激烈的经济环境。持续经营假设假定企业在可预见未来持续经营，但企业对资产，尤其是固定资产要考虑其变现能力。这是因为企业并不能完全假定其全部固定资产会在将来持续可用。

2. 会计分期假设的缺陷。

会计分期假设的缺陷主要体现在人为主观性，即某一交易或者事项划入本期或者下期具有人为主观性。这就导致会计信息的处理受会计人员素质和企业经营目的的影响，会计报表所反映的信息质量也受到会计人员素质的影响。如果会计人员素质较差或者存在粉饰报表等情况，财务报表的信息失真，会误导信息使用者的决策。在会计工作中，需要会计人员主观判断的交易事项会计信息处理较多，会计信息质量在一定程度上依赖了会计人员素质等主观因素。所以说，会计分期假设是有缺陷的。

3. 货币计量假设的缺陷。

货币计量假设的缺陷主要体现在会计报表只能反映用货币计量的资产、负债等项目。企业中许多重要却不能用货币加以准确计量的资源都被排除在财务报表之外，这就会低估企业的价值，对企业经营活动状况反映不够全面，报表信息不够准确。例如，企业产品的质量，在某一市场的竞争力和发展潜力等这些重要的经营信息并不能在报表中用货币记录。同时，货币计量假设还假定货币币值稳定，这在经济发展较快、通货膨胀率较高的经济环境下是不现实的。会计信息所反映的都是企业过去的经营活动，如果实际币值变动较大，就会造成低估或者高估企业经营绩效和企业价值。

(二)知识经济时代对会计假设的影响

前文中提到知识经济的发展是会计环境变化的一个主要方面。知识经济并没有确切的定义，一般认为知识经济是以知识为基础的经济。在知识经济时代，知识成为主要的生产要素。与农业经济时代和工业经济时代相比，知识在生产经营中发挥的作用较大。知识经济是现阶段经济发展的趋势，知识经济影响着企业的会计活动，这是因为知识经济改变了会计环境，对企业的会计活动产生了较大的影响。因此，知识经济也在影响着会计假设，对传统的会计假设提出了挑战，促使其做出相应的改变以适应新经济条件下会计活动的正常进行。知识经济对会计假设的影响主要体现在以下几个方面：

1. 对会计主体假设的影响

知识经济时代，企业并购或者剥离现象频繁出现，已经成为许多企业发展战略的需要，这对传统的会计主体假设提出了挑战。企业通过控股对其他企业实施控制，形成了母子公司，企业的会计主体不同于传统情况下的会计主体，具有了双重性和模糊性的特点。企业对经营活动中的交易事项的会计处理方法也会因会计主体的新变化而做出相应的调整，对传统的会计主体假设产生影响。会计主体也会因为企业频繁地被并购或者被剥离而处于模糊的、不稳定的主体形态，会计事项分辨不清晰，增加了会计工作难度。

2. 对持续经营假设的影响

知识经济条件下，企业频繁地并购或者剥离也会冲击持续经营假设。由于企业参与并购或者剥离，企业会计主体变得模糊不清，甚至改变或丧失会计主体，即企业经营停止；同时，企业经济活动也会因信息技术的发展而变得迅速，一些交易可以通过网络而瞬间完成；虚拟企业在经营项目完成后立即解散，会计主体也随即消失，持续经营就无从谈起。在以上种种情况下，持续经营假设并不适应企业的会计活动，失去了假设本应起到的作用。

3. 对会计分期假设的影响

会计分期假设会因为会计主体和持续经营假设受到知识经济时代的影响而不适用于新经济条件下的会计经营活动。这是因为会计主体假设是持续经营和会计分期假设的前提，会计分期假设又是以持续经营假设为前提的。所以在知识经济条件下，会计主体和会计分期变得不适用，会计分期也就失去了意义。

4. 对货币计量假设的影响

知识经济时代下，对外贸易的扩大、金融衍生工具的发展、支付手段的增加都对传统货币计量假设产生了影响。在对外贸易中，外汇风险、交易风险都加大了以货币计量的不准确性。币值稳定假设也因为在对外贸易中汇率浮动而失去意义。多种的衍生工具发展，如期权、期货、远期、交换以及资本市场的成熟都加大了货币在各个行业、企业间的流动，在一定程度上影响了货币计量假设。

三、对会计假设改进构想

(一)对会计主体假设的改进构想

会计主体假设在知识经济趋势的影响下，暴露了一些与会计工作不相适应的缺陷，又由于会计假设本身具有局限性，这就有必要对会计主体假设进行改进和创新。

虚拟组织的出现对会计主体假设提出了严峻的挑战，但是这并不能全盘否定传统的会计主体假设。这是因为，虚拟组织也是需要实体企业来进行生产的，只不过虚拟组织本身并不要求具有相应的生产能力。虚拟企业利用网络科技、信息技术的便利，通过整合具有所需要的生产能力的企业，来进行生产经营活动。在这种情况下，虚拟企业只要有核心组织能力和知识资本就能够完成工业经济时代的生产任务或者销售任务。因此，我们只需对传统的会计主体进行改动，便可以使之适用于新的经济条件下的企业会计活动。将传统会计主体假设中的现实主体与虚拟组织的虚拟主体相结合，也就是在原来的会计主体假设基础上再承认虚拟组织为会计主体。在这种设想下，需对原来的会计主体概念稍做改动，并非绝对要求企业必须是实体的，即只要满足以下条件即可认为是会计主体：企业拥有并能够控制经济资源；能够对自己的经营行为负责，承担相应的法律、经济责任；有明确的经济目标；能够独立进行决策。通过以上改进，可以在知识经济条件下对虚拟组织的经营活动进行会计空间范围的界定，规范会计工作的服务对象，将以虚拟组织为中心，辐射到其他企业的经营活动状态人为规定为一个经济利益的联合体。通过以上改进构想，会计主体假设在知识经济下仍然可以发挥作用，很好地解决了虚拟组织对会计主体假设的影响。

(二)对持续经营假设的改进构想

持续经营假设假定企业在可预见的未来是处于持续经营状态的，但是随着虚拟组织等新形式的企业出现，企业主体变得模糊，经营上具有暂时性和短暂性等特点，使得持续经营假设变得不适用知识经济条件下的会计工作。但是传统的持续经营假设并不是对所有的企业都不再适用，只有那些经营上出现短暂性特点的企业，如虚拟组织，才有必要对该假设进行改进。

我们可以尝试将部分非持续经营纳入持续经营的范围，即将某一临时组织的、项目完成后组织立即解散的经营活动视为是持续经营的。通过扩大传统持续经营概念范围，很好地解决了新经济条件给持续经营假设带来的影响。这是因为知识经济条件下出现的虚拟组织等新形式企业，其经营活动也是依靠整合其他实体企业来完成的，这一经营活动的本质是一个虚拟组织核心领导下的不同实体企业的合作，对于实体企业传统的持续经营假设是适用的，所以只需针对虚拟组织对持续经营假设进行修改即可解决知识经济对该假设的影响。在扩大的持续经营下，对于虚拟组织权责发生制、划分收益性支出和资本性支出等原则仍然适用。

(三)对会计分期假设的改进构想

虚拟组织等新企业组织形式的出现影响着传统会计分期假设，但并不能否定会计分期在会计工作中的作用和地位。

我们可以尝试改进对会计报告期的界定。虚拟组织的经营活动虽然具有短暂性、临时性等特点，但是它的经营期也有可能超过一个正常的会计期间。这是因为虚拟组织有其自己的发展战略，战略分为长期、中期和短期。因此，虚拟组织的经营活动期限根据战略的不同，分为中长期和短期。其中，中长期的经营活动会在可预见的未来结束，这与传统实体企业的经营期限不同。所以，对于虚拟组织，经营活动期限在一个会计年度内的，不对其进行人为的会计分期，而是将整个经营活动期作为一个会计期间，并进行相应的财务报告工作；经营活动超过一个会计年度的，可以按照传统的会计分期进行处理，并不会影响会计工作。通过以上改进，重新定义的会计分期就适用于虚拟组织等新形式的企业会计活动，较准确地界定会计工作的时间范围。

(四)对货币计量假设的改进构想

知识经济时代，随着网上银行、电子货币等新科技的出现，交易活动可瞬间完成，而且经济环境波动较大，汇率浮动幅度较大。以上种种情况的出现都给传统的货币计量假设带来了挑战，因此要对该假设进行改进。

首先，可以尝试对单一货币计量单位进行改进。在保持货币作为主要计量单位的基础上，对人力资源、知识资本等被排除在财务报表之外的企业资源进行准确评估，并在财务报表附注中进行披露或者设想增加一个会计报表用于呈现企业无法用货币计量的资源。这一改进设想的实施过程会很难，各种资源的评估标准难以界定。但是如果能够在现实会计工作中实施，该报表将会作为辅助报表，与财务报表结合，更加准确、全面地反映企业的经营状况和时点状况。

其次，还可以尝试将变动的汇率同本位币计量相结合，通过增加"多种本位币"来表述汇率变动对企业价值的影响。同时，还可以增加电子报表，按即时汇率对财务报表进行折算，更加准确地表述企业价值、经营状况受汇率的影响。

最后，可以尝试对币值稳定这一假设进行改进。在经济高速发展、通货膨胀率较高的情况下，可以尝试在各个会计报表中增加新项目，用于表示币值变动对各个会计要素的价值变动的影响。

【参考文献】

[1]葛家澍.关于会计基本假设的重新思考[J].会计研究，2002(1).

[2]赵鹏勃，李盟.会计假设的历史演变及其未来发展[J].中国商界，2010(10).

[3]孙铮.论信息时代会计假设的探讨[J].工业技术经济，2000.

[4]刘小娴.试析会计假设的缺陷[J].洛阳大学学报，2001，16(3).

[5]曾光.知识经济对财务会计假设的冲击[J].城市建设理论研究(电子版)，2012(4).

[6]冯月平，杨向荣，王曙光.会计假设的历史演变及未来构想[J].财会通讯，2010(6).

从新的《高等学校财务制度》看高等学校财务管理工作

河北师范大学　王大勇

【摘　要】新的《高等学校财务制度》实施后，对高等学校财务管理工作产生重大影响，要求高等学校必须适应制度的要求，改变理财观念，明确管理责任，进行成本核算，实施科学化、精细化管理，防控财务风险，加强财务监督。建立适应公共财政管理改革需要和符合现代大学制度的高等学校财务管理体制与运行机制。

【关键词】高等学校　财务管理　新制度

一、引言

1997 年实施的《高等学校财务制度》（以下简称《制度》）是新中国成立以来第一个主要针对高等学校的完整的财务制度。十六年来，它对高等学校加强财务管理工作，保证高等学校健康跨越式发展发挥了重要作用。制度实施以来，高等学校内外部环境发生了重大变化。从外部来看，特别是公共财政改革对高等学校财务管理产生重要影响，要求高等学校必须建立适应财政改革需要的财务管理制度；从高等学校自身来看，高等学校的多渠道筹资，特别是成本分担机制的建立，要求高等学校向社会和投资者公开财务信息。自 1992 年 5 月高等学校出现院校合并以来，到 1998 年高等学校实行布局调整，涉及一半的院校进行合并调整。1999 年扩招以来，高等学校招生规模大幅度增长。2000 年左右大部分高等学校举债建设新校区，有的扩建原有校舍，这些项目资金来源主要靠举债完成。国家面向 21 世纪对"211"工程和"985"大学的建设，2012 年教育经费占 GDP 的比重达到 4%，高等学校本科生人均财政拨款达到 12000 元，财政对高等学校的投入大幅增加。学校自主权的扩大、大学实行开放式办学、高等学校进行的后勤社会化改革、合作办学的开展、产学研活动逐步深入，这些使高等学校规模迅速扩大的同时，带来了学校资金量的膨胀式增长，财务管理也呈现出新的特点，财务管理工作任重道远。目前，大部分高等学校跨入万人大学的行列，资金量也达到几亿、几十亿，有的到了百亿，经济活动也呈现出复杂的特点。针对内外部环境的变化，高等学校财务管理的重心已发生根本性变化。目前，高等学校已步入由规模扩张到质量提升的新阶段。《制度》的实施为高等学校今后的财务管理工作指明了方向，作为高等学校财务工作者应该系统地梳理已实施的改革成果，进一步认清新形势下高等学校财务管理面临的新任务，明确财务管理工作的重点，运用科学的管理方法，把资金管好、用好。

二、新《制度》对高等学校财务管理做出的新规定

相对 1997 年颁发的《高等学校财务制度》而言，新的《制度》做出以下新的规定：

(一)明确了总会计师的权利和责任

《制度》明确了总会计师的职权为"总会计师为学校副校级行政领导成员"，岗位职责是"协助校(院)长管理学校财务工作"，责任是"承担相应的领导和管理责任"。明确了实行"校长负责，总会计师协助"的财务工作领导体制。

(二)对会计核算的影响

1. 提出"结转"和"结余"的概念，使原有的"收入－支出＝结余"，表述为"收入－支出＝结余＋结转"，同时结转和结余再按照资金来源性质分为财政资金和非财政资金，明确了只有非财政资金结余才能进行分配；

2. 重新规定收入的口径。界定并强调了"财政补助收入"的"同级"这一口径，将同级财政取得的拨款都列入该项，非同级财政取得的拨款不再列入此项。

3. 引入权责发生制，为做好成本核算打好基础。"省级财政部门可以会同主管部门制定计提折旧的具体办法。文物和陈列品、图书、档案、动植物等，不计提折旧。固定资产折旧不计入高等学校支出。"

4. 资产分类中引入基建财务概念"在建工程"，取消了"自筹基本建设支出"，为基建业务进"大账"做好准备。

(三)增加财务管理的内容

1. 新《制度》增加了预算管理办法的内容。《制度》第十一条规定"国家对高等学校实行核定收支、定额或者定项补助、超支不补、结转和结余按规定使用的预算管理办法"；对预算编制的依据、原则、程序和预算调整等提出了更加具体的要求，重点增加了决算管理的有关规定。

2. 新《制度》强化了收入和支出管理的要求。对从政府部门取得的专项资金要求"专款专用、单独核算"；增加了国库集中支付、政府采购、支出绩效和票据管理的内容，"高等学校应当严格执行国库集中支付制度和政府采购制度等有

关规定";"应当进行支出绩效评价,提高资金使用的有效性";"高等学校应当依法加强各类票据管理,确保票据来源合法、内容真实、使用正确,不得使用虚假票据"。

3. 对资产的形成、入账、分类等提出具体要求,同时要求高校加强负债管理。明确规定了"高等学校应当严格控制对外投资。在保证学校正常运转和事业发展的前提下,按照国家有关规定可以对外投资的,应当履行有关审批程序。高等学校不得使用财政拨款及其结余进行对外投资,不得从事股票、期货、基金、企业债券等投资。国家另有规定的除外。高等学校以实物、无形资产等非货币性资产对外投资的,应当按照国家有关规定进行资产评估,合理确定资产价值","建立资产共享、共用制度,提高资产使用效率";"高等学校应当建立健全财务风险控制机制,规范和加强借入款项管理,严格执行审批程序,不得违反规定举借债务和提供担保";"高等学校应当根据事业发展需要,实行内部成本费用管理。"

4. 完善了财务监督制度。明确了监督的主体、监督内容、监督的形式,同时要求高校应主动进行信息公开,接受财务监督。

三、新《制度》下财务管理的任务和工作重点

(一)财务管理的任务

财务管理主要是解决如何聚财、怎样理财和用什么方法管财。高等学校财务管理就是以教学、科研、管理等活动为对象,通过规范学校的经济行为,依法取得办学收入,提高资金的使用效益,促进教育事业健康发展。新《制度》第四条明确规定了高等学校财务管理的五项任务。相对于原《制度》,新《制度》增加了四个方面的内容:一是"完整、准确编制学校决算,真实反映学校财务状况";二是"加强经济核算,实施绩效评价,提高资金使用效益";三是"真实完整地反映资产使用状况,合理配置和有效利用资产";四是对学校经济活动的"财务控制和监督,防范财务风险"。新增加的内容赋予了财务管理新的内涵,也就是说高等学校财务工作,继续做好预算、筹资、规范、资产、监督等方面工作的同时,需加强和深化对新增内容的学习,采取切实可行的管理进行具体落实。

(二)财务管理的工作重点

财务管理的工作重点应围绕实现高等学校财务管理目标和完成财务管理任务来展开。高等学校财务管理的目标应该与投资者利益相关联,高等学校的资金来源主要是财政拨款,其次是学杂费收入,还有科研收入以及其他收入等。

高等学校的公益属性决定了高等学校财务管理目标不同于企业实现利益最大化或者是股东财富最大化，而是实现资金使用效益和社会效益的最大化。据此，高等学校财务管理工作重点是：

1. 建立科学化、精细化的预算管理机制

凡事预则立，不预则废。预算管理是高等学校财务管理的核心内容，是实现财务管理目标的重要手段之一。相对于传统预算管理，应赋予预算管理以下新内容：一是完善预算组织机构。应特别强调建立"校长负责，总会计师协助"的预算管理委员会，因总会计师是单位的副职，有较高的职权和较高的专业能力，可以对财务预算进行专业领导，确保预算的编制和执行；二是改进预算编制方法。实现财务预算的大口径，学校全部收入纳入预算的范围。重点实施定额预算、全面预算、绩效预算和零基预算。改变"基数＋发展＋专项"的办法，结合成本核算资料确定各项费用定额，建立能耗统计体系，严格控制"三公经费"开支。预算安排上严格执行"三重一大"制度；三是注重预算的执行。预算一经下达，必须作为指令严格执行。由于预算制定和具体执行相隔时间较长，应根据变化的情况进行微调。预算执行过程中应通过财务信息系统设置刚性控制指标，对项目经费采用合同控制，对公用设施和服务类消费用行业定额控制；四是建立预算的评价体系。考核和奖惩相结合，日常考评和事后评价相结合。使学校、责任单位和个人形成责、权、利相统一的责任共同体。

2. 多渠道筹资，勤俭办事业

新《制度》将高等学校的收入划分为六项，主要有三类：一是以政府为主体的财政拨款；二是以学校为主体的学杂费、科研费、培训费、校办产业、附属单位上交；三是以社会为主体的社会捐赠、教育基金、融资收入。对第一类资金的筹集必须从优化大学内部管理入手，科学使用资金，节约财政资金，增加资金使用的透明性，投入取得预期的效果，办人民满意的大学。这样，财政才能放心地继续加大投入。对第二类主要是加强成本管理，发挥大学人力和物力资源优势，为社会经济发展提供服务，争取更多的项目经费。对第三类大学应该设立基金会接受社会捐助，根据学校偿还能力适当取得融资收入。

高等学校应通过节约化校园建设、"三公"经费的管理，落实教育部提出的"八不准"，实行民主监督、财务公开等，努力节约支出，勤俭办事业。

3. 加强经济核算，实施绩效评价

新《制度》第十章已对教育成本计算对象、成本计算期、费用的归集和做法做出规定。已勾画出教育成本核算的基本框架。进行教育成本核算，必须营造良好的成本管理环境，全校上下提高成本核算意识，将成本考核指标纳入学校考核指标中，考核结果与责任单位和责任人利益挂钩。

高等学校的绩效评价，应该站位在学校战略层面，以提高学校核心竞争力、培养高素质人才为目的。学校绩效评价主要有：财务绩效评价、教学绩效评价、科研绩效评价等。绩效评价是通过指标反映的，不同的评价目标采用不同的指标和不同的方法。对目标的评价需建立评价指标体系来完成。

4. 实施财务控制和监督，防范财务风险

新《制度》规定"高等学校应当建立健全内部控制制度、经济责任制度、财务信息披露制度等监督制度，依法公开财务信息"。实施财务控制，应控制人的权利，严格执行不相容职务分离，各级领导按授权审批，做到没有不受制约的权力。制定内部控制规范，并严格执行。建立和完善学校各级经济责任体系，对重大经济活动各司其职，通过责任体系完善财务内控制度。财务监督是保证财务活动规范化、防范财务风险的必要手段。新《制度》规定"高等学校应当依法接受主管部门和财政、审计部门的监督"。

高等学校可能出现的风险主要有：一是投资风险。新《制度》对高等学校对外投资和担保有严格的规定，按规定执行可减少投资风险的发生。但对校办企业(二级法人单位)投入不实，在资产经营公司不健全的情况下，校方存在潜在投资风险。过度使用各种融资手段进行担保性投资出现的风险；二是筹资风险。超越偿债能力，借入基本建设贷款，出现资金链断裂的风险；三是支付风险，资金收支安排不当，出现欠发职工工资、日常维持经费不能按时支付、停止供给的风险；四是签订各种经济合同，出现的违约风险。防止风险发生的关键在于：一是壮大学校财力，提高抵御风险的能力；二是搞好财务预测，在"准"字上下功夫；三是依法、依规办事，防止工作的盲目性；四是建立有效的财务风险预警系统，及时发现出现风险的可能，采取有效措施，尽量减少财务风险。

四、新《制度》要求树立新的理财观

(一)树立成本效益理财观

财务管理的目标就是实现资金使用效益和社会效益的最大化。财务管理任务之一就是"加强经济核算，实施绩效评价，提高资金使用效益"。新《制度》规定的"对固定资产采用年限平均法或工作量法计提折旧"和"第十章成本费用"规定，使高等学校实行内部成本费用管理成为可能。运用经营大学的思想，加强成本费用的管理，有助于财务管理以办学效益为中心，不断提高资金的使用效益。

(二)树立人本化理财观

财务管理活动都是由人发起、操作和管理的，其效果主要取决于人的因素。

因此，在财务管理中要树立"以人为本"的思想，扬弃"以物为中心"的观念。通过建立和谐的人际关系，建立和健全激励机制，充分发挥人的主观能动性和创造性。财务管理应把"人"的因素放在首位。

（三）树立法制化理财观

牢固树立依法治校、依法理财的观念。认真贯彻落实各项法律、法规和规章制度，建立健全内部财务管理规章。做到有法可依，有章可循。需根据新《制度》要求，建立和完善"校长负责，总会计师协助"的经济责任制度、预算分配和考核制度、资产管理制度、成本费用管理制度、财务监督和风险防范制度、财务信息公开制度等。

（四）树立风险理财观

高等学校在财务管理过程中，由于经济活动的不确定性，存在风险的可能性。因此，财务管理必须以风险为假设，才能尽可能避免风险的发生。资金风险的成因是管理陈旧，理财观念跟不上形势的变化，出现财务管理风险。在高等学校规模扩张、开放办学的背景下，经济活动会遇到前所未有的复杂情况，如征地、出让校区、高额融资、出租、出借、合作投资、合作办学、签订重大科技合作合同、几十亿工程项目的招标等。面对这些，财务管理还停留在审单据、签字报销的层面很难说不出问题。财务管理应从市场调研、评价、分析、制定方案入手，树立风险理财观，这样才能减少风险损失。

【参考文献】

[1]财政部，教育部．高等学校财务制度[Z]．2012.

[2]完善预算编制管理确保经费使用规范——教育部财政司负责人解读高等学校财务新制度．教育财会研究，2013(2)：3—29，42.

高校会计制度走向权责发生制的思考

天津师范大学　王志勇

【摘　要】随着市场经济的发展，高校面临的内、外部环境发生了深刻的变化，环境的变化使得高校会计面临新的挑战。高校会计作为反映高校各项业务活动的会计信息系统，至今仍在执行 1998 年制定并颁布的《高等学校会计制度（试行）》，其已不能满足高校发展的需求，尤其是在会计确认基础方面，其采用的收付实现制基础使得高校会计出现了一些现实的问题，无法满足国家宏观管理的需要和高校自身发展的需求以及其他利益相关者对高校财务信息的需求。特别是在新《事业单位财务规则》《事业单位会计准则》《事业单位会计制度》及新的《高等学校财务制度》已经相继出台的形势下，以权责发生制为导向的新高校会计制度的出台显得迫在眉睫。

【关键词】高校　会计制度　权责发生制

一、现行《高等学校会计制度》的弊端

（一）固定资产核算不合理，价值背离，虚增净资产

按现行制度规定，高校在购置固定资产时，按购入成本计入固定资产科目，同时计入固定基金，其增加的同时虚增了本期的事业成本和事业结余。固定资产科目除了固定清理和报废外，固定资产的账面价值始终反映的是购入原值，随着固定资产的逐步投入，其在会计报表中反映的金额、比例越来越大。同时由于收付实现制的要求，对固定资产的购置通过事业支出等科目一次性列支，使得购置固定资产的会计年度教育成本较高。另外，利用银行贷款等购入的固定资产，其成本中没有包括借入款项的利息，该部分利息与支付时直接计入事业支出，造成固定资产的入账价值不符。其次，现行收付实现制基础下的制度对固定资产的核算不计提折旧，不进行减值处理，这样固定资产的有形损耗和无形减值在财务账上无法得到真实体现，不利于固定资产的管理，造成固定资产虚增。同时，不对固定资产计提折旧，固定资产的磨损程度无依据，其有偿使用的补偿数额也难以确定，高校不能利用有效的信息进行购置和更新，或盲

目购置，造成资源浪费。另外，由于折旧费应该是构成高校教育成本的一项重要内容，不计提折旧，无法体现高校固定资产在使用中的有形损耗，无法给教育成本核算提供有关会计信息。即便是最新出台的《高等学校财务制度》也未对折旧费用计入成本做出合理的规定，仅仅是通过固定基金反映固定资产的净额，造成事实上的虚提折旧。随着收费制度的执行，教育成本已然成为利益相关者关注的重点内容，不包括折旧的教育成本是不完整的。

（二）无形资产核算不健全，未反映出高校真实状况

随着科技的发展，我国高校作为科技发展的主要场所，在取得科研成果和专利权方面增长较为迅猛，但是高校的无形资产无论在管理上还是在会计核算上一直都是高校的薄弱环节，未体现在高校的财务报表当中。由于高校无形资产不具有实物形态，价值难以计量，初始确认尺度不易把握，而且现行收付实现制基础下无形资产不进行摊销，不进行减值测试，新出台的《高等学校财务制度》对此也未做要求。无形资产的账面价值始终保持初始确认时的金额不能反映资产的真实价值，造成无形资产账实不符。尤其是商誉，在校企合作中，高校重视的仅仅是高校资金和有形资产的投入，而对商誉却没有重视起来，因此我国高校无形资产核算尚不完整，亦不能反映高校无形资产的真实状况。

（三）债权资产核算不完整，容易形成财务漏洞

在现行收付实现制核算下，会计处理仅仅反映的是学生的已收学费，而应收学费总额和欠费金额没有体现在账面上。自学生注册报到起，学费、住宿费已确权为学校的资产。对欠交的学费、住宿费，如采用"权责发生制"，当期形成的未收到款项的权利是可以通过"应收账款"科目反映的。但按照目前的会计制度，欠缴的学费、住宿费会计核算上不能确认为"事业收入"，也没有相应的会计科目对此进行核算，财务报表上亦未做披露。在这种情况下，只能通过备查簿或学生缴费系统另行查询，这种会计处理方法容易造成成本计算的不准确性，也会形成资金管理上的漏洞。由于学费、住宿费在学校收入来源中所占的比例越来越重，对欠缴的学费、住宿费不作反映会导致虚减资产，容易造成国有资产的流失（对公办高校而言，长期未及时收取学费、住宿费就是国有资产的流失）。再者，高校每年9月份收到的学费、培训费等，被确认为当年收入，而相应的教学、培训支出则可能跨年度发生，这样一来当年收支抵减后的预算结余，并不是真正的预算结余，造成预算结余虚多的假象。

（四）不利于防范高校的财务风险

近年来，我国高教事业发展迅速，高等教育规模不断扩大，促使高校加大了基建规模和设备投资，以适应形势的发展。为此，各高校形成了以政府投资

为主,自筹资金、向银行贷款、融资租赁等多渠道筹措办学经费的格局。在收付实现制核算基础下,对融资租赁、贷款所应付的利息,只能在银行实际扣缴利息时,不管金额多少均一次性列为支出,不做预提处理,由于在支付利息之前的会计期间内(贷款利息一般按季度支付)其债务已经存在,但并未在账上确认反映,造成当期反映的支出数不真实。同时高校与服务单位签订劳务交易合同、材料物资采购合同,在合同单位提供服务或货物后进行结算。在收付实现制下,在结算的当期才做支出处理,这样在结算前会计账面就不能反映尚未以货币资金支付的债务,形成"隐性负债",如该项数额较大,还会让高校的财务风险具有不确定性。

(五)教学科研经费和基建投资分别核算

现行制度下,高校教学科研经费和基建投资分别核算和编制报表,学校作为一个法人主体,需同时作为两个会计主体编制两份会计报表,无形中加大了财务部门的核算成本,增加了机构人员的管理成本,并导致高校财务信息反映不真实和不完整。同时,事业经费会计报表不反映基建设投资数据,可能造成高校基本建设项目与使用脱节。一方面,高校财务报表无法反映借款费用。目前高校基本建设投资增长很快,大部分建设资金均由高校贷款解决,其本息也由高校自行偿还。由于高校事业经费和基建投资分开核算和报告,基本建设项目应付未付的贷款本息没有体现于高校事业经费账务和报表之中,同时也未计入建设项目的成本。这导致高校对基本建设项目借款费用的管理和监控不严格,财务风险较大。另一方面,在建工程项目价值不在高校事业经费会计报表中反映,只有在办理竣工验收结算手续之后才登记入账,将建设费用转为固定基金。实际工作中,经常因验收、交接的延误造成自建固定资产登记不及时,可能出现已使用多年的固定资产却一直未记录入账的情形。从而导致高校资产账面记录不真实,不利于高校的资产管理和财务监控。

(六)财务报告体系不完整

现行高校财务报表包括资产负债表、收入支出表、附表及收支情况说明书等,这种报表形式实质上仅能起到统计财务数据的作用,不能全面、完整、合理地体现高校的财务状况。目前,高校会计制度所要求编制的财务报表不包括现金流量表,其反映的内容过于简单,主要侧重于反映预算收支结余情况,而对于高校重大决策所需的现金流、庞大的固定资产及其使用情况、专项资金使用的效果等缺乏相关的报告和披露,不能真实反映学校的财务状况和资金运动。同时,资产负债表内容不够充实,基建工程占有的资产价值没有计入资产负债表,固定资产使用过程发生的价值磨损以及因科学技术进步发生的贬值没有冲减固定基金的价值，土地使用权的取得成本被一次性列支费用，没有确认为无形资产，应收债权与应付债务未得以真实反映。再者，随着高校扩招以及市场化程度的持续加深，高校会计信息的使用者将不断增加，而目前高校财务报告的目标过分强调为国家宏观经济管理和调控服务，同时其财务报告滞后性严重，缺乏时效性，已无法满足多元化信息使用者的需要。

二、高校实行全责发生制的可行性

（一）法律环境的逐步完善

1999 年颁布实施的《中华人民共和国高等教育法》明确规定："高等学校在法律范围内自主办学，是法人主体，享有民事权利。高校如果要破产，则需要承担其民事责任。"2000 年实施的《中华人民共和国会计法》明确规定："单位负责人对单位的会计工作和会计资料的真实性、完整性负责。"可见高校自主权逐步扩大，高校业务活动越来越复杂，给会计核算和会计信息提出了更高的要求。2005 年实施的《民间非营利组织会计制度》对我国民间非营利组织进行了统一规范，为我国公立非营利组织有关会计制度改革提供了良好的基础，该制度规定会计核算以权责发生制为基础，为我国高校会计引入权责发生制基础提供了借鉴依据。

（二）我国会计理论界及实务界的普遍关注

近年来，越来越多的会计工作者和学者呼吁对高校会计进行改革，并对高校会计确认基础的改革提出了有意义的分析和探讨，其观点便是建议引入权责发生制基础。同时，财政部在 2009 年颁布了《高校学校会计制度（征求意见稿）》，体现了政府对高校会计制度改革的关注，征求意见稿的最大变化是改变原来的收付实现制核算基础，做出了引入权责发生制基础的改革的大胆探索。

（三）高校会计环境变化为引入权责发生制提供了土壤

自 1998 年执行《高等学校会计制度改革》以来，我国高校会计环境发生了巨大变化。首先，我国高校办学自主权不断扩大。政府部门将高校的控制权下放给各高等学校，以适应市场经济的发展，使得高校在许多方面拥有自主权利。同时，高校自身为了在竞争日益激烈的高等教育中生存和发展，提高教学质量，提升经济效益成为各个学校普遍关注的问题。而对成本效益的关注，为高校会计确认基础引入权责发生制提供了契机。其次，我国高校的资金来源多元化。高校经费紧张迫使高校寻求更多渠道的资金来源，如利用金融机构贷款、寻求社会各方捐资助学以及校企联合办学等。高校面向的利益相关者不再仅仅是政府，金融机构、社会捐赠者的企业等也成为高校的利益相关者，从而使得高校的业务多样化，对会计信息质量的要求升高。再次，高校投资活动多样化发展，高校出资创办企业以及为企业提供研究、开发产品和劳务，由此给高校会计核算提出了新的要求，而这些质量要求为引入权责发生制提供了发展的土壤。最后，随着高校办学趋势国际化发展，中外合资办学和合作办学成为一种普遍现象，高等教育的国际化交流越来越多，这种趋势也为我国高校会计与国际接轨提供了条件，使得高校会计引入权责发生制有借鉴依据。

（四）权责发生制的自身优势

1. 合理归集和分配各类教育费用，正确核算高校教育成本

随着高等教育管理体制改革的不断深入，高校教育成本资料已成为政府、高校、学生和家长等有关各方都非常关心的重要信息，高校必须加强教育成本核算，进而必须采用权责发生制原则。权责发生制能如实反映高校资产状况，便于从宏观上控制高校教育事业发展的规模和速度。同时，可以与其他高校进行生均教育成本的比较，为降低本校教育成本提供可靠依据。从而有利于利用自身优势，力求低成本、高产出，以较低的成本培养出高质量的人才，提高教育市场的市场占有率。

2. 权责发生制有利于规范高校的预算管理

采用权责发生制进行会计核算，有利于高校规范国有资产的管理和提高财政资金的使用效益，有助于将高校会计对象由预算资金运动扩展为价值运动，更好地反映高校办学活动和履行受托责任的连续性，提供全面、系统、完整的财务信息，有效地将预算支出与预算责任联系起来，有利于对高校管理层的经管责任做出客观评价，符合财政预算管理由预算收支考核向绩效考核转变的改革需要。

3. 全面反映高校各项债务，提高防范风险能力

采用权责发生制，能全面、准确地反映高校显性债务、隐性债务以及或有债务方面的信息，增强高校财务报告信息的完整性、可信性和透明度，同时正确反映高校办学的持续能力，为高校规避风险、实施稳健的发展战略、制定长期的发展政策提供重要依据。

财务报告为利益相关者提供了如实评价高校财务状况和营运绩效的信息。权责发生制下的财务报告能全面披露高校的债权、债务，为政府提供财政下拨经费的使用绩效和资产保值增值情况，同时能为债权主体提供重点债权清偿的保障程度，为社会捐赠者提供捐赠资金的流向和效果，满足众多利益相关者的需求。

三、高校引入权责发生的设想

(一)引入收入、成本、费用核算概念

近年来，高校办学体制呈现多元化趋势，高校教育成本的核算已是大势所趋。但是作为非营利机构，高校既无提高资源利用率的动力，又无提高效率的压力，经费使用效率问题长期被忽视，成本核算意识更是不足。目前的普遍问题是办学成本的核算范围不明确、标准不统一。建议国家尽快制定关于界定办学成本的制度，统一高等教育成本的核算口径，加强成本管理，规范成本项目，用"权责发生制"基础下的收入、成本和费用的概念代替"收付实现制"的收入和支出，设置成本、费用类会计科目，准确运用配比原则和谨慎性原则，使费用和收益相匹配，对跨年、跨月的收入与支出业务应划分收益性收入与支出，进行合理的分摊，全面反映高校各个会计期间的收益。这既是深化高校会计改革的需要，也是制定合理的学费标准的需要。

(二)建立真实完整的会计信息系统

会计信息是各方据以进行经济决策的重要依据，也是考核学校领导经济责任履行情况、提高经济效益的重要保证。只有真实完整的会计信息才具有参考价值，才可以为完善管理提供依据。比如，在财务报表中如实反映学校各种"隐性"的资产和负债，可帮助进行财务分析，包括使"应收及暂付款""固定资产"等资产类科目以及"应付其暂存款""应缴财政专户款"等负债类科目完整地反映其应核算的内容。其中一项重要的内容是对学费进行核算。大学生缴费上学是对高等教育成本的补偿和分担，学费收入已成为学校的主要收入来源，对其进行准确核算十分必要。可在"应收及暂付款"科目下设置"应收学费"科目和相应的明细科目，据此掌握学费缴纳情况，便于催收学费，及时收取教育事业费。

(三)对固定资产计提折旧，对无形资产进行摊销

实行权责发生制核算，建立高校成本核算制度，固定资产按年限法、工作量法、年数总和法等按月计提折旧，允许无形资产支出资本化或按期摊销。只有这样才能保证成本核算的内容更真实、客观。避免高估资产，提高财务报告信息的质量，有助于国有资产管理部门全面了解国有资产的使用、净值、耗费等情况，促进国有资产的保值增值。

(四)确认借款应付利息支出

针对高校向银行或其他金融机构借款，可以设置"长期借款"科目，为构建固定资产发生的借款费用，其应计利息属于工程建设期间发生的，符合资本化

条件的计入工程成本，借记"在建工程"，贷记"长期借款"；属于工程项目完工交付使用后发生的，借记"财务费用"，贷记"长期借款"。这种会计处理方法能更为真实地反映基建工程的资产价值，并有利于对借款费用及时、准确地进行核算。

(五)将基本建设会计规范到会计核算中

当前高校所采用的会计核算方法，只能反映出高校建设项目的财政性投资部分，无法全面地反映自筹资金部分。自筹资金大多是通过自筹基建的账户进行反映的，使得基建项目实际发生的费用与账面存在的成本无法达成一致，这对于新增固定资产的入账和管理，都产生了一定的影响。因此，将基本建设规范到会计核算中，与其他项目进行统一的核算，能够将建设项目的资金情况清晰地表现出来，也能够有效地保证国有资产的安全性和完整性。

(六)完善财务报告体系，编制现金流量表

现金流量表能有效揭示高校货币资金的周转及投融资状况，更为准确地反映高校支付能力、偿债能力以及变现能力，有利于管理层有效安排和使用资金。实行权责发生制核算，必须编制现金流量表，将以权责发生制为基础的收支调整为以现金收付为基础的收支，以反映现金流量信息。这样能够全面、客观、真实地反映本单位的会计信息，为管理者决策和外部信息使用者提供较完整、可靠的信息。

四、高校会计引入权责发生制实施中存在的问题

(一)学生欠缴学费收入处理中存在的问题

2011年3月5日，温家宝总理在政府工作报告中明确指出要确保每个孩子不因家庭经济困难而失学，这就意味着高校的欠缴学费问题将长期存在。但事实上拖欠问题并不是困难学生的专利，通过笔者多年高校财务工作的经验，恶意欠费在高校欠费中占有一定的比例，若对欠缴学费问题形成的应收账款按照权责发生制要求处理，可能会出现虚增高校资产和学费收入的情况，同时由于应缴未缴的学费部分不能像企业一样按照市场规范来进行回收，反而会出现高校无能为力的状况，因此高校的学费收入问题不仅仅是会计问题那么简单，高等教育不是义务教育，学生应该主动履行交学费的义务，国家也应该做出正确的导向，来更好地解决高校学费收入问题。学费收入是高校的一个重要资金来源，是高校得以生存发展的重要保障，如果欠缴学费和失学问题不能得到合理的解决，那么会计上的权责发生制处理不仅不能帮助高校的资产和收入得到正确的反映，反而会使得高校中存在大量的应收账款、虚增资产和收入。

（二）国库集中支付制度下引入权责发生制存在的问题

在国库集中支付制度下，高校每年按照部门预算的规定上报用款计划，等待批复，批复后不做账务处理，待到高校实际支出时，同时确认这部分学费收入。若按照权责发生制的要求，在批复时，以按期批复的额度来确认返还的学费收入。但按照国库集中支付制度的规定，批复时不处理，在实际发生支出的同时才确认收入，这样便使得引入权责发生制基础的会计处理与国库集中支付制度产生了冲突，且不利于高校对收入进行核算和决算管理。

（三）高校筹资业务处理与有关规定相矛盾

当前高校获得了主动筹资的权利，为了发展，向银行等金融机构贷款成为普遍的筹资方式。然而当前高校贷款却陷入了非理性的怪圈，究其原因无非是在高校收入的两大来源中，财政拨款几乎全部用于高校人员工资，而学费收入中，国家明确规定用途的至少占46%，剩余的54%才能用于其他用途，这样根本无法保障扩招和高等教育的质量，同时政府还规定一些硬性的指标来对高校进行评级和考核，这种上挤下压的境况，也促使高校出现非理性行为。综上所述，即便是高校会计采用权责发生制原则来确认高校的筹资利息，也仅是从账务上如实地反映了高校的真实债务情况，在一定程度上体现出财务风险，却无法解决高校面临的根本问题。

五、保障高校会计引入权责发生制的建议

（一）新《高等学校会计制度》亟待出台

高校引入权责发生制的改革需要有一个健全、完善的法律环境，从高校隶属情况来看，要想进行高校会计制度的改革，必须首先完善事业单位会计规范。现在新的《事业单位财务规则》《事业单位会计准则》《事业单位会计制度》《高等学校财务制度》等已相继出台，但其内容还有待于进一步完善，因此，改革高校会计制度，首先需要对相关的会计准则和会计制度进行修订，使高校会计制度改革依据明确且合理，这是高校会计改革的第一步，也是高校会计改革的支持基础。

（二）对现有固定资产开展清查核实工作

为了适应新制度的要求，应逐步建立固定资产折旧和无形资产摊销制度，并做好相关的基础工作。为真实反映资产价值，新制度增加了"累计折旧"和"累计摊销"会计科目。期初建账时，需明确"累计折旧"和"累计摊销"的基础数据，这就需要高校对现有资产进行认真清查核实，建立起固定资产的折旧和无形资

产的摊销制度，建立起计提固定资产折旧的基础数据库。

(三)做好基建账进大账的衔接和债权债务清理工作

目前，各高校基建账是按照基建财务和会计制度要求单独核算和管理的，新《规则》、新制度要求将基建账纳入"大账"核算。涉及"在建工程"与基建账中的"建安工程投资""设备投资""待摊投资"等科目的衔接问题。另外涉及各种往来款项，必须对基建账的应收、应付款等债权债务进行彻底清理。

(四)加强队伍建设提高财会人员及相关人员的综合素质

高等学校会计制度的改革必将对高校财务工作带来深远的影响，因此，高校必须高度重视，积极组织会计人员及相关人员深入学习研究《高等学校财务制度》。加强队伍建设，拓展财会人员及相关人员的知识领域，提高其政策水平和业务能力，使其尽快熟悉新制度的内容，为迎接新的《高等学校财务制度》的实施做好准备，积极采取措施应对高校财务制度改革给高校财务工作带来的机遇和挑战。

(五)营造高校会计引入权责发生制的环境氛围

由于《征求意见稿》已经颁布，所以我国的权责发生制改革征询机制已经构建，政府以及相关机构应该积极处理反馈意见，并且将处理的反馈意见再反馈给各高校以及相关人员，这样可以激发公众对改革的热情，为我国高校会计引入权责发生制营造一个活跃的文化氛围，另外，政府和相关部门应把握好引入权责发生制基础的改革进程，不能急于求成，按照渐进的路径，从试点到全面，先个别再整体，逐步引入权责发生制基础，完善我国高校会计制度。

【参考文献】

[1]乔春华.《高等学校财务制度》设计若干理论问题的探讨——兼析《事业单位财务规则(征求意见稿)》[J]. 会计之友，2010(6)：62—66.

[2]朱爱华. 修改和完善高校会计制度[J]. 会计之友，2011(3)：46—47.

[3]王耀忠. 高等学校财务制度改革影响及完善建议——基于《高等学校财务制度(修订稿)》. 石家庄铁道大学学报(社会科学版)，2012(9)：5—9.

[4]刘家瑛. 高校财务的权责发生制应用思考[J]. 会计之友，2012(2)：69—70.

[5]皮珊. 高校改革与发展呼唤新会计制度尽快出台[J]. 湖南财政经济学院学报，2012(2)：118—122.

[6]龙素英，张捷，杨少勇. 完善现行高校会计核算的思考[J]. 会计之友，2009(9)：30—31.

[7]林珊. 高校会计引入权责发生制的改革探究[J]. 长春理工大学学报，2012(8)：7—8.

[8]王华.对实施新高校会计制度的思考[J].中国总会计师，2010(9)：113－115.

[9]周旭芳.基于新会计制度视角下的高校基建会计核算[J].会计之友，2012(2)：121－122.

[10]朱鸿眉.高校事业会计与基建会计一体化问题的探讨[J].教育财会研究，2008(1)：53－55.

[11]李莉，陈薇.基于修正权责发生制下的新旧高校会计制度对比分析[J].会计之友，2010(10)：62－64.

[12]王琼.新高校会计制度分析及实施建议[J].财会月刊，2010(8)：47－48.

浅析新高校会计制度对成本核算的影响

辽宁师范大学　魏欢欢　王中衡

【摘　要】新的《高等学校财务制度》和《高等学校会计制度》的发布与执行，为高校教育成本核算提供了制度保障，更有利于精确核算成本。本文从高校教育成本核算的角度，分析了新制度对教育成本核算的意义，阐述了执行过程中存在的不足，并针对这些不足提出一些建议。

【关键词】新高校会计制度　成本核算

一、新会计制度的执行有利于高校精确核算教育成本

1. 新会计制度下的科目设置确定了教育成本核算的内容框架

新《高等学校财务制度》中增加了"成本费用管理"内容，要求高校根据事业发展需要，施行内部成本费用管理，费用按照其用途归集，主要包括：教育费用、科研费用、管理费用、离退休费用和其他费用。

而新《高等学校会计制度》中的支出科目共设置了 9 个，这与上述 5 种费用之间存在着对应关系。即"教育事业支出"科目对应的是"教育费用"，"科研事业支出"科目对应的是"科研费用"，"行政管理支出"和"后勤保障支出"科目对应"管理费用"，"离退休支出"科目对应"离退休费用"，"上缴上级支出""对附属单位补助支出""经营支出""其他支出"科目对应"其他费用"。

支出明细科目下将"支出经济分类"的"款"级科目作为辅助科目进行核算。目前高校常用的"经济分类"科目是 4 个，分别为"工资福利支出""商品和服务支出""对个人和家庭的补助支出"和"其他资本性支出"。这 4 类科目中的"款"级科目共计 68 个，这 68 个"款"级科目很好地体现了教育成本的费用明细，这样更利于成本核算。

2. 新会计制度引用了权责发生制原则，为高校教育成本核算奠定了基础

新会计制度中对于权责发生制的引用，有利于实现收入与费用的配比，使高校的资本性支出按照会计期间分摊归集成为可能。比如资产类科目中增设了"累计折旧""累计摊销"，对固定资产和无形资产以一定的方法进行折旧，为固

定资产分期进行成本费用的归集提供了可能。负债类科目中的"长期借款"加强了对负债的确认和计量，并采用权责发生制核算借款利息，区别购建固定资产期间发生的专门借款利息和其他长期借款利息，分别计入"在建工程"和"其他支出"。

3. 基建会计并入高校"大账"，有利于高校教育成本核算的完整性

在旧的会计制度下，由于预算管理体制的不同，高校基建账和高校会计账是相互分离的，基建数据也不在每月的会计报表中反映。若高校基建项目持续时间较长，那些未竣工的或者已经竣工但未办理决算手续的在建项目就只能反映在基建账上，而高校的会计报表中没有包括这部分基建数据，当然也就不能准确完整反映高校资产、负债和收支情况。新会计制度要求高校基建账目按照规定按月将核算情况纳入单位"大账"和财务报表，从而统一会计主体，能够更客观真实地呈现高校整体的经济活动和财务状况，有利于高校成本核算的完整性。

二、高校在成本核算过程中存在的问题

1. 高校教育成本核算对象不明确

高校教育成本是指高校为了生产教育产品所消耗的、可用货币计量的教育资源的价值，教育成本核算的对象应当是教育产品？何为教育产品？理论界对此有不同的看法。较普遍的观点认为，教育是培养人的社会活动，教育产品是学校培养的毕业生，即学校培养的各种类型、不同质量水平的人才；另一种观点认为，教育产品是学生知识的增加、技能的提高以及社会主流价值观念、行为规则的养成等。由于对教育产品的理解不同，因而形成了对教育成本核算对象的不同理解。是以学校培养的人才为成本核算对象，还是以学生知识的增加、技能的提高等为成本核算对象，理论界对此一直争论不休。

2. 间接成本费用分摊的难度大

目前高校的核算体系不能很好地把间接成本归集到成本对象。高校在日常提供各种教育活动的过程中会发生大量与成本对象无直接对应关系的间接成本，这些间接成本是教育成本中不可缺少的重要组成部分。虽然在新的会计制度中，支出被细分为九大类，使成本核算更具科学性，但在实际工作中，有些间接成本，比如行政管理支出、后勤保障支出和其他资本性支出，如何将他们科学合理地按照成本对象进行归集是很有难度的，有待进一步研究。

3. 科研经费成本核算需要制度的支持

在新的会计制度中，设置"科研事业支出"科目，用来核算与科研活动相关的费用。高校从国家科研管理机构申请的横纵科研经费都属于项目支出，按照科研项目进行成本归集核算。以国家自然基金为例，《国家自然科学基金资助项目资金管理办法》规定项目资金分为直接费用和间接费用，间接费用主要用于补

偿高校为项目研究提供的现有仪器设备及房屋、水电气暖消耗以及绩效支出等。新制度中并没有明确其分摊规定，难以准确计量这部分支出，只能将它放入"教育事业支出"中列示，结果是科研经费的成本得不到真实的体现，还虚增了教育成本。

另外，科研经费的收入与支出得不到有效的配比。由于高校科研课题的开展一般都是跨几个年度进行，课题所发生的支出也不是在同一个会计年度。但是根据新制度的核算要求，在年末科研事业收入全部计入事业基金，而与收入对应的科研事业支出却在不同的会计年度分期计入事业基金。这样会导致高校在某个会计期间科研事业收入与支出方面得不到有效的配比，影响高校总体的绩效评价。

4. 固定资产核算方式有待进一步改进

新的高校会计制度虽然要求对固定资产计提折旧，对无形资产进行摊销，但是，对其只是虚提。"累计折旧"冲减的科目是"非流动资产资金"，并未计入以后各期支出，也就是说没有在使用年限内分摊到费用中，这也影响了教育成本的核算。

另外，根据新制度的规定，从 2013 年 12 月 31 日开始，高校应该开展资产清查，并根据清查结果计算应计提"累计折旧"的金额，俗话说"万事开头难"，由于高校的固定资产数量多，损耗程度不同，以及如何准确厘清固定资产损耗在成本对象之间的分配，如何准确划分损耗在教学、科研等不同支出之间的比例，这些都需要长时间才能完成，这都为高校的成本核算带来了困难。

三、关于高校成本核算的几点建议

1. 明确高校成本核算对象

教育产品是指教育部门和教育单位所提供的产品，这种产品又称教育服务。从教育机构的性质上说，学校是提供教育服务的机构，高校的教育产品就是高校所提供的高等教育服务。以学校向一个学生提供一个学年的教育服务量作为教育成本计量的具体对象较为合适。

高校分文科、理科、工科、农林、医学等不同科类，每类又分博士生、硕士生、本专科生等不同层次。高校向不同科类、不同层次的学生提供的教育服务成本是不同的。因此，为了准确核算教育成本，高校当视不同学科或专业、不同层次的学生为不同的教育服务对象，分别开设教育成本明细账，将一个会计期间内高校提供教育服务过程中所耗费的全部资源价值进行归集和分配，计算出每一个学生接受一学年教育服务的成本。

2. 完善会计科目设置，增设明细科目，进行成本归集

合理地完善科目设置，是有效进行成本核算的基础。首先，根据"权责发生制原则"增设"待摊费用"和"预提费用"科目，用以核算已经支付但需要以后各期负担的成本费用；其次，根据谨慎性原则，还应增设"资产减值准备科目"，用以核算高校固定资产减值；另外，为了准确核算学生欠费问题，还可以增设"坏账准备"科目，这样能更真实地反映高校的往来款的情况。

3. 调整固定资产的会计核算方式

根据新会计制度，高校购建固定资产时的会计处理是全额借记相关支出，贷记"银行存款""零余额用款额度"等，同时借记"固定资产"，贷记"非流动资产基金——固定资产"，而在计提累计折旧时，借记"非流动资产基金——固定资产"，贷记"累计折旧"。这种会计处理并不利于高校进行成本核算。建议改成购建固定资产时，借记"固定资产"贷记"银行存款"或"零余额用款额度"，当计提累计折旧时，借记相关支出科目，贷记"累计折旧"。这样既有利于成本核算，又能真实客观地反映高校的财务状况。

4. 强化科研间接成本的核算

高校可以通过设置明细科目来核算科研间接成本。例如，对公共支出中的水电费、取暖费、房屋、仪器设备的折旧费等按照适当的核算方法分摊到科研项目经费中去。在科研经费的核算过程中，可以引用权责发生制，按照科研经费的预算执行情况分期确认科研事业收入，使科研收入与支出在各个会计期间内保持配比。

【参考文献】

[1]邱茜. 新会计制度下高校会计核算的探析[J]. 当代经济，2015(33)：130－131.

[2]李传霞. 新会计制度框架下高校教育成本核算研究[J]. 金陵科技学院学报（社会科学版），2015(2)：84－87.

[3]孙云兵，朱宝英. 对高校在新会计制度下固定资产折旧的探讨[J]. 会计审计，2015(33)：84－85.

[4]王良金. 浅谈新高校会计制度下科研经费的会计核算[J]. 经营管理者，2015(8)：68.

[5]康璐. 新制度下高校会计核算的问题及对策研究[J]. 商，2015(12)：145－147.

[6]张小军. 新高校会计制度对高校财务管理的影响探析[J]. 现代经济信息，2016(1)：178－179.

试论高校会计制度存在的问题与解决对策

贵州师范大学　徐燃

近年来，我国各高校快速发展，高校的经济结构也发生了巨大的改变。当前高校的会计制度已经很难满足高校的发展要求，因此高校会计制度要积极变革，针对存在的问题，及时采取相应措施，使会计制度发挥更重要的作用，推动高校的全面发展。

一、高校会计制度存在的问题

(一)高校收支核算不能形成配比

从事业收入看，高校收入来源除财政拨款外，主要是收取学费和教学科研收入。按照国家规定学校获得的这部分收入，应当缴入财政预算外资金专户，不计入事业收入①。但现行会计制度，没有规定收入确认的时间。高校收取的学费、住宿费等教学、科研收入全部上缴财政专户。财政部门甚至在当年都不能及时返还，导致会计年度高校收入与支出无法配比，影响了高校资金运作。即使高校在财政专户存款很多，也不能形成支出。从专用基金看，高校现行制度规定专用基金"先提后用、专款专用"。但是，提取专用基金如职工福利基金是按结余的一定比例提取的，当年高校职工福利就无法开支，否则就是当年年底提基金在下一年度发生支出。这不符合在同一会计年度内收入与支出相匹配的原则。

(二)高校资产核算方法不科学

在固定资产上，高校会计制度首次引进了"资产"概念，并规定"资产是指高等学校占有或者使用的能以货币计量的经济资源，包括各种财产、债权和其他权利"。但会计科目设计及其核算内容与"资产"这一会计要素本身不相吻合。高校在购建固定资产时，实际上是资产价值形态的转换，并没有发生耗费和损失，而按"会计制度"规定直接列支，对已经存在的经济资源就作为"耗费或损失"来处理，高校固定资产只有与虚设的固定基金相对应。这实际上使固定资产核算游离于会计核算系统之外，不仅虚列支出，也不利于资产管理。

(三)会计科目设计与核算不能全面反映经济业务内容

现行高校会计制度中设计的会计科目及其核算内容,都无法涵盖高校发生的经济业务。例如,高校房改资金收支业务、融资贷款业务等,不可能做到"大收大支、全收全支"。由教育投资主体多元化带来的同一所高校由两个以上的投资主体共同投资、共担风险、共享利益。那么,如何体现其各自的权利与义务呢?现行高校会计制度均无法反映。按我国《民办教育促进法》的有关规定,我国民办教育的举办者可以是企业、事业组织、各种社会团体,也可以是公民个人,办学经费主要来源于举办者从社会自筹的资金,并且允许举办者可以取得合理回报。合理回报就是企业办学的"利润",必须建立在成本核算的基础上才能真实反映。但是,这些在会计核算上如何反映?一些民办高校通常采用企业会计制度,这是对现行高校会计制度的摒弃。

二、完善现行高校会计制度的策略

(一)改收付实现制为权责发生制

在权责发生制会计下,能通过非现金资产、负债、营业收入、费用、溢余和损失的核算,而把某一个体的经营活动和影响它的交易、事项和情况,与它的现金收入、现金支出联系起来。故权责发生制会计能提供有关某一个体资产和负债及其变动的信息,从而满足非营利组织报表使用者的信息需求。这是仅限于现金收支的收付实现制会计所不能提供的。从这个意义上说,非营利组织会计包括高等院校会计的会计基础应采用权责发生制,而不是收付实现制。采用权责发生制核算基础,有助于高校教育活动收入成本正确计量,真实反映学校财务运行状况和财务成果;同时,又能有效地将高校支出与收入联系起来并形成配比,促进高校支出的"代际公平",为以绩效管理为导向的高校改革创造条件。

(二)建立资产及其价值补偿核算体系

根据高校固定资产的类别,应采取有所区别的资产补偿核算方法。对房屋和建筑物、专用设备与一般设备,应采取折旧的办法。企业固定资产管理,从资产评估(历史成本与公允价值)、减值处理到计提折旧已有一套成熟的核算方法和管理办法是很科学的。因此,高校应予以采用。对文物和陈列品以及图书,则应采取设置基金的办法。因此,需要增加"固定资产折旧"科目,将"修购基金"的明细科目名称改为"图书、陈列品基金",并按不同渠道提取资金,以实现固定资产的价值补偿,满足高等学校人才培养成本核算的要求。此外,还要参照企业会计核算方法,明确无形资产的核算与摊销方法等[②]。

(三)设计核算教育成本的会计核算科目

根据财政部制定的政府预算收支科目，目前一般预算支出分为人员支出、公用支出、对个人和家庭的补助支出三大类，修订高校会计制度应与财政预算改革相衔接，并体现高校成本核算的特点。著名美籍华裔教育经济学家、哥伦比亚大学教授曾满超将教育成本分成两类——经常成本和资本成本。经常成本中又包括人员性成本和非人员性成本；资本成本则主要指固定资本投入，如校舍建设与大型设备、土地成本。改革高等学校会计制度可吸收这一观点，目前高校成本核算也不宜过细，否则靠加工出来的相关数据核算成本将影响成本的真实性和可比性。实际上，政府预算科目中"人员支出""对个人和家庭的补助支出"属于高校经常性成本中的人员性成本，"公用支出"属于高校经常性支出中的非人员性成本；学校征地、基本建设和固定资产购置支出则属于资本成本。

三、结语

总之，正视高校财务管理中存在的缺陷，并加以分析改善，建立一个动态改进、权责明确的管理机制，是高校应对经济发展新情况和会计核算新内容能找到解决方法的正确途径。因此，高等学校可以保证管理信息质量的真实可靠、维护资产的安全完整以及实现高校教育的全面发展和战略的实现。

【参考文献】

[1]王华. 对实施新高校会计制度的思考[J]. 中国总会计师，2010(9).

[2]李飞. 新旧高等学校会计制度的比较及启示[J]. 教育财会研究，2013(5).

浅谈决策会计在高校管理中的应用 *

南通大学　杨毅　朱一新　印巧云

【摘　要】决策会计是预测趋势、参与决策、规划未来、指导全局性经济活动的一门新兴会计学分支，是管理会计的主要内容，但又区别于管理会计，其特征是决策。现代高校管理需要决策会计。将决策会计应用于高校的预算编制、筹资决策、投资决策、风险控制、成本管理等主要经济管理活动，为高校重要决策提供科学依据，增强高校综合实力，保证高校健康、可持续发展。

【关键词】决策会计　高校　管理

决策会计是从管理会计派生出来的一门独立的新兴学科，利用会计信息和其他经济信息，以运筹学、统计学、会计学和投资学的基本原理，采用现代数学模型和科技手段对企业未来的生产经营方向和目标进行定量和定性分析、论证，预测趋势，提出可行性方案，参与决策，协助领导层确定经营目标，做出正确经营决策。

在教育国际化、市场化的形势下，高等教育管理体制改革不断深入，教育经费筹措方式也不断变化，逐步形成了"以政府财政拨款为主，社会多渠道筹措"的多元化资金筹措方式。高校拥有了更多自主办学权，办学模式多样化，筹资渠道多元化。高校的会计信息需要者、会计目标、会计对象、会计方法都发生了巨大变化，高校财务会计、责任会计提供的信息已不适应现行高校运作。高校要想在激烈的市场竞争中有立足之地，必须跟随内外部环境的变化，进一步加强科学管理。管理的中心在经营，经营的关键在决策。运用决策会计，对高校的预算编制、筹资决策、投资决策、风险控制和成本核算等经济活动进行预测、分析、论证，提出可行性方案，为高校重要决策提供科学依据，增强高校综合实力，实现高校战略目标、发展战略和主要任务，全面推进高校各项事业健康发展。

* 本文系 2014 年江苏高校哲学社会科学研究项目(2014SJA009)的阶段性研究成果。

一、决策会计的产生及与管理会计的关系

（一）决策会计的产生

现代决策是 20 世纪 50 年代以来逐渐发展起来的一门新兴科学。博弈论、系统工程学、网络技术及电子计算机的迅速发展为现代决策奠定了基础；系统论、控制论、信息论的发展为决策学提供了理论依据；运筹学、数理统计学的发展为决策学完善了定量的技术手段。随着我国管理科学的迅速发展，决策学已日益受到社会各界的重视。将决策学的技术与会计结合起来，形成了决策会计学。

会计的产生、发展和分科主要由会计信息需要者、会计对象和会计方法三大要素逐渐分化而成。随着所有权与经营权的分离，出现了经营管理者和会计信息需要者。随着规模的扩大，经营管理者又分为决策层管理与执行层管理。会计信息需要者分为上级主管部门、投资人等外部需要者和内部管理需要者。会计的对象是资金运动过程，即过去、现在和未来的资金运动。会计方法是对资金运动进行反映和控制的具体形式。随着经营决策的日益重要，会计上将运筹学、数理统计学中的数学模型等高等数学为主的灵活多样的核算方法运用到会计中来，用简明的数学模型将未来复杂的经济活动表示出来，而且一般没有固定的模式可供遵守，会计方法呈多元化，从而产生了决策会计，为内部领导决策层科学决策提供依据。

决策会计就是预测趋势、参与决策、规划未来、指导全局性生产经营活动的一门专业会计。

（二）决策会计与管理会计的关系

决策会计与管理会计同属现代管理会计，决策会计是从管理会计中分离出来的一门学科，是管理会计的主要内容，也是管理会计的核心，从逻辑与实务上讲，决策会计是管理会计的实质，它来源于管理会计，但通过演绎、推理、完善，又高于管理会计，比管理会计更加专业化、系统化。现代管理会计是决策会计的母体。从两者的特征看，决策会计与管理会计都是为强化内部管理，为企业提供经济效益服务的会计，都属于"内部会计"，决策会计是为企业决策者服务的，为决策者提供决策依据，是企业高层次的经济管理活动；管理会计除了决策会计这部分功能外，也为企业各级管理层服务，为整个企业管理者管理活动服务。从两者的核算内容看，决策会计运用数学模型，预测分析，提出方案，规划未来，重点是分析、预测、决策；管理会计是以企业内部责任中心为核算内容，对责任中心的工作业绩进行计划、控制和考核，重点是计划、控

制、考核。

决策会计的特征是决策，管理会计的特征是管理。

二、决策会计的基本内容及基本方法

(一)决策会计的基本内容

根据决策会计对象的规定，企业决策会计核算内容主要包括：参与筹资决策、参与投资决策、参与成本决策、参与价格决策、参与目标利润决策、参与企业分配决策等。高校决策会计的基本内容主要包括：参与预算编制、参与筹资决策、参与投资决策、参与风险控制、参与成本管理等。

(二)决策会计的基本方法

决策会计需要借助于会计预测，收集大量的有用信息，借助科学技术的发展与电子计算机的运用，然后进行整理、分析，去伪存真，去粗取精，分清主次，理出规律，对各种因素的影响程度或变化趋势进行测算，并不断修正预测值，从而得出可靠的预测结果。

决策会计的基本方法分为定性分析法和定量分析法两种。定性分析法是会计根据自己或他人的知识、经验，利用所掌握的信息对未来情况进行综合分析判断，提出决策方案，并做出相应的评价，如专家调查法。定性分析方法的优点是简便、灵活，省时省力，但方案主观成分大，不够严谨；定量分析法是根据掌握的有关数据，将所涉及的变量与变量以及变量与目标之间的关系用数学模型表达出来，并计算出可能出现的各种结果，从而进行比较并做出相应的评价或决策。如趋势预测法、趋势外推预测法、时间变动预测法和相关分析预测法。具体方法有：回归分析法、相关比率法、本—量—利分析法、差量分析法、边际贡献法等。这种定量分析方法做出的方案精确性较好，有利于掌握相关变量间的内在联系。

社会经济现象的变化是错综复杂的，很难完全按照设定的决策条件及建立的数学模型去发展。按照数学模型做出的预测值难免与未来的实际情况有所偏离，存在预测误差，因此，在运用一定方法对预测误差进行调整的基础上，结合定性分析得出预测结果，根据预测结果筛选预选方案。

三、现代高校管理需要决策会计

现代高校管理需要现代的科学决策，决策科学是高校持续健康发展的决定性因素，科学决策依赖于决策会计，决策会计为高校管理决策提供重要依据。随着高校管理体制不断改革以及高等教育在我国国家发展中的地位提高，高校办学形式多样化，筹资渠道多元化，高校拥有了更多自主办学权，管理环境日趋复杂，其主要表现有：

1. 高校经济活动多样化

现代高校的经济活动内容越来越多，活动范围越来越广，涉及招生、专业设置、人才引进、银行贷款、对外投资、科研以及与科研协作单位、企业之间的合作等许多领域，高校经济活动的相互依赖程度越来越高，高校经济活动的信息量空前增加。现代高校的经济管理活动涵盖了资金筹措、人才培养、科学研究和社会服务等诸方面。

2. 高校财务风险复杂化

多年来政府对高等教育经费投入不足，学校为扩大招生规模，在新校区建设等方面投入了大量资金。除取得正常的财政拨款、学费收入维持正常运转外，高校向银行借入大量资金用于基本建设，导致很多高校负债严重，财务状况恶化，财务风险加大。高校为筹措更多的经费用于学科建设、人才引进等内涵建设，增强自身的"造血"功能，积极开展科研技术转让、技术咨询、技术投资等经济活动，这些经济活动使得高校面临复杂的经济问题、法律问题，财务风险复杂化。

四、决策会计在高校管理中的主要应用

根据《国家中长期教育改革和发展规划纲要(2010—2020年)》精神，高校的地位在未来的经济发展中越来越重要。高校越发展，管理越重要，决策更关键。高校管理者必须站在高校战略发展的角度进行科学决策。决策会计的运用在高校管理中将发挥越来越重要的作用。本人认为，决策会计主要应用在以下几个方面：

1. 参与预算编制

高校预算是预先对高校的现有和未来可获得的资源进行配置。预算编制是"龙头"，是高校经济工作的"指挥棒"，在资源配置中起着主导作用。现在高校间争夺优质生源、优秀教研人才、重点学科、优势学科，抢占就业市场，扩大生存空间，竞争体现在各个重要领域。预算编制时需根据高校的战略规划，科学决策高校发展各阶段的重要领域，保证高校的持续竞争力。我国高校传统预算编制模式，一般以往年数据作为重要参考，只编制年度综合财务收支计划，未根据高校战略规划来编制中期或长期预算。决策会计则根据目前形势需要，根据高校中长期规划，以高校前景规划为核算主体，站在实现高校战略目标的立场，利用财务会计信息和其他经济信息，对高校未来经济活动进行会计预测、分析，弹性预算跨越期间，多角度、全范围地进行预算方案编制、筛选，为高

校管理者进行预算方案决策提供科学依据。

2. 参与筹资决策

目前高校办学是"以政府财政拨款为主，社会多渠道筹措"的多元化资金筹措方式，其资金来源主要是财政拨款、教育事业收入、借入款项、捐赠、其他收入等。根据调研结果，国家对高校的财政拨款占高校发展所需资金的一半左右。为筹措资金，高校加强内涵建设，扩大影响力，吸引生源，保证学费、住宿费收入；与银行战略合作，获得贷款资金，缓解资金不足；发挥科研和开发方面的优势，以其拥有的智力资本和先进的设备，与企业合作，获得校企合作收入；以科研成果申请专利，出让专利，获得科研资金；以校友会为平台，争取教育捐赠等。运用决策会计的回归分析、相关比率、趋势预测等预测方法对这些筹资方式进行科学预测，预测高校短期资金需要量、长期资金需求量，预测不同筹资方式的资金成本和筹资风险，选择资金成本低、筹资风险小、筹集资金最大的筹资方案作为筹资决策的依据。

3. 参与投资决策

《高等学校财务制度》规定高等学校应当严格控制对外投资。高等学校的投资主要集中在基础设施建设及人才引进、科技开发、专业设置、重点学科和优势学科等内涵建设方面。通过"本—量—利"分析法、差量分析法、趋势预测法、回归分析法、边际贡献法等定量分析方法来测算经济效益，同时综合高校各方面的信息进行定性分析，注重社会效益。从高校发展战略目标出发，在经济效益与社会效益二者间寻找一个相对平衡点，选择经济效益大、社会效益好的方案作为高校投资决策的依据。不仅要开办能给高校带来较好经济效益的专业，也应开办"占用学校资源多""不合算"的基础性专业，培养社会需要的各方面人才；不仅要投资教学硬件设施，建设"大校"，又要投资学校内涵建设，培养"大师"；既研究给自身利益带来经济效益的特色技术，又要研究经济效益不明显，为社会大众服务的科技，承担社会责任，服务地方经济。

4. 参与风险控制

政府对高校投入的经费总量虽然持续增长，但有些高校为扩大招生规模、提高竞争力，在建设新校区方面已投入了大量资金，向银行借入资金，形成严重负债，财政危机四伏。利用财务信息和其他经济信息，预测银行贷款控制额度，预测风险系数，并进行学校风险级别评价；同时，对科研成果转让、对外投资或联营、校办企业投入、后勤改革等方案进行预测分析，多渠道筹措资金。高校经济活动形式、内容多样化，财务风险复杂化，将风险问题纳入决策方案重要内容，筛选风险可控的方案，保证高校健康发展。

5. 参与成本管理

加强高校办学成本管理，提高办学效益，是高等教育未来发展的必然趋势，是确保高校良性循环的基础。目前大多数高校所采用的成本核算方法还比较传统。建立一定的数学模型，对人才培养、对外筹资、对外投资、人才引进、科研项目立项、技术项目开发等环节进行成本预测，以整个高校的前景规划为核算主体，凡对决策有用的信息都进行核算，预测办学效益与教育成本之间的关系，结合高校成本管理的特殊性进行定性分析（高校是非营利性机构，不以赢利为目的，投资者只能获得政府允许的投资回报），提供教学成本与教学效益统一协调发展的筛选方案。

【参考文献】

[1]马海清，朱光林．决策会计学［M］．北京：经济管理出版社，1997.

[2]黄宁，张李杰．战略管理会计在高校应用简析[J]．教育财会研究，2011(8).

[3]吴坚真．有关决策会计的几点思考[J]．财会月刊，1997(9).

[4]王化成．论决策会计的产生、基本原理和方法[J]．中国人民大学学报，1992(1).

高校会计制度改革的创新与风险

信阳师范学院　　殷涛①

【摘　要】近年来，随着我国高等教育体制的不断改革，现行的高校会计制度逐渐显得力不从心，已经不能完全满足高校快速发展的需要，高校会计制度改革势在必行。通过比较分析新高校会计制度与现行的高校会计制度，指出新高校会计制度改革的创新与风险，针对风险提出进一步完善新高校会计制度改革的建议。

【关键词】高校会计制度　改革　建议

为适应财政预算改革和高等学校经济业务发展需要，进一步规范高等学校的会计核算，提高会计信息质量，2013 年 7 月 12 日，财政部发布了《高等学校会计制度(修订)(征求意见稿)》(简称"新会计制度")，自 2014 年 1 月 1 日起施行。这是继 2009 年、2010 年和 2012 年之后，财政部第四次发布高校会计制度征求意见稿。与 1998 年《高校会计制度(试行)》(简称"旧会计制度")相比，新会计制度将权责发生制引入到高等学校会计制度中，将基建会计核算纳入高校的会计核算，同时兼顾预算管理、财务管理、资产管理、绩效评价的信息需求(徐春芳，2010)。由此看出，此次修订内容变动大，改革彻底，体现高校行业特色。

一、高校新旧会计制度比较

(一)会计基础变化

旧会计制度要求高校业务活动一般采用收付实现制，经营性收支业务的核算采用权责发生制，而新会计制度规定高等学校会计以修正的权责发生制为基础。在新市场经济条件下，高校不可能独善其身，高校行为也含有市场行为的特征，具有准市场结构，因而传统的收付实现制已经不能完全满足高校经济业务发展的需要。虽然新会计制度规定采用修正的权责发生制，并没完全取代收付实现制，但却是一种进步，将原先以收付实现制为主的核算基础逐渐向以权

---

① 殷涛(1987—)，男，河南罗山人，会计师，管理学硕士，主要从事高校财务管理研究。

责发生制为主过渡，符合我国高等学校当前发展状况。

（二）会计核算变化

为深入领会新会计制度改革的精髓，笔者结合新旧会计制度及有关研究资料分别从资产负债类、净资产类、收入支出类科目变化谈谈自己的一些浅薄的看法。

1. 资产负债类：(1)新会计制度科目名称(编码)与企业会计准则趋同性加强。例如，新会计制度将"现金(101)"科目改为"库存现金(1001)"科目等。(2)新会计制度逐渐完善特殊会计业务的处理。例如，新增"待处理财产损益"科目核算尚未查明原因的现金短缺或溢余、涉及外币业务具体的处理、长期借款利息资本化的处理等。(3)基建账并入财务"大账"核算，在很大程度上提高了高校的会计核算水平，使高校会计核算具有统一性、完整性和真实性，为高校的可持续发展提供更为真实、准确的会计信息(周旭芳，2011)。(4)为了真实反映资产价值，并使财务实际工作更具可操作性，新会计制度引入"虚提"概念，对固定资产和无形资产计提折旧和摊销，改变以往高校对固定资产处理参差不齐的局面。

2. 净资产类：(1)为满足高等学校会计核算的特殊需要，新会计制度对"事业基金"科目的核算内容进行了必要补充，包括：继承现行高校会计制度规定，要求将从科研项目中一次性提取的管理费或间接费计入事业基金，将高校收回附属单位返还的人员费用计入事业基金。(2)实现与《高等学校财务制度》的规定相协调，新会计制度对专用基金的核算内容进行了必要调整，包括：删除有关修购基金的核算内容，增加学生奖助基金的核算内容，增加从支出中提取职工福利费的处理等。

3. 收入支出类：(1)收入业务作为高校经营活动的核心，新会计制度将"事业收入"科目拆分为"教育事业收入"和"科研事业收入"科目，分别进行核算和反映，体现了重要性原则；(2)支出活动是高校财务管理的关键，新制度将"事业支出"科目细化为"教育事业支出""科研事业支出""行政管理支出""后勤保障支出"和"离退休支出"五类一级科目，有利于加强高校成本核算。北京科技大学张曾莲指出，"支出信息是高校需要重点掌握的会计核算信息，可以满足高校的财务分析和管理方面的需要"。

（三）会计报表变化

新会计制度系统改进财务报表结构，增添支出与成本费用调节表、财政补助收入支出表(见表1)。新的报表结构能更完整地提供高效各项收支情况以及资产状况，具备更高的实用性和完善性。此外，新会计制度完善财务报表体系，明确将校内独立核算单位会计信息纳入学校财务报表反映，加强高校内部管理。

表1 高校财务报表结构比较

报表名称 \ 制度名称	高校会计制度（1998年试行）	高校会计制度（2009年修订）	高校会计制度（2013年修订）
资产负债表	是	是	是
收入支出表	是	是	是
支出明细表	是	否	否
支出与费用调节表	否	否	是
预算收支表	否	是	否
基建投资表	否	是	否
财政补助收入支出表	否	否	是
附注	是	是	是

(四)其他内容变化

旧会计制度要求高校不可减少或合并会计科目，而新会计制度规定高校可根据自身实际情况，在不影响会计处理和编报财务报表的前提下，自行增设、减少或合并某些会计科目。高校行业具有发展的特殊性，旧会计制度"一刀切"的规定限制了高校发展的积极性，不利于高校良性发展。新会计制度的灵活规定增强了高校发展的独立自主性，有利于高校结合自身状况，制定最佳的财务管理模式，适应高校经济形势不断变化的需要。

此外，新会计制度要求高校按照统一的会计编号进行账务处理，不得随意打乱重编。按照有关规定定期编制财务报表，并由相关负责人签名(盖章)后对外报送。这些规定使得高校财务管理工作更加规范、严谨。

二、高校会计制度改革的风险

新会计制度的改革必将掀起高校新一轮的扩张，但新会计制度的改革不可一蹴而就，它涉及许多理论和实际问题，改革的历程避免不了众多阻碍。具体风险表现如下：

(1)会计目标定位不准确。新制度改革中没有明确的会计目标定位，这样不利于高校资源均衡配置和会计信息质量的提高。

(2)基建"并账"执行困难。基建并账并不是简单的数字相加，涉及许多理论和实务问题，例如，内部往来业务的调整、内部收支业务的调整、内部资产的调整等。在当前高校经营环境复杂性、财务管理水平低下、财务人员结构不合理等条件下，基建"并账"实际执行困难。

（3）会计核算可操作性差。新会计制度将原先的"事业支出"科目细分为五大类支出，一定程度上加强高校成本费用核算，但在实际工作中费用合理分摊难度较大，特别是对高校资本性支出业务，由于涉及教学科研等部门混合使用，费用类别分摊不易具体区分。

（4）部分科目设置有待完善。以其他应付款为例，当前高校已经普及公务卡的使用，将逐步减少职工外出借款业务，新会计制度中涉及职工借款等有关科目有待重新完善。此外，新会计制度中"科研收入"科目主要核算政府及相关机构拨入的财政资金，但随着高校与企业合作的进一步拓展从企业获得的科研经费占据了相当大的比重，这也应该纳入到科研经费核算中来。

（5）高校信用危机。新会计制度一方面要求对固定资产和无形资产计提折旧，另一方面确认贷款利息以及确认欠款等隐性负债。这样导致资产总额减少，负债总额增加，提高了高校资产负债率，短期内必将造成资产与负债失衡局面。资产负债率作为银行信贷主要参考评价指标，这样讲导致银行降低高校信用评价，不利于高校开展资金贷款业务，制约高校长远发展。

（6）校内独立核算单位"并表"或"并账"。高校作为一个会计主体，应当将校内独立核算单位的会计信息纳入高校"大账"或财务报表统一反映。由于新旧高校财务制度和会计制度均未对高校校内独立核算单位会计信息的处理问题做出明确规定，实务中各高校做法差异较大，影响了高校间会计信息的可比性。

（7）新旧会计制度衔接问题。新会计制度于 2014 年 1 月 1 日试行，涉及高校大量财务数据调整，财务人员面临巨大的挑战。

三、完善高校会计制度改革的建议

（一）明确高校会计目标

会计制度改革是以会计目标作为研究的起点，用于指导其他相关业务的研究，并作为整个改革框架的基石。高校会计制度作为会计制度的重要组成部分，必然受会计目标的直接影响。虽然会计理论界对会计目标尚无统一定论，但是当前国际较为流行的主要有三种会计目标：受托责任观、决策有用观和混合会计目标(受托责任观和决策有用观的结合)。无论规定哪种会计目标，目的是提供给相关使用者有用的信息，促进长远发展。高校会计制度应明确会计目标，寻找目标定位，这样有利于高校财务管理工作具体开展。笔者认为，高校会计目标应是混合会计目标，一方面完成国家交付的责任，另一方面提供给相关决策者有用的决策信息。

(二)财务人员结构多元化

在新的经济形势下,单一的财务人员结构远远满足不了新会计制度改革的需要。为了促进新会计制度顺利改革,财务人员结构需呈现多元化。具体可以从以下几个方面着手:(1)专业知识结构。财务岗位需求方面不仅要注重财务专业的人才,而且要多关注经济、法律、管理等专业的人才,呈现"百家争鸣"的局面。(2)年龄结构。财务部门注重招纳年轻优秀的会计专业人才,注入财务部门新鲜的思维和血液。(3)学历结构。注重高学历人才招聘,加强部门人员继续教育,提升现有人员的学历水平。

(三)加强宣传培训工作

高校财务人员就如一座"桥梁"贯穿于高校会计制度改革的始终。推行新会计制度改革,首先,应对高校财务人员进行宣传和培训,使他们从思想上重视新会计制度改革,不断提高业务水平和信息化系统操作水平,以便更好地服务于新会计制度的改革。其次,加强对高校相关领导人员的宣传培训力度,只有领导重视,带头示范,才能更好地推进新会计制度。最后,做好高校教职工的宣传和培训工作,促使他们积极配合高校会计制度改革。笔者认为,高校财务人员是新会计制度改革中的执行者,领导人员是支持者,教职工是辅助者,只有各部门人员相互配合,才能有效地推进高校会计制度改革。

(四)完善会计科目设置

只有会计科目设置结构合理,才能为高校资产管理、成本核算等提供充分的决策依据。以支出类科目为例,科目的细分使得高校能够根据各教学教育活动各个部分的职能,按照责任中心归集成本费用,较全面地反映了高校的教育成本行为。但是,从成本核算的角度看,依据"修正的权责发生制"原则还须设置一些用以核算支付期与归属期不一致的支出项目,如增设"待摊费用"和"预提费用"科目(于莉萍,2013)。此外,根据谨慎性原则,新会计制度还应设置"资产减值准备""坏账准备"等科目,用以核算高校固定资产减值、学生欠费等实际问题,这样能够更加真实地反映高校资产的真实性,充分估计和核算学生教育成本费用。

(五)做好新旧高校会计制度衔接

自2014年1月1日起,新会计制度全面推行,对高校的发展既是机遇也是挑战。只有做好新旧会计制度的衔接准备工作,新会计制度才能在改革的浪潮中迈出坚强的第一步。

1. 新旧会计制度衔接总要求

(1)自 2014 年 1 月 1 日起，高校应严格按照新会计制度的规定进行会计核算和编报财务报表。(2)按照新会计制度做好新旧会计制度的衔接。(3)及时调整会计信息系统。

2. 新旧会计制度衔接准备工作

首先，高校资产负债应进行全面清查、盘点，及时核销，对尚未核销的转入"待处理资产损益"科目核算；核实固定资产、无形资产的原价、使用年限等。

其次，按照新制度对部分资产负债项目追溯调整，包括固定资产补提折旧、无形资产补提摊销、长期投资补记利息等；对原基建账套进行清理，包括基建投资项目、交付使用资产、基建借款和拨款等，做好会计科目对照衔接准备。

再次，按照新会计制度和企业会计准则合并财务报表做法将校内独立核算单位财务报表并入财务"大表"；按照新会计制度将基建账相关数据并入新账，将 2013 年 12 月 31 日原基建账中相关科目余额并入新账。

最后，根据原账编制 2013 年 12 月 31 日的科目余额表，并依据新会计制度对原账科目余额表进行调整，调整后的科目余额作为新账各会计科目的期初余额，作为 2014 年 1 月 1 日期初资产负债表的编制基础。

【参考文献】

[1]徐春芳. 浅析高校基建会计监督[J]. 会计之友，2010(10)：95－97.

[2]周旭芳. 基于新会计制度视角下的高校基建会计核算[J]. 会计之友，2011(2)：121－122.

[3]于莉萍，靳鑫. 新高校会计制度下高校教育成本核算习题探析[J]. 大连大学学报，2013(4)：111－114.

高校会计制度改革研究

辽宁师范大学　张兆肖

【摘　要】本文通过理论结合实际的方法，对财政部 1998 年颁布的《高等学校会计制度（试行）》和 2013 年颁布的《高等学校会计制度》进行比较，分析出原制度的不足和新制度做出的变革，并对新制度中的改革给高校带来的功效做出了重点分析，最后，指出新制度实施过程中所面临的困难并提出完善建议。

【关键词】高校　会计制度　改革　原制度　新制度

一、引言

自 1998 年 3 月 31 日我国财政部颁布实施《高等学校会计制度（试行）》（财预字〔1998〕105 号）（以下简称"原制度"）以来，高等学校会计行为得到规范，预算及财务管理得以加强。但随着高等教育的发展，原制度已逐渐不能适应高等教育体制改革发展的需要。为了适应财政改革和高校发展，规范高校的会计核算，保证会计信息质量，财政部对原制度进行了全面修订，于 2013 年 12 月 30 日印发了新《高等学校会计制度》（财会〔2013〕30 号）（以下简称"新制度"），自 2014 年 1 月 1 日起施行。

新制度的出现承接了优点，弥补了不足。新制度是我国高校会计制度发展史上的又一次创新，更好地适应了高校会计工作发展的需要，使得高校财务处理更加合理、规范。新制度的实施，真实全面地反映了高校收支状况，而且充分发挥出规范高校经济活动的作用。新制度对高校财务管理、预算管理、内部控制等方面有着积极的影响。进一步深入研究新制度，对提高依法治校，提高会计管理能力，促进高校会计制度稳定、健康、可持续发展具有重要意义和作用。

二、原制度的不足、新制度的创新点与优势

新制度提出将基建业务并入高校事业单位会计中核算，计提固定资产折旧，新增了与国库集中支付、政府收支分类、部门预算等公共财政改革相关的会计

核算内容，在原会计制度基础上更加深化、细化。

（一）原制度规定："高等学校会计核算一般采用收付实现制，但经营性收支业务的核算采用权责发生制。"收付实现制在收入和支出管理方面均存在不足。例如：在学费收入方面，学生欠缴学费的数额不能反映在账面上；固定资产没有计提折旧，用"固定资产"和"固定基金"同增同减来反映固定资产增减变化，由此产生固定资产账面值不能反映其净值，导致资产和净资产虚高，造成固定资产使用效率低下、浪费严重等相关问题。

新制度指出，"高等学校会计核算一般采用收付实现制，但部分经济业务或者事项的核算应当按照本制度的规定采用权责发生制"。这弥补了收付实现制的不足，进而提高了会计信息的真实性。根据权责发生制原则，新制度要求高校计提固定资产折旧以真实地反映高校的固定资产净额。新制度增设"累计折旧"和"累计摊销"科目，实时反映资产价值，取消原科目"专用基金——修购基金"，不再计提修购基金。同时用"非流动资产基金"科目取代了"固定基金"科目，并下设"长期投资""固定资产""在建工程""无形资产"二级会计科目，更加清晰地反映了净资产的结构，提高了财务报表的准确性。

（二）高校向其他机构借入的资金因其用途的不同，分为长期借款和短期借款，但原制度设置"借入款"科目用以核算各种借款，将长期债务和短期债务在报表中合并列报，这种会计处理过于笼统。新制度设置"短期借款"和"长期借款"两个一级科目，有利于高校管理者和金融评估机构对债务风险进行评估，对财务状况合理把握。

（三）原制度中基建账目未纳入高校会计中核算，这种制度使得一个会计主体有两套账务、两套报表，任何一套账务都只能反映高校经济活动的一个方面，由此上级主管部门和国家相关职能部门不能完整、准确地掌握高校财务信息。随着高校规模不断扩大，基建投资迅猛增长，资金的来源靠学校贷款，贷款本金及利息由学校财务偿还。由于基建会计独立核算，同时贷款利息由学校支付并且不列入基建财务费用，所以产生学校负债状况不实、基建项目成本核算不准确等现象。

新制度明确规定了将基本建设投资业务相关数据定期并入高校会计"大账"中。增设"在建工程"一级资产类科目、"非流动资产基金——在建工程"科目，取消原"结转自筹基建"科目。这一改革形式能够更加真实、全面地反映高校会计主体的资产、收入、支出的整体经济活动，提高了会计信息的完整性。

（四）原制度科目体系单一，无法满足高校收入和支出管理的一致性，无法区分财政基本支出和项目支出，无法与国库集中支付体系达成一致，新制度在会计科目方面做了很大调整。

为适应国库集中支付制度的核算要求，保障对高校预算资金的付款控制，新增了"零余额账户用款额度"和"财政应返还额度"两个一级科目。新增"财政补助结转"和"财政补助结余"科目，用于核算滚存的财政补助项目支出结转结余资金。

收入类科目中，不再体现"拨款"类科目，用"财政补助收入"科目替代原"教育经费拨款""科研经费拨款"和"其他经费拨款"三个科目，更真实地反映了高校的收入状况。

支出类科目将原"教育事业支出"和"科研事业支出"替换为"教育事业支出""科研事业支出""行政管理支出""后勤保障支出"和"离退休支出"五大一级科目。同时下设"基本支出"和"项目支出"；"财政补助支出""非财政专项资金支出"和"其他资金支出"等层级进行明细核算。新制度指出，要按照《政府收支分类科目》中"支出功能分类"和"支出经济分类"相关科目进行明细核算。

新制度在会计科目核算中分为会计科目、经济分类科目、功能分类三大科目，这一巨大改革，能够更准确地统计高校支出数据，提高会计信息质量，做到款项的支出体现款项的来源。例如：是基本支出还是项目支出、是财政补助支出还是非财政专项资金支出、款项是用于教育还是用于科学技术、款项发生的经济行为是什么等这些更为细致的会计核算将收入的来源和支出的分类做到一致性管理，为教育成本核算奠定了良好的基础，有利于财务报表的编报。

（五）新制度系统完善了财务报表体系，提高了财务报表的完整性和实用性。新制度增加了财务报表附注，更加全面地体现了学校的整体财务信息和经济状况及会计信息的可理解性。同时，新制度要求将校内独立核算单位会计信息纳入高校年度财务报表中反映。高校管理者可以直观地评估独立核算单位的资产、负债和净资产情况以及高校的整体财务信息。

三、新制度可能遇到的问题和解决建议

为了适应高校财务要求，使得财务信息更加公开、透明、准确，新制度按照财政管理体制改革的要求，在保留原制度优点的基础上，做出重大改革，拓展了核算内容，提高了信息质量，使其能更全面地反映高校的经济活动。但是，新高校会计制度在实施过程也面临着前所未有的困难。

（一）基建并账口径问题。新制度提出将高校基建项目并入"大账"中核算，但在新制度中未制定统一的并账标准，也没有明确规定会计科目的核算原则，这样使得高校财务人员只能凭借自身的业务能力进行核算，高校基建并账的标准不统一，使得高校会计信息不具有横向可比性，从而降低了会计信息的质量。

（二）新制度中提出固定资产和无形资产需要计提折旧和摊销。然而，没有

具体指定各类固定资产的使用年限和计提折旧的方法，高校会计人员暂时没有统一的参考标准。

（三）新制度对会计科目体系做出了重大调整，但仍有不足之处。如果学费宿费可以采用权责发生制予以确认，可以增设"应收学费""应收宿费"科目来体现学生学费宿费的欠缴情况。根据谨慎性原则、高校风险管理的不确定性，应该计提坏账准备。

（四）新制度会计科目的完整，由原有的单一科目到现在的会计科目、功能分类科目、经济分类科目并行，会计核算内容更全面，但也加大了高校会计人员的业务工作量，对人员业务能力有严格要求。对一项支出业务，会计人员必须了解该项业务的分类、来源和经济事项。

（五）新制度对高校财务软件提出了更高的要求，科目代码、核算方法均需重新设置。财务软件提供数据的准确性与稳定性，科目之间交叉性数据体现，以及带来的多功能用途，都面临着不确定性。

四、结论

目前我国正处于高校会计制度的改革阶段，新高校财务制度的研究与探讨显得尤为重要，希望本文的研究内容和方向对高校财务人员的会计核算工作有所帮助。高校会计制度的不断研究与探讨，对高校教育体制改革发展、优化会计核算等方面起到了积极的作用。

【参考文献】

[1]中华人民共和国会计法.

[2]事业单位会计准则.

[3]高等学校财务制度讲座编写组.高等学校财务制度讲座[M].北京：中国人民大学出版社，1997.

[4]财政部.高等学校会计制度（试行）[Z].财预字〔1998〕105号，1998.

[5]李昌荣.《高等学校会计制度》存在的问题及对策[J].中国农业会计，2006(7).

[6]戚艳霞.《高等学校会计制度》征求意见稿的特点分析[J].财会月刊，2009(36).

[7]财政部.高等学校会计制度[Z].财会〔2013〕30号，2013.

[8]陈俊杰.高校新旧会计制度的比较分析[J].财会月刊，2014(1).

[9]向育宾，赵静.新旧高校会计制度的差异及实施策略分析[J].当代会计，2014(7).

财务管理体制机制

试析高校管理会计应用和发展的系统影响要素及其优化

湖北师范大学　　陈荣芳

【摘　要】适应新时代高科技环境要求，推动高校现代化发展进程，需要高校明确管理会计应用和发展的系统影响要素，拓宽其理论与实践的视界。并注重从营造良好生态环境、开辟系统动力之源、夯实理论与实践基础、寻求科技推动的支点、突破绩效管理的切口、打造高素质的专业队伍等诸方面，优化高校管理会计应用和发展的系统影响要素，从而实现其多重价值功能。

【关键词】高校　管理会计　系统影响要素

现代化的高校，需要现代化的财务管理。这就必然要求，在新时代高科技环境条件下，在整个高校财务管理系统中，具有重大战略意义的现代化管理会计，必须发挥出其对推进现代化高校内涵发展的不可替代的内部管理作用。正因如此，一些学者已开始对高校管理会计一系列相关问题予以关注，并从不同的维度展开了初步的探索与思考，但目前仍有诸多关乎其可持续发展的更深层次的问题值得进一步研究。在此拟从高校管理会计顺乎时势、着眼未来的发展要求出发，探究高校管理会计应用和发展的系统影响要素，并试图就其中一些主要的系统影响要素，提出相应的优化对策，以见教于大家。

一、应用和发展高校管理会计需要有更为宽宏的视界

事实上，关于高校管理会计之类问题的讨论，一直是近年来会计领域的一个前沿热点。具体而言，专家学者研究高校管理会计的相关问题，大致可以归结为如下几个主要方面：其一是对高校管理会计应用价值、实践运用诸问题的研究。如，杜俊萍针对高校管理会计发展的必要性问题，认为："将管理会计的相关理论和实践经验运用于高校财务管理，可以促进高校发展，降低高校财务

的风险。"①又如,乔春华强调,我国高校管理会计从 20 世代 80 年代中期即出现雏形,但是目前高校推行管理会计在理论上和实践上均存在难点,因而有必要借鉴国外高校管理会计的实践。② 林成喜等人通过管理会计分析过去、控制现状、筹划未来的基本理念和职能,试图在相应阶段提出高校财务风险预警机制构建方案③;其二是对高校管理会计如何与现代高科技接轨诸问题的研究。如,李小奕认为:"管理会计作为当前炙手可热的时代宠儿,要顺利落地,离不开信息化这一对'隐形翅膀'。管理会计信息化实施有助于高校管理模式转型。"④又如,樊风基于校园一卡通系统对高校管理会计的影响,提出了加强高校管理会计工作,拓展数字化校园系统应用服务的基本思路⑤;其三是对高校管理会计的环境建设诸问题的研究。如,蒋利梅指出:"管理会计在高校的应用不仅需要财务部门及人员的积极努力,还需要有良好的宏观和微观环境给予充分的支持。"⑥其四是对高校管理会计队伍建设诸问题的研究。如,孙晓琳认为:"高校要进一步建立会计人才培养观念,更加重视优秀会计人才的引进……利用高校独特的资源优势,解放思想,加强创新,积极探索高校管理会计人才队伍建设的新途径。"⑦其五是对高校管理会计教学诸问题的研究。陆勇认为:"我国经济转型升级需要大量管理会计人才,而我国高校管理会计教育则担负培养合格管理会计人才的重任。其中,推进高校管理会计教学转型尤为关键。"⑧并提出了培养管理会计人才的"单师模式""双师模式"和"综合能力培养模式";其六是对高校管理会计体系建设诸问题研究。如,陈鹏程指出:"实际上,管理会计在高校一直处于缺失状态。"⑨并提出建立以财务集中管理为目标,以全面预算管理为核心,以成本管理和资金管理为重点的高校管理会计体系的设想,诸如此类。

总体而言,关于高校管理会计发展问题的研究,已有了一定的学术前沿基础和管理会计的学科背景,但其仍然存在着不足,具体表现在:其一是高校管理会计的研究明显滞后于高校管理会计实际发展的新态势。对高校管理会计发

① 杜俊萍:《论管理会计在高校财务管理中的应用》,《会计之友》,2014 年 26 期。
② 乔春华:《基于高校管理会计的研究》,《教育财会研究》,2015 年第 1 期。
③ 林成喜等:《基于管理会计的高职院校财务风险预警机制分析》,《金融经济》,2016 年第 22 期。
④ 李小奕:《高校管理会计信息化有效实施路径》,《商业会计》,2015 年第 24 期。
⑤ 樊风:《校园大数据对高校管理会计的影响及应用拓展》,《中国冶金教育》,2015 年第 4 期。
⑥ 蒋利梅:《高校管理会计的环境及其营建》,《中小企业管理与科技(上旬刊)》,2011 年第 12 期。
⑦ 孙晓琳:《高校管理会计人才队伍建设研究》,《经济视角》,2014 年第 12 期。
⑧ 陆勇:《论推进高校管理会计教学转型》,《会计之友》,2015 年第 1 期。
⑨ 陈鹏程:《高校管理会计的理性分析及有效体系的构建》,《湖南广播电视大学学报》,2006 年第 1 期。

展过程中不断出现、迫切需要解决的大量现实问题，及时跟进还不够，这与管理会计研究的总体格局极不相称；其二是高校管理会计研究的问题域过于狭窄，学科方法也过于单一，大都局限于会计学及延伸的相关学科领域，缺乏更为宏阔的学科领域和研究视野；其三是高校管理会计研究的理论高度不够。许多研究者的问题研究，只是在原有基础上的平推，缺乏独到的学术维度、活化的理论思维和较高的理论视界。这些都表明，在当今高校财务管理系统中，如何推动适应新时代高科技环境下的现代化管理会计发展，需要进一步拓宽其理论探索与实践应用的视界。而我们认为，明确高校管理会计发展的系统影响要素，并有针对性地提出优化的策略，应该说是拓宽理论探索与实践应用视界，适应新时代高科技环境要求，推动高校现代化管理会计应用和发展的一个值得探讨的切入点。

二、高校管理会计发展的系统影响要素

一个充满生机活力的存在系统，其高效运转总是与整个系统中各种影响要素能否良性互动与协调和紧密相连的。在这个意义上，高校管理会计要保持自身的高效运转，实现可持续发展，就必须不断优化自身的系统影响要素。而要做到这一点，首要的是厘清这些系统影响要素。具体而言，高校管理会计发展的系统影响要素，主要包括：

1. 生态环境要素

高校管理会计的应用和发展，与其系统存在的生态环境条件息息相关。这些生态环境条件往往与高校及其所处地域的经济社会发展实际情况、高校不同时期财务管理模式的历史演进相互交织，与高校的政治生态、经济生态、文化生态以及人们在工作生活中整体的思想素质、道德水准等交错耦合，因而具体情形极其复杂。例如，社会广大民众、高校师生员工、相关领导干部、会计从业人员等对高校管理会计的现代化及其系统推进是否有正确的认知理解、良好的心理接受、较高的价值认同和必要的守规意识；各相关部门对高校管理会计岗位设置、人员配备、细节把握、设施保障等是否有高度的关注和足够的重视等；学校相关专业是否有管理会计教学、科研和专业培训的良好实施平台，学校财务部门员工是否有结合工作岗位提升现代管理会计素质的良好职业意愿和学习氛围等，诸如此类。这些都可以说是高校管理会计极为重要的生态环境要素，是高校管理会计能否获得良好系统存在形态不可忽视的时代背景和基本条件。

2. 现实需求要素

经济社会发展的现实需求是人们从事理论探索与实践创新的强大驱动力。

而在当今，高校管理会计的应用和发展，就有着其多方面的现实需求。例如，反腐倡廉的政治生态，需要更严格、更规范的财务管理。高校由此也就迫切需要通过现代化管理会计的应用和发展，提升财务管理的质量和档次，防范财务管理的各种风险，堵塞财务管理的各种漏洞，以便与当前反腐倡廉的更高标准和更严要求实现有效对接；治国理政的战略实施，需要更高效益、更具战略意义的财务管理，这也必然要求高校推进管理会计的现代化、高科技的应用和发展，使党和国家的一系列财会政策，能够在高校得到全面贯彻，使党和国家的重要财会管理文件精神，能够在高校得到实践落地，从而做到立足于高校，从国家层面上，助力治国理政的战略实施；高校面向未来的发展，也需要现代管理会计发挥出核心作用，因为唯其如此，高校才能在真正意义上，促使其自身向更高层次的"双一流"现代大学整体蜕变，等等。应该说，这些都是构成高校管理会计系统存在和可持续发展的具有前提性特点的现实需求要素。高校能否瞄准这些现实需求，激活这些现实需求要素，也就在很大程度上决定着其推进高校管理会计应用和发展动力的强弱和进程的快慢。

3. 学理支撑要素

现代性的管理系统需要现代性的学理支撑。高校管理会计的应用和发展，也有其必要的学理支撑要素。例如，现代计量经济学、现代教育技术学、电算会计等多学科的理论与方法能否在高校管理会计的应用和发展中起到足够的学理支撑作用；当今现代管理会计的学科前沿研究成果，能否在科学设置、人才培养、机制健全、系统优化等多个方面对当前高校管理会计的应用和发展起到有力的学理认知路径拓展作用；高校能否通过大力建设现代管理会计重点学科，从国内外现代管理会计的发展中，拓展其理论探索与实践创新的更为宽宏的多学科视野和思想理路，从而为高校管理会计的应用和发展，寻求更为坚实的学理基础和更为有效的实践模式；高校能否按照现代管理会计的基本原理，依据党和国家的会计规范原则、管理政策，结合学校实际，形成健全、稳态的内在管理机制，并通过这种富有特色的内在管理机制，使那些具有一般意义的学理元素和高校管理会计的其他系统影响要素，实现深度的系统融合等，诸如此类。只有寻求到了有力的学理支撑，高校管理会计的应用和发展，才能在更大范围内获得价值认同，实现现代性的系统更新和演进。

4. 科技推动要素

毋庸置疑，"科技是第一生产力"作为照亮中国改革开放，不断走向繁荣富强光辉历程的一个真理性论断，已经透入到了现代中国人的思想和灵魂的深处。而以此反观高校管理会计的应用和发展，同样可以推论出，科技推动也必然是其不可或缺的一个系统影响要素。事实上，这一系统影响要素已经从诸多方面表现出了它对于高校管理会计应用和发展的高效推动作用。例如，网上报账系统能否在高校管理会计工作中得到合理的应用和全面的推广；信息化档案管理能否在高校管理会计系统中发挥出独特作用；高科技计量工具能否在高校管理会计系统中得到常态化的运用；互联网、校园"一卡通"、公务卡、国库收支管理等先进管理手段和模式能否在防范财务风险、堵塞财务漏洞、进行预算管理、实现绩效考核等多个方面为高校管理会计带来更大的现代管理效应；现代科技管理作为现代大学管理的一种牢固的纽带，能否把高校管理会计的具体实施与高校会计专业的学科发展、人才培养、平台建设等更为紧密地联结起来，促成"双一流"高校多种管理要素的催化反应，从而达到产教研融合的更高成效，诸如此类，都显示出科技推动正是能够对高校管理会计的应用和发展起到"杠杆"作用的一个系统影响要素。

5. 绩效管理要素

绩效管理既是现代管理会计系统的结构成分和重要的目标内容，又是现代管理会计能否得以进一步调适、发展和完善的系统影响要素。就这个意义而言，高校管理会计的应用和发展，必然要求高校精细地抓住学校财会实务事前的绩效预算、事中的绩效管控和事后的绩效考核与反馈等每一个绩效管理环节，而不能放松。例如，事前的绩效预算是否具体明确，是否富有前瞻性和可操作性，是否有适当的时空幅度、适度的收放弹性和一定的运转张力，就直接影响到高校管理会计在学校财务管理中的导向作用能否充分发挥；事中的绩效管控是否细致入微、执行到位，是否管理有力、疏导有方、管疏得当等，也直接影响到高校管理会计应用和发展的各项指标能否得到贯彻落实；事后的绩效考核与反馈是否及时精准、科学合理，也直接影响到高校管理会计能否对于学校财务管理信息的反馈、财务管理行为的正确调适、财务管理制度的进一步完善，以至整个学校管理方案的系统调整、绩效机制激励与导向作用的充分发挥、战略决策的选择与制定、管理经验总结与推广等。可见，绩效管理既是高校管理会计的应用和发展的题中之意，也是高校管理会计应用和发展的一个十分重要的系统影响要素。

6. 队伍建设要素

人是生产力中最活跃的因素，人的素质深刻地影响着经济社会的进步。以此考察现代管理会计，就完全可以说，现代管理会计价值作用的发挥，迫切需要现代化、高素质的专业人才队伍。而高校管理会计的应用和发展，当然离不开高素质的现代管理会计专业人才队伍。由此可见，专门化的财会人才队伍建设，也是推动高校管理会计应用和发展的一个重要的系统影响要素。这一系统影响要素的价值作用通过多方面彰显出来。例如，高校财会人员整体的学历结构、年龄结构、职称结构、学缘结构是否适应现代化管理会计的系统生态环境条件；高校财会人员的财会理念和现代会计思维能否适应新技术、新形势、新要求而不断更新；高校自身是否注重学习型财会队伍的建设，以便整体增进财会队伍的综合素质和专业实力；高校财会队伍建设是否有适应高科技要求的专门化的人才培训项目工程和综合学习平台；高校财会领军人物、专业骨干的培养与引进是否摆放在学校管理队伍建设的重要位置等，这些都是关乎高校管理会计应用和发展成败的具有根基性的系统影响要素。

三、高校管理会计应用和发展系统影响要素的优化

优化高校管理会计应用和发展的系统影响要素，就必须基于更为宽宏的理论探索与实践应用的视界，采取有效对策，逐步形成其系统稳态的内在机制，以便激活其系统影响要素的正向作用，使之能够充分释放正能量，抑制其系统影响要素的负向作用，使之不断减弱直至消除。具体而言，针对高校管理会计应用和发展的系统影响要素，可以相应地采取如下一些优化对策。

第一，上下一心，纵横协同，营造高校管理会计应用和发展的良好生态环境。

加强现代管理会计重要性的普及教育，清除仅仅将会计管理看作是缺乏技术含量的一般性服务部门的观念误区，整体增强相关人员和部门对于高校管理会计应用和发展各个项目、各种技术等的心理接受程度和价值认知能力，为高校管理会计应用和发展争取坚实的群众基础，营造良好的社会环境氛围；可以通过落实岗位设置、人员配备、细节把握、设施保障等，真正使高校管理会计的应用和发展落到实处；搭建良好的实施平台，通过科研、教学与财会管理实务的有效结合，丰富高校管理会计的特色文化，凸显现代管理会计在高校现代化建设中的价值地位，从而为高校管理会计的应用发展争取优越的可持续发展条件，等等。只有通过学校师生、员工上下一心，校内、校外纵横协同，从各个方面为高校管理会计的应用和发展创造条件，消除各种对高校管理会计的传统偏见与思想误区，使高校管理会计应用发展的生态环境得到系统地优化，才能在中国经济社会发展新的历史时期，真正有力地推动其理论探索和实践创新。

第二，适应需求，因时顺势，开辟高校管理会计应用和发展的系统动力之源。

高校管理会计应用和发展的系统动力，潜存在经济社会发展的现实需求之中。因此，高校管理会计的应用和发展，理应瞄准现实需求，结合新时期的新要求，广开系统动力之源。这就要顺应当前反腐倡廉的时势，从客观存在的财会管理实际需要出发，加强高校管理会计在防范学校财务风险、堵塞学校财务

漏洞、完善学校财务信息披露制度等诸多方面的综合应用和系统运作；就要立足于治国理政的战略高度，面向现代大学的未来发展，依据新时期的新形势、新要求、新理念、新任务等，贯彻落实党和国家的一系列重要财金管理文件精神，大力提升高校管理会计应用和发展的高科技含量，使之在高校现代化进程中，充分发挥出其应有价值，由此从多个方面的现实需求中，广开高校管理会计应用和发展的系统动力之源。

第三，深究学理，活化运用，夯实高校管理会计应用和发展的理论和实践根基。

高校推进管理会计的应用和发展，要系统地融合现代管理会计的基本原理、主要原则、政策规范、学科资源等多重管理元素，建立起健全稳态、富有现代性的内外在管理机制，从而使高校管理会计能在整个财会管理体系中得到活化运用和可持续推进；要注重深究学理，把握现代计量经济学、现代教育技术学、电算会计等多学科的理论与方法，努力建设现代管理会计重点学科，吸纳、归集当今现代管理会计学科最前沿的研究成果，不断拓展现代管理会计理论探索与实践创新的多学科视野和思想理路；要从专技管理、课程教学、职业培训、社会化服务等不同的维度出发，把握高校管理会计应用和发展的学理要求，整体加强其学理支撑力度，由此，使得高校管理会计的应用和发展，建立在坚实的学理基础和务实的实践模式基础之上。

第四，科技孵化，要素融合，寻求高校管理会计应用和发展的"阿基米德"支点。

找准发展的高科技支点，充分利用互联网平台，建设学校财务管理数据库，丰富财会服务系统先进的现代化管理手段和模式，应用推广网上报账系统、信息化会计档案管理系统，优化校园"一卡通"、公务卡管理，增添高科技计量工具和各种形式的现代化电算业务，加强规范化、制度化的国库收支管理等，从而使得高校管理会计在防范财务风险、堵塞财务漏洞、进行预算管理、实现绩效考核等诸多方面发挥出管理成效；实现科技孵化，进行要素融合，使高校管理会计在学科发展、人才培养、平台建设中，促成产教研要素的催化融合，从而为高校管理会计应用和发展寻求到现代高科技的"支点"。

第五，全程管控，对标落实，突破高校管理会计应用和发展的绩效管理切口。

运用高校管理会计的先进理念和实施模式，实行精细化的全程绩效管控，不断完善学校绩效预算、绩效管控、绩效考核的系统考评体系和评价标准，实行对标落实，避免绩效预算成为摆设、绩效管控张弛无度、绩效考核无依无据、绩效反馈痕迹难寻等种种不良绩效管理情形，使绩效管理体系及其实施真正得到优化，从而在学校绩效管理上寻找到高校管理会计应用和发展的一个重要突破口，全面、充分发挥高校管理会计应用和发展在学校绩效全程管控中的顶层设计功能，绩效激励和导向功能，信息反馈、调适和披露功能，以及在学校战略决策的选择与制定、管理经验的总结与推广等多方面的价值功能。

第六，更新观念，抓住关键，打造高校管理会计应用和发展的高素质专业队伍。

当前一些大学的财会专业队伍建设在性别结构、学历结构、年龄结构、职称结构等诸多方面都存在着亟待改善的问题、缺陷。高级职称人员偏少，有的学校财务处甚至仅有一两个副高职称的会计；年龄结构老化，青年人才尤其是高学历青年人才进不来，留不住，甚至有些岗位仍是退休返聘人员；学历普遍偏低，大多是本专科、职业中专学历；女性偏多，男性少且不稳定。这些情况，对于现代化的高校管理会计的应用和发展，极为不利。因此，必须更新观念，抓住关键，通过专业培训、人才引进、政策倾斜、平台建设、项目工程等有效路径，不断优化高校会计队伍的学历结构、年龄结构、职称结构、性别结构，注重财会队伍的内涵，确立高校财会管理的先进理念，培养财会人员的现代管理会计思维，锤炼出具有正能量、充满活性、适应高科技要求、专业化、学习型的高素质财会队伍，从而奠定高校管理会计应用和发展的人才根基。

浅析高校票据管理的现状

南京师范大学　傅新莉

【摘　要】重视和加强高校票据的科学有效管理，有利于提高财务信息的准确性，规范高校的各种收费，健全内部控制制度，最终为高校各项事业的发展提供有力的保障。本文从票据种类、票据管理存在的问题及改进高校票据管理现状的思考三个方面论述了高校票据管理的现状。

【关键词】高校　票据管理　改进

随着社会经济的发展，高等教育体制改革的不断深化，高校办学模式和经费来源呈现多样化的趋势。随之而来的是办学规模的扩大，高校收费项目的增加，收费标准不断调整，以及高校票据种类和使用量的不断增加。高校票据管理迫切需要引入制度化、科学化、先进性的管理理念。票据是业务活动和财务核算的原始单据，也是主管单位及财税物价等职能部门进行检查监督时的评价依据。重视和加强高校票据的科学有效管理，有利于提高财务信息的准确性，规范高校的各种收费，健全内部控制制度，最终为高校各项事业的发展提供更有力的保障。

一、常用高校票据的分类

1. 行政事业性收费收据。用于向学生收取学费、住宿费、各类培训进修费等时开具。有机打票据和手工票据两种。

2. 行政事业单位内部结算凭证。用于学校内部单位之间的往来款结算、押金、会务费、教材费、代办费等费用的收取。

3. 税务票据。用于收取技术咨询、开发转让、服务费等经营性收入时开具。

4. 其他票据。例如：非税收入票据、公益事业捐赠票据、幼儿园收费收据等。

二、高校票据管理存在的问题

1. 对票据管理工作不够重视

很多高校领导甚至财务人员自身没有意识到票据管理工作的重要性。财务人员轮岗所导致的票据管理人员频繁更换，不利于票据工作的持续有效管理。大部分高校财务缺少单独制定的内部票据管理规章制度和详细的管理流程。票据的申请领购、印制票据、编号保管、领用登记、检查使用、回收登记、统计缴销、存根保管、跟踪监督等工作是一个耗时的循环过程，如果没有专门人员和长期稳定的岗位设置，票据管理工作难免出现疏漏。

2. 票据管理比较混乱

由于高校票据除了在财务部门使用外，各院系部门和下属二级核算单位为了满足办学、科研及日常校内结算等业务的需要，也在大量申请领用票据。这些部门的开票人员往往缺乏正规业务培训，经常会出现票据填写内容不齐全、不规范甚至会开具收费范围以外的收费项目，而且对开票的款项能否及时入账缺乏及时监督。另外，高校普遍存在的多校区办学模式导致票据使用混乱分散，也不便于票据的集中统一管理。

3. 票据管理方法落后，不适应时代的要求

大多省份的高校现在仍然使用财政部门监制的手工票据，高校票据管理工作因此也大多沿用了落后的手工记录方式或简单电子表格统计方式。这种方式导致日常工作中存在着大量机械、繁杂的重复劳动，工作效率低下滞后。不能及时有效地跟踪和监督资金收缴情况，不适应现代财务管理理念和高校网络信息化发展的要求。普遍存在的手工票据与现代化管理手段之间的矛盾，是长期制约高校票据管理现代化水平的重要因素。

三、关于改进高校票据管理现状的几点思考

1. 管理者要时刻树立以人为本的观念，在制定票据管理制度时力求细化，并且要兼顾实用性和可操作性

高校除了需要制定票据管理规章制度以外，详细的管理流程和操作手册也必不可少。严格的规章制度是票据管理的必要前提，详细的管理流程和操作手册是规范票据使用的重要保障。有条件的单位可以制作一些有关票据管理方面的图文进行张贴，形象生动的内容让人记忆深刻也倍感亲切，甚至可以改善财务的形象。

2. 加强票据管理方面的业务学习

由于高校票据使用环境的特殊性，不仅财务人员自身要认真领会票据管理

方面的规章制度，而且还要对部门、院系及二级核算单位的票据领用人员进行业务培训，以确保票据的使用、管理能够规范有序地进行。高校可以根据实际情况定期或不定期地开展专题业务座谈会，了解和听取院系票据领用人员的建议或疑惑，答疑解惑的同时可以普及票据管理方面的知识。

3. 善于总结经验，积极寻找新方法、新思路

票据管理过程涉及的工作量是很大的。包括随时盘点库存、核对开票是否入账、开具内容是否规范、分类统计数据、定期缴销已用票据、保管整理存根联等。这种情况下，试着推行票据领用责任制，依据谁领用谁负责的原则，将票据的核对、统计、监督工作分流到各票据领用责任人，这样既可以加强票据领用人的责任心，又能提高票据管理工作效率。

4. 科学先进的现代化管理模式是高校票据管理发展的目标

运用先进的票据管理软件，将原先手工操作的编号入库、领用回收登记、查询汇总、统计跟踪监督等工作全部纳入电脑管理，真正实现票据的现代化管理模式。允许开具的收费项目系统里已经设定好，就不存在开错收费项目的问题了。每张票据的信息都储存于票据管理系统内，方便查询和对各个环节进行监管、统计、汇总、分析和跟踪管理。票据管理系统可以和账务系统实时对接，票据系统里的收款信息可以直接转入账务系统，并自动生成财务凭证，不仅省去了反复录入、重复计算的过程，而且也将大大提高财务整体的工作效率。

当然，要想实现高校票据管理的这一目标，还得依赖于完善的制度建设和财会人员整体素质的不断提升。而软件系统只是管理的辅助工具，体现的是管理者的理念。在信息化高速发展的今天，先进的管理工具和科学的管理理念两者相辅相成，缺一不可。主管部门和高校应尽其所能地创造条件，而财务人员作为主要执行者，工作中要与时俱进，不断地学习新知识，积极主动地探索和改进工作。这样，在主管部门、高校以及财务人员多方的共同努力下，高校票据管理的科学性、先进性的管理目标才会真正成为现实！

【参考文献】

[1]孙国光，王彦龙，何炜．高校票据管理信息化探索[J]．教育财会研究，2011(4).

[2]王雄英．高校票据管理实务研究[J]．教育财会研究，2011(5).

[3]王蕾．高校票据管理存在的问题与建议[J]．改革与开放，2010(10).

高校绩效工资改革研究

苏州大学 葛军

【摘 要】高校绩效工资改革是高校改革的一项重要举措，也是一个促进高校可持续发展的系统工程。绩效工资的改革实施给高等学校收入分配制度改革带来新的机遇。改革高校绩效工资对理顺高校收入分配关系、正确处理好各类人员之间绩效工资的平衡关系，特别是教师、专业技术人员、管理人员和工勤人员的绩效分配关系，进一步调动各类人员工作的积极性和创造性，增强高校队伍的核心竞争力具有非常重要的意义。本文以S大学为例提出了高校绩效工资改革的基本框架，为高校绩效工资改革实际操作提供参考。

【关键词】高校 绩效工资 研究

按照《事业单位工作人员收入分配制度改革方案》(国人部发〔2006〕56 号)的精神，自 2006 年 7 月 1 日起，事业单位开始推行岗位绩效工资制度。2009 年国务院转发了国家发展和改革委员会《关于 2009 年深化经济体制改革工作中的意见》，要求自 2010 年 1 月 1 日起，高等学校执行岗位绩效工资。2012 年 4 月，江苏省人力资源和社会保障厅、江苏省财政厅联合下发《关于印发省直其他事业单位绩效工资实施办法的通知》(苏人社发〔2012〕142 号)、《关于省直其他事业单位实施绩效工资若干具体问题的处理意见》(苏人发〔2012〕154 号)，正式拉开了江苏省高校绩效工资改革实施的序幕。各高校根据这个文件精神，积极进行了高校绩效工资改革的调研实施，在实施过程中面临着各种各样的困难，本文试以 S 大学绩效工资改革基本框架为例，研究解决实施过程中的一些问题，妥善处理各方面关系，利于高校绩效工资改革顺利推行。

一、高校绩效工资实施中存在的困难

1. 高校人员经费预算制度不完整，人员经费不足

目前高校的财政拨款，仍旧是"吃饭财政"，扣除必不可少的水电费、物业费等日常支出外，基本用于人员支出，人员支出比例多达 70% 以上，面对教职工增加工资的呼声，很难再有增长的空间。

2. 预算制度不规范，标准不统一，支出随意性强，多头发放

高校属于公益性单位，由于受到政策的限制，一些创收、赢利、社会捐赠，不纳入预算进行再分配，限制了用于教职员工分配的来源；二级单位分配权力过大，学校缺少调控手段，支出随意，富的更富、穷的更穷现象突出。

3. 没有科学有效的绩效评价制度

绩效工资（Performance related pay，简称PRP），起源于西方市场经济，是以工资与实际绩效挂钩，体现优绩优酬，奖勤罚懒。随着高校改革薪酬制度的呼声高涨，绩效工资制度越来越受到教育主管部门和高校的认可。但由于很难像企业一样，对高校教师的教学质量、科研水平和社会活动等工作进行有效的量化考核，其实施的难度和评估的复杂性制约了绩效工资改革的深度，因此建立一套科学有效、便于操作的绩效考核制度，是高校绩效工资改革成功的关键。

4. 在绩效工资实施中，专业教师、科研人员、管理人员、工勤人员之间的利益分配问题

一流的学校需要一流的教学质量、科研成果及一流的学术水平，也需要一流的管理水平和保障机制。因此，正确处理好各类人员之间的绩效工资的平衡关系，特别是教师、专业技术人员、管理人员和工勤人员的绩效分配关系，确保各类人员工作的积极性和创造性是绩效工资改革的核心。

5. 教学、科研以及各学科之间的利益关系问题

由于教学本身的抽象性与不确定性、学生的欢迎程度等，以教学为指标的绩效考核，往往主观性比较大，考核结果争议性强，而科研项目往往根据项目资金、鉴定成果、论文专利技术，指标刚性，容易考核。从而，在实际考核中往往重科研轻教学，挫伤了从事教学的老师的积极性。各学科之间的差异性都要通过一套绩效办法来考核，也是勉为其难，往往是顾此失彼。

二、绩效工资改革的目标

1. 总量控制，确保绩效工资资金来源

坚持尊重规律，以人为本，保证教师员工收入逐步增加。学校通过财政资金安排、筹措自有资金确保用于绩效分配的资金总量。学校在核定的总量范围内进行绩效工资分配，使大多数人的实际收入没有因实行绩效工资而减少。在实际操作中要正确处理好新旧分配制度的关系，既要考虑到学校政策的延续性，又要考虑到学校近几年的发展情况，更要考虑到如何进一步提高教职员工的积极性、促进学校的快速发展；既要顾及原有工资分配制度下大多数职工的既得利益，又要保护关键岗位、业务骨干、突出贡献者的积极性。

2. 合理安排基础性津贴和绩效性津贴的关系

基础性津贴确保政策客观公正，民主公开，操作简便易行，便于考核，体现基本保障。绩效性津贴注重实绩，激励先进，促进发展，体现优绩优酬。根据学校的发展确定基础性津贴和绩效性津贴的比例关系，既能体现公平与效率的关系，又能把学校改革发展的成果惠及每一个教职员工，保障校园的和谐稳定，通过绩效性津贴来激励教职员工的积极性、主动性和创造力来推动学校发展的速度与质量。

3. 实行教师基本工作量制度

在岗教师必须承担基本教学工作量、基本科研工作量、社会服务工作量。便于学校全面、客观、准确评价教师履行岗位职责情况，调动教师积极教书育人、科学研究、服务社会。改变以往绩效考核中重科研、轻教学的现象。既有考核教学的软性指标，又有考核科研的硬性指标，两者之间又可以根据自己的实际情况和特长进行工作量替换，充分保证从事教学和科研双方的积极性。

4. 发挥奖励性绩效工资的激励导向作用

学校实行"一级分配与二级分配并存的体制，加大学校投入，提高二级分配的自主权"就是鼓励各部门、学院在完成学校基本的教学科研任务后，利用所拥有的知识、技术优势服务于社会，盘活学校资产，增加学院的收入渠道，增强二级单位的办学活力，提高办学效益。

三、高校绩效工资改革的基本内容(以 S 大学为例)

1. 改革的原则

以科学发展观为指导，以提高人才培养质量和科研创新能力为目标，建立健全学校绩效考核制度，充分发挥绩效工资分配的绩效导向作用。强化岗位管理，建立教师基本工作量制度，坚持"以岗定薪、责薪一致、按劳分配、优绩优酬"的原则，重点向教学一线岗位倾斜、增强学校人才竞争力。兼顾效率与公平，统筹考虑，切实提高各类人员的收入分配水平，促进教师队伍、管理队伍和支撑队伍协调发展，提高教职员工的积极性和创造性。绩效工资制度与学校现行校内分配制度有机结合，总体设计，平稳过渡。学校实行一级分配与二级分配并存的体制，加大学校投入，提高二级分配的自主权。

2. 绩效工资总量

学校每年度绩效工资总量由上级主管部门在考虑单位类别、人员机构、岗位设置、事业发展、经费来源以及绩效考核等基础上进行核定。学校在核定的总量范围内进行绩效工资分配。

3. 绩效工资分配

绩效工资分为基础性绩效工资和奖励性绩效工资。

基础性绩效工资由生活补贴和岗位津贴两部分组成，生活补贴不同岗位执行统一标准，岗位津贴根据《苏州市其他事业单位工作人员基础性绩效工资标准》按照所聘岗位、工作年限相对应的标准执行。

奖励性绩效工资：

(1)学院、科研单位奖励性绩效工资根据年度收入情况确定，按本单位绩效工资实施细则进行分配。学院、科研单位的绩效工资来源主要有：

①学校核拨的超工作量奖励

学院、科研单位全年超工作量为本单位全年实际工作量减去本单位教师应完成的基本工作量总和。超工作量根据业绩点奖励办法进行一次性奖励。

②管理队伍和支撑队伍年度奖励补贴

按照校部机关、直属单位同岗位人员奖励性绩效工资中年度奖励标准，聘用在学院、科研单位管理岗位人员给予学院、科研单位一定比例的补贴。

③新增点奖励

学校对各单位创建新的平台、基地、创新团队实行一次性奖励。

④社会服务收益

学院、科研单位参与社会有偿服务活动后，按学校社会服务管理和收益分配办法划归本单位收益部分。

(2)校部机关、直属单位的奖励性绩效工资

校部机关、直属单位实行一级分配，教职工根据所聘岗位和职级确定奖励性绩效工资年度奖励岗位系数，系数单价由学校根据年度财政状况、居民消费价格指数等因素综合确定。80％部分学校按月发放给个人，20％部分和年度增长部分年底核拨给各单位，由各单位根据个人履行岗位职责情况、实际工作业绩、年度考核情况，经本单位领导班子集体研究后进行发放。

学校预留绩效工资总额的 8％—10％统筹用于全校教学成果奖、科研成果奖、其他各类评优奖励、部门工作奖励。

4. 建立教师基本工作量考核制度

为全面、客观、准确地评价教师履行岗位职责情况，调动和激励广大教师从事教书育人、科学研究和社会服务工作的积极性，增强队伍活力，提高办学质量，制定了《S 大学教师基本工作量要求暂行规定》。规定明确全校教师根据专业技术职务必须承担的基本教学工作量、基本科研工作量和社会服务工作量。基本工作量随着学校事业的发展进行动态调整。学院、科研单位可以结合各单位的实际情况在不低于学校基本工作量情况下，自行制定本单位教师的基本工

作量。绩效工资按实际完成工作量进行考核。

5. 教育科研工作业绩点核算办法

(1)教育计划内工作业绩点

理论课程业绩点:

理论课程业绩点＝课程权数×课程学分数×课程学生人数×学生人数权数

实习课程业绩点:

实习课程业绩点＝实习课程权数×课程学分数×课程学生人数

(2)教育计划外工作业绩点

①本科生考验录取率和学位授予率

②研究生培养奖励:包括国家省论文评优、省博研究生创新计划、国家省学校公派留学生数量

③公开出版教材获奖情况

④公开出版规划教材

⑤教学研究项目立项

⑥教学成果奖

⑦课程建设立项

⑧学生参加各类学科竞赛、展览获奖奖励

⑨学生参加体育竞赛获奖奖励

(3)教育管理考核业绩点

依据《S大学教师教学工作规范》学校考核评议给予业绩点奖励或扣除。

(4)科研工作业绩核算办法

①纵向科研项目业绩点:

自然科学类纵向项目业绩点＝项目类别系数×到位经费数

人文社科类纵向项目业绩点＝项目类别系数×到位经费数×5

②横向项目业绩点:

横向项目业绩点＝到位经费数×横向项目经费系数

③学术成果业绩点:

包括 Nature、Science 论文、SCI(E)等论文、ESI 高被引论文数量

④获奖成果业绩点:

国家自然科学奖、国家发明奖、科技进步奖、人文社科研究优秀奖等

⑤教师艺术品获奖业绩点

中宣部、文化部、中国美协等获奖情况

⑥知识产权成果业绩点

⑦公开发表、发布、参展、被收藏艺术品、参加演唱等业绩点

⑧参加奥运会、亚运会、全运会等大型运动会等业绩点

总之，绩效工资的改革，是高校薪酬制度的重大变革，对提高教师的工资待遇，提高教师地位，吸引高素质人才，具有十分重要的意义。随着绩效工资制度的逐步完善，一个科学的绩效工资制度必将对高校的发展带来极大的激励作用。当然，薪酬激励并不是唯一有效的方式，也可以通过尊重教师员工的个体特点和差异，为他们创造宽松的学术环境，增加提高专业技能的机会，激发他们的潜能和聪明才智，以实现个人和学校的双赢。

【参考文献】

[1]江苏省人力资源和社会保障厅，江苏省财政厅 . 关于印发省直其他事业单位绩效工资实施办法的通知[Z]. 苏人社发〔2012〕142 号.

[2]彭红辉 . 高等学校绩效工资改革的问题与对策[J]. 浙江师范大学学报，2012(3).

校园一卡通的高校财务管理功能浅析

河南师范大学　顾宝云

【摘　要】本文主要阐述校园一卡通的高校财务管理功能，以及存在的网络安全、信息采集、内部控制和圈存资金等问题，最后提出相应的改进措施。

【关键词】校园一卡通　问题　对策

随着高校数字化校园建设的发展和完善，一卡通作为数字化校园的重要组成部分，日益成为高校行政管理和财务管理工作上台阶的一个重要标志。校园一卡通，是指学校师生员工在校内仅使用一张校园卡，借助于各种硬件设备及管理系统的支持，解决工作、学习、生活中遇到的费用结算、身份识别等问题，从而实现"一卡在手，走遍校园"，"一卡通用，一卡多用"的管理目标。校园一卡通的应用涉及校内日常活动的许多环节和方方面面，本文仅从高校一卡通的财务管理功能做以浅析。

一、校园一卡通的高校财务管理功能

(一)实现高校内部财务和管理信息资源共享，提升了高校财务管理模式

实施网络化管理以前，高校内部很多信息都是单方使用的，如财务处的学生收费系统、人事处的职工工资信息系统、教务的学生学籍管理系统、图书馆的图书借阅管理系统、校医院的医疗收费系统等，其中有大量信息都是校内各单位需要共同使用的，但由于系统之间的相互分离，导致校内各单位都要投入大量的人力和精力整理相关部门数据才能转化为本部门所需数据，其中以财务数据涉及的面最广、最繁杂。校园"一卡通"将校内所有的管理系统相互连接，统一管理，从而搭建了一个基本的信息平台，保证了会计原始数据采集的即时性和准确性，使许多信息实现了共享。一卡通在避免相关部门重复劳动、规范信息资源质量、提高财务管理水平、提高高校财务网络化管理的质量等方面发挥了重要作用。

(二)一卡通在高校内部货币资金控制方面作用凸显

由于种种原因，大多数高校在人工收费过程中都存在着浪费人力财力、现

金管理安全、违反规定坐收坐支及"小金库"的风险。校园一卡通充分利用信息平台的共享功能，实现校内收费的无现金管理，对加强货币资金内部控制更具有重要意义。

1. 授权批准

高校内部各单位的收费行为受学校制约。首先由校园卡管理中心对收费单位开立账户，授权收费终端，单独收费。收费单位按时向财务部门提供收费流水等信息，办理入账手续。校园卡管理中心可定期向财务部门提供各单位收费报表，便于财务部门进行监督。

2. 不相容职务分离控制

利用校园卡收费，可以有效地实现收款、开票、编制凭证、财务监督的有效分离。学校财务部门代表学校行使收费授权，校园卡管理中心技术人员安装设备，授权收费代码，收费单位利用校园卡终端刷卡收费和开具收据，学校财务部门会计核算人员凭收费单位提供的收费流水和收据办理入账手续，而校园卡管理中心由学校财务部门委派的会计向财务部门定期报送报表。在一定程度上强化了高校货币资金内部控制功能。

3."收支两条线"管理

在高校"大预算"的环境下，利用校园卡进行校内收费，对实行"收支两条线"管理最为便捷有效。各收费部门收取的费用全部纳入学校财务集中管理，财务部门对各单位收取的费用分部门核算；同时按照学校的收入分配政策，对各单位安排预算，实行"收支两条线"管理，既避免坐收坐支，又利于学校资金集中管理，有效避免风险。校园一卡通的使用在进一步规范校内经济秩序、制止校内乱收费行为、杜绝和减少了"小金库"方面发挥了重要作用。

(三)改进了学生收费管理手段，改善财务服务质量，提高财务管理效率

学生收费管理是高校财务管理工作中很重要的一个组成部分，从收费数据的初始到学费的收取，耗费了会计人员很大的精力，同时由于信息反馈不及时，给催缴学费带来了很大的不便，部门之间配合起来也很不方便。校园一卡通包括金融卡部分，每个校园卡的用户都将拥有自己的个人银行账户，校园一卡通平台借助强大的计算机网络技术使学生缴费的方式灵活多样，财务部门利用网上银行发送收费信息和指令，实现学费的代扣代缴，并且将学生的缴费欠费信息通过网络平台实时反馈，对学生缴费进行实时管理，极大地提高了工作效率。而且校园一卡通的身份认证功能和在校园卡中保存的相关财务信息，可以为用户提供一种可靠的身份权限范围的认证，从而大大提高了财务信息查询系统的安全，改善了财务服务的质量。同时校园一卡通的应用，使学生收费工作和学籍管理、课程选修、图书借阅等相互连接，欠交学费的学生无法实现报到注册、课程选修等，避免了部分学生的恶意欠费行为，从根本上保证了学校收入的及时到位。

（四）合理实现资金沉淀，有效集中财力，缓解学校经费紧张的局面

校园一卡通的结算功能，使校内各类收入都相对集中在一卡通管理账户，学生奖学金、勤工助学基金、困难补助等项费用的发放也可以通过一卡通来实现，避免了这部分资金的外流。此外，通过一卡通的日常圈存功能，合理实现校内资金沉淀。一卡通在增强高校财务资金的流动性、提高高校的宏观调控能力和经费的使用效益、缓解高校经费紧张局面等方面发挥了积极的作用。

（五）开源节流、合理地增收节支

校园一卡通在电控和水控等方面的应用，将会对学校水电费的支出起到有效的控制作用。由于高等学校的规模一般较大，而水电费支出的沉重负担也曾困扰着学校，如何更好地进行水电费的控制与管理，各个学校也都有各自的做法，收效不等。实施一卡通工程后，校内用电用水实行刷卡消费。实践证明，电控和水控在很多高校应用以后，是行之有效的，对学校的增收节支发挥了很大的作用，同时也为节约用电和水资源提供了有效的控制途径。

二、一卡通实施中存在的问题及改进措施

校园一卡通的电子钱包功能、多证合一的身份识别功能以其经济效益和社会效益在高校迎来了广阔的发展前景。但在校园一卡通的建设过程中，由于设计、财力、系统管理等因素的影响，大规模的系统、分布式应用和广泛的网络接点，对校园一卡通系统的安全性和稳定性提出了严峻的挑战，实施中也暴露出了一些问题，需要引起高校和相关管理人员的重视，以期更好地规避风险，趋利避害，进一步发挥校园一卡通在财务工作中的作用。

（一）网络安全稳定问题要重视

校园一卡通系统规模较大，网络接点多，因此对一卡通系统的安全性和稳定性要求很高。如服务器、网络通信线路的配置，软、硬件故障的排除能力，特别是计算机病毒的防治、黑客攻击等网络安全问题、校园网络系统承受大容量数据的传输能否得到切实保障等都是应当给予充分的考虑的。

（二）信息采集要规范

校园一卡通除了具有财务功能外，其另一个重要功能就是身份识别，因此必须保证每个一卡通信息的唯一性。同时由于一卡通在校内多部门之间共同使

用，所以对信息的规范性、准确性要求十分严格，一定要采用规范统一的标准来建立信息源，以保证校园一卡通的正常使用，确保整个系统畅通无阻。

(三)内部控制制度要严格

校园一卡通的实施，给财务管理工作带来了许多变革，很多岗位都是传统的会计核算、财务管理工作中所没有的，因此传统的财务内部控制制度也要顺势而动，做出相应的补充和修订。对校园卡数据系统的人员分工要充分贯彻执行"不相容职务分离"的原则，要明确各岗位职责，合理分配和设置权限、制订相应的校园卡管理制度、经费结算规定等，防止校园卡管理中心成为新的管理盲点。

(四)对圈存资金要加强管理和监督

圈存资金是校园一卡通持有者通过指定的圈存方式，将现金或者存款存入或转入校园一卡通的结算账户里内，用于进行校园一卡通在校内消费与结算的资金。校园一卡通系统采用的是先充值后消费的形式，因此会形成一笔数目庞大、不容忽视的校园卡圈存资金——沉淀资金。沉淀资金在增强高校财务资金的流动性、提高高校的宏观调控能力、缓解高校经费紧张局面等方面发挥了积极作用。但是这部分沉淀资金主要来源于学生和教职工，因此，要采取必要措施加强对这笔资金的管理，保证专款专用、切实发挥资金的使用效益。

(五)会计人员知识结构要改变

校园一卡通为高校财务工作引入了新的元素，使高校财务管理发生了新的变化。一卡通在高校财务管理手段得以扩展和延伸的同时，也对财务人员提出了新的要求。作为会计人员如何去适应这些改变，成为财务系统开发和扩展的主人成为新的课题。作为传统财务人员，应当改变过去的会计思维习惯，积极学习新的网络知识以适应不断发展的网络财务的管理要求。

会计报账模式的探讨和经验[*]

天津师范大学 康嘉珍 侯玉娟 李小涛

【摘 要】当下，高校传统报账服务形式已经不能适应时代发展，因为高校中工作人员对财务报账服务的需求越来越高。随着计算机信息化的快速发展，和校园信息化建设的日渐成熟，高校财务报账服务形式已经被互联网、信息化、数字化所取代，特别是网上预约报销形式，成为高校报账当中最受关注的形式。这样既节约了报账人的等待时间，同时让财务工作的效率更高，服务更便捷。

【关键词】会计报账 预约报账 网上预约

一、研究背景、目的和意义

（一）研究背景

在高校日常经济活动中，很多财务内容涉及财务报账工作，这是财务管理工作的重点。由于高校教育事业的快速发展，高校人员数量迅猛增长，资金往来活动日渐频繁，而且资金的项目越来越显示出多元化、复杂化的性质，另外《高等学校会计制度》等最新财务制度在会计核算以及会计数据准确性、真实性等方面提出了更高标准，这样高校财务报账工作以及其他的财务事项，不管是工作难度还是工作强度都变得更高，传统的高校财务报账在形式和方法上均不能承担当下全新的、高要求的财务活动，那么如何在原有报账模式基础上改革创新，制定出一套更优越的报账方式，从而让财务报账工作更适应当下的发展形势，还能获得财务工作效率的提升，以及工作质量和服务满意度的提升，这是目前高校财务管理工作中的重点研究对象。

（二）研究目的和意义

在高校经济活动运行中，财务管理工作是一项客观真实呈现资金运转情况的重要形式，财务部门利用一些会计操作方法对资金活动进行记录，从而为高

* 本文为2015—2016年度教育财会科研课题结题报告，编号为JCK2015YB62。

校发展奠定了基础。财务报账作为高校财务管理工作的重要组成部分，决定了财务管理工作是否高效，甚至某种程度上影响着财务管理工作的未来发展。就目前高校财务管理现状而言，主要是信息化程度不高，这让高校财务管理活动未能跟上信息化时代步伐，发展缓慢，其中的主要问题就体现在财务报账上。造成高校财务报账一直处在一个低效能、慢发展的状态，成为高校财务部门的重点、难点问题。

财务工作中的财务报账环节，在服务要求、操作环节、技术手段、政策依据等方面要求都相当高，它反映了财务工作人员的工作水平、服务意识、知识掌握以及管理能力等。由于高校经济活动的快速增加，高校财务部门的工作接触面越来越广，传统的报账已经不能适应新的发展要求，所以在传统报账基础上改革创新迫在眉睫，应从报账程序、信息管理、工作效率等方面入手进行改革创新，从而让报账工作能更高效，更好地运用到现实，做好报账服务工作，从而使整个高校的教育事业得到提升。

二、高校会计报账运行的现状

高校财务报账是指当一项经济行为结束后，报账人员对经济行为中产生的经济往来项目，通过一些原始凭证向财务部门申报核算，财务部门审核过后按照一定的政策流程，给报账人所报送的经济事项产生的资金数额进行报账核销的行为。

高校财务报账的执行程序主要是：原始凭证的审核整理、报销单的填制、相关领导确认核实、财务人员对票据进行审核检查分类汇总登记入册、复核人员对账目进行复查、按照具体数额进行资金的结算。

高校伴随着社会一同发展，从而让高校财务活动越发频繁，使得高校日常发展管理中各项成本投入显著增加。另外科研项目的增多，让高校财务管理更加多元化、复杂化。经济活动的增多带来了报账项目的增多，从而加大了财务人员的工作压力。

财务报账在财务管理工作中是比较复杂且要求较高的工作项目。而高校的财务报账又具备了报账项目复杂多样的特征。由于报账量很大，导致工作人员应接不暇，根本无法在短时间内解决好数目庞大的报账项目。然而，各项报账都关系到财务信息的质量和真实性问题，这对于高校领导在处理相关事物和做出重要决策时非常重要。在政策要求高、工作量大、业务复杂的现实环境下，如何制定一套比较成熟高效的报账体系就成了高校当前财务工作的重点。

三、目前高校财务报账工作中存在的不足

(一)签字审批难

高校现有的报账审批制度基本就是报账人员拿着相关凭证和单据，找相关领导进行层层审核，然后签字批复。根据金额大小有的院校的报账还需要院系领导以及校领导的审核批复。可是一般高校中各个领导还有着自身的本职工作需要执行，工作时间根本不确定，这样就给报账人的审核批复工作带来了不便和阻碍，报账人多次找不到相关领导就会产生不耐烦情绪，要是再因为票据凭证的不合格需要重新填制报批时就会让报账人对财务部门的工作产生极大的不满。

(二)财务人员工作量大

很多高校已经利用信息化技术实现了会计电算化，可是因为高校财务活动的多元性以及报销项目复杂且数量又多，导致财务人员一边要对各项原始凭证进行审核，又要根据报账流程进行各种会计信息的登记和录入，因为报账程序环节多，要向报账人员进行详细说明，这样无形中给财务人员带来了巨大的工作压力。

(三)报销排队等候时间较长

随着国家对教育事业越来越重视，国家对教育事业的投入逐年增加，2012年教育投入就占到了国民生产总值的4％，这里所有的资金投入都要在学校的财务活动管理中进行核算操作。在很多高校中，报账环节多且烦琐，尤其是在国库集中支付的环境下，报销窗口少而且单一，这大大提升了财务工作人员的工作强度，报账人员也不能在短时间内快速完成报账。即便是执行了部门制的报账以及不等候报销这些措施，但是还是不能从根本上解决问题[1]。

(四)报账人员缺乏相关财务知识

很多高校已经利用互联网信息技术，将很多与财务相关的法律法规以及学校内部制定的相关财务规定在学校的互联网平台上进行了告知，但由于没有强制性的要求，很多工作人员平时忙于教学工作根本没有时间去了解这方面的信息，可是财务报销是一个在环节上很严格复杂的工作，这样导致报账人员因为对相关信息的不了解，造成了信息上的差异。尽管互联网报账形式也已开展，但是由于发展还不成熟，利用率还比较低，所以并没有从根本上解决报账难的问题。报账人员在报账过程中极易出现因为对一些规章制度的不了解或者不知道导致报账工作进程缓慢，很多报账不能一次解决，要重复修正补充，这样来

来回回多次就会使报账人心生厌烦，对财务部门不满。因此财务人员需要对报账人进行多次引导，解释后，才能完成报账工作。

(五)报销人员流动化

按照相关规定，高校财务报销的主体应该是经办人，也就是学校正式体制下的教职工，这些人员里包括了很多平时时间很少的研究人员，他们平时忙于教学和科研工作，所以实际去执行报销手续的是这些人委派的其他人员，而这些人对相关的情况信息不是很了解，从而给报账工作带来了不小的阻碍。

(六)集中性报账多

因为高校财务活动具有其特有的规律，这主要反映在时间方面，因为很多经济活动都发生在假期或者年终期末，学期中的财务活动相对少很多，所以从报账时间上看，时间分布不平衡，假期年末报账人数激增，这让财务人员根本无法应对，从而给报账的效率和服务的品质都带来了不利因素。

(七)财务报账人员工作积极性不高

首先，因为办理报账的环境往往不够安静，人员集中，噪声比较大，财务报账人员长期在这样的环境中工作，情绪容易烦躁。其次，因为报账工作烦琐，工作压力又大，而工作人员的薪资福利待遇却与工作强度不相符合。最后，因为高校财务人员职称都是根据国家的标准进行考取，可是学校优待教师和实验人员，要求具有高级会计师职称的财务人员同这些人一起评聘，这就在某种程度上造成了不公平现象，从而严重打击了报账人员的积极性。

四、优化高校会计报账模式的对策

(一)加大宣传力度，完善信息共享

在平时的财务管理工作中要将财务知识的宣传工作落实好，特别是对刚进学校的人员，要进行财务知识的统一学习。对学校内各个部门与财务相关的人员有规律地进行财务法律法规的学习教育，从而让学校所有的教职人员对财务相关的法律法规做到清楚熟悉[2]。

拿一些财务报账的正确规范的样本放到合适的位置，让大家参照学习。另外可以利用当下普及率高且方便的社交软件平台，让财务人员和报账人员可以进行一些常见问题的解答，这样就把一些问题放到了平时解决，很大程度上节约了彼此的时间，让报账工作变得更有效率[3]。

(二)实行网上预约报账

充分利用现代互联网信息技术，大力推进网上预约报账功能的发展。相比

于传统报账来说，网上预约报账功能优势明显。网上预约报账让报账工作在任何地方都能进行，而且它可以将报账人按照不同的项目种类进行划分，这样不仅简化了工作量，而且节约了大量时间，让人力、财力成本都大大降低，整个报账工作变得更加规范有条理，可以将整个报账工作的效率和服务品质都提升一大步。

根据预约报账方式的优势和特征，可以发现这种方式对那些财务活动复杂多、报账项目数量巨大、报账时间不均衡、报账人员众多等情况的高校非常适合。因此各高校可以结合自身的实际财务活动情况进行参考，从而制定出一套符合本校情况的预约报账方式，来提升财务报账工作的效率和服务品质。这种预约可以是现场预约、电话预约或者网上预约。

1. 现场预约，这种方式就是在报账大厅进行，属于一种事前准备，让工作人员根据报账人的报账项目进行事先安排，这种方法可以运用到常规性报账和专一性报账。

2. 电话预约，就是通过电话跟财务人员进行沟通协商提交报账业务的申请，然后确定具体的报账方式和时间，财务人员安排专门工作人员单独进行报账工作。

3. 网上预约，通过互联网搭建一个网上报账的系统程序。报账人员通过登录相应的网站平台，对要报账的内容以及相关情况进行详细的登记录入，财务人员根据网上录入情况进行合理的安排，这种方式对所有报账都比较适用。

（三）转变服务观念，强化业务培训

1. 要从思想上对财务人员进行观点、认识度、沟通理解能力、专业素质等方面的系统化的培训教育，从而全面提升财务人员的综合素质，形成一个高效率的专业服务团队。建立一个走访学院制度，让财务人员深入到别的学校、部门中去对比参照从而发现自身的不足，进行学习改进。因为会计制度的不断修订更新，所以财务人员要将专业知识技能培训工作常态化，彼此之间要多交流学习，从而让自身的素质和工作能力得到提升。在财务人员的工作岗位上可以采用轮岗制，这样定期地进行岗位轮换有助于财务人员熟悉各个环节的工作，让财务技能更全面成熟，从而在工作中更好发挥作用。

2. 在财务报账工作中，二级报账人员作用不可忽视。所以应该加强对二级报账人员各方面素质的培训。二级报账人员对政策法规的认识程度和对报账环节的掌握程度都决定了整个报账工作的进展速度。目前，报账人员对财务知识还不是太熟悉，对相关的政策了解也不够深入。二级报账人员可以在将票据报送前，提前完成各个票据以及各类手续的审核检查工作，从而确定该报账项目是否可行。这样就减轻了报账工作量，提升了报账效率。财务部门可以制定一些政策变更的小会议和小讲座，这样通过不断地强化学习，提升二级报账人员的专业技能和相关知识。为了防止因为流程问题或者手续问题造成的报账重复无效等现象的发生，要做到将报账环节以及一些财务规定进行公开，做到及时通报。结合实际状况，设置一个比较适合本校且比较合理科学的报账流程，并加大宣传。

五、结论与展望

总结发现，网上报账系统的运用，在很大程度上弥补了传统报账系统的一些缺陷，让高校报账的整体效率得到了提升，报账水平和服务品质也得到了提升。这种方法收集的财务信息准确真实，有利于日常的监督管控，让报账业务实现了无纸化办公，降低了财务工作的人力、物力、财力成本，从而实现了财务系统的统一化，实现了财务信息的公开透明。

虽然网上报账系统解决了目前比较突出的几个报账难的问题，但是这当中也发现了一些还不够完善的地方，希望在未来实践中，高校在报账工作中不断地改革创新，从而探索出最适合高校发展的财务报账模式。

【参考文献】

[1] 邱浩然. 高校网上财务报账模式的构建及启示[J]. 财务会计，2014(3).

[2] 帅毅. 浅议高校财务报账流程现状及对策[J]. 会计师，2009(5).

[3] 向桂云. 新形势下关于提高高校报账效率的几点思考[J]. 财务与管理，2012(2).

国库集中支付中的漏洞及其优化对策研究

湖北师范大学　柯琼

【摘　要】国库集中支付制度是我国财政改革的重要内容，有着重要的改革价值，对于财政资金的运行提出了明确要求和严格规定。特别是国库集中支付制度下的银行自助柜面系统、政府采购系统等，共同构成庞大的国库支付系统，其运行是一个复杂的过程。但这些仍在诸多运行环节上存在具体问题，要保证财政制度的严肃性和权威性，保证财政资金的规范科学运行，就要采取相关的政策，及时优化。

【关键词】国库集中支付制度　内部控制

国库集中支付制度，又称国库单一账户制度，就是将所有财政资金全部归集到国库单一账户，所有财政支出统一集中支付。国库集中支付制度是我国财政改革史上的重大突破，实践证明是行之有效的财政资金管理模式。国库集中支付制度以信息技术为依托，改变原先的财政资金直接支付层层审批，简化成线上的授权支付。各预算单位在指定银行开设国库零余额专户，每当需要用款时，在国库系统提出申请，经国库处国库支付系统管理员审批后，经银行将资金拨付给申请人。特别是随着信息技术的发展，国库集中支付系统对接了政府采购管理系统、银行自助柜面支付系统，引入了电子凭证库和公务卡报销等模块，对提高财政资金的管理效益有极大的意义。

一、国库集中支付制度的优越性

国库集中支付制度由于依托信息技术，其功能与时俱进，能时刻跟进财政要求和政策，将财政改革的精神和要求及时传达给各预算单位，加强管理。

(一)国库集中支付制度有利于加强预算单位的财政资金规范管理

国库集中支付制度从根本上保证了"无预算不支出"。在国库集中支付制度下，从资金的归集上缴、上报预算、季度用款计划申请、日常支付申请到最终的回单凭证，全都是有迹可循、有规可依，对于预算单位而言，能够极大规范财政资金的用款管理。特别是一些单位不了解财政政策，挪用相应项目资金会给财务工作的科学性带来极大的挑战，引起极大的财务风险。国库支付制度从源头规范了各单位的开支，使得各单位的预算和执行过程更具有计划性、规范性和科学性，从客观上提高了各单位的财务管理水平。

(二)国库集中支付制度有利于强化国家财政资金的信息化管理

国库集中支付制度是以国库支付信息系统为依托，连接财政、银行和预算单位三方，实现支付信息的线上传递，有利于财政部门对各单位的资金流向和进程实行动态监控。信息化的财政资金管理系统有利于财政对资金的调控管理，特别是对于有些不善用款跟不上执行进度、不科学用款跟不上财政政策的单位，可将其留存财政拨款补助资金进行统筹调控，将财政拨款补助资金调控划拨给最需要的单位，将财政资金盘活，用到刀刃上。

(三)国库集中支付制度有利于提高财务从业人员的管理水平

很多财务从业人员还是老一套做账方法和财务精神，已经跟不上时代的要求。但是国库集中支付制度的运行，强制性地要求财务从业人员学习新的财务文件和信息化知识。这对于财务从业人员是鞭策作用，防止由于财务人员的思维和知识体系僵化导致预算单位管理水平的停滞。国库集中支付制度每一环节都是可控的，也是需要不同的权限和管理责任的，故而对预算单位的财务工作人员，更有利于厘清经济责任。

二、国库集中支付制度存在的问题

国库集中支付制度是一个复杂的过程，虽然上线已久，但随着支付流程的信息化水平的提高和国家对财政管理水平的更高要求，国库集中支付制度仍存在不少问题。

(一)国库集中支付制度的认知影响

在旧的财务制度和思维下，部分预算单位人员仍旧思想僵化，贪图所谓的随意支付思想。特别是针对国库支付信息系统的公务卡模块，已经推行三年有余，政策宣传不断，仍有部分预算单位的人员对此心里抵触颇多，不愿意使用公务卡进行报销结算。除了自身的僵化思维，也是因为国库集中支付制度下，省属高校单位的日常报销要上报每一笔公务用卡的详细记录，尤其是针对笔数多、数额小的经济事项，部分预算单位人员觉得操作起来很麻烦，产生了认识的偏差，执行的积极性不高。

(二)国库集中支付制度的监管漏洞

随着银行自助柜面电子支付系统的上线，代理银行相当于把部分支付权力让渡给各预算单位，但同时一并交付的是资金支付的责任。伴随着对接政府采购系统、非税征缴管理系统、账户管理系统和银行自助柜面支付等信息化系统，国库支付制度充实了很多新的财务内容，但却没有更新内部控制制度。国库集中支付系统手册要求经办和审核等重要岗位严格分设，严禁一人多角色，但执行情况并不尽如人意，部分预算单位依然是一人多岗，对于财政资金的监管是巨大的漏洞。

（三）国库集中支付制度的规范影响

国库集中支付制度日益完善，设置多重条件限定，对于支付申请中的类和项有着严密的设定和监控。现实却是部分预算单位投机取巧，支付要素填报不规范，人员经费做公用经费开支，专项经费串用人员经费，记账凭证经济分类不对接国库，化整为零、拆分支付、逃避监控等情况时有发生。究其原因，一部分是国库集中支付制度仍需改善，另一方面则是预算单位规范程度不够，严重影响国库集中支付制度的运行，给财政资金的管理造成了操作的困境。

三、国库集中支付制度存在的问题的优化方案

国库集中支付制度运行存在的上述各种问题，非一朝一夕形成，但要正视和迅速优化，赶上财政政策变革的进程。国库集中支付制度是我国财政历史上一个制度创新的重要亮点，对我国财政资金管理逐步走向完善有着重大意义。每一个参与者都应本着务实、科学的精神，扮演好自己的角色，为国库集中支付制度的深入提供强有力的支持。

（一）强化国库集中支付制度的动态监控

随着财政的进一步简政放权，银行支付权限让渡给预算单位，国库的动态监控要进一步加强，特别是对于风险点的把控，要建立预警方案。国库管理可随时出具对账单，针对相关会计经济分类的异常数据进行核实，防止部分单位没有吃透概念或者投机取巧串用会计类别，影响财政资金用款的科学性。特别注重绩效考核等环节对国库集中支付制度运行的协助作用，严格监控审核专项，防止挪用项目经费等发放补贴挤占资金原有用途。

（二）强化国库集中支付制度的法规保障和执行

随着风险点的暴露和增多，要重视国库集中支付制度的财经制度和法规保障。特别是重要风控点，采取函告的形式下达给各单位，提高预算单位人员的思想认识，落实责任到每个人。现最新的银行自助柜面系统的运行就是以函告的形式，将法治精神传达给预算单位，严令禁止一人多岗，要求必须独立分设审核岗和支付岗，厘清权责。只有从管理层面意识到国库集中支付制度运行过

程的问题严重性，才能避免投机取巧、一人多岗的做法，看似节约人力，实则是对财政改革精神的亵渎，严重干扰国库集中支付制度正常运行和风险点的把控。

(三)从国库集中支付制度实际出发加强经济责任通报

针对国库集中支付制度出现的问题和体现的风险点所在，加强经济责任通报，由上至下，从管理层到具体国库操作岗 U-key 持有者甚至对接的会计，谁支出谁负责，谁背书谁负责。唯有落脚强化到个人的经济责任，将违规情况记录作为对预算单位、省财政厅主管部门、代理银行的考评依据，才能有力促进财政资金使用的合规性和科学性。

(四)强化国库集中支付制度人员的轮岗

国库集中支付采用的是专门的设备和系统，因此部分预算单位管理人员图省事，指定个别专人负责实际操作，其他人员则不触及此项工作，造成的空间可操作性实际上存在巨大的操作风险。相关重要岗位只有分开设岗和轮岗，才能减少财务风险，做好风险点的把控，以制度运行保障内部控制而不是僵化地一味依靠从业道德。客观上，轮岗培训才能强化领导和各个财务工作人员对国库集中支付制度的改革意图和价值意义的认识，减少隔阂，确保国库集中支付制度的顺利推进和财务工作的升级。

国库集中支付制度对高校财务管理的影响及对策

天津师范大学　李玮

【摘　要】国库集中支付制度是发达国家普遍采用的一种财政资金支出管理模式。我国从2001年开始进行改革试点至今已取得显著的成效，但是也出现了诸多问题。本文通过分析高校国库集中支付制度对财务管理的积极作用以及制约影响，探究高校财务工作施行国库集中支付制度的必要性以及面临的问题，并且提出相应的对策和解决方案。

【关键词】高校财务　国库集中支付　必要性　制约影响　对策

一、高校施行国库集中支付制度的背景与主要内容

（一）背景

国库集中支付制度是一种西方国家采用的管理财政资金的模式，2001年，财政部、中国人民银行印发的《财政国库管理制度改革试点方案》（财库〔2001〕24号）要求，逐步建立以国库单一账户体系为基础、资金缴拨以国库集中收付为主要形式的财政国库管理制度，加强财政管理监督，提高资金使用效益。高校实施国库集中支付制度有其积极的作用同时也存在一些问题，它不仅影响财务预算管理的水平、改变财务管理工作的方式方法，同时加强了政府对于高校的监督检查，有效地提高了资金的透明度以及使用效率，在预防贪污腐败等方面也有着重要意义[①]。

（二）国库集中支付的主要内容

国库集中支付制度包括财政直接支付和财政授权支付，是以国库单一账户体系为基础，以健全的财政支付信息系统和银行间实时清算系统为依托，支付款项时，由预算单位提出申请，经审核机构（国库集中支付执行机构或预算单位）审核后，将资金通过单一账户体系支付给收款人的制度。国库单一账户体系包括财政部门在同级人民银行设立的国库单一账户和财政部门在代理银行设立

的财政零余额账户、单位零余额账户、预算外财政专户和特设专户。因此，高校实行国库集中支付，实际得到了一个额度，财政支付专户和高校的账户在每天清算结束后都是零余额账户，财政资金的日常结余都保留在国库单一账户中。

二、国库集中支付制度对高校财务管理的积极作用

(一)有利于增加高校预算管理的准确性和透明度

以前高校在没有实行国库集中支付的情况下，高校的实际支出与财政预算资金支出有出入，不能完全吻合，有些专门用途的资金却被挪作他用，这种情况被称为"两张皮"。但是在实行国库集中支付制度以后，这种状况有所改观，政府把指定用途的资金进行分类，人员的、公用的以及专项的，高校必须按照用途进行报销，不得擅自改变，这大大提高了预算管理的准确性，财政能够准确地掌握高校的资金去向，同时加大了监督的力度，大大提高了透明度。

(二)有利于提高高校预算执行的力度以及客观地使用资金

经济的快速发展要求高校也要适应这种环境，因此，高校面临着一个复杂的大环境，必须有应变的能力，不可预测的资金需求也在不断地变化，并且是逐年递增，如果不严格地按照预算执行，那么高校的压力会越来越大。在之前的管理模式下，有些高校会把指定用途的资金用于其他方面，然而财政却毫不知情，之后再向财政追加申请经费，有限的资金没有发挥它应有的作用，这样的现象造成了资金的浪费和不可控的局面。高校在使用资金时主观性太强，随意改变资金用途。

实行国库集中支付后，上述现象大大减少，每一笔资金的用途、金额以及交易记录都会上传到财政，财政能够有效地监控资金的使用情况，加强了高校严格按照预算的执行力度，同时能够按照财政要求客观地使用资金。这种控制有效地增加了资金使用的科学性，大大降低财务风险。

(三)有利于政府科学合理的资金拨付

高校的办学资金很大程度上依赖于财政资金拨付，之前的资金拨付都是层层下拨，中间涉及诸多环节和手续，程序烦琐，里面的漏洞多，不免会有暗箱操作的存在，政府在调控资金时遇到很多困难。目前，实行国库集中支付制度后，财政资金就是在国库单一体系中运行，中间的任何环节都是透明和直接的，避免了暗箱操作，加大了监控的力度，提高了资金的使用效率。

三、国库集中支付制度对高校财务管理的制约影响

(一)国库集中支付制度对高校预算管理的制约

预算管理是高校财务的基础性工作。在改革之前，高校能够灵活地根据实际工作需要调整预算资金，并且只需在本校内进行报批，不需上报财政，这种灵活性在实际工作中很实用。

在改革之后，国库集中支付制度要求专款专项，不能擅自改变资金用途，这就大大减少了资金使用的灵活性。高校要想改变资金用途需要向上级报批，由于手续烦琐、程序复杂，需要的时间周期长，降低了资金的调控能力，因此高校变得被动，改革虽然提高了预算管理的科学性和准确性，但是也限制和减弱了高校自主调控的能力。

(二)国库集中支付制度对高校资金管理的制约

资金管理是预算管理执行的内容，预算管理缺乏灵活性导致资金的使用也不灵活。国库集中支付制度把资金集中管理，高校要想自主决定使用情况变得不可能，这种缺乏自主性的资金在使用时可能会降低资金的利用率。高校主要以办学为主，没有资金就会很被动，高校的经费拨付在国库集中支付情况下需要财政部门的批准，从时间和程序上加大了资金的使用难度。这种资金集中的管理模式，改变了原来高校按照财政下达预算指标自主使用经费的财务管理模式，缩小了高校的自主权。

(三)国库集中支付制度对高校会计核算的制约

会计核算是高校财务工作的日常工作。国库集中支付制度的实施，增加了会计核算的工作内容，比如在国库集中支付制度下，报账流程包括：审核—国库支付系统—复核—出纳—银行，加大了工作步骤和工作量。同时，之前只是进行银行对账，现在还需要与国库支付系统明细账对账，增加的内容加大了会计的工作量。同时国库集中支付系统依托于计算机网络系统，网络系统的维护是一项非常重要的工作，必须及时和谨慎，不然会影响日常工作。

四、高校财务管理实施国库集中支付的对策

(一)建立配套的财务管理制度，健全内部控制制度

国库集中支付制度打破了传统的资金拨付体系，这对于高校来说不单单是资金来源方式的改变，更重要的是要建立与之配套的财务管理制度和内部控制制度。国库集中支付的实施改变了高校的账户核算和资金使用，同时改变了财

务的运行机制。2012 年 11 月，财政部印发了《行政事业单位内部控制规范（试行）》，规定单位内部控制的控制方法一般包括：不相容岗位相互分离、内部授权审批控制、归口管理预算控制、财产保护控制、会计控制、单据控制、信息内部公开。因此，高校应当及时修改财务流程，制定实施细则，调整会计核算要求，建立一个科学规范的内部控制制度，更好地满足国库集中支付体系要求。财务管理制度与内部控制的完善，能够更好地促进国库集中支付制度发挥作用。

（二）深化预算管理制度，科学安排资金使用情况

预算管理是高校资金科学合理使用的基础，做好预算管理工作，能够降低高校财务风险。国库集中支付制度降低了高校自主使用资金的灵活性，审批程序变得烦琐和复杂，降低了高校的应变能力。因此，高校要深化预算管理制度改革，制订周密的资金使用计划，合理安排支出，加强资金流的控制，更有效科学地使用资金，发挥有限资金的最大价值。高校应该根据国库管理制度，结合银行清算制度，划分资金的开支标准，完善支付制度，确保财政资金专款专用，杜绝一切形式的浪费和不合理挪用。在预算环节严格把控，在会计核算环节更要谨慎，统一标准，加强执行的力度，确保预算的有效运行。

（三）建立强大的网络支撑系统，提高效率

随着信息化的发展，高校财务管理也越来越朝着信息化的方向发展，国库集中支付制度是一项综合性很强的体系，它不仅依赖于强大的网络系统，而且对各部门的配合度要求极高。包括对财政、国税、银行等很多部门都有协作要求，建立一个安全、快捷、高效的"财、教、税、银"四合一的网络信息互通平台，是一项非常艰巨且重要的任务，它能够支撑整个国库系统的正常运行，满足财政资金的预算、结算、控制等要求。高校应该配备专门的网络技术人员负责维护网络环境的安全及可靠运行，加强财务专用网络建设，保证网络畅通，并且设立专线专用，保证信息安全，数据准确，反馈及时，数据传输顺畅。在实际操作中，及时发现问题，及时解决，降低由于网络造成的失误。

（四）提高财务人员的业务能力

高校财务专技人员应该实时提升自己的业务水平和能力。国库集中支付制度改革是一项业务性很强的工作，财务人员需要认真研读相关文件，掌握国库集中支付制度的主要内容，结合自己的工作要求，掌握国库集中支付的工作方法及操作流程，熟悉如何申报计划、账务核算、接受反馈等，培训财务人员的业务知识，不仅能够提高工作效率，还能够主观地推进国库集中支付制度的顺利发展，加强财务人员的专业技能培训，是新时期的要求。

（五）完善相关财经法律法规

相关的法律法规具有滞后性，及时修订不相适应的法律法规，完善法律系统，能够更好地推进国库集中支付制度的改革，也是国库集中支付制度改革的重要依据。能够更好地确保国库资金支付在规范的环境下进行。

五、结束语

国库集中支付制度是从西方发展起来的，说明其在市场经济环境下可以很好地运行，在中国尤其是高校环境下，应该也可以发挥其作用，但是也会出现很多问题，只要高校与政府共同努力，一定会不断完善国库集中支付体系，使其更好地为中国高校服务。

【参考文献】

[1] 张艳. 高校国库集中支付存在的问题与完善对策[J]. 新西部，2013(33).

[2] 蒋菊红. 高校国库集中支付的实施与探讨[J]. 青海师范大学学报，2006(2).

[3] 郭彦斌，李卉. 高校国库集中支付困难分析与解决策略[J]. 会计之友，2012(11).

[4] 殷宏杰. 国库集中支付制度对高校财务管理的影响[J]. 市场研究，2010(8).

[5] 刘蓓. 国库集中支付制度对高校财务管理的影响及应对策略[J]. 会计师，2010(3).

[6] 张艳敏. 国库集中支付制度对高校财务管理影响之探析[J]. 中国外资，2013(7).

[7] 任小燕. 国库集中支付制度对高校财务管理的影响及对策分析[J]. 山东省青年管理干部学院学报，2010(4).

[8] 牛明娟，张迎迎，李琳. 国库集中支付制度改革对高校财务运作的影响及对策探析[J]. 才智，2015(10).

[9] 徐明稚，张丹，姜晓璐. 基于现金流量模型的高校财务风险评价体系[J]. 会计研究，2012(7).

[10] 许娟娟. 浅析国库集中支付下高校财务的内部控制[J]. 商，2014(22).

[11] 杨帆. 新时期做好国库支付与高校财务管理的探讨[J]. 江南商论，2010(36).

论高校"大财务观"

四川师范大学　梁　勇①

【摘　要】"大财务观"是现代高校财务管理全新的财务理念。在高校经费增加和监管力度加大的复杂环境中，财务理念也在动态变化。"大财务观"汲取了现代企业财务管理理论，融入了高校先进的财务观念，在财务思想认识、财务政策修订、财务业务开展等方面有了全新的改变。"大财务观"内容丰富，思想体系完整。研究和探讨高校财务"大财务观"思想，对于进一步思考高校财务管理，规范各级财务管理，理顺各级财务关系的利益，提高财务管理水平，有着积极的意义。

【关键词】高校　大财务观　和谐财务关系　绩效考评

观念是人类长期生活和生产实践活动中主观意识对客观世界的综合反映。观念随着社会实践活动的深入，所反映的内容深度与广度不断增强。财务观念是财务人员对财务状况客观现实的反映形式，是财务人员对世界、人生和价值等方面认识的各种观念相互联系而逐渐形成的有机整体。基于财务环境的不确定对财务运行系统产生的不确定影响，干胜道（2011）认为，权变财务理论强调财务在财务状态、财务行为选择和财务结果上表现出不确定性，因此财务主体为适应复杂多变的环境，必须具备财务动态能力，及时调整财务政策与财务行为，使企业财务运行系统与财务环境保持动态协调一致。那么，财务观念应具有敏锐的动态特点，适应不同的财务环境，及时做出新的调整和创新。

一、"大财务观"的提出

财务环境的变化，促使高校不断转变财务观念。近年来，高校在加强财务制度建设，完善财务内控的同时，适应现代高校财务管理体制改革和高校事业发展需要，也在不断创新财务观念，在思想认识上有进一步的提高。

叶璋礼（2005）提出高校要创新财务管理观念，树立成本与效益观念、全面

---

①　梁勇（1977—），男，四川绵竹人，四川大学博士研究生，四川师范大学计划财务处，副研究员，经济师，研究方向：会计学与财务管理理论。

预算观念、投资融资观念、债务风险观念。鲁鸣等（2007）提出高校需要树立成本效益观念和负债经营观念、风险观念、知识资本与信息资源观念、以人为本观念以及优化资源配置等。叶习红（2009）立足于高校社会效益和经济效益的双赢目标，论证了资金时间价值观念、成本效益原则和加强财务内部控制制度三个新理念。王良驹（2011）指出将财务经营理念全面引入高校财务建设与发展的格局，加快推进高校科学理财、稳健理财和民主理财。康智云（2011）以绩效为导向，提出新时期高校财务管理务必树立新的理财观、职能观、筹资观、可持续发展观、风险观、成本观。

由此可见，高校财务观念更新中逐渐突出"成本、效益、人本、可持续"的主题内容，注重系统性、协调性，讲求价值共同创造。而"大财务观"是财务观发展变化的又一深刻提炼和综合，站在更高财务角度，俯瞰全校财务，立足于财务运动整个过程，以"资金流""财务关系流""财权流"为线条，打破部门界限，统筹各级财务差异，以财务"线型"思想为指导（梁勇，2010），贯穿于整个财务运动，充分展现财务职能多元化，全面提升财务理念。

"大财务观"是基于我国高等教育快速发展，高校精英教育逐步向大众化教育过渡，高校规模化和内涵式发展与现行落后的财务观念和财务管理模式之间相互冲突的形势下提出的。李芳（2002）较早论证了大财务管理具有统一管理、制止不正之风、提高财会人员素质等优点。谭红（2008）就高校经济总量的激增和经济格局的变化，对现行财务管理从财务理念、财务管理模式等方面提出了树立"大财务观"的财务管理改革的思路。

"大财务观"的提出，与计划经济体制下的统收统支财务显著不同，有效避免了"一抓就死，一放就乱"的现象。"大财务观"突破了高校财务"报账＋算账"的观念和财务职能单一化限制，立足于高校现有财务管理环境，以科学发展观为指导，以全新的财务理念，在明确校内各部门权责边界前提下，合理化延伸财务管理和扩大服务内容，从价值角度统筹规划学校的财经活动和所有教育资源的优化配置，即按规范成熟的业务流程、部门间相互配合、全员参与、不定期业绩考核、追踪风险控制等手段，将教学科研、基本建设、设施运维、后勤服务、对外投资与合作，以及资产经营等方面经济活动纳入到"大财务"范围内，进行有效监督和指导。

二、"大财务观"的内涵理解

"大财务观"是现代高校充分运用办学自主权，遵循高校事业发展规律，积极投入市场经济竞争，主动考虑和利用教育资源，提高办学效益的指导思想。当然，与相关财务观念不一样在于其突出的三个特点：

1. 财务本质的体现

财务本质之说各有差异，财务本质最核心的内容在于财务资源的价值运动及其实现。然而，由于体制的不顺畅、约束机制不健全和管理者素质的限制，财务在管理中的定位较为模糊，而且财务职能往往被分解为财务管理和会计核算两大职能，财权与事权分割，使得财务管理作用未能得到充分发挥。"大财务"是财务管理的本质性的概念，客观上要求财务管理的职能还原、回归、发展并被有效利用，实现财务手段支配的资源价值最大化。

2. 财务理念的提升

"大财务观"旨在实现财务资源的优化，最大化实现资源价值。"大财务观"立足于学校事业大局，综合考虑高校各相关利益关系，整合财务资源结构，摸清财务运动规律，紧紧抓住财务关键点，畅通各级财务关系，充分利用"大财务"观念赋予的财权和事权，深化改革财务运行机制，使各级财务关系利益连接起来，共同为资源价值实现最大化而努力。"大财务观"涵盖了现有财务管理理念的精华，包含近年来理论界提出的资金运作理念、财务绩效导向理念、精细化理念、持续创新理念、财务风险理念、纳税筹划理念、以人为本理念等理念体系。

3. 财务服务与监管理念融于"大财务观"

从乔春华(2011)阐述的我国高校财务管理体制类型演变轨迹来看，高校财务管理模式主要体现为"统一管理、统一领导、一级核算或集中核算，二级管理或二级核算或分级管理"等。"大财务观"基本遵循了上述模式，但更多融入了现代财务管理思想，将财务职能不断扩展，坚持人本观，将财务的业务职能提升为服务职能，同时也融入了财务本质上的规范职能，服务与监管职能相辅相成。"大财务观"就是要统筹学校大财务，既要发挥财务的服务功能，增强全校财务意识，又要注重财务监管，使二级财务单位自觉行使规范财务、效益财务、节俭财务的财务行为，夯实二级财务基础，提高二级财务管理效率，从而实现"大财务观"的大效益目标。

三、"大财务观"核心内容

1."大财务观"的目标定位

"大财务观"是现代高校财务理念发展的新阶段，是高校新形势下财务管理思想的转变。"大财务观"汲取了企业管理理论，融入高校财务运行特点，立足于财务本质，抓住财务管理目标，主要目标定位于三个"统一"，即：教育资源管理效率与效益相统一，以财务管理为核心，加强学校各类资源协调管理，充分发挥资源优势，实现资源边际效益最大化；财权与事权相统一，确保各财务利益主体在财权范围内自主开展财务活动，拥有财权的申诉权、辩护权、维护权，提高财务利益者的积极性；财务的宏观、中观与微观相统一，"大财务观"综观整个学校财务运行，宏观上协调上级主管部门、横向业务往来部门财务主管关系，中观规范校内各级财务行为，微观狠抓财务管理细节，从基础财务找成本效益，规避财务风险，畅通各级财务关系渠道，确保财务政令令行禁止，提高财务执行力和监管力。

　　2."大财务观"理念体系

　　"大财务观"的提出不是空洞的理念，它是原有财务管理理念的梳理、总结、创新和升华。"大财务观"是一个理念体系，具有丰富的内容，涵盖了现代财务管理思想精华，以财务资源优化与价值实现为核心思想的"大财务观"，将主要包括如下方面(详见图1)。

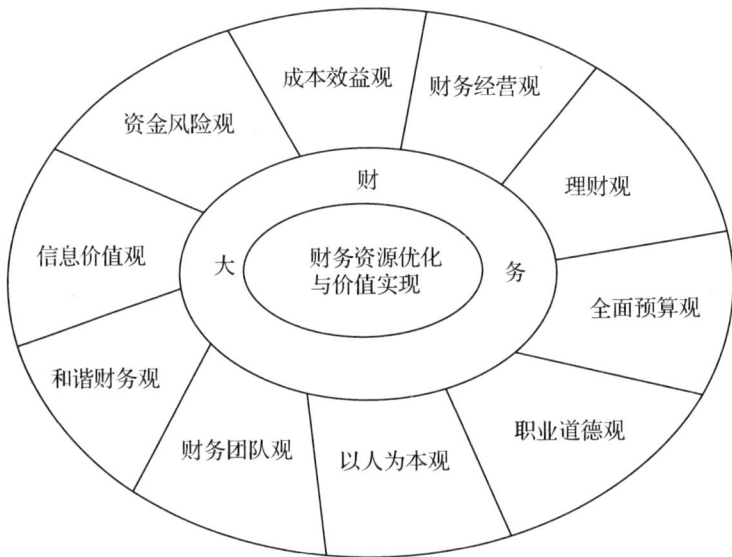

图1　"大财务观"理念体系

　　成本效益观。成本效益观是现代高校在负债经营和绩效监管状况下形成的固有观念，改变过去无偿使用国家财政拨款的思想认识，在高校财务管理的各个环节，讲求资金成本与使用效益的匹配，科学论证各资金项目效益，计算资金占用成本，评估资金环节存在的风险因素，加强项目基础管理，降低不必要的费用支出，使资金效益最大化使用。

　　财务经营观。财务本身是一种经营活动，贯穿于筹资、投资和运行等资金运动的全过程，这种经营不仅在于做好财务管理工作，而且更要以"经营"的态度去处理好因资金运动引起的内外部环境的变化及其经济关系，使得学校筹资、投资、运行等理财活动得以科学筹划和整体协同，促进学校核心发展目标有效实现。

理财观。与财务经营目标一致，通过有效的财务手段和管理方法，挖掘有价值的财务资源，充分利用教育市场各类优惠政策，抓住市场机遇，使教育资金教育市场环境中有效增值，达到资金边际效益最高。

资金风险观。教育市场有风险，教育事业发展中资金的使用也是有风险。国家财政拨款和专项资金的无偿性使用时代已经过去，财务检查和资金效益考评是高校资金使用的最大风险。银行贷款还本付息经受着金融环境的压力，利率调整往往使得高校承受较大的债务包袱。优化资金结构，做好资金规划，规范资金使用，提高资金使用效益，是资金风险观的重要内容。

全面预算观。预算是学校财务的首要工作，关系到学校资金计划与使用的前提。全面预算在于统筹学校各级单位财务收支，将学校预算与部门财务预算相结合，做好预算调研工作，科学论证项目预算资金申报，核定各单位业务运行费用，细化每笔资金用途，严格按照经济责任制，及时进行预算资金使用效益的分析、考核和评价。

信息价值观。信息网络技术的发展，对信息的需求越来越大。在信息不对称情况下，信息成为有价值的稀缺资源。高校财务的职能不再停留于原有的报账、算账型，财务信息化发展和财务信息公开化，促使高校对财务信息价值得以重新认识。有效的、相关的、及时的财务信息，对高校事业发展有很大的促进作用。信息价值观客观要求高校财务要拓宽视野，主动寻找有价值的财务信息，同时发布准确的财务信息，引领财务行为。

和谐财务观。财务既是资金运动的过程，也是各种财务关系和财务利益协调的过程。和谐财务就是要正确处理好各级财务关系，营造良好的内外财务环境，有力促进高校财务管理。

以人为本观。知识经济时代最重要的资源是知识，而知识是由人创造并掌握的。而高校的各项经济活动都需要通过人利用先进的管理手段去实现，鼓励各财务利益相关者，包括财务工作者和财务参与者，为财务活动的顺利运行和财务价值实现发挥最大的积极性和创造性。

财务团队观。财务本身是一种相互配合、相互牵制和相互激励的群体活动。财务团队强调财会队伍的结构和质量优化，以财务团队为主体，以团队的能量进行高效的财务管理。

职业道德观。财务理念的基础观念。"大财务观"强调职业道德观，在于财务职业倦怠与财务服务逐步产生了矛盾。在现有面临极具复杂的财务环境下，财务压力越来越明显。一方面强调财务经营、财务服务，另一方面财务职业倦怠也日益严重。提倡职业道德观，注入新的财务吸引力，克服各种消极因素，从而保持财务岗位的朴实性、廉洁性。

3."大财务观"财权结构

"大财务观"提倡的核心财权在于学校一级财务，一级财务统筹学校整个资金运动，调剂资金余缺，分配资金使用方向，代表学校对外加强财务协调与合作，监督指导二级财务，协调各级财务主体财务关系。一般而言，与现代高校财务管理基本模式一样，即"统一领导、集中核算、分级管理"。"大财务观"较为显著的财权在于各二级单位(职能部门及院系)对预算内外资金在财务规范范围内具有支配权，而二级财务单位(校办产业、后勤集团、其他产业)则具有自主财务决策与财务核算的财权，一级财务限于对二级单位的财务指导和财务监管，督促二级单位在财务规章制度规定的范围内行使财权，提高财务管理效益。

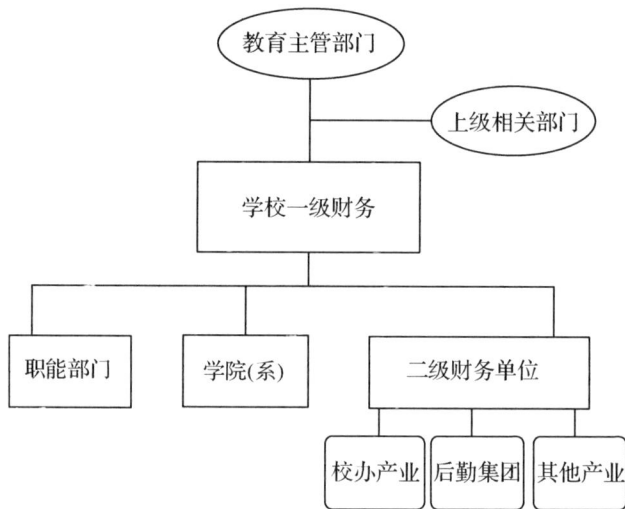

图 2 "大财务观"财权结构图

四、"大财务观"的必要性

1. 适应现代高校面临财务形势对财务管理的客观要求

近年来，一方面国家财政加大高等教育投入，逐步提高生均财政拨款，落实中央财政专项资金扶持项目，积极推行高校化债政策，降低高校负债经营所引发的财务风险，另一方面，国家不断增大对高校的财务专项检查力度，推进新的高校会计制度，从根本上动摇了沿袭几十年的高校会计记账基础，引入权责发生制，加强高校成本核算，重构财务报表体系，提高高校财务信息质量及其公开程度。国家政策性系统风险因素对高校事业发展影响不断加深，高校粗放式发展中沉积的各类财务问题，使得财务部门管理难度和压力日益增大，促使高校财务管理开始思考内涵式财务管理。"大财务观"是适应现代高校财务形势的必然选择。"大财务观"综合体现了高校财务内在发展方向，理性地诠释了未来高校财务管理目标，厘清了高校财务运动规律，涵盖了高校财务管理全部内容。

2. 财务分层不断深化，高校各相关财务利益关系的相互协调客观要求

财务分层理论最初由老一辈财务学专家郭复初教授基于计划经济条件对社会主义财务体系提出分层财务。干胜道教授（2011）1995年提出了所有者财务理论，紧接着所有者财务、经营者财务、债权人财务、出资者财务等理论层出不穷。沿着财务分层的思路，李心合（2003）提出了"利益相关者财务五层次论"。高校筹资渠道的多元化，使得高校财务关系日益复杂，各财务主体基于其特定的财务活动和财务利益，各有自己的财务，在财务活动中扮演着不同的财务角色。各自财务利益的满足程度和其之间的关系协调问题，直接影响到财务管理效率的提高。"大财务观"全面体现了各级相关财务群体的利益观，其财务目标旨在优化各种财务资源，实现各种财务资源的组合价值。注重利益协调，清楚认识和谐财务关系中的利益协调和利益实现。学校一级财务和二级单位财务关系，学校财务与上级主管部门及其他相关部门财务关系。

3. 推动精细化财务发展的思想基础

2009年8月31日，财政部印发《关于推进财政科学化精细化管理的指导意见的通知》，要求按照精确、细致、深入的要求实施管理，避免大而化之粗放式的管理。高校精细化财务管理是财政科学化精细化管理精神的具体实施，而"大财务观"则是精细化财务管理的思想基础。"大财务"提倡宏微观相协调，强调效益优先，优化财务管理手段，既着手于学校整体财务管理，又落脚于各个财务重点，推行财务预算、核算精细化，财务筹资、融资及分配精细化，强化资金运行中的关键点和风险滋生点监控，讲求资金效益化，实现大财务的大利益。

4. 为理顺二级财务关系，加强二级财务监管指明方向

高校规模化的快速发展与滞后的教育体制改革，以及尚未健全的高校管理监督体系，为高校经济犯罪、职务犯罪创造了条件，招生、基建、大宗物资设备和图书教材采购、继续教育等二级单位廉政风险较为突出。财务部门既是高校资金管理者，也是高校各利益主体的协调者，更为重要的是财务部门在廉政风险防范管理中发挥着重要作用。它既有有效制止其他利益主体产生廉政风险的可能性，也可能自身最容易滋生廉政风险。财务的会计、出纳、财务信息管

理员等岗位廉政风险较高。近年来，高校在二级财务监管方面做了很多基础工作，比如预算分配、集中核算、账务合并、委派会计等。然而由于信息不对称和学校财务事务性工作繁重等因素，对二级财务管理较为薄弱，导致二级财务监管松懈和财务问题比较突出。"大财务观"将学校对二级财务的业务指导和监管提到了更高认识，着重于财务大局观，进而对基础性财务做了明细化、规范化要求，推行二级财务的精细化，落实财务政策，提高财务管理各个环节的效益化。那么，二级财务是学校财务的重要组成部分，理顺各二级财务关系，规范和提高二级财务管理水平，也是畅通资金管理渠道，实施财务绩效考评的必要基础。

五、"大财务观"推行中制约因素分析

1. 思想认识上存在分歧，一、二级财权观念难以转变

财权观念是各利益所有者非常在意的概念。拥有财权的人，往往在行为上具有支配他人的权力。领导者的首要意义在于掌握财权，能够给予或剥夺他人利益诉求。一直以来，财务部门作为学校重要职能部门，协调各个财务相关者利益。然而，一、二级之间始终存在财权的争执问题，二级财务对一级财务的监管存在排斥。同时，学校二级单位在思想上总是将学校资源视为免费午餐，乐于争资源、争项目，在资源分配管理上缺乏有效制度，随意性支付权力较大。因此，一旦涉及其自身资源使用权限的约束，很大程度上对一级财务易产生抵触。"大财务观"讲究资金效益，强调教育财务资源的统筹和规范，那么势必触及二级财务的财权干预，由此必然面临着二级财务的实施阻力或者形成不利的因素来影响"大财务观"的推行。

2. 原有的财务管理模式发生改变，传统财务行为难以适应

"大财务观"的实施，必然在新的观念指导下会形成一系列优化传统财务管理模式的方法和手段，突破落后的财务管理范式，在财务管理制度和财务流程方面进行必要的调整，从而在财务手续办理、经费报销、经费分配等方面增加诸多的约束条款，充实和修订原有财务遗漏的内容，加强经济责任负责制的落实，减少财务随意性。因此，各相关利益主体与财务部门之间的矛盾在较长过渡时间内将长期存在，短期内无法适应"大财务观"改革创新中形成的财务改进，对"大财务观"的实施也会带来各方面的压力。

3. 财务队伍素质参差不齐，专业技能提高有待进一步提高

长期以来，财务队伍建设是现代高校常抓、难抓、成效不明显的内容。基于多年来财务队伍形成的遗留问题和各方面因素，各高校财务队伍在平均学历层次较低，年龄结构老中比重偏上，财务专业结构和知识结构不完善，财务人

员绩效考评难度较大，财务人员在财务信息处理能力、财务研究能力等方面有待提高。"大财务"观念的形成，是适应现代高校财务环境发展的需要，更加强调全局财务，注重财务人员综合性财务素质，要求财务人员树立"全局意识、责任意识、忧患意识、服务意识"，培养财务团队能力。如果财务队伍素质问题得不到有效解决，一方面对"大财务观"认识不清，理解不够，思想接受难免存在抵触现象。思维方式习惯性依赖也在一定程度上影响他们对新的财务管理模式和管理思路的转变和适应。另一方面，在新的业务操作中，他们对新理念的把握和具体业务政策的执行有所出入，执行进度缓慢，工作效率偏低，势必严重影响到"大财务观"的推广和核心精神的贯彻落实。

六、"大财务观"实施的有效措施

1. 统一认识，增强"大财务"意识，积极宣传

"大财务观"是高校财务管理思想的重大发展。"大财务观"所推行的财务政策和财务程序是全新的、全面的改革，涉及面较广，相关财务主体利益影响较多，财务关系矛盾尖锐。基于此，各高校在内涵式发展过程中，应充分分析当前高校财务形势和发展趋势，以贯彻落实2012年刚颁布的《高等学校财务制度》为契机，以服务与监督为核心目标，进一步转变财务观念，实现财务职能转变、财务人员角色转变、领导干部思想转变、技术转变、职能转变等，树立大财务意识，在学校财务部门的全局指导下，细化财务管理目标，最终实现"大财务"大效益。当然，任何一次规范化改革和政策调整，难免会激发各种财务矛盾。因此，必须立足于实际，切忌一刀切，在充分调研和分析各学校事业发展情况，研究自我发展模式。同时，"大财务观"是一个系统工程，是一次思想认识上的大转变。因此，高校在"大财务观"推行过程中，需要做好组织、思想准备，循序渐进，抓住财务本质和财务关键点，有效畅通"大财务观"执行渠道。

2. 加快经费预算绩效改革，统筹协调，实现预算、核算、决算一体化

2011年，国家财政部《关于推进预算绩效管理的指导意见》(财预〔2011〕416号)指出"预算绩效是指预算资金所达到的产出和结果。预算绩效管理是政府绩效管理的重要组成部分，是一种以支出结果为导向的预算管理模式"。政府预算是配置公共资源的工具，也是公共支出管理工具，那么学校预算也应该是加强全校经费管理，提高资金使用效益的有效方式。新的高校财务制度和会计核算制度改革，进一步强调了预算管理的重要性。在"大财务观"的指导下，通过校内预算改革，融入预算绩效思想，将预算循环中的收入环节、资源配置环节、经费投入环节、过程控制环节、产出环节和结果环节等环节紧密联结起来，畅通预算资金流渠道，实行财务预算与核算相结合的经费目级控制，完善经费预

算编制系统、核算系统，有效细化经费使用项目化、目级化，甚至末级化，使经费支出更加清晰、透明，提高经费的使用效益。

3. 科学合理有效的财务流程

充实和完善财务流程，厘清各个财务流程，使之形成一套较为完整的财务管理流程。在前面所述中，财务流程具有共通性、共享性、时效性、层次性等特点（梁勇，2008）。因此，以精细化财务管理思想为指导，在现有的财务流程信息平台的基础上，讲求时效性，及时根据高校财务管理功能的多样化要求，对现有财务流程进行适应性评价，发现各业务处理流程间存在的潜在和显现的断点、漏洞和矛盾，并分析原因，制订出相应解决方案，修正业务处理中不合事宜的管理点，实现财务业务流程的再造。同时，通过财务流程信息平台，各高校可各取所需，一方面融入一般财务流程所不具有的新颖性内容，使之得到充实和完善，另一方面各高校相互交流，取长补短，共同发展高校财务流程。

4. 加快财务信息化建设，提高财务管理手段

财务信息化建设，是财务部门改进财务手段，加大财务服务宣传，增强财务管理信息透明度的重要途径。财务信息化建设包括财务处理的信息化和财务信息监管的信息化。财务处理的信息化有利于进一步改进传统的账务处理方式，增强财务监管功能，加强多校区财务管理，提高会计核算管理效率。通过利用现代网络技术与财务软件的结合，实现网络平台上的财务信息化处理，夯实会计信息基础。同时，加强财务沟通，公开各相关财务主体关注的各类财务信息、财务流程，减少信息不对称，促进学生与财务、教工与财务、相关职能部门与财务之间的沟通协调，相互监督，从而提高财务信息质量。

5. 积极推行总会计师制度，打造一支高素质的财务团队

总会计师制度是适应现代财务管理需要，优化高校领导班子知识结构，借鉴企业经济管理经验，选拔懂经营、会财会、善管理的成员专职从事学校财务管理领导工作。虽然，总会计师制度早在1979年教育部颁发的《教育部部属高等学校〈会计人员职权条例〉实施细则》提出，先后也有相关高校财务管理文件和总会计师专门文件对设立总会计师的条件、人员选拔、待遇、职责等有明确的规定，但在实际落实中仍然存在不少问题。因此，现代高校应抓住现有的高校发展环境，切实推行总会计师制度。在总会计师的带领下，加强财会队伍建设，加强财经业务培训工作，着力培养财务骨干，培养财务人员的会计核算能力、职业判断能力、沟通协调能力、开拓创新能力，提高综合素质。创建财务科研团队，深入系统地对高校财务政策和业务管理的研究，创新财务管理思维，推进高校财务管理事业发展。

【参考文献】

[1] 干胜道.财务理论研究[M].大连：东北财经大学出版社，2011.

[2] 叶璋礼.略论高校财务管理观念创新[J].财务与金融，2005(5).

[3] 鲁鸣，许光华，刘段民，刘淑萍.树立高校现代财务观念[J].审计与理财，2007(12).

[4] 叶习红.高校财务管理的三个新理念[J].会计之友，2009(10).

[5] 王良驹.树立财务经营理念、整体协同高校管理[J].中国高等教育，2011(8).

[6] 康智云.新时期高校财务管理面临的挑战与理念创新[J].财会研究，2011(5).

[7] 梁勇.论高校财务"线型"管理思想[J].会计之友，2011(10).

[8] 李芳.高校实行大财务管理浅议[J].中华女子学院山东分院学报，2002(2).

[9] 谭红.高校财务管理亟须大财务观念[J].大众标准化，2008(S1).

[10] 乔春华.论高校财务管理体制研究[J].会计之友，2011(2).

[11] 王良驹.树立财务经营理念、整体协同高校管理[J].中国高等教育，2011(8).

[12] 干胜道等著.股东特质与企业财务行为研究[M].成都：西南财经大学出版社，2011.

[13] 李心合.利益相关者财务论[J].会计研究，2003(10).

[14] 梁勇.试论高校财务流程管理[J].四川师范大学学报(社会科学版)，2008(4).

高校财务秘书问题研究

四川师范大学　　梁勇

　　【摘　　要】高校财务监管力度的加大，对高校财务信息质量要求越来越高。随着高校财务精细化管理水平的深入开展，高校经费使用难、报销难问题异常突出，财务矛盾日益加大，财务服务要求逐渐提高。加强国家财经法规宣传，增强高校师生财经纪律意识，推动财务管理水平提高等，对高校财务经办主体提出了专业要求和职责要求，由此财务秘书问题自然而出。研究和加强财务秘书管理，提高财务秘书专业素质和综合业务能力，是新形势下提高高校财务管理水平的新课题。

　　【关键词】高校　　财务秘书　　财务联络员　　财务精细化

　　随着国家财政体制改革的不断深入，国家财政在提高生均财政拨款，确保教育经费"4％"目标的同时，也加大了高校经费监管力度。"三公"经费、"科研经费管理""专项资金绩效管理"等各类专项财务监管，加大了高校财务管理风险。同时，高校财务管理机制的滞后和管理手段的落后性，使得财务管理难度和压力日益增大。国家政策监管要求和校内外各种利益诉求冲突，使得高校财务部门成为利益矛盾的中心，加强财务部门与各单位部门之间财务信息交流与财务沟通，进一步加大财务政策宣传，减少财务摩擦，化解各种利益矛盾，创建和谐各级财务关系有着积极意义。

一、财务秘书的演变及发展

　　财务秘书是指相对于财务部门人员而设置的专门从事某经济组织日常财务工作的人。财务秘书要求具备较高的文秘专业知识和技能，同时也必备财务会计专业知识和财务技能的高素质技能型专门人才。就高校而言，目前从事财务业务的主要包括三种人员，即学校一级财务部门（财务处）的专职财务人员；校内独立二级单位财务专职人员，比如后勤、培训中心、校办产业等单位财务室人员；各部门和学院负责单位经费报销的办公室或其他专兼职人员。那么，财务秘书就是从各单位财务经办人或者兼职财务工作的办公室人员脱离出来的，根据财务工作需要，学校从岗位上明确他们的岗位特征和岗位职责，并赋予他们一定的财务职责和财务义务，承担本单位日常经费管理和财务报销任务。财务秘书被正式纳入学校财会队伍，从而为今后加强高校财会队伍建设，优化财务人员结构，提升财务人员综合素质奠定了基础。目前，很多高校也在推行财务秘书制度，在某种程度上也就是财务经办、财务主办制度，其主要职责在于承担所在单位相关基础性财务业务的办理和财务综合协调工作。

二、财务秘书制度提出的背景

财务秘书制度的提出是适应当前高校财务管理制度改革发展的需要，是进一步提升高校财务管理水平，推动高校内涵发展的重要内容。

（一）财务精细化深入开展对高校财务利益相关者的客观要求

2012 年、2013 年，新《高等学校财务制度》和《高等学校会计制度》的先后出台，打破了原有的高校财务管理模式，改变了高校会计核算基础，更加明确经费使用用途和核算科目，财务精细化管理日益突出[1]，高校财务信息质量透明化要求越来越高。那么，经费使用和报销规则要求增加，财务程序日益复杂化，各单位经费使用和报销问题逐渐显露。熟悉并掌握新的经费管理和财务报销业务知识，经常性操作相关经费申报、经费预算、经费支出和经费分析的专门岗位的需求性加大，原有的财务经办人或者兼职财务工作人员由于单位内部的相关事务性工作安排和非会计专业人员等影响，在某种程度上难以胜任高校财务精细化后对各二级单位财务管理的岗位职责要求，无法充分发挥出服务于单位财务管理和搭建一、二级财务管理沟通平台的专业水平，也影响到学校整体财务管理水平。财务秘书是学校和单位根据工作需要设定的特定岗位，从事着单位专门的财务工作，他们经常参加学校各种财务专题业务培训，全面掌握财务业务技能，具体负责各单位财务预算、经费收支管理、师生财务报销等，协助财务部门办理各单位的财务日常工作，有效提高财务办事效率。

（二）缓解财务利益矛盾，加强财务联系与沟通的必然需求

近年来，高校"三公"经费、科研经费、培训费、会议费等监控力度逐年加大，各类经费专项治理工作频繁开展，禁止滥发工资奖金、津贴补贴等上级文件的颁发对高校规范性财务管理提出了更多要求，触及了各利益相关者切身利益，学校财务部门成为利益矛盾的中心。究其原因，其矛盾根本在于财务政策和财务流程宣传不到位，各单位师生对国家财务政策了解甚少，财务报销要求掌握不够，对财务部门误解较多，财务矛盾日益加深。因此，在财务部门一方面通过各种渠道加大财务政策宣传的同时，另一方面也要重视加强财务部门与各单位之间的财务沟通，听取和了解师生对财务工作需求，有针对性地予以有

效的财务问题解释，增进各单位对财务工作的理解和支持，创建和谐的财务关系[2]。财务秘书及时掌握国家和学校下发的各类财经文件，解读和传达相关财务规定，提高各单位人员对财务管理政策的认识，普及财务知识，减少财务信息不对称问题[3]。

(三)规范财会队伍建设，提升财务经办人员素质

长期以来，高校非常重视财会队伍建设，特别是对一级财务部门人员的充实，岗位轮换和业务培训。由于经费限制和培训方式的单一性，高校对于各二级单位专兼职财务人员的培训力度不够，特别是日常业务学习组织较少，培训内容缺乏系统性和全面性。各二级单位对兼职财务人员重视不够，挫伤了他们工作主动性和积极性。加之各单位专兼职财务人员流动较大，相对稳定的二级财务经办人队伍建设难度较大，极大影响了学校财务人员整体素质的提高。财务秘书制度的推行，重新明确和定位各财务经办人员的职责，财务秘书有目标、有任务地学习和掌握各类财务业务知识和技能，改进财务工作效率。

三、财务秘书设置与实施

财务秘书与原有的部门财务经办人在实质上具有相似性，财务秘书既是财务经办人身份的演变，从财务经办人明确为财务秘书，又是财务部门人员职责的延伸，属于二级单位的财务专兼职人员，从事着财务部门人员前期的基础性工作，但他们的职责又高于财务部门一般人员。财务秘书的岗位职责更具有综合性。因此，在制定和开展财务秘书工作制时，要从单位实际出发，以提高规范和提高财务服务水平为目标，创建财务秘书制度。

(一)财务秘书岗位与职责设置

财务秘书岗位与单位其他岗位要有同等性，才能保持财务秘书岗位的独立性和重要性。原有的财务经办岗位是从属于办公室岗位或者其他岗位的，在开展工作时往往缺乏主动性和责任感。财务秘书岗应享有与其他岗位同工同酬的待遇和人事关系，纳入全校教工范围进行考核。

财务秘书较财务经办人在职责设置上更倾向于综合性，融宣传协调和业务操作为一体。财务经办人在某种程度上主要是贯彻落实财经政策，按照相关财经法规进行业务报销，并完成财务报销中的票据粘贴与初审。而财务秘书的作用在于加强财务部门与各单位之间的财务沟通，加大财经法规的政策宣传，因此财务秘书配合学校宣传国家财经法规和学校财务规章制度是其首要职责。配合学校财务部门做好本单位的经费预算、收入汇缴、报销初审、票据管理、经费分析等业务，延伸了财务部门对单位财务的业务指导和经费管理。同时，积

极参加学校财务培训，做好财务信息上情下达、下情上报，当好一、二级财务信息传递员、财务关系协调员。

（二）财务秘书的选拔与培训

财务秘书承担着所在单位的重要财务经办职责，又承担了学校一、二级财务管理任务，他们职责范围扩大，财务风险承受压力随之增大。而且财务秘书综合业务知识和能力要求较高，因此，在选拔财务秘书时要注意专业知识、年龄结构、身体状况等，尽可能要求具备财务专业知识，年轻化，才能保证财务秘书队伍的稳定性。同时也要经常性组织财务秘书进行业务学习和财务理论培训，通过日常业务学习、制度学习和财会人员继续教育等方式加强对财务秘书的培训，提升他们的财务素养，提高财务管理水平。

（三）财务秘书年度考评

考虑到财务秘书的分工和作用，财务秘书可实行综合考核制度。比如每年年终，由学校财务部门根据财务秘书工作情况进行评价，该评价纳入校内各单位人员绩效考核体系。主要针对财务秘书在宣传和执行财务政策、对所在单位财务工作的勤奋表现、对单位经费使用和报销方面的业务能力体现等进行综合考核。所在单位可根据财务秘书在日常经费管理方面的工作表现予以考评，两项考评成绩记入财务秘书年度考核档案，考评记录也作为年度评优方面的参考依据。对工作突出、成绩显著的财务秘书予以表彰和一定的奖励。

（四）财务联动机制建立

财务秘书制度的实施，加强了财务秘书与学校财务部门之间的业务联系。然而，财务部门主动与各单位之间的财务指导和财务服务也是非常必要的。因此，要创建财务联动机制，通过该机制来加强双方的财务沟通，使单位财务需求及时传递给学校财务部门，在最短时间内得到有效解决。那么财务联动机制则以财务秘书与财务联络员为主体核心建立的有利于学校财务部门与其他单位财务沟通的工作机制。财务联络员是以财务部门人员为主体，与财务秘书进行工作交流和收集单位财务意见，减少财务信息不对称，有效解决工作中出现的财务问题，缓解财务利益矛盾，提高财务工作效率。

【参考文献】

[1] 乔春华. 高校内部控制研究[M]. 苏州大学出版社，2014.

[2] 梁勇，刘东. 论现代高校和谐财务关系的创建[J]. 教育财会研究，2007(6).

[3] 梁勇，林敏. 论信息不对称的高校财务沟通问题[J]. 会计之友，2010(9).

试论口授相传与高校财务管理水平的提升[*]

四川师范大学　梁勇①
四川工业科技学院　梁艳②

【摘　要】口授相传是现代信息网络技术快速发展后的一次回归，即使在财务信息化平台建设较为成熟的情况下，口授相传的财务管理方式仍然不可替代。相反，财务主体与财务相关利益者更加渴求口授相传应用范围的拓展和不断深入，满足信息不对称下财务沟通与交流状态下存在的诸多矛盾与问题。

【关键词】口授相传　高校　财务管理　财务沟通

一、口授相传的相关概述

(一)口授相传的含义

所谓口授相传，其本意在于通过话语的形式来教授知识和技能的方式。韩愈在《师说》一文中讲道："古之学者必有师，师者，所以传道，受业，解惑也。"其内在意思与口授相传有一致之处，但口授相传解惑的主体、时间与空间更为广泛。"口授相传"有狭义与广义之分，狭义指口头上的传授、交代或嘱咐。而广义上既有传递知识和技能的含义，也有一种宣传之意。口授相传在市场营销方面运用较广，对知识技能的传递更加深入，更加突出了宣传功能和沟通功能。

(二)口授相传的特点

1. 面对面的口授

与现代信息手段最大的不同在于，口授相传是传授与接收主体之间是面对

---

* 本文已发表于《教育财会研究》2015 年第 6 期。本文系四川省教育厅课题"高校财务内涵发展的关键指标及实施路径研究"阶段性成果。

① 梁勇(1977—)，副研究员，高级经济师，四川师范大学计划财务处，研究方向：高校财务管理研究。

② 梁艳(1974—)，会计师，就职于四川工业科技学院计财处，研究方向：高校财务管理与会计核算。

面的信息传递。面对面的口授缩短了交流主体之间的距离，信息传递和信息确认更为准确。面对面的口授可以使交流主体双方之间进一步加深了解，包括性格、兴趣爱好、阅历等信息，感观对方的诚信度，有助于口授行为的深入发展。

2. 动态性

口授相传在时间和空间上是灵活的，具有非限定性特点。传与受主体双方就某些具体问题的传递、传授和接受、掌握方面不分时间、不分场合，时间上没有限制，不需要特定的空间(除依托于一定工具外)。双方交流的内容较为广泛，不仅仅停留在某个实际问题的传授，也会扩展到其他与传授无关的其他信息的交流。

3. 情感性

虽然传与受双方在很大程度上以利益需求为主，利益目标实现则这种交流结束。然后如果是长期存在一个空间，具有长久的业务往来双方来说，那么这种口授相传就会产生情感，这种情感对于双方进一步深入交流是非常有效的。比如同事之间的业务交流，与其他长期稳定的财务经办主体之间的业务交流。口授相传的方式相较于电子化和纸质化的传递方式而言更加生动贴切，受众主体从情感上和智力上都更易接受，信息传递与技术掌握效率更高。

4. 反复性

口授相传的主体存在多元化，所传授的知识或信息在一定期间同样会发生多次重复性传授，且就同一接受主体也会出现反复口授的行为。这种与口授相传的特点和口授相传的主体不断变化相关。

5. 不稳定性

口授相传一般停留在口头上，由此带来口授相传的内容具有很大的不稳定性，表现出所传授的内容不断更新，前后信息出现差异。不同的传授主体对同一内容的理解角度不同传授时产生不一致。不同传授主体对不同接收主体也会存在传授内容的多与少的问题。

二、口授相传在高校财务管理中的应用

财务管理是高校资金管理和经费保障的重要职能，由于财务管理的内容与特点，使得高校财务管理在职能分工、岗位设置、管理行为实施方式等方面与高校其他部门行为不一样，涉及的财务主体与财务关系呈现多元化，由此产生了不同利益相关者对财务管理的需求差异，从而导致不同的财务压力和财务矛盾。口授相传在高校财务管理中的应用不仅仅体现在财务部门内部人员之间的信息传递与交流，也体现为财务部门人员与其他各种利益相关者之间的业务传递与交流。可归纳为以下几个方面：

1. 财务部门内部人员之间的口授相传

（1）财务政策变化和业务变更的信息传递。财务政策与业务处理变更是适应高校财务管理需要而产生的调整变化。作为高校财经政策执行主体，财务部门按照国家财经政策要求开展各项财务活动，规范财务管理行为，防控财务风险。国家财经政策的变化是国家对高校发展和管控重心转移的具体体现。比如"三公"经费、培训费、差旅费、科研经费等新财经政策的出台和执行，以及新高等学校财务制度和会计制度的贯彻实施等。财务部门内部人员随着国家财经政策的变化，也要更新财务知识和业务处理要求，因此日常的财务政策学习和业务培训成为口授相传的重要形式。财务主管与财务人员之间的政策宣讲和业务知识传递，通过面对面的会议形式或者业务沟通形式，从而使财务人员及时掌握并应用到日常经费报销和财务管理中。

（2）岗位日常信息交流。由于岗位设置与业务分工的不同，财务内部人员之间对具体岗位工作的财务知识和业务处理掌握程度不一样，或者相同岗位因人员掌握知识的能力差异对财务知识理解程度不同，那么经验丰富、业务知识扎实的财务人员对工作经验缺乏、财务业务技术掌握不够的财务人员之间的业务口授相传，这种在财务部门被称为"传、帮、带"现象，共同提高财务业务能力。

（3）岗位轮换后信息传递。虽然同处于财务部门，但是岗位不同，所应对的岗位职责和内容不同，财务轮岗是财务政策规定和财务部门提升财务人员综合能力的重要手段。因此，频繁的岗位轮换与岗位业务知识的传递是财务部门口授相传经常性行为。对于岗位交流与轮换后的业务知识口授，已成为财务部门内部交接的必要程序，在交接过程中，要求被轮换的人员有义务和责任教会轮换的人员，这种口授相传方式时有发生。

2. 财务部门与非财务部门人员之间的口授相传

非财务部门人员包括校内其他部门或学院的老师和学生，以及与学校有资金业务往来的外来人员。由于财务专业性较强，非财务人员在办理财务业务时对财务问题的认识和理解有很大差异，财经政策和财经纪律意识较为薄弱，由此产生对财务部门的压力和矛盾。那么，财务部门对该部分利益相关者必然产生经常性的口授相传，比如财经政策的解释、财务业务办理流程、经费报销要求、科研经费、学生学费、学生资助政策等内容。

三、口授相传对高校财务管理的意义

管理的核心在于人。管理手段的改变，只是改变了人所借助的工具的改进，在一定程度上改变了人的行为模式，但人与人之间面对面的交流方式仍然不能够被替代。近距离的信息传递、情感交流、离不开直接的语言沟通。无纸化、无声的电子文字交往，收到的是信息，收不到的是情绪和情感。对于高校财务管理来说，口授相传是无法被智能化信息所代替，很多业务技能传授是需要直接的语言沟通，复杂的事件和人物关系在口授相传过程中转化成通俗易懂的财务语言，从而实现最有效率的财务问题解决的目的。

1. 口授相传能够更加直接有效地实现财经政策的传递和业务技能的传承

当前，国家不断加大对高校财务的监管力度，一系列财经政策先后颁布并要求贯彻实施。由于各高校财务运行机制的不同，对文件精神的解读必然要产生差异。校内财务人员和其他非财务人员在同一政策认识和具体实施方面会存在分歧，由此也产生了一些矛盾。比如下属单位的"预算编制难、执行难""科研经费报销难"等问题。这些问题对于财务来说就是要求按照国家相关法律法规执行，严控财务风险，按程序办理相关经费报销使用。财务部门也针对很多财务实际问题进行了宣传资料的印刷与发放，然而，学校各级单位和部门，以及科研教师们对这些政策资料置之不理，也对专业性财务规定理解不透，在实际使用和报销经费时才发现不符合财务规定。而口授相传则不同，财务部门对财务文件的统一解读后，通过内部财务领导一个口径的解读，政策把握准确，使每个财务经办人熟练掌握政策要求，在业务处理时按照统一标准去执行财经政策。然后，通过口授相传方式，让所有办理财务业务的人员熟知财经政策精神，口授相传中，口口相授，问题的反馈与分析，政策的宣传与应用，情感与智力上双方接受与认可，切实保证了财经政策和规定符合实际财务问题，有效地解决了财务问题。

2. 口授相传有效克服信息不对称缺陷并加强财务主体之间的沟通与交流

信息不对称问题较为明显地体现在信息传递的不完整、不及时，信息接收者对信息的理解不清楚，执行不得力。口授相传则通过在最短的时间和最小的空间里，传授主体之间通过口头上的语言交流，从而深化到情感交流、情绪交流，最后达到智慧的交流融合。比如财务部门内部上下级财务人员之间的交流，财务领导对下属财务人员的指令下达，口授相传直接而准确，那么下级能更清楚了解领导的意图，从而提高工作效率。同样，财务领导对下级财务人员的奖励、批评直接、及时，让他们能够感知到上级领导对他们的关心和鼓励。而且，财务人员所反映出来的建议、不满意情绪也直接让财务领导感受到财务人员在工作中存在的情绪动向，从而调整管理方式，有效地激励财务人员对工作的热情和提升职业满足感。对于非财务部门人员一样，口授相传拉近了财务人员与他们之间的距离，增强了相互的理解，对业务问题的处理更加有效，避免了财务矛盾的升级所带来的不利影响。

3. 口授相传改进了财务工作作风，促进了财务文化的发展

现代网络技术拓宽了人们活动的虚拟空间，开阔了视野，但是也缩小了人与人之间交往的实际空间。社会结构发生变化，人与人之间虽然距离近了，但存在的交流空间却很远。高校财务信息化的发展，改变了传统的财务报销模式，网上预约和网上报账等系列改革的实施，有效地提高了财务报销效率。然而，在某种程度上财务活动的主体双方缺少了面对面的业务交流，财务问题的回复更多也会表现为"请看网上说明""请按照要求程序执行""暂不在线，请稍后咨询"等。如此一来，财务职业道德、财务人员服务意识从何说起，财务作风又如何改进，财务矛盾会有效化解吗？财务部门内部之间财务人员的交往变少，"传、帮、带"的链条被断裂，财务团队的协作力必然减弱，财务文化生气逐渐淡化。口授相传则始终在传统的财务模式范围内，将财务人员之间、财务人员与其他人员捆在一起，分工与协作、配合与支持完成财务活动，解决财务问题，实现财务共赢。口授相传不是简单地传递了财务业务知识，而是他们也传递了财务部门服务文化、财务宗旨、财务精神，传递了正能量，从而化解财务矛盾，提高财务政策执行力，更加有效地保障学校教育事业的发展。

四、口授相传在高校财务管理中受限因素分析

1. 领导重管理，轻培训

财务管理既是一项工作管理，也是一种艺术管理。财务管理解决的是相关利益者的基本利益问题，也是维护财务主体自身利益。利益需求的多元化使得财务管理较为复杂，涉及矛盾也非常尖锐。虽然，财务管理重在执行国家财经政策，贯彻财经纪律，然而这种贯彻与落实依托于各级相关利益者对财经政策的认可与支持，自觉遵守财经纪律。对于财务部门来说，不仅要对上级财务文件的转发和相应财务管理办法的下达，而且要对这些财经要求的解读和解释，注重对他们的财经政策宣讲，甚至要掌握必要的财务流程。部分高校财务负责人重管理，轻培训，一味地强调文件规定，财经纪律要求如何使用经费等，忽视了对执行者和被执行者的口授相传，组织对财经政策宣传和讨论，广泛征求意见，由此限制了口授相传的广泛应用。很多利益相关者对财经知识不了解，甚至产生误解，对财务部门意见很大，很多财务矛盾集中在财务部门。

2. 口授相传范围狭窄，影响其作用的充分发挥

一般认为，口授相传只是停留在财务部门内部人员之间的业务指导与交流，而忽视对非财务部门人员的财务知识普及。当财经政策颁布之后，财务部门在内部及时进行了内容传达，统一了认识，然后财务相关业务办理科室和人员按照最新政策要求予以把关。凡是不符合新的财务规定，则一律拒绝办理。如此

一来，往往导致教职工对财务部门极度不满，认为是财务部门滥发要求，设置政策门槛，限制经费报销，从而影响学校教学科研工作的开展。有些财经政策明显影响到部分教职工福利待遇，所带来的财务矛盾更加恶劣，财务部门一度成为众矢之的。然而，口授相传适用于所有与财务相关的场合，口授相传也泛指财务部门与非财务部门之间的业务指导与意见交流。口授相传不仅仅面对的财务内部的人员，更要面向其他的利益相关者。口授相传将最新的财经政策普及到每位利益相关者，使每个人都懂财，能够积极参与学校理财，支持学校财务工作的开展，建立和谐的财务关系。

3. 口授相传内容缺乏明确，口径不一致

口授相传在于口头上的传递，那么强调及时、信息的准确性。但是，由于财务专业性，各财务主体对财务政策和业务处理理解不一样，那么在解读时存在差异，由此口授相传时产生传递的财务内容不明确，口径也不一致。而且，国家对财务管理的关注度也在发生变化，近年来对高校基建经费、"三公"经费、科研经费、培训费、会议费、差旅费、债务资金，以及各种财政专项资金等监管较紧，财经检查力度较大。各高校在执行这些财经政策时，理解口径不一致，直接影响到经费的管理和使用，也直接影响到学校教学科研的正常运转。口授相传过程中，部分高校严格控制"三公"经费、科研经费等，很多高校教师认为经费报销如此多的限制，打击了对科研项目研究的积极性。而且，口授相传内容、标准不一致，也会导致非财务部门人员对财务部门在政策执行的严谨性、科学性产生怀疑，在经费报销和账务处理时引发财务矛盾。

五、推进口授相传，提升财务管理水平的有效措施

1. 夯实基础规范，完善制度建设，确保口授相传的准确性、可靠性

随着新高等学校财务制度和会计制度的贯彻实施，新旧账务系统的完善，财务精细化与财务信息公开促使高校财务信息化进入新的发展阶段。高校经费预算管理、核算管理、决算管理融为一体，财务信息质量将逐渐提高。预算编制的科学性、准确性，预算执行的刚性要求，必然要求经费使用的规范，严格符合国家财经政策，准确反映各项经费来龙去脉，会计基础更加规范，各项财经制度的完善，明确规定了经费的使用方向，严格按照预算要求执行经费报销，客观要求对任何财务主体、财务活动都实行统一的标准与口径。这样一来，为口授相传奠定了坚实的基础。口授相传对任何主体的财经政策解读都是一视同仁。财务部门人员在内部业务学习和技能掌握时，一律按照统一知识模板进行培训。而非财务人员所依赖的相关财务流程和报销标准，与任何一个财务人员口授相传的内容总体一致。

2. 加强财务人员业务培训，提高口授相传的能力

近年来，财务变革和财务环境的变化，财务人员对职业道德意识逐渐淡薄，职业倦怠现象越来越突出，习惯于常规的财务管理模式，对新的财经知识和业务技能的学习热情淡化，在向同事、非财务人员业务讲解方面感觉力不从心，业务知识不扎实，财经政策解读不清楚，账务处理标准不明确。因此，要注重对财务人员的业务培训，特别是新的财务知识和业务处理的培训。新高校财务制度和会计制度等系列财经制度的颁布实施，形成一股强有力的学习气流，促使每个高校财务人员主动去接触新事物，积极参与学习与交流活动中，适应新常态下财务管理模式。高校要通过集中组织科室内部业务交流、处内文件学习、全校财经政策培训，参与全国各级相关高校财务培训活动，拓宽财务视野，培养学习兴趣，提高财务人员综合素质，增强口授相传能力，努力创建高校财务学习研究型团队、财经宣讲团队。

3. 实施财务秘书与财务联络员制度，深入推进口授相传工作

积极推进财务秘书与财务联络员制度，建立财务负责人、科长、财务一般岗位人员三级分层联络制度，财务部门人员与各单位财务负责人、财务经办人及他们的教职员工和学生主动联络。同时，实行财务秘书制度(财务干事)，进一步明确各单位和学院财务经办人的岗位职责。在此基础上，深入推进口授相传工作。财务联络员主动到学院、部门，与师生们相互沟通，面对面交流。同时，加强对财务秘书的业务培训，及时通过口授相传方式将相关政策规章宣传到财务秘书，再让财务秘书口授相传到各单位师生。财务联络员与财务秘书实行"点对点"专人对口联系，财务部门有计划地与学院结对共建，实现财务部门与全校各单位、广大师生之间的对接，从而普及财经知识，增进财务了解，化解财务矛盾，提高财务管理水平。

【参考文献】

[1]陈兴述.论财务文化[J].重庆工商大学学报(社会科学版)，2003(6)：34-36.

[2]陈兴述，冯琳.财务文化建设的目标模式及实现途径[J].财会月刊(理论)，2007(2)：85-86.

高校推行无现金结算存在的问题及对策研究

天津师范大学　　刘绍贺

【摘　要】在高校财务管理中，现金结算沿用了很长一段时间。随着高校规模不断扩大，办学经费日益增长，财务环境日趋复杂，会计核算和资金管理工作量成倍增长。传统的现金结算方式明显滞后于高校财务管理工作，已经不能满足高校发展需要，在会计信息化的基础上，高校财务管理工作不断进行无现金结算改革，借助银行卡、网上银行等先进手段，大力推行资金收支业务的电子划转，最大限度地减少现金流动。无现金结算在高校财务管理中发挥着越来越突出的作用，对于科学管理、高效管理起到积极作用，极大解放了财务工作人员的劳动力，减轻了出纳等相关人员的思想和工作压力。本文试图通过对高校推行无现金结算具备的内外部环境进行分析，列出高校推行无现金结算的优势和存在的问题，并提出解决高校无现金结算的建议。

【关键词】无现金　高校财务结算

一、问题的提出

一直以来，在高校财务管理中，现金结算沿用了很长一段时间。自 1988 年 10 月 1 日起施行的《现金管理暂行条例实施细则》对使用现金的规定也一直没有变化。近年来，我国的高等教育实现了跨越式发展，高校规模不断扩大，办学经费日益增长，财务环境日趋复杂，会计核算和资金管理工作量成倍增长。传统的现金结算方式明显滞后于高校财务管理工作，已经不能满足高校发展需要，这给高校的财务管理工作带来了极大的挑战。

在会计信息化的基础上，高校财务管理工作不断进行无现金结算改革，先后在教职工工资和学生补助发放、学生学费收缴、校园一卡通、报账支付、转账付款、公务卡消费等方面实现了无现金结算，取得了良好的效果。高校无现金收支结算是指高校财务人员在处理经济业务时，以计算机网络为依托，应用一系列支付工具和设备，按照固定的支付程序，实现电子货币的结算。无现金收支结算是现代网络会计下的产物，它将传统的现金收付方式变为用银行卡转账方式。

但到目前为止，大部分高校在日常收款和报销过程中仍然有一部分业务要以现金来结算，使得高校不得不准备一些现金应对特殊情况，比如相关人员对无现金结算不容易接受、跨行无法转账、校外人员领取劳务费和抚恤金等问题。而现金支付方式存在用途不清、去向不明等问题，现金借款、取款、还款等工作环节使用现金存在安全隐患和风险，容易出现支付差错、假钞等现象，加大了预算单位财务人员工作量和工作压力。

《教育部财政部关于"十一五"期间进一步加强高等学校财务管理工作的若干意见》(教财〔2007〕1号)明确规定"高等学校应逐步改变传统的资金收付方式，借助银行卡、网上银行等先进手段，大力推行资金收支业务的电子划转，最大限度地减少现金流动"。几年来，无现金结算在高校财务管理中发挥着越来越突出的作用，对于科学管理、高效管理起到积极作用，极大解放了财务工作人员的劳动力，减轻了出纳等相关人员的思想和工作压力。

尽管目前无现金结算方式在高校推行过程中仍然存在一定的阻碍，面临部分教师不容易接受新事物、银行卡结算外部环境不完善等诸多问题，但是从大趋势讲，无现金结算是高校财务管理工作的重要一环，是堵塞报销漏洞，适应财政改革的需要，无现金结算方式大大提高了高校财务管理工作的效率，增加了财务收支的安全性。

二、高校结算方式的演变过程

高校财务结算业务主要有收入和支出两个方面。其中收入业务包括教职工差旅费等借款结余返还，学生交纳学费、住宿费和代办费等项目。支出业务包括教职工工资、津贴、奖金、个人劳务报酬、各种劳保福利以及国家规定的其他个人支出，学生生活费、奖学金及学生各种生活补贴，工作人员出差必须携带的差旅费，经批准需要支付现金的其他支出。20世纪八九十年代，我国高等教育事业发展规模较小，高校经费来源渠道单一，主要靠财政拨款且经费较少，高校普遍采用现金结算方式，即对教职工、学生等的收入和支出业务结算实行现金结算的方式。当教师工资较低和学生不交费或交费很少时，现金收付量不大，高校可采用这种财务结算方式。

进入21世纪以来，随着我国高等教育的快速发展，高校规模快速扩大，教职工和学生人数急剧增加，经费量持续攀升，学校财务现金结算的压力加大，传统的资金结算方式已经滞后，为适应形势发展需要，一些高校开始探讨无现金结算方式。由于条件的限制，目前我国许多高校实行的是部分无现金结算方式，即对收入和支出业务结算部分采用现金结算，部分采用无现金结算(银行转账结算）。如大部分高校通过银行转账方式完成对教职工工资、津贴的发放和学生学费、住宿费、代办费的收取。目前，少数高校开始探索全面无现金结算。高校实行无现金结算后，对日常收支业务全部采用银行转账方式结算，将现金收付业务交给专业银行来完成，学校账务零现金收支、零现金库存。采用这种结算方式的高校并不多，主要集中在一些规模较大、财务基础较好、合作银行服务质量较高的高校。

目前，高校采取的无现金结算方式主要包括 POS 转账、网上银行和银校直联三种方式。在这三种方式中银校直联是最先进、效率最高的一种方式，它解决了前两种结算方式存在的问题，充分利用了财务管理软件，实现与银行的对接，可谓是未来发展的方向。

三、高校推行无现金结算具备的条件

（一）会计电算化的发展与成熟

会计电算化的发展把高校财务工作者从繁重的日常工作中解脱出来，实现了财务数据计算的准确和高效，软件的不断升级，为高校财务管理者提供了有用的财务信息，使高校财务管理工作迈上了一个新台阶。

（二）网络技术的应用

IT 行业的技术进步推动了金融业网络信息化的快速发展，为高校实施"无现金"报账打下良好的技术基础。财务管理软件和银行管理系统也日趋成熟，网络运行更畅通、更稳定，高校财务管理软件和银行管理系统的接口越来越完善，高校实行"无现金"报账已具备技术支撑。近年来，我国金融业得到了快速发展，银行营业网点和自助银行不断增加，服务水平不断提高，有的银行已进驻校园，办理银行业务相当方便。

（三）公务卡和个人银行卡的使用

随着事业单位推行公务卡改革工作的开展，高校教师每人手中都有一张公务卡，这种卡实行先消费后还款，而且按照公务卡使用的相关规定，报销时，单位财务部门直接将报销款打入职工手中的公务卡账户，不可能使用现金支付。学生手中基本上都有学校为其交学费开立的银行卡，学生交费时直接到财务处刷卡就可交费，甚至在网上利用银行卡开通的网银功能也可交费。随着"银联"系统开通，银行卡大规模普及，持卡消费意识进一步增强，电子支付和网上银行结算也得到广泛应用，学生在家中或在宿舍都能完成交费业务，节省了大量到财务处排队交费的时间。以上这些都为高校实行"无现金"结算打下了良好的基础。公务卡和个人银行卡的普及，为高校无现金结算提供了载体。

(四)高校教职员工和学生对新事物比较容易接受

高校内部的教师和学生是文化水平较高的人群，这部分人接受新鲜事物比较容易，与以往的现金结算相比较，银行转账的结算方式更便捷、安全、卫生，还可以节省大部分时间，这对于高学历人群很有诱惑力，当这种先进的结算方式逐渐成为时尚时，让他们不接受都难。

四、高校推行无现金结算的优势

(一)提高了工作效率

使用现金结算时，需要提前向银行预定现金，收到的现金要清点精确，按照时间要求及时归现。出纳岗位工作量加大，心理负担也大。清点现金耗费时间，也不准确，容易出现差错且不容易查找差错。规模大的学校在这方面面临的压力更大。随着无现金结算方式的推行，出纳不必预先跟银行预定大量现金，消除了很多隐患，而且通过刷卡等方式能为报账人员节省好多时间，尤其是不需要报账人员现场等待就可将报销款打到报账人员指定的银行账户，方便快捷。学生交学费时，也不必到财务处现场排队交费，尤其在新学年开学时，学生扎堆交费的现象不存在了，学生在任何能上网的电脑前都可实现交费，不影响选课。

据初步统计，实行刷卡结算现金收支业务，工作效率提高了 4 倍左右。也就是说，规模越大的单位，现金收支越频繁的院校，其经济效益就越明显。

(二)提高了安全性

规模较大的学校日常报销需要大量现金，这种情况下，需要学校财务部门频繁与银行预定大量现金，取用和保管非常麻烦，且存在安全隐患。银行能提供上门服务还好一些，否则，出纳人员需要亲自去银行提款，非常不安全，也给出纳人员带来恐惧感。实行无现金结算后，出纳不用提取现金，只需要通过银行转账的形式就可以将款项打入指定账户。"无现金"报账支付系统设有专用钥匙盘及系统口令。钥匙盘和系统口令两者缺一不可，否则将无法进入"无现金"报账系统，每个操作人员都有客户证书 KEY 和各自的操作密码，操作指令系统中都留有记录，安全可靠。支付大额资金时，无现金系统还要求主管人员对该笔业务进行授权，否则支付无法成功。出纳付款时无法修改付款信息，发现信息有误只能提请原审核人员修改，会计内部控制得以加强，确保了网上资金的安全，保证了付款的绝对安全。

(三)容易查找及更正差错

实行无现金结算后，每笔款项的收付均有迹可查，更容易查找及更正差错。

实行无现金收付结算后，不需要再经手现金，收付款结算都通过银行转账来实现，每笔款项的来龙去脉都将留有痕迹可查。零星现金收款只需在 POS 机上输入一系列数字，当天结账时，将 POS 机上生成的收款结算数据与会计编制的记账凭证逐一核对，是否发生差错一目了然，有错误及时通知当事人到财务部门办理更正手续即可。

(四)降低了现金管理的费用及成本

高校必须用大量人力、物力来清点、运送、保管现金，加大了单位的现金管理成本。例如，高校财务部门派专人负责每天上班时从学校金库提取现金，每天下班后将现金送回金库；学校保卫部门每天都要派人昼夜值班，保护和管理金库的安全。出于安全考虑，银行规定对客户不再采取上门收送现金，高校日常报账所用的备用金必须亲自去银行提取，如果每天寄存备用金，还要支付银行一定的保管费用。高校实行无现金结算可以节省备用金寄存费、存取款交通费和人力成本等，因此也更经济。

五、高校推行无现金结算遇到的问题

(一)存在抵触心理

与以往的现金结算相比，"无现金"报账后教师第一反应就是他的银行卡上是否相应准确地打了报销款，这就需要财务部门会同银行等部门增强这方面的硬件建设，在财务处多设银行查询系统，以便让报账的师生及时查询入账情况，当然开通银行手机短信服务的持卡人亦会即时收到短信提醒服务。由于这项财务报账模式的改革尚处于初始阶段，有些条件还不够成熟，在实际操作过程中还可能遇到一些新的问题，需要在以后的实践中不断完善。另外，无现金结算要求将报销款直接打到教师名下的银行卡中，对于有凑票套现意图的部门来说，他们也不愿意采取这种方式。

(二)财务人员实际操作能力有待于进一步提高

受传统现金结算方式的影响，财务部门大部分人员已经习惯于以往现金结算的财务核算手续与流程，对于非现金结算的硬件设备及财务软件增设的新功能不能很快熟悉与掌握，导致对外解释和实际操作不能准确到位，尤其是在部分财务工作者中存在对新事物的抵触心理，担心无现金结算会带来严重的财务风险，导致工作起来效率反而下降。

(三)执行制度乏力

由于无现金结算方式是随着高校财务工作的发展而逐渐兴起的一种全新的

结算方式，可能也会是目前现金结算方式的替代者，但毕竟无现金结算起步较晚，目前一些特殊的报销业务还离不开现金结算，所以，无现金结算的相关财务管理制度还没有系统制定。有些制度虽然制定了，但执行起来有一定难度，实际执行中难免存在不按制度执行的情况。公务卡的执行可以说是无现金结算的一种情况，各高校相关的管理办法也在制定当中，但是制定当中会发现有些情况会很难操作，比如如何鉴别是否具备刷卡条件。另外，由于无现金结算大量依赖网络、电脑等硬件设施和财务软件，因此由原来单纯对人的控制扩展到对电脑等硬件设施及财务软件的维护、控制和监督，使得财务控制和监督由弹性变得更为刚性，这就需要高质量的硬件以及技术过硬的软件作为保证，同时建立一套完善的规则来代替人工判断。

（四）银行服务需要提升和改进

原手工报销模式下，报销者可直接领取现金、现金支票、转账支票或汇票，审核制单时，按上述银行单据的存根联直接记账。而"无现金"报账模式下，报销时直接通过"无现金"支付系统电子付款，银行于事后集中数据，统一打印相关回单。由于目前高校经费来源渠道多元化，支出范围较广，每日的开支数额庞大，其中约 80％ 的业务涉及"无现金"结算，事后传递着大量的银行单据，严重影响了每日凭证的及时整理和装订。银行单据传递的滞后性，也影响了教职工调阅会计档案的时效性。

六、高校顺利推行无现金结算提出的建议

（一）转变和更新传统结算观念，加大宣传

要顺利实施"无现金"报账，需要学校领导的高度重视和财务处的精心组织以及广大师生对此政策的理解和适应。"无现金报账"政策涉及面较广，宣传时注意全面、系统、清晰、易理解接受，先利用有关会议、网站等方式进行广泛宣传实施"无现金"报账的意义及具体运行方案，并在实践中不断地完善"无现金"报账系统。学校领导的重视和支持是加快"无现金报账"支付方式实施的关键；同时，财务处要耐心地做好细致的解释服务工作，努力确保"无现金"报账系统得以顺利实施。为顺利推行无现金结算方式，学校与经办银行同时宣传，以解除财务报销人员和核算人员对此政策开展的后顾之忧。当然，新的报销方式的推行，难免会出现估计不足的问题，因此需要做好解释、沟通、及时解决工作。

（二）强化结算业务先进技能培训，提高业务水平

加强财会人员继续教育制度，加强财会人员的专业技能培训，对无现金报

账模式的认识、无现金报账系统的操作方法、操作流程，报账金额的转卡支付、银行对账等方面内容进行系统培训，让他们对无现金报账先有感性认识，再通过日常报账，逐渐上升到理性认识，从而不断提高财会人员的业务能力水平，不断增强为广大师生服务的能力，提高工作效率，提升服务质量。

(三)完善无现金结算相关规章制度，加强内控

随着无现金报账模式的推行，高校要根据形势的变化，及时补充、修订和完善各项管理制度，特别是无现金收支结算相关规章制度，如《无现金报账业务流程》《无现金报账操作规范》《无现金报账模式下的岗位分工和职责权限》等，规范操作程序，加强货币资金的内部控制，有效防范资金风险。规范银行卡、电子支付业务的控制程序和操作流程，明确银行卡以及电子支付业务的职责和权限，建立银行卡和网上结算日记账，定期核对，确保账卡相符。通过完善内部控制制度，增强自我约束机制，杜绝财经违纪行为，防范财务风险，促进高校无现金报账的顺利实施，保证财经工作健康有序运行。

(四)加大投入，加强外部环境建设

高校应当加大对校园网络建设投入，与银行联系，在校园内设立商业银行网点及安装 ATM，为无现金支付提供良好的外部环境。不断完善财务专网，结合财务系统的通用功能与现代信息化管理需求，不断开发新软件，实现财务系统与人事系统、教务注册系统、设备管理系统与资产管理系统的整合，有效推动现代网络环境下高校财务管理工作的制度、理念、技术的全面创新。

【参考文献】

[1] 周芦慧. 浅谈高校财务信息化管理下的无现金结算[J]. 业务技术，2010(12).

[2] 周明亮，王徽徽. 高校财务无现金结算探讨[J]. 高等农业教育，2010(7).

[3] 梁勇，林琴珍. 对高校"无现金报账"的思考[J]. 商业会计，2012(6).

[4] 张甫香. 高校无现金结算模式新探[J]. 财会月刊[J]. 2012(17).

[5] 薛亚琴. 浅谈无现金报账在高校中的应用[J]. 经济研究导刊，2011(19).

高校财务效能监察的着力点及机制研究

上海师范大学课题组①

【摘　要】高校开展财务效能监察，不仅能够保证学校的财务规范，而且能够保证学校资金的使用效益。当前，高校财务效能监察应着力检查各种收入的合法性和合理性，各种支出的合法性和真实性，资金使用的效益性，财务管理制度的完整性，财务管理工作的规范性等情况。课题组成员以上海某高校开展财务管理绩效评价的实际工作为基础，通过调研和分析，提出高校开展财务效能监察的长效机制关键在于完善"大财务"的管理模式，建立财务、监察、审计三部门联动的工作机制和财务绩效管理的指标评价体系三个方面。

【关键词】高校　财务　效能　监察

党的十八大报告明确提出："要坚持中国特色反腐倡廉道路，坚持标本兼治、综合治理、惩防并举、注重预防的方针，全面推进惩治和预防腐败体系建设"，要"深化重点领域和关键环节改革，健全反腐败法律制度"。从当前高校领域发生的违纪违法案件来分析，绝大多数的案件都与经济密切相关，由此可见，财务监督是高校党风廉政建设和反腐败工作的重点内容，高校资金的使用效益也是社会群众关注的热点问题。2015 年，政府工作报告中提出中央财政将把国内生产总值的 4% 作为全国财政性教育经费支出，上海市人民政府对教育投入也将增至 700 亿元。伴随着教育经费投入的增加，社会各界对教育经费使用效益的关注度会越来越高，对高校财务效能监察进行研究和探索既是适应社会发展形势的需要，也是高校的内在需求，具有重要的现实意义和理论意义。

一、高校开展财务效能监察的必要性分析

效能监察，是监察部门对监察对象履行职责、依法行政及其效率、效果的监督检查。其重点是依法监督、惩戒、纠举监察对象违反职责和行政法规、制

---

① 课题组成员：张惠康（上海师范大学纪委副书记、监察处长）、褚贵忠（上海师范大学财务处长、高级会计师）、宋石平（上海师范大学组织部副部长）、王珊（上海师范大学监察处主任科员）。

度、命令、工作程序，并在政治、经济上造成重大损失和工作程序紊乱的问题。运用监察部门特有的检查权、调查权、建议权和行政处分权，检查管理中的问题，落实到人的行政行为或管理行为，促进勤政建设。① 根据《中华人民共和国行政监察法》《监察部关于全民所有制企业事业单位监察工作若干问题的意见》等相关法律条例，高校效能监察，是指高校监察机构以提高行政效能为目的，对高校监察对象在行政管理活动中的行为、能力、运转状态、效率、效果、效益等方面的监督检查活动。财务管理活动是高校行政管理活动的重要部分，对高校的财务管理状况进行效能监察，在实际工作中并没有得到足够的重视，存在着工作的着眼点、着力点或切入点没有找准，工作载体不够明确，工作方式缺少创新性和开拓性等问题。高校开展财务效能监察是非常必要的，不仅能够保证学校的财务规范，而且能够保证学校资金的使用效益。

第一，开展财务效能监察，可以进一步改善资金使用效率低下的状况。

我国的公办高校在一定程度上普遍存在着重复建设、固定资产使用效率低下的现象，比较有代表性的问题反映在工程建设和物资采购等方面。

在工程建设方面，主要表现为高校为了加快发展，仅根据某些方面的要求，就在短时间内上马多个工程建设项目，没有对项目的必要性、项目实施过程中是否能够按照时间节点按质按量完成计划、项目负责人能否履行职责、工程发包承包的合法性、项目建设实施过程的规范性、项目建设经济合同执行的完整性、工程预决算的严密性等进行充分的论证和分析，进而出现项目决策失误、施工单位选用不当、职能部门监管不力、工程不能按时完成、工程造价预算失误等情况。同时，高校的有些管理人员还存在着观念认识上的误差，认为国家的钱不用白不用，因此就造成了修缮周期缩短、铺张浪费、过度强调装饰功能等情况，以致有些工程花费了巨额的资金来建设，但是在具体的使用过程中并没有发挥较好的作用。

在物资采购方面，主要表现为高校往往从某个特定的单一需要出发来确定物资采购任务，对于物资采购审批程序是否完整，有无违规采购、盲目采购的情况；采购物资时是否根据国家有关法律法规签订购销合同和正确履行合同条款，有无违反规定给学校造成损失的情况；购进物资设备的检测、验收程序是否严谨、科学，有无购进质次价高、假冒伪劣产品的情况；是否存在设备仪器利用率过低、违规使用、胡乱报废等情况缺乏科学的规划、分析和论证，致使重复购置的现象普遍存在，甚至有些急于购置的设备因为不具备使用的条件，

---

① 《基层信访干部业务知识读本》，中国方正出版社，2005 年第 3 版。

闲置仓库数年之后，还处于没有开封、无人问津的状态。

这些问题的存在不仅反映了学校的内部管理措施需要进一步加强，而且反映了学校的资金使用效益需要进一步加强。因此，这些问题需要通过有针对性地开展财务效能监察来加以解决。

第二，开展财务效能监察，可以进一步改善预算编制不完善，执行不严格的状况。

预算是高校重要的经济管理手段。通过编制预算，高校可以有计划地组织收入和控制支出。预算管理工作反映着一个学校的办学规模和事业发展水平，影响着学校的正常运转和可持续发展。

目前，高校普遍根据事业发展计划和工作任务编制年度收支计划，存在着这样一些问题：(1)预算管理大都是年度预算，缺乏与高校发展战略相匹配的中长期预算；(2)预算内容没有涵盖资本支出预算部分，无法对高校的业务活动、筹资活动、资金流动进行统筹安排；(3)预算制度在实际工作中无法得到切实地执行。根据某大学 2011 年度财务管理绩效评价情况的统计结果分析，全校共计18 个学院、13 个职能部门接受了财务管理绩效情况的考核，共有 28 个单位存在经费预算管理薄弱、经费预算编制和执行薄弱等问题。由此可见财务预算管理工作在高校的实际开展状况。

纵观近年来高校内部发生的各类违纪违法案件，很多是与财务内部控制未达到要求有关。主要表现在：(1)内部控制的范围不全面。有些高校注重加强对财务性资金和学费收入的内部控制，却弱化对其他经费的内部控制，比如对近年来日益增多的科研经费的内部控制就相对较弱，出现了投入与产出不成正比、预算编制盲目、实际使用过程中未真正按照申报时的编制操作的情况。(2)内部控制的内容不全面。有些高校因为没有重大建设和投资项目论证、决策机制等内部控制制度，出现了对外投资决策失误、国有资产损失等问题。(3)内部控制制度执行不严格。有些高校虽然建立了内部控制制度，但在具体的执行过程中却走了样，因为个别领导的决定而发生改变，致使制度形同虚设。

这些问题的存在关系到学校的长远发展，关系到学校的稳定。推进这些问题的解决不仅需要健全制度和机制，加强预算管理，还需要通过开展财务效能监察来加以保证和落实。

二、高校开展财务效能监察的着力点分析

高校财务效能监察的任务，简言之就是既要保证学校的财务规范，又要保证资金的使用效益。围绕着这两个基本任务，当前高校财务效能监察应着力检查各种收入的合法性和合理性，各种支出的合法性和真实性，资金使用的效益

性，财务管理制度的完整性，财务管理工作的规范性等情况。具体来说，体现为财务预算编制、财务预算执行和财务绩效考核三个着力点。

第一，在财务预算编制中，加强基础调研工作，积极开展摸底调查，掌握全面而丰富的基础资料。例如，对学校各二级学院、各职能部门人员的编制与结构，各二级学院的学生数量和分类，各职能部门的办公用品消耗、资源配备等基本情况进行摸底，对全校的可控制财务收入和各二级学院的创收、横向科研等不可控收入进行摸底，核实和掌握全校的基本情况，为细化收支编制提供基础数据。

第二，在财务预算执行中，加强支出过程监控，尤其应注重基本建设经费、实验室经费、基础设施改革经费以及大宗设备购置、图书资料采购等过程的管理。例如，注重对基建工程的前期项目论证，在某工程招投标之前，先对该工程是否有必要造、如何造等问题进行论证。再如，注重在某物资采购之前，对该物资是否曾经采购过，是否有必要采购以及该物资的适用性、适用范围等进行论证。

第三，在财务绩效考核中，建立一套科学、合理并行之有效的评价指标体系。例如，针对教学单位、行政管理单位的不同，设立生均事业费、生均教学科研仪器设备值等经济指标，师生比、校友捐赠率等社会效益指标，使得这套评价指标体系能够覆盖学校内部的各个层次，体现学校发展的多个要素，更有客观性、全面性。

三、高校开展财务效能监察的长效机制研究

高校效能监察工作，是一项独立的法律性、政策性很强的工作，但到目前为止，只是在《行政监察法》《关于国家教委直属高等学校监察工作若干问题的意见》以及一些重要的领导讲话中有原则性的、零星的规定，致使高校的效能监察工作缺乏相应的制度规定。但是制度建设又是效能监察的基础，要充分发挥效能监察的效果就必须创新体制。因此，本研究报告的落脚点在于对高校财务效能监察长效机制进行探讨，希望能够对规范高校财务管理，提高资金使用效益提供实际的工作帮助。

（一）完善"大财务"的管理模式

"大财务"是财务管理的现代理念，即不仅把财务管理视为对财务的管理，还揭示了财务管理的本质及对资源的配置，从价值角度对所有资源进行配置，是按业务流程进行的、部门之间相互配合的、全员参与的、经过筹划的、以一

定时段为考核期的、以实时反映和风险预警机制为控制手段的财务管理活动。①"大财务"的管理理念，不仅有利于财务管理职能的回归和财务管理的良性发展，更有利于充分展现财务管理的效能。因此，推进高校财务效能监察，首先需要改变将学校的财务管理简单定位于"报账＋算账"的核算观念，建立多渠道筹资、合理使用资金、最大限度提高资金效益的"大财务"管理模式。

"大财务"的管理模式是将信息技术与先进的管理手段、思想、方法有机结合起来，对高校整体资源合理有效地配置、控制、管理以及优化，进而确保高校的财务工作向正常化方向发展以及投资效益向最大化方向发展的新模式。这一模式的建立需要这样一些条件：(1)统一领导、集中管理和分级管理相结合的财务管理体制。"统一领导、集中管理"模式的特点有利于学校集中有限的资源，统筹安排，有效提高资金的使用效益，有效控制高校资金的使用以及防范资金风险。财务处作为学校一级财务管理机构，在校长的领导下统一管理学校的各项财经工作。各二级单位根据财务处的授权，完成本单位的日常财务管理工作。(2)全面的预算管理体系及控制体系。通过建设高校的财务网络系统，把预算管理作为核心，进行财务的集中化管理，形成一套完善的全面预算管理体系及控制体系，强化预算和决算的功能。财务部门可以通过计算生均成本，各单位占用的教育资源及其绩效，对教育成本资料分析后找出管理中存在的问题，从而构建"管理＋核算"的现代高校财务管理机制。(3)财务及业务的一体化。在数字化的基础上，建立校园"一卡通"系统，不断地整合学校校园管理的信息系统，推进校园信息的标准化，有效地解决高校财务及业务的一体化管理等相关问题，进而为学校的管理及决策提供可靠、有效的数据信息。

(二)建立财务、监察、审计三部门联动的监督机制

高校的财务、监察、审计三个部门都具有经济监督的职能，但分工各有不同，在监督主体、监督对象、监督职能、监督手段、监督目标、监督行为引起的法律后果以及救济途径等方面都有严格的区别。在实际工作中，仅靠某一职能部门是难以完全担负起监督任务的，因此，三个部门可以尝试建立起联动的监督机制。财、监、审联动作用的发挥需要一定的组织保证，高校可以尝试建立学校层面的二级学院财经监督工作小组，由财务、审计、监察三个部门的主要领导担任工作组的负责人，组织协调各项工作；三个部门的工作人员参与其中，负责各项工作的具体实施，群策群力，把二级学院财经监督工作开展好。"工作小组"的优势在于，可以改变相关职能部门各自孤军奋战的局面，提高工

① 谭红：《高校财务管理亟须大财务观念》，《宏观经济》，2008年第12期。

作的效率；可以通过联席会议的形式解决疑难问题，共同对具体问题进行研讨、分析，提出对策，提高工作决策的有效性；可以加大二级学院财经专项治理工作的力度，引起各单位的重视，提高工作的权威性。

从学校的财务管理工作来看，在学校财务预算的编制阶段，通过三部门联动的方式，走访基层二级单位，听取基层单位的意见，可以更全面地掌握基层单位的基本情况。针对审计部门在审计过程中发现的情况，监察部门在处理具体信访工作中发现的问题，以及财务部门在日常管理中遇到的问题，通过三部门联动的方式，有的放矢地检查，提出有针对性的处理意见和建议。

(三)建立二级单位财务绩效管理指标评价体系

当前，高校二级单位的办学经费来源发生了很大的变化，渠道不仅仅局限于单一的政府拨款，创收的途径和平台越来越多。这样一种情况下，为了更好地保证学校的财务规范和资金的使用效益，尝试通过建立一套财务管理的指标评价体系来对二级单位的财务管理状况进行绩效评估，显得非常必要。目前，上海很多高校都开始尝试开展财务管理绩效评价，方式各有不同。本研究报告中，课题组根据上海某高校开展的财务管理绩效评价的实际工作思路①，以表格的形式展现高校二级单位财务绩效管理指标评价体系的具体子指标及相应的权重、要求。根据高校目前财务效能监察的重点以及高校财务绩效管理的现状，主要包括预算管理、日常财务管理、其他综合财务管理三个方面的指标。

关于预算管理的指标体系主要从影响预算管理的因素来考虑，具体为：预算编制是否科学、精细，预算项目的论证是否充分，程序是否规范，预算执行是否及时等。详见表1：

表1　预算管理指标体系

指标	权重	要求
预算编制的科学化、精细化	8%	是否符合学校及本单位发展规划和相关财经法规；预算总体结构的合理性；预算项目是否细化，便于执行等
预算编制程序规范化	10%	是否实施民主决策、集体讨论，上报预算是否经部门领导班子集体决策；预算编制程序是否规范，是否实行"两上两下"的程序；预算能否反映本单位年度工作计划的重点与困难、预算编制是否翔实；预算是否按规定时间编制及上报

① 褚贵忠：《高校二级部门财务管理绩效评价探究》，《会计之友》，2013年第4期。

续表

指标	权重	要求
项目库管理	8%	二级部门的项目库项目是否经立项、论证、遴选等流程；项目预算是否有详细的预算细目；项目库是否体现本部门未来一段时间的工作思路；预算中项目库利用程度及所占比重等
预算执行过程规范化	4%	是否按照预算编制的规定程序和权限进行调整，以及调整的比例与频度等情况
部门预算完成率	12%	预算收入完成率；学科建设经费预算支出完成率；业务经费支出完成率等

关于日常财务管理的指标体系，主要从影响会计基础工作的因素来考虑，具体为：是否有专业的人员负责具体的日常业务；内部控制是否全面、有力；日常业务如票据管理、暂借款管理、报销流程管理等是否规范等。详见表2：

表 2　日常财务管理指标体系

指标	权重	要求
财务员岗位设置	6%	是否设置专职财务员岗位；财务员是否有会计上岗证或相关专业背景；是否完成学校组织的各类财务员培训课程
原始凭证管理	3%	办理经济业务所提供的原始凭证的合规性、合法性；"报销汇总表"的完整性
校内津贴发放管理	3%	校内津贴的开支标准及范围是否符合规定；校内津贴发放是否及时；相关数据是否有逾期上传现象等
票据管理	6%	是否由专人管理票据领用、开具、核销等工作；二级单位对票据的使用管理、核销情况是否规范等
暂借款管理	3%	是否及时冲销暂借款；是否有逾期三个月及一年以上的暂借款等
内控制度	9%	是否有备用金管理、交通卡管理的制度或规定等；是否严格执行分级授权制度；是否存在为逃避上一级领导签字而将一笔业务拆分为多笔的现象等

关于其他综合财务管理工作的指标体系，主要从二级单位规范教育收费、固定资产管理、学费收缴率、财务信息公开等方面来考虑，详见表3：

表3 其他综合账务管理指标体系

指标	权重	要求
教育收费规范性	6%	收费项目是否经批准，是否存在不规范收费的情况；代办性收费是否明码标价、按成本收费，并建立台账；是否实行公示制度以及公示的程度等
学费收缴率	6%	是否熟悉学校学费收缴的相关文件、规定和流程，并在实际工作中进行有效的宣传；是否按时领取学生的收费收据，并及时发放；是否及时通知欠费学生及家长等
年度决算	8%	是否编制年度财务决算或类似报告；财务报告数据是否完整、准确以及公开程度等
国有资产管理	6%	是否制定相关固定资产的管理制度；是否有专职或兼职资产管理员；是否建立健全固定资产明细账、卡，落实使用保管人员等
财务管理、服务特色与优势	4%	财务管理的新思路、新措施，以及为本单位提供服务的手段、方式等

以上指标体系中的权重由数值来体现，要求用文字来描述，是为了增强实际工作过程中的操作性和客观性。这一指标体系已经在某高校进行了实际操作，较直观地发现了各二级单位在财务管理和绩效考核方面存在的问题，取得了较好的监督效果。高校财务管理绩效评价与高校财务效能监察并不能完全等同，两者各有不同的工作侧重点。但是，坚持开展财务管理绩效评价是非常重要的基础性工作。通过将绩效评价常态化，将年度绩效评价与专项评价相结合，有针对性地解决譬如基建、物资等影响高校财务效能的具体问题，可以更好地推进高校财务效能监察工作的开展，提高高校的财务效能。

根据课题组成员为期近一年的调查、研究，我们认为目前的高校财务效能监察工作尚处于探索阶段，一方面人们还未完全形成效能监察的意识，另一方面高校还未形成一套成熟的程序和操作规范。但是，鉴于国家对教育经费投入逐年增加的现状，对高校财务开展效能监察是非常必要的。这项工作仅靠高校监察部门单枪匹马是无法完成的，还需要财务部门、审计部门以及高校各二级单位的积极配合，还需要在体制机制方面做更加深入的探索和尝试。

【参考文献】

[1] 李国俊. 当前高校效能监察存在的问题及解决途径[J]. 中国电力教育，2012(14).

[2] 蒋峰，陈俐谋，袁尊鸿. 高校效能监察评价机制探究[J]. 中国电力教育，2010(21).

[3] 黄艳玲. 关于高校效能监察工作与内部审计工作相结合的思考[J]. 中国电力教育，

2010(1).

[4] 张文勇，张朝晖，侯代臣.关于推进高校效能监察工作的思考[J]. 高教研究与实践，2011(9).

[5] 蒋国英，娄金海.论高校效能监察的导入及其实施[J]. 扬州大学学报，2004(10).

[6] 王丰.高校财务绩效考核体系构建研究[J]. 山西财经大学学报，2011(11).

[7] 王江丽，张建初.高校财务绩效评价的效能分析[J]. 苏州大学学报，2012(4).

[8] 王建英.高校财务绩效评价体系的构建与实证分析[J]. 当代经济，2011(3).

[9] 靳燕.高校财务绩效评价体系构建探讨[J]. 财会通讯，2011(6).

[10] 邓建华.高校财务绩效评价研究[J]. 会计之友，2011(4).

[11] 罗芳.高校财务绩效评价指标体系及实证分析[J]. 教育财会研究，2011(6).

[12] 吴平.高职院校提高财务效能的对策探析[J]. 南通纺织职业技术学院学报，2008(9).

论民办高校财务管理现状分析及政策研究*
——以四川省为例

四川省教育会计学会课题组①

【摘　要】近年来，四川省民办高等教育事业发展良好，各民办高校规模不断扩大，办学层次也日益增加，社会声誉逐步提升。然而，各民办高校在发展过程中仍然遇到了不少政策障碍和主观因素影响。包括民办高校产权问题、投资回报问题、资金保障问题、财务与核算制度，以及民办高校自身办学主体的办学观念和发展规划等方面的问题，这些因素在一定程度上制约了民办高校的内涵发展和外延式增长。基于此，四川省教育会计学会在对全省民办高校财务管理状况实地调研的基础上，积极分析民办高校财务管理过程中所存在的问题，并结合当前国家高等教育政策，提出相关的政策建议和加强财务管理的意见。

【关键词】民办高校　财务管理　现状　政策

一、研究背景

自《中华人民共和国民办教育促进法》及《中华人民共和国民办教育促进法实施条例》实施以来，民办高校如雨后春笋般得到了快速发展，在很大程度上弥补了我国公办高等教育的空缺。民办高校积极探索高等教育发展规律，主动与市场经济发展接轨，科学规划办学模式，准确定位人才培养方向，在办学规模和专业建设等方面取得了显著成效。

四川省作为西部大省，在地方财政对教育支持力度相对薄弱的情况下，民办教育成为四川省各级教育事业的重要办学补充。20世纪末，四川省为适应西部大开发人才需求，满足高校扩招的需求，通过公办民助、民办公助等办学形

＊　本成果系四川省教育会计学会民办高校财务管理研究阶段性成果。

①　四川省教育会计学会课题组：四川师范大学彭久麒、刘东、陆秋平、梁勇；省教育厅张澜涛、龚崇儒、李志刚；成都理工大学徐仕海；成都信息工程学院李萍；西华大学谢合明；成都中医药大学罗进学；四川农业大学肖洪安；绵阳师范学院陈力；西南石油大学张光君；西南科技大学文拥军；西华师范大学姚龙；四川理工学院张捷；泸州医学院王和林；乐山师范学院郭学文；成都学院李兴泉；化工职业技术学院邹静等。

式发展了一大批民办高职高专、民办学院。据统计，截至 2013 年四川省有各类高校 105 所，民办性质高校 32 所（其中：独立学院 13 个；民办高职院校 19 个），主要分布在成都及周边地区。在校学生规模 30.91 万人，毕业生 6.11 万人，教职工 2.60 万人，专任教师 1.77 万人。

二、四川省民办高校财务管理现状

根据课题组对 28 所被调研学校提交的财务自查报告和各调研组反馈的实地调研情况，并结合座谈交流过程中各调研学校反映的各种意见和建议，四川省民办高校在多年来的发展和摸索中，逐步理顺财务管理体制，加强财务制度建设，重视和规范财务管理，财务管理总体水平逐年提升。具体表现在：

1. 绝大多数民办高校具有独立的法人财产权

基于投资体制和其他方面原因，四川省 28 所学校中享有法人财产权的学校有 25 所，其余 3 所学校无独立法人财产权或正在办理过户之中。各学校设有与投资方相对独立的银行账户，基本能够进行财务收支和独立会计核算。

2. 有一定的财务内控制度和监督机制

各高校均建立了财务预决算制度，定期编制报送财务报表，董事会有不定期安排专业机构或会计师事务所等中介机构对学校财务进行的稽核和年度审计。调研学校主要执行的财务制度包括《民间非营利组织会计制度》《企业会计制度》《高等学校会计制度》和《军工事业单位会计制度》等分行业会计制度。

3. 财务机构基本完备

各高校基本上都设立了独立的财务机构（处或科），并配备了会计专业人员，各会计人员持有会计上岗证。部分高校会计人员具有会计师职称并取得了注册会计师资格证。各财务岗位分工基本明确，大多数民办高校基本实现了不相容职务（或岗位）分离。会计核算、学生收费大多数使用专业软件，初步实现了财务信息化管理。

4. 各学校办学经费来源主要是学费收入、投资方初期投入

部分学校除学生奖助学金系财政拨款投入外，还有极少量的专项资金投入。各学校学费收费项目和标准由上级主管部门审批核定，并进行了财务信息公开，按要求使用财政部门、税务部门核定的相关票据。

5. 大多数学校投资方尚未直接从办学收益中取得合理回报

结合各调研学校回复的意见，四川省大部分民办高校自成立以来，投资方未直接从学校结余中进行分配。学校办学结余基本上再投入到学校各项建设和事业发展中。但大多数公办高校所属的独立学院，基本上按联合办学协议约定的学费收入的 12%—20% 的比例上交举办方公办学校。

三、民办高校财务管理中存在问题

(一)法人财产权界定不清晰，出资人投资回报不明确，投资方占用学校办学资金较为严重

民办高校法人财产权与投资回报问题一直是我国民办高校投资人、办学者普遍关心的焦点。虽然《中华人民共和国民办教育促进法》及《中华人民共和国民办教育促进法实施条例》对此有所规定，但实际操作中从未真正落实。正因如此，导致投资方在学校发展过程中，一方面减少了自身再投入资金，堵塞了民办高校融资的渠道；另一方面部分投资方则为了维护自己利益，紧抓学校的实际控制权和管理权不放，亲自或者委托亲属担任学校董事长、院长、财务主管等重要职务，直接干预学校管理和资金支配权。在实际工作中避谈"合理回报"，减少投资收益应缴税收，直接或间接报销投资方公司费用，虚增费用支出，增加在职消费，增大学校办学成本，从而影响教职工福利待遇的改善和学校发展资金的积累，长此以往必然造成办学的不稳定性，影响民办高教事业健康、持续、稳定的发展。

虽然各民办高校投资方均表示未直接从学校办学收益中取得合理回报，办学结余基本上再投入到学校用于购置教学设施设备、新建教学楼、实验楼，积累都增加了学校资产。由于目前我国民办高校产权界定不清晰，投资方乃至社会各方在实践中均认为民办高校的资产即为投资方资产，遇学校办学清算、转让等特定情形出现时，投资方对学校可按投入比例清算资产、进行分配。所以，从经济学的角度讲，投资方通过压缩学校日常教学运行费的方式增加办学结余，再将办学结余再投入到学校，实现学校资产不断滚动壮大，通过转让股权分配学校资产，或直接将学校资产用作抵押向金融机构融资的模式，实际上间接参与了学校办学结余的分配。

在调研中，大部分学校实行董事会领导下的院长负责制，实质上是投资方直接或委派主管参与管理，学校享有有限的财务管理权限。部分学校则不具有独立的资金支配权，学杂费等收入的收取由投资方直接收取或者先委托学校财务收取，再全额划拨投资方账户，由投资方按预算执行进度核拨给学校使用。或者是大部分资金收归投资方，少量经费由学校用于维持日常教学管理。各民办高校大额项目支出均须向董事会申报，审批后划转经费。学校财务自主权非常有限，部分学校连日常正常的教学运行、行政管理基本维持费用都不能得到保障，学校教育教学质量下降，科研和行政管理水平不高。投资方对学校资金占用较为严重，学校办学积极性受到极大影响。

(二)会计制度不统一，财务信息质量有待提高

根据《民办教育促进法实施条例》规定："民办学校应当依照《中华人民共和国会计法》和国家统一的会计制度进行会计核算，编制财务会计报告。"民办高校既有高校属性，又有企业和民间非营利组织机构的属性，《民办教育促进法实施条例》中对于民办学校会计制度的使用规定模糊，导致全省民办高校中执行的会计制度呈多样化。主要有《民间非营利组织会计制度》《企业会计制度》《高等学校会计制度》《军工事业单位会计制度》等不同类型的会计制度。各学校财务指标、数据统计口径等存在较大差异。在上报主管部门时，调研学校须以不同的报表形式上报，财务信息的客观性和准确性有待提高。

(三)教育行政主管部门与民办高校关系待协调

普通高校的行政化管理在现阶段有深化的迹象，各级主管部门针对高校的检查层出不穷，高校管理向政府机关部门看齐。但同时，主管部门对民办高校的管理却与普通高校管理形成极大反差：无确定行政主管部门，造成财务相关业务交叉，民办高校按照各自理解操作，形成差异。比如票据管理同时受民政部门和教育部门主管，因此在核定收费项目和收费票据使用方面存在较大差异。部分学校使用财政部门印制的中小学、大中专院校专用票据，部分学校则申请税务部门发票，所享有的教育办学税收政策不一致。有的学校则使用过期票据、自制票据，在内部票据管理上也未制定严格的票据申报使用流程，票据管理较为混乱，为财务规范管理留下了潜在隐患，个别学校因此而发生隐瞒截留收入、私设"小金库"等财务舞弊事件。

(四)财务内控制度建设亟待加强，执行力有待提高

基于调研学校投资体制、运行机制、财务管理模式以及发展规模的不同，部分规模较大的民办高校制定了经费内部预算审批、经费使用报销等相关的财务内控制度，对经费审批设置了分级授权管理，董事长、院长、财务负责人在财务管理方面都有不同的分工。然而在实际管理中，基本保持董事长直接管理财务的模式，财务负责人承担日常业务执行职责。少数民办高校财务内控制度形同虚设，财务部门成了摆设，或直接充当了投资方的"出纳"角色，财务部门的管理功能弱化。在人员配备上一般是一人多岗、一人多责，财务人员任务较重，职责分工相对模糊，相互牵制和监督力不足。同时，财务信息化程度不高，传统手工财务管理与会计核算模式仍然存在，财务效率较低。教育主管部门对省内民办高校财务监督力度不够，外审事务所由各学校自行聘请，审计结果浮于形式，不利于及时发现问题，规范民办高校财务管理工作。

(五)资金来源单一，办学成本较高

各调研学校主要资金来源于投资方原始投入、学生学费收入和其他社会捐资。除学生奖助学金外，基本无财政拨款投入。从目前来看，各学校基本建设、设备购置、日常教学运行经费等主要依靠学费收入。各学校为增加收入，千方百计丰富办学形式(自考套读、职业技能培训等)，增加办学收费项目，提高收费标准。如此一来，加重了学生学习和经济负担，学生培养质量和社会认可度降低，严重的则影响到学生生源，形成潜在的恶性循环。同时，各学校为应付民办高校办学评估、扩大校区、新增教学设备及图书、新进教职员工等，资金需求增加，在收入有限的情况下，只能向金融机构举债，财务风险加大。

四、对民办高校财务管理的政策建议

结合调研情况，四川省民办高校在十余年的发展中，其办学规模基本稳定，各方面办学硬件与软件条件也已日渐成熟。很多民办院校在多年的办学过程中不断摸索，走出了适合自身发展、适应市场竞争环境、有鲜明特色的办学道路，产生了较好的社会影响。目前，各民办院校也在积极加强内涵建设，提高教学质量，培养具有社会竞争力的专业技术人才。当然，随着民办院校的规模化和市场化发展，强有力的资金保障、高水平的财务管理战略也必不可少。综合上述相关财务问题的分析，提出相关的政策建议。

(一)明晰法人财产权，规定民办高校教学运行费最低比例，确定投资主体合理回报与退出机制

1. 规定民办高校教学运行费最低比例，保障教学运行秩序

为确保民办高校教学行政管理正常运转，应对民办高校的教学运行费核定最低比例。参照公办高校生均培养成本水平，结合民办高校自身具有部分市场化管理取向的优势，可按照当年学生学费净收入(即不含住宿费、代管费等其他费用)的60%—70%核定学校管理方的综合教学运行费(含教学单位的直接教学运行费和行政教辅单位的间接教学运行管理费)，由学校管理方包干使用，当年结余经校董事会审批后可用于下年教学管理，也可部分用于学校管理方节约型校园建设奖励。剩余学生学费净收入的30%—40%在按照国家相关规定值扣除学校发展基金后(用于学校扩大发展的基本建设、设备购置、图书购置等)，酌情核定一定比例经费列支投资方合理回报。

2. 适时研究确定投资主体合理回报与退出机制

《中华人民共和国民办教育促进法》明确指出："民办学校在扣除办学成本、预留发展基金以及按照国家的有关规定提取其他的必须费用后，出资人可以从

办学结余中取得合理回报。"《中华人民共和国民办教育促进法实施条例》则提出："在每个会计年度结束时，捐资举办的民办学校和出资人不要求取得合理回报的民办学校应当从年度净资产增加额中、出资人要求取得合理回报的民办学校应当从年度净收益中，按不低于年度净资产增加额或者净收益的25％的比例提取发展基金，用于学校的建设、维护和教学设备的添置、更新等。"因此，对于各民办学校在投资合理回报方面应按照相关规定执行。一方面要科学合理地认定民办高校各项办学成本和办学结余，设定科学的符合学校实际情况的"合理回报"提取基数和比例。计算回报的基数和比例可选用《中华人民共和国民办教育促进法》中规定的"年度净收益"指标，但在实际工作中，"年度净收益"是一个投资方可根据需要而调节的指标，为减少人为操纵因素，综合考虑民办高校的特点，建议按不低于一年期银行贷款利率、不高于民间融资平均水平(约20％)的中值即学费净收入的12％—15％作为投资方的合理回报，并对投资方合理回报部分给予税收优惠。另一方面也要鼓励投资方再投资，对在相应年限内不取得"合理回报"而直接用于再投资的部分进行客观认定，并纳入税收优惠范围内。同时研究合理的投资人退出机制，允许在确保民办高校稳定和教育教学质量的前提下，部分或全部转让给符合条件的第三方，或引入股份制管理方式，允许公开募集资金和转让股份，保障投资者权益。

(二)制定统一的民办高校财务与会计制度，规范财务管理

民办高校是高校的类型之一，具有高校固有的属性，必须遵循高等教育办学管理的规律。但同时由于其民办属性，投资人可取得合理回报。因此，上级各民办高校主管部门应加强联系，综合协调，抽调各方专家和民办高校财务骨干或委托专业机构在充分调研、反复论证的前提下，以新的《高等学校财务制度》和《高等学校会计制度》为基础，结合民办高校实际和目前会计制度实际执行的情况，制定出符合学校实际情况的民办高校财务与会计制度，为民办高校提供科学有效的制度支撑，规范财务管理，提高财务水平。

(三)充分运用民办高校灵活办学机制，加强民办高校财务政策导向

民办高校在发展过程中，灵活的办学机制是其生存之道，在过去国家教育经费投入不足的过去，是公办高等教育的有效补充。现时国家教育经费投入较为充裕的情况下，民办高校可成为高校教育改革的试验田，充当高等教育的生力军，在财务管理上可适当建立相应的灵活机制。

1. 加大财政支持力度，缓解办学资金压力

基于民办高校"以学养学"的财务管理问题与其事业发展的不对称，结合国内外民办高校发展的做法，应积极探索建立公共财政资助民办高校政策体系，

规范并带动社会办学资源的有序投入。在公共财政经费投入上，可参照普通高校设立教学质量工程、师资队伍建设、学科建设、公共服务体系、改善办学基本条件等财政专项项目，形成多途径资助体制，带动地方政府及学校自筹经费配套。对经费的使用，制定专项经费管理办法，建立绩效考评制度，对支出的有效性进行评价，采取追加项目、以奖代补等方式，加强对评价结果的利用，形成良好的激励和约束机制，从而促进民办高校改善办学条件，提高教职工福利待遇，增强民办高校教师社会保障能力，确保学校事业发展。同时，对民办高校给予适当的税收优惠，特别是民办高校产权转移、教育再投资等方面按税法相关规定予以减免，享受与普通高校同等的待遇。

2. 营造良好的融资环境，参照公办高校化债政策解决债务问题

省内大部分民办高校在现有的融资环境中资金补充渠道少，资金链条易断裂，投资人投资风险偏大。国家政府和教育主管单位需要努力为民办高校营造良好的融资环境，一是引导金融机构给予民办高校贷款优待政策，引导更多民间资本进入教育投资领域；二是在严格管控民办高校债务规模的基础上，参照公办高校化债政策，设定化债考评指标体系，对民办高校的办学质量细化考核达标后，国家拨付部分化债专项资金，逐步解决民办高校债务问题，降低办学风险。

(四)明确民办高校业务主管部门，理顺行政管理关系

民办高校业务的多头管理，造成民办高校业务差异性极大，建议国家政策明确民办高校票据管理、监督管理、信息管理等日常业务归口管理部门，切实理顺民办高校行政管理关系，明确管理部门，避免民办高校日常管理中各主管部门执行政策差异化。比如票据管理，建议教育、财政、物价、税务等相关部门对民办高校财务票据的申领、减税申请、票据管理、使用监督等进行规范和明确，建立和健全民办高校票据管理制度，完善票据申报、领用、核销等一系列流程，使得民办高校规范收费、依法用票。

(五)加强财务内外部管理，建立科学的民办高校财务决策机制

1. 加强内外部财务监督，健全监管机制

按照《中华人民共和国会计法》相关规定，民办高校应建立健全学校财务监督制度，进一步明确财务记账人员与审批人员、经办人员、物资保管人员的职责与权限，做到职责分离、相互牵制，对学校重大对外投资、资产处置、资金调度和其他重要经济业务事项的决策和执行要形成相互监督、相互制约的程序，完善学校财产清查制度，定期或不定期进行清产核资，确保学校资产安全完整。各民办高校应根据学校实际发展需要，设立内部审计和监察机构，对学校财务

活动实施全过程监管，依法对财务预算、收支、基本建设等方面进行全方位监督审计。省教育主管部门可根据实际情况，建立外审事务所信息库，统一安排外审事务所深入民办高校开展审计活动，切实加强对民办高校财务的监管。

2. 建立科学的民办高校财务决策机制

切实贯彻落实董事会或其他形式决策机构领导下的校（院）长负责制。明确出资者和经营者的权责分工，建立民办高校分级财务决策体系，即：第一层为学校董事会财务决策层，对学校发展重大财务事项进行集中决策；第二层赋予学校管理层独立的校级财务决策权，提高学校校（院）长等领导班子在教学科研管理的工作积极性，确保学校财务与投资方财务相对独立；第三层为学校财务管理层，增大学校财务负责人资金支配权，使得财务收支管理与学校发展融合在一起，增强财务负责人的财务职责意识，能够主动投入到学校资金筹划与成本管理工作。

3. 健全财务机构，加强财会队伍建设

按照高校财务管理的相关要求，民办高校应进一步健全财务机构，科学设置会计审核、复核、出纳、资产管理等财务岗位，明晰岗位职责，对不相容岗位分别设岗，以岗定责定人，优化财务人员专业结构与年龄结构，严格按照岗位职责进行评价和考核财务人员业绩。加强财会队伍建设，要求财务负责人须具备会计、财务管理、经济等相关职称和资格，一般财务人员具备会计从业资格证。加大财务人员业务培训，积极组织财务人员参加省内外开展的税务、内控制度、财务会计制度改革、财务软件等培训活动，提高财务人员的业务能力和管理水平。

【参考文献】

[1] 中华人民共和国民办教育促进法. 2002.

[2] 中华人民共和国民办教育促进法实施条例. 2004.

[3] 中华人民共和国独立学院设置条例. 2008.

[4] 郭建如. 民办高等教育的市场化与民办高校的组织管理特征——以陕西民办高等教育为例[J]. 高等教育研究，2003(4).

[5] 李维民. 陕西民办高校剖析[J]. 民办教育研究，2002(1).

[6] 黄藤. 民办教育求索[M]. 西安：陕西人民出版社，2002.

[7] 王卫星，周亚君. 民办高校财务管理有关问题的研究[J]. 江苏高教，2009(4).

[8] 王庆如. 陕西民办高等教育：问题、对策与展望[J]. 民办教育研究，2009(1).

[9] 郝瑜，王冠. 陕西民办高校群落的成因分析[J]. 陕西师范大学学报(哲学社会科学版)，2004(1).

[10] 王庆如，梁克荫. 建立长效机制 为民办高校注入发展动力[J]. 民办教育研究，

2008(4).

　　[11] 陈武元 . 从补充教育走向选择教育：我国民办高校发展的必然选择[J]. 教育研究，2008(5).

　　[12] 鲍威 . 中国民办高校财务运作与办学行为的实证研究[J]. 复旦教育论坛，2011(9).

　　[13] 赵彦志，万丛颖 . 基于利益相关者的民办高校财务管理制度分析[J]. 财经问题研究，2010(1).

公务卡报账的内部控制和风险防范

天津师范大学　王桂芬

【摘　要】随着公共财政改革的不断深化，作为公共财政管理制度的一种创新，公务卡改革正在稳步推进，2007 年在我国中央和部分地方预算单位开始试行后，对遏制公款乱消费、约束公款腐败和增加公务消费的透明度发挥了积极作用，但在实际应用于国库集中支付中陆续显现出一些问题，公务卡制度还有待完善，高校作为财政改革的对象，国库集中支付改革时间不长，在公务卡的推行上，各学校的改革进度和程度并不一致，方式上存在差异。怎样规范公务卡的发行、使用和管理，尤其是怎样让工作人员主观彻底接受刷卡消费、刷卡环境等方面都存在困难。本文阐述公务卡在高校推行的意义，分析了推行公务卡过程中存在的问题，分析问题产生的原因，并针对主要问题，提出相应的对策，完善高校财务管理制度，建立健全公务卡管理制度。

【关键词】公务卡　内部控制　风险防范

一、公务卡的含义

公务卡是中央财政预算公务卡的简称，是根据《财政部、中国人民银行关于印发〈中央预算单位公务卡管理暂行办法〉的通知》（财库〔2007〕63 号）的有关规定，中央预算单位工作人员必须持有和使用的，主要用于日常公务支出和财务报销业务，并兼顾私人消费的信用卡，且不可办理附属卡。其用法与普通卡相同，它既具有一般银行卡所具有的授信消费等共同属性，又具有财政财务管理的独特属性，是消费支出"雁过留声"特点的银行卡及其与此相关的电子转账支付管理系统。根据《暂行办法》，公务卡实行"银行授信额度，个人持卡支付，单位报销还款，财政实施监控"的操作方式，对于差旅费、会议费、招待费和零星购买支付等费用，使用公务卡支付结算。财政部下发通知，将在 2012 年年底前全面推行公务卡工作。

二、高校推行公务卡的意义

(一)有利于降低风险

高校推行公务卡,避免在报账过程中提取和使用大量现金。在没有推行公务卡之前,笔者单位一天现金最大使用量多达几百万元,使用公务卡之后大大减少现金使用量,给出纳人员带来安全、方便,减少出纳人员出错率。公务卡报账后有据可查,而在现金报账的方式下,如果账务处理没有问题,那么现金差错就无据可查,给出纳人员带来支付现金出现差错的风险,同时也减少了经办人员携带现金的风险。经办人员按照规定使用公务卡支付后,取得相应的原始凭证和 POS 机消费交易凭条,到财务处报销,出纳人员将报销金额直接划到经办人员的公务卡上。

(二)有利于提高高校资金使用效益

公务卡的结算方式是一种信用结算方式,将传统"先预借现金,后报销还款"的结算方式,转变为"先由个人公务卡透支消费,后由单位财务部门报销还款"的支付结算模式,对持卡人而言,持卡人凭卡消费,不必携带大量的现金,安全相对得到保障。对预算单位而言,大量零星公务支出不必预先借款,减少了资金占用,降低出现呆账坏账的风险,从根本上解决了少数公务人员长期占压资金的问题,实质上是为高校在免息期内提供了无息流动资金贷款,提高了资金的使用效益。

(三)有利于防止腐败和违法违规行为

现金支付方式下,先预借现金再报销,少数的业务人员在报账时搜集一些不是自己实际发生的票据,拿到本单位来报销,把单位资金流入自己腰包,侵吞了国家财政资金,还有一些业务人员在支付消费活动费时,要求经营单位为自己开具超过实际支付额的票据,回到单位报销时可以获得差额现金利益,侵吞国家财政资金。目前,国家对高校的财政拨款纳入国库单一账户体系管理,而公务卡报账制度是为深化国库集中支付制度改革,创新公务卡支付模式而开发的支付工具,财政国库管理部门能够运用信息网络系统全过程监测高校财政资金的支付活动,及时发现支付过程中的疑点,防止资金被截留挪用。同时,将公务卡消费的时间、地点、数额等信息上传到国库集中支付系统,高校财务部门及相关审核监督部门能够在网络上进行审核监督追踪,增加了财政资金使用的透明度,财务人员需要核对公务卡消费清单,能明确知道实际发生的消费行为,从而能有效地防止腐败和违法违规行为的发生。

(四)有利于提高工作效率和管理水平

现金管理方式下业务人员需要预借现金和支票，然后携带大量现金消费，然后再进行报销业务，在报账时再冲销预借款项(如果借支票，要到单独的支票打印机打印支票，现在有几家银行支票要支付密码，延长职工报账等候的时间)，手续繁杂，影响工作效率。财务的出纳人员每天要预定大量的现金，预定现金多了要归还现金，预定现金少了，不能满足学校师生的需要，会影响工作形象，现金的大量使用必然会带来支付上的差错，假钞和安全隐患问题，给财务人员的工作带来很大的压力。在推行公务卡后，减少这些环节，业务人员用款申请得到批准后，就可以直接消费，凭借刷卡交易凭条报账，非常方便。另外公务卡的推行提升了单位财务管理水平，使用公务卡结算实际上是取代现金结算的另外一种支付途径，由于公务卡报销能留痕迹，一旦发生错账，出纳人员很容易查出错误，出纳人员的风险得到防范，这点是现金结算无法比拟的。同时，公务卡的信息能够自动传输到国库集中支付系统，还将预算单位的一些具体规定与银行结算方式相结合，形成一种新型的财务管理手段，它与财政国库集中支付制度改革对单位财务管理的规范性要求相吻合。实现了无现金化管理，不仅降低了管理成本，还有利于对公务消费行为的审核、监督，提高了工作效率。

三、高校推行公务卡存在的问题

(一)公务卡认识度不高，用卡意识淡薄

公务卡作为新生事物，作为现代支付手段，教职工尤其是老职工很难接受，他们不愿刷卡消费，或是不会使用银行卡，习惯于消费是一手交钱一手交货，报销是觉得拿到现金才踏实，还有一些快要退休的职工根本就不办理公务卡，觉得退休了公务卡用不上，再有一些职工不是经办者也不涉及报销科研项目的也不主动办理公务卡，即便是办理了公务卡也不激活使用，成为死卡，使公务卡形同虚设，笔者在工作中了解到，教职工不愿增加更多的银行卡，有些人也认为公务卡能够公私两用，然后使用公务卡，把自己原有的一些银行卡取消，报账后去取现，自动取款机每天每次只能取两千元，部分职工觉得公务卡用着不方便。还有就是一些教职工反映，刷卡消费不能及时报账，也就放弃公务卡的使用。由于预算单位对公务卡消费满足刷卡条件必须采用公务卡结算予以报销这一规定执行力度还不够，使得预算单位大额现金报销现象仍然存在，导致公务卡出现大量的睡眠卡，公务卡总体使用率不高。

(二)公务卡受理环境的滞后性

目前我国银行网络系统不够成熟,整个用卡环境不够成熟,一些商家因手续费不愿布设 POS 机,一些公务活动如购买火车票、汽车票,公车加油,维修电信等费用都无法刷公务卡。笔者还发现公务卡的信息传递存在一些问题,如公务消费后,有些代理银行记账滞后,用卡信息反馈速度较慢,预算单位财务人员要在刷卡几天后才能在国库集中支付系统中调用到公务卡支付信息;有些银行由于网络系统原因,无法将还款信息即时反馈给持卡人,影响公务卡的使用效率。

(三)公务卡消费与现金消费的区别

公务卡消费与现金消费就目前现状会存在价格差异,由于购买办公用品、公务接待等日常开支,个体商户会比较便宜,但不具备刷卡条件。即便是具备刷卡条件的个体商户,由于刷 POS 机要向银行上交一定比例的费用,有些商户就不愿给顾客刷卡或不给刷卡,而一些大型商场虽然具备刷卡条件但价格相对较高。比如笔者单位某些办公用品实行政府集中采购制度,就是从指定的商家购买,也会出现上述问题,从而形成价格差异,增加业务支出成本。还有由于公务出差人员住宿标准不同,各地区的经济状况不同,住宿标准较低的宾馆不具备刷卡条件,只能采用现金结算方式也会导致价格差异。

(四)高校尚未建立行之有效的管理制度

由于公务卡处于推行阶段,相关的管理制度还不够完善,主要反映在以下几个方面:第一,公务卡的发放和管理较为混乱,有些高校存在一人持几张公务卡的现象,有些教职工在调动工作以后仍然持有原单位的公务卡;第二,公务卡结算业务的核算不规范,有些高校没有单独设置一个会计科目反映公务卡的结算业务,不利用高校账务系统与公务卡系统和代理银行之间进行对账工作;第三,没有明确公务卡超还款期所产生的滞纳金利息等费用应该由来谁承担,持卡人、高校和代理银行之间存在扯皮现象;第四,未明确公务卡的用卡范围和报销程序,导致财务人员在审核过程中无据可依,存在较大的主观随意性。

四、公务卡使用合理性和顺利推广的建议

(一)合理限制现金的适用范围

使用公务卡的预算单位,应加大现金管理力度,预算单位公务卡结算方式逐步代替现金结算方式是改革大势所趋,2010 年 4 月笔者在去西南大学培训学习,了解到苏州大学完全做到了无现金报账。2012 年笔者单位推出公务卡,在

报账时也有一些强制性规定，200元以上必须使用公务卡结算，还有一些项目（需要添加）也必须采用公务卡结算，目前的实际情况是，现金结算在预算单位长期存在，财政部门及相关部门应采取措施，对预算单位现金支出加大监管力度。

(二)宣传公务卡使用的优点

为了提高高校教职工对公务卡的认知度，财政部门和人民银行以及相关职能部门应加强协调和配合，抓好高校教职工的宣传和培训工作，让高校的教职工了解其推行公务卡的意义和目的，让高校的教职工充分认识到可能出现的交易风险，了解使用公务卡带来的诸多方便，理解公务卡的管理要求，规范用卡行为。笔者单位正处于实行公务卡报账初期，作为高校财务工作者有责任和义务向教职工推广公务卡的相关知识，在平时报销中主动向教职工宣传公务卡的优点，介绍公务卡的安全便利等特点，提高教职工对公务卡的认可度，改变实施公务卡报销在教职工心目中的形象，比如笔者单位很快推出网上银行，财务处有教职工的工资账号或者留下教职工的公务卡号，教职工只要把原始凭证留在财务处，财务人员经过审核无误后，把报销款直接打到教职工卡里，减少教职工等候时间，让他们对公务卡报销有新的正确的认识。

(三)加强公务卡支付系统建设，改善用卡环境

公务卡用卡环境不理想，直接影响到公务卡的推广和使用，为了避免用卡环境建设滞后影响公务卡的推行，笔者建议相关部门，如财政部和各商业银行总行及银联总公司等部门进行协调，对受理公务卡的定点商户给予适当的补贴或税收优惠政策，合理界定银行和商家效率，积极鼓励POS机具布置，提高商家刷卡交易的积极性，同时还要完善信息系统建设，各代理银行的银行卡管理系统，银联跨行结算网络系统等均需要优化升级。进一步提高网络运行速度，来确保预算单位调取公务卡消费信息的及时、准确、便捷，实现公务卡信息管理系统与国库集中支付系统的无缝对接。同时各部门建立起日常沟通机制，以便解决公务卡结算过程中可能出现的问题。

在国外，使用类似公务卡的这种新型的管理工具已经被广泛采用，普遍使用银行卡等非现金支付手段，主要有电子支付和支票支付两种方式，利用发达的电子信息网络系统，使财政资金支付便于监控。随着世界经济全球化的加速，使得我们可以更多地了解国外财政国库管理制度。借鉴国外的成功经验并得到国际组织的支持，可以使我国公务卡的推广少走弯路，尽快取得成效，推进我国财政国库管理制度改革。

（四）完善公务卡监控系统建设

公务卡使用监控机制不够健全，需要各部门的整体配合。从现在的实际情况看，宣传检查的力度不够，经常出现公务卡消费报销时，持卡人没有将交易凭条附在原始凭证后，作为原始凭证入账，公务卡代理银行也未按要求提供个人刷卡消费对账单，单位财务部门无法监督到公务卡的使用轨迹，使得公务卡的监督职能没有得到有效地发挥。

第一，强化预算单位财务管理，创造良好的政策环境，建立健全内部公务卡报销管理制度，明确报销操作程序，规范用卡行为，严格执行公务卡制度的规定，避免出现现金结算和公务卡结算的双轨制。第二，加大监管力度，建立良好的沟通制度，定期沟通财政预算收支以及国库集中支付方面的进展情况，形成协调有序的应急处理机制，并会同审计和人民银行等部门，对预算单位公务卡制度改革的实施情况进行跟踪监督，建立定期检查和日常管理的监督机制。第三，建立动态监控查询，加强地方财政预算管理系统建设，使之与国库集中支付系统同步，将持公务卡进行消费的时间、地点、消费金额、商户名称等明细信息均纳入监控系统，单位对所发送信息的真实性、准确性和完整性负责，在网络上传送信息时须加密。财政局通过财政网与银联网连接，实现公务卡消费信息的查询和确认，对公务支出刷卡交易和还款信息出现的不合理现象实施动态监控，并即时反馈到预算单位予以纠正，各预算单位财务部门可查询和审核本部门的公务消费信息，通过监控系统实施规范操作，确保财政资金安全。

（五）建立健全高校公务卡管理制度

高校应结合本单位的实际情况及现行的财务管理制度，建立健全本单位公务卡的管理制度，首先，高校要对公务卡的开设严加管理，给所有在编的教职工申办公务卡，实行一人一卡的实名制，并把个人信息录入国库集中支付系统，当持卡人因退休调动或离职等原因离开本单位时，财务部门应当及时从国库集中支付系统中删除，并通知代理银行。其次，高校要明确规定公务卡的使用范围及报销程序和报销时间，使财务部门的审核工作有据可查，同时必须明确公务卡超还款期还款的经济责任，如果是因为职工个人原因造成，比如职工没有及时报销而超过公务卡还款期还款造成的滞纳金等费用应由职工个人来承担责任；如果职工个人已经报销，高校未能及时还款而造成的费用则应由高校负责，如果是代理银行未能及时向相关公务卡账户还款而产生的费用则应由代理银行来承担。最后，可将高校职工对公务卡的使用情况列入职工年度考评项目中，对高校职工的持卡人形成约束机制，增强了高校职工用卡安全意识。

公务卡改革推行的过程也是公务卡改革制度不断完善、配套措施不断跟进的过程。鉴于目前各试点管理制度不一、做法不一的现状，建议财政部门在推行预算单位公务卡改革的过程中，加强调研，认真听取试点部门意见和建议，同时积极推广试点较为成功的部门的先进经验，使得现行公务卡管理制度不断完善，并尽快建立具有指导意义的公务卡管理制度，加快公务卡的改革进程。

【参考文献】

[1] 黄茹. 基于国库集中收付制度下高校推行"公务卡"制度探索[J]. 科技经济市场，2010(3).

[2] 顾海英. 推广公务卡制度引入国库集中支付的探讨[J]. 财会研究，2008(5).

[3] 孟丽. 公务卡使用过程中的风险与控制[J]. 郑州航空工业管理学院学报，2009(2).

[4] 马秀云. 推行公务卡制度 加强预算单位财务管理财[J]. 大众商务，2009(9).

[5] 张金枝. 国库集中支付下的公务卡应用定位与完善措施[J]. 金融科技时代，2009(7).

[6] 李滢. 实施公务卡改革的思考[J]. 中国市场，2009(10).

[7] 罗燕. 论公务卡在事业单位的推行[J]. 现代商业，2009(18).

浅谈高校后勤社会化改革中的财务管理问题

河南师范大学   徐文思

【摘　要】随着高校后勤社会化改革的日益深化，高校后勤成立了后勤产业集团，但后勤产业集团的财务运作并没有同学校完全脱离，还享受着学校的经费补助，处于一个过渡时期，作为学校财务部门在这次改革中如何加强财务管理，在很大程度上影响着这次改革的进程。因此，在后勤社会化过程中如何理顺各种财务关系，规范会计核算，保证国有资产保值增值，逐步建立一套符合高校后勤社会化改革的财务管理模式，为促进高校后勤真正走向社会，参与市场竞争打下良好的基础，是高校财会工作的一项紧迫任务。

【关键词】高校　后勤社会化　改革　财务管理

近年来，随着高校办学规模的扩大和高等教育跨越式的发展，高校后勤社会化改革取得了很大成绩。高校后勤社会化，就是按照企业化管理的原则，将学校的行政管理职能与经济服务职能分开，组成自主经营、自负盈亏的具有法人资格的经济实体，逐步减少学校投入。这是当前高校改革的一项重要内容，它把高校后勤部门从学校剥离出来，成为独立核算、自负盈亏的新型服务实体，形成完善的后勤保障体系，是提高高校后勤服务质量的重要途径。而后勤财务管理水平在很大程度上影响着这项改革的进程。因而建立健全适应高校后勤社会化的财务管理制度，提高高校后勤服务质量、管理水平、经济效益和社会效益，促进高校后勤社会化发展有重要意义。

一、高校后勤社会化过程中财务面临的问题

(一)产权和财务关系不明确

后勤社会化改革后，大部分高校已成立后勤总公司。后勤管理处代表学校实施管理职能，而经营职能由后勤总公司来承担。高校后勤总公司在与学校剥离的过程中，资产的产权至今无法明确。由于产权不明晰，投资者和经营者权属范围不确定，企业在财务管理过程中难免出现一些盲目性和不稳定性。改革后，如何加强资产管理，整合资源，更有效地利用和发挥资产的效能，如何在

明晰产权关系、责权利关系的前提下，实现地位相对独立、核算独立、自负盈亏，通过自主经营、自我约束到达发展的目标是后勤社会化财务管理中面临的一个重要问题。

(二)财务管理目标不明确

一般企业财务管理的目标追求利润最大化或股东财富最大化，但高校后勤实体具有企业和教育服务双重属性，应遵循教育发展运行规律，而社会化改革要求后勤实体建立自主经营、独立核算、自负盈亏的学校服务实体，如不追求经济效益，后勤实体无法生存和发展。在实际操作中，后勤有些项目是亏本的，但为了保证师生得到良好的服务，为了使学校的后勤工作得到良好的保障，即使是亏本的项目也成为可行项目，从而兼顾社会效益和经济效益这两个相互矛盾的目标。

(三)成本管理不健全

高校后勤所实现的不仅仅是经济效益，更要注重社会效益。为维护政治稳定，高校后勤服务具有一定的公益性，所出售的商品或服务价格低于社会平均水平，差额部分即是其所贡献的社会效益，这部分贡献对它本身而言要付出成本，这个成本因是贡献社会付出的所以称为社会成本。作为一个独立核算的经济单位，维持最基本的简单再生产需要对付出的成本予以补偿。目前，高校后勤"社会成本"没有明确的补偿机制及办法，制度的缺失使得其主要通过无偿占用使用学校的大量的资源和财产来补偿，造成成本核算不实，不能实现真正意义上的全成本核算。这也是造成高校后勤特别是公办高校后勤权责不明、成本不清、管理粗放、效益不高的原因之一。

二、完善高校后勤财务管理的对策

面对后勤社会化改革带来的种种变化，高校财务管理要把握机遇，积极应对目前面临的挑战，建立现代企业制度，按照"产权明晰、权责分明、政企分开、管理科学"的原则，理顺高校与后勤集团的财务关系构建科学规范的财务管理模式，真正做到既有利于高校对后勤集团的财务监督管理，又有利于调节后勤集团的积极性，积极稳妥地推进后勤社会化改革。

(一)理顺高校与后勤企业之间的产权关系，优化后勤资产配置

现代企业制度最关键的是厘清产权关系。鉴于高校后勤与高校之间的契约关系，要确保高校后勤社会化改革的顺利实施，前提是从产权方面理顺关系，搞好后勤资产的评估，明晰学校与后勤企业的关系。这里在做资产鉴定或评估时，要由学校财务部门会同校内审计、资产管理部门组织好对后勤部门实际占

用或管理的资产进行全面的清查核对，核实后勤经济实体使用的房产和土地以及各项设备种类、数量和价值，做好财产登记，并请专业机构进行评估，防止国有资产流失并确保资产的保值增值。

长期以来，后勤作为学校的一个重要组成部分，后勤资产几乎全部来源于学校的投入，后勤企业与高校分离后，必须自负盈亏，高校不再投入资产或补助，因此，后勤企业必须优化后勤资产配置，形成具有较强经济实力和竞争能力的企业，在后勤实体进行公司制改造的过程中，必须大力发展多元投资主体，在确保学校的控股地位的条件下，面向社会吸收优质资产入股。

(二)转变财务管理观念，提高财务管理水平

传统高校后勤部门的财务管理是后勤部门从学校争取到拨款后，再将其分配到各职能部门，有多少钱办多少事，财务部门主要是按照各项资金的预算及用途对资金进行核算及监督。实行后勤社会化改革后，高校后勤公司要逐步从拨款使用制过渡为完全的服务收费制。制定收费价格体系，这是关系到高校后勤改革能否成功的关键。服务收费是后勤公司得以运行的前提条件，同时也和广大师生员工、后勤职工的切身利益息息相关。实行服务收费制后，后勤公司制定相应的各项收费标准，制定经营目标和成本管理目标，而这些目标的实现依赖于财务部门的控制和信息的提供、分析。成本控制是财务管理的重要内容。成本控制得好是后勤公司增加盈利的有效途径和持续发展的基础。因此要将成本控制渗透到后勤公司的各项经济指标中，渗透到控制、分析、考核、经营管理的全过程。

(三)建立适合后勤公司的财务管理制度和内部监控制度

高校后勤公司在实行收费制后，会计核算向企业核算模式转变。因此要按照独立核算、自主经营、自负盈亏的要求，对后勤公司进行成本核算，对固定资产计提折旧。在核算过程中要坚持收支配比原则，正确计算服务项目的盈亏，正确区分直接费用与间接费用，正确划分收益性支出与资本性支出。另外，资金管理、资产管理、成本管理、利润管理也要建立切实可行的财务管理制度，包括各项服务收费标准、资产管理条例、资金管理办法及内部审计制、审批等内部控制制度，保证后勤公司财务工作规范化、制度化，以适应后勤服务社会化改革对财务管理的要求。

(四)提高后勤公司财务人员素质，健全继续教育制度

现代会计融核算、监督、分析、预测、决策等功能为一体，是含财务会计、管理会计、财务管理等内容在内的崭新体系，并且还将沿着拓展核算和管理内涵、强化管理功能、提供决策支持这一方向延伸，这就要求会计人员不仅要对

会计理论知识、会计方法和有关的经济政策、制度进行全面地理解与准确地把握，也要求会计人员对企业客观经济环境与经营管理目标进行透彻地了解，才能提高职业判断能力，当好领导的参谋和助手。因此，后勤公司财务人员必须从工作上、观念上做深刻的转变，从传统的"账房先生"向"管理型""参谋型"人才转变。会计人员只有加强会计业务学习，不断更新业务知识，才能适应高校后勤社会化改革的需要。

最后，随着市场经济体制和现代企业制度的建立，高校后勤公司的财务管理也必将面临许多新问题，高校后勤公司只有与时俱进，不断探索高校后勤社会化改革后财务管理的新路子，才能为高校后勤公司的发展创造一个良好的、和谐的财务环境，才能促使高校后勤服务真正社会化。

【参考文献】

[1] 黄秀娥. 高校国有资产管理探讨[J]. 财会通讯(理财版)，2006(11).

[2] 李锐，汤晓红. 高校后勤社会化过程中的财务管理[J]. 北京邮电大学学报(社会科学版)，2000(5).

[3] 楼晓萍. 对高等学校加强财务内部控制的思考[J]. 合作经济与科技，2005(8).

基于经济效率的高校财务管理制度分析

河北师范大学　于玲

【摘　要】高校作为独立的社会法人，拥有自主的财产权利，而多元化的筹资渠道的形成，使高校的财务管理工作内容进一步增加，讲求经济效率成为财务工作的第一原则。高校以经济效率为基础，通过各项措施完善财务管理制度，提高财务管理工作的经济效率。

【关键词】财务管理　制度　经济效率

1998 年《高等教育法》将高校变为独立办学的社会法人，其直接目的是为了重新确立政府与学校的关系，保障学校的办学自主权。但随着办学自主权的获得，高校自然就拥有了独立自主的财产权利，如何使用、管理自有的财产成为高校财务工作的一个重要内容。并且，高校对国有资产有保值增值的责任义务，这就要求高校财务管理工作必然以市场为导向，以效率为基础。

一、高校财务管理制度的现状及经济效率缺失的表现

高校财务管理制度建设和完善的前提是高校的性质。我国规定普通高等院校是事业性单位，是非营利性机构。因此，高校财务工作是在政府行政控制下的高度集中管理，高校在财务工作中没有太多自主权和能动性。即使《中华人民共和国高等教育法》确立了高校独立自主的社会法人地位，但政府对教育经费按照"综合定额加专项补助，按学校规模核定预算"的方法进行分配，并且自 1997 年开始，高校实行"定额收支，定额或定项补助，超额不补，结余留用"的预算管理办法；对于教育财务支出，完全按照政府职能部门的管理方式，对高校的财政拨款实行"国库集中支付制度"，在预算方法上实行部门预算、收支两条线和政府集中采购制度等。这样政府通过更具体的预算管理要求，将高校预算收支管理的一部分权限上移到财政部门，加强了财政部门对高校的财务管理的直接控制。

高校作为独立的社会法人，为自身发展多方面筹资，形成了多元化的筹资渠道。高校的教育经费虽然仍以财政拨款为主，但学生缴纳的学杂费及企业、

个人对学校的捐赠也成为学校的一个经费来源，更为重要的是，还可以通过科技成果转让、科研咨询、技术服务等获得的经营收入，甚至贷款来增加教育经费。多渠道筹集的资金，使高校在资金筹集、使用上产生了成本，巨额利息支出也打破了高校零财务风险的状况。必须完善相应财务管理制度，提高资金使用效率，降低资金使用成本，这使高校在财务管理方面具有营利组织的性质，这就必然要以经济效率作为财务管理工作的基础和标准。

高校一方面执行国家计划，满足社会需求，另一方面又要为自身长远发展寻求资金支持，突破了公共产品提供者的限线，在一定程度上成为商品生产者。但国家将高校视为公共产品的提供者，其经费由国家统一拨付，并实行严格的预算管理制度。这就使高校财务管理制度不能以市场为导向，经济效率低下。

（一）高校财务管理活动行政化，缺少效率

国家作为高校的所有者，以财政拨款的形式向高校注入资金，但对于资金的使用有严格的规章制度，除预算外还表现为资金使用的审批制度。就目前来说，涉及财务方面的政府审批事项就有经费预算报批、经费拨付审批、收费标准的审批、学费缴拨的审批、收费票据领购审批、政府采购项目审批、工资调整审批、资产处置审批、纳税申报等十几项，可以说高校的财务自主权非常有限。

（二）财务管理的职权划分制度不完善，缺少经济效率基础

不仅国家与高校之间的职权划分不清，高校内部的财务职权划分也不清。不能明确高校校长（院长）、书记、财务部门（负责人）、各二级单位（院系）负责人的职权，经济责任制难以落实到位，在管理上就会出现漏洞，表现为资产账实不符、丢弃废弃、流失浪费等现象。

（三）财务管理的领导制度不到位，缺少经济效率保障

《高等学校财务制度》规定"符合条件的高等学校，应设置总会计师，协助校长全面领导学校的财务工作"。在高校经济业务日趋复杂的情况下，资金在高校管理中实质上正发挥着指挥棒的作用，财务人员要将大量的数据转换成对决策层有用的信息，以减少决策的不确定性，在支持科学决策、引导资源配置、提高管理水平、推动合理分配中，发挥着越来越重要的作用。但多数高校未设置总会计师进行专业理财、专家管理，总会计师的地位及作用在高校财务工作中仍未得到重视。

(四)财务管理活动中的具体制度不符合经济效率要求

1. 预算管理制度问题

预算编制内容简单、粗化；预算编制的参与度不够；预算编制方法需要改进和创新；而在执行时随意性大，约束力较弱。

2. 资金、资产管理制度问题

高校筹资渠道单一，财务风险较大；投资决策不科学，降低资金的使用效率；资金配置效率低下，浪费严重等。

3. 教育成本核算制度缺失。

二、对高校财务管理制度的经济效率分析

(一)高校财务管理活动追求经济效率的必然性

美国的布鲁贝克较早认识到大学经费短缺的趋势及影响，他在 1968 年出版的《高等教育哲学》中提出：即使最富裕的国家也不可能提供普及高等教育所需要的经费，除非社会愿意重新分配国家资源，否则根本不可能有足够的人力、物力来普及高等教育。所以在当今西方发达国家，用"经营性"的理念即用企业的精神去办大学已是相当普遍的。在投入不足的情况下，通过充分利用现有资源创办企业、转让科研成果等增加收入，而这些经济活动以赢利为目的，讲求以较少的投入获得最大的收益。

对于来源于财政拨款形成的高校经费，在资金使用上以预算为约束，但在具体使用过程中也要力行节约，对国家投入形成的资产做到保值增值，这些实质都以经济效率为基础。所以财务管理活动中讲求经济效率是高校财务管理制度发展的趋势。

(二)有效率的财务管理制度的基础

在其他因素既定的条件下，财务管理制度决定了高校的经济效率。一个好的制度能降低交易成本，提高经济效益。高校财务管理制度在不断的变迁中提高经济效益和学校福利。有效率的高校财务管理制度的基础：一是产权清晰，权责明确。诺思指出"有效率的组织需要在制度上做出安排和确立产权，以便造成一种激励"，引导人们在经济中追求自身利益最大化。财产权利的清晰划分，使各方权利主体的权责明确。国家作为投资人对高校资产享有一定所有权，高校对各项资产享有经营权，同时具体的财务制度明确校内各方的权利，减少未来的不确定因素和各种"搭便车"的机会主义行为。二是政府的角色定位。政府界定产权结构，所以有效率的高校财务管理制度建立的关键是政府。政府一方面想放权让高校成为独立的社会法人，享有独立办学的权力，但又通过强化预

算约束加强行政干预，这两者是相悖的。政府应回归所有者地位，加强对高校的长期规划、宏观调控、评估监督的职责。三是意识形态，也就是对有效率财务管理制度的共识。在建立有效的财务管理制度过程中，必然碰到"外部性"和"搭便车"的问题，要解决这些问题，相关各方必须达成共识。当各方认为某个制度是公平的时候，个人便不违反规则，不侵犯产权，制度的执行费用就会大大减少。对有效财务管理制度的共识，不仅使各方认识到现行制度可能存在的不公平与低效率，而且使各方确认只有通过他们参与改革活动，才能创造一个公平有效的制度。

（三）高校财务管理制度缺少效率的原因

由以上分析可以看出，高校财务管理制度缺少效率的原因既有制度建设环境方面的，也有制度本身缺陷方面的。

1. 政府角色错位，高校财务自主权难以实现

政府在高校的资源投入、成果分配等方面一直占据着主导地位，甚至直接干预高校的具体工作，使得高等教育资源高度集中并直接由政府进行支配，这种完全由政府垄断的模式必然造成高校财务管理质量差、缺乏竞争力和主动性、效率低下，甚至产生腐败现象。政府抓住了不属于自己的管理权，但缺少对高校财务的长期规划、宏观调控、评估监督，所有权行使不到位。

2. 高校财务自主权界定模糊

在高校的财产制度上，《高等教育法》第38条规定："高校对举办者提供的财产、国家财政性资助、受捐赠财产依法自主管理和使用。高校不得将用于教学和科学研究活动的财产挪作他用。"这些条文虽然规定了高校广泛的筹资权和自主支配资金权，但对这些经费的用途也做了明确的规定，表明高校的财产自主权是有限自主权财产占有权、使用权、收益权在政府和高校之间进行分配，但具体如何分配却无相关规定。

3. 审计监督体制不完善

高校财务内控制度趋于形式化，内部审计机构有些隶属于高校纪检部门，甚至与纪检部门合在一起，也有些隶属于财务部门，密切的行政关系难以保证审计人员的独立性，并且，高校对内部审计的重视不够，内部审计的力度不大，审计人员的专业能力不高。

4. 财务管理人员经济效率观念淡薄

高校多年依附于政府，行政事业性财务管理没有成本管理和资金营运管理。高等教育本身是一个成本递增的行业，教育成本持续上升，导致对财力投入的依赖性加强。另外，资金需求的无限性和财力资源的有限性矛盾长期存在，平

衡预算的压力进一步增大，财务管理工作被动，无经济效益。

5. 高校内部财务管理制度不完善

内部会计制度的内容不全面，如对其他单位投资取得的收益，没有建立相关内部会计控制制度，导致对外投资决策程序不合规范，风险增大。内部会计制度的核算范围不全面，如高校往往强调对财政性经费的核算，而弱化对预算外，特别是创收经费等的核算。有些高校未将二级财务纳入内部会计核算的范围。

三、创新高校财务管理制度，提高经济效益

通过对高校财务管理制度经济效率低下的原因的分析，我们知道必须从财务管理制度环境的改善和完善制度本身出发，创新高校财务管理制度，提高经济效益。而财务制度的宏观环境在一定时期是既定的，所以改善环境在当前主要是改善高校内部的财务制度环境。

（一）引入市场机制，树立效益观念

面对教育体制改革，及时转变观念，一方面高校的领导要从思想上重视内部财务管理制度的重要性，从行动上支持内部财务管理制度的执行，通过发挥领导的带头示范作用，为内部财务管理制度的作用发挥提供思想基础。另一方面克服等、靠、要的思想，利用金融市场、资本市场和社会力量，建立多渠道筹措教育经费的体制，依法筹措教育经费。同时，财务管理部门应树立成本意识，加强收支管理，实行成本核算，合理使用经费，严格支出管理，把有限的资金真正用到教学、科研上，发挥最大的经济效益和社会效益。

（二）完善预算制度，提高经济效益

在当前，由于高校的主要经费来源于财政拨款，预算在财务管理制度中的作用仍是第一位的，既保证资金使用效率，又能在一定程度降低风险。首先，要规范预算编制，对于高校而言，其预算编制应该是在各院系（部门）根据自身编制各自的预算的基础上，学校财务部门根据学校总体情况、预算总支出，对各院系（部门）的预算进行调整，在此基础上形成较为完整的预算报告。其次，要严格预算执行制度，高校要将最终预算报告下发给各院系（部门），并督促其按照预算控制资金支出，使预算真正落到实处。最后，建立预算的监督和约束机制，减少人为因素对预算执行的影响，加大对预算支出的分析检查力度，对预算执行过程中出现的偏差进行有效的处理，对确实有需要调整的方案按照一定的程序进行调整。

(三)完善高校内部财务管理制度，提高经济效益

1. 加强资金管理制度建设

高校要建立完善的收入管理制度，按照国家有关法律法规，合理合法且及时、足额、有效地取得各项收入，并将所有的资金纳入预算管理。同时，高校要建立完善的支出管理制度，一方面，学校要努力将支出控制在预算范围以内，另一方面，要合理地分配支出，以达到既调动职工积极性，又维护学校正常教学秩序的目标。此外，还要建立完善的结余管理制度。

2. 加强资产管理制度建设

要完善流动资产管理制度，最重要的是要完善固定资产管理制度，包括固定资产的购买、盘点、处置以及维修等，高校都要制定完善的管理制度。此外，对于固定资产，高校还要对其折旧等进行明确。

3. 建立监督检查制度，落实经济责任

根据内部财务制度执行的要求，建立完善的考核指标并尽可能地将这些指标进行量化处理，为推动制度落实奠定基础。加强监督和检查，建立日常监督检查制度，对各项违规行为进行及时的纠正，确保制度的执行。

【参考文献】

［1］道格拉斯.C.诺思.制度、制度变迁与经济绩效［M］.上海：格致出版社，2008.

［2］R.科斯，A.阿尔钦，D.诺斯等.财产权利与制度变迁［M］.上海：上海人民出版社，2004.

［3］毕宪顺，辛波.现代大学理念下财务制度的变革与创新［J］.煤炭高等教育，2008(5)：23—26.

［4］乔春华.《高等学校财务制度》设计若干理论问题的探讨［J］.会计之友，2010(6)：62—64.

基于流程再造理论下高校财务管理信息系统框架设计

山东师范大学　张爱丽

【摘　要】本文首先阐述流程再造理论，然后分析影响高校财务流程再造的组织结构、人员素质、信息技术因素，提出高校财务管理信息系统建设的基本思路，最后分析高校财务/业务关系，提出高校应基于事件驱动会计建立财务/业务一体化的信息处理流程，构建包括全面预算管理体系、账务资金管理体系、财务分析与决策支持体系的高校财务管理信息系统框架。

【关键词】流程再造　财务管理信息系统　财务/业务一体化

一、流程再造理论

关于流程再造，哈默认为流程再造是对战略规划、增值流程，以及外部的支撑系统、政策、结构、组织的根本性的重塑，以使企业业绩在时间、环境、质量和成本方面得到较大改善，最优化生产率和工作流程。业务流程再造理论是以为快速适应变化的环境，提倡以顾客为导向、授权员工、变通组织结构，正确运用信息技术，在关键因素如质量、服务、成本控制、效率、效益上，做出根本性的变革，并重新安排作业流程。

高等学校基于不同的职能将学校组织划分为教学、科研、行政、后勤等职能部门，高校各项业务的开展都伴随着跨部门的资金流、物流和信息流的运动，因此高等学校存在业务流程（教学、科研、后勤等）、财务流程（信息流）、管理流程（计划、组织、控制、评价）三种流程。而基于职能分工的高校财务管理模式下，业务信息与财务信息相分离造成信息与资源共享度低，信息采集困难，财务管理局限于事后的控制，降低财务管理工作的效率和质量，不利于高校财务决策。因此信息化条件下，必须改变传统的财务管理模式，依据流程再造理论优化高校财务管理流程。

二、高校财务管理信息系统建设的思路

本节基于流程再造理论，在信息化条件下，为构建符合高校财务流程实际

情况的财务管理信息系统，先分析影响财务流程再造的相关因素，后提出系统的建设思路。

1. 财务流程再造相关因素分析

美国斯坦福大学 Harold J. Leavitt 教授强调组织变革中流程设计、组织结构、人员技能、信息技术的重要性，因此将组织变革模式定义为钻石模式。在其基础上，南加州大学教授 Omar A. EL Sawy 对钻石模式进行重新设计，如图 1：

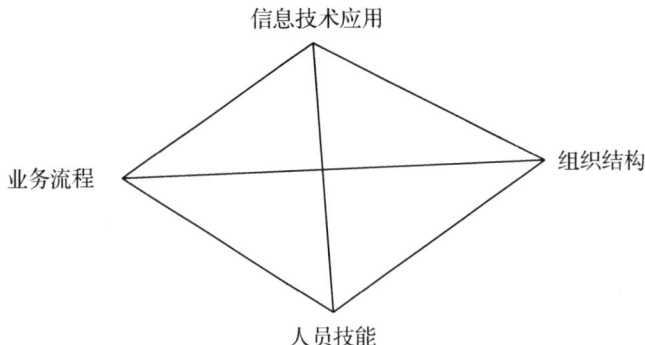

图 1　钻石模式

从钻石模式可以看出，业务流程、信息技术应用、组织结构和人员技能是相互依存的整体。信息技术的应用需要改变原有的管理和工作方式，对组织结构和业务流程进行再造和优化，而业务流程和组织结构的再造和优化需要有信息技术和人员技能的支持，否则只能是空中楼阁。

（1）组织结构

根据流程再造理论，从组织结构与业务流程的关系来看，组织结构是业务流程功能运作的载体，影响业务流程的功能运作；业务流程的运行决定组织结构的设计，影响部门职能和岗位职责。因此，业务流程的再造必然带来组织中管理结构的变革，包括组织机构形式、分权管理、职责权限设置、财务信息系统构建等方面的变革。组织变革的实施应以业务流程为主线，根据业务流程的实际运营情况，通过流程再造调整组织和岗位设置，重构与业务流程相匹配的运行机制和组织机构，以为业务流程的协调流畅运作起到良好的服务支持为适用标准。

（2）人员素质

高校财务工作复杂多样，信息化条件下要求精细化财务管理，因此要求财务人员拓展专业知识，强化信息技术应用能力，更新财务管理理念，以更好地为高校师生服务。

（3）信息技术

信息技术具有强大的信息处理、远程交互、顺序控制、监控跟踪和决策处理功能以及由此构成的四通八达的网络使其"天然地"成为业务流程再造的理想工具。信息技术虽然对业务流程再造具有巨大的推动作用，但只有坚持正确的流程思想的引导，以优化的流程运作规范和组织管理为基础，才能发挥业务流程与信息技术紧密结合的积极效果。

对高校财务工作而言，信息技术带来的数据的共享、集成、实时、精准的功能，是做好财务工作流程优化的基础。财务工作是业务的经济发展脉络，与诸多业务部门相互关联，应基于学校整体考虑，统筹规划业务流程，为提高财务管理水平和开展财务流程规划做好基础。

2. 财务管理信息系统重构思路

财务管理信息系统是高等学校数字化管理系统中的子系统，推进财务管理信息系统建设应做好科学规划，制定信息规范，完善公共基础网络，按照"先易后难、分步实施"的原则分阶段推进。

（1）调整建设思路，统筹科学规划

首先，管理理念方面。推进财务管理信息系统建设，领导重视是关键。高校领导应更新管理思想，创新管理理念，增强主管领导信息化管理的意识和责任感，树立坚定推进信息化管理的决心。其次，业务流程设计方面。高校财务管理流程是基于高校各项业务发生的完整流程信息，应从学校整体角度统筹规划各部门业务流程，以实用性和综合性为重点，使得各部门业务流程协同配合。再次，组织机构重组方面。建立适应信息化建设的协同合作组织架构，切实做到管理扁平化。最后，人员素质方面。加大资金、技术和政策上的支持，大力引进和培养既懂会计管理、又懂软件技术的复合型人才，努力建立和培养一支自己的研发、应用和维护队伍，做好全员培训，建立信息化管理的意识，提高应用信息技术的能力。

（2）制定统一信息规范，做好基础工作

首先，坚持统一规范原则。坚持"统一规划、统一开发、统一配置、统一编码、统一平台和统一实施"的原则，要从实际出发，循序渐进，量力而行，适度超前。

其次，坚持信息共享原则。会计信息系统要做到校内外信息互联互通，实现相关信息即时采集、处理。做到信息即时畅通，资源高度共享。

最后，坚持开发和维护工作市场化原则。创新系统开发和维护机制，一方面应培养和建立自己的复合型技术人才队伍，另一方面走市场化道路，与社会上有实力的软件公司合作研发符合高校实际情况的财务管理信息系统，构建市场化服务体系。

(3)完善公共基础网络，加强网络安全管理

首先，建立校内可拓展的公共基础网络，各软件具有良好的兼容性和集成性。

其次，采用先进、高效、安全的技术将校内校外网络连接，运用数据库技术等，实现信息资源的整合、共享。

再次，为适应多校区管理的要求，实现不同校区财务信息的自动检测、传输、对接的动态监控，实现财务管理信息主系统与分系统的对接运行。

最后，运用先进的信息安全技术如防火墙技术、过滤网技术等，确保网络数据安全。数据的采集、加工、处理等必须建立遵循严格的内部控制制度，确保基础数据的适用性、一致性。

三、财务管理信息系统重构框架

本节先基于事件驱动会计提出信息技术条件下的新的财务业务一体化的信息处理流程，再根据流程再造的理论研究，设计高校财务管理信息系统框架结构图。

高校业务/财务管理流程设计的思想的科学性直接影响高校财务管理的效率和质量，而目前传统的高校业务流程和财务管理流程的协调性差，导致高校财务管理工作低效能化，因此应利用信息技术将标准的业务流程借鉴到高校财务管理中，构建高校财务业务一体化的信息处理流程。

1. 财务/业务一体化的信息处理流程

财务/业务一体化是指在信息化背景下，根据事件驱动的技术平台，对财务管理流程与经济业务流程进行有机融合，达到业务流、资金流、信息流的同步，并满足不同利益相关者的信息需求。基于事件驱动的财务/业务一体化的信息处理流程，如图2：

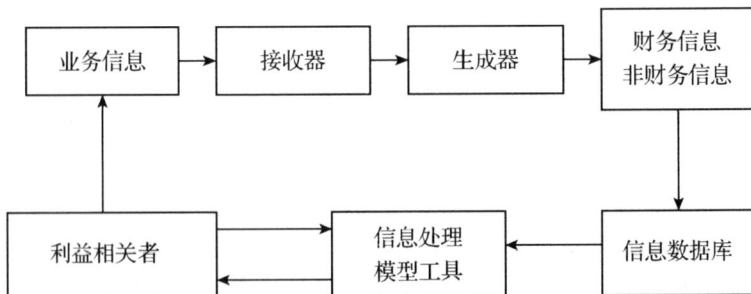

图 2　基于事件驱动的财务/业务一体化信息处理流程

业务部门根据经济业务录入业务信息，业务信息通过事件接收器和生成器进入信息处理阶段，生成财务和非财务信息并存储在数据库中，不同人员根据需要可以经授权查看、使用，达到财务信息的集成化、财务管理的动态化和高效化。

2. 信息化条件下高校财务管理体系的框架设计

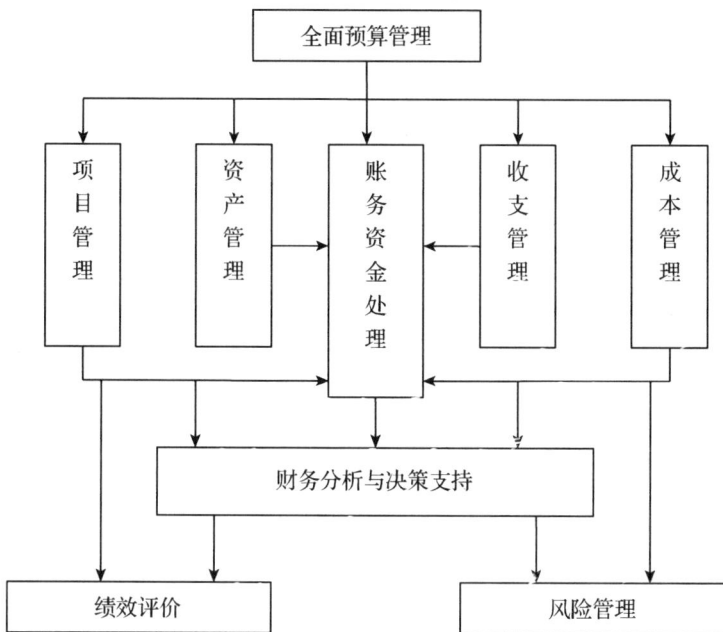

图 3　高校财务管理体系

如图 3 所示，高校财务管理体系包括全面预算管理体系、账务资金管理体系和财务分析与决策支持三大部分，其中全面预算管理依托各流程的紧密结合和实时有效的信息反馈，保证业务流程实施路径清晰有条理，并根据环境、条件的变化持续优化；账务资金管理体系依托先进的信息技术条件实现财务/业务一体化；财务分析与决策支持体系包括绩效评价与考核、风险预警与防范，其中绩效评价可以考察对资源效益和设备使用效益的经济性评价，也可偏重资金使用效益的效率性评价，还可以是侧重预算支出的产出效果的效果性评价；而对于风险的预警与防范最重要的是建立一套合理有效的风险预警系统，通过设立偿债能力指标、支付能力指标和隐性连带财务风险指标，实时监测财务风险，及时采取相应措施将财务风险值控制在安全范围内。因此信息化条件下，应依据高校财务管理体系图构建完善的高校财务管理信息体系。

【参考文献】

[1] 彭宇飞. 新时期高校财务管理体制改革研究[J]. 南通大学学报，2014(6).

[2] 费克文. 高校财务流程再造：一个方案设计[J]. 教育财会研究，2010(2).

[3] 房常化. 新形势下高校财务管理系统框架设计研究[J]. 商业会计，2014(22).

[4] 魏佳. 信息一体化背景下高校财务管理模式研究[D]. 东北师范大学，2013.

[5] 周骏. 某师范大学财务信息化建设的思考[D]. 四川师范大学，2013.

新形势下高校财务管理的创新

南京师范大学　张晓红

【摘　要】随着高校管理体制改革的逐步深入和高校规模的不断扩大，高校财务管理在整个高校发展中的地位越来越突出。在高校快速发展的新形势下，如何发挥好新时期财务管理对高校发展的正面作用，这成为当前高校财务管理的重点，本文在分析当前高校财务管理所存在问题的基础上，对新时期优化高校财务管理的主要对策和创新做了进一步的探讨。

【关键词】新形势　高校财务管理　创新

近些年来，我国高校办学规模不断扩大，高等教育事业有了飞跃式发展，其财务管理目标也已由以往纯粹强调社会效益转向追求经济效益与社会效益双重最大化。而现行的高校财务管理体制也渐渐显现出在新形势下的不适应性和一定程度的滞后性，由此也引起了相对应财务管理内部组成部分的变化。在此形势下，财务管理要求必须能够有效防范和控制风险，降低筹资成本，最大限度地获得投资效益。而现有的财务管理制度忽略了这些重要性，无法适应新情况财务管理机制的要求，因此，改进和创新高校财务管理体制已是高校发展的必然趋势。

一、新形势下高校财务管理现状及问题

（一）预算编制不严格，预算外资金管理不规范

据统计，不少高校都存在资金紧张和财力浪费并存的现象，究其原因在于其预算管理存在松弛的现象。首先在预算编制过程中，基数加增长的传统编制方法很不科学，没有经过严格的项目论证，缺乏预算的灵活性，极易形成资金在各部门不合理分配的格局，影响了整体发展布局的调整。之后的预算执行也与编制基本上各行其是，部门之间缺少协调，预算没有足够的透明度，在执行中追加额外资金频繁。而且对未纳入财政预算管理的一些资金，如住宿费、学费等收入，造就了高校"小金库"，预算外资金管理脱离正常渠道，严重影响了政府的调控能力和国家教育战略的落实。

(二)缺乏成本效益观念

目前，我国大部分高校未施行严格的成本核算。高校开展经济业务活动不以利益最大化为目的，比较重视社会效益，不太注重盈亏，很少进行或只进行不完全的成本核算。大多数高校特别是资金充裕的高校几乎不考虑资金的投入和产出效益，而只是竭尽所能地将政府的财政拨款和学校的预算外收入用完。另外，高校在日常的财务管理中，往往注重完成教学和科研任务，而忽略成本核算，注重社会效益，却不注重经济效益，关心投入、报表，不重产出，不计效益，没有像企业那样真正树立起成本效益的观念。

(三)没有真正重视依法理财

长期以来，高校对会计工作的认识有失偏颇。在高校改革和教学管理工作中，学校往往没有充分重视会计的职能作用。目前，大多数人认为会计人员只要及时记账、按时上报财务报表就算完成任务，以致放松对会计人员的科学管理。如此一来，就会不能对资金进行有效及时地跟踪，不能对资金加以正确地使用，从而使资金利用后的效益缺乏必要的制约和监督，致使贪污腐败等违法犯罪现象发生。

(四)财务分析能力与经费使用实际效益低

在推行新的教育体制之后，高校并没有及时跟进制定出适合本身发展的具体细则，没有准确地把握集权和放权的程度，各部门之间并没有及时进行沟通与协调，在相关经费使用配额上面存在"人情预算，感情分配"的情况。尤其值得注意的是，当前许多高校财务相关管理人员对财务管理分析研究的能力不足，对资金的结构和效益也缺少科学定位，没有进行科学的分析，使得财务分析仅仅反映出某一时间段内的收支情况，未能正确科学地进行学校财务发展能力分析和资金偿还能力分析。

(五)忽视财务人员综合能力的培养

高校财务管理水平的高低将直接影响到高校教育事业的发展水平。然而，长期以来高校不够重视财务管理，认为财务管理只是为高校提供基础服务，这种观念认识上的误区或错误，往往直接限制了高校财务管理能力的发展，使财务管理只反映了学校的日常收支情况和经济活动。

高校只加强硬件的配置更新，而不重视财务人员的再培训、业务能力的再提高，不注重财务管理人员综合能力的提高，而仅将是否购置先进的现代化财务办公系统作为检验高校财务管理水平高低的标准。

二、新形势下高校财务管理创新的建议

(一)优化预算管理,编制执行两手抓

首先,条件成熟的高校可以组建"预算管理委员会",成员由专业技能过硬的财会人员组成,同时可以聘请专门的技术指导,确保科学预算,并由分管财务的校长或学校财务总监、总会计师担任主任,增强预算编制的权威性,保证预算执行的可行性。其次,积极探索预算的编制方法,以科学理财、依法理财为核心,不断调整编制制度,细化预算编制,提高资金使用效益和预算管理水平。预算编制完成后还要加强预算执行力度,成立会计结算中心,全面推行预算管理制度,强化刚性管理。为了各方面积极性的更好调动,可将经济指标与责任人任期目标结合起来,提高其使命感和责任心,杜绝乱开支的现象。同时严格执行会计监督,增加各单位的财务透明度,在部门之间形成相互制约,使得预算执行不偏离学校发展目标和方向。预算外资金的管理也必须作为预算管理的重点内容之一,为克服预算外资金管理难、征收分散的问题,应对症下药,力求对各项收费统一交纳,集中征收。并加强对预算外资金的全面监督,做到管理到位,内外结合。

(二)加强成本核算管理,优化资源配置

高校要引入企业的成本管理理念,使成本管理能力得到提升。高校教辅设施设备、后勤财产、实验室资源应建立起成本核算制度。为了避免高校资产的重复建设和闲置浪费,高校应该积极联合政府相关部门进行资源整合,开展大型科学设备仪器协作联盟合作,从而很好地优化各高校之间及高校各部门之间的资源配置,使大型科学设备仪器实现共用共享,提高各类设施、设备的使用效率,逐步实现由市场运作、一家购置、多家共享的运行模式,缓解资金供求矛盾,降低资产使用成本,形成完善的资源共享机制。高校的财务管理理念也应由以往的不以赢利为目的转变为以可持续发展和绩效最大化为目的的财务管理的新理念。在新的高校财务管理目标下,高校要树立增强成本效益的理念,建立教育成本核算制度,并运用成本效益比较原理来优化成本结构,在高校财务管理中将成本效益管理运用地更好。高校通过成本核算,能够准确地核算出培养一名大学生实际需要耗费的成本费用,并以此成本费用为依据,控制不必要的费用开支,将高校办学成本降低,提升教育投资的效益,使培养优质的人才成本最小化。

(三)加强依法理财的观念

增强会计人员依法监督意识、强化内部会计监督机制是高校进行财务管理

的一项行之有效的措施。作为学校财务管理部门，校财务处要发挥自身的管理监督职能，时刻监督高校在财务管理、资金运作、会计基础规范等方面的经济活动。要使学校的财务管理得到加强，经济效益得到提高，会计监督职能的有效发挥至关重要，因为会计工作不是一项简单的工作，高校会计工作与单位的主要教学、科研管理、后勤服务息息相关。此外，应加强对会计人员自身良好素质的培养，增强廉洁自律意识，增强法律意识，单位要定期进行廉洁警示教育，时刻为会计工作人员敲响警钟，使他们不为牟取个人私利铤而走险，从而走向犯罪的深渊。

(四)构建完善的资金资产管理系统

首先，要对各级经济责任机制进行科学的完善，将经济效益和经济责任切实紧密地结合起来，充分明确责、权、利，维护高校预算管理的严肃性。对内部财务制度方面的建设要常抓不懈，坚决避免财务工作方面的失误，使资金使用的基本效益得到提升。同时，切实按照定岗管理、定员定额，构建内部合理的考核指标，开展量化管理，科学地安排财力、人力与物力，力争做到人尽其才，物尽其用。最后，根据高校财务工作发展的需要，构建科学合理的财务评价体系，对学校财务管理方面的工作进行考核，合理反映出学校当前的基本财务状况，充分调动各个部门工作的主动性与积极性，更大程度地优化财务管理。

(五)重视财会队伍建设，提升综合素质

随着社会的发展和高校规模的逐步扩大，高校财务管理在整个高校发展中的地位也越来越突出，同时也对高校财务人员提出了与时俱进的要求。财务管理人员是高校财务管理的主体，高校应加强财务队伍建设，以人为本，提升财务人员的地位并确立财务人员的权威，将财务人员的潜能和积极性充分发挥出来，同时提高财务的管理与监督职能。财务人员通过不断地继续教育和学习，不断地更新专业知识、更新思想、与时俱进，真正成为跟得上时代发展的专业人才。高校财务人员只有不断地提高专业素养、发挥潜能，将财务知识和现代科学信息技术有效地结合起来并使之更好地为高校财务管理服务，才能使高校财务管理综合能力迈上新台阶。高校应该打造一支思路开阔、敬业精神强、专业技能熟练、观念领先、遵守职业道德规范、善于管理、知识结构完善的高校财务队伍，来提高高校财务管理水平，以适应新的形势，使高校事业得到健康蓬勃地发展。

三、结语

在新形势下，更新高校财务管理目标势在必行，要实现可持续发展和绩效

最大化，既要追求社会效益满足人民大众对高等教育的需求，也要追求经济效益实现绩效最大化，提高学校竞争力。高校财务管理要适应新形势的需要，更好地发挥好新时期财务管理对高校发展的作用，不断与时俱进。

【参考文献】

［1］陈冉冉．新形势下高校财务管理的创新［J］．新乡学院学报(社会科学版)，2013(6).

［2］周柯．我国高校财务管理制度创新研究［J］．中国商界，2010(9).

［3］陈小琴．新形势下高校财务管理创新研究［J］．财会研究，2010(3).

高校财务精细化管理问题探讨

河南师范大学　赵康敏

【摘　要】本文基于新公共管理理论认为在财政国库支付制度改革、高校内涵式发展的大趋势下，高校财务精细化管理十分必要。并且简要分析了目前高校财务精细化管理过程中出现的问题，提出了有效实施高校财务精细化管理的途径。

【关键词】新公共管理理论　精细化管理

在我国高校经历了大规模扩招的粗放式发展之后，正在逐渐向提高科技创新能力，提升重点学科、科研平台建设，提升毕业生人才素质等以质量、效益取胜的内涵式发展转变。随着国家财政国库支付制度改革的逐渐深入，各主管部门对于科研经费使用的监管需求迫切，以及新出台的高校会计制度更加关注高校成本核算管理等新形势的出现，如何实现最优的教育资源配置，如何提高教育投入产出比，如何降低高校筹资成本、降低财务风险等都将使高校财务管理面临新的挑战。如何进行高校财务精细化管理成为一个迫切需要研究的课题。

一、高校财务精细化管理的理论基础

新公共管理理论认为私营部门的很多管理方式和手段如竞争机制都可以为公共部门所使用，社会要求政府更有效地使用公共财政资源，对产出和结果高度重视，而不是只管投入不管产出。强调以顾客为中心，服务提供者应对顾客负责，在提供服务过程中不断寻求降低成本和提升质量的方法，并配之以绩效考评机制从而使顾客满意。

利益相关者理论认为一个公司的发展离不开各个利益相关者的投入和参与，企业应该追求利益相关者整体利益的最大化。高校作为一个有特殊使命的非营利机构，其实际上属于公共行政的范畴，其利益相关群体包括教职工、学生、学生家长、用人单位、政府管理部门、校友等，要想提高这些顾客的满意度，应该不断改革创新，财务管理更加精细化，节约成本，提高产出效益，才能使得这些利益相关者的整体利益最大化，高校才能逐渐由粗放式发展走向精细化、内涵式发展。

二、高校财务精细化管理过程中遇到的问题

(一)内控体系建设不完善，财务风险意识不强

目前高校对内部控制的重视不够导致高校还未形成科学、有效、完整的内控体系，各种制度散见于各种文件之中，或者有的高校虽已制定了内控制度，但往往都是流于形式，互相衔接不紧密，控制活动可操作性差，容易造成以下现象：不重视往来款项的监控和清理工作，有些应收及应付款长期挂账，未形成按时清理制度；科研项目结题未结账；科研项目的支出结构与项目预算书严重偏离等。

在内控机构设置上权利及职责不明确，导致各部门在内部控制方面未充分沟通形成合力，内部审计未充分发挥监督作用。高校财务风险意识不强，未建立风险评估体系，筹资规模和筹资期限随意性大，有些高校筹资到位，但项目迟迟未开工，造成资金成本的浪费。投资建设过程中，可行性分析以及应急预案的缺失也加大了财务风险。日常合同管理过程中的合同起草、审批、签订、履行等风险管理未制度化。

(二)预算编制方法有待改进，预算执行不够细致

大多数高校预算编制都采用在上一年预算编制的基础上，考虑变化因素，进行简单的增减调整的增量预算的编制方法，这种方法简单粗糙，再加上预算编制时间短、任务重，导致预算不准确、不全面，甚至有漏项。在实际预算执行过程中，预算被随意调整的现象时有发生。

每年年初三四月份完成校内预算并且下达指标后，对于预算执行情况到年末才去考虑，平时未建立相应的预算执行跟踪、分析评价机制，缺乏预算约束力，造成很多部门年年要指标，年年未动工，预算支付执行率甚至为零的现象。

到年末预算执行完毕后，很少对预算执行的差异性进行分析，在对未来一年的部门预算编制问题上不能提供翔实可靠的参考数据。

(三)绩效考核机制尚未建立，绩效评价无从谈起

对于高校的预算执行结果无科学、合理的绩效评价指标体系，科研经费的使用产出也没有衡量标准。高校还缺乏相应的绩效评价专门管理部门，从而造成高校财务不计成本，不讲效益。缺乏绩效评价体系，奖惩措施更无从谈起，极大地降低了有限资金的使用效益。

三、有效实施高校财务精细化管理的途径

(一)全面建立高校内部控制体系,切实发挥作用

全面内部控制五要素包括:内部环境、风险评估、控制活动、信息与沟通、内部监督,下面从这五个方面阐述怎样建立内控体系。

内部环境建设即高校的组织架构、职责与权力相配比、企业文化、员工职业道德及能力。这就要求高校必须成立以校领导为组长,以财务、科研、审计、纪检等多个职能部门协同管理的监督机制,并且明确各职能部门的权力及职责,形成责任追究制。全校人员必须树立合法合规意识,各种经济行为都要符合规章制度,不要存在侥幸心理。财务人员参加各种培训,熟练掌握各种经费管理办法,努力提高自身业务素质和职业道德水平。

建议财务部门制定风险评估程序,包括筹资风险、投资风险、合同管理风险等。

控制活动主要包括岗位职责分离;审批权限的设置,如高校的财务"一支笔"、业务主管校长、财务校长、校长办公会、常务委员会逐级审批;各种规章制度的装订成册及执行,如高校会计制度、日常报销规定、科研经费管理办法、固定资产管理办法、预算执行管理办法、绩效评价管理办法等。

内部监督即充分发挥内部审计的作用,制定审计实施办法,加大对各类经费的内部审计力度,杜绝违法违规业务的发生。

(二)预算编制精细化,形成预算执行追踪制度及奖惩制度

建议预算编制在分析上年预算执行结果的基础上,采用零基预算的编制方法,一切从实际情况出发,测算收入、支出,审议各项费用的内容合理性以及数额的准确性,确保预算编制的科学性、合理性、严肃性。深入基层单位进行调研,科学制定预算定额。各部门上报的项目尽量精细化,每一个项目支出多少,支出在哪些方面,安排多少经费等要有详细的测算依据和支付进度,并且项目可行性、必要性是经各部门论证后,由主管部门领导签字确认的,并以此调动相关部门的积极主动性,减少预算项目申报的随意性。

在预算执行过程中,财务部门要严格执行预算管理制度,及时、定期地向各部门负责人通报预算执行的进度,并指导各部门上报预算执行率低的原因分析报告及即将采取的措施等。可以结合河南省财政厅关于做好高校预算执行工作的通知,对于未完成预算执行的项目指标予以没收。例如年初预算安排的项目支出上半年要完成60%以上,9月底要完成85%以上,11月底基本支出完毕,逾期未支出的,河南省财政将统筹安排使用,并在安排下年度预算时予以

扣减。

完善预算控制体系，建立预算的分析评价制度，科学分析预算执行水平，找出预算执行产生差异的原因，财务人员应汇总并对原因进行分类，以便为来年更好地编制校内预算提供基础，同时应当提出应对措施，切实提高高校的预算管理水平。

(三)财务信息系统建设全面化，在原有系统基础上有所创新

由于目前各级主管部门、校领导等充分认识到了财务精细化管理的必要性，再加上各种检查频率明显增加，原来预算执行的数据分析都是靠财务人员从财务系统中提取数据并人工分析，数据量大、准确性有待提高等原因，高校与软件公司联系定制高校预算管理软件就非常有必要，这是精细化管理中对信息系统的创新。

预算管理信息系统的建立需要建立标准库，如定额定员标准、职能部门项目负责人、项目号，会计核算科目等。各部门只需填报学生人数，教职工人数、类别等即可测算公用经费、人员经费等。但是每年预算编制通知下达前都需依照上年预算执行情况考核结果对标准库进行调整。在预算下达时，将预算系统中的项目按项目号下达到财务系统中，在项目经费支出执行时，从财务系统中提取执行数据上传到预算系统中，生成预算执行情况表。具体包含预算项目的申请数、批复数、下达数、实际执行数及执行数与批复数差额等几项基本信息。预算人员可据此进行预算差异分析并预警追踪，防范财务管理风险。

充分利用信息网络化管理和数字化校园建设，将各种财务信息系统如预算管理系统、科研管理系统、财务管理系统、资产管理系统、绩效评价管理系统实现无缝对接，使信息比对更方便实效。对于预算项目实际财务支出、资产购买与项目立项审批、经费预算明显不一致的将重点调查核实，确实不符的将予以否决整改。这样的全方面、高水平的信息化管理系统将为高校财务精细化管理提供强有力的分析工具。

(四)建立高校财务绩效评价方法，绩效考评制度化

新高校会计制度的执行要求考虑成本核算，包括科研支出、事业支出、后勤保障支出等，并且鉴于目前高校资金使用效益不高、是否还得起银行贷款、是否重复建设等问题的存在，必须建立一套以成本效益评价为核心内容的财务评价指标方法，引导高校的一切经济活动都要讲究效率效益。

高校领导要督促有关部门制定科学合理的考核指标和奖惩措施，并定期针对考核结果进行奖励和处罚，对于预算执行率低的、科研投入产出比低的、教育事业经费投入产出比低的通过校园网等载体进行公开，接受全校师生的监督，

并且将考核结果与绩效工资挂钩，充分调动各执行主体的积极性，全面提高资金使用效益。

四、结语

总之，高校财务精细化管理具有很强的现实意义，能够夯实财务管理基础活动，能够提高财务工作效率，能够有效配置教育资源，能够适应财政改革的需要，提高资金使用效率和效益，保持高效、稳定、可持续发展。

【参考文献】

[1] 陈攀. 论高校财务精细化管理的逻辑与思考[J]. 新西部，2012(12).

[2] 芮幼琴. 论高校财务管理现状及精细化管理的实施[J]. 会计师，2012(12).

浅析高校财务前台报账管理中的问题及对策

天津师范大学　周彤

【摘　要】进入新世纪，高校办学规模的不断扩大，办学主体的多元化，以及不断增加的教育经费，使高校财务管理日益复杂化、多元化。而高校财务管理最基础的工作是财务报账，该项业务关系着会计信息的准确与否，影响着会计职能的发挥，对管理者的决策起着至关重要的作用。财务报账政策性强、业务繁杂、手续烦琐、耗时最多，师生员工经常排长队报账，教职工抱怨多、意见大，这使财务管理部门承受了较大的压力，在现有人员编制不变的情况下，尽管财务人员艰辛核算，依旧不能有效解决教职工报账难的问题。面对高校普遍存在财务报账难的问题，本文试图从客观因素与个体心理需求因素分析问题的内在根源，以便更好地从财务报账流程各环节规范和完善财务报账流程，提高核算效率和服务水平。

【关键词】高校财务　报账管理　问题及对策

高校财务报销审核是高校财务管理中一项基础性的工作。20世纪90年代以来，高等教育事业发展迅速、高校在校学生持续增多、事业经费逐年增长等这一系列的变化使得高校的经济活动呈现多元化趋势。高校财务的报销审核工作也变得日趋重要，其工作水平的高低直接体现在高校贯彻执行党和国家对财经法纪法规的执行力度，国家每一项经济政策、法令、制度的颁布实施，都直接或间接地反映在日常的报销审核中，因此，做好财务报销审核是一项政策性很强的工作。

近些年来，随着高等教育扩招、新校区建设及建成投入使用、办学形式及资金来源的多样化，学校规模持续扩大，高校管理工作必然要顺应新时期、新形势，努力创新，在新的更高的平台上不断优化。"经济越发展，会计越重要"，作为高校管理重要组成部分的高校财务管理工作，只有更趋科学化、规范化，才能为学校各项事业的全面发展提供有力保障。在财务部门大量的经济业务中，受理全校师生的报账是最前沿的工作。所谓财务报账指的是经办人员依据真实、合法的经济业务活动取得税务部门或财政部门监制的票据等，据以填制规范的凭单，并经有权审批人签批后，到财务部门办理报账手续的行为。这项业务关系财务部门的形象，决定会计信息的准确性，左右会计核算和管理职能的发挥，进而影响学校的重要决策及对学校整体管理水平的评价。

一、高校财务报账工作管理流程现状

高校是人员密集、部门众多、活动频繁的组织机构，每天均有大量的财务往来，受理全校师生员工的报账业务是高校财务管理的主要组成部分，各个高校财务部门都有不同的报账方式和类似的报账流程，报账方式分为预约报账不见面报账、叫号报账和网上报账等。

(一)高校财务报账的流程

财务报账是指经办人员依据真实、合理、合法的经济业务活动取得税务部门或财政部门监制的票据等，据以填制规范的报账封面，并经有权审批人签批后，凭此单据到财务部门办理报账手续的行为。财务报账流程是做好各项教育经费支出的第一步，其中票据核算是报账业务中最繁忙、最耗时的环节，主要分为单据审核与汇总、数据录入、单据整理与打印凭证。票据核算过程是师生员工与财务人员互动环节最多，也是相互之间最容易产生摩擦的环节。与高校财务部门紧密相关的财务报账流程如表 1 所示。

表 1　高校财务报账流程

教职工	审核人员	复核人员	出纳
①抽号 　前往等候区			
①等待叫号 前往叫号窗口	②叫号 ②等待教职工到窗		
③报销单据 提交报销单据	④等待叫号 1 检查单据		
③等待	⑤指出单据中存在的 问题，并要求修改		
⑦报销单据(出错) ⑧按要求修改错处			
⑨报销单据(修改后) 交回单据	⑥将报销单据交还教工		
	④等待	⑬接收单据	
⑤等待	⑩接收单据 ⑪手动输入账号信息 入账、制单、粘单	2 复核 ⑭系统确认、签章 ⑮交还单据	
⑰复核单据 前往现金支付窗口	⑫初核后单据		⑲接收单据 3 检查确认
⑥等待 ⑱签字、提交复核后单据	⑯复核后单据		⑳结算、备钞、 递钞
⑳收现金 4 2 保存现金	经办人签字的复核后单据 现金		1 保存单据

(二)高校财务报账流程存在的问题

随着我国高等教育体制改革的不断深入，教育事业快速发展，在大力实施科教兴国战略和人才强国战略下，高校经费来源多样化，且呈现大幅增长的局面，如重点高校经费有几十亿元甚至几百亿，而普通高校经费至少也有几个亿。面对如此巨大的资金压力，财务管理工作日益艰巨，尤其是高校财务报账工作。据对教职工测验调查显示，教职工对高校财务部门的满意程度处于勉强合格甚至是不合格的态度，而这种不满意主要表现在：一是财务人员的服务态度；二是财务人员的核算效率；三是财务报账的规范化程度。在每年的全校教职工代表会议中，教职工对财务部门报账难的意见最大、抱怨最多。在现有财务人员编制增加有限的基础上，财务管理者采取了较多的措施，以解决财务报账难的问题，但收效甚微。目前高校财务报账难的主要问题包括：

1. 报账签字难

高校实行"一支笔"制度，教职工到财务处进行报账业务前，需要院（系）、部门领导的签批，超过审批权限时，还要分管校领导签批。建立"一支笔"制度，是为了强化责任，明确学院、部门领导的事权与财权，加强财务管理。财务报账业务需要领导层层签批，但高校领导一般兼有教学、科研，行政等多重身份，事务繁忙，找领导签字至少要跑两趟以上才能完成签批手续。签字报销的烦琐程序需要耗费师生员工较多的时间成本，并且多数教职工因签字问题而产生的负面情绪，会延伸到其他报账服务环节。当票据因个别原因不能通过审核时，还会对财务部门产生抱怨心理。

2. 排队报账难

高校每天到财务部门报销大厅排队等候报账的人络绎不绝。尽管报账引进了智能排队叫号系统，可以解决排队难、排队无序的问题，但报账难的问题并没有得到有效解决。若报账业务以财务人员完成排队叫号系统所取号码的数量计算，每天排队等候报账的师生人数在 60—100 人，财务核算人员完成排队报账号码的数量取决于报账人员所要报销的票据数量、报销业务的类型、业务内容的复杂程度。正常情况下，财务人员完成排队报账号码数量实际为 60，那么就有部分当天未能排上的报账人流量往后推迟，甚至一直推迟到学期初或学期末报账。

3. 集中性报账多

多数师生员工在学期初由于教学计划，或学期末课程结束、期末科研结题等诸多因素，选择在学期初或学期末报账，这股报账人流量与平时排队报账往后推迟的人流量，会集于报销大厅排队等候。大量的报销业务集中在同一时段、同一地点，使业务核算量短期剧增，且聚集拥挤的排队人流量，影响了报账人员的情绪，也使财务人员长时间的久坐与大脑超负荷地运转，致使出现生理与心理变化，影响报账服务的效率。

4. 报账信息不对称

报账信息包括财经法规、学校规章制度、财务部门的内部管理规定及细则（涉及未形成文件的各项报销制度的暂行规定）。信息的掌握度、信息的传递范围以及信息的透明程度是教职工报账业务时单据能否一次通过的重要因素。从一定程度上来说，由于教职工掌握信息的程度有限，导致教职工在办理报账业务时多次往返财务部门，增加了教职工报账业务的时间机会成本。对财务管理部门而言，报账人员往返次数的增加，也占用了财务部门原本有限的人力资源，降低了财务工作效率。

二、高校财务报账难的成因分析

（一）高校财务报账难的客观影响因素

1. 理财环境复杂化

随着高校自主办学权的逐步扩大，高校办学主体复杂化，各相关利益关系也随之复杂化，依据与高校财务之间发生关联关系分类，有上级、平级、下级之间的财务关系。如与上级主管部门之间的缴拨款关系，与工商、税务、物价、审计等部门之间的稽查、年检等关系，以及与下级之间的下拨、返还、分配等财务关系。高校财务管理部门作为处理财务关系的主要管理者与执行者，与社会各方面的经济活动处理得如何，直接影响着财务部门各项工作的顺利开展、学校的声誉以及学校的品牌效应。高校财务管理理财环境的变化，使财务管理的内容较以往相比更加复杂化、多元化，使财务人员在票据核算中增加了业务处理难度和烦琐性，给高校财务管理带来了极大的挑战。

2. 财务管理模式的局限性

《高等学校财务制度》规定，高校实行"统一领导，集中管理"的财务管理体制。规模大的高校实行"统一领导，分级管理"，而普通高校因规模与资金管理方面的原因，实行"统一领导，集中管理"的财务管理模式。集中核算模式使高校财务管理工作过于集中，报账场地的限制、排队报账人数的拥挤、报账业务的繁忙，这些无疑表明了集中核算与普通院校的发展显得有些不相适应。

3. 经费来源的多元化

以前，高校经费来源主要是国家财政拨款和上级主管部门补助，而现在高校收费政策的实施以及自主办学的扩大，高校经费来源渠道拓宽，不仅有国家财政拨款，还有学费收入、科研经费拨款、合作办学收入、捐赠、后勤产业化的预算外收入等。经费来源渠道的多元化以及不断增加的经费，使经费管理呈现多样化、业务核算复杂化的局面，使财务人员在票据核算中增加了业务处理难度和烦琐性。而且不同学院、不同专业有着不同的核算要求，如管理类院（系）的学生实习经费管理较为简单，而农林类院（系）因具有农、林、牧等特性，学生实习具有时间上的限制性、地域上的选择性，实习经费的核算无论是票据还是报账业务类型尤为复杂些。

4. 法规制度的影响

制度的制定体现的是人的意识形态，是某些特定的时代以及当时的社会条件相适应而产生、形成和发展的，呈现的是经济活动中共性的总和。一项制度的制定与颁布需要经过较长时间的反复修订才能颁发、执行，随着社会经济的发展，社会条件随着时间的变化而转移，国家经济政策理论依据的背景也发生了变化，法规制度与社会经济的快速发展不相适应，由此产生了法规制度时效性的滞后。因此财经法规在执行过程中，难免出现与经济事项不相符或是相关内容涉及较为简单的情况，在一定程度上也影响了财务核算人员报账业务的核算量与效率。

（二）高校财务报账难的需求导向分析

人是经济活动的主体，各种经济现象乃是个体经济行为的社会集合，作为业务活动主体的师生员工和财务人员，他们的报账业务行为如同消费者的消费过程。消费者（师生员工）何时前来财务部门报账，由其经济行为以及自身内在制约经济行为的心理因素自主决定，经济学家从经济学角度认为消费者一般是自身追求自身利益的经济单位，消费者所获得的满足程度被称为效用。经济学家愈加重视消费者需求的变化，以及消费者对自身权益意识增加等的心理影响因素，由此可见，消费需求行为和服务行为影响着师生员工和财务人员在报账业务流程的行为。

1. 报账人员的需求因素分析

市场经济的发展使社会整体生活水平有了很大的提高，各行各业日益重视消费者的需求，尤其是具有服务性质的行业部门，人们对服务行业的标准要求更高。主要表现在：一是消费者要求服务部门应提供一流的、完善的服务；二是消费者对服务过程的效率要求提高。服务过程是服务人员提供的服务行为、服务态度、服务效率（即票据核算过程）如何使消费者接受服务行为，同时获得满足感的过程。如果服务部门不能在短期内迅速满足消费者的需求，即不能使消费者在花费尽可能少的时间成本获得最高效用时，消费者会产生不满情绪，甚至向部门领导、管理者投诉。消费者情绪受主观需要和客观情境制约，并影响着消费者的效用与评价，教职工在财务报销大厅等候服务过程中，会产生两种主要的心理情绪即：教职工排队等候的焦急不安心理；票据退回与整改等因素而产生烦躁的心理。当消费者得到良好的服务，并获得服务所付的成本最小化时，消费者获得效用最高，对服务部门的评价最优；当消费者预期期望得不到实现时，教职工不愿到财务报销大厅报账，宁愿积累需要报账的票据，减少到财务报销大厅报账的次数，进而逐渐形成了集中性的报账。

2. 财务核算人员心理需求分析

向消费者提供服务的财务人员不仅要熟悉国家的财经法规以及学校的各项规章制度，财务部门制定的内部管理规定等。而且财务人员所提供的服务产品即会计凭证要经受来自各方面的审计监察，经受长达 15 年的时间检验。由此，财务人员在提供服务过程中，要尽量规避不必要的会计核算风险、审计风险等诸多方面的考虑。这一过程需要财务人员依靠日常知识和经验的积累，判断自己所采取的决策是否合理的动态的活动历程。当票据手续不齐全需要退回整改，财务人员要向消费者一次性告知，确实不能报账的票据要耐心、详细地向消费者解释理由依据。对此，有些消费者还能接受，有些消费者不能接受财务人员的服务行为，抱怨、烦躁的情绪甚至会引发言语上的争吵，此时财务人员需要自觉、灵活地控制个人的情绪变化，约束自己的行为和言语。因此，面对消费者越来越高的服务需求，财务人员大脑要始终保持一种高度集中、紧张的压力状态，使得财务人员越来越感觉力不从心，身心疲惫，甚至可能担心操作不当，形成畏难心理，进而影响了服务效率、降低工作热情。

三、高校财务前台报账流程优化建议

(一)设立二级财务报账员，提供事前服务——预审票据

在以"统一领导，集中管理"为主的财务管理体制下，财务部门是学校会计核算和财务管理的职能部门，是学校唯一的财务管理机构。在不改变现行财务管理模式下，对消费者的需求行为事前评估，消除消费者因担心票据问题的不安心理，提高服务水平，探索并逐步建立适合学校特点的财务管理模式，在各院(系)设立二级财务报账员。二级财务报账员是指财务处在各院(系)选派一名报账员，专门为该院(系)教职工所要报账的单据预先审核，并将预先审核后的单据由财务处复核录入。报账员的主要职责是做好制度的宣传和解释工作，对教职工提供的原始票据进行归集、整理规范，检查单据手续是否完备，项目经费是否允许列支，预先核算原始票据以及单据能否进入下一阶段的审核，即财

务核算人员的票据核算阶段。设立二级财务报账员，可以增加票据核算成功率，提高财务工作效率，为广大教职工提供方便优质的服务。

(二)实行课题项目负责制，优化签字环节

在报账业务的签批过程中，报账业务居多并且争议最大的属科研经费，较多的教职工普遍认为科研经费是通过个人努力争取所得，因此，在科研经费审批权限上应适当放宽，减轻院(系)、部门领导的工作压力，简化签字报账手续。适当下放科研经费审批权限，对科研经费实行课题项目负责制，可有效避免排队报账难、集中性报账业务的难题。当然，实行科研课题项目负责制，并不是放松、放任科研经费的监管力度，学校应将项目负责人审批经费的开支情况、是否存在违规行为，是否维护经费预算使用的严肃性和权威性等，纳入项目负责人个人绩效考核事项中，以便较好地监督科研经费执行情况，确保资金的使用效益。简化签字手续，节约消费者的时间机会成本，减少消费者贯穿于整个办理报账业务过程中，财务部门提供服务环节的不满情绪。

(三)报账信息透明化，节约排队时间

报账流程以及报销手续是否完备影响着教职工的票据核算通过率，对此，财务部门应紧紧围绕方便教职工即消费者需求满意的相关因素出发，以现代服务型财务理念为宗旨，逐步拓宽服务功能，加强排队叫号系统的管理，并与财务部门网站联网，即时上传排队报账人数信息，方便全校师生员工随时了解报账人流量。报账业务流程与相关的财务信息要透明化，有关法规制度在实施过程中未涉及的经济业务事项，需要财务人员在核算过程中不断摸索，不断完善各项财务规章制度，规范报账行为，并将其进一步规范化，形成内部管理规定。财务管理部门还可以开办财务知识讲座，宣传相关财务报账信息，让报账业务少的教职工了解报销规定，方便教职工根据业务需求选择报账信息进行对照整理，减少教职工因财务信息不对称而出现的失误，尽量减少教职工排队等候的报账业务时间。

(四)强化财务管理工作，均衡日常报账人流量

具体、细致的工作计划能够对外部环境便于协调，也可以组织内部的重要资源做出适当的反应，日常管理工作计划进一步的细化可以适应和应对报账人流量的变化。如教职工的欠款、暂存款等清理工作避开学期初、学期末报账繁忙时段，最好选择期中时段；科研结题有校内基金、省基金、国家基金等科研项目结题。校内基金结题由学校自主决定，为均衡日常排队报账人流量，校内基金结题尽量与省基金、国家基金结题时间错开。为缓解教职工报账时间跨度上的一致性，省基金、国家基金科研项目结题能提前的，科研处尽早计划，便

于教职工安排报账业务，避免科研项目集中于年底结题而形成集中性报账。年底突击型报账的教职工属"非理性"的消费者，此部分教职工的报账业务，财务部门应充分利用人力资源，解决这部分人员的报账业务，分散集中性报账的人流量。

（五）增强财务人员素质，提高财务报账效率

个体素质影响着工作效率，而素质主要包括知识、经验、思想、道德水平。这四个方面始终相互影响、相互渗透，影响着财务人员处理业务的快速反应能力和敏锐观察力，是财务人员意志行为的决定因素，也是财务人员有意识地调节自己行为的能力。除了通过学习积极汲取知识外，财务人员要具备团队精神，思想上相互互补、工作上相互协作，以此进一步提高职业判断能力，提高财务报账效率。在复杂多变的工作环境中，财务人员要善于调节和控制自己的情绪，保持良好的心态，适当与教职工进行简单交流，缓解报账人员等待核算时的焦虑不安情绪，并注意沟通的方式、方法与技巧，进一步提高消费者的需求满意度。把握消费者行为，充分考虑消费者需求心理，消费者和服务者之间才能相互达到某种意义上的均衡。美国经济心理学之父卡托纳提出把握消费行为的主要变量是可能条件、态度和促进条件。作为财务机构服务者而言，从这三个变量中寻求、发现、提供各种有利条件，对高校财务报账流程的整理、签字、核算等环节不断完善与改进，节约每一环节的时间成本，坚持以优质、高效的服务为主导，促进潜在报账业务少的需求人员及时地到财务部门报账，引导报账业务多的需求人员分次到财务部门报账。

【参考文献】

[1] 刘广玲. 优化高校经费管理机制的探讨[J]. 事业财会，2007(1).

[2] 马宗兰. 构建高校财务报销制度的思考[J]. 黑龙江科技信息，2009(26).

[3] 杜振宇. 现行财务报销制度的问题与对策[J]. 事业财会，2007(2).

[4] 孟昭兰. 情绪心理学[M]. 北京：北京大学出版社，2005.

[5] 林慧卿. 浅析高校财务前台报账管理中的问题及对策[J]. 教育财会研究，2009(6).

[6] 林琴珍. 把握消费需求者心理 优化高校报账流程[J]. 教育财会研究，2010(4).

[7] 黄宁，周语明. 高校会计人员生存现状和思考[J]. 教育财会研究，2008(6).

[8] 孙中国. 加强高校会计基础工作规范化建设的探讨[J]. 经济师，2010(6).

[9] 彭庆桥. 浅谈报账会计的操作规范[J]. 会计之友，2010(2).

[10] 刘祁云. 高校"统一领导，集中核算，两级管理"财务管理模式的构建[J]. 管理观察，2009(23).

论我国高校教育基金会财务管理的发展

华东师范大学　　朱丹

【摘　要】随着经济地迅猛发展，人才逐渐成为国家竞争力的核心资源，教育也越来越多地受到国家、政府以及社会大众的关注，特别是高等教育的发展对于促进我国的经济发展、培养各行各业的人才、增强国家竞争力等方面具有举足轻重的作用。近几年，国家对于高校的发展做出了越来越大的投入，我国高校无论在规模数量上还是在办学条件上或者是科研设施上都有了很大程度的改善。

但是，高等教育的快速发展对教育投入的持续增长提出了较大的挑战，尽管我国对高校的教育资金的投入每年都在增加，却仍然满足不了高校发展的需求，国家财政在高校的支出比例相对比较低，高校的可持续发展会因此受到较大的影响。所以，如何在保持高等教育以国家投入为主体的同时大力拓展社会筹资渠道，吸引社会资金投资高等教育，保证其持续、稳定、高速的发展成为高校思索和研究的热点。随着人们对教育越来越多的重视，海内外一些团体和友好人士也愿意对高等院校提供越来越多的支持，为了规范这些社会资金的使用，我国也制定了相关的规定，我国的一些高校也相继成立了大学教育基金会，现在发展教育基金会已经成为各高校拓展筹资渠道、吸引社会捐赠的主要途径。

本文尝试通过结合国内外学者对高校教育基金会发展的研究，对国内某大学教育基金会财务管理的案例做出分析，探索教育基金会在高校发展过程中的作用，着重研究其财务管理体系、评价和监管体系以及管理体制等方面，找出其存在的问题及原因，从中提炼出值得高校基金会借鉴的方法和对策，为我国高校教育基金会的进一步发展做出贡献。

【关键词】高校　教育基金会　财务管理　发展

一、引言

教育基金会在高校中发挥的作用越来越大，高校的领导对于教育基金会的发展也越来越重视，高校教育基金会的研究对我国高校的可持续发展有重要的作用。随着高校社会筹资规模的日益扩大，其财务管理的要求也越来越高，下面将对研究的意义、方法和研究的主要内容做简要概述。

（一）研究背景及意义

1. 研究背景

高校教育基金会从最初建立到如今已历经十多年，成长较为迅速，社会影响也越来越大，筹资的效果越来越显著，在高校中发挥的作用也越来越重要。但是，与国外的一些历史悠久的著名大学的教育基金会相比，我国高校的教育基金会则略显稚嫩，还属于初级发展的阶段，在组织规模、管理体制、人员的专业程度以及基金的投资管理等方面都比较落后，与国外的高校有着不小的差距。因此笔者希望通过对我国高校教育基金会的财务管理体制等方面的研究能为高校教育基金会的发展提供借鉴，也能为高校的发展带来较为有利的影响。

2. 研究意义

高校教育经费由以政府投入为主导向多元化发展是未来发展的必然方向，而高校的教育基金会则是高校与市场结合的平台。从国外高校基金会的经验来看，教育经费多元化会导致高校收入结构的变化，即政府教育拨款比例下降而学校自筹经费比例上升。美国一向鼓励高校的社会捐赠，以斯坦福大学为例，它的捐赠收入每年为学校提供了三分之一的年度预算，是学校最主要的收入来源之一。国内高校教育经费主要是依靠国家拨款，随着教育发展所需的经费越来越多，各高校必须提高自筹经费的能力，因此教育基金会的发展以及其财务管理的质量会吸引越来越多的社会捐赠，并且通过基金会自己的资金的管理、运作和投资使得基金保值增值来增加学校的收入。国内高校如清华大学、浙江大学、上海交通大学等教育基金会都通过投资国债或者委托专业公司进行资产管理，通过资金运作使基金增值。

高校教育基金会还能够整合利用学校内外的各种资源来支持学校各项事业的发展。通过对基金会资金的有效管理、投资运作，使得多渠道筹集的团体或者个人的捐赠增值，根据学校的发展战略对这些筹集的资源进行合理地整合利用，落到学校的具体的发展步骤上，对学校的重点发展领域和潜力领域可以适当投入更多的资源，也可以更加公平有效地进行资源配置，进一步促进学校战略目标地实现。

（二）研究方法

文章通过结合国内外学者对高校教育基金会发展的研究，结合国内某大学教育基金会的案例材料来分析我国高校教育基金会的财务管理中存在的问题，并提出对应的解决对策，最后展望未来我国教育基金会发展过程中会遇到的机遇和挑战。文献分析法是贯穿本文始终的研究方法，本文研究涉及我国高校教育基金会的发展、国内外高校教育基金会的一些情况等都需要对之前的学者研究的历史文献进行深入探索和分析之后才能得到比较完善的结果。除了文献分析法，本文还使用了实证研究和比较分析法，收集了高校基金会的相关数据、年鉴统计数据，选取了具有代表性的个案，结合国内外其他高校基金会的发展情况进行对比分析，尽量确保数据能够准确，研究能够专业和深入。

二、高校教育基金会的理论基础及文献综述

从理论的角度论述高校教育基金会的概况，包括教育基金会的定义、宗旨、特征等，结合学者对高校教育基金会的研究资料全面准确地把握高校基金会的组织构架，为之后的分析打下基础。

（一）相关理论基础

1. 高校基金会的基本概念

国内外不同法律体系对基金会的理解不同，各行业所涉及的领域不同，对基金会的定义也不尽相同，具体定义见表1。

表 1 基金会定义汇总表

定义主体	含义
《基金会管理条例》	利用自然人、法人或者其他组织捐赠的财产，以从事公益事业为目的，按照本条例的规定成立的非营利性法人
美国基金会中心《基金会指南》	非政府的、非营利的、自有资金（通常来自单一的个人、家庭或公司）并自设董事会管理工作规划的组织，其创办的目的是支持或援助教育、社会、慈善、宗教或其他活动以服务与公共福利，主要途径是通过对其他非营利机构的赞助
学术定义	一种来源于捐赠的、独立而确定的资产，被用于特定的公益项目中

高校教育基金会属于基金会的一种，它是由高校设立发起的，以服务高校为目标，面向海内外非营利地筹款并进行管理的机构，主要为大学各项教育活动和开展教育自主筹集资金。

2. 与高校基金会相关的理论分析

与教育基金会相关的理论主要有委托代理理论、投资组合理论以及教育成本分担理论。

（1）委托代理理论

委托代理理论是 20 世纪 30 年代，美国经济学家伯利和米恩斯因为洞悉企业所有者兼具经营者的做法存在着极大的弊端，于是提出"委托代理理论"。当委托人为了自己的利益委托代理人行使某些决策权时，当事人双方的代理关系

就随之产生了。詹森和麦克林认为委托代理关系是一种契约关系，其中，能够主动设计契约的形式的当事人是委托人，被动接受或者拒绝接受契约形式的当事人是代理人。他们提出委托代理关系实质上就是利益上的契约关系，委托人希望能够通过契约的形式授权给代理人从事某种活动，并要求代理人为了实现委托人的利益而行使权利，同时，代理人也可以实现自身的利益。

委托代理关系并不只是存在于企业当中，在高校基金会中也同样适用。李洁(2010)研究了高校基金会中的委托代理关系，她将其分为四级代理关系：第一级委托代理关系是存在于捐赠者与高校之间的。捐赠者将其所拥有的资金委托给高校基金会进行代理。这种委托代理关系明确了捐赠资金的社会属性，具有用于高等教育的公共性质。由于捐赠者将资金捐赠完成之后，将资产的使用权让渡给了高校，虽然高校的资产属国家所有，但是国家政府不可能直接使用资金，所以会选择让高校使用。第二级委托代理关系是存在于高校与高校基金会之间的。高校在获得资金之后也不是直接对捐赠资金进行运作和使用，而是会将捐赠资金委托给高校的基金会，基金会获得了最终的使用权，也使高校捐赠资产的运作程序更加明朗化。第三级委托代理关系存在于高校基金会与基金投资管理公司之间的。这一级代理关系并不一定都存在。在这层委托代理关系中，高校基金会将资产委托给投资公司，投资公司作为代理人负责对捐赠资金的运作使用，确保高校的基金能够保值增值。这一层的委托代理使得资金的运作更加专业化和细致化。第四级委托代理关系存在于投资公司与投资经理人之间。这是投资公司内部形成的委托代理关系，使得捐赠资金的运作更加具体，责任归属更加明晰。

(2)投资组合理论

投资组合理论是1952年由美国经济学家马考维茨(Markowitz)首次提出的，主要研究"理性投资者"如何选择优化投资组合，包括均值—方差分析方法和投资组合有效边界模型。现代投资组合理论假定投资者是风险规避型的投资者，如果两个投资组合得到相同的预期回报，投资者会选择其中风险承担较小的那一个方案。只有在获得更高的预期回报时，投资者才会愿意承担更大的风险。理性的投资者会在几个拥有相同预期汇报的投资组合中选择风险最小的，或者当几个投资组合拥有相同的投资风险时选择预期回报最大的，这样的投资组合就是最大的投资组合。

市场风险一般分为个别风险和系统风险，个别风险是指某些因素对单个证券市价造成损失的可能性，比如企业经营管理原因造成企业经济效益下降等；系统风险是指对所有证券市价都会带来损失的可能性，比如自然灾害等不可抗力因素。投资组合理论认为通过证券投资的分散化以及不同的投资组合可以来降低个别风险。

（3）教育成本分担理论

教育成本分担理论研究的是高等教育经费由谁即如何支付的问题，即高教成本如何在政府、社会、企业团体、个人、家庭等社会各方之间的合理分担并最终实现的问题。20 世纪 70 年代，美国经济学家布鲁斯·约翰斯通（D. Bruce Johnstone）提出高等教育成本分担理论，他认为高等教育成本无论在什么社会、体制和国家中，都必须由来自政府、家长、学生、纳税人和高等学院几方面的资源分担，可以从未来预期收益中得到补偿。当今世界除了一些高福利国家（如瑞典）和特殊国家（如朝鲜）等其高等教育实行免费之外，绝大多数国家和地区的高等教育成本都是由国家和个人两者承担的，其中国家则承担了主要的部分。杨昌锐（2013）将教育成本分担分为"即付式"教育成本分担模式和"回报式"教育成本分担模式，"即付式"教育成本分担模式是指学生在开学时必须向学校交纳一定数额的学费，"回报式"教育成本分担模式就是指学生在接受教育时，不需要当即向学校交纳学费，而是在毕业后，个人和单位以教育收益税的方式回馈教育，用以补偿教育成本和反哺教育，起到承担相应教育责任和义务的作用。

（4）美国现代大学捐赠基金管理模型

张伟（2011）在对美国大学捐赠基金管理实践的研究当中发现在美国高校捐赠基金管理的实践中逐渐形成了一套完备、合理、明确的管理环节和者要素制度。这套管理模型共分为三个层次和八大管理要素。三个层次分别为学校董事局、基金管理委员会和投资负责人，由学校董事局负责的管理要素有谨慎选择投资人、发表投资政策的声明和投资组合的重整；由基金管理委员会负责的管理要素为制定支出政策和整合资源配置；涉及投资管理人的管理要素有风险管理、总投资回报以及投资管理的伦理尺度。

（二）与高校基金会财务管理相关的文献综述

国内外学者对基金会的财务管理的研究主要分为财务管理体制、资金运作机制以及具体的会计核算三方面的研究。

在财务管理体制分析方面，我国高校基金会财务管理模式分为三种：集权式管理模式、分权式管理模式和集权与分权相结合的管理模式（罗伟峰，2014）。集权式管理模式是指基金会所有的日常核算事项都归集到高校进行核算，由高校财务处及相关人员兼任基金会会计，基金会只核算相应的总的收入和支出，日常的开支核算在学校层面。分权式管理模式则是基金会所有日常的会计事项都在基金会内部核算，由基金会独立核算所有的收入和开支。集权与分权相结合的管理模式则是指事项按照重大程度分，比较重大的事项由学校层面核算，其他的由基金会内部自行核算。三种管理模式各有利弊,具体见表2。

表 2　高校基金会管理模式

模式	优点	缺点
集权式	高校可以安排一致的财务决策,统筹管理,管理成本和监督成本较低	兼职会计人员不属于基金会内部人员,归属感较低,动力不足
分权式	基金会设立独立的会计机构和工作人员,积极性较高,财务决策效率较高	管理成本高,难以统一指挥和协调,监督成本也高
集权与分权相结合	根据实际设置会计机构和会计人员,重大支出由学校核算,管理成本和监督成本较低,日常的核算由基金的会自己负责,效率也较高	权责归属模糊

　　王珏(2007)认为现行的管理模式不能满足捐赠者独立开设账户、分别计息、实时查询账户余额以及自动转存定期等要求,提出了银行现金管理系统在高校基金会账户管理中运用的构想。我国社会目前存在欠缺慈善文化和传统、政法环境的限制以及高校的主体地位不明确等原因,所以基金会的发展积极性不高,自己规模都较小,管理模式不能适应市场的需求(郭秀晶,2009)。因为环境制度等方面的原因,我国高校教育捐赠资金管理存在方式单一、管理能力不够、运行体制影响以及信息披露不充分等问题(刘子静,2012)。邢相勤、丁苗苗和刘锐(2011)比较了中美两国高校教育基金会在管理机制、资金募集机制以及评估反馈机制方面存在诸多不同,如果要完善我国高校基金会的机制建设,必须借鉴美国高校的成功经验,充分发挥基金会在募集和运作基金等方面的功能。

　　高校教育基金会的资金运作机制是基金会对资产进行有效的管理和资金的保值增值。在资金运作机制方面,国外的高校的投资运作机制更为成熟。Thaler, Richard H. 和 Williamson, J. Peter(1994)发现捐赠资金管理者大多具有无限宽阔的事业,管理者用很大一部分资金购买债券,因为根据传统捐赠基金的本金不能用于支出,只能用本金赚得的利润来解决基金的支出,与股票相比,债券更适合基金会的资金管理。而 Miladina Perter 等(2010)通过对耶鲁大学基金会的收益情况进行分析得出从传统的公开市场战略过渡到充分利用另类投资的战略,特别是购买私募股权、对冲基金的策略能为捐赠基金带来非常可观的收益。Dimmock(2012)将大学的非财政收入的波动大小定义为背景风险,研究发现有较高背景风险的高校对固定收入投入较大的资金,而对其他可替换的投资物的投入较少,而且资金更充足的大学往往持有风险更大的投资组合。

　　国务院出台的《基金会管理办法》规定:"基金会可以将资金存入金融机构收取利息,也可以购买债券、股票,但购买某个企业的股票额不得超过该企业股票总额的 20%"。由于我国的社会捐赠起步较晚，无论从社会捐赠的基金总量、年度增量还是投资运作管理效率方面，都与发达地区的高等教育基金会有一定的差距。一般来说，基金会资金运作管理模式可以分为三种，市场运作模式、混合型管理运作模式和行政管理运作模式(孙冬，2012)。市场运作模式是基金完全按照市场的规律运作，由专业人员进行管理，基金会工作人员的工资收入和福利根据基金会获得的捐赠和资金运作产生的收益的比例来确定，基金管理规范和高效。行政管理运作模式则是只设立专门的办公室负责基金会的筹资工作，而不负责基金的保值和增值。混合型管理运作模式则是由高校财务部门、基金会管理办公室和专业的投资公司对捐赠基金进行共同的管理。我国高校基金会的资金运作模式大部分采用的都是行政管理运作模式。刘子静(2013)通过比较中美量过高校捐赠资金的管理模式发现在基金投资管理理念上，国外大学基金增值运作非常普遍，对于市场运作也是采取比较开放的态度，美国许多高校结合自身实际情况采取多元化的投资策略。相比之下，我国高校则大多采取了保守的心态，一般不愿意冒风险去进行资产配置。为了提高自己的运作效率，增强基金的保值增值能力，高校基金会需要建立以需求为导向的筹资机制，设立远期巨额筹款目标(黄书孟等，2001)。屈萌(2015)将平衡计分卡的评估方法引入了高校教育基金会的资金运作管理工作的评估中，提高了资金运作管理的效率。

在具体的会计核算方面，2005 年《民间非营利组织会计制度》的颁布解决了基金会适用会计规范问题，为提高我国高校教育基金会的财务管理和会计水平，促进规范发展提供制度保障(黄秀蘅，2013)。与高校财务的《高等学校会计制度》不同，高校基金会应独立核算，严格区分基金会财务和学校财务的界限(徐剑、方柯青，2015)。高校基金会会计科目的设置必须按照《民间非营利组织会计制度》有关规定执行，同时要结合自身的业务发展需求，科目的设置具有较大的灵活性。科学设置会计科目，全面、准确地确认会计事项是高校基金会财务管理工作顺利进行的业务支持(罗伟峰，2014)。为了提高高校基金会的财务管理水平，基金会应该完善会计核算体系，建立自身的会计机构或配备专职的财务人员，建立适合自身发展的会计核算方法，清晰划分成本的核算范围，划清与高校财务的核算界限，将属于基金会的人员经费、设备费、日常办公经费等纳入成本核算范围，合理控制支出总额，真实反映成本信息。

三、我国高校教育基金会的发展

1994 年 1 月 25 日清华大学正式在民政部注册基金会，我国第一家高校基金会——清华大学基金会成立，自此高校基金会开始在我国逐渐发展壮大起来。国务院于 2004 年 2 月 11 日第 39 次常务会议通过了《基金会管理条例》，为基金会的规范管理提供了法律依据。根据中国社会组织网上的统计数据显示，截至2014年，在国家民政部和省级民政局正式注册的高校教育基金会已有233家，其中在民政部注册登记的基金会有17家。"985"高校全部成立了教育基金会，"211"高校87%也都成立了教育基金会。虽然高校基金会的数量仅占我国非公募基金会总量不到20%，但是其净资产总量已经占非公募基金会净资产总量的近50%，逐渐成为我国非公募基金会中最重要的一部分。

(一)我国高校基金会的基本情况

我国高校的教育基金会的组织结构按照组织结构类型可以分为直线职能制组织管理模式、项目组制组织结构模式和事业部制组织模式；按照运作管理模式可以分为市场运作型管理模式、发展委员会型管理模式、行政管理型管理模式、海外拓展型管理模式和行业依靠型管理模式；按照是否具有独立性可以分为独立型组织模式、合署型和隶属型组织模式。姜璐(2013)在研究我国高校教育基金会时按照基金会的运作管理模式不同将高校基金会分为市场运作型、行政管理型和发展委员会型。

孟东军、张美凤等学者(2003)结合我国高校的实际情况并结合典型高校案例，将我国大学的捐赠管理模式分为五种，分别是：

1. 市场运作型。以北大和清华教育基金会为典型，北大和清华教育基金会是我国最早成立也是发展得最完善的高校基金会，在高校系统内部设立独立的教育基金会，在其教育基金会下又设几个相应的部门，并有专门的人员从事教育捐赠的筹集和使用工作，这种模式较为先进。

2. 行政管理型。以浙江大学竺可桢教育基金会为典型，在高校系统内不单独设立独立的基金会，而是把基金会散布于各行政部门之中，管理基金会的成员也不是专门的，而是从高校和社会中的行政人员、企业家等中挑选。

3. 委员会型。以南京大学发展委员会为典型，其主要是以校董会的形式来运作的，在校董会之下设立办公室，办公室下再设国际部、国内部、校友部和综合办公室，校董会的成员由知名企业家、政治人员和科技人员等组成。

4. 海外拓展型。以上海交通大学教育发展基金会为典型，其基金会负责所有的基金管理，并在下设立相应的管理部门。

5. 行业依靠型。以中国矿业大学校董会、中国石油大学校友会基金管理办为典型，由于很多矿业企业是矿业大学的校友单位，利用这种得天独厚的关系，能够吸引较多行业内部的社会捐赠，加强校企合作，取得双赢。

我国高校基金会起步较晚，但是发展较快，为了促进高校教育基金会的发展，增强高校基金会募集资金的积极性，合理配置捐赠基金，《中华人民共和国公益事业捐赠法》第十七条第二款规定："公益性社会团体应当严格遵守国家的有关规定，按照合法、安全、有效的原则，积极实现捐赠财产的保值增值。"《基金会管理条例》也取消了以往对基金会开展投资和经营活动的诸多限制，基金会可自主进行投资。由于学校种类不同，基金会成立时间不同以及学校社会综合影响力等种种因素，我国各个高校基金会之间的规模落差较大。

（二）中外高校基金会的比较

高校基金会发源于英国，在美国得到了大力发展，与国外的高校相比，国内的高校基金会显得较为稚嫩，总体规模与国外高校教育捐赠基金几十亿甚至上百亿的规模差距还是相当显著的。首先国外的捐赠文化是影响高校捐赠取得显著成果的重要因素。在美国，高等教育的社会捐赠渗透到人们的日常生活中，无论是高校的校友、各类企业还是社会团体对高等院校的捐赠时有发生，无论是大企业家比尔·盖茨、福特、巴菲特还是其他任意一名对高等教育怀有感恩之心的普通民众，都会对高校进行捐赠，而且捐赠的形式也是多种多样，高等教育捐赠已经成为美国人处理其私有财产的方式之一。根据美国教育援助委员会的公布数据，截至2014年年底，美国高校机构捐赠以31.2%居捐赠方式的首位，各高校的校友捐赠以27.2%居次位，非校友的个人捐赠以16.5%占第三位。其次，除了捐赠文化的深刻影响之外，国外高等教育社会捐赠规模的持续增长还有赖于国家社会制度方面对高等教育的支持和高校对基金会的高效管理。美国除了有关于基金会的立法保护之外，还制定了一系列的税收优惠。美国高校的基金会不仅自身可以向政府申请免税资格，向高校捐赠基金的机构或者个人都可以在一定比率内向政府申请税收资格。

在组织结构方面，国外的高校教育基金会的组织形式主要是公司型的组织结构，都设有专门的基金会或管理公司来管理捐赠基金，以独立企业的形式运作，达到了市场化和专业化的程度；而国内的高校教育基金会主要是直线职能制组织结构，由学校管理者统一管理。在基金募集制度方面，国外的高校基金会形成了多层次募集目标相互协调补充，既有学校层面的目标和计划，也有学院层面的目标和计划，甚至对各种不同的募集对象也制定有不同的计划，而且目标和计划还划分了年度、季度和月度；国内高校的基金会名义上也设立了完善的募集制度，但是在执行过程中都是上级行政目标的层层传达，是单独的自上而下的管理模式。对于基金的募集形式国外高校主要通过面谈和访谈的形式，面谈需要募集人员具有很强的沟通能力和专业见解，访谈则主要是通过电话或者邮件的形式进行沟通；国内各高校基金会的募集主要是通过校庆等大型纪念活动为媒介来进行的，形式较为单一，即使由其他方式募集，因为缺乏专业的基金会管理经验而导致成功率低下。在基金募集的内容方面，国外高校的基金会可以捐赠现金、增值证券、不动产、有形资产、寿险、信托等捐赠，甚至可以有延后捐赠的性质——捐赠品的收益分为当前收益和未来收益，捐赠人只捐出其中一种收益而保留另一种收益；国内的高校基金会接受捐赠的形式则只限于设备或者现金，只是在不同的接受。在基金配置方式方面，国外高校对于捐赠资金的使用较为多元化，主要投资于国内股票、固定收入、国际股票、债券或者其他另类的投资等；在国内的高校基金会主要是存入银行获取利息，最多会选择保守的国债。具体的区别见表3。

表 3　中外高校基金会的区别

	国内高校教育基金会	国外高校教育基金会
组织结构	主要是直线职能制组织结构	公司型组织结构
基金募集制度	上级行政目标层层传达，单独的自上而下的管理模式	既有学校的募集目标，也有学院的募集目标；募集计划精确到月度
基金募集形式	通过大型纪念活动筹集	面谈、访谈
基金募集内容	设备和资金的直接捐赠	现金、增值证券、不动产、有形资产、延后、寿险和信托等捐赠
基金配置方式	保守的国债和定期存款	国内股票、固定收入、国际股票、另类投资、债券等

四、我国高校教育基金会财务管理的现状——以上海高校基金会为例

我国高校教育基金会的发展具有社会捐赠基金总规模差异较大，重劝募轻运作、管理人员专业化水平不足等特点。

（一）上海高校基金会的基本情况

根据基金会中心网统计的数据，以上海各高校教育基金会为例，见表4，上海市一共有23家注册了基金会，都是在上海市民政局注册，属于非公募基金会，排名第一的是上海交通大学教育发展基金会，净资产规模为8.1亿，排名第23位的上海电机学院教育发展基金会净资产为200万元，各高校在资产规模上差别巨大，23家高校教育基金会中有7家净资产规模达到亿元以上，其余的都在亿元以下。与全国高校教育基金会相比，全国排名第一的是清华大学教育基金会，净资产达到43.89亿元，上海交通大学教育基金会在全国排名第五，与发达国家的高校基金会的规模相比差距更是巨大。

表 4　上海高校教育基金会基本情况汇总

序号	基金会名称	类型	注册地	净资产（万元）	透明度（分）
1	上海交通大学教育发展基金会	非公募	上海	80921	53.92
2	上海复旦大学教育发展基金会	非公募	上海	30491	70
3	上海市华东师范大学教育发展基金会	非公募	上海	18088	65
4	上海同济大学教育发展基金会	非公募	上海	18002	53.62
5	复旦管理学奖励基金会	非公募	上海	11178	62
6	上海中欧国际工商学院教育发展基金会	非公募	上海	10583	58.05
7	上海视觉艺术学院教育发展基金会	非公募	上海	10087	51.2
8	上海财经大学教育发展基金会	非公募	上海	7575	63.2
9	上海东华大学教育发展基金会	非公募	上海	3064	77.6
10	上海师范大学教育发展基金会	非公募	上海	2176	65.6
11	上海理工大学教育发展基金会	非公募	上海	2125	64.99
12	上海华东理工大学教育发展基金会	非公募	上海	1668	74
13	上海外国语大学教育发展基金会	非公募	上海	1405	60
14	上海电力学院教育发展基金会	非公募	上海	1096	60
15	上海华东政法大学教育发展基金会	非公募	上海	831	48
16	上海应用技术学院教育发展基金会	非公募	上海	723	90
17	上海海事大学教育发展基金会	非公募	上海	675	64.4
18	上海海洋大学教育发展基金会	非公募	上海	659	48.8
19	上海大学教育发展基金会	非公募	上海	441	—
20	上海商学院教育发展基金会	非公募	上海	322	46.74
21	上海立信会计学院潘序伦教育发展基金会	非公募	上海	269	68.8
22	上海木兰教育基金会	非公募	上海	245	62.4
23	上海电机学院教育发展基金会	非公募	上海	200	—

　　除了表中所例高校外，上海市内其他高校均未设立教育基金会，但是大部分设有校友会或者对外联络处等部门来接受校友或者是其他的社会捐赠物资，不过数额相对都比较小，未形成一定的规模。与国内其他地区的高校相比，上

海高校基金会的发展也属于中上等水平，但是仍然比不上北京地区的高校。

表5　全国高校基金会规模前十汇总

基金会名称	净资产金额（万元）
清华大学教育基金会	438917
北京大学教育基金会	346753
浙江大学教育基金会	136623
南京大学教育发展基金会	86350
上海交通大学教育发展基金会	80921
北京航空航天大学教育基金会	49519
北京市中国人民大学教育基金会	47763
东南大学教育基金会	46678
北京师范大学教育基金会	43072
上海复旦大学教育发展基金会	30491

（二）上海高校基金会的财务管理现状

基金会中心网统计的财务数据显示上海高校的基金会出现教育基金财务发展不均衡、财务自主权模糊、缺乏资金运作机制、成本核算体系不健全、财务信息披露不完整、会计人员专业化程度不足等现象。

1. 教育基金发展不均衡

上海市各高校教育基金会的发展差距较大，以上海高校中的5所"985"高校的数据为例，即以复旦大学、上海交通大学、同济大学、华东师范大学和华东理工大学为例，首先从注册时间来看复旦大学是最早注册教育发展基金会的，成立于2004年，接下来依次是交通大学、同济大学和华东师范大学，华东理工大学最晚，到2011年才成立，所以不同的高校因为其发展对基金会的要求程度不同。由注册资本来看这5所高校都属于"985"高校，教育发展基金会的原始资金都在百万元以上，上海交通大学教育发展基金会的注册资本更是达到一千万元。每个高校教育基金会的管理模式都不同，所以管理人员性质也不一样，如复旦大学教育发展基金会和华东理工大学教育发展基金会是独立的核算机构，管理人员和专职人员都是全职的，而上海交通大学、同济大学和华东师范大学的教育基金会没有独立核算或者其财务人员是由学校财务处派遣的，其管理者也不属于全职管理基金会的员工，具体数据见表6。

表 6   上海"985"高校教育基金会基本情况汇总

基金会名称	上海复旦大学教育发展基金会	上海交通大学教育发展基金会	上海同济大学教育发展基金会	上海市华东师范大学教育发展基金会	上海华东理工大学教育发展基金会
类型	非公募	非公募	非公募	非公募	非公募
成立时间	2004/6/1	2005/1/27	2006/3/26	2007/12/28	2011/10/8
原始资金	400 万元	1000 万元	400 万元	500 万元	200 万元
全职员工数量	8 人	0 人	0 人	0 人	3 人
评估等级	AAAAA	AAAAA	AAA	AAAA	—
关注领域	教育、科学研究、医疗救助	国际事务、教育	教育、科学研究	教育、科学研究	教育

仍以上述 5 所高校为例，2014 年的统计数据显示上海交通大学教育基金会的净资产金额达到 8.09 亿元，在上海所有高校基金会中资产规模最为庞大，净资产全国排第 15 名，全国高校基金会净资产排第 5 名，其次是复旦大学，这 5 所高校中，华东理工大学教育基金会因为成立时间比较晚，所以资产较为薄弱。每年捐赠收入和公益支出的情况与净资产排名大致相同，详情见表 7。虽然同属于"985"高校，但是因为复旦大学和上海交通大学属于首批国家重点高校，在国内外具有相对比较大的知名度和影响力，也拥有着较为丰富的校友资源，所以能够吸引较多的社会捐赠，而其他高校的教学、科研、校友资源以及国家支持都相对较弱，缺乏先天的优势，吸引捐赠的能力也不强，所以资金规模增长较为缓慢。

表 7   上海"985"高校教育基金会资产及捐赠情况对比

基金会名称	上海复旦大学教育发展基金会	上海交通大学教育发展基金会	上海同济大学教育发展基金会	上海市华东师范大学教育发展基金会	上海华东理工大学教育发展基金会
净资产(万元)	30491	80921	18002	18088	1668
捐赠收入(万元)	8165	15721	8034	4914	641
公益支出(万元)	4719	8030	4418	1225	287
净资产全国排名	45	15	92	90	869
捐赠收入全国排名	59	31	61	111	662
公益支出全国排名	95	57	101	366	1029

2. 财务自主权模糊，责任划分不清晰

上海高校基金会多以行政管理型为主，很多都是学校的校领导兼任基金会的理事长，财务处人员兼任基金会的财务负责人，如华东师范大学教育发展基金会的理事长是由华东师范大学党委书记兼任，基金会的财务管理人员也是由财务处人员兼任的，全国的高校基金会大多都是这样的管理模式。因为管理人员的职权交叉，直接制约了基金会的独立运作。而且因为高校基金会起步较晚，规模普遍较小，社会影响力也不够，财务管理的经验不足，基金会的财务人员大多由学校财务处人员兼任，那么就存在财务审批权限划分不清晰，责任归属不明确，资金运作不够规范等一系列问题。

3. 缺乏资金运作机制

根据数据来看，上海高校的基金会只注重对资金的筹措，对捐赠资金基本未进行投资运作，通常就是将捐赠资金存入银行，收取银行利息，未充分利用资本增值的特点。而且由于捐赠收入中限定用途的资金占主要部分，资金沉淀地较少，所以可操作资金规模不大的情况下聘请专业理财人员的成本比较高。因为高校财务管理人员倾向于比较保守的理财工具，对股票等风险领域的投资较少涉及，目前资本市场上可以选择的投资工具还比较少，平衡风险和收益的选择面较小，所以投资增值具有较大的困难。选取上海高校资产规模排名前5的5个高校2014年的投资收入数据来看其基金保值增值的情况，见表8。由图1和图2也可以看出，这5所高校中上海交通大学教育发展基金会的捐赠基金配置效率最高，其投资收入达到总收入的24.97%，而同济大学教育发展基金会则未对捐赠资产进行任何投资。

表8　上海资产规模前五高校基金会 2014 年收入情况汇总

	总收入(万元)	投资收入(万元)	投资收入所占比例
上海复旦大学教育发展基金会	8844	231	2.37%
上海交通大学教育发展基金会	21048	5255	24.97%
上海同济大学教育发展基金会	8034	0	0
上海市华东师范大学教育发展基金会	5307	170	3.2%
上海视觉艺术学院教育发展基金会	3325	576	17.32%

(万元)

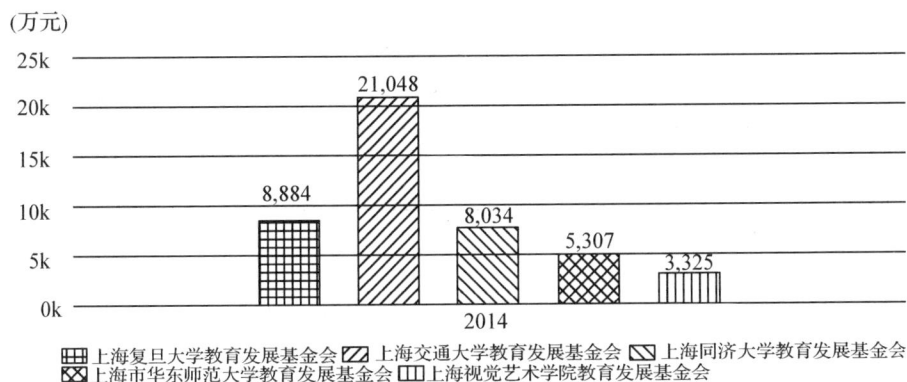

图 1　上海资产规模前五高校基金会 2014 年总收入对比图

(万元)

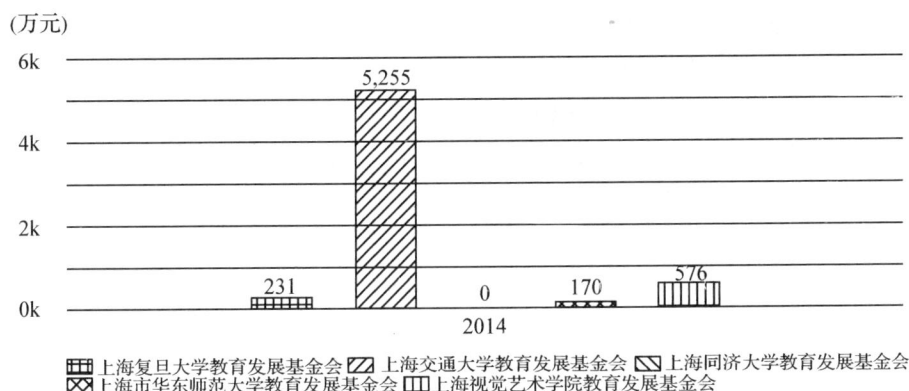

图 2　上海资产规模前五高校基金会 2014 年投资收入对比图

　　另外目前我国大部分高校基金会只注重资金的募集和筹措，对资金的投资运作不够重视，往往只选择谨慎的投资甚至没有真正意义上的投资运作，对于基金的利用仅仅之限于把捐赠资金存入银行收取利息，并没有充分利用资本增值的特点来对资金进行投资运作。如华东师范大学教育发展基金会在 2012、2013 年的时候只是将基金存入银行，收取利息作为投资收入，在 2014 年将一部分捐赠基金用于购买基金获得了 170 万元的收益，与前两年相比，购买基金获得的收益要高很多，见图 3。

(万元)

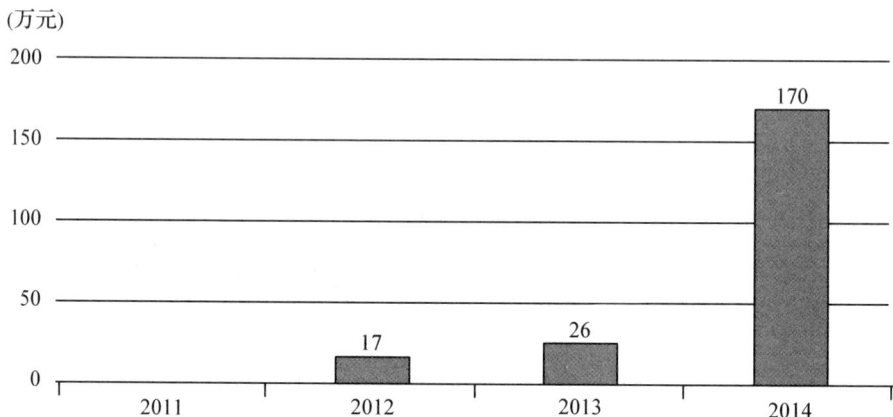

图 3　上海市华东师范大学教育发展基金会 2011—2014 年投资收入对比图

4. 成本核算体系不健全

根据《民间非营利组织会计制度》的颁布，明确规定了会计制度的适用范围，统一了基金会等民间非营利组织会计核算标准。制度规定基金会作为独立的会计核算主体应该建立完善的成本核算体系。由于目前大多数高校对教育基金会的发展缺乏重视，所以高校基金会的管理大多都是依托于高校的其他行政管理部门，其办公场所、办公设备和其依附的管理部门没有明确的区分，其管理与办公的人员也大多是其他部门的兼职人员，所以发生的固定资产购置及折旧的费用、水电等日常的办公经费以及管理人员的工资及劳务费等都没有真正核算到基金会的账务系统中，所以会造成基金会成本核算不完整从而使得会计信息失真。如华东师范大学教育发展基金会其管理人员、财务人员以及业务人员的工资及其他劳务费都是从学校层面进行核算，并不是从基金会的管理费中核算；另外因为基金会和对外联络处在共同的场所办公，办公设备等都是公用的，所以日常的办公经费也没有做明确区分等。

5. 财务信息披露不完整

根据基金会中心网公布的关于上海各高校基金会信息披露透明度的数据（见表 4），上海应用技术学院教育发展基金会的信息披露程度最高，可以达到 90分，上海东华大学、华东理工大学以及复旦大学信息披露的程度达到 70 分以上，其他高校的信息披露程度相对都较低，都在 70 分以下，其中上海大学教育发展基金会和上海电机学院教育发展基金会几乎没有信息披露。

与国外高校基金会的信息披露相比，哈佛大学基金会每年会定时公布报告，哈佛大学基金会 2014 年的财务报告长达五十多页，包括整体的财务状况、各项基金的资金来源和支出明细，内容完整清晰，而且捐赠基金也有定期的投资收益的情况报告。财务报告由四大会计师事务所之一的普华永道会计师事务所审计，审计报告中含有资产负债表、净资产变动表、净资产捐赠部分的变动情况以及现金流量表等内容。而国内高校的基金会的信息披露则很不充分，国内高校基金会的网站上只有捐赠者的名字和金额，却没有款项的去向，有些高校甚至连基金会的网站都没有建立。如华东师范大学教育发展基金会的网站上每月会及时公布捐赠者的姓名和捐赠金额，却没有这笔资金的用途和使用进度情况；每年会公布财务报告和审计报告，但是与国外高校的审计报告相比，详细程度还相差很大；网站上也会公布开展募捐、接受捐赠以及提供资助等活动的情况，但是不够及时等。

6. 会计人员专业化程度不足

随着高校基金会的作用越来越明显，学校对基金会的重视程度越来越高，高校基金会规模也越来越大，如华东师范大学教育发展基金会的净资产规模从2010年的8211万元到2014年已经达到18088万元，翻了不止一番（见图4），基金会职能也越来越多，工作综合性也越来越强，所以对工作人员素质的要求逐渐提高。基金会的财务管理包括筹资管理、项目立项、投资运作等，筹资管理的工作需要工作人员有营销经验、富有社会活动能力、较强的工作能力，项目的立项则需要工作人员熟悉项目、富有工作热情，基金的投资运作则要求工作人员精通投资理财和风险控制等方面的专业知识，所以要求较高。而我国高校基金会的管理人员普遍在5人以下，大多数还是兼职性质，所以基金会从业人员数量以及专业化程度都普遍不足，再者由于缺乏有效的激励机制，工作人员的创造力及主动性也不足。

（万元）

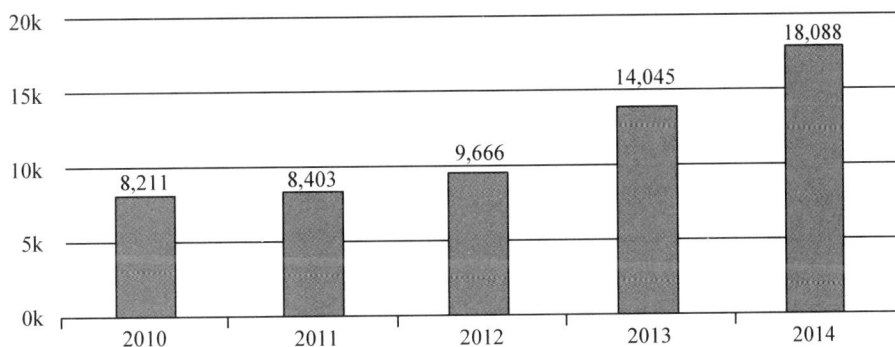

图4 上海市华东师范大学教育发展基金会2010—2014年净资产对比图

与国外高校基金会相比，在哈佛管理公司前 CEO 杰克·米亚的领导下，哈佛捐赠基金越来越依赖外部专业人才，尤其是基金经理人。1997 年年底，只有 15％哈佛捐赠基金分派给外部的基金经理人，而在米亚离职时，这个比例达到约 50％。但是在国内，由于缺乏专业的基金投资管理人才，极大地束缚了基金会的发展，因为人才是组织发展的关键因素。

根据中国基金会中心网 2014 年的调查，在我国高校基金会中，28％没有全职工作人员，17％人有一名全职员工，另外，拥有最多全职员工的是北京大学教育基金会 24 人和浙江大学教育基金会 21 人。根据《基金会管理条例》的规定，基金会工作人员工资福利和行政办公支出不得超过当年总支出的 10％。举例说明，若以非公募基金会成立原始资金的最低标准 200 万元计算，当年的公益支出起码要多于 16 万元，而用于员工工资和行政支出不得多于 1.6 万元。而一般来讲，维持一个基金会的运作至少需要 2—3 人，1.6 万元甚至不够符合最低生活保障。待遇低制约了高级人才的加入，这也直接制约了高校捐赠基金会组织的管理专业化、运作透明化和项目执行高效化的发展之路。

五、我国高校教育基金会财务管理发展的机遇与挑战

虽然我国高校基金会的发展因为起步较晚、法律制度不完善、文化环境等因素存在着较多的问题，但是仍然有一些有利的条件利于其发展，与国外高校基金会的财务管理的发展相比我国的高校基金会既有发展机遇也面临着更多的挑战。

（一）我国高校教育基金会财务管理发展的机遇

1. 我国的经济在加速发展，专业人才储备增加

经过三十多年的高速发展，我国已成为世界第二大经济体，当前我国仍处于大有可为的重要战略的机遇期，经济发展水平在很大程度上会影响捐赠行为，无论对个人还是对企业，捐赠都是在经济状况达到许可条件下的一种慈善行为，而且经济的快速发展使得社会越来越多地重视教育，特别是高等教育，所以不管是政府、个人、企业还是其他社会团体都会越来越多地愿意对高等教育的发展出一份力。

另外，随着经济的不断发展以及对知识和教育的不断重视，受到高等教育的人才越来越多，所以专业人才也越来越多，基于高校基金会的发展要求，业务、管理、财务方面的人才都不可或缺，所以储备专业的人才，建立专业化的管理团队在以后会变得越来越容易。

2. 国内外高校教育基金会在财务管理上可以提供一定借鉴

美国作为世界上高校教育基金会最为发达家，其代表的西方国家高校教育

基金会已经发展了两三百年的历史，积累了丰富的经验。美国基金会财务管理的成功是各种因素综合作用的成果。美国具有高等教育捐赠的悠久历史和高速发展的经济水平，美国成熟的法律制度为教育基金会的发展做了很好的保护工作，而且美国政府的一系列优惠税收政策也大大激励了社会群众投身于高等教育事业的行列中。在财务管理方面美国高校极其重视捐赠资金的筹集，采用多样化的筹资策略和灵活的筹资方式；也建立了高校的组织运行机构、配备了专业化的工作人员，再加上专业的投资理财运作，让美国的教育基金会的发展成为其他国家学习的典范。

我国高校的教育基金会也经过了近20年的发展，清华、北大、上海交通大学等高校的基金会已经颇具规模，也形成了先进的发展理念和资金募集以及管理的技术。除了对美国各高校基金会的借鉴，其他高校的基金会可以通过每年一次的中国教育基金工作研讨会和其他高校基金会之间互通有无，交流经验，成立较晚、发展较慢的基金会就可以充分吸取国内外的其他成功的基金会的发展经验，取得长久迅速的进步。

(二)我国高校教育基金会财务管理发展的挑战

1. 建立高校基金会的财务管理体制

国外高校的基金会都有自己成熟的管理体制，包括业务管理、项目管理和财务管理等，国内较为成熟的清华大学和浙江大学等高校也有着自己的财务管理制度，其他都未有明确成文的体制规则，所以各高校基金会为了提高自身的财务管理效率，必须先要制定适合其发展的财务管理准则。建立高校基金会的财务管理体制主要包括确定其财务管理模式、制定相应的高校基金会的财务管理与监督制度等内容，重点在于确定高校和高校基金会之间的重大财务决策与权限的划分。

首先高校应该结合自身的财务状况与基金会的发展需求，权衡各类财务管理模式的利弊从而选择合适基金会自身发展的财务管理模式，目前很多高校基金会的管理模式都以行政管理为主，工作人员也是兼岗居多，人员配置水平较低，既不利于管理效率的提高，也不利于基金会的持续发展；其次，在确立了明确的管理模式基础上进行充分调研，抓紧制定基金会的财务管理制度，如基金会项目管理制度、财务管理制度以及审核报销流程等规章制度；最后随着高校募集的各类捐赠款项的逐渐增多，高校应该注重于加强基金会的会计监督和指导。合法规范的财务管理体制是基金会财务健康发展的保障。

2. 明确会计核算方式，注意特殊会计事项处理

在会计核算方面首先应确定高校基金会需要独立核算，建立自身的会计机

构或配备专职的财务人员对基金会的资金活动进行核算，严格区分高校财务和基金会财务的界限，清晰划分成本核算的范围，避免学校的成本在基金会中开支，真实反映基金会自身的成本信息；其次应合理设置会计科目，高校基金会的一级科目必须按照《民间非营利组织会计制度》的规定进行设置，但是高校基金会可结合自身的业务需求设置二级科目来进行会计核算，所以二级科目的设置具有很大的灵活性，但是并不随意，应该在会计报销制度中制定科目设置的规则；再者应该按照会计科目核算的范围和要求进行日常的会计核算，基金会以"权责发生制"作为核算基础，收入应当区分为非限定性收入和限定性收入，捐赠收入分用途和项目对收入进行明细核算，支出应该区分项目单独核算。对于特殊的会计事项，会计核算人员必须根据会计制度的规定，结合高校基金会业务的特点进行会计处理，必须保证会计报表和会计信息的准确性和及时性。由于高校基金会规模的限制，目前高校基金会的日常核算中有一些业务功能还无法实现，如华东师范大学教育发展基金会无法实现向国外账户汇款、酬金发放中个人所得税的部分还需通过学校财务进行处理等，都需要对核算体系进行完善。

3. 增加筹资方式，拓宽筹资渠道

基于国内外高校教育基金会的比较，我国高校基金会接受捐赠的形式较为单一，目前只接受现金及固定资产的捐赠，对于其他形式的捐赠几乎没有涉及，也没有相应的核算制度规范其会计处理，所以我国各高校基金会应该借鉴国外高校的经验，提供多种捐赠方式，接受多种形式的捐赠，并对各种不同形式的捐赠提出相应的规范的收入和支出核算的准则。

在我国筹资渠道主要集中在校友和企业捐赠，所以高校基金会需要建立与校友会的伙伴关系，充分利用校友资源。如华东师范大学教育发展基金会与校友会的工作紧密相连，校友会为基金会开展工作提供基础，基金会负责筹资运作，校友会负责与校友联络并促进合作，校友会与基金会的伙伴关系得到充分的挖掘与利用。除了充分利用校友资源之外，还需提供多渠道的捐款平台，方便社会人士及团体进行捐款。除了现金捐款之外，现在银行电子业务发展迅猛，各高校基金会都可以在网上开通捐款平台，除此之外，2015年5月华东师范大学教育发展基金会还开通了支付宝捐款平台，比网银捐款更方便和快捷。

4. 加强资金运作管理，实现基金保值增值

高校基金会要改变观念，切实发挥基金会的投资功能，成立专门的投资机构、组建专业化的投资理财团队或者委托专业的基金管理公司对资产进行管理。国外高校的基金会都有很先进的资金管理理念，配备专业的投资队伍，如哈佛大学就有150多名专职人员从事社会捐赠的管理工作。我国高校教育基金会也

应该参照国外的管理模式配备经济、管理、法律等方面的专业人才，加强对基金投资有关法规的了解和运作方案的风险监督，在使得基金保值增值的同时确保其安全性。

我国高校的基金会应该形成"募集—投资—增值—再投资"的良性循环发展方式。与国外健全的法律制度相比，我国相关法律法规不健全，金融市场发展不完善，无法像国外大学一样进行过多的高风险高收益的投资，比较保险的做法是以安全性为主，以收益性为辅，进行价值投资和长期投资。高校基金会可将暂时不用的资金盘活，进行适量的风险性较低的国债、企业债券等投资，而且依据资金的投资情况，进行长期和短期的投资组合，降低投资风险。

5. 加强资金收入支出的管理，提高财务信息透明度

高校基金会对募集到的资金应该加强管理，严格按照项目用途或捐款人的意愿使用，严格防止挪作他用或者是收而不用。高校基金会资金运营的目的不是为了获得利润，也不会进行净收入的分配，在正常情况下必须按照资金捐赠者的要求来运作、管理和处置资产。基于这些财务的特性，高校基金会的财务管理必须透明和规范。高校基金会应该讲资金使用情况定期在网站上进行公布，接受各方的监督和管理，使得资金捐赠者能随时了解自己捐赠资金的使用和结余情况，也能使得社会各方对基金会的管理有一个清晰的了解，定时对外披露财务报告和相关的财务信息，接受会计师事务所的审计和财税部门的监督，有利于提高社会对基金会的信任度，争取社会的认可和更多的支持。

目前我国高校财务信息的披露程度还远远不够，大多高校都只披露了捐赠者的名单，捐赠金额和使用情况都没有，如华东师范大学教育发展基金会从2012年开始在网站上披露捐赠者的名单、财务报告和年检报告，直到现在还只限于到捐赠金额的披露。不过2015年10月开始测试项目管理的新系统上线，新的管理系统会每月及时更新项目的管理状态，其使用情况和余额都能很方便地查询到，但是还暂时不能和财务报销的系统相结合。所以为了保证基金会财务运作的公开、公正、透明，高校基金会必须加强各项目财务信息的披露。

综上所述，随着全国越来越多的高校成立高校基金会，而且高校基金会的规模越来越庞大，在基金会财务管理过程中会面临各种具体和现实的会计问题。高校基金会应结合自身的发展需求，选择合适的财务管理模式，制定相应的财务管理制度，加强会计监督和指导。另外高校基金会还学要根据《民间非营利组织会计制度》的规定，正确设置会计科目，全面提高基金会会计核算能力，加强资金运作，保证资金的保值增值，同时提高基金会财务信息的透明度，提高财务管理的效率，为高校基金会的可持续发展奠定良好的财务基础。

【参考文献】

[1] 杨昌锐. 教育成本分担模式的理论与实证研究[D]. 中国地质大学(北京), 2013.

[2] 孟冬军, 张美凤, 顾玉林. 我国高校社会捐赠管理比较研究[J]. 高等工程教育研究, 2003(2).

[3] 燕凌, 佟婧, 洪成文. 美国一流大学捐赠基金管理的特征[N]. 中国科学报, 2012-12-26.

[4] 黄书孟, 张美凤, 俞锋华. 高校基金会的研究和探索[J]. 中国高教研究, 2001(10).

[5] 罗伟峰. 高校筹建基金会的相关会计问题研究——以 G 高校基金会为例[J]. 会计之友, 2014(9).

[6] 杨晴琦. 关于高校基金会未来发展的几点建议: 以上海外国语大学为例[J]. 科教文汇(上旬刊), 2012(1).

[7] 刘玲娴, 田高良. 高校基金会发展问题研究: 以陕西高校为例[J]. 会计之友, 2012(1).

[8] 于红. 高校基金会投资现状、问题及对策[J]. 煤炭高等教育, 2012(1).

[9] 民政部. 基金会管理条例[S]. 国务院令第 400 号.

[10] 范文亮, 孟东军. 高校教育基金会会计核算探析——从民间非营利组织会计制度谈起[J]. 教育财会研究, 2005(3).

[11] 伍尚海. 高校教育基金会的发展探析[J]. 高教论坛, 2010(8).

[12] 郭秀晶. 我国高校教育基金会的现状分析与发展路径选择[J]. 天津大学学报(社会科学版), 2009(5).

[13] 黄秀蘅. 高校基金会财务管理探析[J]. 全国商情·理论研究, 2013(16).

[14] 大学基金会的治理结构和运作模式研究[R]. 清华大学公共管理学院 NGO 研究所, 2009.

[15] 张云. 美国加州大学系统捐赠基金运作实践及启示[J]. 比较教育研究, 2004(6).

[16] 孟东军, 范文亮, 孙旭东. 我国高校基金会管理组织机构模式研究[J]. 高等农业教育, 2006(12).

[17] 赵骅. 重庆大学在全国高校基金会第十一次研讨会上的演讲[Z]. 2010.

[18] 毕斐, 徐劲松, 孙雪亮. 高校可行性投资方案研究[C]. 中国高等教育学会教育基金研究分会第十二次年会论文集.

[19] 汪阳, 梁明, 李栋梁, 曹鸿, 陈镐. 高等学校教育基金发展方向研究[J]. 技术与创新管理, 2013(5).

[20] 刘玲娴. 田高良高校基金会发展问题研究——以陕西高校为例[J]. 会计之友, 2012(1).

[21] 王劲颖. 美国基金会发展现状及管理制度的考察与借鉴[J]. 中国行政管理, 2011(3).

[22] 王珏. 高校基金会的投资策略[J]. 中山大学学报论丛, 2007(1).

[23] 胡娟, 张伟. 哈佛大学资金来源、筹资模式及其启示[J]. 高等教育研究, 2008(5).

内部控制与风险防范

高校小金库的成因及长效治理机制研究

天津师范大学　安丰梅

【摘　要】随着高等教育的快速发展，我国不少高校存在私设"小金库"现象。它破坏了高校正常的经济秩序，不仅导致会计信息失真，使国家财税收入流失，而且败坏校风、学风和社会风气，更是诱发和滋生腐败的根源。本文通过对高校"小金库"的资金来源及成因进行研究分析，积极探索建立"小金库"治理的长效机制。

【关键词】小金库　成因　治理

近年来，我国高等教育事业快速发展，高校在教学、科研方面都取得了令人瞩目的成就。与此同时，在财政、审计等部门对行政事业单位的检查中，发现高校财务管理较为薄弱，不少高校还存在"小金库"等严重问题。"小金库"屡禁不止，而且数额呈逐年上升趋势。它严重破坏了高校正常的经济秩序，不仅导致会计信息失真，使国家财税收入流失，而且败坏校风、学风和社会风气，更是诱发和滋生腐败的根源。因此，探索高校小金库的成因及长效治理机制，对高校教育事业的健康有序发展具有重要意义。

一、"小金库"的含义及来源

(一)"小金库"的含义

根据 1995 年国务院办公厅批转财政部、审计署、中国人民银行《关于清理检查"小金库"意见的通知》，所谓小金库，就是指违反国家财经法规及其他有关规定，侵占、截留国家和单位收入，未列入本单位财务会计部门账内或未纳入预算管理，私存私放的各项资金。

2009 年，中央在全国范围内的"小金库"专项治理工作中，总结了以往治理"小金库"的经验，充分吸取现行法律、法规的内容，并广泛征求各方面的意见，对"小金库"的定义进行了进一步界定，即违反法律法规及其他有关规定，应列入未列入符合规定的单位账簿的各项资金(含有价证券)及其形成的资产。

（二）"小金库"的来源

"小金库"的来源很多，归纳起来，主要包括以下几类：

1. 违规收费设立"小金库"。收款单位以各种借口不开发票，或者利用非正规票据，甚至私刻印章，将违规收取的办学管理费、版面费等款项不入账，将这部分收入另行存入形成"小金库"；

2. 用各项服务收入、租金、资产处置收入等设立"小金库"；

3. 以劳务费、工程费、培训费和会议费等名义套取资金设立"小金库"；

4. 发工资时虚报人数和工资额度，用差额部分设立"小金库"；

5. 收取商业行为的各种回扣设立"小金库"；

6. 其他来源。

二、高校"小金库"的成因

（一）高校办学环境复杂

20 世纪 80 年代初期以来，随着高等教育管理体制的改革，高校经费分配模式发生了很大变化，教育经费层层下拨到各个单位，单位既不需要向教职工和学生公布资金的整体来源情况，也不需要公布资金的使用情况。在每年的述职报告中，只是简要说明创收所得，而无须把本单位的收支情况进行详细说明，这样的管理制度纵容了腐败，实际上是让高校各单位的负责人为所欲为。

高校收入渠道呈多元化趋势，除了依靠国家财政拨款，高校也开始出现了国家收费许可范围以外的创收项目，如学院开办各类辅导班和培训班，利用学校的仪器和设备对外提供服务等，都要收取费用；有的院系为了搞"创收"，还向学生收取图书资料押金、家具押金等，甚至为学生代买生活用品和学习用品牟利。各单位的"创收"资金，由本单位自行管理和支配，缺乏实时制约和监督，几乎处于失控状态。这些问题的出现，在某种程度上导致高校中"小金库"的普遍存在。

（二）对"小金库"的严重性认识不到位

由于高校实行的是教授、学者治校，多数高校领导兼具领导和教师的双重身份，他们是本学科研究领域的专家，却对法律知识知之甚少，也没有接受系统的财务管理知识培训，一些单位主要领导认为"小金库"的存在符合中国国情，把"小金库"当成"小事"看待，甚至片面地认为"小金库"不是违法违纪行为，只要个人不贪污，即使查出来也不需要承担法律责任。结果是放松了对自己的要求，助长了享乐主义和极端个人主义，使"小金库"成为孕育贪污腐败的温床。

(三)个人或小集团利益驱使

虽然高校实行了"统一领导、集中管理"的财务管理体制。高校"小金库"问题仍然屡有发生,一个重要的因素是利益的驱动。一般情况下,高校所有的经费都要纳入学校财务统一核算,经费使用范围、支出标准受到严格的限制,所属单位不能违反财经制度灵活行事。所属单位利用现有的资源搞创收,可以拥有一部分"自有资金",这样设立的"小金库"不用审批,支配方便,避免了财务手续上的一些麻烦。既能够应付对外联系办学和交流,又可以应付请客送礼、吃喝玩乐等各种公款消费,还可以为自己"高升"奠定群众基础和物质基础等。此外,能够为本单位教职工发奖金、搞福利,毫无疑问受到教职工的欢迎。

在高校办学经费日益紧张的形势下,"小金库"资金挤占正常的办学经费,削弱高校的整体财力。实质上,不管什么样的"小金库",都是利用分配和管理上的特权,为小团体或个人牟取私利,逃避财务监督和群众监督,从事各种名目的假公济私活动。

(四)会计监督职能弱化

随着高校的快速发展,经济联系越来越密切,往来业务越来越复杂,"小金库"不仅普遍存在,而且形式多样,手段越来越具有隐蔽性,监督部门很难从账面上发现问题,加大了监督的难度。

内部审计是高校"小金库"清查的重要力量,其职能没有得到充分发挥。内部审计人员均为高校工作人员,欠缺一定的独立性,其监督行为受到高校领导人的制约。长期以来,内审人员数量不足,无法应付繁杂的工作量;审计水平不高,面对"小金库"出现的新变化和新特点,往往无计可施,综合业务能力有待提高;审计技术相对落后,重专项审计和突出检查,轻全面监督;重事后稽查轻事前防范、事中控制,不能适应新形势下对内部监督的要求。

(五)法律不完善,处罚乏力

现行法律法规中对"小金库"的处罚力度不够,客观上助长了"小金库"现象的滋生和蔓延。现行的《会计法》《财政违法行为处罚处分条例》《刑法》等法规中,至今没有明确规范"小金库"的外延,同时,对"小金库"的处分规定比较原则,致使对设立"小金库"和使用"小金库"款项违纪行为如何适用党纪处分规定往往执纪不统一,在一定程度上影响了对"小金库"问题的有效治理。

各高校对于查出的"小金库"问题,通常都是给予相关单位进行罚款、没收违法所得等处理,很少追究或不追究相应的办事人员与领导的责任,单纯因为"小金库"问题而受到惩处的责任人更是寥寥无几,这使得一些单位领导往往存在侥幸心理,对私设"小金库"有恃无恐。

三、建立与完善防治高校"小金库"的长效机制

"小金库"产生原因的复杂性、存在形式的隐蔽性及对教育事业的危害性，决定了高校应结合本单位的实际情况，从加强教育、完善制度、强化监管等方面多管齐下、标本兼治，采取切实可行的有效措施，预防和治理"小金库"。

(一)加大对相关人员的宣传教育力度

1. 培养自觉抵制"小金库"的意识

高校要教育和引导各级领导干部树立正确的世界观、人生观、利益观，树立全局意识、大局意识，正确处理集体利益和个人利益、长远利益和眼前利益的关系，增强遵纪守法意识和廉洁奉公意识，自觉抵制拜金主义、享乐主义和极端个人主义的腐蚀。特别是抓好财务管理人员的教育，引导他们学习财会知识、财经法规和财务制度，增强职业道德修养，树立廉洁守法意识和风险防范意识，敢于坚持原则，自觉预防和坚决抵制"小金库"。

2. 强化典型案例教育

高校要结合典型案例，经常在全校范围内开展警示教育，使广大教职员工充分认识到"小金库"的危害性和严重性，严格遵守财经纪律，确保高校有一个良好的经济环境和经济秩序。

(二)建立经济责任制

高校要建立各级经济责任制，通过制定一系列的配套措施，层层落实责任，从而增强学校管理的科学化、民主化、法治化水平。党政一把手作为第一责任人，负有直接领导责任，各相关责任人必须签订责任书，严格执行"收支两条线"的规定。对违反规定，继续私设"小金库"的领导干部，要严肃查处，绝不姑息，追究经济责任甚至法律责任。

(三)建立和完善高校财经制度

1. 推进高校财经制度改革

在某种程度上来说，"小金库"屡禁不止，也与高校收入分配制度不合理相关。要调整好各个层面的利益关系，使全局的利益和权责与局部的利益和权责协调一致。特别是应按照会计集中核算制的要求，将高校所属单位的全部收入纳入大财务统一管理，同时，为了调动单位创收的积极性，应进一步调整高校和内部部门之间的分配关系，按照上缴收入的额度确定分配比例。

2. 建立健全财务管理制度

治理"小金库"，最有效、最根本的手段便是强化制度建设，尤其是要做好收费和票据的管理。要针对清查工作中发现的新情况、新问题以及管理、制度

等方面的漏洞和薄弱环节，建立健全各项规章制度，堵塞产生"小金库"的制度漏洞；同时要结合高校发展的实际，制定切实可行的财务管理制度，通过财务管理的规范化运作，理顺学校财务部门和校内各单位的管理关系，坚决取缔多头开立银行账户的做法。用制度约束经济行为，规范权力运行，加大从源头治理"小金库"的工作力度。

加强收费管理，就是要严格贯彻中央关于"收支两条线"的规定，遵照中共中央办公厅、国务院办公厅关于转发《监察部、财政部、国家发展计划委员会、中国人民银行、审计署关于1999年落实行政事业性收费和罚没收入"收支两条线"规定的通知》（中办发〔1999〕21号）和教育部《关于直属高校和事业单位落实"收支两条线"规定的通知》（教财厅〔1999〕5号）精神。加强高校收费管理和银行账户的管理；做好校内收费项目的审核、报批工作，全面清理收费项目，实行收费公示制度；所有收入要纳入学校预算管理，如实入账。

规范票据管理，就是各高校财务部门应集中统一管理全校的行政事业性收费票据和其他合法票据，建立高校内部的购领、使用登记、领用和核销等管理制度和程序，实行票款分离制度。同时，各高校要采取多种措施，如公开收费票据的票样标准，公开收费项目及标准，对违规收费、违规使用票据实行举报奖励制度等，充分发挥民主监督和群众监督的作用。

（四）强化多种方式的监管

在各种原因的作用下，如今的"小金库"也出现了许多新的变化和特点，不仅形式变得更加隐蔽，而且使用方向发生了新变化，使得监管的难度进一步加大。应结合高校所属单位的组织形式和业务规模，逐步探索监管模式，建立职责明晰、运转协调、科学有效的监督机制，加大监督力度，增强监督合力和实效。

1. 加强对高校所属单位的监督

高校应制定一系列制度、措施，加大对各部门经费管理的力度。经费如何分配，都要经过专家论证、评审。大额资金的支出，需要由校领导集体研究决定。

在高校管理中，广大教职员工和学生应享有办学知情权、参与权、监督权和评价权。各所属单位实行财务公开，定期通报财务收支情况。高校应鼓励师生充分发挥监督作用，通过电话、信函、电子邮件、来访等方式，对私设"小金库"等违法违纪问题进行举报。

财务部门、审计部门和纪检监察部门应经常对高校经济活动进行监督检查，查找那些严重铺张浪费、效率或效益低下和控制薄弱的现象，更多地对高校财务管理做出分析、评价和提出管理建议，以促进财务管理工作的规范化和法制化。

2. 加强对二级财务的监管

学校财务部门要加强对校内二级财务工作的管理，指导和监督二级财务的会计核算。二级单位财务人员推行会计人员委派制，必须经常进行财经法规学习和培训。二级财务机构必须定期向学校财务部门报送财务报表。凡不具备设立二级财务的单位，应一律将其收支交由学校财务部门集中管理。

（五）加大对违规单位及责任人的惩处力度

对开展监督检查发现的"小金库"问题，要在校内外媒体或在职代会上曝光。并且依据《中华人民共和国会计法》、《财政违法行为处罚处分条例》(国务院令第427号)、《设立"小金库"和使用"小金库"款项违纪行为适用〈中国共产党纪律处分条例〉若干问题的解释》(中纪发〔2009〕20号)、《设立"小金库"和使用"小金库"款项违法违纪行为政纪处分暂行规定》(监察部、人力资源和社会保障部、财政部、审计署令第19号)等相关规定，视情节轻重，严肃处理涉案的单位和个人，通过对违纪违规问题的有力查处，教育和警示高校广大干部和职工，引以为戒。

1. 对违规违纪单位的处罚

要在全校给予通报批评，落实整改方案，责令限期整改。将"小金库"资金全额转入学校账户，依法进行罚款、补税等经济处罚；对屡查屡犯、拒不改正的单位，从严加重处罚。

2. 对违规违纪责任人的处罚

对所属单位的责任人，有纵容参与和制造"小金库"情形的，要结合校内业绩考核、职务晋升、职称评定、福利待遇等，分别予以适当惩罚。在专项治理工作中弄虚作假、对抗检查、拒不纠正、销毁证据、打击报复举报人的，或重点检查中发现"小金库"数额巨大、性质恶劣的，要按照组织程序先予以罢免，再依据党纪政纪和有关法律法规从重处罚。此外，对涉案会计人员，依法吊销其会计从业资格；对涉及移送的案件，及时移送有关执纪执法部门。

四、结束语

"小金库"治理工作是一项长期的艰巨任务，需要常抓不懈、标本兼治。对于前期治理工作中发现的情况和问题，要深入分析研究，采取切实有效的措施制定整改落实方案，巩固治理成果；同时要进一步理清思路，深化财税制度改革，规范收入分配秩序，强化监督制约，逐步建立健全防治"小金库"的长效机制，杜绝"小金库"现象的发生，从源头上遏制和防治腐败，确保高校资产不流失。

【参考文献】

[1] 张世磊. 防治"小金库"长效机制建设[J]. 经济研究参考，2010(71).

[2] 王石生. 关于"小金库"的成因、定义、表现形式、危害性及其对策的研讨综述[J]. 经济研究参考，2011(18).

[3] 龙靖沅. 浅谈治理高校小金库[J]. 事业财会，2007(6).

[4] 陈巧妙. 浅析高校"小金库"现状及整治措施[J]. 经济视角，2011(6).

[5] 张国宝，杨卫兵. 深化高校"小金库"治理的新思考[J]. 安徽工业大学学报(社会科学版)，2011(3).

[6] 耿晓霞. 新形势下高校"小金库"问题研究[J]. 科技信息，2009(5).

[7] 张菊云."小金库"审计及其治理方法[J]. 财会月刊，2009(9).

[8] 刘维. 如何建立防范与治理"小金库"的长效机制[J]. 财会月刊，2010(5).

[9] 秦天枝."小金库"治理难的成因及其对策[J]. 中国经贸导刊，2009(11).

[10] 中共中央办公厅，国务院办公厅. 关于深入开展"小金库"治理工作的意见[Z]. 2009.

信息技术条件下高校内部会计控制研究

天津师范大学　　安丰梅

【摘　要】信息技术条件下，如何有效地实施内部会计控制，成为高校财务管理的重要问题。完善高校内部会计控制，能够强化质量管理，提高办学效益，促进高校可持续发展。本文从高校内部会计控制的现状入手，对内部会计控制存在的问题进行了认真的思考，并进一步提出了解决问题的对策。

【关键词】信息技术　高校　内部会计控制

一、研究背景

改革开放以来，随着科学技术的进一步发展，人类社会进入信息化时代。信息技术的兴起与广泛应用，极大地改变了高校会计核算和会计管理的环境，拓宽了高校会计控制的范围和内容，控制程序比以前更加复杂、难度更大，出现了许多新的情况、新的问题，对高校内部会计控制来说，是机遇，更是挑战，因此，必须进一步完善高校内部会计控制的管理理念和管理手段，全面提高财务管理水平，以便最大限度地为高校的发展服务。

高校内部会计控制作为高校财务管理的重要手段，对高校提高会计工作效率，保护资产安全与完整有重要作用，它是高校内部管理工作走上科学化、制度化、规范化的重要环节；高校内部会计控制保证会计法律法规的有效贯彻执行，是对国家会计法律、法规的细化与补充，是国家法律规范与高校内部科学管理需要的有机结合。当前我国高校内部会计控制存在的问题较多，相当多的高校对内部会计控制认识不足，有的未建立健全内部会计控制体系，存在较多的问题和漏洞；有的虽然建立了内部会计控制体系，但面对新的技术条件和经济环境，缺乏科学性和合理性，内部控制实施不力。加强和完善信息技术条件下的内部会计控制，已成为理论界和实务界关注的重要问题。

二、信息技术条件下高校内部会计控制存在的问题

(一)组织结构设置及权责分配不合理

高校内部组织机构设置不科学，权责分配不合理，内部会计控制的效果难以保证。高校在实行会计信息化以后，工作效率提高了，会计岗位的功能有了新的变化，却没有及时调整原有的组织机构，即没有根据会计信息的要求相应设置会计数据的采集与分析、会计数据的审核与复核、档案管理、会计系统维护等岗位，或者岗位人员不合要求、权责不清，很容易出现控制漏洞，导致舞弊或欺诈案件的发生。

(二)内部会计控制制度不完善

从 20 世纪 80 年代起开始，我国学术界对内部控制理论加大了研究和探索的力度，并且取得了很多可喜的研究成果；与此同时，财政部也致力于内部会计控制规章的建设，先后发布了《会计法》、《内部会计控制规范——基本规范(试行)》(2001)和《货币资金》(2001)、《采购与付款》(2002)、《销售与收款》(2002)、《工程项目》(2003)、《对外投资》(2004)、《担保》(2004)等一系列具体会计控制规范和会计法规，这些文件的形成，是我国内部会计控制实践的指南，推动了我国会计事业的迅速发展。

总的来说，已有的研究及已发布实施的法律法规主要针对企业和金融机构等营利组织，并且单纯论述问题和对策较多。高校作为非营利组织，与信息化相关的研究还比较薄弱，鲜见指导性的规章和规范，有些高校虽然根据自身特点制定了信息化条件下的内部会计控制制度，但是不科学、不完善，内部控制很容易出现漏洞。首先，内部会计控制的全面性不够。高校强调对信息化系统和会计人员的控制，而弱化对非会计人员和管理层的约束；对信息化系统的内部控制框架进行了构建，但是流程不够优化，关键控制点和关键风险点往往不够突出等。其次，内部会计控制制度的建设滞后。高校的迅速发展，伴随着复杂的经济环境，一些过时的操作程序得不到升级，另有一些陈旧的规章制度却仍在使用，《内部会计控制制度》的修订和补充不及时，内部控制的作用没有得到有效发挥。

(三)缺乏有效的风险评估与管理机制

高等教育的快速发展对于高校来说是机遇也是挑战，有效地防范和控制风险是高校内部控制十分重要和紧迫的任务。多年以来，由于受到计划经济的管理模式影响较深，高校管理者缺乏经济意识，没有构建相应的风险管理体系。在高校的发展过程中，规划和决策不科学，往往提高了教育培养成本，浪费了

教育资源，尤其是在大额资金负债建设时，对还贷能力缺乏必要的可行性论证，到还本付息期满时，不能及时筹措资金归还本息，蕴藏着极大的财务风险，影响了高校正常的教学、科研活动。此外，在信息化背景下，会计控制的风险不仅包括计算机系统方面的风险，而且包括了工作流程方面的风险，风险范围进一步加大，复杂程度进一步加深，高校缺乏相应风险管理的职能部门，对关键环节的控制也不到位，总体风险管理水平还较低。

（四）信息与沟通不顺畅

信息与沟通制约着高校内部会计控制的效果。从高校信息与沟通的现状分析，许多高校缺乏完善的信息系统，信息传递的效率低下。一方面，高校会计信息化得到普遍实行，管理者轻视会计信息系统，信息的报告责任制度不健全，会计报告披露内容不规范、不完整甚至不准确，高校的财务状况得不到真实地反映，会计信息使用者的要求也无法满足；另一方面，高校财会部门与上级部门、校内同级部门之间的信息传递依然是开会、发文等传统方式，传递手段落后，传递效率很低。即使在财会部门内部各科室之间，依然相对独立，信息沟通不及时，这些问题的存在妨碍了会计信息作用的发挥。

（五）内部监督职能弱化

内部审计监督是高校财务管理的重要职能。为了最大限度地发挥高校内部会计控制的作用，必须强化内部审计工作。长期以来，内部审计干部作为高校的员工，工作缺乏必要的独立性，其监督行为受到高校领导人的制约；人员数量较少，对财务管理的约束不够全面、力度不够，特别是对二级财务缺乏必要的检查和监督，对大型基建项目的审查难以应付；审计工作管理不严密，审计内容单一，审计人员的素质有待提高。

三、信息技术条件下加强高校会计内部控制的对策

（一）提高员工的综合素质

在信息化背景下，内部控制人员需要和计算机、电子辅助设备、网络打交道，这就对其综合素质提出了更高要求。一方面，强化对广大师生的遵纪守法和道德修养教育，提高师生员工对内部会计控制重要性的认识，要引导他们摒弃私心杂念，培养脚踏实地、严谨细致的工作作风；另一方面，对财务管理人员要有计划、有步骤地加强培训，让其了解和熟悉国家财经法规、方针、政策，不仅要重点补充计算机应用基础知识、数字化知识、网络知识等信息化技术，还应定期或不定期进行应用新技术、新设备、新方法培训。总之，促进内部控

制队伍整体专业技术化水平的提高，努力培养一支学习型、研究型、开拓型的队伍。

(二)建立和健全内部会计控制制度是加强高校财务管理工作的关键

首先要完善组织结构设置及权责分配。为了适应信息化管理的要求，高校应在会计控制总目标的指导下，科学、合理设置内部会计控制组织机构，明确职责和权限，协调和控制统一的内部控制活动。如财务管理部门可根据需要设立计算机运行和维护、计算机软件操作、数据信息审核及系统档案管理等岗位，并做到系统开发与系统操作、数据维护管理与审核记账、数据录入与复核等不相容岗位的分离，做到岗位和职务之间相互制约，相互监督。在上机管理控制上应明确规定上机操作人员的工作内容和权限，对操作密码严格管理，杜绝未经授权人员操作系统，预防未经审核的各种原始凭证输入系统等。另外还需建立完善的档案管理及设备管理制度，实现对会计信息系统的全面安全控制。其次规范会计制度管理流程，适时调整和完善会计制度。对内部会计制度起草、审议、发布、评价等各个环节进行严格控制，有效进行制度质量控制；经常梳理现有的各项会计制度，及时对过时的条款进行修订、完善，重点解决会计报表与国际接轨、人员职能不清、会计控制规则真空与程序混乱的问题。再次是做好内部会计控制制度的评价。高校要定期和不定期组织相关职能部门开展对会计控制制度的评价，内部会计控制评价要客观公正，正视差异，不能搞形式主义，并且评价要综合考虑合法合规性、协调统一性、可操作性、风险控制效果以及促进业务发展等方面进行。

(三)构建新型的风险评估和管理体系

首先是提高防范风险意识，健全财务核算和管理。技术条件的变化，对高校财务管理提出了新的要求。高校必须不断完善财务核算和管理制度，譬如大额支付的授权签字制度、业务处理时的审核制度、计算机系统的安全控制制度、经济事项的监督控制等，尽可能规避因决策失误和管理缺陷而产生的财务风险。其次是建立风险预警机制，及时识别风险，正确评估和管理风险。高校可将风险预警系统内嵌于会计信息系统程序中，当面临风险时，系统能够自动预警风险事项，评估风险等级，将风险扼杀在萌芽状态。通过对预警内容的分析，不仅有助于查找会计系统及业务处理活动的缺陷和问题，及时堵塞漏洞，还有助于提高高校全面风险防控能力。

(四)强化对控制活动的严格控制

1. 实行岗位责任控制

实行岗位责任控制，是提高高校财务管理水平的必然要求。原则上高校应统一领导，分级管理，事权与财权相统一，按照高校各职能部门和人员的职责、权限，建立相关岗位和人员经济责任制，统一对内部控制活动进行协调和控制。通过经济责任制的层层落实管理，促使管理者高度重视内部控制建设，促使高校员工尤其是会计人员不断提升职业道德修养和业务素质。久而久之，形成良好的控制理念，从源头上规避风险，维护高校资产的安全。

2. 实行信息技术控制

信息技术条件下，高校会计控制主要是内部会计信息系统的控制，包括计算机软硬件资源、应用系统、数据和人员等组成要素，可分为一般控制和应用控制。具体措施为：建设强大的计算机网络基础设施，实现网络畅通；配备性能优越的数据库系统，提高数据传输效率；强化信息系统开发和维护控制，及时解决发现的故障，保障系统高效、安全运行；做好系统安全控制，避免外部环境因素导致的安全隐患；加强对业务处理活动的控制，严格保证操作的规范性和准确性，既要做好数据输入的多重检查，又要做好数据输出的授权审批。

3. 实行预算管理控制

财务预算是"高校根据事业发展计划和任务编制的年度财务收支计划，是高等学校日常组织收入和控制支出的依据"，预算管理是高校财务管理的重要组成部分，是高校根据收入控制支出的依据。预算由校长或总会计师统一领导，财务部门具体负责，各基层部门负责人分级管理。预算编制前应认真分析上一年度预算执行情况，掌握本年度学校资金供求状况。所有收入都要纳入学校财务管理和核算，各部门不得私设"小金库"；预算支出应遵循统筹兼顾、保证重点和照顾一般的原则，优先安排人员支出和教学科研经费，坚持量入为出，精打细算，力求发挥资金的最大效用，不搞超预算支出；及时分析预算，强化对预算的科学管理，总结经验，改进预算执行效果。

4. 实行绩效考评控制

为了调动财会人员执行高校内控制度的积极性，必要时应实行严格的绩效考评制度。即可以根据工作性质、工作量多少、工作质量完成等情况，设立多项衡量指标，定期量化打分，考评结果与年终绩效挂钩，也是职务升迁、职称晋升的重要参考依据。分数较高、表现优异的，工作效率和质量都很高，很好地规避或降低了风险，理应得到适当的物质奖励和晋升的机遇；相反，对于分数较低、表现较差的，应给予批评教育；严重违反内控制度规定，甚至造成重大损失的，不仅要给予经济处罚，还要追究行政或法律责任。

(五)加强财政、审计、税务和银行等部门的监督作用

会计监督是确保高校内部会计控制制度有效实施的重要手段。新形势下，高校内部会计控制在很大程度上依赖于计算机信息系统和通信网络技术,由于它们固有的开放性和程序化使得内部会计控制的风险加大,所以有必要进一步建立健全监督检查制度。

1. 强化内部审计

高校的发展对内部审计提出了更高的要求。审计工作的职能过去主要是查错防弊,今后应该更多地参与高校财务管理,对审计内容进行分析和评价,最后提出管理建议。在审计方式上,应做到事后财务收支审计与事中、事前的管理效益审计相结合;手工账表审计与信息网络审计相结合;监督评价并重,寓监督于服务之中,更好地发挥内部审计的作用。

2. 重视外部监管的作用

财政、税务、银行等部门应经常对高校经济活动监督检查,查找那些严重铺张浪费、效率或效益低下和控制薄弱的现象;纪委、监察等部门应采取廉政教育、依法治校等形式引导教职工依法参与经济活动。总之,外部监管与高校内部审计相结合,构筑全面风险管理体系。

信息化是社会和经济发展的客观要求,是会计事业发展的必然趋势。它将财务管理与信息技术接轨,为高校内部控制工作带来了新的变革。它改变了内部控制的手段和方式,扩展了内部控制的范围,从而实现了高效率的办公和服务,也给高校内部控制工作带来了一系列的问题和挑战。随着社会和经济的发展,高校经济活动变得越来越复杂,现有的内部管理制度已经不能满足高校发展的需要,如何规避风险、提高资金的安全性和使用效率,如何保证会计信息的真实性,如何提高办学效益等已经成为高校面临的重要课题。因此,我们必须抓住机遇,更新观念,全面推进新形势下的高校内部会计控制建设,同时加大监管的力度。只有这样,才能妥善解决存在的问题,才能不断提高财务管理的质量,促进高校健康、持续发展。

【参考文献】

[1] 彭艺. 高校内部会计控制新论[M]. 长沙:湖南人民出版社,2010.

[2] 王卫星. 内部控制——基于高等院校的研究[M]. 北京:北京大学出版社,2008.

[3] 李凤鸣. 内部控制设[M]. 北京:经济管理出版社,1998.

[4] 陈天泉,吴焱新,王薇. 内部会计控制实务[M]. 北京:新华出版社,2004.

[5] 周晓梅,郑伟发. 企业管理信息化[M]. 武汉:华中科技大学出版社,2012.

[6] 中国会计学会编. 信息技术内部控制[M]. 大连:大连出版社,2010.

[7] 冯建,蔡丛光. 内部控制研究现状及述评[J]. 财会通讯,2007(10).

[8] 赵善庆. 加强高校内部会计控制的措施[J]. 财政研究,2007(4).

[9] 黄学东. 高校内部会计控制制度与建设[J]. 安徽农业大学学报，2009(1).

[10] 高一斌，王宏. 对加快推进内部会计控制制度建设若干问题的思考[J]. 会计研究，2005(2).

[11] 王滋竹. 网络经济环境下企业内部会计控制的创新[J]. 华北水利水电学院学报，2009(2).

[12] 陈泓瑛. 网络经济环境下高校财务会计的新特点[J]. 华南师范大学学报，2006(1).

[13] 夏斌. 信息技术条件下企业会计控制研究[J]. 当代经济科学，2003(6).

[14] 周建华，张建国. 新形势下高校加强会计控制环境建设的思考[J]. 泰州职业技术学院学报，2002(4).

浅析高校教育基金会财务管理制度的优化和创新

浙江师范大学　　陈军波

【摘　要】近年来，高校教育基金会在我国高校建设中发挥着越来越重要的作用，我国教育基金会起步晚，发展快，其在运行过程中存在着一些显著问题。本文从财务管理角度出发，浅析高校教育基金会在高校教育事业发展中应具有的两大主要功效，从而推出基金会财务管理的两大主要内容。以基金会的资金管理为切入点，分析我国高校教育基金会存在的财务管理制度问题，如资金管理方式、资金运作机制等问题。在此基础上，对高校教育基金会财务管理制度的优化和创新提出可行性建议。

【关键词】高校教育基金会　财务管理　创新

自 1994 年我国第一家高校教育基金会——清华大学基金会成立以来，高校教育基金会便开始在我国逐渐发展起来，高校依靠基金会加强了与社会资本的合作，为高等教育事业的稳定发展提供了有力保障。截至 2016 年，全国范围内注册高校基金会已经达到 503 家，净资产总量超过 260 亿元（基金会中心网），很多高校的教育基金会已经具备一定规模，筹资工作成效显著。

我国高校教育基金会起步晚，成长快，其发展仍存在一些显著的问题。如募捐资金管理规模小、资金管理模式落后造成冗余成本增加、资金运行体制不科学等问题。本文将以资金管理为切入点，从财务管理制度建设角度出发，结合我国高校教育基金会的实际情况和存在问题，为优化和创新高校教育基金会财务管理制度提出可行性建议。

一、高校教育基金会财务管理的现状分析

高校教育基金会作为独立核算的非营利性社会团体，财务管理所遵循的是《民间非营利组织会计制度》，会计核算以权责发生制为基础。在基金会发展过程中，2014 年国务院颁布了《关于加强中央部门所属高校教育基金会财务管理的若干意见》、2016 年修订稿《基金会管理条例》，对基金会的财务管理内容提

出了具体的规则。在基金会的治理结构、保障和内部控制体系等方面提出进一步的要求，在政策层面上保障了基金会的规范化运作，同时对基金会的财务管理制度和财务管理人员都提出了具体的行为规范准则。

关于公益性税前扣除方面，国家出台了多项法律规。《财政部 国家税务总局 民政部关于公益性捐赠税前扣除有关问题的通知》(财税〔2008〕160号)、《财政部 国家税务总局 民政部关于公益性捐赠税前扣除有关问题的补充通知》(财税〔2010〕45号)及2016年《慈善法》对公益性捐赠资金税前扣除都做出了政策性规定，为增强高校基金会筹集办学资金能力，提供了强有力的鼓励和支持，同时也对高校教育基金会财务管理提出了更高的标准和要求。

二、财务管理在高校教育基金会资金管理中的作用

高校教育基金会立足高校本身，以高校教学资源为出发点，联结起高校和社会资本。基金会作为独立主体，通过高校的影响力和品牌作用，积极发挥优势，在基金会管理过程中主要发挥以下两点作用：一是运用高校影响力，不断吸引各类资源注入高校，不断扩大募捐资金规模；二是提高资金的使用效率并降低运行成本，同时制定科学合理的投资计划，实现捐赠资金的保值增值。

财务管理是组织财务活动，处理财务关系的一项经济管理工作。财务管理活动的优劣是关系基金会能否健康有序发展的关键因素，从财务管理出发，结合基金会在高校事业发展中所起主要作用，基金会在财务管理制度建设中主要着眼于两方面活动考虑设计，一是对基金会资金的筹、资投资管理活动；二是对基金会资金的营运管理活动。

(一)基金会资金筹、投资管理活动

高校教育基金会作为社会团体，分公募基金会和非公募基金会，2016年6月《基金会管理条例(征求意见稿)》不再区分公募和非公募，在一定程度上放开了募捐范围。因此，基金会应积极面向社会各界进行筹资，筹资管理的重点是制定科学合理的资金筹措计划和激励措施，并形成长期有效的筹资渠道。

西方大学充足的办学资金，很大程度上除了来源于校友的捐赠资金外，还在于他们能把这些捐赠资金进行合理有效保值增值，产生可观的投资收益用于学校建设发展。如世界名校牛津大学建立的捐赠基金管理公司，其选择的投资策略由具有丰富经验的投资专业人士与公认的机构来执行，对其所经营的基金的多种多样的管理手段，使得基金的收益累计增值的波动水平远低于证券市场的实际水平，在重大市场压力下，基金的收益年化净收益达到14.7%，远高于市场平均水平。又如耶鲁大学设立耶鲁大学投资办公室，在投资专业人士的带

领下，为耶鲁大学带来了可观的收益率。

(二)基金会资金营运管理活动

资金营运管理，是财务管理活动的重要组成部分，高校教育基金会必须明确自身的财务管理体系，树立全新的、科学的管理理念。在保护捐赠资金安全性的前提下，组建专门的基金会投资理财小组，及时根据资本市场的变化进行理财策略调整，达到在不断拓宽筹资渠道实现筹资规模效益的同时，又能较好地发挥资金的投资功能，成立专业化的投资小组对资产进行科学管理。

在对基金会资金运营管理中，国外大学基金会都拥有较为先进的管理理念，并配备了专业人员，加强了对基金投资的了解与运作方案的风险监督，以此来保障基金投资的安全性。最新出台的《慈善法》，首次引入慈善信托概念，允许基金会等慈善组织在保证慈善资金合法、安全、有效的原则下进行财产保值增值活动。高校基金会应科学合理设定资金运营管理目标，学习科学管理理念，充分运行好捐赠资金，已起到资金的保值增值作用。

三、高校教育基金会财务管理活动存在的问题

(一)财务管理模式落后，资金管理规模较小

目前，我国高校基金会管理基本上采取的是行政管理模式，并没有把基金会作为一个独立的法人主体，其在事务决策、人员聘用、办公场所设置等方面往往没有独立自主性，基金会只是作为校内一个职能部门存在，统一接受高校领导班子的直接领导和管理，造成高校基金会在开展工作时缺乏主动性、积极性，财务管理则沿用高校财务管理制度，严重影响基金会财务效率，在资金的筹集、运作、管理等方面缺乏独立性和自主性。

在资金管理规模方面，公开数据显示，大部分高校基金会的资金规模仍较小，只有少数高校基金会能每年募集到亿元以上的资金。相比之下，英美等国高校的社会捐赠约占学校经费的10％，日本公立高校的社会捐赠约占学校总收入的15％，私立学校则高达50％以上。我国高校基金会在筹集捐赠资金中，仍需加强管理和有效计划。

(二)财务管理体系不明确，会计信息严重失真

在我国《民间非营利组织会计制度》颁布后，已经对会计制度的适用范围做出了明确的规定，将基金会作为独立的会计核算主体，并统一了基金会等民间非营利组织会计核算的标准。但是，从我国高校基金会的管理模式现状来看，基金会财务管理仍旧依托于高校财务管理活动，在办公设备的使用、办公场所的选定等方面，也没有与高校做出明显的区分，基金会中的办公人员也基本都

是高校公职人员兼职，管理上的混淆造成了基金会成本管理中其他问题的频出，如当高校基金会购置固定资产，在计提固定资产折旧时，发生的水电费、日常办公经费开支等并未到基金会的账务管理系统中进行统一核算，使得基金会的成本核算缺乏完整性，基金会的会计信息严重失真。

（三）财务管理缺乏新理念，资金保值增值意识不强

由于基金会财务管理活动与高校财务管理本身存在着一定的依赖关系，财务制度不独立、财务核算制度不合理等问题长期存在，在财务管理活动中只重视资金的筹措，而对资金的投资运作缺乏意识，投资决策往往没有进行科学分析和市场调研。在资金保值增值方面过于严谨保守，基本上将可支配的资金存在银行中收取利息，并没有将资金投入到资本市场中进行增值，严重缺乏资金管理理念。

四、高校教育基金会财务管理制度的优化和创新

（一）制定独立财务管理制度，提高资金管理规模

学习西方先进的资金管理模式，并结合我国实际情况，制定科学、有效的财务管理制度，从高校财务管理模式中独立出来，做到基金会财务管理的独立和自主，以提升财务管理活动的效率。如可以组建专业化的基金会财务管理团队，配备符合资质条件的专业化专职的财会人员进行日常的管理工作，制定符合基金会资金管理的财务预决算制度，提前对资金进行统筹安排，并对资金的收支进行严格管理与控制，以提高资金的营运效率。

制定全面的筹资计划，不断拓宽高校基金会的社会发展空间。运用高校的影响力和税收优惠等措施，吸引社会资金，提高资金募捐规模，更好更大地做强基金会。

（二）结合基金会自身特点明确会计核算体系，保证会计信息真实性

目前，高校基金会适用《民间非营利组织会计制度》，高校财务管理中实行《高等学校会计制度》，两者在会计核算方法上也存在着较大的差异。根据《非营利会计制度》规定，基金会会计核算以权责发生制为基础，固定资产核算需要计提折旧；捐赠收入需要区分限定性收入和非限定性收入，需要按照不同的用途、项目等进行明细核算。可见，高校基金会财务管理不同于高校会计制度，应完善会计核算方法，以保证基金会财务效率的提升。

另外，高校基金会必须将成本核算的范围进行清晰地划分，划分清楚高校财务的核算界限，不论是在人员经费方面，还是在办公经费和设备费用的核算方面，将其纳入成本核算的范围中，对各项支出进行合理的控制，全面反映成

本信息的真实与完整。

（三）引入新机制，创新财务管理理念，提高资金保值增值率

《慈善法》的出台，从政策层面上对基金会的财务管理活动提出了更高的新要求和新标准。创新基金会财务管理理念，引入慈善信托制度。在此基础上，高校基金会可以尝试建立公益信托机制，信托机构作为专业的理财机构，将采用科学、多元化的组合投资方式，以追求投资效益的最大化，可以保障公益基金得到安全持续的管理，以实现基金的保值增值。但是我国目前的信托产业尤其是公益信托的发展仍处于起步阶段，无论是实践还是相关法律法规都还未成熟，仍需继续探索和研究。

我国高校教育基金会发展速度快，规模效益不断凸显，基金会的项目数量和资金数量都在日益增加，这些都对教育基金会管理制度提出了紧迫的改革要求，各高校教育基金会必须尽快明确自身的财务管理体系，树立全新、科学的管理理念，以财务管理的思想和理念来做实基金会运行工作，并做到基金运作的规范化、科学化和系统化，有效提高高校教育基金会的执行力、公信力和影响力，为高校教育基金会发展提供更为广阔的空间。

【参考文献】

[1] 于红.高校基金会投资现状、问题及对策[J].煤炭高等教育，2012(1).

[2] 黄秀蘅.高校基金会财务管理探析[J].全国商情·理论研究，2013(16).

[3] 杨晴琦.关于高校基金会未来发展的几点建议：以上海外国语大学为例[J].科教文汇(上旬刊)，2012(1).

[4] 刘子静.高校教育捐赠资金管理的若干思考[J].无锡商业职业技术学报，2012(5).

[5] 邢相勤，丁苗苗，刘锐.中美高校教育基金会运行机制比较及思考[J].中国地质大学学报(社会科学版)，2011(5).

高校债务筹资风险的成因及防控

玉溪师范学院　陈启蕊

【摘　要】目前，我国各大高校几乎都背负着大额的债务，当还贷高峰期到来时，却无力偿还，又伴随着"谁贷款，谁负责"的政策，导致高校出现了前所未有的债务风险。本文从宏观层面与微观层面对其成因进行了详细的分析，以国外高校的融资情况，特别是日本高校在贷款融资方面所进行的有益探索为案例，对改革我国高校单一的银行贷款融资模式提供一定的参考。通过对近年来财政拨款与我国普通高校发展所需资金的对比，指出财政体制不完善以及严重的债务筹资风险成为我国高校亟待解决的难题。为了预防与控制高校债务筹资风险的进一步恶化，有针对性地引出了对我国高校债务筹资风险的防控策略。

【关键词】高校　债务筹资风险　成因　防控

筹资风险是指高校向银行等金融机构过度举债或不良举债后产生的严重影响教学科研和人才稳定等不良后果的可能性。由于部分高校在贷款资金安排和管理上欠缺，导致资金周转紧张，还本付息困难等现象。

自 1999 年开始，我国高等教育开始大规模扩招，促使全国高校超常规发展，大规模扩招就需要大量的资金做后盾，但是财政拨款的增长速度却远远赶不上高校迅速发展所需资金的增长速度。于是在政府的推动下，高校开始依靠向银行贷款来满足自身发展的需求，但是许多高校对贷款存在很大的盲目性，在对资金的管理与使用方面存在严重的缺陷，领导受传统思想的束缚，对筹资风险管理的意识还很薄弱，当还贷高峰期到来时，却无力偿还巨额的贷款，又伴随着"谁贷款，谁负责"的政策，导致高校出现了前所未有的债务筹资风险。

一、债务筹资风险的成因

高校之所以进行负债筹资其目的无非就是扩大办学规模，提高办学质量，提升办学效率，从而提高高校的核心竞争力。下面让我们根据财务杠杆的原理来分析一下，当高校负债投入项目的增量收益率大于负债利息率时，由于杠杆的作用会使高校办学的整体经济效益提高，同时，财务杠杆风险也随之形成。

如果降低办学的经济效益，虽然可以降低风险但目前由于高校的大规模扩招，使得高校的资金大部分流入了校舍的扩建以及基础设施的建设，而这种投资本身不会形成快速的收益，收益缓慢而且也有很大的不确定性，所以高校面临的资金困难与长期的偿债压力就随之而来。下面从宏观层面和微观层面进行分析。

（一）宏观层面

1. 委托代理结构不合理

《中华人民共和国高等教育法》规定：高校自批准设立之日起取得法人资格。校长作为高校的法定代表人，高校在民事活动中依法享有民事权利，承担民事责任，确立了高校的法人地位。然而国家是高等教育的主要出资人，是高校净资产的所有者，而高校管理者在独立行使法人权利的同时并不承担相应的责任，政府从法律上规定了高校的法人地位，并通过一系列措施不断扩大高校的办学自主权，但是高校的法人地位并没有得到有效保障，实际上政府与高校的关系就形成了所谓的委托与代理的关系。正是这种委托代理关系导致了决策层敢于巨额贷款来满足高校发展的根本原因。

大学第一层级的代理人掌握着学校各类经济资源配置的控制权，但个人对学校经济状况的好坏在法律上不承担具体责任。大学校（院）长虽是法人代表，但这个法定代表人只具有象征性意义，是一个法人组织的签约人。只要第一层级代理人所做的决策是沿着正常设定的秩序进行的，决策失误无论有多大，其经济责任仍然由法人组织来承担，法定代表人个人不会因此受到经济损失，也不会从家里拿出一分钱来补偿损失。自然容易认为高校是国家的，其贷款是替国家贷款，意味着政府将是债务的最终承担者。当然，因决策正确给大学带来极大收益，若没有制度许可，第一层级的代理人也不会从中抽取一定数量用于增加个人收入。代理失误最终由国家承担，会造成约束不足；在巨大收益面前个人不能得到相应回报，会造成激励不足。两种状况，都可能使代理人为追求个人目标函数的最大值而不顾及决策的风险成本。

2. 高等教育投入体制不完善是高校筹资风险的根源

自1999年高校扩招以来，高校的校园面积和在校生数量实现了成倍的增长，这对高校的基础设施建设和经费投入提出了空前的要求。但在资金方面，政府对高校的投入未能跟上高校扩招的需求。2004年后，国家对高校的财政拨款政策发生变化，原来的依据在校生数量和在职职工数来划拨补助额，改为单纯依靠在校生数量，因此，高校能获得的财政拨款额直接由招生人数所决定，若招生人数减少，必然会引起高校经费不足的财务风险。此外地方性高校面临的财务风险更大，以西南部地区某一高校为例，截至2013年年底，在校生人数为 1.1 万人，而省财政每年对该高校的拨款额度仅以 8 千人为标准划拨，三千多人的财政经费无处解决，无疑使该高校面临更大的经费不足的财务风险。高校在扩大办学规模时困难重重，很多高校办学条件严重不足，超负荷运转，虽然国家财政性教育经费总额与预算内教育经费总额逐年上升，但其在高校总收入中所占比例却大幅下滑，公共财政对高等教育的经费投入明显不足。财政拨款不足，一定年限内学费标准不会出现大的波动，而其他筹资渠道至今仍未得到很好的发展和利用，这导致高校无足够的资金满足基础设施建设剧增的需求。因此高校在政府给予的特殊融资政策下，开始与银行合作，通过银行贷款来解决基本建设经费供需不平衡的矛盾，使高校逐渐背负巨额债务，打破了事业单位高校不能编制赤字预算的原有制度，出现了负债经营的现象，这反映了我国高等教育以财政拨款为主、其他多渠道筹措教育经费为辅的多元筹资体系不完善。

（二）微观层面

1. 筹资渠道单一

筹资渠道是指筹措资金的来源方向与通道，体现资金的来源与供应量。我国在没有实行扩招之前，教育经费来源主要是依赖国家的投入，自 1999 年扩招以来，为了满足高校扩招规模所需资金要求，负债办学解决了高校的燃眉之急，但是扩招政策使得高校出现了巨大的资金缺口。由于高校教育经费拨款不足，学校只能寻找其他途径筹集资金，贷款便是高校一个很好的选择，取得资金，高校便有了高速发展的资金支撑，解决了高校资金紧张的问题，使得高校快速成长起来。但成长背后隐藏着巨大的还贷风险。国外的高校和我国高校资金来源却是截然不同的，以美国高校为例，美国一些知名大学采取的是精英型教育，虽然财政拨款不多，但是其培养的高端人才使得学校的捐款和科研收入很高，而这些收入占了高校收入的大部分，美国公立大学一般提供的是类似于我国的这种大众教育，而这部分高校仅依赖于高校拨款和学费收入便足够。但是中国目前的教育体制还不是那么完善，不像美国这种精英教育和大众教育是分开的，中国目前的教育基本上是大众教育，因此中国的高校基本是靠财政拨款维持运营。随着中国教育体制的改革，自从 20 世纪 90 年代以来，我国高等教育开始实行多渠道筹资的措施，高校多渠道筹资经费的途径来自财政拨款、学费收入、银行贷款、社会服务收入、产业收入、社会捐赠等，但是社会服务收入、产业收入、社会捐赠等收入对快速发展的高校来说还是很低的，现阶段我国高校经费的主要来源仍然是财政拨款。

2. 贷款结构不合理

融资是一项非常复杂的系统工程，如果高校的财务人员缺乏这方面的专业知识，是很难胜任这份工作的。在贷款的决策过程中，一般情况下项目需求是首要考虑的因素，而大多数高校都高估了自身的还贷能力，对未来的收入情况往往过于乐观。在贷款的态度上是一味地争取，具体表现为，许多高校忽视贷款期限的有效组合，导致还款日过于集中，过多地使用中长期贷款，贷款期限的增加伴随着贷款利率的提高，这就增加了学校的利息支出。大额的贷款本息给高校造成了巨大的债务负担，贷款本息的偿还是由学校的收支结余来解决的，所以必须处理好学校日常运行支出与还贷的关系，否则就会出现预算赤字。如果这种局面长期持续的话，就会给高校带来债务危机，影响高校的正常发展。

3. 盲目贷款，筹资风险意识淡薄

经过扩招的洗礼之后，许多高校竞相合并，为了升为综合性大学提高知名度，而不从实际出发，一味追求学校规模，而将高校办学的宗旨抛之脑后，大兴土木，大规模建盖学生宿舍、食堂、图书馆，盲目征地甚至建造豪华型公寓，而忽略了科研、教学等方面的投入力度。大规模硬件设施建造的背后需要巨额的资金支持，而财政拨款、学费收入远远满足不了高校的资金需求，于是高校选择向银行贷款。由于高校长期使用国家财政拨款，习惯于无偿使用资金，管理者普遍认为有国家的支持，即使到期无法还款也不存在破产的危险，一定程度上缺乏资金成本观念和风险意识，因此几乎所有的高校都存在向银行贷款的现象，忽略了巨额贷款背后隐藏的还贷危机。

4. 缺乏一套完善的债务筹资风险预警系统

面对扩招，我国高校进行了大规模的筹资，筹资额度大得惊人，随之而来的就是还贷压力的增加，许多高校只有还利息能力却无还本金能力，高校的财务风险也大大增加。高校面对如此巨大的债务却没有一套完善的筹资风险预警系统，高校领导者整天忙于应付如何还贷，拆东墙补西墙，对高校自身的债务处于什么样的风险程度，哪些方面出现了严重问题需要及时重点解决，哪些方面处于正常状态，没有一套完善的依据标准，无法结合往年的财务数据进行详细的对比分析，从而导致了高校筹资风险的增加。

二、债务筹资风险案例

(一)国外高校的融资

自 1999 年我国高等教育开始大规模扩招以来，各高校的教育资金陷入了困难的境地。在政府投入不足及我国高校市场筹资能力有限的情况下，向银行贷款也就成为严峻形势下的必然选择。目前，几乎所有的高校都有贷款，向银行贷款已经成为许多高校解决教育经费不足的一条途径，"负债经营"也成为我国现阶段高等教育发展的一个特点。而早在我国之前，主要发达国家就已开始通过向资本市场实施借贷融资的方式来筹措其发展过程中所必需的部分经费。早在 20 世纪中叶美国的公立高等教育机构就出现了通过银行贷款进行办学的模式，而通过发行教育债券筹资办学更是流行于美国高等教育机构。韩国高校资金的绝大部分来源于民间和外国贷款，据统计，从 1969 年到 1985 年，高等院校筹集的外国贷款达 38 亿美元，而 1985 年从民间筹集到的资金达 12 亿美元。日本早在 19 世纪中叶就出现了高校贷款办学的现象，如今闻名于世的、被誉为日本"私学双雄"的庆应义塾大学和早稻田大学在当时都曾向金融机构贷款办学；2004 年日本实行高等学校独立法人改革后，率先取得法人地位的法政大学在 2004 年 9 月分别从 4 家人寿保险、财产保险公司以低利率成功地获取贷款 50 亿日元，用于校园建设。

日本国立大学贷款长期以来主要是向日本国立大学财务经营中心的财政融资资金及其通过发行债券筹措的资金申请长期借贷，属于国家财政融资资金贷款模式。2004 年法人化改革后出现了向银行贷款的新动向。日本国立大学贷款融资从单纯依靠财政融资资金借贷的模式走向财政融资资金贷款与银行贷款相结合的模式。而日本私立大学也摆脱了对银行的绝对依赖，在获得银行贷款的同时也向日本私立学校振兴·共济事业团财政融资资金贷款，逐渐由银行贷款单一模式发展成为银行贷款与财政融资资金贷款相结合的模式。我国高校目前的贷款资金全部来自银行，而且以 3—5 年短期贷款为主，相对于日本高校可选择性地向财政融资资金和银行申请贷款资金而言，存在贷款利率偏高、贷款期限短等问题，这无形中加重了我国各高校的财务负担。从日本的经验可以看出，任何一种单一模式都具有一定的局限性，只有合理利用政府和市场两方面的资金，才能使高校贷款在规模和资金来源结构上更加合理、稳定。日本还以法律为依据在政府和高校之间设立独立第三方——国立大学财务经营中心及私立学校振兴·共济事业团，具体负责对国立大学及私立大学财政融资资金的筹措、贷款审核、交付和管理，简化了政府对高校的管理，避免了过细的行政干预。日本高校在贷款融资方面所进行的有益探索，对改革我国高校单一的银行贷款融资模式，进一步完善高校贷款制度具有一定的借鉴意义和参考价值。

（二）财政拨款与我国普通高校发展之供求不平衡

自从 1999 年我国实行扩招政策以来，我国高校都开始了大规模的招生，根据《中国教育经费统计年鉴》资料中数据可知，1997 年我国普通高校招生人数是

100 万人，到了 2012 年增加到 688.8 万人。普通高校人数的剧增，需要大量的
基础设施建设。全国大部分高校都开始扩大校园面积、增加教职工及学生宿舍、
新建图书馆、大量购置图书及专用设备等。学校的扩建需要巨额的资金做后盾，
虽然我国财政对高等教育的投入力度加大，但是对高校经费投入的增加却远远
跟不上高校的迅速发展。根据（表 1）与（图 2）中数据分析：预算内教育经费从
1999 年的 422.6 亿元增至 2011 年的 3763.3 亿元，增幅达 8.9 倍，而其所占比
例却从原有的 59.63％下降至 54.7％。这意味着，国家财政拨款虽然增长迅速，
但却赶不上高等教育规模扩张的速度，在高校资金筹措机制中财政拨款已失去
了原有的核心地位。从非财政性教育经费的具体构成来看，学杂费收入在高校
收入中所占比例急剧上升，1999 年学杂费仅占高校总收入的 17.04％，而 2011
年该比率上升为 26.34％，学生个人和家庭在高等教育成本分担中发挥的作用
日益增强；另外，校办产业、社会服务和捐赠收入等一度视为最有潜能的高校
收入渠道的拓展却暴露出明显的局限性，其中，社会捐赠经费在高校总收入中
所占比例呈逐年下降趋势，1999 年该比率为 2.28％，而 2011 年该比率降低至
0.63％。从国家财政性经费的具体构成来看，基建投资的比例出现了明显的滑
坡趋势（图 3），1999 年基建拨款占高校总收入的 10.55％，而 2011 年该比率仅
为 1.79％。从表 3 与图 4 中可以看出，我国普通高校基本建设的资金来源绝大
部分来自高校的自筹资金，国家投资远远满足不了高校的扩建。

表 1　1999—2011 年我国普通高校经费来源情况　　　　　单位：万元

年份	经费总额	国家财政性教育经费	预算内教育经费	社会捐赠	学（杂）费	其他教育经费
1999	7087280	4431601.2	4226112.2	161676.6	1207835.5	1253601.6
2000	9133504	5311854	5044173	151828	1926109	1677772
2001	11665761.8	6328003.5	6060683.1	172774.7	2824417.1	2158573.8
2002	14878590	7521463	7243459	278253	3906526	2840985
2003	17543468	8405779	8074148	256375	5057307	3220992
2004	21297613	9697909	9309822	215440	6476921	3785362
2005	25502370.8	10908368.7	10463734	210796.3	7919249.3	4662641.1
2006	29388768.5	12595712	12074842	193315	8575028	2032778
2007	36341851	15983187	15543042	271809	12231914	2781040
2008	42102369.3	20035115.8	19446803.7	286343	14181276.7	2835082.3
2009	46450089.4	22645082.6	21912629.4	261761.3	15403469.1	3023368.5
2010	54978648.9	29018025.6	27188006.4	296356.5	16760755.9	3229067.9
2011	68802316.4	40234989.2	37632641.0	431869.8	18121026.0	3795366.1

资料来源：根据《中国教育经费统计年鉴（2000—2012）》整理制作。

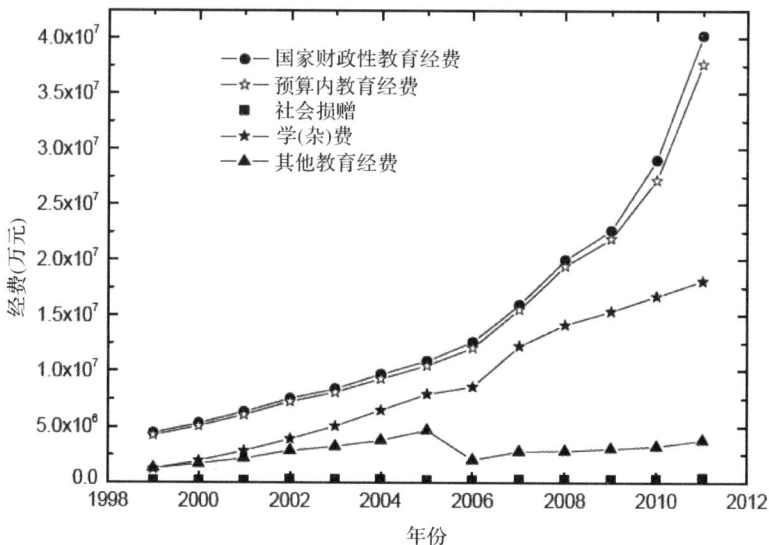

图1 1998—2012年我国普通高校经费来源情况趋势

注：根据表1中1998—2012年我国普通高校经费来源情况数据制作。

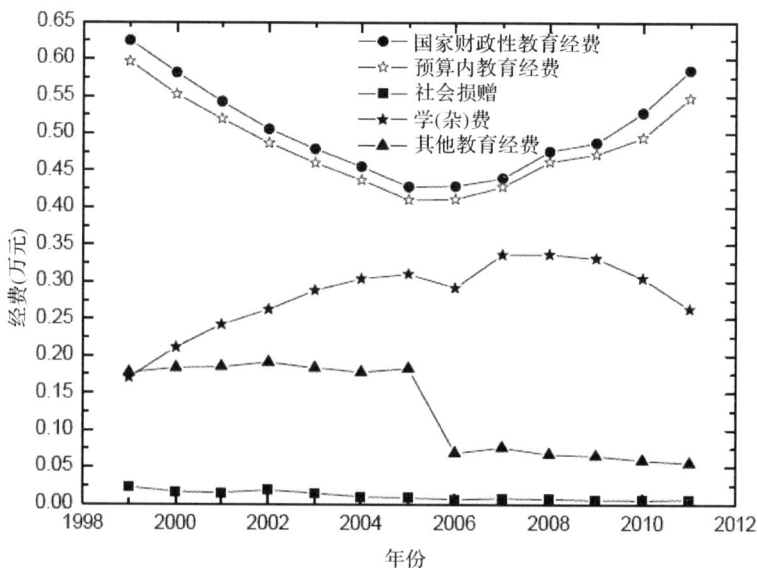

图2 1998—2012年我国普通高校经费收入比例结构

注：根据表1中1998—2012年我国普通高校经费来源情况数据制作。

表 2　1999—2011 年普通高校基建拨款情况　　　　　金额：万元

年份	基建拨款	总经费	基建拨款占总经费的比例（%）	年份	基建拨款	总经费	基建拨款占总经费的比例（%）
1999	747441.5	7087280	10.55	2007	853158.2	36341851	2.35
2001	717663.8	11665761.8	6.15	2008	1254949.7	42102369.3	2.98
2002	779639.8	14878590	5.24	2009	969203.5	46450089.4	2.09
2005	874988	25502370.8	3.43	2010	1149849.6	54978648.9	2.09
2006	890210.7	29388768.5	3.03	2011	1228291.7	68802316.4	1.79

资料来源：根据《中国教育经费统计年鉴（2000—2012）》相关资料制作。

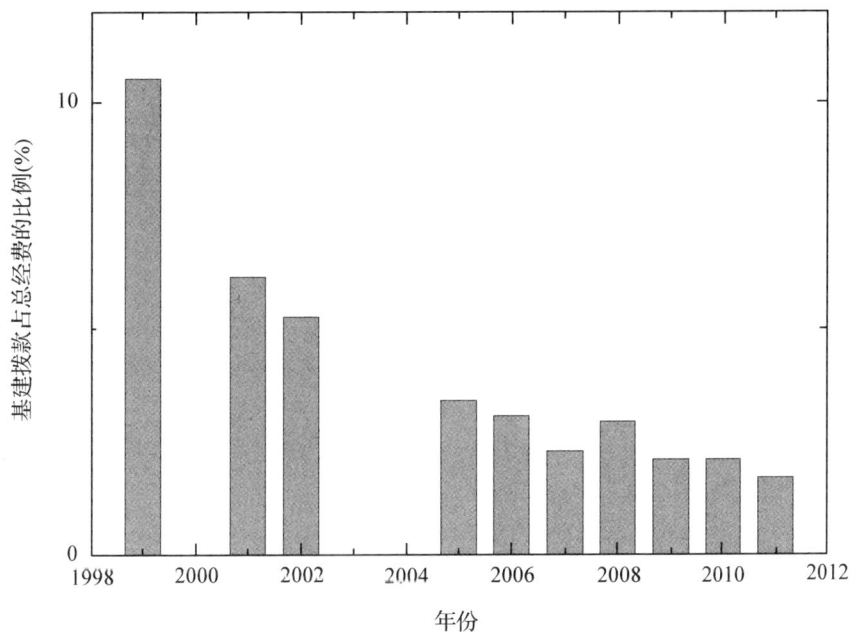

图 3　1998—2012 年基建拨款占总经费的比例图

注：根据表 2 中有关数据制作。

表 3　教育部直属高校 2001—2007 年完成基本建设投资及结构变化

年份	国家投资（亿元）	增长幅度（%）	所占比例（%）	高校自筹资金	增长幅度（%）	所占比例（%）
2001	16.4	—	21.9	58.3	—	78.1
2002	22.3	36.4	29.4	53.5	−8.3	70.6
2003	21.2	−5.2	16.5	107.3	100.8	83.5
2004	20.6	−2.7	14.3	123.5	15.1	85.7
2005	21.3	3.5	11.4	165.2	33.7	88.6
2006	20.3	−4.7	13.6	140.3	−15	87.4
2007	13.3	−34.6	11.3	104.9	−25.3	88.8

资料来源：根据 2002—2008 年《教育统计年鉴》有关数据制作。

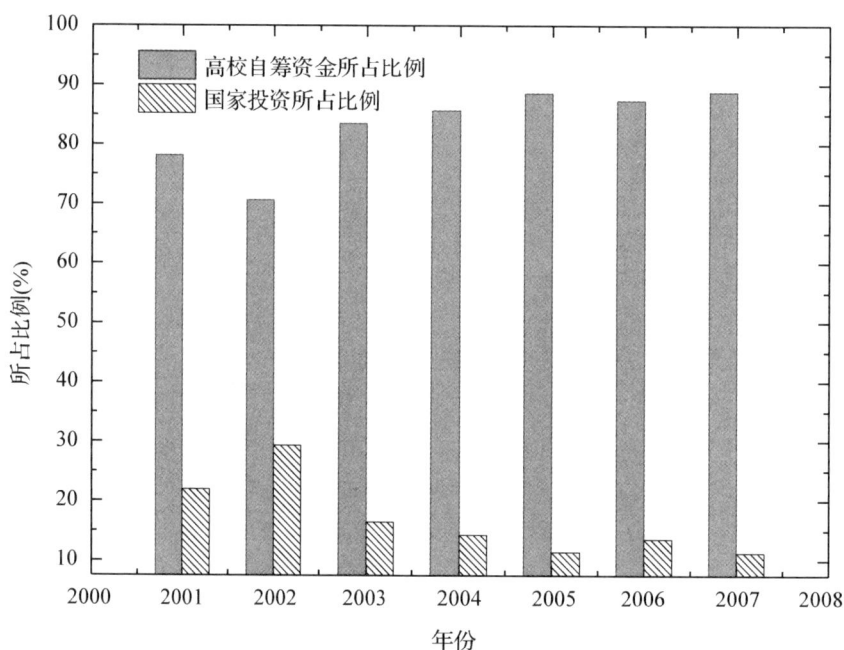

图 4　国家投资和高校自筹资金所占比例对比图

三、债务筹资风险防控的几点建议

(一)加大政府对高等教育的财政投入力度

高等教育质量直接关系着国家的长远发展,政府是最大受益者,因此有责任和义务对高等教育经费提供资金支持。为了实现高校的可持续发展,政府不能改变对高等教育投资的主体地位,为了扭转政府对高等教育经费投入落后于高校发展需求的不良局面,一方面应通过立法的形式来约束各级政府对高等教育的投入力度,明确其应承担的责任和义务,建立健全对高等教育投入的长效机制;另一方面对于经济落后的地区,单靠地方政府无法为高校提供足够的资金保障,要实行中央财政支持地方政府的政策,以帮助其化解巨额的债务,降低高校的债务风险;政府加大高等教育的日常维持投入和发展投入,对基建贷款实行贴息政策,承担合理的还贷责任;加强教育主管部门对高校债务筹资的监管力度,优化筹资环境,从源头上杜绝高校盲目贷款,同时建立高校积极还贷的激励机制,逐步化解高校的债务危机。

(二)突破现有的大学治理结构,维护高校的法人地位

我国高校特殊的委托代理关系所带来的委托代理问题,归根于大学的产权制度。在公产权下,委托人并非虚置,具体委托人以组织的面目出现,公产组织的人格化通过具体的人来实现委托人的职能。从总体上讲,我国大学制度的基础一直是政府控制论,政府不能放弃对高等学校尤其是大学的控制和领导是一贯的理念,"在这种理念指导下的大学制度建构表现出了明显的强制性"。因此,要解决我国高校委托代理存在的问题,就必须突破现有的大学治理结构,转变政府职能,用新的制度来整合因无序而变得复杂和没有效用的委托代理关系,把问题从制度设定的关系中释放出来。政府职能不转变,受政府委托的高校就缺乏高度的责任感,从而忽视对成本的控制,更不会顾及因巨额负债、投资失误及资产管理不当而带来的财务风险以及由此产生的不利影响。因此,突破现有的大学治理结构,转变政府职能,政府不要对高校的内部事务过分干预,落实高校自主办学的权利并保障高校对财务资源自主分配、自主承担财务责任,从而达到有效的防范与控制高校筹资风险的目的。

(三)拓宽筹资渠道

高等教育的经费来源主要源于三个渠道政府拨款、学杂费和银行贷款,辅助有校办产业收入、社会服务收入、社会捐赠等,辅助收入在总收入中所占比例非常低,这也意味着辅助筹资渠道仍有巨大的发展潜力。对面临着巨额债务的高校来说,筹资渠道的建立与完善显得尤为重要,它一方面可以为高校发展

注入所需资金，另一方面也是激发高校活力的重要源泉。所谓的教育经费短缺是政府投入和高校各项收入的短缺并非社会资本的总体性短缺。在政府财政能力有限，学校收入有限的情况下，如何解决高校经费的短缺问题，利用民间资本投入教育是一个值得探讨的路径。

可以将高校的绩效与企业等经济组织对高校的捐赠相挂钩，政府对捐赠项目进行评估，效果好者给予相应的表彰和奖励，同时可以要求高校对捐赠者提供力所能及的教育和科技等相关服务。这样，一方面刺激社会团体、企业、个人对高教投入的热情，另一方面激发高校提高主动吸引民间资本投入和办学的积极性。

加强高校内部管理体制、机制的改革。任何一所高校要想获得更多的社会投入，都不能被动消极地等待和依靠国家的政策和资金，高校既要努力去争取，又要对管理体制进行不断地改革，努力提高管理水平，提高办学效率，打造出自己的办学特色和优势。大学是发明创造的基地，是知识创造的中心，凭借雄厚的科研实力争取科研项目，让科研成果尽快投产，美国科研项目一半以上让高校招标获取，因此，美国高校每年掌握着 3000 亿—3500 亿美元的巨额科研项目费用，通过科研成果的专利出售与转让，其所获收益可占高校自筹经费的23％以上。目前，我国高校应积极组织力量进行攻关，以便更快更多地出成果，并把科研成果以专利的形式出售或转让，迅速应用于实践，成为社会投入选择的良好对象。西南等经济相对落后地区的高校可以借鉴中东部较发达地区高校的经验，积极利用社会渠道筹资，出现像校校联合、校企联合、校银合作等多主体联合投资办学形式。近年来，北京大学吸收国外先进大学的经验，积极开办企业，目前拥有一系列企业（包括五个上市企业在内），像在香港上市的北大方正集团等，这些企业的营业额每年近 100 亿元，每年回馈给北京大学校方的金额约为 5000 万元，无疑给北大科研项目的发展提供了有力的支持，当然大学办企业这条路仍在探索之中，但我们应该清晰地看到这些成功的先例，结合各高校自身的实际情况取其精华为己所用。高校可以利用自身的教学和科研优势与社会各界各领域积极合作，并开展各种形式的社会服务来增加高校的收入，开展有益于各个领域发展的各种横项课题研究自我解决科研经费，有的高校利用自身所处地区的语言及地理环境等优势与国外大学联合研究，并获得大量的资金支持。

（四）优化贷款结构，降低债务筹资成本

高校控制负债规模应以不影响未来正常的教学科研、日常费用的开支以及学校的正常发展为标准。在市场经济条件下，高校规划贷款规模时，既要考虑贷款成本、筹资结构、学校自身的还贷能力，也要考虑货币资金的时间价值。高校不要盲目扩大贷款规模，在满足办学需要的前提下，尽可能选择综合资金成本低、筹资风险小的组合方式。高校要准确测算自身的还贷能力，有效结合短、中、长期三种贷款方式，确定贷款期限的长短，使债务到期时间均匀分布，尽量与现金流入周期同步，避免未来还贷高峰期的集中，避免资金的集中支出和闲置，减轻债务负担。债务筹资成本的高低一定程度上直接影响着高校筹资风险的大小，高校要根据自身发展的实际情况进行贷款，贷款的金额、期限、利率不同，因此财务预算部门应全面衡量筹资成本，根据自身发展情况进行筹资的同时寻求其综合资金成本最低的最佳筹资结构。

（五）重抓基建，控制贷款规模

各高校基建项目的贷款是形成债务风险的主要因素，所以高层领导者一定要慎重考虑基建项目的投资，不能一味地追求扩大学校规模，不要盲目上项目，要立足当前，着眼于长远的发展，对要上的项目进行多方论证，严格把关，提高建设标准，加强财务管理，降低成本费用，建立健全财务风险控制长效机制，努力将贷款规模降至合理的空间，促进高校的持续健康发展。

（六）增强风险意识，决策理财

近年来，许多高校一味追求规模、扩大招生、增建校舍等，致使其扩张的规模与自身的财力严重脱节。而且专家预测由于计划生育的基本国策将使未来几年生源数量急剧下降，显然财政拨款和学费收入这两大收入来源就会大幅度下降。大量校舍将成为二次性资源，最严重的是几亿甚至几十亿的巨额贷款将给部分高校带来灾难性的打击。面对如此严峻的形势，高校应准确对自身定位，紧紧抓住几年内生源充足这一机遇，调动全校教职工的积极性，广开言路，大胆创新，研究出最适合自身发展的经营模式。虽然大学不同于企业，但可以创造性地引进企业经营理念、成本意识，制定出高校的最佳规模和盈亏点，以实现最优的经营战略。更重要的是高校的高层决策者要树立科学的决策理财观念，慎重衡量重大项目与银行信贷的链条，强化前期论证，充分做好投资预算，努力控制成本预算到最低限度，执行中严格按预算逐一审核，强化还贷与风险的关系，科学合理安排贷款顺序，避免还贷高峰期集中，防止资金链中断。

（七）建立健全债务筹资风险预警系统

建立债务筹资风险预警系统是为了使监管部门通过分析现金流量信息可以将事后监督转为事前监督，达到防范和化解潜在风险的目的。筹资风险预警系统可以及时为管理者提供债务风险信息以及引发债务风险的各种因素，根据不同的指标来分析判断哪个环节出现了警情，需要及时解决，哪些方面正常发展，继续发扬，哪些方面还要继续改进。高校可以根据自身的实际情况，有选择地利用债务预警指标，结合往年的财务数据，进行详细的对比分析，找出债务的风险程度，根据相同指标在不同期间的波动，从各个方面查找原因，通过预警指标值找出警情的轻重范围，使管理者全面掌握高校的债务面临的风险程度，着重分析研究处于重警情的区域，通过指标寻找警源，这样就可以有针对性地采取应对措施，帮助管理者寻找债务恶化的根源并及时采取合理的排警措施，预防潜在债务风险演变为现实债务风险给高校带来巨大损失。为实现筹资风险预警系统的功能，高校有必要设立专职人员进行预警系统的工作，授予其适当的权力并承担相应的责任，使其权责明确，同时还应建立一条信息传递渠道，通过这条渠道既可以及时、准确、完整地收集所需的资料数据，并把分析结果传递给管理者，又可以通过这条渠道传递出管理者的意愿。债务预警专职人员对获得的数据资料进行系统的分析与评估，划分为轻、中、重三种警情，排除对债务风险影响小的警报，高度重视可能引发较大债务风险的重警报，追根溯源，对可能引起的损失进行评估，及时传递给管理者以制定合理的预防、排警措施。

【参考文献】

[1] 高桂娟. 现代大学制度演进的文化逻辑[M]. 青岛：中国海洋大学出版社，2007.

[2] 王蓉. 高等教育规模扩大过程中的财政体系[M]. 北京：教育科学出版社，2008.

[3] 邬大光. 高校贷款的理性思考和解决方略[J]. 教育研究，2007(4).

[4] 董军. 加强高校财务管理规避财务风险[J]. 管理观察，2009(3).

[5] 鲍威. 扩招后中国高等院校的贷款融资行为与财务运作特征[J]. 北京大学教育评论，2011(1).

[6] 刘牧，阿曾沼明裕. 日本国立大学借贷融资问题研究[J]. 清华大学教育研究，2012(3).

[7] 刘牧，阿曾沼明裕. 中日高校贷款融资之比较：历史和现状[J]. 现代教育科学，2013(2).

[8] 董军. 普通高校财务风险的评价与控制研究[D]. 山东师范大学硕士论文. 2009.

[9] 张理. 我国普通高校财务风险控制研究[D]. 山东大学硕士论文. 2009.

[10] 曹娟娟. 大学制度改革视角下高校财务风险控制研究[D]. 南京师范大学教育科学学院，2011.

广东省高校财务信息公开状况调查及对策研究
——以 141 所高校为样本

华南师范大学　　杜庆贤

【摘　要】财务信息作为高校信息公开的核心内容，根据教育部有关规定，高校应通过学校网站把应公开的信息予以公开。近年来，教育部颁发多份文件以规范高校财务信息公开工作，广东省根据上级文件精神并结合广东省实际情况，制定了广东省高校信息公开的指导文件。本文以广东省全部高等学校为研究样本，采取全样本分析的方法，透过扎实的基础数据深入分析广东省高校财务信息公开现状，找出存在的问题，为切实做好高校信息公开工作提出优化对策及建议。

【关键词】信息公开　互联网＋　广东高校　财务信息

一、高校财务信息公开的依据

2010 年 9 月 1 日实施的《高等学校信息公开办法》(下简称《办法》)将教育收费、经费来源、预决算、物资采购等列为高校主动公开的信息。同时规定，高校应在学校网站设置信息公开专栏对需要公开的信息予以公开。2012 年 11 月，教育部又下发了《关于做好高等学校财务信息公开工作的通知》(下文简称《通知》)，指出高等学校财务信息公开是校务公开的重要内容，并进一步规定了做好高等学校财务信息公开工作的有关要求。其后教育部印发的《关于进一步做好高等学校财务信息公开工作的通知》(教财函〔2013〕96 号)、广东省政府下发的《广东省人民政府办公厅关于进一步推进重点领域信息公开的意见》(粤府办〔2013〕38 号)以及 2014 年 7 月教育部关于公布《高等学校信息公开事项清单》的通知(教办函〔2014〕23 号)等文件对高校财务信息公开工作提出了详细的要求，对高校财务信息公开的范围、内容都有了具体的规定。

我们可以将上述文件中关于高校财务信息公开内容分为七大类：教育收费、财务制度、经费来源、物资采购、预决算、资金使用、招投标。

二、本文研究介绍

(一)研究样本

本文以广东省全部共 141 所高等学校(广东省教育厅网站所列的普通高等院校)为研究样本。141 所高等学校中有独立学院 17 所。按学校性质分类:广东省高等学校中专科院校 82 所,本科院校 59 所。

(二)研究内容

各高校门户网站中信息公开专栏所公布的财务信息,具体而言是七大方面:教育收费、财务制度、经费来源、物资采购、预决算、资金使用、招投标。

(三)研究方法

我们通过访问各高校门户网站的信息公开专栏来开展调查工作。对各高校的调查,我们先看其是否开设信息公开专栏,如无则直接列为"未公开";如已建有信息公开专栏,我们将分别对高校财务信息的七大方面分内容完整性与信息的及时性两个角度给予评分,评分从 1 分到 5 分(5 分为最佳,1 分为最差),最高总分为 70 分。根据各项目的评分,我们综合具体情况分别给予总评"完全公开""半公开""未公开"。调查数据截止时间为 2015 年 8 月 31 日。

三、调查数据及分析

(一)信息公开专栏的开设情况

141 所高等院校中有 120 所高等院校,占比 85.11%,设置了信息公开专栏;有 21 所高等院校没有开设信息公开专栏,占比为 14.89%。在 21 所没有开设信息公开专栏的高等院校中,6 所本科院校均为独立学院(占比 28.57%),15 所为专科院校。21 所未开设信息公开专栏高校具体名单为:广东省外语艺术职业学院、广东松山职业技术学院、广东青年职业学院、汕头职业技术学院、惠州卫生职业技术学院、揭阳职业技术学院、广东东软学院、广东理工学院、广东亚视演艺职业学院、广州南洋理工职业学院、广州华南商贸职业学院、广东文理职业学院、广州华商职业学院、广州东华职业学院、广东碧桂园职业学院、香港中文大学(深圳)、北京理工大学珠海学院、吉林大学珠海学院、中山大学新华学院、中山大学南方学院、广东海洋大学寸金学院。

我们对余下的 120 所高校进行详细的调查统计,进一步发现部分高等院校的信息公开专栏只是一个壳,具体分为以下几种情形:(1)12 所高校的门户网站虽设有信息公开专栏这个栏目,但点击后无法进入,出现无法访问或无法打开链接的情况，如广州美术学院、广东警官学院、广州医科大学、五邑大学、广东职业技术学院、广东司法警官职业学院、广东生态工程职业学院、河源职业技术学院、汕尾职业技术学院、东莞职业技术学院、广东培正学院、广州大学松田学院；(2)14所高校的信息公开专栏打开后未发现其公开任何的财务信息，具体学校为：广东行政职业学院、广东农工商职业技术学院、广东邮电职业技术学院、广州番禺职业技术学院、惠州城市职业学院、中山火炬职业技术学院、广东白云学院、广东科技学院、潮汕职业技术学院、广州科技职业技术学院、广东工商职业学院、广州现代信息工程职业技术学院、广州珠江职业技术学院、广东财经大学华商学院；(3)广东外语外贸大学南国商学院信息公开专栏虽有内容，但其内容均需要下载后才能查阅，点击下载却遇到无法下载的情况；(4)东莞理工学院则是限制浏览页面，当浏览两个页面后便出现禁止访问的提示。以上4种情形，共28所高校属于形式上开设专栏的情况，列为"不公开"的情况，占19.86%。

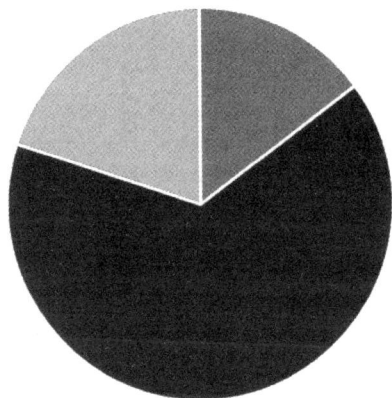

■未开设专栏 ■开设专栏并有实际内容 ■ 形式上开设专栏

图1　广东省高校信息公开专栏开设情况

(二)高校财务信息的公开情况

1. 高校财务信息公开的总体情况

我们把未开设信息公开专栏的21所高校和只是形式上开设信息公开专栏的28所高校，共计49所高校分类为"不公开"，占34.75%。

我们剔除49所财务信息不公开的高校，对余下92所财务项目的设置情况进行调查。广东省92所公开财务信息的高校中，共有23所高校对七个项目都进行了公开，分别为中山大学、华南农业大学、南方医科大学、广州中医药大学、华南师范大学、广东财经大学、广东技术师范学院、韩山师范学院、广东石油化工学院、广东金融学院、南方科技大学、嘉应学院、惠州学院、广东建设职业技术学院、广东理工职业学院、广东水利电力职业技术学院、广东女子职业技术学院、广东舞蹈戏剧职业学院、广州工程技术职业学院、中山职业技术学院、江门职业技术学院、茂名职业技术学院、广州城建职业学院，这23所大学列为"完全公开"，占比16.31％，余下的69所高校为"半公开"，占比48.94％。

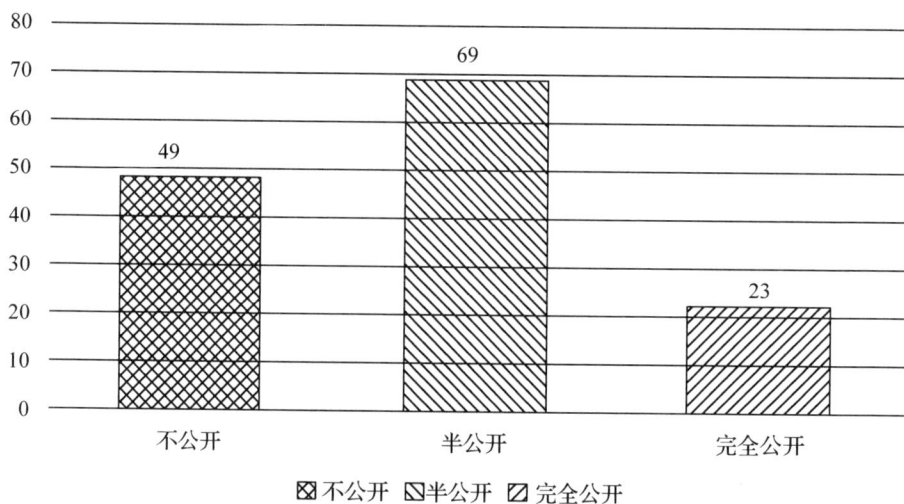

图2 广东省141所高校财务信息公开情况

从数据可以看出广东省高校财务信息公开的总体情况是：以"半公开"为主，接近一半，其次是"不公开"，比例为34.75％，"完全公开"比例最低，仅为16.31％。本科院校13所，专科院校10所。"半公开"与"完全公开"的高校合计92所，占比65.25％。

表1 广东省高校财务信息公开情况总评分前10名

排名	学校名称	学校性质	公开程度	总评分
1	中山大学	本科院校	完全公开	53
2	广东技术师范学院	本科院校	完全公开	52
3	广东财经大学	本科院校	完全公开	51
3	韩山师范学院	本科院校	完全公开	51
4	南方医科大学	本科院校	完全公开	50

续表

排名	学校名称	学校性质	公开程度	总评分
5	江门职业技术学院	专科院校	完全公开	47
5	华南师范大学	本科院校	完全公开	47
5	南方科技大学	本科院校	完全公开	47
5	广东机电职业技术学院	专科院校	半公开	47
6	广东食品药品职业学院	专科院校	半公开	45
6	中山职业技术学院	专科院校	完全公开	45
6	暨南大学	本科院校	半公开	45
6	嘉应学院	本科院校	完全公开	45
7	广东金融学院	本科院校	完全公开	44
8	广东石油化工学院	本科院校	完全公开	43
8	惠州学院	本科院校	完全公开	43
8	广州工程技术职业学院	专科院校	完全公开	43
9	广州航海学院	本科院校	半公开	42
9	深圳大学	本科院校	半公开	42
10	韶关学院	本科院校	半公开	40
10	顺德职业技术学院	专科院校	半公开	40
10	广州铁路职业技术学院	专科院校	半公开	40

我们从广东省高校财务信息公开总评分的前10名的排行榜中，发现一些有趣的情况，总评分前10名，共22所高校，"半公开"的8所(占36.36%)，"完全公开"的14所(63.64%)，也就是部分"半公开"的高校总评分不低，进入了前10名，23所"完全公开"的高校没能全部占据前10名。总评分看似与公开程度两个调查结果产生了矛盾，但实际并不矛盾，因为我们对公开程度的评定标准比较严格，在财务信息的七大方面两个维度(共14个分项)的考核中，哪怕其他分项全部取得5分的满分，但只要有其中一个分项小于2分，该高校便评定为"半公开"。为了更好地了解情况，我们下面将对各分项进行深入分析。

2. 高校财务信息公开的分项情况

我们按照文件规定的高校财务信息公开内容七大类对广东省92所进行了财务信息公开的高校进行调查。其结果如图3所示。

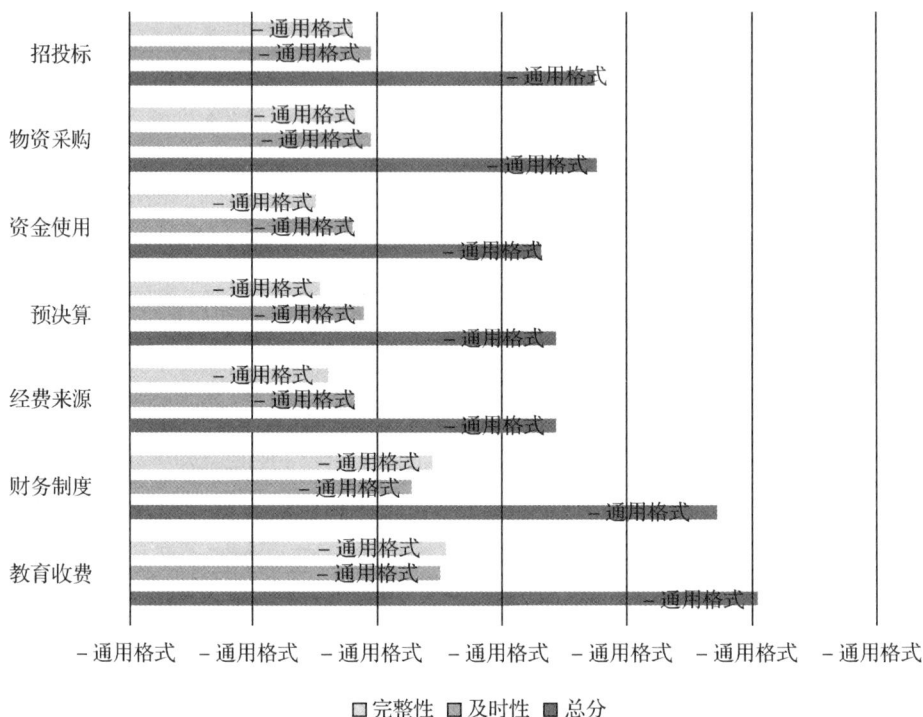

图3 高校财务信息公开七大类调查情况

根据研究的结果，我们看到"教育收费"项目得分最高，其次是"财务制度"，第三位是"物资采购"，第四位为"招投标"，"预决算"与"经费来源"并列第五，得分最低的项目是"资金使用"。这结果与其他省份的全样本研究结果呈现了高度的一致。

（1）"教育收费"与"财务制度"公开情况

"教育收费"与"财务制度"项目公开的危险性较低，而且社会大众也容易从其他渠道获取这两个项目的信息，高校公开这两个项目一般无须做太多的准备工作，可以把现有信息稍作加工便可以发布到信息公开专栏。但即便如此，"教育收费""财务制度"这两个项目的公开情况也不是非常乐观，92所高校中竟然有33所，超过三分之一的高校仅公开一点点甚至没有公开"教育收费"的相关信息，只有5所高校，同时在及时性和完整性上做到最佳；"财务制度"项目的情况同样也令人忧心，31所高校对"财务制度"的公开情况是几乎没内容或没有内容，仅有5所高校实现了及时性与完整性的全部要求，达到满分。

（2）"招投标"与"物资采购"公开情况

"招投标"与"物资采购"项目的财务信息公开情况很接近，稍微优于"预决算""经费来源""资金使用"。"招投标"与"物资采购"各高校的公开情况也是千差万别,但总体情况并不理想,仅有3所高校(南方科技大学、中山大学、广东食品药品职业学院)在招投标项目上取得满分,物资采购项目也是仅有3所高校(南方科技大学、中山大学、广东食品药品职业学院)取得满分;54所高校(58.70%)在这两个信息公开项目中没有公开内容。招投标与物资采购均应公开过程、结果的信息,但很多高校要不就只发布过程,不公布结果,要不就是只公开结果,不反映过程。

(3)"预决算"、"经费来源"与"资金使用"的公开情况

这三个项目的公开情况非常接近,均没有一所高校在及时性和完整性上达到满分的程度,可见其公开情况实在堪忧,之所以出现这样的现状,主要是因为这三个项目正是高校财务信息公开的核心所在、关键所在,同时也是全社会最关心的内容,所以这三个项目都是极为敏感、风险最大的公开项目,高校的公开现状正是印证了这一点。

四、高校财务信息公开存在的主要问题

(一)信息公开组织机构设置缺失

虽然教育部多次发文规范高校信息公开工作,广东省政府也高度重视信息公开工作,但到各高校具体执行时,却由于信息公开组织机构不明确的原因影响了具体执行效果。在调查研究时,我们发现高校没有专门的机构负责信息公开的工作,缺少一个信息统筹机构,不少高校信息公开专栏采取的是不同的信息链接到不同的部门页面。

(二)财务信息公开程度低

我们对广东省141所高校进行全样本研究,发现有49所不公开财务信息;余下92所有公开财务信息的高校,财务信息公开的情况也不是十分理想。访谈中发现的原因是信息不公开或者不完全公开基本不会受到处罚,但如果因为公开的信息引发什么问题,那责任却会归到信息发布者身上;另外,做好信息公开工作也不会受到表扬。两个方面原因的存在,让不公开或者少公开的做法成为各高校的理性选择。

(三)信息公开平台建设粗放简陋

目前信息公开平台没有统一标准、随意性较大。不少高校的信息公开平台建设十分粗放简陋,部分链接无法打开,很多信息需要下载后才能查阅,这些都给社会公众查阅高校的公开信息造成不便。部分高校把信息公开平台当成一个通知栏,没按要求对各项公开信息进行分类,把学校的各项通知简单地堆放

一起。部分高校把信息公开专栏设置得极为隐蔽，得花上好一段时间才能找到。

五、高校财务信息公开的优化对策

(一)科学设置信息公开的组织机构

为确保高校财务信息公开的质量和效果，需要科学设置组织机构。高校层面，各高校把高校财务信息公开统一于学校的发展战略之下，把高校财务信息的公开纳入高校内部控制体系，高校财务信息应由专门机构统筹安排，其负责高校财务信息的审核、发布以及回应，并向校长办公会汇报。各级政府及主管部门层面，应把高校财务信息公开放到高校内部控制的高度考虑，落实高校财务信息公开的责任主体，把高校财务信息公开列入各项审计的范围之中，如经济责任审计、离任审计等；与高校建立有效的即时沟通机制。

(二)建立有效财务信息公开绩效考评机制

1. 细化财务信息公开标准

细化高校财务信息公开标准，是有效推进高校财务信息公开的出发点。教育部和各省份对高校财务信息公开的要求并不完全相同，甚至差距甚远。这要求教育主管部门尽快统一口径，制定具有可执行性的实施细则。具体我们可以以教育部文件为基础，各级地方政府及教育主管部门结合当地具体情况给予指导，高校认真贯彻"公开为原则，不公开为例外"的原则，高校财务信息公开须具有可比性、统一性，对特殊情况应做必要的备注。

2. 加强高校财务信息公开绩效考评

绩效考评是检验高校财务信息公开工作成果的重要措施，能更好地促进高校财务信息公开工作。我们认为可以把高校财务信息公开的绩效考评结果作为各级政府和主管部门对高校的奖励或惩罚的重要依据。这样能让对高校的奖励或惩罚更有据可循，又能推动高校财务信息公开工作的开展，提高高校财务信息公开的程度。当然要做好高校财务信息公开的绩效考评，首先要设计一套科学合理具有可执行性的指标体系，指标体系须包含社会大众的评价、具有独立性的专家组的专业评判还有具有客观性的指标。

3. 引入激励机制

高校财务信息公开程度低的一个重要原因是激励机制缺失。当前高校财务信息公开逻辑是公开了就会面临风险，可好处却见不着；不公开很安全，惩罚不会来。这种逻辑下，不公开或少公开成为最优选择。要打破这种逻辑，则需引入激励机制，让做好财务信息公开的高校获益，财务信息公开做得不好的高校没有奖励甚至受到处罚。具体措施：一是各级教育主管部门、各级政府可以定期公布高校财务信息公开排名榜，让社会公众广泛参与排名的评比。这是荣誉方面的激励机制；二是我们可以在物质层面下功夫，比如生均拨款、项目申报、专项拨款等方面都可以把高校财务信息公开情况纳入衡量因素。

(三)大力推进互联网＋高校财务信息公开

1. 打造标准一致的财务信息网络平台

由于当前财务信息公开平台没有统一标准，各高校的财务信息公开平台差距较大、随意性较大，大部分都较为粗放简陋。查阅的方式也不尽相同，有的需要登录，有的需要下载；信息公开专栏位置也没要求，部分放置在极为隐蔽之处，这都给财务信息查阅者带来各种不便。为了避免财务信息公开平台的随意性，提高财务信息公开平台的建设质量，提高信息公开的效率，同时减少重复建设的浪费，可考虑全国或各省份教育主管部门会同互联网专家、高校代表、社会民众代表，共同设计建立一个能普遍适用的高校财务信息公开平台或一个统一的高校财务信息公开平台标准。这样各高校可在统一平台上，按照一定的格式等要求发布具有较大可比性的财务信息，社会公众也能更有效地查阅各高校的财务信息。

2. 积极创新，实现互联网＋财务信息公开

互联网迅速发展，我们应该积极创新，实现互联网＋高校财务信息公开。针对当前社会大众比较喜欢使用微信、微博和手机浏览信息的时代背景，我们应该积极创新，可以在做好原有的门户网站或财务信息公开平台的情况下，推动微博、微信公众号的建设，只要订阅者关注高校的信息，高校的财务信息公开公众号便把最新的信息主动推送给订阅者，订阅者还可以在手机上查阅其感兴趣的历史信息。高校还可以开发手机 App 软件，让社会公众以自己最方便的方式随时随地查阅到其关注的高校财务信息。互联网＋财务信息公开除了能实现随时随地查询财务信息，还应实现及时有效的互动反馈，社会公众可以通过微信、微博或者 App 与高校财务信息主管机构进行有效沟通，高校及时回应公众的有关疑问。

【参考文献】

[1] 广东省教育厅. 广东省 2014/2015 学年教育事业统计简报[EB/OL]. http://www.gdhed.edu.cn/publicfiles/business/htmlfiles/gdjyt/xzzfa/201507/490902.html.

[2] 梁勇. 论高校财务信息的公开[J]. 教育财会研究，2011(2).

[3] 马杰，朱莉. 江苏高校财务信息公开状况调查与分析[J]. 教育财会研究，2013(4).

[4] 孙颖颖. 陕西省高校财务信息公开现状调查与对策分析——以 109 所高校为样本[J]. 教育财会研究，2014(4).

高校财务风险类型及防范措施

西华师范大学　晋荣敏

【摘　要】随着高校改革的不断深入，高校经济业务日趋复杂化、多样化，在高校教育事业快速发展的同时，面临的财务风险也越来越大。本文分析了高校财务面临的各种风险，并就其影响因素做出简单阐述，最后针对各种风险提出相应措施，以期为降低高校财务风险提供借鉴。

【关键词】高校　财务风险　措施

一、高校财务风险类型

高校财务风险是指高校在运营过程中，由于各种难以预料或控制的因素而带来的多种不确定性，以及带来经济损失的可能性。它具有客观性、普遍性和不确定性等特点，目前，我们存在的财务风险主要有投资风险、筹资风险和财务管理风险。

1. 投资风险

随着竞争的日趋激烈，为扩大招生规模，各高校竞相进行新校区建设，不断加大对基础设施、实验设备、人才引进等方面的投资。如果高校超过自身资金承受能力盲目投资，投资于无利甚至重复的项目，就会导致资金周转困难，造成资金损失，给高校带来投资风险。

2. 筹资风险

筹资风险主要是指高校向银行等金融机构借款带来的风险。近年来，随着高校的扩招，办学条件与高校发展之间的矛盾日益突出，为解决扩张后基本建设资金的缺口问题，各高校纷纷向银行举债，通过负债来筹得资金。如果对贷款的风险意识不强，对贷款的论证不充分，多度举债或不良举债，将会给高校带来巨大的筹资风险。

3. 财务管理风险

财务管理风险主要有预算风险、内部控制风险和资源浪费风险。预算风险指预算设计不合理或预算执行不到位等带来的风险。内部控制风险是指机构设置不合理、财务规章制度不完善、管理人员素质不高、不能预见外部环境变化并做出应变等而产生的财务风险。资源浪费风险是指资源的浪费现象，如资产重复购置、资产闲置、资产提前报废、修理费用居高不下、公物私用、职务消费等。

二、影响因素

1. 投资风险形成原因

（1）缺乏风险管理意识。高校领导在进行财务决策时，没有考虑财务风险，或虽然考虑了财务风险，却不能识别各类风险，或即使识别了部分风险，也没有进行风险防范，风险管理意识薄弱。

（2）自身定位过高，盲目发展。在高校发展中，很多高校将自己的定位定得过高，盲目进行学校面积的扩张和设备设施的购置，追求"高大上"的新校区建设，盲目扩大招生，严重偏离了教育为本的正常轨道，没有将学校发展与提高教学水平结合在一起，将大量资金投入到与提高教学水平无关的项目中，投资效益低下，造成资源的严重浪费，财务风险随之增加。

2. 筹资风险形成原因

为解决高校建设与财政拨款和学校自筹资金间的资金缺口问题，向银行贷款成为解决这一问题的最好办法。高校属于事业单位，具有非营利性，政府为其提供信用担保，因而比较容易取得贷款。正因如此，部分高校在贷款前没有进行可行性研究和风险评价，没有考虑资金效益和还款能力，盲目贷款，存在贷款比例过高、贷款期限过短等现象，因需支付过高的贷款利息或偿还本金而导致资金短缺，带来财务风险。

3. 财务管理风险形成原因

（1）财务管理制度缺失或执行不力。一些高校没有系统的财务管理制度来约束其财务活动，或虽然制定了相应的规章制度却没有得到落实和执行，对各项经济责任缺乏相应的惩罚机制，经济责任审计流于形式，导致某些领导或重要职能部门滥用职权，出现公款私用、商业贿赂等现象，造成大量资产流失，影响财务管理效率。

（2）预算管理缺失或执行不力。在高校的发展过程中，一些高校只注重短期发展，对其长期发展缺乏系统的规划，没有编制长远的财务预算，或编制不切实际的"赤字预算"，使得高校在扩张过程中盲目贷款，导致债台高筑，财务风险巨大。也有一些高校注重预算的编制，却不注重预算的执行，在预算执行过程中对支出预算控制不力，内外部人员相互勾结，随意改变预算，导致财务困难。

（3）内部控制制度不健全。在建立规章制度和办法时，没有成熟的高校财务管理模式为参考，仅能制定一些简单或临时的规章制度和办法，不能及时跟上学校发展的步伐，规章制度和办法存在漏洞，操作不便，经常落不到实处，导致财务人员多数情况下只关注原始凭证的合法性、合理性和签字手续的完整性，而不去评价和分析资金的管理，资金安全风险较大。

（4）监督和监控机制不健全。许多高校都没有专门的监督制度，而是"碎片化"地存在于其他制度中，监督机制不健全，对一些重要部门的工作缺乏指导和监督，管理人员责任划分不明确，腐败现象时有发生。另外，目前很多高校都没有建立风险预警系统，没有有效的信息传导机制和风险监控工具，无法及时发现潜在风险，更不能应对风险。

三、防范措施

1. 树立财务风险意识，建立风险预警机制

要防范财务风险，首先要加强财务风险相关知识的宣传，有针对性地对不同层次的财务人员进行培训，提高其风险防范意识和风险识别能力。对重大的财务活动要实行集体决议制度，加强对重大投资项目的可行性分析和负债的审查力度，优化资产负债结构，从源头上控制财务风险。其次要建立风险预警机制，通过观察和分析来对财务风险进行实时监控，便于提前识别风险，应对风险。

2. 完善财务管理制度，提高资金使用效益

按照国家相关法律法规和制度的要求，建立符合高校发展状态的财务管理制度，增强财务管理制度的可操作性和实用性，落实经济责任制度，明确责、权、利，落实激励政策，促进财务管理工作的顺利进行。要以学校长远利益为目标建立健全资金管理制度，提高资金使用效益。结合学校自身情况和市场变化，做好投资项目和资金筹集的可行性分析，合理筹集和使用资金，提高资金使用效率。

3. 加强财务预算的执行与考核

预算编制的好坏直接影响高校财务状况的好坏，预算是高校财务管理的核心，我们必须建立科学的预算管理制度，加强日常预算管理。首先要设置专门的预算管理机构，负责预算的编制、修订、执行和考核。其次要进行全面预算管理，编制全面预算，提高预算的执行力。最后将预算管理与绩效考核相结合，通过对预算执行考核，评价其工作业绩，并结合实际调整预算，促进高校的长远发展。

4. 建立健全内部控制制度

为更好地实施内部控制，拥有良好的控制环境，就必须建立健全内部控制制度。首先需要建立一个完善的组织结构，合理分工，统筹工作，并建立一套

符合学校发展实际的财务规章制度，规范财务工作流程，明确相关各方的工作职责，指导和约束高校财务活动。其次是领导要高度重视财务工作，要带头严格执行财务规章制度，不搞弹性制度，并强化内部稽核，增强内部稽核的权威性和独立性，一旦发现问题及时处理，做到赏罚分明，绝不拖沓。

5. 加强监督，提高责任意识

建立专门的高校财务监管体系，对财务活动特别是重大经济活动实行严格把关，明确各管理人员的责任，杜绝腐败现象的发生。加强对资金使用的监督，特别是对科研经费和项目经费的监督，提高资金使用效率，杜绝私设"小金库"等侵占国家财产的行为出现。加强对投资项目的监督，严格审查项目实施进度和实施质量，对进度款的支付进行严格把关，杜绝不符合条件的支款。将内部审计和外部审计相结合，增强管理人员的责任意识。

6. 注重内涵发展，全面提高财务管理水平

高校要适应市场需求，改变以往盲目扩张的发展思路，在发展的同时注重内涵发展，提高办学水平，注重人才培养模式和科研能力的创新，在专业设置、招生就业等方面结合学校实际和市场需求，不断提高办学影响力，形成自身的核心竞争力，在市场竞争中处于有利地位。

四、结论

高校财务风险是客观存在的，时刻影响着高校教育事业的发展。随着高等教育改革的不断深入，高校面临的财务风险也不断增加，为实现高校教育事业的可持续发展，就必须认清目前面临的各种财务风险，分析其影响因素，并有针对性地采取措施。本文从投资、筹资和财务管理三个方面分析了目前高校面临的主要财务风险，并就其影响因素做了简要分析，最后提出相关风险防范措施，希望能为高校降低财务风险提供参考。

【参考文献】

[1] 雷振华. 高校财务风险成因与防范策略探讨[J]. 中国轻工教育，2014(2).

[2] 魏良华. 高校财务风险的表现及成因分析[J]. 广东工业大学学报，2010(10).

[3] 王卫兵. 浅析高校财务风险的成因与对策[J]. 南通航运职业技术学院学报，2013(12).

基于风险导向理论的高校内部审计研究

忻州师范学院　冯瑛

【摘　要】随着高校招生规模的增加，高校内部审计的范围不断扩大，内部审计中存在的问题逐渐显现。本文首先介绍了高校内部审计的特点，接着运用风险导向理论对高校内部审计中存在的问题进行分析，最后提出了相应的解决办法。

【关键词】风险导向　内部审计　审计风险

《内部审计实务指南第 4 号——高校内部审计》提出，高校内部审计是指高校内部审计机构和相关人员对学校与资源利用有关的业务活动及其内部控制的适当性、合法性和有效性进行审查，并进行确认、评价、咨询，目的是完善管理控制、防范风险、创造效益，最终实现学校目标。面对当前高校内部审计中存在的种种问题，缪启军(2015)指出风险导向审计是内部审计的最新阶段，它要求内部审计人员必须保持应有的职业谨慎，在审计过程中始终关注审计风险，根据风险高低确定审计重点，进行审计计划和实施审计程序等。考虑风险导向的高校内部审计，有助于识别高风险领域，帮助学校改善风险管理，并促进学校的健康发展。为此，本文基于风险导向理论，对高校内部审计中存在的问题进行了深入分析，并提出了相应的解决办法。

一、高校内部审计的特点

(一)高校内部审计的范围不断扩大

随着高校招生规模的增加，高校内部审计的范围也随之发生变化，包括招生就业，科研管理、后勤管理、基础建设等。高校内部审计的业务除了日常教学业务，还包括一些阶段性业务、部门业务，这些业务由于金额较大或种类较多，使得内部审计的范围不断扩大。

(二)高校内部审计的风险不断增加

在高校的组织结构中，存在横向和纵向相互交织的关系。纵向看存在教育主管部门对高校领导、高校领导对行政部门或院系领导、院系领导对教职工三个层次的委托受托关系；横向看高校领导、院系领导、教职工承担不同的科研项目。而参与科研项目的人员在横纵向关系中常常相互交叉，使得内部审计人员可能屈于压力，不会对相关的人员进行严格的审计，从而增加了高校内部审计的风险。

二、高校内部审计存在的问题

西方国家的审计经历了账项基础审计阶段、制度基础审计阶段和风险导向审计阶段。在风险导向审计阶段提出要从四个方面进行审计，分别是：风险意识前移、引入环境变量、广泛运用分析程序、保持职业怀疑态度。为此，本文从这四个方面对高校内部审计中存在的问题进行分析。

(一)风险意识前移

现代风险导向理论认为企业的固有风险不是孤立存在的，与企业的经营环境、战略目标息息相关，为比，作为审计人员，在整个审计过程中要保持风险意识，尤其是在审计前要假定被审计单位或被审计事项是存在风险的，事先要对被审计单位或事项进行了解和评估，以便提出有效的应对措施。而高校内部审计存在的问题有：

1. 高校内部审计仍然是以账项基础或制度基础审计为主

现代风险导向审计的实施已有很长时间，由于多数高校是不以赢利为目的的非营利单位，战略目标和经营风险不够明确，所以内部人员的审计常常停留在账项或制度基础审计阶段，仅仅是对会计凭证、会计账簿进行详细检查，而不会主动评估财务风险，不会对资金使用进行成本效益分析以及对非财务信息的考虑也比较少。

2. 高校内部审计对高风险领域的评估难度加大

当前，国家对高校高等教育的资金投入比例在不断增加，内部审计的范围也不只是教育和科研经费的审计，还包括食堂、对外投资、教学楼宿舍等基建工程的建设，这使得高校的内部控制风险增加，高校内部审计对高风险领域的评估难度不断上升。

(二)引入环境变量

现代风险导向理论认为，审计人员即使对内部控制进行测试，也不能有效降低审计风险，为此，需要按照"经营环境—经营产品—经营模式—风险分析"的思路进行分析。在高校内部审计中，虽然高校是非营利单位，但就某个部门或某个项目而言，存在一定的环境，需要内部审计人员充分考虑环境因素。而高校内部审计存在的问题有：

1. 高校内部审计控制环境薄弱

薄弱的内部控制，会对财务报表层次产生广泛的影响，而有效的内部控制，有利于减少内部审计人员的工作。当前高校实行的是党委领导下的校长负责制，校长既是管理者，又是监督者，如果校长凌驾于内部控制之上，即使内部控制的设计是合理的、有效的，整个内部控制也会变得无效。为此，薄弱的内部控制环境，不利于内部审计人员利用内部控制的有关成果，极大地增加了工作负担。

2. 高校的管理者对内部审计的重视程度不够

高校是人才聚集的地方，高校中的教师或领导多是专业型人才，对自己钻研的领域非常熟悉，有着很好的指导和引导作用，但是作为一名管理者，不一定熟悉整个财务流程，对审计部门的功能和定位理解不够深入，往往认为审计部门是没有价值增值的部门，是挑毛病的部门，对审计部门所做的报告不能进行深入了解，常常在事后才意识到事情的重要性，而不能进行事中控制，甚至是事前控制，这使得高校形成一种重业务轻管理，重财务轻审计的氛围，不能给予审计部门足够的重视。

(三)广泛运用分析程序

现代风险导向理论认为，分析程序不仅仅是对不同的财务数据进行分析，还包括对财务数据与非财务数据的分析，也就是要求内部审计人员在审计时要关注非财务信息，通过非财务信息发现内部审计中需要关注的重点审计领域。而高校内部审计存在的问题有：

1. 运用的审计程序单一

当前，高校内部审计主要是财务合规领域，很少进行绩效分析，审计中主要采用检查的审计程序，将重点放在对凭证的复核上，而忽视了对内部控制的制定和执行进行检查。

2. 对信息技术的应用较少

随着会计信息的网络化，高校内部审计可以借助计算机等辅助手段进行追踪性的在线实时审计，然而，内部审计人员对网络和数据库的操作技能不够熟练，导致对审计软件的利用程度不高。

(四)保持职业怀疑态度

现代风险导向理论认为，内部审计人员应具备执行业务所需的素质、资源和专业胜任能力，不能为了审计而审计，在内部审计过程中，要始终保持职业怀疑态度，并增加审计程序的不可预见性。而高校内部审计存在的问题有：

1. 内部审计人员的配备不合理

在整个内部审计过程中，需要审计人员始终保持职业谨慎，对重大事项做出职业判断，而多数高校的审计人员数量较少，业务能力不强，甚至审计人员兼职教学工作；同时审计人员的专业构成不合理，多数来自财务、审计专业，缺少信息技术、基建等方面的人员，这无形中限制了审计的范围，如对科研经费的审计，许多审计人员由于不能对科研经费预算做出有效的职业判断，仅仅审计科研经费的合法性和合规性。

2. 内部审计机构的独立性不够

独立性是内部审计风险控制的前提，内部审计机构的独立性与内部审计机构的设置有关。当前多数高校设置了内部审计机构，有的隶属于纪委书记的领导，有的隶属于财务处或分管副院长，有的隶属于院长。不同的隶属关系决定了内部审计机构的独立性程度。

三、针对高校内部审计问题的对策

针对高校内部审计中存在的问题，本文提出以下对策：

(一)增强风险评估意识，拓宽内部审计范围

风险导向审计不仅要求审计发挥事后监督作用，更要发挥事中控制作用、事前预防作用。如在科研经费的风险评估过程中，要考虑企业的科研文化、科研管理制度等，要识别预算收支失衡、盲目投资等风险领域，只有增强风险评估意识，在审计前对被审计事项进行充分了解，这样才能提高审计的效率和效果，从而识别重大风险领域。同时要注重拓宽内部审计的范围，不断开展以提高办学效率、效益和效果为目标的管理审计，并对审计过程中发现的问题，进行深入分析并提出改进意见。

(二)完善内部控制制度，加强内审监督力度

审计风险的高低与内部控制制度的完善程度相关，有效的内部控制制度可以减少内部审计人员的工作量，提高内部审计的效率和效果。高校内部审计人员即使发现内部控制中的问题，由于审计处理意见缺乏强制性，内部审计的效果并不明显。同时高校内部审计人员是受学校领导层管理的，很难根据工作需要决定审计范围，也很难对学校管理层做出合理的评价。为此，高校要加强对内部控制的设计和执行进行监督，并加强治理层对管理层的监督力度，从而建立良好的内部控制环境，为内部审计提供有利的条件。

(三)调整内审机构设置，提高审计人员素质

对高校内部审计机构不同的定位决定了不同的审计独立性，高校应在符合

条件的情况下设置独立的审计机构，如高校的法人代表直接领导审计工作、审计机构独立于其他职能部门等。只有有效保证内部审计机构的独立性，才能充分发挥内部审计的促进作用。同时高校要改进对内部审计人员的招聘制度，虽然审计风险始终存在，但是高素质的审计人员是可以降低审计风险的，因此，不仅要招聘有经验的审计人员，也要吸收可塑性强的年轻审计人员，并注重专业结构的搭配，从而提高审计团队的整体素质。

【参考文献】

[1] 缪启军．高校风险导向内部审计研究[J]．会计之友，2015(3).

[2] 王晓燕．高校内部审计运行机制研究[J]．财会通讯，2013(8).

[3] 苏亚民，网络条件下高校内部审计研究[J]．商业时代，2012(29).

[4] 谢卫华，徐建科．高校科研经费内部控制审计研究[J]．商业会计，2010(23).

[5] 董丽英，马宏双，吴佳栋．我国高校内部审计研究[J]．财会通讯，2014(12).

[6] 贾丽茹，郝凤林．高校内部审计的现状分析与对策研究[J]．财会研究，2009(24).

[7] 罗红雨．高校内部控制与审计相关问题研究[J]．财会通讯，2014(2).

新形势下对高校财务报告的分析

南京师范大学　　管鹏

　　【摘　要】目前高校资金的来源更加多样化，包括政府拨款、学费、贷款、社会捐赠等渠道，作为学校的投资者需要掌握高校的财务状况。当前高校的财务报告只涉及高校的预算报告、收入情况和支出明细，所提供的信息无法满足上述主体的需求，因此迫切需要对高校财务报告进行改革。本文分析了现行高校财务报告体系中存在的问题，并分析了问题的成因，最后提出了相应的改进措施。

　　【关键词】高校财务报告　权责发生制　利益相关者

一、引言

　　近些年我国高等教育的开放程度日益加强，与国际上的联系更加紧密，高校财务报告进行国际范围内的接轨是高校发展的必经之路。国外的高等教育发展早，其财务报告体系比较完善，已经基本上和企业财务报告接轨。我国的高校要想缩小与国际的差距，与国际进行横向比较，应当加快财务报告改革的步伐。目前我国高校的财务报告已经落后于现实需求，各个高校应当抓住政府收支分类改革的时机，对现行的财务报告进行完善，以财务报告的实际效果为评估标准，促进其透明化、真实化、全面性，提高其参考价值，尽力满足财务报告对象的需要，为使用者提供有借鉴意义的财务报告，进而推动高校实现长远发展、健康发展。

二、高校财务报告存在的问题

1. 资产界限混淆

　　将大量的在建工程纳入基建的会计系统当中。通常情况下，未完工的工程不能转入固定资产当中，工程虽然已经完工但是由于某方面的原因使其没有进行竣工结算、财务决算或者是固定资产交付使用的相关手续，所以也不能将其作为固定资产看待。长期以来，高校从财政得到专项资金支持是高校办学经费的重要来源，所以各高校财务报告的对象是教育的主管部门，其报告实质上是一种反映高校预算收支情况的报告。高等教育体制改革的不断深化使得高校不再是原来单纯的公益法人，而是逐步转变为面向社会进行自主办学的法人实体，也使得高校的投资主体逐步走向多元化，此外，与高校有关的利益群体需要对高校的财务报告信息进行相应的了解。

2. 虚列流动资产

高校的贷款会用在其基础性的建设上，对其通常有两种核算方式：第一种是通过基建会计将贷款的数额进行核算列报，但此时在高校的事业会计报表当中没有相应贷款数额的记录；第二种则是通过事业会计将贷款的数额纳入所谓的借入款项当中进行核算，然后再以所谓的结转自筹基建的支出科目或者应收及暂付款的往来款科目为工具将其纳入基建的账目当中。通常情况下会用事业收支的结余来对通过结转自筹的基建支出进行补足，同时又因为较大的贷款数额导致了较长时间的归还期限，所以使得各个高校通常会将其纳入往来款的范围计入基建的账目当中。也使得数量较多、期限较长的资产滞留在所谓的应收及暂收款的账户当中。

3. 固定资产的入账价值受到影响

以基本建设财务制度的规定为依据，应该将建设期内的贷款利息纳入待摊投资的范围，同时将其通过分摊的方式纳入固定资产当中，其属于资本性投资的范畴，而对于在竣工交付使用后所产生的贷款利息，通常不被纳入固定资产的范围，其对企业来说，将会被作为财务的费用，对于高校来说，其会被作为学校的往来款。在现实当中，事业和基建核算报告两个体系的相互分离，使得贷款利息难以在这两套财务中进行相应的划转，更使得在实务中难以对基建贷款利息进行合理的分摊。有的利息已经通过事业会计完成了支付，对其难以在基建项目当中进行合理及时的分摊；有的项目是贷款资金到位先于项目的开工时间，此时的贷款已经开始计算利息，而有的是因为较大的贷款数额，从而使得当年的事业经费收支结余难以对其进行补足，只能将其纳入基建的账户上计息，进而不利于固定资产入账价值的提高。

4. 债权性资产信息不实

收费制度在高等教育当中实行以后，通过其所得到的收入在高校事业收入整体当中占有重要的份额，尤其是主要从事本科教育的省级院校，其通过收费制度所获取的学费在学校收入的整体当中所占的份额更高。但是学生欠费现象的普遍存在和居高不下的欠费率，使得高校的运转受到了较为严重的影响。以收付实现制作为前提，可以看出会计记录在反映学费缴纳的问题上有一定的不足：其只能对已缴纳的学费进行反映，而对于学费的应收总额和学费欠缴的金额，则只能借助缴费系统等工具进行查询。高校财务账户上对欠费金额的反映障碍，使得配比原则难以应用到高校的收入和支出之间，从而不利于高校对其成本的计算，对其资金管理的漏洞也存在着疏忽，从而造成了高校在资产负债表当中相关信息的不相符，造成了对相关群体的误导，不利于做出科学合理的决策。

5. 负债信息披露存在的问题

高校的财务报告中存在大量的隐性债务，以收付实现制作为前提，可以看出在债务的清偿方面存在着一定的不足，造成这种不足的原因在于清偿核算的标准是同等数额现金的实际交付，这种核算标准的局限性使得支付手续未完成的清偿不能在会计核算和报表当中得到相应的记录，从而导致了隐性债务的大量存在。它的存在导致了以下三种不利的后果。首先是它的存在使得高校对其可进行支配的财务资金缺乏清晰的认识，从而造成了对相关群体决策的误导，增加了高校发展过程中存在的潜在隐患，不利于高校财务风险的安全防范。其次是隐性债务的大量存在使得同一会计期间内受托权力和责任之间出现不对应，从而导致了相关代际债务发生转移，使得难以对领导层的受托业绩进行客观而全面的评价和考核。

6. 净资产核算存在的问题

事业基金、专用基金、事业结余、经营结余等是以高等学校会计制度为依据对净资产进行的划分。高校会计通常情况下将收付实现制作为其基础，从而使得事业结余实质上只是收入和支出之间的差额，并没有将特定时期内的权利和义务真正地反映出来，更不能将高校的净资产准确地反映出来。同时由于缺乏对固定资产进行计提折旧，从而使得对固定基金的预估过高。此外，作为专用基金一部分的修购基金在一定程度上对高校净资产的夸大起着一定的作用，这是因为对修购基金的提取，不仅没有使固定资产和固定基金发生相应的变化，反而使得净资产当中在包含了固定基金的同时还包含了固定资产的修购基金。

三、高校财务报告问题的成因分析

1. 高校财务报告的主体不清晰

一直以来，高校对事业会计和基建会计分开进行核算，编制两个财务报表。对前者按照高校会计的相关制度进行核算，对后者按照国有单位的相关制度进行核算，这就导致财务报告的主体分离，无法全面、清晰地将高校的财务信息展示给使用者。

2. 高校财务报告报表种类太少

高校财务报告以财政及教育主管部门为报告对象，基本上只涉及高校在收入和支出方面对预算的执行状况，忽视了披露由于基建而所负的债务、固定资产等信息。我国高校自身的特点使得其财务报告当中缺少有关于现金流量的信息，但由于现金流量信息对财务报告的重要作用，因此各高校应该以我国企业或者国外高校在此方面的标准在其财务报告中进行现金流量表的增设。

3. 高校财务报告报表项目不合理

目前高校的会计报表将长期和短期债务合在一起，统一列为"借入款项"。这种做法使高校的管理者无法准确掌握学校所面临的贷款风险和还款任务、还款能力。同时使金融机构无法对高校的真实财务情况进行评估，应当将二者分开，各自单独设立项目。此外，高校在管理对外投资时将短期和长期投资合在一起，统一列为"对外投资"，这种做法使高校管理者无法对高校的投资情况进行把握，应当将二者分开，各自单独设立项目。当前报表没有对固定资产清理单独设立项目，无法核算出高校由于清理固定资产而造成的费用、支出和收入。当前报表没有设立待摊费用项目，使高校无法合理地分摊费用，导致财务报告失真。

4. 高校财务报告的核算基础不合理

高校在进行核算和编制财务报告时都采取收付实现制。原因在于这种方式便于记录高校现金收入和支出的详细情况，能够较清楚地展示某时段内高校的资金运转情况，便于操作。但是高校所面临的环境发生了变化，收付实现制逐渐无法适应高校的会计环境，无法将高校的财务信息真实地、完整地呈现给使用者，由此使高校财务报告的信息出现不真实。

5. 高校财务报告的披露不规范

我国现在还没有形成对高校年度财务报告进行外部审计的制度。政府审计部门主要是对高校的财务收支、预算执行情况以及专项资金的审计。由于间隔时间长和监督效果有限，这种不定期审计或专项审计方式不能够有效地促使高校管理层遵守财经法纪，从而提高资金的使用效率和效益。而高校内部的审计机构，由于不具备向第三方提供客观、公允的鉴证服务能力，所以其独立性要远远低于外部审计机构。而没有经过外部审计的高校财务报告，它所披露的内容将难以使报表的使用者信服。

四、构建新形式高校财务报告的基础

1. 明确高校财务报告的目标

市场经济体制下，高等院校在资金支持方面有了多方面的来源；资金来源方面的变化也使得财政预算管理的重点实现了从以预算收支为标准的考核到以绩效为标准的考核。财务报告一方面需要对有关于高校在受托责任的履行情况的相关会计信息进行归纳，另一方面还需要对高等院校的财务情况和学校在办学方面的绩效进行概括，从而实现对有关利益群体要求的满足。

2. 明确高校财务报告的主体

所谓的报告主体主要是指对信息使用者的存在能够做出合理的预期，并且信息的使用者通过财务报告中的相关信息来促进其更好地履行受托责任和制定决策。高校财务报告中内容的涵盖和机构的调整是报告主体需要解决的问题。财务报告主体纳入界限和范围的确定应该以高校控制或者其所有为标准，将财务报告的主体确定为整个高校，使得整个高校其所控制和其所有的资源得到清晰地反映。通常情况下应以高校的财务管理体制为依据，对财务报告所涵盖内容的机构关系进行调整，分为三个层次：第一个层次是高校财务报告的核心，即一级财务核算管理内容；第二个层次是高校内部的二级财务，其主要将一些非独立的法人主体单位，作为与高校有联系的单位；第三个层次则是高校的组成单位，主要包括类似于校办企业研究所的独立法人主体单位。报告内容重要性的不同决定了其各自完成方式的不同。需要详细阐述的是报告的核心内容；不需要详细报告，只需进行合并或者单列的，则属于次核心的内容；只需简单解释和说明的则是报告的附带内容。

3. 明确高校财务报告的核算基础

遵循需求者导向原则，对会计基础和财务报告目标之间的区别和联系进行归纳分析，可以得知高校会计确认的基础正逐步实现修正的权责发生制向权责发生制转变，但是修正的权责发生机制还是主流的高校会计确认基础。两种权责发生机制适当比例的交叉采用，一方面有利于地方政府对财政预算收支的调整和管理，另一方面有利于避免现行收付实现制度自身缺陷带来的不良影响。

五、完善高校财务报告应用的保障措施

1. 修订完善高校会计制度

会计作为信息系统，财务报告只是其信息输出的最终产品，其中对信息的确认、计量以及记录等都与它有着不同程度的关系，会计制度的改革通常情况下是其财务报告改革的开始。所以对现行高校会计制度的改革和完善势在必行，一方面通过修订会计目标和选择会计确认基础，另一方面通过对会计要素的重新定义，使得财务报告的改革能够顺利进行。

2. 加强财务人员的素质与技能培训

高校财务报告改革的顺利与否在很大程度上取决于专业财会人员素质的高低。成本费用观念的引入和对会计要素的重新定义，使得财务人员需要对相关知识进行补充和更新。另外，会计知识和网络技术的结合使得对会计人员等专业人士的要求越来越高，不仅要求其在本专业领域具备扎实的会计专业知识和

熟练的业务技能，而且还要求在计算机网络方面也要具备一定技能，能够熟练地通过计算机进行会计专业技能的操作。

3. 加强监管力度

将上市公司年报中相关的披露经验予以转化，从而应用到高校财务报告的内容披露当中，进而带动高校在报告编制和披露方面相关政策法规的制定和完善，有利于推动高校财务报告披露内容和格式的规范化发展。各高校应该与有关部门相互配合，将信息使用者的需求得到满足作为财务报告的目标，将高校的整体作为报告的主体，同时遵循信息公开和披露规范的原则，推动以绩效为导向的财务报告体系的建立和完善，进而为信息使用者提供更为可靠全面的参考信息，从而通过合理有效的措施逐步推进高校财务报告的改革。

【参考文献】

[1] 刘叶. 谈高校会计报表体系的完善[J]. 事业财会，2001(3).

[2] 王桂荣. 关于完善高校财务报告的思考[J]. 事业财会，2003(3).

[3] 王卫星，韩玉启. 高校会计信息披露有关问题的探讨[J]. 事业财会，2005(6).

[4] 王义秋，张窦. 论以公共责任为基础的高校会计报告[J]. 经济与社会发展，2005(12).

[5] 方永胜. 从会计信息的相关性谈高校财务会计报告的改进[J]. 教育财会研究，2005(2).

[6] 朱爱华. 修改和完善高校会计制度的探讨[J]. 教育财会研究，2006(1).

[7] 盛腊梅，朱荣. 高校财务报告改革的探讨[J]. 会计与审计，2007(3).

[8] 罗玉波. 高校财务报告分析探讨[J]. 中国集体经济，2008(3).

[9] 陶燕. 高校财务报告的改革探讨[J]. 行政事业资产与财务，2012(5).

[10] 崔小杰，雷振海. 高校会计制度与企业会计制度的对比[J]. 河北联合大学学报，2013(1).

[11] 吴正琴. 高校财务管理的问题分析与对策研究[J]. 考试周刊，2012(4).

浅谈高校组织层面内部控制的构建与完善[*]

江苏师范大学　何文兵

【摘　要】《行政事业单位内部控制规范(试行)》将单位层面内部控制单列一章进行表述，突出强调其重要性，是一项重大的制度创新。高校作为实施内部控制的主体，应当从组织架构、工作机制、关键岗位工作人员素质、财务体系建设、信息化建设等方面，构建和完善学校层面的内部控制。

【关键词】高等学校　组织层面　内部控制建设

《行政事业单位内部控制规范(试行)》的发布，第一次对建立和实施行政事业单位内部控制进行了全面、系统的规定，为行政事业单位内部控制建设提供了一个内容全面、针对性强的指导文件，对于加强财务管理，规范业务行为，保证会计信息真实、完整，强化风险管理，保障资金、资产安全，推进反腐倡廉建设具有十分重要的意义。本文结合高校经济活动的特点，谈谈高校组织层面内部控制的构建和完善。

一、建立和完善高校内部控制的组织架构

高等学校组织架构是高等学校明确各层级机构设置、职责权限、人员编制、工作程序和相关要求的制度安排。高校的组织架构是实现战略目标、开展业务工作、进行风险评估、实施控制活动、促进信息沟通、强化内部监督的基础和平台载体，其主要内容是机构设置及权责分配，核心是加强体制创新，完善高校治理结构，健全高校内部管理体制和运行机制，其本质可从高校治理结构和学校内部机构两个层面理解。

(一)高校治理结构

高校治理结构是学校治理层面的组织架构，是依据校本管理原理，运用"委托—代理"方式，制衡利益相关者各方利益的组织结构和制度安排，是学校成为

＊　本文是江苏高校哲学社会科学研究专题项目"高等学校内部控制研究"(项目批准号：2014SJA007)阶段性成果

与外部主体发生各项经济关系的法人所必备的组织前提，从而使得高校能够在法律许可的框架下拥有特定权利，履行相应义务，以保障各利益相关方的基本权益，为内部控制系统的正常运行提供治理结构的基础。构建科学的高校治理结构，首先，要确定权属，明晰产权，解决所有者缺位、国有资产管理权虚置的问题；其次，管理重心下移，落实高校的办学自主权，让学校成为面向市场、自主办学的市场主体；再次，建立董事会，解决高校所有者与管理者中间的连结问题；最后，强化对学校管理层的监督机制。

(二)学校内部机构

内部机构是高校内部机构层面的组织架构，是高校根据事业发展需要，遵照一定原则，综合考虑相关因素，分别设置不同层次的管理人员及其由各专业人员组成的管理团队，针对各项业务功能行使决策、计划、执行、监督、评价的权力并承担相应的义务，从而为业务顺利开展，实现高校发展目标提供组织机构的支撑平台。高校应当根据学校规模、事业发展规划、文化理念、业务需要、控制要求和内外部环境变化，按照科学、精简、高效、透明、制衡的原则，选择适合本校的内部组织机构类型。高校实施内部控制，要重点做好以下工作：

1. 设置内部控制职能部门或者确定内部控制牵头部门

高校内部控制体系建设是一项复杂的系统工程，涉及学校经济活动的方方面面，涵盖学校的相关业务或事项，贯穿学校经济活动的决策、执行和监督全过程，任何部门和个人不能游离于内部控制体系之外。高校应单独设置内部控制职能部门或者确定牵头部门，负责组织内部控制日常工作，拟订学校内部控制体系建设方案或规划，协调学校内部跨部门的重大决策、重大风险、重大事件和重要业务流程内部控制工作，落实相关部门或岗位内部控制的整改计划和措施，为内部控制的建立与实施工作提供强有力的组织保障。

2. 积极发挥经济活动相关部门或岗位的职能作用

高校的经济活动主要包括预算业务、收支业务、政府采购业务、资产管理、建设项目管理和合同管理。各业务或管理职能部门应当积极参与学校经济活动内部控制制度体系建设，认真执行学校内部控制管理制度，落实内部控制的相关要求，加强对本部门实施内部控制的日常监控，主动配合内部控制职能部门或牵头部门对本部门相关的经济活动进行流程梳理和风险评估等工作；同时，高校通过实施内部控制，应当建立起财务、政府采购、基建、资产管理、合同管理等部门或岗位之间沟通协调机制，加强信息交流，充分发挥各相关部门或岗位的作用。

3. 充分发挥内部审计、纪检监察部门的职能作用

高校内部控制的建立与实施离不开学校内部审计部门和纪检监察部门的参

与和支持。作为内部监督的主要力量，学校内部审计部门和纪检监察部门应当拟订监督内部管理制度，组织实施对内部控制的建立和执行情况及有效性的监督检查和自我评价，督促相关部门落实内部控制的整改计划和措施，充分发挥内部监督的职能作用。

二、建立高校内部控制工作机制

相互制衡是建立和实施内部控制的核心理念，设置制衡机制是建立内部控制体系的核心内容。从学校层面看，应当完善议事决策机制、岗位责任制、关键岗位轮换等制衡机制，确保经济活动的决策、执行和监督相互分离。

(一)高校经济活动的决策、执行和监督应当相互分离(三权分离)

在高校内部控制过程中，决策、执行和监督相互分离是实现科学决策、有序执行和有效监督的基本保障，主要体现在以下两个方面：

1. 从动态视角，三权分离是过程的分离

三权分离即决策过程、执行过程和监督过程是相互分离、相互独立、相互影响和相互制约的。在高校的经济活动中，决策过程是管理工作的核心，是学校为达到一定目的对行动方案的选择过程，其本质为授权审批过程；执行过程通常由具体的承办部门按照决策结果和适当的权限办理业务的过程，一般涉及财会部门、资产管理部门、政府采购部门、基建部门等；监督过程是实施内部控制的重要保证，是对内部控制的再控制，它主要通过对决策过程、执行过程的合规性以及执行的效果进行检查评价，来确保经济活动的各业务或事项都经过了适当的授权审批，确保经办人员按照授权的要求和审批的结果办理业务。所以，决策是执行的前置程序，执行是对决策的具体落实，监督影响和制约着决策和执行，这三个过程既相互分离又相互制约，如图 1 所示。

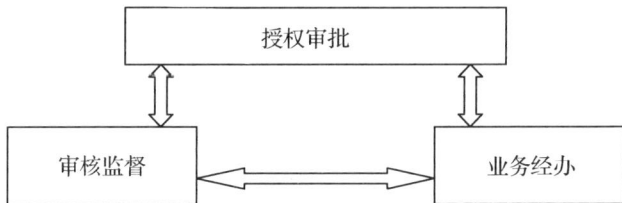

图 1　决策、执行和监督过程

2. 从静态视角，三权分离是岗位的分离

一般来说，决策是学校的权力中心，执行是决策的具体承办部门，监督是约束决策和执行的关键。高校在确定职权和岗位分工过程中，应当着重体现不相容岗位相互分离的控制要求，避免既当"运动员"又当"裁判员"情况的发生，预防舞弊和腐败的风险。高校经济活动的决策、执行和监督相互分离的机制建设应当适应本校的实际情况。

(二)建立健全高校议事决策机制

1. 建立健全议事决策制度

议事决策制度具体体现为议事决策规则，包括确定议事成员构成、议事会议召开频次、决策事项范围、投票表决规则、决策纪要的撰写、流转和保存以及对决策事项的贯彻落实和监督程序等。高校应当明确实行领导班子集体决策的重大经济事项的范围，如：大额资金使用、大宗资产采购、基本建设工程项目、对外投资和融资业务、重要资产处置、信息化建设以及预算审批、调整等内容，借鉴国外高校的做法，将议事决策规则写进大学章程，使之制度化、规范化和常态化。

2. 坚持集体研究、专家论证和技术咨询相结合的决策原则

高校领导班子由党委、行政和纪检的主要领导组成，经济活动的重大决策应贯彻民主集中原则，坚持少数服从多数，实行领导班子集体研究决定，对于建设工程、大型修缮、信息化项目和大宗物资采购等专业性较强的重大事项，高校应当成立专门评审机构，或委托外部专家、机构等第三方，就业务事项的目的、方案的可行性、计划的科学性以及金额的合理性等方面进行综合立项评审；对于关系到广大师生员工切身利益的，要认真听取师生员工的意见和建议，提高决策的科学性，防范"一言堂"或者"一支笔"造成的决策风险和腐败风险。

3. 做好决策纪要的记录、流转和保存工作

高校对重大经济事项的内部决策应当形成书面决策纪要，如实反映议事过程以及每一位议事成员的意见，将不同的意见记录在案，有利于分清责任。同时，在做好记录的基础上，要求议事成员进行核实、签字许可，并将决策纪要及时归档，妥善保管。

4. 加强对决策执行的追踪问效

高校应当注重决策的落实，建立决策执行督查制度，对决策执行的效率和效果实行跟踪，避免决策走过场，失去权威性。同时，还应当建立起决策问责制度，对经济活动中出现的重大决策失误、未履行集体决策程序和不按照决策执行业务的人员，应当追究相应的责任。

(三)建立健全高校内部控制关键岗位责任制

1. 确定内部控制关键岗位

高校应当根据本校的实际情况和经济活动特点，对内部控制各机构的职能

进行科学合理的分解，确定具体岗位的名称、职责和工作要求等，明确各个岗位的权限和相互关系，形成科学有效的职责分工和制衡机制。从经济活动分类的角度，内部控制关键岗位主要包括：预算业务控制与管理、收支业务控制与管理、政府采购业务控制与管理、资产控制与管理、建设项目控制与管理、合同控制与管理以及内部监督等经济活动的关键岗位。

2. 落实岗位责任制

岗位责任制是学校规章制度的核心，是学校内部各级组织和各类人员具体工作范围、各自的权力和责任的划分准则和制度。高校应当以书面形式描述内部控制关键岗位的专业能力和职业道德要求，明确岗位职责、岗位权力以及与其他岗位或外界的关系，实现人与岗的匹配、人员素质能力满足岗位要求。

3. 实行轮岗制度

轮岗制度作为培养业务技能的一种重要方法，不仅可以使关键岗位工作人员丰富岗位技能，熟悉业务全貌，而且可以培养协作精神和系统观念。关键岗位定期轮岗，有利于尽早发现内部管理中存在的问题和隐患，也有利于克服人员管理的"疲劳效应"，保持关键岗位工作人员的工作干劲，并促使其牢固树立风险防范意识和拒腐防变的思想道德防线，增强自我约束能力，自觉依法履行职责。不具备轮岗条件的高校要采取专项审计、部门互审等替代控制措施。

三、严格内部控制关键岗位工作人员要求

(一)把好人员上岗关

高校应当加强内部控制关键岗位工作人员的聘用控制与管理，将专业胜任能力和职业道德修养作为选拔和聘用的重要标准，注重理论知识、操作技能、诚信守信、专业背景和从业资格等，把好关键岗位工作人员的上岗关。

(二)加强业务培训

高校应当加强内部控制关键岗位工作人员的业务培训控制与管理，建立定期业务培训机制，从政策规定、理论知识、操作技能等方面进行专业培训，更新知识，增强技能，不断提升关键岗位工作人员的专业技能、业务水平和综合素质。

(三)强化职业道德教育

高校应当加强内部控制关键岗位工作人员的职业道德教育，将职业道德观念教育、职业道德规范教育、职业道德警示教育融为一体，培养职业道德情感，树立职业道德观念，提高职业道德水平。

四、加强财务体系建设，提高会计信息质量

财务体系是财务机构、会计人员和会计工作的有机结合，高校财务部门与经济活动密切相关，预算业务是主线，资金管理是关键，收支业务、政府采购、资产管理、基本建设项目、合同管理等也离不开财务部门，财务部门在内部控制过程中居于核心地位，发挥着重要作用。

(一)严格按照法律规定，建立会计机构和配备会计人员

高校要切实履行《会计法》赋予的职责，承担起会计责任，根据《会计法》的规定建立会计机构，优先保障财务部门的人员编制，配备具有相应资格和能力的会计人员，为有序开展会计工作提供组织和人员保障。

(二)落实岗位责任制，确保不相容岗位相互分离

不相容岗位相互分离是内部控制体系中最基本的控制手段。高校应当按照不相容岗位分离的原则，科学划分机构职能和分工，合理设计会计及相关工作岗位，并以岗位责任书等形式明确职责权限，落实岗位责任，实行岗位 AB 角管理，形成相互分离、相互制约的机制。高校需要分离的不相容岗位一般有：授权批准岗位、业务经办岗位、财产保管岗位、会计记录岗位和稽核检查岗位，这五种岗位之间应严格分离，不能混岗。

(三)加强会计基础工作管理，按规定要求编制和提供财务信息

会计核算是会计的基本职能，也是规范会计基础工作的核心环节。完善会计核算管理，规范会计流程，特别是对资金支付、财务报销、账簿记录等环节的核对、稽核以及对账、复核工作，按照实际发生的经济业务事项，依据国家统一会计制度的规定及时进行账务处理、编制财务会计报告，确保财务信息真实、完整。

(四)建立财务部门与其他业务部门沟通协调机制

高校财务部门负责学校预算管理、收支管理、资金管理的重任，且与相关部门共同管理资产、合同、政府采购、建设项目等，与学校的经济活动联系密切。财务部门应当与其他相关部门之间加强信息沟通、相互协调，建立定期核对机制，实现重要经济活动信息共享，形成联动机制和内部控制合力，充分发挥会计对经济活动和财务收支的反映和监督作用，提升内部控制效能。

五、强化高校内部控制信息化建设

(一)内部控制信息化的含义

内部控制的信息化是指高校利用计算机和通信技术，将内部控制理念、标准、流程、方法等要素通过信息化的手段固化到学校管理信息系统中形成的信息化管理平台，从而实现内部控制体系的系统化、规范化与常态化。

信息化表面上看是一种计算机技术，其实质是实施内部控制的重要手段，通过信息技术可以固定岗位职责、权限和控制措施，强化内部控制，提高信息的准确性、时效性和相关性，提升控制的效率和效果，促使高校的管理效能迈上一个新的台阶。

(二)内部控制信息化的实现

高校应当对信息系统建设实施归口管理，将经济活动及其内部控制流程嵌入学校信息系统中，有效减少或消除人为操纵因素或影响，保护信息安全。

1. 系统开发准备阶段

一是针对系统开发耗资多、耗时长、风险大的特点，高校应当从有益性、可能性和必要性方面进行可行性研究，避免盲目投资，减少不必要的损失。二是从全局的角度，对系统开发进行统一、总体的规划，包括建设目标、人员配备、资金来源、开发内容、优先顺序、时间安排、硬件配置、数据处理等。三是根据总体规划，从管理需求和系统功能两个方面对系统进行详细分析。四是采用一定的标准和准则，对信息系统的总体架构和模块之间的联系进行设计，对信息进行分类编码设计及输入、输出方式设计等。

2. 系统开发过程阶段

一是遵照信息系统规划和设计要求，从硬件设备购置、安装和应用软件程序的编制两方面，组织信息系统的具体开发实施。二是建立系统软件与业务活动的联系，将经济活动业务流程、关键控制点和处理规则嵌入系统程序，对系统开发全过程进行跟踪管理。三是组织信息开发与学校内部各单位的日常沟通和协调，督促按时保质完成编程工作，组织专业人员对信息系统进行验收测试，测试其运行效率和可靠性，并做好信息系统上线运行的各项准备工作。

3. 系统运行维护阶段

一是加强信息系统运行与维护的管理，制定信息系统工作程序、信息管理制度以及各模块子系统的具体操作规程，及时跟踪、发现和解决系统运行中存在的问题，确保信息系统按照规定的程序、制度和操作规范持续稳定运行。二是重视信息系统运行中的安全保密工作，确定信息系统的安全等级，建立不同等级信息的授权使用制度、用户管理制度和网络安全制度，并定期对数据进行备份，避免损失。对于服务器等关键信息设备，未经授权，任何人不得接触。

【参考文献】

[1] 财政部. 关于印发《行政事业单位内部控制规范（试行）》的通知[S]. 财会〔2012〕21号，2012.

[2] 刘永泽. 行政事业单位内部控制制度设计操作指南[M]. 大连：东北财经大学出版社，2013.

[3] 方周文，张庆龙，聂兴凯. 行政事业单位内部控制规范讲解[M]. 上海：立信会计出版社，2013.

[4] 魏明，夏立均，贾玉凤. 事业单位内部控制与管理[M]. 北京：经济科学出版社，2014.

[5] 杨有红. 企业内部控制系统[M]. 北京：北京大学出版社，2013.

高校财务内控问题浅谈

南京师范大学　黄崴

【摘　要】 文章首先通过阐述和分析高校财务内控的现状发现高校的财务虽然有较为完善的内控系统但是在实际工作中仍然出现了许多不同形式的漏洞和问题。接下来，文章从一名基层财务工作者的角度提出了现阶段工作中的三点问题：一是财务内控制度要与时俱进；二是预算与实际工作差异大；三是财务人员工作强度和压力较大，一定程度上影响了对工作的集中度。最后，提出关于解决方案的思考：一是财务管理制度上的保证；二是做好与正在申报项目的老师和现有的项目负责人等沟通；三是增加财务人员数量和提高质量，降低人均工作量。

【关键词】 高校财务　财务内控

高校财务部门的内控管理，经过多年的发展，已经建立起了一套较为完善的理论体系和运行机制，但还是暴露出了诸多的经济问题。本人通过总结工作实践中的经验和教训，发现财务内控管理不是财务部门管好自家一亩三分地就能做好的，财务部的工作是管理整个学校的钱袋子，财务内控管理实际就是学校钱袋子的内控管理，因此做好财务内控管理应该以财务部门为核心，从全校的高度全面思考。鉴于本人的工作资历和岗位的局限，现对此问题进行较为局部的和粗略的探讨。

一、高校财务内控现状

随着高校的发展，财务内控的不断加强，近年来从中央到地方对教育事业的关心不断加大，教育投入的不断增长，高校的办学规模资金结构都已经今非昔比。教育经费的来源在过去单一财政拨款、学费收入的基础上，转变为多渠道筹措经费的格局，增加了国内外银行贷款、校区置换和资产处置收入、校办产业上缴利润、服务性收入、社会捐赠及各种专项资金、科研项目经费等。由于经费的来源不同导致经费的用途各异，因此在资金的使用过程中，财务部门对资金使用合规性方面的监管难度也随之加大。

从国家到各个院校，财务管理内控等相关制度都已经建立。2008 年 6 月财政部、证监会、审计署、银监会、保监会五部委联合发布的《企业内部控制基本规范》标志着我国内部控制规范建设的开始，而 2010 年 4 月五部委又联合发布了《企业内部控制应用指引》《企业内部控制评价指引》《企业内部控制审计指引》等相关文件，这标志着我国内部控制规范体系的基本建立。2012 年财政部制定印发了《行政事业单位内部控制规范（试行）》，该规范对行政事业单位内部控制的具体内容进行了进一步阐述，指出内部控制即单位为实现控制目标，通过制定制度、实施措施和执行程序，对经济活动等风险进行防范和控制。具体到学校，以本人工作的单位为例，从财务内控制度到岗位职责再到学校各项资金的使用规范，已经建立和健全了一套行之有效的管理体系。

同时，虽然身为财务人员我们每日辛勤工作，又有各项财务制度作为保障，但每当审计时都会暴露出一定的不足。尽管我们已经有了较为完备的制度，但在经费管理等方面依然出现了不少的问题，较大的如：2009 年武汉大学原常务副校长陈昭方、党委常务副书记龙小乐基建腐败案；2011 年南昌大学基建处原处长周光文受贿案；中科院地质与地球物理研究所原所长段振豪挪用科研经费等，在一定程度上都凸显了经费监管的缺失。而小的问题更是多如牛毛，根据我的实际工作经验，在审计过程中常常发现不少漏洞，如假发票报销、报销虚假内容等。这些问题的出现不由得让我深思，我们的工作到底出了什么问题呢？

二、在实践中所遇到的问题

财务内控制度要与时俱进。由于目前教育事业发展的节奏日益加快，学校资金来源的渠道也随之增加，因此对资金允许列支的用途更加复杂。学校财务部门不能紧跟脚步，却常常用许多年以前的制度来管理当前的资金，使得财务工作人员在实际工作中出现难以匹配的尴尬。比如我校目前差旅费每天的补贴为省内 20 元/天、省外 40 元/天，有些项目又不能报支餐费，这就导致老师出差回来用其他发票顶替差旅途中的餐费，面对这合情但不合规的做法让我们财务人员很难处理。

预算与实际工作差异大。预算编制随意不准确的矛盾主要表现在科研经费和某些专项经费中。一方面有些老师在申报项目预算时只图能够顺利申报成功，因此预算编制过程中只参考以往的经验不去根据实际情况申报，另一方面某些老师为省事随便编个预算就报上去了，这样实际支出与预算不符，在实践中比较突出的是劳务费。特别是文科类项目实际工作大量使用学生等人员协助老师工作，但是很多项目，特别是以往项目中劳务费的比例过低甚至没有单独列出来。这样导致老师想列支劳务费十分困难且手续烦琐。于是老师经常让学生用车票等其他票据通过报销等方式取得劳务费，这样就形成了许多虚假内容的报销出现。财务人员在实际工作中，由于对项目的内容不熟悉而没有发现这些虚假内容的报销业务，直至在检查中被发现。

　　财务人员工作强度和压力较大，一定程度上影响了对工作的集中度。我个人认为这可能是高校中普遍存在的问题。今年来高校办学经费成倍增长，但财务工作人员并未实质性增加。2005 年至 2010 年，教育部直属高校总收入从 722 亿元增加到 1418 亿元，但同期财务人员数量仅从 3414 人增加到 3604 人。一般一所高校在职人员数以千计，在校学生数以万计，而财务处有多少人呢？以我们学校为例，只有三十多人，从事日常报销审核工作的人员不到十人，每到下半年特别是年底每月的凭证制作数量是数千份，凭证后所附发票等单据更是数以万计。到了年底即使满负荷工作也不能满足广大师生的报销需求。在这样的工作量和强度下，财务人员几乎不可能做到每时每刻注意力都高度集中，难免导致工作疏忽和意想不到的失误出现。

三、关于解决方案的思考

1. 财务管理制度上的保证

高校应根据国家法律法规的要求，结合自身的特点，在组织结构、岗位责任、业务处理程序、内部审计监督等方面制定科学的制度规范，做到高校各项经济业务活动均有章可循、有法可依，从而达到财务管理的有序运行。但是更重要的是应当设立财务管理制度管理机构，该机构应对财务人员在日常工作中遇到的新情况，且现有制度不能发挥作用时及时调整或出台新政策，保证学校的财务制度能跟上实际工作的发展。

2. 做好与正在申报项目的老师和现有的项目负责人等沟通

财务部门应当有专人负责向全校广大师生宣传报销的制度，并协助老师申报项目和项目的负责人制定和执行预算。尽量从源头杜绝由于预算与实际情况脱节而导致的虚假业务报销的情况出现。另外，可以增进老师与财务人员之间的了解，做到相互理解，争取形成老师主动配合财务人员工作的和谐环境。

3. 增加财务人员数量和提高质量，降低人均工作量

学校人事部门面对财务报账工作急剧增长的现实，将新进人员的额度向财务部门倾斜。同时也应解放思想，将一些辅助工作交给具有相关专业知识的勤工助学的学生完成，让更多的有经验的财务人员投入到审核报账的工作中去。另外，在财务报账排队等候现象改观之前，可以设立报账预审岗，在师生报销之前，先行审核票据，这样资金列支等容易被发现的问题可及时被处理，有效地解决了那些报销手续不全或票据不合规的师生，经过漫长的排队却因手续不全而被退回的现象，同时该岗位的设置，也能分担一部分财务审核人员的工作

压力。

综上所述，说到加强财务内部控制管理，很多人容易联想到的就是内部的制度建设，抓业务管理、抓思想观念等，但在实践工作中我深刻地体会到内控牵涉学校工作的方方面面，许多工作需要通过与学校多个部门沟通合作，在共同努力的情况下才能取得良好结果。抓内控不一定全靠严打，营造一个合作、和睦、和谐的工作氛围也许是加强财务内控管理的新思路。

【参考文献】

[1] 王祥. 构建高校财务内控机制的措施[EB/OL]. http：//www.chinaacc.com/new/287_290_201101/27yi44379928.shtml.

[2] 任元明，苏朗. 构建高等学校和谐财务报账关系的思考[J]. 会计之友，2012(11).

[3] 张静，刘晗. 试论高等学校财务内控机制的完善[J]. 会计之友，2012(11).

[4] 曹辉景. 高校财务管理中内控制度问题研究[J]. 高师财务管理研究，2013(9).

[5] 汤颖跃. 高校财务内部控制点研究初探[J]. 高师财务管理研究，2013(9).

[6] 张楠. 浅谈行政事业单位内部控制规范下高校内控体系的构建[J]. 高师财务管理研究，2013(9).

行政事业单位财务管理廉政风险防范方法实证研究

——以严格会计核算审核预防违纪风险研究

河北师范大学　李煜均

河北省高速公路管理局服务管理中心　辛　丽

【摘　要】随着审计、财政、巡视监督工作日益深入，事业单位会计核算存在项目资金核算违纪、资金基层化使用、违规手段隐蔽化等财务风险问题，通过会计核算手段加强发票真伪审核与资金支付凭证上收款单位控制相结合，经济业务事项类别及明细的审核，公务支出内容合规性、标准性审核等手段防范廉政风险，积极适应新常态。

【关键词】行政事业单位　会计核算　廉政风险

党的十八大以来，中央相继出台了《改进工作作风密切联系群众的八项规定》《党政机关厉行节约反对浪费条例》《国内公务接待暂行规定》《中央和国家机关差旅费管理办法》《中央和国家机关会议费管理办法》等，紧接着地方相应的一些管理办法也陆续出台。这些规定、办法刚性约束力强。准确把握和积极适应新形势下的廉政风险，是当前国有行政事业单位管理的主要任务和努力方向，尤其是财务管理。近年来，随着审计、财政、巡视监督工作日益深入，发现事业单位财务管理与当前廉政风险形势很不协调，财务管理漏洞尤其是核算管理漏洞明显，主要有以下几个方面。

一、当前事业单位财务管理核算工作存在的主要问题

(一)项目资金核算违纪问题突出

根据项目支出管理的有关规定，财政专项资金先由资金使用者申报项目，再由财政部门审核，由于项目预算编制受主观因素影响较大，因主观因素(比如人数、服务价格、耗用品可重复使用等)变化产生的资金结余较大，造成存量资金盘活困难。此外，由于信息不对称，财政部门对专项资金的审核、安排难免

会有疏漏。部分预算单位通过擅自扩大开支范围、标准虚列支出，资金支出随意性大。如有的编造会议资料转移招待费支出，还有的编造虚假领款花名册和虚拟租赁合同等。个别的甚至套取或转移预算资金。

(二)资金使用基层化

随着政府预算改革的深入，财政、审计对一级预算单位的管理和监督日趋规范，但对基层预算单位的财政审计监督尚未做到全覆盖。基层预算单位对下拨的某些非限定用途资金会成为上级预算单位隐藏违规资金的场所。部分单位为规避监管，将行政执法、收费、处罚的权力下放到所属事业单位，收入下沉到下属单位，使用资金时提出需求，由下属单位办理。

(三)经济业务支出外部化

中央八项规定实施以来，各单位都收紧了"三公"经费和公务消费支出。部分单位为规避监管，将会议费、科研费等挂在宾馆饭店用于消费；或将部分费用以工程费、管理费等名义转入项目建设单位，以方便使用。

(四)违规手段隐蔽化

在一些掌握公共权力或公共资源的单位，部分人员通过有意培植利益关联方"代理"作弊，有的将原本可以按正常程序开展的行政审批等事项，指定中介方介入协助，并最终从中介方获得利益回流。这类问题趋向索取投资入股、业务垄断、矿产开采等隐性利益，通常表现在股权转让、招投标、资格申请、投融资等业务中。有的在位时只"帮忙"不收礼，待离职后再兑现；有的将部分违法所得投入公益事业树立"道德"形象，或谋求政治地位。

适应当前廉政风险防范大环境和解决行政事业单位财务管理出现的问题，给广大财务管理者特别是会计核算人员也提出了新的要求。会计核算人员必须适应新规定新要求，规范支出报账行为，对财务票据及报账手续严格审核把关，确保财务支出的真实、合规、合法性，做资金支出关口的守护神。为此，笔者有几点看法供参考。

二、当前事业单位会计核算工作廉政风险防范对策

(一)报账凭据方面的审核

1. 发票真伪审核与资金支付凭证上收款单位控制相结合

发票来自多个部门，种类也较多。包括套印有税务部门监制章的收付款票据，财政部门统一印制的事业性收费票据、资金往来票据及其他专用票据。税务部门印制的票据，即由供应商或服务商提供给我们的付款票据，在税务部门

发票查询管理系统能查到信息且与管理系统信息相符。资金支付凭证上的收款单位确保与发票财务专用章或发票专用章一致，不能开空抬头支付凭证，保证资金流向轨迹不能偏差，防范资金流向风险。

2.经济业务事项类别及明细的审核

根据发票内容，对经济业务事项类别正确划分，该归类学员培训食堂补贴就是学员培训食堂补贴，是公务接待费就是公务接待费，不能"张冠李戴"，也不能编造虚假经济事项。支出明细不能从发票上一目了然的，要附能证明发票支出真实性的清单或其他附件。如大型商场超市购物发票，要求提供机打小票；住宿费要附宾馆客房机打清单，并加盖与发票相同的单位印鉴；会议费要有会议通知和签到册等；所报经济内容要与发票用途相符，如不能以印刷行业的发票报销购买图书支出。

3.公务支出内容合规性、标准性审核

根据《改进工作作风密切联系群众的八项规定》和《党政机关厉行节约反对浪费条例》以及各级纪委通报的情况看，接待发票支出内容不能有烟、高档菜肴饮品及与餐饮无关的消费名目，如扑克牌。中餐不能有酒。不能有洗浴、娱乐场所、会所的消费支出。公务出国、出差要有审批手续并按规定标准乘坐交通工具，限额内住宿，不能有餐饮发票，不能有景点消费支出等。科研支出要按科研主管部门批复的预算执行，无设备预算不能购买设备，劳务费支出比例不能超出等。

4.讲课费、劳务费类支出标准、结算手续要规范

对专家讲座、外聘人员劳务费发放要依据国家或内部规定的标准，不能超标准发放；专家及外聘人员相关个人信息，服务时间、内容记载准确；资金支付不能本人签字的转账结算，并将转账记录附在报销凭证上。

(二)票据粘贴会计基础规范审核

按相关管理规定和财政部门报账要求分次归类、有序清晰地粘贴在粘贴单上，并详细列明内容。财政、审计、巡视等监督检查对特别规范的票据审核主观上关注较小，除以上票据审核要求外，对票据粘贴符合会计基础规范要求也很重要。报账之前要将原始票据归类，分次粘贴。归类就是将同类费用支出归在一起，是差旅费就是差旅费，是专用材料费就是专用材料费，是印刷费就是印刷费，不能将各项费用混在一起报账，也不能将国内培训费和出国培训费混淆报账。分次就是一次的。不能将一次耗费的支出分多次报销或将多次耗费支出累积一次报账，有的甚至累积一年才报账。累计报账金额过大也会成为各级监督部门关注的重点，造成人力资源与时间成本的浪费；也不能将多张连号发

票(包括定额发票和限额填开发票)打乱分散成若干次若干个月报账。

(三)票据金额签批权限规范性审核

首先是经济业务的单位负责人、经手人、验收人签字齐全,是否本人签字。负责人的资金额度签批权限是否符合单位内部控制的相关规定或在财务部门的备案;多个项目列支的资金,是否有项目分割单,并由相关项目负责人的签批。事由和领导签批意见及内容要明晰并可执行。

(四)"三公"经费报销会计核算审核规范具体要求举几项支出予以说明

1. 公务接待费

公务接待报销实行一事一结,财务报销应当有财务票据、派出单位公函、公务接待审批单和公务接待清单等。公务接待审批单和公务接待清单上陪同人员、接待人员、接待标准等要素要填写齐全。

2. 差旅费

出差人员出差(出国)结束后,应该在一周,最长不超过一个月办理报销。差旅费报销时必须提供差旅(出国)审批手续、城市间交通费发票、住宿费发票等凭证。参加会议、培训的要附会议、培训通知。住宿费、机票、会议费、培训费支出等按规定用公务卡结算。单位财务部门对未经批准出差以及超范围、超标准开支的费用不予报销。

3. 举办短期培训

报销培训费,应当提供培训通知、实际参训人员签到表、培训各项支出明细分类汇总表,各项支出原始票据、明细单据、结算凭证及未结算票据执收单位信息。多期举行同类培训的,分期报销,不要累积多期一次报销。

4. 举办会议报销会议费

会议费在会议结束后及时办理报销手续,报销时应当提供会议审批文件、会议通知及实际参会人员签到表、定点饭店等会议服务单位提供的费用原始明细单据、电子结算单等凭证。财务部门要严格按规定审核会议费开支,对未列入年度会议计划,以及超范围、超标准开支的经费不予报销。会议费支付,应当严格按照国库集中支付制度和公务卡管理制度的有关规定执行,以银行转账或公务卡方式结算,禁止以现金方式结算。

5. 报销公务用车费用

公务用车保险、维修、加油定点制度或实行政府采购协议供货(服务)制度,也就是说在本单位定点保险公司、汽车修理厂、加油站或政府协议服务地点进行保险、维修、加油方可报账,也可实行加油卡制度,维修费报销必须有定点汽车修理厂维修结算清单。

　　在新常态下，创新与发展的新形势，事业单位改革的进一步深化，新预算法的实施，给事业单位财务管理提出了新的更高的要求，以严格会计核算审核预防支出违纪风险及其他手段加强财务管理全过程控制，确保事业单位财务管理能够适应新常态。

【参考文献】

　　[1] 吴志美. 新形式新常态下如何规范财务支出报账. http://www. hbaudit. gov. cn/html/2015/0403/37596. shtml.

　　[2] 王保平. 新常态之下的财会观察[J]. 财会学习，2014(10).

　　[3] 刘文锋. 新常态下如何开展内部审计工作. 常德市审计局网站.

论票据审核与内部控制

南通大学　刘晓红

【摘　要】财务票据作为财务凭证的直接查询依据，在财务管理当中具有重要的作用。企业一般财务审批都会对财务凭证粘贴的票据进行审核，票据无误后，才能够进行审批。票据的审核制度与财务工作质量有直接联系，控制票据审核制度能够促进企业财务管理工作的完善，提升企业的可持续发展。

【关键词】票据审核　内部控制

票据作为交易双方的凭证说明，必须进行合理的保存。例如生产企业购买材料的票据，能够代表企业拥有对材料的使用权。生产企业根据费用票据，进行企业财务账务处理。根据财务凭证以及费用票据，企业进行财务账务处理，根据处理结果企业能够制定发展决策。财务票据的审核和企业内部控制有联系，良好的票据审核制度能够促进企业内部控制的发展。本文通过分析票据审核特点，研究票据审核和内部控制的关系。

一、票据审核与内部控制概述

(一)票据审核概述

票据是指各种凭证，广义的票据是指有价证券，狭义的票据包括企业材料购买支出，或是收到账款和支付账款等凭证说明。一般在双方在进行交易时的有价凭证，企业财务部门对票据的合理性和真实性进行审核。

对财务制度票据进行审核，需要查看票据上的支付和凭证上的支付摘要是否相同，和企业拿到的发票种类是否相关。企业员工一般会进行一些项目的报销，例如出差报销等。财务人员在进行票据审核时，不仅要查看票据摘要，还要注意票据内容是否符合企业规定的报销标准。对票据的真伪性进行鉴别，查看票据是否存在仿造的情况。票据上大写和小写金额不一致时，不能进行票据的审核，需要重新开出收据进行核对。

(二)内部控制概述

企业进行内部控制，是指对企业内部的组织运行进行管理，提高企业的运行效率。企业进行内部控制，能够提高企业对风险的防范能力，减少风险带来的损失。企业良好的内部控制制度，能够督促企业员工的发展，提高员工发展的积极性。

企业进行内部控制，包括企业对内部环境的控制，对企业组织结构的设置，对人力资源进行优化配置，以及对企业员工职责进行合理规划。除了对企业内部环境的控制，对企业的风险也需要进行管理。企业进行风险评估，能够防止潜在风险带来的损失，提前制订风险预防方案。除了内部控制和风险评估之外，对企业进行内部控制最重要的还有对财务部门的管理。企业的财务资金运转和企业的长期发展有重要关系，对投资者的投资决策也有重要影响。

企业根据财务管理部门整理出的财务报告，制定企业运转资金的配置。投资者根据财务会计做出的报告，能够分析出企业的偿债能力、营利能力等。若是财务报告不清楚，投资者无法做出正确的投资决策。会使企业的资金运转出现问题，或是损害投资者的经济利益。

(三)企业内部控制现状

现阶段企业的内部控制存在一些不足，导致企业内部控制不完善，阻碍企业的发展。企业对内部控制的认识不足，不能够重视内部控制带来的意义。多数企业不能很好地按照内部控制要求进行，在进行披露内部控制管理时，或是缺少必要的报告，或是缺少完善的制度。由于内部控制的不完善，容易增加企业经营过程中的风险。多数企业存在岗位组织结构不明确的情况，导致人力资源配置不合理，例如一人多岗，或是有些必要的岗位无人任职，对企业的日常运行有消极的影响。

在财务制度这一方面，企业财务制度管理存在一些缺陷。传统的财务执业人员需要有执业资格证，但一些企业由于规模或是经营活动较简单，雇用的财务会计人员存在专业综合素质较差的问题。财务会计人员综合素质较低，对财务会计工作的不熟悉，不能按照财务标准的规章制度处理财务工作，导致企业财务工作出现隐患，不利于企业的内部控制。由于一些财务人员在财务处理技能方面的不熟练，对票据的审核就会出现问题。一些企业财务报告中会出现滥竽充数的票据，使企业的资金运转出现问题，影响企业的长期发展。由于财务会计人员执业的不规范，一些企业发展需要的财务数据不准确，使企业经营决策出现问题，影响企业的长期发展。

二、票据审核与内部控制的联系以及改进措施

(一)票据审核控制与内部控制相辅相成

票据审核和内部控制有很大的关系，其中票据审核是内部控制的基础。企业内部控制需要对企业财务管理工作进行管理，完善企业会计组织结构，能够奠定企业内部控制的基础。

控制票据审核是对财务管理工作控制的基础，票据审核工作是企业财务管理工作的基础工作。一般的企业需要在票据审核完成的基础上，进行一系列其他财务工作，例如报表的编制和税费的缴纳等。企业要想对财务管理进行内部控制，首先要保证财务基础工作不会出现问题，才能对企业整体财务管理工作进行控制。

内部控制监督票据审核管理，二者具有相辅相成的性质。企业进行内部控制，必然会对企业财务工作进行监督和管理。通过企业对财务的控制，会提高企业财务人员工作的积极性。财务人员根据公司的内部控制制度，能够认真地完成票据审核工作。这就需要企业增加内部控制管理力度，营造一个良好的发展氛围。

(二)提高财务人员综合素质

提高财务人员的综合素质，能够提高票据审核制度和企业内部控制工作。企业财务人员的综合素质直接对企业财务工作产生影响，财务人员综合素质较高，财务工作的质量和效率就会上升。由于大多数企业聘用的财务人员存在专业技能不足、综合素质较差的现象，因此企业在选用财务人员时，需要制定严格的选用标准。

企业按照财务工作规定，必须审核财务人员的执业资格证明；其次还要审核财务人员的综合业务能力，观察财务人员是否能够解决财务工作中出现的问题。另外应该对企业财务人员进行培训，使企业财务人员熟悉公司日常经营活动，提高财务人员处理实际工作的问题的能力。

优化企业财务组织结构，一般的企业财务组织结构存在组织结构简单、人员分工不明确的情况。企业在进行票据审核管理时，并没有专业的人员进行审核管理，财务工作人员的岗位职责不明确。企业应该建立明确的财务制度，优化对企业财务人员的管理，将职责划分到个人，使每个人有明确的工作职责。

(三)加强企业的重视意识

加强企业的重视意识，能够完善企业票据审核管理和企业内部控制。企业对票据审核不重视，就会导致财务管理工作出现疏漏。一些财务人员或是公司

职员由于一些人为原因伪造票据，对企业经营发展造成消极影响。企业应该重视财务票据审核的重要性，同时类似于票据审核等细节性的财务工作，都应该受到企业重视。企业对财务细节工作重视，能够提高企业财务人员工作责任心。

结束语

企业票据审核和内部控制具有相辅相成的特点，提高企业财务人员的综合素质，加强企业对票据审核以及内部控制的重视意识，能够完善企业票据审核管理和企业内部控制。企业票据审核和内部控制的完善，能够促进企业的长期发展。

【参考文献】

[1] 张颖. 浅议票据审核与内部控制[J]. 中国外资（上半月），2013(7).

[2] 刘永泽，唐大鹏. 关于行政事业单位内部控制的几个问题[J]. 会计研究，2013(1).

浅析高等学校财务部门内部控制的现状

辽宁师范大学　路丽丽

【摘　要】高等学校是国家教育部门，担负着教育、培养人才，提高教师科研水平等重任。高等学校的财务收支关系着学校及整个教育部门如何管理和运用好高校的经费，是摆在高校财务管理部门的头等大事。随着内部控制理论在企业的成功应用，我国在 2012 年 11 月 29 日出台了《行政事业单位内部控制规范（试行）》，并于 2014 年 1 月 1 日起施行，这是我国制定的首部行政事业单位内部控制规范，它将以往我国只在企业层面应用的内部控制制度上升到了政府的层面，而高校财务部门也需将内部控制融入整个财务管理体系中。

【关键词】高等学校　财务部门　内部控制　框架体系

一、高等学校财务部门内部控制的基础理论

(一)内部控制的基本概念和演进过程

内部控制是组织运营和管理活动发展到一定阶段的产物，是科学管理的必然要求，内部控制理论与实践的发展大体上经历了内部控制、内部控制系统、内部控制结构、内部控制整合框架四个不同阶段。

我国的内部控制理论研究起步较晚，吸收了世界各国的理论与实践经验，同时紧密结合中国实际，在内部控制的目标、原则、要素和组织实施等诸多方面，实现了若干重大创新。2001 年 6 月 22 日，财政部针对我国企业颁布了《内部会计控制——基本规范(试行)》，当时只对企业的会计核算账务过程进行了约束，将内部控制定义为内部会计控制和对货币资金的管理控制，只关注了那些与企业财务部门相关的内部控制，忽视了其他部门和业务的内部控制，没有关注企业整体组织框架内的内部控制体系建设。2002 年至 2004 年我国对内部控制的目标的要求在不断提高，规定的范围也在逐渐扩大，体现出我国在内部控制理论研究应用方面的不断进步，与时代相适应。在表 1 中了列示我国主要内部控制概念：

表 1　我国主要内部控制概念

主要规范	制定机构	制定时间	内部控制概念	具体内容
独立审计准则第9号	中注协	1996	"内部控制是单位为了保证内部控制的有效进行，保护资产的安全和完整，防止、发现、纠正错误与舞弊，保证会计资料的真实、合法与完整而制定与实施的政策与程序"	控制环境、会计系统和控制程序
内部会计控制——基本规范	财政部	2001	"内部控制是指单位为了保证各项业务活动的有效进行、确保资产的安全完整、防止欺诈和舞弊行为、实现经营管理目标等而制定并实施的一系列具有控制职能的方法、措施和程序"	货币资金、实物资产、对外投资、工程项目、采购与付款、筹资、销售与收款、成本费用、担保等
商业银行内部控制指引	中国人民银行	2002	"内部控制是指商业银行为实现经营目标，通过制定和实施一系列制度、程序和方法，对风险进行事前防范、事中控制、事后监督和纠正的动态过程和机制"	内部控制环境、风险识别与评估、内部控制措施、信息交流与反馈、监督评价与纠正
证券公司内部控制指引	中国证监会	2003	"内部控制是指证券公司为实现经营目标，根据经营环境变化，对证券公司经营与管理过程中的风险进行识别、评价和管理的制度安排、组织体系和控制措施"	控制环境、风险识别与评估、控制活动与措施、信息沟通与反馈、监督与评价
独立审计具体准则第29号	中注协	2004	"内部控制是被审计单位为了合理保证财务报告的可靠性、经营的效率和效果以及对法律法规的遵循，由治理当局、管理当局和其他人员设计和执行的政策和程序"	控制环境、被审计单位的风险评估过程、与财务报告相关的信息系统和沟通、控制活动、对控制的监督
内部控制基本规范	财政部会同证监会、审计署、保监会和银监会	2008	"内部控制是指由企业董事会、监事会、经理层和全体员工实施的、旨在实现控制目标的过程"	内部环境、风险评估、控制措施、信息与沟通、监督检查
行政事业单位内部控制规范（试行）	财政部	2011	"指单位为实现控制目标，通过制定制度、实施措施和执行程序，对经济活动的风险进行防范和管控"	风险评估和控制方法、单位层面内部控制、业务层面内部控制、评价与监督

2011 年 9 月 9 日，财政部会计司在《关于印发〈会计改革与发展"十二五"规划纲要〉的通知》中首次提出构建行政事业单位内部控制规范体系。推进行政事业单位等非企业内部控制规范建设，以立足财政部门职责、突出行政事业单位特点为基点，制定行政事业单位内部控制规范，促进行政事业单位加强风险防范和内部控制，提高会计信息质量，保护资产安全完整，预防违法违纪腐败行为的发生。同年 11 月 10 日财政部会计司发布了《行政事业单位内部控制规范（征求意见稿）》，2012 年 11 月 29 日财政部出台了《行政事业单位内部控制规范（试行）》，并于 2014 年 1 月 1 日起施行，标志着我国第一部行政事业单位内部控制规范正式启用，在我国内部控制发展史上迈出了重要的一步。

（二）高校财务部门内部控制的含义

在高校财务的实际工作中，内部控制多以直接控制的形式出现，借助各级财务部门展开工作。即各级财务部门上下级之间和每个财务人员之间在各项业务活动中，通过对照目标检查，查找偏差，制定改进措施，从而确保既定目标的实现。直接控制主要是财务部门和财务人员通过日常财务业务关系，对各部门的财务关系进行监督控制。间接控制，主要是调动群众的主人翁精神，实施积极的民主监督。财务部门通过网上查账等经济民主活动，让广大教师参与经济管理，将高校财务部门内部控制活动置于群众监督控制之下。间接财务控制是直接财务控制的重要补充，为确保效果，间接控制必须在专业指导下进行。

在高校财务管理活动中应建立以直接财务控制为主、间接控制为辅的内部控制体系，将有助于强化内部控制的作用力，确保取得预期效果，促进高校财务管理水平的提高。

1. 高校财务部门内部控制的主体

高校财务部门内部控制的主体就是高校财务部门内部控制活动的实施者，财务处长作为财务控制的主体，主要是依据所制定的目标，审批重大经费开支的项目，控制本级财务活动行为。一方面，各级财务部门的上下级之间和财务人员之间在各项财务业务活动中，通过在内部业务处理中落实相互制约的内部牵制制度，来实施相互间的财务控制；另一方面，财务部门和财务人员通过日常财务业务关系，对各事业部门的财务活动进行控制。

间接控制是通过群众实施民主监督，从广义上来讲，间接控制的实施主体可以扩大到广大教师。他们是各项经费的直接参与者，对经费的使用情况最熟悉，对经费使用中有无漏洞和浪费最了解。只有广大教师积极投身于财务内部控制的活动中，才能促进财务部门完善财务管理，提高经费保障效力。

2. 高校财务部门内部控制的客体

高校财务部门内部控制的客体是财务部门管理活动的全过程及其结果，以及行为者在财务工作过程中的经济行为。财务工作过程包括预算编制、预算执行、决算、报销审批等过程。在预算编制过程中，财务部门在大致掌握本年度所需的资金总额的前提下，落实各个事业部门所需的经费数额和拨付时间，杜绝贪污浪费。

预算执行过程中对预算经费的使用行为进行跟踪问责。考察经费使用方向是否符合安排；预算经费是否完全使用在相应项目上；预算经费使用时机是否恰当等。

在报销审批过程中，需要明确签字人的权限与责任，加强对"一支笔"的控制，就是对其使用权限、履行义务实行控制监督，不能利用"一支笔"的权力牟取私利。

高校财务部门内部控制的过程如图1。

外部环境

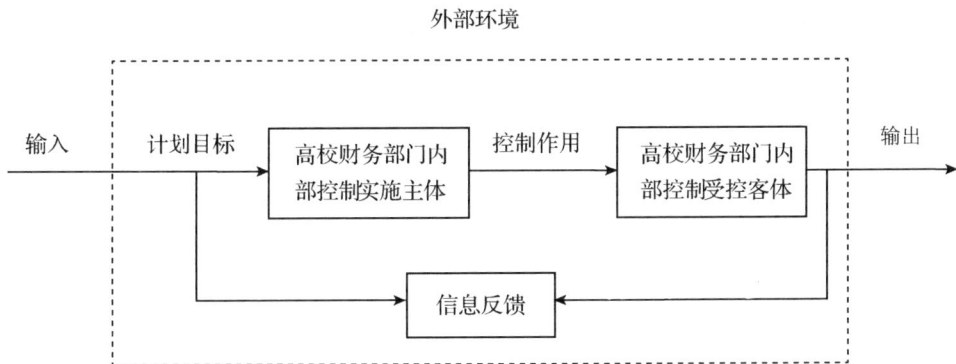

图 1　高校财务部门内部控制流程

二、目前高等学校财务部门内部控制存在的主要问题及原因分析

由于管理环境相对封闭，造成了管理手段滞后，高等学校财务部门在内部控制推广运用方面远不如企业，已无法适应新形势下社会整体经济的发展速度。在高校财务管理的过程中，应意识到内控的缺陷，逐步重视内部控制，为建设更加完善的高等学校财务管理体系铺好路。

(一)高等学校财务部门内部控制现阶段存在的问题

现阶段，高等学校财务部门内部控制的环境并不完善，内控意识不强，风险意识淡薄，内部控制工作落实不到位，跨部门间的信息沟通不畅，内部监督缺少有力支撑。

1. 内控环境不完善

高等学校财务部门现阶段的内部控制环境并不完善，领导者内控意识不强，内部控制这一理论目前还没有完全融入高校财务管理的实践，多数领导认为管理监督就是内部控制，依然采用的是老一套的管理模式，理论更新较慢。一些领导还感觉不到内部控制所能给高校财务管理带来的效益，所以内部控制推广有一定难度。

2. 风险意识淡薄

内部控制的主要工作是防范风险，然而在高校财务部门内部控制的风险往往被人为地缩小了，在各项工作的考评检查过程中，大部分只关注安全、稳定、防范事故，而忽视经济风险的存在。由于高校实行的是预算制度，经费由国家或财政全额保障，不存在资金短缺或资金链断裂问题。这种模式长久以来使大多数人认为只要在预算之内就可以任意开支，经费保障不成问题，各单位追求预算的最大化，而不是成本的最小化，资金的争取量往往是关注核心，而使用效益却无人关注。

3. 控制活动落实不到位

控制活动是内部控制在实际工作中的具体应用，在高等学校财务部门内部控制制度落实的过程中还存在不到位的地方，如不相容职务分离不彻底，在高校现行体制编制中，有些高校财务部门由会计一人负责预算和决算编制、审查报销单据、编制会计凭证、登记账目、编制报表审核上报。这就造成会计信息的真实性无法得到监督。

4. 信息系统不成熟

信息化系统仅仅在财务部门实施是远远不够的，各个相关部门，如科研处、资产处等与财务部门密切相关的其他部门也应该建立具有联系的、整体性的信息管理系统。目前，大多数高校管理者想要了解相关信息，需要到各部门对口收集信息，降低了管理效率。而且数据中可能存在叠加和漏报，不便于做出正确决策，这与企业的先进的信息管理模式相差较远。

5. 内部监督缺少有力支撑

目前，实际工作中的内部控制主要依靠上级对下级的检查监督，不少工作依靠行政监督或人与人之间的协调，这就使得协调的空间比较大。我国高等学校财务部门内部控制体系，还停留在发现问题和解决问题的阶段，没有成体系的规范约束，无法真正做到通过制度规范将问题消灭在萌芽状态，把内部控制工作落实于平时工作。

(二)高等学校财务部门内部控制存在问题的原因分析

以上问题的原因主要表现在高校财务管理人员对内部控制的认识不够深入，领导者对内部控制不了解，财务人员专业知识不全面，对相关经济责任缺少问责机制，缺乏奖惩机制与相关考评制度，监督机构缺少独立性，内部控制规章制度不够健全等。

三、强化高校财务部门内部控制的措施

(一)完善高校财务部门内部控制框架体系

1. 提高高校财务部门财务管理水平

(1)建设高素质的高校财务人员队伍

在实际工作中，财务人员要有效地履行职责，发挥出管理的主动性、积极性、创造性，能有效地抵制和克服消极因素的影响，除了靠外部因素的组织引导与制约外，最重要的还是靠提高财务人员队伍的整体素质。建设高素质高校财务人员队伍的主要内容有：加强思想政治工作、加大财务专业及相关知识和业务能力的培训力度、完善人员管理机制等。

(2)科学设置高校财务机构

科学设置高校财务机构，有利于进一步明确各级高校财务部门的职责分工，有利于实现对财务工作的统一领导，调动各级财务机构和财务人员积极性，更好地发挥高校财务机构体系的整体功能，提高财务工作效率和财务管理水平。在设置高校财务机构的实践中，应该尽力做到以下几点：

首先，保证财务主管人员对财务工作的统一领导。

其次，保证各个财务机构的责权统一。在财务机构设置中明确划分各级财务机构的职责权力范围，做到职责和职权相适应。

再次，保证内部控制制度的落实。设置高校财务机构必须遵循内部控制制度的要求。要能够保证经济业务之间形成内部牵制关系，防止经济活动中营私舞弊行为的发生。做到管钱不花钱、管钱不管事，不能让一个人在其正常责任范围内，处于既容易弄虚作假又容易掩盖错误和弊端的地位，如钱账分管、账物分管等。

最后，保证财务工作效率的提高。财务机构设置和人员配备，尽量做到财务机构中每个成员的职责分工明确，人尽其才，没有机构重叠、人浮于事的问题，符合精干、高效、节约的原则。

2. 强化高校财务部门内部控制手段

（1）明确内部控制目标

高校财务内部控制活动作为一种具体的管理活动，其管理目标就是使高校财务管理活动规范、有序、有效率地进行。

（2）加强对资金、资产、人员的管控

财务部门主要通过对固定资产、物资实物资产盘点清查制度，严格实物资产出入申报审批手续，来加强对实物资产的控制。在财产清查登记中，将责任制引入工作，厘清职责，区分责任，对照责任逐级考评，依据考评实施奖惩，以提高资产盘点清查工作的效率。

3. 完善内部控制的考评制度

（1）制定内部控制标准

在确定高校财务部门内部控制标准之前，只有先明确控制的对象，才能据以确定该采用什么标准。一般而言，财务控制的关键点主要有：

①人员标准。"管理是通过其他人的工作达到组织的目标"。因此，使人员按照所期望的方式工作是非常重要的，管理者应重视对下属工作表现的控制。为此，应建立工作规范，明确每个人在各个时期的阶段成果，并把成果与个人的工作挂钩，对人员的工作情况进行系统化的评估。值得注意的是，应根据个人的特点、能力，做到具体问题具体分析。

②部门绩效标准。部门绩效代表的是对组织整体活动效果的评价，它是人们判断一个组织管理能力的直接依据，是控制的最终内容。管理者并不是关心组织绩效的唯一的人，各部门人员会根据自身利益，对此做出判断。因此，为了维持或改进组织整体效果，管理者应该关心对绩效的控制。

（2）考核控制标准执行情况

为了获取内部控制信息，管理者衡量实际工作情况可以采取亲自观察、分析统计资料、听取口头汇报和阅读书面汇报、进行抽样调查等。另外，实施财务控制活动中也会存在很多无法直接测量的工作，只能凭借某些现象进行推断。这既要依据定量指标，也需要主观判断，同时还需要历史资料与工作经验的积累。

（3）纠正偏差或不当的标准

在考核发现偏差后，财务人员所开展的工作应在下述两类纠偏工作中进行选择：改进工作，改进管理策略，调整组织结构；改进激励工作，采用补救措施或进行培训、计划上的调整，重新分配人员与工作，提高绩效；修订不适当的标准。如标准脱离实际，导致工作无法完成预定目标时，应果断降低标准，使标准符合实际；反之，则适当提高标准。

控制过程的基本情况可参见图 2。

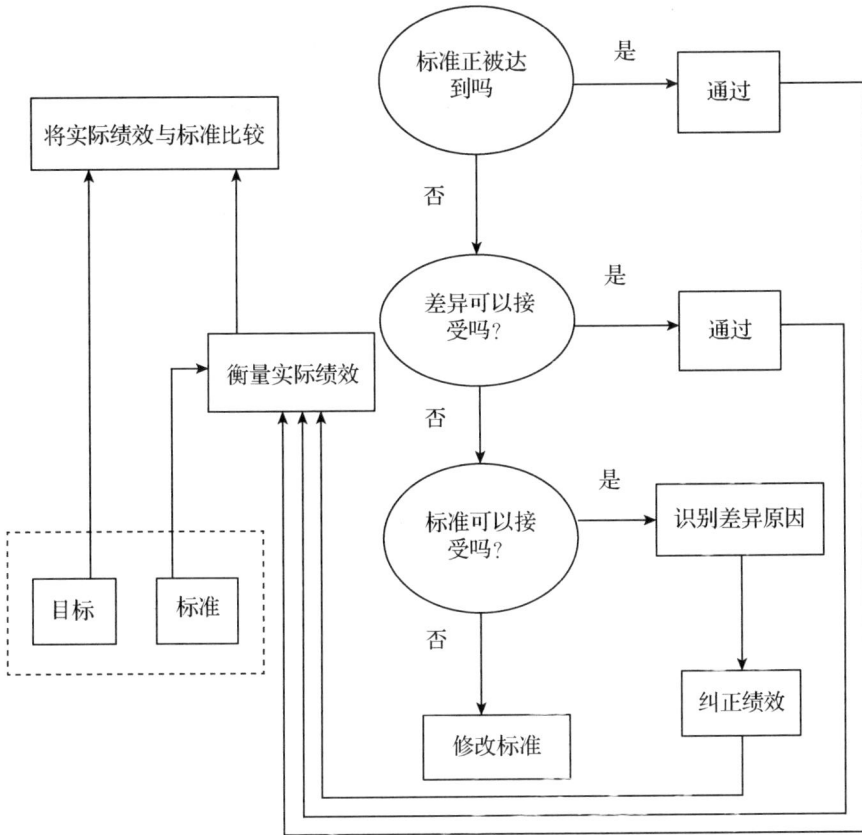

图 2   高校财务部门内部控制工作的基本过程

4. 加强内部监督

制定和完善高校财务部门内部控制相关规范，是构建高校财务管理法制化的制度基础。根据当前内部控制相关法律法规，结合高校财务部门当前自身的特点、体系与工作实际，可以适度超前，有一定的前瞻性，制定相对完整的高校财务部门内部控制规范，逐步完善高校财务部门的内部控制环境，细化各项工作的业务流程，制定相应的业务规范，并配套相应的考评标准，引起广大财务人员及高校各部门的足够重视，将内部控制工作纳入年度考评计划。

【参考文献】

[1] 柳光强，田文宪. 新公共管理理论视角下的公共部门内部控制探讨[J]. 财政监督（财会版），2011(12).

[2] 董小红. 我国政府内部控制框架构建的探讨[J]. 绿色财会，2010(5).

［3］刘永泽，张亮.我国政府部门内部控制框架体系的构建研究［J］.会计研究，2012（1）.

［4］财政部等.企业内部控制基本规范［M］.北京：经济科学出版社，2008.

［5］陈紫莹.事业单位财务内部控制体系的构建研究［J］.财会研究，2011（5）.

［6］刘亚平.构建行政事业单位内部控制体系的思考［J］.财会研究，2010（18）.

［7］陈健.行政事业单位内部控制分析［J］.科技信息，2011（5）.

高校偿还贷款能力分析与风险控制

江苏师范大学 宋 健

【摘 要】在地方政府陆续实施化解高校基建债务工作之后，高校贷款风险得到有效控制。为避免重陷债务泥潭，建立化解债务的长效机制，高校在今后的财务管理工作中，认真进行银行贷款偿还能力分析与风险控制，必须给予充分重视和加强。

【关键词】高校贷款 偿还 能力分析 风险控制

1999 年以来，在高校扩招的形势下，许多高校开始大规模地利用银行信贷资金进行新校区建设。在取得跨越式发展的同时，高校建设项目贷款金额过大，进入还贷高峰期后，还贷付息压力沉重，甚至于正常运转都受到严重影响。为缓解这一局面，地方政府陆续开始实施化解高校基建债务工作，高校贷款风险才得到有效控制。为建立化解高校债务的长效机制，避免重陷债务泥潭，认真进行贷款偿还能力分析与风险控制在高校财务管理工作中应引起充分重视与加强。

高校偿贷能力是指高校在借款期限内偿还借款本金和利息的能力。偿贷能力的大小反映了对债权的保障程度。偿贷能力分析建立在现行财务会计报表体系的基础上，主要是对资产负债表提供的相关数据进行加工处理，将格式化的报表数据转化为特定的信息，据以衡量和判断偿贷能力的整个过程。

一、偿贷能力

1. 获取收入能力

高校的收入来源可分为限定性收入(有指定用途)和非限定性收入(无指定用途)两大类，只有非限定性收入才能作为高校偿还银行贷款本息的资金来源。非限定性收入包括非专项教育经费拨款(不含附属中小学教育经费拨款)、教育事业收入、附属单位缴款、其他经费拨款、上级补助收入和其他收入等。

2. 变现能力

变现能力即变现比率，高校变现能力强的资产有未支出的远期现金、政府债券、近期及远期学费收入、教育经费拨款及其增量等。变现比率=(现金+政府债券+学费+教育拨款)/流动负债×100%,该比率越大对贷款越有利。

3. 还贷能力

还贷能力是高校维持正常运转以外的,能够用于贷款还本付息的能力。高校用来还贷的主要是非限定性净收入。非限定性净收入=非限定性收入-必要刚性支出,必要刚性支出=(基本支出-科研支出-已贷款利息支出)+对附属单位补助支出。高校必须寻求多方位的资金来源,加强自身造血功能,提高还贷能力。

二、偿贷指标

1. 资产负债率

资产负债率是负债总额与资产总额之比,该指标反映学校的总资产中有多少是举债所得的。它体现了学校偿还债务的综合能力,也反映了对债权人提供资金的安全保障程度。其计算公式为:

资产负债率=负债总额/资产总额×100%

对于学校来说,资产负债率指标不应太高,企业单位一般以30%—50%为宜。比率过低,说明企业比较保守;比率过高,企业的财务风险就大。这个指标一般应不高于50%,警戒线是60%,若超过警戒线,说明负债已经十分沉重。由于学校与企业的差异性,学校资产负债率一般控制在30%以内,高校必须在负债办学获取收益和承担风险之间做出权衡,确定对学校适宜的贷款规模。江苏师范大学2013年年底的固定资产已达11.80亿元,银行贷款为1.4亿元,资产负债率约为11%,贷款总体安全保障程度较高。

另外,因高校会计核算与企业不同,高校资产负债率并不能完全反映高校贷款偿还能力,主要影响因素有以下四个方面:(1)应收及暂付款没有完整地体现出学校的实际债权。高校的"应收及暂付款"主要是暂付款,基本是垫付款未核销数,不可能再作为债权收回。应计入"应收及暂付款"的应收款项,如学生应缴的学费、住宿费却没有计入。(2)固定资产实际价值与账面不符。事业单位的固定资产不计提折旧,其账面价值与实际价值不符。在当今科学技术发展突飞猛进的时代,许多设备更新速度也越来越快,这部分固定资产不计提折旧,与实际价值严重背离。如果学校一旦需要财产清算,那么可能兑现的资产将比账面所列数字要少得多。(3)无形资产没有得到反映。高校的无形资产普遍没有在账面上反映,或在高校本来应该计入资产数额中的无形资产往往被忽略不计,从而直接影响了资产负债率的计算。(4)应付及暂存款没有完全体现学校债务。高校的"应付及暂存款"里,主要反映的是暂存款项,而应付未付的基建工程款等款项，本来应计入当期债务却没有在账面上完全反映，从而使高校的实际负债额大于账面上的负债额。所有这些情况，都会直接影响到学校对自身偿贷能力的正确评估与判断。

2. 流动比率

流动比率是流动资产与流动负债之比，表示每 1 元流动负债有多少流动资产作为偿还的保证。它反映高校流动资产对流动负债的保障程度。其计算公式为：

流动比率＝流动资产/流动负债×100％

高校流动资产指在一年内变现或耗用资产，包括现金、银行存款、应收及暂付款(预测可收回的部分)、借出款(短期部分)、对校办企业投资、其他投资(投资均为短期部分)等。流动比率指标反映了流动资产占流动负债的倍数，反映高校的短期偿贷能力。一般而言，流动比率越低，短期偿贷能力越差，财务风险越大；流动比率越高，短期偿贷能力越强，财务风险越小。但是这个指标并不是越大越好，合理的限度应该是学校在流动资金清偿当年流动负债后仍有余力支付正常的教育事业支出，满足日常事业活动的资金需求。一般来说，2∶1 的流动比率被认为是理想的，该指标在 200％ 左右时，表明财务状况良好，具备偿还能力；若低于 100％，表明学校偿贷能力差，财务风险大。江苏师范大学 2013 年年末的流动资产为 1.37 亿元，一年内到期的短期银行贷款为 1.3 亿元，流动比率为 105.38％，虽然学校具有偿还短期贷款的资金保证，但短期偿还贷款能力不是很高。

3. 贷款负担率

高校贷款负担率＝贷款总额/当年总收入×100％

高校贷款负担率比率是贷款总额与办学收入之比。办学收入主要有教育事业收入(主要指学生学费、宿费收入)、财政拨款、教育费附加、社会捐赠、科研经费拨款等。高校贷款负担率用以衡量学校偿还贷款的能力，比率越高，贷款压力越大。江苏师范大学 2013 年学校预算收入为 2.76 亿元，财政拨款是 3.86 亿元，总计 6.62 亿元，年末贷款余额尚有 1.4 亿元，高校贷款负担率比率在 21％ 左右，指标数值比较理想，说明学校偿还债务能力较强。

4. 贷款依存度

高校贷款依存度＝当年贷款总额/当年总支出×100％

这一指标反映财务支出对当年贷款的依赖程度。在达到举债高峰期时，贷款负担率较高，往往需要年年贷款，出现以贷还贷的现象。这一时期被称为举债前半期。当贷款依存度为零时，完全由学校自身收还本付息，贷款积累额逐年减少至零。这一时期被称为举债后半期。高校贷款依存度一般不能超过

100%，反之，则说明学校不能拿出充足的资金投入到改善学校教学、科研及教职工待遇中。江苏师范大学 2013 年当年贷款 1.4 亿元，当年总支出为 6.69 亿元，贷款依存度为 20.93%，指标数值适中，学校财务运转状况可以保持正常。

其他指标还有速动比率、现金比率等，因高校流动资产中存货数量不是很大等因素，其与流动比率指标计算口径相关不多，在此不再赘述。

三、贷款风险控制

高校对于银行贷款风险控制，既要积极主动化解存量贷款的风险，又要控制新增贷款可能产生的风险，以保障高校教育事业健康发展。

1. 控制高校贷款规模，认真执行银行贷款审批机制与定期报告制度

高校新发生的所有贷款包括借新还旧和新增银行贷款，必须报经省教育厅、省财政厅等主管部门审核同意，新增基本建设项目要严格按规定程序报批，并定期向主管部门报告学校债务管理及偿还情况。力争保持适度的贷款规模，用学校偿还贷款能力、筹资能力、资金成本的承受能力等综合衡量控制贷款规模。

2. 科学制定学校发展规划，适度安排贷款项目

高校应从学校实际情况出发，正确处理眼前与长远、发展与经济承受能力的关系，科学制定总体发展战略规划、学科与师资队伍建设规划和校园建设规划，根据事业发展的实际需要和学校实际偿还能力确定贷款项目和适度的贷款数额。贷款项目和适度的贷款数额必须经过严格、科学的可行性论证，贷款额度不得超过预期偿还能力，贷款前应制订切实可行的还贷计划和措施，以保证学校事业健康，稳定发展。

3. 调整贷款结构，合理安排高校长期贷款与短期贷款的比例

长期贷款成本高，但周转时间长，财务风险较小；短期贷款成本低，但周转时间短，受国家利率政策影响大，不确定性强，财务风险大。如果高校为了追求低成本，大规模贷款都是短期的，如果还贷时间集中，就会引发贷款风险。合理的贷款结构还必须综合考虑贷款规模、到期时间等因素，如果贷款规模不是太大，到期时间安排合理，就不会给学校资金周转带来压力，就可以短期贷款为主。如果高校贷规模较大，应当以长期贷款为主，配合一定的短期贷款，虽然牺牲一部分经济利益，但可换回财务运转的安全。

4. 加强贷款精细化管理，防范意外损失

贷款高校要认真研究资本市场供求情况和市场利率趋势，对学校资金需求制定科学、合理的资金使用方案，通过优化贷款资金结构，降低贷款成本，减少财务风险。贷款高校还应制订切实可行的还贷计划，按照贷款本息、归还时间和额度要求，合理安排调度资金，避免因准备不足、资金周转困难而出现延

期还款损失。

5. 加强财务管理，提高资金使用效率

高校资金使用效率的提高有利于节约支出，控制贷款风险。一方面，高校加强财务管理，明确各项经费开支使用的范围，加强学校基本建设的计划性和资产管理使用的科学性，严格执行财务政策，专款专用，禁止一切不合理开支，增强成本核算意识。另一方面，加强审计监督，在项目进行中及项目结束时对资金支出和工程质量严格审计，发现违反规定情况应严肃追究责任。

6. 不提供经济担保，杜绝经济风险

根据《中华人民共和国担保法》等规定，高校不得对任何单位（含校办产业）或个人的经济活动提供担保，以杜绝各种风险隐患。

通过认真分析学校的经济实力，正确评估学校的偿贷能力，有效控制高校的债务风险，努力实现办学经济效益与社会效益最大化，促使高校发展走上良性轨道。

【参考文献】

[1] 吴喜梅. 高等学校偿债能力评价[J]. 财会通讯，2009(17).

[2] 童青. 高校贷款偿债能力分析[J]. 财会通讯，2009(14).

[3] 张涛，宋涛. 财务分析学[M]. 北京：经济科学出版社，2014.

加强高校财务监督的思考

天津师范大学　田丽云

【摘　要】随着国家对高等教育投入的增加和高校办学自主性的提高，高等教育事业进入高速发展期，高校的经济活动与业务范围日益复杂化，这给高校的财务管理工作带来了新的挑战。近年来高校腐败案频发，引起了全社会的关注。原因之一在于原有的高校财务管理和监督机制已不能适应高校发展的要求，加强高校财务监督刻不容缓。本文通过分析高校财务监督的现状，发现高校财务监督存在的问题，并结合高校财务管理的实际目标，提出了进一步完善高校财务监督的对策及建议，旨在促进高等教育事业的健康、有序、快速发展。

【关键词】高校　财务监督　对策

一、研究背景及意义

随着我国市场经济体制不断完善和高等教育体制的改革与发展，国家对高校的投入力度越来越大，高校的经济规模迅速扩张，这也使高校的经济活动与业务范围日益复杂化。高校在迅速发展的同时，职务犯罪和贪污腐败现象时有发生，频繁发生在高校的腐败案件引起全社会高度关注。

面对腐败案件数量居高不下的态势，社会各界纷纷呼吁加强高校财务监管。教育部会同有关部门在全国高校范围内，开展了治理商业贿赂、"小金库"专项治理、基建工程领域突出问题专项治理等系列集中行动，在直属高校推进高校会计委派制，推广政府采购集中招投标制度，加强了财务检查、抽查工作，完善了高校财务数据报送制度和校内相关管理信息系统。同时国家财政、审计、税收、价格等部门在自身职责范围内，加大了对高校财务检查工作力度。但原有的高校财务管理和监督机制明显落后于教育体制改革步伐，高校财务管理与学校经济活动的关系，大多停留在事后的业务处理层面，对预算制定是否科学合理、资金运用效益如何、程序是否规范、风险防范措施是否科学等缺乏有效监督。随着《国家中长期教育改革发展规划纲要（2010—2020 年）》的深入实施，2012 年，实现了"国家财政性教育经费支出占国内生产总值的比重达到 4％"，高校如何使用好、管理好国家财政性教育经费这笔"巨款",是全国人民关注的焦点。因此,加强高校财务监督刻不容缓。

2012 年,财政部、教育部印发了新修订的《高等学校财务制度》,进一步强化财务监督在高校财务工作中的地位和作用,指出"财务监督是贯彻国家财经法规以及学校财务规章制度,维护财经纪律的保证"。财务监督具有对一切经济活动进行控制和管理的职能,要管好用好学校的各项资金,就必须充分发挥财务监督的作用。如何加强高校财务监督,有效防范高校经济领域的腐败案件发生,成为摆在我们面前的一个重要课题。

二、高校财务监督的现状

(一)在高校财务监督的过程中以财务管理体制代替财务监督制度

目前,高校基本都形成了自身的财务管理体制,制定了本校的财务管理办法,但多数侧重于财务管理工作的规范化,一般对会计业务及流程做出了详细的规定,但对财务监督体制及对经济活动如何实施财务监督难以体现,对于部门之间关键岗位的制约、责任的划分尚缺乏明确的规定。由于财务监督体制缺失,财务管理面临失控的风险,学校的基建、招标、采购等领域成为腐败案高发领域。近年来,高校违法违纪案件数量之多、金额之大、范围之广、涉及人员职务级别之高,都是前所未有的。面对高校财务监督失控,主管部门纷纷出台各种措施,如建立资金监管系统、国家审计署进驻高校审计违规资金、高校领导离职前进行经济责任审计等,这些措施在一定程度上促进了高校财务管理工作规范化科学化,推进了从源头上预防腐败工作,但高校内部如不建立科学的监督机制,在日常经济活动中实施有效的财务监督,仍不能从根本上解决问题。

(二)在高校财务监督的过程中以会计监督代替财务监督

长期以来,人们普遍认为财务管理与监督属于会计工作的范畴,财务监督只是会计人员的职责,与学校其他部门及人员无关。这种思想一直影响着高校的财务监督工作,造成单位内部财务监督体制缺失。在大多高校中,内部牵制制度、内部控制制度,都停留在会计稽核制度、会计监督层面。在原计划经济体制下,高校财务的核心工作是核算,会计核算代替了财务管理的全部内涵,虽说会计的基本职能是核算和监督,但会计人员的工作大都停留在事后的业务处理层面,对于资金运用效益、规范,风险防范措施是否科学等财务监督行为,完全是通过会计静态分析进行事后监督,无法实现对经济活动的事前、事中控制,缺乏对经济活动的全程监控。

三、目前高校财务监督存在的主要问题

(一)高校财务监督意识淡薄

近年来，国家加大了对高等教育的资金投入力度，怎样发挥好教育资金的应有作用，从而保障高校教育的顺利发展，是财务监督工作的重要内容。但在现实生活中，一些高校不太注重财务监督工作，致使财务监督工作没能发挥应有的作用，这主要是高校工作人员缺乏财务监督观念的缘故。

首先，作为一级监督主体，部分高校领导认为财务监督是会计业务范畴，自有财务部门把关，与其他部门的关系不大，没有真正认识到财务监督对高校工作的重要意义。在具体财务活动中，重业务轻监督，对资金使用缺乏认真审核，重金钱轻实物，对高校资产的保值增值不重视，重花钱轻效益、重收入轻支出、重运作轻规范、重合理轻合法。领导的观念直接导致财务监督体制缺陷。其次，作为主要监督主体的财务和审计部门，在内部财务控制和内部审计方面存在走过场的现象，马虎了事，监督机制形同虚设，未能认真地落实。此外，基层部门对资金管理、资产管理不重视，缺乏按学校规定执行的自觉性，部门职工对财务规定及本部门财务状况缺乏全面而深入的了解，加之不了解情况，监督无从入手。

(二)财务监督体制不健全

从高校财务监督现状看，目前大多数高校基本是会计监督行使着财务监督的职能，财务监督体制尚不健全。部门之间、岗位之间责任划分不明确，没有形成严格的制约；对资金运用效益、资金使用的规范、资产的保值增值、风险防范措施等缺乏科学的评价体系。在当前高校复杂的经济形势下，财务部门的监督工作只是财务监督的一个重要方面，财务监督行为应体现在学校管理的多个环节，不能简单地用财务管理体制代替财务监督体制。

(三)财务监督制度建设不完善

从近些年高校不断发生的违纪违法行为看，几乎都发生在各项业务活动中，而产生这些问题的环节又是在经济活动较为频繁、财务内部控制制度较为薄弱的环节。再从财务监管角度看，满足于现行制度而忽视制度创新、满足于建章立制而忽视检查落实、满足于当前现状而忽视关口前移等问题比较普遍。

1. 高校财务管理法律法规制定滞后

在国家实施"科教兴国"和"人才强国"的重大举措后，高校职能有了较大改变，其功能由原来以教学为主转变为教学、科研、服务社会和文化传承创新并重。高校财务经费来源渠道更为广泛和复杂，由单一的财政事业拨款向多元化

转变。政府管理部门在制定有关经费管理规章制度时，有其时代特点，但一个政策制定后不可能频繁修订，这就往往导致政策滞后于实际。

2. 高校内部控制制度不完善

一些高校的领导和相关部门对如何贯彻落实财务监督制度并针对本校实际制定相应规章制度不愿做专题研究或认真部署落实办法。高校虽普遍制定了单位内部控制制度，但不健全、不完善，多数侧重于财务管理工作的规范化，更多是对会计人员的要求，对于部门之间关键岗位的制约、责任的划分尚缺乏明确的规定。就是仅有的控制制度，也时有落实不到位的情况发生。由于高校监督管理存在漏洞，全国不少高校相继发生了经济方面的问题或案件。

(四)财务监督方法单一、手段陈旧

现阶段，高校的财务监督形式普遍比较落后，监督的内容也没有明确规定，很多高校的财务监督仅仅局限于事后监督，出现了问题才进行检查，没出现问题就不去过问。事后监督因为缺乏时效性，往往很难起到大的监督作用，即使最终查到责任人并追究责任，造成的损失也无法挽回。另外，在具体的财务监督形式选择上，主要以事后的书面监督为主，一般也只是检查凭证、账簿、报表，不能实现对高校财经活动的全过程监督。有的高校仅局限于会计人员对会计原始凭证的审核把关，对各种专项投资等没有进行可行性论证，仓促上马，容易造成高校资源的浪费。对高校工程及招投标流程缺少跟踪监督，容易滋生腐败，损害国家和学校的利益。

(五)财务工作重核算轻管理，会计监督职能弱化

高校财务工作倡导从核算型向管理型转变，但多年来重核算、轻管理的惯性，使得财务人员潜意识里仍然重视记账、算账，忽视监督控制，多数高校财务人员在资金核算过程中只是承担了会计核算和资金支付等简单的服务性工作，对学校的管理活动参与较少。会计人员对经济活动的事前和事中的控制缺失，使得会计监督往往流于形式，缺乏应有的力度，直接影响了资金的核算质量，使管理手段相对弱化，导致财务资金使用效益低下。

(六)财务人员业务素质较低，财务监督乏力

多年来，高校财务工作没得到应有的重视，财务工作在低水平徘徊，财务人员素质相对较低。其一表现为业务素质低，对财务监督相关的专业知识了解比较少，缺乏实际的工作经验与理论，对经办人出具的报销票据，在审核时往往只能对票据本身的合理合法性进行审核，而对资金使用的真实性或业务本身的真实性却缺乏职业判断，不能辨别经济活动的真伪，缺乏敏感性和分析能力，从而导致会计信息失真，反映经济活动不真实；其二表现为职业道德水准低，法律意识比较淡薄，对相关的法律知识知之甚少，对不正之风不能坚持原则，造成社会、学校的财产损失。

四、加强高校财务监督的对策

（一）强化全员财务监督意识

高校的财务监督与管理是一项复杂的系统工程，涉及学校的方方面面。目前社会经济发展对高校的要求越来越多元化，高校的财务管理工作也面临从粗放式的外延管理转向更加精细化的内涵管理。这必然要求高校的各级领导和管理人员以及财务从业人员都要认真学习贯彻国家的各项财经法规和会计制度，增强社会主义市场经济的法制意识，遵守高校制定的各种规定和管理制度，了解并掌握高校经济活动的运行规律和特点，提高财务监督的思想意识。

高校的各级领导应充分重视财务监督与管理的重要性，推进财务监督工作，完善财务约束机制，提高财务管理水平，确保高校经济活动高效有序地开展。作为主要监督主体的财务和审计部门，在内部财务控制和内部审计方面，应注重制度的落实，在职能工作中加强监控，切实加强监督管理作用。同时要注重政策的宣传，普及全员财务基本知识，提高基层学院执行财务规章的自觉性，提高全体职工监督的自觉性。

（二）建立科学严密的财务监督体制

学校的财务管理在整个学校的管理工作中处于很重要的位置，为了适应改革以来高校经济关系日趋复杂化的新形势，高校必须建立统一领导、科学有效的财务监督体制，保证学校财务工作健康有序地进行。

1. 健全经济责任制，完善经济监督机制

建立健全各级经济责任制，是完善高校内部会计控制体系的重要内容。高校应当按照责、权、利相结合的原则，在校内实施"教育、科研事业经济责任制"，以明确各部门的经济责任，促使全校各部门及教职工重视关心学校财务的运行情况。在此基础之上，建立健全校内财务、审计、监察、物资、劳资等行政机构监督为主，多级监督、社会监督和教职工监督为辅的监督保障体系，并结合经济责任制确定监督目标，实行以事前和事中监督为重点、事后监督为补充的监督机制。完善财务管理制度，健全财务监督制约机制。

2. 建立多方位监督机制

学校纪检监察部门应认真履行职责，充分发挥作用，切实加强对重点岗位、重点环节的监督和检查，把监督责任落实到部门和个人，并不断创新，逐步完善；财务部门应加强会计监督和控制；审计部门应充分发挥内部审计的监督职能，争取做到对经济业务事项的事前控制、事中监督和事后评价。对财务、采购等重要岗位人员要实行定期交流和轮岗制，并确保对相关人员的监督。与此同时要结合社会审计和政府审计，充分利用其独立性以及权威性和强制性及时发现和纠正制度中存在的问题和缺陷，有效防止滋生腐败和职务犯罪现象。在外部监督上，应积极推行校务公开制度，最大限度地增加权力运行的透明度，主动接受社会各方监督，进一步拓展校务公开的广度和深度，让权力运行置于阳光监督之下。

(三)加强制度建设，强化制度落实

制度建设是做好财务监督与管理工作的根本保证。高校财务管理制度制定应在遵守国家财经法律和法规的同时结合高校特点，引进先进的财务管理理念，对现有制度不断修订和完善，从而建立财务监督的长效机制。为了适应高校经济关系日趋复杂化的新形势，内部控制会计制度是必不可少的，要不断完善岗位责任制，严格落实内部控制和授权审批制度，明确各岗位的分工，形成各岗位之间的良性内部监控，增加各岗位间的约束力。强化财务监督，就要求不断强化内部控制机制，只有内控制度进一步完善，才能形成有科学、有效的监督，建立各种查询、监控、督导系统，提高监督效率，定期对内部控制制度的执行情况进行检查，把内部控制的工作落到实处，就是把财务监督落实到位。

(四)运营多种手段，多种方法，系统全面实施财务监督

财务监督贯穿于整个财务活动的全过程，监督工作要有一定的深度和广度，因而必须多种手段、多种方法相结合，系统全面实施财务监督。

1.全面监督和专项监督相结合

对所有的业务事项都应该实行监督，对重要的、特殊的事项要进行重点监督；对基建项目和专项资金要实行专项监督。

2.事前审核、事中监控、事后检查相结合

将高校财务由事后监督向事前审核、事中监控、事后检查的全方位监督转变，形成一种多环节、全过程的财务监督管理方式，提高财务监督工作的科学性、时效性和延续性。

3.组织监督和群众监督相结合

高校应建立职工代表大会制度等多种形式，全面推进财务公开，可定期通过校园网和舆论平台将高校的财务收支情况、财务整体状况、经费的收支情况和使用效益情况公布，让广大职工参与学校重大财务决策，提高群众的监督能力和参与监督意识。自觉接受师生员工和社会的监督。

4. 将内、外部监督相结合

要把内部的财务监督、审计监督和外部财务监督有机结合起来，自觉接受政府部门的规范检查及社会机构的审计，充分发挥财政、金融、会计师事务所等部门的专业监督职能作用，对高校的经济业务活动进行客观、公正、全面的评价，并依据其评价进一步规范管理，确保高校经济活动健康有序开展。

5. 充分利用现代化手段实施监督控制

在计算机技术高速发展的今天，财务监督手段可实现多样化。校园网是财务监督的重要平台，通过财务综合查询系统让教职工随时查询工资、项目经费的实时信息；各单位的负责人可以随时查询本单位的财务状况和资金使用情况，提高财务透明度和财务监督的力度；利用财务处网站宣传财务政策法规、财务信息及服务指南，为教职工提供交流思想、沟通信息、探讨业务的园地；财务网络信息化平台使审计监督实现在线实时监控，充分发挥了审计监督的职能。

（五）推动财务工作从"核算型"向"管理型"的转变，强化会计监督职能

财务部门是防腐反腐的前线，会计人员要有主人翁精神，充分认识实施财务监督是自己不可推卸的责任。在日常工作中，要通过财务信息化的建设，逐步从记账、算账的机械性工作中解脱出来，强化财务管理职能，实现财务工作从"核算型"向"管理型"的转变，密切关注学校各项事业的发展，主动了解学校正在进行的各项经济活动，增强对所发生的经济业务的合理性、合法性、真伪性进行辨别的能力，在支付环节，要加强对经济活动的程序合法性审核，主动承担起财务监督的责任，会计人员在支付款项前，应通过对原始凭证的审核，及时发现问题，对出现违法违纪行为的经济业务要采取相应措施进行制止、纠正和揭露。

（六）提高财务人员业务素质，理顺财务监督与服务的关系

随着社会主义市场经济的发展和教育改革的不断深入，高校财务监督管理工作所涉及的范围越来越广，这就对财务工作人员的要求越来越高。因此，学校应加强财务人员继续教育培训，使得财务人员掌握最新的专业知识与技能，更好地为高校发展而服务；作为财务工作人员，要主动关注财务方面的新信息、新知识，努力提升自己的专业知识水平与职业道德水平，熟悉相关的财务法律法规，在熟练掌握专业知识的同时，还要善于沟通，在实施监督过程中将原则性与灵活性有机地统一起来，在维护财务制度的严肃性、发挥财务监督的作用、制止违法乱纪行为发生的同时要做到具体问题具体分析，在财务制度许可的范围内，予以灵活掌握，提高财务监督的服务质量和效率。

五、结束语

高校作为我国高等教育事业的主体，在我国教育事业的发展中发挥着至关重要的作用。加强高校财务监督，有助于增强高校自身的竞争力，提升高校的办学质量与声誉，促进高校的健康、稳定、可持续发展。面对越来越复杂的财务监督管理关系和越来越激烈的市场资源竞争，高校必须不断加强财务监督，通过充分发挥财务监督管理作用，促使高校教育事业的稳步发展。

【参考文献】

[1] 王阿妮. 高校财务监督存在的问题及对策[J]. 现代商业，2011(33).

[2] 苏立. 加强高校财务监督[J]. 企业导报，2011(1).

[3] 陈璠. 浅谈高校财务监督制度的建立[J]. 财会通讯(综合)，2012(4).

[4] 游凌. 高校财务监督存在的问题与对策[J]. 中国商界，2012(7).

[5] 狄旭. 新时期加强高校财务监督的思考[J]. 当代经济，2010(2).

[6] 杜常春. 高校财务监督管理改进思考[J]. 财会通讯. 综合，2012(6).

[7] 黄宁. 高校财务监督是全民工程[N]. 中国会计报，2011-05-13.

[8] 陈丽羽. 审计视角下的高校财务监督存在的问题及对策[J]. 商业会计，2011(1).

加强高校财务内控建设　切实防控廉政风险

泉州师范学院　吴小玲

【摘　要】在阐明高校财务内部控制与廉政风险防控的相辅相成，互相促进的紧密关系的基础上，分析了目前高校财务内部控制存在的种种问题，提出了加强高校财务内控建设，防控廉政风险的具体措施，旨在促进高校教育事业健康持续发展。

【关键词】高校　财务内控建设　防控廉政风险

近年来，随着我国教育事业的不断发展，高校的办学规模不断扩大，办学方式日益多样化，资金筹集方式日益多元化，随之高校自主权也不断增大。然而，由于高校教育体制改革的滞后性，高校内控制度建设不健全，高校的监督体系和控制体系落后，导致高校腐败现象层出不穷，出现私设"小金库"、挪用公款、挥霍浪费、携款外逃、转移资金等经济案件和违法违规现象。高校权力失控暴露无遗，加强高校内控制度建设，防范高校廉政风险迫在眉睫。

为进一步规范内部控制，提高行政事业单位的内部管理水平，同时加强廉政风险防控机制建设，财政部于 2012 年 11 月正式发布了《行政事业单位内部控制规范（试行）》，从 2014 年 1 月 1 日起在我国行政事业单位范围内全面实施。[1]

在此背景下，如何加强高校财务内控建设，切实防范控制廉政风险具有十分重大的现实意义。

一、高校财务内部控制与廉政风险防控

（一）高校财务内部控制

高校财务内部控制是指高校从自身实际出发，以提高办学效益，确保学校各项事务能够高效有序进行作为基本目标，不断提高会计信息的真实性和可信性，促进资产保值增值，预防资产流失，确保学校各项规章制度能够顺利贯彻与执行，降低办学成本，为实现发展战略和办学规划而制定的组织规则、计划和调节控制的方法、措施等一系列制度。

高校财务内部控制，是指为了确保高校各种经济活动中的财务状况持续高

效运行，高校根据财务管理和会计核算职能，建立健全一整套财务控制系统，利用各种财务手段和财务制度对高校的各种经济活动进行有效监督，从而为高校各项事业健康发展奠定坚实的基础。

（二）高校廉政风险防控

所谓廉政风险是指针对具有公共权力的权力主体在履行义务与实施权力的过程中可能存在或发生的以权谋私、滥用权力的可能性[2]。而高校廉政风险则是指高校各相关权力职能部门或具有一定公共权力的学校领导、单位工作人员等在履行职责或行使权力时存在廉政风险的可能性。高校财务廉政风险不仅与具有财务权利的学校内部的党政领导、职能部门及其有关工作人员相关，同时也与参与学校各种财务活动的利益者具有紧密的联系。有效做好高校财务廉政风险防控工作，必须充分发挥各主体的不同作用，切实将各个风险主体的特点及其具有的职责作为出发点，完善各项规章制度，构建层级分明的廉政风险防控体系。[3]

（三）高校财务内部控制与廉政风险防控的关系

高校财务内部控制体系是保障高校各项经济活动顺利开展、促进高校资产的合理利用、提高资金使用效益和提升财务管理水平的重要举措。廉政风险防范管理则是以健全预防腐败的长效机制为目标，遏制腐败的发生和最大限度降低廉政风险的一项机制。

财务内控即财务风险控制，这其中当然包括了对财务廉政风险的控制。高校财务内部控制是高校内部财务机制能否顺利运行的关键所在，而廉政风险防控则是促进这一机制更加长久、更加健全的有力保障，两者之间的关系是相辅相成、互相促进的紧密关系。

首先，高校财务部门是廉政风险防范的一个至关重要的职能部门。高校财务部门是高校重要的核心部门之一，影响着高校各项经济活动的有序进行。作为高校的资金管理者，也必须承担最多的风险，因此财务部门便成为高校廉政风险中风险点的聚集地。财务部门作为高校最重要的职能部门之一，一方面有可能滋生自我廉政风险的主体，另一方面，财务内控的不当有可能导致其他利益主体产生廉政风险。因此，加强高校财务内控是切实防范廉政风险的一个重要环节。

其次，廉政风险防范是高校财务内控的有力后盾。高校将自身的财务内控融入廉政风险防范内，能够更大程度地发挥财务内控的作用，同时减少在制度建设过程中的成本浪费。高校对廉政风险防范的重视程度高、推行力度强、执行力度大，对于建立健全财务管理系统起到了关键性的推动作用。

最后，财务内部控制与廉政风险防控相辅相成，相互促进。健全的财务内部控制制度为廉政风险防控提供了保障，廉政风险防范为财务内部控制指明了目标。高校廉政风险防控建设体现了高校反腐倡廉建设的内在需求，完善的廉政风险防控体系有利于财务部门的队伍建设。高校财务内控是各职能部门加强内部管理、推进工作规范高效的基础性工作，是对公共权力实施有效监控的重要手段。[4]

二、目前高校财务内部控制存在的突出问题

随着我国经济体制改革的不断深入和高等教育事业的快速发展，高校无论是在办学方面还是财务管理上都面临着十分巨大的挑战。面对复杂多变的市场环境和多元化的投资渠道，高校的财务管理和防腐监督等方面都存在诸多问题。笔者从以下几方面分析高校财务内控存在的问题。

(一)财务内部控制观念和意识比较淡薄

受传统"管钱"观念的直接影响，我国大多数高校的财务内控呈现出领导对控制与管理资金保持高度的热情，却对财务内部控制没有足够的重视。尽管大多数高校已经基本建立起内部会计控制制度，但由于观念与意识的淡薄导致落实不到位、流于形式，控制制度不能充分发挥作用。

1. 忽视内部控制的重要性

高校财务内部控制的内容相当广泛，既包括了相关的规章制度，又蕴含着人文精神、校园文化、管理理论等。然而，我国的大部分高校都没能摆脱传统办学观念的影响，导致高校的管理者很大程度上只重视提高教学质量、开展科学研究，致力于不断扩大招生范围，而忽略了财务内部控制的重要性，对建立与完善内部控制制度的重要性认识不足，在实际问题面前不能够保持应有的执行力，直接影响了财务内部控制制度的建立及其在校内的执行情况。

2. 缺乏内控制度的内动力

伴随着我国高等教育的不断改革，市场机制与财务风险逐渐引入，高校的办学结构也在不断地变化，并掌握越来越多的自主权。在这样一种充满机遇与挑战的大环境下，高校管理层的自我控制能力尤其关键。即便在内部控制制度相对完善的条件下，高校管理者也很难切实约束自身。在涉及自身利益的问题上，很难发挥内部会计控制的强制性。一套行之有效的制度归根到底是需要管理人员去主动执行和实践的，但在许多高校中仍存在着一大部分高层及中层管理人员缺乏主动的内部控制意识，行使自身的行政权力时常常逾越内部控制制度指挥各项经济活动和工作事项。

3. 对会计工作重视程度不够

我国高校办学资金主要由国家教育经费拨付与学校自筹经费收入构成，由于高校内部会计控制系统建设不完善，加之高校财务没有对利润的追求动机，导致高校管理者忽视了会计工作的重要性，也忽视会计队伍的建设和培养，会计人员专业知识水平、职业道德水平等各方面素质有待提高。

4. 法律意识淡薄，监督力度不足

没有规矩不成方圆，某些高校缺乏一套完整、可遵循的规章制度，或执行的制度不是基于符合自身办学特点，也没有科学的实施方法和措施，使得内控制度执行混乱。无论是高校管理者还是会计人员，他们的法律观念与意识都会对其法律法规的遵守情况产生直接影响。而目前相关工作人员对会计政策法规的观念与意识相对薄弱，在集团或个人利益面前，不能做到"有法必依"。同时，高校对会计人员过分强调服务意识，弱化了会计人员的监督管理职能，使监督缺乏应有的严肃性。

（二）内部会计控制系统不健全

目前，我国高校内部会计控制系统不健全主要体现在：

1. 内部控制具有片面性

目前情况来看，很多高校往往热衷于对一级预算资金的会计控制，而时常弱化甚至忽略对校办企业、二级单位等的内部会计控制，对相关单位的控制力度有待加强。健全的内部控制系统对于高校财务内控起到至关重要的作用，这就需要各部门积极配合，各司其职，建立健全各项机制，切实保障财务内控工作有序进行。

2. 预算管理不完善

在预算方面，高校财务预算内部控制主要存在两个方面的问题。一方面，高校预算编制随意性过大，缺乏科学与充分的调研论证，还未健全相应的制度，导致在预算执行过程中出现虚设内容、执行不力等问题。另一方面，很多高校忽略了预算管理在高校财务内部控制中的地位与作用，轻视预算管理给高校财务控制带来的重大影响，使很多预算编制流于形式，没能发挥预算应有的作用，失去了原有的科学性与严肃性。

3. 固定资产内部控制不健全

首先，一些高校资产管理意识薄弱，重视购置而轻视管理。在购置设备前没有充分做好调研，导致设备重复购买，资源不能合理利用，资金大量浪费的情况。其次，一些高校财产清查工作不到位，出现财产混乱、记录不清等问题。再次，对固定资产的处置方面，缺乏科学性与实效性。有些财产损坏，不能及时上报，导致财产堆积；有些设备已报废，相关部门缺乏上报鉴定审批意识，未能及时处理，事后难以追究相关责任。

4. 风险管理体系不完善

近年来，高校所处的环境日渐复杂，经费来源多元化发展，与此同时也伴随着不断提高的财务风险。高校的扩张必然需要资金的支持，然而高校管理层对校区扩张与基础设施建设等决策缺乏风险识别、预警与评估，这就给内部控制增加了难度，导致内部风险管理系统构建不完善。

（三）内部监督制度不完善

高校内部审计是内部控制的重要组成部分，目前，我国高校内部审计工作并未得到管理者的充分重视，有的高校甚至没有设立独立的内部审计部门，内部控制与监察工作并未落到实处。其次，内部审计没有形成系统，审计内容多集中于财务领域，未涉及管理等其他方面，审计工作流于形式，各部门的财务内控相对独立，在衔接上常常出现问题，具有一定的局限性。再次，内审队伍建设跟不上学校内部控制建设的需要，内审人员素质良莠不齐，整体素质不高，内审人员在品德修养、知识结构、业务能力、工作能力等方面都有待进一步提高。

（四）信息化与现代化管理手段落后

随着我国高校的不断发展，办学规模不断扩大，日益增大的财务风险对高校财务内部控制提出了更高的要求。就目前情况看，大部分高校已经建立起相对完备的电算化会计核算系统，能够基本满足财务内部控制的需求，但我们应看到，传统的管理手段已经不能适应高速发展的现代化系统，急需改进。其次，财务信息化没有结合校园网建设，导致管理控制滞后，从而扩大了财务风险；最后，没有从实际出发，选择合适的财务软件，导致人力物力资源的严重浪费。高校财务信息化与现代化建设，是一项长期的、极具挑战性的工作，随着新情况的不断出现，现有的信息化与现代化管理手段需要不断地完善。

三、加强高校财务内控建设，防控财务廉政风险的措施和实践

加强财务内部控制建设是一件精细且复杂的工作，必须对高校财务管理工作进行全面而细致的调查研究，了解业务项目，梳理业务流程，明确业务分工。财务内部控制建设也是一项长期的工作任务，我们要始终保持斗志昂扬、积极进取的精神状态，加强领导、紧密合作、同心协力，把高校财务内控与廉政风险防控有机结合，在新形势下，高度重视内部会计控制建设，明确建立健全内部会计控制的重要性和迫切性，强化单位内部涉及会计工作的各项经济业务及

相关岗位的控制，从而不断增强廉政风险防控的能力。

(一)构建良好的高校内部控制环境，牢固树立防控廉政风险思想

1. 充分认识内部控制的重要性

高校管理者应该充分认识到内部控制制度在高校建设发展中的重要地位，把握好内控制度与廉政风险防控、财务管理工作的密切关系。要充分重视内部控制制度的建设和执行，加强党风廉政建设，确保财务管理有序高效，不断提高财务部门反腐倡廉制度建设的水平和质量。

2. 提高管理者的自我控制能力势在必行

一方面，建立健全管理机构是内部控制活动的基础；另一方面，高校管理者要结合高校自身实际情况，明确权责，合理分工，各司其职，提出加强党风建设的具体要求，保证防腐倡廉工作落实到位，执行党风廉政建设责任制，强化管理人员内部控制意识，自觉主动地依法依规做好各项经济工作事项。

3. 重视高校财务人员的职业道德建设和业务能力培养，提高高校财务人员队伍的整体素质水平

通过开展形式多样的思想道德培训与技能训练，有计划、有目标、有方法地开展全方位、多角度的党风廉政建设教育，尤其要加强对重要岗位工作人员的教育与培训，力求培养出一支符合现代化高校业务需求和内控建设要求的财务管理队伍。

4. 结合学校的实际情况，建立健全内部控制规章制度

高校管理者要立足于学校的办学特点与廉政体系现状，制定一套完整的、行之有效的规章制度和科学的方法与措施，从而来指导高校财务工作，做到有章可循，违章必究，使内控制度的作用得到充分发挥，防止或降低廉政风险发生。

(二)健全和完善财务内控系统，筑牢防控廉政风险的防护墙

1. 健全内部控制体系

高校财务内部控制体系主要是通过制度进行控制的，制度建设成为内部控制体系的基本保证，一套完整的财务内部控制体系能够促进高校财务内部控制在整个高校经济活动中发挥其应有的作用。若要制度能够在实施过程中有效执行，必须确保内部控制制度的科学性、全面性、合理性、系统性以及可操作性。因此，健全内部控制体系，完善内部控制内容的工作势在必行。

2. 加强预算管理

高校要充分认识到预算工作是财务管理的核心工作，预算管理是实施内控建设的核心环节。高校要在全面了解自身发展状况和财务状况的前提下，加强

预算编制的调研和论证，加强预算执行监管以及预算绩效评估，充分发挥预算管理在高校经济活动中事前计划、事中控制、事后反馈的作用，着力建立"以预算管理为主线，以资金管控为核心"的预算管理体系。维护预算权威性和约束性，充分发挥其在高校财务内控建设、防控廉政风险方面的重要作用。

3. 加强固定资产管理

建立科学的资产管理制度，对于促进高校资源的合理配置与固定资产的高效利用有着重大的现实意义。首先，固定资产的购置方面，高校资产管理部门要在采购前进行全面的清查，制订详细的采购计划，最大限度地利用学校资源，防止过度购买与浪费现象的发生。其次，固定资产的使用方面，应建立单位责任制，落实固定资产管理责任。再次，固定资产的清查方面，要实现固定资产的定期清查，及时完整地掌握学校资源信息。最后，要努力提高固定资产的营利能力，使现有资产的价值得到最大限度的发挥。

4. 完善风险管理体系

高校管理者应加强对财务风险的控制与防范能力。首先，要加强对内部与外部风险的识别能力，提高风险防范意识。高校财务风险防范意识的提高，是完善风险管理体系的主要思想基础和重要思想保证。其次，要加强对财务风险的评估与分析。高校应建立以财务人员为主力的风险评估与分析相关组织，健全风险评估制度，加大对评估实施的检查与监督力度。

（三）加强内部审计监督功能，充分发挥其在防控廉政风险建设的重要作用

高校领导者，特别是审计部门和纪委，应当充分认识到当前学校内部审计的重要作用，切实履行党章赋予的责任，监督学校各部门贯彻落实党的路线方针政策。同时，应当加强对审计部门的独立性建设，不断完善学校的内部审计系统，提高审计部门工作人员的思想觉悟与业务水平。要明确审计部门的职能，将高校的经济活动纳入审计范围，运用科学的审计制度开展工作，对于违纪案件应当依照相关法律法规，从严处置，将高校内部审计与监督功能落到实处。

另外，高校内部审计部门是高校内部控制体系中的一个至关重要的部门，将对财务内控制度的实施产生重大影响。因此，对高校内控制度的建立与实施进行监督和评价，对财务监督实施再监督，是内部审计部门首先要完成的任务之一。高校的财务内控要达到制度化、规范化和系统化的目标，迫切需要内部审计部门加大对高校内的信息、资金和实物的监督和检查，从而不断完善高校的监督机制，充分发挥其在防控廉政风险的重要作用。

（四）改进信息化与现代化管理手段，促进防控廉政风险水平的提高

当前高校财务状况日趋多样化与复杂化，各个高校只有不断改进现代化与高科技的管理手段，并将先进的信息化与现代化管理手段运用到财务内部控制中，建立与环境相适应的高校财务内部控制制度，才能有效促进防控廉政风险水平的提高。改善信息化与现代化管理手段，首先要求高校管理者树立全局观念，转变思想，将财务管理信息化与现代化建设同财务内控建设与防控廉政风险紧密结合，并且融入高校教育管理信息化中。应着眼于学校整体发展，建立以财务管理为中心，融合教学、科研、行政等为一体的数字化平台，实现数据共享。其次应着眼于财务系统自身的建设，努力建立一个开放式的信息化服务平台，使财务系统与银行、税务等相互联系，财务系统中的各子系统相互关联，方便在校师生资源共享又阳光运作，为高校管理者做出正确的决策提供可靠的财务信息，促进高校经济活动健康有序地进行，从而提高廉政风险防控的水平。

（五）立足高校实际，加强财务内控建设——泉州师院财务内控建设实践

2013年，根据福建省委教育工委《关于推进福建省高校廉政风险防控机制建设的实施方案》、福建省教育纪工委《关于推进福建省高校廉政风险防控机制建设的意见》等文件精神，泉州师院结合财务工作实际，排查防控点和风险点，加强财务内控建设，取得了一定成效。

1. 全面梳理财务人员岗位职权，明确岗位职责

按照"梳理岗位职权—编制职权目录—规范权力流程—找准廉政风险点—评估风险等级—分级备案管理"的流程，结合本校财务工作实际，围绕思想道德、制度机制、权力运行等方面，逐一排查廉政风险点，按照干部管理权限，实行分级备案管理。对财务处所有岗位进行梳理，明确每一个人的岗位名称、工作项目、岗位职责、领导关系和工作标准。

2. 强化不相容职务监管，重点加强风险点防控

加强银行账户管理，清查学校所有银行账户；加强票据和收费管理，清查学校所有票据；加强学校资金的监管，规定并坚持执行银行账户余额日报告制度；加强资金出账审核，增设银行出账二次复核制度；加强付款环节会计再监管工作，要求会计对付款单位和个人再复核，签字确认、存档，尤其是对学生奖助学金发放的再稽核；加强银行账户存款余额会计、出纳对账签字确认、存档工作；完善付款环节，无论学生代办费结算款、奖助学金或教职工工资、报销费用等款项都直接打入个人银行卡，防止资金在发放过程中可能出现的漏洞；加强财务印章使用管理，财务专用章由专人保管，个人名章由本人或其授权的人专门保管，严禁一人保管支付款项所需的全部印章，印章使用必须登记备案。

3. 制定业务流程图，进一步规范财务工作行为

制定了学校经费预算管理流程图、学生奖助学金发放流程图、学生书籍代

办费结算工作流程图、财务处公章使用管理流程图、暂付款管理流程图、日常报销流程图、基建报销流程图、结算中心工作流程图、服务性收费项目审批流程图等，严格按照流程办事，进一步规范财务工作行为。

4. 严格预算编制程序，强化预算严肃性和权威性

学校坚持"量入为出、收支平衡、积极稳妥、统筹兼顾、保证重点、勤俭节约"的预算编制原则。严格预算编制程序，每年初财务处根据二级单位上报的经费需求进行调研论证，编制年度预算草案，征求校领导及职能部门意见后上院长办公会审议通过，召开"双代会"征求意见，最后上报党委常委会决策后下达执行。预算指标一经下达，校内各单位必须严格执行，年终预算调整一般不再考虑追加经费预算。对确有需要增加经费的项目，严格按照程序提交院长办公会或党委会研究。学校预算管理工作做到了"科学编制、规范管理、严格执行、成效突出"。

5. 推进财务信息公开，公开是最有效的"防腐剂"

实行财务信息公开是加强财务内控建设、防范廉政风险的一项重要途径。一是强化财务信息公开意识，使财务信息公开成为一种自觉的意识和行为；二是提高财务信息公开质量，努力做到"三个更加"，即：公开的内容更加充实、公开的时间更加及时、公开的重点更加突出。坚持把校内外群众最关心、最需要了解的事项公开作为公开的重点。三是完善财务信息公开形式，在使用政务公开栏的基础上，依托校园网，实行网上财务信息公开，使财务信息公开的形式更加灵活多样。

【参考文献】

[1] 张少春. 抓实抓好内控规范实施工作努力打造行政事业单位管理"升级版"[J]. 财务与会计，2013(8).

[2] 石艳红，师长青. 廉政风险防范：预防腐败的一条新思路[N]. 中国纪检监察报，2008-02-28.

[3] 吴秋生，郝诗萱. 论领导权力对内部控制有效性的影响[J]. 审计与经济研究，2013(5).

[4] 刘东，梁勇. 基于财务内控建设的高校廉政风险防范与管理[J]. 会计之友，2012(3).

基于高校财务廉政风险防控的财务岗位设置

华中师范大学　张莎　王梅芳①

【摘　要】 近年来，高校财务管理面临的形势越来越复杂，腐败现象也在不断攀升，防范高校财务廉政风险，既是高校财务管理的重要内容，又是高校廉政风险防范的重要组成部分，对维持高校经济秩序，推进高校反腐倡廉建设体系的建立健全都有举足轻重的作用。本文主要从高校财务岗位廉政风险方面展开研究，通过优化财务岗位设置，明确岗位职责、细化岗位内容，防范高校财务廉政风险。

【关键词】 财务管理　廉政风险　财务岗位　岗位职责

近年来，高校办学规模日益扩大，教育经费投入也在不断增加，同时办学形式也越来越多样化，高校自主权不断增大，我国的教育正在不断受到教育产业化、信息化的冲击，高校在预算管理、会计核算、资金结算、收费管理、科研管理、基建管理中面临的形势越来越复杂，其过程中的腐败现象也在不断攀升。

一、高校财务廉政风险概述

高校财务管理是高校各项经济活动顺利开展的保证，其每一个内容、环节都与资金有关系，很多工作岗位由于职务上的便利，为贪污、腐败提供了可能。防范高校财务廉政风险，既是高校财务管理的重要内容，又是高校廉政风险防范管理的重要组成部分，对维持高校经济秩序，推进高校反腐倡廉建设体系的建立健全都有举足轻重的作用。

所谓廉政风险是指国家公职人员在行使公共权力发生腐败行为的可能性，根据廉政风险的定义，高校财务廉政风险指高校会计行为主体在行使财务职权或履行财务职责时，违犯国家的法律、法规和财务管理制度，从而诱发腐败甚至造成经济损失的可能性。

---

① 张莎(1983—)，华中师范大学财务处会计师，注册会计师，主要研究方向为教育财会。王梅芳(1970—)，华中师范大学财务处会计师，主要研究方向为教育财会。

二、高校财务防范廉政风险的必要性

(一)高校财务部门身兼监督与被监督的双重身份

高校财务部门集管理与服务于一身,在廉政风险防控中,既是接受审计监督的对象,又承担着监督全校各部门经费支出的责任。一方面,财务部门要在日常工作中充分发挥监管作用,监管各部门经费的使用,使经费的使用合法合规;另一方面,要加强财务部门各个岗位的廉政风险排查与制度建设,明确职责,主动接受审计部门、纪检部门、师生员工的监督,以保障学校财务工作有序进行,防治腐败。

(二)财务部门潜在风险点较多、廉政风险较高

高校资金量大,风险点多,财务工作涉及面广,会计核算专业性强。性质特殊,从一般人员到处级干部均存在廉政风险的可能。如果内部控制不严,制度不健全,岗位职责不分,廉政风险意识薄弱,内部人员容易滋生腐败。

(三)财务部门廉政风险防控对学校事业发展影响重大

财务部门廉政风险防控影响整个学校的事业发展,一是直接影响学校贯彻党和国家方针政策情况;二是影响校内部门执行国家和学校财务管理制度情况;三是影响到教学质量提高和学校可持续发展;四是影响到财务人员及学校干部的健康成长。为了学校事业健康持续发展,只有将廉政风险防控工作融入日常工作之中,常抓不懈,才能有效遏制财务部门自身及学校其他经费支出部门腐败现象的发生,深入推进学校反腐倡廉和党风廉政建设。

三、高校财务廉政风险的主要表现

一般来说,高校财务廉政风险可以分为思想道德、外部环境、制度机制、岗位职责四类风险,其各自的表现如下:

(一)思想道德风险

指在思想品德、个人素质、道德理念、作风上面的风险,主要表现在部分高校财务人员思想上放松自我约束,财经纪律意识不强,注重个人利益和回报,忽视集体利益,崇尚权力,最终发生滥用职权、徇私舞弊、索贿受贿、贪污挪用等违法乱纪行为,使学校和国家财产蒙受损失。

(二)外部环境风险

主要表现为高校内部和外部环境复杂,受群体状况和社会风气影响,对财务管理也会带来一些不利影响。部分高校财务人员身陷非法利益格局,用权力

与非法利益挂钩，相互勾结利用，结成关系网，以非法利益为纽带，运用权力资源为小集体或个人牟取私利，形成利益联合体。此外，受社会上拜金主义、享乐主义和极端个人主义等思想的影响，一些财务人员在收入分配不合理因素影响下，心理失衡，过于追求经济利益和物质享受，产生廉政风险。

（三）财务制度机制风险

现行财务管理体制下，高校财务管理制度缺陷是腐败产生的最重要根源，财务制度机制风险主要表现在高校财务管理制度不健全，工作机制、行政规范等方面不完善或者有漏洞，制度落实不到位。

（四）财务岗位职责风险

财务负责人利用职务之便以索取、接受的方式非法获取管理和服务对象财务；将收费收入、正常的商业回扣等据为己有或据为财务部门所有；违反国家和学校财务管理规定，徇私舞弊，以权谋私；不按程序办事；不遵守工作流程；越权审批。

在预算管理上，编制缺乏健全的制度，出现虚设内容，预算执行不到位，收入管理的制度执行不严，致使许多收费资金被截留、私分和挪用；在支出管理中执行不严，致使乱支、滥用、套取财政资金现象时有发生。

在资产管理、基建管理等关键部位和重点领域的管理制度的不完善以及制度执行的不严格都会使一些领导和工作人员牟取私利，导致公共财产蒙受损失，加大了高校财务廉政风险。

在收费管理中，未经批准擅自扩大收费范围，提高收费标准；未按规定使用收费票据；未按规定进行收费对账工作，造成票证不符，账实不符；违反"收支两条线"管理规定，擅自办理现金收款业务。

在资金结算中，没有严格履行财务管理制度和资金支出的程序要求，造成工作失误或经济损失；利用财务出纳工作职权，公款私存；业务不精通，造成工作失误或工作财产损失；不及时登记银行存款日记账；挪用公款；不按规定保管相关印章、空白收据和空白支票。

在系统管理中，未严格根据岗位职责、不相容岗位要求或标准流程设置系统人员权限；系统管理员单独参与具体账务、预算、收费处理并自行审核；私自越权更改操作员权限或系统设置。

会计管理岗位是财务廉政风险最大聚集点，高校财务部门及人员既有自我滋生财务廉政风险的可能性，也有导致其他利益主体产生廉政风险的可能性。财务对各职能部门和二级单位的监控管理不力，会使学校和部门利益受损，财务部门内控制度不健全，内部岗位设置不清晰，不相容职务没有严格分离，相互间缺乏牵制，会计人员廉政风险意识淡薄，都会引起一系列的廉政风险。

四、防范财务廉政风险的岗位设置

根据防范廉政风险、决策执行监督相互分离、成本与效益原则，在科室、人员安排上确保不相容业务相互分离，岗位之间相互制约和相互监督，力求岗位设置、人员分工更加科学合理。

(一)信息与预算管理科

信息与预算管理科主要负责的业务有：负责学校中央部门预算编制和校内预算编制的基础数据的布置、汇总和整理工作；负责布置、汇总各学院上报的预算编制基本数字表；负责学校预算指标的拨付和调整的具体实施工作；按照国家法规设置会计科目，设置经济分类科目；负责教育经费统计报表的编制、上报工作；负责专项项目的经费管理；系统管理和维护。

信息与预算管理科可设四个工作岗位，岗位一：负责预算下达调整；岗位二：负责预算指标复核、预算编制、分析、考核等；岗位三：系统管理员，负责全处的系统维护、备份、升级等；岗位四：专项管理，主要负责中央改善办学条件专项、"985"专项、"211"工程专项等项目申报、到款账务处理、执行监督工作。岗位设置坚持"预算与执行分离、系统管理、复核与处理具体业务分离"原则。一是系统管理与预算管理、财务核算、收费管理分离，避免权限较大的系统管理员利用工作之便越过管理流程随意调整预算、财务和收费信息的风险。二是保持复核岗位的独立性，避免复核流于形式可能导致的各种风险发生。三是预算下达与执行分离，坚持预算下达、调整的复核制度，避免人为因素导致预算下达和调整的失误的风险，保证预算的严肃性。

(二)会计核算科

会计核算科主要负责的业务有：前台报账审核；会计复核；工资核算；公积金管理；各类借款的办理、清理及催收；往来款收支核算；应付及暂存款的收支核算及管理；其他收入、代管经费、专用基金的收支核算；学校房租、租房保证金、校内房装修押金、煤气管道押金等的收支核算；学生奖助学金及各种补助的核算、发放及管理等。可设三个工作岗位，岗位一：前台报账审核，根据学校经济业务量的多少设置人数，可兼任各类借款的办理、清理及催收；往来款收支核算；应付及暂存款的收支核算及管理；其他收入、代管经费、专用基金的收支核算；学校房租、租房保证金、校内房装修押金、煤气管道押金等的收支核算等。岗位二：负责会计复核及财务印章的管理。岗位三：工资管理。负责工资核算和公积金管理，主要包括住房公积金的计提、缴交、封存、变更、支取、消户等核算管理；各项工资（含临时工工资）、校内津贴及各类酬金的审核及发放；住房货币化补贴核算及发放；个人所得税的申报及代扣代缴。岗位四：学生奖助学金及各种补助的核算、发放及管理；校园"一卡通"业务相关的收支核算。岗位设置坚持"报账审核与复核分离"原则，规避如下风险：一是报账审核岗与专职复核岗相互监督，避免报账人员执法不严、执行制度尺度把握不一，甚至为报账对象徇私情等风险发生。二是会计审核岗位与出纳分离，避免违规支付风险。三是负责职工工资数据录入业务与其账务处理业务分离，确保相互监督，避免超预算、超绩效工资额度发放的风险。四是工资核算与复核分离、工资核算与出纳分离原则，岗位间相互监督，避免违规发放个人工资薪金和其他劳务报酬的风险。五是往来款核算与代扣职工工资业务分离，确保职工公务借款及时归还（代扣），避免徇私舞弊违规销账的风险。

（三）资金管理科

资金管理科的主要业务有：资金结算、财政国库集中支付计划申报、资金调度、融资业务、银行往来业务、对账管理等。可设四个工作岗位：现金出纳岗位、银行出纳岗位、资金调度岗位、对账管理岗位。岗位设置坚持"会计出纳分离、印鉴支票分离"原则。确保学校现金流的控制，确保学校资金安全，确保学校事业发展的资金需求。

（四）收费管理科

收费管理科的主要业务有：各种行政事业性收费的组织管理；学生学杂费减免、退费管理；学校事业收入分配等。可设三个工作岗位，岗位一：收费管理。负责各种行政事业性收费的组织管理，学生学杂费的应收款设置，以及收费、减免、退费复核。岗位二：收费员。负责所有学生的收费、减免及退费工作。岗位三：收入分配。负责学校事业收入的分配以及上缴工作。岗位设置坚持"票款分离、收费与应收款设置、减免、退费管理分离"原则。应收款设置与收费、出纳分离，避免擅自修改学生缴费信息、收费不开票、收款不缴库等风险发生。开票员与收款员分离，相互监督，避免收款员开具虚假业务发票或收款不开票、坐收坐支等风险发生。

（五）科研管理科

科研管理科的主要业务有：新科研项目的设置；科研项目预算额度的设置、调整；科研经费上账、外拨的账务处理以及科研经费的到账查询；科技服务、科技成果转让等收入分配的账务处理。可设置两个岗位，岗位一：负责审核岗科研经费上账、外拨的账务处理以及科研经费的到账查询；科研项目基本信息的补充、完善；科研项目审计及验收；科研项目经费卡的发放以及"一支笔"审批经费印鉴卡的扫描。岗位二：负责新科研项目的设置；科研项目预算额度的设置、调整；科技服务、科技成果转让等收入分配的账务处理。岗位设置坚持"账务处理与项目设置及调整分离"原则，避免账务处理人员直接进行项目设置，调整项目额度，从财务上保证科研经费合法和合规使用。

（六）基建管理科

基建管理科的主要业务有：学校基本建设的会计核算；编制、报送基建财务各类报表、竣工项目财务决算报告；协助基建部门编制基建经费预、决算及计划调整；了解各工程进度情况，做好资金收付和工程结算；负责基建会计凭证、报表的装订及归档。可设两个岗位。岗位一：负责学校基本建设的会计核算；基建会计凭证、报表的装订及归档；了解各工程进度情况，做好资金收付和工程结算。岗位二：编制、报送基建财务各类报表、竣工项目财务决算报告；协助基建部门编制基建经费预、决算及计划调整。岗位设置坚持"核算、付款、复核分离"原则，避免核算人员未经复核就直接支付工程款项，确保学校资金安全使用。

当然，要防范高校财务廉政风险，除了不断优化岗位设置外，还要加强制度和体制建设，充实财务人员，避免不相容岗位、一人多岗的现象。通过健全和完善制度，实现内部相互监督、相互牵制的体制，有效防范财务廉政风险。

【参考文献】

[1] 苗生珍，田书芹.高校会计岗位相关问题研究[J].高校财务，2014(18).

[2] 陈剑.高校财务廉政风险防范路径研究[J].财会月刊，2013(4).

[3] 鲁晓峰.高校财务廉政风险防范对策研究[J].行政事业资产与财务，2015(5).

[4] 曹涛.普通高校财务岗位设置探索[J].湖北师范学院学报，2008(2).

[5] 刘俚伽，曹富兰.高校廉政风险防控对财务岗位设置的启示[J].财经界，2014(16).

[6] 张哲俊.高校财务机构的构建、发展与思考[J].经济师，2010(2).

[7] 陶云，戴诗发.高校财务机构和岗位设置探索[J].昆明理工大学学报，2005(2).

信息化环境下内部控制的研究

天津师范大学　张新榕

【摘　要】信息化在提高会计工作效率和准确性的同时，也带来了信息易丢失、容易被泄露、容易被篡改等问题，因此，信息化环境下的内部控制就显得更为重要。信息化环境、风险评估、控制活动、信息与沟通、监督五个要素都受到了信息化的不同程度的影响，需要根据新情况、新问题从加强内部管理制度的建设、加强风险意识、健全内部控制风险评估、加强信息化系统的内部审计、加强人力资源的管理等几个方面加强内部控制。

【关键词】信息化　内部控制

当今，信息技术的应用渗透到了国民经济和社会发展的各个领域，会计工作经历了从手工会计到电算化会计的发展过程。会计信息系统，是基于电子计算机网络技术和现代信息技术，以人为主导，充分利用电子计算机硬件、软件、网络通信设备以及其他现代办公设备，进行会计业务数据的收集、存储、传输和加工，用于处理会计核算业务，提高财会信息的现代化信息管理系统。信息化极大地提高了会计工作的效率和准确性。然而，近年来全球造假事件频发，安然、世通等财务舞弊、会计造假事件的发生说明内部控制缺失是造成企业失败的重要原因；从我国企业现实来看，许多企业内部管理松弛、会计信息失真、国有资产流失等问题突出。因此伴随着信息化应用的深入和发展，内部控制的作用不应被削弱而是应该得到进一步加强，严格的内部控制有助于防止违法行为和负面事件的发生。因此，我国有关部委颁布一系列法规规章，要求加强对计算机信息系统的内部控制，2007年3月财政部发布的《企业内部控制规范（征求意见稿）》中专门对计算机信息系统的控制制定了具体规范，2008年5月印发的《企业内部控制基本规范》中要求"企业应当运用信息技术加强内部控制，建立与经营管理相适应的信息系统，促进内部控制流程与信息系统的有机结合，实现对业务和事项的自动控制，减少或消除人为操纵因素"。

一、信息化环境下内部控制的内涵

(一)信息化

随着信息化在实践中的迅速推进,信息化概念的内涵也逐步深化和丰富。信息化可定义为:信息化就是指通过信息技术的广泛应用和信息资源的开发利用而达到的在社会各个领域产生变革发展的一个过程。企业管理信息化是指以计算机为主体的当代电子信息技术在企业管理中的应用。企业相关管理部门依据现代管理理论,应用现代信息技术,整合企业的战略管理、资金管理、全面预算、报表合并等管理流程,及时、准确地向企业各层管理者提供充分和相关的信息支持,加工和利用相关管理信息,实现对企业相关活动进行计划、控制、分析和评价,满足企业管理总体水平提升的需要。

(二)内部控制

内部控制,许多机构和学者对此都进行过研究并给出了定义。1992 年,COSO(美国反财务舞弊委员会)公布的《内部控制——整合框架》应该是目前内部控制领域最为权威的文献之一。COSO 内部控制框架认为:企业内部控制是由企业董事会、经理阶层以及其他员工实施的,为财务报告的可靠性、经营活动的效率和效果、相关法律法规的遵循性等目标的实现,而提供合理保证的过程。2008 年 5 月,由我国财政部等五部委联合下发的《企业内部控制基本规范》,对我国的内部控制给出了明确的定义,它是由企业董事会、监事会、管理层和全体员工实施的,旨在实现控制目标的过程。也就是说,内部控制是企业为了保证业务活动的有效进行,保护资产的安全和完整,防止、发现、纠正错误与舞弊,保证会计资料的真实、合法、完整而制定和实施的政策与程序。内部控制已由会计内部控制发展为企业运营管理、战略制定、授权与控制等,内部控制范围扩大,扩大了风险防控范围。

二、内部控制系统的五要素

一个有效的内部控制系统应该包括内部环境、风险评估、控制活动、信息与沟通、监督五个相互关联的要素。

(一)内部环境

控制环境构成一个企业的控制氛围,控制环境的好坏直接决定了企业其他控制能否实施或实施的后果。COSO 对控制环境的描述是:内部环境主要指企业的核心人员以及这些人的个别属性和所处的工作环境,包括个人诚信正直、道德价值观与所具备的完成组织承诺的能力、董事会与稽核委员会、管理阶层的经营理念与营运风格、组织结构、职责划分和人力资源的政策与程序。

（二）风险评估

风险评估是组织辨认和分析与目标实现有关的风险过程，是提高内部控制效率和效果的关键。任何组织都会面临来自其内部和外部的风险，各个组织都必须进行风险评估，以识别、分析、管理风险。一般而言，风险会受以下环境因素影响：经营环境变化、改造或采用新的信息系统、新的员工、新的行业或新产品开发、新技术的应用等。

（三）控制活动

控制活动是指管理者在既定控制环境下，通过风险评估确定内部控制的关键点后，针对这些关键点所制定并实行的各种政策和程序。旨在帮助企业保证其已对实现组织目标所涉及的风险采取了必要的行动或减少损失的措施。控制活动贯穿于整个企业内部的各个阶层和各职能部门，包括交易授权、职责划分、业务流程与操作规程、业务记录、信息处理控制、规章制度和独立检查等。

（四）信息与沟通

及时、准确、完整地收集、加工、整理决策所需的信息是管理活动的重要组成部分。《企业内部控制基本规范》第 38 条规定，企业应当建立信息与沟通制度，明确内部控制相关信息的收集、处理和传递程序，确保信息及时沟通，促进内部控制的有效运行，这里所提到的信息是影响企业内部环境、风险评估、控制活动、内部监督等方面的信息。信息交流是组织结构的核心，是组织存在的基础，没有信息交流就没有组织。因此，信息交流是组织稳定的基础，对一个组织的发展具有重要作用。

（五）监督

监督是对内部控制的整体框架及其运行情况的跟踪、监测和调节，以确保其有效性。监督可以通过日常的监控活动来完成，也可通过执行独立监督（内部审计和外部审计）或二者结合来实现信息化环境下内部控制的目标虽然不是内部控制的组成要素，但却是内部控制的先决条件，内部控制的目标决定了内部控制的要素、手段以及其他组成部分。

信息化对内部控制的五要素产生了影响，但是并没有改变企业经营管理的目标，因此也没有改变作为管理组成部分的内部控制目标。信息技术环境下内部控制的总体目标仍然是确保法规的贯彻，保护企业资产的安全和完整，提高企业经营管理水平，促进会计信息质量的提高。

三、信息化对内部控制五要素的影响

(一)内部环境

内部环境是对企业内部控制系统的建立和实施有重大影响的各种因素的总称。它是企业内部组织的一种氛围并确定了一个组织的基调,影响着整个组织内管理层和员工的控制意识,是内部控制结构中其他要素的基础。在信息化条件下,信息传递的方式发生着本质的改变,这对内部控制的制定和实施的影响产生细微而本质变化。通过计算机等先进设备,管理者可以及时、全面地了解企业的信息,可以更迅速、更有效地传递信息,以便更好地进行战略制定,并进行企业运营情况监控等,形成更加合理的治理机制。

同时由于信息技术的广泛应用,使得内部控制组织结构发生改变,使原来需要多人分工协作才能完成的工作,只需几人甚至是一人即可完成了,大量需要人工控制的工作,被信息系统的自动化控制所代替,这种变化实现了精简岗位、明确责任、提高效率,使企业内部控制层次明显减少。信息技术的应用对管理者的素质和信息处理能力提出了更高的要求,这不仅是对管理者运用现代信息化能力的挑战,更是对管理者分析能力、决策能力的挑战,同时需要在不断磨合中加强内部控制和向心力。

(二)风险评价

风险评价主要侧重于新的信息系统对经济业务活动流程的影响、对生产过程中控制新手段新方法的使用和对信息数据的管理等。尤其是对信息系统数据的存储管理,如果没有适当的控制,即使是非人为的系统错误,也会出现信息系统失灵导致重要信息遗失或泄露,鉴于企业对信息系统的依赖性与日俱增,企业财务工作所蕴含的风险也是前所未有的。因此,需要企业做好有关信息资产和信息系统方面的风险评估,建立良好的信息化系统的管理机制,避免或是减少灾难的发生及其可能带来的损失。

(三)控制活动

控制活动必须根据企业业务流程的情况和具体的控制点进行设置,因此,控制活动受到企业信息化的直接影响。信息化环境下的控制活动分为:自动化业务控制和信息系统控制。自动化业务控制的对象仍然是企业的生产经营过程,但其形式和控制手段发生了很大变化,以计算机程序的形式嵌入于企业信息系统之中,对业务的控制由计算机自动完成。而信息系统控制是企业为了保证信息系统正确性、完整性和安全性而采取的控制措施,其控制对象是企业信息系统,包括计算机软硬件资源、应用系统、数据和相关人员等信息系统的所有组成要素。随着网络技术和电子商务的发展，信息系统控制还必须考虑网络安全和电子商务控制的问题。

在信息化环境下，原来在会计工作中不相容的职责可以由计算机来执行，所以职责分离和员工的相互检查成为不必要的控制活动。然而，由于计算机信息系统的引入，需要增设计算机病毒防治、计算机操作管理、系统管理、系统维护等岗位，对于信息系统的开发、实施、维护和操作等活动，职责分离、监管以及独立稽核仍然是重要的控制措施。

在信息化环境下，业务记录不再是书面纸制的签章、编码、交叉索引等，而是通过登录密码、电子文档等技术手段进行业务记录，记录的数据不具有传统凭证的直观性，且容易被不留痕迹地修改，容易产生伪造或修改凭证、制造虚假交易，进而侵吞公款等违法乱纪行为。因此，数据输入的正确性和可靠性是保证会计信息准确性的最主要环节。对系统的初始化数据输入和日常操作过程都必须规范化，职责明确化，要重视会计审核岗位工作，加强复核审查工作，做到会计工作环节的事前控制，避免非法篡改、删除和舞弊违法行为的发生。

（四）信息与沟通

一个良好的信息沟通系统不仅要具备自上而下的纵向的沟通渠道，还应有由内而外的横向对外界的信息沟通渠道，可以使企业组织之间信息交流和沟通更加便利和高效，信息化环境下大量的有关企业的环境信息、政策信息、经营信息、财务会计信息、业务信息集中存储在企业数据库系统内，与现代信息技术相结合的信息系统具有开放化、实时化、电子化的技术特点，在内部控制系统中展现出新的特点并发挥新的作用。在这样一个信息平台上，管理人员和员工可以十分便捷地从计算机数据库中查阅有关的政策和法规，获取与其职责相关的控制信息，明确各自的权利与责任，了解自己的活动如何与他人的工作相关以及出现例外情况如何报告或处理的途径。有利于内部沟通与外部沟通的进行，使得组织内的员工清楚了解内部控制制度的规定，明确各自的责任。

网络，联结着企业的各职能部门，信息过程和业务过程实现了同步，在业务流转各个环节所需的同类信息，只需在业务过程中一次输入，无须像传统手工信息传递系统下进行多次传递，实现了会计和业务的一体化处理，减少了差错率。同时，也要十分注意信息技术可能带来的信息过量的问题，以及借助于信息系统的高速信息处理能力进行造假情况的出现。

（五）内部监控

在信息化环境下，内部监控是一种基于人机结合的控制模式，许多控制程序、控制指标、控制方法被设置在计算机信息系统内部。这些程序化内部监控的有效性取决于应用程序，如果程序发生差错，这些程序化的内部监控就有可能不起作用，加之财务人员对信息化系统的依赖性较强，就容易使差错难以被发现，增大了系统在特定方面发生错误或出现违规行为的可能性。因此监控的一项重要内容就是要及时了解原来设置在信息系统内的控制程序、控制参数是否过时，并针对企业经营环境变化情况，及时评估业务流程控制点的运行状态，重新调整或更改设置在信息系统的控制参数或程序。

CSA（控制自我评估）的引入，就是一种非常行之有效的做法。它是企业内部定期或不定期地对自己的内部控制系统进行评估。以期更好地达成内部监控的目标。CSA 有助于提高组织内部监控的自我意识，帮助人们了解哪里存在缺陷以及可能导致的后果，然后采取必要的、有效的措施，及时对信息系统进行必要的修正。对于一个企业加强管理，提高劳动生产率，改进内部审计程序和业务经营程序以及控制风险都有着积极的作用。

四、信息化环境下加强内部控制的对策

（一）加强内部管理制度的建设

与传统会计系统相比，财务信息化系统有其独特的运行机制，所以更加需要制定完备有效、切实可行的内部管理制度，通过科学合理的部门设置人员分工、岗位职责的制定、权限的划分等形式进行控制。建立恰当的组织机构和职责分工制度，以相互监督、相互制约，防止或减少舞弊的发生，最大限度地防范和化解会计工作风险，对每一项可能引起舞弊或欺诈的经济业务，不能由一人或一个部门经手到底，必须分别由几个人或几个部门承担。同时还应健全职务轮换制度。

（二）加强风险意识，健全内部控制风险评估

信息化系统的采用，对传统的管理方式产生了冲击，不可避免地进一步加大了组织风险，具体的风险可表现为：经营风险、管理风险、环境风险等。针对这些风险，有关管理层应实施有效的风险评估制度，采取适当的行动来管理对财务、经营等有影响的内部和外部风险，并对所确认的风险采取必要的措施。

风险管理应该发挥更多的主动作用，而不是传统的在风险出现之后再进行处理。风险管理涉及组织的各个方面，而且能在对过去和现在科学分析的基础上，为组织者提供前瞻性的信息和依据，做到高瞻远瞩，未雨绸缪。

（三）加强信息化系统的内部审计

内部审计是内部控制的一个重要形式，是对其他内部控制的再控制，信息化环境下的内部审计依然是内部控制的最有效手段之一。内部审计通过对信息系统在开发、实施、维护和操作过程中进行检查，将发现的各种弊端和缺陷，报告给管理层，找出改进问题的措施。在信息系统运行的各个环节，都应有内

部审计人员的参与，定期检查和测试会计信息化系统的工作情况，参与制定和监督执行相关管理制度。同时，内部审计部门也有充分利用信息化工具，利用新的审计理论、审计技术、审计方法和审计模式，与时俱进地提供内部审计工作的效率与效果。

（四）加强人力资源的管理

信息化环境下，加强人力资源的管理，是企业加强内部控制的一个重要方面。实施信息化后，会计人员的技术含量更高，从计算机操作到软件应用，从数据录入到财务分析，从网络安全到财务法律法规，这些都对会计人员的业务知识水平提出了新的要求。要求从事会计工作的人员既要懂会计知识，又要熟悉计算机的应用。因此，需要迫切地抓好复合型会计人才的建设，强化素质培养，有计划、有针对性地组织开展会计人员的继续教育和培训工作，改善知识结构，提高计算机应用水平。在加强会计人员业务水平教育和培养的同时，还应制定良好的绩效考评、激励和约束机制，以期保证信息化相关人员的道德品行。因此，加强人力资源管理，做到人尽其才，留住需要的人才，是加强完善内部控制的重要措施。

五、结论与展望

为了保证正常的经营管理活动，必须进行内部控制，保证在风险环境中企业的财产安全，并促进企业经营活动的发展，互联网普及后，会计工作就进入了信息化时代，给内部控制乃至整个企业发展带来了空前的影响，但企业内部控制也呈现出了弊端，一是对内控运行环境的了解不足，二是会计信息化环境下内部控制数据失真，三是内部控制信息数据安全性下降，急需对会计信息化环境下的内部控制进行强化。因此，我们要针对问题提出相应的解决措施，对内部控制暴露的一些弊端进行分析，提高会计信息化环境下的内部控制水平。

【参考文献】

［1］杨鸿海．网络环境下会计信息系统的内部控制[J]．财会研究，2005(5)．

［2］杨录强．会计信息系统内部控制创新研究——在互联网环境下[J]．中国管理信息化，2008(6)．

［3］朱瑶．关于我国会计信息化对企业内部控制的影响[J]．现代商业，2011(10)．

［4］杨义红．信息环境下企业内部控制系统的优化的内容与策略[J]．中国商界，2010(7)．

［5］王健华．会计信息化环境下的内部控制及其实现[J]．中国管理信息化，2010(8)．

［6］胡凌云．会计信息化环境下的内部会计控制[J]．审计与理财，2009(2)．

［7］浅谈会计电算化系统环境下的内部控制[J]．中国管理信息化，2009(5)．

"三公"经费公开对高校财务管理影响的研究

天津师范大学   周栖梧

【摘　要】"三公"经费公开对加强高校财务管理提出了更高的要求。只有充分认识高校"三公"经费的特殊性，清晰界定其内涵，加强预算管理，完善会计核算体系，创新财务管理思路，才能不断提高经费使用效益。

【关键词】高校财务   "三公"经费公开   财务管理

一、高校"三公"经费现状

(一)公费出国(境)旅游屡禁不止

一是一些高校把公务出国(境)作为一种职工福利待遇或激励职工的奖励措施，职工轮流排队，假借学习培训、开会考察之名出国（境）旅游，更有甚者，为了应付审计检查或群众监督，伪造国外邀请函、会议通知等。二是大部分列入出访计划（二十天左右）的公费出国（境）培训、开会等，工作时间只有两三天。

(二)公务用车配备使用失控

一辆公务车的运行成本包含司机的工资、福利及车辆运行维护费用。目前，大多数单位虽采用定编定标模式购置车辆，但违规超编、超标准配置车辆现象突出。公车私用的现象更为严重，公车使用存在三个"三分之一"现象，即办公事占三分之一、领导干部私用占三分之一、司机私用占三分之一。有的甚至存在伪造维修票据、虚列维修费等行为。

(三)公务接待费用超标，公款吃喝现象严重

一是接待费用金额大、开支项目多。二是存在接待公私不分的现象。公款招待被领导当成一种荣耀、特权，认为"公务接待是个筐"。三是不合理、不合规支出使用餐费发票报销。一些不能报销的违规支出或没有发票的业务支出，找餐票报销。

二、"三公"经费管理中存在问题的成因分析

"三公"经费向社会公众公开，有利于高校接受社会监督。建设节约型高校，打造责任单位，可以提升高校在社会中的公信力。然而"三公"经费在公开过程中仍存在着不少的问题。"三公"经费公开环节是对已支出的费用分类汇总并最终进行公告的过程。从流程上来看处于末端，是一种事后反馈和控制的机制。"三公"经费公开的数据的多少以及好坏最终还是取决于高校财务管理工作的质量。因此"三公"经费从侧面反映出了高校财务管理工作的执行情况，为了达到公开"三公"经费、降低行政成本、提升行政效率的最终目标，就需要在高校财务管理上发现存在的不足。

（一）财务管理人员素质不高

我国高校财务人员大多来自高校，在校所学的技能、专业知识与高校财务管理工作关联较小，只能进行一些基本的会计核算和财务管理工作。在高校中的财务管理人员也缺少竞争的压力，因此在专业知识继续教育方面难以不断提升，不能很好地适应不断变化的财务管理工作，提升了财务管理中存在的风险，增大了出现漏洞的概率，从而降低了财务管理效率，影响了高校的财务管理效果。

（二）内部控制存在缺陷

我国高等院校的财务管理制度在设计上存在着缺陷。财政部在《内部会计控制规范》中对高校的财务管理工作做出了明确指示，可是在对高校对该规范的执行情况进行实际调查时可以发现，执行力不强、片面执行和主观随意执行的情况时有发生。高校根据《内部会计控制规范》在设计和执行内部控制过程中，通常是针对规范中的一些规定，结合自身单位的具体情况，设计出与高校相适应的内部控制。然而不同的事业单位所处的领域不同，所设计出的内部控制也存在着极大的主观性，不利于内部审计人员和外部审计机构做出对内部控制设计的评价。

（三）预算编制不规范

预算编制作为高校财务管理工作的初始环节，有助于控制高校在"三公"经费上的支出。目前大多数高校并没有意识到预算编制在财务管理中的作用，仅仅把预算编制作为一项任务来完成，缺少相关的法定程序，开展的预算工作也缺乏科学性及严肃性。高校在预算编制的过程中，没有实际调查和研究单位所处的运行情况和费用支出的必要性，往往夸大预算编制在支出方面的数据，难以起到降低行政成本的目的，为以后"三公"经费的超支预留空间，造成浪费

现象。

(四)财务管理观念落后

高等院校会计基础薄弱、财务管理活动不健全与其非营利性的单位性质有关。高校财务管理观念落后,在根本上导致财务人员以及相关领导没有动力改善单位内部的财务管理工作,缺少改革的积极性。高校依据不完善的财务管理工作统计出的"三公"经费数据向社会公开,数据的准确性和真实性就存在着很大的问题。没有合理的财务管理观念,便会导致管理上的误区,主要存在的问题有以下几点:一是管理方式没有合理的、科学的理论作为指导,还停留在最初的、已过时的管理观念上,难以跟上现在的实际情况;二是不重视财务管理制度的建立和完善;三是在执行和落实财务管理工作中,往往怠于行使财务管理制度所规定的必要程序,仅凭经验进行操作。

三、"三公"经费公开对高校财务管理的意义

"三公"经费的公开,将有助于高校进一步深化部门预算改革,完善预算支出,特别是"三公"经费支出标准体系,增强预算编制的准确性、科学性。在社会的监督下,进一步细化部门预算编制,增强预算约束力,严格预算执行进度,实现预算与决算的有效衔接,提高财务管理科学化、精细化水平。

"三公"经费的公开,将有助于强化对高校办学的制约和监督,是从源头上预防和治理腐败的重要举措。公众关注高校"三公"经费的使用情况,除了体现公民的社会责任感与民主监督意识以外,更多的是出于对高等教育事业的关心,高校"三公"经费的公开不仅不会引发社会矛盾,反而能够增强社会对高校的信任。社会的监督也有助于高校精打细算,把有限的资金用到高校发展急需的地方。将高校"三公"经费置于社会监督之下,提高财务信息透明度,能使社会力量提高参与热情和实施有效管理,帮助公众正确理解高校的办学困难,提升办学形象。

高校将"三公"经费预算和支出决算予以公开,不同高校之间的横向比较可以起到"准市场"的作用,"三公"经费支出较高的高校会受到社会舆论的监督和责难。同时,"三公"经费的公开也有助于主管部门和财政部门对高校展开财政绩效评价,并将评价的结果与拨款制度改革相联系。在社会和政府的双重监督下,将会有效促进高校提高办学效率和办学质量。

四、"三公"经费公开下高校财务管理的几点建议

(一)严格界定"三公"经费的主要内容

严格界定"三公"经费包括哪些内容是非常重要的。建议提升高校部门预算科学化管理水平，厘清"三公"经费的概念和内涵，明确预算标准以及会计核算口径等。目前解释比较全面的"三公"经费所包含的内容主要是以下几个方面：

1. 因公出国(境)费：单位工作人员公务出国(境)的住宿费、旅费、伙食补助费、杂费、培训费等支出。

2. 公务用车购置及运行费：单位公务用车购置费及租用费、燃料费、维修费、过路过桥费、保险费、安全奖励费用等支出。公务用车是指履行公务的机动车辆，包括省部级干部专车和一般公务用车。

3. 公务接待费：单位按规定开支的各类公务接待费用。

而对于上述以高校为例，所涉及的离退休人员、学生学员、科研学术、部门内部活动等发生的用餐费，教学和科研部门用车、校区间往返交通用车、学生活动用车等的购置和运行费用，学术交流、师资培养、学生交流等出国出境费用，笔者认为是不应该列入"三公"经费核算的，应当区别不同经费来源情况进行处理：有专项经费来源的，应列入相应的专项支出中；没有专项经费来源的，宜在"商品和服务支出"中单列明细科目"离退休活动费、学生活动费、科研活动费、交通误餐费"等专门科目予以核算，从而与真正为行政管理而发生的"三公"经费区别开来。

(二)加强预算管理，真实反映相关支出

要控制"三公"经费，提高预算管理水平已经成为当务之急。对"三公"经费控制监督的关键在于进一步细化预算科目，要将"三公"经费直接纳入部门预算编制，在预算额度内安排使用，不允许超支。例如，公费出国考察的，应当引入绩效考核方式，充分衡量每次公费出国的合理性和必要性。应当注重研究"三公"经费预算编制的制度设计和编制技术，加快"三公"经费预算定额标准的制定或修订工作，为控制和监督"三公"经费提供明确的依据和审计的标准。鉴于目前没有统一的"三公"经费支出标准，建议单位"三公"经费支出的数额可控制在年度经费总收入的 1% 以内。各级人大应对"三公"经费预算审查提出质询，存在问题或超过标准的不予批准执行。

单位要高度重视年初部门预算编制工作，从全局上把握"三公"经费的总量和规模，公平合理地分配和使用"三公"经费，确保年度"三公"经费的数额控制在计划之内。在预算中要对"三公"经费单独列示，并说明各种费用的计算依据、

标准和额度，包括接待内容、餐次、人数；出国内容、批次、人数；公务车购置数量、运行费用等。缩减"三公"经费最有效的办法就是对预算科目进行细化，按照民主与公开的原则进行监督。要从源头抓起，严格执行"三公"经费支出控制，保证年度"三公"经费执行总量不超过预算额度，杜绝实际支出超标、超额现象，对"三公"经费超支的单位要给予相应的惩罚。

（三）完善会计核算科目设置，准确反映"三公"经费支出

"三公"经费的使用，是不是花钱越少越好？评价"三公"经费支出的关键不在于数额的高低，而在于其支出是否合理。我们应该更多地关注资金的使用是否合法合理，而不仅仅是数量的多少。例如，公务接待费很少并不表示这个单位公款吃喝和公款消费不多，而很可能是"隐身"计入了其他费用中，这并不是什么好事。"三公"经费过低可能会影响到单位服务质量和政府职能的正常履行，甚至可能出现"不作为"和"懒作为"的现象。因此，应当考虑单位的规模和核算的口径问题，在控制和监管过程中予以区别对待。

"三公"经费信息公开对单位财务管理工作提出了更高的要求，各单位需要建立一套完整的内控制度，实现部门预算、财务决算和会计核算三者之间的有效区分和合理对接，确保单位信息公开准确无误，并做到有据可依、有据可查。同时，必须从严从紧控制专项经费中列支的"三公"经费，对于"隐身"于"其他支出"中的"三公"经费也予以关注，发现挤占专项资金开支"三公"经费的应予以严惩。"三公"经费应遵循合理比例原则，注重科学合理地使用和核算。在全面理解"三公"经费内涵的基础上，梳理能够真实、准确反映与"三公"经费相关的支出，不属于定义范畴的支出不可列入"三公"经费。因此，完善会计科目的设置，以高校会计制度改革为契机，建议专门增加"三公"经费会计核算科目，明确规定其核算的主要内容，以便于准确反映"三公"经费的实际支出，以做到在需要之时就能直接从会计核算结果中获得"三公"经费有关数据，而不应当再次进行重新统计。

（四）实现国有资产高效配置，加强国有资产信息化管理

一是要推行专项设备的专业化集中管理，强调由统一的管理机构、管理方式进行有关资产的管理，对该部分国有资产实行统一调配，提高专项设备使用效率。同时应加强闲置资产整合，实现资产的合理流动和优化组合，通过资产调整取得的置换资金，从而激活存量资产，实现资产管理与资金管理的有效结合。

二是加强国有资产信息化建设，建立网络信息平台。各级财政部门、各高校之间应建立完善的资产管理信息系统数据库，充分了解资产占有和使用情况、闲置资产的数量与分布情况，由此可逐步杜绝随意购建、处置资产的行为，从而加强国有资产管理模式的构建，实现固定资产信息化、精细化、动态化管理。

（五）内部和外部监督相结合，有效发挥监督作用

高校校内财务部门和审计部门应密切合作，将审计监督职能贯穿于"三公"经费管理的始终，加强预算执行中的内部监督和检查。"三公"经费公开的信息置于全校教职工和学生的监督之下，校内各部门预算执行过程应精打细算，提高效益。同时，加快政府审计监督部门全面监管的步伐，加大对高校部门预算执行情况的监督力度，开展对"三公"经费公开工作的审计，结合社会公众对"三公"经费公开的监督，将能有效发挥监督作用，提高经费的使用效益。

五、结语

"三公"经费的提出对高校财务管理具有重要的意义。"三公"经费提高了高校财务管理的工作透明度，能够让群众全面了解监督高等学校，让高校财务管理制度更加规范化、完善化。在"三公"经费公开背景下开展高校财务管理工作，有利于加强高校财务管理的整体运行，提高其财务管理水平，促使高校的长效发展。

【参考文献】

[1] 刘莎．"三公"经费公开背景下事业单位财务管理对策分析[J]．经营管理者，2013（9）．

[2] 韩俊仕．"三公经费"公开对高校财务管理的影响[J]．管理视野，2012(10)．

[3] 许江波，李春龙．中国高校预算管理现状调查与思考[J]．经济与管理研究，2011（5）．

[4] 耿成兴．"三公"经费的控制与监管问题研究[J]．前沿，2013(8)．

[5] 财政部．2013年政府收支分类科目[M]．中国财政经济出版社，2012．

[6] 李晗．浅析"三公"经费公开下行政事业单位的财务管理[J]．财务管理，2011(34)．

高校财务内部控制对策研究

河北民族师范学院　　丁海英

【摘　要】随着市场经济的逐步深入以及教育改革的不断发展，高等教育已逐步被推向市场。传统意义上的高等院校缺乏财务内部控制制度意识，面临市场经济带来的巨大风险，高等院校必须建立健全自身的财务内部控制制度。本文对当下我国高等院校财务内部控制制度所面临的现状及凸显的问题展开研究，并针对性地提出如何建立健全相应的内控制度。

【关键词】高校　财务　内部控制

从全球的经济发展来看，我国总体的内部控制制度水平均低于世界市场整体水平，而高等院校的内部控制制度相对来说就要更加落后。当前，我国的高等院校绝大多数都没有建立相应的内控制度，更不要说探寻属于自己的内控制度了，而这势必会影响高等学校的生存和发展。

众所周知，财务管理是高校管理工作的一部分，而且是其管理的核心部分。目前，由于我国教育体制改革的不断深入，我国高校的自主权也在逐步扩大，很多高校除了主要的教学和科研活动外，还开展了很多自主活动，比如融资租赁、对外投资、合资、创办自主产业等。资金的使用范围也涵盖了教学、科研、财产物资的采购、基建以及产品的生产等各方面。这就要求高等院校要确保其资金运转形成良性循环。事实上，我国高等院校的财务预算在管理层上就没有得到应有的重视，而在财务的收入支出以及分配上缺乏科学有效的手段，内部审计对财务的监管又不够严格，这些问题实际上都是财务内部控制的关键所在，因此，建立健全高校财务内部控制制度关系着其自身的生存和发展，从而能够达到良性发展和循环的效果。

一、我国高校财务内部控制制度的概述

高等院校的特点在于，它是知识传承和知识创新的最为主要的社会组织。我国高等院校的经营目标是培养各种不同类型的人才，这就要求其财务内部控制制度与企业的财务内部控制制度存在差异，因此，高等院校的财务内部控制

制度有其自身的特点，具体表现为以下几点：

(一)资金筹集渠道的多样性

我国的高等院校绝大部分都是非营利机构，其拥有的资产都属于国有资产，大部分院校也是由政府拨款维持正常的人员以及公用经费支出。近些年来，我国高校的教育体制改革正在逐步深入，高校为适应教育体制的改革就得多渠道筹措资金，而不仅仅是靠单一的国家财政拨款。除了以往正常的财政拨款外，还包括财政返还的学生学费和住宿费，而且还有经营性质的经营收入、培训费、咨询费以及捐赠款等。

(二)资金运用的多元化

高校不仅在资金来源上是多样的，同样在自己的运用上也是多元化的。以往，高校的资金通常都是为教学、科研等活动提供经济上的支持，而现今的高等院校除了这些活动外还会运用结余的资金进行投资或合资，甚至有的高校还会创办自己的附属企业。也就是说，当前我国高校的资金使用渠道已经涵盖了科研、教学、后勤、基建和对外投资等各个方面。由于资金使用的渠道越来越多，这就要求相应的管理机制必须及时跟进，也就是说，高校的财务内部控制制度必须不断完善以适应越来越复杂的形式。

(三)内容趋于复杂化

高校资金运用的多元化使得高校的经济活动也趋于复杂化，除了涉及教学、科研活动，还涉及基建活动和经营性质的经济活动等，因此高校内部控制的内容也相应复杂多变。近几年来，市场经济不断发展，而高校内部控制的环境却不能及时跟进，更使得其内容趋于复杂化。

二、现阶段，我国高等院校财务内部控制制度凸显的问题

(一)高校的财务内控制度不够完善

近些年来，高等院校的经济活动范围越来越大，由于大多数高校都进行了院校合并，那么合并后就面临着新校区建设，而基本建设的前提就是资金来源，那就涉及融资和筹资，而资金在有富余的条件下又可以进行投资，这一系列的新情况都让高校的财务内部控制制度凸显出其缺陷。

首先，高校的财务内控制度在系统性和整体性上有所欠缺，高校内部的各部门之间衔接性较差，这往往是由于各部门之间没有对工作进行及时和良好的沟通。比如，一项经济活动涉及了高校的财务部门、资产管理部门、人事部门、教务部门、后勤部门和科研部门等，由于各部门的职责划分不清楚，就会出现

管理混乱甚至出现管理的盲区等现象。

其次，目前，各高校财务内部控制制度其实仍然止步于财政拨款的经费上，而对预算外资金疏于管理，尤其是有创收性质的单位对创收的资金更是缺乏必要的、有效的控制，从而导致"小金库"现象仍屡见不鲜。

最后，高校财务内部控制制度的约束力往往也仅仅局限于财务经费核算管理人员，而对具有经营性质的校办产业和后勤管理实体的经费核算管理人员却缺乏足够的约束力。

(二)高校财务内控缺乏足够的监督力度，导致经济责任无法落实

2000 年，教育部和财政部下发了《关于高等学校建立经济责任制，加强财务管理的几点意见》，在这一文件中，教育部、财政部明确指出了对高等院校的济活动和财务管理的具体要求。而大多数高校对此仅仅是只知表面，却缺乏深入的贯彻与实施，因此，高校内控制度的建设必然跟不上其发展的脚步。

一方面，由于监督力度有所欠缺，从而导致会计的监督职能不能充分发挥作用。这可能是由于高校内部错综复杂的关系，比如部分领导者或者财务的管理人员对于不太合理的经济业务碍于人情而让其蒙混过关；也有可能是由于管理人员对专业知识的欠缺，不能发现其不合理甚至不合法之所在，这些都大大削弱了会计的基本职能之一——监督职能。

另一方面，高校缺乏比较完善的内部审计制度。众所周知，高校的内部审计部门隶属于高校本身，这就使得内审缺乏独立性和权威性，也就是说内审制度有时候甚至成为摆设而不能发挥其应有的作用。而有时候，高校的管理者对内部审计机构不太重视，忽略了其应有的职能，间接导致高校的内部审计只是在形式上进行监督。

如果说高校的内审制度只是流于形式，但假如有足够的外部监督，那么也能有利于高等院校及时完善其在财务管理中的缺陷。财政部门和高校的直接管理单位——教育部门很少干预高校的财务管理工作，而只是流于形式上的监督。如果高等院校的财务管理工作能够及时得到监督、指导和纠正的话，那么就会使得高校的财务管理能够及时完善其在工作过程中的缺陷。

(三)缺乏足够的风险意识，且不具备专业的风险管理和应对机制

由于我国高校体制正在逐渐进行转换，其资金来源也由原来的单一财政拨款模式转变为多渠道筹资的办学格局。近年来，各高校不断加大基本建设的力度，以此来应对扩招带来的压力。而基本建设离不开资金的支持，财政拨款已不能满足这一需求，高等院校不得不另寻出路——向银行或其他金融机构进行贷款，可贷款虽然在短期上暂时解决了资金的瓶颈问题，但由此高校也背上了

沉重的贷款"包袱"，其所面临的风险也自然急剧增大。各高校在遇到问题之前并未意识到风险管理的重要性，风险意识也比较薄弱，缺乏必要的风险防范措施：比如风险识别、风险预警、风险评估等。这极有可能会导致高校难以偿还其巨额的债务，甚至由于管理机制的缺失有可能会有滋生腐败，这些都会带来巨大的无法想象的损失。

三、高校财务内部控制制度构建对策

(一)构建比较完善的高校财务内控体系

完善的体系是依托全面完整的制度而存在的，要具备比较完善的高校财务内部控制体系，就必须具备相应的内控制度。高校财务内部控制制度至少应该包括以下内容：授权审批制度、预算审批制度、财产物资保全制度、绩效考核制度及资金运营分析制度等。这一系列较为全面的制度即构成了比较完善的财务内控体系。我们可以将上述制度再进一步细化，比如财产物资制度我们可以细化为货币资金内控制度、存货内控制度、国有资产内控制度等，而这一系列具体的内部控制制度在整体上构成了高校统一、完整的财务内控体系。

事实上，制度再完善，如果不能有效执行，也等同于纸上谈兵。也就是说，各高校除了要具备比较完善的财务内控体系，还应该使其得以具体实施。这要求高校的管理者一方面要确保具备系统、全面的内控制度，这一制度体系必须科学、合理并具备可操作性，从而达到提高高校财务管理水平的目的；另一方面，只具备制度体系还是不全面的，为确保其实施，应该强化奖惩制度，也就是激励与惩罚机制，这有利于高校全员都具备较高的自觉性，积极主动地参与到内部控制制度的实施中来，从而使得高校的财务内控制度能够得到有效实施。

(二)强化对高校财务内控制度的监督

高校财务内控制度的监督最主要的还是来源于内部审计，这就要求强化高校的内部审计部门的功能与作用，加强对高校内审机构的建设。

其一，高校的管理人员必须重视内部控制监督的重要性，为内部审计部门配备既有管理水平又具备专业知识的综合性、高素质人才，构建较为专业、权威的内部审计队伍。高校所有的经济活动都必须是内审的范围，构建较为全面的内审制度，而且要明确内部审计的职能，从而避免与高校的纪检和监察等部门的职能混淆，这也保证了内部审计部门能够独立展开工作，发挥其检查监督的作用。

其二，要保证健康有序的内部控制制度体系运行顺畅，就必须保证校长及各系、部门共同融入财务内控体系中来，这就要体现责权结合的原则，完善校长经济责任制。

其三，要细化内部审计的检查。除了对账务处理、资金核算的检查，还要检查业务收支的合法性、合理性，而且要着重检查基建项目、对外投资项目等，这将有利于高校财务内控工作能够得以有序有效地运行，从而保证了内控体系得以正常良好地运转。

其四，高校要借助外部监督的力量。教育主管部门以及财政部门可以适当地干预并引导高校的财务管理工作，使之越来越规范有序；除此之外，高校还可援引外部审计的力量，依托外力来构建全面的内控制度，改善自身的内控环境，从而建立健全自身的内部控制的制度。

(三)设立专门的风险管理机制

我国高等院校内部控制中最薄弱的地方无疑就是风险评估了，而风险评估恰恰是建立和实施有效内部控制的重中之重，因此，各高等院校都应该给予高度的重视。首先，高校应配备专业的人员，具备专业的眼光，能准确地意识到高校所面临的包括财务风险在内的各项风险，也能够在对各项风险进行专业的分析后，按照其发生的可能性以及影响程度的大小进行排序，明确应重点关注并优先控制的风险，由此来制定出有效的风险应对策略。其次，我国高等院校为应对重大风险和突发事件的处理，应具备相应的预警机制和应急处理机制，由此可以明确风险预警的标准，对于有可能发生的重大风险甚至突发的事件，就可以据此快速制订出应急方案并能保证此类事件得到相对妥善的处理，从而可以将风险的损失降到最低。

实际上，在信息飞速发展的今天，高校的内部控制制度也必须强化科技化的管理手段，才能保证及时地发现问题并解决问题，保证会计信息的及时性和准确性，充分发挥资金的最大使用效益，保障经济活动顺利及时地展开。内部控制制度要充分地考虑到网络的巨大优势，把校园网络资源有效地融入内部控制体系中来，建立较为完整的财务信息管理的资源管理库，借助网络的力量，优化高校财务内部控制制度的效率，强化其效果。

伴随高等教育改革的逐步深化，政府正加大对高校的资金投入，而社会各界知名企业和有识之士看到高校科研活动背后的巨大商机也不断注入大量资金，这也使高等院校的经费来源趋于多元化。那么，高校的发展必然离不开资金的支持，面对如此多元化的资金来源，高校也必然会有越来越多的经济活动涌现出来。多样的经济活动必然会带来更为复杂繁重的财务管理内容，而建立健全较为完善的高校财务内部控制制度就显得尤为重要了。而且，最近几年，高等院校的职务犯罪率明显上升，这势必会影响我国高校发展的健康态势。而此类案件大多与高等院校的内部控制制度薄弱甚至缺失相关联。基于此，我国高校若要适应快速发展的高等教育事业，就势必要加强自身的内部控制制度的建设。

【参考文献】

［1］徐平荣，黄文英 . 高校内部控制基本规范建设研究［J］. 财会通讯，2009(11).

［2］魏巍 . 高校财务内部控制评价模型的构建［J］. 财会月刊，2011(4).

［3］何军 . 高校财务内部控制中存在的委托及对策分析［J］. 财会研究，2011(2).

［4］黄敏慧 . 高校财务内部控制问题及改善措施初探［J］. 天津职业院校联合学报，2013(2).

［5］黄芳 . 论我国高校财务内部控制存在的问题与解决的对策［J］. 财经视点，2011(12).

成本核算与资源配置

引入时间驱动作业成本法核算高校学生培养成本的思考

扬州大学　曹宏进

【摘　要】时间驱动作业成本法（TDABC）是基于每个作业的不同特征，将时间要素引入作业成本法中，计算执行作业所需要的时间，按时间动因分配作业所消耗资源的总成本和单位成本。高等学校培养学生产生的成本费用与在校期间各个培养环节所需要的时间成正相关，直接导致因对学生的培养而产生资源消耗，构成学生培养成本。本文系统分析构成培养学生的直接成本，如直接人工成本、直接材料成本、直接图书馆资源成本等的计量、核算。通过比较不同学校的生均培养成本，量化学校对学生培养质量的考核，为政府财政部门因学校质量水平不同，差异化配置学校资源提供数据支持。

【关键词】时间驱动作业成本法　核算　高校学生　培养成本

一、引言

随着我国教育领域综合改革的不断深化，高等学校制度建设框架逐步形成，促进高校办出特色创新高校人才培养模式择机推进，高校学生培养成本的核算要求也会越来越高。一方面，教育经费"三个增长、两个提高"[①]是法律规定，政府财政对高校的教育经费投入也必然随国内生产总值的增长而增加。2012年以来，全国财政性教育经费支出占国内生产总值的比例持续保持在4%以上；另一方面，学生学费收取标准经物价部门核准后一般不会下降。以上两项固定的收入来源支撑高教事业的不断发展。另外，高校培养出的杰出校友，又能反哺高教事业，增加学校办学资金来源。因此，高等学校学生教育成本核算问题

---

① 《中华人民共和国教育法》（第七章"教育投入与条件保障"）两个提高：一是财政教育经费支出占国民生产总值的比例有所提高；二是教育经费的支出占财政总支出的比例有所提高。三个增长：一是财政经常性收入增长，财政教育拨款有所增长，且高于财政经常性收入的增长；二是生均教育经费有所增长；三是教师工资和生均公用经费有所增长。

逐渐被社会各界所关注，同时政府为高校所制定的收费标准的科学性也备受社会质疑。诚然，准确核算高等学校学生培养成本也一直是困扰会计理论界和会计实务界的难题。此外，为推动高校转型发展，改进管理方式，引入公平竞争，加大绩效考核，促进高校办出特色、争创一流，全面提高我国高等教育的综合实力、社会贡献力和国际竞争力①也都迫切需要高校加强成本核算。

　　本文试图引入时间驱动作业成本法核算高等学校学生培养成本（以本科生为例），笔者核算的目的不是传统意义上的成本理念：为了取得最大的经济利益（利润），力求增加收入、降低成本以及提高资产利用率，而是为切实办好教育事业，能够准确计量不同学校的学生培养成本，区别化得到财政对学校的生均拨款补偿，同时也为学校间同专业学生培养质量差异分析提供量化依据。通过比较不同学校的生均培养成本，量化学校对学生培养质量的考核，为政府财政因学校质量水平不同，差异化配置学校资源提供数据支持。

二、时间驱动作业成本法概述

　　时间驱动作业成本法（Time Driven Activity Based Costing，TDABC）是以时间为导向的作业成本法的改进。作业成本法是以作业为基础，而作业是指组织内为了某种目的而进行的消耗资源的活动，是为单位战略和其他决策提供成本信息的一种成本计算方法。TDABC 的概念最初是由安德森于 1997 年提出来的，在 2001 年，其与卡普兰合作完善了此方法，为解决作业成本法（ABC）运用中存在的主要问题，针对性地提出了时间驱动作业成本法，得到了众多学者和业内人员的支持。TDABC 是基于每个作业的不同特征估计执行作业所需要的时间，也就是所谓的时间动因。而高等学校的学生培养成本恰恰是基于不同专业特征，由不同水平的专业教师，根据培养时间多少，加上为培养学生直接消耗的材料成本计算得出培养学生总成本。这里除了考虑时间动因外，还要考虑教师的专业水平（助教、讲师、副教授、教授、院士等），就姑且称作水平动因，另外，不同专业类型，它的实验实践教学要求也不一样，其间消耗的材料成本也不一样，这里称为专业动因。在时间驱动下的作业（学生培养）考虑水平动因和专业动因来进行成本核算，这样计算学生培养成本更具有可操作性，结果更具科学性。

（一）TDABC 计算学生培养成本包括以下几个步骤

　　第一步，确定计算学生培养成本的核算周期。（时间动因）

---

　　①　袁贵仁在 2015 年全国教育工作会议上的讲话。

通常全日制本科学生有四年制、五年制之分，这里以培养学生一个周期作为成本核算周期，有的也以学生入学周期 9 月 1 日到次年 8 月 31 日为核算周期。当然，从会计核算的角度，应该按会计法规定以会计年度自公历 1 月 1 日起至 12 月 31 日止作为核算周期。

第二步，确定培养学生的专业类型。

学生所学专业不同，培养成本相对有差异，大致可把学生按专业分为文科类、理科类、工科类、医科类、农林科类、体育类、艺术类等。当然根据学生培养成本相关性可以进一步细分，细分的依据要求成本构成相对一致，如文科类可以细分为经济类、法学类等。

第三步，确定专业课程授课时间，以及根据实验实习的需要计量直接消耗的材料成本。（专业动因）

1. 根据学校教学大纲，计量专业主干学科和主要课程教师的授课时间（时间动因）。

2. 在实验实习过程中，计量直接消耗的材料成本（实习材料、水电费、实验室卫生保洁费等）。

第四步，根据配置的教师职称结构，计算专业主干学科和主要课程教师的单位授课时间成本。（水平动因）

根据具体教师职称应该享有的工资标准，按每月 22 天、每天 7 学时计量，折算出每学时单位工资标准。假设一个教授每月 9000 元，每学时折算成单位时间价值：$9000/(22 \times 7) = 58.44$ 元/学时。

第五步，根据学生实验实习的社会成本与实验实习产生的收入相抵作为学生实习成本计量。

有些专业的学生实验实习（如机械专业学生实验能生产出半成品用于出售）能为社会或企业创造价值，实习单位给予学校一定的补偿用于弥补实验实习费用支出。

第六步，按培养周期，将每学期学生培养成本累计加总，乘以生源系数，计算学生培养成本。

这里的生源系数是不同学校不同专业的社会认同度不同，该学校该专业的招生平均招生分数也大不相同，用该学校该专业平均招生分数除以该类生源（一本、二本、三本等）地方招生控制分数线。招生的分数越高，生源系数也越高，学校社会认同度就越高，当然财政支持力度理应越高。

（二）构建 TDABC 计算学生培养成本的作业成本池

以培养学生一个周期（五年制、四年制等）作为学生培养成本计算周期，确立为培养学生作业成本池。学生在校期间培养成本可以划分为：理论教学成本、实验教学成本、辅修教学成本、学生自学用图书资料成本等。对于理论教学成本、实验教学成本、辅修教学成本核算比较简单，根据工作量（课时）、专任教师业务水平来计算成本。这里着重就学生自学用图书资料成本的核算来做详细描述。假设一届学生在校期间除节假日外，所有时间都用于理论课程学习和学生自主学习（包括晚自习），白天 7 个课时，晚上 2 个课时，一天共 9 个课时。每年图书馆人工成本（G）和图书资料成本（F）应由自主学习学生分摊。$T_{作业z1}$ 表示第一学年班级自主学习成本。依此类推，第二学年 $T_{作业z2}$、第三学年 $T_{作业z3}$……

$$T_{作业z1}=(G+F)/在校生人数×核定班级人数$$

以临床医学专业学生为例，培养一个学生大致经历理论教学（L）、实验实习教学（S）、自主学习（Z）等，以及学校承担的学生奖助学金。图 1 表示时间驱动 ABC 下学生培养成本归集过程，其中 α 表示课时、β 表示单价、γ 表示耗材成本。

（三）按照时间动因将作业成本池的成本进行分配，得到学生个体（学生专业、学生班级）培养成本

对于综合性高等学校来说，学校办学规模较大，学科门类齐全，涵盖哲学、经济学、法学、教育学、文学、历史学、理学、工学、农学、医学、管理学、艺术学等各大学科门类。根据专业动因确定相应的作业成本池很重要，学生所学专业不同，培养成本相对有差异，可把学生按专业分为文科类、理科类、工科类、医科类、农林科类、体育类、艺术类等。当然根据学生培养成本相关性可以进一步细分，细分依据与核算本身成本有关，分类越细投入的核算成本越高，应该根据内部管控的需要来细分，既能准确核算学生培养成本，又能确保该类学生成本核算的一致性。例如，不能把培养医学生发生的成本与培养法学生发生的成本作为一类作业成本池来核算。

三、运用时间驱动作业成本法核算高等学校学生培养成本的可行性

目前，我国高等学校教职员工成本意识普遍没有企业那么强烈，主要由于办学经费来源相对稳定，政府财政拨款、非税收入（学生收费收入）以及校友基金会的捐赠等。另外，由于大部分经济业务或者事项的核算都采用收付实现制，只有少数经济业务或者事项的核算采用权责发生制，导致难以准确计量学生的培养成本。学校通过年度经费预算办法控制支出，量入为出，实现收支平衡。这种运行方式产生的成本支出核算模式，导致高校只关注如何利用现有收入规

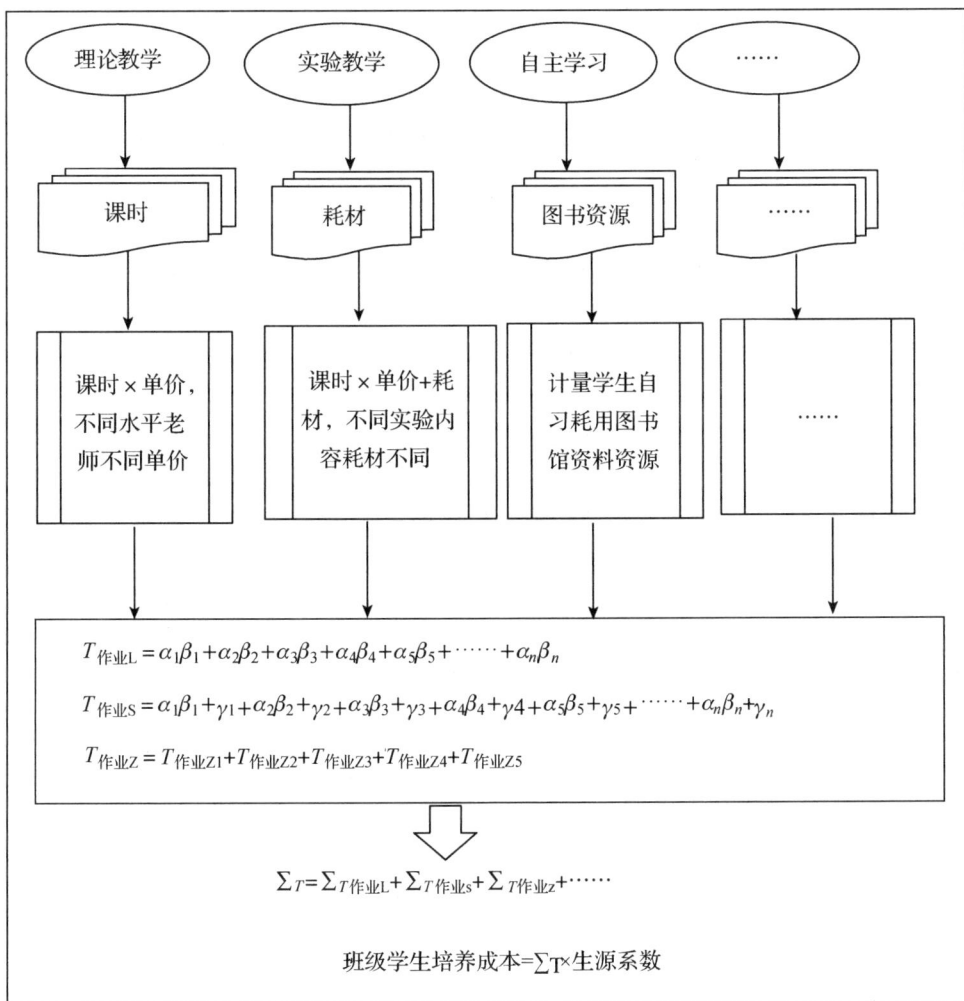

图 1　时间驱动 ABC 下学生培养成本归集过程

模平衡学校预算、如何增强实力，对于能否合理和优化资源配置以及降低学校办学成本等的关注程度较低；同时认为高校财务管理的目标就是尽量获取尽可能多的资金来发展，不需要考虑办学的盈亏和经济效益，它没有核算培养成本的内在要求，因此没有进行成本核算的积极性，导致高校有些领导的财务管理理念也存在一种误区。TDABC 利用时间作为主要的成本驱动，将时间直接分配到学生培养全过程，结合专业动因和水平动因计量学生培养成本。2014 年新《高等学校会计制度》的实施，为学生培养成本的归集以及分配提供制度保障。

2014 年颁布实施的《高等学校会计制度》设置了"教育事业支出""科研事业支出""行政管理支出""后勤保障支出""离退休支出""上缴上级支出""对附属单位补助支出""经营支出""其他支出"9 个支出类的会计科目，另外增设了"累计折旧"和"累计摊销"两个备抵类科目，用于全面地核算高校的各类成本费用支出，这不仅充分考虑到各高校支出结构呈现多样化的实际，而且会计科目的设置结构便于进行成本构成分析，从而使核算高校学生培养成本成为可能。其中，"教育事业支出"明确规定核算高等学校开展各类教学活动和教学辅助活动发生的基本支出和项目支出，可以理解为直接计入培养学生的成本费用。包括高等学校各学院、系(含院系下属不单独编列预算的研究所和研究中心，下同)等教学机构，校团委、学工部、学生会等各类学生思政教育部门为培养各类学生发生的教学活动支出，以及高等学校信息网络中心、电教中心、测试中心、图书馆、博物馆和档案馆等教学辅助部门发生的各类教学辅助活动支出。

这种科目体系的设置构建了学校学生培养成本的核算体系，根据各教学环节，以及直接承担学生培养职能的部门，以作业或作业成本池为单元归集成本费用，然后按照作业动因将成本分配到院(系、班级)，甚至可以到学生个体，较全面地反映了高校的教育成本行为。

另外，运用 TDABC 核算成本的其中一个重要条件，要求信息化建设水平相对较高，高校在这方面有得天独厚的资源优势。高校能够依靠计算机信息化的管理手段，计量学生培养过程中消耗的时间和资源，使会计核算更加精细化。

四、案例

本文以 YZ 某高校临床医学本科专业培养方案为例。由于学校地理区域的限制，该校医学本科专业学制为五年制，本科生规模不变，始终维持在 2000 人左右，那么每年招生应该是 400 人，如果每班按 40 人计算，共招收 10 个班级。因为学生培养成本计算周期为五年，那就计算一届 400 人从 2010 级到 2015 级五年制医科学生培养成本。将学生培养成本分为直接人工成本(教师折算课金和发放给学生的奖助学金)、直接材料成本、直接占用图书资源成本以及其他间接费用成本等。为了简化会计核算，本案例只核算直接人工成本、直接材料成本、直接图书资源成本，而对其他间接费用成本忽略不计。

(一)直接人工成本

以时间动因结合教师水平(助教、讲师、副教授、教授等)，计算培养学生成本中的教师人工成本。这里以培养方案的总体安排表及学时分配表计算教师课酬金。临床医学专业课程设置及学分(学时)分配表如表 1 所示。

表1 临床医学专业课程设置及学分(学时)分配表

课程类别	总学分	其中实验学分	各学期、周、学时分配										备注
			1	2	3	4	5	6	7	8	9	10	
			16	17	17	17	17	17	13			10	教学周
通修课	35.5	0.5	12	10	7	7						4	每周学时
学科基础课	73	13.5	15.5	16.5	13.5	17	21	3					
专业课	71.5	14.5	2	1	8	5	8	26	25	临床实习		11	
公共选修课	6			2	1				2				
实践教学	33	33											
总计	219	61.5	29.5	29.5	29.5	29	29	29	27			15	

根据表1,直接人工成本(教师课酬金)由时间动因和水平动因决定。时间动因就是总课时数:第一学期课时+第二学期课酬+…+第十学期课时。

第一学期课时=第一学期教学周×每周学时;……

根据上表,每个班级总课时=16×29.5+17×29.5+17×29.5+17×29+17×29+17×29+17×29+13×27+10×15=3455个学时。

临床实习和实验成本主要体现在直接材料成本中,这里忽略计量人工成本。

假设以上总学时由助教、讲师、副教授、教授执教比例分别为10%、25%、35%、30%。根据具体教师职称应该享有的工资标准,按照每月22天、每周29个学时折算每月课时数为(22/5)×29=127.6课时,折算出每课时单位工资标准。这里为什么不按照每天标准7课时计算单位人工工资?其实高校教师除了课堂教学外,其他时间用于学习科研、储备新知识、备课、指导学生论文、批改作业、出批试卷等,以上这些活动是为课堂教学服务的,也可以作为一个单独作业细化核算。为简化核算这些作业成本理应由学生负担,按授课时间分摊到课程教学中去。假设一个助教、讲师、副教授、教授每月工资标准分别是5000元、8000元、11000元、15000元,那每课时分别折算成单位时间成本:5000/127.6=39.18元/课时、8000/127.6=62.7元/课时、11000/127.6=86.21元/课时、15000/127.6=117.55元/课时。

每个班级直接人工成本(教师课时成本)=3455×(10%×39.18+25%×62.7+35%×86.21+30%×117.55)=29.38万元/班级。当然,实际工作中能够根据教学培养方案计算出比较准确的课时金额。

一届学生10个班级,共计课时费用:29.38万元/班级×10班级=293.8

万元。

另外，学生的奖助学金也是学生的直接成本，虽然不是平均到每个学生，但每届学生奖助学金总额不变。该学院每年的奖助学金数根据学费收入的7.4%计量，假设学生学费标准是每人每年6800元，400人×5年×0.68万元×7.4%＝100.64万元。

综上，培养一届学生的直接人工成本293.8＋100.64＝394.44万元。

(二)直接材料成本

根据教学规律，学校每年都有材料成本的发生，为了简化核算，就以学校一年的材料消耗实际发生额作为一届学生五年的发生的总额。直接材料成本就以2013年会计核算数据为基准(见表2)，这一年的学校所发生的培养学生直接材料费用就约等于一届学生总成本。

表2　2013年度实际发生成本支出数

序号	成本项目	2013年发生额(万元)	备注
1	教学管理费	20.27	
2	教学运行费	24.1	
3	实验材料费	52	学生实验耗用材料
4	实验实习费	53.9	与医院临床实习费用
5	生产实习费	37.7	
6	临床实践教学费	23	
7	学生活动费用	15.75	
	合计	226.72	

(三)图书资源成本

图书馆为了保持知识更新，每年必须增购新出版的纸质图书、电子图书、期刊、报纸等资源，假设每年用于新增图书资料资源的资金为100万元。下面根据时间驱动因素，计算图书资料成本的单位成本，即总的图书资料成本/实际学习时间。

一般情况下，学生在校期间学习日(周一至周五)折算成学习课时是：白天7个课时，晚上2个课时，每周5个工作日，五年制在校期间共217.5周(两学期在医院实习除外)，一共学习课时为：(7＋2)×5×217.5＝9787.5课时，去除理论及在外实习的课时数，理论上在图书馆或教室自习的课时数为6332.5课时(即课余时间或业余时间)，符合高校特点，着力培养学生自主学习的习惯。

实际上，并非每个学生都把业余时间（非课堂教学时间）用于图书馆阅读或教室学习。假设在校生用于图书馆或教室学习的为业余时间的80％，剩余20％则是学生自主用于休闲、锻炼等。

计算每生每课时图书资源的单位成本步骤为：

1. 总的图书资源费：1000000元

2. 总的学生自习课时数：6325.5课时×80％＝5060.4课时

3. 每届400人，理论课时数400×5060.4＝2024160课时

4. 每生每课时图书资源的单位成本＝1000000/2024160＝0.5元

如果以上假设成立，一届学生在校期间占用图书资源费为100万元。如果学生将业余时间的90％用于图书馆教室等自主学习，则消耗的图书资源成本为：400×6325.5×0.5×90％＝113.86万元；相反，如果学生将业余时间的70％用于图书馆教室等自主学习，则消耗的图书资源成本为：400×6325.5×0.5×70％＝88.56万元。

所以，一个学校的学生质量水平，与图书馆的上座率也有很大关系。由于信息化水平的提高，完全可以统计出学生个体在图书馆的学习时间，计算学生占用图书馆资源成本费用。

以上（一）、（二）、（三）三项直接成本为：394.44＋226.72＋100＝721.16万元，而五年学生学费收入总额为：400人×0.68万元×5年＝1360万元。直接成本占学费收入的53.03％。

根据核算要求，学生在校期间发生的间接成本费用有：关于培养学生的间接成本费用有水电费、房屋折旧、卫生绿化费等。

五、结论

TDABC利用时间作为主要的成本动因，通常适用范围有两个：一个是产品动因明确、间接费用在成本中占据较高比例的部门。时间驱动标准作业成本法强调只有被核算对象间接费用比较大，并且其中非单位水平作业比重也比较大，同时具备这两个条件时，才适合采用时间驱动作业成本法；另一个是信息化建设水平高的部门。高校这个群体往往是信息化应用的前沿，现代化办公水平相对高于其他行业。高校学生培养成本较为适合运用时间驱动作业成本法进行核算，通过以上计算，学生直接消耗的人工、材料成本占学费收入的53.03％，比起财政对学校投入比例更小。另外，上述核算中学生在校期间消耗水电、占用学校其他资源成本都没有进行计量核算。同样可以根据作业成本池归集成本，以时间驱动因素进行分配。

本文核算学生培养成本的目的不是反映学生应该承担多少学费，弥补学生

培养成本，毕竟高校是公益性事业。但是通过构建高校学生培养成本核算体系，为政府财政部门对学校拨款提供依据，同时通过成本核算反映学校为培养学生投入进行横向比较，为学生质量提供参考。同样是本科毕业生，不同学校的培养成本显然不一样，就像同样是计算机，相同配置不同厂家的成本显然不同一样。

通过核算学术水平和投入水平横向比较，占总支出的比重，可以看出办学效率，生均培养学生成本与学生缴费比例可以比较学生。

另一方面，新《高等学校会计制度》的实施为已经为学校建立统一的成本评价体系，还可以分成成本项目进行比较，通过对直接人工成本的比较，可以衡量出学校对师资的投入，通过对直接材料的比较可以看出学校对学生动手能力培养的投入，特别是理工科学生，这一指标很重要，通过图书资源的核算可以得出学生自主学习的能力，也是对学校学风的评价依据。是第二个，恰恰是高校的优势，可以横向比较，可以纵向比较，占学费的比例，可以考核学校的培养质量。提供学生培养成本成为可能，

总之，大学的四大功能是人才培养、科学研究、社会服务、文化传承与创新，全面提高我国高等教育的综合实力、社会贡献力和国际竞争力、

综合性大学进行细分，可以核算进行横向比较，说明办学水平和学生质量水平/优化学校分配政策，建立科学的考核体系。

【参考文献】

［1］杨红雄 . 政府投资项目监管成本预算、核算、评价研究——基于时间驱动的作业成本法视角［M］. 北京：经济管理出版社，2013.

［2］王心平 . 作业成本计算理论与应用研究［M］. 大连：东北财经大学出版社，2001.

［3］曹宏进 . 引入作业成本法核算高校学生培养成本探讨［J］. 扬州大学学报（高教研究版），2002(4).

［4］智坚 . 传统作业成本法与时间驱动的作业成本法的对比研究［J］. 会计研究，2013(8).

［5］于莉萍，靳鑫 . 新高校会计制度下高校教育成本核算体系探析［J］. 大连大学学报，2013(4).

［6］甘永生，闫德志 . 成本管理会计［M］. 武汉：华中科技大学出版社，2011.

［7］财政部 . 财政部关于全面推进管理会计体系建设的指导意见［Z］. 2014.

［8］财政部 . 高等学校会计制度［Z］. 2014.

［9］Peter C. Brewer，Ray H. Garrison，Enic W. Noreen：An Intrduction to Managerial Accounting，2008(4e).

高校自筹收入分配政策的思考
——以某高校为例

北京师范大学　段　程

【摘　要】随着我国教育体制改革的推进，自筹收入的增加，高等学校的经费构成已经发生了实质性的改变。目前各高等学校创收收入的管理还比较松散，存在不少弊端，需要尽快建立和完善自筹收入的管理体系，切实保证该资金得到合理利用，促进高校的整体发展。

【关键词】高等学校　创收收入　分配管理

从 20 世纪 90 年代末开始，高校经过十几年的体制改革，办学经费的来源已发生了巨大的变化，由原来的政府全额拨款，转变为以政府拨款为主、多渠道筹措教育经费为辅的体制。在这种情况下，拓宽筹资渠道，增加创收收入，多元化筹资成为高校生存与发展的必然选择。

随着教育改革的深化和市场经济体制的完善，高校的自筹收入大幅增加，为各高校的发展提供了重要的资金支持，有效缓解了各高校为改善办学条件和提高职工待遇带来的资金压力。如何管理好、使用好，充分发挥这部分资金的效力，将是未来一段时间各高校财务人员需要关注的问题。下面以某高校为例对自筹收入的管理进行分析。

一、自筹收入的管理现状

目前对自筹收入的理解有很多种，被集中认可的观点是高校教职工在完成计划内教学、科研任务且符合国家相关法律政策的基础上，利用自身教学、科研等方面的优势对社会开展各种有偿服务，获得一定经济收入的活动。

经过几年的发展，目前的自筹收入主要涵盖以下几大类：教育事业性收入（学费、住宿费、委托培养费、函授、夜大学费及短训班培训费和考试考务费等收入）、科研事业性收入、附属单位上缴、经营性收入和其他收入。

1. 收入情况

近十年来，学校创收收入每年都在不断增长，截至 2013 年年末已突破 12

亿元，接近学校总收入的一半，为学校的教学和科研发展提供了强有力保障。

根据表1的统计数据可以看出，近三年行政事业性收入增长较快，2013年比2011年增长了33%，主要的增长方向是教育事业收入中的专业硕士学费和短期培训费。

表 1　创收收入统计表　　　　（单位：亿元）

收入种类	2011 年	2012 年	2013 年
教育事业收入	2.82	3.12	3.75
科研事业收入	4.35	5.29	4.89
附属单位上缴、经营和其他收入	3.72	3.78	3.73
合 计	10.89	12.19	12.37

2. 管理模式

目前学校对创收收入的管理主要分为三大类：优势资源类、目标任务类、其他服务类。

（1）优势资源类

利用学校教学、科研等资源获得的收入，包括教育事业性收入和科研事业性收入两大部分，也是学校自筹收入最重要的部分，占到总份额的70%。这类收入除本科生学费和住宿费外，大部分资金由学校提取管理费后分配给各单位自行使用。

（2）目标任务类

利用学校资产获得的收入，包括附属单位上缴收入、合作办学管理费收入等。

每年上缴单位根据学校制定的预算任务完成上缴工作。

（3）其他服务类

学校各单位利用自身优势或职能提供有偿服务获得的收入，如咨询费、会议费、查询费等。学校在提取少量管理费后分配给各执行单位。

3. 分配政策

高校自筹收入的分配没有统一的规定，会根据自身情况和特点进行制定。目前主要分三类：第一，全额纳入预算管理，统一下拨；第二，提取管理费或上缴任务；第三，全额返还收款单位。

该校一直采用的是第二种分配政策，且多年未有大的变化。主要按以下几个原则执行：

（1）由学校掌握的资源，收入全部归学校；

(2)占用学校资源获得的收入，在满足学校利益后，分配给各管理部门使用；

(3)提供其他服务的收入，学校收取部分管理费。

(4)对学校声誉有重大影响且资金较紧张的收入，学校给予减免管理费的扶持；

(5)对学校声誉无重大影响且收益率较低的收入，学校不予减免管理费。

4. 存在的问题

随着时间的推移，收入的增加和收入结构的变化，自筹收入管理工作中暴露出了一些亟待解决的问题，主要体现在以下几个方面：

(1)收入种类和金额增长较快，分配政策调整滞后

学校的收入种类由过去的几十种增加到现在的两百余种，收入金额也由过去的不到亿元增长到现在的超过十亿元，而且还在不断地增加。但目前学校不少分配政策是多年前制定的，经过几年的变化，已不能完全体现当前的实际情况了，需进行适当的调整。如以前为鼓励发展而减免管理费的扶持项目，经过几年发展已形成规模，实现盈利，学校可适当提取部分收益。

(2)责权利不清，创收单位只重权利不重义务

自筹收入的增长，有效地弥补了学校教育经费拨款的不足，改善了学校的办学条件，提高了教师的福利待遇，为学校的发展提供了资金保障。但在现有分配体系下，学校承担了大部分责任，获得较少或者没有利益，各创收单位不承担责任，却获得大部分利益。由此造成各单位在创收的过程中为达到增收目的，开展大量高能耗低收益的项目，与学校正常工作争抢资源，甚至出现违反国家法律法规的情况。例如各单位举办的各类培训班，经常与正常上课的学生争抢有限的教师、教室和食堂等公共资源。

(3)目标任务的完成进度，缺乏有效的奖惩措施

附属单位收入和目标任务单位收入的上缴，没有明确的任务责任书及奖惩措施。任务数的制定也缺乏科学的测算依据，随意性较大。同时，对于完成好的单位奖励较少，而对于未完成的单位也缺少惩罚。

(4)部分收入已经饱和，急需开拓新的项目

由于社会大环境的改变，导致部分过去很吃香的筹资项目逐渐萎缩甚至消失，其中夜大、同等学力是比较典型的例子。在本科生和专业硕士扩招之前，这两类教育从不缺少生源，也确实为学校带来了不少收益，但现在已经出现了生源紧张的情况，必须认清形势，提早做好拓展新业务的准备。

(5)各部门间收入差距较大，不利于学校整体规划

由于利益的驱动，各单位会不自觉地将自筹收入的多少、职工福利的好坏，

作为衡量部门领导业绩的主要标准。这就迫使部门领导不得不将大部分精力放在了创收上，势必降低对其他方面的关注，影响基本教学和科研的发展。

另外，相对于没有筹资渠道的单位，两者职工福利会有较大的差别。久而久之，会产生大量的非正常人员流动，导致强者门庭若市，弱者无人问津，不利于学校综合实力的提升。

二、解决建议

根据学校新的整体规划，总体收入还需要大幅度的增加。在财政拨款增长有限的前提下，占总收入近一半的自筹收入增长将是完成总体目标的重中之重。这就要求学校在保持原有收入的基础上，加大寻找增收项目力度，建立拓宽增收渠道平台及创建自筹收入管理体系。

1. 完善分配体系

自筹收入在学校经费中所占的比重越来越大，要充分发挥自筹收入的使用效益，更好地调动各学院、部门和广大教职员工的工作积极性和主动性，就必须有更合理、科学的管理体系做保证。具体体现在：

（1）严格按照财务制度规定，执行收支管理两条线，严防私设"小金库"；

（2）建立创收收入申报管理环节，鼓励拓宽筹资渠道；

（3）规范收入项目，明确收费内容，正确使用票据，实行合理的分配政策；

（4）完善奖惩制度，提高创收积极性；

（5）明确学校和创收部门之间的权利与义务；

（6）定期对不合理的分配政策进行调整。

2. 整合学校资源

在短期内无法快速增加学校资源总量的情况下，对现有资源进行重新整合，达到最佳使用效率，是解决创收规模日益扩大与基本教学和科研之间争夺有限资源的最好办法。

学校利用专门机构进行统筹管理，以提高使用效率。在学校利益与单位利益产生冲突时，以学校为重，适当进行补偿。

3. 完善收入结构

对于收入种类不可能做到"高、大、全"，学校必须根据自身的实际情况进行增减，实现资源的最优配置，获得投资的最高收益。同时，利用管理费的杠杆功能，对学校和管理部门的收入进行调节。提取的管理费由学校进行统筹管理，主要起到弥补学校在发展过程产生的资金缺口和平衡各单位间利益的目的。

具体操作方法：首先是利用提取较高管理费这根经济杠杆，控制高成本低收益项目的开展；其次是积极扶持低投入高产出可持续发展的项目，可减免前期管理费或提供启动资金；最后是对新开拓的增收项目，同样给予政策上的支持，使其能顺利地发展。

三、总结

自筹收入体系的建立，需要协调学校内各方面的利益，仅仅依靠财务人员来改变现状是不够的，还需各部门相互配合完成，最终实现为学校的长远发展提供坚实的经济基础。以上全部观点为本人在工作中的一点心得，存在不足之处敬请谅解。

【参考文献】

［1］贺忠. 对加强高校收入管理的思考［J］. 内蒙古统计，2003(3).

［2］周芳. 高校收入分配制度改革回顾与思考［J］. 教育与职业，2005(13).

高校酒店降低成本费用方法分析

山东师范大学　　傅振忠

【摘　要】要提高高校酒店的经济效益，就必须增收节支，节支就是要降低企业的成本费用。降低企业成本费用的方法有很多，但最普遍、最常用的一种方法是财务预算控制，其他方法都是这种方法的补充形式。任何管理方法的实施都离不开酒店领导的大力支持，这是关键。

【关键词】酒店管理　预算控制　费用控制　成本控制

随着中央"八项规定"工作的不断推进，再加上 2014 年出台的《消费者权益保护法》，高校酒店在寒冬中的日子不好过，可以说是雪上加霜，一方面是收入大幅度下降，另一方面是人工费用大幅度上升，导致酒店经济效益不断下滑。面对如此严峻的形势，高校酒店必须拓宽收入渠道，增加收入，同时节约开支，以提高酒店的经济效益。节约开支就是要降低企业的成本费用。下面就我们酒店所采用的一些降低成本费用的方法进行分析。

一、财务预算控制

财务预算控制是企业最普遍、最常用的控制成本费用的一种方法，也是最有效的一种方法，就是通过财务预算对部门分解、下达成本费用预算指标，并对预算指标完成情况进行考核，奖罚分明，不能有奖没罚。指标要相对合理，过高或过低，取得的效果都会大打折扣。其他方法都是这种方法的补充形式。

1. 财务预算编制

在酒店内部各预算单位人员财务预算基础比较薄弱的情况下由酒店会计人员根据往年数据以及下一年度工作计划进行编制。

第一步，研究确定下一年度酒店的工作计划以及各预算单位的工作计划，比如固定资产更新改造计划，财产维修计划，薪金调整计划，食品、客房价格调整计划，店庆、节假日、美食节等活动计划，以确定新增的成本费用预算及所需资金预算等。

第二步，预测，即财务部门根据下一年度工作计划和往年数据来预测下一年度的各项数据。请注意下面所说的"三年"和"平均数"。"三年"指今年、去年、前年，"平均数"指加权平均数：1∶1∶1(平稳发展时期)、3∶2∶1(稳步上升时期)或直接按当年的数据预测(快速上升时期)；就是同一年度不同的项目采用的方法也可能不同。

收入预测一般是根据连续三年的平均数来进行的，利用的资料包括各房型客房数量、客房出租率和平均房价以及餐位数量、餐位上座率和人均消费额(分早、中、晚)等。

成本费用预测。(1)不随收入变动的费用，比如固定资产折旧费，可根据下一年度的固定资产增减计划调整计算，二线部门办公费等，一般按连续三年简单平均数预测；(2)随收入变动的费用，像餐饮部、房务部的水、电、暖、低值易耗品、日常维修费等，尽管其中有一部分固定费用，不随收入变动而变动，但很难用公式去分解，用公式甚至会得出相反的结论，因此根据经验数据，对于这部分费用可按连续三年费用占收入比例的平均数并做适当上浮或下调来预测(视计划收入情况)；(3)人员费用可根据编制人数、薪金标准、下一年度薪金调整计划以及"五险一金"的比例来预测，或者在人员编制计划不变的情况下，根据今年实际发生数、下一年度薪金调整计划以及"五险一金"的比例来预测，如果人员费用中一部分与收入有关系，还应考虑其占收入的比例。实行薪金或人员费用包干的部门，应考虑其关联指标，比如人均薪金收入以及人员费用总额占收入的比例等，还应考虑下一年度薪金调整计划、部门营业收入预算和"五险一金"的比例等，同时允许部门在酒店规定的范围内自行决定安排、使用人员，包括其管理人员的任命及用工数量，允许部门在一定的范围内调整薪金分配数额；(4)食品成本、客房成本根据相应的三年平均成本率或计划成本率，或者单位定额成本与相应的计划收入来测算。

第三步，确定目标，即总经理办公会根据第一步、第二步的预测结果研究确定收入总目标、成本费用总目标、利润总目标及各分项目标。

第四步，根据酒店确定的目标及预测的数据编制各项预算。

第五步，讨论通过各项预算。

第六步，将指标分解到各部门、各月份并讨论通过。

第七步，制定并讨论通过相应的《预算实施管理办法》。

2. 预算指标的下达、执行与考核

财务预算制定完以后，酒店要对各部门下达预算指标，出台考核办法，由各有关部门去执行，各部门要出台本部门相应的管理办法报酒店备案。酒店对部门实际执行数与预算指标进行对比，考核预算指标完成情况，完成好的要奖，完成不好的要罚，不能有奖没罚。

3. 考核的内容

没有收入的部门直接考核费用,即用实际发生的费用与预算指标进行对比;有收入的部门,像餐饮部、房务部等,可以通过考核成本率、利润率或者利润间接考核成本费用,也就是用成本率、利润率或利润的实际数与预算数进行对比分析,并进一步分析影响这些数据的收入与成本费用。

4. 财务分析

即用实际完成数与财务预算进行对比,找原因、找差距,执行好的,总结经验。财务部门每月专门组织召开成本费用分析会,在分析会之前,先通报各部门费用执行情况及可能存在的问题,专题会上再与分管领导、有关部门一块分析财务数据。

5. 执行效果

2008 年是我们实行财务预算管理的第一年,与 2007 年实际相比,节约能源、低值易耗品 25 万元,降低成本 18 万元。

2013 年同 2012 年实际费用相比,节约 15.4 万元,与当年预算费用比节约 21.5 万元(不包括人员费用);食品成本比 2012 年实际降低 66.5 万元。自实行预算控制以来,我们的食品成本率已累计下降 11 个百分点。

二、单体酒店部门之间提供服务的费用控制

部门之间提供服务,比如洗涤部门向餐饮部提供洗涤劳务,发生的费用就应该由餐饮部承担,这就是所谓的"谁受益,谁承担"的原则。接受服务的部门有义务控制相关费用。酒店对相关部门做出费用预算,并进行考核。分四个方面:

1. 洗涤费用控制

有洗衣房的酒店,首先是按计划成本控制洗衣房的费用,其次给接受服务的部门制定洗涤费用预算指标。然后每月将洗涤费用按实际洗涤的数量及酒店内部转移单价分配到有关部门,并和指标进行对比,让使用部门控制有关洗涤费用。转移价格一般是按计划成本(高层人员不核定指标)。

2. 车辆使用费控制

一是核定百公里油耗指标,二是给车辆使用部门核定用车指标(包括市内出租车),按部门用车里程及单位内部转移价格将车费分配到有关部门,和指标进行对比,让使用部门控制有关交通费。转移价格按计划成本。

3. 钟点工、假期工等人员费用控制

酒店缺员将是一个长期存在的问题,那么使用钟点工、假期工等现象会越来越多,同时部门之间临时借调人员也成家常便饭,这些人与老员工比,熟练

程度存在差距，目前我们将他们按一定的系数折合成熟练工，按折合人数扣减使用部门奖金，相应的人员工资不计入使用部门，目的是让使用部门自己减少用工人数。

我认为比较好的办法是将这一部分人员费用按折合系数计算出的部分计入接受服务的部门，其差额部分计入酒店管理费用。

4. 维修费

维修发生的材料费计入接受服务的部门；工程部所发生的人工费、工具费、中央空调机组折旧费及相关的水、电、蒸汽等，应该按接受服务的工时或服务区的面积进行分配，或者仪表数额进行分别配。

三、重要原材料重点控制

我们酒店使用的重要原材料主要包括海参、鲍鱼等，一是集中采购、加工、储存活海参、活鲍鱼等；二是按数量(头、克)、单价、金额入账；三是财务人员每天与使用部门核对；四是对一些不能按"头"入账的高档原材料根据标准菜单进行控制。一方面避免丢失、损毁，另一方面因为与标准菜单联合控制，对降低食品成本的效果会更好。

当然，降低成本费用的方法有很多，关键是选择一些适合自己的方法去做，可先做一部分，条件具备了再循序渐进，但任何管理措施的实施都离不开酒店领导的大力支持，这是关键，也离不开有关部门的配合，离不开酒店的监督检查。

江苏省高校生均拨款制度改革探析

江苏师范大学　郭一平

【摘　要】高校生均拨款制度是地方教育投入保障机制改革的重要组成部分，而提高生均拨款标准是履行公共财政职能，坚持教育优先发展、完善终身教育体系、办好人民满意教育的关键举措，同时，也是保障高等院校持续健康发展的治本之策。本文首先简述了我国高等院校生均拨款制度的现状，并由此说明了完善江苏省高校生均拨款制度的重要意义，最后提出了江苏省高校生均拨款制度的改革建议。

【关键词】江苏高校　生均拨款　教育经费　绩效评价

一、高校生均拨款制度的现状

改革开放以来，我国持续快速发展的国民经济对各级各类专门人才产生大量需求，与此同时，随着居民生活水平的提高，人们对高等教育的需求日益旺盛，高等教育的发展越来越落后于经济社会的发展要求。2012年我国高等教育毛入学率已达到30%，普通高等学校在校生数达到2536.5万人。随之而来，学校占地面积、基础设施、教学设备、实验室等严重短缺，给高校造成了巨大的压力，尽管近年来国家对高等教育的投入总量逐年增加，但这大多被招生规模的扩张以及物价水平的上涨所抵消；另外，目前的生均拨款政策忽视了政策性增支给高校带来的经费压力，近年来随着江苏省事业单位绩效工资制度的改革、住房货币补贴等形成学校政策性支出增加，使学校人均工资水平大大提高，由此增加的人员支出成为高校必须解决的刚性开支，这些都由高校从生均综合定额中调剂解决，也加重了高校经费的压力。

因此高校仍处于一种教育经费相对不足的状态。以地方普通本科高校生均财政拨款为例，扩招以来在校生数量的增长幅度超过了财政拨款的增长幅度，导致生均财政拨款不断减少。

二、关于进一步完善江苏省高校生均拨款制度的重要意义

"努力办好人民满意的教育"是党的十八大提出的重要的战略任务。随着高

等教育大众化进程和管理体制的不断改进，地方高校将在建设高等教育强国和人力资源强国方面发挥越来越重要的作用。如何加大对地方本科高校的投入，建立长效机制，是我国教育面临的一项重要而紧迫的任务，而通过提高生均拨款的标准，改革生均拨款制度的办法是实现这一任务的重要举措和有效途径，对于我省高等教育的发展有着重大而深远的意义。

高校教育是社会公共事业，提高高校生均拨款标准，能够强化政府责任，优化高校投资结构，体现财政拨款在整个教育经费中的主渠道地位，是履行公共财政职能、强化基本公共服务的具体体现，是坚持教育优先发展、完善终身教育体系、办好人民满意教育的关键举措。

三、关于江苏省高校生均拨款制度的改革建议

(一)继续提高生均拨款标准，进一步加大教育财政投入

教育财政投入的增加是数量目标，更是质量目标。高等教育生均拨款标准不仅是一组简单的数据，而是一个质量标准，它既反映了高校的生存运转状态，也是高校的质量水平线。它是一种长效机制，又是一种预警机制。从教育生产函数来讲，教育质量与教育经费投入之间呈正相关的关系，生均高等教育经费较低的状况显然不利于高等教育质量的提高。从国际比较的眼光来看，目前我国财政性高等教育经费占 GDP 的比例为 0.7%，低于 64 个发展中国家平均 0.74% 的水平，更远低于 21 个发达国家平均 0.99% 的水平。从财政性经费占高等教育总经费的比例看，我国的比例为 61.6%，低于 22 个发展中国家平均 68.8% 的水平，也远低于 17 个发达国家平均 74.2% 的水平。如此看来，作为高等教育质量建设的主体部分，地方本科院校的财政投入保障是教育财政体制建设最基本的要求。

财政生均拨款是一项重要的经费指标，在我国高等教育事业发展中具有举足轻重的作用。2011 年国家财政部和教育部曾在《关于进一步提高地方普通本科高校生均拨款水平的意见》中明确提出，到 2012 年各地地方高校生均拨款水平不低于 12000 元，这是大幅度增加高校经费的一项重要政策。而截至 2012 年年底，山西、山东、四川、河南、海南、福建等多数省份已经达到了这一标准，而江苏省 2011 年、2012 年、2013 年的省属高校生均拨款标准依次为 5600 元、7600 元、9000 元，同比都有了较大幅度的增长，但与兄弟省份高校相比，生均拨款定额仍然偏低。江苏省作为一个教育大省，担负着较大的人才培养任务，为使江苏省尽快转变为教育强省，率先实现教育现代化，应进一步提高高校生均财政拨款的基本标准，建立高等教育经费稳定增长机制，健全教育经费保障

机制。

教育财政投入的增加，可以推动学校办学条件改善和教育普及水平提升，促进教育公平和教育事业发展，为保障各级各类人才培养提供有力支撑。提高生均拨款标准之后，可以增加经费总量和调控余地，使得经费投入能够满足本科高校的基本需要，同时又能够安排必要的经费对重点学科等给予扶持、逐步化解高校债务，增强了高校资源配置的自主权，满足其健康快速发展的需要。

（二）生均拨款制度应注重地域差别

长期以来，我国不同地区的经济发展水平不一，区域经济发展的巨大差异正日益辐射到高等教育领域，非均衡的经济发展水平影响到地区高等教育发展的不均衡，导致各地区政府投入差别很大，有可能形成高校之间强者愈强、弱者愈弱的"马太效应"。另外，在高等教育大众化进程中，许多经济并不发达的地区也承担了较大的高等教育规模，为国家高等教育发展做出了重要贡献，但对这些地区来讲，高等教育规模发展不仅给地方财政带来了沉重的负担，而且由于毕业生就业流向广大经济发达地区，地方经济并没有享有教育带来的人力资本。由于巨大的外溢效应，地方高等教育服务有理由得到财政的大力资助和补偿。而现有拨款方式中的生均成本方法除了难以反映学校、专业等的差异外，也没有对地区间差异给予足够的考虑，因而导致落后地区的定额拨款更加缺乏。同理，江苏省的整体经济发展情况亦如此，苏南苏北地区经济发展不平衡，北部区域发展较为滞后，资金匮乏，而加之地理位置的限制，北部地区高校引进人才较为困难，人才外溢到经济发达区域的现象也比较常见，需要承担较大的人才引进成本，所以江苏省的高校生均拨款制度应适当考虑地域差别，辅以不同的拨款基准定额或者不同的学科、学生折算系数，转移支付弥补地方财力薄弱地区对公共资源的需求，平衡公共教育资源的分布，更好地增强财政投入的导向作用。

（三）生均拨款制度应考虑专业差异

目前，江苏省生均拨款的标准是按文科、理科、工科、农林、医学、艺术、体育、公安等学科大类进行相应的折算，但这难以体现不同专业的成本、收入配比情况，应当更加细化生均拨款的标准。

江苏省省属高校的拨款公式＝生均拨款基准定额标准×学科折算系数×学生折算系统，从公式中可以看出生均拨款额度主要依据之一是学科大类的划分，根据不同的学科制定了不同的折算系数，这种拨款模式虽然便于操作，但学科细化程度不够，没有很好地反映学科专业之间的办学成本差异，应该进一步细化学科门类，甚至细化至专业类别的拨款系数，实施多参数的拨款模式。例如理科可以细化为物理学、化学、天文学、地理学等二级学科。目前我省工科与理科的拨款折算系数分别为：1.2、1.1。工科的折算系数要高于理科，但例如理科中的物理学、化学、生物学等专业，也需要具备大量的实验仪器设备和实训基地等条件，这在一定程度上增加了学生培养成本，但按照现行的拨款模式，则统一归并为"理科"这一揽子工程，没有考虑专业特性。而工科门类中的农业工程、林业工程等学科的生均培养成本则未必高于前者。其他学科也存在类似问题。

所以，在制定生均财政拨款基本标准时，要充分考虑行业、产业发展需求和不同专业办学成本差异，对不同专业的财政拨款标准按一定的折算系数进行调整，对农、林、水、地、矿、油等艰苦行业专业可以给予适当地倾斜；也可以借鉴国际经验，对高等教育 11 大类学科门类设定三档不同的专业折算系数，同时根据教育培养成本、办学质量和绩效等因素设定浮动系数：第一档，专业折算系数平均为 1，浮动系数为 0.8～1.2，包括文、史、法、教育、经济、管理学等学科门类。第二档，专业折算系数平均为 1.5，浮动系数为 1.2～1.8，包括理、工、农等学科门类。第三档，专业折算系数平均为 1.8，浮动系数为 1.8～2.5，包括医学、艺术、体育、美术等特殊专业。在设定不同专业折算系数的基础上，结合浮动系数来详细制定生均定额标准，体现专业差异，防止"一刀切"。

(四)生均拨款制度应融合绩效评价效果，建立基于绩效与竞争的产出型拨款模式

从拨款公式中看以看出，它并没有引入绩效指标，基本上属于拨款与学校的办学绩效相脱钩的拨款方式，拨款只与教育投入的粗略估计和学生数相联系，而没有考虑与学校教学质量、办学特色、就业率等办学绩效相挂钩，不能反映各个学校的实际办学水平和教育经费使用的效率，显得比较陈旧、简单，不利于激励各高校之间的竞争与提高办学效益。

在生均拨款机制改革中，应逐步建立生均基本拨款与绩效考核相结合的评价机制，或采取各种混合拨款模式，结合江苏省省情制定精细的绩效考评制度，建立科学的绩效评价体系，按照客观公正、简便高效的原则，组织专家或委托中介机构对高等教育经费投入和使用情况实施绩效评价，按综合考评结果予以表彰奖励，全面提高资金科学化、精细化管理水平，进一步推动高校内涵式建设，通过绩效对高等学校的所有拨款使用效益、效率和质量进行衡量，以决定后续拨款的多少、方向、形式和方法，促进高校间的良性竞争，使资源得到更为充分、有效的利用。

对于绩效的考核工作，国际上许多国家通常采用设立中介机构作为政府和高校之间的桥梁，如英国的英格兰高等教育基金委员会。我们亦可借鉴这一经验，设置一个专门的高等教育拨款委员会，定期对高校进行评估考核，并以此作为拨款依据，同时对高校进行监督，考查其拨款用途情况，当然这也有待国家宏观政策的调整和机构的设置。

在绩效具体评价方面，合理的拨款制度应该达到引导高等教育实现社会贡献最大化的目的，即引导高等教育在教育数量、教育质量、办学效益三个方面的综合贡献达到最大。相对教育成本的投入性质而言，社会贡献属产出性质。因此，应该创建真正意义上的产出型拨款机制。产出型机制的拨款公式结构，应该呈现教育数量、教育质量、办学效益三方面指标的乘积形式，从而制约任何一方面绩效过低的现象，使高等教育真正对社会负责，做出最大的社会贡献。诚然，合理的产出型拨款公式应该以乘积形式综合教育数量、教育质量、办学效益三类指标，而其中的每一类指标都可以细化为一些关键指标值，指标值的设定也是一个非常复杂的系统工程，尚需逐步推敲与探索。

四、结语

教育财政拨款是高校资金的主要来源，也是高校生存和发展的支柱。财政拨款的合理性和科学性是影响江苏省高校教育质量的重要因素。因此，应对现行生均拨款制度进行改革，使其能够更好地反映不同专业的办学成本差异，实现资源的合理优化配置。

浅议我国高校内债问题
——以某高校为例

曲阜师范大学　孔　燕

【摘　要】高校内债是各高校普遍存在的问题，高校内债是一把双刃剑，虽然降低了高校的资金使用成本，提高了资金的使用效率，但是却违背了限定性资金专款专用的原则，造成了资金的挪用，给资金管理带来了困难，甚至因高校内债过大造成了财务风险。本文从高校内债包含的具体内容、目前高校内债存在的原因及问题等方面，阐述了自己的观点，提出了具体的建议。

【关键词】高校　内债　问题　措施

高校内债是指高校因可支配资金不足，占用高校其他限定用途资金或通过校内借款而形成的对内债务。高校内债是高校债务的重要组成部分，近几年随着国家一系列高校偿债优惠措施的出台，高校外债规模逐渐缩小，甚至无外债出现，高校内债问题却逐渐显现出来，而且近几年呈现逐年增长的趋势。例如某高校近五年的内债数额如图1所示。

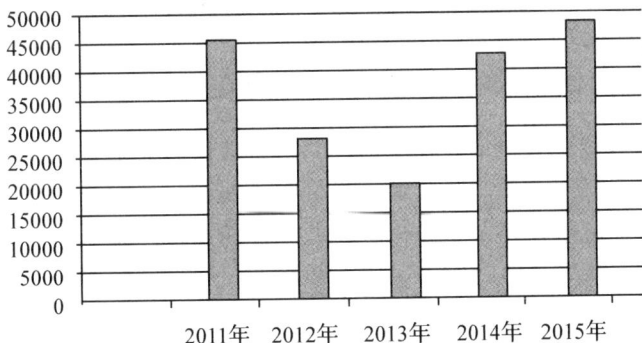

图1　某高校近五年的内债数额

一、目前高校内债包括的主要内容

根据高校核算的负债类内容和银行系统对高校内债的统计调查，目前高校内债内容主要包括：财政拨付的专项以及科研项目形成的年末未完项目收支差额、学校内部部门年末暂存款余额、年末应交未缴税金余额、年末各种代管款项余额、年末专用基金余额、学校自有资金安排的预算结转或结余数（其中年末未完项目收支差额、年末代管款项余额、年末专用基金余额都为扣减其对应的年末暂付款余额后的金额）、年末学校内部委托贷款借入资金余额等多项合计，扣减年末银行存款余额、年末现金和年末财政应返还额度三项合计的差额。例如某高校近五年内债各项目构成如图 2 所示。

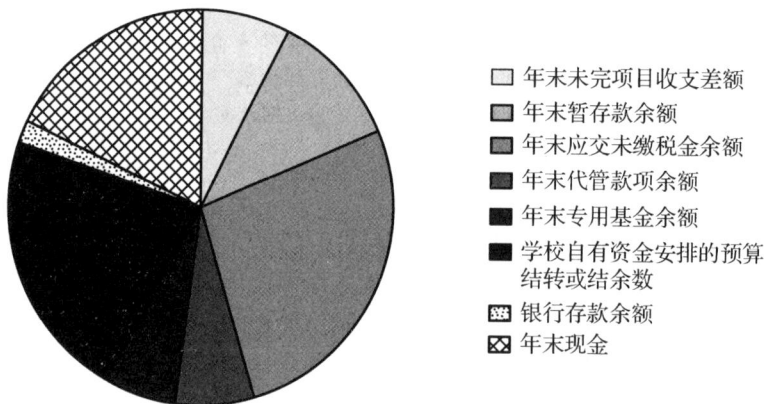

图 2　某高校近五年的内债构成

二、高校内债形成的原因以及目前存在的问题

虽然高校内债构成的元素有多种，但根据内债的资金来源主要有两种：一种是限定性资金结余沉淀，比如未完项目收支差额、代管款项余额、专用基金余额等；另一种是结算资金短期结余沉淀，比如银行存款余额、年末财政应返还额度等。随着高校规模的扩大、业务的拓展，高校沉淀的内债的规模越来越大，原因主要有以下几点。

第一，年末未完项目收支差额每年环比增长额度大，少则几百万元，多则几千万元，其中主要包括财政拨付的专项资金的结转或结余。

财政专项资金管理暂行办法规定，财政专项资金应当专款专用，任何单位和个人不得擅自变更专项资金用途。确需变更的，用款单位应当按照项目和资金管理权限逐级上报原审批主管部门批准。重大变更事项应当报省政府批准。

但是项目实际实施过程中有些资金很快形成支出无结余，有些项目资金由于受到项目研究的时效性、滞后性等影响不能短期内支付完毕，形成了结转，比如自然科学基金等。还有一些大额的财政专项资金要求采用直接支付方式（超过100万元），但是直接支付不能使用公务卡结算，研究人员外出调研、支付劳务费等又通过公务卡付款，造成直接支付与公务卡无法直接对接，高校只能申请更改项目资金授权支付，既增添了工作量又拖延了专项资金的执行进度。后期追加的专项资金有时下达比较晚，有些专项资金需要政府采购，程序多手续繁，甚至一个项目多次政采才能成功，这些都会直接影响到项目的执行进度，造成财政专项资金的结转。某校近五年财政专项资金结转情况如图3所示，2015年由于财政及高校主管部门加强了对财政资金的监管，加快财政资金支出进度，加大盘活存量资金工作力度，努力压减财政资金的结转规模，致使2015年财政项目资金结转规模呈现下降趋势。从图3中可以看出，虽然2015年财政专项资金结转结余规模有所减小，但上一年各高校的审计报告中却出现了财政专项资金套用、挪用的问题。

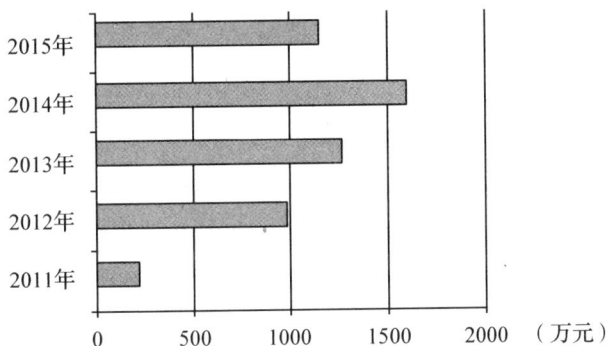

图3　某高校近五年财政专项资金结转情况

第二，高校科研项目经费结转金额大。

科研是高校工作的重要组成部分，近年来科研事业收入呈逐年递增趋势。大部分科研项目周期长，资金使用慢，再加上有些科研项目结题不结项，致使大量的科研资金形成结转或结余，这就为科研资金暂时挪作他用提供了便利的渠道。

第三，年末暂存款、代管款项、专用基金余额较多。

随着办学规模的扩大、业务的扩展，高校与外单位、高校与分校之间的业务往来增多，往来暂存资金逐年增加。党费、团费、学生讲义费、工会经费、职工福利费、离退休活动费、基金会代管经费、校外宿舍管理费等等代管款项，

（万元）

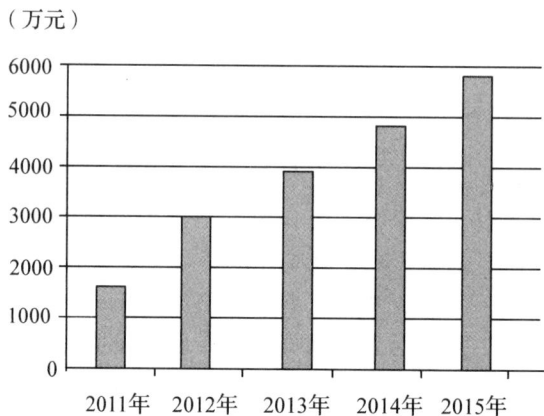

图 4　某高校近五年科研经费结转或结余数

由于此类资金的特殊性，学校既无法控制这类资金的使用进度，又不能统筹使用，致使年末结存结转规模多达几千万元。还有高校按规定提取或者设置的具有专门用途的职工福利基金、学生奖助基金、住房基金、捐赠的留本基金等净资产。以上种种无不加大了内债的规模。

三、解决高校内债的几点建议

高校内债是一把双刃剑，虽然降低了高校的资金使用成本，提高了资金的使用效率，但是却违背了限定性资金专款专用的原则，造成了资金的挪用，给资金管理带来了困难，甚至因高校内债过大造成了财务风险，笔者认为应该从以下几方面着力解决高校的内债问题。

第一，加强高校财务管理，健全高校财务制度，强化高校财务监督和财务风险意识。

高校财务规章制度是高校财务活动的规范，只有制度合理健全，财务管理活动才能有章可循、有据可依。学校领导和财务管理人员要具有高度的财务风险意识，保持合理的内债规模，提高内债的使用效益，防范财务风险的发生。同时学校还要根据责、权、利相结合的原则，明确各级人员的职责权限、工作规范、纪律要求和责任追究，确保各层次各环节依法履行职责。对未认真履行职责的，应给予处罚或追究相应的责任。对财务工作做到事前、事中、事后监督相结合，日常监督和专项检查相结合，内外审计相结合，进一步加强财务监督管理，提高财务工作的透明度。

第二，制定完善措施，保证合理有序的加快财政专项资金的执行进度，压减结转结余规模。

    根据《山东省财政厅关于进一步推进盘活财政存量资金工作有关事项的通知》和《山东省财政厅关于进一步加快财政支出进度的通知》，要求高校摸清、压缩、盘活财政资金存量，其中财政专项资金是重点。高校要采取切实有效的措施，落实财务责任，增强绩效评价，加快财政专项资金的执行进度。对有预算的专项项目按预算计划进度执行并进行绩效评价。对年中追加的财政专项资金，一方面财政部门需要尽早下达，并根据具体项目的特点确定资金支付方式，不必拘泥于项目金额大于 100 万元的必须直接支付，这样节省了高校更改授权支付的时间，有利于专项资金更快投入使用，形成支出。另一方面高校对年中追加专项资金尽快拨付到具体项目，并督促项目负责人按项目预算合理合规地使用资金，保证资金的使用效益。平时加强对专项资金的分析，建立专项资金定期通报制度。对项目执行好的学校可以给予表扬或奖励，反之相关部门可以约谈项目负责人了解情况，针对具体问题做出处理，从而保证项目的执行进度，尽力压减财政专项资金的存量。

    第三，增强科研经费的管理，大力压减科研资金的结转结余。

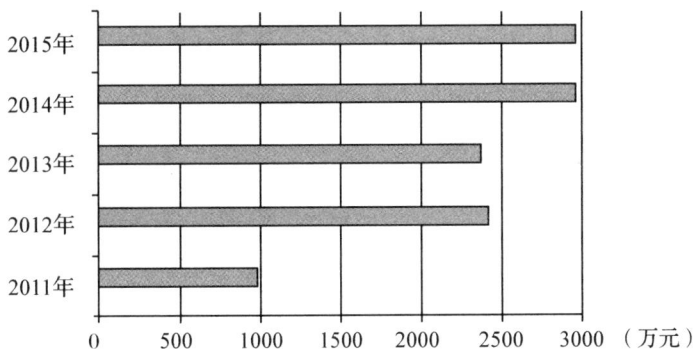

图 5   某高校近五年科研经费收入情况

    随着科教兴国战略的实施，高校科研经费逐年增加，科研经费结转结余也在逐年加大，增大了内债规模，加大了高校的财务风险。科研主管部门、学院、财务部门应加强对科研经费的监管，分工负责，落实责任，制定考核办法和奖惩机制，用程序和制度规范科研经费的管理。科研主管部门应该建立项目库，归类管理科研项目，对结题不结项的科研项目督促其限期结项，限期不能结项的统筹其结余资金；对正在执行的项目，应根据项目预算和期限监督其加快执行进度，保质保量按期完成。学院负责审核科研项目的开支范围是否合理，是否符合预算开支范围，不得购买与科研项目无关的设备、材料等。财务部门负责审核原始凭证的真实性、合规性，防止虚开发票套取科研经费，按照项目预算进行额度控制，禁止科研支出超预算，防止项目结题时随意调整支出项目或科目。同时高校应制定科研项目评价制度，对评价结果差且整改不到位的，相应调减预算直至取消学校配套支持，形成"用钱必问效，无效必问责"的管理机制。

第四，加大内债其他专项资金的清理，盘活存量资金，使其发挥更好的经济效益。

高校要对不同性质的内债按照相关规定及时清理，特别是代管款项实行分项管理，项目结束后6个月内完成清理结算工作。当年提取的学生奖贷基金争取当年形成支出，减少结转，其他专用基金按照相关规定合理使用，压减结转规模。

生均教育成本体系的研究

天津师范大学　李浩茹

　　【摘　要】合理制定生均培养成本，能加强高等学校内部管理，合理配置教育资源，也有利于评价办学效益，为政府确定财政拨款和收费标准提供科学依据。由于现行的财务制度和会计核算体系制约着学生培养成本核算的开展，我国还没有开展高校生均成本核算。虽然学术界提出了几种可能的高校生均成本模式，但还是不能全面、真实地反映高校的生均成本，因此本文将围绕建立一套高校生均教育成本体系来展开。通过研究分析高校生均教育成本计量的理论、内容和方法问题，并结合实证分析，旨在为高校建立生均教育成本体系提供相关的理论和实践支持。

　　【关键词】高校　生均教育成本　成本体系

　　高等学校生均教育成本计量是高校管理的重要组成部分，也是高校财务管理的重要环节，既是理论研究的课题，更是实践的课题。长期以来，我国高等教育缺乏成本意识，导致教育成本管理水平低下，教育资源浪费严重，制约了高等教育事业的发展。近年来，高等学校生均教育成本问题逐渐受到政府的高度重视和社会的广泛关注。目前，一些教育成本学者从理论上和实践上对生均教育成本测算问题做了大量的研究，学者们对生均教育成本的测算在某些问题上的认识还没有达成一致，诸如生均教育成本的测算原则、对象、项目、依据等许多重要问题仍不清晰。对这些问题进行深入的探讨和研究，并达成统一的认识，是测算并建立生均教育成本体系的前提。

　　本文借鉴企业成本管理经验和前人的研究成果，结合普通高等学校的自身特点，对高等学校生均教育成本及其计量问题进行了研究，建立一套科学有效的评价体系。希望通过作者的研究，为解决目前普通高等学校普遍存在的成本意识不强、资源配置效率低下、无法简便快捷地提供较为准确的教育成本信息等问题提供理论支持和实践操作的借鉴，以达到优化高等教育的各种投入要素，满足社会对高等教育的迫切需求，使高校获得持续健康发展能力的目的。

一、生均教育成本的内涵

(一)生均教育成本的概念

高校教育成本是高校在一定时间内，为培养一定种类、层次和数量的学生所发生的全部费用，是高校学生在校学习期间所消耗的活劳动和物化劳动的总和，是指高校的实际教育成本。高校教育成本，是针对高等学校这一具体对象的教育成本的具体化，是特指高等学校这个主体在教育活动中用于培养学生所耗费的教育资源的价值。

在高等教育过程中，为开展教学、科研及其他活动，必然要发生人力、物力和财力的耗费，这些耗费的货币表现（现行财务制度称其为经费支出）归集到一定的培养对象上，即为该对象的生均教育成本。

(二)生均教育成本的基本内容

高等教育生均标准培养成本一般可分以下四类：（1）资产类，包括土地分摊、房屋分摊及维修、仪器设备折旧、图书购置及折旧；（2）日常教学维持费用，包括能源保障（水、电、供暖）、物业、绿化和保安、教学维持费用；（3）学生事务，包括奖、助学金、学生教育军训、困难补助、医疗费；（4）生均人员经费，包括生均在职人员的收入、生均在职人员的各类住房补贴、生均在职人员的"五险"。

由生均教育成本的内容可以看出，生均教育成本是可以计量的。只要建立明确的成本计量体系，设置相应的成本项目，选择会计核算法，对发生的各项耗费进行归类并按一定的标准进行分配，即可计算出高校生均教育成本。

二、高校教育成本计量的基本原则

高校教育成本计量的基本原则是指进行高校教育成本计量应该遵循的行为规范。为了准确计量高校教育成本，高校在遵循现行会计准则规定的大部分会计原则的基础上，高校要进行教育成本计量还应该遵循以下原则：

(一)配比原则

配比原则既强调同一会计期间的费用成本与该期间的收入或产出相配合比较，又强调同一项目的费用成本与该项目的收入或产出相配比。也就是说，对发生的费用成本要按照因果关系和受益期间进行确认。高校在教育成本计量过程中，只有遵循配比原则对发生的成本费用按照所属的期间和对象进行归集和分配，才能计算出准确、完整的成本信息。

（二）相关性原则

高校教育成本由人员支出、公用支出、对个人和家庭的补助支出和其他资本性支出四部分构成，并详细地对这四部分的具体内容进行了阐述。笔者认为，在确定高校教育成本的内容过程中，只要该项内容与高校的教育相关，就应该计入，否则一律不能计入，可见相关性原则在确认高校教育成本计量内容中的重要性。

（三）权责发生制原则

在学生培养期间，教育投入与受益对象的培养进度往往是不同步的。如教学仪器、设备、房屋、图书等，在一定时期内，均为一次性投入，这些投入可以培养很多届学生。一般情况下，投入在先，实施培养在后。因此，先开支的费用应按比例计入当期和以后各期教育成本中去，而不能将当期开支的所有费用全部计入当期的教育成本中去。为此，需增设"待摊费用""预提费用""累计折旧"三个总账科目。

（四）一致性原则

一致性原则是指会计处理方法前后各期应当一致，一致性原则是指成本计量所采用的方法前后各期必须一致。一致性包含三个方面的意思：一是确认成本发生时，计算发生水平的方法前后要一致；二是成本计算过程中所采用的费用分配方法前后要一致；三是成本计算的总体方法应前后一致。

三、生均教育成本计量的前提条件

（一）生均教育成本计量对象

从教育机构的性质上说，学校是提供教育服务的机构，高校的教育产品就是高校所提供的高等教育服务。高校分文科、理科、工科、农林、医学、教育、艺术、经济、管理等不同科类，每类又分博士生、硕士生、本专科生不同层次。高校向不同科类、不同层次的学生，提供的教育服务成本是不同的。即使同一科类、同一层次的学生，由于专业不同，其教育成本也颇多出入。因此，为了准确计量高校教育成本，高校应当视不同学科（或专业）、不同层次的学生为不同的教育服务对象，分别开设教育成本明细账，将一学年中高校提供教育服务过程中耗费的全部教育资源价值进行归集和分配，计算出每一个学生接受一学年的教育服务成本。

（二）生均教育成本计量周期

从理论上讲，成本的计算期应当与学生培养的周期一致。企业会计制度规定：产品成本按月进行核算。但教育成本与企业产品成本不同，因为培养一个大学生的周期一般为四年，有些专业长达六七年。因此，教育成本的计算期不能向企业那样按月进行成本核算，但也不能跟学生的培养周期一样长，现行高校会计制度规定会计年度采用历年制，为了使教育成本的计算期与现行高校会计制度取得一致，教育成本的计算可按自然年进行。

(三)生均教育成本计量范围

建立生均教育成本体系，进行教育成本核算，首先要根据国家有关的法规和制度，以及学校的经费预算和相应的消耗定额，对发生的各项费用进行审核和控制，看应不应该开支；已经开支的，是否应该计入成本。为此，要对费用的发生情况以及费用脱离定额或计划的差异进行日常的核算和分析，及时纠正和制止各种不合理、不合规、不合法的开支，减少损失和浪费；其次要对已经发生的各种费用进行合理的归集和分配，正确计算成本。

四、生均教育成本体系项目分类

生均教育成本项目是指归属高校教育成本计量对象的各种费用按用途划分的类别。高校在培养学生的活动中所发生的成本多种多样，为了科学地进行高校教育成本要素的确认，需要对种类繁多的成本要素进行合理分类。根据高校的实际情况以及成本计量要素确定的原则，下面将从经济内容和经济用途两方面对高校教育成本要素进行分类。

(一)生均教育成本体系一级项目

按教育成本的经济用途进行分类，教育成本的支出分为教学支出、常规科研支出、行政管理支出、后勤支出、学生事务支出、业务辅助支出、社会保障支出和其他支出八个成本项目。

(1)教学支出指高校教学单位为培养各类学生发生在教学过程中的支出，如专职教师的工资、福利费，教学部门的业务费开支。(2)常规科研支出指高校与培养学生有关的非项目科研支出。(3)行政管理支出指高校行政管理部门为了完成行政管理任务所发生的各类费用支出。(4)后勤支出指高校后勤部门为完成后勤保障任务所发生的各类费用开支。(5)学生事务支出指高校直接用于学生事务的各类费用开支。(6)业务辅助支出指高校图书馆、计算中心、网络中心、电教中心等教学、科研辅助部门支持教学所发生的各类费用开支。(7)社会保障支出指按一定比例预提在职教职工今后的退休保障费，包括养老保险费、失业保险费等，而不是现行制度所规定的离退休保障支出。(8)其他支出指其他用于学生培养费的支出。如：校办产业和经营收益用于补充教育事业经费的部分，世界银行贷款用于发展教育项目贷款的还本付息和承诺费、手续费等支出。

（二）生均教育成本体系二级项目

按高校教育成本的经济内容分类，根据高校传授知识消耗的活劳动耗费、传授知识所应具备的物质技术条件消耗费用以及教学和行政等公用管理性耗费。一般分为四个支出要素。

1. 工资福利支出

工资福利支出是指高校支付给在职的教师和为教学服务的行政、后勤人员的工资费用，包括各种工资性费用，主要包括基本工资、津贴、奖金、教职工社会保障缴费和其他工资福利支出等。（1）教职工工资，指是高校教育成本中最大、最主要的项目，指学校支付给教师和为教学服务的行政、后勤人员的工资费用，包括各项工资性费用，如基本工资、补助工资、其他工资等。基本工资是学校按照国家统一规定支付给教职工报酬的主要形式；补助工资是对教职工支付的国家统一规定的津贴、补贴，包括岗位津贴、价格补贴、地区性补贴、冬季取暖补贴、交通补贴、差旅费包干补贴、伙食补贴等；其他工资是在基本工资、补助工资以外，属于国家规定工资总额组成范围内的、按学校规定标准发给教职工的各种津贴、补贴，包括课时津贴、超工作量酬金、科研酬金、关键岗位津贴、奖金等。（2）津贴，指学校在基本工资之外按国家规定发放的津贴，包括地区性津贴、政府特殊津贴、教龄津贴、班主任津贴及价格补贴、冬季取暖补贴、职工上下班交通费补贴等。津贴指基本工资之外按规定开支的职工津贴和补贴。包括职务岗位津贴、基础津贴、综合物价补贴、教龄津贴、特级教师津贴、教师超课时津贴等。（3）奖金，指学校按规定标准提取和国家规定允许学校开支的，用于在职人员各项奖金的费用。（4）教职工社会保障费，指学校为职工缴纳的基本养老、医疗、失业、工伤等社会保险费。社会保障费是学校为在职职工缴纳的各项社会保险支出，包括养老保险金、失业保险金、医疗保险金和职工住房公积金、住房补贴等。（5）其他工资福利支出，指上述项目未包括的人员支出，如各种加班工资、病假两个月以上期间的人员工资、编制外长期聘用人员工资等。

2. 商品和服务支出

商品和服务支出是高校用于日常教学和管理方面的支出。（1）办公费，指高等学校用于日常行政管理的费用，包括购买日常办公用品、书报杂志，为进行科学实验购置的工（器）具等低值易耗品、化学试剂、材料等的费用。（2）印刷费，指相对于日常印刷费而言的大宗资料印刷费用，包括教师用教材、讲义等的印刷费用。（3）邮电费，指学校支付的信函、包裹、货物等邮寄费、电话费、电报费、传真、网络通信费等。(4)水电费指高校支付的水费、电费、污水处理费等费用。(5)交通费指高校各类交通工具的租用费、燃料费、维修费、过桥过路费、保险费、养路费、安全奖励金等。(6)差旅费指高校职工出差、出国时的住宿费、伙食补助费、杂费以及学生调遣费、调干家属旅费补助等。(7)会议费指高校按规定开支的各类会议支出，包括会议的住宿费、伙食补助费、文件资料印刷费、会议场地租用费等。(8)福利费指高校按国家规定提取的福利费。(9)劳务费指高校支付给单位和个人的翻译费、咨询费、手续费等。(10)培训费(职工教育经费)，指学校按规定开支的培训支出和按标准提取的"职工教育经费"。(11)租赁费，指学校为开展教学活动所发生的房屋、场地、教职工宿舍、专用通信网经营性租赁的费用等。(12)手续费，指学校为筹集教学、基建所需资金等而发生的费用，包括利息支出(减利息收入)、汇兑损失(减汇兑收益)以及相关的手续费等。(13)物业管理费，物业管理费指学校教学、办公用房的物业管理费用，包括综合治理、绿化、卫生方面支出等。(14)维修费，指学校用于恢复固定资产使用价值、保持正常工作而支出的日常修理和维护费用，包括各类设备维修费，单位公用房屋、建筑物及附属设备的维修费，以及按照国家有关部门的规定，不够基本建设投资额度的零星土建工程费用。(15)招待费，指学校为执行公务或开展业务活动需要合理开支的接待费用，包括在接待地发生的交通费、用餐费和住宿费。招待费支出总额按当年商品和服务支出总额(扣除招待费和维修费)的2%控制，超出的要进行核减，未突破的不核增。除国家法律、法规另有规定外，业务招待费的开支范围必须严格按照财会制度执行，任何不符合规定的开支均不得列入"业务招待费"。(16)专用材料费，指学校购买的日常专用材料的支出。包括教学模型用具、实验室用品、专用服装、消耗性体育用品、专用工具和仪器等方面的支出。(17)工会经费，包括文体维持费、宣传费(宣传资料、展览等支出)。(18)其他商品和服务费，指学校用于上述项目以外的必要的商品和服务支出。

　　3.对个人和家庭的补助支出

　　对个人和家庭的补助支出指高校支出的对个人和家庭的无偿性补助支出。(1)离退休费，离退休人员费用，只计算由学校负担的部分，不包括财政补助收入中的离退休人员拨款和离退休人员公费医疗经费拨款。(2)抚恤金，抚恤金指学校对去世职工家属或伤残职工发给的费用。(3)生活补助，指优抚对象的定期定量生活补助费，单位职工和遗属生活补助，因公负伤等住院治疗的伙食补助费、长期赡养人员补助费等。(4)医疗费，指学校支付给在职职工、离退休人员的医疗费，以及医疗互助金和学生医疗费。(5)助学金，指学校按国家规定对各类在校学生发放的助学金、奖学金、学生贷款贴息、勤工助学金、困难补助等。

(6)住房公积金，指学校按职工工资总额一定比例为职工缴纳的住房公积金。(7)住房补贴，指按房改政策规定标准，学校支付给职工的住房补贴。一次性进入住房补贴项目的费用，数额巨大的，要采取按学校教职工平均工作年数(即从参加工作到退休之间的年数)的方法进行分摊(一般可按 30 年进行分摊)，各调查年度的购房补贴按年度分摊额计入"住房补贴"中。(8)其他个人和家庭补助支出，指学校用于上述项目以外的对个人和家庭的补助支出。

4. 高校固定资产折旧

高校固定资产主要包括房屋建筑物、专用设备、一般设备和其他固定资产四大类，各类固定资产的功能、用途、使用情况各不相同，所以应按固定资产大类来计提折旧。高校固定资产折旧一般选择使用年限法，如房屋建筑物按20—50 年折旧(折旧率 2%—5%)，专用设备按 3—5 年折旧(折旧率 20%—33%)，一般设备 5—15 年(折旧率 12.5%—20%)，其他固定资产按 20—30 年折旧(折旧率 3%—5%)。

利用高等学校现行的会计决算资料，通过统计调查法对高校生均教育成本体系进行计量，可以获得相对准确的高校生均教育成本信息，满足政府各部门和社会各界对高等学校教育成本信息的需求，并可以为政府有关部门研究制定高校教育成本核算制度提供实践基础。

五、结论

高校生均教育成本体系作为一种建立在高校教育成本基础之上的高校教育成本的相对指标，具有十分广泛的实际应用价值。在不考虑教育质量的前提下，高校生均教育成本过高则说明学校资金利用浪费，过低则说明高校教育资金投入不足，影响学生的培养质量和学校今后的发展后劲。由于高校生均教育成本的探讨是近几年才出现的新问题，国家也没有出台高校教育成本计量的有关制度和方法，我国高校教育成本计量整体下还处于理论讨论阶段。基于我国目前还没有统一的权威的高校生均教育成本体系，现有的大量论文和研究成果都局限于讨论和计量高校生均教育成本的可行性分析。

本课题通过理论与实践两个方面的论述，基本完成了预先制定的研究任务，主要研究结论可归纳为如下几个方面：

第一，对高校教育成本计量对象和一般原则进行了重新思考，特别强调了设置成本计量项目的重要性，并提出了高校教育成本计量方法，重点分析了高校教育成本计量中各种成本费用的归集分配的方法，以及高校教育成本指标——全校总成本和全校生均成本的计算方法。

第二，以生均教育成本计量研究为核心，并将之运用到教育系统中加以深入细化研究，对生均教育成本体系进行了全方位的分析。作为一种尝试，对高校的各种资源耗费进行了归类确认，明确哪些费用应全额计入生均教育成本、哪些费用应差额计入生均教育成本、哪些费用不应计入生均教育成本。

总之，建立生均教育成本体系，有利于加强高等学校内部管理，合理配置教育资源，有利于评价办学效益、进行宏观调控和遏制教育乱收费行为，并且为政府确定财政拨款和收费标准提供科学依据。在当前教育环境下，建立生均教育成本体系，对高校生均教育成本的计量和核定问题进行研究具有深远的社会影响和重要的现实意义。

【参考文献】

[1] 杨超. 某医学院校教育成本核算研究[D]. 中国医科大学，2010.

[2] 杨海松，谭红. 浙江省高等教育的成本核算及其运用[J]. 教育财会研究，2008(4).

[3] 姚宗法. 我国高校教育成本核算问题研究[D]. 天津工业大学，2008.

[4] 赵善庆. 我国高等教育成本核算问题探讨[J]. 国家教育行政学院学报，2008(7).

[5] 陈曦. 我国高等教育成本分担的主题与现状[J]. 宜宾学院学报，2012(9).

[6] 王海洋. 高校教育成本核算的问题与对策研究[J]. 产业与科技论坛，2012(14).

[7] 王洪伟. 高校教育成本核算与控制制度的创新探析[J]. 经济视角(上)，2012(4).

高校经营成本核算问题研究

天津师范大学　李浩茹

【摘　要】2011 年 3 月中共中央国务院发布的《关于分类推进事业单位改革的指导意见》以促进公益事业发展为目的，将从事公益服务的事业单位按照能否实现部分资源市场配置细分为公益一类事业单位与公益二类事业单位。按照划分原则，享受财政拨款的高等学校即属于公益二类事业单位。《指导意见》的出台对提升和加强公益二类高校财务核算水平的需求日益凸显。本文立足于我国高校财务工作实际，力争对提高公益二类事业单位的财务核算水平进行前瞻性探索，旨在实现《指导意见》推动改革强化事业单位公益属性的目的，为提高公益二类事业单位的财务核算能力提供思路和参考。

【关键词】高校财务　公益性收益　经营成本

一、高校经营成本核算的研究背景

针对当前事业单位功能定位不清、资源配置不合理、监督管理薄弱的情形，2011 年 3 月中共中央国务院发布了《关于分类推进事业单位改革的指导意见》（以下简称《指导意见》）。按照《指导意见》的分类，高等院校被列入了公益二类事业单位，目的是强化高校作为公益核算单位的属性，促进其公益事业发展。

然而，《指导意见》出台之后，高等院校的财务核算体系尚没有改变，核算中仍然没有体现出为其公益性专门归集收益的方法和结果，而高等学校的公益性收益与其经营项目的收益即经营性收益是相互关联、密不可分的。首先，高等院校资金来源既有上级财政拨款，又有自筹资金，还有自主创收；其收益由公益性收益与经营收益共同构成。长期以来，高校财务核算与财务报表现状是，公益性收益与经营性收益相互混淆、划分不清；学校经营活动中所发生的大量显性和隐性成本都没有计入经营成本当中。财务核算无形中虚增的经营性收益，势必虚增了公益性成本，造成两类收益混淆不清。也就是说，公益二类高等学校经营成本以及经营收益的不确定，必然导致公益性收益的含混和不确定，致使高校难以实现被划分为公益二类事业单位后强化公益事业属性的目标。

从财务核算结果中反映公益服务成本的补偿程度，才能实现高校作为公益二类事业单位强化公益服务的目的，这对高校经营成本的核算提出了更高的要求。如何提高核算高校经营成本的水平，这一问题在高校财务实务中将逐步成为一个重点问题。

二、高校经营成本核算的必要性

1. 高校扩招及筹资多元化发展对高校经营成本核算的需求

伴随我国高等教育的快速发展和高校持续扩招，保证我国高等教育事业的科学发展，即高等教育系统内的数量增长与结构、质量、效益相互和谐的整体发展，是高等教育发展的根本要义。而且高教事业的快速发展，高等教育的投入巨大，因此对高校教育成本投入与办学效益进行综合评价显得尤为重要和迫切。

而在效益评价问题上，首先是高等教育的收入。目前公益二类高校的收入早已经形成了以拨款为主、多渠道筹措经费的机制，即学生交的学费和学校产业的创收。

但高校尚未正式计算培养成本，大多缺乏培养成本即教育成本的意识，这样就不利于考核教育成本的效益。高校缺乏教育成本核算意识，现行会计核算体制已无法为教育成本核算提供准确、翔实的数据，我国高校的运行模式导致高校在教育成本核算方面缺乏动力等。只有改变政府对高等学校经费的管理模式，重新设计并完善高校会计核算制度，才能准确计算出我国高校的教育成本。

实际上，高等教育综合发展的目标和政府可供财源之间是存在着缺口的，而公益二类高校由于校办产业以及自主创收项目的有效经营，很多都是有能力为缺口提供资助的；而校办产业和创收项目经营上的失败也会给资金上本不能游刃有余的教育事业带来更严重的资金缺口。所以高校是否能核算教育成本，确定成本分担，提高经费使用效益是我国市场经济条件下高等教育发展势在必行的工作和挑战，也是公益二类高校筹集财力、夯实高等教育质量的必要条件。

2. 国家政策对高校经营成本管理及核算的需求

《指导意见》的出台是为了强化具有公益性功能事业单位的公益性，更好地做好公益工作，服务于全民。所以，如何由享受高等教育服务和教育资源的各方合理分担相关的高等教育投资、保证教育资源的合理有效地使用，是政府高等教育事业管理部门不得不考虑的现实问题。从这一根本点出发，核算及区分公益二类事业单位的公益成本，是制定教育资源分配政策、补偿并合理分担教育成本、进行教育投资绩效考核的重要依据。进行公益事业的成本核算，可以将各经营单位占用教育资源的情况通过成本核算指标反映出来；分清楚公益性与经营性财务成果。管理部门可以借此结果调整公益事业与经营事业的结构比例，更好地实现教育资源的优化配置。

所以说，对公益二类事业单位实施成本核算与管理，是政府高等教育管理部门的需要，是高校自身发展和管理的需求。

3. 规范经营行为维护市场经济秩序的需求

正确计算公益二类事业单位经营活动的财务成果，准确评价其经营业绩，才能帮助公益二类事业单位在市场中定位，找到自己的客观位置，同时规范经营行为，避免不正当低价竞争，使高校有真正的经营意识和经营理念，参与市场的优胜劣汰，促使高校经营活动健康发展；同时起到对公益事业的促进作用。

三、高校两大功能体系的构成

高校的两大功能体系就是公益服务体系与经营服务体系。

1. 两大体系的目标和原则

社会公益事业是非营利事业，其目的不是谋求市场经济利益，而是为了造福于社会，是从文化、精神、体质、社会、环境诸方面开发人的潜能，为人类社会生存和发展创造各种基本条件、基本价值的事业。

经营活动是追求利益最大化。大学经营活动的目标是在保证服务质量的前提下，追求经济利益最大化，要符合市场经济秩序，遵守经济法规，规范经营行为，参与市场的优胜劣汰。

2. 两大体系的构成

（1）公益服务体系：高校一切享有财政拨款，且不以盈利为目的公益事业服务项目产生的系列活动都属于公益服务体系；包括对所有统招生的教学活动。但公益服务体系所对应的收入绝不仅仅是财政拨款收入。高校的公益教育项目几乎全都有自筹收入，即学费收入；公益教育项目的学费收入也属于公益服务收入，而不属于经营项目收入，因为它是为提供公益教育服务而产生的。

（2）经营活动体系：高校的经营活动体系是指发生的以盈利为目的，且不享受财政拨款的一切对内对外的经营活动。经营活动体系一般包括后勤的经营活动、对培训生的教学、国际班项目及外来留学生的招生及教学，以及括所有附属单位的全部经营活动。

四、高校经营成本核算管理上存在的问题

第一，核算制度尚未建立，校财务核算全部的二级核算单位，虽然多次关注成本负担及二级核算单位的年终成果问题，但尚没有建立对二级核算单位的完全成本核算制度。

第二，二级核算单位财务人员能力良莠不齐，有的二级单位有成本意识，利用台账记录成本，但是由于不是财务部门，无法做到完全成本；另有的二级单位聘用临时工做其财务人员，这样的二级单位即使有成本意识却无根本没有能力分摊和计算成本，也无从确立真正的年度收益。

第三，学校管理部门的成本意识比较淡薄，很少过问或追究各单位真正的服务或经营成本，而只是关心上缴款的情况，不注重成本实质，缺少财务理论及专业知识。

第四，缺乏区分公益与经营收益的意识，仅仅做到财务会计的事后核算模式总收入与总支出中各包含经营收入及经营支出，看不出经营收益的真实情况。因此从大学的年度核算成果或者财务报表中都无法了解高校公益服务体系和经营活动体系两大功能体系的财务成果。

总而言之，如同大多数高校的普遍情况，高校的财务核算工作不到位，财务管理意识尚待提高。

五、高校经营成本核算的探析

1. 必须划分公益性收益与经营性收益

不对专属成本及混合成本予以确认和分摊，不对收入加以区分，我们就无法得知公益性收益以及经营性收益到底是亏是盈以及具体的盈亏数字。那么也无法知道基于公益服务的公益收入是否能真正弥补公益成本，也无法确定公益成本努力的方向；同样，不知道经营项目的实际效益，无法决定经营项目的去留和发展方向。当前环境下，一般来说高校公益性成本超支严重，拨款收入以及自筹收入远不能弥补开支；附属单位缴款及经营收入虽略能弥补，但仍然相差较远。由此可见，确定公益二类事业单位经营项目实际成本负担的研究，使财务核算提高到了财务管理的水平，根据成本收益的实际状况，决定公益二类事业单位的改进之处和发展方向。

此外，正确计算经营活动财务成果、评价经营业绩，还有助于规范公益二类事业单位的经营行为，维护市场经济秩序。以此为基础进行经营活动的定位和定价，尤其是对外经营，就能够避免不正当低价竞争，使高校有真正的经营意识和经营理念，参与市场的优胜劣汰，促使高校经营活动健康发展。而高校经营活动的健康发展所带来的真实收益和资金盈余能作为高校公益事业资金的额外补充。这种补充，必然是对公益事业的促进，也是对高校持续发展的促进。

2. 必须提升财务管理与成本核算水平

高校在提高公益教育服务质量方面，包括增加师资、增设学科、扩招学生；在提高科研能力，提升大学的软硬件水平时；在提高大学经营项目的运作能力和经营效率之时，都应该注重做好以下几项工作：

（1）必须增加公益收入的来源，力求增加财政拨款收入，做好上报预算以及和上级部门的有效沟通工作。

（2）制定有效的成本政策，做好单位内部的预算执行工作，在日常工作中加强成本控制，合理降低公益成本。

（3）进一步做好经营项目成本监控工作。虽然经营项目总体盈利，但并非每个项目都盈利，而且盈利水平不一。所以要结合每个项目的具体情况，将经营结果的数据提供给管理者，协助做好成本控制和定价政策。

【参考文献】

［1］王海洋.高校教育成本核算的问题与对策研究［J］.产业与科技论坛，2012(14).

［2］杨世忠，许江波.作业成本法在高校教育成本核算中的应用研究——基于某高校成本核算的实例分析［J］.会计研究，2012(4).

［3］中国注册会计师协会.财务成本管理［M］.北京：中国财政经济出版社，2013.

高校会计集中核算问题研究

天津师范大学　李浩茹

【摘　要】教育体制改革实施以来，我国高等教育处在全面高速发展时期，对学校管理水平特别是会计核算和财务管理水平提出更高要求，高校需要变革和创新以适应不断扩张发展的需要。随着高等教育管理体制规范化、投资体制多元化的改革进展，高校实行会计集中核算已经是大势所趋。目前高校会计核算由于受到会计制度、技术手段和管理理念的限制，存在诸多不足和局限。本文希望通过拓宽高校会计集中核算的功能，强化会计服务功能，做到会计服务与监督并举，借助现代先进信息化技术和网络系统，完善会计核算体制和财务管理体制，优化现有会计改革财务机构设置和人员配备安排，整合财务和资产管理机构，理顺资产管理体制，建立一种既能对外及时提供有效会计信息，又能对内提供满足各级管理需要的会计信息的会计核算体系。

【关键词】高校会计　集中核算　核算模式

会计核算是高校财务工作中的一个重要组成部分，是高校客观准确地进行财务分析、编制年终决算和年度会计预算的基础，也是提高高校会计信息质量的关键所在。随着我国社会主义市场经济的全面展开以及高等教育宏观管理体制的变化，高校的办学体制、经费来源、后勤社会化、校办产业管理等内外部环境都发生了深刻的变化，对高校的预算管理、财务管理、资产管理等提出了新的更高的要求。为适应高等教育改革发展的新要求，高校应在系统总结我国高等学校会计制度工作经验的基础上，充分借鉴企业会计改革的成功做法和国外高校会计惯例，健全和完善高校会计核算工作，进一步规范高校的会计行为，提高会计核算质量，为促进高校加强预算管理、财务管理、资产管理和绩效评价，优化教育资源，使会计核算在高等教育快速、健康发展过程中发挥更大的作用。

因此，各高校都积极寻求改革措施来适应新环境对高校会计制度的要求，合理确认核算内容，真实反映高校财务状况和产权状况是正确核算高校财务的前提。正视高校财务管理中存在的缺陷，并加以分析改善，建立一个动态改进、权责明确的管理机制，是高校应对经济发展新情况和会计核算新内容并找到解决方法的正确途径。据此，高等学校可以保证管理信息质量的真实可靠、维护资产的安全完整以及实现高校教育的全面发展和战略的实现。

一、高校会计集中核算模式的变迁、现状及取得的成效

1. 高校会计核算模式的变迁

随着我国高等教育投资主体从单一化向多元化的转变，我国高校会计核算也相应地实现了其模式的变迁，这种变迁共经历了两个历史阶段。

第一阶段：统一管理、统一核算。该阶段政府一直是高等教育投资的唯一主体，财政拨款是高校经费来源的主要形式。这种高度集中的财务管理模式使我国高校长期处在以强调政府行政控制为基础的制度环境中，统得过多，管得过死，高校理财缺乏积极性、主动性和创造性。

第二阶段：统一管理、分级核算。1980 年以后，高校原有计划经济体制下的高度集中的财务管理模式显然已不适应高等教育投资主体多元化和高校超常规发展的形势需要，绝大多数高校都对这种模式进行了改革，建立了与市场经济相适应的集中与分级相结合的高校财务管理模式，即"统一管理、分级核算"的会计管理模式。实行分级管理，可以调动各二级单位的积极性，但同时必须进一步强化学校统一领导和监督机制，建立健全内控制度。

2. 高校会计核算模式的现状

财政部颁布的《高等学校财务制度》自 1998 年 1 月 1 日起开始施行。《制度》规定：高等学校应该实行"统一领导、集中管理"的财务管理体制；规模较大的学校实行"统一领导、分级管理"的财务管理体制。"统一领导、集中管理"，是在校长领导下，由财务处对全校财经工作和财务活动进行集中管理，统筹安排各单位的各项经费，以提高资金的使用效率，其弊端是不利于调动各部门积极性。"统一领导、分级管理"，是在校长领导下，根据财权划分，事权与财权相结合的原则，由学校内部各单位进行分级管理。分级管理，虽给各基层单位带来了活力，但如果不加强统一领导，很容易导致各自为政，使学校事业发展计划得不到保障。因此，随着高校办学规模的扩大、资金来源的多样化以及高校国库集中支付制度的推行，改革建立更加适应高校发展的会计集中核算模式更加必要。

3. 高校会计核算模式取得的成效

现行"统一领导、集中或分级管理"的高校会计核算模式显然比计划经济体制下高度集中的财务管理模式进步了很多。它不但落实了高校的理财自主地位，充分调动了高校理财的积极性、主动性和创造性，而且还在一定程度上整顿了

高校的财务会计秩序，规范了高校的财务会计行为，整合了高校的有限资源，提高了资源的有效利用率，取得了一定成效。总结下来，现行核算模式主要取得了以下四点成效：一是资金的调度趋于合理，提高了资金使用效益；二是加强了会计监督，减少了财务支出中可能发生的违规违法行为；三是会计机构独立，保证会计人员的独立性；四是规范会计行为，提高了工作效率。

二、高校会计集中核算仍然存在的问题

会计集中核算模式在取得实质进展的同时，也由于受到高校传统财务管理模式的影响以及高校对"集中或分级"两者关系的把握不当，实际运行中，暴露出了一系列的问题。

1. 财务管理与会计集中核算的分离

在目前的会计集中核算体制下，核算中心只是强调其核算职能，所提供的会计报告也大多只是从学校整体的层面考虑，面向于学校的一级管理者，无法向各层次管理者提供需要的会计信息。而对于各二级单位的领导者来说，部门账财务核算制度只是对收支明细业务的罗列，并未对本单位的财务状态提供直观有效的财务分析。

2. 单位理财制度建设的欠缺

许多高校校内财经政策不统一，缺乏统一规范，一些学校内部在会计核算、财务开支、创收分配等方面的财经政策和制度政出多门，不能协调一致。原来二级单位执行经费开支的标准不统一，或者没有按照经费开支标准执行，各二级单位间的财务管理办法也不一致。

3. 会计核算与财产物资管理相脱节

会计核算中心对各单位的实物资产不能进行定期清理盘点，有些单位的固定资产明细账没有如实登记，账实不符，家底不清，账外资产流失现象也时有发生，致使核算中心的账与单位实物不符，容易造成国有资产流失。高校财产分布管理零散，具体使用状况学校管理不严，账实不符。

4. 缺乏规范的预算管理基础

目前会计中心日常主要的工作是资金收付和会计核算，然而如果将会计中心仅仅作为一个记账机构是远远不够的，更要看重预算执行信息的反馈和控制。通过核对各部门预算指标情况，可以严格控制各部门的用款进度，会计核算中心更强调对预算指标实行即时控制，杜绝超预算计划用款，加强预算资金支付的事前控制。

三、高校会计集中核算的改革思路及相关原则

1. 高校会计集中核算的改革思路

现行的高校会计集中核算制度规范了高校的财务管理的模式，是对高校传统财务管理模式的改造与完善，但高校要实现可持续发展，就必须要求其财务管理要从长远发展的目标出发，高校的会计集中核算制度也需要在实践中不断探索和发展。因此为了适应社会主义市场经济发展的需要，以完善高校会计集中核算制度为根本目的，进行高校会计集中核算制度改革，对高校现行会计集中核算模式中弊端的改进完善，从而建立起一个规范化的、对高校财务管理更加有益的会计集中核算制度。

本文希望通过拓宽高校会计集中核算的功能，强化会计服务功能，做到会计服务与监督并举，借助现代先进信息化技术和网络系统，进行会计核算体制和财务管理体制，优化现有会计改革财务机构设置和人员配备安排，整合财务和资产管理机构，理顺资产管理体制，建立一种既能对外及时提供有效会计信息，又能对内提供满足各级管理需要的会计信息的会计核算体系。

2. 高校会计集中核算的相关原则

（1）及时性原则

及时性原则是指会计核算应当及时进行。会计信息除了必须保证其真实性、可靠性外，还应当保证信息的时效性。

（2）效益性原则

效益性原则，即效益大于成本原则。保证会计信息供给所花费的代价不能超过由此而获得的效益，否则应降低会计信息供给的成本。

（3）客观性原则

应当在会计核算时客观地反映财务状况，保证会计信息的真实性。会计工作应当正确运用会计原则和方法，准确反映实际情况；会计信息应当经受验证，以核实其是否真实。

（4）共享性原则

高校内部各部门只有实现了高质量的信息传递和共享，才能使财务管理成为真正意义上的全面监控，保证财务信息在传递过程中不失真，从而及时发现问题并更快地分析。

（5）安全性原则

为了保证财务信息的安全性，在进行会计集中核算制度改革的同时，也应建立一套完善的内部控制制度，以减少由于内部人员道德风险、系统资源风险、计算机病毒攻击所造成的危害。

四、探索建立高效会计集中核算模式的几点建议

1. 统一政策制度，实行学院自主理财

高校管理重心下移，财权下放，赋予院系更大的管理责任和空间，实行学院自主理财，增加了二级理财主体，高校财务在统一政策制度的基础上，需要增加对院系会计信息的提供，以助于院系更好地理财。

高校实行分权，财权下放院系，要处理好集权与分权的关系。首先要统一学校的财政政策与制度，对校内各类经济行为，制定相应的政策制度，规范校内经济行为，也保证校内单位间的合理公平。学校制定的政策制度应该包括以下内容：统一收费政策、统一分配政策、统一支出政策标准、统一会计处理规范。

学校向院系放权，院系在学校创造的公平合理环境下自主理财，自行决定发展重点，自行开拓培育财源，自行在单位内部二次分配。院系通过政策引导，充分发挥直接面向市场的有利条件，发挥基层单位的灵活性和创造性，调动内部单位和个人的积极性，创造更大的经济效益。

2. 统一会计信息系统，实行分账套核算

随着现代会计信息化技术的应用，会计信息系统已成为企事业单位会计核算不可或缺的基础，高水平的会计信息系统极度地提高了单位会计核算的宽度和精度。高校整合会计核算，实行会计集中核算，必须借助现代会计信息化技术，统一采用高水平的会计信息系统，统一核算基础，统一系统管理（包括数据管理），统一账务管理，统一会计处理规范，为提供及时准确的会计信息建造一个核算平台。

会计集中核算，要集中核算的基础上满足二级核算单位管理的需要，因此，高校选用的会计信息化软件，除了满足为学校提供完整的及时有效的会计信息需要，也能够根据二级核算单位设立独立账套，实现按学院需求设置子账套的功能。

3. 统一人员管理，实行会计委派或设立财务岗

高校财务部门要适应学校统一领导、集中核算、分级管理的管理需要，必须统一财务人员管理，对各处二级核算单位的财务人员实行会计委派或设立财务岗，为会计集中核算的顺利推行打造一支业务精通、素质过硬的专业队伍。

高校财务要适应分级管理，更好地服务于以学院为实体的管理需要，财务人员应改变以往集中办公的方式，把大部分的财务人员下放安排在学院等基层核算单位，具体实施时可采取实行会计委派或设立财务岗的形式负责学院的财务工作，这样既能密切财务人员与业务的联系，又能更好地为学院管理提供专

业财务服务。

4. 统一预算管理，推行学院预算管理

预算管理必须与会计核算密切结合，预算管理体制与会计核算体制要相互适应统一，通过统一领导、统一预算、集中核算、推行学院预算管理并实行按学院核算，真正发挥财务部门在学校发展建设中的作用。

由学校预算管理委员会统一组织学校预算管理工作，负责审定批准学校预算管理政策制度，指导二级的预算管理工作，汇总审定批准各单位年度预算，组织预算执行考核奖惩，通过宏观管理来加强全校预算管理工作。

目前高校预算管理还停留在较为低级的水平，主要由财务部门编制，与会计系统缺乏有效的衔接，不利于预算的执行考核。要解决预算的准确性和与会计系统的衔接问题，高校应该加快推进预算管理信息化工作，统一引进或开发预算管理系统，实现与会计系统的衔接，学院作为一个预算单位直接通过预算管理系统填报预算资料，经学校一级财务部门审核批准后预算管理系统自动汇总生成全校预算，各个学院根据批准的预算执行。

5. 统一固定资产管理，实行分单位建账管理

建立健全管理机构，理顺固定资产管理体制，强化学校固定资产管理职能，合理配置学校固定资产。必须做到统一固定资产管理机构、统一资产配置标准、统一校内调配资产、统一清查处置资产。

各学院应有一名领导主管固定资产管理工作，并设立固定资产管理员，对本单位的固定资产实行单独建账管理。在建立了统一会计与资产管理系统以及二级单位建立子账套的基础上，学院固定资产管理员及财务人员应对固定资产发生业务变动时及时进行账务处理，为学校的资产和财务管理提供及时有效的信息。按照"谁使用、谁负责"的原则，将具体资产的具体管理和维护任务进一步分解到使用单位。

五、结论

实行会计集中核算，不仅仅是预算管理方法和手段的改进，而且是对传统方法从观念到内容的根本改革，打破了不符合社会主义市场经济体制要求的财政资金分配管理格局，也是落实依法行政的一项重要工作。实践证明，在高校内部实行会计集中核算在加强财政资金支出管理、改变会计核算方式、预算执行情况控制等方面都已取得了成功的经验，但还存在许多问题，需要完善。由于高校会计集中核算是近几年来推行的会计制度改革，没有现成的经验和固定的模式可循，如何不断改进和完善，以适应经济发展和管理的需要，是我们必须面对的问题。文章以社会主义市场经济背景下高校会计核算制度改革为前提，

提出了高校会计集中核算制度的基本框架，针对高校集中核算中存在的问题，提出了若干完善对策。

会计集中核算是财政体制改革的新举措之一，是适应经济形式发展新的尝试。随着现代市场经济的发展和科教兴国战略的深入实施，应对新形势、新挑战和新要求，高校迫切需要在科学发展观的指导下，进一步改革和探索会计集中核算体制下财务管理工作的新思路，高校应尽快走出传统的记账式会计管理和单纯性经费管理模式，逐步向全面提高学校管理能力的方向转变。

随着高校的改革和发展，现行高校会计制度，对于反映高校会计核算中出现的许多新问题、新情况存在着局限性。因此，修改和完善高校会计核算制度，对于满足不同投资主体的财务信息需要，促进高校财务管理和高校健康发展，具有重要意义。

【参考文献】

[1] 尚伟伟. 对会计集中核算问题的探讨[J]. 新乡教育学院学报，2009(12).

[2] 龙素英，张捷，杨少勇. 完善现行高校会计核算的思考[J]. 会计之友，2009(3).

[3] 许春霞. 会计集中核算制度和国库集中支付制度的衔接[D]. 山西财经大学，2009(3).

[4] 唐光辉. 会计集中核算的利弊[J]. 中国市场，2013(11).

[5] 汪铭. 行政事业单位财务管控对会计集中核算的有效应用[J]. 会计师，2013(11).

[6] 王建梅. 高校实施会计集中核算的探讨[J]. 中国市场，2013(12).

[7] 渠立峰. 事业单位会计集中核算问题探讨[J]. 现代商业，2013(4).

后4%时代财政性教育投入的相关问题研究

安徽师范大学 刘 晨

【摘 要】改革开放后，快速的经济增长推动了教育事业的发展，2012 年我国财政性教育经费占 GDP 的比重达到了 4.28%，首次突破 4%。从此我国教育事业发展进入了后 4% 时代。在 2012 年之前，社会关注的大多是教育经费的量，即经费总量的充足问题，而在后 4% 时代，对教育经费的研究开始转向质，这里的质就是如何用好教育经费，使教育经费的投入使用带来更大的效益，所以如何平衡地区教育经费差异，如何在经费相对充足的情况下管理好、利用好教育经费，都成为后 4% 时代财政性教育经费投入政策关注的焦点。

【关键词】后 4% 教育经费 教育经费差异 筹资渠道

一、教育经费的差异性分析

(一)区域教育经费的差异

教育经费达到 4% 这个比例是一个均值，由于我国幅员辽阔，资源分布及自然环境、气候等因素的差异，导致区域之间人口分布和经济发展也不同。整齐划一的政策是否会造成区域之间新的差距，对于不发达地区，同样的政策是否会带来新的矛盾。[1]中国教育的公平与教育资源的配置效率相关问题，已经在长时间内引发了国内外学者们积极的思考。中国自 20 世纪 80 年代中期进行基础教育财政改革以来，就出现了地区间和城乡间基础教育投入严重不均等现象，[2]在经济发展滞后的地区，由于经济低速增长、财政收入增幅缓慢，即使有教育财政政策，有执行该政策的行政指令，仍然是无法达到社会及上级政府要求的目标；但在经济相对发达的地区，经济总量和财政收入都大幅增长的情况下，教育投入执行同样的标准，却可以轻松达标，一些发达城市已经超标如广州、深圳、上海，其经费数量增长迅速，生均经费远远高于其他地区。

恩格尔系数(Engel's Coefficient)是食品支出总额占个人消费支出总额的比重。19 世纪德国统计学家恩格尔根据统计资料，对消费结构的变化得出一个规律：一个家庭收入越少，家庭收入中(或总支出中)用来购买食物的支出所占的比例就越大，随着家庭收入的增加，家庭收入中（或总支出中）用来购买食物的支出比例则会下降。推而广之，一个国家越穷，每个国民的平均收入中（或平均支出中）用于购买食物的支出所占比例就越大，随着国家的富裕，这个比例呈下降趋势。食品开支是家庭收入必须保证的，以此来思考教育经费，那么教育经费首先应该保证支付的是教职工的工资，如果这点保证不了，估计教育事业很难维持，因此教育事业经费中的个人支出就相当于家庭收入中的食品开支。因此个人经费占教育事业经费的比例，对教育来说相当于描述家庭收入水平的恩格尔系数。

表1　我国各省份小学中个人部分占教育事业经费的情况

年份 省份	2010年	2009年	2008年	2007年	2006年	2005年	2004年	2003年	均值
广东	66.50%	68.04%	70.33%	63.72%	64.33%	62.21%	63.17%	64.27%	65.32%
上海	64.43%	68.03%	65.57%	67.62%	66.67%	66.50%	61.08%	66.99%	65.86%
北京	58.47%	59.48%	58.71%	61.22%	69.94%	73.21%	76.28%	74.32%	66.45%
重庆	70.91%	71.22%	69.44%	68.67%	65.22%	72.13%	73.97%	80.87%	71.55%
四川	73.74%	69.57%	64.82%	68.26%	62.73%	74.48%	84.10%	90.20%	73.49%
河南	68.70%	71.05%	71.44%	74.63%	79.21%	80.25%	81.77%	83.61%	76.33%
宁夏	63.72%	70.78%	59.45%	74.06%	79.24%	84.42%	90.03%	90.20%	76.49%
山东	69.84%	75.02%	75.45%	76.70%	78.89%	79.98%	80.17%	81.56%	77.20%
福建	74.54%	78.50%	76.16%	76.85%	80.48%	78.20%	79.84%	77.18%	77.72%
浙江	74.74%	74.22%	71.55%	71.41%	85.23%	88.18%	78.93%	79.22%	77.94%
安徽	72.76%	76.37%	73.28%	80.84%	85.90%	83.59%	83.77%	84.01%	80.06%
天津	79.68%	78.05%	83.33%	80.53%	80.85%	80.69%	79.69%	81.25%	80.51%
海南	72.33%	74.80%	72.45%	75.18%	77.09%	81.40%	95.61%	95.57%	80.55%
山西	72.76%	71.34%	73.66%	73.41%	85.93%	85.86%	89.81%	92.51%	80.66%
贵州	77.39%	77.68%	74.70%	82.94%	70.63%	84.34%	89.36%	91.96%	81.13%
新疆	75.74%	73.11%	73.60%	79.78%	84.65%	83.26%	86.19%	93.15%	81.19%
湖南	69.02%	69.84%	72.20%	77.18%	85.91%	89.27%	93.68%	95.27%	81.55%
内蒙古	75.21%	77.58%	75.81%	76.20%	81.31%	87.68%	89.97%	91.19%	81.87%
青海	74.99%	72.15%	73.60%	80.25%	75.82%	90.38%	93.20%	94.77%	81.89%
吉林	74.10%	76.32%	80.14%	81.13%	84.38%	85.21%	86.55%	88.79%	82.08%
江西	70.48%	70.10%	77.34%	78.41%	85.91%	89.64%	93.20%	93.25%	82.29%
河北	80.17%	81.46%	78.74%	81.84%	80.16%	82.24%	83.11%	93.45%	82.65%

续表

年份 省份	2010 年	2009 年	2008 年	2007 年	2006 年	2005 年	2004 年	2003 年	均值
湖北	74.04%	73.99%	72.74%	77.15%	87.52%	90.14%	92.47%	93.17%	82.65%
黑龙江	78.79%	79.91%	76.33%	80.99%	86.99%	87.41%	90.38%	89.97%	83.85%
广西	78.88%	81.29%	80.96%	79.53%	85.42%	84.30%	86.27%	96.39%	84.13%
西藏	73.14%	80.62%	86.06%	87.31%	83.41%	87.57%	89.45%	91.92%	84.94%
云南	76.06%	79.41%	79.48%	82.58%	86.74%	92.00%	92.10%	93.86%	85.28%

（数据来源：国研数据库教育统计数据库）

其中北京、上海、广东等地个人经费占教育事业经费的比值（8 年的均值）最低，广西、西藏、云南的个人经费占教育事业经费比值最高。2006 年后宁夏、甘肃的教育事业经费中个人经费比例的减少，与中央大力支持西部发展有关。2006 年后一些发达地区个人经费上升，也说明在经费很充裕时，工资福利提升导致的个人经费占比提高。总体来看在全国平均线以下的省份有 20 个，占我国总省份数量的大半，说明个人经费差异显著。

在同样执行"教育经费三个增长"原则的同时，地区间差异却在扩大，生均财政拨款最高的北京是河南的 6 倍。也就难怪在 2012 年的全国"两会"上，谈松华委员提到"钱多后的烦恼"，沿海地区迅速增加的教育投入，可能再一次加剧中西部地区之间的教育经费差距[1]。针对我国区域发展不均衡的实际，后 4% 时代应该在教育经费投入的区域差异问题上，坚持政策刚性与灵活性的统一，以满足不同区域教育事业发展的需要。

（二）教育分配结构内部的差异

教育分配结构是指教育经费在各级教育间的分配，各级教育指初等教育、中等教育、高等教育，以及普通教育和技术教育。就中国目前的情况来说，三级教育是当下的主体部分。关于我国的教育经费分配结构，长期以来饱受争议，争议的焦点在于教育经费分配偏向于高等教育。因此本义对三级教育的经费结构做简要的分析，首先用国际水平来对比我国的教育经费分配结构。

从表 2 可以看出我国在教育经费分配结构上存在不合理现象。我国初等教育也就是小学教育经费，相对来说投入比例过低，这也是由我国现阶段的国情决定的，欧美等发达国家的大学大部分是私人办学，如美国的哈佛、耶鲁、普林斯顿，因此大学的政府性财政投入相对于我国来说较少，并且高福利的国家，大学前的教育都是由政府负担，因此初等、中等教育占整个教育经费的比例较高，相信我国教育财政等部门已经在积极改善现阶段的教育经费分配结构。

表2　三级教育经费结构的国际化比较

国家类型	三级经费支出比例(初等∶中等∶高等)
低收入国家	1∶3.2∶13.6
中收入国家	1∶1.3∶3.2
高收入国家	1∶1.6∶2.6
世界均值水平	1∶2.8∶3.1
中国	1∶2.8∶16.8

（数据来源：根据《2010年世界发展指标》和《2010年中国统计年鉴》等有关数据计算而成）

二、后4%时代教育经费的管理

2013年是4%目标实现后的第一年，也被一些教育部官员及学者们称为"教育经费管理年"。[2]2014年4月15日，教育部印发了《关于开展"教育经费管理年"活动进一步用好管好教育经费的通知》，对加强经费使用管理提出了明确要求。各地在落实"教育经费管理年"时也纷纷出台实施细则，将预算编制、经费使用、监管审计、绩效考核都纳入制度的轨道中。

长期以来我国教育经费面临两个问题：一是教育经费资金使用效率低下，二是教育经费不足。[3]4%的财政性教育投入实现以后，教育经费不足的问题得到相当程度的改善，教育经费的监管仍旧是教育事业发展中的重点和难点。造成教育经费使用效率低下的原因有几点：一是监督体制不健全，管理方法落后；二是没有绩效评估体系；三是会计基础工作薄弱，财务人员素质不高。

内部控制一词起源于企业的财务管理，完善的内部控制制度是保障法人财产物资安全完整的基础。学校的财务管理制度和方法经过多年的发展尽管已有所进步，但仍旧满足不了复杂的学校经费活动。建立和完善当下的内部控制制度已经刻不容缓。

企业的绩效评估指标构建在管理者和研究者的努力下已经十分成熟，而学校则没有绩效评估体系和机构，学校财务和审计只涉及经费的管理，学校的财务部门经常是重核算、轻管理，审计部门是只注重查违规经费使用，但缺乏资金使用效率审计的概念。早在20世纪80年代英国就有"3E"绩效审计理论，分别是经济、效用、效率。希望我国对学校的经费使用也能引进此类绩效评价模型，以便于评价教育经费的使用状况。

学校财务人员素质不高是普遍现象，学校都面临财务人员结构老年化，并且专业技术水平差，财务人员大多不是科班出身，和企业财务人员水平有很大差距，这些都是领导层不重视学校财务管理的后果，高校财务处更是教授、博士等人家属的云集之地，并且财务人员出去学习交流的机会，远比图书馆、人事、教务等部门少，这些都导致了学校财务管理水平的低下。

因此，应加强财务法规体系建设，抓好教育经费的全程预算监督，建立健全财务监督和内部控制机制。"4％要花出效益，必须加强监管。"[4]加强财务人员的业务学习和培训，提高其业务水平，对学校的财务管理来说十分重要。

三、教育经费的多渠道化筹资探讨

目前，中国教育经费来源主渠道是预算内教育经费拨款和事业收入，这两者筹资占中国教育经费总投入的比例可以达到90％，通过其他辅渠道获得的经费比例很少。这表明长期以来，中国教育经费来源单一，且未积极开拓其他辅助筹资渠道。因此中国应该积极开辟教育经费筹资辅助渠道，提倡多渠道筹集学校运行资金，要形成财政投入主渠道和社会投入辅助渠道的多渠道财政经费筹资。教育经费筹资体制中，开发潜力最大的当属高校社会捐赠，尤其是其中的校友捐赠。欧美国家以及日本、韩国都很重视社会捐赠收入，在社会捐赠方面最为发达的当属美国，大学一般都有专门负责募捐的机构，能有效地筹集资金用于自身的发展。中国在教育发展中也有社会捐赠，但无论是捐赠人数还是捐赠数目都相对较少，相对于中国的教育事业来说都是微不足道的。以安徽省为例，在教育经费投入中，捐资收入占教育经费总收入的比例较低，捐资收入少一方面说明学校在吸纳捐资收入方面做得不够好甚至比较失败，另一方面也说明捐资收入对学校来说开发潜力较大。中国教育经费捐资收入渠道不畅通的原因有多种，除了缺乏教育捐赠意识之外，缺乏健全的教育捐资机制也是非常重要的因素。发达国家的经验表明，鼓励捐资政策、完善的捐资管理制度等在激励和规范社会捐资行为等方面起到了积极的作用。因此，中国可以借鉴发达国家的募集资金经验，建立健全教育捐资机制，调动社会各方面对教育捐赠的积极性，拓宽捐资收入来源。

四、结束语

通过与国外发达国家的对比，发现我国对教育的投入总量有很大的提升空间，随着我国经济实力的不断提升，政府对教育的投入也会继续增加，但现在对教育经费的增加却没有法律保障。因此可以对教育经费的投入增加进行立法保护。后4％时代教育经费投入的法规保障机制，首先要制定《教育投入法》，同时要明确"法律责任"[5]。在关心教育经费增加的同时，也要关注我国教育经费分配结构中存在的不合理之处，积极优化教育经费分配结构，教育经费的来源不能单一地依赖政府，可以积极利用一些合理合法的资金来源渠道。

【参考文献】

[1] 赵宏斌 . 苦乐不均的 4% ：对教育政策刚性的思考 [N]. 第一财经日报，2014-02-27.

[2] Mun. C . Tsang. Intergovernmental Grants and the Financing of Compulsory Education in China. workingpaper. Teachers College Columbia University，2001.

[3] 徐春 . 高等教育经费管理研究 [D]. 东华大学，2013.

[4] 赵婀娜 . 聚焦"后 4%"时代 资金使用效率成为关注焦点 [N]. 人民日报，2013-03-28.

[5] 乔春华 .4% 目标实现后建立教育经费稳定增长机制研究 [J]. 会计之友，2014(1).

高校成本管理存在的问题及对策研究

天津师范大学　陆润萍

【摘　要】随着我国市场经济的不断发展，高校在其发展实践中遇到了各种困难，面临着诸多竞争和挑战，为适应客观环境变化，确保可持续发展的目标，必须注重投入与产出效率，提高高校自身的成本管理水平。高校办学水平和质量日益成为社会关注的焦点，如何加强成本管理，优化教育资源配置显得尤为重要。本文在分析高校成本管理特点和存在问题的基础上，提出了树立全员成本管理意识、营造高校成本管理环境、健全高校成本管理制度、强化高校成本管理技术、提高高校成本管理人员素质等建议，以提升高校成本管理水平和办学效益，增强竞争力，推进高校的可持续发展。

【关键词】高校　成本管理　对策

一、研究背景及意义

随着社会主义市场经济理念在高等教育领域的推进以及高等教育体制改革的不断深入，我国高校已从单一的事业型单位逐步转变为面向社会自主办学的独立法人实体。随着高校主体地位的日益提升，无论是教育经济学中的人力资本理论，还是高等教育明显的私人产品性质，以及高等教育在经济社会发展、个人实现中的突出效用，都在强调一种事实——高等教育也是一种重要的生产性投资，有投入和产出，应该讲究教育办学效益，更应树立成本意识，在高校管理中理应引入成本核算与补偿等产业管理的一些理念和方法来提高管理水平和经营绩效。加强高校成本核算，是国家制定拨款标准和学费标准、合理建立高等教育成本分担机制的科学依据，是高校加强教育资源管理和利用、提高办学效益、缓解经费长期短缺的有效途径。由此可见，开展高校成本核算具有突出的理论价值和实践意义。但高校成本核算在实际运作中却遇到来自认识层面、制度层面和操作层面的重重障碍，特别是我国高校现行的会计制度与教育成本核算的要求还有很大差距，还不具备进行教育成本核算的条件。这种高校教育成本核算的滞后性以及由此形成的各种弊病，造成了高校有限的教育资源的严重浪费和低效运行，严重制约着高校的发展，成为政府决策层、学生家长等有关外部利益关系人关心的热点问题。目前，许多财务会计及管理方面的专家和学者对高校教育成本计算的有关方面做了部分阐述，做了一些有意义的尝试，但都很粗泛，尚没有形成一套切实可行、完整统一的高校教育成本核算体系。因此，对以高校教育成本核算为中心的会计核算体系的研究成为亟待解决的课题。

二、我国高校成本管理现状

高校是国家根据经济建设和社会发展的需要举办的教育机构，其任务是培养具有创新精神和实践能力的高级专业人才，发展科学技术文化，促进社会主义现代化建设。高校的特殊性质和运行方式决定了其成本管理不同于一般成本管理。

1. 高校成本管理具有非营利性特征

《高等教育法》（1999 年版）第二十四条规定："设立高等学校，应当符合国家高等教育发展规划，符合国家利益和社会公共利益，不得以营利为目的。"这就界定了高等教育的公益性和非营利性。高校作为一个非营利性组织不以营利为目的，就不该有利润，如果有剩余资金是不能进行节余分配的，而只能用于学校的今后发展，因此，高校成本管理的目标不可能是企业成本管理中的"利润最大化"。企业的传统成本管理中通过产品来确定合适的成本管理方法在高校成本管理中根本不适用。高校提供的产品和服务往往能够产生无形的社会经济影响，难以对其效益进行有效的衡量，因此，教育成本不仅涉及经济社会效益，更具有强烈的社会溢出效应。

2. 高校成本有递增趋向，成本利用效率不高

知识是无穷尽的，高校作为教学、科研单位，其追求是无限的，会利用一切途径尽力争取资金用于提高自身的学术质量。然而，收入的多少常常取决于成本的多少，这就造成高校追求最大资金投入，而忽视成本管理工作，导致成本利用效率不高的现状。因此，高校往往将资金耗费到自身所能担负的最大限度，并且其管理体制的惰性导致有些开支在过去可以纳入预算之中，而不管现在是否合理，很难撤掉这些开支。这样，每个高校都尽其所能地多筹集资金并尽力用掉全部筹集到的资金，由此产生的现象是经费支出日益增长。也就是说，高校费用支出的特性决定了教育成本不断递增的特性。

3. 我国高校外部环境的改变，促使成本管理关注度不断提高

在国际教育竞争环境下，我国高校面临着更多的挑战和机遇，国外新的教育思想强化了高校竞争意识，高校在管理理念中引进市场竞争机制；同时国内

经济转型促使我国高校发生了相应的变化，这导致以往的高校管理不能适应现今的形势。为了应对发展中所面临的环境变化，高校管理必须进行相应的改革，更加重视高校管理的效率，进一步加强成本管理，以更好地适应现代高校管理的需要。

1997 年我国高等教育成功实现了从免费高等教育向高等教育成本补偿制度的过渡。高等教育成本成为大众关注的焦点。近年来，随着成本补偿水平的逐年提高，经济因素包括家庭收入、求学成本、学生资助和预期收入等逐步成为影响个人及其家庭进行高等教育选择的重要因素，尤其是贫困大学生入学问题已经成为社会关注的热点问题，如何正确合理地核算教育成本和加强高校成本管理，是关系我国高等教育发展的重要问题。

三、高校成本管理中存在的问题

目前，我国高校在管理体制、内部运行管理、成本核算、人员管理等方面存在着各种问题，而这些问题正是导致目前我国高校成本管理效率低下的主要原因。

1. 高校管理体制方面存在的问题

高校管理体制直接影响高校成本管理与收益问题，就我国现阶段而言，新旧管理理念、制度和方法之间的冲突与摩擦，以及教育管理改革滞后于经济管理改革而出现的矛盾，都直接或间接地影响着学校资源利用率的提高。

一方面，高等教育管理体制落后。从 1992 年开始我国的高等教育按照"共建、调整、合并、合作"的方针，经过十多年教育管理体制的改革从根本上改变了部门办学的管理体制，条块分割的状况得到了基本解决，原来在计划经济体制下形成的高等教育体制和布局结构也发生了历史性变化。但我国政府仍然是教育资源的配置主体，教育经费由政府投资，办学规模由国家确定，学科专业由国家设置，资产的所有权由国家拥有，教育资源由政府调配。高校由政府主管，由政府作为中间委托人再委托高校校长为代理人具体管理经营学校，但各种具体事务由政府统一计划安排和管理的模式，限制了高校调配人、财、物等教育资源的自主权。高校的所有权与管理权、经营权分离，权利和责任难以界定清楚。受计划经济体制的影响，高校经济活动较多地关注资金运动，而与之相适应的高校管理还是以核算为主，阻碍了高校成本管理的发展。

另一方面，高校内部管理体制落后。高校内部管理体制落后严重影响着学校资源利用率的提高，各校普遍存在着管理机构庞大、冗员过多、职能机构责权不明等现象，造成高校成本管理的低效率。如在资产使用过程中，有些高校虽然建立了相应的资产管理机构，但资产的实际管理权分散到各个职能部门，使用权归资产的占用单位和个人所有，没有实际有效的协调管理制度，在交叉管理的过程中，管理漏洞将难以避免，导致资产管理机构无法起到科学有效的管理和监督作用。由于缺乏资产的监督、管理体系，学校在进行机构调整和人员变动时，经常出现没有办理资产交割手续的现象，致使学校部分资产的流失，高校成本增大，难以提高高校管理的效率。这种管理职责不清的情况在高校很多部门之间都出现过，当前高校成本管理系统导致成本管理效率不高。

2. 高校内部运行管理中存在的问题

高校财务信息系统不符合现代成本管理的需要。高校财务信息仅采集组织经济业务数据的子集，却忽略了大量管理信息，难以真实反映高校业务的全过程。在传统高校管理中仅有财务管理而忽视成本管理，财务管理人员并不采集业务活动的全部数据，而只采集其中的一个子集，即符合会计事项定义的数据集，其结果是同项经济业务相关数据被分别保存在财会人员和非财会人员手中，从而导致财务信息系统与其他系统数据不一致，出现信息隔阂和信息重复存储等问题，浪费了大量的人力和物力，也不利于管理信息的收集。另一方面，高校传统的信息收集系统也无法满足信息使用者的需要。现代管理者不再将财务数据作为评价经营业绩的唯一依据，而通过综合考虑各种衡量结果来做出判断。高校高层管理者还要评价教学、科研、后勤、产业等活动的业绩，单凭目前的财务数据，难以得到正确反映。高校传统的信息收集系统存在滞后性，它所反映的资金信息往往滞后于物流信息，难以对教学、科研、后勤和产业等活动进行实时控制。

高校内部管理控制不利，也会影响高校成本管理。高校在资产管理上存在"重钱轻物""重购轻管"的思想。许多高校在采购过程中虽然采取了集中采购的方式，但对于已经购进资产的利用、转让（包括转让时的估价、双方的权利和义务）、报废等环节，却没有统一的规章制度进行约束。有的高校即使有针对性地制定了一些制度，但这些制度只是临时性的，没有形成体系，缺乏长期的可操作性。同时，制度的落实难度较大，往往流于形式，许多高校的资产处置由校领导说了算，而无具体的操作制度可依。高校基建内部财务管理制度不完善，导致基建工作出现了很多漏洞。有的高校没有建立健全的基建财务管理制度，滋生了基建腐败，制度的不完善为违法乱纪行为提供了可能。个别学校存在基建项目不公开招投标，施工队伍由校领导直接指定，采购材料和设备过程也不公开招投标的情况；没有采取合同管理制，有的施工项目没有制定合同，或者在合同施工过程中随意变更合同条款，未经论证决策随意更改项目内容等现象时有发生。高校后勤管理制度不完善，高校在向后勤部门、校办产业转移资产中往往难以反映实际价值，除了人为的因素低估价值外，还有其他因素如：高校因固定资产不提折旧，账面上是历史成本，且确定转移资产的价值标准不一，资产的评估制度不健全，造成对固定资产价值的评估具有很大的随意性；高校无形资产的价值难以评估，科技含量高的无形资产也缺乏可靠的计量依据。由于没有规范的、科学的、可操作的方法评估资产的价值，高校资产在其转移过程中流失严重，损害了学校的利益。以上这些因素都会影响高校成本的正确核算，不利于高校成本管理。

3. 高校成本核算管理中存在的问题

高校采用收付实现制为记账基础影响成本核算。《高等学校会计制度》规定除经营性收支业务外，一般采用收付实现制。随着高校招生规模的日益扩大，财务收支量增多，这种以收付实现制为基础的会计核算方法，很难适应当前高校财务管理的需要，不利于开展高校成本管理工作。

高校基建财务管理制度和高校会计制度分离，不利于成本核算和管理。随着高校基建投入的高速增长，高校基建贷款的力度越来越大，现行的基建财务却不能反映基建项目的贷款投入，因此，贷款利息就不可能计入相应的基建项目成本。同时由于基建项目具有长期性，而高校财务账上只反映已竣工决算的项目，没有完工的基建项目不会计入高校资产，导致高校资产出现少列的情况，与此同时，基建贷款已经发生并计入高校财务，致使高校出现负债异常夸大等情况。

另外，高校成本核算和成本管理研究不足。我国对高校成本管理的研究起步较晚，从 20 世纪 80 年代开始，仅有少数专家学者及博硕士生导师带领学生在做教育成本计量及其补偿等方面的研究，且由于高校经济活动内容的复杂（教学、科研和产业等）及产出质量和效益的不易量化等原因而进展缓慢；传统的高校会计制度规范的是事业支出（包括教育事业支出和科研事业支出）等内容，几乎没有提及成本管理的办法，成本管理领域的研究从无到有。高校尚未应用或很少应用现代成本管理理论和方法，资源配置效率和管理水平不高。受高校会计制度的约束和人们不重视高校成本管理等思想观念的影响，目前高校还没有开展成本管理，没有形成符合高校科学管理规律的成本核算和成本控制等方法，高校成本管理的研究还处在探索研究阶段。因此，我国高校成本管理的理论基础比较薄弱，不利于我国高校成本管理工作的开展。

四、加强高校成本管理的几点建议

1. 树立全员管理成本意识

受过去传统管理方式的影响，我国高校对成本管理不够重视。随着高校竞争的加剧，高校管理者越来越重视成本管理，但这还远远不够，高校成本管理要求所有教职员工都具有成本管理意识，特别是教学人员和科研人员，因为高校的成本费用主要是通过他们形成的，需要全员真正树立成本意识，将经济性与技术性结合起来，降低高校办学成本，提高效益。高校成本管理应将目标成本分解到各个单位和部门，制定相应的评价和考核制度，加大宣传力度，让高校教职员工理解并拥护奖惩分明的成本管理制度，推动高校内每位教职员工积极地为成本管理目标的完成而努力。

2. 健全高校成本管理制度

健全高校成本管理制度包括：国家制定的高校制度完善和修订、高校自身制定的内部规章制度的完善和修订。国家制定的高校相关成本管理制度已经不能适应时代发展的需要，目前相关部委已经注意到并即将进行修订。我国现有的高校会计制度正在进行修订，将对原来以收付实现制为基础的会计制度进行修改，增加成本核算部分，对高校进行固定资产折旧、无形资产的计量、借贷款处理等问题给予解决。同时，还需在高校会计制度中增加有关基建会计处理的部分，解决高校基建执行《国有建设单位会计制度》与高校执行《高等学校会计制度》造成的两种会计制度在衔接过程中会计信息反映的不一致问题。同时，高校自身制定的规章制度也存在很多问题，有的存在漏洞、有的执行不力、有的规定重复矛盾，种种现象严重影响了高校管理的效率。健全我国高校的各项管理制度，加强高校内部控制，才能更好地实施高校成本管理，使学校内部的一切活动能够按照规定的预期目标进行，以保证学校任务的完成。内部控制制度包括职务权利分离、授权批准程序、内部监督和外部监督等。高校的职能机构需要调整，尽量地减少不必要的管理机构和人员，提高管理的效率。建立相互牵制的内部控制制度，防止高校权力过于集中和人为因素降低资源管理效率的情况。

建立有效的经济责任制保证高校内部控制的有效运行。高校要根据自身的实际情况制定的目标，科学合理地建立高校经济责任制。经济责任制的确定要进行组织结构的分析、组织目标的确定、责任的明确等过程，其核心是将权利与义务相结合，明确各部门组织及人员应承担的责任范围，对其责任完成情况进行考核，并按规定追究查处未履行责任的行为，事先确定奖惩办法。各部门人员在工作中要严格按照学校的预期目标履行自己的权利和义务，做到责、权、利的统一，确保高校的工作健康正常地运行。

建立高校权利监督机构，对高校管理者的权利行使情况进行监督。随着高校产权明晰，高校管理者将获得更多的办学自主权，权力越来越大，高校内部应加强监督，设置监事机构，其成员包括政府代表（由国家委派）、高校职工代表、专业人士等，对高校的发展运行情况进行监督。

完善高校资产管理制度：一是建立完善的采购制度，做好学校的采购物资预算，注意摸清分散的采购规律，提前做好采购计划，将各部门分散的项目纳入集中采购的轨道中，减少采购次数，降低采购成本，提高采购效率，避免资产的重复购置。二是建立健全以经济责任制为中心的资产管理制度。对房屋建筑物、家具设备、图书资料等固定资产和存货实行归口专人管理，使各项固定资产和存货管理的基础工作做到经常化、制度化、科学化。无形资产要建立相应的管理制度并对其进行核算和利用。三是通过网络技术建立资源共享机制，借助校园信息平台，沟通协调校内各职能部门和使用部门，将所有固定资产资料全部上网，由资产管理部门进行汇总和统计，使其在全校范围内进行调配使用，从而避免了仪器设备的闲置，资源调剂使用有利于资产在各部门之间共享，有利于资产管理部门对资产进行集中管理，增强资产管理的透明度。

3. 强化高校成本管理技术

高校成本管理不仅需要人和物的支持，还需要先进技术的支持，主要是电脑技术和网络技术。高校成本管理的信息流是网状的、循环的、适时的、庞大的，迅速有效地管理这些复杂的信息非常关键，对此应该利用电脑技术和网络技术建立一个高校信息网络，开发一种适用于高校成本管理的软件系统，包括资源管理、成本核算、成本控制、绩效评价等功能，为高校成本管理提供各种数据，加快信息处理速度，适时对复杂的数据进行分析，为高校各类决策提供依据，实现资源共享机制。加强成本控制，充分发挥管理技术手段的优势，有利于提高高校成本信息的真实性和高校运作的透明度以及资源使用的效益，从而提高高校的管理水平和效率。

【参考文献】

[1] 崔邦焱. 高等学校学生培养成本计量[M]. 北京：高等教育出版社，2006.

[2] 蒋鸣和. 教育成本分析[M]. 北京：高等教育出版社，2000.

[3] 徐莉萍，龚光明. 会计学视角下高等教育成本计量研究[J]. 江苏高教，2009(23).

作业成本法在高校教育成本计算中的应用

河北师范大学　　李根旺

【摘　要】高校教育成本和生均培养成本的核算普遍受到学校管理者、政府部门、投资者、学生家庭及个人的关注。本文借鉴作业成本的方法，充分吸收作业成本法的精髓，探讨了作业成本法在高校教育成本计算中的应用。这对提高办学经济效益具有重大的现实意义和深远的历史意义。

【关键词】教育成本　生均培养　资源

一、作业成本法的基本原理

组织发生的每项作业都要消耗一定数量的资源，而成本核算对象却是引起作业发生的根本原因，遵循"资源—作业—产品"这三者之间的逻辑关系，归纳得出"作业消耗资源，产品对象消耗作业"为作业成本法的基本原理。因此，对于企业发生的资源费用，应先按照资源动因追踪至相关联的作业，然后再依据作业动因将成本分配至成本对象，得出各产品成本。我们用图 1 表示这个过程：

图 1　作业成本法基本原理示意

在进行成本计算时，直接人工、直接材料等这些直接费用，是可以直接计入核算对象的成本；而对于间接制造费用，需要按照作业成本法的原理，利用资源动因和作业动因，将其分配到产品中。具体核算过程如图 2 所示：

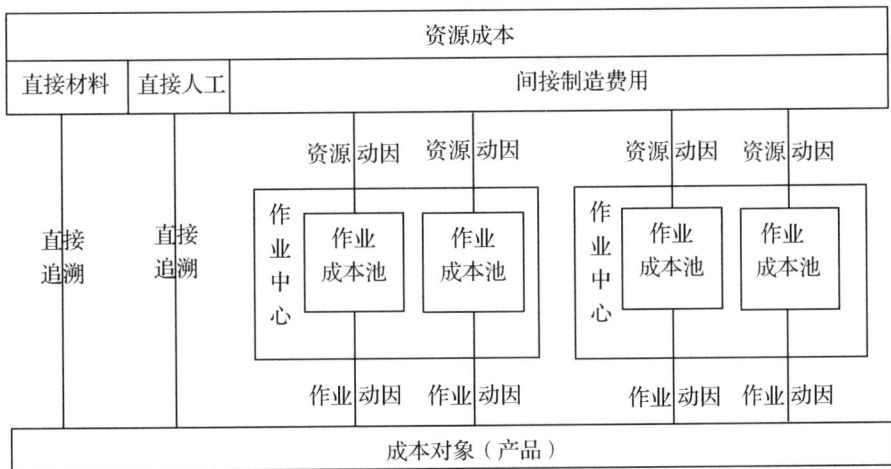

图 2 作业成本法的计算模型图

二、作业成本法在高校应用的可行性分析

高校尽管具有不同于企业的自身独特性，却也存在许多与企业类似的性质，因此高校可以按照企业作业成本法的原理、步骤进行作业成本的计算，实施作业成本控制。具体表现在：

(1)高校的成本核算对象多元化，也就是"产品"种类多，个体差异大，成本差别也较大；(2)高校教育成本中，直接费用较少，间接费用比重较高，且费用类别多而复杂，成本动因各异；(3)现行的教育成本核算方法过于简单，致使成本管理效率低下，无法满足社会各界各方面的信息需求；(4)高校的生产结构是职能式的平行结构，使得作业划分或具体核算实务相对简单，且由于高校采用市场机制模式，将会使得高校间的竞争日益加剧；(5)高校的文化氛围浓烈、知识密集，教育者和教育对象者主观能动性较强、人员素质较高。另外，无论是作业的认定还是资源的分配，都需要计算机技术做支撑，高校在计算机硬件的管理和软件的应用上都具有良好的基础；(6)许多高校的资金来源不仅仅限于财政渠道，校企结合越来越多，其产业化的运作模式使得高校可以按照企业的方式计算和归集作业成本。同时在高等教育全过程中包含着各种类型的作业，按照作业归集和计算成本可以帮助高校准确识别每个作业的成本，把作业中归集的成本最终追溯到"产品"——学生中去，以便更好地进行成本控制和管理，优化资源配置和业务流程，创造社会效益的同时获得经济效益。

三、基于作业成本法的高校教育成本核算模式

结合高校实际情况和业务特点，在作业成本法核心思想的指导下，以作业为核心，构建作业成本法的高校教育成本核算体系：

1. 确定作业成本核算对象

成本对象是成本核算体系所要反映和监督的内容。作业成本核算对象要根据核算的目标来确定。笔者认为建立作业成本核算体系就是要按照作业来归集成本，准确计算学生培养成本，所以针对目前社会对生均培养成本的关注，本文将成本核算对象界定为单位学生成本。

2. 归集资源，构建资源库

首先，从财务会计系统中提取教育资源的主要数据。目前高校的教育资源支出分为以下几类：（1）人员经费支出，主要包括基本人员工资、福利费、劳动保险与社会保障费等；（2）对个人和家庭补助支出，包括学生奖学金与助学金、学生生活物价补贴、医疗费用等；（3）日常公用支出，包括行政办公费、水电费、差旅费等；（4）高校的可持续发展的支出，对教师的培训、科研的投入等。其次，对财务账户中的数据进行必要的调整。高校核算基础依旧是收付实现制，会计账户上记录的各种耗费并非都与培养学生有关，因此应做适当增减处理。比如固定资产的折旧费用应该做增项处理。而诸如校办产业集团和学校附属单位、离退休人员的各种经费支出、赔偿捐赠支出、灾害事故损失等耗费，属于非教育支出，应该从中剔除，做减项处理。

3. 识别作业，确认作业中心

作业识别是作业成本核算体系的最基本的一个步骤，高校应根据学校规模特点和作业同质性，识别作业，建立作业中心。从高校实际情况出发，并考虑各个作业的相关程度，按照与成本核算对象（学生）的关系，划分为不同的作业中心。例如：与教学有关的中心可以设立教学中心（各院系等直接进行教学活动的中心）和教学管理中心（教务处、科研处等负责教学管理、教师管理、学生管理的中心）。与学生生活服务有关的中心可以设立教学服务中心（其他后勤管理部门，如后勤管理、财务处等）。在两大中心下面再细分为具体的作业中心，如服务于学生的教学管理部门（教务处）按照其职能划分为教学评估、考务管理等作业。在作业的识别过程中，可以采取作业地图法、作业流程图分析法、采访法进行作业的识别与划分。作业识别与划分完成后再将调整后的资源耗费依照归属部门的性质分配到各作业中心，计入相应的资源库中。根据目前高校的机构设置情况，考虑以下作业中心的设置。

表 1　高校作业中心设置

级别	机构	作业中心	主　要　作　业
校级	学生处	学生管理	学生入学、毕业管理、组织活动等
	教务处	教务管理	课程设置、教学评估、考务、学籍管理、成绩管理等
	科技处	组织科研	立项、可行性分析、审批、科研等
	后勤处	后勤管理	食堂管理、固定资产及公用设施等的折旧和维护
	财务及审计处	行政管理	学费收取、工资奖金发放、报账业务
	人事及组织部		人员招聘、职工考核
	图书馆	辅助教学	图书馆借阅与管理、网络管理、档案管理等
院系级	高校内部各学院	教学	教师培训、授课、考试等
		实验	实验授课、实验组织等
		教学管理	教学组织、教材管理等
		组织科研	立项、可行性分析、审批、科研等
		折旧与资产维护	各院系使用的教学、辅助教学、办公等固定资产的折旧和维护
		毕业设计	毕业设计的组织、指导、调研等
		院系管理及其他	院系的学生管理、行政管理等及其他零星作业

4.分析资源动因，分配资源费用到各个作业

在区分作业的基础上，接下来将资源按一定相关性计入作业，这个相关性就是资源动因，它是衡量资源与作业关系的中介。在高校传统的财务会计核算账簿中，包括了各种各样的资源成本信息，但是未必包括每一个作业的成本信息，因此实施作业成本法就必须将高校总分类账的资源消耗信息分配给各个作业。依据资源进入作业的方式，将资源分配的方法有三种：一是直接分配法。就是测算作业消耗资源的实际数额，如印刷作业消耗的资源成本可按印刷次数或张数进行分配。二是估计分配法。很难进行直接分配的情况下，可以通过询问和调查的办法估测作业消耗的资源费用。三是人为分配法。如果连估计也很难做到，只能人为主观分配了。

表 2　常见的资源动因表

资源项目	资源动因量	资源项目说明
工资津贴及补贴	教师人数	应发的工资、津贴、补贴
社会保障费	教师人数	计提的社会保障费
医疗费、福利费	教师人数	计提的医疗费、福利费
办公费	办公人数	办公用品、办公书刊等
会议差旅费	办公人数	行政、教学差旅和会议费
业务招待费	办公人数	业务招待
印刷费	教学作业专属	教材和宣传资料印刷等
水电费	仪表测量数	办公和教学能耗
邮电费	行政作业专属	办公电话、网络通信
交通费	办公人数	购买燃料的费用、租车和路桥等费用
培训费	培训人数	职工教育与师资培训等
劳务费	教学作业专属	外聘教师劳务
租赁费	学生管理作业专属	学生宿舍租金
物业管理费	教学作业专属	课室和公共设施卫生外包等费用
维修费	维修设备台数	行政设备、教学设备和水电设备维修
专用材料购置费	教学辅助作业专属	医疗卫生材料、实验实习、体育维持和体育材料等费用
设备购置费和折旧费	购置用途	办公设备购置、专用设备购置和图书资料购置等
业务费	教学作业专属	重点课程建设费、招生经费、研究生和本科生业务费
科研费用	科研作业专属	各项科研经费
助学经费	学生管理作业专属	学生活动费和奖助学金

应该注意的是，由于高校内部后勤和行政管理既为学生提供服务，又为各学院提供服务，因此对于校级各作业中心的资源消耗，应该在学生与学院之间进行分配。对于直接为学生提供服务的，按照作业动因直接计入成本核算对象，其他支出分配给学院。这个阶段的资源动因分析是通过对资源消耗、分配情况的分析，判断作业消耗资源的合理性、必要性，进而提高作业效率。

5. 作业动因分析

通过高校的管理流程分析，确定了高校的不同作业中心，下一步就是寻找引起作业发生的原因，这个原因就是作业动因，它是成本核算对象被消耗的直接原因。常见的作业动因如表3所示：

表 3　常见的作业动因表

作业中心	作业动因
教学作业中心	实际课时量
教学辅助作业中心	实际学生人数
行政作业中心	实际学生人数
学生管理作业中心	实际学生人数
科研作业中心	实际学生人数

可见，作业动因分析的过程就是将作业成本分配到核算对象去的过程。这个过程一方面是计算最终核算对象成本的过程，另一方面也是判断高效作业和低效作业、增值作业和非增值作业的过程。高校教育活动各个环节的作业都是为培养学生而发生的，一般来说都是增值作业，因此应重点关注在培养学生的整个流程中，哪些作业没有消耗过多的作业就完成了，即高效作业；哪些作业消耗了过多的资源，即低效作业，也可以为高校的绩效评估打下基础。

6. 核算教育成本和生均培养成本

作业动因确定和归集出各作业中心的成本库后，根据成本库的数据和动因率的原则计算各作业的成本动因率。例如以学生处的招生管理作业中心为例：

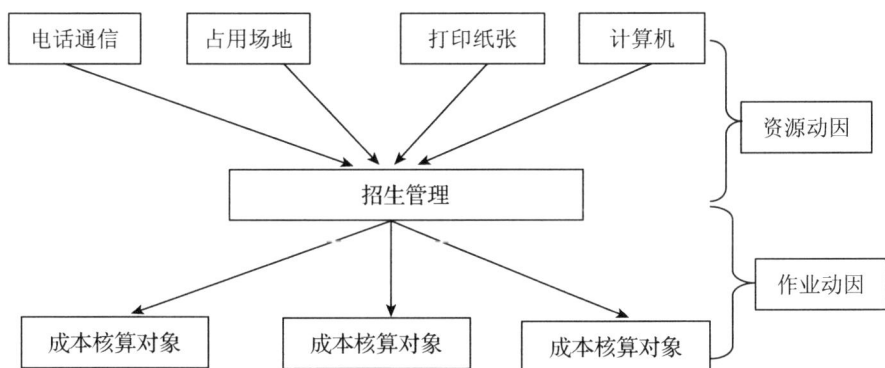

图 3　招生管理作业中心

将各个作业的成本加总，得到了教育总成本的数额，总成本应该与高校财务总分类账的数额相等。但是通过作业成本计算，我们得到了每个作业在学生培养过程中的消耗，高校站在长远发展的角度考虑，应该知道哪些作业需要改进，哪些作业需要融合，如何改进作业中的关键因素。

四、结论

本文通过对高校教育成本的核算研究，构建了以作业成本法为基础的教育成本核算体系，为高校成本控制和管理提供了很好的基础。但是想要作业成本法更好地在高校应用，就必须在规章制度、高校文化、数据管理、实施机制等方面，为作业成本法的成功实施创造良好的运行环境。

论"十三五"教育经费监管责任与追究 *

四川师范大学　梁　勇

南京工业大学　李晓冬①

【摘　要】近年来，国家对教育经费监管力度持续加强，提高经费使用效益，维护教育公平。然而，由于多方面原因，教育经费监管体制改革有待进一步完善，教育经费监管责任的落实与责任追究与产生的效果仍然存在一定差距。基于此，正值国家"十三五"期间，提出要提高教育质量为目标，那么做好教育经费监管工作，认真贯彻落实各级教育经费监管责任，切实保证教育经费发挥积极的贡献，具有深远的意义。

【关键词】教育经费　监管　责任　追究

一、教育经费监管责任概述

所谓监管责任，就是国家在赋予某组织或机构代表国家执行相关监管权力和职责的同时，也要求对其监管滥用权力或者监管职责不到位，从而产生对国家或被监管主体带来违法违纪性的经济损失、人身安全侵害等行为，承担一定的责任和义务。而教育经费监管责任，则指在教育经费监管过程中，拥有监管权力的组织或机构以及个人对监管权力使用不当，监管失职，监管导致额外不利影响，由此要求对其承担法律意义上的责任。

1. 监管责任的划分

根据监管工作主体不同，教育经费监管按照外部监管与内部监管分类划分监管责任主体。教育经费外部监管责任按照监管责任主体包括各级财政或教育主管部门财务机构的经费监管责任；各级政府审计机关的经费监管责任；教育部教育经费监管中心及地方教育部门内设经费监管机构的监管责任；社会中介机构监管责任。而教育经费内部监管责任，即被监管单位的监管责任包括被监

　＊　本文已发表《教育财会研究》2016 年第 2 期。

　①　梁勇(1977—)，四川师范大学计划财务处副研究员，高级经济师，研究方向：会计理论与财务管理、高校财务管理研究。李晓冬(1970—)，正高级会计师，研究方向：高等学校财务管理和会计核算。

管单位法定代表人的监管责任；被监管单位总会计师或分管领导的监管责任；被监管单位财务机构的监管责任；被监管单位内审机构的监管责任。

2. 监管责任内容

监管责任的内容与监管权力的使用和监管行为的实施密切相关。外部监管责任内容主要按执行监管责任主体来划分：(1)各级财政或教育主管部门财务机构根据有关法规、规章、制度的规定对教育经费监管，负有外部直接监管责任；(2)各级政府审计机关的经费监管责任。审计机关对本级各部门下级政府预算的执行情况和决算以及其他财政收支情况依法进行审计监督，对教育经费监管具有相应审计责任；(3)教育部教育经费监管中心及地方教育部门内设经费监管机构的监管责任。受教育主管部门委托，承办与教育经费监管相关的辅助工作，承办经费监管相关信息化建设和财务数据统计分析工作，承办有关教育内审具体工作，承办教育系统财会和审计人员业务培训和继续教育工作，承担相应经费监管责任；(4)社会中介机构监管责任。充分发挥第三方独立监管作用，强化社会中介机构责任意识，受托行使监管权时能够立足于履行职责和受托责任，对所托教育经费监管承担监管责任。

在被监管的单位内部由于承担的经费监管责任不同，可划分为四类，即：(1)被监管单位法定代表人的监管责任。根据会计法律法规和有关规章制度要求，被监管单位的法定代表人对所在单位的财务管理、会计工作、内部控制落实负总责，为所在单位教育经费监管工作的第一责任人；(2)被监管单位总会计师监管责任。被监管单位总会计师按国家有关法律、法规、规章和制度要求组织领导学校的财经管理和会计核算工作，参与学校重大财务、经济事项的决策并对执行情况进行监督，在经费监管工作中承担相应的领导责任。未设置总会计师的被监管单位，其分管财务工作负责人在经费监管工作中承担相应的领导责任；(3)被监管单位财务机构监管责任。被监管单位财务机构具有法定的会计监督职能，具有加强对单位经济活动财务控制和监督，防范财务风险职责，在经费监管工作中承担直接责任；(4)被监管单位内审机构监管责任。被监管单位内审机构依法具有对本单位及所属单位的财政收支、财务收支及有关经济活动或者经营管理进行检查和评价职责，内部审计是强化过程监管的重要方式，在经费监管过程中承担内审监督责任。

二、教育经费监管责任落实的必要性

近年来，高校从原有的精英化阶段向规模化、外延式发展，然后又转向高校内涵式发展，国家对教育经费投入日益增大，特别是国家颁布的《国家中长期教育改革与发展规划纲要(2010—2012年)》后，各级教育经费投入稳步增长，高等教育教育经费生均财政拨款 2013 年已达到 12000 元/年。在教育事业蓬勃发展的过程中，各级财务关系日趋复杂，利益矛盾较为突出，也滋生了不少教育腐败、违规违纪等现象。由此，国家在加大教育经费投入的同时，监管力度也随之加大，一方面加强了监管制度的建设，先后出台了《事业单位财务规则》《事业单位会计准则》《高等学校财务制度》《高等学校会计制度》《中小学校财务制度》《中小学校会计制度》等规章制度，另一方面也加紧了财务专项检查，比如"三公经费""八项规定"和"六项禁令"等专项检查陆续开展。同时，搭建数据监控平台，动态抽查教育经费收支状况。2013 年，教育部、财政部积极推进"教育经费管理年"活动，以"规范、绩效"为主题，多渠道、多形式、多手段加强教育经费监管。综上所述，教育经费监管已成为教育系统新常态工作，落实教育经费监管责任势在必行。

1. 良好的教育经费监管制度环境，为监管责任的落实创造了外围条件

国家一系列教育经费监管制度的颁布与贯彻落实，促使各级被赋予教育经费监管权力的组织或机构要严格深入推行监管制度的实施，在全国范围内开展教育经费监管活动，对教育经费分配不合理，擅自占用、截留、挪用、滥用教育经费的地方单位和学校，以及责任人予以严肃处理。同时，对应付监管、与地方单位和学校相串谋，监管惩处不到位，讲人情关系等履职不够的监管机构在这种监管制度环境下也要严肃追究其监管责任。谁监管不力，谁承担监管责任，监管制度贯彻到底已迫在眉睫，其监管责任落实不再是"一纸空文"。

2. 监管责任不落实，监管权力使用不到位

权力与责任相辅相成，无责任的权力，也不存在无权力的责任。监管权力的使用意味着要为其监管行为及其结果负责，监管责任则是对监管权力使用的有效制约。在教育经费监管中，各地方教育主管部门、财政主管部门，以及教育系统内部各构成机构，都赋有对教育经费使用的监管权力，它们代表国家和社会公众对投入的教育经费有监管权力，这些教育经费的分配与使用，是与国家教育事业发展规划息息相关，与社会公众，包括家庭、学生接受国家教育所能够达到的教育水平、对社会的教育贡献是相关的，国之发展，在于国民素质的提升，国之大计，在于教育发展。因此，各级教育产品属于公共产品，教育经费投入是对教育产品生产的经费支持。那么监管部门肩负着对教育经费有效投入的监管权力和效益产出的监管责任。监管责任不落实，监管部门无作为，那么，监管权力就会偏离，产生权力寻租和权力腐败问题，近年来各级教育单位频繁发生的基建、招生、物资采购、科研经费等贪污案件旨在说明监管责任追究不到位，监管权力使用无顾忌。

三、教育经费监管责任实施现状

1. 制度不健全，责任追究无基础

长期以来，教育经费的监管一直是教育经费管理的重要工作。然而，有关教育经费监管责任的相关制度仍不健全。在《会计法》、《会计基础规范》、《教育财务制度和会计制度》以及《事业单位财务通则》等法律制度中，有很多提出的要求，然而，较为全面地、系统地描述教育经费监管责任的制度却相对较少，现有的财经规章制度中更多强调监管的实施，赋予各级教育经费监管机构监管权力，要求它们对各级教育单位的教育经费使用进行严格的财务监督检查，但很少对这些监管机构予以责任追究，即使有，也更多在工作任务的下达与完成方面的责任追究，比如行政上的惩处。但教育经费监管责任还涉及刑事方面的责任追究，比如职务犯罪、经济犯罪等。因此，监管责任制度的不健全，对于监管责任追究与落实显得无依据可依靠，在执行过程中往往流于形式。

2. 监管机构交叉，责任不明确

由于教育经费在划拨与分配方面，涉及多个国家行政主管部门，比如教育财政的资金筹集与分配由各级地方财政执行，教育主管部门则汇总，统一申报经费预算与分割经费到各级地方教育机构，科研经费涉及科技处、科研所等，对于不同的监管来说，它们所对教育经费监管的侧重点不同，在某种程度上也存在显著差异，因而导致在监管过程中，各级教育机构对政策解读的不同，对经费使用管理的松弛度把握差异，由此产生教育经费所达到的使用效果不一样。那么，在监管责任追究上，交叉部门相互推诿，对责任认定标准不统一，最后监管责任落实不彻底。

3. 责任界定不清晰，追究不到位

一般来说，教育经费监管实行分级管理、分级负责，坚持谁主管，谁负责，一级抓一级，层层抓落实。然而，在经费监管过程中，由于监管主体划分不明确，监管主体在监管工作中承担的监管责任界定也不清晰，各级监管主体各自对自己所监管的范围进行权责划分。在产生监管失误或监管问题时，各级监管主体对其监管职责失误不认可，相互推诿，互不承担失职责任。而监管责任追究机构在无法判断谁的责任时，往往对责任追究敷衍了事，仅仅做了表面上的处理，遗留问题仍然存在。责任追究不到位，形成不了一种威慑力，那么监管机构或监管责任人仍然会在制度不健全，监督不到位的情况下，利用职权，假公济私，进行权力腐败活动，占有和滥用教育经费。

四、教育经费监管责任追究与落实

1. 增强教育经费监管意识，认真落实监管责任

当前，教育经费监管进入新常态阶段，增强教育经费监管意识显得更为必要。2012 年以来，国家不断加大对教育经费监管力度，通过制度完善与实施，以各项经费专项检查为主要手段，各级教育机构对经费监管认识逐步统一，经费使用人对经费预算、经费报销的财经规章制度的自觉遵守意识也逐渐增强，"谁使用、谁负责"成为经费使用人基本原则。与此同时，经费监管责任的落实应尽快提上议程，对于监管责任不落实的行为要予以严肃处理，并要形成一种警示，要通过监管责任的追究来强化监管意识，否则，监管意识会逐渐淡化。因此，在教育经费监管过程中，既要对监管机构和被监管主体的监管意识进行强化，又要对监管机构的监管责任予以认真落实，监管方与被监管方形成相互监督、相互制约的态势，才能有效发挥的监管作用。

2. 建立健全教育经费监管责任制度，明确责任认定依据

建立健全教育经费监管责任制度，首先要完善监管主体责任制度，建立健全监管责任对照方案。各级监管责任主体履行监管职责时，应与其责任担当相对称，做好"行其权，负其责"。监管责任制度要细化教育经费监管主体的责任内容，突出"责任"要点，严肃责任纪律，善于界定和划分监管责任性质，分级分类归纳整理监管主体责任承担的范围和内容，明确责任承担层次，为监管主体责任追究奠定良好的基础。

其次，完善监管责任认定划分制度。根据责任性质善于区分法律责任、制度责任、工作责任。法律责任指经费监管责任主体根据法定的经费监管事项中承担相应的法定监管责任；制度责任指经费监管责任主体在规章制度赋予的经费监管事项中承担相应的制度责任；工作责任指经费监管责任主体在开展各项经费监管工作中承担相应的履职工作责任。同时，梳理监管责任案例，基于现有法律、法规、部门规章和制度对教育经费监管的责任条款，对照法律、制度对监管失责、失职行为的界定，筹划建立责任体系数据库建设，提高监管责任认定效率。

再次，建立教育监管责任追究制度。在经费监管工作中坚持谁失责、追究谁的责任追究机制。实施责任追究，要实事求是，分清集体责任与个人责任，分清领导责任和直接责任人责任，分清法律责任、制度责任、工作责任，分清作为和不作为的责任。责任追究要坚持有理由有依据，要严格比照监管责任制度，客观评价监管职责履行成效，要做到心服口服，以理服人。利用现代网络技术、通信技术手段提供各种举报平台，及时甄别各种举报信息，开展责任追

究督查活动，将经费监管风险降低到可控范围。同时，搭建责任追究诉讼平台，为被追究责任的主体提供能够澄清事实，表明清白的渠道，尊重被追究主体的合法权利。责任追究涉及面广，参与的利益关系复杂。对于不同的责任程度，其承担的责任大小有所差异，各级相关部门对责任追究权限也不同。要健全责任追究层级上报制，由不同层次的具有责任追究的机关部门根据相关法律法规裁定。

3. 进一步明确监管责任主体，落实监管责任

按照"统一领导、分级管理"的原则，划分监管责任主体，中央政府及其以主管教育的行政机关——教育部，教育经费的行政机关——财政部，地方政府及其地方各级教育部门、财政部门、学校及内部纪检、审计等职能部门应纳入教育经费监管责任主体体系，进一步完善各监管主体责任制度，将职责与责任有机结合起来，充分发挥各监管主体的积极性。监管主体要积极开展各级教育经费监管活动，通过一系列专项监管活动，促进各级教育经费使用主体加强经费管理，规范财务行为，切实提高经费绩效使用。同时，监管主体在有效履行监管职责时，进一步弱化责任风险，增强责任抗风险能力。

4. 强化监管责任意识，完善监管责任评价体系

监管责任内容涉及面广，责任认定情形复杂，一方面要加强对监管责任主体的责任综合素养培训，提升监管责任主体对监管责任的认识，自觉积极地参与到监管活动中，发挥监管与服务作用。另一方面要完善监管责任评价体系，切实"责任到人"、"责任到事"。进一步梳理监管责任要素，突出"责任"重点环节、重点内容、重点效果，具体量化责任指标，将干部任期行政职责考评、干部任期经济责任制考评与监管责任考评相挂钩，定期或不定期进行监管责任工作汇报，客观评价各级监管主体对经费监管执行效果，切实落实监管责任到人、到事。

5. 强化社会中介机构监管责任，充分发挥第三方独立监管作用

进一步加大社会中介机构成分加入到教育经费监管主体，发挥第三方独立监管作用，同时要强化社会中介机构的监管责任，督促社会中介机构在受托行使监管权时能够立足于履行职责和受托责任为主，切实为教育经费监管做出其应有的专业贡献。

【参考文献】

[1]教育部财务司. 落实主体责任，强化经费监管[N]. 中国教育报，2014-8-15.

[2]李爱芬. 论政府对教育经费监管[J]. 会计之友，2012(11).

[3]王春举，陆秋平. 我国高校经费监管体系框架设计研究[J]. 四川师范大学学报(社会科学版)，2014(3).

地方高校融资模式的拓展与思考

玉溪师范学院　　叶　宏①

【摘　要】基于我国地方高校发展中的资金需求现状，对地方高校的主要资金结构进行分析，提出应创新地方高校的融资模式，并就地方高校融资中应考虑的因素进行探讨。以期改善地方高校的融资现状，提高其融资效率与效果，推进地方高校的可持续发展。

【关键词】地方高校　融资渠道　融资方式

地方高校作为我国高等教育体系的重要组成部分，长期以来在人才培养、国民素质提高及社会经济发展方面做出了重要的贡献。以 2016 年 5 月 30 日教育部公布的数据来看，全国高等学校共计 2879 所，其中中央部属高校 115 所，隶属各省、自治区、直辖市、港澳特区的地方高校 2764 所。地方高校占我国高等教育院校的 96%，是我国高等教育体系的主体部分。随着我国高等教育规模的迅速扩张，各高校支出不断增长，高校尤其是地方高校资金短缺现象日益突出。探索高校融资模式，特别是笔者所处的地方高校的融资模式，对促进地方高校的可持续发展，提高其自主办学能力，推动我国高等教育整体水平的提高具有重要的现实意义。

一、地方高校融资需求旺盛的背景

(一)与扩招相对应的资金需求扩张

自 1999 年高等教育规模扩张以来，我国高等教育发展迅速。相关数据显示，2014 年，我国高等教育在校生规模达到 3559 万人，居世界第一，高校毛入学率达到 37.5%。从录取率来看，2000—2014 年高校录取人数的年平均增长率为 10.7%，录取率由 59% 提高到 74.33%，是 1978 年的 12.3 倍，高等教育已成为名副其实的"大众教育"。为应对招生规模的迅速扩大，高校也进入了规模扩张期，校区、基础设施设备、校舍、师资建设等，均需要大量的资金来支

---

① 叶宏，女，云南江川人，教授，硕士；研究方向：会计实务与理论。

撑，其数额完全超出了高校的承担极限。为满足资金的需求，高校急需通过更多的渠道与方式来获得所需资金。

(二)学校发展的内生需求

自 20 世纪 80 年代开始，我国已组织举行过多次本科教学评估。2003 年，教育部在《2003—2007 年教育振兴行动计划》中明确提出实行"五年一轮"的普通高等学校教学工作水平评估制度。2013 年 12 月 5 日国家教育部根据《教育部关于普通高等学校本科教学评估工作的意见》的要求，决定开展普通高等学校本科教学工作审核评估。多轮评估均涉及对学校办学条件指标的评价。为应对评估，高校在学生规模日益扩张的背景下，不断改善教学条件，以达到评估标准，获得优秀的评估评价，提升学校的美誉度。教学条件的提升，需要充足的资金支撑。且有规律的评估，使得高校的建设和资金需求也呈现相同周期的变化。

在应对各轮评估的同时，地方高校还面临着转型发展。在经济转型的背景下，我国的高等教育结构的不尽合理日趋明显，学校同质化的现象比较严重，集中在理论型、学术型人才的培养，而培养技术、技能型人才的高校相对比较少。地方高校设置的主要目的是为地方经济社会发展培养人才，许多地方高校也是为了应对"大众化教育"的需求新设或新升格的。部分地方高校在发展的历史、资源、成果、美誉度等方面均与中央部属院校存在一定的差距，在理论型、学术型人才的培养效果上也有差距。2014 年 6 月 22 日，国务院印发了《关于加快发展现代职业教育的决定》，其中第六条指出要"引导普通本科高等学校转型发展"。强调"采取试点推动、示范引领等方式，引导一批普通本科高等学校向应用技术类高等学校转型，重点举办本科职业教育"。2015 年 2 月 26 日，国务院总理李克强在部署加快发展现代职业教育的会议上，提出要"引导一批普通本科高校向应用技术型高校转型"。根据政策精神，地方高校要率先转型，从培养理论型人才转到培养技术、技能型人才，来适应当前经济转型的需要，适应地方经济社会发展的需要。而要培养技术、技能等应用型人才，学校必要的实践教学条件是基础，是先决条件。而实践教学条件的建设，同样需要大量的资金投入。

地方高校处于一个激烈的竞争环境中，不发展，不改善教育的设施、设备，不引进优秀的师资，在竞争中将会落入下风，甚至被淘汰出局。

(三)资金供给不足，缺口较大

由于教育体制的不健全，教育不公现象同样存在于高校的经费上，相对于中央部属的名校而言，地方高校所独得的经费支持非常有限。全国政协委员、湘潭大学副校长刘长庚在 2016 年全国"两会"期间就指出我国高校财政支持力度不均衡。从生均经费来看，中央部属高校为 46518 元，地方高校仅为 20008 元，部属高校是地方高校的 2.32 倍。由于教育经费的资金供给长期不足，导致地方高校在发展中的资金缺口也越来越大。面临着同样的竞争，地方高校只得不断地自寻出路寻找资金来满足生存、发展的需要。

二、地方高校的资金来源结构

(一)主要的资金来源

1. 地方财政拨款

地方高校是指隶属各省、自治区、直辖市、港澳特区，大多数靠地方财政供养，由地方行政部门划拨经费的普通高等学校。高等教育属于非营利性公益事业，加上地方高校的属性，使其经费来源主要依赖地方政府的财政拨款。但由于管理体制与机制的问题，有部分高校属于省市共管，而结果却往往是省、市之间互相推诿，造成经费下拨不及时、不足额，生均经费被打折下拨等问题。另外，地方经济发展水平与地方财政密不可分，而我国地区间经济发展不均衡的客观存在，也使得部分地方高校得到的财政支持力度有所削减。

我国教育统计年鉴显示：2011 年我国高等教育总体经费约为 7000 亿元，其中国家财政性经费接近 4100 亿元。但财政性经费的比重从计划经济时代开始的接近 100%，到 1995 年仍占到 70% 的比重，再到 2011 年的 58.5%，随着我国高等教育经费来源渠道的不断拓宽和成熟，这一下降趋势将会延续下去。

2. 学生缴费

自 1994 年我国逐步推行高校并轨制改革以来，按照教育成本分担的基本原则，作为非义务教育阶段的高等教育，学校可以依据国家有关规定，向学生收取学费。提供住宿的，可以根据物价部门核定标准收取住宿费。学生学费与住宿费收入属于教育事业收入，先上缴再全额返还高校，是高校资金来源的重要组成部分。相关数据显示，2004 年，学费与住宿费收入占普通高校经费的 30%，且到 2010 年的 7 年间，均保持在 30% 左右的比例。

3. 银行贷款

1998 年 8 月颁布的《高等教育法》明确了高等学校的法人地位，为高等学校贷款提供了法律依据。在高校并轨制改革、扩招以及宏观经济持续向好的背景下，银校合作为高校提供了大量的资金，推动了高校的迅速发展。2005 年中国社科院发布的全国公办高校贷款余额为 1500 亿元～2000 亿元，2006 年厦门大学邬大光课题组认为全国公办高校贷款余额在 2000 亿元～2500 亿元；2007 年全国政协委员、苏州市副市长朱永新认为全国高校负债总额已达 4500 亿元～

5000 亿元。以云南省为例，截至 2011 年云南省 46 所省属高校银行贷款余额达到 167 亿元，部分高校的负债甚至达到十多个亿。客观来讲，银行贷款为高校的发展注入了活力，促进了高校应对不断发展变化的外部环境，并取得了长足的发展。但巨额的银行贷款也为高校带来沉重的压力，除高额的利息支出外，高校还缺少还款的资金来源。

4. 其他资金来源渠道

除以上几项主要的资金来源外，高校还有部分其他的资金来源，包括科研项目经费、合作办学收入、利息收入和捐赠收入等。但其他资金占高校资金的比例相对较低，没有形成稳定的收入来源。对于地方高校来说，这部分资金所占比重更低，不属于经常性收入。

（二）地方高校融资存在的问题

由于地方高校资金供给与需求存在较大的缺口，长期积累的需求得不到满足与供给，促使高校不得不通过多种渠道与方式融资，以满足不断增长的资金需求。而高校融资的渠道相对比较狭窄，主要依靠财政拨款、学生缴费来获得维持运转。虽然作为法人主体的地方高校也可以通过银行贷款来获得部分资金，但由于地方高校偿债能力不足，在经济下行的压力下，实际上很难通过银行获得足额的资金来支撑地方高校的发展。即使地方高校与银行签订授信合同，但由于存在银行贷款总量有限、审批程序复杂、额度有限等问题，融资的数量和时间也难以与高校的需求相匹配。在获得银行贷款后固定的利息支出也对高校的资金造成较大的压力，更不要说还需偿还到期的本金。

三、拓展地方高校融资能力的思考

《中华人民共和国高等教育法》规定：国家建立以财政拨款为主、其他多种渠道筹措教育经费为辅的体制，使高等教育事业的发展同经济、社会发展的水平相适应。这项规定为高校多元化筹资提供了政策依据。拓展地方高校的融资能力，可以从融资渠道与融资方式的创新角度进行探索，来获取地方高校发展所需要的资金。

（一）增加教育投入占 GDP 的比例

地方高校主要依靠地方财政拨款，在现有高等教育投资体制下，一个地方的经济发展水平的高低直接影响地方高校办学经费投入的多少。在当前环境中，地方高校的发展与办学实力高度相关，需要足够的资金来支持高校的发展。当然，服务属地经济发展，又是地方高校的责任所在。基于地方高校的属性，其发展还得主要信赖政府的财政资金拨款。因而加大对地方高校的财政资金投入，适当增加教育投入在 GDP 中的比例，对地方高校在发展中给予更多的资金支持。特别是在目前地方高校转型发展的国家政策推行之际，除对少数地方高校给予专项资金支持外，也应该"普惠"广大的地方高校，否则将会一晚晚三年，造成地方高校发展新的不均衡。

(二)政策性银行介入

在银行贷款难、贷款成本高、地方高校还本付息压力较大的现实条件下，政府可以考虑政策性银行介入地方高校的融资平台，为地方高校发展给予政策性贷款，以较低的利息成本为地方高校的发展注入资金。对涉及地方高校发展的关键项目给予专项贷款，支持地方高校的发展。

(三)利用社会资本进行多元化融资

1. BOT 模式

BOT 是英文 Budd Operate Transfer 的缩写，即建设—经营—移交方式。是指政府或其所属的公共部门通过协议授予投资者(包括外国企业)以一定期限的特许专营权，并准许其通过向用户收取费用或出售产品以清偿贷款、回收投资并获取利润。特许权期限满时，该基础设施无偿移交给政府或其所属的公共部门。在高校发展过程中，可以通过提供土地，把一部分基础设施如食堂、浴室、学生宿舍、体育场馆等通过 BOT 模式进行建设。这种模式中，地方高校可以通过社会资本改善基础设施条件，而不需要承担固定的资金成本和运营、管理成本，一定时期后还会增加地方高校的固定资产，实现地主高校与社会资本的共赢。

2. PFI 模式

PFI 是 Private Finance Initiative 的缩写，该模式是指私营企业或私有机构利用自己在资金、人员、设备技术和管理等优势主动参与基础设施项目的开发建设、经营。在此模式下，私营企业与私有机构的资金回收方式有三种不同方式。地方高校可以考虑采用建设转让型的 PFI 模式，这种模式下基础设施项目建设完成以后，地方高校根据所提供服务的数量等情况，向 PFI 公司购买项目经营权，在一定期限内，PFI 公司负有对项目进行维修管理的责任。由于仅只需分期支付使用费，不需要一次性投入高额的建设成本，避免了承担利息的压力和项目的维护成本，从而获得建设资金的机会收益。地方高校可以考虑通过此种模式建设学校的实验室、技术训练室等。实际上，PFI 模式中的综合运营型非常灵活，可以根据地方高校的实际需求与 PFI 公司进行合作开发建设。

3. 融资租赁

融资租赁又称财务租赁，是指实质上转移与资产所有权有关的全部或绝大部分风险和报酬的一种租赁方式。在这种租赁方式中，出租人根据承租人对出售人、租赁标的物的选择，向出售人购买租赁标的物，提供给承租人使用，向承租人收取租金。融资租赁以出租人持有资产的所有权、处置权和收取租金为前提，使承租人在租赁期内对租赁资产取得部分或全部占有、受益、使用的权利。由于融资租赁期内有关租赁资产的风险与报酬已全部转移给了承租人，所以要求承租人将租赁资产视为自有资产进行管理。融资租赁资产的所有权最终可以转移，也可以不转移。地方高校在改善更新教学设施、增加各类教育资源时均可以考虑运用融资租赁方式。采用这种融资方式，既能取得设备设施等资源的使用权，又能缓解地方高校资金短缺与供求的矛盾，还可以满足学校教学科研对设备设施的要求。

当然，除以上模式外，地方高校在发展中的融资需求的解决方案可以借鉴企业的做法，如资产置换融资、资产证券化融资、信托贷款等。

（四）内源融资

除上述几项融资渠道外，做好地方高校的财务管理工作，提高资金的使用效率与效果，形成内源资金库，满足学校发展的各项需要。内源资金是企业的自有资金，没有任何显性成本，也不存在任何风险。当然，在目前地方高校资金需求旺盛，而在供给长期不足的条件下，学校要形成内源资金存在相当大的困难。

四、地方高校融资决策时应考虑的因素

1. 加强地方高校的资金管理水平

地方高校在进行一切融资决策之前，都应关注内源资金，而内源资金的形成与积累完全取决于学校的资金管理水平。地方高校应树立财务管理观念，推行财务管理制度创新，加强内部控制，消除不必要的支出，降低运行成本。遵循投入产出观，提高地方高校资金的使用效率与效果。

2. 有效控制学校的扩张规模与速度

地方高校融资的根本动因是发展，是不断扩张与改善教学条件，提高办学实力。而地方高校要与中央部属高校进行竞争，无论各方面都存在差异。所以，地方高校应走内涵发展之路。在决定扩大规模之际，不妨充分思考生源的中长期发展趋势，避免因为盲目扩张，出现更多的如"鬼城""疗养院"般的大学。做大的前提应是做强，大而不强，不等于可持续发展。

3. 政府应建设适应地方高校发展的政策平台

地方高校虽然不同于中小学校，不是义务教育，有一定的自主性。但地方

高校是社会公共资源，不应该也不能完全市场化，各级政府有义务支持地方高校的发展。首先，各级政府应给予地方高校相关的政策支持，在办理相关融资项目时给予支持。其次，地方政府在核拨生均经费时，应按照相关规定足额拨款，在地方高校资金不足的现实条件下保证学校有稳定的现金流入，维持学校的日常运行，并谋求更大的发展。最后，作为社会公共资源的供给与维护主体，政府应拓展地方高校资金供给的平台，扩展地方高校的融资渠道与方式。

4. 考虑信息化技术发展给地方高校带来的影响

随着信息化程度的不断推进，如网易公开课、在线课堂等模式越来越多，越来越普遍，大有星星之火可以燎原的趋势，势必带来教育教学模式的变革。未来5年至10年，在校学生人数将大幅减少，通过电子课堂学习的学生将会增加。我们还会需要那么多校舍吗？所以，地方高校在不断改善教学基础设施的同时，还要重点关注信息技术的投入及教师教育教学模式的改革。

【参考文献】

[1] 黄梅，涂艳华，等. 新形势下普通高校融资渠道探索[J]. 云南农业大学学报，2012(6).

[2] 王菊，王川. 重庆地方本科院校融资存在的问题及对策研究[J]. 时代金融，2015(6).

[3] 姚利红. 我国地方高校多元化融资途径创新研究[J]. 兰州工业高等专科学校学报，2011(10).

[4] 刘振东，杨癸. 地方高校经费来源的市场模式研究[J]. 安阳工学院学报，2012(03).

[5] 李绍江. 地方高校开展融资租赁业务的金融分析[J]. 新乡学院学报(社会科学版)，2012(10).

关于后 4%时代财政性高等教育经费的投入分析

南京师范大学 俞鸣晖

【摘 要】近年来，高校规模的数量性扩张给高等教育财政带来了很大的冲击，办学资金的不足日益成为制约我国高等教育发展的"绊脚石"，并且已逐渐演变成为一个世界范围内所普遍关注的问题。根据成本分担理论，高等教育为政府培养高素质的科技人才，政府作为利益相关者之一，需要承担相对应的教育成本。2012 年我国财政性教育经费支出占 GDP 的 4.28%。代表我国财政性教育经费支出已经进入后 4%时代。应当继续增大教育还是将重心转移到高校对所获取的经费如何加强自身的科学化、精细化管理上来，合理配置使用资金，以及如何监督好教育经费投入后 4%时代的继续投入和使用，是我们要思考的。

【关键词】财政性教育经费 教育经费 后 4%时代

一、引言

2012 年我国财政性教育经费支出约为 22236.23 亿元，占 GDP 的 4.28%。1993 年中共中央、国务院发布的《中国教育改革和发展纲要》提出，国家财政性教育经费支出占 GDP 比例到 2000 年要达到 4%，《国家中长期教育改革和发展规划纲要(2010—2020 年)》再次明确指出，国家财政性教育经费支出占国内生产总值的比例在 2012 年要达到 4%，这充分表明了政府高度重视教育，切实加大教育投入的决心。可以说，长期以来，财政性教育经费投入占 GDP 比例的 4%成为衡量中国教育投入的"标杆"，以此作为对教育重视程度的一个标志。而在党的十八届三中全会报告中关于深化财税体制改革第十七条内容提到，"审核预算的重点由平衡状态、赤字规模向支出预算和政策拓展。清理规范重点支出同财政收支增幅或生产总值挂钩事项，一般不采取挂钩方式"。那么，财政性教育经费占 GDP 4%这一挂钩目标是否还具有现实指导意义？应当继续增大教育投入还是将重心转移到高校对所获取的经费如何加强自身的科学化精细化管理，合理配置使用资金，以及如何监督好教育经费投入后 4%时代的继续投入和使用是我们要思考的。

二、为什么要挂钩 4%

从经济学角度商品的性质来讲，可以将商品划分为公共商品和私人商品，公共商品是指用于满足社会公共需求的物品，其效用不可分割，具有消费的非竞争性、受益的非排他性等特点，而私人商品是用来满足私人需要的，其效用可分割，具有消费的竞争性、受益的内在性等特点。根据商品性质的划分原则，教育则是具有双重属性的混合商品，既是一种个人需要，属私人商品，又是一种公共需要，属公共商品。私人商品性质体现为：个人通过教育获得更多的知识和技能，可以提高个人收入、改善自身福利以及个人的社会地位；公共商品性质则体现为：教育具有较强的正外部性，是一个民族整体素质提升的内在推动力，提升了整个社会的劳动力水平，保障了社会秩序的和谐稳定，促进了社会的发展和进步，因此，教育的双重性质决定了其不能完全由市场来提供，政府有必要干预教育市场，而不同层次教育的边际社会收益与社会成本的对比关系则决定了政府对其干预的程度。国内外的理论和实践均已充分表明，科学技术是第一生产力，而科学技术的发展要靠教育来支撑，教育的发展对一个民族和国家的强大具有重要的战略意义，因此，大力发展教育是政府的重要职能和任务。在教育投入过程中，政府既应注重教育的投入数量，还要确保教育投入的公平，以促使教育资源的合理配置。

国际上通常采用公共教育经费占 GDP 的比重来衡量一国的教育投入水平。根据 OECD《各国教育概览 2008》发布的统计数据，2007 年英美等国公共财政教育经费占 GDP 比例见下表。

英国	美国	法国	德国	加拿大
5.2%	5%	5.5%	4.1%	4.8%

20 世纪 80 年代中期，由厉以宁、陈良焜、王善迈、孟明义等国内学者组成的课题组，以 38 个人口千万以上的市场经济国家 1961 年至 1979 年公共教育支出和 GDP 统计数据为依据，提出了测算不同经济发展水平公共教育支出的国际平均水平的方法，根据该方法测算出当人均 GDP 达 1000 美元时，公共教育支出的国际平均水平为 4.24%。之后，陈良焜、岳昌君、丁小浩等学者进一步开展了相关研究，尽管样本数量、时间跨度、研究方法各不相同，但均得出了相似的研究结论，这些研究为财政性教育投入占 GDP 比例 4% 提供了理论依据，而国际货币基金组织（IMF）公布的数据显示，2011 年中国人均 GDP 为 5414 美元。据此，理论界认为我国公共教育支出没有理由处在 GDP 的 4% 水平

以下。这一理论研究成果也已经得到政府的高度认可，经反复讨论，中央政治局决定，国家财政性教育经费支出占国民生产总值的比例到 2000 年达到 4％，并把这一数字写入了 1993 年的《中国教育改革和发展纲要》。然而，由于多种原因，2000 年的国家财政性教育经费投入仅达到 GDP 的 2.58％，离 4％的目标相差甚远。联合国教科文组织在 2000 年制定了教育经费投入达 GDP 6％的发展目标。基于国际环境及我国实际状况，2006 年，《中共中央关于构建社会主义和谐社会若干重大问题的决定》中再次把 4％作为努力目标："保证财政性教育经费增长幅度明显高于财政经常性收入增长幅度，逐步使财政性教育经费占国内生产总值的比例达到 4％。"我国在 2010 年颁布的《国家中长期教育改革和发展规划纲要（2010—2020 年）》中也明确指出："提高国家财政性教育经费支出占国内生产总值比例，2012 年达到 4％。"温家宝总理承诺要在本届政府任期内实现教育经费投入占 GDP 比例达 4％的目标。

（一）后 4％时代我国教育经费结构的主要特征

4％时代是指我国从 1993 年提出 4％目标到 2012 年宣布实现的 20 年。此期间教育经费主要由财政性教育经费和非财政性教育经费构成，主要特征是财政性教育经费比例较高但增幅波动较大。2011 年我国教育经费结构中，国家财政性教育经费所占比例超过 50％；非财政性教育经费占比约为 22.2％，其中民办学校举办者投入、社会捐赠经费和其他来源的总和仅为 2.8％。由此可知我国目前的教育经费主要依靠国家财政投入，而社会力量对教育经费的贡献较小。

通过查阅《全国教育经费执行情况统计公报》，并对其中财政性教育经费、公共预算教育经费等指标进行计算，结果表明在过去的 20 年中，财政性教育经费和公共预算教育经费的增幅总体较高，最高为 35.38％（2011 年）；公共预算教育经费的最高增幅为 37.18％（1994 年）。同期，教育经费的增幅并不稳定，其中，总经费平均增幅为 19.32％，最高为 40.46％（1994 年），最低为 11.91％（1997 年）；财政性教育经费的平均增幅为 18.76％，最高达到 35.38％（1994 年），最低为 9.12％（1998 年）；预算内经费的平均增幅为 20.03％，最高和最低增幅分别是 37.18％（1994 年）、10.91％（2003 年）。以上数据均说明我国财政性教育经费增幅总体较高但波动较大。

2012 年我国实现了财政性教育经费占 GDP 4％的战略目标，进入后 4％时代。但国内学者研究认为目前的问题仍然是教育经费的总量不足和使用效率不高。我国财政性教育经费的总量虽突破 2 万亿元，但相对于日益扩大的教育规模，仍显不足，主要体现在数量与占 GDP 比例等方面。

（1）现阶段数量不足且难以满足未来发展需求现阶段我国教育经费数量的不

足表现在总量和人均等方面。原因除受国民经济发展水平所限之外，主要是未能充分调动社会力量参与教育的积极性和适度运用市场手段实现教育经费的增长。我国总体的公共教育支出总量不高，2012 年公共财政教育支出占全社会教育总支出的 76.42%，略高于发展中国家的平均水平(75%)，低于世界平均水平(80%)。人均方面，2012 年我国总的人均公共教育支出约为 238 美元，人均三级教育支出依次约为 1266 美元、3371 美元和 4042 美元；相比于 OECD 国家差距较大，2008 年 OECD 国家的人均三级教育支出依次为 7153 美元、8972 美元和 13717 美元。

(2)现阶段占 GDP 比例不高且尚未达到国内学者研究预期。虽然我国的财政性教育经费已占 GDP 的 4.28%，但占比水平仍较低。国际财政性教育经费占 GDP 的比例平均约为 4.9%；发达国家方面，据 OECD 2011 年《教育概览》报告统计，2008 年 OECD 28 国公共教育支出占 GDP 的比例平均为 5.8%；发展中国家方面，2008 年拉丁美洲的发展中国家如巴西和阿根廷，两国的公共教育支出占 GDP 的比例分别为 5.3% 和 6.1%；2008 年包括我国在内的 20 个国家集团的平均水平为 5.4%。可见，我国的财政性教育经费总量占 GDP 比例在世界范围内并不高。厉以宁教授曾指出，当人均 GDP 达到 800 美元到 1000 美元时，公共教育支出占 GDP 的比重应达到 4.07% 至 4.25%，才能实现教育与经济的良性发展。以此论之，早在 1998 年到 2000 年，我国人均 GDP 已处于 800 美元 0 至 1000 美元的区间(三年的人均 GDP 依次为 821 美元、865 美元和 949 美元)，那么当时财政性教育经费占 GDP 比例就应达到 4.02% 至 4.25%，但实际情况是占比分别为 2.55%、2.79% 和 2.87%。2012 年我国的人均 GDP 已达到 6100 美元，远高于当时水平，相应的占比水平却仅为 4.28%，所以在一定程度上反映出财政性教育经费占 GDP 比例不高。

同时，我国的财政性教育经费占 GDP 比例尚未达到预期。如杨东平教授认为，2020 年中国财政性教育经费占 GDP 的比例至少应达到 4.5%；杜育红教授经研究认为我国的财政性教育经费占 GDP 的比例到 2020 年应为 5.5%；周洪宇教授认为到 2020 年至少要达 4.5% 以上，最好能够达到 5%。

教育经费在使用中的效率较低主要表现为绩效不高并存在浪费。

(1)教育经费投入与产出绩效不高且大量投入未能大幅提高教育质量教育经费的使用绩效一方面表现为教育经费投入与产出比例，另一方面在一定程度上反映为大量经费投入是否大幅提高教育质量。在高等教育方面，中国教育科学研究院高教研究中心负责完成的《教育部直属高校绩效评价报告》以"教育经费总额"等 14 项投入指标和"技术转让当年实际收入金额"等 16 项产出指标为参考，采用位差法等对教育部直属高校 2007 年至 2011 年的经费使用绩效进行测算，结果表明有 44 所高校绩效不高，占直属高校总数的 61.11%，其中有 16 所高校投入与产出的综合得分排序差值为 0，反映为投入与产出的绩效相当；而 28 所高校的绩效位差为负值，即投入的综合得分与相应排序相差较大，反映为投入与产出的绩效较低；在这 28 所高校中，文科类 4 所、理科类 13 所、综合类 11 所，分别占相应类别高校总数的 30.77%、40.63%、40.74%。由此可知在一定程度上理科类高校的投入与产出绩效相对偏低。

（2）教育经费在使用中存在负面现象：如地方政府虚报学生人数骗取上级财政拨款、"课桌凳"以及近期曝光的广受社会关注的某市教师集体停课事件、高校教师骗取科研经费等负面现象。

（二）继续挂钩 4% 是否合理？

财政性教育支出占 GDP 比例多少，要与经济发展水平、教育实际规模、对经费的客观需求相适应，因此，我国财政性教育经费占 GDP 比例 4% 这一目标存在不合理之处，不能用挂钩的方式来确定。

财政性教育经费投入不仅要考虑到我国各地经济发展水平、财政收入和支出能力、教育规模大小等实际情况，还要考虑到当前我国财政支出的管理水平，否则，即使财政性投入达到了某一既定目标，如果没有被高效使用，也只会浪费财政资源。财政性教育经费占我国 GDP 比例 4% 的目标，在现行我国分税制财政体制下，使得财政支出特别是地方财政支出的压力较大，即使目标实现，也极有可能是在中央政府的反复强调和严格督促下，通过挤压其他方面的财政支出，为了这一既定目标向其倾斜的结果。自 1994 年我国实施分税制改革以来，中央政府财政收入占全国财政收入的比例迅速提高，而中央政府的财政支出占全国财政支出的比重不断下降。自 2000 年来，我国绝大部分年份中央财政收入占总收入的比重在 50% 以上，与之相对应的是，2000 年以来，我国绝大部分年份地方政府财政支出占总支出的比重达 70% 以上，2012 年，地方政府的财政支出比重更是高达 85.1%，尽管中央政府对地方政府进行了税收返还和转移支付，但是，一方面，由于信息不对称现象的客观存在，中央财政转移支付的再平衡作用会受到削弱，即财力不足但教育规模较大的省份并不能获得强有力的中央财政转移支付的支持；另一方面，地方政府由于经济建设投资、民生需求等财政支出任务庞大，特别是经济发展水平相对落后的中西部地区，大量的基础设施建设需要强大的财力作为支撑，如果中央制定硬性的财政性教育经费占 GDP 比例 4% 的目标，进而将支出任务层层分解给地方政府的话，那么，地方政府特别是经济发展水平相对落后地区的政府财政支出压力非常大。因此，在以上情形下，如果制定硬性的财政性、教育经费占 GDP 比例 4% 的目标是脱离实际的，应充分考虑到我国各地经济发展水平和财力能力的实际情况，中央政府不能为了这一整体目标的实现不尊重地方实际情况，将支出任务层层硬性分解，特别是对于经济欠发达地区，如果不能得到中央政府相应的转移支付支持来平衡财力，即使实现了这一目标也只会让其背负沉重的财政支出压力。

基于教育均衡发展考虑需要脱钩。教育均衡发展是基本公共服务均等化的重要内容。由于我国地域辽阔，各地区经济和社会发展水平不同，教育资源的分布也存在较大的地域差异，如果从整体上要求达到财政性教育经费占 GDP 比例的 4％这一目标，那么，是不是要保证每一个省份均要求达到这一目标？如果经济落后省份实现这一目标存在困难，那么，如果靠经济发达教育规模较小的省份来平衡经济欠发达教育规模大的省份，是否会加剧教育发展的不均衡呢？事实上，尽管财政性教育经费占 GDP 比例 4％这一目标一直以来是以全国为整体来衡量的，但是，该目标的实现在实际操作中则是依靠各个省份来共同努力才能达到的。分省份来看，由于我国各地经济发展水平不均衡、教育规模不一，经济发达地区有财力保障教育经费支出，民族地区在中央加大专项投入的帮助下，也能保证教育投入，而中西部相当部分省份甚至是东部地区的一些教育规模大省，教育经费投入如果实现财政性教育经费占 GDP 比例 4％的全国性目标依靠经济实力强而教育规模小的省份来平衡经济实力弱但教育规模大的省份，将会加剧公共教育资源分配的非均等化。而实际上，全国财政性教育经费占 GDP 比例 4％的目标一方面是依靠政治、经济发达地区的高投入来平衡经济欠发达地区的投入水平，另一方面则是靠中央对少数民族地区的转移支付倾斜来实现的，来自这两方面的原因都会直接导致我国教育资源配置的不公平，因此，基于这一角度，财政性教育经费也需要与 GDP 的 4％进行脱钩。

【参考文献】

[1] 陈孝彬. 教育管理学[M]. 北京：北京师范大学出版社，2005.

[2] 陈国良. 教育筹资[M]. 北京：高等教育出版社，2000.

[3] 陈华亭. 中华教育筹资问题研究[M]. 北京：中国财政经济出版社，2006.

[4] 靳景州. 教育投资经济分析[M]. 北京：中国人民大学出版社，1996.

[5] 樊丽明. 中国公共品市场与自愿供给分析[M]. 上海：上海人民出版社，2005.

[6] 范先佐. 筹资兴学[M]. 武汉：华中师范大学出版社，1999.

[7] 郭国庆. 现代非营利组织研究[M]. 北京：首都师范大学出版社，2001.

[8] 鲍威. 扩招后我国高等教育资金筹措机制研究[J]. 教育发展研究，2007(7).

[9] 陈俊龙、孙扬澄、金鑫. 非营利组织绩效提升的策略研究[J]. 上海经济研究，2003(2).

后4%时代背景下对高校教育经费管理的思考

西华师范大学　周　丽

【摘　要】近年来，国家对高等教育的投入不断增加。2012年，国家财政性教育经费占GDP的比例首次实现了4%的目标。2013年5月，教育部发出了《关于开展"教育经费管理年"活动，进一步用好管好教育经费的通知》，将2013年确定为教育经费管理年。自此，我国教育资金财政投入进入到后4%时代，高校教育经费管理的重心由如何获取更多资金转变为加强对所获取的经费的科学化、精细化管理，从而达到合理配置资金，提高资金使用效率的目的。本文从高校教育经费管理出发，分析目前存在的问题，寻求解决的途径，以此促进高校良性发展。

【关键词】后4%时代　高校　教育经费管理

一、"4%"的提出与实现

我国的教育经费主要由财政性教育经费和各类非财政性教育经费构成。1980年后，随着我国教育规模的不断扩大，教育经费短缺问题日益凸显。为了解决这一问题，1983年国家正式成立"教育经费占国民生产总值合理比例研究"重大课题组(以下简称"课题组")研究教育经费问题。1985年，课题组得出结论：到2000年，中国政府教育支出占国内生产总值(以下简称"GDP")比例应为3.87%。基于这个结论，"逐步提高国家财政性教育经费支出占国民生产总值的比例，20世纪末达到4%"的目标被正式写入1993年发布的《中国教育改革和发展纲要》。2012年，我国财政性教育经费占GDP的4.28%，这标志教育事业发展步入了后4%时代。从1993年提出到2012年完成，财政性教育经费占GDP 4%目标的实现历时整整二十年。

二、高校教育经费管理中存在的问题

高校教育经费使用效率和效益的提升很大程度上受外部环境、经费管理水平等条件的制约。总体而言，目前高校教育经费管理存在以下问题：

(一)教育经费投入总量增加，但不能满足实际需求

随着经济水平的提高和对教育支持力度的增大，教育经费投入的总量呈现

上升的趋势。2010 年国家财政性教育经费约为 14670.07 亿元，2010 年国内生产总值为 401202 亿元，国家财政性教育经费占 GDP 比例为 3.66%；2012 年国家财政性教育经费约为 21984 亿元，2012 年国内生产总值为 519470 亿元，财政性教育经费占 GDP 的比例 4.23%。与 2010 年相比，虽然 2012 年教育经费投入总量较之增长约 7314 亿元，但占当年 GDP 的比例却只增加了 0.57%。高等学校内涵式发展要求学校投入的资金需求量呈上升趋势，而高等学校教育经费收入主要依赖于政府的经费投入，在国家财政性教育经费总量固定的情况下，经费在各阶段教育中的投入偏好使得高等教育经费投入与需求矛盾更加突出。

(二)收入来源少、渠道窄，资金使用效率低

高校教育经费收入主要包含财政补助收入、学费收入和专项拨款等，收入额度相对固定，收入渠道来源狭窄。同时，我国高校的教育经费在使用中存在着效率较低且有不同程度浪费的情况。

(三)预算编制与预算执行脱节，难以维护预算严肃性和权威性

预算编制在教育经费管理中占有非常重要的地位。目前，高校上报财政的预算与校内预算通常不能完全一致，有些高校在对收入预算的编制保留余地，未能真实的反映学校经济状况，影响教育经费的使用效率。此外，财政预算下达的时间与高校维持日常运行的资金需求存在着时间差，加上不少学校在年度中通过追加、调整等方式对预算进行变更，且变更方式随意，流程不完善，严重破坏了预算的严肃性和权威性。

(四)经费管理意识淡薄，不能充分发挥财务监管职能

由于高等院校的首要任务是培养适应社会各方面发展的优质人才，各部门围绕着教学科研活动开展工作。大多数高校对财务部门在教育经费管理工作中的重要性缺乏深刻的认识，未能营造科学化、精细化的教育经费管理环境。部分高校通过轮岗指派非专业人员任财务部门负责人，通常不具备财务负责人应有的专业素质和能力，在开展财务管理工作中难以充分发挥财务监管职能。

(五)经费管理制度不完善，工作不规范

很多高校以政府部门出台的一系列法律法规、部门规章为基础制定学校财务管理制度，满足日常经济活动的需要，随着内外部环境的变化，难以长期保障经费管理工作规范化、制度化开展。同时，在健全教育经费管理制度的过程中，单纯套用上级规章制度，缺乏针对性和可操作性，不能充分发挥财务管理工作效益。

(六)绩效考评体系不完善，难以确定经费使用效益

大部分高校缺乏科学的绩效考核制度和规范的绩效考评方案，难以明确经费执行过程中的职责分工和责任归属，无法针对教育经费支出活动开展绩效考评工作，难以系统的分析经费支出效益，解决经费使用、管理中存在的问题，提升教育经费管理水平。

三、对高校教育经费管理的启示

为提高教育经费使用效益和效率，高校作为教育经费直接使用单位，针对当前教育经费管理存在不足的现状，应当通过以下加强领导、完善制度及落实监管等有效措施，逐步完善教育经费管理工作。

(一)充分发挥财务人员在教育经费管理中的作用

1. 解决高校财务人员配置方面存在的矛盾

(1)经费投入的增长与财务人员配备不足的矛盾。教育经费的日益增长导致日常业务量大幅扩张，而高校的财务人员配备不足。如果在人员配备充足的情况下，设置专门人员对各类财务数据进行系统分析比较，应能避免预算编制流于形式，将预算编制与预算执行有机结合起来。

(2)经费管理全局性要求与财务人员岗位局限性的矛盾。教育经费管理对人员业务能力及素质有着系统性要求，而财务岗位的相对固定约束了人员业务能力的提升。从会计实务角度，可以在符合内部控制原则的基础上，适度消除岗位限制所致的信息阻隔，进行定期轮岗以及各岗位内容的业务交流培训。

(3)经费管理纵深化的要求与二级单位会计岗位缺失的矛盾。高校内部的经费分配政策向学院倾斜，各学院支配着大部分教学经费及科研经费。各学院同时也是学校各项经费分配计划、预算编制的具体参与者是各采购计划申报、实验室资产日常管理的实际执行人，向二级单位指派财务人员能使经费管理更趋合理。

2. 加强对财务人员的继续教育以提高服务质量

加强对财务人员的培养，提高管理水平。第一，鼓励财务人员提高自己的学历或专业技术水平；第二，加强学校间财务人员的交流，相互借鉴，相互学习；第三，聘请专家进行专题培训，把握管理前沿知识；第四，安排骨干参与短期培训，提高各项专业技能。

(二)树立预算管理意识，加强预算执行监管

进一步强化预算管理意识，提高预算管理水平，保持预算的刚性，避免对年度预算进行追加和调整。合理安排学校储备经费，用于保障解决涉及学校全

局性工作急需安排及当年预算执行中不可预见的开支。加强预算执行过程中的指导和监督，加快项目执行进度，优化经费支出结构，提高经费使用效益。

(三)强化经费意识，提高教育经费效益

1. 法规意识。各级各类教育经费管理法规制度是教育经费管理的依据。经费预算、使用、核算、评价都要在国家法律允许的框架下进行，否则就会造成经费的流失、浪费而违法。

2. 责任意识。各部门在计划安排经费时必须要以主人翁的态度去对待，对重点工程、项目要进行科学、充分的论证，建立目标责任制以确保经费使用效益。

3. 风险意识。高校经费筹措渠道少、阻力大，经费来之不易，必须抓住重点，将经费用在刀刃上，具有一定的风险意识。

4. 经营意识。根据社会、学生、教职工的利益，将学校的投入产生效益最大化，在竞争中赢得优势，实现学校的持续稳定发展。

(四)落实财务统管地位，营造良好财务环境

高校应该落实财务统管地位，明确财务部门在教育经费使用和管理中的话语权。完善财务部门负责人选拔制度，选拔具有专业胜任能力的财务部门负责人，以保障财务管理工作有序开展，积极有效发挥财务监管职能。

(五)健全财务管理制度，规范教育经费管理工作

高校应严格执行《会计法》《高等学校财务制度》等规定，贯彻落实学校财务管理制度，统筹完善教育经费管理体系，并结合主管部门要求和学校事业发展状况，逐步健全财务管理实施细则及配套管理制度。

(六)统筹规划，加强对教育经费管理的监控力度

1. 完善教育经费管理的监控制度。一是制定财务监督制度，让监督人员有章可循。二是细化财务监督制度，制定重大经济事项集体决策、内控等制度。三是以"教育经费管理年"活动为契机，进一步修订完善学校财务规章制度。

2. 加强各部门对高校资金的监控力度。教育主管部门、财政部门对高校资金的使用进行全过程的监控。随着国家财政拨款力度越来越大，专项资金越来越多，各部门必须加大对高校资金的监控力度，使之严格按照规定的使用范围、用途和程序开支。

3. 公开经费使用信息，接受社会监督。目前高校的预算、决算、"三公经费"向社会公开，但公开形式单一，社会各界获取信息的途径有限。因此，多渠道公开高校经费使用信息，使教育经费的管理使用始终处于社会的监督之下尤

其重要。

(七)完善绩效考核机制，科学合理使用教育经费

强化绩效管理理念，完善绩效考核办法，将绩效评价结果纳入学校年度工作目标考核。通过绩效评价，有利于高校提高教育经费管理意识，促进校内经费使用单位规范、科学使用教育经费，提升教育经费管理水平。强化教育经费管理意识，完善教育经费管理制度，建立健全监督考核机制，以提高教育经费科学化、精细化管理水平。

【参考文献】

[1]信力健.后4%时代应注重教育经费浪费[J].教育，2013(9).

[2]袁振国，张男星，孙继红.2012年高校绩效评价研究报告[J].教育研究，2013(10).

[3]王善迈.公共财政框架下公共教育财政制度研究[M].北京：经济科学出版社，2012.

[4]乔春华.论高校经费科学化管理[J].教育财会研究，2012(1).

[5]赵富平.高等教育经费科学化精细化管理的路径研究[J].现代商业，2013(6).

主编 唐万宏 孟繁华

GAOSHI CAIWU
GUANLI YANJIU

高师财务管理研究

第十一辑 下册

首都师范大学出版社
CAPITAL NORMAL UNIVERSITY PRESS

图书在版编目(CIP)数据

高师财务管理研究. 第十一辑 / 唐万宏，孟繁华主编. 一北京：首都师范大学出版社，2017.10

ISBN 978-7-5656-3913-5

Ⅰ.①高… Ⅱ.①唐… ②孟… Ⅲ.①师范大学－财务管理－文集 Ⅳ.①G658.3-53

中国版本图书馆 CIP 数据核字(2017)第 246216 号

GAOSHI CAIWU GUANLI YANJIU

高师财务管理研究(第十一辑)

唐万宏　　孟繁华　主编

首都师范大学出版社出版发行

地　　址　北京西三环北路 105 号
邮　　编　100048
电　　话　68418523(总编室)　68982468(发行部)
网　　址　http://cnupn. cnu. edu. cn
印　　刷　三河市博文印刷有限公司
经　　营　全国新华书店
版　　次　2017 年 10 月第 1 版
印　　次　2017 年 10 月第 1 次印刷
开　　本　710mm×1000mm　1/16
印　　张　67
字　　数　1188 千
定　　价　168.00 元(全 2 册)

·目 录·

预算与绩效管理

科研经费管理

专项经费管理

收费管理与税收筹划

财务信息化建设与管理

队伍建设与其他

预算与绩效管理

浅析基于高校内涵式发展的山东省高校绩效拨款制度

山东师范大学　崔大同

山东省教育厅　李　进

【摘　要】内涵式发展是新形势下我国高等教育改革发展的重要指导思想，也是指导山东省高等教育内涵式发展的新思路、新动力。高校内涵式发展的最终目标是实现规模、质量、效益的协调发展，也即要把有限的高等教育资源配置得更为合理。这就要求有与之匹配的财政拨款制度，在经费投入的数量、结构、效益上满足其诉求。绩效为导向的财政拨款制度成为必然。在此背景下，探讨基于内涵式发展的山东省高校绩效拨款制度，梳理、发现、总结问题，结合内涵式发展的新诉求提出应对策略，将对山东省高校的发展具有重要意义。

【关键词】高校内涵式发展　财政拨款制度　绩效拨款制度

一、引言

1999 年以来，我国高等教育经历了大规模扩张。截至 2014 年年末，仅山东省普通高等学校在校生人数就达 179.67 万，是 2000 年 32.53 万的 5.5 倍，普通高等学校规模达 141 所，是 2000 年 47 所的 3 倍。从全国来看，这一阶段的跨越式发展使我国的高等教育已进入大众化发展阶段[①]。但是其外延式发展的同时，规模、结构、质量、效益不协调等问题开始严重制约高校的建设与发展[②]，山东省高校也必然面临同样问题。

2010 年，《国家中长期教育改革和发展规划纲要（2010—2020 年）》明确提出，要"树立以提高质量为核心的教育发展观"。2012 年 11 月，党的十八大报告明确提出要"推动高等教育内涵式发展"。换言之，内涵式发展是质量优先的

---

① 2013 中国统计年鉴，http：//www.stats.gov.cn/tjsj/ndsj/2013/indexch.htm

② 夏莉：《以提高质量为核心的高校内涵式发展之路的思考》，《长沙铁道学院学报（社会科学版）》，2012 年 6 月第 2 期。

发展，是更具特色、更高水平和更可持续的发展①。这也是指导山东省高等教育内涵式发展的新思路、新动力。高校内涵式发展离不开经费的投入，其经费投入的数量、结构、效益与财政拨款制度息息相关。高校内涵式发展的最终目标是实现规模、质量、效益的协调发展，需要把有限的高等教育资源配置得更为合理。侧重于激励高校改变自身的目标和行为，在满足外部问责制要求的同时提高内部效率②的绩效拨款制度必然成为其发展所需。

实际上，我国诸多发达省份以及上级教育部门近些年都在不断进行绩效拨款制度的探索③。2010年，上海市决定对市属高校的教育内涵建设工程("085"工程)后续拨款与绩效评估结果挂钩；2011年，江苏省决定对省属高校人才培养质量开展绩效评估并据此进行绩效拨款；浙江省以六因素法分配预算对高校进行了绩效拨款制度的大胆实践。2012年，教育部发布了《国家教育事业发展第十二个五年规划》提出要构建以绩效为导向的资源配置机制。

随着高校内涵式发展要求的提出，更多研究开始关注内涵式发展下的绩效拨款制度。2013年7月，吉林大学校长李元元在《光明日报》发表了关于深入推进高校内涵式发展的文章，表示教育经费拨款机制不完善是目前高校发展中的重要问题，会严重制约高校内涵式发展④；2014年2月，陕西省通过陕办发〔2014〕2号传达了关于深化改革推进高等教育内涵式发展的意见，明确提出要完善财政拨款制度，引入绩效评价，提高经费使用效益⑤；2014年8月，福建省下发闽政文〔2014〕229号，提出了推动高等学校内涵发展的若干意见，要确实引入绩效拨款制度，不断探索建立有利于"稳定规模、优化结构、提升质量"的财政拨款激励机制⑥。

应该说，绩效拨款制度在当前具备了良好的实施氛围，也有一定的实践经验可以借鉴。在此背景下，探讨基于内涵式发展的山东省高校绩效拨款制度，梳理、发现、总结山东省财政拨款的实际问题，结合内涵式发展的新诉求，结合发达省份的实践经验提出有效的应对策略，将对山东省高校的内涵发展具有重要意义。

---

① http://www.gmw.cn/sixiang/2013-07/22/content_8353814.htm
② 张小萍：《教育部直属高校财政投入机制实证研究》，《教育发展研究》，2011年第11期。
③ 宫莹：《绩效因素引入高校拨款》，《中国财经报》，2014年6月24日。
④ 李元元：《深入推进高校内涵式发展》，《光明日报》，2013年7月20日。
⑤ 陕西省委办公厅网站，2014年4月1日。
⑥ 福建省委办公厅网站，2014年8月21日。

二、山东省高校①教育经费投入现状及财政拨款制度现状

(一)山东省高校教育经费投入现状

根据山东省教育经费统计近五年的相关数据,山东省普通高等教育经费以及财政性经费情况如表1:

表1 2010—2014 年山东省普通高等教育经费投入情况表

项目/年份	2010 年	2011 年	2012 年	2013 年	2014 年
山东省普通高等学校教育投入(万元)	21,421,014	26,971,320	32,568,403	32,293,273	34,148,540,551
其中国家财政性投入(万元)	10,660,713	15,778,095	21,034,535	19,644,605	20,578,511,865
国家财政性投入占比(%)	49.77	58.50	64.59	60.83	60.26

数据来源:山东省教育经费统计。

通过以上数据我们可以看出:是国家财政性教育经费的大幅投入支撑了山东省普通高等院校的迅速发展。也因此,如果财政拨款制度结构不合理、方法不科学,效率低下,必然在一定程度上影响国家财政性高等教育经费的投入和支出效益,进而不利于山东高校内涵式发展的最终目标。

(二)山东省高校财政拨款制度现状

随着财政管理体制改革,山东省高等教育拨款制度也在不断地进行调整和变化。山东省高校财政拨款收入的主要构成是学生定额经费,该项经费是由山东省财政厅根据统一的专业定额标准乘以各专业学生人数核定的。2008 年之前是按照学校类别进行定额拨款,2008 年由按学校类别改为按专业类别核拨,外加师范生定额,独立学院及合作办学学生不拨经费。基本拨款方式均是以文法财经类为系数1,理学、工学、农学、医学、艺术、体育系数分别为1.1、1.2、1.4、1.2、1.7、1.4。研究生定额只核拨国家任务研究生,博士后流动站自2004 年始按省财政按照学校建站规模核定博士后经费,外专外教以及离退休人员经费按照人数定额拨款。2015 年,随着养老保险的实施,省级财政对高校财政拨款政策进行调整,不再单独核定退休人员经费,转为安排在职人员养老保

---

① 此处的山东高校为山东省普通高等学校,以下简称高校,是指山东省地方高等本科学校、高等专科学校、高等职业学校,不含部级院校和成人高等学校。

险缴费补助，相应转换为提高学生定额经费。但是实际预算执行中，高校资金缺口不断变大。

三、山东省高校内涵式发展中与财政拨款制度相关的问题及原因分析

(一)存在的主要问题

虽然我国目前尚无专门反映高校内涵式发展与财政拨款制度之间联系的具体统计指标，但是从内涵建设覆盖几个重要方面：经费投入总量、支出结构、制度建设、师资队伍、研究基地及实验室、科研项目、教学改革、学科学位点建设、教学设备购置、社会服务以及其他几个方面都应该成为具体的考核指标，都需要结构优化和高效率的经费投入、支出来保障。因此作者认为，可以用选取部分数据的方法对山东省内涵式发展中与财政拨款制度相关的问题进行列举。

1. 师资队伍

表 2　2012—2014 年山东省与全国及发达省份普通高校生师比的相关情况

省份/年份	2014 年	2013 年	2012 年
北京	8.84	8.95	9.71
上海	12.48	12.53	12.63
浙江	16.84	17.14	17.20
山东	17.72	17.21	17.26
河南	17.66	17.80	18.13
广东	18.85	18.77	18.50
江苏	16.75	17.07	17.45
全国平均	16.60	16.49	16.60

数据来源：中国统计年鉴。

表 3　2012—2014 年山东省与全国及发达省份普通高校教师正高占专任教师比

省份/年份	2014 年	2013 年	2012 年
北京	25.44%	24.81%	21.51%
上海	17.98%	17.62%	16.96%
浙江	13.77%	13.57%	13.28%
山东	10.26%	10.23%	10.41%
河南	8.41%	8.58%	8.26%
广东	12.08%	11.86%	11.78%
江苏	10.26%	10.23%	10.41%
全国平均	12.31%	12.09%	11.73%

数据来源：中国统计年鉴。

从近三年统计数据来看，山东省专任教师的生师比均低于全国平均水平，也远远低于发达省份，从正高职称占比专任教师的比例看，虽然高于全国平均水平，但是距离发达省份仍有较大差距。这也从一定程度上反映出山东省整体教师队伍的质量还亟待提高，山东省高校师资队伍的投入远远不够。

2. 经费支出结构

理论上通常认为，公用经费的多少及其在教育经费中的占比情况能够反映教育经费的分配是否合理，以及高校教育事业发展经费的充裕程度。作者选取了山东省高校 2014 年以及 2015 年的决算数据，其中 2014 年山东省高校人员经费占总支出的比例为 47.72%，2015 年人员经费占总支出的比例为 67.69%。换言之，在现有收入水平下，人员经费的增长从某种程度上挤占了公用经费以及事业发展经费，从而影响了高校在教学、科研等方面的投入，不利于山东省的高校内涵式发展。

3. 经费投入测算

从目前的状况来看，从教育、财政部门公布的统计数据都均无法准确地看出高等教育经费用于内涵发展的投入、支出到底多少。山东省高校也未建立起内涵式发展与经费投入相关的指标体系，年终支出数据是从经济分类角度进行决算汇总，其中商品和服务支出中因包含诸多管理成本，无法对内涵式发展的投入及经费效益进行有效评估，因此也就无法具体评估内涵建设的投入、支出力度，这对高校开展内涵发展十分不利。

(二)原因分析

第一是拨款模式不够科学。通过对 2008 年以来山东省高校拨款的梳理，我们可以清晰地看到，山东的高校投入在不断地增加，特别是近年来增加的力度相当大，但是其拨款的模式变化不大，基本上综合定额加专项补助的办法。这种拨款模式与确保内涵发展经费投入与支出分类清晰，经费使用效益可评价还有很大的差距。

第二是拨款方式不独立。拨款方式不独立不利于高校开展竞争，提高教育经费的使用效益。首先，山东省的高等教育拨款制度总体上采取二元机制，由政府的财政部门直接向各个高校拨款。执行拨款职能的部门主要是官方部门，其人员均为政府官员，整个拨款操作程序都受到政府的直接干预，受人为因素影响很大。其次，拨款方式不独立，很难反映高校的真实发展状况，体现参与主体的多样性，满足内涵式发展下特色高校发展追求"不同质"的要求。

第三是缺乏系统有效的绩效考核、评价、反馈结果应用机制。一方面，2013 年度开始尝试的绩效与预算相衔接措施对山东省绩效拨款制度的推行在一定程度起到了积极作用，提高了省内各高校的绩效意识，也使得绩效指标的合理化得到了研究和反馈。但是绩效制度实施的总体水平较低，处于起步阶段，既缺乏完善的考核评价机制，也没有响应的监督约束机制。另一方面，从整体上，高等教育质量评估的根本目标与高校内涵式发展的目标是一致的，但是目前山东省高等教育质量的评估并未与高校经费拨款制度相衔接，也即反映高校内涵式发展水平的要素评估结果并没有得到实际应用，其对高校经费拨款制度的改革推进没有发挥既定作用。

第四是绩效拨款制度改革尚处于起步阶段。2014 年省财政对高校拨款首次尝试与本科高校预算执行进度、结余结转规模、预算决算衔接三个方面适当挂钩；2014 年 12 月，高校定额改革顺势而生。山东省出台《关于改革拨款定额鼓励本科高校特色发展的意见》，选择 10 所高校成为试点。根据高校内涵式发展的具体要求，对高校的拨款要具有动态灵活性，随着内涵发展内容的变化而适时的调整；要能够应进行细分，实行合理拨款分类，突出特色。我们目前的实践水平与内涵式发展的要求还有很大差距。

四、完善山东省高校绩效拨款制度的对策

绩效拨款引入了竞争，这是其区别于投入拨款的根本所在，也是绩效拨款发挥效用的关键。根据高校内涵式发展的具体要求和最终目标，绩效拨款制度财政拨款模式应该突出重点，优化结构，适度减少外延式发展经费投入，鼓励高校进行特色发展；要具有动态灵活性，随着内涵发展内容的变化适时调整；要能够应进行细分，实行合理拨款分类，确保内涵发展经费投入与支出分类清晰，经费使用效益可评价。在总结国内高校绩效拨款的经验，结合山东省高校经费保障和拨款制度的实际，作者从以下几个方面提出建议：

1. 强调适当考虑绩效因素

通过前文论述我们知道，实际上完全采用绩效拨款并不合适，以产出机制拨款的目的是激励大学提高教育质量，避免教育资源的浪费。我们所提出的绩效拨款制度仍然以投入拨款为主，只是其中引入了绩效因素。考虑到我国的实际和我省的实际情况，我们更强调适当绩效因素的考虑，即部分定额＋绩效拨款，而非全面的绩效拨款制度。

2. 加大对绩效拨款制度的宣传

在绩效预算考评具体活动中，文化理念的不同是阻碍绩效预算推行的最大困难。只重视"计划"的传统观念已深入人心，要想改变这种思想，树立绩效的意识，将是一个漫长的过程。要想顺利推行绩效拨款制度，首先要让各高校认识到绩效管理的必要性，从充分认识到统一认识，把握住绩效管理核心思想，

要引导高校从组织管理、绩效管理和预算管理三个维度中综合推进绩效制度的推行。

3. 山东省政府部门要做好战略部署和绩效拨款执行①

政府部门要在坚持山东高校可持续发展观的前提下，从"投入、过程、产出和效果"四个维度着手，设定简洁明了、可操作的高校绩效指标；政府要致力于设计投入公式的科学绩效因子，同时加大独立性的绩效拨款权重。例如可以尝试单独设立严格区别于投入拨款的激励性、择优性专项基金，通过政府设立项目、向各高校招标和高校竞标的方式，达到政府财政投向和高校经费所需之间的最优化匹配，进而实现经费使用效率的最大化。

4. 探索建立高等教育综合评价指标体系和评估机构

一是建立切合山东高校实际的行业指标体系。我国高校行业绩效信息基础非常薄弱，难以在全国范围内建立统一的指标体系。因此，山东高校需要充分借助新会计制度的执行，加大高校财务信息公开，建立切合实际的支出标准信息和行业评价指标体系。二是积极倡导专业化评价机构的建立，并积极鼓励评价机构不断优化评估指标体系、探索与创新绩效评估方法和评估技术，提高绩效评估结果的科学性、合理化和可接受程度，使绩效评估和绩效拨款制度能真正促使高校优化资源配置和提高资源利用效率，最终促进高校提高办学水平和办学效益。

5. 探索建立适合山东高校的绩效因子

本文作者在国内试点省份的经验基础上，尝试设计了山东省高校绩效拨款的相关指标。具体操作如下：如大部分指标可以按全省相应指标"平均值"为标准（100 分）。如毕业生就业率：用全省当年毕业季本科应届毕业生就业人数除以当年本科毕业人数（操作性强，数字取得客观准确），以此比例为标准，假设为 90％。如按百分制，某高校毕业生就业率为 90％，则该项得分 100 分。如某高校毕业生就业率 98％，则该项得分为 98/90×100＝108 分。再如全省平均预算执行率为 85％为 100 分，只要高于 85％的高校就可以得到设定好绩效拨款基数×分值比率系数的拨款。（实际上，完善的绩效评估体系除了指标设置的合理、相关、可取性之外，其权重的设置也至关重要，熵权法是确定系数权重比较客观的方法，本文在此不做进一步的探讨。）最终，依据有关高校在绩效评估中的分值，在全省用于绩效拨款的总盘控制下，测算出某高校可以得到的绩效拨款份额。

---

① 宫莹：《绩效因素引入高校拨款》，《中国财经报》，2014 年 6 月 24 日。

表 4 绩效拨款评价指标①

项目	具体指标
保障和管理情况	制度建设
	基本办学条件设
	生均教学经费占生均公用经费的比重
	预算执行率
教师情况	生师比
	博士学位教师比例
	教授为本科生授课比例
	专任教师在职培训
人才培养质量情况	当年高考投档线
学生培养质量	毕业生创业率
	毕业生就业率
	业就业对口率
	毕业生就业人均起薪水平
	学生对教学的满意度
教学评价	实训基地建设
	教学改革
	学科专业学位建设
	实验室建设
	教学设备购置
开放教学情况	外国留学生数百分比
	国(境)外交流学习百分比
	省外交流学习百分比
	专任教师国(境)外访学三个月以上人员百分比
争先创优	国家级省级教学项目、竞赛、命名、奖励
	在省内外产生积极重大影响的教学工作成果

6. 建立与内涵式发展相衔接的绩效拨款指标体系

就山东省而言，我们应该从山东省高校实际出发，结合高等教育综合评价指标体系，探索建立山东省高等教育内涵发展指标体系，从而实现与绩效评估指标的结合(图 1)，进行质量评估，将评估的结果与绩效拨款制度直接挂钩，运用绩效评价的手段对高等学校的内涵建设经费的使用的效益、效率和质量进

① 宫莹：《绩效因素引入高校拨款》，《中国财经报》，2014 年 6 月 24 日。

行衡量。

序号	内涵建设项目
1	制度建设
2	师资队伍
3	实训基地建设
4	科学研究
5	教改
6	学科专业学位建设
7	实验室建设
8	教学设备购置
9	社会服务及评价
10	其他方面

绩效拨款评价指标(如上)

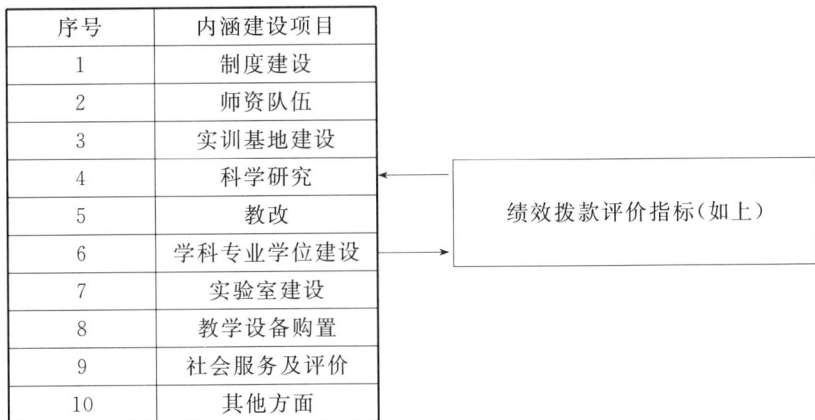

图1 山东省高校内涵建设指标体系与绩效拨款评价指标设计

7. 选择试点高校

按照目前山东省的实际情况，绩效拨款制度的实行有了一定的基础。我们可以选择省内几所综合性大学进行试点，再进行推广，由点到面，逐渐在过程中总结经验教训。指标合以及赋权的合理性都需要通过实践来检验。

【参考文献】

[1] 顾颖. 高等教育财政拨款制度比较研究[D]. 西北师范大学，2012.

[2] 宋力渠. 美国高校绩效拨款模式方式及其启示[D]. 东北大学，2010.

[3] 唐文秀. 高等教育财政拨款体制研究——基于教育公平视角[D]. 山东师范大学，2010.

[4] 夏莉. 以提高质量为核心的高校内涵式发展之路的思考[J]. 长沙铁道学院学报(社会科学版)，2012(2).

[5] 张敏. 内涵式发展视角下高等教育拨款制度论析[D]. 苏州大学硕士论文，2014.

[6] 瞿振元. 高等教育内涵式发展的实现途径[J]. 中国高等教育，2013(2).

[7] 李元元. 深入推进高校内涵式发展[N]. 光明日报，2013-07-20.

[8] 张大威. 湖南省高等教育财政拨款模式研究[D]. 长沙理工大学硕士论文，2013.

[9] 白月娥. 国外高等教育绩效拨款启示[N]. 中国财经报，2014-06-24.

[10] 宫莹. 绩效因素引入高校拨款[N]. 中国财经报，2014-06-24.

[11] 张小萍. 教育部直属高校财政投入机制实证研究[J]. 教育发展研究，2011(11).

高校实施绩效预算管理的必要性和可行性分析

河北师范大学 崔学贤

【摘　要】随着高校教育体制的改革，教育经费由财政拨款和学生缴纳学费相结合，讲求效益与规模、质量相挂钩；伴随高校教育规模的扩大，高等教育的发展受到资金投入相对不足的制约。实施绩效预算是高校发展的需要。高校绩效预算的实施需要内部环境和外部环境的协调统一，目前已存在可借鉴的理论与实践基础等有利条件。但仍然存在各种障碍。因此，高校需要更新预算管理观念、完善预算编制程序、加强预算执行力度和实施绩效预算考核。

【关键词】高校　绩效预算　必要性　可行性

伴随高校规模的扩大，高等教育的发展受到资金投入相对不足的制约，高校预算管理不太适应市场经济体制，致使预算管理未能充分发挥相应作用。因此，高校对资金的使用效率亟待提高，绩效预算管理的实施是十分必要的。经过多年的探索绩效预算机制不断完善，制定了很多制度和收获了很多经验，使高校实施绩效预算管理提高了可行性。

一、绩效预算管理的含义和认识

(一)绩效预算的含义和特点

绩效预算包含预算理念和预算过程，是一种预算模式，不是预算的理论和预算编制方法。我国的绩效预算改革始于财政支出绩效评价。我国推行绩效预算的切入点是 1998 年我国财政投资评审体系的完整建立，并且对投资项目进行事后的评价。

绩效预算包括绩、效和预算三个要素。绩效预算实质是把预算资金使用的效果和其规划相互连接；以预算资金使用结果为导向，进行预算资金的统筹规划。绩效预算以财力资源配置上的"赏罚分明"和"依据结果确定投入"为核心，也就是说"做事与给钱成正比"。它更注重效益预算，这是绩效预算的一大亮点。第一，绩效预算有利于预算主体的资金运作效率的提高。"绩效预算的预算制定主要依据是量化的绩效评价结果，并且以量化的结果为预算资金的拨付和使用提供有力的保障。设立绩效标准，使各级预算执行单位责任目标的实现得以有效的判断，因此有助于资金效率的保证和资金运作流程的规范"。第二，绩效预算有利于预算的透明度的提高和预算刚性的增强。"绩效预算具有指标、过程和结果公开性特点，有助于预算主体不具备专业财务理论的成员单位，也可能对预算的编制和执行情况进行全程监控，从而使预算的稳定性和约束力得以提高。第三，绩效预算有利于预算的可操作性的提高。预算主体中各成员能根据绩效预算的量化指标、全员参与、全程控制确定明确的目标和责任，这样使得所有的预算内容都能够得到充分的理解和支持，有利于预算执行内部阻滞的降低，预算执行效果的优化"。

(二)高校绩效预算管理的定义

"2007年我国财政部预算司定义：绩效预算以目标为导向，以目标的实现程度为依据，进行预算编制、控制及评价的预算管理模式"。高校绩效预算管理是以文教事业发展计划的目标为导向、以办学成本为衡量尺度、以教学科研业绩的评估为核心的预算体制，换句话说就是该预算系统把政府教育拨款的数目与高校办学绩效紧密结合。其意义包括：第一，以绩效为核心进行衡量和考评；第二，绩效预算的监督评价将事前、事中、事后相结合；第三，以量化的绩效指标来评价与考查。

二、高校绩效预算管理的必要性

现代各国以科技进步、知识创新和人才培养来体现综合国力的高低，文化软实力的地位有所提高。与社会主义市场经济发展相适应，高校支出也纳入公共财政支出的范围，高等教育由"精英教育"向"大众教育"过渡。随着高校教育体制的改革，学校的办学模式发生根本变化，高校慢慢走向市场，教育经费是由政府财政拨款和学生缴纳学费相结合，高校的资金来源多元化(如表1)，讲求效益与规模、质量相挂钩；办学规模空前扩大，伴随高校教育规模的扩大，高等教育的发展受到资金投入相对不足的制约，高校预算管理不太适应市场经济体制，致使预算管理未能充分发挥相应作用。因此，高校对资金的使用效率急待提高，绩效预算管理的实施是十分必要的。

表1　2000—2003年我国高等教育经费来源结构(单位：万元)

资金来源	2000年	2001年	2002年	2003年
总收入	8865823	11398439	14600576	15681048
财政预算内教育经费	5044173	6060683	7243459	8074147
学杂费	1926109	2824417	3906526	5057306
社会团体公民个人办学经费	65941	181992	331363	603015
社会捐资和集资办学经费	151828	172774	278253	256375
其他经费	1677772	2158573	2840985	3220992

资料来源：2000—2003年中国统计年鉴。

(一)高等教育事业发展的需要

高等教育事业的发展要符合国情，要注重社会效益和经济效益。因此，预算管理的发展必须向更高的台阶迈进，高校资源是有限的，提高高校预算资金的使用效率是高等教育事业发展的重点。高等教育具有公益性和非营利性，充裕的资金支持是必要的。这就要求考虑绩效管理，把有限的资金进行有效的配置，投放到最需要的地方。自身的办学质量和社会影响力的提高更加依赖于"用钱效益"的有效实施。在当前形势下，预算与绩效相脱节，高等教育事业的快速发展与资金短缺发生矛盾，高校办学后劲不足。绩效管理将高校的影响力、教学科研水平、资金资源和学生联结成一个整体，各个因素相互影响、相互依存。高校实施绩效预算管理，把资金投入效益性强的项目，既可以得到更出色的科研成果，又可以使教育事业的地位提高。教育事业发展了，对学生的吸引力更大，最终提高整个国民的素质。因此，引入绩效预算管理十分必要。

(二)政府加强预算管理的需要

随着公共预算改革的不断深化，绩效预算成为改革的一部分。高校的财务预算是公共财政预算的一部分。国家对教育的资金投入力度不断加大，因此政府管理更需要注意高校预算的绩效性，深化国库集中支付改革，使预算管理规范化；完善教育资金使用监督机制，提高教育资金有效使用，使预算管理制度化。随着高校的快速发展使教育的经费需求加剧，经费需求的激增与有限的教育资源供给的矛盾日渐突出，并且教育资源存在配置效率低下的问题。如夸大教育经费，不考虑投入与产出的效益；对报批项目没有切实审核与比较，随意批准实施；对预算执行事后控制，缺乏全局监管和有效的评价等问题。由此，促进高校内涵发展就要通过实行绩效预算这一有效途径。实现教育资源的合理配置，降低科研成本、提高社会效益的问题，需要政府进行加强管理、强化预算约束力，更好地进行资源配置。

（三）高校自身有效发展的需要

我国高校实行绩效预算管理在微观方面是满足高校事业的自身发展。目前，大多数高校以资金为导向进行预算资金分配，只有少数高校以结果为导向。预算执行控制力度不足，缺乏有效的绩效考核制度；校内各部门主要是被动执行预算，只有少数主动参与预算。如此的预算管理，致使预算经费和工作目标之间的联系不紧密、与工作绩效关系不直接、预算管理没有与实际工作职能相配；预算管理刚性有待考究，预算期内调整、追加预算资金的现象比较普遍，同时预算资金溢余的现象也普遍出现；由于缺乏有效的预算管理奖励与惩罚机制，高校的各学院的效益意识薄弱，资金投入比较盲目和随意，各学院争夺资金、学校忙于平衡关系，致使对资金的后续执行情况监控不足；甚至预算的结果与高校的长期发展规划脱节，资源配置缺乏全局性。所以，高校应该实施绩效预算管理，将预算的使用权力下放给各执行部门，预算计划与人员对接，这样会调动各部门的主动性。以绩效为目标对预算执行结果进行考核，建立奖惩机制，增强预算执行的严肃性。根据高校教学的实际情况进行预算资金的分配，提高预算资金的使用效率。科学、严谨的进行预算管理，提高高校办学质量。

三、高校绩效预算管理的环境和可行性

（一）高校绩效预算管理的环境分析

高校的办学宗旨是"出人才，出成果，出效益"，高校绩效预算管理的目标是多重的，这些目标的实现必须有统一协调的环境。高校以绩效预算目标管理为灵魂，高校内部组织与制度为内部环境，国家政策和信息传递等为外部环境，形成协调统一、和谐有效的完整系统。

1. 内部环境分析

高校绩效预算管理内部环境的构成包括：（1）内部组织环境。由于高校教育经费来源多元化，高校必须提高资金的使用效率。以往将收支纳入预算管理，有效的控制支出，存在分散、不完整的缺陷，所以高校绩效预算管理活动应以目标管理为灵魂，建立科学、系统的目标体系；以部门预算为基础，实施"统一领导，集中管理"。以预算委员会、五年滚动预算、部门预算、五年年度目标和部门战略目标五部分组成环闭系统，从宏观上对绩效预算管理进行把握。（2）内部制度环境。以高效绩效预算管理为核心，对资金实行绩效管理，设立绩效审计机构；制定预算绩效的控制制度，实行全面的预算管理，从执行开始到结束进行追踪，保证投入资金的有效利用；制定预算监督制度，设立预算监察部门，将预算执行与预算监控相分离，确保预算活动科学性、规范性的运行；建立完

善的绩效考核机制，将工作业绩与工作效率联系起来；制定硬性的预算执行制度，分清预算执行者的权利与义务，办事人与责任相联系等。

2. 外部环境分析

高校绩效预算管理依赖于一个和谐的外部环境。(1)高校绩效预算管理必须与现存制度环境相融合。依据国家政策环境、社会文化氛围、高校招收学生市场的趋势变化、预算管理体制等外部环境的变化来进行管理活动。高校绩效管理顺利实施的前提条件是一定的外部条件的支撑，公共资产管理将教育预算资金纳入预算管理范畴，实现全面预算管理，严格监督和控制投入资金的运用；实施国库集中支付制度，避免专项资金的擅自挪用；绩效动态管理，进行有效的资源配置；政府为高校绩效预算管理的发展提供了一个稳定的政治环境。(2)与外界沟通能力。除非高校吸收大量的外界信息，否则不能完成绩效预算管理。高校要跟随时代的发展，将资金投向具有效益性的项目中，要通过媒介渠道与外界进行有效的沟通，来了解专业的发展趋势、时代性的重大项目等，将预算资金有效的配置。要通过各种信息传导方式向外界提供高校自身的办学规模、科研成果等信息，为外界所识别，进而扩大生源和规模。

(二)高校绩效预算管理可行性分析

绩效预算起源于企业，随着经济发展，高校开始运用绩效预算管理。高校绩效预算管理要符合国情。通过一系列改革，为高校实施绩效预算管理打下了良好的基础，包括：确保权威性和规范性的法律基础；评价体系与权责发生制相结合的核算体系；充足财力作为强大后盾；保证制度平稳运行的人文环境。现阶段，公共财政体制改革实行部门管理、国库集中支付、零基预算等政策，各高校按科学发展观的要求，向提高高校管理水平和提高高校预算资金使用效益的方向发展，为高校实施绩效预算管理提供了许多有利条件。

1. 可借鉴的理论和实践基础

国外发达国家实行绩效预算管理长达数十年，积累了大量经验，我国高校可以借鉴国外经验与学校内部相结合来实行绩效管理；中国自身对绩效管理进行长时间的探索，政府部门的绩效预算管理有了符合国情的管理方法。这些都为我国高校实行绩效预算管理提供了可贵的基础。

2. 绩效预算管理的思想基础

我国政府提倡落实科学发展观，建立社会主义和谐社会。宣传"以人为本，与时俱进"的理念，提供了思想准备和理念环境使绩效预算在高校中顺利进行。同时向国民展示全面性、协调性、有效性的科学发展观念，提高人民对发展的深刻内涵的认识，为高校实施绩效预算管理提供了良好的思想认识条件。通过思想引导，使高校发挥主观能动性，自觉进行有效的资金预算的绩效管理，而不是被动地进行。有了这种绩效预算管理的思想基础，使高校绩效预算管理更加可行。

3. 绩效预算管理的制度基础

党的十六届六中全会提出"完善公共财政制度"的改革方向。开展部门预算改革，高校运用零基预算，初步形成了新型的预算管理模式，为高校实施绩效预算管理创造了制度条件。规定运用科学的预算编制方法，量化的预算编制指标，提高绩效预算的公开性和预算管理水平；发布了预算执行的相关规定，不得随意进行，对预算追加加以限制。部门预算确定后实行国库集中支付，保证高校预算资金的严格、规范执行，确保每项预算资金的安全和效率，细化预算编制，使科教文化部门能更好地进行宏观调控。因此，公共财政制度改革很大程度上推动教育事业单位对资金的投入、产出和效益的综合关注。这为高校绩效预算从制度方面上显得更加可行。

4. 绩效预算管理的组织基础

2001年开始进行绩效评价试点工作，之后不断扩大地域范围和公共支出领域，成立绩效评价专门机构为绩效管理提供组织保证。通过绩效考评工作的加深和影响的不断扩大，使高校对绩效预算先建立了感性认识，进而对预算的程序和意义进行全面了解。建立预算监督机制，对预算执行情况进行事前、事中和事后的监督检查；建立预算激励机制，对资金的投入与产出的效益进行奖励与惩罚；不断完善绩效预算管理的组织机制，全面推行绩效考核、制定科学的绩效考评办法、对预算资金的分配加强管理，在各学院或课题项目之间进行合理有效的协调。

四、高校绩效预算管理的障碍分析

2001年开始，新的预算管理模式在高校中展开实施，随着经济发展和高校体制改革深入，高校绩效预算管理取得了一定成就。但是高校绩效管理工作中仍存在一些缺陷。主要表现在以下几方面：

（一）预算管理的观念没有跟上时代的步伐和总体站位不高

首先，预算管理不单纯是约束工具，更是高校发展战略的强大执行工具。其服务于高校的发展目标，是对资金进行资源配置进而完成各项教学科研计划。高校的发展目标、行动计划、财务预算融合起来形成预算管理。许多高校只是根据上一年度的预算编制进行预算，预算管理工作和学校的总目标或部门目标的联系不够紧密。没有与资产管理结合，没有使有限的教育预算资金发挥最大的效率。其次，长期以来高校经费主要来源于国家拨款，致使各高校缺乏理财意识，下级只是被动地接受上级部门划拨的预算资金，对资金的预算管理缺乏自主性、战略性和前瞻性，造成预算编制松弛。最后，高校内部对预算执行机构和决策机构的管理不到位。预算编制只是财务部门进行操作，科研、行政等执行部门没有参与进来。各部门只是被动执行，致使执行过程中对职责和权限不尽了解，没有计划的开支，错将预算当成争抢资金的工具。高校的预算决策机构对预算资金的管理缺乏全局观念，对下属部门的预算要求的总体战略规划没有做到位、没有很好考虑项目的轻重缓急。

(二)预算编制方法不科学和编制范围不全面及周期不合理

首先，预算编制范围不全面，导致一部分资金体外循环。这些资金成为各单位的小金库，产生各种问题或形成浪费，甚至滋生腐败，破坏了高校经济秩序的正常运行；预算编制没有明细科目，学校的支出项目没有真实完整的反映，会使高校会计信息失真。其次，预算编制方法不科学。许多高校使用增量预算法，以上年度的预算执行结果为基础，然后再增加。不管原来的决策正确与否，分配是否公平，依然按照既定的增长比例安排预算，使方案不科学，造成支出结构与高校发展不协调，盲目扩张预算规模以及使预算资金的使用效率更加低下。另外，零基预算是加强预算管理的新形式，但受我国经济发展程度的制约不能充分发挥它的作用。再次，编制范围没有覆盖全员。由于实行"统一领导，集中管理"，使得预算分配权力过于集中。不是预算执行人制定的预算计划，在执行过程中会产生偏差，使预算分配缺乏民主性和公开性。只有最具有发言权的执行者根据实际情况做出的预算计划，才更具有可行性，绩效预算管理在高校活动中才更具可行性。最后，预算编制周期不匹配。预算执行期为公历年度1月1日，但是学校的预算一般4月才开始，致使有四个月的"预算执行真空期"。

(三)预算执行控制缺乏力度和结果缺乏有效性分析与监督

尽管高校预算编制水平总体不断提高，但大多数高校预算执行缺乏力度。首先，在目前高校中，预算编制、预算批复和指标分配之间没有同步进行，使预算执行成为流于形式的事后预算。没有事中的有效控制和事后执行情况的详细分析，使提供的预算执行结果对下年度的预算失去有效的指导性。只有建立了完整的预算控制体系，高校预算执行者才能根据环境的变化进行快速反应，提高预算资金的使用效率。其次，预算下达后财务监督部门对资金的使用情况没有相应的跟踪检查，致使预算执行情况成为盲点以及预算约束力不足，执行中预算频繁追加，实际支出数通常高于年初预算数。最后，高校一般只注重重大项目的预算管理，对二级院校预算项目没有进行充足的监督，很难使整个高校的预算执行效果有所提高。

(四)预算管理缺乏完善的绩效考核体系和有效的激励机制

首先,没有事后执行情况的详细分析,使提供的预算执行结果对下一年度的预算失去有效的指导性。其次,对各学院预算执行情况没有相应的激励与惩罚制度,造成各学院间的攀比、争抢和矛盾,打消做出成绩的学院的积极性。致使教育经费的不合理利用,预算资金的使用效率降低甚至浪费。最后,高校预算管理者的工作成果没有和薪酬相连接,预算情况执行不好也不会影响工资的高低,执行情况好也没有实质性的奖赏,这与绩效预算以人为本的精神相违背。所以,预算执行过程缺乏有效的控制,预算犹如虚设。缺乏应有的激励机制和惩罚措施,薪酬体系和绩效考核没有实现对接,致使考核工作流于形式。

五、高校绩效预算管理的政策建议

高校预算管理应改变从前以收拨资金、分配资金、使用资金这种简单核算为主要任务,要构建稳健型理财的基本构架、公正的预算管理体制和完善的内部控制制度,使高校预算管理跟上时代的脚步。

(一)更新预算管理观念,树立全面预算管理思想

首先,树立成本效益、绩效管理的意识。把学校的资源在部门间协调、有效的配置,让利用资源的效率达到最大化;高校必须以绩效为方向,对成本效益进行管理。寻找最佳途径降低教育成本,提高教育投资效益。其次,树立以人为本、全面提高的观念。人的知识、智慧以及努力程度决定预算管理的成效,应把对人的激励与惩罚放在第一位,充分体现以人为本的意识,建立责、权、利统一在一起的机制,把预算参与人的创造性、积极性与自觉性调动起来。最后,树立长期发展、科学落实的理念。以战略眼光开展预算管理;将长期目标与短期目标结合起来;把短期目标的预算管理当作长期发展的基石。对预算资金进行全面规划,避免工作的盲目性。使预算指标接近实际,统一协调高校内部各部门间的经济活动。

(二)完善预算编制程序,采用科学合理编制方法

首先,合理安排各项财务计划。根据所有因素和经济事项的轻重缓急程度来安排每一笔款项和每个项目的支出需求,结合实际情况进行调整,对预算资金进行绩效管理,在预算计划书中进行科学合理的记载,为下一年度的预算提供有效的依据;其次,确定资金指标和范围,为编制预算做好准备。对高校多元化的资金进行科学合理的整合,对这些资料进行整体分析,使预算编制更加可靠。选择具有参考价值的指标,根据各部门的任务、工作不同,具体情况具

体对待，进行综合分析。最后，注意预算编制人员的素质；定期安排相关人员进行专业化的培训；提高编制人员对预算编制政策的理解和把握；进而提高预算的准确性。第四，实行部门预算。在高校中以院系为小单位，各院系根据自身的情况和事业发展需要编制本部门的预算，由中间预算机构对各部门的预算进行审议，汇总后上交学校总预算机构进行批准。

（三）加强预算执行力度，完善预算绩效监督体系

首先，对预算项目做好事前事中事后的全程预算监督规划。事前对预算执行做好规划，提供设立项目的政策依据，进行有效性和可行性分析，拟订具体的实施方案。事中实时监督，严格按照预算使用资金，少花钱多办事，提高预算资金的使用效率。事后要对预算执行情况和结果进行检查、监督和总结。对预算执行的全过程进行正确性、有效性、因果的分析，保存预算执行的会计文件和记录，以便参考使用。其次，加强执行力度，把好预算审批关。从源头保证预算的真实性和科学性，预算必须经过严格审议，建立预算管理委员会，任何部门不得擅自更改、追加或透支预算资金。财务部门严格履行部门职能，在预算控制和监督过程中发挥主观能动性。最后，利用网络技术，掌握执行情况，进行快速审计。利用网络财务管理系统，实时监督财务信息，避免乱用预算、超预算支出。以效率性、效果性和经济性为目标进行绩效审计。

（四）实施绩效预算考核，建立绩效预算激励机制

首先，建立完善的绩效评价体系，将工作业绩与工作效率联系起来；进行定性和定量分析；强化支出管理意识；将预算支出结构优化；进行统筹兼顾、全局规划；这对预算支出经济效益和社会效益的提高有重要的意义。其次，建立奖惩机制，设定考核指标和标准，切实实行奖惩办法；根据预算执行结果的不同，进行不同程度的奖惩。最后，在考评过程中客观公正，使预算执行者心服口服，这样有利于高校预算管理工作的实行。保证高校教育事业健康、有序的发展。

【参考文献】

[1] 崔恺平. 高等院校绩效预算评价体系研究[D]. 山东大学，2010.

[2] 吴明珠. 高校部门绩效预算管理研究[D]. 广东工业大学，2011.

[3] 申凯. 高校绩效预算管理模式探讨[J]. 财会通信，2010(35).

[4] 王明吉. 我国高效预算管理现状及对策建议[J]. 会计之友，2012(32).

[5] 刘涛. 现阶段我国高校预算管理存在的问题及对策[J]. 会计之友，2012(32).

以优化资源配置为导向的财务预算管理实施路径研究

——以 H 高校为例

华中师范大学   杜　蓉①

中国地质大学（武汉）　吕　亮②　曾　珍③

【摘　要】财务预算管理作为一种先进的管理方式，它将一个组织的短期经营目标与长期战略目标相结合，以其具有的机制性、战略性与全员参与性等诸多优点越来越受到理论界及实践界的关注。本文从资源配置为起点，进行了基于资源配置的财务预算管理研究。本文在确定高校资源配置的内涵及分类的基础上，将高校资源分配过程划分为宏观、中观及微观三个层面，从学校的角度对高校资源中观及微观层面的配置问题进行研究，分析了目前 H 高校资源配置和财务预算管理中存在的主要问题和原因，提出了科学发展观下的高校资源优化配置指导思想、基本原则，对高校资源优化配置中的机制进行了设计，提出了优化资源配置实施财务预算管理的路径和保障措施，以点及面，为完善我国高校财务预算管理体系，优化高校资源配置提供参考和借鉴。

【关键词】资源配置　财务预算　管理　路径

一、H 高校的现状与问题分析

在高等教育大众化和高校办学经费来源多元化的背景下，H 高校资源配置和财务预算管理的现状不容乐观，下面分两个方面进行分析：

（一）H 高校资源配置现状

近年来，国家加速了对高校的投入，通过"211 工程""985 工程"专项经费，

---

① 杜蓉（1985—　）女，会计师，华中师范大学财务处，主要从事高校会计信息化、财务风险控制、预算项目管理、资产管理等研究。

② 吕亮（1983—　）男，会计师，华中师范大学财务处，主要研究高校内部控制和财务风险防范、高校预算管理、财务数据挖掘等。

③ 曾珍（1983—　），女，中级职员，中国地质大学（武汉）财务处，主要研究高校会计控制、核算流程、资产管理等。

修购专项、改善基本办学条件专项经费等，逐步改善了高校的办学条件，缩小了与发达国家高等教育办学条件的差距，重点体现在先进教学及实验设备的购置方面和基础设施改善。H 高校也不例外，自 2005 年 H 高校获得第一批 211 工程资助款 500 万元、2012 年获得 1000 万元创新平台运行经费；2010 年和 2011 年取得了中央高校化债专项资金的帮助；加上每年均有若干基建或修缮项目获得了修购专项、改善基本办学条件专项经费的支持，可以说自 2007 年至今，H 高校获得了长足的发展。在取得国家大力扶持的前提下，H 高校资源配置还存在以下问题：

1. 资源的部门割据

部门分割，各自为政，形成事实上的资源部门所有，资源难以共享，资产闲置与重复购置并存，资源使用效率不高。

2. 财务资源分配不合理

高校资源从筹集到使用一般经过三次分配，第一次分配，是政府教育行政部门将资源分配到不同的地区或高校，即宏观分配。第二次分配，是学校将资源分配给学校内部的各个单位——校内教学、科研、服务等有关部门，即中观分配。第三次分配，学校内部的各个单位把分配到的资源再细分到部门内的各种业务上，即微观分配。

H 高校内部中观层面，对于经费的使用缺乏"成本—效益"意识。

3. 财务资源浪费严重。

4. 财务资源使用效益低下，预算只重视编制，忽略执行结果的总结分析。

5. 学校宏观调控与学院办学自主权存在矛盾，学校集中调控未能完全实现，学院自主办学的积极性也未能充分发挥，资源分配中公平与效率、重点与一般、局部与整体、教学与科研等方面的矛盾突出。

(二)H 高校财务预算管理现状

1. 财务预算管理组织机构不完善

按照《教育部财政部关于"十一五"期间进一步加强高等学校财务管理工作的若干意见》(教财〔2007〕1 号)的文件精神，高校应逐步将财务管理由从属地位提升到与教学与科研同等重要的地位，明确高校事业发展与财务管理的关系，既发挥财务在实现事业发展规划中的保障作用，又发挥财务工作对事业发展规划的指导作用，把高校事业发展与财务管理统一起来。H 高校却一直将财务部门作为服务单位，作为教学科研的辅助机构，没有明确高校事业发展与财务管理的关系。财务处与其他职能部门一样，都为正处级单位，无法命令其他部门、无法发挥预算管理的宏观调控能力。

我国许多高校由于治理结构不完善、没有建立现代大学制度，没有设立党委和校长领导下的预算管理委员会，预算的编制和执行都是由财务部门负责。一方面降低了预算的权威性，影响预算的有效执行；另一方面也降低了预算的独立性。

2. 预算理解不到位

（1）目前 H 高校财务预算管理执行的主要依据是《高等学校财务制度》，预算模式坚持"量入为出、收支平衡"的原则，主要是作为一项控制支出，防止赤字的财务控制工具。中央部门预算与校内预算"两张皮"，校内预算只注重对经费的切块分割，对 H 高校的战略管理作用非常有限。

（2）由于受到行政指令安排以及现代大学制度程度不高等因素的影响，我国多数高校并未真正重视科学全面的财务预算管理体制。H 高校在实际财务预算管理过程中，通常只重视预算编制，而轻视预算的执行控制、调整，更由于专业人员的欠缺、管理机构缺失和管理权限的不明，导致预算执行结果的评价考核几乎从未开展。

（3）财务处对校内预算的理解有偏差，只重视分配不重视各二级单位的收入筹措。H 高校历年的校内预算只重视支出预算的安排，侧重对于收入的切块和分配。没有要求各二级单位编制收入预算，没有规定各二级单位必须完成年度收入目标，因此校内预算不可能注重学校自筹收入的筹措、学校财源的开拓。

（4）以往年度 H 高校的预算基本上是由管理高层决定的，职能部门很少有职工参与，学院几乎没有教工的参与，大部分基层工作的教职工都不理解学校预算的目的和作用；大部分的部门领导执行学校预算制度编制预算，更多的是迫于学校行政文件的压力，而缺乏一种在实现部门工作目标的同时实现学校事业发展价值的内在动力，这样实施的财务预算管理就失去了它的实际意义。

3. 财会人员的数量和质量得不到保证

学校的预算工作直接影响财务工作，而财务工作与学校的教学、科研和其他工作密切相关，为了保证学校财务预算管理正常进行，要求财务工作者具备较强的业务能力。但当前 H 高校财会人员的数量和质量不尽如人意，具体表现在：

（1）关键财务职能所涉及的岗位，其履职财会人员数量短缺，部分会计岗位设置违背《会计法》规定的不相容岗位相分离、重要岗位不许兼职的规定。在上级主管部门和各级财政审计等监管部门日益严格的监管形势下，在 H 高校"紧紧围绕高水平大学建设目标，坚持'一体两翼'、改革创新的工作思路"加强精细化管理的情形下，学校人事安排仍然不能增加财务处人员编制数，仍然在向财务处安置家属和引进人才配偶等非专业人员。

(2)不合理的会计委派制导致独立经营的二级单位占用了学校财务处较多人力资源。目前 H 高校会计委派制，对附属单位、独立核算单位一共派出了 12 名会计人员，占财务处总人数 53 人的 23％，不过，对于纳入教育部直接预算管理的附属中学，H 高校却没有进行会计委派（H 高校对教育部上报的中央部门决算报表，附属中学的财务数据也必须包含在内）。这种状况严重削弱了财务处对于学校财力的宏观管理、统一管理、集中核算的能力。

另外，从制度上来说，H 高校实施会计委派制首先不符合社会主义市场经济理论的要求。社会主义市场经济理论要求政府简政放权，政企分开，不干涉企业日常经营。而由股东单位直接委派会计，是对企业法人身份和自主经营权的践踏；其次不符合《企业会计准则》所认定的"三重主体权益观"。即企业会计必须同时考虑和满足国家、企业出资者和经营者三方面的要求。现代企业会计服务的对象，不再仅仅是财税部门等政府机关，还要为会计主体服务，为广大现实的和潜在的投资人、债权人服务，为证券交易机构乃至新闻媒介以及与企业有利害关系的单位和个人服务。H 高校委派会计，将会计作为行政监督的延伸，依然是我国计划经济体制下的会计模式，即"国家权益观"，这不符合目前实行的"三重主体权益观"。最后 H 高校实施会计委派制，片面追求对学校参股的企业的监督，认为灭失了这些派驻的会计对于公司内部管理职能的决策辅助作用的发挥。

(3)财会人员的素质和业务能力令人担忧，对传统的会计、财务管理业务都难以胜任，更谈不上对财务工作的改进献言献策。

4. 预算编制过程匆忙，导致后期缺乏监督力度。

5. 预算编制方法不合理

目前 H 高校预算编制往往是采用增量预算法，无法考虑 H 高校的各项事业的实际需要数据，容易造成资源浪费。这也是由于零基预算方法影响了部分职能部门的既得利益，遭到了抵制所造成的。高校财务预算管理不是简单的资金分配问题，而是如何对有限资源进行合理配置的问题。要做到这一点，就需要改进目前不合理的预算编制方法。

6. 预算日常执行过程失控

财务报销审核人员是从会计制度方面审核票据是否合法手续是否合规，而对于预算支出的正确性和适度性无暇顾及；财务处预算科只能从预算执行进度、预算是否超额方面进行控制，无法深入了解各个预算经费项目的支出明细是否符合预算用途；财务处分管校内预算的副处长无法从报销的细节上进行监督和审查，只对宏观方面进行了解；各部门的办公室人员的精力主要放在预算的编制，日常执行情况的登记和统计上，而对预算的合理性不进行追究。各职能部门因为利益关系也不会把真实的经济行为反映到预算执行的问题上来。种种问题导致年度校内预算无法全面涵盖学校各业务，年中经常凭空出现要求新增预算的突发业务，年底报账量增大，专项经费预算改变用途被日常经费支出套用等情况。

7. 预算监督不到位

在日常的预算执行过程中，常常存在执行预算与编制预算不相一致的现象，最终导致执行结果与预算目标相去甚远，这主要是由于监督不到位产生的。而导致监督不到位不仅是因为学校没有专门的预算管理委员会、财务处的财会人员数量和质量得不到保证，而且因为没有建立符合学校发展的、科学有效的财务预算管理监督机制，没有将各职能部门在预算工作中的责任和义务形成制度，督促其落实到位，最终形成监督乏力。

二、H 高校优化资源配置实施财务预算管理的路径分析

(一)预算是资源优化配置的最佳手段和方法

国家财政资源选择一所高校，属于初次资源配置的决策；初次资源配置优化的实现，则有赖于高校对投入资源的二次配置，它属于资源优化配置的微观决策[12]。

高校资源的二次配置，是一个基于高校发展目标的有序过程。以多层级目标为标的配置资源，可以保证资源的投入是理性而非盲目的，是与国有资源管理者利益密切相关的，可以在资源投向的最初决策上阻止资源的滥用。

如何有序地配置资源，即如何围绕目标有重点地、有比例地配置资源，是方法问题。根据二次资源配置原则，必须寻找实施最佳配置，控制配置资源最佳使用的渠道。在诸多的管理和控制工具中，预算是用来配置高校资源的最佳手段和方法。预算在本质上是一种价值控制系统，是在有限资源的约束条件下，以对投入资源的价值配置及对投入产出比的过程控制，实现对高校总目标的逼近。

(二)财务预算管理优化高校资源配置的路径分析

1. 预算目标的确定——资源配置的起点

高校的所有教学科研活动都是围绕战略目标展开的。财务预算管理通过数字化反映，为高校战略提供一个可操作的平台。预算目标是高校目标或战略意图的分段体现。

按照现代大学制度的要求，任何预算目标的确定，从根本上说都是政府(出资者)和高校管理者、高校管理者与院系负责人、院系负责人与教师、高校管理

者和各职能部门负责人等利益相互协调的过程，它符合财务分层管理思想[13]，同时体现现代大学制度下的决策、执行与监督三分立的原则。具体到预算目标的确定，它是一个不同利益集团间讨价还价的过程。

（1）国有资产监督管理委员会及国家教育主管部门对高校预算目标确定合理性与否的关注，主要借助于两种机制：一是党委会和校长办公会机制，这是一种内部治理机制；二是外部社会反应机制。在外部社会反应并不完全有效的情况下，党委会和校长办公会机制被认为是最有效的委托代理机制。

（2）党委会和校长办公会是预算目标的决策机构，尽管它并不具体从事预算编制，但负责预算的批准，因此，它历来被认为是预算目标确定的主导力量。

（3）预算管理委员会和财务处出于主观与客观等多方面条件与因素的考虑，在预算目标形成中起着重要作用，它从目标的现实性、可操作性方面对预算目标的主观性提出修正，并从财务利益与行为角度来看待预算目标。正是因为这一点，我们认为，预算目标确定事实上是一个讨价还价的过程，是涉及各方面权力和利益调整的过程。通过这一过程确定出的预算目标，是预算编制的起点，也是投入高校的资源二次配置的起点，代表资源投入者对资源管理者的期望值，也代表资源管理者对资源投入者的承诺责任。

2. 预算的价值链识别——资源配置的过程

对于那些为满足客户需求所必需的作业和符合高校战略发展目标的作业，应在资源配置过程中给予优先保证，这样可以发挥其最大效用，为客户和高校创造更大的价值；而对于那些非增值作业，在不降低高校教学科研质量、不影响高校发展目标达到的前提下尽量减少其资源配置，采取有效措施予以改进甚至取消。当然，资源配置的过程也是学校、二级单位协调业务活动、经济活动和利益冲突，为最终实现高校整体目标而努力的过程。

3. 预算的控制和监督——资源有效使用的保证

财务预算管理的重点在于过程控制，包括高校财务预算管理的事前规划、事中控制和事后反馈的循环管理过程。

我们可以使用全面预算管理理论，充分考虑分权管理和经济责任制的要求，根据大学部内各个党政机关单位、直属单位和附属单位[14]的支出和收入的产生情况及其特定的职责，将 H 高校内部各二级单位划分为不同的责任中心，作为控制的主体。

4. 预算的反馈与考核——资源利用的改进

由于预算目标一经确定不得轻易改变，所以对预算的执行情况与预算目标的偏离必须给予充分的关注。高校应对造成偏离预算的因素进行分析，针对不同的原因分别做出反应，改进预算编制，对资源进行重新配置；建立和加强与资源配置相配套的预算激励约束机制，根据预算执行报告和审计结论，对相关责任人进行奖惩，发挥财务预算管理的评价和激励作用。

(三)高校资源优化配置的机制设计

1. 绩效导向与因素分配机制。

2. 资源有偿使用和成本分担机制。

3. 资源共享机制。

4. 市场机制。

(四)高校资源优化配置的具体方式——全面预算管理

1. 全面预算管理的含义

全面预算管理是一套系统、精细的管理方法，是一种全方位、全过程和全员的整合性管理系统，具有全面控制和约束力。它通过责任中心的划分、目标任务的分解、分阶段资金收支和财务状况的预测等手段，合理分配单位的人、财、物等资源，并与相应的绩效管理配合，来协助单位实现既定的工作目标，达到控制费用支出、提高资金使用效益的目的。它的预算内容既包括了财务预算，也同时包括了业务预算。

2. 全面预算管理实施的原则

(1)过程控制原则

(2)全员参与原则

(3)效率优先原则

(4)量入为出原则

(5)权责明确原则

3. 全面预算管理实施流程

第一步：明确学校和各二级单位年度目标任务。

第二步：制定预算目标。

第三步：编制各二级单位收支预算和专项资金项目预算，报学校汇总、复核与审批。

第四步：预算执行与管理。

第五步：执行报告及差异分析。

第六步：预算指标考核。

全面预算管理实施流程如图 1 所示。

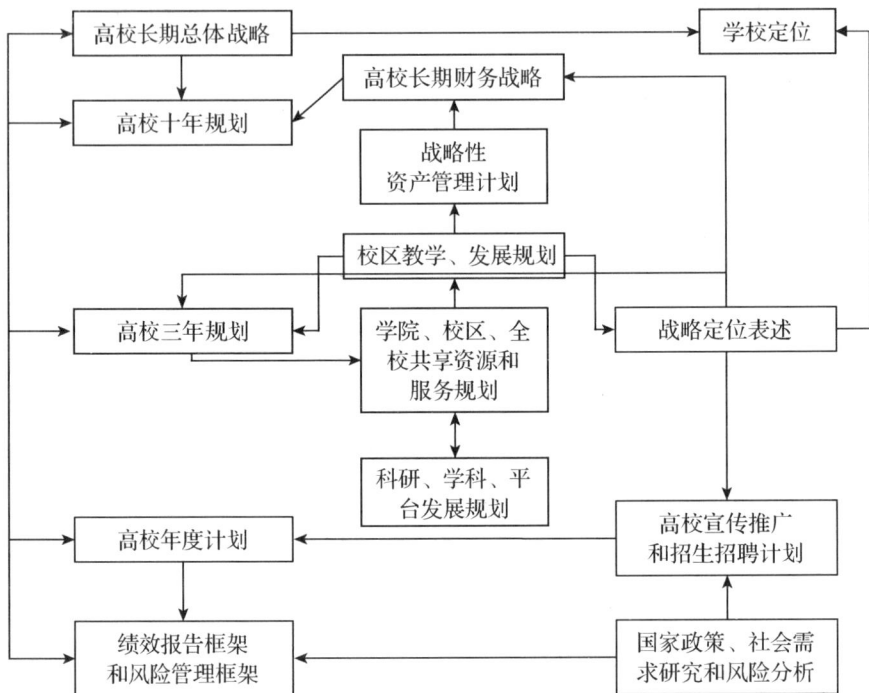

图 1 全面预算管理实施流程

三、H 高校实施财务预算管理优化资源配置的具体步骤

(一)明确财务预算管理的目标，建立完善的财务预算管理组织体系

H 高校在实施财务预算管理优化资源配置之前首先要确定一个总目标，它是预算期内 H 高校各项活动所要达到的目标和结果，是以高校发展目标和战略规划为导向确定的。本文建议由高校财务处和发展办协同配合提出预算管理目标初步建议方案，报学校预算管理委员会和财经领导小组审议协调、校长办公会审定、党委全委会批准，得出 H 高校财务预算管理的总目标。

在确定 H 高校财务预算管理的目标之后，必须建立一个完善的财务预算管理组织体系保证预算目标的落实和财务预算管理优化资源配置的实施，并且必须确保预算人员的数量和素质。参与的工作者和决策者还必须熟知学校现有财物资源状况、利用程度及近几年学校发展规划，只有这样才能提高预算编制的准确度。

鉴于 H 高校财务处的实际情况：人员素质不高、家属安置人员过多、老龄化现象严重，并且非常重要的一点是，学校财务处会计人员无法确定预算申报专项项目的合理性和可行性，它们已经超出了财务处会计人员的职业范围。为维护学校预算的权威性，H 高校可以参照美国的经验以及国内的《中央企业财务预算管理暂行办法》(国务院国有资产监督管理委员会令〔2007〕18 号)，单独设立独立于学校财务处之上的预算管理委员会作为单位预算的最高管理机构，直接对校党委和校长办公会负责，由学校副书记、副校长、财务处长、各部门专家和各学院的代表组成。由于该机构涵盖了各专业各职能的专业人才，不仅可以对项目的合理性和可行性做出鉴别，而且可以对财务预算的匹配性、准确性进行判断，建议由其全面负责学校财务预算编制、预算执行、财务分析及财务监督与管理工作，同时对预算人员，通过多种形式，多种途径，实行多层次的培训，开展业务研讨，提高预算人员的业务素质。

1. 成立预算管理委员会，主要职责为：

(1)确定中央部门预算方案，确定校内预算边界(控制额度)；

(2)根据校长办公会、校党委全委会确定的年度预算总体目标，制定并分解各二级单位年度预算控制指标体系，启动本校预算编制工作；

(3)汇总有关财务预算管理的政策、规定、制度等相关文件呈报校长办公会审批，并负责制度落实、检查、分析和考核工作；

(4)制定预算编制的方针、程序和要求；

(5)审查学校校内总预算方案和二级单位预算方案及预算调整方案，并提出修订意见；

(6)将中央部门预算方案、校内预算方案和校内预算调整方案提交校长办公会审议、批准，并下达正式预算；

(7)组织专家论证评审校级专项项目的预算方案，科学确定预算申报专项项目的可行性、合理性、时效性和资金安排科学性；

(8)协调预算编制、执行、考核和奖惩过程中的矛盾和问题，无法处理的呈报校长办公会仲裁；

(9)负责定期检查和分析预算执行情况，审查年度预算执行情况，督促各二级单位完成下达的预算方案，必要时对预算执行过程进行控制干预；

(10)当高校内外部环境发生重大变化时，向校长办公会提出预算调整意见；

(11)会同学校"目标管理工作领导小组""校中层领导班子和领导干部年度考核工作领导小组"和人事处制定预算奖惩办法。

2. 预算管理委员会下设预算编制办公室、预算执行控制办公室、预算考评办公室、预算分析与研究办公室等专门办公室。主要职责为：

(1)负责学校财务预算管理制度、政策、程序等相关文件的拟定和报批工作；

(2)根据预算管理委员会的决定，编制学校年度财务预算管理手册或大纲；

(3)组织制定学校预算的各项定额工作、标准化工作、内部结算价格工作等基础工作；

(4)为各预算单位的财务预算管理提供咨询，并协调学校财务预算管理中的各种事务；

(5)编制学校的中央部门预算、年度校内预算草案，并根据预算目标向校内部各二级单位分解、下达预算指标；

(6)预审附属单位预算草案，并提出修改意见和建议；

(7)汇总学校预算，并向预算管理委员会提出审批重点和建议；

(8)负责检查落实财务预算管理制度的执行；

(9)对预算执行过程实施监督和控制，并定期进行执行情况分析；

(10)根据预算实际执行情况，提出调整预算指标的建议方案；

(11)受理追加预算申请，提出预算调整建议方案，提交校长办公会议审批。涉及重大预算调整方案需提交预算管理委员会审核后报校长办公会议批准；

(12)定期向预算管理委员会提供预算执行分析报告，反映预算执行中的问题，并为预算管理委员会进一步决策拟定备选方案；

(13)组织落实预算改进工作；

(14)根据需要组织预算专题调研；

(15)负责财务预算管理的其他日常工作。

3. 财务处是财务预算管理政策、方案的执行部门和预算数据的汇总统计部门，接受预算管理委员会的直接指导，在预算方面的主要职责为：

(1)负责预算执行过程中的会计核算和账务处理；

(2)负责落实、执行预算管理委员会制定的财务预算管理制度、政策、程序，并从收入分成和报销支出环节参与预算控制；

(3)落实财经法规的要求，依法理财，保障预算执行过程中的各项收支均合法合规；

(4)收集统计校内预算的执行情况数据，定期向预算管理委员会报送预算执行情况；

(5)负责向预算管理委员会提供准确、详细的财务数据；

(6)负责完成校内预算中本单位的预算指标；

(7)预算管理委员会布置的其他预算操作性工作。

4. 各学院(所、中心)、职能部门等是学校预算的责任单位，其主要职责是：

(1)安排专人专岗负责学校财务预算的细化、执行、总结分析工作；

(2)根据学校要求，结合本单位工作任务和学校财力状况，提交本单位年度预算建议。涉及项目经费，需提交可行性研究及效益分析报告，由项目单位负责申报和组织实施，各归口职能管理部门负责监督和管理；

(3)落实本单位预算收入和支出责任，完成预算指标；

(4)按照"量入为出"原则进一步细化本单位预算，编报本单位具体预算方案和年度用款计划；

(5)坚持财务"一支笔"审批制度，按学校下达的经费指标严格控制本单位预算执行，维护预算严肃性和约束力；

(6)根据事业发展情况，年内确需追加或调整预算的，要据实向学校预算管理委员会提出预算调整申请报告，按规定程序报批。

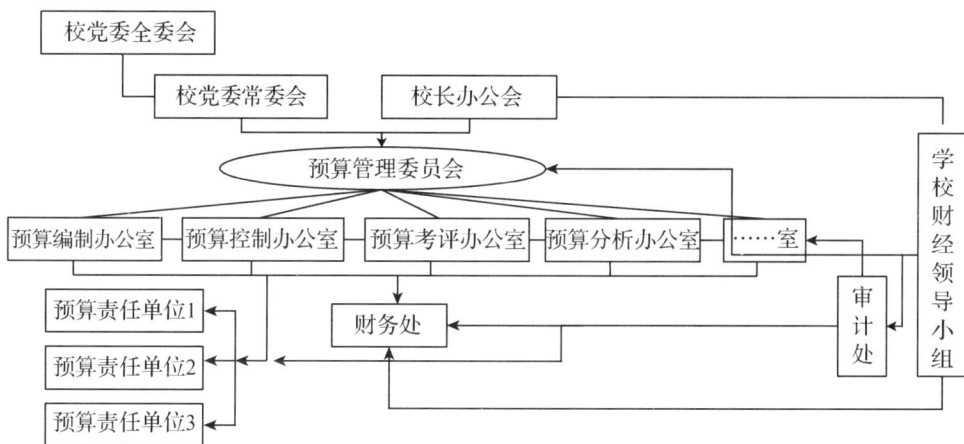

图 2　H 高校预算管理组织体系图

(二)确定预算的内容

在做全做细预算收入的基础上，建议学校将下列两种预算全部纳入预算管理体系进行管理和考评。

1. 财务价值预算

建议将所有类型的收入和支出全部纳入财务预算管理，给各二级单位下达收入预算指标和支出预算控制指标，规定各二级单位应完成的价值数量/金额，在年末进行考评。

为收入预算下达硬指标，结合预算考核与奖惩机制，可以调动创收单位的积极性，有效增加学校整体创收能力。

2. 工作任务预算（业务预算）

建议将目标管理工作与财务价值预算紧密结合，每一项工作任务都与价值预算金额对应，完成的工作任务与价值数量/金额挂钩，在年末进行考评。

（三）结合校院二级财务管理体制，建立责任中心

H 高校目前财务预算管理方式中，从预算编制到预算执行、监督整个过程，都强调对预算过程的"外部控制"。而本文认为，H 高校的财务预算管理思路应是抓大放小，大的方面对于关系到师生基本生活需求的如人员工资、奖学金、学生助学金、困难补助和教职工公共福利等方面，牵涉到学校整体规划如基建项目、大型设备购置、大型修缮费用应有专门较细致预算，而对于其他方面如办公费、业务费、零星维修费、水电费、交通费、教职工奖金可切块给各部门，让各个部门在切块范围内，根据各部门年度计划做自己的小预算。这种模式既解决了一些以往由财务处难以单独解决的疑难问题，同时把任务下放到各二级单位，使二级单位可以履行自主权，大大地提高了他们对管理工作的积极性。在高校的财务预算管理体系中设立责任预算，即在已有的预算基础上，把上层的管理责任下放到基层二级单位，实现"内部控制"。这种思路与 H 高校正在进行的校院二级财务管理体制改革不谋而合。让二级单位享有广泛的自主权，各二级单位就能先在小单位内部实现资源预算及分配，这有利于预算过程中资源的合理配置，有助于改进预算过程的配置效率。

本文拟以划分责任中心、编制责任预算为框架构建责任预算体系。

1. 责任中心的划分

责任中心就是具有一定管理权限并承担相应经济责任的内部单位。划分责任中心，是按照责任控制范围划分责任层次，在此基础上确定以其主要负责人为责任承担者的责任单位。

根据划分原则和 H 高校各个党政机关单位、直属单位和附属单位的支出和收入的产生情况及其特定的职责，将 H 高校内部各二级单位划分为不同的责任中心，大致可划分为以下四类：

（1）教学科研责任中心

这类主体主要是校内各学院、研究中心、研究所，它们主要完成日常教学、科研和学生管理的任务，保证教学和科研工作的正常进行。经常经费主要靠学校下拨，存在一些培训办学业务、工程项目、国有资产运营收入。

（2）职能管理型责任中心

这类主体主要是指学校的党政机关单位和直属单位，它们在保证完成本职工作的条件下，单纯按支出预算进行支出，存在部分事务性收费收入、团委学生活动收入。

（3）经营责任中心

这类主体主要包括学校的校办产业（资产公司、出版社、校医院等）、职业与继续教育学院、附属中学、附属小学以及民办二级学院，它们有很大的自主权，可能进行独立的会计核算，其责任和权利通常与独立的经济实体类似。

（4）后勤保障型责任中心

这类主体主要是指为学校教学科研及整体运行提供条件和负责后勤保障的单位和部门，如学生宿舍管理部门、后勤集团、保卫处等。这类主体既包括了独立核算的经营实体后勤集团，也包括了党政机关单位保卫处，其收入包含后勤运营收入、校园车运营收入等。

2. 责任预算的编制

确定了责任中心之后，就能以财务预算为依据，将学校的财务预算分解为各责任中心的责任预算，从而建立起 H 高校的责任预算指标体系。

在编制责任预算时应根据"自下而上、自上而下、上下结合"的原则，遵循"二上二下"的程序编制，反复策划、调整，确保责任预算的合理性和科学性。

（1）支出预算部分

为了调动和尊重各责任中心理财的积极性和主动性，体现各责任中心的特殊性和理财自主性，首先应按一定的程序和方法，依照财务预算指标体系确定学校的事业支出预算；接下来，在此基础上按自上而下的顺序将财务预算往每一个预算项目的进行分解；其次，将分解后的经费项目预算结果按责任中心，分别进行加总，其总额即为该责任中心的责任预算控制额度。最后，要求各责任中心根据所属二级单位的事业发展计划，在预算管理委员会下达的预算经费控制额度内编制年度经费使用计划并上报预算管理委员会，经过审核批复后，作为该责任中心预算执行的依据。

（2）收入预算部分

为了调动和尊重各责任中心理财的积极性和自主性，学校事先应保证有一个具备导向性和激励性的收入分配办法；接下来根据"二上二下"确定的学校整体收入预算，按各责任中心的特点，对各个责任中心下达收入预算分解指标；然后各责任中心在"多劳多得"的激励机制下，分别组织收入，按照收入分配办法上交学校财务处，并按比例分成，完成全年收入预算指标。

全员参与的预算过程也可说是学校将指标分摊到大家头上，让每个人都树立效益、成本核算意识，让资源得到有效利用。

(四)按类别确定预算编制程序和方法

1. 优化预算编制程序

资源的配置应以基于战略的预算目标为指导。改进预算编制程序，上级应通过全局分析来明确各个责任中心的责任，使得上下级预算单位的目标相一致。保持 H 高校"二上二下"的预算编制传统，通过协调部门之间的权、责、利关系，促进各个部门之间的交流与合作。

2. 改进预算编制方法

学校的战略目标是由长期目标与短期目标共同组成的，随着学校的发展，战略目标也要根据实际发展情况不断地调整，与此相应的学校预算也要不断调整。

在财务预算管理组织体系和人员配备得以确保后，对于学校预算的编制，本文建议采用滚动预算与零基预算相结合的方法。由于组织和人员给改进预算编制方法提供了充分条件，H 高校则可以形成长短期战略目标相结合的预算体系，为资源的有效投放提供导向。

(五)结合数字化校园建设，建立完善的预算信息系统

财务预算管理具有系统性，是学校内部各部门、各职工全面参与的集成工作，H 高校的高效管理和资源的优化配置需要财务预算管理的信息化。因此，本文建议将财务预算信息系统的建设纳入数字化校园建设中整体考虑。

建立完善的信息系统，可以为确保预算编制的准确性和及时性、预算执行和控制的有效性提供有效的信息平台。有效的信息系统不仅在技术层面提供了很好的计算、分析和存储信息的工具，帮助财务预算管理实现实时监控，而且能够体现先进的管理思想。信息系统在整合资源的同时创新了管理理念，加强了财务预算管理的全局性。

(六)严格预算执行控制，建立有效的预算执行监控体系

预算控制分为事前的编制，事后的分析与考评控制，执行控制是指事中控制。预算执行控制是高校财务预算管理非常重要的一个步骤。本文建议预算执行控制要建立一套适合本校的组织保障的制度安排，以保证预算的执行的预算目标的实现。

财务处应每月向预算管理委员会的专门办公室提交全面的预算执行数据；预算管理委员会的专门办公室应定期对预算执行情况分析，及时将预算执行中出现的问题通报相关部门学院，敦促其更正或改进。同时定期向财务预算管理委员提交预算执行情况分析报告，以便预算管理委员会及时了解预算执行情况。

学校预算管理委员会至少应每季度开一次会讨论预算执行情况，针对预算执行过程中出现的各种情况提出相应调整措施，包括预算新增、预算内部调剂、通报、督办等。如果能加强预算执行过程中的控制，则可以为预算的有效执行提供强有力的保证。

1. 规范预算调整程序

为了严格、规范预算调整审批的程序，本文建议充分发挥预算管理委员会的垂直管理功效，包括预算调整申请、预算调整审议、预算调整批准三个环节。

(1)预算执行部门的预算调整申请先报送分管校领导审定。

(2)分管校领导同意后通知预算执行单位。

(3)预算执行单位将分管校领导同意后的预算调整申请报预算管理委员会专门办公室。

(4)预算管理委员会专门办公室根据书面申请报告拟出初步调整方案建议，提交预算管理委员会审议。

(5)预算管理委员会审议确定是否同意预算调整方案。如果达到《H 高校关于落实学校领导班子"三重一大"决策制度的暂行办法》规定的金额的预算调整，需要预算管理委员会会同预算执行单位共同上报校长办公会批准。

(6)校长办公会将批准与否结果通知预算管理委员会。

(7)批准后的预算调整方案由预算管理委员会下达预算调整通告，并交由预算管理委员会专门办公室办理正式方案并制文。

(8)预算管理委员会专门办公室调整预算、制作正式调整方案文件并通知财务处执行调整后的预算方案，同时将正式预算调整方案通知预算执行单位。

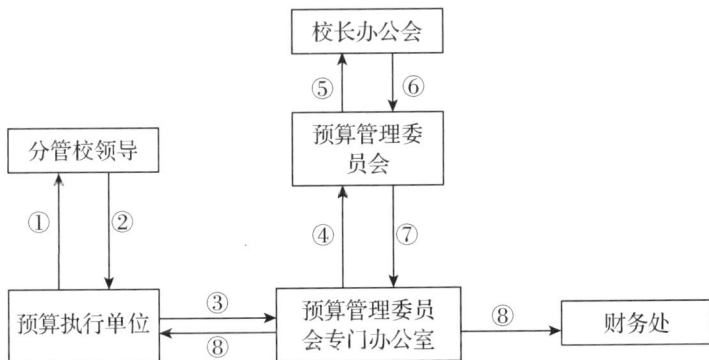

图 3　财务预算调整程序

2. 重视预算执行工作，强化预算执行分析

目前，H 高校财务处作为学校的财务预算管理机构，忙于学校预算资金的

切块、预算调整，已无力对学校的预算执行情况进行有效的分析。

本文建议在该校内建立科学、系统、完整的预算分析体系，作为优化该校预算执行控制的措施之一，由预算管理委员会下属的专门办公室主导实施。

3. 健全控制系统

预算控制是资源优化配置的保证。预算控制是以预算目标为导向，运用系统的概念和方法，依靠必要的组织机构，把各个部门、各环节的实施预算的活动严密地组织起来，形成一个全面的财务预算管理体系，保证资源的优化配置和预算目标的实现。高校资源通过预算分配到校内各单位，这个过程是发散配置的过程。因此，必须建立相应的预算控制系统，实现收敛控制才能保证投放资源的使用和对预算目标的趋向。

（1）将目标规划应用于预算资源配置控制过程

（2）通过预算控制实现配置资源的最佳运用

预算编制是实现资源最佳配置的手段。而配置了的资源能否如预期那样有效运作，则有赖于对已配置资源运作过程的监督和控制。

H 高校的预算系统以过程控制为核心。预算系统通过资源的发散配置（围绕单位整体目标对各项业务或活动配置资源）和收敛控制（以是否满足单位整体目标投入产出最大评估资源投入的必要），保证投入资源的使用对目标的趋向。在本质上，收敛控制可说是 H 高校资源的第三次配置，是配置的真正实现。

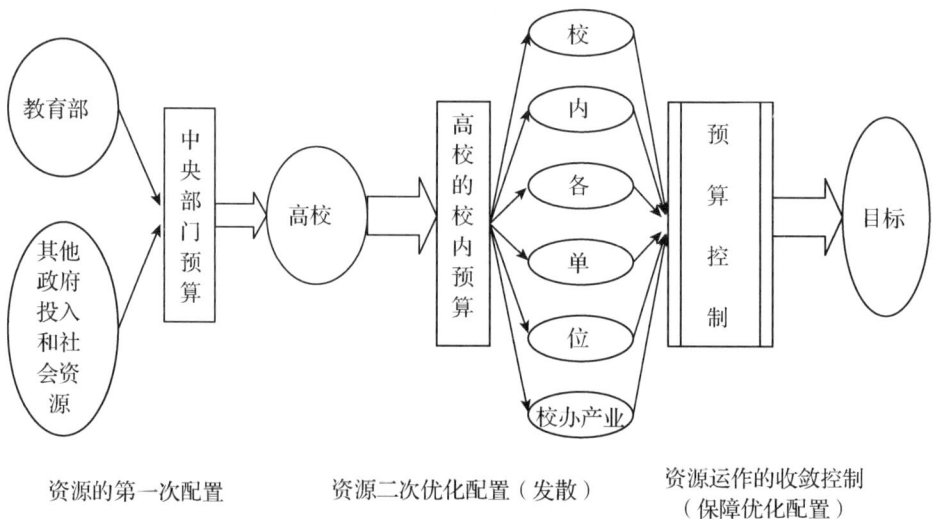

图 4　资源配置控制图

(七)建立健全的预算考核与奖惩机制

1.构建新的预算分配机制

建议在做年度学校预算时,事先和具有创收能力的部门、学院沟通、协商用他们的创收收入对年度预算进行补充和配套。美国的做法是各学院按学校规定比例(一般为 7%～30%)上缴学校一部分经费,用于校级部门的支出。因此,建议各部门、各学院对预算的配套金额不可采取"一刀切"的做法,根据实际情况,在扣除各种费用的基础上按照收入金额的多少,多得多配、少得少配、不得不配的方式进行配套。回避这些部门、学院经费的闲置浪费现象,缓解学校整体资金紧张的局面。

2.设立预算指标体系

绩效指标指的是高校通过对学校工作及办学成果等多方面的综合评价,能更好地掌握其自身办学特色,评价业务执行的效果,及时调整战略和方案,取得最大的效益。

(1)制定 H 高校二级单位绩效评价指标体系原则

本文认为应密切联系学校目标管理工作,会同目标管理领导小组研究确定二级单位绩效评价指标体系。

(2)预算绩效评价指标体系

对预算执行结果进行绩效评价,需要结合学院及其他各部门的绩效目标,既要对预算的实际支出做考核,也要综合其他方面的绩效进行考虑。对高校预算执行的结果不像企业那么单一,仅仅是经济效益,所以在高校预算的绩效评价中应从多方面来考虑产出成果。为此,高校预算绩效评价体系的建立还可用平衡计分卡和关键绩效指标的基本理念及精髓作为支撑。

3.健全的预算奖惩机制

日常性的和维持性的经费预算要根据各学院部门最近几年的绩效,增加绩效好的部门预算,减少绩效差的部门预算,提高预算资金的使用效率。预算管理委员会应制定相应的奖惩机制,对预算执行过程中的行为予以规范。对于预算节省的经费,按一定比例划入该部门的发展性经费,一定比例划入该部门的部门基金。这样既激励了该部门的积极性,又为该部门的发展提供了一定的经费。预算年度结束后的绩效评价与惩戒,既是对上年度的财务预算管理的一个总结,也是接下来一个年度预算的开始。

【参考文献】

[1] 曾小彬,刘芳.论高校资源的类别及其配置结构[J].天津师范大学学报(社会科学

版），2007(4).

[2] 吴菲菲. 对高校资源优化配置问题的几点思考[J]. 内蒙古师范大学学报（教育科学版），2006(9).

[3] 傅毓维，邵争艳. 影响区域高校资源优化配置的复合 DEA 分析[J]. 科学学与科学技术管理，2004(11).

[4] 苏寿堂. 以目标利润为导向的企业财务预算管理[M]. 北京：经济科学出版社，2001.

[5] 王湛，赵琳. 从公司治理的角度看会计职能[J]. 财会月刊，2002(8).

[6] 王国秀. 建立以财务管理为核心的资源配置制度[J]. 中国市场，2013(42).

[7] H 高校目标管理工作实施方案. H 高校行字〔2005〕6 号.

[8] 关于做好 H 高校 2011 年度教职工履职考核工作的通知. H 高校行人字〔2011〕36 号.

[9] H 高校事业收入分配管理办法. H 高校行字〔2011〕55 号.

[10] 张维迎. 博弈论与信息经济学[M]. 上海：上海人民出版社，2002.

[11] 宋菲. 基于资源配置的财务预算管理相关问题研究[D]，重庆大学，2004.

[12] 章显中. 企业预算与资源优化配置[J]. 中国农业会计，2002(12).

[13] 骆克军，温丽芬，蓝海容. 推进财务共享服务的总体要求、路径与措施——基于中国电信广西公司的管理实践[J]. 全国商情（理论研究），2013(19).

[14] H 高校行政管理机构改革方案. H 高校党政字〔2012〕3 号.

[15] 关于调整学校数字化校园建设领导小组的通知. H 高校行字〔2008〕78 号.

[16] 国家中长期教育改革和发展规划纲要(2010—2020 年)[Z]. 2010.

基于全面预算的高校内部财务管理体制设计研究

青海师范大学　　高文丽

【摘　要】近年来，高校作为重要的人才培养基地，为了提升自身的综合竞争力，加大了内部财务管理的研究，为提升高校整体管理质量奠定了良好的基础。现阶段，我国高校在建设过程中，采取有效措施提升了资金利用率并优化了资金筹集途径，全面预算就是在这种情况下被有效应用于高校内部财务管理体制当中的。鉴于此，本文首先对高校内部财务管理体制的现状进行了探讨，并在全面预算的基础上，对高校内部财务管理体制设计展开了研究。

【关键词】全面预算　高校　内部财务管理　体制设计

前言

近年来，为了加大人才培养力度，高校在运行过程中，深入贯彻落实了教育体制改革，在这种情况下，原有的内部财务管理体制同高校发展需要产生了一定冲突。鉴于此，相关部门必须加大对现有高校内部财务管理中缺陷的研究，并有针对性的采取有效措施，对自身的管理进行优化，从而在实践中逐渐构建起健全的财务管理体制。本文从全面预算的角度出发，展开了高校内部财务管理体制设计研究，希望对我国高校的发展起到促进作用。

一、高校内部财务管理体制现状

(一)统一领导基础上的集中管理

现阶段，我国多数高校在实施财务管理的过程中，主要的模式都是统一领导基础上的集中管理，该管理方法运行中，相关高校负责人需要承担学校全部经费的管理责任，高校不同院系运行中，无法对资金展开自由支配[1]。然而，在高校不断贯彻落实教育体制改革的过程中，这种财务管理措施的弊端显现出来，其适应现代市场的能力较低，鉴于此，高校要想提升自身内部财务管理能力，必须优化调整传统的管理模式，将一定经费使用权授予不同院系，促使时效性在财务管理中充分体现出来。

（二）统一领导基础上的分级管理

同统一领导基础上的集中管理相比，分级管理在实施过程中，优势更加明显。分级管理实施时，将院系分级管理融入到了统一管理当中，促使安全性在财务管理中有效体现，同时也提升了不同院系运行过程中参与学校管理的程度。分级管理的落实，促使不同院系运行过程中能够对一定程度的资金进行掌握，在自由支配的基础上，提升了资金利用率。然而，值得注意的是，这一过程中，必须严格遵守高校的财务制度，从而促使合理性在财务使用中得以充分的体现。

分级管理的有效实施，不同院系在利用资金的过程中，也肩负着财务监督的职责，监督工作应当伴随经费的使用而存在，从而有效预防公款挪用现象的产生[2]。不同院系在掌握资金利用权力的过程中，也应当首先构建资金使用方案和计划，促使经费的应用能够推动自身的发展，从而为监督工作质量在高校财务工作中的提升构建一个良好的平台。

二、基于全面预算的高校内部财务管理体制设计

（一）组织结构设计

统一领导基础上的分级管理能够促使高校财务管理更具科学性。在全面预算的基础上，相关财务管理工作必须有相关部门从学校整体的发展角度出发，构建整体的组织结构，促使教学活动和科研项目能够协调进步，并且保证不同圆心运行中掌握一定经费支配和管理的权力。在这一过程中，高校财务管理相关部门应加大对全面预算的宣传力度，为提升财务管理质量奠定良好基础。同时，构建健全组织结构，不可以忽视财务管理部门的带头作用，其运行中应对经费使用方案进行制定和优化，努力构建最佳的院系财务管理能力以及经费使用状况。

（二）编制程序设计

设计编制程序，其科学性主要体现在收支平衡和财权统一当中。高校设计内部财务管理时，设计的重点应当为全面预算化，以多媒体和文化活动等方式，进行全面预算重要性的宣传，促使合理性成为高校财务预算管理中的关键；同时，在设计高校编制程序过程中，高校应积极构建专门的监管机构，其运行过程中，保证财务管理中的各项资金得以充分的应用；在将全面预算应用于高校财务管理当中时，科学性成为各部门收支状况最主要的特点，因此，高校办学提升对全面预算的关注，有效控制各项经费的基础上，促使学校整体运行过程中，始终保持良好的财务管理状况[3]。

(三)执行控制体系设计

新时期,在全面预算的基础上,有效设计高校内部财务管理体制,一个重要的内容就是执行控制体系的设计。这一设计开展之前,高校财务管理部门应积极设定健全的预算目标组织,确保各个院系在运行过程中,能够将这一预算目标组织作为出发点来使用资金,这样一来,一旦在财务管理过程中产生了各种问题,能够及时有针对性地提出解决方案。在提升高校内部财务管理能力的过程中,设计全面预算执行控制体系至关重要,高校必须基于这项工作高度的重视,从而提升控制经费使用的程度[4]。同时,针对这一控制体系的设计,不同高校应针对自身的实际运行状况,有针对性地对其进行应用,并从中获取最大经济效益,为实现一定的收入目标奠定良好的基础,促使财务工作的开展更加顺畅。

结论

近年来,高校作为重要的人才培养基地,要想为我国的发展培养出更加优秀的人才,并且提升自身的综合竞争实力,必须从自身内部管理入手,内部财务管理就是关键环节之一。现阶段,高校在提升自身内部财务管理的过程中,增加了对全面预算的应用,它有效转变了传统内部财务管理中的统一模式,促使分级管理得以实现,提升了各个院系参与学校财务管理的程度,有效提升了高校财务管理的效率,更重要的是,这一过程中可以更加高效的控制高校经费支出。

【参考文献】

[1] 刘正兵.基于财务风险管控视角的高校内部控制框架体系构建研究[J].苏州大学学报(哲学社会科学版),2013(2).

[2] 孟卫东,黄波.基于全面预算管理的高校资源优化配置机制设计研究[J].重庆大学学报(社会科学版),2015(4).

[3] 伍松涛,李善民.高等教育经费科学化精细化管理的路径选择——基于大学内部财务管理视角[J].教育财会研究,2014(3).

[4] 付希贤,王超辉.我国高校财务管理制度建设刍议——兼论高校总会计师制度的方略[J].山东商业职业技术学院学报,2015(6).

高校实施绩效预算管理的研究

天津师范大学　侯玉娟

【摘　要】高校面对新的经济环境，如何有效地对有限的资源进行合理配置和管理，成为财务管理的重要问题。在高校内部实行绩效预算，能充分挖掘高校各部门积极性，切实提高各部门资金使用绩效，进而提高全校资金整体绩效，从而获得更多的财政资金补助，增强高校的办学实力。本文从高校的实际出发，对如何建立适合高校的绩效预算管理体系进行了认真的思考，建立了高校绩效预算管理新模式。

【关键词】高校　绩效预算管理　新模式

一、绩效预算的基本理论

高校预算管理，是高校财务管理的核心和基础，一个高效的预算管理体制是高校长期稳定和可持续发展的根本保证。高校预算管理的主要内容是资金管理，在政府投入不足，高校自身融资能力有限的情况下，资金短缺成为制约高校进一步发展的瓶颈。根据高校建设发展规划，整合现有经济资源，科学制定年度财务收支计划，开源节流，精打细算，提高资金使用效率，实现经济资源的合理和有效配置是解决高校发展资金不足的有效途径。因此，建立和完善高校预算管理绩效评价机制，规范高校预算管理行为，提高高校预算管理水平成为必然。

二、高校实施绩效预算管理的必要性

（一）高校预算管理的现状

1. 预算管理意识淡薄，宣传力度不够

在人们的传统观念中财务预算编制一般都是财务部门的工作，与其他部门关系不大，这是对预算编制的严重误解。预算管理是一种综合性的工作，预算中的财务数据都是从各部门中汇总来的，所以需要高校各部门的紧密配合和相互协调。由于长期以来高校管理层以及职能部门对预算重要性认识的不足，没

能对本单位年度工作计划制定充分可行的全面财务预算，或者即使制定了财务预算，但由于数据有很大随意性，缺乏充分的论证，导致预算编制不准确。再加上执行过程中不断的追加、修改和调整，没能把财务预算作为财务支出的法定依据，而使其仅仅成为一种桌面摆设，严重削弱了预算执行的力度。此外，有些高校业务部门的各种经费支出都在一个总会计科目中反映，其下没有列出明细账，不能对其经济事项进行细化，各种经费支出不明了，一旦经费超支不便于追究责任。这就使得预算管理的作用没有得到充分发挥，使这些预算从一开始就缺乏生命力，难以据此对各项费用支出加以有效控制，造成财务目标与财务预算的严重脱节，预算发挥不了应有的效力。

2. 预算约束力不强，执行随意性大

由于预算编制时过于依赖上年度收支基数，缺少对基数合理性和绩效分析，许多高校在执行预算时只将其作为一种"计划数据"来参考，不完全执行预算，或先斩后奏强行追加预算，导致整个预算有名无实，严重影响了预算的严肃性。另外，各部门还普遍存在着尽量夸大实际经费需求、用钱不讲效益、设备闲置，到年底经费还有结余时就突击花钱，利用虚假发票套取现金，将经费转进自己的腰包，造成高校资源的流失和浪费。预算下达后的执行情况和进度缺乏跟踪，使预算运行情况成为空白，缺乏强有力的监督机制。

3. 缺乏对预算管理的考核、监督及评价机制

实际上，我国多数高校目前缺乏预算考核体系，没有建立有效的考评制度，也没有将预算执行情况与校内预算单位的目标挂钩，使得预算执行过程中刚性不足，监督力度不够。预算经费一经分配给各院系和各职能部门，经费的所有权也同时由学校转到各院系和各职能部门，容易造成当年预算支出计划的失控，使得预算执行的结果与绩效考核缺乏有机结合。而且评价机制中缺少相应的奖惩配套措施，起不到应有的激励作用，奖惩制度流于形式。

（二）高校预算管理中存在的主要问题

1. 预算管理意识淡薄

许多高校缺乏自主办学的法人意识，没有认识到财务预算管理的重要性，不能适应高校快速发展的财务管理需要，没有建立科学有效的财务预算管理及监督机制，未能将财务预算管理的责任落实到位，缺乏科学理财的主动性和积极性，使预算管理流于形式。另外，在一些高校内部，预算管理的宣传力度不够，未能充分调动各方面理财的积极性。

2. 预算内容缺乏完整性

在对高校的财务审计中发现，高校下属的部分学院（部门）从小团体利益出

发，截留收入，没能将所有收入及相应的支出全部纳入到整体预算中，致使这一部分资金脱离了预算的监督管理，继续搞资金的体外循环。使预算收支口径与会计核算口径难以统一，对预算执行的考核缺乏可比性。

3. 预算项目缺乏细致性

一些高校在编制支出预算时，缺乏量化分析和科学论证，没能真正做到以收定支。除了专项收支以外，一些高校编制经常性预算，依然沿用"基数加发展"的粗线条、大框框估算方法，预算编制不完整或比较粗放，随意决定财务支出，或按经验办事，凭感觉收支，没有按照学校科学发展规划安排财务收支，对经费的管理比较盲目。这样编制预算只能起到总额控制作用，缺少明细支出项目，不能在工作中发挥应有的作用。预算项目安排与会计科目缺乏合理的接口，不符合财政部门的预算编制要求。

4. 预算编制缺乏公开性

长期以来，预算只是财务部门一家之事，参与预算编制的一般为与财务事务相关的人员，缺少专职人员对学校运行及建设发展与预算的关联进行研究。尤其是预算编制及调整缺乏自上而下的动态化真实需求数据，编制预算人员对纷繁复杂的业务活动及变化情况的了解有较大局限性，缺乏缜密、科学的论证，使预算不切实际，因此也就难以保证预算编制的科学性。

5. 预算执行缺乏监督机制

有些高校在编制支出预算时，缺乏科学分析，对预算执行中常有偏离预算的情况，有的变更经费使用用途，有的随意增减项目，有的则对专用款项缺乏统一的管理。尤其是对在预算下达后，没能实施监控、跟踪管理和指标考核，随意扩大支出标准。还有一些单位和部门领导法制观念淡薄或受利益驱使，不积极支持财务会计人员履行预算执行和监督职能，甚至设置障碍，使会计监督形同虚设，出现掩盖支出、虚报冒领等问题。有的高校基本建设缺乏科学规划，建设资金严重不到位，盲目开工建设，随意扩大建设项目，使预算缺乏严肃性、预算执行偏离计划的轨道，最终导致监督失效，发生许多经济问题。

三、高校绩效预算的模式设计

(一)健全的绩效预算组织管理和执行体系

高校绩效预算组织管理体系是具体组织实施高校绩效预算的组织保证，是由财政部门、教育主管部门、审计部门、科技部门、高等院校及有关部门和单位分别按照各自的职能和工作职责，依法进行高校绩效预算管理的组织工作体系。第一，由高等院校将高校教学科研目标项目化。第二，由教育主管部门对高校项目进行初审后，会同科技部门等相关部门对高校预算年度将实施的教学科研项目进行同行考评、中介机构考评、专家考评等项目评价，经评价评选出优先选择项目和可选择项目，并将优先选择项目、可选择项目和在校学生数量权重化，高等院校凭借这些权重参与高校绩效预算分配。再次，由审计部门会同教育主管部门对高校过去若干年度已实施的教学科研目标项目进行同行考评、中介机构考评、专家考评等项目支出绩效评价，高等院校凭借经过评价的支出绩效参与预算分配。最后，财政部门汇总各高校经评价的项目权重和支出绩效，与预算年度内国家预算中用于高等院校教育事业费用和科研经费总额相匹配，在各高校间进行预算分配。此外，国家立法机关应对高校绩效预算进行监督、审查、批准；各相关部门应成立专门的机构，组织专职人员，负责绩效预算工作；在对高校目标和支出绩效进行评价时，相关部门应广泛组织专家、项目同行、人大代表、民众代表或委托具有相应资质的中介机构，进行多形式、多角度的评价，并将评价结果向公众公开，接受社会的监督，并形成良性互动，以实现绩效预算的目的。

(二) 实行预算管理新模式

1. 产出是高校内部绩效预算的准绳

绩效预算是一种结果导向型预算，产出是高校内部预算投入的标准。高校的产出尽管因高校的类型和结构不同而有所偏重，但总的来说应包括两个方面：教学工作产出和科研工作产出。这两个方面的产出均可以再细化，如科研工作产出可以细化为发表的论文、出版的论著、获得的各类科研成果奖项等。因此，高校内部各部门或学院在上报本部门预算的同时，还必须报送结合学校同阶段发展规划所制定的本部门工作目标；学校下达部门绩效预算的同时，还应下达部门该阶段工作目标，作为该部门本阶段该预算金额投入应有的产出。

2. 正确核算"投入"是实行高校内部绩效预算的保证

对高校各部门而言，投入不仅仅是预算期内学校资金的现金投入，还应包括各部门占用的学校房屋、设备及实验室的折旧损耗费，当然也还应包括占用的人力资源。为此，笔者建议对高校内部各部门实行模拟经济独立核算，相关业务改按权责发生制处理，对占用的房屋设备计提折旧，以便正确核算高校各预算主体的"投入"。

3. 合理的高校内部绩效预算管理评价体系

内部绩效预算能否成功，关键在于能否建立合理的预算资金分配与绩效挂钩的绩效预算管理评价体系。高校绩效预算管理评价体系包括两个方面：一是合理反映内部各部门绩效情况的绩效评价指标；二是合理的绩效预算奖惩机制，即确保绩效考评结果获得合理应用的机制。

四、建立健全的绩效评价体系

(一)完善预算评价指标

绩效预算体制完善中除了学校内部的体制计划完善外，还应该完善预算评价指标。预算评价指标对绩效预算有着重要的推动作用，是衡量目标实现情况的依据，所以指标的设置要遵循整体性、科学性、可比性、可操作性等原则。

对部门支出绩效的评价及绩效预算评价，是一种综合性的评价。评价指标体系的建立可采用平衡计分卡、关键绩效指标法和层次分析法。选择指标时运用平衡计分卡的思想，从顾客、财务、内部流程和学习与成长四个层面考虑，划分绩效层次，分别设计学生工作指标(毕业生一次就越率、学位证书获得率等)、声誉绩效指标(校友捐赠收入年增长率、公众满意度等)、自筹绩效指标(自筹经费年增长率、自筹经费站总收入比重等)、资产配置绩效指标(教职工人均占用公房面积、教职工人均占用设备额等)、教学绩效指标(生师比、教学成果奖数量)、科研绩效指标(人均科研到位经费、发表论文著作数等)、教职工学习与成长指标(教职工人均人员经费、教职工各类培训费、教职工工作满意度等)七类关键绩效指标。这几个方面包括了财务指标和非财务指标，硬评价与软评价。

项目绩效预算评价指标体系可采用综合评价法、层次分析法和专家直观判定法制定。由综合评价法制定业务考评和财务考评两个一级指标。业务考评是对项目开展专业活动情况的评价，内容包括立项目标完成程度、项目组织管理水平、项目的实施效果等二级指标；财务考评是对项目经费支出管理的评价，内容包括资金落实情况、实际支出情况等二级指标。

(二)绩效评价的实施

绩效评价就是通过一系列的绩效评价指标考察预算实际完成效果情况的过程，以便使绩效信息与预算决策挂钩。目的在于引导、帮助被评估对象实现其绩效目标以及检验其战略目标实现程度。绩效评价是绩效预算的关键步骤，绩效评价指标体系建立的目的是绩效评价，绩效评价指标的合理和完善与否决定了绩效评价的有效性，而绩效预算奖励机制则是对绩效评价结果的利用。

首先，根据绩效预算指标确定评价标准，作为考核的基本依据；其次，将各项指标与评价标准进行比较，分别对现象的各个方面进行单因素考核；再次，用指数法对各项指标的考核结果进行汇总，形成一个全面反映预算绩效的综合考核数值。综合考核数值用指数法得出综合考核数值时，必须确定考核指标体系权重。层次分析法（AHP）是解决这一问题行之有效的方法，它是将决策有关的元素分解成目标、准则、方案等层次，在此基础之上进行定性和定量分析的决策方法。最后，通过专设的绩效评价小组对部门绩效评价评比的结果，分出绩优、绩差等级，得出绩效评价结果。

五、建立预算绩效激励机制

建立预算执行考核监督、激励机制，实施合理预算奖惩。为了体现预算管理的权威性和有效性，必须对预算执行的结果进行分析、考核。对存在的偏差，要查明缘由，提出整改及处理意见，加强预算管理的约束力，维护预算管理的权威性和严肃性。

高校在对预算编制准确性和及时性、预算完成情况进行考核的基础上，制定和实施科学合理的奖惩制度。由于人的工作努力程度要受到业绩评价和奖惩办法的影响，因此规定明确的奖惩办法，可以增强教职员工对自身工作的认同感，愿意自觉地为实现预算管理目标付出努力，有利于减少预算实行过程中的消极甚至抵触情绪，从而能调动起工作的积极性。对严格执行预算的部门，不仅要给予精神上的还要给予物资上的奖励，如给予与其相关的荣誉或适当的现金奖励；对不严格执行预算的部门要批评，可适当扣减其部门经费，情节严重的，还要追究相关负责人的经济责任。

六、结束语

综观现状，在市场经济体制下，高校不再是政府行政保护下的附属物，而是自主办学、自求发展的独立法人。因此，高校为了适应发展的需要，就必须实行预算管理，这样才能如实地反映学校资金收支情况。当然，真正做好高校财务预算管理工作，不仅需要高校决策层的高度重视，还需要预算管理者不断创新，这样才能不断提高高校管理水平，使有限的资金发挥最大的经济效益。

【参考文献】

[1] 陈胜权. 高等学校绩效预算管理模式的评价[J]. 财务与金融，2009(1).

[2] 侯芬娥. 构建高校预算管理新模式[J]. 会计之友，2009(7).

[3] 王波，王贤贤. 高校预算管理存在的问题及对策[J]. 经济师，2012(3).

[4] 母丹，戴锋. 高校绩效预算管理模式研究[J]. 重庆教育学院学报，2011(6).

[5] 李平. 高职院校内部绩效预算考核研究[J]. 国际商务会计，2010(2).

[6] 刘迪梅. 高校预算绩效管理的实践与思考[J]. 广东科技，2010(14).

发展规划机构在高校预算体系中的角色研究[*]

南通大学　李　硕　陈玉君　薛亚琴

【摘　要】目前的高校预算管理工作大多由财务部门牵头开展，在高校上级部门预算中，财务部门能够掌握足够的信息，具备足够的知识来开展这项工作，但是在校内预算工作中，由于高校财务管理体系导致财务人员缺乏详细的高校学科建设、人才培养、发展规划的相关资料和信息，使得校内预算编制方案质量粗糙，视角狭隘，不能很好地契合高校发展战略。同时，高校设置的发展规划部门在建立高校发展战略方案时，也往往缺乏资金状况的考量，导致高校发展规划方案缺乏经济基础，容易导致高校决策者发生误判，使得高校发展困境重重。本文研究了在高校预算管理工作中，两部门联合工作的模式以及发展规划机构的参与方式与角色，并对高校独立预算机构的设置进行了初步的探讨。

【关键词】高校　发展规划机构　预算体系　角色研究

一、高校预算管理工作面临的问题

当前我国高校部门预算及校内预算编制的模式大多都由财务部门牵头开展。其中部门预算一般遵循依照上年度部门预算编制和执行情况，结合本年度招生预期、资金流预期、重大基础设施建设计划等财务部门能够掌握的信息开展预算编制工作；校内预算按照各学院、部门提出的预算申请，结合财务部门对各部门、学院的访谈、调查等一系列的工作以及上年度预算协商确定本年预算数额。这些惯常的预算编制工作模式造成了一系列的问题。

高校的年度预算与高校发展规划不能互相适应，不同级别和不同期间的预算缺乏良好衔接，预算在公共资源的配置功能发挥受到约束，对高校发展规划支持度不够，甚至与发展规划发生冲突；高校二级预算单位之间争夺有限资源，预算控制力低下，削弱了高校核心竞争力；传统预算在业绩衡量标准上局限于单一的财务指标，忽视了非财务指标的作用，造成部门只顾短期利益忽视长远

---

　*　本文为南通大学高等教育课题研究成果，项目编号 2015GJ017。

利益，只顾局部利益忽视全局利益，这种业绩评价上片面性和局限性，削弱了预算的评价、激励作用；由于资源是有限的，但是需求却没有限度，这两者之间的矛盾造成了不同利益主体在学校预算经费的分配上的博弈，引发的摩擦造成高校办学成本的不断上升，很大程度上影响高校体质和发展效益，所以需要根据高校发展规划目标对经济资源分配做出科学统筹安排。

　　财务部门作为高校内部以从事会计核算业务、执行财经法律和纪律为主的部门，虽然一直在努力提升其在高校的管理会计职能，但是由于高校作为国家投入资金但又不需要核算盈利成本的事业机构[1]，管理会计的职能从制度上来讲难以很好的发挥。目前我国高校财务部门的主要职能仍然是使资金依法恰当的流入流出并确保其过程符合程序正义的要求，按照高校对资金使用的要求进行恰当的资金调度，保证高校各项事业合法有序开展，所以，高校财务部门的工作的侧重点仍然在保证高校经济活动的合法性以及资金链的维护上。而当前的高校预算编制工作，一般是在分管财务的校长领导下由财务部门来独立开展预算工作并承担责任。这种做法可能会造成预算编制方案视角狭窄，质量粗糙，受限于历史窠臼，难以突出重点，无法很好的契合高校未来近中远期发展规划的目标，这尤其对资金不十分充裕的高校影响较大。同时财务部门也变成了校内预算编制过程中各部门、学院与之博弈的对象，其实财务部门的预算编制人员并不一定完全了解各学科专业知识和发展需求，对于学科建设的方向、步骤、重点等一般都不太熟悉。在与校内二级预算单位的博弈中盲目性很大，所以财务部门作为预算管理工作的主体性存疑。

　　目前我国高校为了对自身近中远期的发展目标有一个科学合理的规划，通常都设立了一个专门的二级部门，一般称为"发展规划处"，其主要职责为编制学校事业发展中长期规划，引导高校事业发展路径，对学校重大决策和改革发展的重要方案进行研究、论证，并形成战略规划方案，为领导层提供高校未来发展的决策和参考[2]。然而，若不能很好地将高校资金状况及预期纳入考量，则脱离经济基础的发展规划就如空中楼阁，若高校决策层采纳这样的无经济根基的发展规划方案，极有可能对自身环境和形势发生误判，出现重大决策失误，造成高校发展进程收放失度，不能精准控制发展步伐。主要表现为资金利用效率低下，高校发展裹足不前，或者是发生过度扩张、资金风险急剧增高的状况。在我国的高校管理体系下，高校面临的普遍问题是发展欲望强烈，基础设施建设、科研投入、人才建设、学科建设齐头并进，却往往欠缺资金状况考量，最终导致深陷资金缺口的泥淖无法抽身。

　　那么，某特定高校当前的发展决策基调，是收缩放慢步伐，还是继续扩张呢？这个问题的提出为高校预算管理机构和发展规划机构之间的联合作业方式及其承担的角色提供了一个可以探讨和研究的课题。

二、预算管理和发展规划工作结合必然性和可行性

2014 年新预算法出台，2015 年 1 月 1 日正式施行，对高校预算管理工作全面化、精细化、透明化以及预算绩效评价工作提出了新的要求。高校部门预算根据高校往年的收入支出状况和本年的收支预期来编制，相对比较稳定，权力干扰和人为因素也较少，如果有变化也主要是根据预算法规和各级各类规章制度的修订来对预算编制方法进行修正，财务人员具有足够的专业知识，也能掌握足够的信息开展这项工作。而校内二级预算工作由财务部门单独负责实施和开展则显得捉襟见肘。与此同时发展规划部门却游离在预算管理工作之外，在对本校经济情况没有深入了解的情况下，规划学校未来发展的蓝图。这样的预算方案难以适应新预算法对预算管理的新要求，而学校的发展战略规划质量也难以得到保证。

财务部门和发展规划机构这样孤立运作的管理模式，对于财务部门来说，就如同盲人骑瞎马，造成的后果就是预算管理工作水平低下，不能较好契合学校的未来的发展规划，预算分配易受公权力和话语权干扰，"按闹分配"代替了科学分配，资金利用效率低下。对发展规划部门的工作来说，制定出来的学校发展规划与财务状况脱离，无法很好地将学校所处的经济环境和自身的经济状况做综合考虑，容易使得高校决策者产生误判，做出过于激进或者保守的决策，使高校的发展困境重重。

高校事业的发展，以经济为基础；高校经济状况的改善和提升，也需要依靠科学的发展规划，高校管理工作的这两个目标体互相需要，互相支撑。所以，这两个职能部门之间在预算管理工作上的联合作业势在必行。

高校决策者在这项事关高校内涵建设的工作中应积极的，自上而下的引导双方联合开展工作。双方在管理机制和工作流程的构建上也应遵循科学高效的原则。

三、高校发展规划机构在财务预算工作中的角色及参与模式

(一)发展规划机构在部门预算编制中的角色及参与模式

高校的部门预算方案，在某种程度上反映了高校发展规划方案的成果，是历年发展规划方案效益的总体现。在财务部门编制完部门预算后，应形成预算编制方案及简报交发展规划部门审阅并提出修改意见，发展规划部门在对预算编制报告的审阅过程中，可以检验历年发展规划方案在经济方面的成效，在部

门预算方案获得批复之后，也应向发展规划机构转交一份，作为校内预算编制时，发展规划部门研判和参与工作的依据。

此时，发展规划机构在部门预算编制工作中的角色为预算报告收集，以往发展规划方案成果验证评价，对本年度的部门预算和筹划中的发展规划匹配度进行相互验证，并对本年度的校内预算提出基本的指导性意见。

（二）发展规划机构在校内预算编制中的角色及参与模式

校内预算和高校部门预算编制的方式、方法、管理机制多有不同，校内预算是财政下达到高校的预算资金在校内的再分配[3]。但是，校内预算方案除了平衡校内二级预算单位之间利益的功能之外，更应该从细节上体现高校发展的战略。此时，高校发展规划部门在校内二级预算的角色应发生根本性的转变，从部门预算编制工作中的预算资料收集，预算方案与发展规划成果验证等主要是自我检视的工作角色，转变为校内预算中的主导角色，而此时财务部门则变为财务信息、制度、技术等数据和规则的支撑者角色。

部门预算批复之后，校内预算得以开展，所有二级预算单位同时向财务部门和发展规划部门提交本部门预算方案后，发展规划部门根据其历年制定的涵盖本年度发展规划的目标纲要，对校内部门提交的预算方案进行梳理和检视，形成初步意见报告；同时财务部门以部门预算为基础，根据学校的资金状况，对校内各部门学院提交的预算方案进行汇总整理，从资金角度切入，形成对校内预算方案整体资金用度的初步意见报告。

两部门对校内预算方案意见报告具体的不同之处在于：发展规划部门的报告应按照学校的发展规划，依据统筹兼顾，突出重点的原则，主要从校内二级预算在总预算盘子中的分配比例角度，提出自己的意见报告。财务部门应依据部门预算中的收支预期数据和预算资金使用科目分配，对整体的二级预算汇总数据提出整体削减/扩充比例以及部门预算科目分配方案的意见报告。

发展规划部门和财务部门交换报告文本，互相对对方的报告进行研判分析后，组织开展联合工作会议，对各二级预算单位提交的预算方案共同进行研讨和修改，形成统一的二级预算修改意见 A，并按各二级预算单位分类，形成单独针对二级预算单位的修改意见 B1，B2······Bn。将 Bx 下发到各二级预算单位之后，两部门共同持 A 对部分重点二级预算单位进行访谈调研，并接收所有二级预算单位的对 Bx 的反馈。调研和反馈期结束后，发展规划部门和财务部门的再次开展联合工作（会议），对二级预算单位的反馈和访谈调研结果进行整理修改，形成符合学校资金状况和发展规划要求的二级单位预算方案后，将新的校内二级预算方案交所有校领导，并将各部门二级预算方案分发给对应的部门，并请二级预算单位在一定的时限内向分管校领导提出意见。在此之后，召开校长办公会(发展规划部门和财务部门列席)讨论决策本年度校内预算的最终方案。

在校内二级预算方案编制的工作中，应以发展规划部门为核心引领，根据学校既定的和未来的发展规划，对二级预算单位提交的预算方案进行调整和修改，而财务部门则是从提供学校资金状况信息、部门预算信息、财经制度规范、财务技术支持方面来参与此项工作，简而言之，高校部门预算责任人为财务部门，而校内二级预算的主要责任人应为发展规划部门。

四、独立预算机构的探讨

由于高校管理体制的不同，国外的高校更加注重预算的科学高效性，基本上都设置了直接隶属于校董事会的预算管理委员会，目前，我国已经有一些高校针对高校的预算工作成立了专门的预算委员会，这是一种比较科学公平和高效的预算管理工作机制，相对来说能够较好的协调各相关职能部门各二级预算单位在高校预算管理工作上的步伐和节奏[4]。但是目前在我国高校，这种委员会性质的机构仍然是由各职能部门派员参与，预算业务水平较低，职责和决策责任也不清晰，执行力也不够，很大程度上只是校内各利益主体聚集议事的场所。为了应对这种状况，校决策层应明确和强化高校预算委员会的法定职责，派驻财务部门和发展规划部门的专业人员作为预算委员会的成员，而不仅限于二级预算单位负责人。有条件的高校，应成立专门的预算处，可在二级预算申报阶段聘请无利益相关的专家或者校外咨询机构对二级预算申报方案进行评审评估。

五、结语

高校部门预算和二级预算管理的工作，关系到高校的生存和发展，在高等教育普及的当代，同时也是在高等教育改革的关口，显得尤其重要。根据我国人口发展的特征，可以预见，未来几十年高等教育的激烈竞争将不可避免[5]。因此预算管理工作的重要性显得尤为突出，高校的战略规划应全面渗入当前以财务部门为主导开展的预算管理工作，提升预算质量，打好战略规划基础，使得高校战略规划目标和经济指标互相适应，互相促进，建设有优质发展战略和良好经济环境的高等学校。

【参考文献】

[1]杜俊萍.论管理会计在高校财务管理中的应用[J].会计之友，2014(26).

[2]常永明.论发展规划处在制订高校规划中的作用[J].黑龙江教育(高教研究与评

估），2014(2).

[3]周建.浅析高校校内预算管理工作[J].会计之友，2011(6).

[4]张欢.对国库集中支付制度下高校预算委员会工作的思考[J].行政事业资产与财务，2014(1).

[5]李凯冬，邵春艳.高校竞争与高等教育多元化[J].黑龙江教育(高教研究与评估)，2013(3).

高等学校现行预算管理存在问题及解决途径探讨

河北师范大学　　曲京山

【摘　要】预算管理是高校财务管理工作的核心，其管理情况的优劣直接影响到学校的财务状况，进而影响到高等学校能否全面、协调、可持续的发展。如何有效的解决高等学校预算管理中存在的问题，成为高等学校财务工作的重点。本文就高等学校现行预算管理存在问题及解决途径进行了相应的探讨，以期能对改进高等学校的预算管理提供相应帮助。

【关键词】预算管理　问题　途径

在我国高等教育的迅猛发展时期，高等学校能否得到可持续的发展，资金是关键。资金的筹集、分配和使用，对高等学校事业的发展起着直接、重大的影响。高等学校预算管理工作，直接决定了高等学校的资金使用效益。然而，就目前而言，高等学校在预算管理方面仍存在一些问题，直接影响了高等学校资金的使用效益，影响了高等学校的健康发展。因此，高等学校的财务管理部门必须针对这些问题，探寻合理、恰当的解决途径，以利高等学校的健康、稳定发展。

一、高等学校现行预算管理存在的主要问题

目前，高等学校在预算管理方面主要存在如下问题：

（一）缺乏完善的预算管理制度和专职预算监督管理人员

目前，大部分高等学校都建立有较为完善财务制度，但由于高等学校管理层以及职能部门对财务预算的重要性认识不足，一方面尚缺乏较为完善的预算管理制度或虽制定了相应的预算管理制度，但存在着预算管理制度不能处理相关问题的现象，使预算管理制度形同虚设，预算管理的作用得不到充分发挥，另一方面缺乏一套完善的预算管理科室和配备相应的预算分析和预算监督的管理人员，或者虽然设置了专门的预算管理科室但仅仅是摆设并无实际的权力，缺乏预算执行问责机制。

（二）不确定因素的存在影响预算的准确性

高校部门预算的编制是一项具有复杂性和系统性的工作，主要服务于学校的运行与发展，但由于学校发展过程中的各种不确定因素从而影响了高校部门预算编制的准确性和可靠性。主要表现在以下两方面：第一，收入预算编制很难做到准确可靠，编制时经常出现偏差，产生这种现象的主要原因是：一是在高校实行生均综合定额拨款改革中，年底学生人数往往作为编制第二年生均综合定额收入的依据。但是在年中时学校就会有毕业生和新生，而毕业生和新生人数往往不一样。这样的情况下，按以上方法来编制生均综合定额收入预算就会不准确。即使在到了年度预算期末时再按照在校生实际人数进行多退少补，但必然会影响学校对全年经费的合理安排，最终导致出现造成过后核算的现象；二是除学费住宿费外的非税收入由于面向市场而具有不可预见性，经常会导致有非税收入的部门出现隐藏、截留、拖欠等现象，从而影响非税收入的真实性和可靠性。第二，支出预算编制根本就不全面，往往缺乏量化分析和有效分配。高校现行的支出预算将经济内容分为了若干经济科目，一般是按照财政部门设定的定员定额和日常公用支出限额进行编制。财政部门虽然会对高校的支出预算编制口径做了一些调整，但带有高校特点的一些支出仍然难以全面反映。其次，学校对公用支出根本没有做到具体细化，并且往往沿用旧的方法编制，公用支出编制存在不严谨的现象。

（三）编制方法缺乏科学性，预算编制缺乏透明度和公众参与度

高等学校在预算编制时往往沿用以往的编制方法，对当前较为先进的编制方法采用较少并且所编制出的预算一般无弹性，并且一经确定就会执行到底，使得编制过程缺乏透明化，最终使得各个部门以及学校教职工对于学校的发展目标和定位认识不足，对参与预算编制热情不高，最终使得高校预算编制参与者不足，从而对可能发生的特殊情况考虑不足，影响预算编制全面性和准确性。

（四）普遍存在着一所高校两套预算的现象

所谓两套预算是指部门预算的编制和执行不一致，从而形成一所高校两套预算，即向上编报的部门预算和校内执行的预算实施方案。两套预算在编制时间、编制依据以及编制的详细程度均不一致。很多高校往往是先编制了财政部门预算，再在部门预算的基础上打足预算收入，细化预算科目，编制实际可执行的校内预算。一般高校预算年度的事业任务要在预算年度的 2 月左右才能确定，特别是招生计划、当年新进人员计划等硬性指标，一般在预算年度的 5 月份以后才能确定，高校要在上一年较短的时间内编制出能执行的预算比较困难。而且上级财政部门于每年 3 月份下达财政预算，各高校据以编制的学校预算，

需等到每年4月底经研究确定后再具体下达预算，而这时已有近1/3的经济业务成为过去，无法进行事前事中控制，成为一种事后预算，失去了预算编制的作用。近年来，随着国库集中支付改革、预算外资金实行"收支两条线"管理和政府收支分类改革的层层推进，这一现象带来的问题凸显出来，并已影响到高校的正常运转和发展。

（五）预算执行缺乏相应的约束力

大多数高校的财务预算在执行过程中存在普遍存在如下问题：第一，预算审批下达执行的时间从未准时甚至滞后。一般都是在当年的3、4月份高校部门预算经人大会议审议通过后批复下达，一般到当年的4、5月份各高等学校才下达具体执行的校内预算，而在这期间有很多经济业务就已经发生，导致预算管理无法做到事前、事中控制，从而失去了预算控制的意义。第二，高校的预算项目随意调整、追加现象尤其严重。在实际工作中，预算经费项目时常被学校管理人员擅自扩大开支范围、混淆开支方向、提高支出标准，从而导致了造成预算执行力不强，预算变更频繁，使其缺乏严肃性。第三，对于预留的机动费用使用时缺乏应有的约束力。在高校编制预算时，一般为了防止意外情况的发生会预留一部分不可预见的经费。可是在实际执行的过程中，这部分预算资金的使用方向经常难以控制，经常变成了补充常规公用经费的超支。正是由于预算执行存在的随意性，从而使得预算的约束力削弱了许多。

（六）预算执行中缺乏必要的考核与评价机制

在资金使用上，某些校领导未按预算安排使用资金，而是随意改变原定计划，造成预算变更频繁，预算执行刚性不强；还有些领导缺乏全校一盘棋观念，审批资金时不是从学校全局出发而是从自己分管的部门或事情出发，不按部门预算使用经费，而是随意审批经费。或者对于补助标准、提成方案等完全从本部门的情况出发，很少顾及校内其他部门，不仅挫伤了一些部门或个别同志的积极性，同时也使部门预算丧失了约束力。在年度预算执行完成后，对经费项目执行结果缺少考核，没有建立相应的奖惩制度，对合理开支经费和节约使用经费的单位没有进行必要的鼓励，以调动其合理使用经费的积极性；校属单位负责人经济责任制形同虚设，对违规使用经费和造成事故的责任人，没有给予必要的经济和行政处罚，对其经济效益缺少必要的考核，或考核后没有配套的奖惩措施，缺乏应有的激励机制，使考核工作流于形式。

（七）在预算管理中忽略了"人"的因素

长期以来，预算只是财务部门一家之事，参与预算编制的一般为与财务事务相关的人员，缺少了解高校运行及建设发展的相关人员参与预算研究。尤其是预算编制及调整缺乏自上而下的动态化真实需求数据，编制预算人员对纷繁复杂的业务活动及变化情况的了解有较大局限性，缺乏缜密、科学的论证，使预算不切实际。同时，高校在制订预算时，多是根据学校总体经费规模的大小结合各院（系）师生人数、工作量等情况直接确定各单位各项目经费预算，很少征求各单位的意见。在预算执行上，未要求单位编报经费使用计划，也无法落实对具体支出项目的控制。在预算考核上，未建立相应的跟踪、分析和评价制度，对各部门的预算经费难以做出准确、具体的分析评价，对资金的使用效益也难以正确、完整评价，容易造成预算内容不实、预算约束不强和预算执行不力的情况。多数高校都没有实行职工参与预算指标的制定，预算执行中对职工反映的问题较少理会等。这种情况下制定的预算指标如果高不可攀，职工就往往缺乏信心，对领导班子产生疑虑，一旦未达目标，易造成人心涣散。相反，如果预算目标松弛，势必会造成现有资源的浪费。院系和广大教职工是学校预算的实际执行人，没有他们的认同和参与，预算就会成为空中楼阁，将得不到有效的贯彻执行或者在执行过程中会出现偏差，在预算执行过程中容易受到抵触。因此，预算管理是一项全员参与的活动，合理的预算管理制度应有利于发挥每位职工的优势，充分调动职工的积极性，将职工的个人成长和企业目标结合起来，通过做好人的工作，始终最大限度地发挥人的主动性和创造性，同时使企业沿着既定的目标发展。

（八）预算易受学校领导层的短期行为影响

领导层的急功近利心理，会造成决策短期化行为。不能很好地根据本校的实际情况、社会对人才的需要趋势及资金的可能供给量来确定中长期学校的发展规模、培养目标、专业设置与调整、教师队伍的素质提高、专业设备配备和学校其他有关建设等，往往出现计划不周，超前用款、缺少一盘棋的思想，直至造成决策失误，导致学校规模效益和结构效益差、发展不稳定、预算赤字等弊端，影响了预算管理的严肃性和科学性。

二、完善高等学校现行预算管理的途径

对于上述高等学校在预算管理中存在的问题可采用如下途径予以解决：

（一）建立全面的预算管理制度

经职工代表大会批准确定的高校预算，应是全校经济工作的"指挥棒"，应严格按照管理层次依次将组织收入、控制支出的权力和责任明确到位。具体做法为：（1）结合各高等学校自身的特点，落实责任分工明确的预算管理体制，分别赋予不同部门预算编制、预算执行、预算监督的职能，实现关系密切的预算

管理体系；（2）根据各高等学校目前状况建立新的预算管理模式，从而摆脱以前单纯以收入支出进行划分的预算管理模式；（3）充分发挥财务职能部门在资金预算、监督、控制、决策等方面的积极作用，使学校财务管理的更加具有科学性和规范性；（4）保障高校教育资金的安全，提高资金使用效率，使财务预算编制得到完善，建立财务预算执行审计、基建工程审计、学校财务决算等的预算管理制度；（5）预算编制时应对各种收入及各类支出做出全面考虑，不能随便扩大支出范围；（6）对于项目预算应加强管理，对于学校资金项目的安排，应坚持先评审后放款、先确认后开工的原则；高校承担的国家科技计划项目应全面实施课题制度，依据国家财政预算管理改革的要求，课题应实行全额预算管理，对于预算编制应细化，并同时进行课题预算评估评审制度，使得专项资金的使用达到规范化和安全性。

（二）建立相应的预算管理机构

为了预算控制得到有效进行，高等学校应建立和组织预算控制组织体系，从而使分级分口管理预算责任得到明确。实现分级分口预算管理适合高等学校的管理体制和组织机构，各级组织、各部门的责任和管理内容在预算管理方面具体化。高等学校的预算管理机构应与高校行政管理机构更加匹配，负责预算编制、调整和反馈的组织部门，是全面预算管理职能的主要机构。

在学校预算管理中，学校党委常委会起到决定性的作用，主要工作是审批学校预算方案、预算的调整方案、预算执行情况的报告和预算评价报告，控制预算执行过程的顺利进行。预算管理委员会主要由财务处主导，包括审计处、人事处、科研处、工会等部门以及代表学校财经方面的专家构成，主要负责审议和论证学校预算。各个职能部门构成了预算责任中心，对各预算单位下达的事业计划是根据学校的长期发展战略而制定的。只有审核批准了下一层及的业务预算才能保证学校的战略目标得以实现。预算管理办公室主要任务是日常预算管理工作。

为了保障高校预算管理得到有效进行必须制定一套科学合理的组织制度体系。控制预算得到有效实现，首先高校应完善各级预算管理的相应部门，健全从预测、决策到执行、监督、考核的各个步骤，对于以各级责任层次划分的责任制，应做到分工明确。主要包括以下几个方面：第一，组建由行政独立领导的权威性财务预算管理委员会，并且由教学副校长、审计处长、财务处长协助，负责学校预算的总体平衡、宏观协调、审批、控制、监督和考核。第二，学校教职工代表大会和审计处、纪委应监督学校预算公开性透明性以及是否民主理财。在开学校教职工代表大会时，学校教职工代表应对学校预算决算草案进行审议并提出质询和修改意见，从而使得学校预算管理委员能够参考。对于学校执行部门和预算管理的预算违法、违规行为，学校审计处及纪委应提出报告，并交于学校领导，从而便于学校领导进行调查处理。第三，学校财务部门应负责编制学校的预算、决算草案。负责学校预算执行过程中的控制以及调整，对于决算情况和预算执行情况应定期向学校预算管理委员会和上级主管部门进行报告。对于本部门的经费需求预算、决算应由各经费主管部门负责编制，组织和监督本部门预算执行情况，按规定提交给学校财务部门预算安排和决算情况。

（三）力求预算编制的全面性

预算编制是实施预算管理的首要任务，处于预算管理过程中及其重要的一环，预算执行的效果和资金的使用效率取决于预算编制质量好与坏。为使高校预算更加完善，应做好如下两方面的工作：一方面，科学编制基础信息与数据工作。高质量的预算编制以大量科学、完整和到位的信息为基础。所以，在预算编制的开始阶段，应该及时收集、整合各种相关的信息，如教职工人数、毕业生人数、招生计划数等。若要将为财务预算建立在准确、可靠的基础信息与数据上，应对各项基础信息与数据进行核实，从而实现准确无误。一方面预算编制方法：全面实行零基预算法。对于高校的预算编制方法上应舍弃"基数法"，严格实行"零基预算法"。零基预算法是指编制年度预算时，对各项支出均不以上年预算为依据，所有的年度预算以零为开始的方法。它主要针对支出项目进行核查和估量，以减少无谓的开支，从而达到以下基本目的：使预算分配更加科学化，解决各单位不合理的问题；以达到预算管理的规范化；合理安排支出结构，是资金使用效率提高。

（四）运用多种预算方法提高预算编制的科学性

预算编制要改变过去的"基数＋增长"预算编制方法，编制中参考以前年度预算执行情况，引入以成本效益分析为基础的绩效预算和零基预算等先进预算编制方法。零基预算与增量预算编制法不同的是它对于任何一笔预算支出，都不是以现有费用水平为基础编制一笔任何预算支出，均是以零为基点，从更加全面的考虑费用支出及其数额的大小。这样使所编制的预算与当前的实际更加切合；绩效预算是一种以目标为导向，以项目成本为衡量标准，以部门和项目业绩评价为核心的预算管理体制。绩效预算按照"部门＋项目＋ 业绩指标"为对象编制预算，将单纯的支出与部门、支出与项目的对应关系改为支出与目标相对应的关系；它强调预算的目的是为实现目标服务，而不仅仅是为了维持某个部门的工作或完成某个项目；同时强调将预算的重点从单纯的支出控制转向支出所取得的成果控制，集中在预算投入和产出关系的测算，着眼于提高资源分配的经济效率。

（五）细化预算编制内容，增强预算的可控性

编制清晰明确的预算是实施预算管理的重要前提，其关键就是细化预算，将预算制度、责任、指标、经费项目、定额等各方面进行细化，分解到管理的各个角落与个人，以保证高校各部门、单位管理活动有章可循；提高工作效率，防止扯皮；经费项目的细化有利于费用分析，寻求降低费用的途径；指标和定额的细化有助于对预算执行结果的考核和教职工的激励；通过责任细化对预算执行过程中的凭证传递和手续审批进行控制，以保证预算执行的有效性。

（六）加强预算执行体系，提高预算管理规范性

预算控制是预算管理的重要环节，预算方案能否最终得到贯彻执行，需要对预算执行过程及时加以监控。只有及时发现预算执行过程中的非正常情况，才能防止和纠正预算超支或经费过剩、不按规定用款、挪用专项经费等现象，保证学校各项任务得以顺利完成。为此，财务部门要加强会计基础工作，规范经费预算与经费项目等业务操作流程，及时进行经费使用的监督和控制；掌握预算执行过程中出现的各种情况，加强与经费使用部门的沟通，开展动态监督。结合实际，在高校内部建立一套以财务部门为中心，上通学校决策层、下联各学院（部门）的预算执行信息传递与反馈网络。一方面，可利用计算机对整个学校及下属各学院（部门）的预算计划及执行情况进行实时监控，严格控制资金流向，一旦发现超计划或无计划用款现象等，立刻提出预警或禁止信息。另一方面，还可利用学校内部局域网等工具及时将各学院和整个学校的预算执行情况和进度在学校决策者和各责任部门之间进行传递，使他们能及时了解相关信息，并相应的做出决策，使预算计划的顺利完成得到保证。学校下属的各学院也应主动积极配合，加强预算管理，因为本部门的目标是责任预算，所以，根据财务部门提供的预算执行情况和进度，及时分析偏差及原因，并总结经验，提出改进意见。在此基础上将相关信息反馈给财务部门。只有通过这样的互动，才能使高校内部预算执行情况的反馈网络与信息传递及时、高效，从而使高校的预算管理工作完成得更好。

在高校内部具有"法律效力"的财务预算一经确定，如果没有得到批准，不准擅自调整预算。因此，高校必须制定财务管理办法，完善内部控制制度，规范收支审批程序，强调"一支笔"负责制，明确预算支出的范围、内容、限额，对超限额的项目需报分管领导审批，确需增加的额外支出，应按照预算调整的程序来进行，照章办事，保持预算管理的权威性。

为了保证预算管理工作的正常运行，高校应加强预算执行的过程控制。首

先，应建立和完善内部责任制度，强化岗位责任制度，靠制度约束人、管理人的长效机制应该建立，从而保证预算管理的执行和监督。其次，应加强预算控制，对预算项目执行情况进行定期分析，并总结差异产生的原因，并将其作为今后预算编制的依据。最后，预算一经确定，不允许随便删减、追加，各预算责任部门必须严格执行。应认真进行审批权限，各部门的经费必须在规定的年度内使用，对于不合理的开支拒不执行，从根本上杜绝制造虚假信息的现象发生。

（七）建立预算支出绩效评价系统

加强预算支出绩效考核，提高预算管理水平。预算绩效考核是对经费支出产生的效果和影响进行评价的行为，是以支出"结果"和"追踪问效"为导向，以定性分析与定量评判为手段的预算支出管理模式。只有通过建立一套合理科学的评价方法、评价体系、评价标准才能达到有效的绩效评价。支出绩效对于预算管理体系来说是编制、执行、监督三者的重要组成部分，使预算管理更加科学化、精细化。

现阶段在高校内建立领导组织机构势在必行，实现制度化、规范化、法制化绩效考核工作。从经济效益、社会效益和项目投资评价三方面考虑预算绩效考核，绩效指标的设定原则是遵循短期效益与长期效益相结合、定量和定性相结合的。根据大的预算项目和重点开支及部门的包干经费的不同，设定不同的考核指标体系和评价标准，并对其进行追踪问责，建立学校各部门预算考核机制，考核重大经营决策的效益性、科学性；经济活动的合法性、真实性等。

高校应建立起一套科学、合理的绩效考核机制，用以评价预算管理的执行情况，并实现绩效考核的规范化、制度化。同时，及时调查预算资金的使用情况并进行跟踪，并采取强有力的措施对发现的问题和偏差进行改正。与此同时，为实现切实做到奖惩的兑现的目标，将各部门和职工的经济利益与预算管理考核情况挂钩，使三者之间成为责、权、利相统一的责任共同体，进而在最大程度上调动各部门和职工的工作积极性与创造性。

【参考文献】

[1] 王舒，张文娟. 国(境)外高校财务预算管理的特点与经验[J]. 教育财会研究，2007(1).

[2] 汪伯文. 高校财务管理存在的问题及其动因[J]. 财会研究·理财版，2008(6).

[3] 李萍. 高等学校预算管理问题再研究[J]. 财会通讯·理财版，2007(5).

[4] 陈宝农. 论完善高等学校预算管理体系[J]. 财务与金融，2007(3).

[5] 张建国. 浅议高校预算管理[J]. 中国市场，2005.

大学治理视野下的高校预算导向作用[*]

南通大学　田华静

　　【摘　要】大学治理结构的建立和完善是一个系统工程，涉及面广，制约因素多，高校预算是其中的一个重要方面。随着现代大学制度的形成和完善，预算在大学治理中的导向作用愈来愈得到凸显。这种导向性主要表现为高校预算的科学性导向、战略性导向和绩效性导向。在现代大学制度中，这不是一个技术层面的问题，而是大学治理科学理念的体现，是高校管理改革创新的重要环节。

　　【关键词】现代大学制度　大学治理　高校预算　导向作用

　　进入 21 世纪以来，我国高校开始全面推进现代大学制度建设，这是新时期高等教育改革的方向，也是社会发展的必然要求。现代大学制度的核心是合理的、制度化的大学治理结构。这种治理结构的建立与完善涉及权力的配置、运行的逻辑、监督的职能等众多方面，高校预算与这三者有密切关系，既关乎治理结构的内涵，也影响治理结构的绩效。本文试就如何科学有效地发挥好预算在大学治理中的作用提出管见。

一、高校预算：大学治理中一个超越技术层面的问题

　　所谓大学治理，就是大学内外利益相关者参与大学重大决策的结构和过程。其目的是通过权力配置和制度安排以兼顾、平衡各方利益，以达到公正与效益契合的状态。[1]大学内外利益相关者包括举办者、管理者、教师、学生、捐赠者等，其相应的组织机构或决策机构有主管部门、学校党委、校长、学术委员会、教职工代表大会、学生代表大会、校友会等，其相应的权利义务以及各机构之间的相互制约关系构成了大学的治理结构。

　　有学者在解释"为什么提出大学的治理问题"时指出："其实任何一个组织都有一个治理问题，学校也不例外。涉及大学治理的时候，要讨论的一个问题是：用什么样的制度安排能够保证大学的目标和理念得以实现……所以一定要通过

---

　　* 本文发表于《苏州大学学报》2014 年第 6 期。

一整套的制度安排来实现。这些制度安排就是治理结构，就是大学的治理。""大学的治理涉及一系列问题，比如：大学的控制权究竟应该在谁的手里？是在教授手里还是在行政主管手里，是在校长手里还是学生手里，或者是政府手里？"[2]3-4因此，建立和完善大学治理的目标，就是要更好地实现科学民主管理，提升办学绩效，保障可持续发展。在这个总目标下，管理与绩效在逻辑上是统一的。具体到高校预算问题上，控制权的实质是谁来安排与协调，最终是否能够公正处理好各方利益，提高办学效益。

所谓预算是"经法定程序批准的政府、机关、团体和事业单位在一定期间（年、季、月）的收支预计"[3]4228。《中华人民共和国预算法》（1995年版）第七条规定："单位预算是指列入部门预算的国家机关、社会团体和其他单位的收支预算。"高校预算属于事业单位的收支预算，财政部《事业单位财务规则》第六条规定："事业单位预算是指事业单位根据事业发展目标和计划编制的年度财务收支计划。"《高等学校财务制度》第十条规定："高等学校预算是指高等学校根据事业发展目标和计划编制的年度财务收支计划。"

高校经费是高校发展的基本保证，诚然预算是其效益最大化的技术路径，但客观来看，它并不是一个简单的技术问题，而与高校治理的理念、目标有关。有人将高校经费比作高校的脊梁，认为预算是高校的神经中枢[4]1-2，如此评估高校预算的作用并不为过。总体来看，高校预算管理无论是对理论界还是对实务界，都是一个值得不断深入研究的课题。从高校预算管理的提出、全面预算管理、预算绩效评价到预算精细化管理，高校预算已经超越技术层面，从理论到实践、从理念到方法，正随着高等教育的改革发展的进程而不断提升和完善，成为高校管理工作改革创新的重要环节。

二、高校预算：在大学治理中的重要导向作用

高校预算是大学财务管理的重要组成部分，是高校经济工作的"龙头"，在高校资源配置中起主导作用。毫无疑问，高校预算本身是大学治理结构的一部分，它能够对决策权进行划分并进行相关的行为控制。因为"法人治理结构"其关键是权力制衡关系，符合法人治理结构要求的财务管理体制是体现财权制衡的财务治理结构[5]102-146，而高校预算作为财务管理体制行为能够推进高校各项发展政策的落实。这一过程中科学合理的法人治理结构是合理编制高校预算的制度保障，预算一旦确定又反过来制约高校各管理层活动的范围和方向，保证大学治理结构的优化构成与发展。由此我们可以归纳高校预算三个方面的重要导向作用。

(一)科学性导向

1. 高校预算的科学性导向体现于预算编制的原则性

高校预算编制一般依据《中华人民共和国预算法》《事业单位财务规则》《高等学校财务制度》的有关规定，结合学校事业发展规划、学校年度目标任务、工作重点，遵循预算编制的方法和要求进行。财政部、教育部 2012 年颁布的《高等学校财务制度》明确指出：高等学校预算编制应当遵循"量入为出、收支平衡"的原则。收入预算编制应当积极稳妥；支出预算编制应当统筹兼顾、保证重点、勤俭节约。同时，高等学校参考以前年度预算执行、结转和结余情况，根据预算年度事业发展目标、计划与财力可能，以及年度收支增减因素和措施，按照预算编制的规定编制预算。

从程序上讲，高等学校一级财务机构提出预算建议方案，经学校领导班子集体审议通过后，上报主管部门，经主管部门审核汇总报财政部门，经法定程序审核批复后执行。高校应当严格执行批准的预算。预算执行中，国家对财政补助收入和财政专户核拨资金的预算一般不予调整；上级下达的事业计划有较大调整，或者根据国家有关政策增加或者减少支出，对预算执行影响较大时，高等学校应当报主管部门审核后报财政部门调整预算。

这些原则是刚性要求，高校预算的科学性是建立在服从刚性原则的前提下的，概括来说：一是在编制预算时要按照国家和上级部门有关规定，"量入为出、收支平衡"以确保高校财务的稳健；二是要符合高等教育发展规律，根据预算年度事业发展目标、计划与财力可能，以及年度收支增减因素和措施，按照相关规定编制预算，以体现高校财务的调适性；三是要选择符合本单位发展需求的预算编制的方法，对需求做科学分析，不苛不纵，以体现合理性；四是要严格预算编制审批流程，执行自觉，监督到位，约束有力，以体现程序性。

2. 高校预算的科学性导向受制于预算编制方法的选择

预算方法目前有零基预算法、基数加增长法、定额法、定额加专项法等，任何一种方法都是一种导向的选择，一旦选择了某一种预算方法，一定会在高校宏观或微观、全局或局部、全面工作或某一方面工作上起相当程度的促进作用。

选择零基预算法，除预算编制工作量大之外，对基础资料的准确性要求也比较高，但可克服部门预算经费只能增不能减的弊端，防止可持续发展乏力；选择按生均定额方法安排预算，有可能会导向扩大学生规模，但有利于调动教学单位招生的积极性；选择定额加专项法安排预算，会引起经费使用单位想方设法争专项争经费，但能够兼顾一般又突出重点。利与弊总是相对的，在蓄水量限定的情况下，怎样开渠就决定了水流的方向与流量，开渠方法的选择在大学治理的结构中既要有思想、有理念，又要公开、透明。

3. 高校预算的科学性导向凸显于专项经费的安排

一般而言，高校预算经费主要分为两大块，一是日常运转公用经费，二是发展性专项经费，前者保吃饭，后者保发展。日常运转公用经费的安排一般情况下是按照学生数、教师编制等定额标准进行，预算的难度不在此。相比较而言，预算安排专项经费的导向具有针对性，是矛盾的焦点。预算安排人才引进专项经费，有利于校主管部门和相关学院积极抓好人才引进工作；预算安排教材建设专项经费，有利于校主管部门和各教学单位努力抓好教材建设；预算安排科研项目配套经费，有利于校主管部门、各学院和教学科研人员积极申报各级各类科研项目，促进科研项目增数量、上水平；预算安排奖学金、奖教金，有利于鼓励广大师生争先创优，形成优良教风、学风。当然，如果专项经费预算安排不够科学合理时，轻者会引发矛盾、降低资金使用效益，使高校错失某些发展机遇；重者会造成浪费，甚至滋生腐败，严重影响高校正常运行。

4. 高校预算的科学性导向依赖于预算编制审批流程

经过多年的高校财务管理改革实践，目前已基本形成高校预算编制审批流程，即高校财务部门负责预算草案的编制，校预算委员会或财经委员会审议提出建议意见，校党委常委会或校务会议审定的模式。其中，财务部门作为业务部门完成技术层面的工作；校预算委员会或财经委员会作为各方面代表参与的非常设机构完成对预算草案的民主审议工作，校党委常委会或校务会形成学校预算的最后决策。预算的审批流程从一定程度上体现了大学治理所倡导的"复合共治"，能够引导大学治理更趋科学合理。

（二）战略性导向

1. 高校预算的战略性体现学校对预算资金的长远规划

"战略"作为学术用语，原意是对全局的筹划和指导。由军事领域逐渐广泛用于工商企业，20 世纪 80 年代有学者和管理者逐步用于高校。一般而言，高校发展战略是为了形成和维持学校竞争优势，谋求学校长期生存和发展，在综合分析外部环境和内部影响因素的基础上，以正确的指导思想对学校的主要发展目标和达到目标的途径以及实施具体程序进行的全面谋划。

现代大学应有现代性的发展战略。自 21 世纪以来，我国各高校都高度重视学校发展战略的制定，除制定年度计划外，会按上级要求和社会需求制定五年规划和中长期规划，明确发展目标，提出实现措施。内容涉及学校定位、学校规模、办学条件、师资队伍、科研平台、学科建设、专业建设、办学水平等，而这一切都离不开资金的需求与规划。因此，高校预算不仅要为学校年度日常运行服务，更要为学校发展战略服务。

高校预算可分年度预算、跨年度预算、中长期预算（三至五年）、长期预算（五年以上）。其中，年度预算或跨年度预算应具有战略性考量，应以战略目标为导向，以全局性、长期性为依据进行决策选择和资金安排。中长期预算和长期预算更多的服务于学校事业发展规划和基本建设项目，体现学校资金均衡有效地流动或相对集中重点安排与配置衔接，以确保学校可持续发展战略的实现。不观通衢者只能谋一隅，不能前瞻者难以统全局。经考察可以发现日本关西学院大学有一套完整的学校预算，其长期预算为七年，令人钦佩的是这样的长期预算能按部就班地予以实施。这样的例子在世界各大学中绝非个案，预算长期化正成为一种趋势。

2. 高校预算的战略性导向重点是对预算资金的筹措及使用

高校预算是财务战略的核心，而财务战略又是高校战略的保障。卢斯·班德和凯斯·沃德认为："财务战略是企业通过应用最适当的方式筹集资金并有效管理这些资金的使用，包括企业所获取的盈余再投资或股利分配政策。"[6]胡国柳指出："财务战略是指在企业战略统筹下，以价值分析为基础，以促使企业资金长期均衡有效地发展流转和配置为衡量标准，以维持企业长期赢利能力为目的的战略性思维方式和决策活动。"[7]我们还应该注意这样的观点："财务战略是为谋求企业资金均衡有效地流动和实现企业战略，为增强企业财务竞争优势，在分析企业内、外部环境因素对资金流动影响的基础上，对企业资金流动进行全局性、长期性和创造性的谋划，并确保其执行的过程。"[8]

高校预算在新校区建设、学科内涵建设等涉及高校发展战略问题方面，如学校规模、办学条件等，预算安排中的战略考量尤应优先。既要谋划资金的筹措渠道、筹措能力，又要考虑资金配置与使用效益；既要计划当年度，又要筹划跨年度和更长年度的资金运转能力。比如在新校区建设过程中，需要统筹预算项目建设周期与资金筹措能力以及还贷能力，需要认真测算论证在项目建设周期内资金的压力大小。建设周期短会增加财务压力，但可尽快形成项目效益；建设周期长则财务压力相对减轻，但项目效益也会延缓实现。在筹措资金方面，短期银行借款、长期银行借款；银行分别借款、银团借款；信托借款、债券等的融资品种选择与组合是对预算财务费用的一个战略统筹，是一种财务智慧、管理智慧。

3. 高校预算的战略性导向难度在于对财务风险的掌控

预算安排自然要兼顾偿债能力，避免高校债务风险。目前政府及主管部门已高度重视高校预算在新校区建设中的导向作用，不仅对高校预算进行总体审核，更具体到筹资预算的审核与审批，凡未经政府主管部门审核批准的，不得办理贷款。同时要求高校在每年的预算中安排一定比例的预算收入用于每年贷款本息的支出，确保高校新校区建设的贷款规模控制在风险警戒线内，既保证新校区建设进度的推进，又有效控制新校区建设贷款风险。在高等教育多元发展、全球化拓展的今天，财务风险已不仅仅集中在新校区建设上了，任何重大的投入（如境外办学、重点实验室建设等）都具有一定的风险性，对风险的控制的难度和复杂程度都较以往更为突出，科学测算应尤为重要了。

（三）绩效性导向

1. 高校预算的绩效性导向促进相关制度的不断完善

2010 年《国家中长期教育改革和发展规划纲要（2010—2020 年）》，其中规定："建立经费使用绩效评价制度"。2011 年国务院《关于进一步加大财政教育投入的意见》第四条第二款指出"全面推进教育经费的科学化精细化管理……建立健全教育经费绩效评价制度。"这表明我国高校预算的绩效性已从理论和实务工作者的理论探索和工作研究阶段进入到实践运用阶段，国家层面的制度规定是高校财务部门行为的纲领性要求，将促进各高校相关制度建设的完善。

2. 高校预算的绩效性导向落实在预算绩效管理的全过程

高校财务预算绩效管理大致包括四个方面：一是确定预算绩效管理目标；二是加强前期预算绩效编制；三是强化中期预算执行绩效控制；四是注重后期预算绩效考核。这四个方面是一个具有逻辑性和实践性的整体，体现了过程管理的整体性哲学思维。

预算的绩效性，就是要求高校在预算编制、执行以及后期考核中贯穿绩效理念、绩效考核方法、绩效评价机制。包括：预算项目的决策、预算项目的目标确定、预算项目的执行、预算项目监控、预算项目的绩效评价、预算绩效评价反馈与运用。2010 年 12 月，财政部部长谢旭人在全国财政工作会议上提出："逐步建立健全绩效目标设定、绩效跟踪、绩效评价及结果运用有机结合的预算管理机制，实现全过程预算绩效管理。"

预算项目的决策，就是要在众多的预算申报项目中按轻重缓急筛选出重要的、急需的、预算可承担的申报项目，这是预算投入方向的评估。投入方向正确是预算绩效的前提，投入方向错误则预算绩效无从谈起，甚至是负效果。在确定预算项目时，要审核其是否符合高校事业发展目标，是否符合高校年度工作重点，是否符合高校解决关键问题的需要。在预算项目确定后，应对其明确具体的目标要求，如规模、空间、体量、质量、功能、使用规则等，这也是后期进行预算绩效考核评价的主要依据。

预算项目的执行，是要求在项目列入预算后，创造条件积极执行，提高预算经费使用的效率。克服重预算项目申请，轻预算项目执行的现象。对执行情况要严格监控，避免事后发现项目超预算或任意改变项目性质、内容、经费的情况发生，使项目执行严格按照预算编制时明确的目标要求。但监控不能代表绩效评价，绩效评价是将预算执行结果与预算项目的目标要求进行对照比较，考核其执行效率，评价其项目效果，做出具有等差性的鉴定。这也是进行反馈的依据，同时也作为以后预算安排决策的参考依据。

3. 高校预算的绩效性导向不应忽视考核评价

高校预算的绩效性主要从两个方面来进行考核评价：一是日常运转经费预算的绩效，二是专项经费预算的绩效。

日常运转经费包括人员经费和日常公用经费。日常运转经费预算的绩效主要表现在预算经费的安排依据的原则是否科学，使用的方法是否合理，对事业的正常进行和有计划发展的保障度是否恰当。对学校教学单位、教学辅助单位的经费预算安排是否能保障其按计划保质保量地完成教学培养任务；对学校党政部门的经费预算安排是否能保障其党务、行政工作的正常运行，顺利完成年度工作任务；经费使用量是否做到既不捉襟见肘又不致铺张浪费。

专项经费包括学校预算安排的常规性专项经费和各级政府、各条线安排的专项经费。"十五"以来，为了实现高等教育的跨越式发展，不断增强高校人才培养、科学研究、服务社会的能力，国家、地方以及各条线上给高校投入力度不断加大。随着专项经费数量的不断增加，高校在使用专项经费的过程中也出现了不少问题。例如：基本建设贪大求多，造成建筑面积空置；科研设备盲目追求高、精、尖，造成使用效率低；学科、实验室设备购置不协同，造成重复浪费；有的设备自采购进来后，与使用场地不匹配，多年未开过箱，占地又积灰，数年之后"先进设备"已经名不副实。这些问题都应成为高校专项经费预算绩效考评的重点。

三、余论：建立高校预算监督制度的建言

高校去行政化意味着从政府主导型管理走向大学治理，随着市场在社会发展中决定性地位的确定，大学治理将逐渐从理想变为现实，从被动变为自觉，从仿效变为创新。在大学治理结构的形成和提升的变化中，权利配置、运行监督要相应跟上。高校财务部门不可能自我配置权利，也不应增权扩权，如何享有"权利份额"，应与大学治理结构相适应，在享有了"权利份额"后要明确"权利责任"，做到"权责一致"。因此，高校财务部门对预算工作要有自我监督机制，自我防范、自堵漏洞。外部监督也必不可少，学校应成立由学院和部门组成的

预算咨询委员会，同时由纪检、监察、审计、财务、工会以及相关职能管理部门参加的预算工作监督、考核组，对预算过程、执行过程以及经费项目的完成情况、取得成果和存在问题实施考核。

要建立一套具有复合共治功能的预算设置、执行情况的追踪问效制度和失误问责制度。追踪问效和失误问责同等重要，前者是在成绩中找问题，后者是在问题中究责任，相互衔接配套，预算工作才能更科学合理、公开透明，形成民主监督、权力制衡的机制，让预算成为大学治理结构的积极内涵和动力因素，预算绩效性在大学发展中真正起到积极的导向作用。

【参考文献】

[1] 方芳. 大学治理结构变迁中的权力配置、运行与监督[J]. 高校教育管理，2011(6).

[2] 张维迎. 大学的逻辑[M]. 北京：北京大学出版社，2004.

[3] 辞书编辑委员会. 辞海：下[M]. 上海：上海辞书出版社，1979.

[4] 乔春华. 高校预算管理研究[M]. 苏州：苏州大学出版社，2013.

[5] 乔春华. 大学经营的财务视角[M]. 南京：南京大学出版社，2008.

[6] 卢斯·班德，凯斯·沃德. 公司财务战略[M]. 干胜道，等译. 北京：人民邮电出版社，2003.

[7] 胡国柳，卢闯，黄鹤，等. 企业财务战略与财务控制[M]. 北京：清华大学出版社，2004.

[8] 刘志远. 企业财务战略[M]. 大连：东北财经大学出版社，1997.

浅议基于"责任主体"的高校绩效预算管理模式设想

河北师范大学　武迎春

【摘　要】本文在介绍绩效预算管理思想的基础上，提出了一种基于"责任主体"的高校绩效预算管理模式，并对该模式的优点、实施重点和保障措施进行了探讨，以期为高校的绩效预算管理提供有益的借鉴。

【关键词】高校　绩效预算　责任主体　绩效合同

目前，高校在预算管理方面表现出了重支出、轻管理、精细化程度不够等诸多问题，这些问题的存在严重影响了高校资金的使用效率，在这种情况下，绩效预算进入了高校管理者的视野。如何将绩效预算的管理思想科学的用于高校的预算管理，提高高校资金的使用效率是我国高校目前急需解决的问题。

一、绩效预算的管理思想及其在高校预算中的应用

绩效预算是在借鉴、吸收企业管理经验的基础上，逐渐形成的一种以目标为导向，以项目成本衡量为基础，以业绩评估为核心，以绩效分配为依据的预算管理模式，它包括两个非常重要的部分，即战略计划和绩效评估。

在高校实行绩效预算管理过程中，给各部门适当分权并给予其一定的自主权与灵活性是提高效率、效果的重要手段。因为一定程度的灵活性和自主权，可以提高执行部门的积极性，并且使执行部门根据情况的变化及时将资源配置到最具战略优先需要的项目上去，有利于提高高校资源的分配效率和使用效果。

二、基于"责任主体"的高校绩效预算管理模式

笔者认为高校可充分借鉴企业中合同管理经验，建立基于"责任主体"的以"绩效合同"为核心的高校绩效预算管理模式，该模式要求高校首先设立若干个责任主体，然后各部门负责人与责任主体签订"绩效合同"的方式实现分权化管理。

（一）该模式的优点

在传统管理体制下，各部门负责人对本部门的政策、内部管理和提供的服务承担责任，责任主体设立以后，各部门的负责人只对与责任主体绩效合同的签订和完成情况承担责任。这样，就将高校服务的提供职能和执行职能从各部门中分离出来，使部门负责人从繁杂的日常事务中解脱出来，将精力集中于政策发展和部门战略管理。

（二）实施该模式的实施重点

1. 科学设置高校责任主体

首先，高校根据管理需求将高校的教学、科研、行政等各项工作目标责任分解到院（系、所）、机关等校内各二级单位，确认被选择的二级单位；然后，判断被选择的二级单位是否有必要存在（也就是高校是否有必要提供这一服务）？如果没有，这一部门就被取消，如果有必要存在，就要考虑是否必须由高校出资提供这一服务？如果答案是否定的，这种服务就转为私营，或是将其私营化，或是将其以合同出租的方式转由私营部门去做，如果答案是肯定的，就考虑设立责任主体。

2. 绩效合同管理

部门负责人与责任主体负责人签订的"绩效合同"是高校实施绩效预算管理模式的核心，它的原型是学校和各院系（部门）的年度工作目标责任书以及组织人事部门的劳动合同、聘期目标责任书等形式。"绩效合同"通过规范的内容明确部门负责人和责任主体的责任和义务，在双方达成一致的情况下给予责任主体适当的灵活性和自主权，比如：责任主体负责人在达到合同规定的产出和结果的前提下，拥有人事和财务管理权限。由于"绩效合同"体现了战略规划与预算之间的密切联系，因此它通常是为期3—5年的协议，其中明确支出目标和结果，确定绩效标准和重要考核指标。

（三）高校实施该模式的保障措施

1. 高校会计采用权责发生制会计进行核算

高校的绩效预算管理要求计量高校活动成本。以产出和成果为导向的预算管理，要求各部门的管理者对与某一时期的产出有关的所有费用负责，而不仅仅是直接的现金费用，而权责发生制会计制度则能准确、全面地反映高校在一个时期内该产品和服务所产生的真实成本，更好地将预算成本与预期的绩效成果进行对比，从而有利于据测得科学化，并强化管理者对产出和结果的责任。

2. 实行滚动预算，以加强高等院校战略规划与预算之间的联系

滚动预算可以保持预算的连续性与完整性，使高校能从动态的预算中把握

总体规划和近期目标；可以根据前期预算的执行结果，结合各种新的变化信息，不断调整或修改规划和目标，并相应调整或修改预算，从而使预算与目标、规划相适应，有利于发挥预算的指导和控制作用。

3. 形成为某个结果拨款的拨款模式

目前，高校预算管理中对各部门的拨款模式仍然是以某个具体支出项目为目标的，在这种拨款模式下，资金使用效益均比较低下，年底突击花钱是很正常的事。笔者认为可采用为某个结果拨款的模式，也就是以某项拨款所要达到的结果目标作为项目来约束资金的使用绩效。

4. 建立有效的考核监督机制

首先，建立绩效指标体系，以全面测量预算支出效果，绩效计量是绩效预算的基础，为全面测量预算绩效，可设立以下四类指标：成果、产出、效率、投入。通过四类指标考评部门绩效实现情况，并与下一年度预算相结合；其次，上级部门通过考评委员会或其他专门组织的形式对责任主体的绩效合同的执行情况进行定期评审或不定期检查，并将评审或检查结果公之于众，以便形成有效监督，也为下一年度下达绩效指标提供参考依据；最后，建立奖惩制度，主管部门对于完成和没有完成绩效目标的责任主体分别制定奖励和惩罚的具体办法。

三、结语

基于"责任主体"的以"绩效合同"为核心的高校绩效预算管理模式将传统体制下直接控制的"隶属关系"转变为适当的"绩效合同"关系，责任双方契约关系的建立，体现了高校预算从"规则为本"到"结果为本"，从过程控制到结果控制的转变。该预算管理模式的实施也必将"结果为本"的绩效意识在高校各部门牢固树立，使高校的绩效预算管理不断向纵深发展。

【参考文献】

[1] 张泽明，王丽萍，周茵. 教育资源价值补偿视角下的高校预算改革[J]. 西南科技大学学报(哲学社会科学版)，2009(8).

[2] 武迎春. 高校实施绩效预算的过程及有效途径[J]. 会计之友，2012(11).

优化项目预算管理的探讨
——基于专业化和人性化服务的视角

华东师范大学　夏　虹　高　静

　　在全球化和国家创新体系建设的大背景下，高校在建设科技强国的进程中发挥着支撑作用。华师大作为国家教育部重点高校之一，以建设世界知名高水平研究型大学为目标，强大的科研实力和卓越的科研队伍非常重要。财务处在管理学校财务工作的同时，更担负着管理好科研经费、服务好科研团队、支持科学研究的重大使命。

　　随着国民经济信息化进程的不断深入，为了提高财务管理的标准化、规范化和高效化，我校财务处紧跟时代步伐，逐渐摆脱了传统的管理模式，加速开发和更新信息系统，通过现代化的信息化管理系统，优化财务管理，包括科研项目管理。

　　诚然，信息管理系统极大优化了科研项目管理，但信息系统的规范化注定其在一定程度上会缺乏人性化。高校师生在信息系统使用中，由于不能及时适应新系统，会造成一定的不便；另外，信息系统在标准化的同时又可能缺乏一定的针对性，特别是在预算设置方面，由于不同项目经费来源对预算项目的具体规定不同，而财务信息系统对支出科目进行了标准化设置，使其不能完全与项目预算名称相吻合，这样造成项目负责人在预算编制过程中，出现一些理解上的歧义，不利于项目负责人更好的统筹经费管理。由此，专业化、人性化的服务十分必要。

　　为此，本文致力于以专业化和人性化的服务，为我校师生科研队伍解决信息系统使用中的预算设置问题。最终根据不同项目经费来源编制项目预算与财务系统中设置的会计支出科目对照表，并做出详细解释，帮助项目负责人在立项之初就能做好经费预算，更好的统筹经费管理。

一、学校科研现状

　　华师大是一所包含人文科学、社会科学、自然科学、经济学和管理学等多学科的综合性大学，目前设有2个学部；20个全日制学院，含56个系；1个书院；12 个实体研究院(所、实验室)；1 个管理型学院。2014 年，全校共有教职工 4100 多人，其中专任教师 2100 多人，教授及其他高级职称教师 1700 多人，包括两院院士 13 名、长江学者 23 名、千人计划入选者 19 名、国家杰出青年基金获得者 23 名、"紫江学者计划"入选者 100 名和终身教授 78 名。

我校科研项目分为纵向项目和横向项目，具体从经费来源上看，理科科研项目主要包括国家自然科学基金项目、国家科技支撑计划项目、国家高技术研究发展计划("863 计划")项目、民口科技重大专项项目、国家重点基础研究发展计划("973 计划")项目、国家科技部其他专项项目、上海市科委科技项目和其他部委科技项目、上海市其他委局项目以及企事业单位项目等；文科科研项目主要包括国家社会科学基金项目、上海社会科学基金项目、浦江人才项目、其他部委项目、全国教科项目和企事业单位项目等。

2013 年我校新增"973"课题 3 项；获得国家自然科学基金 131 项，其中重点项目 4 项，优秀青年基金项目 3 项，面上项目 75 项，青年基金 40 项，获准比例达到 33.87%，比 2012 年提高近 2%，远远高于基金委的平均资助率，总资助经费 9330 万元；承担了 7 项军口"863"项目，2 项航天合作项目，总合同经费首次超过千万元。主持 2 项市科委重大项目，经费 600 万元；上海市教委竞争性引导项目 2 项，经费 800 万元；获市科委、教委重点项目 12 项，经费 344 万元；获市科委学科带头人、浦江人才计划、启明星、晨光等人才资助计划 17 项，经费 365 万元；上海市自然基金面上项目 15 项，计 150 万元。

2013 年我校获国家社科基金各类项目 47 项，其中第一批重大项目 2 项，第二批重大项目 3 项(正在公示中)，重点项目 3 项，一般项目 12 项，青年项目 20 项，后期资助项目 6 项。首次获得国家社科基金决策咨询点 1 项。2013 年我校获批准教育部社科项目 31 项，其中规划基金项目 7 项，青年项目 22 项，后期资助项目 2 项，发展报告项目 1 项。2013 年我校获批准上海市社科项目 29 项，其中一般项目 10 项，青年项目 8 项，系列研究项目 2 项、专题研究项目 1 项，教育学专项项目 8 项。2013 年我校还获批准其他一批社科研究项目，多人入选相关人才计划，包括：教育部新世纪人才项目 7 项(文科类)；上海市浦江人才计划项目 15 项；上海市教委科研创新重点项目 18 项；上海市决策咨询研究课题重点课题 1 项、上海市决策咨询工作室研究项目 12 项；上海市教育科学项目 11 项(其中重点项目 5 项，市级项目 6 项)等。

二、科研项目管理中的成果和优势

在国家制度导向与华师大财务处和社科处、科技处、学科办等各科研管理机构的共同努力下，现今科研项目管理成果斐然，主要表现在以下几个方面：

(一)科研经费管理制度体系不断完善

目前财务处科研经费管理制度体系已初步建成，并在不断完善。财务处有专门编制并已下发给科研人员的《华东师范大学科研制度汇编》，《汇编》中整理收录了《华东师范大学科研行为规范》《华东非师范大学学术道德守则》，并按经费来源收录了科研项目立项、科研经费使用等相关政策规定，以及华东师范大学科研项目相关的管理办法。近期国家发布的差旅费、会议费、培训费等管理办法，财务处不仅在网上进行公布，还印发给各相关单位，不仅在处内进行财务处人员培训，还在各单位对科研人员进行了相关办法的解读，保证各制度、办法都落到实处。

(二)科研管理信息系统不断更新

20 世纪 90 年代以来，财务处根据业务需求，跟随时代步伐，对财务信息系统进行不断更新。2013 年年底，财务处对财务信息系统进行更换，在保证数据安全的同时大大提高了财务管理效率，2014 年科技处牵头对科研管理系统进行更新，财务处在全力配合科研管理部门进行科研管理信息系统更新的同时，做到了科研系统与财务系统的对接。

(三)财务处与科研项目管理相关部门分工明确，通力协作

目前科研项目管理相关的部门主要是科技处、社科处、学科办和财务处，另外还有设备处、图书馆、国际交流处等也分别对项目经费的相关使用事宜进行审批与管理。各部门分工明确，紧密合作，项目管理政策的制定或发布、项目预算模板的编制、项目信息系统的开发等都尽量做到相互沟通。各部门在科研项目管理方面的职责见表 1。

表 1 科研项目管理相关部门的主要项目管理职责

部门	主要职责
科研管理部门	负责科研项目的管理和合同管理，组织协调督促各科研项目的开展，确保科研项目任务的完成
财务处	负责科研项目经费的财务管理和会计核算，指导协助项目负责人编制预算，对项目决算进行审核，监督、指导项目负责人遵守财经法规，在预算额度内，合理、合法使用科研经费
物资和设备管理部门	根据职责范围，对使用项目经费采购物资等进行管理
审计处	根据国家及有关规定，对科研项目进行审计监督。如发现科研项目经费有截留、挪用、挤占等违规行为，学校纪检部门将进行调查并作相应处理

各部门通力合作，管理涉及科研项目自立项到经费的使用、结项及成果转换等全过程。

(四)财务处适时对科研项目负责人进行培训与指导

在科研项目成批立项之前，科技处或社科处会组织项目负责人，财务处会就项目预算编制、项目经费报销注意事项等相关事宜对项目负责人进行解释，帮助项目负责人在立项之初做好预算，统筹经费。

(五)财务处人员不断接受学习

在国家新的政策制定后，财务处会组织财务人员进行政策学习和领悟，例如近期国家发布的差旅费、会议费、培训费等管理办法，财务处已多次组织财务人员进行学习，认真领悟办法精神，使财务处科研管理人员熟悉国家政策，在项目经费报销过程中能更好地为师生服务。

三、科研预算管理中的问题

在财务处与其他科研管理单位的共同努力下，科研项目管理取得了各方面的成就，使学校科研工作顺利进行，但随着科研信息系统的更换和新系统的应用，在这个过渡期，科研项目负责人面临着由于科研系统预算项目与财务系统预算科目不完全对应的问题，使其在预算的编制与统筹经费上有一定阻碍。需要财务处提供更专业化、人性化的服务来予以解决。

四、专业化、人性化服务的理念

(一)专业化、人性化服务的必要性

1. 财务处提升服务水平的需要

财务处一直以服务师生为己任，特别是为了响应 2013 年中央提出"走群众路线"的口号，财务处提出建设"显性窗口"与"隐性窗口"的"二型服务窗口"，建设学习型、责任型、规范型的"三型文化"，更好地为学校科研队伍、学校财务发展战略服务。为了提升服务水平，除了政策上的宣传与教育外，财务处利用每周三下午进行全处学习、交流、会议等，提升全处人员服务技能，更好的上情下达、下情上传，提升服务意识。

2. 解决预算编制与统筹科研经费使用中的问题的需要

随着信息管理系统在科研项目管理中的广泛使用，极大优化了科研项目管理，但信息系统的规范化注定其在一定程度上会缺乏人性化。特别是在科研队伍进行科研项目预算编制时，由于对财务科目的不熟悉不了解，对一些预算科

目产生歧义，不利于项目负责人更好的统筹经费管理，在经费报销时出现问题只能进行预算调整，非常不便。由此，由财务处专业人员，针对不同来源的科研项目，编制专门的"科项目预算与会计支出科目对照表"，并提供相应解释，让科研人员在做项目立项书时就能对照编制项目预算，准确的统筹安排科研项目经费，这种专业化、人性化服务十分必要。

　　3. 高校科研发展与竞争的需要

　　随着高校科研经费的不断增长、科研团队的逐渐壮大以及科研成果的不断增加，对科研的服务也得跟上，人性化专业化的财务服务更要跟上。人性化与专业化的管理服务一方面是顺应高校科研发展而不断提升的，另一方面，又促进高校科研的进一步发展。目前，高校之间的竞争在很大程度上是科研实力的竞争，要提高学校的科研实力，离不开专业化、人性化的财务服务。

（二）专业化、人性化服务的内涵

　　经济学上诸多专家学者对"服务的含义"从不同角度给予界定，但总的来说，是指为他人做事，并使他人从中受益的一种有偿或无偿活动。高校财务服务工作与一般行业的服务有所不同，财务工作属于知识密集型服务，财会人员在提供财务服务工作时，提供的是一种专业性、知识性的服务。财会人员需要具有扎实的会计、经济学等方面的知识。同时由于会计电算化的运用，财务工作人员还须具备较高的计算机及其网络技术方面的知识和技能等。而高校的非营利性，高校财务人员的服务对象是高校师生及科研队伍，要求高校财务人员树立服务理念。因此，财务处的服务既要专业化，又要人性化。

　　我校财务处一直秉持服务理念，不断提升服务的专业化与人性化。2014 年6 月在中央八项精神的指导下，财务处专门进行了"财务服务宣传月"活动，引导财务人员做好财务服务，更以实际行动为全校师生与科研队伍办了实事。而在科研管理中，在以科研系统提升财务管理效率与规范化的同时，财务处科研管理人员要以专业化与人性化的服务帮助科研队伍做好预算，为统筹科研经费安排打好基础。

五、项目预算与财务预算的无缝对接

　　要实现项目预算与财务预算的无缝对接，需要专业化财务人员根据科研项目预算要求，将财务预算模板中的各预算科目与项目预算项进行解释说明。具体如下：

表2 预算模板：国家自然科学基金

财务预算项名称	科研项目预算项
测试/计算/分析费	委托外单位加工测试费
能源/动力费	专用燃料费、自来水水费、电费
会议费/差旅费	国内旅费、校主办/协办会议费、国内会议注册费、市内交通费用
出版物/文献/信息传播事务费	图书资料购置费、软件/数据库、办公费、论文发表注册费、软件购置、论文审稿及版面费、电话费、专利费、印刷费
实验材料费	专用材料费、实验材料购置、文体用品购置费、食堂管理及炊具购置、专业服装费、办公材料
仪器设备费	办公设备购置、专用设备购置、设备租赁
实验室改装费	大型修缮
国际合作与交流费	出国交流旅费、来华接待旅费、国外会议注册费
协作费	协作科研费
劳务费	用于直接参加项目研究的研究生，博士后人员的劳务费用
管理费	管理费
其他	在项目（课题）实施过程中除上述支出项目之外的其他直接相关的支出。其他费用应当在申请预算时单独列示，单独核定
外拨经费	转拨科研费

表3 预算模板：973—863—国家支撑—国家科技部其他

项目预算名称	财务科目名称
设备费	
购置设备费	办公设备购置、专用设备购置
试制设备费	试制设备费
设备租赁费	设备租赁
材料费	专用材料费、实验材料购置、文体用品购置费、食堂管理及炊具购置、专业服装费、办公材料
测试化验加工费	委托外单位加工测试费
燃料动力费	专用燃料费、自来水水费、电费
差旅费	国内旅费、市内交通费、国内会议注册费

续表

项目预算名称	财务科目名称
会议费	校主办/协办会议费
国际合作与交流费	出国交流旅费、来华接待旅费、国外会议注册费
出版/文献/信息传播/知识产权事务费	图书资料购置费、软件/数据库、办公费、论文发表注册费、软件购置、论文审稿及版面费、电话费、专利费、印刷费
劳务费	在项目(课题)实施过程中支付给项目(课题)组成人员中没有工资性收入的相关研发人员(如在校研究生等)和临时聘用人员等的劳务性费用
专家咨询费	专家咨询费
间接费用	项目(课题)承担单位在组织实施重大专项过程中发生的无法在直接费用中列支的相关费用
管理费	管理费
绩效奖励	绩效奖励
其他间接费	其他间接费
其他	在重大专项项目(课题)实施过程中除上述支出项目之外的其他直接相关的支出。其他费用应当在申请预算时单独列示，单独核定
外拨经费	转拨科研费

表 4　预算模板：理科通用模板

项目预算名称	财务科目名称
测试/计算/分析费	委托外单位加工测试费
能源/动力费	专用燃料费、自来水水费、电费
会议费/差旅费	国内旅费校主办/协办会议费国内会议注册费市内交通费用
出版物/文献/信息传播事务费	图书资料购置费、软件/数据库、办公费、论文发表注册费、软件购置、论文审稿及版面费、电话费、专利费、印刷费
实验材料费	专用材料费
仪器设备费	办公设备购置专用设备购置设备租赁
实验室改装费	大型修缮

续表

项目预算名称	财务科目名称
专家咨询费	专家咨询费
国际合作与交流费	出国交流旅费、来华接待旅费、国外会议注册费
协作费	协作科研费
劳务费	所有人员劳务费
管理费	管理费
其他	在项目（课题）实施过程中发生的除上述费用之外的其他支出，应当在申请预算时单独列示，单独核定
外拨经费	转拨科研费

表 5　预算模板：国家社科基金项目

项目预算名称	财务科目名称
资料费	图书资料费、软件购置、图书资料购置费
数据采集费	数据采集费/被试费
差旅费	国内旅费、国内会议注册费、市内交通费用
会议费	校主办/协办会议费
国际合作与交流费	出国交流旅费、来华接待旅费、国外会议注册费
设备费	办公设备购置、专用设备购置、设备租赁
专家咨询费	专家咨询费
劳务费	在项目研究过程中发生的支付给直接参与项目研究的在校研究生和其他课题组临时聘用人员等的劳务性费用
印刷费	印刷费
管理费	管理费
其他	在项目（课题）实施过程中发生的除上述费用之外的其他支出，应当在申请预算时单独列示，单独核定。如：办公用品、材料费、通信费等
外拨经费	转拨科研费

表 5　预算模板：横向模板①

项目预算名称	财务科目名称
劳务费	在职人员劳务费理科 30％ 文科 40％
其他	在职人员劳务费以外的其他费用
外拨经费	转拨科研费

六、总结

高校的科研项目管理是一个不断改革和创新的渐进的动态过程，高校必须优化科研项目管理信息系统，通过信息共享，使各个科研管理部门能更加协调工作，共同管理好科研项目。目前学校的科研项目信息管理系统在不断发展与完善中，在此过程中，构建项目预算与财务科目的对应体系有利于加强我校科研项目预算管理，解决信息化过渡期给项目负责人带来的问题，使我们提供的服务更具专业化和人性化，保证高校科研事业的持续、快速、健康地发展。

【参考文献】

[1] 常建军. 高校财务管理精细化探析[J]. 河北工程大学学报(社会科学版)，2013(4).

[2] 何咏莲. 加强高校预算管理的对策探讨[J]. 湖南财政经济学院学报，2013(3).

[3] 黄旸杨. 审计视角下现代大学科研经费管理研究[J]. 中国内部审计，2014(4).

[4] 刘美，罗旭东，马榴强. 高校科研项目经费管理现状分析及对策研究[J]. 中国科技信息，2013(7).

[5] 刘云. 加强高校科研经费管理提高财务服务意识[J]. 中国管理信息化，2013(2).

[6] 路华金. 高校预算管理申报系统的设计与实现[D]. 华南理工大学，2013.

[7] 吕红芝. 基于学习型组织的高校协同化科研管理结构设置研究[D]. 上海交通大学，2013.

[8] 孙健. 项目管理系统的设计与实现[D]. 吉林大学，2013.

[9] 汤燕隽. 关于加强高校财务服务理念的思考[J]. 江苏商论，2014(9).

[10] 许洁莹. 关于加强高校项目预算管理的思考[J]. 中国乡镇企业会计，2013(6).

[11] 颜剩勇. 高校科研经费管理存在的问题与对策研究[J]. 当代教育理论与实践，2013(12).

[12] 钟小陶，刘金锋. 提升高校财务服务满意度的新思路[J]. 广东石油化工学院学报，2012(5).

---

① 横向经费现放款限制，只控制劳务费。

省属高校财政资金绩效评价中"用"与"评"的博弈

湖北师范大学   肖六亿[①]   肖   甜

一、引言

省属高校教育投入相当部分来自省财政拨款。为了保证财政投入资金使用规范、产出绩效明显，自 2014 年以来，省财政部门和教育部门成立了专门的绩效评价机构，制定了绩效评价指标体系，有序推进了各项绩效评价工作，从专项资金绩效评价到整体资金绩效评价，已经取得了显著成效。

高校是资金的使用部门，"用钱必问效，无效必问责"，在规范使用基础上，还要确保支出绩效。省财政和教育部门是绩效评价的主管部门，负责组织绩效评价和运用绩效评价结果。资金使用和绩效评价分离，是为了制衡和控制，是科学的制度安排。省财政和教育部门的绩效评价机构是绩效评价的直接管理部门，绩效评价管理部门不可能自行开展高校资金的绩效评价工作，而是委托第三方评价机构完成。如果不对第三方评价机构的委托进行周密的制度设计，就会产生制度漏洞，第三方机构评价结果 99％ 是"优秀"，导致资金"用得好"不如绩效"评得好"，破坏了的"用"和"评"的一致性。

关于财政资金绩效评价的研究，从 2004 年以来逐渐增加，且日益细化和具体化。国内关于财政资金绩效评价的研究大致分为三类。一类是对预算绩效评价体系的研究，旨在为我国建立绩效预算体系夯实基础。陈纪瑜等(2004)、王明秀等(2005)分别以公共事业单位支出管理和财务绩效为视角，初步构想了预算绩效评价的理论框架和部分指标；苒英娥(2005)探讨了我国建立预算绩效评价体系的必要性；张晓岚(2006)梳理评述了国外对高校预算绩效评价研究的背景、现状、趋势，设计了高校内部预算绩效评价指标；杨缅昆(2010)提出绩效评价首先确定评价域，在评价域的基础上建立状态指标体系和综合指标体系。另一类则是对绩效预算改革的探索，主要是对西方绩效预算改革经验的引进、

---

① 肖六亿，教授、经济学博士，湖北师范大学财务处处长。

绩效预算本质的争鸣、绩效预算实施条件的分析等。如马骏(2004)明确了西方新绩效预算改革的特征、优点及对我国的借鉴意义；陈工(2006)介绍了英、美、澳、新等国家绩效预算改革的状况；马蔡琛(2006)提出了绩效预算改革路径的三步走模式；乔彬彬(2007)比较了绩效预算的实施条件等。第三类是对绩效评价模式和绩效评价管理的研究。张晓岚等(2007)认为绩效评价既要注重过程控制，也要注重结果评价，实现"控制核心、绩效导向"；周宏等(2008)回顾了相对绩效评价理论，认为对第三方代理人的激励直接影响绩效评价结果。吴彩虹(2013)系统研究了财政教育投入绩效评价管理的基本内涵、目标要求、指标构成和评价结果的应用。范晓婷(2013)和马跃(2014)对比研究了国际金融组织和国内财政绩效评价两种模式，认为我国财政教育投入绩效评价的管理模式需要改进。

从党的十六届三中全会提出建立预算绩效评价体系以来，我国预算绩效评价工作取得了显著成绩。对绩效评价的研究，早期集中于对绩效预算改革的探索和绩效评价指标体系的建立，到2010年以后开始重点转向研究预算绩效管理工作。尽管对预算绩效管理研究逐渐深入，但是在某些环节存在制度漏洞，如实现资金"用得好"和绩效"评得好"一致性方面，现有的研究还未涉及。本文试图运用经济学的委托代理理论，结合绩效评价管理工作实际，探讨如何真正实现金"用得好"和绩效"评得好"完全一致。

二、资金使用和绩效评价

(一)资金配置和使用机制

省级财政和教育部门是教育经费的投入部门，必须对经费投入和经费使用绩效进行管控。省级及以上财政和教育部门财政拨款，占省属高校预算资金的50%以上。由于来自财政资金，且数量较大，省级主管部门必须对资金的规范使用和使用绩效进行管理。当前进行管控的有效方式就是，省级财政和教育部门依法根据设定的财政教育投入绩效评价目标，运用科学、合理的绩效评价指标、评价管理标准和评价管理方法，对财政教育投入的分配结构、管理风险和产出成效等方面进行客观、公正的评价，并将其结果作为激励与约束财政教育投入的重要依据。

省属高校是教育财政资金的使用部门，必须对资金的使用绩效负责。省属高校资金来源于财政拨款、非税收入和其他自筹资金三个方面，其中主要来源是教育财政拨款。以前教育财政拨款配置的主要依据，一是高校的规模，决定教育生均拨款；二是高校发展的内涵建设，决定项目资金。现在教育财政拨款配置的依据调整为，一是按照高校一定规模配置基本保障资金，二是根据内涵建设资金使用绩效决定项目资金。其差别在于，以前按照各高校内涵建设项目配置资金，以高校申请为依据，结果是热衷于申请和善于申请的高校项目资金多，致使高校只重视资金申请而轻视资金使用效果；在当前条件下，高校既要谋划项目申报资金，还要高度重视资金的使用效果，否则"用钱必问效，无效必问责"，否则后续项目资金减少，学校内涵建设不能进行。因此，现在高校高度重视财政资金的规范使用和使用绩效。

（二）资金支出绩效考核是关键

资金支出绩效考核结果决定高校后续财政拨款金额，对高校资金支出绩效考核结果决定着省财政和教育部门的资金配置方案。于是资金支出绩效考核工作本身和绩效评价结果，成为高校和省财政、教育部门关注的焦点。

高校该关注资金的"用"，还是绩效的"评"呢？在获得财政资金后，首先是"用"的工作，要用的规范并用出高绩效；再就是"评"的工作，要在绩效评价中获得"优秀"等级。资金的"用"和绩效的"评"有四种组合，见表1。如果绩效评价机制设计科学，"用"和"评"就能完全一致，即"用"的规范和高绩效，"评"的结果自然是"优秀"；"用"的不规范和无效益，"评"的结果自然是"差"。于是高校只关注资金的"用"就可以了。如果绩效评价机制设计有漏洞，"用"和"评"出现错配，即"用"的规范和高绩效，"评"的结果不为"优秀"，或者"用"的不规范和无绩效，"评"的结果为"优秀"，也就是我们经常所说的"用得好"不如"评得好"，"会用的"不如"会评的"。一旦出现这种情况，高校为了财政拨款最大化，必定追求"评得好"，而放松"用得好"。

表 1　资金的"用"和绩效的"评"有四种组合

情况类别	高校资金实际使用效果	绩效评价能力	财政和教育部门认定结果	高校获得的资金和项目
1	用得好	评价得好	绩效结果优秀	增加
2	用得好	评价得不好	绩效结果为差	减少
3	用得不好	评价得好	绩效结果优秀	增加
4	用得不好	评价得不好	绩效结果为差	减少

根据现有的资金配置制度安排，省级财政和教育部门只能依托绩效评价结果安排财政资金。财政和教育部门不可能对每所高校的财政资金使用过程进行监督，只能通过审核预算绩效目标和事后的绩效目标考核结果，来确定下一年度项目设立和资金配置。财政和教育部门假定资金使用绩效的评价与资金使用

绩效是完全一致的，因而制定现有规定，对绩效评价结果为"优秀"或"良"的项目，可以增加项目数量和资金数量；对绩效评价结果为"中等"的项目，保持项目和资金数量不变；对绩效评价结果为"差"的项目，既要减少项目也要减少资金。因此，财政和教育部门完全忽略了资金使用的实际成效，仅仅将绩效目标考核结果成为资金配置的唯一依据。

（三）绩效评价委托专业机构进行

省属高校和其主管财政部门、教育部门将目光投放于绩效评价。高校追求绩效评价的"优秀"等级，财政和教育部门追求绩效评价结果的客观真实。

高校的优势是高效使用资金，绩效评价是专门评价机构的特长。"钱随事走"，高校在内涵建设和项目建设中规范和高校使用资金中具有优势，但是事后的绩效评价因缺专业人才和经验，故会"使用"，而不会"评价"。导致的结果是，资金使用高绩效，由于不会"评价"，最终的评价结果不会是"优秀"。为了不仅"用得好"，而且"评价"结果也好，或者"用得不好"，但"评得好"也能使绩效评价结果"优秀"，高校力争将绩效评价工作外包给专业评价机构。高校相信，"用得好"不如"评得好"，"用不好"也可通过"评得好"获得绩效评价的"优秀"结果。

财政和教育部门因专业限制和人力限制，不可能自己完成各高校资金的绩效评价工作，也只能通过委托第三方专业评价机构对高校使用资金进行评价。

三、委托代理问题

对绩效"评"的关注，必然诱使高校外包绩效自评工作，以获得"优秀"的评价结果；必然推动财政和教育部门引进专业评价机构，确保绩效评价的客观性和准确性。由此形成了对专业评价机构的强大需求，进而形成一个绩效评价的委托代理市场。

（一）市场三大主体的博弈

在绩效评价市场上存在分工不同、相互博弈的三大主体。财政和教育主管部门，负责组织、安排绩效评价工作，运用绩效评价结果，试图通过绩效评价结果反映资金使用效果，追求"用钱必问效，无效必问责"的资金使用境界。省属高校，负责资金的规范、高效使用，根据主管部门安排进行绩效自评，接受主管部门对绩效评价结果的运用。会计事务所，接受委托从事绩效评价专业工作，负责向委托人提交评价结果。

制度安排的漏洞，使绩效评价结果与资金使用效果可以不一致，引起市场三大主体进行博弈。财政和教育主管部门力图以事后的评价来控制过程，必然引导省属高校对事后评价结果的过度关注，而放松对过程的追求，受委托的会计事务所追求自身利益最大化，必然游走在省属高校与其主管部门之间。这三大主体各司其职、各为其利，围绕完成资金使用绩效评价主题，形成一个庞大市场。

（二）专业绩效评价机构成了必然选择

为了获得绩效评价结果的"优秀"，高校宁愿委托专业评价机构完成自评工作。在现有的绩效评价制度安排下，高校在预算执行完后，对所有专项资金和整体资金使用结果进行绩效自评，向财政和教育主管部门提交自评报告，财政和教育主管部门对自评报告进行审核性和抽查性评价，进而确定资金使用绩效的优劣。因此，高校必然将关注点放在绩效的"评"上，然而"评"不是他们的优势，于是将绩效自评和自评报告的撰写工作委托给会计事务所之类的专门机构。

财政和教育主管部门在人财物和专业不允许的条件下，需要委托会计事务所之类的专业评价机构，对高校专项资金进行绩效评价和对高校上交的绩效自评报告进行评价。

（三）"双重"委托成了必然选择

在现有政府采购条件下，高校力图找到财政和教育主管部门委托的专业机构，并委托绩效自评业务。根据政府采购政策的规定，要尽可能购买社会服务，要通过政府采购和公开招标方式确定社会服务提供方。所以，财政和教育主管部门每年要通过公开招标的方式确定一批会计事务所，进行财政资金的绩效评价、审核绩效自评报告、抽查绩效自评结果。从某种意义上讲，被委托的会计事务所成了财政和教育主管部门邀请的"裁判"，其裁定的结果供财政和教育主管部门运用。

高校是资金使用的"运动员"，在预算执行结束后，要接受"裁判"的裁决。理性的高校在选择绩效自评的会计事务所时，必定选取财政和教育主管部门招标所确定的会计事务所。因为这些会计事务所，既是"运动员"的代理人，又是"裁判员"的代理人，在代理人的操弄下，在不追求资金"用得好"的情况下，仍然可以保证高校获得绩效评价"优秀"的效果。从实践结果来看，凡是委托财政和教育主管部门招标的会计事务所进行绩效自评的高校，其资金使用的绩效评价结果都被确定为"优秀"；相反，那些资金"用得好"的高校，由于没有委托具有"裁判"身份的会计事务所进行绩效自评，财政和教育主管部门给予的绩效评价结果很难"优秀"。代理人为实现利益最大化，必然要完成好财政和教育主管部门的委托，同时还要取悦高校这些委托人。其结果是，这类受双重委托的会计事务所将获得持久的市场，绩效评价结果可能与高校资金使用的实际绩效脱节，即催生出"用得好"不如"评得好"的现象。

(四)委托代理问题

在委托代理市场上，财政和教育主管部门追求资金使用绩效最大化，省属高校追求学校利益最大化，会计事务所追求经济利益最大化。当会计事务所被高校及其主管部门双重委托后，委托代理问题便暴露出来。财政和教育主管部门在选择会计事务所时，先是面临逆向选择，后会遭遇道德风险。高校在选择会计事务所时，面临代理人居高要价风险。

财政和教育主管部门面临逆向选择的风险。财政和教育主管部门组织安排绩效评价工作时，既要考虑工作效率和效果，同时要考虑开支成本。为了规范选择和降低成本，采取公开招标方式，选择出价低的会计事务所，形成逆向选择。确保绩效评价结果与资金使用的真实效果一致，会计事务所必须付出更高的成本，然而招标的准则是价低者中标，因此那些成本高的优质会计事务所被淘汰，那些不能保证评价效果与资金使用真实效果一致，但成本低的会计事务所被选择。实际上，出价低的会计事务所还有另外的盘算，先出低价争取中标，然后再争取高校的委托业务，向高校要高价，实现整体利益最大化。

财政和教育主管部门面临道德风险。被财政和教育主管部门委托后，会计事务所便有产生道德风险的机会；一旦同时被高校委托后，道德风险便产生。因为会计事务所以较高报价被高校选取，便要向高校保证"评得好"，以便高校以"优秀"的绩效评价结果从主管部门获得更多资金和更多项目；相反，一旦会计事务所不能满足高校需要，以后便会失去高校市场。既然要向高校保证"评得好"，必然要违背对财政和教育主管部门的承诺——"用得好"才"评得好"。

四、结论与建议

上级财政和教育主管部门将财政资金下拨各学校使用，要求既要使用规范，还要用出绩效，总结起来就是"无预算，无行政"和"用钱必问效，无效必问责"。绩效评价主管部门企图以事后结果来反馈和控制过程，企图以资金使用绩效的评价结果来控制资金的使用效果，当然就会引导高校关注"评价的效果"，而弱化"用的效果"。

有些会计事务所为自身利益计，降低报价挤入财政和教育主管部门的委托市场，从而逆淘汰了一些不愿违诺的会计事务所。为了学校利益最大化，高校力争绩效评价结果为"优秀"，以便财政资金增加和财政项目增加，驱使高校寻找上级财政和教育主管部门委托的会计事务所专事绩效自评工作。受到双重委托的条件下，会计事务所违反对财政和教育主管部门的承诺，维护高校利益，合谋对付财政和教育主管部门。其结果是，财政资金使用绩效评价管理流于形式，只会增加管理成本，不能促进财政资金的高效使用。

绩效评价管理制度设计初衷是促进资金使用高效，由于制度漏洞，导致事与愿违。为了解决问题，我们建议改进制度设计。

（一）防止会计事务所被双重代理。会计事务所被双重代理，一方面要完成财政和教育部门的任务，另一方面要帮助高校获得好的绩效评价结果，由于高校支付的报酬远高于上级主管部门，经过逆向选择而胜选的会计事务所必然要违反道德，与高校合谋争取好的绩效评价结果。由此可见，绩效评价管理制度的漏洞就是默许了双重代理的存在。如果不存在双重代理，被财政和教育主管部门委托的会计事务所不会有道德风险，只会专注于对高校绩效自评报告的客观严格的审核和公正进行抽查；被高校委托的会计事务所必然客观评价资金使用绩效，并指出资金使用过程中问题，以便于改进资金使用方式提高使用绩效。这样才能真正规避，"用得不好"但"评得好"仍能实现绩效评价"优秀"的行径，才能真正实现，只有"用得好"才能"评得好"，进而获得绩效评价"优秀"。

要避免会计事务所被双重代理的低成本方式，就是财政和教育主管部门对选取的会计事务所数量要大，提高信息模糊度。在现有的政府采购和招标管理制度下，必须公开选取会计事务所，该怎么保密呢？那就是通过招标预选数量众多的符合条件的会计事务所，然后分散委托处理不同高校的绩效评价抽查工作。例如，公开招标选取 90 家会计事务所，委派 30 家会计事务所分别对 30 所高校的绩效自评工作进行审核和抽查。由于委派的 30 家会计事务所分别对应 30 所高校的工作是保密的，并且绩效自评审核和抽查工作是末端工作，所以高校很难从 90 家会计事务所中准确选出将来被委派负责本校的那一家。破除双重代理的关键就是，预选的会计事务所数量要大，最后被委派检查会计事务所数量也要大。

（二）对会计事务所与被检查高校的配对，要经常调整，以增强双重代理的难度。财政和教育主管部门选择会计事务所委派到高校进行绩效评价审核和抽查，既要经常变换选取的会计事务所，也要经常调整会计事务所与被抽查高校的配对。这样，高校无从准确判断将来哪家会计事务所负责本校的绩效自评审核和抽查，只能将注意力集中于资金的高效使用上，而不会滋生"用得好"不如"评得好"的想法。

【参考文献】

[1] 陈纪瑜，张宇蕊. 现代公共事业单位预算绩效评价问题[J]. 求索，2004(10).

[2] 王明秀，孙海波. 高等学校预算绩效评价及对策与措施研究[J]. 科技与管理，2005(4).

［3］茹英娥．关于我国建立预算绩效评价体系的理论探讨［J］．财政研究，2005(10)．

［4］张晓岚，吴勋．高校预算绩效评价指标体系设计［N］．中国财经报，2006－08－25．

［5］张晓岚，吴勋．国外高校预算绩效评价研究的背景、现状与启示［J］．西安交通大学学报(社会科学版)，2007(1)．

［6］马骏．新绩效预算［J］．中央财经大学学报，2004(8)．

［7］陈工．英、美、澳、新等国家实施绩效预算的改革及其对我国的启示［J］．财政研究，2006(1)．

［8］马蔡琛．论阳光财政视野中的公共预算绩效管理［J］．现代财经，2006(3)．

［9］乔彬彬．绩效预算实施条件的中外比较及原因分析［J］．经济体制改革，2007(1)．

［10］马跃，财政支出项目绩效评价模式探析［J］．北京社会科学，2014(3)．

［11］张晓岚，吴勋．预算功能取向与部门预算绩效评价理论导向［J］．当代经济科学，2007(5)．

［12］周宏，张巍等．相对绩效评价理论及其新发展［J］．经济学动态，2008(2)．

［13］吴彩虹．财政教育投入绩效评价管理［J］．湖南社会科学，2013(6)．

［14］杨缅昆．政府绩效评价：理论和方法再研究［J］．统计研究，2010(12)．

［15］范晓婷．国际金融组织贷款项目绩效评价模式的启示及借鉴［J］．经济研究参考，2013(23)．

高校绩效预算存在问题及对策研究

浙江师范大学　徐　丽

【摘　要】绩效预算是以绩效管理为核心，对预算资金的使用和效益实施全程管理的一种预算体制，它不仅是预算编制方法的一种创新，也是预算管理的一次理念变革。高校作为公共财政资金的使用者，准确理解绩效预算管理的本质和要求，在预算管理实践中融入绩效理念，将绩效目标设定、绩效评价以及评价结果的应用等纳入预算编制、执行、监督全过程，并通过考核评价提高高校资金的使用效益，使高校的教育资源得到合理的配置，推进高校的健康发展。

【关键词】高校　绩效预算　编制　执行

财务预算管理是单位为实现既定的经济目标，通过编制预算、下达执行、内部监督、考核绩效所进行的一系列财务管理活动，它贯穿于单位财务预算的编制和执行全过程。绩效预算是指通过强化责任机制和建立激励机制，打破传统部门经费预算包干制或者以基数加增长的分配框架，一种以目标为导向、预算为主线、部门为基础、绩效为核心的全新预算管理模式。绩效预算不仅改变了预算的形式和内容，更是改变了预算的文化。

一、当前预算存在的问题

1. 预算编制的问题

在预算管理中，预算编制是一个复杂、系统和严肃的工作，在保证预算收支平衡的前提下，要使预算资金的分配达到最优化配置，编制过程中往往需要反复调整验证，并且需要分析大量资料，如：高等学校基础数据及变动因素、各部门各学院发展计划和项目申请书内容、上年度资金安排和使用进度、特重大项目需要资金支持年限等。比如浙江省某高等学校每年12月份才开始发文编制预算，各部门上交预算已经是次年2月底，但是学校要求3月份要预算成型并发文，这中间须经学校教代会财务监督委员会审议、校长办公会审议、校党委会审定，预算编制时间太短，难免造成预算的随意、草率和盲目。对支出项

YU SUAN YU JI XIAO GUAN LI   预算与绩效管理 | 553

目没有经过充分的技术分析和论证，甚至预算不完整等，从而造成预算的偏差和资源分配的不合理。同时预算编制方法落后、预算内容不完整。长期以来我国高等学校预算编制的方法主要是采用"基数＋增长"的方法，就是在上年支出基数的基础上加上一定的增长比例，就成为本年度支出的预算数额。这种方法最大的弊端就是保护了各部门和院系的既得利益，不管原来的决策是否正确，原来的分配是否公平，原来的支出结构、支出方向、支出比例是否合理，如果想要调整势必会受到来自各方面的阻力。在这种预算编制模式下，未完整反映学校下属的非独立核算单位收支情况，存在虚报、隐瞒一些不合规收入的情况。部门预算编制内容的不完整造成预算执行、决算口径不统一，为后期预算的执行和评估造成很大困难。

2. 预算执行的问题

预算执行随意性大，预算约束性不强，甚至预算执行不了。对高等学校来讲，预算管理基本上就仅限于预算的编制，预算批复一经下达，预算管理工作就算完成了，预算执行的监控、预算后的考核两个重要职能形同虚设。造成这个问题的原因有：预算编制仓促，与高等学校会计工作的开展脱节；预算编制不够细化且缺乏科学论证，部分项目立项时未能做好统筹规划，或者因为政策变化等原因导致项目无法执行，经费无法按照预期进行使用；预算执行者的预算管理意识不强，认为即使不按预算执行也不会受到相关的责任处罚或法律追究，预算的权威性和强制性常常被人们忽视。在高等学校中，有的行政部门日常公用支出当年严重超支，有的项目预算在执行中频繁要求追加预算，有的部门预算执行率严重落后于时间进度等。对于这些严重违反《预算法》的现象，学校相关负责人也未能追究责任，财务法律意识淡薄。

3. 监督机制不健全

监督是预算管理的重要一环，没有监督或者监督乏力的预算管理都是不完善的管理。预算监督的方式有很多种，比如上级财政部门监督、审计监督、社会中介机构监督、舆论监督等；按监督实施的时间也可以分为事前监督、事中监督、事后监督。对高等学校而言，预算监督应该由外部审计、校内审计部门、参与预算编制的各部门、学院等共同参与进行，然而在实际操作中主要存在的问题是监督机制不健全，预算监督不力，其症结在于预算的专业性强、预算权力过分集中。通常情况下，预算编制下达完了，预算管理工作也就算结束了，监督机制极不健全。

4. 预算考核的问题

预算缺乏有效的激励机制，绩效考核缺失。目前大部分国内高等学校没有建立相应的跟踪、分析和预算考核制度，对各部门的各项预算经费难以正确、完整的考核。现阶段停留在基本的、总括的分析考核甚至有的学校不做任何的分析考核。正是由于缺乏严格有效的绩效考核机制，缺乏对预决算的评估和责任追查体制，才更加重了预算编制与执行过程中的随意性。预算编制、预算执行、预算监督、预算考核任何一个环节的缺失，都会引发各种财务问题，必须引起重视。

二、实行绩效预算的必要性

1. 政府管理的需要

作为全额拨款事业单位的高校，其财务预算是公共财政预算的主要方面之一。随着我国教育改革的逐步深化，国家对教育的投入力度不断加大，特别是在前期颁布的《国家中长期教育改革和发展规划纲要（2010—2020 年）》中明确提出要进一步提高国家财政性教育经费支出占国内生产总值的比例。这就意味着高校所占有和使用的资源将不断增加。尽管如此，随着高校的快速发展，激增的经费需求与有限的教育资源供给的矛盾仍然十分突出，教育资源仍然存在一定程度的低效率配置。实行绩效预算是促进高校内涵发展，实现资源的合理配置，降低成本、提高效益的重要途径，也是社会各界和政府十分关注的问题，更是高校责无旁贷的重要责任。

2. 高校内部管理的需要

现阶段，高校普遍实行校内二级预算管理，管理办法也不尽相同，在不同时期都取得了一定的成效。但随着教育改革的不断深入，财务管理体制改革的不断加强，原有的预算管理方式存在一些弊端更加凸显，主要表现为：以资金为导向的预算分配方式多，以结果为导向的预算分配方式少；校内各部门被动执行预算多，绩效考核导向少；预算执行者与管理者信息沟通不对称的多，财务政策及时了解的少。这样的预算管理，就会造成经费和工作目标捆绑不紧、与工作绩效挂钩不直接、预算管理与实际工作开展不相匹配；预算管理缺乏刚性，预算期内调整预算经费的现象比较多，尤其是一些财政项目因为使用年限有要求，年底突击花钱的现象比较普遍。实行绩效预算，将部门经费和部门任务、工作目标挂钩，通过绩效考评及考评结果的合理运用，有效提高经费使用效益。

三、实施绩效预算的对策建议

1. 树立绩效预算的新理念

树立以战略计划引导资金分配的理念。传统的校内预算管理普遍存在"先争取资金到位、后思考如何办事"的思想观念，从部门领导到具体人员，在申请预算之前没有明确的使用方向，而是先想方设法把资金申请下来，然后再考虑用在哪些方面。"为了预算完成而努力"，往往形成"预算与执行两张皮"。执行结果是为预算而做出来的。学校采用目标管理的方法，将整个学校总体战略发展规划作为总目标，细分至各学院、各职能部门，然后据此编制、下达预算。各经费使用部门和使用人员首先要明确做什么，做到什么程度，再考虑申请多少经费，实现了"为结果做预算"，引导大家牢固树立"用钱效益"的观念，把关注点从"要钱、花钱"转移到"效益、发展"上来，科学、合理、高效地配置学校有限的资源，提高经费使用效益。

树立"全员预算管理"的理念。传统的管理理念认为预算管理纯粹是财务人员和分管财务领导的事，其他人员只是协助执行，至于"经费使用多少、是否真的使用的有价值、是否用在最需要的地方"都是财务部门需要回答的问题，业务部门没有直接责任。这种管理理念造成"财务管理与业务管理相互脱节"，"管钱的不了解事，管事的不负责钱"。高校财务预算其主体是全体职工，客体是资金运动及其形成的财务关系。在高校发展中，财务管理的绩效如何，从根本上取决于管理主体。要激发全体职工关心学校发展和建设的热情，发挥其积极性、创造性，变"被动执行"为"主动参与"，促使大家为学校聚财、生财、用财，按最优化原则合理使用资金，降低成本、提高效率，形成全员理财格局，从而使资金的管理、运作处于与学校发展紧密配合的良性运行状态。

在学校各级领导带领下，各业务部门和有关教职员工都参与到预算的编制、执行当中，对财务预算都有参与权、话语权、知情权和执行权，从而明明白白地承担预算责任；财务预算不再是财务处一个部门的事情，而成为全校各部门共同参与，各级领导共同审核、把关，全体教职员工共同执行的一项全员性工作，实现了"财务与业务"相互协同，"预算与执行"相互保障。同时，通过不断完善有关制度，强化了财务部门对资金统筹协调的责任和业务部门对资金使用绩效的管理责任，使"管钱的了解事，管事的负责钱"，大家从思想上也对绩效预算有了更深刻的理解。

2. 建立绩效预算组织管理和执行体系

为保证学校内部绩效预算的顺利实行，学校需要构建分层级的预算管理体系：第一层是学校的内部绩效预算委员会，由学校领导牵头，负责学校绩效预算方案的审批、批复下达和绩效考评结果的应用；第二层是由主管财务的校领导和财务处组成的绩效预算管理办公室，主要负责依据学校总体目标和预算资金分配情况编制相应的绩效预算方案、预算执行结果的监督检查和绩效预算管理过程中工作的协调；第三层是由各部门和学院的主要领导组成绩效预算实施小组，加大主管领导对所管辖职能处室预算的调控权。各层级领导分别牵头对学校不同业务方向的绩效任务进行分解、确定不同业务方向的绩效预算草案及绩效考评的组织；第四层是由各学院和各职能处室及各有关教职员工组成，根据具体工作目标，确定绩效预算的具体实施方案。由此，真正实现人人参与到绩效预算中来。

3. 改革预算管理体制，实现"财权与事权"的合理匹配，相互统一

实行绩效预算管理，将资金的管理权、使用权按照不同的工作目标、工作任务进行层层分解、落实、实施。在赋予各级领导、各业务部门的绩效管理责任的同时，赋予相配套的资金管理权力，充分体现了"财权与事权"的合理匹配，相互统一。

学校根据各职能部门和二级学院的工作职能划分，改变原有的纵向型预算管理体制，实行横纵结合的预算管理体制。将人员经费、业务经费、科研经费、财政专项业务费等绩效预算任务目标统一下达给各职能处室，各职能处室再根据工作任务、工作目标的分解确定资金投入比例的划分，实现了资金跟着任务走，"财权与事权"相匹配。

在确定各二级学院日常办公经费分配标准时，按照各学院办学条件、承担的工作任务和工作职能的不同，区分统一性与差异性。在确定统一分配标准的基础上，根据不同情况确定差异性分配标准，使学校的预算分配标准由"统一标准和差异标准"组成，将预算的规范性与灵活性相结合。实现"财权与事权"的相互统一。

4. 建立学校内部绩效预算管理评价体系

内部绩效预算能否成功，关键在于能否建立合理的预算资金分配与绩效挂钩的绩效预算管理评价体系。该评价体系包括两个方面：一是合理反映各部门绩效情况的绩效评价指标体系；二是合理的绩效预算奖惩机制，确保绩效考评结果得到合理应用。

设定绩效评价指标是绩效预算管理的核心部分。科学的绩效评价指标可以有力地促进和推动绩效预算管理工作的开展，引导整个学校预算朝着科学、合理、高效的方向发展。科学设定绩效评价指标是一项十分复杂的系统工程，学校各职能部门承担着该部门的管理、指导和监督职责，各学院作为学校整体目标的实现者，则更具有其特殊性、充分体现分类指标差异性原则。以浙江省某高校为例，学校按照经费不同的使用方向和效益体现方式将各学院的年度工作分为人才培养、队伍建设、科学研究和运营管理四大类，各大类下分设若干个考核子项目。该考核表由各职能部门年末对各学院进行考评。考核表如下：

表 1　各学院考核得分

项目	考核子项	分值
1. 人才培养(32 分)	1.1 学生深造情况	4
	1.2 学生就业创业水平	2
	1.3 学生学术创新能力	6
	1.4 省级及以上项目成果	3
	1.5 本科专业排名	2
	1.6 学位点评估	4
	1.7 研究生学位论文	3
	1.8 学生出国(境)交流交换率	3
	1.9 学历学位留学生占比	3
	1.10 学生安全稳定与日常管理	2
2. 队伍建设(25 分)	2.1 省部级及以上高层次人才增加数	8
	2.2 引进人才与重点学科师资建设契合度	2
	2.3 具有博士学位青年教师占比	4
	2.4 博士学位青年教师正常申报高级职称的比例	2
	2.5 年度人才引进计划完成率与专任教师净增数	6
	2.6 国(境)外师资占专任教师比例	3
3. 科学研究(30 分)	3.1 科研任务综合完成情况	18
	3.2 横向课题经费获取能力	4
	3.3 省一流学科排名情况	5
	3.4 国际合作平台和项目数量	3
4. 运营管理(13 分)	4.1 经费拓展能力	3
	4.2 项目经费预算执行情况	3
	4.3 投入产出情况	2
	4.4 党建与思想政治工作	5

　　各学院的年末考核成绩按照考核得分的高低进行排序，对于连续排名靠后的学院将会对次年的预算经费进行重点监控并且该部门的人员经费等都会受到影响。在这张考核表中，跟财务紧密相关的是运行管理项目，在考核表中占据 11 分，其考核细则如下表 2：

表 2 运营管理项目考核细则

考查点	分值	评分标准	考核项目
经营拓展能力	3分	当年经费拓展能力值(竞争性项目经费＋创收＋捐赠)/(学校安排的预算经费＋项目经费＋学校承担的学院人员成本)排名：≤15%，得100%分；≤50%，得90%分；≤70%，得80%分；≤80%，得70%分；其他，得50%分	竞争性项目经费
			科研项目
			创收
			捐赠
			学校安排的预算经费
			项目经费
			学校承担的学院人员成本
			当年经费拓展能力值
项目经费预算执行情况	3分	项目经费预算执行率(项目经费支出/项目经费预算)：≥91%，得3分；≥70%，得2.5分；≥40%，得2分；≥30%，得1.5分；<30%，得1分	项目经费实际支出
			备案数据(含博士引进安家费)
			项目经费预算
			项目经费预算执行率
投入产出情况	2分	分均产出成本(学校安排的预算经费＋项目经费＋学校承担的学院人员成本)/(人才培养得分＋队伍建设得分＋科学研究得分)从低到高排名：≤15%，得100%分；≤50%，得90%分；≤70%，得80%分；≤85%，得70%分；>85%，得50%分	学校安排的预算经费
			项目经费
			学校承担的学院人员成本
			人才培养得分＋队伍建设得分＋科学研究得分
			分均产出成本

该考核细则中涵盖竞争性项目经费、创收和捐赠等学院积极主动争取部分，也考虑学校整体投入产出情况，还结合省财政国库统一支付制度执行后对全校项目预算执行率的考核要求，确保学院的整体与学校一致。

5. 切实落实信息公开制度，畅通信息沟通渠道，提高管理者的责任感

信息公开是绩效预算管理的重要环节之一，是畅通信息沟通渠道、提高管理者责任感的重要途径和手段。信息公开的前提是信息的准确、及时，特别是对资金的使用者和管理者来说，更需要对有关信息进行及时、准确的了解和把握。通过召开"两会"(即预算编制布置会和预算批复会)及时将财政政策进行宣讲和解读，不定期召开财务培训会、财务协调会等，并将有关政策通过校园网、公共邮箱等方式向全体教职工及时进行传达，使大家及时了解和掌握有关政策，合规、合法的编制、执行预算。财务处会同教务处、科研院、公管处、人事处等有关职能部门共同建立"绩效预算"管理联合体，条件允许的情况下开展上门

服务，由业务主管部门对预算申报进行业务审核和指导，财务处负责进行财务
政策的审核和指导，在提高工作效率的同时提高申报质量。

　　在每年的教代会上主管校领导向教职工代表全面的汇报上一年度的绩效预
算执行情况，并将上一年的决算情况进行公布，使学校的总体绩效预算置于全
体教职工的监督之下，提高信息的公开性，从而强化各级管理者、领导者的责
任感和使命感。绩效预算管理在我国尚处试点阶段，在高校内部更是探索性的
工作，需要在今后的实践中不断总结经验、不断完善制度，使其更好发挥促进
学校科学发展的作用。

【参考文献】

　　［1］财政部．关于推进预算绩效管理的指导意见［Z］．财预〔2011〕416号．

　　［2］廖晓军．明确目标扎实工作全面推进预算绩效管理［J］．中国财政，2011(11)．

　　［3］全国干部培训教材编审指导委员会．中国公共财政［M］．北京：人民出版社，党建
读物出版社，2006．

　　［4］蔡红英．政府绩效评估与绩效预算［J］．中南财经政法大学学报，2007(2)．

　　［5］付亚和．绩效考核与绩效管理［M］．北京：电子工业出版社，2004．

高校会计人员绩效评价的研究

南京师范大学　徐　云

【摘　要】随着我国科教兴国战略的实施，高等学校的办学规模、可控资源发生了极为巨大的变化。高校经济活动内容日益广泛，伴随而来的则是财务风险的不断加大，财务分析、财务决算已成为高校财务管理的重要内容。而会计人员工作绩效的完成情况对高校财务的健康发展至关重要。本文主要以高校会计人员绩效评价为中心，首先分析了绩效评价系统要素设立的基本原则，然后分析了高校会计人员绩效评价中存在的问题，最后针对相应的问题提出了建议。

【关键词】高校　会计人员　绩效评价

一、会计人员绩效评价系统的要素

(一)评价目标

绩效评价系统的目标是该系统设置所要达到的目的和作用。所有的绩效评价系统在设立的初期都需要设立评价的目标，高校会计人员的绩效评价系统也不能有例外。在设计高校会计人员绩效评价系统时，必须首先确定绩效评价的目标，其目标是对会计人员工作完成情况进行量化的考核。

(二)评价对象

绩效评价一般包括组织绩效评价以及员工绩效评价这两个部分。不同的评价目标决定了不同的评价对象，而评价所得到的结果也对不同评价对象的影响不同。高校会计人员绩效评价系统的评价对象是高校会计人员，是员工的绩效评价而非部门的绩效评价。

(三)评价指标

评价指标是进行绩效评价的关键。一般来说，员工的绩效评价指标根据不同的评价内容可以分为三大类，它们分别是工作业绩指标、工作态度指标和工作能力指标。这三大指标必须同时进行考核，缺一不可。而在对高校会计人员绩效评价指标确定的时候，必须进行严谨科学的考察，如何更为合理的设计这三个指标下属的详细指标对绩效评价能否达到预期结果尤为重要。

（四）评价标准

评价标准是指用于判断评价对象绩效优劣的标准。评价标准的制定主要取决于评价指标的选择以及评价的目的。而评价标准则又可以被分为绝对评价标准和相对评价标准两类。绝对评价标准指的是客观存在的标准，相对评价标准指的是通过在客观评价标准的基础上对比和排序所得到的。高校会计人员绩效评价的标准往往采用的是相对评价标准。

（五）评价方法

评价方法指的是对绩效考评时所采取的判断程序和方法。高校会计人员绩效评价的方法需要结合其特殊的性质，考虑评价成本，科学制定。

二、高校会计人员绩效评价系统设计的基本原则

（一）反映高校会计人员的工作特性

高校会计核算主要涉及两大方面的核算，分别是"收"和"支"。"收"指的国家所拨付的教育经费、科研经费、学生的学杂费、校友以及社会各界的捐赠等；而"支"指的是支付老师的工资、办公费、科研经费、差旅费等。通过其主要的业务范围作为类别较为固定，数量稳定，收支项目明确。因此，在选择对高校时所采取的指标、标准、方法，应当充分反映这一工作特点。

（二）高校会计人员的绩效指导性

高校之所以对会计人员设定绩效评价机制，不是为了对绩效完成好的发放奖金，对绩效完成差的扣除奖金，也并非是为了计算薪酬福利和员工的绩效工资，绩效评价的真正目的是它的指导性。每个会计员工预先设定的绩效，体现的是高校对其在一定时间内工作方向、工作内容的一个指导作用，为其日常的工作提供一个清晰的绩效标准，代表着高校对员工的期望和要求。

（三）可接受性

高校会计人员绩效评价机制必须要由全体会计人员讨论通过，必须是可接受的、可认同的。可以想象，假若一个评价机制在设置上非常完备，但是被评价者并不接受，不赞同使用它。那么，即使这个机制很出色，它也不会被高校所采用。

三、高校会计人员绩效评价存在的问题

(一)绩效评价的目的性不明确

近几年，各个省份的教育厅纷纷开始重视学校会计工作的开展情况，尤其是会计人员绩效评价机制。越来越多的省教育厅下发文件，强调要加强各个学校会计基础工作规范化的考核。高校的会计人员绩效评价看似红红火火的开展起来，但大部分都是流于形式，按照上级领导的统一部署，在年底工作总结的时候大家在一起相互打打分而已，既无平时工作情况的具体记录，也没有科学设计，绩效评价的结果很少与职称评定、薪酬福利等个人利益挂钩，有时甚至沦为领导者谋求自身利益的手段。某高校的会计人员表示，他们在年度绩效考评时，每人轮流进行年度的工作总结，之后全体成员相互打分，而打分的标准并没有明确的限定。这就导致工作多的和工作少的得分相差不多，工作干得好与干得坏最后得分也相差不大，没有起到激发大家工作积极性的作用。

(二)绩效评价指标难以量化

事业单位人员尤其是会计人员绩效考评的难度大是大家公认的事实。而对于高校会计人员的绩效考评就更是难上加难。由于高等院校主要依靠国家的财政拨款，除此之外的收入来源就是学生的学杂费用，很难向其他的盈利单位寻找一个可以量化的财务指标比如资产周转率、资产负债率、现金周转率等进行绩效的考核。造成这种局面的原因主要是因为事业单位的工作结构化程度比较低，若是应用结构化很强的指标体系进行评价，很难达到预期的效果。

(三)绩效评价缺乏有效的沟通

高校单位与一般的企业不同，在高校内部的绩效评价，一般遵循组织结构内的权力路线，基本属于一种体现行政权力的组织行为。高校会计人员的评价体系设置一般是由上一级领导人员讨论设置的，要接受上一级领导的指导与监督。在考评过程当中，一般均为上级直接对下级进行考评，而下级很难将自身的建议和不满反映上去，这就直接导致了绩效考评过程中沟通是单向的，从上往下。单向沟通的结果会导致上级在对下级进行考察的时候，很难收集到真实的、可靠的数据，而且数据的质量无法得到保障，这就会使得绩效考评的结果不公正、不合理。因此，绩效考评中缺乏有效的沟通是一个亟待解决的问题。

四、完善高校会计人员绩效评价的建议

(一)建立激励机制

面对现在高校会计人员绩效评价系统目标不明确、缺乏激励性、考核设置

不合理这一些问题，各大高校应当尽快完善自身的绩效激励机制，建立起一套科学合理的激励机制。绩效激励机制的建设包括两个方面：一是，对于评价者的激励机制。评价者在激励机制建设中发挥着重要的作用。他们对被评价者所做出的考核意见，直接关系到被评价者业绩完成的情况，他们的意见具有决定性作用。评价者应当明确自身工作的重要性，明白提供准确的绩效信息比提供错误的绩效评价信息更重要，公正的完成评价任务。因此，对评价者的评价结果建立考评机制至关重要；二是，对被评价者的激励机制，对于绩效完成好的人员予以奖励表扬，将其优秀的工作事迹在学校推广，对于绩效差的人员给予惩罚，促其尽快改进。对被评价者的激励机制可以激发每个工作人员的竞争意识，促使他们不断地学习，寻找更加合理的方法不断改进绩效。

（二）建立明确的绩效评价指标

虽然高校会计人员的绩效考评指标体系无论是在理论研究上还是实际操作上都存在着一定的难度，但是，只要经过认真的研究，必然能建立起一个比现行机制更为合理的考评指标。该绩效评价指标在建立的时候应当遵循以下三个要点：第一，绩效评价标准应当保持一定的稳定性，不可随意的增减，如需改动必须由高校的领导者讨论通过；第二，评价指标体系构建的时候应当坚持贵精不贵多，贵明确不贵模糊，贵敏感不贵迟钝，贵关键不贵空泛的原则，使绩效评价指标能够真正地发挥其应有的作用；第三，对于几种考核指标的整合问题上，应当根据实际的需要来确定，在将多个指标进行整合的时候，应当合理的确定每个指标的权重，权重的设计上根据指标的重要性程度制定出差异性。针对不同的考核人群，制定不同的评价指标，使得绩效评价更为科学合理。比如，绩效评价指标分为月度评价指标和年度评价指标，年度评价指标是在月度评价指标的累积值上增加全年的绩效加减因素，诸如发表论文、提出被学校采纳的减少成本的建议、通过职称考试等。在月度绩效指标中分为工作业绩、工作态度、工作发展这三大类，每一大类中再进行细分同时赋予不同的比重。为了保证评价的公平性，在进行评价的时候，分别进行自评、上级领导、同级人员打分，赋予三者不同的权限比重，使结果更加的合理。

（三）加强绩效评价的沟通

在绩效评价方案制定的时候，上级领导应当与相关的会计人员就方案的可行性、可操作性以及合理性进行允分的沟通，达成一致的共识。对于人员绩效考评指标、标准和方法的确定应当充分征求会计人员的意见，对他们认为不合理、不恰当的地方及时地进行修改。同时，上级的领导应当充分听取会计人员关于是否给予绩效完成程度一定的奖惩，以及这个方面问题的意见。一旦绩效评价机制设立起来，所有的会计人员都应该参与其中，努力实现自己的工作任务，达到所设定的标准。对于考评中认为不正确的、不合理的部分，应当及时地提出异议并及时地与上层领导者沟通，共同寻找出一个令双方都满意的解决方案。加强沟通最好的办法就是面谈。在绩效评价之前，评价者与被评价者进行一次或者多次的面对面交流，评价者回顾自己这段时间的表现并且反思不足之处，同时也可以提出自己在工作中需要组织予以解决的困难以及更好的工作建议，在面谈中寻找出更好的解决方案。

如何充分的调动全体员工的积极性，激发他们内在的潜力，提高工作绩效，始终是人力资源管理的重要问题。毋庸置疑的是，高校会计人员的绩效评价是一个众人皆知重要、人人有意见且多年改革难见成效的老问题和大问题。面对如此众多的问题，我们应当建立激励机制和组织文化、建立明确的绩效评价指标以及加强绩效评价的沟通，使高校会计人员绩效评价机制设计的更为科学合理。

【参考文献】

[1] 何清生. 高校会计人员绩效评价的实证分析[J]. 中国总会计师，2014(7).

[2] 韩俊仕. 基于需求层次理论的高校会计人员激励问题研究[J]. 经济研究导刊，2013(10).

华东师范大学院系预算管理状况评价指标体系的设计与探索

华东师范大学　杨蓉　朱圣巧　柯怡文

【摘　要】实现资源合理分配是预算的主要功能，对预算工作进行有效的绩效考核，则是促使院系重视并加强预算管理、进一步优化资金配置的重要推动力。目前学术理论研究主要关注以学校为整体的预算管理绩效进行评价，对校内二级单位——院系的预算管理状况评价几乎为空白。本案例背景是 2013 年华东师范大学（以下简称学校）启动的财务二级管理改革试点，通过总结试点经验，学校财务处建立了院系预算管理状况评价指标体系，评价结果作为学校对院系预算拨款决策的重要参考依据。

【关键词】预算管理　资金配置　多元化

一、学校院系预算管理基本情况

学校实行"统一领导、分级管理、集中核算"的财务管理体制。2013 年学校启动了财务二级管理改革试点，预算管理模式改革是改革重点，2013 年成为学校院系预算管理的分水岭。

（一）学校院系预算管理现状分析

1.2013 年前院系预算管理基本情况

根据学校原预算管理办法规定，预算管理职权如下：学校党委常委会、校长办公会议是预算管理的决策机构；学校财经领导小组是预算管理的具体领导机构；学校财务处是预算管理部门；学校其他职能部门、直属单位负责编制本单位年度预算以及由管理职能决定的涉及全校的预算项目；经学校批准试行"管理重心下移"的院系等单位，其院系常务会议是院系预算管理的决策机构。由于"管理重心下移"试点工作在 2013 年前并未启动，因此，2013 年前，学校预算管理主体主要限于学校财务处、教务处、研究生院、社科处、科技处、设备处、学科办等职能部门，院系经费通过相关部门下达。

分权式财务管理体制适应了教育投资多元化的需要，通过财务管理权力适度下放到院系，调动院系办学积极性。但学校财务管理未完全摆脱集中体制的烙印。主要表现在财权过于集中，对外经济收支统一到学校一级财务，统管过细，带来的问题是院系缺少必要的财务自主权，影响院系办学热情和积极性，最终损害学校长期发展能力。

2. 财务二级管理改革下的院系预算管理现状

实行财务二级管理体制，是指改变原先以职能部门为主体的财务体制，建立以院系为主体的分级管理的财务体制。改革目标包括：根据高水平大学建设需要，推进财务分层管理，赋予院系更多的办学自主权；推进分类指导，更好地发挥院系作为办学基本单位的积极性、创造性，推进财务管理科学化制度化，提高办学绩效和服务水平。

在充分调研的基础上，2013年学校启动了财务二级管理改革试点工作，根据实际情况和学科属性选取了6所院系作为首批试点。2013年预算是试点起点，学校全部下拨了6家试点院系2013年预算，提供财务上门服务帮助院系做好预算。同时，学校也进行了充分调研，包括对试点院系进行调研和前往兄弟高校开展调研，并修订出台了《华东师范大学预决算管理办法》。

新办法建立了以院系为基本预算单位的二级预算管理体制。该体制下，学校党委常委会是学校预算管理的决策机构；校长办公会议是学校决算管理的决策机构；学校财经工作委员会是学校预决算的具体领导机构；学校预算审核委员会是学校预算编制的咨询审议机构；财务处是学校预决算管理的职能部门；各实体院系和科研机构、各职能部门、非法人的直属单位负责编制本单位年度预算；基于管理职能，有关职能部门负责编制全校预算项目，并组织和监督其职能范围内的预算执行。财务处根据学校指示在每年9月下旬布置预算工作并下达预算控制数，院系根据下达的预算控制数编报下一年度的收入预算和支出预算，并在10月下旬提供本单位预算，审核通过后由财务处直接下拨至院系。新体制具有三大亮点：一是由院系自主编制预算，激发院系参与学校预算管理工作的热情，更好地发挥院系作为办学基本单位的积极性、创造性，提高科学决策、民主管理和规范运行能力；二是强调学校对院系财务管理的指导和监督，帮助院系根据发展规划科学编制预算，督促院系积极合理完成预算任务，凸显部门服务功能定位；三是确定"学校—院系"的两级预算下拨模式，与以往"学校—部门—院系"的三级预算下拨模式不同，新模式使得预算下拨更为高效、公开、透明，推进财务管理科学化制度化。

院系的预算管理职责具体包括：根据院系发展规划、办学目标和教学科研运行情况，自主编制本单位年度预算；院系年度预算必须经院系党政联席会议讨论后，并报学校审核批准；经学校批准后，院系必须根据编制的年度预算和季度用款计划，按时保质地执行预算；预算执行必须遵循国家和学校的有关规定，接受学校和上级部门的检查；院系年度预算执行情况必须向学校报告，并向院系教代会通报。

（二）院系预算管理中存在的问题

2013年前院系经费通过相关部门下达，院系没有完全参与到预算工作中，预算主要是满足院系教学和科研工作的基本需要。虽然2013年改革试点后赋予院系预算编制自主权，但是院系在短时间内无法快速转变财务管理思维，对财务管理的关注点主要还停留在经费的争取、使用和报销上，未充分认识到预算的龙头和统筹作用，对预算管理重视不够，预算的资源合理配置功能未充分发挥。主要表现在：

1. 预算编制质量需进一步提高

院系往往更关心经费数量的增长，预算管理工作的重点和主要精力大都放在争取经费上，对拿到手的经费如何合理、合规、有效的花出去，思考不够、措施不够。对预算编制质量的忽视，主要表现为对基础数据的收集重视不足、收入预算准确性不高、经费安排缺少前瞻性和规划性等方面，预算内容与院系实际需求间存在偏差，后续频繁申请调整预算，影响预算执行进度等。

2. 预算调整程序有待进一步优化

学校预算审核委员会负责接收和审议院系经费预算调整申请。在预算审核委员会审议通过后，该事项才提交学校党委常委会审议。这一程序设定相比以往更加规范，但目前还没有形成稳定的运行机制。主要表现在：预算审核委员会缺少成文的议事规则，如申请预算调整时应交的材料范围没有统一规定，申请预算调整须在委员会召开前几日提出等；院系对预算调整程序了解不足，需要加大相关宣传引导，帮助院系树立起自觉遵守程序的意识。

3. 预算执行管理有待进一步加强

教育部目前狠抓预算执行，建立了一系列以预算执行月报、通报、约谈、督查、预算执行与预算安排挂钩制度为核心的预算长效机制，把预算执行管理放在更加突出的位置。但由于预算编制质量不高、经费安排规划性不强等原因，部分院系的预算执行不理想，实际预算执行与预算存在出入，结转结余较多，资金使用效益不高。部分院系还存在着为了执行而执行的心态，预算执行主体地位意识不强。学校预算执行的跟踪管理和分析评价机制不健全。

除了上述问题外，还存在着以下问题：院系财务岗位设置和人员安排在数量上和素质上无法满足院系财务工作需要；院系参与学校财务管理的主动性不够，未清楚认识到在财务管理工作中的义务，教职工对经费报销使用的相关制度理解不到位，缺少主动学习了解财务报销规定及相关财经制度的意识，甚至质疑和挑战财务规章制度等。

二、院系预算管理状况评价指标体系的设计

新《华东师范大学院系预决算管理办法》第 34 条规定：学校建立绩效评价制度，对项目经费支出结构、使用效益及项目取得的效益进行分析评价。为落实该条规定，全面考核院系预算管理情况，激励院系加强预算管理，学校财务部门探索建立了院系预算管理状况指标体系，将考核结果与学校拨款决策相挂钩，优化学校资源配置。

(一)院系预算管理状况评价指标体系设计的背景和依据

从国家宏观角度来看，高等教育事业发展同资金短缺和资金合理配置使用之间的矛盾依然存在，这一矛盾在国家财政收入缩紧形势下将更为突出。从高校自身发展角度看，高校发展要从单纯注重数量扩张向注重质量和效益转变，"如何把有限的教育投入充分利用起来，完善资金结构，优化资源配置"，成为摆在高校面前的重要课题。可见，不论是外部客观环境还是内部发展要求，都对高校资源利用和配置能力提出了更高的要求，要实现这一能力的提升，高校首先需要增强预算管理。院系作为高校的基本单位，其预算编制和执行能力的强弱直接影响了学校整体的预算管理水平。因此，学校需要建立院系预算管理状况指标体系，对院系预算管理进行客观正确的评价，以此作为学校资金配置和使用的重要依据。

院系预算管理状况指标体系的设计依据主要是"三法两制度"，结合 2013 年启动财务二级管理改革试点经验。其中，"三法"指的是《会计法》(中华人民共和国主席令第 24 号)、《教育法》(中华人民共和国主席令第 45 号)、《预算法》(2014 年修正)。"两制度"指的是《高等学校财务制度》(财教〔2012〕488 号)和《高等学校会计制度(修订)》(财会〔2013〕30 号)。另外，考虑到具体指标的实际情况和特殊性，还参考了相关规章制度和管理办法。

(二)院系预算管理状况评价指标体系设计的原则和方法

1. 原则

包括 3E 原则、系统性原则、定量指标和定性指标相结合的原则、可操作性原则。3E 原则，在指标设计时要兼顾经济指标、效率指标和效益指标；系统性原则，从总系统论的角度出发，对指标体系设计强调各指标之间的系统性；定量指标和定性指标相结合原则，强调在指标体系设计时既要有定量指标又要有

定性指标，将两者有机地结合起来，构成完整的指标系统；可操作性原则，强调指标的可操作性，特别是对定性指标的运用于操作问题。制定的指标以相对数比例和程度为重点，使主观感觉客观化，分散经验系统化，便于测量和社会监督。

2. 研究方法

（1）德尔菲法

第一步，筛选主要预算管理状况评价指标（一级指标）。

构建高校院系预算管理状况评价体系，首先就要选取主要评价指标。我们按照"德尔菲法"的原则与操作方法对一级指标进行了初步筛选。选取 17 名评选专家（其中，学校领导 2 名、财务管理部门 4 名、院系财务负责人 6 名、专家学者 5 名）进行问卷调查。提出以下问题：您认为哪些财务管理状况评价指标（不少于 5 项）较为重要？全部收回 17 份调查问卷，有效问卷 15 份。统计处理后选择得票数前 4 位的评价指标：预算编制、预算调整、预算执行和决算。（见表 1）

表 1　第一轮评价指标（初步筛选）专家调查汇总

评价指标	预算编制	预算执行	政府采购管理	预算调整	结算管理	决算
得票数	15	15	3	15	5	7
得票率%	100	100	20	100	33	47

根据上述评价指标设计出调查问卷，进行第二次问卷调查，要求专家根据个人认识与观点对评价指标按重要程度进行百分制评分，同时征求对评价指标的建议，并询问有否增补。（见表 2 和表 3）

表 2　第二轮评价指标专家调查问卷

评价指标	预算编制	预算执行	预算调整	结算管理	合计
请您按重要程度进行评分（共 100 分）					100
您对评价指标有何建议					
您认为应补充的指标					

表 3　第二轮评价指标专家调查汇总

评价指标	预算编制	预算执行	预算调整	结算管理
总分值	28	41	18	11
百分比%	28	41	18	11

将专家提出的建议进行汇总，对上述 3 项预算管理状况评价指标进行调整。结合二级单位财务管理实际情况，最终确定以下 3 个评价指标：预算编制、预

算调整和预算执行。

第二步，确定预算管理状况一级评价指标权重值。

先将前两轮调研情况向 17 名专家进行通报，并进行第三轮调研，要求专家对已得出的 3 项评价指标按重要程度进行百分制评分。通过电子邮件向专家发放调查问卷，规定时间后回收所有问卷。对回收表中 15 位专家给出的每一评价指标的评分汇总计算，汇总统计出主要评价指标专家评分情况，每一评价指标的分值比例视为该项指标重要性的百分数，即为权重值。结果为：预算编制（20分）、预算调整（20 分）和预算执行（60 分）。（见表 4 和表 5）

表 4   院系预算管理状况指标体系一级评价指标第三轮专家评分问卷

评价指标	预算编制	预算执行	预算调整	总分
请您按重要程度进行评分				100
总分				100

表 5   院系预算管理状况指标体系一级指标第三轮专家调查统计表

评价指标	预算编制	预算执行	预算调整
总分	20	60	20
分值比例	20%	60%	20%
各项所占权重分	20	60	20

第三步，预算管理状况评价指标体系的初步形成。

在上述专家调研的基础上，确定了上述预算管理状况评价的 3 个一级指标及其权重值。参考一级指标设立过程以及权重确定过程，对应设立 6 个二级指标，并且计算出他们的权重。我们组织了三次评价反馈确立二级指标编制，四次打分确立了 6 个二级指标的权重，最终专家意见趋向一致。（见表 6）

表 6   院系预算管理状况指标体系二级指标第三轮专家调查统计表

评价指标	预算编制的科学性	预算编制的规范性	预算调整的规范性	预算执行的规范性	预决算情况	院系创收能力
总分	10	10	20	10	30	20
分值比例	10%	10%	20%	10%	30%	20%
各项所占权重分	10	10	20	10	30	20

（2）座谈会法

院系预算管理评价指标体系建设得到校内多次座谈会的决策意见支持，成员来源于学校领导班子成员、财务管理部门领导、院系负责人和学生代表等。

部分座谈会的核心内容如下：

2013 年 9 月至 2014 年 12 月召开多次座谈会，对重要指标、权重值、指标的应用性和可操作性做了讨论。例如，2014 年 9 月，财务处处长杨蓉在中北校区理科大楼 A204 室主持召开了院系预算管理状况指标体系研讨会，校领导、财务管理部门领导、院系负责人等十多人参加了会议。杨蓉在会上详细介绍了院系预算管理指标体系的研究现状，当前专门针对该方面的研究较少或缺乏系统性，因此，院系预算管理状况指标体系研究除了具有理论意义外，在加强高校财务监管、提高经费使用效率、提供决策依据、等方面有着重要的现实意义。此次指标设计以国家相关财务法规为依据，兼顾了经济指标、效率指标和效益指标，充分体现了系统性、定性与定量相结合、可操作性和可控性等特点。

2015 年 3—7 月召开了多次座谈会，对指标体系进行了反复的修改与完善，就相关问题进行了多次讨论，最后形成了现有的院系预算管理状况评价指标体系。例如，2015 年 5 月，财务处处长杨蓉在闵行校区金融与统计学院一楼会议室主持召开了院系预算管理状况指标体系研讨会，财务管理部门领导、院系负责人、学生代表等十多人参加了会议。杨蓉在会上详细介绍了院系预算管理指标体系的内容，包括具体指标体系的依据、权重等。与会人员针对院系预算管理指标体系的内容各抒己见，提出了很多宝贵的建议，为院系预算管理指标体系的进一步完善提供了帮助与参考。

以上仅列举了部分座谈会，除此之外，校领导、财务处负责人还与学校各院系负责人多次座谈，听取院系领导的建议，将各个院系的实际情况纳入指标体系当中，以增强院系预算管理指标体系的操作性和实用性。

(三)院系预算管理状况评价指标体系的内容

预算管理是财务管理的核心和主线，通过适当的预算管理评价可以为学校决策层提供关于学校运行状况的准确信息，使相关部门在进行学校预算编制和拨款时有据可依。本案例所探讨的预算管理评价指标体系应用，主要是指将评价结果运用于学校拨款决策中，逐步形成绩效拨款机制。如果院系的预算管理评价结果有了明显进步或改善，那么下一年度该院系获得更多预算拨款的可能性将大大增加，反之减少的可能性将会增加，绩效拨款为院系改进绩效、加强预算管理提供了直接和有形的激励。院系预算管理状况指标体系如下(见表7)，该体系以预算工作流程为脉络，主要考核院系预算编制、调整、执行情况。该体系重点考查预算管理评价指标对学校预算拨款及其使用的指导，所以预算管理定量指标中设置了收入预算完成率、预算调整比率、支出预算完成率、预算执行率以及其他收入的增长率，不考查其他收入的执行情况。

表7 院系预算管理状况评价指标体系（100分制）

一级指标	二级指标	指标说明	指标类型	评分点	评分方法
预算编制（20分）	预算编制的科学性（10分）	反映预算编制的内容科学性	定性	(1) 预算编制符合"量入为出、收支平衡"原则； (2) 科学相关测算方法和依据； (3) 数据间的逻辑关系合理； (4) 编制内容完整、全口径测算各项收入、支出，无遗漏； (5) 相关数据真实、准确无误。	按10分、8分、6分、4分、2分五档评分。 ①10分：全部合格； ②8分：以上评分点中有1点不合格； ③6分：以上评分点中有2点不合格； ④4分：以上评分点中有3点不合格； ⑤2分：以上评分点有4点及以上不合格
	预算编制的规范性（10分）	反映预算编制的程序规范性	定性	(1) 在规定时间内报送预算草案； (2) 报送的预算草案及其资料符合要求，不存在因不符合要求而退回重新编制的情形	按10、6分两档评分。 ①10分：以上评分点中全部合格； ②6分：以上评分点中有1点及以上不合格
预算调整（20分）	预算调整的规范性（20分）	反映预算调整的程序规范性	定性	经过院系集体决策程序	满分10分，不满足则为6分
			定量	预算调整额占收入预算总额的比率＝预算调整额/收入预算总额×100%	按10分、8分、6分、4分、2分五档评分。 ①10分：无调整； ②8分：调整比率在30%（包含）以下； ③6分：调整比例在30%—60%（包含）之间； ④4分：调整比率在60%—90%（包含）之间； ⑤2分：调整比率在90%以上

续表

一级指标	二级指标	指标说明	指标类型	评分点	评分方法
预算执行（60分）	预算执行的规范性（10分）	反映是否严格执行预算	定性	按照预算批复口径使用经费，未改变用途使用	满分10分，不满足则为6分
	预决算情况（30分）	反映决算收入与预算收入的对比情况以及决算支出与预算支出的对比情况、体现预算执行进度	定量	收入预算完成率：实际收入/收入预算总额×100%	按10分、9分、8分、7分、6分五档评分。 ①10分：指标值在95%（含）—105%之间； ②9分：指标值在90%（含）—95%之间或105%（含）—110%之间； ③8分：指标值在85%（含）—90%之间或110%（含）—115%之间； ④7分：指标值在80%（含）—85%之间或115%（含）—120%之间； ⑤6分：指标值在80%以下或120%以上
				支出预算完成率：实际支出/支出预算总额×100%	按10分、9分、8分、7分、6分五档评分。 ①10分：指标值在95%（含）—105%之间； ②9分：指标值在90%（含）—95%之间或105%（含）—110%之间； ③8分：指标值在85%（含）—90%之间或110%（含）—115%之间； ④7分：指标值在80%（含）—85%之间或115%（含）—120%之间； ⑤6分：指标值在80%以下或120%以上

续表

一级指标	二级指标	指标说明	指标类型	评分点	评分方法
预算执行（60分）			定量	预算执行率：实际支出/实际收入总额×100%	按10分、9分、8分、7分、6分五档评分。 ①10分：指标达到95%（含）以上； ②9分：指标在90%（含）—95%之间； ③8分：指标在80%（含）—90%之间； ④7分：指标在70%（含）—80%之间； ⑤6分：指标在70%以下
	院系创收能力（20分）	反映院系的创收能力	定量	其他收入增长率：（本年收入－上年收入）/上年收入×100%	按10分、9分、8分、7分、6分五档评分。 ①10分：指标达到30%（含）以上； ②9分：指标在20%（含）—30%之间； ③8分：指标在10%（含）—20%之间； ④7分：指标在5%（含）—10%之间； ⑤6分：指标在5%以下
			定量	捐赠收入比率：捐赠收入/实际收入总额×100%	所得分数为捐赠收入比率乘以10分

三、院系预算管理状况评价指标体系的应用

本文选取 S 学院 2013 年、2014 年的财务数据作为评价指标实践案例进行分析。2013 年我校启动二级财务管理改革，由于院系财务管理制度相对缺失，预算管理经验不足，所以在年底对其进行预算管理评价尤为必要。一方面以绩效考核结果作为下年拨款的参考依据，另一方面敦促二级学院完善预算管理，科学编制预算。

2013 年，学校批复 S 学院收入预算 121.29 万元，S 学院的预算收入完成率为 90.1%，预算支出完成率为 47.7%，预算执行率为 59.7%，预算调整率为 11.4%，其他收入增长率为 49.22%。评价结果如下表 8：

表 8　S 学院 2013 年预算管理状况评价

一级指标	二级指标	评分点	评分
预算编制（20分）	预算编制的科学性	（1）预算编制符合"量入为出，收支平衡"原则； （2）科学测算各项收入、支出，明确列示相关测算方法和依据； （3）数据间的逻辑关系合理； （4）编制内容完整，全口径测算各项收入、支出，无遗漏； （5）相关数据真实、准确无误	8
	预算编制的规范性	（1）在规定时间内报送预算草案； （2）报送的预算草案及其资料符合要求，不存在因不符合要求而退回重新编制的情形	10
预算调整（20分）	预算调整的规范性	经过院系集体决策程序	10
		预算调整额占收入预算总额的比率：预算调整额/收入预算总额×100%	8
预算执行（60分）	预算执行的规范性	按照预算批复口径使用经费，未改变用途使用	10
	预决算情况	收入预算完成率：实际收入/收入预算总额×100%	9
		支出预算完成率：实际支出/支出预算总额×100%	6
		预算执行率：实际支出/实际收入总额×100%	6
	院系创收能力	其他收入增长率：（本年收入－上年收入）/上年收入×100%	10
		捐赠收入比率：捐赠收入/实际收入总额×100%	0
最终得分			77

2013 年 S 学院预算管理状况指标得分为 77 分，高于 6 所试点院系的平均评价指标得分，学校综合各方面需求，决定增加拨款。2014 年，学校批复 S 学院收入 170.13 万元。2014 年，S 学院的预算收入完成率为 94.38％，预算支出完成率为 80.53％，预算执行率为 85.33％，不存在预算调整，其他收入增长率 93.21％。评价结果如下表 9：

表 9　S 学院 2014 年预算管理状况评价

一级指标	二级指标	评分点	评分
预算编制（20 分）	预算编制的科学性	(1)预算编制符合"量入为出，收支平衡"原则； (2)科学测算各项收入、支出，明确列示相关测算方法和依据； (3)数据间的逻辑关系合理； (4)编制内容完整，全口径测算各项收入、支出，无遗漏； (5)相关数据真实、准确无误	10
	预算编制的规范性	(1)在规定时间内报送预算草案； (2)报送的预算草案及其资料符合要求，不存在因不符合要求而退回重新编制的情形	10
预算调整（20 分）	预算调整的规范性	经过院系集体决策程序	10
		预算调整额占收入预算总额的比率：预算调整额/收入预算总额×100％	10
预算执行（60 分）	预算执行的规范性	按照预算批复口径使用经费，未改变用途使用	10
	预决算情况	收入预算完成率：实际收入/收入预算总额×100％	9
		支出预算完成率：实际支出/支出预算总额×100％	7
		预算执行率：实际支出/实际收入总额×100％	6
	院系创收能力	其他收入增长率：（本年收入－上年收入）/上年收入×100％	10
		捐赠收入比率：捐赠收入/实际收入总额×100％	0
最终得分			82

2014 年 S 学院预算管理绩效评分为 82 分。由上表 8 和表 9 可知，2014 年 S 学院主要指标比率相比 2013 年均有所提高，2014 年指标评价最终得分也较 2013 年有提高，这一结果显示院系预算管理状况指标体系的执行一定程度上有利于 S 学院加强预算管理。

近年来，S学院实行了大类招生培养和拔尖创新人才培养计划，国家社科、教育部人文社科项目、上海市哲社、上海市政府决策咨询等各类课题申报立项数不断增长，2014 年度学院教师科研项目立项达 15 个，获奖面、获奖等级逐年提升。S学院还与市政府有关部门共建了多个研究平台，与多家政府机构、行业协会、知名企业建立协作管理，与澳大利亚、美国、英国、加拿大、荷兰、日本、韩国等国际港澳地区的高等学校建立了良好合作关系，本科、硕士和博士留学研究生数目不断增长。师资力量极大充实，引进"千人计划教授"1 人。

四、案例分析总结

本案例中使用的院系预算管理状况指标体系仅作为学校财务处制定学校预算拨款草案时的重要参考依据，学校在 2014 年预算编制中全面推行试点，对所有院系实行财务二级管理，由院系根据发展规划、办学目标和教学科研运行情况，自主编制年度预算。

(一)院系预算管理状况评价指标体系的优点

2013 年、2014 年试点院系的预算编制和执行结果检验了该指标体系的有效性。在进行院系的纵向年度比较时，院系可以清楚了解自身预算管理的优点和缺点；在进行院系间的横向比较时，可以清楚显示院系间预算管理水平的差距。总体而言，预算管理状况评价得分一定程度上客观展示了学校院系的预算管理能力和水平，评价结果具有连续性和稳定性，可以为学校预算拨款决策提供一些价值的参考。

1. 定量指标与定性指标相结合

内容科学准确、程序合法合规，是一般考核体系中基本的两大要素，具体指标都是对这两点的细化。单一的定性指标或定量指标都无法全面展现院系预算管理考核内容，因此，在指标体系设计中，既考虑了定量指标也考虑了许多难以量化的定性指标的影响。

2. 体现对高校预算执行管理的要求

在该评价指标体系中，预算执行考核指标占到 60 分，落实了教育部等上级部门对高校预算执行管理的要求。财政收入紧缩，收入支出矛盾在短期内无法得到解决，财政拨款教育收入持续增长的势头无法持续，这是所有高校共同面临的情况。因此，目前指标体系设计主要关注在第一步，即按预算使用完经费、多花钱，这也符合教育部对部属高校的拨款精神，按序时进度实现相应的预算执行率。

3. 考虑了其他收入对拨款决策的影响

院系其他收入的多少，说明了院系创收能力的强弱，这一能力的强弱在财政形势不佳的情况下日益显现出重要性。本指标体系充分考虑了包括捐赠收入在内的其他收入，其他收入增长率和捐赠收入比率较清楚展现了各个院系自身的造血能力。

（二）院系预算管理状况指标体系的不足

1. 评分标准设定主观性较强

预算编制、调整、执行共同构成了预算管理全过程，三者缺一不可，并可相互验证，如预算编制不当可能会导致多次预算调整、影响预算执行。因此，在进行指标设定时，各分值占比的多少除了与设计者的主观判断有关外，还容易受上级部门要求以及学校预算管理政策的影响。同时，由于缺乏权威标准的参照系，某一分值的评分标准、评分档的设置也主要以日久形成的预算管理惯例或经验为依据。

2. 财务维度角度考核较为单一

高校财务预算管理状况评价有财务维度和非财务维度目标，本案例所构建的院系预算管理状况指标体系主要是指财务维度。财务维度下的预算管理状况评价，评价结果的好坏无法与院系的教学科研成果直接对应，现实中可能存在单一年度预算执行率不佳但科研成果显著的情况。因此，要全面反映院系预算管理状况，还需要综合考虑教学、科研、学生管理等多角度。

（三）改进预算管理状况评价指标体系的措施

1. 建立权威公开的院系预算管理状况评价体系

预算管理是学校财务管理的龙头，是学校对有限资源进行合理配置的有效手段。一是将预算管理绩效评价体系统一化公开化。院系预算管理状况评价不仅是学校财务处草拟拨款方案时的参考，还应成为学校最高领导层决策的重要数据支持，建立定期评价和评价结果公开机制。二是引导院系参与评价指标体系设计。评价结果具有说服力，最大限度地反映院系预算管理水平，是一个指标体系可以长期使用的重要前提。因此，指标选择、评分标准设置，需要广泛征求院系的意见，我参与、我制定、我遵循，增强评价指标体系的权威和公信力。

2. 重视财务维度考核与其他维度考核的联系

学校教学、科研、学科建设等部门对院系进行的各类考核，实质上是从其他维度对院系财务预算管理绩效考核的扩展。如上文所述，财务维度预算考核可能无法准确体现院系在教学科研上的成果或需要。学校财务、教学、科研、学科建设等部门各自所进行的考核，汇总融合在一起，才是最符合实际的院系预算管理绩效考核结果。因此，学校财务、教学、科研、学科建设等部门需要加强绩效考核的信息共享，并注意考核指标的解释和对接。

3. 积极应对成本核算管理对评价体系的挑战

随着学校各项事业的发展，为有效控制教育成本、改善学校内部管理，对教育成本进行核算管理成为学校财务发展的大趋势。成本核算管理的引入对预算管理状况评价体系的多维化和科学性提出了挑战，例如如何利用成本来衡量支出的有效性，如何权衡成本节约与支出执行之间的权重关系等。因此，预算管理状况评价体系不是一成不变、一蹴而就的，需要对外部环境进行评估，不断优化、深化预算管理状况评价指标体系。

【参考文献】

［1］张晓岚，吴勋. 国外高校预算绩效评价研究的背景、现状与启示［J］. 西安交通大学学报（社会科学版），2007(1).

［2］张友棠，李思呈，曾芝红. 基于 DEA 的大学预算绩效拨款模式创新设计［J］. 会计研究，2014(1).

［3］冯静. 高等学校财务预算管理绩效评价研究［D］. 山东科技大学，2014.

［4］曾静. 高校多维度预算绩效指标体系研究［D］. 湖南大学，2008.

［5］戴晓燕. 高校财务预算与绩效管理研究［D］. 华中农业大学，2007.

高校财务预算管理中存在的问题及对策分析

首都师范大学　杨慧娟

【摘　要】高校的财务管理是一个庞大的工程，如今在社会主义市场经济迅速发展的背景下，各大高校已经摆脱原来主要依靠财政拨款的运作模式，逐步转向依靠多元化高校发展资金融资的方式。越来越多的高校开始和企业相互联合，通过借贷、扩招或者合并等方式筹措资金，导致后期高校还款压力大，影响学校事务的正常展开和教育水平的提高。因此有效的财务管理已经成为高校运营发展的重要环节。尤其高校的财务预算管理更是高校财务管理的核心。高校财务预算管理直接决定着资金的筹集和运用，良好的财务预算管理不仅可以促进高校的可持续发展，同时还有利于推动高等教育体制的改革。但是在高校财务需求逐渐提升的背景下，高校的财务预算管理出现许多发展中的问题，影响着高校财务管理水平的提高。尤其是新《预算法》的推行，对高校财务预算有了新的要求。本文首先通过对高校的财务预算管理的概述，分析新预算法实施对高校财务预算管理的要求和意义。并深入探讨高校财务预算管理中存在的问题和应对策略。

【关键词】高校财务　财务预算管理　新预算法　问题和对策

高等学校作为国家高等教育的主力军，其发展始终受到国家和社会的普遍关注。高校的管理制度体系始终是其得以生存和发展的基础，其中，高校财务预算管理作为高校财务管理的重要组成部分，具有举足轻重的地位。

财务预算管理是对学校财务收支预算的管理，将校内建设的整体收支状况纳入预算管理体系中，使学校可以方便、快捷地对财务的收支状况进行实时的监控管理，从而可以有效地灵活运用和调配校内资金，使资金运用产生聚集作用和规模效应，以更好地促进高校的建设。

因此良好的预算以及科学的预算管理，可以使学校充分利用资金，提高校内资源配置效率，保证资金的使用效率，保障高校科研、教学、行政、后勤等多方面的工作持续运行，促进高校的可持续发展。

尤其是 2015 年 1 月 1 日，新《预算法》的修订实施，为高校财务预算管理提供了重要的法律借鉴和支持。新《预算法》在内容上更加凸显预算的完整性，强调了预算管理的公开和透明，有利于我国经济体制的完善。高校财务预算管理作为国家公共预算的重要组成部分，必然会对其产生重要的影响作用，在新《预算法》的规范下，高校财务预算管理将走上更加科学化和规范化的道路。

一、高校财务预算管理概述

（一）高校财务预算管理的界定

财务预算管理是国家经济建设的重要组成部分，预算的应用主要集中在具有营利性质的企业和具有非营利性质的社会公共事业部门。

对于企业而言，预算管理是企业运营开展的计划和目标，是企业经营战略成果的推动和体现，良好的预算管理可以帮助企业更好的配置内部资源，以获得更大的经济效益。

而对于高校的财务预算来说，则属于非营利性的社会公共事业部分。其基本目标就是通过财务预算管理和国家财政政策保持一致，因此高校的财务预算实质上是对内部的财务供需进行计划和管理。总体来看，高校的财务预算管理是指学校内部相关财务部门依据国家有关预算管理政策规定，根据学校的未来发展战略和定期的发展目标，而编制的年度校内财务收支计划。

高校财务预算管理还包括对财务预算执行的后期绩效评价，是有效配置校内财务资源的重要方法，也是学校有效提升内部管理水平的手段[①]。

（二）高校财务预算的划分

对高校预算的内容进行划分，可以划分为两种类型：

1. 收入预算，是高校在编制年度预算时，预计该年度将要从不同渠道取得的各类收入的总称，是高校履行职能、完成各项工作任务的财力保障。收入预算的来源主要包括上年结转、财政补助收入、上级补助收入、事业收入、附属单位上缴收入、经营收入以及其他收入。

从总体上来看，我国高等学校在市场经济的发展背景下，其收入方式和渠道逐渐呈现多样化和多元化。学校的教学设施水平、科研教育水平以及师资力量已经成为衡量一个学校发展好坏的重要指标，因此良好的资金融资是学校发展的重要支撑，是学校解决资金矛盾的重要手段。因此收入预算的目的就是对校内的资金等进行管理。

2. 支出预算，是高校编制年度预算时，预计该年度为履行职能，完成各项工作任务所发生的各类支出的总称。主要包括基本支出、项目支出、上缴上级支出、经营支出以及对附属单位的补助支出。其中，基本支出预算和项目支出

---

① 财务预算管理方法界定引用来源于杨颖的《高校财务预算管理存在的问题及对策》。

预算是支出预算的主要组成部分。基本支出预算是高校为保障其机构正常运转、完成日常工作任务而编制的年度基本支出计划，按其性质分为人员经费和日常公用经费。项目支出预算是高校为完成其特定的行政工作任务或事业发展目标，在基本支出预算之外编制的年度项目支出计划。

收入预算和支出预算是高校预算的重要构成部分，两者之间是一种相辅相成的关系，在实际的预算管理中，收入预算和支出预算占据同等重要的位置，其中一项被忽视都会导致高校资金配置产生不平衡、不均匀的问题。

（三）高校财务预算管理的具体特征

1. 体系架构的多层次化

由于高校院系较多，促使财务的收支管理涉及多个部门和人员。因此，高校内部的财务管理工作是一项极其复杂的工作。财务预算的流程和内容也是由众多分支构成，是一个具有多层次特征的预算体系，所以说高校财务预算管理的体系架构具有多层化。

高校的预算管理主要涵盖了学校运营的多个环节，从教学、科研到行政、后勤等，都是需要财务预算进行管理的。高校财务预算具有全局性特征。

2. 预算事务的优先性

高校的财务预算涉及多方面的内容，但是从高校的自身发展来看，教育科研水平始终是学校发展的重要基础，所以通常情况下学校预算支出存在明显的主次性。学校对教育科研的支出始终占有较大的比重，科研经费的支出也成为财务预算的重要管理方面，学校更是将有限的财务资源向教学和科研活动进行倾斜，说明高校的预算事务具有明显的优先性。

3. 高校预算管理的战略性

高校的发展，实际上和企业的发展具有异曲同工之处。多元化的融资渠道，促使了高校资金来源的广泛性。更多的资金基础将更加有利于学校的建设和发展。为了更好地适应教育改革的需要，学校的发展也应该走向战略经营的道路。在财务预算编制和运行上强调其约束力，完善高校财务预算管理的战略目标，制定校内可持续发展战略。

二、高校财务预算管理中存在的问题

（一）高校财务预算管理体制不完善

高校的财务预算管理是学校管理工作的重要组成，在校内事物运营中占据非常重要地位，同时财务预算管理也是校内财务人员的核心工作。合理的预算管理体制是开展财务预算管理的重要基础和保障，高校必须建立健全的财务预算机制，制定科学合理的预算管理策略，使预算更加靠拢学校的发展实际。

但是，许多高校在实际的运作过程中，存在预算管理体制不完善的问题，许多体制机制依然停留在形式和表面，没有真正地对高校预算工作起到指导作用，还没有形成一套完整、高效、科学的管理体制，不能很好地发挥管理体制的控制、规范作用。例如一些学校的管理体制只是摆设，不能将预算制度提升到法律层面，缺乏强制力和控制力。

（二）预算编制存在问题

预算编制工作是高校财务预算管理的基础性工作。如今随着社会预算管理的提升，促使众多的预算编制方法开始被高校采用。但是从总体上来看，许多学校的预算编制工作的应用方法依然采用效率较低的传统编制方法，例如许多学校依然将"基数加增长"的编制方法，作为学校的主要预算编制手段，即将上一年的实际支出数额作为编制的基数，在此基础上在相应的增加变动的因素，通过这种方法来编制下一年的预算支出。

实际上这种方法的运用具有一定的历史应用意义，具有简便、快捷的特点。但是在高校财务预算不断提升的背景下，这种方法会使后一年的预算和实际的预算收支出现很大的误差，如果所采用的原来基数存在不合理的情况，就会使下一年的实际预算出现问题。

总结来说这种方法，不利于预算编制的动态发展，没有做到预算以收定支和资源统筹兼顾的策略，缺乏预算编制的科学性和规范性。

（三）学校对财务预算管理的重视程度淡薄

由于高校财务数量庞大，涉及的部门和人员众多，促使财务预算的涉及面非常广，涉及众多的财务数据，在数据统计和资料整理上，学校内部各个组织和部门都需要积极的配合财务预算的工作，以有效的保证预算编制的科学性和合理性。

但是在许多高校的实际运行中，一些部门和单位对财务预算管理的认识存在明显的不足，认为预算管理只是与财务部门的工作相关和本身的工作无关。因此不能积极主动的配合财务部门进行预算管理工作，存在一种"先把钱要下来，花的时候再计划"的心理。在编制预算时，不认真不精细，等到需要花钱的时候才发现预算编制不合理。

同时还存在一些部门为了争取更多的经费，而虚报上一年的财务支出等，尽可能地向学校财务部门多报预算，导致高校财务部门不能真实的掌握学校各个组织或部门的实际收支情况，最终导致财务预算管理混乱，预算编制与实际不符，影响学校整体的资金运作。

(四)财务预算在内容和制定上不完整

从国家发展的实际来看，传统计划经济体制下，各大高校的实际收入来源全部依靠政府的资金拨款。但是在社会主义市场经济不断深化改革的今天，学校的财政收入已经不只依靠国家的经费拨款，而更多的是投向社会，高校拥有了更多的经营自主权，许多高校通过扩大招生、企业合作、信贷融资等多种方式来扩大学校的资金来源。因此在财务编制上所有的财务收入和支出都应该纳入到预算编制中，对高校总资产要进行统一预算、统一整理。

但是目前高校预算主要侧重于财政性资金的预算，由于科研经费是由教师自己去申请，之前很难确定能否申请下来，因此，科研经费很难纳入到预算管理体系中，这是目前高校预算管理中的一个难点。

同时一些高校由于运营规模较大，如果没有形成一个科学、规范的预算管理体系，就会造成预算收支管理粗放，不能将学校的整体内外收支、社会融资、政府支持性基金等多项收支计划纳入到财务预算中，最终致使财务预算编制在内容上存在缺失。

(五)财务预算信息不够透明缺乏监督效应

高校财务预算管理工作涉及学校内部多个组织和人员，经过校长领导的行政领导班子同意后，财务编制内容最终由校内审计部门、财务部门所形成的预算委员会来确定。一经确定就必须具有严格的法律效力。学校也应该实时地将预算信息发布到网上，以得到大家的监督。

但是在实际的运作过程中，许多高校不能真正的保证预算信息的公开、透明。在实际的资金运用中会出现资金占用、截留和经费虚报等问题，从而造成学校收支不平衡，浪费国家教育经费。

三、新《预算法》对高校预算管理的影响

新《预算法》从修订实施以来，对社会的预算管理产生重大的影响作用，高校作为社会公共事务的重要组成，在新《预算法》的影响下也发生了许多新的变化。具体影响作用如下所示：(1)预算基础。新《预算法》修订中，最为重要的改革就是将原有以上一年预算的情况为预算基础的情况，修订成"根据年度的实际预算发展目标、国家制定的宏观调控要求和跨年度预算平衡的总体需要作为预算基数"。这样可以有效的改变过去高校以"基数加增长"的方法进行预算编制时产生的预算与实际不符的问题。(2)详细程度。原有的《预算法》没有对下级上报的预算支出进行详细的说明，容易引起虚报的问题。而新的《预算法》则对各级预算的草案进行了详细的要求，就使得下级单位必须对财务收支状况进行明确

和细分。对于高校来说更加有利于财务预算编制内容的完整性。(3)信息公开。原有的《预算法》没有对财务预算信息的公开进行明确要求。而新的《预算法》明文规定将预算信息向社会公开，以利于高校财务预算信息的透明化。(4)预算约束。原有的《预算法》主要强调的是预算管理，而对预算的约束没有真正起到作用。而新的《预算法》有效地限制了预算编制的随意变更，赋予了各级权力机关的监督权利。因此可以促进高校财务预算编制的执行力和监督效力。

四、高校预算管理的应对策略

(一)健全高校预算管理体制，采用新的预算编制方法

首先，高校应该加强校内预算管理体制的建设，成立专门的预算管理委员会，由校长亲自带领管理委员会，完善财务部门的职责，加强对各部门财务收支的监督和管理，对预算安排调整进行总体规划和指导，建立财务预算发展战略目标。

其次，高校要根据新的《预算法》要求，改革原有的预算编制方法，例如，可以采用"零基预算"的方法，将高校的预算支出以零为基础，逐项的对各部门所产生的费用支出的项目和数额进行审议，在总体预算中采用择优选择的原则，有效的利用学校资金。

(二)加强对财务预算的认识，提高预算编制内容的完整性

高校财务预算管理的有效实施，首先应该在合理的预算管理制度之下，加强校内各个部门对财务预算重要性的认识，需要学校财务预算管理委员会对各级部门进行思想宣传，避免校内小团体因为私利而截留和占用资金。培养校内各部门的责任意识，不能因为私利而虚报预算，以影响学校整体的预算编制计划。

再者要加强对各部门上报预算的审计和监管工作，要求各部门对各项资金支出进行细分，保证收支的平衡性。在此基础上可以有效地提高预算编制内容的完整性，将学校内部的各项资金来源和支出全部纳入到学校的财务预算编制中，对财务预算进行统一编制，避免出现缺项和漏项的问题。因此就需要学校各级部门的共同努力，保障学校预算编制的合理性。

(三)加强预算信息的透明化，强化预算的执行和约束力

有效的预算编制只是高校财务预算管理的开始，最为重要的就是加强预算的执行力度和约束力。为了更好实现社会对高校预算的监督力度，必须加强预算信息的透明化，学校在预算编制制定结束后要及时将预算信息进行公开，通过监督来提高预算编制的影响力。在预算编制确定之前要做好预算的审批工作，从制度上加强对预算执行的控制力度，通过明文规定强化预算的约束力。为了

更好地加强预算的执行力度，学校要采用责任制的管理方法，将各项责任划分到不同的组织和部门，通过责任落实来提高预算的执行力度。其次要有效提高财务预算的约束力，财务预算经过审批部门审理制定之后，如无特殊的问题或缘由，在执行时不能随意变更，强调预算编制的合法性和强制力。

五、结束语

财务预算管理是高校管理体制的重要组成，是高校财务管理的核心。有效的财务预算管理不仅能够完善校内资金的合理配置，还能提高资金的使用效率，避免资金资源的浪费和流失，是保障学校财务管理的重要手段。因此在今后的发展过程中，各大高校应该根据新的《预算法》的规定和要求，加强学校财务预算管理，促进学校的可持续发展。

【参考文献】

[1] 马淑珍. 高校财务预算管理中存在的问题及对策[J]. 经济师，2010(6).

[2] 陈萍，康琛. 高校财务预算管理中存在的主要问题及对策[J]. 开发研究，2010(5).

[3] 杨颖. 高校财务预算管理存在的问题及对策[J]. 消费电子，2013(20).

[4] 虞旭璇. 浅谈高校财务预算管理存在的问题及对策[J]. 企业家天地(下旬刊)，2010(9).

高校引入中期预算管理存在的问题与研究*

扬州大学　姚哲①

【摘　要】新一轮财政体制改革对预算管理制度提出了新要求，预算管理的视角从年度预算拓展到跨年度的中期预算。高校作为公共财政预算单位，需要引入中期预算，以服务于学校的战略目标，高校中期预算应建立完善预算管理的新制度、强调预算编制程序的新思路、采用预算编制的新方法、实行预算执行控制的新策略、构建预算绩效评价的新体系、培养预算编制与实施的新队伍，规范中期预算编制流程，明确中期预算应用机制，形成高效的预算管理循环，从而成为学校建设、发展、治理的重要工具。

【关键词】高校　中期预算　财务规划

中共十八届三中全会决议指出，要改进预算管理制度，实施全面规范、公开透明的预算制度，审核预算的重点由平衡状态、赤字规模向支出预算和政策拓展，建立跨年度预算平衡机制。新《预算法》第二十条明确规定，各级政府应当建立跨年度预算平衡机制。国务院《关于实行中期财政规划管理的意见》也进一步要求，由财政部门会同各部门研究编制三年滚动财政规划，强化财政规划对年度预算的约束性，实现财政可持续发展。因此，预算管理制度作为现代财政制度的重要内容，正从年度平衡预算向跨年度周期性平衡预算转变，要求将预算的视野由一年延长到更长的时间，中期预算的研究正是在这样的背景下开始的。

高校作为公共财政预算单位，必须顺应财政制度改革的需要，通过中期财政规划管理，编制中期预算，建立跨期预算平衡机制，把高校中长期发展规划与中期财务规划紧密结合起来，促进高校战略目标的实现，不断提升校内资源的配置效率，保证学校运行、建设、发展的可持续。

---

*　本文系江苏高校哲学社会科学研究项目"高校跨期预算编制及其平衡实现机理研究"（2015SJA014）阶段性研究成果。

①　姚哲，女，江苏泰州人，1975年2月生，会计师（科长），公共管理硕士学位，本科学历，扬州大学财务处。

一、高校引入中期预算管理的现实意义

中期预算，又称"中期预算框架""中期支出框架"等，通常是一个为期 3—5 年的、滚动的、具有约束力的预算框架，包括中期预算收入框架和中期预算支出框架，中期预算框架成为我国预算财税体制改革的方向[1]，其核心是中期预算支出上限，强调各支出部门限额的约束性，促进部门把有限的经济资源分配到与部门规划目标紧密相关的项目或计划中去，提高资源配置效率。

高校事业的快速发展，迫切需要在预算管理的实践中引入中期预算。究其原因：一是促进高校发展政策的连续性，使学校政策不会因各层级人事变动而造成预算的随意变更，保证学校政策、规划与预算的结合度，使预算始终围绕学校的发展战略目标。二是提高预算的前瞻性，把控财务风险。中期预算是基于 3—5 年期间财力的预测，预算收支存在诸多的不确定性，隐含的风险需要在中期预算中显现出来，提醒高校决策层提早采取措施，尽早为未来可能发生的需要支出筹划资金，如因引进人才的力度加大和国际化交流的推进，需要未来投入更多的资金，未雨绸缪，提早规划，提高财务防范风险的能力。三是有利增强高校预算管理的透明度，更好地开展预算绩效评价。高校中期预算表明学校规划发展前进的方向，并有助于监管部门、职能部门、全校师生对学校进行监督，在保证基本运转的前提下，学校的财力是否投入教学、科研、学科、人才培养、师资队伍建设等重大方面，与学校发展目标一致，让学校预算管理更阳光透明公开，促进各单位为提高预算绩效而努力。同时，由于高校人才培养、学科建设等具有延迟效应，很多短期的资金投入效果要在一段时间后才能慢慢显现出来，因此，基于中期预算的绩效更为客观。

二、高校中期预算管理存在的问题

一直以来，高校基本依据年度预算收支平衡原则，根据当年工作目标对全校的收入和支出规模进行统筹规划和安排。实践证明，随着高校经费的不断增加和高校事业的快速发展，传统的预算平衡模式已经不能很好地保障高校事业发展需要，特别是面对中长期发展规划，原有的预算管理可能造成这些中长期规划的"碎片化"，在新形势下，少数高校预算管理方面进行了改革，如建立滚动项目库管理、重大项目申报编制三年规划等，但在中期预算管理中还普遍存在如下一些问题：

(一)思想意识不够重视

近年来随着预算管理制度改革的深入，要求各地方和部门实行中期财政规

划,以中期的视角编制部门预算,但高校领导层并没有认识预算的重要性,认为预算编制是财务部门的事情,存在被动现象;校内各部门更不理解,认为中期预算很难做好,不愿意花费更多的人力物力编制各部门中期预算,思想上的不重视,影响预算编制的质量,从而致使高校的预算管理趋于"形式化",造成预算执行和考核的困难。

(二)战略目标不够一致

高校通常编制五年期的事业发展规划,明确学校未来发展方向和奋斗目标,而预算管理作为高校发展的财力保障,在编制时往往只考虑年度平衡,虽然少数高校对中期内的重大项目建立滚动项目库管理,由于时间限制等原因,匆忙罗列项目,应付主管部门的需要,没有和学校所确定的中长期发展规划紧密结合,造成预算管理与学校事业发展目标脱节。

(三)编制方法不够科学

高校预算包括收入预算和支出预算。收入预算中的财政补助收入按标准定额拨款外,非税收入、科研收入和其他收入等均存在不确定性、不稳定性;而支出预算中的基本支出往往采用"基数法加因数"法简单加成,项目支出往往成为各部门争夺的资源,过高估计部门或项目成本,即使启用滚动项目也存在申报不完整,尤其后两年的项目细化不够、新项目少的现象,没有实现全口径中期预算编制[2]。

(四)资金执行不够合规

由于传统预算编制时间较短,许多项目缺乏前期充分的调研和可行性研究,校内各部门对预算管理不重视,存在"重申报,轻执行,无绩效"现象,执行需要与项目申报的差异普遍较高,预算缺乏刚性约束,突击花钱现象始终存在,资金效率偏低。

(五)绩效考核不够完善

高校普通重视预算的投入和使用,不重预算产生的效果,对预算的投入未明确绩效评价主体,也未建立评价指标体系,根本就是缺乏完善有效的预算绩效评价制度。大部分高校没有开展教育成本核算,只求预算资金在本年度内使用完毕,而很少去分析投入与产出的效果,仅根据主管部门要求对重大专项进行绩效考核,高校本身还没有建立预算绩效考评和奖惩机制。

三、高校引入中期预算管理的对策研究

(一)建立完善中期预算管理新制度

作为一种新的预算管理制度,高校应主动学习中期预算管理的法规和文件,

充分认识中期预算管理对高校发展的重要性和影响力，及时更新预算编制理念与方法[3]。要建立完善预算管理组织机构，成立以学校领导负责的预算管理决策机构，财务部门牵头的中期预算编制工作小组，以及项目库审核委员会等。要建立与中期预算管理要求相适应的新制度，如学校中长期发展规划编制管理办法、中长期财务规划编制管理办法、学校预算管理办法、中长期项目库建设管理办法等。同时构建中期预算管理信息化平台，基于大数据技术手段给予保证[4]，要针对中期预算管理具体要求，建立学校基础数据信息共享平台、中长期发展规划信息平台、项目库建设管理平台、预算管理信息系统平台等[5]。

（二）强调中期预算编制程序新思路

预算编制程序包括自上而下和自下而上，传统预算准备是自下而上开始的，由各支出部门申报预算再汇总平衡，确定学校预算"总盘子"。而中期预算强调预算准备过程是自上而下，首先预测中期内的预算收入总额，其次建立与高校规划目标优先性一致的支出限额，最后向支出部门公布支出限额，支出部门在限额内编制，自下而上汇总至学校进行总体考虑和平衡。这种自上而下的启动，自下而上的汇总，更强调预算的硬性约束，强化对支出部门扩张支出的控制。

（三）采用中期预算编制工作新方法

与传统预算相比，中期预算的内容更丰富。编制中期预算，不仅局限于重大项目支出需要编制中期预算，还应该对基本支出和项目支出实行全口径的中期预算。对中期内收支的预测按照"详近远略、前细后粗"的原则，以事业发展规划为导向、以学校财力为限额来确定预算资源的配置次序[6]，预算编制时除了要分析中期年度内的国家经济形势、国家教育事业发展政策，更需掌握各级地方对教育的投入；除了要确立学校中期预算的编制原则、梳理政策依据，更要对中期年度内现行政策下学校的支出总量及事业发展的新需求开展深入细致的分析；除了要以基线法为基础测算收入总量和支出总量，还要通过研究、论证，确立跨年度周期和周期内各年度重点项目等。因此，中期预算的编制从编制流程上看，可分成七个阶段：

1. 制定高校中长期发展规划。根据国家中长期教育改革和发展规划纲要和学校的战略目标，编制学校事业发展规划。

2. 编制中长期财务规划。根据国家经济政策和事业发展规划以及继续现行政策，预测学校3—5年的各项收入和所有支出在内的宏观筹划，评估并量化存在的风险，制定财政政策报告书，初步确定中期收支框架。

3. 确立单位的收支基线。这是中期预算编制与实施的基础，就是要根据国家经济形势和财政收入汲取能力，重点考察学校财务运行历史，预测未来中期预算期内经常性收入的实现可能，因而基本确定中期收入能力。同时根据学校人力资源、资产资源变动状况以及社会物价水平、办学规模、办学类型、办学成本等发展状况，确立保证学校在中期各年度内基本运行的支出需要，即只考虑人员基本支出、日常办公支出、日常教学支出，不考虑发展性支出时，单位的基本需要。确立了这个基线，也就确立了学校建设、发展的财力空间。

4. 建立中长期滚动项目库。各支出部门牵头做好项目的申报、分类、细化、评审和立项等工作，财务部门汇总各类项目库，并以中长期发展规划为导向、项目重要性为原则、财力可能为基础，会同各支出部门最终进行项目评审和排序，及时更新进入项目库，建立起滚动的良性循环管理机制。项目库作为项目支出预算的重要来源，明确只有纳入项目库管理的项目才能安排预算。同时，项目库也是项目绩效考核的依据。

5. 做好限额内各部门预算规划。基于基线法，在学校可发展的财力空间下，各预算支出部门要结合本部门的中长期发展规划目标，在部门预算限额内，提供项目的可行性研究报告、具体实施计划及预期绩效，根据项目优先次序排序，确定哪些规划应该削减，哪些应该推迟到未来年份，做好 3—5 年的中期预算规划。

6. 汇总各部门预算。在确定学校基本运转的基础上，自下而上地汇总各部门预算，进行全面的预算审核和平衡。

7. 形成学校中期预算。在中期预算框架内，与各部门充分沟通和协调的基础上，以学校中长期发展规划为前提，按照中期预算的编制原则和上一年的预算绩效情况，通过预算管理系统和项目库管理系统平台，形成目标鲜明、重点突出、滚动调整的中期预算。

（四）实行中期预算执行控制新策略

高校应加强中期预算控制力度，当年度预算要依照法定批复的预算严格执行，无重大特殊情况，学校领导层和个人不得随意变更，严肃预算的刚性。同时要强化年度支出预算执行进度管理，提高资金的使用效率。中期预算具有在预算期内项目提前或推迟实施的灵活性：对于列入年度预算的项目因特殊情况当年难以实施，可以申请暂缓实施，重新滚入项目库，待以后年度实施；上一年预算执行发现有重大问题的，绩效考核不符合预期的，也需要对后续预算进行调整，甚至不安排后续预算，同时动态调整项目库。但中期预算也具有约束预算期内预算不可随意增加项目的严肃性，就是说，在预算透明性原则下，未列入中期年份项目库的项目，不应出现在次年年度预算范围内。

(五)构建中期预算绩效评价新体系

由于时间跨度的差异和绩效信息跨年度的特征,中期预算更能够正确地评价项目的效果,促进资金使用效益的提高。应制定相应的评价指标,着重评价项目绩效目标完成情况、项目预算执行情况,同时兼顾预算执行进度等,不能一味追求预算执行率。从而实现基于中期视角,考核评价项目整体绩效情况,强化预算在资源配置中的主导作用。要强调预算事权与支出责任相适应,按照考核结果开展追责问效。

(六)培养中期预算编制与实施的新队伍

中期预算的编制与实施对高校决策与管理提出了新的治理理念要求,而落实好学校战略目标最终要依靠好的管理制度、运行机制和专业化的预算编制队伍,其中队伍建设尤为关键。只有专业化的预算编制与实施队伍,才能清晰领会学校战略决策,才能明确表达中期预算编制与实施中发现的问题,才能有针对性地提出有效的解决路径,才能使中期预算的约束力得以保证。培养符合中期预算编制与实施管理要求的专业化队伍,不仅要发挥财务人员的财政经济专业能力,也要使参与人员具备较强的教育教学、学科发展、工程造价、法律规范等的知识储备与应用能力。

四、结语

随着国家财政体制改革的深入,高校预算管理面临着许多新要求,高校应认识到中期预算管理是高校自身发展的需要,它与学校的中长期发展规划紧密相连,是学校战略目标的具体实现,是学校改革发展的基本保障。高校的中期预算管理,服务于学校的战略目标,需要建立完善预算管理的新制度、强调预算编制程序的新思路、采用预算编制的新方法、实行预算执行控制的新策略、构建预算绩效评价的新体系,做好预算编制专业人才的培养与准备,规范中期预算编制流程,明确中期预算应用机制,形成有效的预算管理循环,从而更好地发挥预算在高校科学发展中的重要作用。

【参考文献】

[1]李俊生,姚东旻. 中期预算框架研究中术语体系的构建、发展及其在中国应用中的流变[J]. 财政研究,2016(1).

[2]徐琴. 跨年度预算平衡机制对高校预算管理的影响与对策[J]. 教育财会研究,2015(8).

[3]王永华. 中期财政规划背景下高校预算管理对策研究[J]. 会计之友,2015(24).

［4］冯文轶，林爱梅. 大数据下基于云会计的高校全面预算管理框架构建［J］. 财会月刊，2016(7).

［5］孙晓斌. 高校中期滚动预算管理模式研究［J］. 新会计，2015(3).

［6］李珣，匡萍. 财政滚动预算改革对高校预算影响分析——来自山东省属高校的实证数据［J］. 财会通讯，2016(13).

科研经费管理

浅析我国高等院校科研经费价值管理

江苏师范大学　高庆浩

【摘　要】在科研经费的实际管理中，财务数字记录和陈列科研经费入账和支出的客观事实，相关财务报表也只是从数字说到数字，可以说，科研经费价值（效益）管理的分析是不到位的。本文通过"3W"分析正确认识科研经费价值管理，通过"五位一体"的科研经费价值管理控制体系，发挥"修正的平衡记分卡"在科研经费价值管理中的价值，更好地促进高校科研事业健康可持续发展，实现科研经费投入在促进我国社会和经济发展中应起到的作用。

【关键词】高校科研经费　"3W"分析　"修正的平衡记分卡"法　"五位一体"控制

财务工作整天与数字打交道，因此被外界称为"数字专家"。对于高校财务工作人员而言，"收入—支出"式的记账方法往往将我们的注意力集中在财务数字本身，注重财务报表的正确性和丰富性，这个"数字专家"的称谓对我们而言只能算得上一种低层次的美誉。在科研经费的实际管理中，财务数字记录和陈列科研经费入账和支出的客观事实，相关财务报表也只是从数字说到数字，可以说，科研经费价值（效益）管理的分析是不到位的。因此，从简单的数字记录深入财务的本质中，提炼出具有价值的重大发现，为高校管理者提供来自一线最真实、最本质的科研经费价值（效益）管理分析报告是今后高校财务工作的价值使命。

一、如何正确认识科研经费价值管理？——"3W"分析

科研经费能否被高效率使用关系到政府及社会公共资源的高效产出，因此，高校须重视对科研经费的价值管理，谨慎对待每一项科研项目的"投入—产出"分析，在实际工作中，可以从财务数字的记录和陈列上分三个层面进行量化分析，即"3W"分析。

第一个层面，发生了哪些支出，回答的是"What"的问题，即哪些支出记入了账本。这些支出可以从每一科研项目的明细账中汇总得到，并能计算出每项

支出在总支出中所占的比例。实际工作中主要包括下列几项：仪器设备费、实验材料费、差旅费、交通费、办公费、图书资料费、打印复印费、通信邮寄费、劳务费、招待费等。

第二个层面，支出用到了哪里，回答的是"Where"的问题。这种以标准财务明细账本和报表格式为母版归类的支出，只是完成了以外部读者为受体的财务数字记录。这些记录有时并不能真正反映支出的实际用途，表层原因可能是由于项目交叉，很难区分出支出在各个项目中的分配，但实际上可能是这些支出和科研项目本身并没有很大的联系。

第三个层面，谁是各项支出的最终受益者，回答的是"Who"的问题。这个层面上的财务数字很难精确计量，但它们却是科研经费价值管理的核心，因为经费支出最后都是通过科研成果产出量、社会贡献转化率和学校综合实力得到体现。这个层面的财务信息对国家有关部门和高校管理者最具研读价值，它最能反映高校的科研业务驱动。

目前，我国高等院校对价值管理的重视程度不是很高，相关的财务报告往往只是从数字说到数字，财务分析也只是相关期间的数字比较，这种从数字解释到数字分析的财务管理模式不仅抓不住管理的核心，有时还会对高校管理层产生误导，带来风险。比如说科研立项数量比去年增长50%，科研收入也增长了50%，就用"科研事业取得跨越式发展"一笔带过。其实，这里可能是国家对科学研究政策的改变，增加了国家的科研立项数量和经费投入，或者是其他一些原因所致，因此，这就需要财务人员去把握数字背后的故事线。

二、如何有效实施科研经费价值管理？——"修正的平衡记分卡"法

为了更好地认识和分析科研经费价值管理，笔者结合平衡记分卡和实际工作中的实践和思考，提出修正的平衡记分卡法，通过定性和定量的指标及其分析，衡量每个科研项目过去的价值和对目标的执行情况，分析过程如下（见图1）。

(一)制定目标

由于大部分科研项目计划周期超过一年，少则两三年，甚至有的项目还有后续追加投资，这就导致项目的经费预算和预期成果都是横跨会计年度的。因此，在制定年度科研项目目标的过程中需要和项目的战略目标保持一致，并从多维度去评价目标的合理性和可行性。

具体来说，首先要做的是每个项目的年度目标要与科研项目的总体战略目标达成一致，同时，要与科研项目下年度的财务预算保持吻合，避免科研项目结题前突击花钱。其次是变化和调整，由于科研工作是一项创造性工作，在科

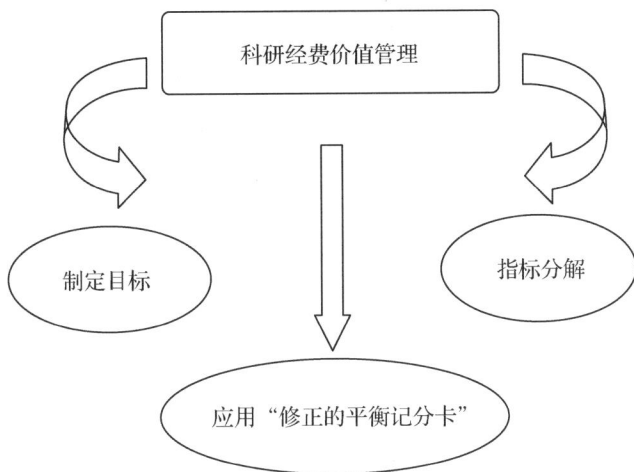

图1　科研经费价值管理过程

学研究过程中会遇到很多计划外的事项，包括预算外仪器设备的采购以及相关科研人员的调整等，都会影响到后期的价值管理指标调整。所以，在年度目标的基础上，各个科研项目组还应有季度和半年预算，及时评估短期预算与年度目标的偏差和原因，并做出调整。作为一种价值管理机制，考核指标必须合理，所有的目标必须在年度开始时和被评估人员进行全面的沟通，取得他们的认可才能够正式确立。

(二)应用"修正的平衡记分卡"

在科研项目预期整体目标之下，怎样考核其年度目标完成情况成为科研经费价值管理的关键。平衡记分卡是一种非常好的参考工具。平衡记分卡(The Balanced Score Card，简称 BSC)是从财务层面、顾客层面、内部运营流程层面、学习与成长层面四个维度，将组织的战略落实为可操作的衡量指标和目标值的一种新型绩效管理体系，从而保证战略得到有效实施。由于科研经费价值管理不同于传统的企业绩效管理，因此，需要将平衡记分卡中的相关指标进行重新制定。"修正的平衡计分卡"方法的引入将改变以往高校只关注财务指标的科研经费价值管理体系的缺陷，不会因关注财务指标追求一些短期行为而牺牲一些长期的利益，其基本框架见表1。

表1 "修正平衡记分卡"基本框架

财务层面	指标	达标范围	项目负责人	学科负责人	分管校领导
经费收入					
预算准确性					
支出控制					
课题层面					
课题成果数量					
课题成果满意度					
新课题的获得					
学习和培训层面					
重要课题成员发展计划					
所有课题成员学习计划					
培养学生数量					
良好科研创造氛围					
合规和审计层面					
减少审计调查					
禁止学术造假					

1. 财务层面

高校管理者通过财务数据能够得到一个关于项目经费"收入—支出"比较直观的认识，因此，它是科研项目价值管理不可或缺的关键组成部分。利用财务指标比如预算执行、支出控制等作为项目负责人的考核指标，可以加强科研项目组与财务部门的配合，帮助项目组优化资金使用，更有效地完成项目目标。比如以支出控制为例，可以把年度预算作为衡量标准，各项支出控制在预算范围的为绿色，低于10％的为黄色，超过10％就为红色，当然这样的参考标准也需要结合多方面的因素来考虑。最后，所有的结果用绿黄红的颜色反映在卡片上，绿色为价值管理优良，黄色为可接受，红色则需要引起注意和完善，一切数据清楚明了。

2. 课题层面

科研项目申请成功后定能获得充足的经费支持，但项目经费价值管理的立足点却不是能够继续获得更多的经费，而是能够创造出更多的研究成果（专利、专著、论文等），并且将它们应用到生产力的转化上面，所以必须将课题层面的各项指标作为一项重要的经费价值管理考核标准。

3. 学习和培训层面

学习和培训与项目组成员切身利益有着紧密的联系，不仅关系到项目组成员工作能力的提升和团队合作的积极性，还直接影响到高校人才培养的质量。我们一直强调以人为本，只有培养出优秀的科研工作者，才能让他们发挥最大的潜能，创造更多的科研成果，培养更多社会后备军，这些都是价值管理评价的重要指标。

4. 合规和审计层面

高校是一个特殊的团体，科研经费的获得大多是国家有关部门的直接拨款，因此经费在使用的过程中就必定受到社会的广泛关注，"谁立项，谁使用，谁受益"的观念一直在高校教师队伍中延续，这就必然产生很多学术腐败的现象，减少科研经费审计问题和避免学术造假将成为衡量经费价值管理的又一重要指标。

至于各个模块在整个经费价值管理评估中的权重，一般会随科研项目本身研究价值的不同而有所区别。譬如对于国家重大研究项目，课题层面的权重应该高一些，可30%～40%，而对于一般研究项目，课题层面的权重就可以再低一些，可20%左右。

（三）指标分解

为了更准确衡量科研经费在不同层面的价值，需要根据不同的受众目标一步步向下分解"修正的平衡记分卡"中的指标，列出数据和标准。比如一个项目负责人，对于他的考核标准可能就包括预算准确性、科研成果的数量、培养学生的数量等。从学科负责人的角度看，新课题获得的数量、审计查出的问题严不严重、科研氛围是否浓厚等。所有的价值衡量指标在年初确定，定期进行打分，根据实际情况完善和提高。

三、如何更好实现科研经费价值管理？——"五位一体"控制

应用"修正的平衡记分卡"对项目经费进行价值管理是对传统只注重财务指标的一种突破，但它也存在自身的一些缺点，比如指标数量过多、指标体系建立困难、指标权重较难分配、实施成本交大、部分指标难以量化等。为了尽量克服上述问题，提出"五位一体"控制体系。通过信息化支撑，实现流程、制度、权责、风险等要素的有机整合，有效规范科研经费价值管理，为高校科研经费带来实实在在成效。

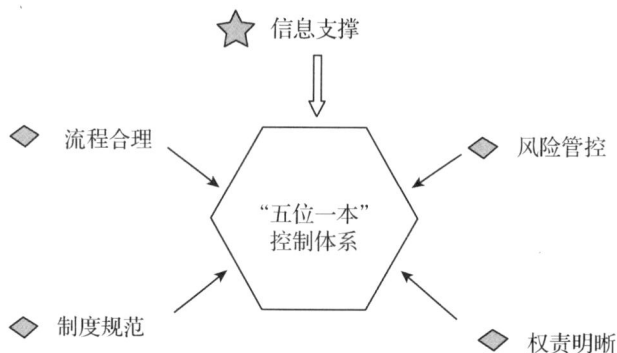

图2 "五位一体"控制体系

1. 流程合理

一是优化科研经费价值管理流程，利用流程设计模块绘制"通＋顺＋好＋省＋快"的流程图，并编制成册；二是优化科研经费价值管理流程，建立流程管理信息系统，实现全流程可视化管理；三是监控科研经费价值管理流程，通过流程在线监控，实现流程的规范化和效率化。

2. 制度规范

一是健全科研经费价值管理制度，按照价值管理的有关要求，建立全方位的制度目录；二是优化科研经费价值管理制度，建立制度管理信息系统，实现制度全生命周期的在线管理。

3. 权责明晰

编制《江苏师大科研经费管理权限指引》，强化责任追究，着力解决基于"项目负责人－学科负责人－分管校领导"的三级管理体系的"人权＋财权＋事权"的运转效率问题，着力解决基于流程的"提交权＋审核权＋审批权"执行不到位问题。

4. 风险管控

一是识别风险，建立覆盖科研经费价值管理的风险库，并实行分级分类管理；二是评估风险，对识别出来的风险结合有关数据信息进行分类分析；三是监控风险，明确KPI指标，实现风险在线检测和在线监控。综合运用风险规避、风险降低、风险分担和风险承受等风险应对策略。

5. 信息支撑

"五位一体"控制体系的最大特点就是合理运用信息技术加强控制，建立与科研经费价值管理相适应的信息系统，实现对科研经费的自动控制，减少或消除人为因素的影响，实现科研经费价值管理的在线化。

通过"五位一体"的科研经费价值管理控制体系，发挥"修正的平衡记分卡"在科研经费价值管理中的价值，将会更好地促进高校科研事业健康可持续发展，实现科研经费投入在促进我国社会和经济发展中应起到的作用。

四、结论

随着我国教育事业的蓬勃发展，国家对教育事业的投入比重越来越大，2012年度的财政性教育经费支出占GDP的比重首次实现4％，这意味着我国教育事业能够支配的社会资源更加充足，尤其是高等院校，未来一段时间内，由各级政府主导的科研立项数目也会越来越多。高校教育经费使用日益受到社会关注，各级主管部门对高校经费的监管力度不断增大，监管范围越来越大，监管内容越来越细。教育部在2013年4月中旬下发文件，要求各地、各校开展"教育经费管理年"活动，进一步用好管好教育经费，促进教育事业科学发展。因此，高等院校应抓住"教育经费管理年"活动的契机，重视科研经费的立项和使用工作，做好科研经费的价值管理工作，将我国教育科研事业的发展推向一个新的台阶。

高校科研经费管理质量 Fuzzy 综合评判应用的可行性研究

——基于××大学 W 学院实施评价分析

江苏师范大学　高庆浩　刘礼明

【摘　要】近年来，科研经费管理质量评价已成为政府及高校管理面临的一大难题。在科教兴国战略实施和高等学校蓬勃发展的大背景下，高校承担的科研项目和获取的科研经费均有大幅度增加，科研经费的来源渠道也越来越广，且呈现多元化和多层次的格局。与此同时，科研经费在使用和管理上却存在很多问题，如何保障科研经费的充分、安全、有效使用，对当前高校科研经费管理提出了更高的要求。本文以××大学 W 学院为研究对象，应用 Fuzzy 综合评判模型实施高校科研经费管理质量评价，通过算例验证其在科研经费管理质量评价过程中的可行性。

【关键词】高校科研经费管理质量　Fuzzy 综合评判

高校是一个国家基础科学研究最重要的组成部分，也是应用科学研究的一只重要力量，是我国开展科学研究的一个重要阵地。《国家中长期教育改革和发展规划纲要(2010—2020)》提出，"充分发挥高校在国家创新体系中的重要作用，鼓励高校在知识创新、技术创新、国防科技创新和区域创新中做出贡献。"从中可以看出，高校在国家创新体系中的地位显著提高，高校承接的科研项目和所获得的科研经费均有了较大幅度的增长，科研经费已成为促进高校发展的重要资金来源渠道之一。[1]经费绩效管理又是科研管理工作的核心任务，做好科研经费管理工作是保障科研投入取得预期绩效的重要基础。近年来，国家对高校教育经费的投入力度不断增加，尤其是科研经费年投入额持续增加，实现了历史性突破，高校教育事业得到了较好的发展，服务经济社会能力不断增强。有数据显示，国家自然科学基金项目的财政投入从 2010 年 83 亿元增加到 2011 年 120 亿元，2012 年 150 亿元，2013 年达到 238 亿元，到 2015 年预计达到数百亿元；到 2020 年国家重大科技专项的投入资金将达到 1 万亿元；国家战略性新兴产业的投入未来 5 年将达数万亿元。[2]但从全国范围看，高校科研经费使用效益普遍低下，科研经费乱用和滥用等现象丛生，导致国家投入的财政资金严重浪费。这也使政府部门、社会团体及普通公众均对财政投入科研经费的使用和管理投入极大的关注。为了进一步对政府投入科研经费进行科学、规范的管理，加强高校资金内部控制和预算执行，提高科研经费的使用效率，本文引入 Fuzzy 综合评判对高校科研经费管理质量进行研究，充分发挥 Fuzzy 综合评判在科研绩效管理中导向与激励、反馈与沟通、监督与决策方面的作用，以实现高校科研经费的高效科学管理。

一、Fuzzy 综合评判概述

综合评价是在日常生活和科研工作中经常遇到的问题，如产品质量评定、科技成果鉴定、某种作物种植适应性的评价等，都属于综合评判的问题。在实际应用中，评价的对象往往受各种不确定因素的影响，其中模糊性是最主要的，如服装评价，包括花色、式样等。这样，将模糊理论与经典综合评价方法相结合进行综合评判将使结果尽量客观从而取得更好的实际效果。[3]

Fuzzy 综合评判，就是以模糊数学为基础，应用模糊关系合成的原理，将一些边界不清、不易量化的因素定量化，进行综合评价的一种方法。1965 年，L. A. Zadeh 发表了一篇题为《Fuzzy Sets》的论文，正式提出了模糊集合(Fuzzy Set)的概念，并引入"隶属度"成功运用数学方法刻画模糊性的现象，从而宣告模糊数学的诞生。这种综合评价体系方法已被世界各行各业普遍采用，包括政府机构、金融业、制造业和服务业等，并取得了良好的效果。

在科研经费管理质量评价中，经常会遇到许多非程序化决策问题，此时就会有大量的模糊概念，管理者往往是根据个人能力、经验甚至是直观感觉等种种模糊的概念做出判断，但要把对这些概念具体化为对某项管理决策的分析和设计，必将设计定量的分析计算。这类问题恰与模糊综合评判相对应，因此应用模糊综合评判模型对科研经费管理质量进行评价是可行的。同时，在科研经费管理质量评价过程中，需考虑的因素很多且层次不同。因此，可以先将因素按其属性分为几类，逐类进行综合评价，最后，对分类评价结果进行更深层次的综合评价，避免直接以因素和权重进行细分评价的复杂性，这就是分级 Fuzzy 综合评判模型的方法。本文应用 Fuzzy 综合二级评判研究我国高校科研经费管理质量。

Fuzzy 综合二级评判应用步骤[4,5]：

(1)设评语集合为 $U=\{u_1, u_2, \cdots, u_m\}$，其中 $u_i(i=1, 2, \cdots, m)$表示影响事物评价值的第 i 个等级，即评价等级。一般情况下，评价等级数 i 取[3, 7]

中的整数。同时，设因素集合为 $V=\{v_1,\ v_2,\ \cdots,\ v_n\}$，其中 $v_j(j=1,\ 2,\ \cdots,\ n)$ 表示影响事物评价值的第 j 个因素，即评价指标，且 $\overset{n}{\underset{j=1}{U}}v_i=V$，$v_i\bigcap v_j=\varnothing(i\neq j)$。

（2）对因素集 V 作 P 划分，按因素的共性划得到二级因素集 $V/P=\{V_1,\ V_2,\ \cdots,\ V_N\}$，其中一级子集 $V_j=\{V_{j(1)},\ V_{j(2)},\ \cdots,\ V_{j(k)}\}(j=1,\ 2,\ \cdots,\ N)$，$V_{j(1)},\ V_{j(2)},\ \cdots,\ V_{j(k)}$ 是一个子集 V_j 按个性进行的二级划分。

（3）对每一个 V_j 进行 Fuzzy 综合一级评判。建立 V_j 的 Fuzzy 关系矩阵 R_j，

$$R_j=(R_{j1},\ R_{j2},\ \cdots,\ R_{jk})^T=\begin{bmatrix} r_{j(1)1}\ r_{j(1)2}\cdots r_{j(1)m} \\ r_{j(2)1}\ r_{j(2)2}\cdots r_{j(1)m} \\ \vdots \\ r_{j(k)1}\ r_{j(k)2}\cdots r_{j(k)m} \end{bmatrix},$$

且 $r_{j(p)i}=U(V_{j(p)},\ u_i)$，$0\leqslant r_{j(p)i}\leqslant 1(p=1,\ 2,\ \cdots k;\ i=1,\ 2,\ \cdots,\ m)$，表示从因素 $V_{j(p)}$ 着眼，该事物能被评为 u_i 的隶属程度。同时，采用统一的权衡标准确定 V_j 中各因素的权重 $A_j=(a_{j(1)},\ a_{j(2)},\ \cdots,\ a_{j(k)})$，且 $\sum\limits_{p=1}^{k}a_{j(p)}=1$，$a_{j(p)}\geqslant 0$ $(p=1,\ 2,\ \cdots,\ k)$，则对 R_j 的模糊运算为 $B_j=A_j\times R_j=(b_{j1},\ b_{j2}\cdots,\ b_{jm})$。因为 R_j 从 V_j 到 U 的模糊变换器，故每输入一组权重 A_j 都可得到相应的综合评价 B_j。

（4）设二级因素集 V/P 中 N 个因素的权重分配为 $A=(A_1,\ A_2,\ \cdots,\ A_N)$，且 $\sum\limits_{j=1}^{N}A_j=1$。因 Fuzzy 综合一级评判结果 B_j 为 V/P 中单因素 V_i 的 R_j 评判，

故总的评判矩阵 $R=\begin{bmatrix} B_1 \\ B_2 \\ \vdots \\ B_N \end{bmatrix}=(b_{ij})_{nm}$，最后得，$B=A\times R$，即对 V 中的全部因素做的综合评判。

（5）Fuzzy 综合二级评判结果向量分析。如最大隶属度原则方法、加权平均原则方法、模糊向量单值化方法。

二、Fuzzy 综合评判在我国高校科研经费管理质量评价应用中的可行性分析

（一）Fuzzy 综合评判可综合考虑高校科研经费管理质量评价指标

高校科研经费管理质量的高低要以社会评价结果为依据。由于高校内部各

管理部门职责分工不同，其考虑问题的角度就会不一样，在对科研经费管理质量进行评价时会出现很多不协调的因素，如科研目标定位不一致、科研管理质量评价体系不健全等，直接影响高校科研管理，不利于高校科研水平和质量的提高。Fuzzy 综合评判的使用将在一定程度上解决科研经费管理质量评价中的不协调之处。

应用 Fuzzy 综合评判进行科研管理质量评价。一方面，可以在高校科研经费管理的宗旨和目标上达成一致。Fuzzy 综合评判将充分考虑学校各相关部门对科研活动的要求，从多维度对科研经费管理的质量进行评价，使科研经费管理符合学校发展的期望。另一方面，可以有效提升高校科研经费综合管理能力。Fuzzy 综合评判以高校科研的宗旨和目标为依据，将中长期目标合理转化为具体的管理目标，并在相关学院(系、科)的考评中落实，从而实现科研管理目标的一致性和协同性。

(二)Fuzzy 综合评判能促进高校科研经费配置的合理性和使用的高效性

长期以来，科学合理地配置高校科研经费，强化科研经费使用过程中的管理与监督，提高科研经费的使用与管理效益，是高校和政府管理部门一直致力解决的重要研究课题。但在实际管理中，传统的科研经费管理模式往往只注重科研资金在学院(系、科)配置的全面性，忽视了资金使用的效率，甚至一些学校只顾眼前不顾未来，搞人头分配，吃大锅饭，使一些急需资金支持的学科研究搁浅，影响学校的整体科研发展。Fuzzy 综合评判将改变这些问题，学校根据评估的结果在整体上掌控科研资金的配置与管理，将财务指标和非财务指标相结合，中长期目标与短期目标结合，为学校科研事业发展提供强有力地支撑。

(三)Fuzzy 综合评价有助于高校科研团队能力的培养和层次的提升

由于传统的高校科研经费管理模式只注重资金在各学院(系、科)的分配，没有相关科研成果数量及质量的考核与评价机制，各科研单位只强调科研资金的取得和使用，忽视了科研团队能力的培养和水平的提升。Fuzzy 综合评判强调从多维度对科研经费使用效益进行评价，科研团队就是其中很重要的一项。这一模式将使学院优化教师资源，吸引优秀的科研创新人才，改善科研团队的学历和职称结构，形成有效的人才储备、遴选和流动机制，着实加强高校的科研力量。

三、××大学 W 学院科研经费管理质量评价 Fuzzy 综合评判应用

(一)确定科研经费管理质量评语集

设科研经费管理质量评语集 $U = \{u_1, u_2, u_3, u_4\}$ ＝（优秀，良好，合格，不合

格），给其四个等级依次赋以分值为 $s_1 = 10, s_2 = 8, s_3 = 6, s_4 = 4$。

(二)确定与××大学 W 学院科研经费管理质量相关的变量(即因素集)

××大学是一所地方性大学，由于其特殊的位置及发展历史，学校将其定义为一所教学研究型大学，它的使命就是在满足社会人才培养的需要，并不断提升科学研究水平，为国家和社会发展做出建设性贡献。因此，其科研经费管理也应有清晰的定位和目标。学校科研管理部门要清楚科研经费管理在学校总体战略中的地位，根据学校的使命、愿景和战略制定相应的科研经费管理的长期目标和短期目标，明确科研经费分配的方向和重点，并制定科研经费的使用及管理制度。

根据××大学 W 学院的发展情况，确定其科研经费质量管理的具体评价指标如下：

1. 社会层面

高校的首要目标是培养满足企事业用人单位需求的毕业生，同时，要将科研成果及时转化为服务社会发展的重要资源，更为重要的是高校要发展成为支撑教师和学生今后工作和科学研究的平台。这一层面将从毕业生就业率、用人单位满意度、学生家长满意度、校友回校满意度、社会知名度和认可度等方面测评。

2. 财务层面

高校科研经费管理质量的高低仅仅靠几个财务指标(如科研收入增长率、科研经费人均占有率、科研支出人均占比等)的测算显然是不够的，它无法形成一个能够真实、客观、全过程反映科研经费财务状况及使用情况的评价结果，因此，对其进行科学、全面的动态财务评价显得尤为重要。这一层面将主要体现为科研经费预算管理、日常使用管理及结项管理等方面。

3. 学生和教师层面

学生素质的高低，尤其是毕业后从事科学研究工作的学生的能力，直接反映一所高校科研管理质量的水平，而高质量的科研成果，又直接取决于教师的质量和高效的科研团队。高校要营造一种创新的氛围，建立一种学习型科研组织，这样才能吸引更多的高水平教师和优质的生源，调动教师和学生的学习及科研创作积极性。这个层面应从新生录取平均分、读研升学率、出国升学率及新进教师的数量、教师更高学历学位取得的数量、教师进修人次、教师出国人次、高级职称晋升人数、科研组教授的比例、学术报告次数、经验交流次数等方面进行测评。

4. 科研层面

科研经费投入是科研工作正常运转和持续创新的基本条件，也是科研成果产出的必要条件，其根本目的是培养优秀科学研究人才，创造出更多对社会有益的科研成果。科研经费分配的方向和数量将直接影响科研经费的使用效率，是高校可持续发展的前提。因此，这个层面将考虑实验室投入、仪器设备投入、图书资料新增量、人才培养基地建设、科研孵化成功量以及科研成果的数量和质量等指标。

为简化案例计算过程，本文选取了下列能够基本反映各个侧面特征的代表性指标，组成科研经费管理质量评价指标体系，如图1所示。

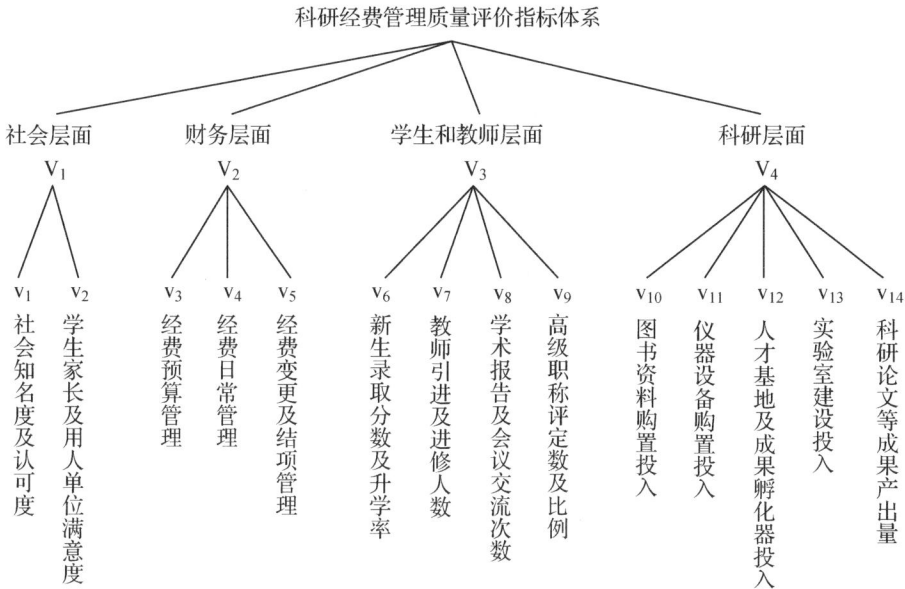

图1　科研经费管理质量评价指标体系

（三）确定各变量的权重

上述四个方面的指标确定后，必须确定各指标的权重，本文采用集值迭代法。

设指标集 $W = \{w_1, w_2, \cdots, w_m\}$，并选取 $N(N \geqslant 1)$ 名专家，分别让每一名专家在指标集 W 中任意选取他认为最重要的 $q(1 \leqslant q \leqslant m)$ 个指标。如第 k 名专家做出选择，其选取的结果是指标集 W 的一个子集 $W^{(k)} = \{w_1^{(k)}, w_2^{(k)}, \cdots, w_q^{(k)}\}(k=1, 2, \cdots, N)$。

作（示性）函数：

$$X_k(w_j) = \begin{cases} 1, 若\ w_j \in W^{(k)} \\ 0, 若\ w_j \notin W^{(k)} \end{cases}, 记\ Z(w_j) = \sum_{k=1}^{N} X_k(w_j), (j=1,2,\cdots,m),$$

将 $Z(w_j)$ 归一化,将 $Z(w_j)/\sum\limits_{i=1}^{N}Z(w_j)$ 的比值作为与指标 w_j 相对应的权重系数 s_j,即:

$$s_j = Z(w_j)/\sum\limits_{i=1}^{N}Z(w_j),(j=1,2,\cdots,m)。$$

表 1 是采用集值迭代法确定的××大学 W 学院科研经费管理质量评价因素的权重集。即 $A=(0.1,0.2,0.3,0.4)$,$A_1=(0.5,0.5)$,$A_2=(0.2,0.4,0.4)$,$A_3=(0.2,0.2,0.2,0.4)$,$A_4=(0.1,0.1,0.2,0.3,0.3)$。考虑到评判工作的客观性和科学性,实际的工作中可以将主观赋权法和客观赋权法有机结合[5]。

表 1 ××大学科研经费管理质量评价因素权重集

二级因素集 V/P	V_1		V_2			V_3				V_4				
一级因素集 V	v_1	v_2	v_3	v_4	v_5	v_6	v_7	v_8	v_9	v_{10}	v_{11}	v_{12}	v_{13}	v_{14}
V/P 的权重集(%)	10		20			30				40				
V 的权重集(%)	50	50	20	40	40	20	20	20	40	10	10	20	30	30

(四)确定单因素 Fuzzy 评判矩阵

Fuzzy 综合二级评判应用的难点是各评判指标之间的不可公度性(即没有统一的度量标准),因此,在综合评判之前应首先确定各个指标的隶属度,其构成的模糊权向量好坏直接决定评价结果的优劣。本文采用等级比重法确定模糊评判矩阵,由 $N(N \geqslant 1)$ 名专家分别给出看法并统计结果,如表 2 所示。

表 2 N 个评价者确定某评价对象的隶属度

评语集(评价等级)	u_1	u_2	$\cdots$	u_m
认为 v_j 属于某等级的人数	n_1	n_2	$\cdots$	n_m
等级对应的模糊子集	e_1	e_2	$\cdots$	e_m
v_j 对 e_j 的隶属度	n_1/N	n_2/N	$\cdots$	n_m/N

其中,本文等级对应的模糊子集采用惯例标准,如表 3 所示。

表 3 科研经费管理质量评价等级对应模糊子集

评语集(评价等级)	优秀(u_1)	良好(u_2)	合格(u_3)	不合格(u_4)
等级标准(评价因素得分)	$\geqslant 85$	70~84	60~69	<60

现以 15 人评价专家为例，通过等级比重法确定的××大学 W 学院的各项单因素评价矩阵为：

$$R_1 = \begin{bmatrix} 0 & \dfrac{12}{15} & \dfrac{3}{15} & 0 \\[2mm] \dfrac{10}{15} & \dfrac{5}{15} & 0 & 0 \end{bmatrix} ; R_2 = \begin{bmatrix} \dfrac{10}{15} & \dfrac{5}{15} & 0 & 0 \\[2mm] 0 & \dfrac{11}{15} & \dfrac{4}{15} & 0 \\[2mm] 0 & \dfrac{13}{15} & \dfrac{2}{15} & 0 \end{bmatrix}$$

$$R_3 = \begin{bmatrix} 0 & \dfrac{10}{15} & \dfrac{5}{15} & 0 \\[2mm] 0 & \dfrac{10}{15} & \dfrac{5}{15} & 0 \\[2mm] 0 & 0 & \dfrac{13}{15} & \dfrac{2}{15} \\[2mm] 0 & \dfrac{13}{15} & \dfrac{2}{15} & 0 \end{bmatrix} ; R_4 = \begin{bmatrix} \dfrac{10}{15} & \dfrac{5}{15} & 0 & 0 \\[2mm] 0 & 0 & \dfrac{11}{15} & \dfrac{4}{15} \\[2mm] 0 & 0 & \dfrac{5}{15} & \dfrac{10}{15} \\[2mm] \dfrac{10}{15} & \dfrac{5}{15} & 0 & 0 \\[2mm] \dfrac{10}{15} & \dfrac{5}{15} & 0 & 0 \end{bmatrix}$$

目前，隶属度的确立大多数还停留在实验与经验总结的基础上，受人的主观因素影响仍然很大，因此，只能建立近似的隶属度。在应用等级比重法时，为了提高隶属度的可靠性，选择的评判专家人数不应太少，且应对被评判对象有相当的了解。

（五）综合评判计算

$$B_1 = A_1 \times R_1 = (0.5 \quad 0.5) \times \begin{bmatrix} 0 & \dfrac{12}{15} & \dfrac{3}{15} & 0 \\[2mm] \dfrac{10}{15} & \dfrac{5}{15} & 0 & 0 \end{bmatrix} = (\dfrac{1}{3} \quad \dfrac{17}{30} \quad \dfrac{1}{10} \quad 0)$$

$$B_2 = A_2 \times R_2 = (0.2 \quad 0.4 \quad 0.4) \times \begin{bmatrix} \dfrac{10}{15} & \dfrac{5}{15} & 0 & 0 \\[2mm] 0 & \dfrac{11}{15} & \dfrac{4}{15} & 0 \\[2mm] 0 & \dfrac{13}{15} & \dfrac{2}{15} & 0 \end{bmatrix} = (\dfrac{2}{15} \quad \dfrac{53}{75} \quad \dfrac{12}{75} \quad 0)$$

$$B_3 = A_3 \times R_3 = (0.2 \quad 0.2 \quad 0.2 \quad 0.4) \times \begin{bmatrix} 0 & \dfrac{10}{15} & \dfrac{5}{15} & 0 \\[2mm] 0 & \dfrac{10}{15} & \dfrac{5}{15} & 0 \\[2mm] 0 & 0 & \dfrac{13}{15} & \dfrac{2}{15} \\[2mm] 0 & \dfrac{13}{15} & \dfrac{2}{15} & 0 \end{bmatrix}$$

$$= (0 \quad \frac{46}{75} \quad \frac{27}{75} \quad \frac{2}{75})$$

$$B_4 = A_4 \times R_4 = (0.1 \quad 0.1 \quad 0.2 \quad 0.3 \quad 0.3) \times \begin{bmatrix} \frac{10}{15} & \frac{5}{15} & 0 & 0 \\ 0 & 0 & \frac{11}{15} & \frac{4}{15} \\ 0 & 0 & \frac{5}{15} & \frac{10}{15} \\ \frac{10}{15} & \frac{5}{15} & 0 & 0 \\ \frac{10}{15} & \frac{5}{15} & 0 & 0 \end{bmatrix}$$

$$= (\frac{7}{15} \quad \frac{7}{30} \quad \frac{21}{150} \quad \frac{24}{150})$$

则，

$$B_W = A \times R_W = A \times \begin{bmatrix} B_1 \\ B_2 \\ B_3 \\ B_4 \end{bmatrix} = (0.1 \quad 0.2 \quad 0.3 \quad 0.4) \times \begin{bmatrix} \frac{1}{3} & \frac{17}{30} & \frac{1}{10} & 0 \\ \frac{2}{15} & \frac{53}{75} & \frac{12}{75} & 0 \\ 0 & \frac{46}{75} & \frac{27}{75} & \frac{2}{75} \\ \frac{7}{15} & \frac{7}{30} & \frac{21}{150} & \frac{24}{150} \end{bmatrix}$$

$$= (\frac{7}{30} \quad \frac{703}{1500} \quad \frac{289}{1500} \quad \frac{108}{1500}) = (0.233 \quad 0.469 \quad 0.193 \quad 0.072)$$

同理，按上述方法可以得到××大学其他学院的科研经费管理质量模糊评判结果。

(六)评判结果分析——本文采用模糊向量单值化方法

$$s_W = \frac{\sum_{j=1}^{4} b_j^2 s_j}{\sum_{j=1}^{4} b_j^2} \approx 8.042$$

可见，W学院的科研经费管理质量在良好以上，在此基础上，W学院应分析其影响最终分值的因素，加强管理，进一步提升其科研管理水平。同时，由于各院系及学科性质上的差别，高校在实际科研经费管理质量评判上应注意评判因素的选择和权重的设置，以期Fuzzy综合评判的结果更具说服力。

四、结语

当前，我国高等院校科研立项数目越来越多，经费金额也越来越大，从主管部门到社会公众对科研经费的使用和管理投入了极大的关注，如何提高各高校科研经费管理的质量就成为一个重要的课题。但由于科研经费管理质量评价结构的复杂性、因素的多样性、人类思维的不确定性以及信息的不完全性等，要使 Fuzzy 综合评判的研究结果更具可靠性和合理性，应用过程中需注意评价指标的选取、各评价指标权重的确定以及评价模型及算法的选择等。只有这样，Fuzzy 综合评判在这一科研经费管理质量的研究领域才能得到更深、更广的应用。同时，高校科研经费管理质量评价，尤其是各高校对下属院系的评价是高校推行管理会计的基础，也是外部利益相关者对高校进行问责机制的自然延伸。而学院制中心论的改革，高校管理重心的下移，也使以院系为基础的资源配置成为未来高校发展的大趋势，加强对院系的科研绩效考核和评价就成为未来高校管理的重要环节。

　　本文的研究表明，Fuzzy 综合评判对高校科研经费管理质量的评价具有很好的诊断作用，为高校优化内部资源配置提供了很好的信息支撑，但科研经费管理质量评价是一个系统工程，涉及面较广，并非一种方法就能够实现。在资源稀缺的条件下，对其使用效益的评价将是一个永恒的课题，如何将 Fuzzy 综合评判方法与其他方法结合起来需要进一步展开研究。

【参考文献】

[1]卞继红，张思强．论高校科研经费的管理[J]．财务与金融，2011(2)．

[2]刘双清，张铭辉等．如何实现科研经费的高效管理[J]．中国高校科技，2014(4)．

[3]胡宝清．模糊理论基础[M]．武汉：武汉大学出版社，2010．

[4]谢季坚，刘承平．模糊数学方法及其应用[M]．武汉：华中科技大学出版社，2013．

[5]彭云飞，沈曦．经济管理中常用数量方法[M]．北京：经济管理出版社，2011．

高校科研项目资金管理的现状及其对策

苏州大学　江建龙

【摘　要】国家对全社会科研投入逐年增加，高校是科技创新的重要载体，如何合法、合规、合理、高效地使用科研项目经费是摆在学校管理层和项目组面前迫切需要解决的问题。本文从高校目前的管理现状出发，依据国发〔2014〕11号文件的精神和现有关于科研经费的管理办法，提出了从学校、项目管理部门、财务部门、项目组如何加强科研项目资金管理的途径。

【关键词】科研项目　资金管理

高校是国家科学研究的重要力量，随着国力的增强，国家对科研投入不断增加，"十一五"期间全社会研发投入年均增长率超过23%，"十二五"规划以来继续高速增长，2013年达到11906亿元。中央财政科学技术支出也保持高速增长，从2006年的774亿元，增加到2013年的2460亿元，年增长率约18%。相关部门制定了一系列科研经费管理办法，对科研项目资金的规范管理和有效使用发挥了重要作用。但不可否认，科研项目资金管理和使用中仍存在一些问题，高校如何管好用好科研项目资金？加强科研项目资金的过程管理，保证资金的安全、有效使用是当前的主要任务。

一、科研项目资金管理中存在的主要问题

1. 高校管理机制使学校对科研项目管理走入误区

各类科研项目获取总量是当前衡量高校学术水平指标体系的重要指数，所以学校制定的政策侧重于争取更多的科研项目，制定学校科研经费管理制度时，更多是对于拿到项目该怎么奖励，很少规定违反相关制度该怎么处罚。长期的体制氛围造就了管理制度的失位，使高校轻视了科研项目的资金管理。

2. 经费使用分级管理职责不明确

科研经费要求实行"统一领导分级管理"的原则，高校科研经费的管理部门是科研院(处)，代表学校负责科研项目的申报、结题和与项目相关的管理工作，项目负责人是项目具体执行人，而项目负责人所在学院(系)在项目施行过程中

没有明确的职责。这就使得项目在执行中遇到问题时在组织协调上不通畅，在经费使用管理上缺少了直接的监管者。

3. 财务部门在项目资金管理中参与度不够

科研项目采取预算申报制度，各类文件也明确指出：预算需要财务部门参与共同编制。一份好的预算是项目预算执行的保证。很多项目负责人在申报项目时并不知道需要财务部门参与预算编制工作，往往是自己埋头苦干却事倍功半。很多情况下财务部门只有在申报书盖章时才知道，而且时间已经很紧，造成有的项目预算不合理。

4. 项目负责人对相关经费管理办法不熟悉

科研人员把大量的时间和精力倾注在专业研究和如何申请到科研项目，对于专项经费管理办法则很少花时间学习，拿到项目后怎么合理、规范地使用专项资金对于项目负责人是一大难题。有的科研人员还误以为自己申请到了科研项目资金可随意支配，错误的思想观念和对相关经费管理办法学习不够，造成最后项目结题时存在较多问题。

5. 学校对外拨经费审核监管不力

专项经费中涉及测试化验加工费、外协费、大额资金支付学校没有制定相应的制度加以规范，对于该事项的真实性、合理性缺乏论证，有的项目负责人借学校监管的漏洞套取科研资金。

6. 对实物资产管控不严

高校学科门类较多，各学科间消耗的实验材料迥异，从学校层面设立专门机构从事设备、材料、图书等实物资产登记、验收是一项浩大的工程，所以往往除达到一定金额的设备由学校统一采购，其余都由项目组自行采购。买没买，用没用，都有项目组自己说了算，缺少了管理部门的监督，这种管理现状使得有的科研人员采取虚假经济事项套取科研资金有了可乘之机。

7. 科研项目资金结余管理不规范

现有的科研经费管理办法都明确结余资金的管理方式，项目完成后结余资金要求按原渠道收回。但很多高校在明知项目资金有结余的情况下，在决算时默认项目没有结余，其原因有两个方面：(1)科研专项资金是对高校是流动资金的补充，学校希望项目资金结余在学校账户；(2)项目负责人平时很节约，希望把该项目的资金留下来做项目的后续研究。

8. 科研人员的智力价值没有得到应有体现

财政部科技部在财教〔2011〕434号文中明确规定课题承担单位在间接费用中科研列支绩效支出，但支出比例与科研人员的贡献不匹配。高校科研人员根据事业单位收入分配制度来取得收入，不承担科研项目的老师也是按照一样的职级拿工资，这样就造成有的学校和科研人员从项目经费中变相转移、套取资金作为补偿。

二、科研项目资金支出中存在的主要问题

1. 项目负责人预算意识薄弱

项目执行过程中需报批才能调整预算的事项没有履行相关手续，未遵照相关管理办法执行预算，超预算范围列支。项目负责人对项目执行期把握不严谨，对项目资金未按项目期的进度合理支出，造成项目期临近结束，资金却大量结余。

2. 大额资金审批不严

高校内控制度中对于大额资金的支付都有严格规定，但有的学校只是流于形式，对资金支付的真实性、合理性、合规性缺乏论证程序，对于游离于政府采购边缘事项的大额支付未能加以管控。

3. 违规现金支付现象突出

科研经费管理办法明确了劳务性报酬不得以现金形式发放，财务制度也规定超过 1000 元以上的支付行为需通过银行转账方式支付，但有的学校放宽了对制度的执行，给个别项目负责人套取项目资金大开方便之门。

4. 支付事项与项目研究之间必要性和相关性不强

科研经费是国家的财政专项经费，必须专款专用。尽管一个项目负责人承担不同科研任务在学术研究方向有相关性，但落实到具体项目还是有区别，有的项目负责人混淆不同项目的支出，随意在自己承担的课题中列支不相关的支出。这种支出实际上是挤占和挪用科研资金的行为。

5. 项目财务验收，临时调整账目

很多科研项目结题需通过有资质的中介机构出具专项审计报告才能申请财务验收，通过专项审计发现的问题，课题组会要求财务部门配合对已支出的凭证做相应的账务调整，直至审计工作完成。有的学校甚至对科研经费没有独立核算，为应付审计而临时调账，严重违背了财政专项资金基本的管理要求。

三、科研项目资金管理的途径

1. 加强科研项目资金管理政策引导

从《国务院关于改进加强中央财政科研项目和资金管理的若干意见》(国发〔2014〕11 号)文件的发布，我们可以清楚地看到，国家对科研项目资金的重视。作为基层承担大量国家科研项目的高校和广大科研人员应该清醒地意识到：科研经费是纳税人的钱，我们有义务和责任管理好，任何浪费、挥霍、套取科研

资金就是一种犯罪行为。

2. 加强科研项目资金项目管理

对学校决策层来说，必须强化项目承担单位法人责任。项目承担单位是科研项目实施和资金管理使用的责任主体，要切实履行在项目申请、组织实施、验收和资金使用等方面的管理职责。从学校自上而下切实转变"重申报轻管理"的观念。制定切合本校的科研经费管理条例，进一步完善"统一领导、分级管理、责任到人"的科研经费管理机制，以制度的形式明确学校、二级学院、项目负责人各自的职责和权限。

对学校管理职能部门来说，必须加强支撑服务条件建设，提高为科研人员服务的水平。职能部门之间应该建立协同管理机制，有条件的高校可以设立跨部门的为科研人员提供全过程服务的专职机构。纪检部门应该建立科研经费的监管体系，及时发现本单位涉及科研经费违规行为。职能部门应该督促科研人员依法合规开展科研活动，做好政策宣传、培训和科研项目实施中的服务工作。

对项目负责人来说，必须强化科研人员的责任意识。科研人员要弘扬科学精神，恪守科研诚信，切实履行好科研人员的职责。科研人员要加强相关经费管理办法的学习，在项目资金使用过程中，不得擅自调整外拨经费、不得利用虚假票据套取资金、不得虚报冒领劳务费和专家咨询费、不得违规开支测试化验加工费、不得随意应付检查。

3. 加强科研项目资金财务管理

预算编制管理。财务部门应设置专门岗位，根据项目研究内容、技术路线、考核指标和本单位现有条件和设施，辅导科研人员按照实事求是的原则，科学合理地编制项目预算。对相关预算科目开支范围和财务报销制度进行说明，力争把项目预算做到目标相关、政策相符、经济合理。

直接经费管理。完善对设备购置、外拨经费、测试化验加工费等大额资金支付认证审批制度建设；改进资金结算方式，对劳务费、专家咨询费等以现金方式结算的费用必须转账；提高财务部门精细化管理水平，科学界定与项目研究直接相关的支出，设置的支出科目和标准应与各类科技计划制定的原则保持一致。

间接经费管理。建立健全间接经费内部管理办法，合规合理使用间接经费，依据相关规定强化考核监督机制，结合科研人员实际贡献安排绩效支出，充分发挥绩效支出的激励作用。不得在预算核定的间接经费以外在项目资金中重复提取、列支相关费用。

项目结题管理。配合经费主管部门和审计部门，真实反映和提供项目资金的财务收支状况。重视科研项目财务审计、验收工作，在审计、验收前应对项目资金收支进行梳理，并保持与科研管理部门、项目组之间的协调，及时发现问题，及时处理。

结余资金管理。在研项目年度剩余资金结转下一年度继续使用，一旦项目进入财务验收必须禁止使用，待接到上级主管部门书面通知，结余资金按上级主管部门意见和学校对结余资金管理办法进行账务处理。

对于高校而言，科研项目资金管理十分复杂，管好、用好科研项目资金任重而道远。高校在加强管理、服务和监督的同时，必须加强与之相关的制度建设，形成政策合力和长效机制。科研项目资金的有效管理，关乎科研人员的学术价值和诚信，关乎高校科研队伍的建设和人才培养，关乎国家科技事业发展的全局。

基于政策约束导向的高校科研劳务薪酬的探究[*]

四川师范大学　梁　勇

四川大学　干胜道[①]

【摘　要】科研经费管控是当前高校经费监管的重要内容。长期以来，科研劳务费问题一直是科研经费管理的突出问题。近年来，科研经费案件的屡屡曝光，成为社会关注的焦点。科研劳务费计提与发放如何科学合理设置，充分体现科研人员智力价值，以调动科研人员研究积极性，逐渐成为加强科研经费管理，提高经费使用效益的核心问题。

【关键词】政策约束　高校　科研　劳务报酬

近年来，科研经费案件的频繁产生，各项政策规定相继出台，科研经费监管逐渐成为高校经费监管的重要内容和社会关注的焦点。2005—2014 年，国家各部委先后出台了《关于进一步加强高校科研经费管理的若干意见》（教财〔2005〕11 号）、《关于进一步贯彻执行国家科研经费管理政策 加强高校科研经费管理的通知》（教财〔2011〕12 号）和国务院《关于改进加强中央财政科研项目和资金管理的若干意见》（国发〔2014〕11 号）等一系列科研经费监管文件，对科研经费预算、经费转拨、支出管理等方面予以明确规定，加大了监管力度。值得一提的是，科研经费纳入财政性资金范围，打破了传统的科研经费属科研人员所有的观念，从而改变了科研经费的管理模式。长期以来，由于科研经费的劳务支出的复杂性和利益冲突性较为突出，科研劳务费问题成为科研经费管控的核心内容。

一、科研劳务费政策约束与存在突出问题

1. 科研政策约束

科研劳务费问题一直是科研经费管理的重要内容。国家在制定科研经费管

---

* 本文已发表于《财会月刊》2015 年第 5 期。

① 梁勇（1977—），副研究员，高级经济师，四川师范大学计划财务处，研究方向：会计学与财务管理理论。干胜道（1967—），四川大学商学院教授，博士生导师，研究方向：会计理论与财务管理。

理政策时，始终把科研劳务费作为一项重要的监管费用来管理，在劳务费支付对象和支付比例上都给予了特别的限制，规定非常明确和严格（详见下表）。各相关科研经费管理办法发放对象仅限于课题组成员中没有工资性收入的相关人员（如在校研究生）和课题组临时聘用人员，而科研项目负责人本身是不能获取科研劳务费。那科研项目申请人或主持人从事科研项目研究，其获得属于自己的是什么呢？成就感或者是科研成果验收的科研奖励。科研成就感的满足在某种程度上需要一定物质上的体现，而科研奖励也不是所有科研项目负责人都能取得科研付出后的回报。

科研劳务费政策开支规定对比表

序号	管理办法		劳务费开支规定
1	《国家杰出青年基金项目资助经费管理办法》	财教〔2002〕64 号	支付给直接参加项目研究的研究生、博士后，不得超过资助经费的10%，经批准的项目预算一般不予调整。
2	《国家自然科学基金项目资助经费管理办法》	财教〔2002〕65 号	支付给直接参加项目研究的研究生、博士后，面上项目不得超过资助经费的15%，重点项目、重大项目及各类专项不得超过资助经费的10%，经批准的项目预算一般不予调整。
3	《国家重点基础研究发展专项经费管理办法》	财教〔2006〕159 号	支付给课题组成员中没有工资性收入的相关人员（如在校研究生）和课题组临时聘用人员。
4	《国家科技支撑计划专项经费管理办法》	财教〔2006〕160 号	支付给课题组成员中没有工资性收入的相关人员（如在校研究生）和课题组临时聘用人员。
5	《国家高技术研究发展专项经费管理办法》	财教〔2006〕163 号	支付给课题组成员中没有工资性收入的相关人员（如在校研究生）和课题组临时聘用人员。
6	《公益性行业科研专项经费管理试行办法》	财教〔2006〕219 号	支付给项目组成员中没有工资性收入的相关人员（如在校研究生）和项目组临时聘用人员等的劳务性费用。专家咨询费是指在项目研究开发过程中支付给临时聘请的咨询专家的费用。

续表

序号	管理办法		劳务费开支规定
7	《中央高校基本科研业务费专项资金管理暂行办法》	财教〔2009〕173号	不得开支有工资性收入的人员工资、奖金、津补贴和福利支出。
8	《财政部 科技部关于调整国家科技计划和公益性行业科研专项经费管理办法若干规定的通知》	财教〔2011〕434号	直接费用是指在课题研究开发过程中发生的与之直接相关的费用，主要包括会议费、劳务费、专家咨询费和其他支出等。

2. 科研劳务费问题

从科研经费管理的实际情况来看，科研政策的明晰化的政策约束反而导致科研经费使用的另一个极端，即科研经费用途多元化、模糊化和无序化。科研经费报销内容越来越复杂，很多报销票据与科研项目完成的相关性模糊，出现了不少"真的真发票，真的假发票，假的真发票，假的假发票"的科研核算现象，部分科研项目打着"助研费"的旗号，虚列科研合作人员名单，发放劳务报酬。比如虚列学生名单、外聘专家名单，将科研经费套现以及遗漏个人所得税，而实际上相关学生和外聘专家从未取得所谓的劳务报酬或专家酬金。

当前，理论界对高校科研经费管理研究成果较多，对科研经费问题进行了归纳与分析，主要集中在科研项目经费预算编制的随意性与执行脱节、科研经费报销违规和科研经费绩效考评不完善等方面。而科研劳务费问题的突出性表现为以下几个方面：

（1）科研项目劳务经费预算的无限制比例与随意套现问题日益严重

过去，除国家重点科研项目或者特殊科研项目外的科研项目在经费预算上缺乏明确的劳务分配比例，项目负责人往往依据项目的复杂性和项目建设周期预计提取一定的劳务费，且劳务费提取额度在项目总经费占有很大比例，特别是横向科研项目，企事业单位与科研单位或人员通过双方协商共同认定某个劳务费分配比例，从而使得科研经费成为科研项目负责人赚取个人利益和维护相关利益群体的重要途径。因此，科研项目劳务经费预算模糊，结果导致科研项目负责人与项目协作者通过虚报谎报专家劳务费，编造项目参与学生名单、临工名单等来套取科研经费。纵观当前各高校出现的科研经费案件，很大部分科研经费管理问题集中在对外劳务费大量套取现金问题，项目负责人肆意发放科研劳务费而降低项目经费对科研项目完成的贡献率。

（2）科研劳务费变相虚增科研项目成本

长期以来，科研项目往往单方面注重科研项目结题成果的评价，而疏于对科研项目经费绩效考核，尚未对科研项目经费结构进行对比与分析。在项目申报和经费匹配上缺乏较为完善的评价体系，项目经费实行包干使用。如此一来，部分科研项目负责人在国家明确规定限制科研劳务费发放的情况下，通过随意扩大科研经费支出范围，变相以差旅费、会议费、材料费、通信费等名义违规用于旅游、劳保福利、娱乐、日用消费品购置等纯个人消费性支出来抵顶劳务费，相反增大了科研项目成本。

(3)科研劳务费发放对象的政策限制引发违规性恶意发放劳务费

纵观现有高校科研经费管理的相关办法，无论是国家自然科学基金项目、社会科学基金项目，还是其他类的科研经费管理办法，在"经费开支范围"方面都没有明确列示科研人员科研劳务问题，而科研"劳务费"的发放对象仅仅是支付给课题组成员中"没有工资性收入的相关人员(如在校研究生)和课题组临时聘用人员"的劳务性费用。科研人员不能享有科研经费的劳动补偿或者劳动投入的价值体现，科研人员的智力支出在项目经费中没有得到有效回报，由此而引发了科研人员想方设法扩大科研经费支出，增加科研直接费用和间接费用，从而直接间接享受到科研项目经费对自我劳动投入的补偿。同时，科研人员也通过编造虚假劳务合同、虚列人员名单、冒用他人身份等弄虚作假方式，代签代领劳务费、专家咨询费。同时以津贴、补贴、奖金等形式给课题组成员发放劳务费。滋生了很多违规使用科研经费的不良后果。

二、科研劳务费理论价值分析与实际意义

马克思劳动价值论认为，劳动创造价值，是价值的唯一源泉。马克思在《资本论》中关于"总体工人"的论述中，对脑力劳动给予了肯定，认为这些劳动也是创造价值的劳动[1]。当然，马克思劳动价值论也强调了劳动要素与其他要素相比，作为一种"活劳动"，在创造价值过程中无疑是唯一最重要的生产要素，理应获得比其他生产要素更高的收入。那么，劳动包括体力劳动和脑力劳动都要获得价值分配。美国经济学家柯布·道格拉斯生产函数 $Y = A(t)L^{\alpha}K^{\beta}\mu$，$Y$ 代表生产总产出，L 表示劳动投入(≥ 0)，k 代表资本投入(≥ 0)，A 反映全要素生产率，α 与 β 分别为劳力与资本的生产力弹性。从公式中可以发现，"他们的数字告诉我们，在某种微妙的意义上劳动是唯一最重要的生产要素"，"每增加1%的劳动所增加的产量三倍于每增加1%的资本所增加的产量(美国工资占国民生产值的大约 3/4，而剩下的 1/4 大致为财产收入的份额。约等于工资的1/3)"。劳动要素与其他要素一样要参与利润分配，且作为人力资本他们在某种程度上应分配得更多。党的中共十六大报告也明确提出要确立"劳动、资本、技

术和管理等生产要素按贡献参与分配的原则，完善按劳分配为主体、多种分配方式并存的分配制度"，肯定了劳动要素在分配中的地位。

科研项目从项目性质来看，属于专项资金项目，经费管理的总体原则是包干形式，即经费使用必须专款专用，全部用于项目建设和项目完成的整个开支范围。从资金性质来说，科研经费是财政资金，纳入财经资金预算，而实际管理是按照或者参照财政预算资金使用管理。科研经费的审批在某种程度上反映了科研项目的复杂性、投入劳动量和价值创造大小。因此，科研经费内实际上包含了科研项目的直接成本和间接成本费，当中也有科研人员及参与人员的劳务费部分。基于此，科研经费中劳务费的体现也存在其合理性意义。

1. 充分体现科研劳动者人力资本价值，有利于调动科研积极性

科研劳务费的预算反映了科研项目中科研人员智力劳动和体力劳动投入的价值补偿，也在一定程度上承认了科研人员人力资本价值问题。不同层级的科研人员，他们对科研项目所投入的劳动是有差异的，复杂劳动和简单劳动在价值分配上有所不同，这样才能够使科研人员感觉到自身应有价值的体现，他们更加有动力投入到各项科研活动中，创造出更多的科研成果。

2. 提高科研劳动者对科研劳务费的正确认识，引导正确使用科研经费

科研劳务费是科研项目完成过程中对科研人员劳动投入的价值回报，包括智力劳动和体力劳动的投入。当然科研人员参与科研项目，所获取的价值回报更多的在于项目成果的社会价值、个人价值和个人社会效应。尽管社会学科和自然学科科研项目在经费开支内容上有很大差异，但是直接的科研劳务费体现仍然要以科研项目完成为主，经费使用原则上要服务于项目开展和项目成果完成。由此，作为一种科研劳动投入的回报，科研劳务费比例显然是有限的。那么，科研人员对此必然要清醒认识科研劳务费的实质内容，对经费预算和经费报销有明确的认识，如此才能够规范科研人员在自身经费管理和经费使用上减少随意的劳务费开支，甚至产生腐败行为。

3. 优化科研经费预算结构，提高科研经费使用效益

一直以来，科研劳务费是科研人员在经费预算时较为头疼的事情，科研人员往往倾向于节约科研项目直接开支而增大劳务费比例。一旦科研劳务费问题非常明确时，其他经费预算自然迎刃而解。科研人员依据科研项目性质和项目涉及的必要支出内容，充分估计完成中不可预见因素，对科研劳务费做出相应比例的提取并包干使用，那么科研经费预算结构更加清晰，科研经费报销也就严格按照预算来执行，科研经费隐藏的利益矛盾问题得到妥善处理。

三、科学科研劳务费的拟定与设计

在进一步明确科研劳务费合理性的基础上，要科学设计科研劳务费分配额度与比例以及发放方式需要严谨的规划和考评体系。科研劳务费设计上要充分体现劳动价值论观点，多劳多得，节约为主，体现科研人员人力资本价值。

1. 层级科研劳务费设计，扩大科研劳务费人员

无论科研人员有无固定的工资性收入，均允许课题组成员从项目经费中领取一定额度的劳务费。科研劳务费涉及的科研人员有三种，即直接的科研项目主持人(项目负责人)、科研协作者(课题组成员、参与学生)和专家、提供科研研究素材和投入劳力的临时性人员。在科研项目中各人员参与科研项目程度和所做出的贡献大小不同，他们各自所获取的科研劳务费不同。科研项目主持人投入项目的时间和精力最多，他们所享有的科研劳务费比例最大。科研协作者(课题组成员、参与学生)主要对项目完成做基础性的资料收集、数据分析、文稿初稿撰写等，他们所参与分配的劳务报酬次之。专家为科研项目提供建设意见和评审意见，使科研成果具有一定的科学性、实用性、权威性，那么他们的劳务费比协助调研或其他相关工作的人员更高。

2. 科学设定劳务费比例，从严包干使用

要坚持实事求是的原则，根据自身科研工作实际，按以下思路计提科研劳务费比例。(1)分科研类别计提比例。根据科研项目的具体分类，清晰分析各类科研项目经费使用用途，有侧重性地对其进行计提劳务比例。[2]比如人文社科项目在绝对量少，测试化验、试剂等直接费用发生较少而其外出调研，收集资料信息，人工支出相对集中，那么其科研劳务费可在经费总额的 35％～45％予以计提；自然理工类项目更多体现在实验测试方面，所需耗材较多，那么在人工支出方面较少，可考虑提取劳务费在 30％以内。当然，科研项目有纵向和横向课题之分，那么横向课题的劳务费比纵向课题多，可计提在 25％以内。计提的科研项目的劳务费在预算编制时生成，课题负责人总量控制，包干使用。(2)参照美、英等国外科研人员的人员费计提方法，由经费资助方与承担方协商单独设定"一般管理费"，作为承担方支付人员经费使用。(3)依据项目经费的来源和项目审批政策来分类设定劳务费。比如按获取项目资金总额的百分比例，或者项目资金结余比例提取劳务费。(4)在间接费用中以不高于项目资金管理费提取比例来预设项目绩效支出，以作为科研劳务费预算金额。

3. 建立科研项目绩效考评与劳务费经费拨付挂钩的机制

科研项目立题后，可先期预拨科研劳务费总额的 30％，项目负责人可对参与人员予以前期劳务费支付。在项目中期考核进度时，根据进度执行情况，可

允许报销劳务费的 40%。项目结题阶段，项目负责人凭科研成果验收证明，一次性领取剩余劳务费的 30%。这样既保证项目完成质量，又调动了项目人员的积极性，同时也规范了科研劳务费的支出管理。

4. 完善科研奖励费考评体系

科研劳务费仅仅作为科研项目完成中科研人员劳动投入的一定补偿。对于科研人员来说，从事科研项目的期望值远远高于科研劳务费的取得。通过科研项目，科研人员所实现的成果不仅包括项目研究的直接成果，还包括以项目为基础，或者以项目经费支持完成的其他间接性科研成果。这些成果的完成证明了科研人员的个人价值所在，但这些成果一旦被权威发表或转载，或应用于社会生产带来社会效益，那么科研奖励费则是科研人员劳动投入的最大比例的劳务报酬。因此，在确保或明确科研劳务费的同时，更应完善科研奖励费的考评体系，既要为科研人员创造科研成果评价的平台，也要让他们的科研付出获得比科研劳务费更丰富的科研奖励。这样才能真正使科研人员把科研工作和科研职责与科研价值相结合起来，积极投入到科研活动中，创新科研成果，提升科研水平。

【参考文献】

［1］李本和. 马克思劳动价值论与我国收入分配制度改革［J］. 理论建设，2011(1)：9—11.

［2］王雁，刘东. 规范高校科研经费管理的对策研究［J］. 教育财会研究，2014(1)：23—26.

营改增背景下的高校科研经费管理探讨

西华师范大学　晋荣敏

【摘　要】近年来，我国高等教育办学规模的日益扩大和教育体制改革的不断深入，高校发展迅速，相应的科研项目也不断增加，并呈现出经费来源多样化，经济活动复杂化等特点。随着"营改增"在全国范围内的推行，"营改增"对高校科研，特别是横向课题将产生重大影响。如何创建高效的科研经费管理模式成为高校发展改革中的当务之急。本文从目前全国推行"营改增"的现状出发，分析"营改增"对高校科研经费使用的影响，进而提出高校科研经费使用过程中应对"营改增"的对策和建议，目的在于促进高校科研经费的科学管理，为高校发展提供财务保障。

【关键词】营改增　高校财务　科研经费

一、引言

2016 年 3 月 18 日召开的国务院常务会议决定，自 2016 年 5 月 1 日起，中国将全面推开营改增试点，将建筑业、房地产业、金融业、生活服务业全部纳入营改增试点，至此，营业税退出历史舞台，增值税制度将更加规范。这是自1994 年分税制改革以来，财税体制的又一次深刻变革。

众所周知，营业税具有"重复征税、不能抵扣、不能退税"的弊端，而增值税具有"道道征税、层层抵扣"的优点，因此，"营改增"的出台是财税制度科学发展的必然要求。"营改增"的主要变化就是克服了营业税的缺点，将营业税的"价内税"变成了增值税的"价外税"，实现了进项税和销项税的抵扣关系，基本消除了重复征税，能有效降低企业税负，扩大企业投资，增强企业发展能力。更重要的是，"营改增"有利于社会专业化分工，建立和完善二、三产业增值税抵扣链条，促进二、三产业的发展，有利于建立劳务和货物领域的增值税出口退税制度，优化投资、消费和出口结构，促进国民经济健康协调发展。

二、"营改增"对高校科研经费财务管理的影响

高校的科研经费分为横向科研经费和纵向科研经费。横向科研经费是指和

国内各组织机构、企事业单位和个人合作从事科技协作、科技咨询、转让科技成果和其他涉及技术服务的项目,而由合作对象拨付的专项经费和合同经费等。纵向科研经费是指通过承接国家或地方政府常设的专项项目,或计划项目而取得的财政拨款。按照《国家税务总局关于中央财政补贴增值税有关问题的公告》:按照现行增值税政策,纳税人取得的中央财政补贴,不属于增值税应税收入,不征收增值税。因此,我们主要探讨"营改增"对高校横向科研项目的影响。

(一)营改增对高校科研税负的影响

在"营改增"前,高校提供的应税服务只涉及营业税、城建税、教育附加税等地方税务,无须缴纳增值税,无增值税纳税义务。"营改增"后高校涉及的现代服务业中的研发和技术服务、文化创意服务、信息技术服务和鉴证咨询服务等需缴纳增值税,而这正是高校横向科研项目的重要内容,因此"营改增"后高校科研服务需缴纳增值税。这对高校科研税务的核算将产生重大影响。

根据纳税人的经营规模和会计核算健全程度的不同,可将增值税纳税人分为小规模纳税人和一般纳税人。高校属于非企业性单位,可以选择小规模纳税人纳税,按3%的征收率纳税,但年应税收入超过500万的高校需要认定为一般纳税人,按应税收入的6%纳税,并可以抵扣进项税税额。

假设某高校年总应税收入为Q,取得增值税专用发票收入为W,适用的增值税、城建税、教育附加税和地方教育附加税税率分别为6%、7%、3%、2%。假设营业税税率为5%,进项税税率为17%,在不考虑其他税的情况下"营改增"前后税负T对比如表1所示:

表1 "营改增"前后高校税负对比

税种	纳税人类别	税率	是否允许抵扣	税负
营业税		5%	否	$T=5\%Q\times(1+7\%+3\%+2\%)=5.6\%Q$
增值税	小规模纳税人	3%	否	$T=3\%Q/(1+3\%)\times(1+7\%+3\%+2\%)=3.26\%Q$
	一般纳税人	6%	抵扣进项税	$T=[6\%Q/(1+6\%)-17\%W/(1+17\%)]\times(1+7\%+3\%+2\%)=6.34\%Q-16.27\%W$

从表1可以看出,在不考虑其他税的前提下,应税收入Q,改增前税负5.6%Q,改增后小规模纳税人税负3.26%Q,税负变化$\Delta T=3.26\%Q-5.6\%Q=-2.34\%Q$,即改增后,高校小规模纳税人缴纳的税费比"营改增"前下降了2.34%,下降幅度为2.34%/5.6%=41.79%,说明改增后,若高校认定为小

规模纳税人，将直接降低税负，节税效果明显。若为一般纳税人，税负为 $6.34\%Q-16.27\%W$，与改增前比较，税负变化：$\Delta T=(6.34\%Q-16.27\%W)-5.6\%Q=0.74\%Q-16.27\%W$。当 $\Delta T=0$，即 $W/Q=4.55\%$ 时，改增前后税负相同；当 $\Delta T>0$，即 $W/Q<4.55\%$ 时，改增后税负增加；当 $\Delta T<0$，即 $W/Q>4.55\%$ 时，改增后税负降低。说明若高校认定为一般纳税人，税负多少受可抵扣的进项税额的影响，当可抵扣进行税额较少时，税负可能比改增前增加，当可抵扣进项税额较多时，税负可能比改增前降低。因此，"营改增"后小规模纳税人税负一定降低，一般纳税人税负受可抵扣进项税额的影响，可能降低也可能增加。

（二）营改增对高校财务核算的影响

"营改增"之前，缴纳营业税直接通过"应交税费—应交营业税"科目核算，改革后，小规模纳税人通过"应交税费—应交增值税"核算，一般纳税人则需在"应交税费"科目下设置"应交增值税"和"未交增值税"两个明细科目，并设置"销项税额""进项税额""进项税转出"和"未交增值税"等末级科目，会计核算相对复杂。

"营改增"前，高校缴纳营业税时采用的是收付实现制，按照科研到款全额确认科研事业收入，营业税作为成本列支；改革后，小规模纳税人与改革前基本一致，按科研到款全额确认科研事业收入，增值税销项税额作为支出核算；一般纳税人收入入账方法和原则发生了变化，科研事业收入指不含税的部分，需按照实际收入减去销项税额后的余额确定，成本也需要扣除进项税额予以列支，当期应纳增值税税额等于当期销项税额减去进项税额，其会计核算基础遵循权责发生制原则，高校会计核算基础发生变化。同时，由于销项税和进项税的单独核算，导致了科研收入的减少，分配到各课题组的费用也相应减少，这种减少将直接影响高校的科研事业总收入和课题负责人的科研到款总额，影响课题组人员申报课题和进行科研研究的积极性。

（三）营改增对高校科研发票使用和管理的影响

"营改增"前，高校科研项目直接开具营业税普通发票，改革后需要开具国家税务局的增值税专用发票或普通发票，一般纳税人可以开具增值税专用发票和普通发票，小规模纳税人只能开具增值税普通发票。这两种发票的开具、使用和管理都比营业税普通发票严格得多，特别是增值税专用发票必须通过增值税防伪税控系统开具，且每月需向主管税务机关进行发票认证和申报。我国《刑法》对增值税违法犯罪行为做了严肃规定，由此引发的法律后果及需要承担的法律责任都要比营业税有更详细的法律依据。这对高校财务人员素质提出了新的要求，财务人员必须按照新的税务征管要求，做好增值税发票的领用、开具、使用和管理方面的工作，防范发票使用不当带来的法律风险。

三、"营改增"后高校应对科研财务管理的建议

（一）合理确定纳税人类型

"营改增"前，高校只涉及地方税务收入，并无国税应税收入，大多无国税纳税义务。全面"营改增"后，高校必须承担国税纳税义务，缴纳增值税，因此，面临的首要问题就是纳税资格认定。增值税纳税义务人分为小规模纳税人和一般纳税人，高校科研收入达到 500 万元以上的，可以申请认定为一般纳税人，税率为 6%，可以开具增值税专用发票和增值税普通发票，可以抵扣进项税额。申请为小规模纳税人的按 3% 征收率征收增值税，不能开具增值税专用发票，不能抵扣进项税额。二者的优缺点如表 2 所示：

表 2　小规模纳税人和一般纳税人优缺点

纳税人类别	优点	缺点
小规模纳税人	核算和申报程序简单，名义税负低	开具的增值税普通发票对方单位不能抵扣，不利于高校科研收入的扩大
一般纳税人	可抵扣进项税，可开具增值税专用发票，促进科研收入的扩大	核算和申报程序复杂，财务工作量大，若可抵扣进项税少，则税负较重

由于小规模纳税人的低税率，很多高校在选择纳税人类型时只顾短期利益，显现出了极大的模仿性，机械地认为小规模纳税人能减轻税负，一般纳税人会加重税负。这是不科学的，例如某高校取得应税收入 500 万元，在 17% 的进项税抵扣率下，不考虑其他税负，不同纳税人类型应纳增值税如表 3 所示：

表 3　不同纳税人应纳增值税对比

纳税人类型	应税收入（万元）	可抵扣进项税收入（万元）	可抵扣进项税额	应纳增值税（万元）	环比
小规模纳税人	500	0	0	14.56	—
一般纳税人	500	0	0	28.30	94.37%
	500	100	14.53	13.77	-51.34%

从表 3 可以看出，若可抵扣进项收入为 0，一般纳税人比小规模纳税人税负高 94.37%，若取得 100 万可抵扣进项税收入，相比可抵扣进项收入为 0 的情

况，一般纳税人税负降低 51.34％，一般纳税人税负小于小规模纳税人税负。应税收入中仅有 20％取得增值税专用发票，则可抵扣 51.34％的税，可见进项税抵扣效果之明显，显示出巨大的优惠性。"营改增"有利于高校科研机制的良性发展和全面改进，随着高校的发展，高校科研收入将不断增加，因此长期保持小规模纳税人资格必然是一种短视行为。所以，高校在选择纳税人类型时必须具有前瞻性和预见性，结合自身实际，做好小规模纳税人或一般纳税人资格的认定选择，为"营改增"工作提供有力支持。

(二)加强学习、规范管理

高校财务人员一方面要联合高校职能部门做好"营改增"相关知识的宣传和解释工作，促进各部门纳税意识的改变，另一方面要不断加强对税收制度的学习，特别是增值税发票使用、纳税申报和减免税规定等方面的相关法律法规政策，不断提高自身业务水平，避免在核算和纳税过程中出现问题。

加强与税务部门的沟通，根据规定完善相关财务管理制度，建立规范的增值税明细账，避免账务核算不清带来的税务风险。高校可以设立一个税务专员，专门负责增值税的申报和缴纳工作，保证增值税申报和缴纳的及时性和准确性。

(三)抓住机遇、做好纳税筹划

"营改增"前，高校科研享有的税收优惠为：提供技术转让、技术开发和与之相关的技术咨询、技术服务免征营业税。"营改增"后，原优惠政策不变，即提供上述应税服务免征增值税，但须向国家税务局提供资料，履行税收优惠的相关审批程序。高校要充分利用好该项政策，及时提供相关材料，办理免税备案，享受税收优惠。另外，要培养财务管理人员和项目负责人员的节税意识，积极主动与税务机关沟通和反馈，积极争取认定为技术开发或技术服务的项目，积极争取国家税收减免优惠政策，减轻高校科研项目税负，提高科研资金使用效率，提高科研人员科研积极性。

小规模纳税人只能开具增值税普通发票，这在一定程度上会影响科研收入的扩大，为此小规模纳税人可以向税务机关申请代开增值税专用发票，方便对方抵扣进项税额。对于一般纳税人，课题组应该尽量选择与能开具增值税专用发票的单位合作，尽可能获得多的增值税专用发票来增加可抵扣的进项税额，并加强对可抵扣的增值税专用发票的审查，确保所取得的专用发票均能抵扣。适当增加可抵扣进项税额的科研收入，减少不可抵扣的项目，降低税收负担。高校要根据新的税务征管要求，制定新的发票管理规范，明确发票领用、开立、使用和核销等方面的规则，并严格实施。

四、结论

"营改增"的出台是财税制度科学发展的必然要求，对各行业都有较大影响，高校必须积极主动地适应其相关要求，做好科研税务的会计核算和纳税申报工作。"营改增"对高校科研税负、会计核算和发票管理等方面都产生了较大影响，我们要根据相关政策法规，做好纳税人资格认定，加强学习，充分利用"营改增"带来的机遇，做好纳税筹划，降低高校科研税负，促进高校科研事业健康发展。

【参考文献】

[1]蒋彩萍."营改增"对高校的影响及分析[J].会计之友，2014(8)：111—113.

[2]李超，王凯."营改增"对高校财务管理的影响[J].商业会计，2014(12)：55—57.

[3]郜林平，李根旺."营改增"后高校横向科研课题管理问题探析[J].会计之友，2014(30)：105—109.

[4]李汝."营改增"税制改革对高校科研财务管理的影响及对策[J].石家庄铁道大学学报(社会科学版)，2014(4)：45—48.

[5]陈翼."营改增"背景下高校税务筹划研究——以横向科研为例[J].天津商业大学学报，2015(3)：47—51.

[6]林立妍."营改增"试点对高校科研财务管理的影响[J].会计师，2013(16)：76—78.

[7]张海燕，王丽，陆莹."营改增"对高校横向科研税务核算的影响及应对措施[J].会计之友，2013(36)：90—93.

华南师范大学科研经费精细化管理的实践与探索

华南师范大学　林学延

【摘　要】近年来，在国家科技投入大幅增长的背景下，高校承担的科研项目和筹措的科研经费呈现快速增长的态势。但是与此同时，高校科研经费管理明显跟不上科研经费快速增长的速度，成为问题频现的重要原因。华南师范大学作为"211工程"院校，是国家、省、市诸多科研项目的依托单位，为提高科研经费使用的规范性和效益，正在实践中探索一条适合自身特点的科研经费精细化管理路径。

【关键词】高校　科研经费　精细化管理

十多年来，我们国家不管是国家财政科技投入，还是全社会的研究投入都呈现出快速增长的态势，2012年全社会研究与试验发展经费投入首次突破万亿元人民币大关，经费投入总量位居世界第三。在国家科技投入大幅增长的大背景下，高校承担的科研项目和筹措的科研经费呈现大幅增长的趋势，科研经费已成为高校经费的重要来源。但是与此同时，中国科协的一次调查显示：科研资金用于项目本身仅占40%左右。党的十八大以来，中央巡视组已开展多轮巡视，涉及科技部、中科院、中国人民大学、复旦大学四个科研相关单位。中央巡视组反馈的科研经费管理问题显示：中国人民大学存在科研经费管理不规范问题，复旦大学科研经费管理使用混乱，违规现象突出，存在腐败风险。2014年，科技部在国科发财〔2014〕200号文中点名通报四起违反科研经费管理规定典型问题，其中，北京邮电大学科研经费使用不规范，具体包括科研经费管理和使用存在劳务费和专家咨询费发放不规范且金额较大、以虚假火车票报销差旅费、以零余额账户串户使用资金、关联交易等问题。

高校科研经费管理中暴露出的问题越来越多，不仅严重影响了正常的科研工作，而且引起了社会对高校科研经费管理和使用效益的广泛关注。因此，如何实现科研经费管理的科学化精细化，保证科研项目的顺利实施和科研工作的健康发展，已成为高校面临的一个刻不容缓的问题。

一、精细化管理的内涵

精细化管理是一种理念，一种认真的态度，一种精益求精的文化。它是社会分工精细化以及服务质量精细化对现代管理的必然要求。财政部《关于推进财政科学化精细化管理的指导意见》第 2 条指出："财政精细化管理，是指树立精益思想和治理理念，运用信息化、专业化和系统化管理技术，建立健全工作规范、责任制度和评价机制，明确职责分工，完善岗责体系，加强协调配合，按照精确、细致、深入的要求实施管理，避免大而化之粗放式的管理，抓住管理的薄弱环节，有针对性地采取措施，增强执行力，不断提高财政管理的效能。"

根据财政部的指导意见，在管理实践中要做到精细化管理，首先，结合本单位的现状，按照"精细"的思路找准关键问题、薄弱环节；其次，就是要建立专业化的岗位职责体系，落实管理责任，将管理责任具体化、明确化；最后，推进精细化管理要分阶段进行，每阶段性完成一个体系，便实施运转、完善一个体系，并牵动修改相关体系，只有这样才能最终整合全部体系，实现精细管理工程在单位发展中的功能、效果和作用。

二、高校科研经费管理的薄弱环节

(一)对科研经费认识不统一，严格报销管理不被理解

现有的科研经费支出管理制度往往只限定在对科研活动过程中实际支出的确认上，如资料费、数据采集费、差旅与会议费、设备费、材料费、专家咨询费和无工资性收入者的劳务费等，但不允许有工资性收入的科研人员从科研经费中获得劳动补偿。对科研经费管理的这一制度规定，目前争议比较大，不同的认识直接导致了经费报销环节的矛盾。

有人认为这一制度规定是制度设计上的缺失。因为从经济人假设理论来讲，科研人员支付了劳动，必然有索取相应劳动报酬的动因，否财，就很可能通过非正常途径获取劳动补偿。于是，在科研经费使用过程中便出现了一些与科研相关性不大、不合理但合乎报销制度要求的票据，而且这种现象往往还能得到相当程度的理解。但是，作为经费使用监管部门的财务处，所处的经费报销环节往往是防范科研经费使用不规范和科研经费腐败风险的最后一道屏障，不管制度设计是否确实存在缺失，出于职业习惯，考虑更多的还是程序执行的合规性和经费支出的合理性。因此，财务部门在报销环节的严格管理与科研人员合法但不合理的票据报销要求之间便存在难以调和的矛盾，以致有部分科研人员不仅不了解科研经费管理政策和财务制度，而且对财务部门的管理和服务存有

很大的偏见，认为只要过了财务处这一关，把钱报出来就行了，而不管报销的票据是不是经得起检查，这就给科研人员自己埋下了财务隐患。

(二)政策不落地，科研经费监管难度大

按照国家有关规定，高校应建立分级管理体制，合理确定科研、财务、人事、资产、审计、监察等部门的责任和权限，明确院系监管责任，完善内部控制和监督约束机制。但是实际上，很多高校或者没有相关规定和措施，或者虽然有规定，但难以落实到位，导致在科研经费使用过程中各管理部门难以形成各司其职、齐抓共管的局面，财务监管难度比较大。例如，高校对商品和服务采购一般都有额度规定，在额度以上的需要纳入政府采购或资产管理部门集中采购，额度以下的由项目负责人自行采购，但对于如何甄别和防范化整为零、刻意规避政府采购或集中采购的业务却没足够指引，也没建立规范的出入库制度以确保采购的真实性，这就给财务部门的审核带来了极大的难题；有些高校审计部门没有按规定定期或不定期地对高校科研经费的使用情况等进行监督检查，不利于及时发现问题并尽早在校内得到解决；在科研项目课题制下，项目负责人掌握课题经费的支出管理大权，院系如何落实监管责任也是一个难题。

(三)科研经费管理工作任务重，专职财务人员少

随着国家和社会对科研投入力度不断加大，高校科研项目累计立项数目不断增长，而且单个科研项目的经费少则几十万元，大则几百万元甚至上千万元。科研规模上亿甚至上百亿的高校比比皆是，今非昔比，而且按照《国务院关于改进加强中央财政科研项目和资金管理的若干意见》(国发〔2014〕11号)文件要求，对于从中央财政以外渠道获得的项目资金，按照国家有关财务会计制度规定以及相关资金提供方的具体要求管理和使用，即不同来源的科研经费管理要求不一样，一种经费一个制度。因此，科研经费管理已成为一个复杂的工程。但是相对于繁重的科研经费管理任务而言，限于人员编制，高校专门从事科研经费管理工作的财务人员普遍偏少甚至没有，以致无法及时充分了解、掌握相关经费管理规定，往往只能提供经费报销和信息查询等基本服务，难以为科研人员提供从项目立项预算编制、中期检查到项目验收结题财务决算等全过程的专业化管理和服务。

(四)传统报销手段落后，科研经费报销困难

当前科研经费管理基本实行项目负责人负责制，即项目负责人掌握课题经费的使用支出管理大权。高校传统的报账模式，是项目组支出经费取得票据交由项目负责人签字确认后，报送财务处并现场排队等候报销。财务处根据递交的报销单据手工逐张审核、计算汇总，然后录入电脑，打印记账凭证交经办人

签字确认,再交财务复核人员复核后交出纳最终付款。在这种报账模式下,由于每日报销的财务单据数量非常庞大,专职财务人员又少,因此科研经费报销变成了一件非常耗时的工作。而且,科研人员是科研工作的专家,但缺少票据的基本常识,对科研经费管理规定和财务制度、学校办事流程也不太了解,因此经常出现因票据不符合财务规定,或不符项目预算开支范围,或没按要求履行必要的审批手续而无法成功报账,从而产生了科研经费报销困难的问题。

三、华南师范大学探索科研经费精细化管理的路径及成效

针对科研经费管理中存在的薄弱环节,华南师范大学结合本单位的实际情况,有计划、分步骤地推进精细化管理,力求使国家的科研经费管理政策实实在在落地。

(一)分级管理责任落实到位

根据国家科研经费管理政策和教育部文件精神,学校制定了专门的科研经费管理办法和实施细则,明确了管理责任和流程。分级管理责任的落实主要包括两个层面,一个是学校层面管理职责的界定,一个是财务部门内部管理职责的划分。

在学校层面,针对科研经费,学校专门制定并下发了科研经费管理办法,明确规定学校领导的领导责任,清楚界定了科研、财务、资产、审计、监察等部门的责任和权限,而且也进一步明确规定了院系对单位科研经费的使用负监管责任。

在财务部门内部,成立了专门科室,负责科研经费管理政策宣传,集中提供从科研经费到账确认、科研经费代码设置、科研经费预算指标下拨、计提管理费、代扣税款、科研经费报销,以及最后的科研项目财务报表预审、配合科研项目审计检查等全过程的管理和服务。

管理责任界定清楚了,精细化管理工作的推进便有了一个坚实的基础。

(二)推行科研经费秘书制度

学校建立了科研经费秘书制度,由科研经费秘书协助项目负责人办理从科研项目经费的到账确认、经费代码的开设申请、开具发票、预审科研项目经费报销单据、履行审批程序后报送财务处审核报销以及科研项目预、决算的预审等全过程服务,除此之外,财务部门不再受理其他人包括学生办理相关业务。科研经费秘书人选由院系提出,经学校科研和财务部门联合培训并考核合格后确定为各二级单位的专职科研经费秘书。科研经费秘书制度主要解决两个方面的问题。

　　首先，解决院系如何履行对本单位科研经费使用的监管责任问题。从制度安排上来讲，科研经费管理秘书不是简单地协助科研项目组成员预审报销单据这么简单，他们其实是代表学院，对本单位科研经费是否合法合理使用实施监管，如发现问题应及时向本单位主管领导反映，以便及时纠正。这样，院系对本单位科研经费的管理便有了一个有力的抓手，院系对本单位科研经费使用负监管责任的规定也就不会成为一句空话。

　　其次，解决科研经费报销困难的问题。科研经费管理秘书经过培训后，比一般的报账人员更了解科研经费政策和财务制度，也更熟悉办事流程，能为科研人员提供更细致、更个性化的服务，协助科研人员合理合法使用经费规避财务风险，弥补财务部门人员不足造成的服务短板，使科研人员能放心地全身心专注于科研工作。事实上，从运行效果来看，经科研经费管理秘书预审的票据的合规性和准确性相对比较高，因此一次成功报账的概率能得到明显的提高，大大缓解了科研经费报销困难的问题。

（三）用信息化技术促进流程改造

　　在传统报销手段下，单据要手工填写、报账要排队等候、单据要手工审核，而且每日的现金收支量大。这种现状既不符合现金管理规定，而且流程烦琐、报账效率低下，因此，除了管理机制的完善，还必须依靠信息技术的及时升级更新，促进流程改造。

　　1. 实行网上银行支付

　　借助高校与开户银行之间的直联系统，华南师范大学用网上银行支付代替了高校传统的现金支付手段，实现对资金收支业务直接进行电子货币转账，改变了传统的现金收付会计业务处理流程，最大限度减少了现金的流动，进而减少了现金保管的成本和风险，有利于强化内部控制效果。与此同时，实行网上银行支付方式也大大缓解了出纳人员繁重的现金收付工作压力，促进了财务人员结构的调整，提高了工作效率。

　　2. 推行网上预约报账

　　如何帮助科研经费秘书履行职责，使科研经费秘书制度具可操作性，是必须考虑的问题。如果沿用传统的报账模式，要求科研经费秘书在财务部门现场排队轮候，不要说现在大部分科研经费秘书是兼职的，就算是专职的科研经费秘书恐怕也耗不起这个时间。但是如果不要求现场等候报账，那么科研经费秘书如何与科研项目负责人办理单据交接，又如何与财务部门办理交接手续，在实际操作中会存在一系列的问题。因此要落实科研经费秘书制度，推行网上预约报账势在必行。

　　首先，网上预约报账由项目负责人或其授权指定的报账人员通过个人用户名和密码登录网上报账系统，在线录入报销业务内容和付款信息，然后在线提交、传送到财务账务处理系统。这样，既能有效规避手工操作条件下容易假冒签名的风险，留下在线操作痕迹，便于划分责任，也能将原来单据由审核人员集中录入的方式改由报账人员在网上分散录入，财务人员只需审核和修改，从而显著减少财务人员录入凭证的工作量。

　　其次，科研人员在网上预约报账系统上按指引操作提交报销业务后，能自动生成单据，不再需要手工填写，提高了填写的规范性和准确性，有利于报销效率的提高。

　　最后，在网上预约报账系统自动生成的单据带有业务流水号，通过财务处接单系统的扫描，可以为报销单据的交接数量和交接时间提供交接凭证，实现不等候报账，从而大大减少财务人员和报账人员"面对面"的时间。

　　3. 在项目管理基础上实行额度控制

　　原来的科研经费虽然实行了项目管理，但是项目信息中一般不反映科研项目预算和经费管理要求，因此科研人员不按预算要求使用经费的情况时有发生。后来为了管理的方便，部分高校在项目代码下增加子代码以反映预算要求，但是这种方法工作量比较大，而且在目前"一经费一制度"的情况下，子代码所包含的预算要求和开支范围很难被所有财务人员和科研人员所掌握，因此实行起来，预算执行效果并不太理想。执行科研经费秘书制度后，在原来的项目管理条件下，报销单据设计中只有项目代码但没有项目名称，大多数项目代码也没设子代码，而科研经费秘书又掌握不到本单位项目负责人的项目信息，因此要求科研经费秘书根据项目预算和开支范围进行预审，从操作上来说也无法做到。为此，财务部门在原来的项目管理基础上实行了额度控制，将科研项目预算和开支范围通过信息化的手段固化下来，这样，科研人员在网上申报报销业务时就能实时掌握项目经费的余额、支出范围和预算执行情况。与此同时，额度控制也使一般财务人员的审核工作重点放到了审核经济业务真实、票据合法、程序合规、内容归类和计算准确上，从而大大简化了他们的工作要求，而且也使科研经费秘书的预审具有了可操作性。

四、结束语

　　高校科研经费精细化管理是一项长期而艰难的任务，必须持续地努力探索，不断总结经验，勇于创新。既要适应新形势下国家对科研经费管理的要求，又要立足高校自身的实际情况，确定不同阶段科研经费管理的目标和工作重点，不断提高科研经费精细化管理水平。

【参考文献】

[1]财政部. 关于推进财政科学化精细化管理的指导意见[Z]. 2009－8－31.

[2]范爱民. 精细化管理[M]. 北京：中国纺织出版社，2005.

简述中央财政科研资金管理的新形态

哈尔滨师范大学　　刘丽娟

【摘　要】为贯彻落实中央关于深化改革创新、形成充满活力的科技管理和运行机制的要求，相继出台若干政策，有力激发了科研创新创造活力，促进了科技事业发展，形成了中央财政科研资金管理的新形态。

【关键词】中央财政　科研资金管理　新形态

为贯彻落实中央关于深化改革创新、形成充满活力的科技管理和运行机制的要求，相继出台《中共中央、国务院关于深化体制机制改革加快实施创新驱动发展战略的若干意见》《国务院关于改进加强中央财政科研项目和资金管理的若干意见》《关于进一步完善中央财政科研项目资金管理等政策的若干意见》，有力激发了科研创新创造活力，促进了科技事业发展。

一、中央财政科研资金管理的宗旨要求

按照党中央、国务院决策部署，牢固树立和贯彻落实创新、协调、绿色、开放、共享的发展理念，深入实施创新驱动发展战略，促进大众创业、万众创新，进一步推进简政放权、放管结合、优化服务，改革和创新科研经费使用和管理方式，促进形成充满活力的科技管理和运行机制，以深化改革更好激发广大科研人员积极性。

二、中央财政科研资金管理在扩大高校和科研院所管理权限方面的举措

1. 扩大科研项目资金管理权限。主要包括：项目预算调剂自主权，劳务费分配管理自主权，间接费用使用管理自主权，结转结余资金使用自主权等；

2. 下放差旅、会议费管理权限，不简单套用行政预算和财务管理方法；

3. 完善中央高校、科研院所科研仪器设备采购管理；

4. 完善中央高校、科研院所基本建设项目管理。

三、改进科研项目资金管理、激发科研人员创新创造活力方面提出的措施

科研项目资金分为直接费用和间接费用，直接费用一般包括设备费、差旅费、会议费、国际合作与交流费、劳务费等 10 项；间接费用主要用于项目承担单位的成本耗费和对科研人员的绩效激励。此次从经费比重、开支范围、科目设置等方面提出了一系列"松绑＋激励"的措施，有利于激发科研人员创新。

1. 简化预算编制科目，下放调剂权限

科研项目编制预算是国际通行做法。科研活动具有灵感瞬间性、方式随意性、路径不确定性等特点，但主要技术路线、大体的工作量应事先心中有数，否则就成了"无的放矢"。鉴于科研活动自身规律及其不确定性，目前我国科研项目预算编制遵循适中原则，不像工程预算那样细致。

科研人员反映的预算编制过细问题，既有进一步完善预算编制方法的问题，也有执行不到位的问题。比如，如何帮助科研人员更好地编制预算；如何完善预算评审方式，防止评审环节随意设门槛，倒逼科研人员把预算往细里"编"等。

针对上述问题，将直接费用中会议费、差旅费、国际合作与交流费合并为一个科目，由科研人员根据科研活动实际需要编制预算、统筹安排使用。同时，参考"十二五"国家科技计划上述三项费用开支情况，规定了该科目如不超过直接费用的 10％，就无须提供预算测算依据，科研人员在编制这部分预算时不用再具体说明开会次数、出差次数等。下放科研项目预算调剂权，在项目总预算不变的情况下，直接费用中的多数科目预算都可以由项目承担单位自主调剂。

2. 提高间接费用比重，加大绩效激励力度

借鉴国际此项费用比重，从美国国家自然科学基金项目等情况来看，美国高校科研项目间接费用比例确实比我国高，这主要在于我国和美国预算拨款制度不同。我国中央财政专门安排了中央高校、科研院所的基本运转经费，还设立了改善教学科研条件的专项资金等，很大程度上可以弥补单位开展科研活动的成本耗费。因此，我国在核定科研项目间接费用的比例时，没有像美国等国家那样高。为进一步完善间接成本补偿机制，结合我国实际，提高了间接费用核定比例。中央财政科技计划（专项、基金等）中实行公开竞争方式的研发类项目，均要设立间接费用。间接费用占直接费用扣除设备购置费的比例上限，从 20％、13％、10％提高到 20％、15％、13％（上述比例分别对应 500 万元以下、500～1000 万元、1000 万元以上部分）。需要说明的是，对于稳定支持的科研项目，相关费用已通过部门预算渠道安排，不存在对其进行额外补偿的问题，不需要列支间接费用。项目承担单位可以在核定的间接费用比例范围内统筹安排

绩效支出，并与科研人员的实际贡献挂钩，以加大对科研人员激励力度。

3. 明确劳务费开支范围和标准

参考国际该项目费用的开支范围和标准，中美两国科研人员经费保障体制不尽相同，美国研究型大学对于科研人员每年发放 9~10 个月的工资，其余2~3 个月的工资通过科研项目经费列支，但科研人员从大学领取的工资加上从科研项目经费中领取的薪酬不能超过其 12 个月工资总和。我国高校、院所对在编在职科研人员每年发放 12 个月工资，在基本支出中列支，给予稳定保障，而不是只拨付 9 个月的工资。美国科研项目资金预算中既包含研究生薪酬，又包含研究生学费减免等。对这部分支出，我国单独安排了研究生生均拨款、奖助学金、博士后日常经费、博士后科学基金等。

综上，我国科研项目经费中"劳务费"所占比重不宜与美国进行直接比较。结合我国实际，进一步加大了科研项目资金对科研人员的激励力度。一是对于研究生、博士后、访问学者以及项目聘用的研究人员、科研辅助人员等，进一步明确劳务费开支范围和标准。二是对于在职在编的科研人员，取消绩效支出比例限制（原来为直接费用扣除设备购置费后的 5%），项目承担单位可以在核定的间接费用比例范围内统筹安排，并与科研人员在项目工作中的实际贡献挂钩，科研项目资金的激励引导作用进一步增强。需要说明的是，从国外有关情况和我国薪酬制度看，要从根本上解决科研人员反映的收入待遇偏低问题，关键在于完善收入分配制度，加快推进中央级事业单位绩效工资改革。

重申劳务费不设比例限制。参与项目研究的研究生、博士后、访问学者以及项目聘用的研究人员、科研辅助人员等，都可以开支劳务费。项目聘用人员的劳务费开支标准，参照当地科学研究和技术服务业从业人员平均工资水平，根据其在项目研究中承担的工作任务确定，既有效解决科研人员反映的评审中预设比例的问题，又突出科研项目资金对"人"的重视和支持。

4. 改进结转结余资金留用处理方式

科研项目实施期间，年度剩余资金可以结转下年继续使用。项目完成任务目标并通过验收后，结余资金按规定留归单位使用，在两年内可以统筹安排用于科研活动的直接支出；两年后未使用完的，按规定收回。

5. 自主规范管理横向经费

以市场委托方式取得的横向经费，由单位按照委托方要求或合同约定管理使用，有效解决了横向经费"纵向化"管理问题。同时，强调横向经费要纳入单位财务统一管理，杜绝设置"账外账"。

全力为科研人员的创新创造活动减负加油，必须做到简政放权，让科研人员有更多自主权；放管结合，防止资金"跑冒滴漏"；服务到位，要把科研人员从"会计"的角色中解放出来,科研项目承担单位要建立健全科研财务助理制度,"让专业的人做专业的事",为科研人员潜心从事科研,营造良好环境。中央财政科研资金管理的新形态,有力地起到了引领省属高校科研经费管理的趋势,同时指明了方向。

【参考文献】

[1]胡春姝,崔丽平.高校核算业务流程再造探讨[J].财会研究,2014(2).

[2]高勇.基于业务流程再造的高校财务核算模式创新探析[J].教育财会研究,2014(6).

[3]宁国祥.高校财务报账业务流程再造模式探析[J].财税审计,2011(9).

新形势下高校科研经费管理问题研究

南通大学　施伟①

【摘　要】在高校科研经费管理变革过程中，常常重视的是技术变革，而忽略了技术变革背后是制度变革，制度变革后面是观念变革。技术变革是以组织结构变革为基础，组织结构变革更要以行为习惯变革为基础，只有充分认识这三者之间关系才能将高校科研经费管理实现其高效、有序、安全的目标，而且要从组织结构变革入手才能真正实现其他两项的变革。只有牢牢抓住观念变革、行为模式的变革才能真正地实现变革的目的。对于当前情况，只有充分认识人的行为问题，才能真正完成管理变革。随着财务预约报销技术的运用，原有的科研经费管理流程已经不再适应当前形势，本文指出当前存在的问题，分析其中原因，并且提出了流程再造的侧重点以及步骤。着重指出了当前科研经费管理流程再造重要的是解决科研人员观念，同时引进第三方中介服务组织，以此为契机，从而推动整体改革。

【关键词】高校科研经费　制度变革

一、科研经费管理中人的行为问题分析

（一）人的行为对于科研经费管理的影响

人是在整个组织活动中的最为活跃、最为关键的因素。这种因素在相互碰撞、交互中不断的影响着整个组织的效率和效益。只有对人在财务管理中的动机、行为研究透彻，才能保证制度、流程的设计、运行、控制取得良好的效果。

经济学中，对于人的认识是建立在理性人假设基础上的，在绝大多数的情况下，对于这种成熟的理论应当没有其他通常的反例。对于人的行为动机有经济动机、社会动机和道德动机，在于人多数情况，人主要是对于自身经济利益的考虑，所以对于财务问题更多的是考虑人的经济利益，是从经济动机的角度

①　施伟，江苏南通人(1980—)，南通大学财务处，法律硕士，高级会计师，注册资产评估师、国家法律职业资格，研究方向：会计基本理论、高校财务管理。

来考虑问题，无论是各个具体的人，还是各个具体的部门都是从这个方面来考虑的。

当前一般的科研经费管理体系都是各职能部门、学院分工协作下的管理模式，科研人员组成自己的科研团队开展科研活动。财务活动是科研管理的重要组成部分，是贯穿于科研进程的主线，对于科研人员及团队而言，经费使用活动所耗费时间和牵扯的精力比例很高，因此对于科研人员财务管理的水平高低以及制度的变动对于其行为的影响极大。

科研经费管理制度从过去的简单到现在的复杂，渠道来源单一到多样，管理要求日益提高，经费管理制度日趋复杂化、专业化，科研人员及团队的科研活动如何符合经费管理要求，同时管理制度、模式、程序如何提高科研活动的效率同样也是难点。

（二）科研经费管理变革中人的行为特点

科研经费财务协调管理问题的解决中，首要解决的就是关于人的行为问题以及派生出来的其他问题。

科研人员有些很奇怪的想法就是既不满意当前的模式，又不想尝试新的模式，就如同当年发工资不想排队拿现金又不喜欢用银行卡，不想排队又不习惯无现金报销，又不想找领导签字又讨厌预约报销……

对于当前科层管理模式以及传统的报销模式，科研人员既无奈适应又害怕新的模式，下面就开始分析这种行为的原因，以及财务管理中如何引导这种思维方式。

对于科研经费管理模式需要从排队报销模式转变为预约报销模式、从科层管理模式转变为平层管理模式，如何引导科研人员及团队自觉自愿的服从管理模式，并且在互动中不断增进经费管理水平，那么从管理部门的角度如何来认识人的行为，来制定相关的策略、方法、程序来引导。

在现有态势之下，要改变原有的模式，必须对科研人员的"从众心理"有着善意的认识，要充分认识到这是做好工作的一种途径和方法。建立新的模式，如何让科研人员来激励自己改变原来的习惯，适应新的机制。

在日常科研经费管理过程当中，科研人员在选择自己的行为模式的时候，并不是按照管理部门所想当然的去看文件、看规则，更多的情况下，他们是遵循着自己的行为模式来进行的，是遵循着以最小的投入来实现自己的目的，对于其行为模式分析如下。

（1）自然选择。在财务活动中，科研人员总是会选择最优的模式来进行活动，而且不断重复着自己的行为，逐渐摒弃低效益的活动。需要强调的是，所谓的"最优"并不是管理部门所认为的最佳方案，而是科研人员自己所认为的最佳方案和模式。可以得出某一个结论：只有在信息充分、方案结果可预见、行为费用可衡量的前提下，才能得到一个所谓的最优方案，而实际上由于前提条件很难完美存在，因此得到的方案只是个人理解的"最优"。

（2）模仿。人是一个群体活动的行为，科研人员之间也在相互交流、模仿别人的行为、方法、做法，尤其是那些流行的或者是产生高效益的行为，所以在科研经费管理中，经常就会发现对于那些经费比较多、项目多、财务报销顺利的科研人员的做法常常成为被模仿的对象，也许从财务人员的角度看不是最优也不是最佳方案，但是就是成为被模仿对象，哪怕财务人员提供了最优方案，常常也不被采纳。模仿也会涉及一个所谓信任问题，科研人员自然对于其他科研人员是信任的，而常常对处在抵触面的其他部门总是存在怀疑。

（3）强化。科研人员对于自己认定的高效率、高效益的行为就会坚持下去，不断地强化自己的行为，其他人在模仿的过程当中也在不断强化自己的行为，也许从整体角度来说并不最优，但是这种行为最终从主观上就会被认定为通常最好的方案。但是正是由于这种强化，导致的结果就是在有了新的方案和方法之后，很难改变原有的模式和方法，科研人员常常有着抵触、怀疑的态度来对待。

（4）最佳对策。人们在采取行动的时候，给定对别人如何行为的预期，在特定规则之下，最优化自己的方案。在财务管理中，科研人员常常为了实现自己的利益最优化、效率，总是在制度范围内，选择最优的方案，而不是完全按照事实和规则办事。

在实务中，科研人员的行为并不是财务部门所认为的按照财务制度来进行，而是在自然选择、模仿、强化中进行着自己的科研财务活动，究其根本是在于制度的本身，科研人员不是专业财务人员，不可能对财务制度、程序、方式方法有着全面的理解与运用，认为最为便捷和高效的办法就照抄照搬自己和别人的"成功经验"，也不敢创造新，更不敢越雷池一步。

在进行改革的过程当中，财务部门不能仅仅依靠颁布各种各样的财务制度来规范科研经费管理，原因及其简单：科研人员无法全面系统地掌握财务制度、规则、程序，也与其他部门之间有着天然的抵触的感觉，科研人员最佳的方式方法就是在于自然选择、模仿、强化自己和他人。

在制定科研经费财务管理制度是基础性工作，更为重要的是要认识到在经费管理上如何让科研人员能够去模仿成功经验和实例，然后让更多的科研人员去模仿，并且进行强化。

(三)科研人员行为模式下的科研经费管理变革设计

1. 制度设计思路的转变

制度的存在的重要意义是在于让行为有所预见性，让行为的结果能够进行分配。传统制度设计似乎更偏重于结果的分配，而忽视了过程的设计；这种设计的根源还是在于制度设计者的角度是站在管理部门的角度，是假设所有人能够通读理解制度为前提的。从制定制度角度而言，这样无可厚非，但是执行的效果比较差。因此制度的设计更为重要的是强调在统一规则下约束所有人的行为，让行为更有预见性和可操作性。

缺乏救济的制度是不能提高效率和体现公平的，制度设计中应当设计救济制度，由第三方来判定科研经费管理过程当中各种判断和纠纷。

2. 制度表现形式的转变

为了保证制度的权威性、逻辑性、完整性，通常文件制定的相当专业化。但是对于非专业的广大科研人员和团队而言，专业化的文件对其而言，操作性比较差。就其前面的分析，在传统的专业文件之外，要编制一套以非专业人员思维方式为引导的指南。同时要利用现代化的微信、QQ等社交软件进行互动，将事中、事后控制尽可能的提前到事前控制。

3. 宣传沟通方式的转变

传统模式的政策宣传常用的方式方法就是讲座，将政策通读一遍，然后来一遍问题解答，这样只能解决大方向、大层面的问题，而对于纷繁复杂的经济业务，还需要其他新方式来改变。充分利用空间优势，将一栋楼的各学院联合起来，利用统一的周三下午学习时间，由财务人员在某一学院会议室内，向这栋楼内的所有学院解答实际问题。由于空间紧凑、时间统一，而且所提问的内容符合相关学院的业务特点，可以举一反三，其他科研人员能够触类旁通，通过他人类似问题的解答，能够解决自己很多没有想到的问题。可以设想到，经过几次座谈会，在某个学院中，绝大部分相似问题都能解决。一对一解决问题固然很好，但是要考虑到管理部门的服务成本和效率，这样通过类似专业的科研人员之间的类似问题的相互启发，能够通过具体问题，解决了政策抽象化向具体化转变的过程。

4. 相互影响模式的转变

由于内控制度的存在，科研经费管理部门对于科研人员不可能提供政策筹划的服务内容，并且管理不可能深入到每一个细微步骤和环节，不可能时时刻刻进行控制，只有通过科研人员自身之间加强互动，更能够使得规章制度、政策更能与实际情况相结合。在平时，科研经费管理部门就是要抓住重点，对那些科研项目经费层次高、经费数量大的科研人员及团队加强管理与服务，通过他们去影响其他人，从而通过一带二、二带四的扩张模式进行辐射。

高校科研经费管理模式的转变，在过去常常是以行政主导，甚至出现过强制推行的情况，也许最终的结果是实现了，但是对于广大科研人员而言，内心当中是存在着强烈的抵触情绪，也许将来会由于发现对自己有利，但是这种抵触情绪仍然会存在，给工作带来相当阻力，阻滞效率提高。只有充分认识和积极采取相应方法，充分调动科研人员参与管理的积极性，才能又好又快地实现科研管理的变革。

二、"管理"与"服务"的冲突与协调

(一)管理与服务之间的冲突

1. 服务的层次

高校科研经费财务管理中，相关管理部门都会提到"管理与服务"这两个似乎相悖的职能。对于此类问题就涉及组织结构问题，科研相关部门能否真正"服务"好广大科研人员吗？

首先应当认识到服务的层次应当分三种：(1)表面性服务层次；(2)培训顾客或者供应商层次；(3)换位思考层次。表面性服务层次是指的是布置环境、礼仪性服务、态度等内容的服务；培训顾客或者供应商层次就是如何让顾客或者供应商如何适应制度、流程的要求来愉快地完成整个过程；换位思考层次是如何从顾客或供应商的角度来考虑问题，来变革自己的理念、思路等，实现其最佳满意度。

2. 服务的界限

对于各个科研相关管理部门而言任何服务都是有底线的，在实务工作中最多只能完成表面性服务和培训顾客或者供应商层次，换位思考层次是不可能也是绝对不能做到的，在于一种角色的分化与内控的需要。

既然作为管理部门必然在利益上是用科研人员有冲突之处，究其根源就在于分工基础上的内部牵制问题。此种现象在实际生活中并不罕见，比如税务机关可以通过政务中心提供便利服务、利用网络等等技术手段提高工作效率、提供税法咨询服务，但是税务机关绝对不会提供纳税筹划服务；再比如司法过程，公安机关、检察机关、司法机关都提出了各种便民服务、咨询服务，但是律师是一种制衡其他机关的重要角色，相关机关也不会提供某些突破其角色底线的服务的。

从中可以看出存在钳制的情况下的组织是不能实现换位角色思考的，也就

意味着对于广大科研人员所需要的第三种"换位思考"服务是不可能从相关科研管理部门当中所得到的。

在科研经费管理中，无论是财务部门还是其他科研管理部门总是在提倡服务，但是广大科研人员为什么总是反映不满，究其原因还是在于制度管理的光辉之下，尤其是财务部门是不可能既当"裁判员"又当"运动员"，就如同税务机关可以提供税法咨询业务，但不能给纳税人去出谋划策进行纳税筹划一样，都必须保持自己的工作底线。

既然科研管理部门尤其是财务部门不可能提供科研经费筹划服务，对于科研人员及科研团队如何在解决这些问题将是提高工作效率和质量的关键环节。

(二)科研经费管理中分工与专业化协调问题

1. 科研团队及个人专业化的"短板效应"

针对标准化产品而言，每个流程中的环节都是分工和专业化的情况下是能够产生高效率的。而对于科研经费管理，在传统分工下，科研管理部门的专业化程度都很高，而科研人员及团队对于管理而言是非专业化的，这种情况的存在严重制约了管理效率和质量的提高。在这种非专业和专业环节混合的流程，非专业环节严重制约了效率。

事实也证明以上论点：从科研项目申报开始，经费预算不能较为准确地进行编制；经费执行过程中，各种法律法规政策不熟悉、报销程序不了解，来回修改、重复排队现象成为常态，财务人员对于某笔业务大部分时间是花在解释政策、修改错误上；科研经费执行过程时间、经费内容执行不同步、不准确的问题层出不穷。在最后财务决算时，也是不断出现问题；甚至到了项目审计时，也会发现查询、复制会计凭证的一些效率问题。

当科研人员及团队对于科研经费管理制度、程序的不熟悉、不了解甚至是误解严重制约了整个管理流程的效率，即使其他环节效率提高到极致，由于短板效应的存在，整体效率是受制于短板的，是不可能大幅度提高的。

2. 科研团队及人员经费管理专业化低的原因

科研人员及团队在管理中的非专业化对于效率的影响原因在于以下几点：

(1)缺乏专业筹划服务

由于内控牵制的存在，科研人员及团队不可能得到第三层次的"换位思考"的筹划服务，对制度的不了解、程序的不熟悉、经验的不丰富，必然是导致事前盲目、事中迷茫、事后忙乱。此种内部牵制使得专业化在科研人员成为最为低效率的一环。

（2）缺乏制衡能力和对抗能力

由于科研人员的管理方面的非专业化，就必然存在着一种天然怀疑，怀疑其他管理部门的行为是不是最优化的。怀疑态度的根源在于科研人员缺乏制衡和对抗其他部门的能力，在这种状态下，处在弱势地位的科研人员常常处在盲目和被动之中。在实例中就不难理解律师在刑事案件中的抗辩作用，注册税务师在征税过程中起到了对等作用。

（3）缺乏专业团队的技术支持

综上所述，科研人员缺乏的是专业人员和团队的管理技术支持，而在高校科研管理中几乎没有专业人员和团队来从科研人员的角度来参与活动，一般情况下都是科研人员兼职做，相关业务水平和技术水平难以保证，自然这个环节效率不能提高。

因此，对于科研经费管理低效率的焦点集中在科研人员环节，关键问题在于缺乏专业人员或团队提供管理服务。

3. 专业化第三方中介服务组织的介入与优势

当前科层管理体制制约了效率的提高，可是却无法改变当前的当前的体系，最为简单的办法来提高效率就是在当前不变的体系下掺入一个新的第三方组织形式。

前面分析中就是由于科研人员环节的效率低下，影响了整体效率的提高，引入第三方来服务科研人员，这样就能弥补"短板"，降低重复劳动，提高效率。

在当前科层模式下，由于部门主义的存在，不难发现条块分割之后的相互推诿与拖拉，而正是要强大科研人员及团队的制衡能力，才能提高自己环节的效率，反过来推动其他环节的效率提高。

第三方服务机构应当采用市场机制来运行，也就是不是由学校内部设立相关的职能部门，而是由市场中存在的中介服务机构来执行有以下优点：

（1）科研人员及团队选择余地大、质量有所保证

能够拒绝才是真正的自由。市场经济为什么能够保证商品及服务的质量，就是在于消费者有着选择的自由，有着讨价还价的能力，这就是中介服务机构就能不断提高服务水平和服务质量的动力，科研人员及团队也能随时撤换中介服务机构。学校职能部门及个人为什么缺乏一种自我提高的动力，就是因为缺乏被淘汰的危机。

（2）中介机构不受学校各职能部门影响、保持中立地位

由于中介机构是独立机构，不是学校选任也不是学校的组成部门，是直接向科研人员及团队负责，能够保证其中立地位，不受其他职能部门的影响，能够真正地制衡和对抗，这样才能真正地提高质量和效率。

（3）科研人员及团队可以取得性价比较高的服务

对于高校提取固定的或者浮动的比例的管理费而言，科研人员及团队所享受的服务并不一定物有所值。只有在市场环境下，根据自己的能力及需要，科研人员及团队可以选择不同范围和层次的服务，支付不同的价格，这样取得的服务性价比比较高。

（4）学校管理难度低、负担轻

实现了市场化之后，中介服务机构不需要占用学校编制、资源，不参与学校其他活动，学校管理难度低，不需要承担人员管理及经费压力。中介服务机构的参与，能够有效地促进学校管理水平的提高。

因此，对于高校科研经费管理中的"管理与服务"之间冲突问题，当前能够最为可靠稳妥的解决方案就是引进中介组织来为科研人员及团队提供科研管理服务，以提高整个工作流程的效率和质量。

三、高校科研经费管理流程再造

（一）当前科研经费管理流程存在的问题

流程管理再造是科研经费管理中重要的改革内容。高校科研经费管理改革更多的是偏重于财务系统的更新换代，只重视技术变革对于科研经费管理精细化管理的需要，并没有注重于整个流程的改造与更新，从以往的现金、银行卡、网上银行到现在的预约报销系统，技术变革更多的是在财务系统内不断更新，而科研人员及团队只是在不断地被动适应这种变革，自身的效率实际上并没有得到提高，相反由于其他环节的效率迅速提高之后，自身效率的原地踏步越来越影响整个整个系统效率的提高，矛盾日益扩大，因此现有的变革不是在某一个环节下努力的提高效率，而是在整个流程下进行变革。

就整体而言，科研人员及团队环节的效率是最低的，是技术变革中的关键点。当预约报销成为发展趋势，以预约报销改革为契机，以提高整体环节效率为目标，结合机构改革，实现科研人员及团队环节效率提高、效益增进。

预约报销的技术变革不同于以往采用银行卡、无现金报销技术改革，这种变革是整体性的，不是过去局部的变革。因此对于预约报销制度改革中的科研经费管理流程再造，其重中之重就是对科研人员及团队环节，努力提高其效率。

（二）高校科研经费管理流程再造的思路

从大财务角度可以发现，预约报销改革是从财务部门逐步延伸到科研人员及团队，从财务部门参与编制会计信息到科研人员及团队参与流程管理。就现在所了解的情况，预约报销对于科研人员、管理人员、财务人员带来了很大的麻烦，究其根本就是在于科研人员非专业化，导致流程中反复进行修改数据，不能顺利的走完所有的流程。因此所有问题的就是在于如何来解决科研人员及团队环节的流程设计，而不是其他环节再去改进。

预约报销改革只不过是科研经费管理改革的契机，以此改革使得科研经费管理能够从预算编制、经费使用以及项目结题等环节进行改革，最终改革整个流程，使得流程管理顺利，并且着重加强科研人员及团队的管理，使得流程能够顺利进行，而不是在不停地进行、退回、修改的恶性循环当中。

对于科研人员环节效率的提高是所有问题的核心，在当前情势下，科研经费管理流程再造中，不应当是在其他管理中去提高效率，而是思考解决科研人员环节的效率问题。

(三)高校科研经费流程管理改革原则

1. 理念整体化与侧重化

传统的财务系统升级、软件使用都是站在财务部门的需要基础之上，主要是完成财务数据收集、分类与汇总需要，而此次改革不仅仅要考虑自己部门的需要，更要考虑科研人员的需求和使用习惯，更要站在学校的角度来兼顾各个方面的需要，站在大财务的角度下来平衡各个方面的数据问题。

分工和牵制是传统流程中重点考虑的一个内容，在新的流程当中仍然是要考虑的内容之一，合作与低交易费用成为一个侧重点。因为当整个流程透明公开之后，传统的需要依靠钳制来保证真实性的作用已经降低，特别是营改增之后，金三系统对于整个发票进行全面控制之后，票据的真实性问题已经不是重要的问题，而在于加强科研人员环节的会计规范是最为重要的内容。

由于科研人员环节成为需要迫切改革的部分，因此不能在遵循原有的思路，不断地提高其他管理环节的效率，而应当侧重于科研人员环节，用流水线生产管理思维，注重各个环节的节拍一致性，努力做到节奏一致、步伐一致，才能实现流程运行的均衡、平稳与高效。

2. 流程标准化与规范化

可以参考银行业务当中的网上银行、手机银行业务的推广过程，再结合其他高校运行科研经费管理的过程，特别是推广预约报销系统的经历，比较得出以下一些结论：

(1)非标准化。原始凭证不标准、要求不统一产生了无数的排列组合，而制度本身的抽象性、系统性，广大科研人员无所适从，必须规范原始凭证、特别是自制凭证的统一。

(2)授权复杂。银行采用密码、验证码、U盾等方式来对付款进行控制、防范风险，科研经费管理过程当中实际上只不过是这种程序的特定性改造，通过人来掌握"密码""验证码"和"U 盾"，但是在这个过程当中发现科研人员对于一般的程序还是知道"秘钥"在谁哪里，面临的困惑就是到底哪些是"一般程序"哪些是"复杂程序"，因此流程的标准化首先就是要从授权的标准化开始，严格区分"一般程序"和"特殊程序"，并且严格控制特殊程序内容及数量，除此之外均为"一般程序"，各职能部门不得随意变更数量及内容，要经过公开程序才能变更。

（3）自主可控性较差。科研人员及团队常常把最终的矛盾集中到财务部门，实际上常常是一种消极情绪最终积累爆发在财务环节之上。此种消极情绪的积累常常是由于整个过程当中，科研人员的自主控制性较差，常常是被动地在等待各个授权人或者部门的活动，时间花费在等待各个人员的签字授权上。因此要提高科研人员以及团队效率，必须加大自控性，采用电子签名形式和移动终端提高内控效率。

（四）高校科研经费流程再造的步骤

大财务背景之下以财务系统升级要综合考虑预算管理、执行管理、固定资产管理、耗材管理、科研资料管理等等内容，站在整个流程的管理来看待。

本文认为对于以预约报销为契机的改革要按照以下几个步骤进行：

1. 梳理流程

梳理整个科研经费管理流程，联合其他部门进行共同探讨研究，讲将流程简单化，划分一般程序和特殊程序，在系统中进行设置，明确一般授权人和特别授权人，尽可能是的流程简洁而又保证内控效果。

2. 机构改革

除引进第三方中介机构为科研人员及团队服务、向其负责外，原先的科研管理部门如科技处、财务处、国有资产管理等部门派出人员设置成服务中心，对科研管理活动中的所有环节（除会计核算环节）进行统一服务，改变原有的条块分割管理的模式；会计核算环节参与事后监督。

经过此项改革之后，由第三方中介机构与服务中心、会计部门进行交涉所有事宜，科研人员及团队特别是项目负责人可以专心钻研科研，而不需要花费大量时间和精力同其他部门交涉，做到了抓大放小。

3. 分配改革

对中介机构以外的部门进行行为激励是改革重要内容之一。中介机构之所以能够保证效率、安全和优质服务，在于科研人员及团队能够自由选择和更换的权利。但是对于其他职能部门和人员，科研人员及团队是无法进行更换的，这就是无论从哪一方而言，正是由于之间不能够进行双方的互动选择，使得在这种生硬的相互配合中缺乏有效的激励、信任和互动。

只有能够进行自由的互相选择才能真正实现相互激励和信任，但是在当前没有实现这方面改变的可能，只有通过相关激励制度的设计来提高职能部门（以下称为服务中心）的效率。

只有正确认识人的理性行为，通过内部竞争实现效率的提高，通过对人的激励，实现一种平等和谐的财务经费管理秩序。

4. 技术改革

在完成前面改革的同时，要以侧重科研人员环节的技术改革紧随其后，要在内控制度下，完成以财务系统为核心的预约报销系统。在系统中需要整合预算管理、固定资产管理、耗材管理、差旅费管理等模块，能够全面涵盖科研经费管理的内容和相应流程。在网页版使用的同时，逐步开始推广手机端，加强移动办公，实现实时无缝衔接。

5. 服务改革

流程变革背后是技术变革，技术变革背后是制度变革，制度变革背后是组织变革，组织变革后面是观念变革。

作为流程再造中关键因素——人，是必须改变固有思想的桎梏。如何去改变，只有依靠管理部门改变服务方式、提高服务质量来进行。主要做到几个方面，就是(1)加强事前服务，将科研经费管理实时糅合到项目管理过程当中，特别是预算管理；(2)加强事中服务，将科研经费管理时刻参与到项目管理中，比如经费报销问题；(3)加强事后服务，将科研经费管理善始善终，比如结题、项目审计等内容。

四、行为习惯、组织结构、技术变革之间协调问题

高校科研经费管理流程再造是当前改革的发展必然，为了提高管理效率和效益，必须抓住管理中最为低效的一环，而不是盲目地去提高管理部门的工作效率。

而科研经费管理流程再造在大多数情况下是财务部门进行推动的，因而在推动的过程中，不是所谓提高财务内部报销的效率、延长财务人员劳动时间就能从根本来解决问题的，必须分析流水线生产作业当中，科研人员环节是效率最低的一环为关键，必须以此为突破口，改变原有的思维定式。

在制度框架下，只有尊重每个人的选择、尊重每个人劳动的权利才能真正地提高效率和效益，而不是简单地来去强迫别人去接收某些事物和行为，哪怕从某些角度说是对他有利的事情，更不能去靠行政手段去迫使别人服从。只有

在自愿和积极的利益实现下，才能真正地调动人的积极性，才能真正地提高工作效率、才能真正做到和谐的运行过程。

技术改革需要组织结构变革为基础，而组织结构变革是以行为习惯变革为基础的。在过去总是习惯于以技术改革来迫使改变其他人的习惯，从一种组织的从属关系而言，这种行政行为或者说是科层行为是能够推动习惯的改变，但是这种推动是极其困难的，其他学校的经验教训就可以说明一个很重要的问题：迫使一个人改变原先的习惯，即使最后是成功的，也会使得双方筋疲力尽、心存芥蒂。

如何进行变革，需要仔细分析这三者之间的关系，寻找突破口。当前比较著名的例子比如"美团外卖""滴滴出行"，可以说都是在相关公司在投入大量资金之后，在物流中实现了快速便捷的配送模式之后，从而培养了消费者的消费习惯之后才产生盈利。以此为思路，分析这三者之间的关系。

（一）行为习惯的自觉性与确定性原则

当前科研经费管理过程中，科研团队及人员的行为习惯基本上是在条条框框中所形成，内心当中总是与制度、管理人员存在着冲突与不满。就其根源，就是在于科研人员的自我行为不是出于自愿、出于有预期的。对于人的行为而言，出于自愿才会注意到尽可能多的细节、才尽可能地配合他人活动、才会以积极态度来进行活动；出于有确定预期的行为，人才会去遵守规则、才会服从管理、才能自觉地承担义务。

因此在管理工作改革当中，所要遵循两个重要的管理原则就是：自觉原则与确定性原则。

为什么要自觉，主要就是因为制度的抽象性、原则性和滞后性使得它永远都适应不了、跟不上时代的发展，只有把握住人的自觉性，才能使得制度发挥出其积极的一面，而避免其漏洞和冲突被人所利用。一个良好的、健全的制度只有让人在增进自身利益的同时去增进公共的利益的时候，人才会自觉地去拥护、适应制度，而不是想尽办法去规避制度，甚至去挑战制度底线。长期以来的制度设计要不然就是过于信任人能自觉地遵守制度，要不然就是强迫人去遵守制度，最终的效果都不尽如人意。

因此在制度设计中，我们所考虑的出发点不仅仅在于如何去维护、增进所谓的集体利益，而是要考虑如何激发个人利益的实现，从而实现集体利益维护、增进的最终目标。

制度是否能有效地运行，最为重要的一点就是让行为人在活动过已经程当中能够对自己行为的结果有着确定的预期，否则行为人就会犹豫、徘徊，实际上已经降低了效率。实务工作中，由于制度设计的原因以及行为人自身的原因，对于各类行为的结果不明确，造成了运行效率损失，甚至是进程停滞。

正是由于缺乏确定性，使得在工作当中各部门之间存在着疑惑、疑虑其至是猜疑，极大地阻滞了事业的进步与发展，把大量的资源和时间花费在沟通、交流中，从另外一个角度而已，也未能发挥出技术优势所带来的效率。

(二)组织结构的专业化与信息对称原则

要实现前一条所提出来的行为的自觉性和结果的确定性原则，实际上就是要在组织结构上实现个人利益与集体利益的协调，能够在实现双赢。在这个前提下，要实现整个组织目标的实现、效率的提高，就是要注重组织结构的变革。

要提高效率，整个流程中涉及的各个部门及个人都要实现其专业化，只有这样，才能充分发挥相互配合协作的优势、发挥既相互牵制又相互衔接的作用。

在当前组织结构当中存在了几个问题：(1)科研团队是经费管理流程当中效率最低的环节；(2)存在信息不对称的状态，导致各个环节之间缺乏相互钳制的平衡力量。

问题的关键都在于要提高科研团队及人员的经费管理的专业化水平，打破专业信息不对称。现有的组织结构还是传统模式下的科层管理模式，是将职能部门作为一种管理部门的状态来对科研团队及人员进行控制，不是处在一个实质平等的地位之上来进行活动的，而科研团队及人员本身在经费管理能力上的欠缺加重了地位的不平等。解决此问题的根本就是在于实现信息的专业化。因此在当前高校的管理模式不能进行大动作前提下，一方面是不断提高相关部门的服务水平，另一方面是引进中介服务组织来弥补科研团队及人员的经费管理水平的不足。根本解决问题的是引进第三方中介服务组织来完成组织结构变革，在此基础上来推动高校内部管理结构的变革。

(三)技术变革的适应性与便捷性原则

以往的经费管理技术变革大多数情况下是由财务部门进行推动的，而且是由上而下的强制推动。从效率而言，强制推动的见效要快，但是后遗症也相当多。技术变革不仅仅是采用了一种新的技术，还影响了原有的组织结构，更是影响了人的动机和行为。改变原有的组织结构难，改变人的想法和行为更难。

如果技术变革不能给人带来更加便捷的服务以及福利，强推之下的结局是激化了矛盾，反而降低了效率、破坏了信任。

技术变革不仅要适应当前的管理需要，而且要考虑到今后发展的需要，而且要适应当前网络化的时代发展，要能够尽可能地减少等待及处理时间。

便捷性是技术变革的重要标准，当前时间成为重要的稀缺资源，而原有的管理架构中，并没有考虑到时间的稀缺性，让科研团队及人员把大量宝贵的时间花费在等待领导签字以及来回补手续的道路上，因此便捷性的首要问题就是在节约时间。现有的技术要充分节约时间，提高工作效率，而不是通过签字的形式来体现权力。

(四)行为习惯、组织结构、技术变革之间协调及实施路径

这三者之间紧密关系是建立在高校科研经费管理的目标基础之上的。高校科研经费管理是为了保证科研经费的安全性，向经费提供者提供有效的经费的管理，实现真实性、合法性、合理性的经费使用控制，同时做好为科研团队及人员的服务工作，实现科研管理的高效可靠的总体目标。

随着高校科研项目层次日益增多、经费来源渠道日趋复杂、经费金额不断增加、科研经费管理制度不断增多的大背景下，如何兼顾各个部门、环节，严格按照经费管理制度来执行，同时要兼顾服务工作，如何做到事半功倍。

因此这三者之间的协调必须遵循在大财务背景之下，遵循着安全性、全局性、高效性、互动性、友好性的原则。改变原有以行政管理部门为主导的管理格局，以科研团队及人员为中心，引入第三方中介服务组织，利用现代数据库、网络技术、移动终端等手段加强管理、提高服务水平。

在这三者之间的协调过程中，实际上最为困难的是在于改变相关部门的思维方式。长期以来的思维定式，使得管理部门不习惯与科研团队及人员平等对待，经常将科研团队当作自己的下属部门来管理，这也就不难奇怪内部矛盾为什么会存在，之间相互效率如此低下。因此要综合协调三者之间的关系的突破口就是组织结构。

要改变原有的结构，见效最快的就是引进第三方中介组织，允许从科研经费当中支付相关服务费用，允许科研团队自由选择中介组织；在此基础上，通过第三方中介组织来对抗和平衡其他管理部门，从而推动其管理和服务水平的提高；从此推动整个组织架构的变化，来实现第一步改革。

在组织架构发生重大变化之后，原有的科研团队及个人的科研经费管理能力得到极大的提高，在与其他部门之间的地位得以平衡。由于克服了信息不对称以及专业能力差别的问题，之间的合作以及交流得以流畅。当科研团队雇用了中介服务组织之后，科研经费管理问题不再突出，这时候推进技术改革将相当容易，改变科研团队观念和行为也在不困难，因为具备专业能力的中介服务组织已经具备了新的观念和相互合作的能力和行为。

因此在大财务背景之下的科研经费管理协同问题，不是从变革技术问题开始的，而是从变革组织结构开始，只有弥补了专业能力的欠缺，才能实现之间

协作；协同问题的解决，不是靠某一种强迫来改变别人的行为，而是要从一种平等合作的精神出发，只有尊重人、理解人，给科研团队及人员以关爱，科研经费管理才能真正地和谐运转。

五、结语

在高校科研经费管理问题的研讨中，不是简单地去说当前的制度设计如何如何不理想，或者说程序怎么怎么不合理，而是得分析当前制度中存在的合理性部分，去分析所有问题的关键环节，然后充分调动人员和组织的积极性，从其切身的利益出发，做到共赢，并且能够做到相互制约、相互促进，从而实现整体流程的顺利运转，实现组织目标。

【参考文献】

[1]［美］丹尼尔·W. 布罗姆利. 经济利益与经济制度——公共政策的理论基础［M］. 格致出版社，2012.

[2]［美］加里·S. 贝克尔. 人类行为的经济分析［M］. 上海三联书店，1995.

[3]［美］道格拉斯·C. 诺思. 制度、制度变迁与经济绩效［M］. 格致出版社，2014.

[4]［美］曼瑟尔·奥尔森. 集体行动的逻辑［M］. 上海三联书店，1995.

[5]［美］戈登·塔洛克. 官僚体制的政治［M］. 商务出版社，2012.

当前加强高校科研经费管理的思考

江苏师范大学 孙中国

【摘 要】当前，我国高校科研经费管理的出现的问题主要体现在预算管理和支出管理两方面。本文深入分析了高校科研经费管理出现问题的原因，并有针对性地提出了高校加强科研经费管理的措施。

【关键词】科研经费 对策 高校

近年来，我国高校科研经费规模不断增长，国家加强了对高校科研经费审计监督力度。随着一批高校科研经费使用违规案件的揭露，高校科研经费管理中存在的问题被暴露出来，引起了社会的关注。因此，进一步加强高校科研经费管理，不断提高科研经费使用效益，是当前各级主管部门，尤其是作为科研基地的高校的一项迫切的任务。本文主要就我国高校如何加强科研经费管理谈点认识。

一、我国高校科研经费情况

我国高校科研经费按项目性质不同，分为纵向科研经费、横向科研经费和校内科研经费。纵向科研经费指承担国务院各部委及地方政府计划安排的科研项目，由国家或地方政府部门拨付的财政性科学研究经费。横向科研经费指受地方政府及企事业单位委托，为地方经济建设和社会发展服务而开展的技术开发、技术转让、技术服务、技术咨询等项目，由企事业单位支付的合同性经费。校内科研经费指高校根据自身发展要求，自行设立研究方向，利用自有资金安排的研究经费。随着国家科教兴国战略的实施，高校的科研经费迅猛递增。

"十一五"以来，中央财政科技支出的投入每年以 20% 以上的速度增长，"十二五"期间，国家科技经费投入占 GDP 的比重 2.2%。"十一五"期间，全国财政科技投入总量达到 1.37 万亿元，是"十五"时期的近 3 倍。高校是我国开展科学研究的一支重要力量，随着高等教育事业的蓬勃发展，高校承担的科研项目和筹措的科研经费均呈现大幅增长趋势，"十一五"时期，高校科研项目大幅增加，承担了一半以上国家重大科学研究计划；科研经费五年翻了一番，2011

年达 1030 亿元。广大高校科研人员成了科教兴国战略的最大受益者，用好经费，多出成果，既是政府的基本要求，也是高校管理层及财务工作者面临的一项重要课题。

二、高校科研经费管理中出现的主要问题

近年来，国家各级主管部门都加大了对高校科研经费的监督检查力度，在对科研项目经费的专项检查和审计中发现，科研经费管理的问题主要体现在预算管理和支出管理两方面。

(一)科研经费预算管理方面的主要违规内容

1. 未按照目标相关性、政策相符性和经济合理性的原则，科学、合理、真实地编制科研经费预算；2. 未按勤俭节约，根据科研特点和实际需要编制预算；3. 劳务费预算未考虑相关人员对于课题的时间和任务的可行性，未合理核定劳务费开支范围和标准；4. 预算中外拨经费接受单位与科研项目不具有相关性，或关联交易有失公允性；5. 纵向科研经费预算的调整未按相关科研经费管理办法的规定进行；6. 横向科研经费预算的调整未按照合同规定或当事人约定进行。

(二)科研经费支出管理方面的主要违规内容

1. 以学校为项目主体获得的科研经费未按国家相关文件、项目合同全部纳入学校财务统一管理和使用；2. 编造虚假项目或虚假合同，套取国家和企业资金；3. 违规将科研经费转拨、转移到利益相关的单位或个人；4. 购买和列支与项目无关的设备和材料；5. 未严格按相关规定和程序实施政府采购；6. 编制虚构经济业务，包括虚构测试加工、差旅、会议、出版等经济业务在科研经费中报销；7. 使用虚假的票据和与实际经济业务不相符的票据报销等；8. 虚列、伪造名单，虚报冒领科研劳务费、学生助研津贴等劳务性费用；9. 在科研中报销个人家庭消费的支出，包括在商场、购物中心、超市购买的个人消费的支出；10. 借科研协作之名，将科研经费挪作他用，设立"小金库"等。

当前，科研经费管理已经成为高校财务管理中的一个薄弱环节。有网络媒体称"教授群体可能沦为新的腐败高发人群"。2013 年审计署对 3 所部委高校审计中，发现 44 名科研课题负责人弄虚作假，套取、贪污科研经费，在科研经费管理上严重存在虚报、冒领科研经费；违反规定提高开支标准、扩大开支范围；通过对外协作等方式大量套取国家资金和违规采购等问题。如原浙江大学教授陈英旭，承担"太湖流域苕溪面源污染河流综合整治技术集成与示范工程"，项目资金总额 1.4 亿元，他利用科研经费预算编制、外协单位选择、经费分配的

职务便利，事先将自己实际控制的 1 个公司和 1 个尚未注册成立的公司列为协作单位，通过学校财务将某一子项目中的 870.73 万元经费划入已成立的公司，从该公司大量套取资金，并以此为注册资金成立后一个公司。此外，将该专项第十子课题交由浙江工业大学教授金赞芳负责，并约定总经费 320 万元中的 200 万元由自己使用。陈英旭贪污 945 万余元，获刑 10 年。

(三)高校科研经费管理出现问题的原因

1. 科研人员对科研经费的公共属性缺乏正确的认识

有些高校科研人员甚至单位领导，思想认识和上级管理制度有偏差，法律意识淡薄，认为科研经费是自己争取来的，是属于个人的"私有财产"或"半私有财产"，自己可以随意支配。

2. 高校科研经费管理制度不完善

有些高校科研经费管理办法滞后，制度粗放，学校有关职能部门、课题负责人、经办人对科研经费现行的管理制度缺乏系统的学习和掌握，导致在实际工作中虽无主观故意，但确实违反有关规定。对科研经费管理的检查中也发现，有一部分科研经费管理问题和违规事项，是由于对上级政策不了解造成的，并非故意违规。

3. 科研经费预算不科学，缺乏刚性约束

预算编制是一个复杂的系统工程，预算编制的前瞻性受到编制人员对预算的认识、科目的理解和市场价格变化的掌握等多种因素的影响。高校科研项目立项申请时的经费预算编制大多直接由项目负责人完成，部分项目负责人对经费预算的严肃性和重要性认识不充分；大多数项目负责人预算编制常识匮乏，对科研项目经费预算只是凭经验估计，缺乏科学的定量分析；高校科研管理部门、财务管理部门和审计部门参与科研项目预算编制工作不够，缺乏相关专家进行科学性合理性评估。导致预算缺项、漏项情况普遍存在，实际支出时与预算偏差较大，无法发挥预算的统领作用，造成了支出的随意性，失去了预算控制的刚性约束。

三、加强高校科研经费管理的措施

1. 高校应加强科研经费政策学习，完善科研经费管理制度

高校应加强科研经费管理有关制度、办法的政策学习和宣传，科研管理部门和财务管理部门应经常组织全校相关工作人员和科研人员认真学习相关政策，让每位工作人员，科研人员都熟悉上级科研经费管理政策和法律法规规定，自觉遵照科研经费管理规定。

理顺学校科研经费管理体制，合理确定学校、院系、项目负责人的职责和权限。出台符合学校实际的科研经费管理实施细则，进一步完善"统一领导、分级管理、责任到人"的科研经费管理体制，建立学校职能部门内部协商机制。

2. 改进科研经费预算管理，提高科研经费预算的科学性

要进一步采取措施加强高校科研经费预算管理。首先，科研人员要重视科研项目经费预算的编制工作，根据项目研究实际，认真细致地编制预算，使得科研经费更好地为研究提供支持。其次，学校科研、财务和审计等部门要加强对科研项目负责人科研预算编制的指导，组织相关科研人员学习科研经费管理办法和国家会计法规、高校财务制度，以保证预算的科学合理，为科研项目经费支出的规范性奠定基础。

3. 强化监督管理，提高科研经费使用效益

《中共中央纪委、教育部、监察部关于加强高等学校反腐倡廉建设的意见》(教监〔2008〕15号)中明确指出："要加强对科研经费使用审计，实施对重大科研课题或大额度科研项目资金使用的全过程跟踪审计，杜绝科研经费使用中假公济私等行为。"

内部审计作为高校的监督部门，在科研项目管理和资金使用过程中要发挥重要作用。加强对科研项目经费审计，便于在科研经费使用过程中及时发现问题并将其消灭在萌芽状态，提高资金使用效益，发挥审计的预警作用。科研经费审计有利于促进科研经费预算的严格执行，有利于促进规范科研经费的管理，有利于促进科研经费的效益发挥。

高校科研经费管理是一个复杂的系统工程，新时期里，我们应积极探索符合科研活动规律的科研经费管理体制和运行机制，实现科研经费管理的科学性、规范性，充分发挥科研经费的使用效益，保证高校科研事业健康可持续发展。

【参考文献】

[1]李德生等. 财务视角下高校科研经费管理体制探析[J]. 会计之友，2013(2)：109－111.

[2]郝凤林等. 审计视角下高校科研经费管理存在的问题及其措施[J]. 华北科技学院学报，2013(2)：115－117.

[3]中共中央纪委、教育部、监察部. 关于加强高等学校反腐倡廉建设的意见[Z]. 教监〔2008〕15号.

[4]黄永林等. 我国高校科研经费管理政策与制度存在的主要问题及其对策建议[J]. 教育与经济，2013(3)：3－8.

高校科研项目资金管理存在的问题及对策[*]

西华师范大学　吴仕宗

【摘　要】随着国家不断加大对高校科研经费的投入，社会各界正把更多的目光投向高校，对高校科研经费的使用也是日益关注。本文从分析高校科研经费管理使用中存在的主要问题及产生的原因入手，从预算编制、管理办法的重构、管理和服务并重理念的提出、科研绩效考核以及科研项目涉税问题的解决等方面提出一系列措施，为当前高校科研经费管理提供参考和借鉴。

【关键词】高校　科研经费　问题　对策

一、引言

近年来，国家不断加大对高校科研经费投入，2013 年全国高等院校 R&D 经费 856.7 亿元，2009 年全国高等院校 R&D 经费 468.2 亿元，5 年间投入增加了 388.5 亿元，增长了 82.98%，年均增长 16.6%，远超过全国 GDP 的平均增速。为实现本届政府提出的大众创业、万众创新目标，科技是一个重要的推动力。我国必须不断加大对科技的投入，尤其是高校作为科技人才的集聚地，需要持续加强投入。

随着对高校科技投入的不断增加，高校科研经费的使用效益也日益受到重视。2012 年开始，国家相继制定发布了一系列科研经费管理制度和办法，加强对科研经费的监管力度。相关部门也逐渐加大对科研经费使用的追踪问效和审计力度，审计中暴露出一些突出问题，取得了一定成效。但是，高校科研经费管理仍然存在着一些问题，亟待解决。

二、存在的问题

(一)预算的功能还没得到充分发挥

预算编制不够合理、科学，预算执行刚性不足，控制不力，预算调整较为

---

* 本文系四川省教育厅 2014 年课题"高校科研经费管理研究"（14SB0096）的研究成果

随意，缺乏依据等问题依然存在。特别是预算项目和会计科目之间衔接还缺乏有效的技术手段，给预算控制带来一些麻烦。根据各科研经费管理办法的要求，各类科研经费在申报时必须按照预设的预算项目编报项目经费预算，而根据高校会计制度要求，在核算科研经费等经济业务时，必须通过特定的会计科目来反映。由于会计科目和预算项目内涵不尽相同，不是一一对应关系。比如"数据采集费"这一个预算项目主要指用于数据采集的人工费、差旅费、邮电费等，所对应的有劳务费、差旅费和邮电费等三个会计科目。而且，在预算执行中，有些预算项目之间可以互相调剂，没有确定的金额和比例，给预算控制也带来一定难度。比如，根据国发〔2014〕11号文件要求，"严格控制会议费、差旅费、国际合作与交流费，项目实施中发生的三项支出之间可以调剂使用，但不得突破三项支出预算总额"。

（二）科研经费管理缺乏一个统一的办法，执行难度较大

科研项目根据经费来源的不同分为纵向项目和横向项目。纵向项目又有国家、省、市（厅）等不同级别之分，就国家级的项目就有诸如《"985工程"专项资金管理办法》《科技部科技计划管理费管理试行办法》《国家高技术研究发展计划（863计划）专项经费管理办法》《国家科技支撑计划专项经费管理办法》《中央高校基本科研业务费专项资金管理暂行办法》等管理办法，横向项目一般根据委托方或科研合同的要求，有些甚至都没有相应的管理办法。多种经费管理办法的存在，虽然有利于对各自的项目经费进行有效的监管。但是从总的来说，由于各经费管理办法相互独立，不利于科研人员和高校财务人员对政策的理解把握，影响科研经费的管理和执行。

（三）科研经费支出管理不到位较为突出

一方面，部分老师法制意识淡薄，他们认为科研经费是自己争取来的，尤其是横向科研经费，经费的所有权和使用权都归课题组所有，项目负责人想怎么花怎么花，学校无权过问干涉。另一方面，高校片面放大了财务、科技处等部门的服务职能，弱化了这些部门的经费管理职能，双方力量悬殊，导致高校经费管理相关部门地位不高，起不到很好的监督作用。再者，有的高校内审部门不注重对科研经费进行审计，这些都造成对项目负责人使用科研经费的过程缺乏有效的监督与控制，使科研经费支出存在无序性和随意性。

（四）科研项目经费绩效管理有待加强，资金使用效益偏低

部分科研项目资金存在超预算范围、超支出标准使用的现象，如劳务费、专家咨询费、绩效工资等人头费开支内容不合规、不合理，且占比较大。另外还有超标准列支会议费、差旅费，列支较大比例与本项目无关的办公费用等。

科研项目经费结余过大，结题不结账现象依然存在，结余资金往往被用于非科研项目开支，这些都影响了资金使用绩效。

（五）科研项目涉税问题还比较突出

根据财政部财综〔2013〕57号文件指出，"行政事业单位取得非国库集中支付来源的财政性资金，暂可向付款单位开具资金往来结算票据"。根据文件要求，高校从兄弟高校、全额拨款的科研单位和政府其他部门取得的项目经费，可以开具资金往来结算票据，应为非税行为，不需要缴纳各项税金。但是税务局却认为这些经费应该纳税，理由是根据国税总局的规章制度要求，只有经批准的技术研发、技术转让及与之有关的技术服务才属免税范围。还有，税务部门还要求高校就科研经费结余缴纳企业所得税，我们认为是不合理的。根据制度要求，高校不需对业务成本进行核算，包括科研经费，高校对科研用房、水电费、固定资产使用费以及科研人员工资没有对象化，均从教育事业费中支出，没有分摊列入科研成本。另外科研项目经费的目的是研究而不是盈利，根本不是经营行为，而且科研项目的研究是一种周期性的行为，有一定的研究周期，年末结余并不是最终的项目结余。因此，对高校征收企业所得税是十分不合理的行为。

三、对策分析

（一）科学编制预算，完善预算调整程序

由财政部门牵头，进一步完善制定科学的支出定额标准，对科研差旅费、会议费、劳务费等项目，制定明确的人均定额标准，并严格按标准编制和执行预算。同时，根据科研工作的特点和实际情况，对材料费、测试费和协作费等项目，要赋予项目承担单位和科研人员合理的调整自主权，适当允许相近科目支出之间调剂使用，并强化预算约束。

（二）制定统一规范的科研经费管理办法

国家相关科研经费管理办法众多，根据现行的经费管理办法，不同来源的科研经费，支出项目及其范围也不相同。对所有的科研项目，均通过制定规范的经费管理办法统一管理，比照目前国家"863"计划、国家支撑计划专项经费管理办法，明确科研项目经费开支范围，规范项目实施单位行为。

（三）加强财务信息化水平

通过财务管理软件，对预算项目和会计科目进行对应和分析归集，使科研经费报表能够直接从财务账上取数，便于及时向管理部门和项目负责人提供经

费分预算项目的使用明细，及时纠正执行中的偏差，保证预算执行的科学性。

（四）进一步做好科研经费管理和服务工作

要加强对科研经费的管理，通过制定各类管理制度，赋予财务处和科技处在经费管理和监管方面的主体地位；要认真执行国家相关经费管理制度，严格审核各项经费的开支标准和开支范围，执行政府采购和国库集中支付改革各项制度，对人头费的开支一律通过个人银行卡发放，对符合政府采购要求的货物、服务采购一律按法定的采购方式、采购方法和采购程序执行；重点加强对科研项目外协经费的管理，建立外协单位定期审查制度。同时，要进一步强化科研服务工作，服务和管理并重。要加强科研服务队伍建设，在财务处、科技处和各院系设立专、兼职的科研服务岗位，配合项目负责人开展科研项目的全过程管理；要加强对科研服务岗位人员和科研人员的政策宣传和业务培训工作，重点强化科研项目负责人的遵纪守法和廉洁自律意识，使科研项目负责人和相关人员熟悉掌握科研管理的相关政策规定，按照相关法律法规开展科研活动、依照预算合理使用经费。

（五）建立科学高效的科研绩效管理机制

进一步明确高校绩效工资的政策范围，建议科研劳务费和科研绩效支出不占学校总绩效；根据高校科研项目的实际绩效安排科研人员的绩效支出，比重可适当加大，以充分体现绩效支出对项目推动的激励作用，同时可缓解科研人员找票报账的情况；强化科研项目结果管理，弱化项目结转结余管理硬约束，通过政府、企业购买科研服务的形式，将研究成果和科研产品推向市场，项目社会效果和经济效果好的，其项目结转结余允许用于安排其他科研活动的直接支出。

（六）要进一步落实科研项目的税收优惠政策

税务部门要和财政部门加强协调，就高校科研项目涉税问题出台相应管理办法，明确高校科研项目的征税范围。要从鼓励科研和落实科技是第一生产力的角度出发，对科研项目的结余免征企业所得税，即使征收，也应根据科研项目的研究周期的净结余征收，而不能简单按各项目年末结余征收。

【参考文献】

[1]国家统计局，科学技术部，财政部.全国科技经费投入统计公报[Z].2013.

[2]国家统计局，科技部，国家发展改革委，教育部，财政部，国防科工局.第二次全国科学研究与试验发展(R&D)资源清查主要数据公报(第四号)[Z].2010.

[3]陈阳.论新形势下高校科研经费监管[J].教育财会研究，2014，25(1)：19—22.

[4]彭博文，余郭莉，等.强化高校科研经费管理的研究[J].会计之友，2015(1)：72—74.

一般本科院校科研经费管理研究

——以泉州师范学院为例

泉州师范学院　吴小玲①

【摘　要】以一般本科院校(泉州师范学院为例)科研经费管理为研究主题，通过对一般本科院校科研经费管理的现状、存在问题进行阐述分析，结合一般本科院校的独特性，提出完善一般本科院校科研经费管理的对策，以促进科研经费使用效益和科研管理水平的提高。

【关键词】一般本科院校　科研经费　管理

20世纪末一批专科院校升格为本科高等院校，经过十多年的发展，这些新建本科院校已成长为一般本科院校。这些院校在科研经费管理上与老牌本科院校相比较，存在着很大的差距。科研经费管理是一般本科院校教育管理的重要环节。虽然与老本科院校比较，一般本科院校的科研经费显得很有限，但随着高等教育改革的不断深入和发展，一般本科院校科研经费的来源途径也随之越来越广、数量越来越大。而一直以来科研经费在管理上却相对宽松，在这种情况下，科研经费在管理和使用中随之出现很多问题。科研经费管理是否科学，科研经费使用是否合理，将直接影响着学校的科研质量和科研水平。所以加强和完善学校科研经费管理，对于提升一般本科院校科研管理水平，促进一般本科院校科研工作健康快速发展，乃至办学层次的提升具有重要意义。[1]本文以泉州师范学院为例，分析其科研经费管理现状，探索适合自身学校科研经费管理的有效措施，并提出完善一般本科院校科研经费管理的对策。

一、一般本科院校科研经费的独特性

科研项目经费管理是高校科研管理的重要内容。科研经费要加强全过程管理，科研项目才能顺利完成。严格控制科研经费的使用，才不至于使得项目入不敷出。因此科研经费的管理要根据其特性来进行事前、事中、事后的全过程

---

①　吴小玲(1966—)，女，福建晋江人，高级会计师，从事高校财务管理研究。

管理。作为一般本科院校，与老牌院校比，科研工作刚起步，科研经费有限。所以一般本科院校科研经费具有其自身的独特性。

(一)经费少

由于学校发展规模、师资力量、学术水平的局限以及财政资金投入的不足，一般本科院校争取及投入科研项目的经费是非常有限的。与老本科高校相比，一般本科院校不管是从校外争取来的科研经费，还是学校自筹投入的科研经费，都是非常有限的。

(二)来源单一

目前，一般本科院校科研经费来源一方面主要是上级主管部门的拨款，另一方面是校内经费的投入。再者，由于一般本科院校的科研基础、学术资源、社会认知度等不如老牌大学，导致申报各类国家、省部级课题成功率很低，获批立项课题级别不高，其他科研经费来源很少。

(三)效益低

为了能争取更多的科研项目，一般本科院校在科研上重视项目的申请立项和经费的到账情况，而在经费的管理上却相对宽松，监管措施不到位，有限的科研经费使用效益低。

二、一般本科院校科研经费管理现状分析

(一)一般本科院校科研经费管理的概况

泉州师范学院科研经费的主要来源是外拨科研经费和学校自筹科研经费。按照科研项目来源分类，可分为校外和校内科研经费两种。校内科研经费主要包括学校设立的科研项目经费和引进人才、培养人才的科研启动经费等。校外科研经费可分为纵向和横向科研项目经费两种，纵向经费来源于各级政府科研项目，横向经费主要来源于与企事业合作项目。近年来，校党委高度重视科研工作，2012年出台《中共泉州师院委员会关于加强科研工作的决定》，要求从科研经费管理、职称评聘、课时安排、津贴分配、设备使用、住房保障等方面向科研人员优惠倾斜，鼓励和推动教师从事科学研究。学校的科研氛围日益浓厚，科研项目和经费不断增长：2010年，校内科研项目经费投入125万元，校外科研项目经费546万元；2011年，校内科研项目经费投入130万元，校外科研项目经费626万元；2012年，校内科研项目经费投入130万元，校外科研项目经费765万元，承担校外科研项目级别和层次不断提升，获取经费不断增长。泉州师范学院在加大对校内科研经费投入的同时，一方面加大对纵向科研项目立

项经费配套力度，另一方面加强与企事业单位横向合作。如泉州师范学院物理与信息工程学院与威禹（安溪）新能源投资集团于 2012 年签署合作协议，本着"资源互补、需求对接、互惠互利、共同发展"原则，依托各自优势，在科技项目研发、科研课题攻关、企业技术顾问等方面加强双方的交流合作，积极探索产、学、研合作模式，特别是在科研合作、人才培养等领域加强技术交流与资金支持。各类校地、校企科研项目合作，也推进了泉州师范学院科研经费呈现大幅度增长趋势（见图 1）。

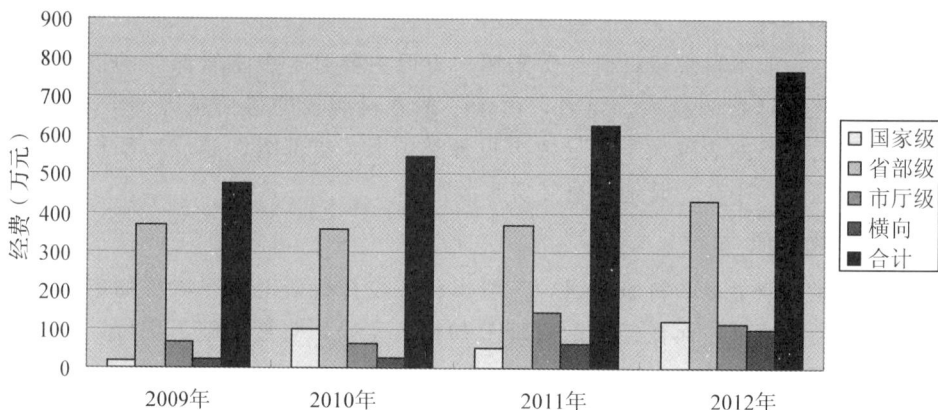

图 1   泉州师范学院校外科研经费表

（二）一般本科院校科研经费管理存在的问题

1. 科研项目预算编制不够科学，预算执行缺乏约束力

预算编制是一项具有前瞻性的经济计划工作。预算编制要求合理、科学、可操作，预算项目指标要尽可能准确。而当前一般本科院校在申报科研项目的过程中，一般情况下财务人员都没有参加，项目预算编制由项目组人员即科研人员完成的。虽然项目人员都是专业人才甚至是项目研究的专家，但对预算编制、会计核算、科目分类等财务知识不熟悉，造成编制预算时实际必须开支数额没有编入预算，或是估计不足而少列预算。有的科研人员对科研经费管理规定和相关的财经制度不了解，在预算执行过程中不按照预算批复指标报销科研支出，预算指标随意变更，致使预算支出决算数与预算批复指标存在较大差异，项目预算失去了约束力。

2. 科研经费支出使用存在的问题

（1）科研经费开支范围内容不符合规定，有套取现金现象。在科研经费报支过程中发现，有些科研人员法律意识不强，以为自己争取来的科研经费可以随意报账，报销的原始凭证与课题关联不大，如报销差旅费时只拿来交通票和住宿票，没有附上差旅事由审批文件或科研会议通知，这些票据显示的时间和地点无法证明其和项目研究相关；有的报销实验用品的发票上没有附上实物清单，也难以辨别其业务活动的真实性；还有的科研人员为了逃避授权限额审批监管，将本应一次性报销的费用分成几次低于授权限额的数额来报销，逃过授权监审。(2)科研经费支出结构不合理，经费使用效率较低。由于科研人员在科研经费管理上认识不到位，认为科研经费是自己争取来的，经费的所有权和使用权属于课题组。科研经费实行"课题负责人制"，经费到位后，学校扣去部分管理费后其余经费均由课题组自行支配，科研人员报账时财务部门只能审核每一笔费用是否合法合规，无法监督其使用是否正确合理。分析泉州师范学院科研经费总体支出发现，会议费、差旅费、接待费、汽油费、劳务费的支出占比大，且有超范围、超标准支付现象；而设备费、材料费、实验费支出占比少，科研项目开支未能按照预算指标控制开支范围，经费支出结构不合理，明显违背了国家投入科研项目经费的初衷，大大降低了科研经费的使用效率。(3)科研成本核算不准确，支出占用教育事业费。在科研经费管理中，大多数高校只注重科研经费的总量，以及如何调动科研人员的积极性，而对于科研活动中发生的一些期间费用，如科研人员的工资薪酬、实验室和各种设备仪器的使用、学校水电等，都没有分摊到科研成本中，而直接从教育事业经费中支出，使得科研研究开支与实际成本不相符，挤占了教育事业经费，部分国有资产流失。而从科研项目经费预先提取的科研管理费每年都有结余，但高校事业经费却时常紧缺，科研支出不能真实地反映科研课题的研究成本，影响了科研项目绩效评价的准确性。

3. 结题不结账现象严重，绩效评价体系未建立

一般本科院校科研经费虽然相对于老本科院是很少的，但随着国家对科研工作的重视及对科研经费投入的加大，一般本科院校的科研经费也在急速上涨。与此同时，科研经费的结余也出现日趋严重的现象。科研经费结余不结账、科研项目结题不结账的现象已是全国高校普遍存在的一个问题，泉州师范学院也同样存在着这个现象。有些科研项目经费久拖不结，剩余资金一直挂在账上，财务无法进行项目经费决算。科研项目结题不结账还有一个主要原因就是现有经费管理模式存在缺陷，科研管理部门与财务部门管理彼此缺乏沟通协调，信息无法畅通传达。项目在科研管理部门这边结题了，但财务管理部门并不知道。另外，科研部门在组织对已完成科研项目验收时没有财务人员参加，验收时只注重技术成果的验收，不重视经费使用绩效评估，科研经费绩效评价体系尚未建立。

三、完善一般本科院校科研经费管理对策

(一)加强科研经费预决算和日常管理

1. 健全科研经费财务管理制度、提高广大科研人员法律意识

一般本科院校要遵照国家相关财务法规和制度,针对目前科研经费管理和使用中出现的诸多问题,结合学校实际情况,建立并完善科研经费管理制度,明确学校科研部门、财务部门及项目负责人在科研项目经费管理与使用中的职责和权限,共同做好科研经费管理工作。如泉州师院近几年来出台一系列科研经费管理办法,如:《泉州师院科研经费管理办法(修订)》《泉州师范学院科研奖励办法(2011 修订)》《泉州师范学院横向科技项目经费管理办法》《泉州师范学院自筹及校级课题经费管理办法》《泉州师范学院大学生科研基金项目管理办法》《泉州师范学院服务海西重点项目管理办法(试行)》《关于省社科规划"合作项目"及省自然科学基金计划"高校专项"的管理暂行办法》等一系列管理办法。同时,学校还制作《科研经费报销指南》,并通过校园网及座谈会等形式,对广大教职工宣传法律意识,推崇廉洁自律的作风。在此,笔者认为国家有关部门可考虑在此方面出台一部科研项目经费管理规范文件来约束有关人员,使相关科研和财务人员有法有规可依,真正做到廉洁自律。

2. 严格按照预算核算,同时设立科研财务管理岗位

(1)按课题单独立账,专款专用。立项科研经费下达后,财务部门要单独设立每个项目代码。作为科研人员,尤其是有多项课题研究的科研人员,在经费使用过程中,要严格区分不同课题不同经费,做到专款专用,严禁交叉混合使用。泉州师范学院在科研项目经费核算中,采用分经费来源,分项目负责人等方式,按课题立项归类具体设置科研项目代码,做到专款专用,核算清晰。

(2)设立科研项目经费财务管理岗位,从项目立项、经费到位、预算划拨、审核报账、结题结项等全面跟踪管理,发现问题及时纠正。这个岗位的设立可以使得财务部门与科研管理部门更好地沟通,并成为它们之间的一个联系纽带。可在财务处设立科研项目经费专门管理岗位或在科研处下设财务岗负责科研经费的财务管理,在科研处财务工作人员由财务处派出。设立科研经费财务岗,有利于科研管理部门及时了解项目经费的使用情况,使科研经费的管理更加规范、统一。

(二)加强科研经费会计核算,建立科研经费全额成本核算制

1. 一般本科院校要从学校实际管理需要出发,根据高校会计制度和相关科研经费管理财经规定,按照会计核算要求和报表项目设置会计科目及其明细科

目和科研项目代码及其明细项目代码来进行会计核算，从而解决科研项目管理与经费管理数据信息对接的问题。对课题立项、预算、开支、结题、决算、验收、审计等一系列过程的合理合规性进行全面系统的核算和监督，建立一整套严密的会计核算体系和明确的操作流程图，让每个课题从一开始立项到最后结项都有一个完整又规范的操作流程。对于一般本科院校获得的各项科研经费，不管其来源如何，都必须纳入学校统一管理和集中核算，严禁设置账外账。

2. 严把会计前台审核报销关，严格执行经费审批权限制度，严格执行项目预算开支范围，严格控制超标准、超范围、超预算开支，将各项费用开支控制在预算的指标内。实行无现金财务结算办法，泉州师院自 2008 年起财务报账实行无现金结算办法，将科研人员劳务费、专家咨询费、研究生助研补助等科研补贴直接转入科研个人银行卡里，杜绝冒领虚报违规违法行为。严格控制科研经费暂借款，清理往年和超出三个月暂借款项，把科研暂付款控制在最低额度内，防止将科研经费借款挪用私存等违规现象的发生。

3. 树立成本效益核算观念，探索科研经费全额成本核算制。近年来，泉州师范学院制定一系列的科研经费管理办法，明确规定科研经费开支范围、开支标准和经费审批权限，前面也强调了要加强科研经费日常支出的审批审核力度和制定清楚规范操作流程，这都是避免科研经费违规使用的关键。但是，如果要真正反映高校科研活动的真实成本和成果，高校还要借鉴企业会计的成本核算法，对科研经费进行成本核算，才能真正核算学校科研活动的成本和效益如何。企业会计的成本核算法是要按照权责发生制核算方法，以科研项目作为核算对象，科研项目周期为核算期间，将科研过程中产生的费用进行归集和分配，核算项目真实成本，与科研成果比较，得出科研项目是否真正取得成果。这是今后一般本科院校亦将努力的方向，要树立成本效率核算观念，逐步建立科研经费全额成本核算制，把该纳入项目成本核算的人工费、设备费、设施费、期间费、管理费等都纳入项目成本核算，防止盲目挤占学校资源，增加学校教育支出。

(三)创新科研管理思维，实行科研项目矩阵式管理模式

所谓"矩阵管理法"就是为了某一工作目标把同一领域内具有相当水平的创新元素组成一个纵横交错的矩阵，通过管理使元素及行列按一定的数学规律变换，从而创造条件，激励创新。[2]一般本科院校科研管理可借鉴这一管理模式。学校科研管理部门是学校科学研究的协调中心，可根据科学研究需要自由组合科研人员，同时也要为科学研究活动需要提供人、财、物等资源条件；横向以项目为核心，纵向以二级学院(系部)、学科直至专业包括所有研究人员为元素，

按照择优原则，自由组合跨学科科研团队[3]（见图 2）。科研经费管理借鉴这一模式，要从科研处、设备处、财务处、审计处等部门选派人员和项目负责人一起来专门管理每个科研项目。这样一来，财务人员增强了对科研活动的了解，从而能很好地对科研项目经费进行规范管理；而项目负责人及其他科研人员也能面对面直接与财务人员沟通，克服了不熟悉财务知识的问题，解决了部门之间信息不对称的问题。

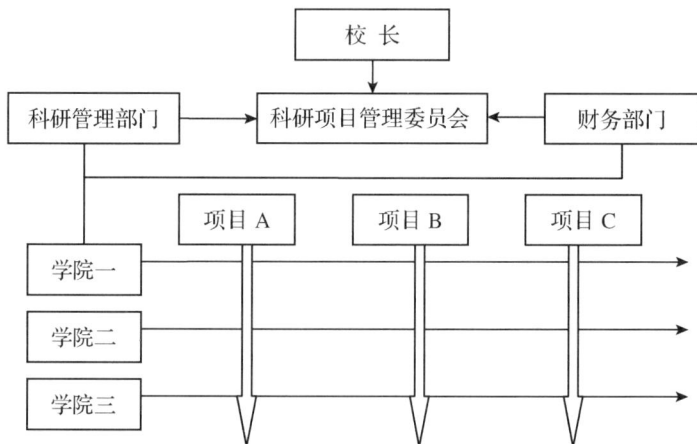

图 2　矩阵制科研管理组织结构

（四）督促结题结账工作，建立科研经费绩效评价体系

首先，下力气清理结题不结账甚至是立项久拖不结的项目，泉州师院在 2011 年开展了往年度项目结题结账清查专项工作，将项目经费历史遗留问题做个较为彻底的清理，将结题不结账等项目问题降低在最低限度内。其次，督促项目结题结账工作，可建立校内项目扣款措施，可以按照推迟结账时间，按比例实行扣款处理，促使课题负责人在项目执行期间，统筹合理安排经费，及时在规定时限内结账。部分推迟时间较长的课题，还可采取强制措施将结余经费在学校、院系和课题组之间按一定比例分配。属于学校自筹投入的经费直接收回作为学校其他收入。

一般本科院校科研经费本来就非常有限，如何将有限的科研经费用在最需要的地方，如何提高科研经费的使用效率尤显重要，必须重视高校科研经费绩效评价，建立和完善高校科研经费绩效评价体系。高校科研经费评价就是采用定量分析法，结合科研产出成果来研究科研经费的使用效率。可以设置投入类及过程类指标。投入类指标包括：资金到位率、配套资金落实率、资金到位的及时性等；过程类指标包括：资金使用率、资产管理财务制度健全性等指标。

通过上述财务指标的分析，我们更全面、更科学地评价科研经费投入和产出的绩效情况。[4]

综上所述，加强高校科研经费财务管理，提高科研经费使用效益，是高校科研事业快速健康发展的有力保证，一般本科院校应结合自身特点摸索制定一套行之有效的科研经费管理办法，使科研经费财务管理工作能够规范有效地进行，促进一般本科院校科研事业蓬勃发展。

【参考文献】

[1]孙才妹. 新建本科院校科研经费管理研究——以滁州学院为例[D]. 安徽大学，2010.

[2]李剑锋. 组织行为管理[M]. 中国人民大学出版社，2003：43.

[3]马素蓉. 完善A高校科研经费管理体系研究[D]. 大连理工大学，2008.

[4]周芦慧. 基于绩效管理下的高校科研经费财务管理[J]. 会计师，2011(11)：104－105.

一种基于绩效预算的高校科研经费管理方法构想

河北师范大学　　武迎春

【摘　要】本文从目前高校科研经费管理存在的问题入手，基于绩效预算的管理思想，将科研成果视为一种产品，从"购买"角度试图构建一种强调对科研经费立项和结题控制的新的科研经费管理方法，以期为高校的科研经费管理提供有益借鉴。

【关键词】科研经费　绩效预算　管理方法

科研经费，就是为了完成一项任务而拨付给高校和科研机构的用于科学研究的专项费用。该经费不得用于与科研活动无关的支出，也不得用于国家禁止列入的其他支出。但是由于课题负责人授权范围问题、拨款缺乏科学合理的参考依据及重支出控制轻绩效评价等问题的存在导致科研经费使用出现众多问题。据 2013 年 4 月 1 日地济南时报报道，原山东财政学院"微山旅游规划"和"傅村镇旅游规划研究"课题组，以差旅费名义分 37 次报销各地到佳木斯的单程火车票 1505 张，金额 28.36 万元，占 2008 年至 2011 年该项目拨入总经费 57 万元的 49.75%；另一方面，即使一些科研项目账面上没有任何的漏洞，但也不能保证这些支出都用到了科学研究上，这充分暴露了我国科研经费管理的弊端。

目前科研经费在逐年大幅增加，但如果增加的科研经费创造不出价值，甚至用不到科学研究上，那么科研经费增加越多，资源的浪费就越多，因此，探索科研经费的有效管理方法是一个亟待解决的问题。

一、科研经费管理现状

目前科研经费管理问题一方面体现在经费用不到科学研究上，另一方面用到科学研究上的经费产生效益不明显。尤其是前一个问题严重影响了科研课题的使用效益，虽然科研的相关管理部门制定各项制度对科研经费的使用进行监督，但是由于各方面的原因，在实施阶段并没有起到相应的监督作用。鉴于此，笔者在自己的实际工作中一直都在考虑高校应该设置怎样的监督制度才能有效保证科研经费能切实用到科研研究上，同时也和兄弟院校探讨相关问题。通过一段时间的思考，笔者认为科研经费的管理上存在的问题可以为其管理提供很好的参考，主要是：

（一）科研经费报销的签字审批权流于形式

目前，高校校内科研课题经费的报账需要归口部门负责人签字。事实上，科研经费的使用均有课题组根据相关规定开支，归口部门负责人由于对科研项目本身及科研财务制度缺乏了解，对报账内容根本起不到相应的监督作用；另一方面使归口负责人已经签字了，如果不符合财务制度，仍然不能报销。

（二）科研经费报账制度形同虚设

在传统科研经费管理方法下，通常将科研经费拨款到课题的依托高校，然后科研管理人员用与科研相关的发票报销，高校通过设定各项财务制度监督科研经费的使用，表面看起来这没有任何问题。

之所以说科研财务制度形同虚设，其原因主要有三：一是目前科研经费实行"课题制"管理，科研项目负责人对科研经费享有绝对的支配权，这是一个根本原因；二是发票管理不规范，目前真发票假内容、假发票真内容、假发票假内容的现象仍普遍存在，尤其是真发票假内容和假发票真内容这两种情况对于财务处来说是都无法监督的，因此，科研项目表面的账目根本无法展现科研项目真实的开支情况；三是科研拨款单位缺乏科学合理的科研项目成本核算方法，使得科研经费的拨付只是大致根据科研项目的类别和学科信息，并且拨付金额长时间没有变化，这样就往往出现对科研项目的拨款和科研实际成本发生不符，一方面如果经费少于科研实际成本就会严重挫伤科研人员的积极性，另一方面如果经费大于其科研成本，这些就使得有的课题组成员不得不通过各种渠道搜集符合财务要求的发票进行报销，尤其是科研经费比较多的科研项目，这种情况就为套用、挪用、转移科研经费提供了丰富的土壤。

（三）科研项目结题控制不严

目前大多数科研项目立项都能考虑到高校战略发展的需要，但是对项目结题普遍要求不高，通常有相应级别刊物的著作或论文即可。由于目前的科研经费经常单纯以这种形式结题，又没有对这些著作或论文的实际价值进行科学的评估，这样就导致一些课题组不能以发展的眼光进行科学研究，为了结题不顾科研成果的质量，不断压缩经费。

二、绩效预算的管理思想

绩效预算是一种建立在基于战略的结果导向型的分权式的预算管理方法。"绩效"是指通过绩效指标和标准对客体进行评价；"战略"是指预算的制定是以组织的战略规划和战略目标为基础；"结果"是指预算执行完后达到的效果及其影响；"分权式"是指赋予项目管理者以充分的支出自由，可以像企业各个部门的经理那样灵活地、创造性地根据环境的变化使用资金。

也就是说，绩效预算就是组织在明确自身战略目标的前提下，通过绩效合同的形式将战略目标分解到组织下层各个预算项目作为绩效目标，项目管理者在各自绩效目标的约束下享有充分的支出自由，他们只需对项目的绩效目标负责，而组织管理者通过绩效评价对各个项目绩效目标的完成程度进行把关，并且把绩效评价结果作为下一次预算分配的重要依据，保证组织战略目标的实现。

三、基于绩效预算的科研经费管理方法

目前，已有许多关于科研经费管理的学术研究，但大多都是从完善现有制度和细化科研预算两个角度提出的管理建议，如：设定科研经费各项开支的比例、给课题负责人合理报酬等，笔者认为这些规定只是一定程度上限制了科研经费的开支内容，基于目前的发票使用情况，科研经费完全可以按照规定的内容进行"开支"，因此这些都无法从根本上改变科研经费使用的现状。笔者也曾经完善发票管理角度考虑，能否通过严格控制发票的使用来保证科研经费真正用到科学研究中，但是这样做仍然存在漏洞：即使保证所有的发票都是真实有效，如果拨付的科研经费大于科研实际支出成本，科研负责人同样要把多余的科研经费用发票报销支出。因此笔者认为科研经费的管理需要从根本改变其管理方法。

基于目前科研经费管理现状，笔者认为应在科研经费实行"课题制"的基础上，积极研究各类科研的成本，科学核拨科研经费，这样才能保证将科研经费真正用到科学研究上；其次通过科学严格的结题保证用到科学研究的科研经费能够产生实际效益。

具体做法是：科研经费管理者应在充分考虑部门可持续发展需要的基础上，以科研项目的成本为主要参考，与课题组签订绩效合同，明确课题完成时间和完成质量等关键指标，同时将课题经费直接拨付给课题组，由课题组成员自主支配使用，撤销目前科研课题经费需要相关领导签字和财务部门的报账干预，同时严把项目结题关，主要有以下三方面：

（一）积极研究科研项目成本，把好"定价关"

目前，虽然国家相关部委相继出台有关科研经费管理的规定，并要求科学精细地管理科研经费，但至今，我国尚未建立科学有效地科研成本核算办法。因此积极研究科研项目成本，以科研项目的成本为主要参考建立科研经费拨款

机制也是一个需要研究的课题。

笔者认为以科研项目成本为主要参考，严格控制项目的立项环节以及科研经费的预期成果和产出成果，把好科研项目的"定价关"，物有所值即可，没有必要花大力气去控制科研经费的支出内容。因为在把好"定价关"基础上，有价值的产出和没有价值的产出，对科研经费开支内容的任何控制都是资源的浪费，更何况在目前的科研管理方法和发票管理现状下，支出内容是可以粉饰的。

需要注意的是，该方法中对科研项目的拨款金额是建立在对各类科研成本准确把握的基础上，但目前对科研成本仍然缺少必要的研究，但是这也并不是意味着该方法就无法实施。笔者认为目前可参考如下做法：由于目前批复预算较申报预算都会多少有所减少，甚至仅剩下申报预算的50%，因此项目申报者大都虚报预算。在这种情况下，可建立诚信档案制度控制项目预算申报者如实申报预算，具体是：组成专家组或通过社会中介机构对申报预算进行评判，如果申报预算超出专家评判范围的一定比例，则将项目申报者列入诚信黑名单，同时采取一定的惩罚措施，比如不允许该申报者在一定时间范围内再次申报任何科研项目等，通过这样的控制措施，使申报者如实申报项目预算。另外，对于重大科研项目可采用公开招标形式，即对某一个科研课题进行公开招标，最终将科学合理的标的课题组确定为科研项目的承担者。

（二）签订绩效合同，明确权利和责任

该方法的实施重点是绩效合同的订立，绩效合同的前身就是立项申请书，因此课题立项部门要根据部门发展需要充分考虑课题存在的必要性和课题所需成本，在这个基础上，科研管理部门通过和科研组签订具有法律效力的绩效合同科学合理立项，绩效合同中要明确该项科研经费的评价指标（其中包括指标的选择、指标标准以及指标计算），评价程序和评价方法，以便项目结题时根据相应的指标实际发生值最终形成评价报告。同时要建立奖惩机制，加强责任追究，对不能按照预期完成科研项目的，要追究有关人员责任，对于情节严重的还要追回这些科研经费等强制性的措施来确保科研经费的使用效益。

（三）撤销归口负责人审批权，取消科研经费财务报账制度

原则上，既然科研管理部门已经统一对某个科研项目进行了立项就表明科研管理部门对该科研项目已经进行充分的论证，以这笔资金"购买"课题的研究成果是科学合理的，在这个基础上，就没有必要对科研经费的使用进行过多的干预。

事实上，高校财务监督的理想状态只能达到按科研经费预算执行的水平，只有在科研项目的预算合理可靠的条件下，这种科研归口部门审批的设置以及科研课题的财务报账制度对科研经费的使用才能起到相应的监督作用，一旦预算制定不合理，一系列的财务监督工作不仅增加了相关管理部门的工作量和财务人员的工作压力，而且这些工作根本就不能科研经费的管理提供科学人性化的服务，浪费了科研工作人员大量的时间和精力。另一方面，如果科研项目的预算有效，相应的监督措施也就没有存在的必要性，因为它是一项科研项目能够完成的必要条件，只要严把结题关就能保证科研项目的产出质量，只要花费合理的价钱买到合理的产品，就没有必要追究产品的生产过程，笔者认为应该取消这一制度。

四、基于绩效预算的科研经费管理方法的优势及不足

该管理方法优势是：从根本上改变了高校科研经费的管理方法，通过绩效合同的签订给课题组充分的经费管理权，不仅提高了课题组成员的科研积极性，而且使课题组成员集中精力搞科研，提高了科研经费的利用率；另一方面通过撤销不必要的签批、审核和报销环节，为高校财务部门节省了大量的人力、物力和财力，为高校财务从核算型到管理型的过渡提供了积极的条件，同时高校相关负责人能够把精力更加集中到科研经费的审批和结题环节以及高校其他方面的管理上。

该管理方法的不足之处主要体现两个方面：一是该方法是基于结果的，缺少过程的控制，不利于随时发现和纠正科研经费管理中的问题，因此还需要考虑经费管理过程中的风险控制问题，尤其是大额资金的支出控制；二是从高校角度看，实行该管理方法以后科研经费就不在学校账户留存，高校周转资金减少，这就为高校的日常运营提出了更加艰巨的挑战。

五、展望

展望主要有两个方面；一是该管理方法不足不是不可克服的，需要日后不断探索完善；二是随着高校科研经费的逐年增加，科研经费挤占教学经费问题也越来越突出，这个问题逐渐威胁着高校的可持续发展，下一步要加快对科研成本进行研究，科研成本的研究不仅为科研项目拨款提供科学的依据，而且也为高校科研间接成本的补偿问题提供重要的参考，为高校的可持续发展提供可靠保障。

【参考文献】

[1]赵云龙.57万课题，报销路费28万[N].济南时报，2013—4—1.

[2]武迎春.关于实行绩效预算的探讨——基于高校预算管理角度[J].会计之友，2012(13).

关于加强纵向科研经费管理的思考

山东师范大学　张亢

【摘　要】科学研究是国家发展的源泉。高校是科研的主力，老师通过各种渠道努力申请科研经费，但科研经费是不是真正得到了合理使用呢？本文对高校的纵向科研经费使用以及管理情况进行调查，分析经费使用的弊端以及管理制度方面的不足。最后从预算制定、预算执行以及监督等方面提出对策建议。

【关键词】高等学校　纵向科研　经费管理

一、研究背景及意义

1809 年，时任普鲁士教育部长的威廉·冯·洪堡，针对当时高校教师对着陈旧教材照本宣科的现象，对德国大学进行了改革，要求教师在教学的同时进行科学研究。从此，高校开始重视科学研究，教学与科研相结合的办学原则逐渐在世界范围内成为一种趋势。尤其是现代大学，除了传授知识，培养人才外，还肩负着国家科技创新的历史责任。长期以来，高校师生从事的科学研究活动，包括自然科学和社会科学，在原始性创新研究、科研成果的开发与转化以及社会服务、文化传承等方面都做出了重要贡献。国家也越来越重视教育科研事业的发展，科研经费投入也逐步增长。但从高校科研经费使用情况看，成果转化率偏低。除了理论不能有效转化成实践外，还出现了不同程度的学术造假。近年来，较为轰动的是上海交大陈进等人的"汉芯一号"事件，骗取了国家上亿元科研费。西安交大因学术造假被撤销的国家科学技术进步奖获奖项目，其中存在严重抄袭和数据不实的问题。这些只是冰山一角，由于制度不健全、监督不完善等原因，一些造假和擦边球学术成果被学校内部"和谐"的现象并不少见。

高校科研经费管理是高校财务管理体系的一个重要方面，推进其健康良性发展对于高校教育工作以及促进国家科技创新、文化发展都有着重要意义。对于高校工作来说，科学研究是人才培养的重要载体。加强科研管理有利于提高高校人才培养质量。另外，加强科研管理，提高科学研究水平有助于提高学校综合实力。加强科研经费管理，促进科研成果转化，有利于科教兴国和人才强国。当今社会处于大变革时期，创新成为社会经济发展的先驱力量，重视科研发展，加强基础研究，通过与产业界、科技界互动，有利于推动创新型国家建设，有利于国家经济水平的提升，最终提高国家的综合国力。

二、高校纵向科研经费管理存在的问题

一是预算编制不科学。纵向科研项目申请立项后要向计划下达部门提交详细的经费预算表。该预算经批复后作为科研经费支出的依据，一般不再调整。因此，预算编制是否科学合理直接关系到后续科研经费的支出情况。目前，大多数高校的科研经费预算都是由项目负责人与课题组成员自行编制的。由于课题组人员大多是技术性人才，不与财务部门以及科研管理部分有效沟通而"闭门造车"编制预算，容易对一些开支项目理解产生偏差，导致预算编制缺乏可操作性。主要问题有三类：一是编制"虚假"预算，虚报开支。将与课题组研究无关的费用计算在内，或是刻意回避某些经费开支，如劳务费，而夸大专用材料费、分析测试费等。二是编制"弹性"预算，有意夸大科研经费项目的预算金额。比如仪器设备费，购买的电脑、打印机以及实验专用设备等按照市场价格成本计算后还预留一定的经费空间，变相套取科研经费。三是编制"粗放"预算。随意编制预算，没有经过市场调研，缺乏合理论证，也不与财务处沟通。

预算编制不科学，后续很难严格按照预算标准来约束经费支出。容易导致经费实际支出与预算发生偏离。项目结账编制决算表时，为了使经费支出情况符合预算要求，往往会同科研管理部门向财务处提出调账申请，进行大规模调账。一是加大了财务处工作人员的工作量，降低了财务处核算监督的质量和威信。而是经调账后的项目经费决算表，其真实性受到质疑，课题组负责人的信誉和名声也受到影响，同时也是对科研经费制度规范性的挑战。

二是项目管理与经费管理脱节。目前，大多数高校项目经费管理由科研管理部门负责，经费管理由财务部门负责。科研管理部门负责科研项目的申请、立项等工作，工作重点是申请更多科研项目，提高申请科研项目的级别。在完成项目申报后，很少参与项目经费的具体使用，也没有进行有效监督。财务部门由于业务量大，也没有参与项目经费预算，所以在科研经费报销时，只能遵循财务规定和学校印发的关于科研项目管理的办法统一管理各个科研项目。即财务部门只是简单地按照财务制度和科研经费管理办法进行报销，并不参照每个项目的具体预算情况，由于财务工作业务量大，也很难详尽了解每个项目的预算支出。这就使得财务管理只停留在财务法规和统一制度上，很难对科研经费的使用起到真正的监管作用。

这种脱节的管理模式往往造成科研经费的实际支出不符合预算，经常出现

某些项目超支或不足，项目决算时，科研管理部门和财务部门在一些经费的审批权限和支出范围上容易产生争议，互相推诿责任。科研经费无法得到有效监管。

三是结题不结账。科研经费结题时，需按照计划下达部门要求出具财务决算表，决算表一般是对各类开支进行简单归集，由财务处对数据真实性进行审核后盖章。项目负责人在填写决算表时，重点是科研成果以及技术路线的描述，对于科研经费如何使用，以及科研经费实际支出和预算支出不符的原因没有充分重视，忽略了科研经费的投入产出比例。

科研经费管理办法规定，项目应遵循结题即结账的原则。但是除了依据《国家科技支持计划项目经费管理办法》规定，结余经费需要返还的项目，部分科研项目在结题验收完成后，没有按照规定进行结账。项目结余经费仍保留在原项目账号里，或者转入"个人发展基金"账户。由于项目已经结题，所以很少再审计结余经费。因此，高校财务部门对于这部分经费的管理也较为宽松，可以列支餐费、汽油费等个人消费。这部分与科研无关的支出非但起不到真正促进科研发展的作用，还会加大高校财务处的管理成本。

四是监管不力。纵向科研经费报销业务量大。以山东省属高校山东师范大学为例，目前没有实行网上预约报账系统，科研人员报销经常出现"扎堆"现象，特别是放假前及年底，往往排起长队，财务人员必须在短时间内对报销单据进行核算并记账。所以，财务人员一般只对发票是否真实，报销是否符合财务规定进行审核。至于每个项目支出是否合乎预算，是否真正与其课题研究内容相关，财务人员在短时间内很难准确把握。而科研管理部门一向是重申请，轻结项。对于科研经费的支出基本不监管。校内审计对于科研经费来说也基本是空白和摆设。

科研人员进行科研经费报销时，需要课题组负责人和单位会签人签字。以学校为例，报销差旅费时，除提供发票外，还需要出具单位领导签字的"差旅审批单"。但是，一些老师来报销时，拿着空白的"差旅审批单"现场填写，而"差旅审批单"上领导已经签了字。所以，各学院领导也没有起到真正的监督作用，签字审批流于形式。课题组成员在经费使用上有了很大的自主权。

三、提高纵向科研经费使用效率的对策建议

一是完善预算编制和预算执行。强化科研人员编制预算的责任意识。本着实事求是的态度，在充分的市场调研基础上编制预算。首先项目负责人要根据项目研究目标提出预算方案。预算方案应由财务部门协同科研管理部门进行分析与论证。同时，财务部门可以安排相关人员配合制定科研预算。针对目前市

场价格对常用的能源材料、仪器设备以及资料、调研差旅等支出列出明细单。预算编制完成后，高校财务部门应在报账过程中严格按照批复的预算控制支出，不得随意改变资金用途。高校财务部门可以在现行的账务系统中，根据实际情况引入预算额度平台，实现科研部门和财务部门的数据共享。财务部门通过系统设置，对会计科目和科研项目预算科目进行绑定，并按照实际情况设置相应的浮动比例，帮助项目负责人对经费预算进行实时监控。当某个项目额度超过预算设定范围时及时提出预警，以防项目结题时才发现大量与预算不符。

二是加强结余经费管理。针对高校"结题不结账"现象，高校首先应在科研项目管理办法通知中明确规定结题即结账的原则，科研管理部门应及时通知财务处已结题课题的有关信息，以便及时进行经费结账。对于结题的科研项目，除了部分经费需要原渠道返还外，高校财务部门和科研部门应制定科学的管理办法，将结余经费转科研发展基金，真正发挥科研发展基金的作用。

三是完善纵向科研经费的监督机制。可借鉴日本科研经费管理模式，健全高校内部审计、外部审计、加强社会公众监督，提高科研经费管理使用透明度。加强科研经费管理审计。以规范科研经费预算编制与执行、完善管控机制、提高使用效益、落实管理责任为重点。重点关注外协经费划拨、劳务费的发放、经费开支范围和标准等是否合规。对重大科研项目、重要业务环节进行重点审计，促进落实项目负责人的直接责任，项目单位和相关管理部门的管理责任。

四、结论

本文针对科研经费使用效率低下的相关情况，分析了科研纵向科研经费管理与使用中存在的问题，主要包括预算编制不科学、项目管理与经费管理脱节、未进行全成本核算、结题不结账、监管不力。通过剖析问题，加之阅读相关文献，发现了国外科研经费管理上的科学性，对国内纵向科研经费的管理提供了一定的改进思路。从纵向科研经费的管理体制、使用过程以及监督机制方面提出了完善建议。

【参考文献】

[1]张小慧.我国高校纵向科研经费管理问题研究[D].东北林业大学，2010(4).

[2]教育部.关于进一步规范高校科研行为的意见[Z].教监〔2012〕6号.

[3]张智豪.国家纵向课题科研经费管理的研究[D].华南理工大学，2011(12).

[4]尹小娟.地方高校科研经费管理的问题及对策浅析[J].嘉应学院学报，2010(6).

[5]黄锦.高校纵向科研经费财务全过程管理的探析[A].中国教育会计学会综合大学分会，2013.

[6]山东师范大学关于修订印发科研项目管理办法等规定的通知［Z］. 山东师大校字〔2012〕33 号.

[7]吴国春. 推动高校科研工作、提高人才培养水平［J］. 中国高校科技，2011(9).

[8]贺德方. 美国、英国、日本三国政府科研机构经费管理比较研究［J］. 中国软科学，2007(7).

[9]胡欧哲. 国外高校科研经费管理及启示［J］. 财会通讯，2007(6).

[10]王丹. 日本政府科技经费管理的做法与经验［J］. 全球科技经济瞭望，2000(8).

新形势下高校科研经费财务管理思考

北京师范大学　张清华

【摘　要】近年来，随着国家财政科技投入的快速增长和科研经费财务审计工作的深入开展，高校科研经费财务管理方面的问题不断显现出来。本文分析了高校科研经费财务管理方面存在的几个问题，并提出了新形势下加强高校科研经费财务管理的几点措施。

【关键词】高校　科研经费　财务管理

自从《国家中长期科学和技术发展规划纲要（2006—2020年）》实施以来，我国财政科技投入快速增长，科研项目和资金管理不断改进，为科技事业发展提供了有力支撑。高校作为开展科学研究的重要基地，每年承担的科研项目及筹措的经费呈大幅上升趋势。因此，科研经费财务管理已成为高校财务管理的重要组成部分。

然而，随着近年来科研经费财务审计工作的深入开展，高校科研经费在管理方面存在的问题也不断凸显出来。科研经费财务审计即对科研经费支出的合法、合规和合理性进行检查，一般包括中期财务审计和结题财务审计，审计内容涵盖了从立项、预算批复到项目执行中涉及的各类经费支出，以及科研机构的财务核算与内部控制制度建设等。结合工作实践，笔者认为，在新形势下高校科研经费管理面临着如下几个问题。

一、高校科研经费财务管理存在的主要问题

（一）科研经费来源广泛，造成管理与核算的复杂性

高校科研项目主要包括纵向和横向两种类型。纵向项目是指国家有关部委、省（自治区）和直辖市等有关部门下达的列入国家或部门科研规划的科研项目。如"973"计划、"863"重大项目、科技支撑、国家自然科学基金、国家社科基金和一些部委项目。横向项目是指接受各类企事业单位委托的合作项目。如技术服务、技术开发等。各种类型的科研项目对经费使用的要求没有统一规定，各主管部门都制定了科研经费的专门管理办法，财务部门必须按资金来源及科研

项目独立设账、分项管理，因而造成了科研经费财务管理和核算的复杂性，加大了财务监管的难度。

(二)预算编制不合理，结题决算与批复预算不一致

一般来说，科研项目负责人负责项目预算的申报及执行。由于项目负责人并非财务人员，对科研经费性质认识不足，对相关管理规定和财务知识缺乏了解，因而不能科学合理地编制预算。项目负责人普遍认为，编制预算的目的是为了申报项目，预算一般凭经验估计，很少去做理性的分析与研究，致使科研经费的预算与实际使用情况存在较大差距。由于专业背景不同，科研管理部门对财务管理和科研项目了解不全面，因此对项目负责人上报的预算一般持同意意见。财务部门虽然了解财务管理要求，但是不了解具体科研项目的运作过程，因此在审核预算时也存在一定的片面性。这最终造成预算不能全面真实的反映成本的现象，实际支出无法按预算列支，等到科研项目结题财务审计时，再做调整应对，不利于课题决算报表的编制，从而影响项目顺利结题。

(三)相关管理制度与科研工作不协调，财务监督不到位

为了加强科研经费管理，国家相关主管部门制定了财经政策法规，在一定程度上有效地规范了科研经费的使用，也为财务审计提供了主要依据。但是在实际执行过程中出现了相关管理制度与科研工作不协调的情况，从而使财务管理不能起到很好的监督作用。例如，高校会计核算执行《高等学校会计制度》，而《高等学校会计制度》中的会计科目设置与科研项目预算科目设置是不一致的，这就给实际科研经费列支带来一些困扰，主要表现在：预算编制环节项目负责人按照预算科目体系编制预算；预算执行环节财务人员采用会计科目体系核算票据，由于科研项目繁多，财务人员在报销过程中只能审查票据的合理合法性，无法判断票据与实际科研业务的真实相关性，这些造成财务部门对课题各项支出的合理性和科学性监督力度不够；财务决算环节财务人员要将经费支出明细账从会计科目体系重新分类汇总到预算科目体系；财务审计环节审计人员要反复地在预算科目体系和会计科目体系之间进行统计归类，由于职业判断不同等主观原因，可能不同的人对决算表的汇总归类也不尽相同。

另外，高校大多制定了各自的科研经费管理规定，但是对特殊项目缺乏具体的规定，有的甚至比较陈旧，不符合现阶段的国家政策，管理制度的不健全也会使财务监督难以进行。

(四)科研项目管理与经费财务管理相脱离

根据教育部、财政部要求，学校科研部门应设置专门岗位负责科研项目管理和科研合同管理，并配合财务部门做好经费管理的有关工作；财务部门负责

科研经费财务管理和会计核算，审查项目决算，监督、指导项目负责人按照项目立项书或合同约定，以及有关财经法规在其权限范围内使用科研经费；项目负责人负责编制科研项目经费预算和决算，并按规定使用经费。各高校虽然按照上述要求做到了业务的分工，但是在实际工作中，科研部门比较重视项目立项申请、经费获得等，财务部门关注的是经费使用是否合法合规的问题。须两部门交叉配合共同负责的地方却成了管理工作中的盲点。由于部门间缺少必要的沟通，管理上可能没能形成协调统一，因此出现科研项目管理与经费财务管理相脱离的现象。比如：科研经费已经用完而科研项目却未结题；或者科研项目即将结题，经费剩余较多，需要突击花钱；或是科研项目已经结题，结余经费却长期挂账等情况。科研项目结题不结账造成了大量科研经费闲置。

二、加强高校科研经费财务管理的对策

为了进一步加强高校科研经费财务管理水平，针对以上科研经费管理中存在的问题，建议采取以下措施。

(一)制定科研经费管理办法，完善科研经费管理制度

科研经费管理是一项政策性、科学性很强的工作。高校科研经费来源广泛，文科项目和理科项目、重大项目和一般项目在经费使用方面都有很大的差异。因此，学校应根据科研经费的不同类型，分别制定完备的科研经费管理办法，明确规定不同性质科研经费的使用原则、开支范围、审批手续等。同时，高校应立足于自身的实际情况，尽力健全科研经费管理制度，突出其实用性、可操作性，而且还需要不断地对高校科研经费的管理制度进行更新与完善，使高校科研经费财务管理工作有章可循。

(二)加强预算编制与执行的规范性，使结题预决算保持一致

课题预算既是课题申请和经费支出的依据，同时也是课题监督检查和财务验收审计的重要依据。科学的编制预算能够有效规范预算的执行，规范地执行预算方能使结题预决算保持一致。从现状来看，预算编制的问题较多，主要是因为科研人员往往忽视预算编制的重要性。由于预算编制不合理，常被主管部门缩减经费或出现预算不符合实际的情况，导致项目实施过程中必须调整经费预算。对于预算管理，科研人员与财务部门要加强沟通。第一，在预算编制的过程中，课题负责人在主观上一定要引起重视，财务部门要帮助课题负责人加深了解相关预算及财务管理制度。第二，课题负责人要明确研究任务，紧密围绕研究目标、内容、技术路线等内容对各类经费进行测算，财务部门配合课题负责人对各项预算支出科目的具体内容逐项细化编制，提高预算的科学性、合

理性和可行性。对预算编制中出现的容易混淆的支出科目，财务人员要提醒课题负责人引起重视，例如参加国内学术会议发生的费用应列入差旅费预算，而不应列入会议费预算；参加国际学术会议的费用应列入国际交流合作与交流预算，而不列入差旅费或会议费预算。第三，在预算执行的过程中，财务部门根据各个项目的预算书，把项目预算金额按预算科目全部初始化录入财务系统，进行额度控制。在日常报销中，课题负责人的经费支出累计超过某一科目的控制额度时，财务系统会自动提醒会计人员该科目已超支，本次列支无法通过。对于测试费、材料费、出版及信息传播等预算科目可设置浮动额度控制，允许部分科目间自动浮动调整；对于设备费、劳务费等不能进行调增的科目，则实行预算科目刚性控制，不得超预算支出。第四，财务人员要定期告知科研人员预算执行进度、支出明细等，或者通过财经信息平台，使科研人员能够随时查询经费使用情况。在预算执行中如果遇到需要调整的事项时，财务人员应指导科研人员按规定编制预算调整报告。

(三)提高财务人员专业水平，规范会计核算，加强财务监管

高校科研的快速发展对财务管理队伍的整体水平、人员素质和业务能力都提出了新的更高的要求。财务人员不能仅仅满足于算账、报账和记账，而应该将视野扩展到财务管理的层面，加强财务监管职能。首先，财务部门应加强内部控制管理，增加科研经费管理人员编制，明确岗位职责；其次，建立健全会计核算体系，会计科目设置既要符合国家有关财务会计的规定，又要结合项目批复预算，相应增设科目级次和经济分类名称，以满足科研经费财务结题审计的要求；最后，会计人员要严格按照科研经费的开支范围和标准，认真审核报销票据，规范摘要书写，对不合理、不规范的支出坚决予以退回，并做好政策解读和政策法规的宣传解释工作，使科研人员自觉遵守财务制度、合理合法使用科研经费，提高科研经费的使用效益。

(四)加强财务部门与科研管理部门的沟通与协作

为避免出现科研项目管理与经费财务管理相脱离的现象，财务部门与科研管理部门必须加强沟通与协作。两部门在明确工作内容和职责后，还要及时联系，互通有无。在项目立项初期，两部门可共同派人参与项目负责人经费预算的编制，让财务人员熟悉项目内容和经费的组成情况，便于做好相应的管理工作；科研部门接到下达的项目合同书后，要及时通知财务部门关注经费到账情况；经费到账后，财务部门要及时与科研部门取得联系，落实项目合同与经费的对应关系，做好项目立号和经费入账工作。由于不同的科研项目有不同的管理要求，科研部门要配合财务部门搞清项目经费的来源渠道和经费组成结构；

财务部门要配合科研管理部门做好项目合同管理工作，一起分析和完善业务流程，就项目的具体管理办法、经费允许开支的范围、预算调整等事项达成共识，在日常管理中统一口径。

此外，为了加强部门之间的沟通与协作，应该充分利用先进的计算机技术，将科研管理系统与财务管理系统对接，建立一个科研管理的大数据库，并使之服务于整个学校内部，从项目的立项申请、预算编制、项目执行到结题验收等形成一个统一的信息共享平台，并且将财务管理系统中的数据转化成科研人员能够理解的语言和数据，实现科研管理部门、财务管理部门和科研人员三者之间的信息共享。这样不仅可以解决各部门之间沟通不足以及专业知识互不相通的问题，而且有利于实现科研经费管理的完整性和系统性。

总之，高校科研经费管理是一项综合的系统工程，具有长期性和复杂性。我们不仅要做好日常工作，还要勤于思考，积极总结经验教训，不断探索高校科研经费财务管理的有效途径，使科研经费真正有效地用于科学研究，进而提高科研经费财务管理水平和效率。

【参考文献】

[1]北京师范大学．北京师范大学科研管理条例汇编[Z]．师校发〔2003〕26号．

[2]曹异芳．高校科研经费财务管理初探[J]．新财经，2012(12)．

[3]崔惠绒，鲍洋．如何做好科研经费财务审计[J]．财会月刊，2012 (11)．

[4]耿成兴．高校科研经费财务管理问题研究[J]．曲靖师范学院学报，2011(6)．

[5]国务院．国务院关于加强中央财政科研项目和资金管理的若干意见[Z]．国发〔2014〕11号．

[6]汪涛．高校科研经费财务管理的现状及对策[J]．现代经济信息，2011(23)．

[7]王漪，李扬．加强高校科研经费财务管理的探讨[J]．会计之友，2014(22)．

论高校科研经费管理中财务人员的角色定位

华南师范大学　张友昌

【摘　要】近年来，高校财务人员在科研经费管理中的定位出现了一些错误倾向，造成了负面影响。本文通过分析这些现象，结合高校财务工作的实际情况，探讨财务人员在科研经费管理中如何进行角色定位。

【关键词】高校　科研经费　财务人员　定位

一、引言

"十一五"期间，全社会研发投入年均增长 22％。2013 年全社会研发投入达 11906 亿元，占 GDP 的比重约为 2.09％。以国家自然科学基金为例，国家财政对自然科学基金投入大幅增长，从 2002 年 19.7 亿元增加到 2014 年 194 亿元，年均增长率达 21％。科学基金项目资助强度稳步提高，资助格局不断调整优化，形成了由研究项目系列、人才项目系列和环境条件项目系列三大资助格局，作为资助主体的面上项目平均资助强度由 2002 年的 19.9 万元/项提高到 2014 年的 79.57 万元/项，较大地改善了基础研究的资助环境。各省、部级的纵向横向课题经费体量大。国家对科研经费的管理也提出了很高的要求。尽管党中央、国务院、各部委、各省市下发了许多文件，制定了很多科研经费管理规定，遗憾的是，科研经费领域还是出现了很多问题，一些腐败案例不断见诸报端，挑战公众的底线。我国科研领域的反腐任务依然任重道远。是什么原因导致科研腐败愈演愈烈呢？制度设计是否存在漏洞？财务监管环节是否应进行反思？笔者认为，除了体制机制原因外，财务部门、财务人员也应进行反思。那就是，高校财务人员应该怎样给自己的角色进行定位？如何做到到位而不越位？财务人员只有把自己的位置摆正了，才能规避职业风险，"在合适的岗位上做正确的事"。

二、科研经费管理的职责划分

各级各类文件都有规定，科研经费从论证、立项、预算、分配、使用，到监管、评价考核等环节均有相应的责任部门。

国发〔2014〕11号文件从"第十四条规范项目预算编制"开始，至"第二十九条有关部门要落实管理和服务责任"，都对相关部门的岗位责任进行了规定。

第十四条"规范项目预算编制"规定："项目申请单位应当按规定科学合理、实事求是地编制项目预算，并对仪器设备购置、合作单位资质及拟外拨资金进行重点说明。相关部门要改进预算编制方法，完善预算编制指南和评估评审工作细则，健全预算评估评审的沟通反馈机制。评估评审工作的重点是项目预算的目标相关性、政策相符性、经济合理性，在评估评审中不得简单按比例核减预算。除以定额补助方式资助的项目外，应当依据科研任务实际需要和财力可能核定项目预算，不得在预算申请前先行设定预算控制额度。劳务费预算应当结合当地实际以及相关人员参与项目的全时工作时间等因素合理编制。"规定了项目申请单位的责任。

第十五条"及时拨付项目资金"规定："项目主管部门要合理控制项目和预算评估评审时间，加强项目立项和预算下达的衔接，及时批复项目和预算。相关部门和单位要按照财政国库管理制度相关规定，结合项目实施和资金使用进度，及时合规办理资金支付。实行部门预算批复前项目资金预拨制度，保证科研任务顺利实施。对于有明确目标的重大项目，按照关键节点任务完成情况进行拨款。"规定了项目主管部门的责任。

第十六条"规范直接费用支出管理"规定："科学界定与项目研究直接相关的支出范围，各类科技计划（专项、基金等）的支出科目和标准原则上应保持一致。调整劳务费开支范围，将项目临时聘用人员的社会保险补助纳入劳务费科目中列支。进一步下放预算调整审批权限，同时严格控制会议费、差旅费、国际合作与交流费，项目实施中发生的三项支出之间可以调剂使用，但不得突破三项支出预算总额。"既规定项目编制和审批部门的责任，也规定了项目申报单位（执行单位）的责任。

第十七条"完善间接费用和管理费用管理"规定："对实行间接费用管理的项目，间接费用的核定与项目承担单位信用等级挂钩，由项目主管部门直接拨付到项目承担单位。间接费用用于补偿项目承担单位为项目实施所发生的间接成本和绩效支出，项目承担单位应当建立健全间接费用的内部管理办法，合规合理使用间接费用，结合一线科研人员实际贡献公开公正安排绩效支出，体现科研人员价值，充分发挥绩效支出的激励作用。项目承担单位不得在核定的间接费用或管理费用以外再以任何名义在项目资金中重复提取、列支相关费用。"规定了项目主管部门和申报单位的责任。

第十八条"改进项目结转结余资金管理办法"规定："项目在研期间，年度剩余资金可以结转下一年度继续使用。项目完成任务目标并通过验收，且承担单位信用评价好的，项目结余资金按规定在一定期限内由单位统筹安排用于科研活动的直接支出，并将使用情况报项目主管部门；未通过验收和整改后通过验收的项目，或承担单位信用评价差的，结余资金按原渠道收回。"主要还是规定了项目承担单位的责任。

第十九条"完善单位预算管理办法。"规定："财政部门按照核定收支、定额或者定项补助、超支不补、结转和结余按规定使用的原则，合理安排科研院所和高等学校等事业单位预算。科研院所和高等学校等事业单位要按照国家规定合理安排人员经费和公用经费，保障单位正常运转。"规定了财政部门和项目承担单位的责任。

第二十条"规范科研项目资金使用行为"规定："科研人员和项目承担单位要依法依规使用项目资金，不得擅自调整外拨资金，不得利用虚假票据套取资金，不得通过编造虚假合同、虚构人员名单等方式虚报冒领劳务费和专家咨询费，不得通过虚构测试化验内容、提高测试化验支出标准等方式违规开支测试化验加工费，不得随意调账变动支出、随意修改记账凭证、以表代账应付财务审计和检查。项目承担单位要建立健全科研和财务管理等相结合的内部控制制度，规范项目资金管理，在职责范围内及时审批项目预算调整事项。对于从中央财政以外渠道获得的项目资金，按照国家有关财务会计制度规定以及相关资金提供方的具体要求管理和使用。"该条款严格规定了科研人员和项目承担单位的责任，规定的非常具体。

第二十一条"改进科研项目资金结算方式"规定："科研院所、高等学校等事业单位承担项目所发生的会议费、差旅费、小额材料费和测试化验加工费等，要按规定实行'公务卡'结算；企业承担的项目，上述支出也应当采用非现金方式结算。项目承担单位对设备费、大宗材料费和测试化验加工费、劳务费、专家咨询费等支出，原则上应当通过银行转账方式结算。"在结算方式上规定了科研院所、高等学校等项目承担单位的责任，也是刚性约束。

第二十二条"完善科研信用管理"规定："建立覆盖指南编制、项目申请、评估评审、立项、执行、验收全过程的科研信用记录制度，由项目主管部门委托专业机构对项目承担单位和科研人员、评估评审专家、中介机构等参与主体进行信用评级，并按信用评级实行分类管理。各项目主管部门应共享信用评价信息。建立'黑名单'制度，将严重不良信用记录者记入'黑名单'，阶段性或永久取消其申请中央财政资助项目或参与项目管理的资格。"规定了项目主管部门的责任。

第二十三条"加大对违规行为的惩处力度"规定："建立完善覆盖项目决策、管理、实施主体的逐级考核问责机制。有关部门要加强科研项目和资金监管工作，严肃处理违规行为，按规定采取通报批评、暂停项目拨款、终止项目执行、追回已拨项目资金、取消项目承担者一定期限内项目申报资格等措施，涉及违法的移交司法机关处理，并将有关结果向社会公开。建立责任倒查制度，针对出现的问题倒查项目主管部门相关人员的履职尽责和廉洁自律情况，经查实存在问题的依法依规严肃处理。"这一条也是规定了项目主管部门的责任。

国发〔2014〕11号文件作为国务院下发的专门针对科研经费管理第一份文件，具有里程碑意义。该文件对各部门的责任界定非常清晰，十分详细具体。特别是有关财务管理部门的责任，从项目申报到项目执行、项目考核评价，都与财务工作直接相关。《国家自然科学基金资助项目资金管理办法》（财教〔2015〕15号）的"第二章项目资金开支范围；第三章预算的编制与审批；第四章预算执行与决算"对财务管理的要求更加具体。

高等学校的财务管理部门与科研管理部门得工作是紧密相关的。有些院校的财务管理部门与科研管理部门还建立了定期协调机制，财务部门对科研经费的管理进行了前期介入，直接参与项目预算书的申报，为后期的预算执行打下良好基础。可以说在高校，财务部门的工作质量直接影响甚至决定了科研经费管理的效率效果。财务部门和财务人员深感责任重大。

三、几种错误倾向

科研经费管理中，在各种规章制度都对财务管理工作提出了具体要求的情况下，财务人员特别是高校财务人员有以下几种倾向，值得引起注意。

1. 科研经费管理是科研人员的事情，与自己无关。有这种思想倾向的人恐怕不占少数。一些985、211高校，科研经费的体量相当大，动辄上亿元甚至十几亿元。通常地，这类高校的财务人员也比较多，财务部门还专门设置了科研经费管理的科室。有些人认为自己不做科研财务岗位，科研经费业务与自己没有什么关系。情况真的是这样吗？且不说高校也有"蝴蝶效应"之说，众所周知的是财务人员必须定期轮岗。今天你不做这个岗位不意味着以后也不做这个岗位。按照《行政事业单位内部控制规范（试行）》的规定，关键岗位、核心岗位是要定期轮换的，财务处内部也是如此。说不定哪一天就轮岗到了科研经费管理的岗位上。这种"事不关己，高高挂起"心态是要不得的。财务人员不能只关注眼前，不要做"精致的利己主义者"，应当放眼长远，关心集体，关注整体。

2. 希望科研经费尽快花出去，提高预算执行率，不希望科研经费留有结余，放松了对报销细节的要求。对其他专项经费支出也持这样的观点。这种观点是有害的，很容易出问题。科研经费能否花得出去，什么时候花出去是由科研项目的进度决定的。如果钱没有花完，科研项目又完成得很好，提前结题不是更好吗？把钱全部花出去才叫提高预算执行率吗？这样考核的目标导向是有问题的。当前和今后一段时期我国推进预算绩效管理，就是要逐步建立以绩效目标实现为导向，以绩效评价为手段，以结果应用为保障，以改进预算管理、优化资源配置、控制节约成本、提高公共产品质量和公共服务水平为目的，覆盖所有财政性资金，贯穿预算编制、执行、监督全过程的具有中国特色的预算绩效管理体系。科研经费若有结余，按照《国家自然科学基金资助项目资金管理办法》第二十八条的要求，"项目通过结题验收并且依托单位信用评价好的，项目结余资金在 2 年内由依托单位统筹安排，专门用于基础研究的直接支出。若 2 年后结余资金仍有剩余的，应当按原渠道退回自然科学基金委。"也就是说项目结题后如有结余资金，在 2 年内项目承担单位仍然可以使用。

3. 给科研人员"出谋划策"，钻制度空子，套取科研经费。这种问题就非常严重了，轻则违规，重则涉嫌违法犯罪。在最近几年高校科研经费的检查中，不乏这种案例。这涉及财务人员的职业道德问题，是不能允许的。任何一项制度都可能会存在漏洞，财务人员如果为了给自己捞好处，去给科研人员"出谋划策"，套取科研经费，这种败德行为不仅给学校财务部门抹黑，个人也会为此付出沉重代价。

4. 认为各种制度只是摆设，是供检查时使用的，不用较真。把国家和上级文件规定置若罔闻，毫不在乎，认为制度只要在上级检查或审计时出示一下就行了。这种观念在实际工作中是非常有害的。特别是在领导干部中若有这种思想是很可怕的。

以上这几种倾向比较常见，是十分有害的，如不改变这些观念，高校科研经费管理的效率效果难以有大的改观。近年来，审计部门在科研经费的审计中发现了很多典型案例，都与财务制度、财务人员有关，审计部门往往会在审计报告中指出"财务管理混乱"，财务人员难辞其咎。以下给出在各大媒体收集的几个具有代表性的典型案例。

案例 1：2013 年元旦前，中科院某重点实验室前主任段某，因使用虚假票据以各种名义从科研经费中非法报销，被北京市第一中级人民法院一审以贪污罪判处有期徒刑 13 年。为他们提供票据的人包括段某的亲友、学生、熟人、同事等。据段某供述，在他虚报的差旅费中，有 20 多万元是保姆张某提供的前往银川的发票，有 30 多万是蔺某提供的前往大庆的发票，另有 20 多万元是他每年回湖南老家探亲的票据和其弟提供的发票，此外他还找了一家机票代理公司买了虚假的行程单若干。

案例 2：山东财政学院"微山东旅游规划"和"博村镇旅游规划研究"课题组，以差旅费名义分 37 次报销各地到佳木斯的单程火车票 1505 张，金额 28.36 万元，占 2008 年到 2011 年该项目拨入经费 57 万元的 49.57%。

案例 3：某教师两个横向项目一年内差旅费高达 76 万元，其中套取的补贴高达 36 万元，以一年 360 天计，该项目组每天都有 12～13 人不等在外奔波，以 540 天计，该项目组每天都有 8～9 人在外奔波，支出非常不合常理。

案例 4：2008 年 4 月，北京某高校教师肖某从所在学院办公室工作人员那里拿到 28 名学生姓名和身份证号码后，从 2008 年 5 月至 12 月以这 28 名学生的名义分 7 次领取劳务费共计 82400 元。因他人举报，肖某冒领劳务费由此案发。海淀区检察院于 2011 年 7 月对肖某以涉嫌贪污罪立案侦查。

类似的案例还有很多。在这些案例中，财务人员能够吸取什么样的教训？如果财务人员（审核、复核人员）稍加注意，是否可以比较容易地发现问题？财务人员是否参与其中，串通舞弊，捞取好处呢？

四、财务人员应该如何定位

也就是说，财务人员应该干什么、不应该干什么，自己必须要搞清楚。这是一个原则问题，是大是大非的问题。如果搞不清楚自己该干什么、不该干什么就会犯错误，可能会付出沉重代价。本来，这是一个不需要讨论的问题，因为从我们步入职业生涯的第一天开始，我们的老师家长都会谆谆告诫"遵纪守法，老老实实做人做事"；中华民族的传统古训也要我们"仁、义、礼、智、信"；朱镕基总理给国家会计学院的题词是"不做假账"；党的作风建设要求我们要"三严三实"。实际上就是一个道理：财务人员就是要按规章制度办事，实事求是。这是财务人员最好的定位。《会计法》第十四条规定："会计机构、会计人员必须按照国家统一的会计制度的规定对原始凭证进行审核，对不真实、不合法的原始凭证有权不予接受，并向单位负责人报告；对记载不准确、不完整的原始凭证予以退回，并要求按照国家统一的会计制度的规定更正、补充。"《会计法》给出了明确的回答。遵守《会计法》、按照《会计基础工作规范》的要求去完成工作是法律赋予财务人员职责，也是财务人员应自觉遵守的行为准则，更是财务人员赖以生存的职业底线。财务人员只能如此，且必须如此。按照法律规定办事是每一个财务人员必须时刻谨记的原则。特别是作为高校的财务人员，无论是对科研经费管理还是对其他经费的管理，都应该秉持会计的职业精神，对自己所从事的职业要心存敬畏，谨慎地处理好每一笔经济业务，要经得起审计的严格检查。

目前在高校科研经费管理中存在的几种倾向，在很大程度上助长了腐败之风的蔓延。特别是极少数财务人员给科研人员"出谋划策"套取科研经费，性质非常恶劣。这是知法犯法，必当严惩。在教育部和各省组织的科研经费检查中发现了一些问题，一些人也为此付出了沉重的代价。

五、笔者的建议

科研领域出现的腐败问题令人深思。特别是财务人员角色如何定位是当下高校财务人员应该好好思考的一个问题。总体来说，就是做好自己该做的事，不该做的决不能去做。

1. 坚持依法依规办事。坚持按规章制度办事是财务人员应牢记的准则，也是财务人员安身立命的本钱。财务人员不仅要带头执行好财经法律法规，还要成为宣传财经法规的主力军，以自身的模范行为影响和带动身边的人。特别是党员领导干部更要严格要求自己，身体力行，带动整个团队依法依规办事。

2. 坚持职业操守。会计的职业精神历来是被推崇的。谨慎、客观、独立、公正、不贪不占、廉洁奉公、甘于奉献都是会计职业必备的品格。高校的财务管理也是如此。我们提倡会计的职业精神首先要具备良好的职业操守。如果职业操守存在瑕疵是不能从事这份职业的。

3. 坚持职业判断。近年来一系列的科研经费管理的文件规定中，有的比较宏观，有的比较具体，有相当多的业务需要财务人员具体分析才能判断处理。这时就需要财务人员的职业判断。这种职业判断不是信手拈来的，它需要财务人员的经验积累和基于专业常识做出的判断。例如一项科研课题的预算，如果做成课题组所有成员一年 365 天都在外地出差的话显然是不可信的。这种职业判断需要财务人员要经常保持一种职业敏感。

4. 虚心学习相关政策法规，耐心宣传解释法规制度条文。只有学好吃透法律法规条文，才能更好地宣传解释、贯彻执行这些法律法规，才能管理好科研经费为科研服务。

5. 树立正确人生观、价值观、道德观，保持良好的心态。高校的财务人员要把科研经费管理好，为科研人员服务好，应有正确人生观、价值观、道德观，要有一种平和的心态。当然这也需要长期的积累和沉淀。笔者认为，单位领导应带头营造这样的氛围，让每一位财务人员觉得工作顺心舒心，生活得有奔头、有品质、有尊严。

6. 掌握沟通技巧，提高管理服务的本领。财务工作的性质是需要与人随时沟通的，沟通能力直接决定了财务工作的质量。对有些报销业务不能简单地说能报或不能报，有时需要耐心细致地解释。绝大多数的人是讲道理的，工作做细了就会达到事半功倍的效果。

总之，高校财务人员在科研经费管理中得准确定位应该是：摆正位置，坚持依法办事，以职业精神，良好的心态处理好每一笔经济业务，而不是其他。

高校科研经费管理问题探讨

四川师范大学   赵   艳

【摘　要】随着高校教育事业的发展和国家加大科研投入支持力度，科研经费收入在高校普遍呈现逐年增长趋势，与此同时，中央出台八项规定，各部委、各省市、各高校也相继出台一系列管理办法，科研经费管理普遍出现内部资金逐渐充裕、外部环境趋紧的变化，高校普遍面临科研经费财务管理难度加大、风险增加的困境，本文从分析问题入手，剖析原因并提出完善高校科研经费管理的具体手段，旨在提高科研经费使用的效益效率。

【关键词】高校　科研经费　管理

一、高校科研经费管理存在的问题

1. 科研预算编制趋于随意

由于科研经费预算是在经费到账后使用前编制的，部分教师对预算目级理解有偏差，造成预算不合理。比如有些项目的预算，邮电费和差旅费就达到70%，其余经费就安排在其他商品与服务性支出。相当科研老师在经费预算中不安排设备购置费和图书购置费，项目经费形成固定资产比例低，造成学校资产流失。如把科研项目发生的资料费理解成办公费，把异地参会发生的会议费用理解成预算中的会议费，这也造成一定程度上造成预算编制的不合理。

2. 科研经费日常报销中存在一些乱象

科研经费报销票据与项目真实发生的成本不一致，经费实际使用和预算相差甚远。存在诸如非课题组成员代报账，假发票、个人家庭消费票据在科研经费中报销，未成年人机票、火车票用于差旅费报销，大量连号通讯票，购置商品服务无明细，大额资金付现，项目立项前多年的票据仍在报销等情况。科研经费报销实际上是核算经费是否用完，至于经费花在何处，用途是否与项目有关，科研项目成本多少，通过日常科研经费报销形成的支出账无法全面反映，与"专款专用"的原则背离。

3. 科研项目"结题不结账"

科研项目"结题不结账"，财务处缺少结题时间控制，对项目是否结题无法及时掌握。造成许多科研项目在完成结题验收后,在账面上一直留有余额不结账、长期挂账。有时,在项目结题时,财务处、科研处迫于为了满足一个项目的结题验收,会配合有关部门、人员,把其他项目的支出与该项目的支出同时进行调整,导致结题验收项目的财务信息根本无法反映该项目的经费构成,预算执行情况的真实性。

4. 横向科研经费管理制度不健全,经费管理时松时紧

横向科研名目繁多,在管理上没有细致完善的管理机制,部分学校存在经费管理时松时紧的现象。有时管理过于小心谨慎,严格参照纵向科研经费的管理模式;有时为鼓励科研人员多争取横向科研经费,弱化学校应有的监管职责,淡化对横向科研经费的管理。也存在个别横向科研项目,合作企业根据项目阶段性成果、项目完工百分比以及项目已经发生经费多少对项目进行考核,再决定后续投入资金,财务部门配合项目负责人提供不尽真实的经费支出数据。

二、高校科研经费管理存在问题的原因

当前科研管理模式,普遍是科研项目挂靠相关的院系,由院系科研秘书负责相应的日常管理工作。在学校一级,科研项目由科研(科技)处统一负责管理,科研经费则由校财务处进行相关账务处理。从院系来看,科研秘书有些是兼职,只负责项目申报等事务管理,起不到真正的指导协调作用。校科研处一般负责科研合同管理、项目管理,具体工作是对项目立项、申报、进度控制、结题等过程进行管理。财务处负责科研经费的会计核算及财务管理,具体工作是发布经费到账通知、入账处理、财务立项、经费划拨、报销审核、会计核算、决算审查。由于管理的目标不一致,工作的侧重点不同,各部门只擅长自己的管理范围,人员之间缺乏沟通,彼此之间难以协调一致,造成各部门信息不全面、不对称。

基于对国家财经政策的不理解,部分项目负责人仍然认为除去学校管理费外的资金是自己争取的,如何支配由自己说了算,尤其是横向科研项目。随着2011年高校绩效工资改革,教师的收入受到不同程度的影响,部分老师为了挣奖励性绩效,把大的系列项目、分批到款的项目分解成多个项目予以立项、申报。一些学校为了从主管部门、上级部门申请到更多科研项目经费,也有动力将科研项目一分为多。

科研重立项轻预算,对预算中各目级经费用途、开支范围、票据要求不掌握,对于预算调整,项目可能会出于制度管理的需要限制一定的合理预算调整,也会于对科研项目的保护,这些都给科研项目的合理开支造成一定的失真。而财务人员由于缺乏对项目的了解,并不清楚实际的项目开支真正需要什么、不

需要什么，在审批预算调整时往往缺乏导向原则，过多依据科研老师主观的调整理由申述，不能完全依据科研项目客观的业务事项、经费需求来调整科研预算。

三、完善高校科研经费管理的具体手段

1. 争取出台政策，实现科研项目经费中人员性费用的突破

我国现行的有关科研经费制度仅允许科研项目列支课题组成员中没有工资性收入的相关人员（如在读研究生）和课题组临时聘用人员以及咨询专家等的劳务性费用和咨询费，不得直接列支课题组成员中编制内有工资性收入的科研人员的人员性费用。这导致目前高校科研人员的收入水平未充分体现其脑力劳动付出，也与经济社会发展不完全适应，这一定程度上造成科研人员不惜违规通过各种手段套取科研经费，将科研经费转为个人收入。要从国家制度层面实现科研人员激励措施的突破和创新，高校科研人员教学等方面的收入来自日常工资和津补贴，承担科研项目可按照一定比例直接计提人员费，用于发放给参与项目的科研人员。

2. 试水横向科研项目管理方法的顶层设计

高校的三大职能分别是教育、科研和提供社会服务，目前高校的横向科研项目中有相当一部分实质是高校对外提供社会服务，社会单位往往还要求高校开具税票，高校一般承担了 5.6% 的营业税及附加。高校可以对目前横向科研项目进行分类，对完全是提供社会服务的项目试水在学校提取管理费后，从上层制度层面，允许横向科研经费转到科研老师参股或控股公司，一方面保证项目开展有足够的经费支持，另一方面降低学校财务风险。

3. 建立健全"统一领导、分级管理、责任到人"和"学校、院系、课题组三级"科研经费管理体制

合理确定科研、财务、人事、资产（设备）、审计、监察等部门的责任和权限，完善内部控制和监督约束机制。认真梳理科研管理流程制定管理流程图，明确各部门在流程中的关键控制点，避免监管真空地带，确保经费使用权、管理权和监督权的有效行使，避免出现由于部门间职责不清造成互相推诿扯皮的现象。科研部门与财务部门加强沟通，具体可在财务部门设立专职岗位在科研部门办公，或者根据科研经费规模设置独立科室配备人员形成长效沟通机制。

4. 科研经费管理的规章制度需要根据实际工作进行调整

科研经费管理工作，是一个不断变化、不断更新的工作，各项规章制度往往根据实际工作需要不断进行调整。尤其近年来，科研管理工作更趋规范化，高校应全面梳理各级各类科研经费管理政策，在符合项目归口单位经费使用管

理办法规定的前提下。根据课题的性质结合高校自身特点制定行之有效、操作性强的科研经费财务管理办法。管理办法应该包括各层级的经济责任，工作流程，审批权限，项目经费如何入账、需提供什么资料、哪类项目应该开具什么票据，经费报销的要求，外协费如何转拨，项目验收、结题结账如何办理等全过程，使科研经费财务管理工作有章可循、有据可查、责任到人，实现规范化管理。

5. 打造业务精湛的科研经费财务管理队伍

学校财务部门应不断加强学习，多组织业务工作人员进行宣传与讨论，将各项规章制度实时贯彻到各项工作之中。加大对科研人员有关政策支持、预算编制的指导以及财经纪律和相关法规的培训力度。在报账工作中，还应要求科研人员确定相对稳定的报账人员。对与项目有关的报账人员，定期开展相关业务培训，以实现报账双方的相互理解、相互配合。对于临时报账人员，也应做好耐心的宣传解释工作，以实现双方的合作，促进账务处理工作的顺利开展。

6. 加强科研管理的信息化平台建设

工欲善其事，必先利其器。完善高校科研经费管理，需加强信息化平台建设，建立面向内部教职工的网络信息平台，与科研项目管理系统、人事管理系统、财务核算系统实现数据对接。这样科研老师通过终端操作能适时查询到经费到账信息、经费认领状况、预算编制、详细支出、预算调整、预算执行等信息，学校科研、人事、财务等职能部门能生成经费支出明细表、预算执行进度表、预算调整统计表、预算与决算对比分析变等统计数据，以此加强科研管理效益和效率。

【参考文献】

[1]吉慧鸿. 高校科研经费管理的思考[J]. 会计之友，2014(5).

[2]鄢琼伟，马晓霞. 高校科研项目经费管理问题探讨[J]. 财会通讯，2013(12).

[3]赵俊杰. 美国联邦政府科研项目经费管理概况[J]. 全球科技经济瞭望，2011(6).

[4]王官禄，张学英，韩宇骞. 地方高校科研经费财务管理规范化研究[J]. 会计之友，2013(10).

专项经费管理

加强专项资金统筹管理：从建立辅助账角度

华东师范大学　高静　李红艳

　　高校专项资金主要指高校行政事业类项目资金，是为完成特定工作任务或实现某一事业发展目标而安排的具有专门用途的资金。国家规定专项资金必须专款专用，并且按时使用，不按时使用将上缴收回，而且高校当年专项资金执行率会对下年专项资金的申报产生极大影响。专项资金能否高效、合规并及时使用，关系到整个高校的运行与发展，因此需要对专项资金的日常使用情况及余额变动等进行更针对性的账务管理与日常监测。

　　会计辅助账是对总账和序时账中没有记录的内容所作的辅助记录账，格式、内容可以灵活处理；与明细账的区别就在于其没有特定的规范，辅助账的设置便于对特定项目或特殊对象进行纵向或横向分析，以便进行更有效的精细化管理和监控。

一、我校专项经费概况

　　高等院校，作为培育各类人才的摇篮，受到国家和社会的支持力度也逐年增加。教育部、国家统计局、财政部日前联合发布了 2013 年全国教育经费执行情况统计公告显示，2013 年国家财政性教育经费为 24，488.22 亿元，占国内生产总值比例为 4.30%。我校 2013 年财政补助收入累计 121，660.12 万元，其中专项资金收入累计 44，691.46 万元，占财政补助收入的 36.73%，直接支持了学校教学、科研、办学基础设施等各方面的健康运行与迅速发展。我校专项经费主要包括：统筹支持一流大学与学科建设、免费师范生经费、"985"工程浮动奖励、改善办学条件专项、基本建设资金、高校化债资金、学业奖学金、国家励志奖学金、国家奖学金、国家助学金等。

二、专项经费及其管理

1. 专项经费的重要性

专项经费是高校财务资源的重要组成部分，它的使用关乎着高校的未来发展，专项经费直接支持了学校教学、科研、基础设施建设等的发展。如统筹支持一流大学和一流学科建设项目经费，通过学科办的统筹，分配给了数学系、地理科学学院、中文系、思勉人文高等研究院、科学与技术跨学科高等研究院、国际交流处、设备处、图书馆等多个院系及职能部门，为我校的教育科研事业的发展提供了有力的资金支持。

然而，与正常的拨款不同，该资金在使用时只能用于特定项目，不得随意改变其用途，而且在会计核算上具有专款专用的特点，需要进行单独的账务核算和处理，并且要接受相关部门的检查和监督。因此学校对专项经费的管理要确保万无一失。

2. 高校专项经费管理的原则

高校在对专项经费进行管理时应当遵循政策性、经济性和激励性原则：①所谓政策性原则是指高校在对专项经费进行管理时应当严格遵循我国法律、法规的相关规定，确保专项经费在预算、决算、分配、开支、审批报告等环节的规范化和程序化，贯彻国家对专项经费使用的"专款专用、专项核算"原则；②经济性，对专项经费进行管理的主要目的是通过加强对专项经费使用情况的监督，提高财务资源的使用效率，防止资源的流失和不当运用，将有限的资源发挥出最大的效益。因此，在对专项经费进行管理时应当遵循经济性原则，既要达到管理目标，又要将管理成本降到最低；③激励性原则，是指对专项经费进行管理目的并不是限制项目人对经费的使用，而是通过管理公平、准确地反映每笔经费的使用情况，并辅以适当的激励政策，督促项目人高效地使用专项经费（刘明明，2013）[①]。

3. 高校专项经费管理的要求

高校财务处担负着管理专项经费的重要使命，对专项经费的管理，要求履行全面财务管理和控制职能。高校财务处对专项经费的管理不能只走传统的"报销审核"和"事后检查"的路线，而是要全面参与高校专项经费使用的决策与使用控制过程，在项目申报与项目实施、经费使用以及项目成果评定等全过程中发挥监督作用，通过合理规范的分工和岗位职责界定，保障财务管理职能的有效发挥；财务管理人员要做到"资金流到哪，管理管到哪"的无缝隙监管（孙静，2011）[②]，把握好对整个项目实施过程的统筹规划，尤其是要加强对项目资金支出的管理，保证资金使用的规范性和高效性；另外，要完善和严格执行高校专项经费财务管理制度，依据国家或上级发布的各项专项经费管理制度和办法，

---

① 刘明明：《基金会计在高校专项经费管理的应用与研究》，河北大学，2013 年。

② 孙静：《高校专项经费管理浅析》，《教育财会研究》，2011 年第 6 期，44—46 页。

来制定适合自己高校的相应的管理制度和办法，抓好内控，参与到项目的申报和立项程序，做好专项经费立项后的审批、使用和报销结算，参与到专项经费的监督检查机制与绩效考评原则、办法的制定中，对专项经费的投入、使用以及应达到的预期目标都要明确规定，使专项经费从申请到使用再到对使用后产生效益的评价都有章可循、有规可依。

基于专项经费使用原则，以及专项经费管理的要求，财务处管理人员要对资金进行统筹，并实施监督专项经费使用情况，明确其使用范围。专门设置专项资金辅助账，适时对专项资金的收入、支出和预算执行率等情况进行监控，使用辅助账十分必要。

三、建立辅助账，辅助专项经费日常管理

1. 辅助账的定义

专项经费辅助账是指正规账簿以外的，补充登记专项经费各项备查信息的账簿。

随着经济新常态和财政新常态的出现，相关政府部门和社会各界对高校专项经费的收支情况日益重视，给高校专项经费的管理带来了一定的挑战，从而对专项经费的记账的精确性和灵活性提出了更高的要求。

现有的科目分类明细账需要登记全部凭证，专项经费辅助账是对行政事业类项目经费进行专门记账，只需登记与专项相关的部分凭证，更为灵活；另外，专项经费辅助账呈现了分别以国库、切面为来源口径的多种取数方式，为使用者提供了核对专项经费的收支情况的有效渠道，提高了账务信息的准确度；最后，专项经费辅助账顺应了财务信息系统更新换代的趋势，更为灵活有效地为使用者提供专项的收入、支出和结转结余信息。

2. 专项经费辅助账的建立

专项经费辅助账的纵向以政府支出功能分类科目为单位，主要包含：政府特殊津贴、其他对外援助、高中教育、高等教育、科学技术、节能环保等类目。每个明细项目注明了以收入科目的二级或三级数字形成的序号和其项目经费下拨书文号。

专项经费辅助账的横向包含了上年结转和结余、当年经费来源、当年经费支出、年末结转和结余、未借款、项目余额和国库余额等类目。上年结转和结余通过人工查账、系统自动取科目结余、系统自动取切面结余三种方式取数；当年经费来源包括了财政拨款、财政专户管理资金和其他资金，其中财政拨款分别以国库零余额科目—资金来源号、收入科目—切面代码、收入科目—资金来源号三种不同的组合方式来取数，在取数的同时也提高了相关账务的准确度；

当年经费支出包括了财政拨款、财政专户管理资金和其他资金，其中财政拨款分别以支出科目—切面代码、支出科目—资金来源代码、借款类科目—资金来源代码和资产科目—资金来源代码的多种组合方式取数，在取数的同时验证了账务信息处理的正确性。

为了进行专项经费的精细化管理，本课题对一般公共服务、外交拨款、教育、科学技术、节能环保等专项从资金来源、支出、年末结转结余三个角度进行取数分析。多元化多角度的账表设计不仅符合专项经费"专款专用、专项核算"的管理原则，也促使编制者在形成账表后从多方面数据进行账—证核对，进一步保证财务数据的精确性。专项经费辅助账内容博大，涵盖数十专项经费的收入、支出及业余情况，本文仅以个别举例的方式来阐述该辅助账的设计思想。

(1)中非高校20＋20合作计划是教育部的对外援助性的项目，旨在向非洲对口高校提供人力资源培训、奖学金、汉语培训，共同开展科研工作。截至2014年12月，我校在现存的该项目经费为两方面来源：一是2013年的结余资金；二是2014年教育部下拨的经费，如表1所示，分别从账表中的第2栏和第4栏体现，并在第1栏中进行经费合计，得出我校2014年账上结存的所有该项目的经费。根据我校财务处的账务处理原则，取得教育部经费拨款时一般确认为财政补助收入并在财政补助收入科目下新建相关收入子科目，另外形成相关的经费收入账号并挂靠在该类的切面中。本辅助账通过科目取数和切面取数就可以核对该科目的收入数以及该项目的收入数。在核算当年财政拨款时，本辅助账则通过国库、切面和来源三方面来取数，两两比照，从而更加精确。

(2)如表2所示，辅助账从切面、来源、国库三方面，运用了支出科目—切面代码、支出科目—来源代码及零余额资产科目—来源代码三种不同的组合方式进行取数。在符合"专款专用、专项核算"原则的前提下对专项经费的使用情况进行多方位监控，完善了专项经费的监督机制，提高了财务资源的使用效率。

表 1 对外援助类专项—资金来源辅助账

项目		文号	合计	上年结转和结余				资金来源							
支出功能分类科目编码	科目名称（项目）			小计	其中：财政拨款结转和结余	科目结余	切面结余	财政拨款						财政专户管理资金	其他资金
								预算数	国库收入数	切面收入数	来源人数	人数			
类款项 序号		栏次	1	2	3			4						5	6
		合计													
202	外交														
20203	对外援助														
2020399	其他对外援助支出														
2020399	中非高校 20＋20 合作计划														
2020399 9.01	中非高校 20＋20 合作计划	2014—136													

表 2 教育类专项-支出辅助账

支出功能分类科目编码 类款项	序号	科目名称（项目）	文号	合计	切面支出数	来源支出数	新增借款数	预算执行数	国库执行数	财政专户管理资金	其他资金
			栏次	7	8	8				9	10
		合计									
205		**教育**									
20502		**普通教育**									
2050204		**高中教育**									
2050204	13	附属中学改善基本办学条件专项									
2050205		**高等教育**									
2050205	66	2012 预函 314 号 2012 年人文社科项目	2012－314								
2050205	61	2012 预函 172 号 2012 年人文社科项目	2012－172								
2050205	50	2011 预函 56 号 2010 年度教育部人文社会科学研究项目	2011－56								
2050205	72	人文社科专项	2013－114								
2050205	77	2013 年人文社科	2013－317								
2050205	67	2012 预函 291 号博士生学术新人奖资助经费	2012－291								
2050205	64	2012 预函 198 号专业学位研究生教育综合改革试点	2012－198								

续表

项目			合计	支出数						
支出功能分类科目编码	科目名称（项目）	文号		切面支出数	来源支出数	财政拨款			财政专户管理资金	其他资金
						新增借款数	预算执行数	国库执行数		
2050205 24	免费示范生经费									
2050205 99	科研项目									
2050205 10	211工程									
2050205 12	高校改善基本办学条件专项									
2050205 15	本科生国家励志奖学金									
2050205 15	本科生国家助学金									
2050205 15	本科生国家奖学金									
2050205 2.13	硕士生国家助学金									
2050205 2.14	博士生国家助学金									
2050205 2.11	硕士研究生学业奖学金									
2050205 2.12	博士研究生学业奖学金									
2050205 09	985工程									
2050205 39	捐赠配比专项资金									
2050205 47	高校化债资金									
2050205 29	优势学科创新平台									
2050205 33	基本科研业务费									

续表

项目			支出数						
				财政拨款				财政专户管理资金	其他资金
支出功能分类科目编码	科目名称（项目）	文号	合计	来源支出数		预算执行数	国库执行数		
				切面支出数	新增借款数				
2050205	21　港澳台华侨学生招生补助								
2050205	63　2012预函194号专业学位规范管理相关工作的协调组织	2012-194							
2050205	31　2012预函66号培训新疆中学、高职高专汉语教师	2012-66							
2050205	60　2012预函14号2011年人文社科项目	2012-14							
2050205	68　本科教学工程								
2050205	69　教育现代化监测评价体系研究	2013-101							
2050205	70　全国教育满意度测评研究	2013-101							
2050205	71　援疆汉语教师培训	2013-133							
2050205	2.39　985工程浮动奖励								
2050205	2.40　统筹支持一流大学和一流学科建设								
2050205	73　教师网络研修社区建设试点经费	2013-142							
2050205	74　高校发展长效机制补助	2013-204							
2050205	76　专业学位人才培养体育研究	2013-247							
2050205	2.35　"繁荣计划"项目经费	2014-29							
2050205	2.06　本科教学工程								
2050205	2.36　国家教育管理信息总体方案研究	2014-46							

续表

项目			支出数								
支出功能分类科目编码		科目名称（项目）	文号	合计	切面支出数	财政拨款				财政专户管理资金	其他资金
						来源支出数	新增借款数	预算执行数	国库执行数		
2050205	2.9	本科生国家奖学金	2014－117								
2050205	2.11	硕士生国家奖学金	2014－117								
2050205	2.12	博士生国家奖学金	2014－117								
2050205	2.38	支援新疆培训汉语教师									
2050205	2.15.1	2014年人文社科项目	2014－178								
2050205	2.41	国家教育考试标准化考点建设	2014－197								
20503		**职业教育**									
2050305		**高等职业教育**									
2050305	1	职业教育校企合作专项课题研究	2013－244								
2050305	2	职业教育现代学徒制的理论研究	2013－327								
2050399		其他职业教育支出									
2050399		2012预算函314号重点建设职教师资养培训基地专业点等	2012－314								
20508		进修与培训									
2050801		教师进修									
2050801	10.1.1	2014年国培计划	2014－189								
20599		**其他教育支出**									

续表

项目		支出数							
支出功能分类科目编码	科目名称（项目）	文号	合计	财政拨款				财政专户管理资金	其他资金
				切面支出数	来源支出数	新增借款数	预算执行数	国库执行数		
2059999	**其他教育支出**								
2059999	72 2012 预函 120 号普通高中学科课程标准实施现状调研	2012－120							
2059999	83 普通高中学科课程标准调研	2013－44							
2059999	84 普及高中阶段教育政策研究	2013－127							
2059999	85 普通高中课程修订调研	2013－97							
2059999	89 国培计划（2013）	2013－165							
2059999	91 中小学教师信息技术应用能力	2013－218							
2059999	92 中华经典诵读长效机制建设研究	2013－256							
2059999	93 中小学校长培训	2013－297							
2059999	94 高校辅导员工作项目	2013－294							
2059999	95 普通高中校长专业标准研制	2013－315							
2059999	96 教科文援非教育项目	2013－301							
2059999	97 《幼儿园保育教育质量评估标准》前期研究	2013－316							
2059999	4.38 国培计划（2013）	2014－18							
2059999	4.39 职业院校教师企业实践规定	2014－32							
2059999	98 14 年香港与内地高等学校师生交流计划	2013－339							

续表

项目		支出数							
			财政拨款					财政专户管理资金	其他资金
支出功能分类科目编码	科目名称（项目）	文号	合计	切面支出数	来源支出数	新增借款数	预算执行数	国库执行数	
2059999	4.40 语文课程标准修订工作	2014—90							
2059999	4.41 对台教育家交流项目	2014—114							
2059999	4.42 中小学校长培训	2014—116							
2059999	4.43 香港与内地高等学校师生交流计划	2014—167							
2059999	4.44 普通学校中的自闭症儿童将教学模式研究	2014—170							
2059999	4.45 普通高中学业水平考试成绩用于高校招生录取的方式	2014—174							
2059999	4.46 对港教育交流项目——香港通识教育科教师上海考察团经费	2014—149							
2059999	4.47 2014年国家级教学成果奖奖金	2014—188							

以上示例中的辅助账是从大专项角度进行经费情况监控，为满足经费使用者及决策制定者的不同需求，本文在科学实用的前提下设计了次级辅助账用以体现个别专项的经费明细。以下将以"统筹支持一流大学和学科建设项目"（原"985"工程）为例。本次级辅助账将"985"工程项目细化到学科建设、拔尖创新人才培养、队伍建设、提升创新建设和服务能力、国际交流与合作和绩效能力等多个方面，具体到以个人项目为单位进行经费情况监控。（本表中的数据仅作示例数据）

表3 "985"工程过渡期情况汇总表　　　　　　（单位：万元）

项目名称	项目号	项目负责人	2014年拨款金额	2014年支出情况	截至2014年10月底借款	完成率
一、学科建设			3,072.67	1,310.35	319.56	53.05%
1. 学科建设			36.00	21.47	0.00	59.63%
学科评估系统建设	20300－515411－14001	李欣	30.00	20.22	0.00	67.39%
校内学科评估试点单位——哲学	12903－515411－14002	郁振华	3.00	0.30	0.00	10.00%
校内学科评估试点单位——数学	10601－515411－14003	谈胜利	3.00	0.95	0.00	31.67%
2. 新兴交叉学科培育			300.00	150.22	36.40	62.21%
科学与技术跨学科高等研究院（科研）	13300－515412－14001	王依婷	185.00	105.72	31.40	74.12%
科学与技术跨学科高等研究院（运行）	13300－515412－14002	王依婷	15.00	2.91	0.00	19.37%
思勉人文高等研究院	13100－515412－14003	方媛	100.00	41.59	5.00	46.59%
3. 学科支撑系统			2,736.67	1,138.67	283.16	51.95%
仪器设备与资源共享系统	41000－515413－14001	由文辉	936.67	258.62	283.16	57.84%
智慧校园	41600－515413－14003	沈富可	900.00	272.99	0.00	30.33%
文献信息保障系统	20300－515413－14004	张静波	900.00	607.06	0.00	67.45%
二、拔尖创新人才培养						

续表

项目名称	项目号	项目负责人	2014 年拨款金额	2014 年支出情况	截至 2014 年 10 月底借款	完成率
1. 拔尖创新人才培养（本科生）						
2. 拔尖创新人才培养（研究生）						
三、队伍建设	41500－515430－14100	钱海峰	10,000.00	2,659.00	800.72	34.60％
四、提升创新能力和社会服务能力			78.00	57.75	4.90	80.32％
1. 繁荣哲学社会科学创新基地			78.00	57.75	4.90	80.32％
冷战与当代世界研究中心	12902－515441－14002	沈志华	28.00	12.65	0.00	45.18％
子藏	12901－515441－14001	方勇	50.00	45.10	4.90	100.00％
2. 科技创新平台						
五、国际交流与合作			900.00	362.40	10.18	41.40％
1. 国际合作办学及人才培养	40900－515451－14001	丁树哲	85.00	35.06	4.00	45.95％
2. 国际科技合作平台建设	40900－515452－14001	丁树哲	225.00	58.21	3.00	27.21％
3. 国际学术交流	40900－515453－14001	丁树哲	390.00	144.09	3.18	37.76％
4. 国际学生交流	21500－515454－14001	黄美旭	200.00	125.04	0.00	62.52％
六、绩效奖励	41500－515460－14100					
合计			14,050.67	4,389.50	1,135.37	39.32％

3. 专项经费辅助账建立的意义

基于专项经费规模较大、内容较多、管理难度大的特点，建立专项经费辅助账，有利于适时理清经费使用脉络，监督经费使用状况，加强管理和过程控制，防止资源的滥用与流失，确保专项经费的使用达到预定目标。该辅助账的设立不仅是对原有账簿功能的深化，更推进了我校的"全方位、精细化"的专项经费管理工作。

四、结语

专项经费投入与使用的科学性、合理性和项目实施的可持续性，是关系高校能否长期发展的重大问题，学校应高度重视专项经费使用过程的控制与管理工作。但其管理的重点不应停止于防治和杜绝腐败，以及避免对资金的挤占、挪用等传统管理领域，更重要的是在于对专项经费投入的科学性、合理性及其实施效果的全过程监管，并且财务处在此监管过程中应发挥重要的主动作用。因此，建立专项经费专门的辅助账，才能确保财务管理人员能对专项经费的使用进行科学、合理的监管和管理，从而为学校的科学发展做出贡献。

【参考文献】

[1]姚木云、周媛媛．高校专项项目支出预算执行初探[J]．财会经济，2014(7)．

[2]涂淑娟．高校视角下财政专项资金管理的问题及对策探讨[J]．财政金融，2014：9—10．

[3]杨年立．高校财政性教育专项经费管理研究探讨[J]．财政金融，2014：15—17．

[4]梅祥娣．浅析高校专项经费预算管理中的问题与对策[J]．财务与管理，2013：39—40．

[5]周奇杰．基于BSC的高校专项经费绩效评价研究——以A高校"211工程"专项经费为例[D]．南京大学，2013．

[6]刘明明．基金会计在高校专项经费管理的应用与研究[D]．河北大学，2013．

[7]林珊．全面预算管理在高校专项经费管理的应用[J]．北方经贸，2012(10)：85—87．

高校专项经费预算管理的实践与思考*

苏州大学　何爱群　盛惠良①

【摘　要】专项经费在高校资金总额中占比虽不大，但对学校的建设与发展却起着举足轻重的作用。当前，我国高校专项经费管理较为薄弱，普遍存在立项论证不充分、预算执行不及时、绩效评价不到位等现象，一定程度上影响了专项资金的使用效益。为解决这些问题，我们提出专项经费预算管理措施：加强顶层设计，完善专项经费预算管理运行机制；以预算编制为抓手，不断提高预算的科学性；加强预算执行管理，实行定期通报制度；做好专项资金财务分析及考核验收工作，为领导决策提供依据，以期为学校做好预算工作提供借鉴。

【关键词】专项经费　预算管理　运行机制　中期预算　平衡控制

一、高校专项经费的内涵及预算管理特点

1. 内涵及分类

本文研究的专项经费主要是指高校为完成特定的工作任务或事业发展目标而由政府、企事业单位、社团组织、个人等投入的资金或学校自筹的资金，具有指定用途和执行期限，实行专款专用。专项经费根据资金来源渠道可分为：中央或地方政府财政专项、单位自筹以及从企业、社团组织或个人等渠道获得的专项经费；根据资金规模及社会影响力的大小可分为重大专项、一般专项和零星专项；根据项目建设内容可分为师资队伍建设、学科建设、教学改革、科学研究、后勤保障与服务等专项。

2. 预算管理特点

高校专项经费的预算管理主要有以下三个特点：第一，政策性。专项资金一般根据国家经济社会发展战略、学校发展规划以及临时性的特殊需求设立，项目建设应符合高等教育相关政策及法律法规的要求，管理上以国家及学校的

＊ 本文系南通大学 2014 年高等教育研究立项资助项目"现代大学制度下的高校财务绩效管理研究"（2014GJ027）；江苏省首期会计领军班研究课题"高校中期预算编制与实施路径研究"。

① 何爱群，江苏人，高级会计师，江苏省首期会计领军班学员。研究方向：高校财务管理。

相关制度安排为依据。第二，时效性。专项经费预算管理以满足委托方的需求为出发点，以项目建设任务书或合同（协议）设定的目标完成为终点，具有明确的建设期限，实效性很强。第三，区域性。预算管理收到委托方所在区域经济发展水平、区域文化特征及管理水平的制约，因而具有明显的区域性特征。

二、当前高校专项经费预算管理面临的问题

目前高校专项经费管理总体较为薄弱，不同类型或地区的高校由于专项经费来源渠道不同，其管理要求各异，管理水平良莠不齐。根据主管部门相关检查或审计调查的情况来看，多数高校专项经费预算管理中主要存在以下几类问题：

（一）立项论证不充分，资金配置的科学性有待提高

从校内专项的设立情况来看，立项流程较规范（根据工作计划申请设立专项及预算数，学校根据申报情况结合财力提出预算建议数，校长办公会集体决策），但缺少专家论证、专业咨询及决策责任追究等关键程序，且缺少内部控制措施，专项资金配置更多是受到人为因素及行政力量的影响；从校外专项计费的申报情况来看，多数专项属于竞争性申报，给予申请单位的时间紧、任务重、可选范围小，一定程度上影响了学校立项申报的严谨性与科学性；从申报结果来看，办学层次高、基础条件好的高校能更容易地获得专项资金的支持，造成同一项目可以以不同名义获取不同的专项资金。这种"马太效应"的优点在于能在较短的时间内集中力量办大事，使获得资金支持的项目发展更快、竞争力更强；缺点则造成了资源配置的不平衡和资金使用的低效率。具体表现在一方面专项经费执行进度缓慢、资金闲置，另外一方面急需建设的项目因缺少资金支持而丧失了发展的最佳机会，增加了专项资金的机会成本。

（二）相关工作人员技术水平较低

专项经费的管理特点要求必须结合项目建设的总目标和建设周期来编制横跨整个周期的总预算与年度预算，实施过程管理和平衡控制。在实际工作中，一方面，项目负责预算编制的人员多为非专业的工作人员或教师，对本项目建设目标及工作方案了解不深，对学校相关资产管理及财经政策法规理解不透，缺乏预算编制、执行的相关经验；另一方面，财务人员不熟悉相关业务，对如何指导预算编制、审核预算方案的相关性、科学性缺乏相应的判断能力，业务与财务的脱节导致了预算编制的不科学，为后期的预算执行带来了一定的隐患。

（三）预算执行不及时，资金使用效益有待提高

多数高校存在专项预算管理内控机制不健全、预算管理技术手段落后、归

口管理部门管理部不到位、预算执行监督不力、预算调整程序不规范、预算管理信息没有在一定范围内公开等问题，导致专项经费预算执行进度缓慢，超预算、无预算支出问题突出。

(四)绩效评价不到位，资金使用效益不高

以行政力量为主导的资源配置格局导致高校专项经费的绩效评价总体滞后，多数专项甚至没有绩效评价，项目结余较多。造成此种现象的重要原因是学校自我评价内在动力不足，一些重大财政专项经费绩效评价管理制度及评价指标体系尚处于研究或试点阶段，有待完善与推广。目前，已经出台的一些专项经费绩效评价指标存在以下问题：第一，指标数量偏多，难以达到评价的效果；第二，定性指标权重较大，难以量化，核心指标是否科学合理需待实践去验证；第三，专项经费绩效评价的激励与约束机制尚未真正建立或实施，有些项目验收流于形式，以"结果"代替"效果"或以"投入"代替"效果"，难以达到奖优罚劣的目的。

三、专项经费预算管理的实践与探索

(一)加强顶层设计，完善专项经费预算管理运行机制

深化专项经费预算管理改革，注重体制机制创新，推行财务部门主导下的职能管理部门、二级单位及项目组负责人等多个主体共同参与的协同管理模式，着力构建以绩效导向引领投入、以制度约束规范运行的专项经费管理机制。

1. 对于重大财政专项，学校应成立由校领导、归口管理部门负责人以及资产管理部门、人事部门、财务部门、项目组及所属单位等负责人组成的项目建设工程实施领导小组，强化内控机制，明确岗位职责。

2. 强化立项论证的严谨性、科学性。在项目立项与预算编制阶段，让财务人员提前介入，根据规划指导预算编制，确保预算方案具有目标相关性、政策相符性和经济合理性。

3. 根据各类专项资金管理要求，制定适用于学校实际情况的专项经费管理制度，并在校内公开征询意见，确保制度的可行性与合理性。

4. 加强预算执行过程管理。各项目组应配备秘书，专职负责年度预算编制、预算执行、平衡控制、监督检查及验收评价等过程中的沟通协调、账务报销、台账记录和档案管理等工作。

5. 重视内部审计与监督检查。制定相应的专项资金审计管理制度，由学校审计部门定期对重大专项资金预算的相关性、合理性、预算执行进度、验收考核等方面进行跟踪审计，提出审计意见。

（二）以预算编制为抓手，不断提高预算的科学性

1. 规范预算编制程序，完善项目库管理

对于跨期长的专项实行中期预算管理，滚动编制年度预算。以项目任务书为依据，围绕建设目标来平衡年度预算与总预算的一致性，严格控制预算调整，对确需调整的事项在调查论证可行性后规范进行。

2. 加大内涵建设投入力度。出台相关政策，设定最低比例标准安排预算资金，用于人才引进、师资队伍建设等内涵发展需要；根据项目建设特点，全口径测算成本费用，为项目绩效考核提供依据。

3. 加强财务内部控制，规避专项资金被错误认领的风险

对于校外零星专项资金，相关部门或个人在认领时需要提供相应的证明依据，以备财务部门审核验证，杜绝资金被误领或重复立项风险。支撑材料应包括：项目申报书（建设任务书）或签订的合同（协议）、委托方下达资金的文件或通知、专项经费的管理办法或制度、职能主管部门的审查与批示等。

所有预算一律通过财务系统制作模板，实时机控，减少人为差错。审批后的预算一律通过财务核算系统实施控制。财务人员将项目名称、代码、经费报销审批人、金额、时间跨度或报销时限等信息输入预算控制模板，实行项目预算内容与会计核算科目的无缝对接，实现项目预算的实时自动化控制与反馈。

（三）加强预算执行管理，实行定期通报制度

对重大财政专项经费的使用与账务报销定期稽核，发现问题及时予以纠正。定期统计资金使用进度，并反馈至归口管理部门及项目组，督促其加快预算执行。

（四）做好专项资金财务分析及考核验收工作，为领导决策提供依据

根据项目建设特点，科学设定项目建设目标和评估标准。项目建设中期或结束时，学校成立考核验收领导小组，组织专家检查或验收，强化支出效果及评价结果运用，使有限的资金用在刀刃上。

四、相关思考

随着财务环境的变化，高校专项经费管理的方式方法上需要不断地更新与自我完善。在推行"预算编制有目标、预算执行有监控、预算完成有评价、评价结果有运用"的管理模式过程中，高校需要做好以下几个方面的工作：

（一）突破理念束缚，注重体制与机制创新

专项经费作为高校日常运转经费的重要补充，对学校事业发展具有重要的

引领与示范作用。学校管理层应重点关注管理中的薄弱环节，通过体制与机制创新，强化职权利相结合，落实责任到人，改善教职员工在专项经费预算管理中的工作态度与心理预期，激发正能量，使各部门在专项经费预算管理中能相互协调、整体推进。

(二)科学配置财力资源，提高资金使用效益

通盘考虑校内专项与校外专项在项目设立、预算编制、绩效考核等方面的情况，使之相互衔接。特别是在资产配置、人员支出、绩效考核等方面，学校应制定明确可行的标准，防止预算编制、预算执行及绩效评价等方面的随意性，从源头上解决资金重复投入、低效投入等热点、难点问题。

(三)坚持理论与实践相结合，不断提升财务人员业务素质

专项经费预算管理的复杂性与博弈性特征，要求财务人员必须具备较强的业务能力与沟通协调能力。面对各类专项资金不同的管理要求，财务人员除了要不断地学习新出台的文件制度外，还必须要深入学院(部)系、项目组实地调研和考量，了解学校各项专项业务流程和活动规律，不断提高资金使用效益，真正发挥管理与指导服务作用。

【参考文献】

[1]龙英．韩光宇高校财政专项经费管理改革研究[J]．教育财会研究，2015(1)．

[2]魏欣，奚晓雪．高等学校专项经费管理研究[J]．天津大学学报，2014(11)．

高校财政专项经费的绩效评价研究

——以某高校"省重点高校建设经费"为例

浙江师范大学　　胡珊珊

【摘　要】高校财政专项经费是财政性教育经费的组成部分，科学、合理、高效地使用经费，对高校健康、持续发展起着重要促进作用。绩效评价是高校财政专项管理过程中的重要工作。本文基于逻辑框架法对我国高校财政专项经费的绩效评价进行指标构建，通过专家咨询法确定指标体系的权重，并选择"省重点高校建设经费"作为案例，进行指标体系的实际运用检验，为客观、合理地评价高校财政专项经费的绩效提供思路。

【关键词】高校财政专项　绩效评价　逻辑框架法

一、引言

近年来，在高校财政专项经费的管理和使用中，不同程度地存在一些实际问题，如在项目申报时预算制定粗糙、缺乏科学规划，存在着前期准备不足、项目论证不充分、虚报预算等不良现象，项目管理体制和保障机制上缺乏整体规划和顶层设计，项目重复申报，执行进度缓慢、执行率低下，造成公共财政的有限资源得不到有效配置和合理的利用。由此可见，面对数额巨大且快速增幅的高校财政专项经费，如何形成科学的管理和使用监督机制，如何通过构建科学的指标体系、形成有效地绩效评价机制、衡量绩效目标完成程度，如何提高财政专项资金的使用效益，已经成为政府、高校和社会各界高度关注的重大实践性课题。

二、高校财政专项绩效评价方法——逻辑框架法

逻辑框架法是1970年由美国国际开发署研发出现并投入使用的一种用于进行设计、计划和评价的方法，此方法以目标为导向，通过分析项目目标与达到目标所需手段及方法之间的逻辑关系，来确定项目工作的范畴和任务，它将目标和因果关系分成了四个层次：目标/影响、目的/作用、产出/结果、投入/措

施。逻辑框架法的基本结构是一个的矩阵(见表1)。

表1　逻辑框架法结构

层次纲要	客观验证指标	验证方法	假定外部的条件
目标/影响	目标指标	监测和监督手段及方法	实现目标的主要条件
目的/作用	目的指标	监测和监督手段及方法	实现目的的主要条件
产出/结果	产出物定量指标	监测和监督手段及方法	实现产出的主要条件
投入/措施	投入物定量指标	监测和监督手段及方法	实现投入的主要条件

在这一矩阵中,从下到上的四行分别代表了项目的投入、产出、目的和目标这四个层次;从左到右四列则分别表示了各层次纲要、各层次关键绩效指标、各指标的验证方法以及实现这一目标所必要的外部条件。

逻辑框架法所构建的矩阵逻辑关系与绩效评价中的经济性、效率性和效果性原则基本一致,因此将逻辑框架法应用于高校财政专项绩效评价中具有一定的可行性。绩效评价的经济性可以对应逻辑框架中的投入层次,通过分析高校财政专项投入的人、财、物、制度等,衡量其投入的资源成本,判断是否具备资源经济性。效率性与逻辑框架中的产出层次相互对应,通过项目产出的结果评价高校完成财政专项的情况。效果性则与逻辑框架的目的和目标层次相互对应,体现项目的总体目标和各个子目标的实现情况。此外,逻辑框架法的水平逻辑关系与财政专项绩效评价也有着紧密的联系。财政专项经费的绩效评价需要大量的项目数据、成果、资料进行支撑。在逻辑框架法的水平层次中,详细地罗列了项目各层次的客观评价指标、验证指标的方法,以及实现各个层次目标的主要条件,综合逻辑框架法的主要内容与特点,这一方法能够应用于高校财政专项的绩效评价工作中。

三、高校财政专项经费绩效评价指标体系构建

(一)指标选择

针对高校财政专项经费的特点,本文构建了适用于各个逻辑层次的通用指标框架(见表2)。

表 2　绩效评价通用指标框架

项目层次	考核指标	验证方法和依据	达成指标的条件
项目目标与目的： 1. 项目目标实现情况 2. 项目的社会效益 3. 项目的学校效益 4. 利益相关者受益	1. 整体目标实现度 2. 关键子目标实现度 3. 项目的社会影响 4. 受益人数	1. 目标任务是否达成 2. 相关受益人群调查 3. 专家咨询打分 4. 项目总结报告	1. 项目实施后切实有利于高校该方面的发展 2. 项目实施后相关学生和教师及相关研究获得收益 3. 相关政策得到重视完善
项目产出： 1. 项目执行情况 2. 项目的质量评价 3. 项目的实际成本 4. 专项资金时间耗用情况	1. 完工准时性 2. 项目调整率 3. 项目的质量 4. 项目成本降低率	1. 项目进度报告 2. 项目验收报告 3. 项目财务情况等	1. 项目收益良好 2. 项目质量合格
项目投入： 1. 资金投入 2. 人员投入 3. 相关政策支持 4. 物资投入	1. 项目规章制度建立情况 2. 项目规范管理 3. 预算编制执行情况 4. 资金管理情况 5. 实施人员综合素质	1. 资金拨付清单 2. 相关统计资料 3. 项目实施要求 4. 项目实施人员的高级职称占比	1. 资金及时到位 2. 人员、物资及时到位 3. 组织管理机构是否高效

1. 项目投入方面的指标选择

高校财政专项的实施主要涉及人、财、物的投入，因此主要针对项目运行管理的评价、预算编制执行和资金的使用评价、项目实施进度评价三方面设计绩效指标。

(1)项目运行管理评价

①项目规章制度建立情况

a. 项目管理制度的健全性

b. 项目管理制度的合理性

②项目规范管理情况

a. 专门的项目管理机构设置

b. 项目责任制

（2）项目预算编制、执行和资金使用评价

①项目预算编制情况

a. 专项与配套资金预算编制的科学合理性

b. 预算编制程序的规范性

②项目预算执行情况

a. 预算到位率＝实际拨付到项目实施单位的资金额/按批复应到位的金额×100%

这一指标体现了高校财政专项资金筹集的效率，效率越高数值越大。

b. 预算执行率＝实际用于项目的支出金额/实际到位的金额×100%

该指标反映了高校公共财政项目实际运用资金的效率，数值越大项目的实际利用资金的效率就越高。

③资金管理

a. 项目资金的使用情况＝项目实际的支出金额/实际到位的金额×100%

这一指标反映高校专项资金预算完成情况，以及项目的完成程度，体现了高校在项目管理上控制支出的能力，也反映了高校专项预算编制的资金准确度。

b. 项目使用资金的变更情况

c. 项目相关政策和制度的执行情况（如采购程序等）

④财务公开

a. 公开内容、手段与范围

（3）项目参与人员情况

项目实施人员的高级职称率＝高级职称实施人员数/全部项目实施成员总数×100%

2. 项目产出方面的指标选择

（1）项目执行情况

①项目执行进度

②项目调整与风险的控制

③对绩效评价的重视程度

（2）项目的实际成本评价

项目成本降低率＝（项目实际完成成本－项目计划完成成本）/项目计划完成成本×100%

（3）专项资金时间耗用情况

专项资金时间耗用率＝项目实际耗用时间/完成项目预计时间×100%

3. 项目目标与目的方面的指标选择

(1)利益相关者层面

①项目受益的学生率＝专项资金项目所受益或服务的学生数/学校学生总数×100%

②项目受益的学生、教师的满意度

(2)学校层面

①是否符合学校发展定位于学校特色

②学校在国内国际的地位变化情况

③学校学科体系提升情况

④高水平人才引进情况

(3)社会层面

①是否满足国家或区域的发展战略

②是否满足行业发展的需要

③社会公众的认可度

(4)权重分析

本文采用专家咨询法(即德尔菲法)进行高校财政专项绩效评价指标体系的赋权，专家匿名对指标体系进行打分，经过综合、修改，使参与打分的专家的意见趋于集中，最终获得具有统计学意义的结果进而对本文所设计的基于逻辑框架法的高校财政专项经费绩效评价指标体系进行赋权，得出了3个一级指标的权重值：投入层次0.35，产出层次0.25，目的与目标层次0.4。(见表3)

表3　评价指标权重

一级指标	权重	二级指标	权重
投入层次	0.35	项目运行管理评价	0.37
		项目预算编制、执行和资金使用评价	0.4
		项目参与人员情况	0.23
产出层次	0.25	项目执行情况	0.55
		项目的实际成本评价	0.25
		专项资金时间耗用情况	0.2
目的、目标层次	0.4	实际利益相关者层面	0.2
		学校收益层面	0.6
		社会收益层面	0.2

四、案例分析

前文中将逻辑框架法引入了高校财政专项经费的绩效评价中，设计了基于逻辑框架法的绩效评价指标并进行了赋权。在此基础上，本文选择以某大学的"省重点高校建设经费"为案例，进一步探讨该指标体系在实际中的运用。

"省重点高校建设经费"是省级财政根据省重点高校建设计划下达的项目经费，主要用于学科建设、师资队伍建设、人才培养与教育教学改革、科学研究和社会服务、国际合作与交流、公共服务体系建设等方面。财政总拨款 5 亿元，其中学科建设经费 13000 万元，占 26.0%；队伍建设经费 22000 万元，占 44.0%；人才培养及教育教学改革经费 4300 万元，占 8.6%；科学研究与社会服务经费 6200 万元，占 12.4%；国际合作与交流经费 1500 万元，占 3.0%；公共服务体系建设经费 3000 万元，占 6.0%。建设时间为 5 年，第一阶段为 2015—2017 年，第二阶段为 2018—2020 年。

针对省重点高校建设项目的特点，结合之前形成的通用指标逻辑框架，形成如下逻辑框架用于具体指标分析：

表 4 省重点高校建设项目评价指标框架

项目层次	考核指标	验证方法和依据	达成指标的条件	分值
项目目标与目的				40 分
1. 提升学校竞争力和综合实力 2. 突出发展优势学科、交叉学科和特色领域 3. 建设高素质教师队伍 4. 建成与学校发展目标相适应的知识创新体系、与区域发展相契合的社会服务体系 5. 提高国际合作水平	1. 综合实力达到"211"高校平均水平，全国高校综合排名、全国师范大学排名。 2. 达到国家重点学科水平的学科数量、全国前 10% 的学科数量、全球 ESI 前 1% 的学科领域。 3. 引进国际大奖获得者、发达国家或中国两院院士，国家千人计划入选者等国家级人才数量，省千人计划入选者等省级人才数量；高水平教学科研团队数量。	1. 目标任务是否达成 2. 相关受益人群调查 3. 专家咨询打分 4. 项目总结报告	1. 项目实施后切实有利于高校的发展 2. 项目实施后相关学生和教师及相关研究获得收益 3. 相关社会区域得到相应发展	1. 10 分 2. 8 分 3. 8 分 4. 8 分 5. 6 分

项目层次	考核指标	验证方法和依据	达成指标的条件	分值
	4. 中国特色新型高校智库、省部级及以上科研创新平台、企业研究院、国家级科研项目、政产学研用结合的重点项目、顶尖学术论文、国家科学技术奖的数量。 5. 高水平中外合作研究机构、中外合作办学项目、全英文国际化专业、海外留学工作经验教师、外专外教、具有交流交换留学经历学生、来华留学生的数量。			
项目产出				25
1. 项目执行情况 2. 项目的实际成本 3. 专项资金时间耗用情况	1. 项目执行率 2. 项目调整率 3. 项目成本降低率 4. 专项资金时间耗用率	1. 项目进度报告 2. 项目验收报告 3. 项目财务报告	1. 项目收益良好 2. 项目质量合格	1. 10分 2. 4分 3. 6分 4. 5分
项目投入				35
1. 运行管理水平 2. 预算编制、执行和资金使用水平 3. 参与人员情况	1. 项目规章制度建立情况 2. 项目规范管理 3. 预算编制执行情况 4. 资金管理情况 5. 实施人员综合素质	1. 项目管理办法 2. 专项工作实施方案 3. 项目实施人员的高级职称占比	1. 资金及时到位 2. 人员、物资及时到位 3. 组织管理机构是否高效	1. 6分 2. 5分 3. 8分 4. 8分 5. 8分

五、结语

本文构建的高校财政专项绩效指标通用框架以绩效导向的目标评价定位强化了项目绩效目标实现，综合分析项目的投入与产出，关注资金的经济、效率与效果性，体现了共性与个性、定量与定性、业务与财务相结合的评价原则。本文的案例研究能够为高校财政专项经费绩效评价提供一定的借鉴意义。

　　由于省重点高校建设项目建设周期还未结束，因此本文仅限于提供方法，未得出评价结果。同时由于高校财政专项类型多样化，本文设置的个性指标难以评价所有项目，且由专家打分确定指标权数，可能会受主观因素影响，一定程度上会影响到数据的准确性，今后还需进一步的深入研究。

【参考文献】

　　[1]徐嫣．高校公共财政专项经费绩效评价指标体系研究[D]．复旦大学，2013．

　　[2]夏永胜．基于逻辑框架法的政府公共项目绩效评价研究[D]．厦门大学，2008．

　　[3]陈学森．高校专项资金绩效考评指标体系改进[J]．会计之友，2011(9)：118－120．

　　[4]杨媚，杨运东，刘卫民，童小玲．基于BSC与KPI理论的高校专项资金绩效评价研究[J]．会计之友，2016(12)：98－102．

　　[5]李祖超，石昊，美英．高校绩效评价指标体系的比较分析及启示[J]．评价与管理，2010(9)：37－40．

　　[6]省政府办公厅．浙江省人民政府关于实施省重点高校建设计划的意见(浙政发〔2014〕40号)[EB/OL]．http://zfxxgk.zj.gov.cn/xxgk/jcms_files/jcms1/web57/site/art/2014/11/10/art_9501_63061.html

对完善高校专项资金监督机制的思考

西华师范大学　黄智杰　闵向上　林正琴①

【摘　要】当前专项资金管理存在申报、核算、决算和监督上的问题，完善专项资金的监督机制，可以从完善项目管理的内部控制制度、强化内部审计的独立性职能、完善高校专项资金制度建设、建立健全有效的绩效评价体系等方面入手，从而提高资金使用效益。

【关键词】高校　专项资金　监督机制

近年来，由于国家加大了对高校的财政投入，为保证高校事业发展的需要，拨款多数以专项资金的方式下拨给各高校。专项资金一般是指具有专门来源和指定用途的、为了完成某种特定的事项或工作的资金，具有专款专用的特点。对于专项资金应单独核算，并接受相关部门的监督和检查，已成为各级财务支出审计的重点。

一、当前高校专项资金监督管理中发现的问题

（一）专项资金的申报

专项申报文本不够规范、不够完整，缺少论证材料，常常会导致专项资金下达不及时，项目的前期费用已在正常性经费中列支。项目申报的预算编制过于粗略，不利于专项资金的预算执行，影响资金的使用效益。项目资金申报的预算安排，不符合国家有关规定，如需政府采购的物资采购，未纳入政府采购。存在同样或类似项目重复申报的现象，有套取财政资金的嫌疑。

（二）专项资金的核算

以前，财政对各个高校教育经费投入不均衡，高校普遍存在经费不足的情况，专项资金成为学校资金来源的重要渠道，高校就形成了"重项目资金的申

---

① 黄智杰(1978—)，会计师，工作于四川南充西华师范大学计财处，主要研究方向：高校财务管理理论及实务。

报，轻项目资金的使用"的现象。如预算与执行严重脱节，预算管理意识淡薄，经费支出随意性较大，专款项目资金支出范围界定不明，不能做到专项专用，挤占、挪用专项资金的现象比较普遍，资金的使用效率低下，突击花钱与资金转移，重复建设和浪费现象比较严重。

（三）专项资金的决算

很多高校在项目结束后，除了极少数专项资金在使用结束之后需要评审外，未对专项资金进行财务决算的现象普遍存在，资金的使用效果和效益常常是无人问津。专项决算存在缺少绩效考评和追踪问效的问题，年度专项结束时，没有形成一个完成的专项决算报告，没有对每个项目实际发生的费用情况与预算情况进行对比，对所取得的效果是否达到预期目标进行评价，对于重点和金额大的专项没有进行抽查审计。

（四）专项资金的监督

高校对于专项资金管理缺乏制度约束，没有进行绩效考核和责任追究，监督机制形同虚设。近年来，专项资金收入在部门预算的比重越来越大，财政加大了教育经费特别是专项资金的审计力度，从近年来审计反映出的问题主要有：缺少资金预算方案、预算与决算脱节、预算执行中监督不到位、使用中擅自改变资金用途、结余资金未按规定办理结余或结转等。

二、完善高校专项资金监督机制的对策

（一）完善项目管理的内部控制制度，建立分权、分工、协作的管理体制

专项资金项目的管理不仅仅涉及财务部门，而且涉及具体负责、国资采购、科研管理等部门，有些时候还可能涉及校外单位。建设周期包括事前论证、资料申报、财政审批、资金划拨、项目实施、事后验收等相互独立又相互联系的环节。内部控制就是要在项目管理的各部门中形成科学合理分工，在项目实施中，形成一个相互钳制、相互监督、防止舞弊的控制制度。对可能产生舞弊的环节要实施授权制度，进行必要的分工，使得审批人和具体经办人相分离，由两个人以上来处理。财务部门要加强项目的付款支付管理工作，积极与各部门沟通协调，认真审核付款手续，对涉及设备采购的业务，必须要有政府采购计划的批文，验收单位的验收清单，并附采购合同方能支付。

（二）强化内部审计的独立性职能，适当引入社会审计

专项资金具有专门来源和指定用途的，为了完成某种特定的事项或工作的资金，具有专款专用的特点。高校作为专项资金的使用单位，承担着资金使用

的经济和法律责任。审计部门作为校内的经济监督部门，在高校专项资金监督中，应发挥独立审计监督的职能。监督的范围应涵盖高校专项资金项目管理涉及的各部门、各环节和各时间点，从项目的可行性论证、材料申报立项、项目的具体实施和项目的完工验收，内部审计部门都应进行适时审计，及时发现问题，及时解决。内部审计应运用先进的审计方法和技术，对于一些工程项目资金的审计，需要更专业的技术进行审计，可以考虑适当引入无利害关系的社会审计，以保证资金使用的规范和合理。

（三）完善高校专项资金制度建设，强化预算管理

完善的专项资金制度是规范使用专项资金的有力保障，是有效实施专项资金管理和绩效评价的根本保证。专项资金制度不仅包括基本的财务制度，依靠适合学校情况的科学的财务制度和会计制度，特别是经费预算与绩效评价制度，以便为项目执行提供有效的规范，还应根据各类专项资金的来源、类别、性质，制定相应的规章制度，从立项论证、预算制定、项目申报、资金拨付、预算执行、项目管理、绩效评价和全程监督等环节入手，设计专项资金管理和报销的工作流程图、包括专项资金的使用原则、目标、开支范围、核算办法、审批程序、监督管理、评价指标、奖惩措施等，从制度上保证专项资金专款专用，管理工作有章可循、有据可依、依法执行，强化专项资金的预算管理，保证预算执行的合法性、有效性和科学性。

（四）建立健全有效的绩效评价体系，提高资金使用效益

高校专项资金的监督，需要建立一套有效的专项资金绩效评价体系，以评价资金的使用情况。建立健全专项资金绩效评价体系，可以保证专项资金的规范使用，为上级主管单位或政府部门提供科学合理的决策依据，对专项资金的使用进行客观公正的评价，提高专项资金的使用效益。专项资金绩效评价体系应根据各类专项资金不同的要求，确定项目支出所要达到的绩效目标，依据系统性、重要性和可操作性原则，将这些目标通过具体的量化指标进行反映，以此评价和考核项目目标的完成情况，分析项目取得的业绩或效果，达到应有的绩效。将专项资金绩效评价结果与高校财务管理相结合，逐步形成专项资金绩效评价长效机制。

综上所述，加强高校专项资金的核算和管理，完善专项资金的监督机制，提高专项资金的使用效益，是提高高校自身财务管理水平的需要，也是适应新形势下财政改革的必然要求。

【参考文献】

［1］孙洁．浅析事业单位财政专项资金审计［J］．当代财经，2012(6)．

［2］李视友，李萍．浅探高校专项资金项目监督机制［J］．财会通讯·理财，2008(2)．

［3］王敏燕．规范和加强财政专项资金管理对策研究［J］．时代金融，2012(9)．

［4］刘晗．高校专项资金管理的问题与对策［J］．金融营销，2012(7)．

专项经费实施项目管理的研究

天津师范大学 康嘉珍

【摘 要】随着专项资金项目的日渐增多和投入的逐步加大，如何加强对专项资金的管理，全面考核专项投入的效果，提高资金的使用效益，成为专项经费管理的焦点。要使专项经费能够物尽其用，发挥最大的使用效益，就要通过有效的制度安排实现经费使用过程的全程监督，对专项经费实施项目管理。专项经费投入的科学性、合理性和项目实施的可持续性，是关系到各高校长期发展的重大问题。高校要高度重视专项经费项目的管理工作，一方面，这关系到专项经费支持的国家和地方重大科研活动的顺利开展，关系到专项经费的使用效益和效果；另一方面，将专项经费纳入规范的项目管理体质之下，有利于防治和杜绝腐败以及避免对资金的挤占、挪用等。因此，笔者就从项目管理的视角，在深入分析目前高校专项经费存在的突出问题基础上，提出了相关对策。

【关键词】专项经费 项目管理

一、研究背景及意义

为贯彻落实《国家中长期科学和技术发展规划纲要（2006－2020 年）》，规范和加强国家高技术研究发展计划专项经费的管理，提高资金使用效益，根据《国务院办公厅转发财政部科技部关于改进和加强中央财政科技经费管理若干意见的通知》(国办发〔2006〕56 号)和国家有关财务管理制度，财政部、科技部、总装备部制定了《国家高技术研究发展计划(863 计划)专项经费管理办法》。

第一章 总 则

第一条 为贯彻落实《国家中长期科学和技术发展规划纲要（2006－2020 年）》(以下简称《规划纲要》)，规范和加强国家高技术研究发展计划(以下简称"863 计划")专项经费的管理，提高资金使用效益，根据《国务院办公厅转发财政部科技部关于改进和加强中央财政科技经费管理若干意见的通知》(国办发〔2006〕56 号)和国家有关财务规章制度，制定本办法。

第二条 863 计划专项经费(以下简称专项经费)来源于中央财政拨款。主要用于支持中国大陆境内具有独立法人资格的科研院所、高等院校、内资或内资控股企业等，围绕《规划纲要》提出的前沿技术和部分重点领域中的重大任务开展研究工作。

第三条　专项经费管理和使用原则：

（一）集中财力、突出重点。专项经费要集中用于支持事关国家长远发展和国家安全的战略性、前沿性和前瞻性高技术研究开发，防止分散使用。

（二）科学安排，合理配置。要严格按照项目的目标和任务，科学合理地编制和安排预算，杜绝随意性。

（三）单独核算，专款专用。项目和课题经费应当纳入单位财务统一管理，单独核算，确保专款专用。专项经费管理和使用要建立面向结果的追踪问效机制。

第四条　863 计划由科技部牵头负责，并会同总装备部组织实施（科技部和总装备部以下简称组织实施部门）。组织实施部门设立 863 计划联合办公室（以下简称联办），同时按领域设立领域办公室（以下简称领域办）。

第五条　863 计划领域内设专题和项目，专题下设课题，项目由课题组成。根据财政预算管理要求和 863 计划特点，课题年度预算纳入组织实施部门预算管理。

第六条　科技部建立科研项目预算管理数据库，完善信息公开公示制度。将项目（课题）预算安排情况、项目牵头（主持）单位和课题承担单位、课题负责人和课题研究人员、承担单位承诺的科研条件等内容纳入数据库进行管理，对非保密信息及时予以公开，接受社会监督。

高等学校的发展是高等教育事业不断发展的基石，为了支持各高校的发展，国家财政对高等学校专项经费的投入呈现持续性增长。特别是进入"十二五"时期，按照《国家中长期教育改革和发展规划纲要》的要求，国家还将继续加大经费投入力度。专项经费已经并且必将成为高校建设、发展的必要保证，其有效的利用对于提高高校教学质量、科研能力、学科建设以及培养高层次专门人才也将具有特殊的重要意义。

高等学校的专项经费主要包括重点学科建设经费、质量工程建设经费、中央支持地方共建实验室经费、教育发展专项经费、科研费等。上级政府部门和高校是专项经费管理的双重主体，共同承担项目管理的任务。高校作为专项经费的具体管理者，如何根据自身的职责提高专项经费项目管理水平成为专项资金管理的重要环节。本文将对专项经费实施项目管理进行初步的探讨。

二、专项经费的定义和特点

(一)专项经费的定义

高校的专项经费主要是指财政部门或上级单位拨给学校，用于完成特定的工作和发展专项事业、进行专项建设，并需要单独报账结算的资金。高校专项经费的主要来源包括：国家的科技计划、国家自然基金、国家科学基金以及部、省重大攻关项目、科技支撑计划、重点实验室建设、重点学科建设等。

高校的专项经费是预算的组成部分，是学校为完成特定的工作和事业发展目标而编制的年度专项计划。本文所指的专项经费仅限于财政拨款，因此高校的专项经费又是得到上级财政预算支持的专项计划，学校和上级财政部门是专项经费管理的双重主体，共同承担项目管理的任务。

(二)专项经费的特点

高校专项资金是指由政府相关部门和高校年度预算安排下达的除基本基础以外的具有指定项目和用途的专用资金，主要包括基本建设经费、大型修建和购置经费、科技三项费用、三重建设(重点科研、重点实验室、重点学科)项目、课程建设经费和后勤专项及其他具有专门用途的院控经费等。与其他资金相比，专项资金具有以下特点：

1. 专项资金来源的多元化

专项资金来源主要包括四个部分：政府拨款、上级拨款、自筹资金、社会各种捐赠款。由于专项资金来源的多元性从而导致专项资金管理的复杂性。

2. 专项资金范围广泛但必须专款专用

专项资金按性质分为基本建设类资金，事业发展专项基金和其他项目专项基金。在使用专项资金时，应坚持专款专用的原则，避免与其他资金混用而影响专项资金的使用效益及专项目标的完成。

3. 专项资金具有投入量大，占用时间长的特点

大多数专项项目都要经过一个或一个以上会计年度才能完成，时间跨度大，投入数额大。因此对于当年完成的专项应及时结转或回收相应的专项资金；因跨年度才能完成的专项年末也应将结余转下年继续使用。

三、项目管理理论综述

(一)项目管理的内涵

1. 项目管理，就是项目的管理者，在有限的资源约束下，运用系统的观点、方法和理论，对项目涉及的全部工作进行有效的管理。即从项目的投资决

策开始到项目结束的全过程进行计划、组织、指挥、协调、控制和评价，以实现项目的目标。

2. 项目管理是以项目为管理对象的系统管理方法，通过一个特定的、柔性的组织对项目进行高效率的计划、组织、领导和控制，以实现项目的全过程动态管理和项目目标的综合协调与优化。

3. 项目管理是一个管理学分支的学科，指在项目活动中运用专门的知识、技能、工具和方法，使项目能够在有限资源限定条件下，实现或超过设定的需求和期望。项目管理是对一些与成功地达成一系列目标相关的活动（譬如任务）的整体。这包括策划、进度计划和维护组成项目的活动的进展。

4. 项目管理是指把各种系统、方法和人员结合在一起，在规定的时间、预算和质量目标范围内完成项目的各项工作。即从项目的投资决策开始到项目结束的全过程进行计划、组织、指挥、协调、控制和评价，以实现项目的目标。在项目管理方法论上主要有：阶段化管理、量化管理和优化管理三个方面。

（二）项目管理的特点及其作用

1. 项目管理与传统的部门管理相比最大的特点是注重综合性管理，并且项目管理有严格的时间限制。具体而言有以下几个特点：项目管理的对象是项目或者被当作项目来处理的运作；项目管理的全过程都贯穿着系统工程的思想；项目管理的组织具有特殊性；项目管理的体制是一种基于团队管理的个人负责制；项目管理的方式是目标管理；项目管理的要点是创造和保持一种使项目顺利进行的环境；项目管理的方法、工具和手段具有先进性、开放性；项目管理是一项复杂的工作；项目管理具有创造性；项目有其寿命周期；项目管理的本质是计划和控制一次性工作，在规定期限内达到预定目标，一旦目标达成，项目就失去存在的意义而自动解体。

2. 项目管理是在项目活动中运用知识、技能、工具和技术，以满足和超过项目关系人对项目的需求和期望。项目管理就是为了满足甚至超越项目涉及人员对项目的需求和期望而将理论知识、技能、工具和技巧应用到项目的活动中去。有效的项目管理是在规定用来实现具体目标和指标的时间内，对组织机构资源进行计划、引导和控制工作。

按照传统的做法，当企业设定了一个项目后，会有包括财务部门、市场部门、行政部门等多个部门参与项目中，而不同部门在运作项目过程中不可避免地会产生摩擦，需进行协调，而这些无疑会增加项目的成本，影响项目实施的效率。而项目管理的做法则不同，不同职能部门的成员因为某一个项目而组成团队，项目经理则是项目团队的领导者，他们所肩负的责任就是领导团队准时、优质地完成全部工作，在不超出预算的情况下实现项目目标。项目的管理者不仅仅是项目执行者，他参与项目的需求确定、项目选择、计划直至收尾的全过程，并在时间、成本、质量、风险、合同、采购、人力资源等各个方面对项目进行全方位的管理。因此项目管理可以帮助企业处理需要跨领域解决的复杂问题，并实现更高的运营效率。

(三)项目管理的过程

项目管理过程可以分为五个过程组，每个过程组可以有一个或者多个管理过程，各过程组之间的关系如图1所示：

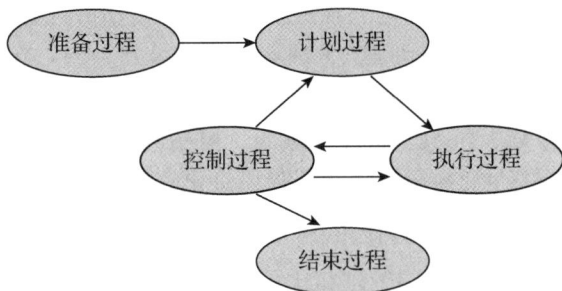

图 1　项目管理过程组之间的关系

1. 准备过程：定义一个项目阶段的工作与活动、决策一个项目或项目阶段的起始与否，以及决定是否将一个项目或项目阶段继续进行下去等工作。

2. 计划过程：拟定、编制和修订一个项目或项目阶段的工作目标、工作计划方案、资源供应计划、成本预算、计划应急措施等方面的工作。

3. 控制过程：制定标准、监督和测量项目工作的实际情况、分析差异和问题、采取纠偏措施等管理工作和活动。这些都是保障项目目标得以实现，防止偏差积累而造成项目失败的管理工作与活动。

4. 执行过程：组织和协调人力资源和其他资源，组织和协调各项任务与工作，激励项目团队完成既定的工作计划，生成项目产出物等方面的工作。

5. 结束过程：制定一个项目或项目阶段的移交与接受条件，项目或项目阶段成果的移交，从而使项目顺利结束的管理工作和活动。

四、目前高校专项经费管理存在的突出问题及原因分析

(一)专项经费论证不足，项目管理实施效果不佳

在高校教育事业经费中，有相当大的比例来源于财政专项资金。各高校为追求自身建设与发展，都把专项资金视为提升学校的学科发展的重要资金来源。

为了急于取得专项经费支持，各高校普遍存在重立项轻论证的问题，对所取得的专项经费如何使用、如何管理则考虑和研究不够，在向上级财政部门申报项目时普遍存在把关不严的现象。项目与学校事业发展规划符合度不高、项目脱离学校发展的实际需求、项目实施缺乏相应的条件保障等现象时有发生，很多项目实施的实际效果并不理想。

(二)设备重复购置浪费严重，资源综合利用率不高

高校在专项经费的管理上，由于宏观调控工作不到位、监管不力，导致专项经费配置分散，项目脱离实际需求，出现设备重复购置、资源闲置等现象。如高校在使用学科建设经费、实验室建设经费申报购置仪器设备时，一味求好，不计效益，只注重选择性能好或配置高的仪器设备，忽视资源整合。表现在科研仪器购置上，相同或类似的仪器申报本来可以通过全校的资源共享解决，但由于学校相关制度不健全，学校内部各学院和部门为了使用方便或部门利益都单独申报购置，造成仪器设备重复购置率高、匹配率差、设备利用率低下，形成不必要的资源浪费，专项资金使用效率低下。

(三)重使用轻管理，专项经费实施绩效考评乏力

高校在取得专项经费后，往往急于在规定的时间内将专项经费执行完毕，而忽视对其执行过程进行管理。不少高校的财务部门参与不够，财务对专项经费预算管理还停留在报账水平上。高校的科研、教学及其他业务管理部门也没有积极主动参与到专项经费的项目管理，对专项经费绩效评价更重视专项资金投入规模，而对资金使用效益关注不够；更重视专项资金的分配，而对专项资金的监督关注不够；更重视财政专项资金的使用，而对专项资金的预算和追踪关注不够。同时，由于专项经费绩效评价标准难以统一、通用的高校专项经费绩效评价指标不易确定等原因，对专项经费实施绩效考评明显乏力。

五、加强专项经费项目管理的对策建议

(一)建立专项经费项目管理组织机构，加强立项评审

尽管上级财政部门对于高校的专项经费立项申请具有最终的审查权，但其评审的重点在于申报理由是否充分、申报程序是否规范、项目申报类别是否准确、是否按要求规范细化填报、申报预算是否合理、所附相关材料依据是否齐全规范等。至于项目与学校和部门发展规划的符合度的审查，只有而且应该由学校自己来承担。学校不能因为上级财政部门最终的审查权而放弃了自己应尽的职责，而必须适应上级财政部门评审的特点，大力加强项目的校内评审工作，重点审查项目与学校发展的"符合度"。

为加强立项评审，高校应建立起健全的项目管理组织机构及其工作体系，具体应包括制定专项经费项目规划的部门，承担项目宏观规划的职责；组织项目评审的部门，负责项目的评审论证；项目实施部门，配合上级财政部门和指导项目负责人执行项目；项目绩效考核部门，负责全校所有项目的自评和配合上级财政部门组织绩效考评；仪器设备使用监管部门，统一负责全校的仪器设备和教室、实验室等教学条件的日常使用和出租、出借等社会服务工作的监管。各部门在相互协作中应承担起学校作为专项经费管理主体的各项管理职责，避免由于组织体系不健全而造成职能遗漏和监管"空白"。

（二）加强专项经费的日常使用监管，建立完善财务监督机制

针对专项经费的特点，在拨款达到后必须实行归口管理，做到职责分明，责任落实。应重视专项经费的日常使用监管，注重专项资金使用的过程控制与管理，防止专项经费在预算执行过程中与预算编制脱节，注重专项经费预算管理的全过程监管，建立完善财务监督机制。

具体而言包括建立专项经费实行信息化管理和反馈机制，在对专项经费使用主体进行合理化授权的同时，要将专项经费的有关决策信息及相关支撑材料全面纳入财务信息管理系统中，将专项经费的收入、支出进度、结余等情况实时反映出来，有利于及时分析和发现问题，便于对资金使用方向、目标以及项目实施进展进行综合监控；同时，加强内审，加大专项经费执行中对项目的监督、检查力度，准确反映专项经费的使用是否合理合法，提高专项经费使用的最终结果与预期目标的一致性。

（三）引入科学有效的绩效考评机制，提高资金使用效益

目前，上级财政部门对有些项目组织了绩效考评，也对高校提出了对项目绩效进行自评的一般性要求。但是由于很多项目的实施效果在短期内是很难完全显现，因此上级财政部门组织的绩效考评一般是在项目总任务或阶段性任务完成一年后开展。这种以项目实施过程和完成结果为重点的一次性考核的局限性非常明显，必须在高校内部建立起长期的、经常性的考核机制，对资金使用的经济性、效率性、效果性进行客观科学的评价，才能更好地反映专项经费的筹集、分配、使用及效益。

高校一方面要切实开展所有项目的自评工作，另一方面要在深入调查研究的基础上，根据学校、专业、仪器和教学条件的类别等实际情况，建立起科学合理的项目实施效果考评和仪器设备使用监管指标体系，把项目实施的长期效果监管纳入制度化、规范化的体系。要本着全面性和特殊性、定量分析和定性分析、科学性和可操作性相结合的原则对专项经费使用权进行及时适时的监督、

控制与追踪问效，并注重绩效评价结果的应用，将绩效评价结果与以后年度高校预算的编制、执行等各个环节紧密结合，与年终考核、奖惩挂钩，对一些重大项目学校财务部门可要求经费使用部门提交当年预算执行情况，学校组织有关人员对该项目进行绩效考评，所形成的报告可作为以后年度安排校内预算的依据。

六、结论与展望

专项经费投入的科学性、合理性和项目实施的可持续性，是关系到各高校长期发展的重大问题。高校要高度重视专项经费项目的管理工作，适时建立相应的监督管理组织体系和健全的专项资金预算管理体系，大力加强项目的规划、评审和使用等方面的统一监管。激励高校科学地申报专项资金，提高专项资金预算编制水平，严格专项资金预算的执行力度，把专项经费投入纳入学校的总体规划，加强项目申报等环节的计划性和宏观调控，防止重复购置、资源浪费现象的出现，提高专项资金的使用效率，有效规范和约束高校行为，使其更加符合学校各项事业发展的需要，从而促进教育事业的科学发展。

【参考文献】

[1]童启富. 对高校提高专项经费项目管理水平的思考[J]. 天津市社会主义学院学报，2007(4)：46－48.

[2]刘纪良. 高校专项经费管理中存在的主要问题与对策[J]. 西北成人教育学报，2011(2)：37－38.

[3]佘文琰. 高校专项经费预算管理探析[J]. 中国对外贸易，2011(20)：281.

[4]孙静. 高校专项经费管理浅析[J]. 教育财会研究，2011(6)：44－46.

[5]徐英. 高等学校专项经费绩效评价初探[J]. 思想战线，2011(37)：55－56.

对高校专项资金管理的思考

新疆师范大学　李　华

【摘　要】近年来高校专项资金已成为支持学校建设发展的重要资金来源。文章结合高校专项资金管理现状及存在的问题进一步深入分析，提出了完善高等学校专项资金管理的建议。

【关键词】高等学校　专项资金　建议

专项资金的科学有效管理，对推动学校学科建设、专业建设及人才队伍建设等各项事业可持续发展起到重要促进作用。近几年来，随着国家政策向西部倾斜，中央和地方财政加大了对新疆高校教育的投入，尤其是对专项资金投入的增加较为明显，如何加强专项资金管理，提高资金的使用效益，就成为高校亟待解决的问题。

一、高校专项资金定义

高校专项资金是指财政部门或上级部门拨付给高校，具有专门、指定或特殊用途，用于完成专项工作或工程的资金。与高校基本经费不同，高校专项资金是在高校年度预算中安排或下达，主要包括基本建设经费、大型修建和购置经费、科技三项费用、"三重"建设项目、"211"工程、科研专项等项目资金。

二、高校专项资金管理现状

重争取，轻管理。在各高校的经费总投入中，有相当大的比例来源于专项资金，为谋求学校自身建设与发展，各高校都把争取专项资金视为办学经费来源的主渠道之一，在申报项目时，精心组织强有力的教学团队编写材料，参与答辩，积极争取项目；项目资金拨付后，却不能积极主动地组织实施，造成专项资金执行进度较慢，资金结转结余较大，基本经费不足的现象。

对专项资金的使用缺乏系统规划，科学管理。在专项资金使用过程中，未能科学合理编制预算，严格执行预算，控制支出范围，造成项目超支，项目结余。

缺乏对专项资金的绩效评价及日常监督。专项资金的绩效评价是个复杂的过程，需建立科学合理的绩效评价体系，设立有效的绩效评价指标。学校内部审计部门未能对专项资金的使用进度、使用效益进行跟踪监督。

三、当前高校专项资金管理中存在的问题

管理制度不够健全、完善。许多高校缺乏相应的专项资金管理办法和专项资金使用细则。由于许多高校没有制定科学详细的专项资金管理办法和经费使用细则，使专项资金的使用缺乏制度依据，致使一些资金在使用过程中随意性较大。

重立项，轻预算。在项目申报的审查中更注重申报人员的学历、职称及项目内容，忽视了申报项目的预算编制，项目预算编制更多是从争取资金的角度编制，提高了预算申报金额；预算编制不够细化，对资金的真实需求缺乏细致调研，不能准确反映真实情况；一些项目中可能出现不同年度重复申报购置资产设备的情况，造成设备闲置、利用率不高，无形中也造成专项资金的浪费。

专项资金使用过程管理较薄弱。专项资金的支出范围不够明确，造成任意扩大专项资金的支出范围，经常出现不按照预算执行或随意改变专项资金用途的现象，不能做到专款专用。财务人员对专项资金的管理还只停留在简单的会计核算和资金支付上，未能体现出专项资金的科学、有效、规范的使用。

绩效考评、监督机制不健全。专项资金的投入对高校教育事业的发展起了重要作用。但高校作为专项资金的受益者，在专项资金的绩效考评工作方面还较薄弱，除有专门的验收、审计规定的项目外，很少有学校对专项资金做出事中、事后评价报告，没有对项目资金实际发生的费用与批复预算对比，没有对取得的效果进行析。同时，学校内部审计也未对项目资金的使用做好正常监督。

四、加强高校专项资金管理的建议

制定高校专项资金的管理制度与办法并严格执行。各高校应完善相应的专项资金管理制度和办法，对项目的申报和立项程序，专项资金立项后的审批和使用，在专项资金预算申报、使用和决算业务流程和规范上，建立清晰的流程，包括申报流程所需要的资料、使用过程中的批复文本、报账范围、使用期限，以及决算过程中的资料和文本等，要对各个阶段形成明确的周期，专项资金的绩效评价原则及监督机制做出详尽的规定，使专项资金的使用在事前、事中到事后评价都有章可循、有规可依。专项资金项目负责人要不断加强经济责任意识，严格按照专项资金管理制度、办法加强专项资金项目管理，使项目达到预期的目标，产生良好的社会效益和经济效益。

科学编制预算，加强预算执行管理。预算作为各项经费管理的龙头，对专项资金使用的过程管理应起到指导作用。在申报专项资金时，项目实施部门及各相关职能部门应依据国家相关要求，充分调研，分析用款事由、计划规模、预期目的等事项，根据项目的实施需要，明确项目的开支范围、内容和标准，特别是对项目中人员经费、差旅费、会议费等制定相应的额度或一定比例，认真、科学、合理地编制项目资金预算，同时根据预算及项目资金使用期限，合理编报专项资金的使用进度，在项目资金使用过程中严格执行预算。

进一步规范项目预算管理。项目预算管理的关键是项目库建设，项目库建设是项目预算编制的基础，科学、合理地确定项目支出预算，对专项资金预算编制具有重要意义。编制项目支出预算的前提是建立规范、合理、科学的项目库。学校按项目分类立项，按轻重缓急原则进行排序，结合上级主管部门有关项目文本要求，编写项目申报书、项目可行性报告、项目评估报告等，根据学校的实际发展情况，不断修订、完善项目库建设，建立项目评审制度和项目绩效考评制度。项目库中的项目实行滚动管理，项目支出预算批复后，将延续项目和当年预算未安排的项目滚动转入下一年度，认真做好项目资金的结转、结余工作。

注重专项资金使用的过程控制与管理。严格执行好专项资金预算是逐步加强专项资金管理，不断提高专项资金预算管理水平的关键环节。在合法合规的前提下加快各专项资金执行进度，在相应的时间节点达到相应的执行率要求，并将专项资金的预算编制和预算执行有机结合，构建事前、事中、事后多层次、全方位的预算执行进度和支出趋势，提高预算执行的科学性，保证学校专项资金的使用效益。在项目资金到位后，抓紧组织实施，将项目细化落实到项目执行部门，创新工作方式，早做计划，及时使用，保证资金高效使用。要严防预算与执行脱节，高校应把专项资金支出管理作为重点监督对象，将支出预算、支出审批程序、支出内容、专项使用进度、结转结余管理、支出的监督检查及考核等内容，纳入专项管理办法中予以规范。

建立和完善专项绩效考核和监督机制。定期对专项资金使用的收入、支出进度、结余等情况实时反映出来，并通过信息化管理按月反馈给项目负责人及相关职能部门负责人，有利于及时分析和发现问题，便于对资金使用方向、目标以及项目实施进展进行综合监控。建立绩效评价制度，开展专项资金绩效评价工作，对资金使用实施"跟踪问效"，明确管理部门及用款单位的责任，验证和考核预算分配目标的完成情况，有利于保证资金安全，提高资金使用效益。不断推进绩效管理，强化支出责任和效率意识，逐步将绩效管理范围覆盖到所有专项资金。将绩效评价重点由项目支出拓展到整体支出，加强绩效评价结果应用，将评价结果作为下次安排专项资金的重要依据。通过学校内部审计、委托社会审计部门检查监督。进一步完善监督机制，逐步建立专项资金监督体系。

五、结论

高校专项资金对高校的发展和建设有着极为深远的意义，高校应当积极适应财政改革发展的需要，不断完善专项资金的内部管理制度，重视专项资金的预算编制，并严格执行预算，注重过程管理，实施绩效考评体系，合理使用专项资金，推动学校的快速、全面发展。

【参考文献】

[1]教育部关于开展"教育经费管理年"活动 进一步用好管好教育经费的通知[Z]. 教财〔2013〕3 号.

[2]孙静. 高校专项经费管理浅析[J]. 教育财务研究，2011(3).

[3]齐红. 浅析高校财政专项资金管理中存在的问题及对策[J]. 北京工商大学学报(社会科学版)，2007(6).

[4]刘慧. 高校财政专项资金管理现状研究[J]. 吉林省教育学院学报，2012(12).

高校专项资金核算管理研究

天津师范大学 田丽云

【摘　要】高校专项资金是根据教育事业发展需要，由各级财政部门拨付及学校自身安排的用于特定建设项目、具有指定用途的资金。国家对高等教育不断加大的专项资金投入对改善学校教学和科研条件、提升学校办学和科研创新能力起到了重大推动作用。同时也对专项资金的核算管理提出了更高要求。如何加强新形势下专项资金的核算管理、全面考核专项投入的效果、提高资金使用效益，笔者结合工作实际，通过对当前专项资金核算管理中存在的不足进行分析，提出改进的具体措施。

【关键词】高校　专项资金　核算管理

高校专项资金是根据教育事业发展需要，由各级财政部门拨付及学校自身安排的用于特定建设项目、具有指定用途的资金。近年来，国家对教育投入不断加大，财政安排的专项资金项目增加，额度也持续增长，专项资金对改善学校教学和科研条件，提升学校办学和科研创新能力起到了重大推动作用。随着专项资金项目的日渐增多和投入的逐步加大，如何加强对专项资金的管理、全面考核专项投入的效果、提高资金使用效益，对专项资金核算提出了新的要求。笔者结合工作实际，对高校专项资金核算管理进行初步探讨。

一、高校专项资金的特征

(一)专项资金来源多元化，一般有资金配套要求

目前，专项资金项目主要指政府部门支持的项目，其来源主要是财政拨款，财政投入的同时，一般明确要求学校及主管部门相应提供资金配套。有的专项资金项目还引入社会捐助。专项资金来源的多元性，导致其核算管理的复杂性。

(二)专项资金一般有特殊的管理要求，需专款专用

专项资金是为了完成特定工作任务或实现某一事业发展目标而安排的，投资部门在批准立项时，一般都提出明确的管理要求，需专户核算、专款专用，使用专项资金时应避免与学校其他资金混用，影响特定事业发展目标的完成。

(三)专项资金项目一般额度较大，投资周期较长

对于专项资金项目，一般进行中长期规划，大多数专项项目都要经过一个会计年度甚至几个会计年度才能完成。项目投入量大、投资周期长，需按资金计划分年度拨款，核算时也要求区分不同年度的投资分别核算。

(四)专项资金投资部门日益注重绩效考评，逐步建立追踪问效机制

对高校专项资金实行绩效管理，是为了适应高等教育发展的需要。党的十六届三中全会就提出"要改革预算编制制度，完善预算编制、执行的制衡机制，加强审计监督，建立预算支出绩效评价体系"。国家、地方政府在加大对教育专项投资力度的同时，开始注重专项资金的检查力度，部分地区的政府部门已经对高校的专项资金实行绩效评价制度，并相应建立了项目奖惩和管理责任追究制度。绩效评价结果作为下年度安排专项资金项目的重要依据。对严格按规定管理使用资金，成效显著的学校，予以表扬，并在下年度优先安排项目及专项资金，对工作不力，管理不严，挪用、挤占、截留专项资金的学校，实行缓拨、减拨、停拨直至追究有关责任人的责任。

二、目前高校专项资金核算管理存在的问题

(一)专项资金管理机制不科学，资金管理过程或过于烦冗或过于松散，影响专项资金的核算，不利于专项资金项目的顺利实施

目前高校一般未设置专门的专项资金管理机构，通常根据建设任务确定责任部门，基本是不同的建设项目由相应的职能部门负责牵头，其他相关部门协同参与建设，完成相关任务。对于每一个项目来说，由各环节管理，执行各自的工作，承担各自的职责，相互配合，发扬团队精神，才能促进整个项目顺利完成。但实际工作中却往往不尽如人意，各部门之间在工作衔接、信息传递、查询、监督方面存在障碍，使项目的资金流向与控制相脱节。例如：项目承办部门往往不清楚财务状况，不熟悉资金使用的相关规定、审批报销流程，缺乏事前、事中控制；项目采购部门、财务部门对项目的执行情况不甚了解，对于项目的资金使用缺乏分析，事中、事后控制乏力。对专项资金的使用，要么层层审批，相关负责人个个签字，手续繁杂，资金支付过程过于缓慢，导致项目进度缓慢，影响专项的执行进度；要么资金管理过于随意，缺乏对资金使用的有效控制。

(二)相应的专项资金管理办法和专项经费使用细则缺失或粗化，致使资金核算无明确依据，可操作性差

高校专项资金有很多不同的来源和性质，有的同一项目的专项资金又分为

不同的大类，每一类资金支持的建设方向不同，经费使用方向也不同。上级部门下达专项时，除极少数重点项目随之下发资金使用管理办法外，大多数专项没有明确规定。许多高校没有制定科学详细的专项资金管理办法和经费使用细则，使专项资金的使用缺乏制度可依，有的学校虽然制定了相应的专项资金管理办法，但主要是原则性条款、指导性意见，具体哪些开支能在专款中列支，哪些不能列支，没有明确规定，财务人员在资金核算时可操作性差，开支范围不明确导致一些资金在使用过程中随意性加大，违背专款专用原则。这些问题在无形中造成资金浪费，影响专项资金的使用效益。

(三)核算项目设置不科学，不能体现专款专用、专户核算、专项管理的要求

专项资金项目的增加给财务部门的核算带来了困难，加大了管理难度。专项资金一般要求专款专用、专户核算。不同的项目，建设内容不同，资金使用方向自然不同。同一项目，又往往包含若干子项目，核算时需要有所区别。有的学校在进行专项资金核算时，不注意管理要求，与日常相关经费并户核算；有的按大的项目设立专户，过于简单，若干子项目的开支混在一个项目号中，无法掌握各子项目的执行进度；有的虽然也按子项目设立了专户，但有的项目又区分不同的任务，并且分年度拨款，设置核算账户时往往不能完全达到专项资金管理的要求。

(四)专项资金从项目申报到审批到拨款所经过的过程较长

资金往往到年底拨付到位，对项目进度影响较大，不能按照项目计划书的要求控制进度。申请专项资金往往要经过项目申报—上级部门审批—预算上报—预算批复—拨款诸多环节，待到资金拨付到账，通常已是年度过半，甚至已到年末，已无法按申报的项目进度执行。此时，上级部门又往往要求项目进度。为避免专项资金结余过大，财务部门只得催促花钱，此时往往抢进度，集中付款，不利于按计划的时间节点控制项目进度。

(五)配套不到位，挤占挪用专项资金现象时有发生

很多专项资金项目要求学校配套资金。有的学校为了争取项目，不顾自身承受能力，盲目承诺配套。取得项目后，又难以实现承诺，配套资金不能到位；有的项目，主管部门在下达专项经费时，明确学校自筹资金比例，得到的专项经费越多，需要自筹配套的资金越多。在目前学校办学经费仍然紧张的形势下，学校自筹资金往往不能到位，个别学校虚假配套，严重影响项目进度；一些高校以财政拨款不足、经费超支为由，改变专项资金的用途，或是将一些项目以外的开支直接在专项经费中列支，影响了专项项目的顺利推进和结项验收，干扰了高校正常的经济工作秩序，造成不良后果。

（六）资金支出环节管理薄弱，缺乏有效的控制和监督手段

目前，高校对专项资金重收轻支的现象仍有存在。资金拨付到账后，对资金的使用缺乏有效地监控。

（1）对专项资金的管理是一项复杂的工程，需要校内各部门密切配合，才能促进项目的顺利完成。项目的实际实施过程中，各部门衔接不顺畅现象时有发生，有的部门对自己负责的事项优先办理支付手续，别的应付资金迟迟不能到位，影响项目的完成进度。

（2）财务核算不规范，管理存在漏洞。有的高校对于专项资金的核算没有遵循专户核算、专款专用的原则，对专项资金未设立专户，与本单位的日常业务混合核算，随意挤占、挪用专项资金；有的高校在采购环节不执行政府采购相关规定，自行采购；财务审核人员执行相关管理规定不严格，在支付款项时，手续不完备，如未签订合同，工程、维修项目未进行项目审计，直接凭对方开具的发票便给予报销，存在管理上的漏洞。

（3）预算控制缺失。有的学校项目预算粗化，没有专项资金使用的正式详细的费用预算，会计人员支付款项时无法鉴别需要支付的款项是否列入预算，只能对支付额度进行控制，资金不能得到有效监控。

（4）专项资金开支范围不明确，列支与项目无关的开支 。专项资金核算过程中，具体哪些开支能在专款中列支，哪些不能在专款中列支，文件规定只是一些大的原则，在具体操作中没有明确规定。而实际情况比较复杂，财会人员只能凭自己的理解去审核监督。一些单位则任意扩大专项资金的支出范围，违背专款专用原则，无形中造成了资金的浪费。

（七）负责专项资金核算的会计人员对项目规划了解不深入，影响核算质量

高校财务工作倡导从核算型向管理型转变，但多年来重核算、轻管理的惯性，使得财务人员潜意识里仍然重视记账、算账，对学校的管理活动参与较少。多数高校财务人员在专项资金的核算管理过程中只是承担了会计核算和资金支付等简单的服务性工作，对具体的项目规划了解得不多，因而无法根据业务进度合理安排资金支付，只能在事后凭经办人出具的票据报销，在审核支出票据时也往往只能对票据本身的合理合法性进行审核，而对资金使用的真实性或业务本身的真实性却无从判断，资金使用者有可能将项目以外的合法票据挪到项目中报销，从而形成挤占专款的情况。财会人员对专项活动的事前和事中的控制缺失，使得会计监督往往流于形式，缺乏应有的力度，直接影响了专项资金的核算质量，使管理手段相对弱化，导致财务资金使用效益低下。

（八）缺乏有效的绩效考评机制

专项经费一般应包括项目申报、项目评审、项目实施和实施效果的考核四个环节。项目的实施效果考核更是当前高校专项经费管理的薄弱环节。部分地区的政府部门已经对高校的专项资金实行绩效评价制度，也对高校提出了对项目绩效进行自评的一般性要求。但大部分高校往往是"重申报，轻考核"，没有建立相应的绩效考评和管理制度，在项目实施过程中缺乏有效的监督和控制，对项目的执行效果缺乏自主的评价，往往当上级部门对项目检查验收时才被动地仓促布置，对项目是否按规划执行、执行进度如何、执行完毕是否达到预期目标没有准确的认识。

三、加强高校专项资金核算管理具体措施

针对高校在专项资金管理中存在的一些问题和弊端，笔者认为应从以下几方面加强对专项资金的管理，提高资金使用效益。

（一）引入项目管理理念，建立科学的专项资金管理机制，明确组织机构及管理程序，对专项资金实行全过程的动态管理，推动专项资金项目的顺利实施

项目管理是以项目为对象的系统管理方法，通过一个带有临时性的专门柔性组织，对项目进行高效率的计划、组织、指导和控制，以实现项目全过程的动态管理和项目目标的综合协调与优化。随着各级财政对高校投资的增加，对这些投资项目实施项目管理是一种趋势。学校要根据专项资金项目的管理要求，建立起健全的项目管理工作组织体系。这一工作体系，既可以通过调整原有相关部门的工作职责构建，也可以通过组建新的工作机构建立，承担起学校作为专项经费管理主体的各项管理职责。在组织体系中，要明确项目总负责人，实行项目负责制，项目负责人协调多个管理环节，落实项目预算，审核项目经费开支是否符合项目计划及规定的资金使用范围。各环节要切实执行各自的工作，承担各自的职责，加强工作的沟通配合，保证信息传递、查询、监督各方面的畅通，对专项资金实行全过程的动态管理，促进资金的有序流动与控制，形成资金支付有据、监管有力，避免由于组织体系不健全而造成职能遗漏和监管"空白"。

（二）制定操作性强的专项资金管理办法和专项经费使用细则，严格按要求核算专项资金

各高校应按照不同的项目管理要求，制定相应的专项资金管理制度和办法，对项目的申报和立项程序，专项资金立项后的审批和使用，专项资金的监督检

查机制与绩效考评原则、办法尽可能做出详尽的规定，使专项资金从申请到使用再到对使用后产生效益的评价都有章可循、有规可依。特别是对专项资金的开支范围，要制定明确的细则，具体哪些开支能在专款中列支，哪些不能列支，使财务人员有章可循，杜绝资金使用的随意性，同时对资金的流向进行监督控制，加强对专项资金的核算管理，确保专项资金专款专用，不断提高资金使用效益。

(三)将专项资金纳入学校预算，强化预算管理，保证资金配套及使用，强化资金的事前管理

专项资金项目一般要向上级部门上报详细的预算，预算一旦批复就要严格执行，不容随意更改。学校财务部门应负责专项资金的财务核算与监督，以经批复下达的项目年度计划为依据，将专项资金列入学校年度收支预算，确保财政资金、自筹资金足额到位。编制学校年度收支预算时，若专项资金额度尚未确定，可在额度明确后追加预算。对专项资金的支出应严格按预算进行审核，对超出项目范围及超预算的支出，财务人员应拒绝付款，强化预算的严肃性，加强对项目资金的事前管理及控制，确保专项资金专款专用。

(四)建立科学的财务核算管理体系，按项目管理的要求科学设置核算项目。以核算项目为依托，注重综合管理，充分利用信息化管理技术，实现各管理系统的一体化

根据专项资金管理要求，学校财务部门应对专项资金实施专户核算、专项管理，真正做到专款专用。建立科学的财务核算体系，是专项资金管理的重要内容。

财务部门应以经批准的项目年度预算为依据，科学设置核算项目，严格区分不同的项目进行核算。在当前电算化条件下，对专项资金按项目核算时，可将项目信息集中管理，使项目管理更为规范整齐。科学设置项目编码，是项目核算的基础。设置项目编码时，要尽可能有规律可循，赋予每一位编码特定的含义。如"中央财政支持地方高校发展"专项，中央财政持续投入资金，支持地方高校的重点发展和特色办学，项目三年为一个周期，分六大类项目，每类项目又规定了不同的支出方向，可按"年度—项目分类—具体项目—支出方向"的顺序排列设置项目编码。在核算时，可以将项目按类别进行专门管理，每个项目有其对应的科目，每个科目有其对应的项目。在进行与专项相关的业务处理时，每一笔会计信息对应相应的核算科目和项目。这样，将专项资金纳入校财务信息管理系统，项目负责人可随时查看专项资金支出记录，实时掌握项目进度，实现专项的项目管理。在科学的项目体系下，财务人员可以很方便地进行数据检索及处理。为了客观地了解并掌握专项资金的总体使用情况、进度与效益，财务管理部门应定期将专项资金的收、支、余等情况以表格的形式反映出来，定期编制专项资金使用情况表并及时反馈给有关责任人，使项目责任人对资金的使用情况、使用效益和项目的总体进度有一个较全面的了解与掌握，有利于及时地发现问题，总结经验，便于把握下一阶段的工作调整与安排，以便于对资金使用方向与目标进行控制，从而加强项目的综合管理，实现各管理系统的紧密配合。

(五)强化时间控制，严格执行项目任务书的计划进度，按计划付款，推动项目的建设

专项资金项目一般有严格的时间限制，要求在一定期限内完成项目建设。对于专项项目，财政资金的拨付应及时足额到位，这有待于财政预算机制的改革。项目批复下达后，学校项目管理部门要督促项目的实施按既定计划进行，加强项目的过程管理，强化时间控制。资金支出进度与项目开展的进程也要相一致，避免项目等资金或是资金等项目，出现拖延工期或是突击用钱的现象，影响项目的正常开展。

(六)加强费用管理，强化对资金使用过程的监督，实行事中控制

专项资金到位后，财务部门应按照财政下达的支出项目严格遵循专款专用的原则，对其实施专户核算，专项管理。划清与日常经费开支的界限，不挪用、挤占专项资金，不擅自变更项目支出内容。专项资金应严格实施政府采购，财务部门应配合相关职能部门，与政府采购部门办理好有关原始资料、票据的对接工作，保证其安全和完整，同时及时与政府采购部门核对资金支付账务，及时接取支付票据，按时进行账务处理，保证资金核算的及时完整。财务部门还应加强国有资产的管理，认真审核固定资产的办理手续，及时做好相关的账务处理。

在处理专项资金核算业务时，应严格执行专项资金使用的审批程序，未按规定程序审批的专项资金开支，财务部门有权拒绝受理；严格规范项目实施过程中的财务报销手续，认真贯彻执行财务规章制度，规范凭证单据管理并及时入账，拒绝不合法、不合格的票据入账；对于各项费用支出，依合同或协议付款，对于不符合批准的项目和资金使用范围的支出，拒绝支付。财务人员还应该认真履行会计监督的职能，对项目负责人审批的经费开支按规定的项目和资金使用范围实施管理和监督，真正做到管严、管实、管好专项资金，促进高校专款的良性使用。

(七)强化财会人员对项目的理解，融入项目的实施过程，更好的实现会计的核算和监督职能

财务人员要切实转变意识，对学校的经济活动要全面参与资金使用的决策与控制，自觉实现财务工作从核算型向管理型的转变。对于专项资金项目，财务人员应详细了解其实施方案、管理要求，积极融入项目管理团队，参与到资金管理的全过程。财务人员要加强与业务经办人员的沟通，对于整个过程进行统筹规划，及时了解项目进度，根据项目进程合理安排资金支付，并定期向业务经办部门提供资金执行情况分析，加强专项活动的事前和事中控制，真正实现会计的核算和监督职能，提高专项资金核算质量。

(八)建立绩效考评机制，进行事后管理，评判资金使用效益，促进管理效能的提高

考察专项资金是否真正发挥了使用效益，是否达到了预定目标，应建立绩效考评机制，对项目的执行结果进行科学分析，实行追踪问效制度。首先需要建立对专项资金使用的绩效评价体系，确定项目的评价内容、设置评价指标和标准。学校专项资金项目管理机构有责任对照项目规划书所设定的任务指标定期对专项执行情况进行检查考评，对专项资金的预算执行和财务管理情况进行监督检查，对专项资金的使用情况进行分析、评价，及时发现和解决专项资金使用过程中的各种问题，并提出改进意见和建议，加强日常运行管理。对绩效评价差的项目，可督促其整改、调整下一年度的资金额度，或报上级部门审批调整建设项目。绩效评价机制的有效运行，可促进管理效能的提高，实现专项资金效益最大化。

财政专项资金对高校的发展和建设有着极为深远的意义，高校应当积极适应财政改革发展的需要，不断规范对专项资金的核算管理，合理使用财政资金，使专项资金真正发挥应有作用，推动学校教育事业发展。

【参考文献】

[1]赵之敏. 专项资金管理研究[J]. 现代商贸工业，2009(12).

[2]刘晓玲. 高校专项资金核算探讨[J]. 教育财会研究，2011(2).

[3]王立楠. 对高校专项资金管理的思考[J]. 理论前沿，2011(10).

[4]部林平，朱景辉. 高校专项资金核算与监管体系研究[J]. 经济与管理，2012(8).

[5]姜红. 高校专项经费管理及核算中存在的问题与解决对策探析[J]. 经济师，2012(8).

[6]郭慧峰. 浅谈如何加强高校专项支出项目管理[J]. 商业经济，2012(5).

COSO 框架下高校修建专项资金管理内部控制设计探讨

——行政事业单位内部控制规范在高等学校修建专项资金管理中的应用研究

北京师范大学　易慧霞

【摘　要】随着教育投入的增加，学校基本办学条件不断改善，基本建设和维修改造成为我国高校频发腐败案的重灾区，加强修建专项资金管理的内部控制成为高校内部控制的重要内容。本文以 COSO 框架在我国企事业单位中的发展和应用出发点，根据行政事业单位内部规范的具体规定，结合高校自身特点，阐述了高校内部控制目的、原则和基本控制方法，通过 COSO 框架下控制环境、风险评估、控制活动、信息和沟通、监督五要素分析法，对高校修建资金管理内部控制进行了系统设计探讨，建立健全高校修建专项资金内部管理，以促进高校资金的安全有效使用，保持稳定、协调、健康发展。

【关键词】高校　cosa 报告　内部控制　修建专项资金管理

一、绪论

(一)内部控制在我国企事业单位的发展与应用

近年来美国 COSO 委员会发布的《内部控制整合框架》成为国际公认内部控制纲领性文件，它又被称作 cosa 报告，报告中内部控制包括控制环境、风险评估、控制活动、信息和沟通、监测五要素。借鉴 cosa 报告，我国财政部 2006 年发布企业内部控制基本规范，之后颁布《企业内部控制配套指引》并组织施行。要求中国企业建立与实施内部控制要以专业管理制度为基础，以防范风险、有效监管为目的，通过全方位建立过程控制体系、描述关键控制点和以流程形式直观表达生产经营业务过程而形成的管理规范。

随着我国企业内部控制研究不断深入，行政事业内部控制理论与实务也在不断发展。2012 年 11 月 29 日财政部印发了《行政事业单位内部控制规范(试行)》(以下简称《规范》),要求行政事业单位自 2014 年 1 月 1 日起施行。该规范明确了行政事业单位内部控制目标、原则、方法以及在单位层面和业务层面实施内部控制的具体规定,体现和借鉴了 COSO 框架理论内部环境、风险评估、控制活动、信息与沟通和内部监督五要素。

(二)《规范》在高校的应用探讨

显而易见,高校内部控制应该以《规范》为基础,结合高校特点,建立相应体系。

本文中高校特指国家财政举办的高校,承担为国际社会培养人才的任务,有义务遵法守法。因此合理保证高校内部经济活动合法合规、合理保证资产安全和使用有效、合理保证财务信息真实完整这三个内部控制目标与企业和 cosa 报告一致。而有效防范舞弊和预防腐败则是相对于企业内控规范和 cosa 报告的一大"中国特色"目标,具有很强现实针对性。而整个高校内部控制的最终目标是提高教学科研水平,促进高等教育持续、稳定、协调、健康的发展。

按照《规范》,建立与实施内部控制应当通过制定制度、实施措施和执行程序,对经济活动的风险进行防范和管控,并应遵循全面性原则、重要性原则、制衡性原则和适应性原则。落实在具体工作上,应包括梳理经济活动的业务流程,明确业务环节,系统分析经济活动风险,确定风险点,选择风险应对策略,在此基础上根据国家有关规定建立健全各项内部管理制度并督促相关工作人员认真执行。

依据《规范》并借鉴的 cosa 报告中五个要素的分析方法,高校内部控制体系应当建立全面的、系统的和客观经济活动风险定期评估机制。风险评估时,要重点关注学校层面内部环境的风险评估——内部控制工作的组织情况、内部控制机制的建设情况、内部管理制度的完善情况、内部控制关键岗位工作人员的管理情况、财务信息的编报情况等;应重点关注预算管理、收支管理、政府采购管理、资产管理、债务管理、合同管理等经济业务。同时,通过相容岗位相互分离、内部授权审批控制、归口管理、预算控制、财产保护控制、会计控制、单据控制、信息内部公开等控制活动和方法进行内部控制活动。最后,通过监督和评估保障内部控制的有效性。

(三)高校修建专项资金管理内部控制研究的意义

相对于我国高校经济活动和资金迅速增长的现状,其内部控制制度并不健全,高校经济活动中各类风险凸显,特别是物资采购、基本建设和修建中挪用公款贪污受贿等腐败案件不断见诸报端,严重损坏了高校声誉和教育事业发展。

如何保证高校资金合理合法使用,对如何防范防控高校经济活动风险,近两年高校学者和实践工作者也将 cosa 报告引入高校内部进行研究，但大部分是总体框架体系文字性研究描述，或仅就合同管理、货币资金单一业务类型研究分析，修建资金的管理涉及高校的多个业务环节，是其内部管理的重点和难点，加强《规范》在高校内部复杂业务的应用研究，对改善目前高校专项修建资金管理的有非常重要的现实意义。

二、高校修建专项资金管理内部控制设计

本文将从内部控制五要素角度分析高校内控环境和专项资金管理现状，通过梳理各类经济活动的业务流程、明确不同的职能部门职责，对单位经济活动中面临的各种风险进行分析，并尝试利用有效控制活动，将风险控制可承受范围之内。

（一）内部环境

高校兼具学术性和公益性事业组织特性，产品具有半公共产品性质，内部控制管理意识并不强，对内控的认识停留在概念层面，常常将会计控制混同于内部控制，以一般财经规章制度代替内部控制制度，仅就经费开支范围标准程序实施控制，对业务流程控制较为简单，出现问题时缺乏统一规范的处置依据和标准。

基本实行党委领导下的校长负责制，强调党委领导决策权和校长行政权力，普遍执行"三重一大"集体决策制度，但决策过程常常取决于分管建设部门的汇报和领导的个人意志。组织结构中资产、财经、审计、监督等多个管理部门常常分属不同校级领导，分别对各自领导负责，相互之间信息沟通快捷性、规范性欠缺。

高校修建专项资金管理含项目立项、预算编制、收到拨款、选择修建专项工程队伍、签订施工合同、施工过程管理、验收计入固定资产等，涵盖了高校重要经济活动的所有类型。涉及学校领导、资产、财经、审计、监督等多个管理部门，内控被认为是审计、纪检监察部门的职责，在实际工作中缺乏顶层系统规划，各职能部门在不同业务环节之间职责不甚清晰、衔接不甚紧密，项目较为重视最终造价审定，没有相应职能部门对整体专项资金管理过程后进行评估。

修建资金项目管理过程中不仅涉及财务知识，还涉及大量不同类别建筑，包括结构、土建、强弱电、水暖、设备、材料、造价等多个专业知识，高校内部专项资金管理过程中相关人员素质良莠不齐，不能完全满足整体修建工程管理中的需求。

高校资金来源多样化，涉及资金额巨大，而修建专项资金大部分来源于财政资金，国家相关管理规定严格。

(二)风险评估

高校修建专项资金管理涉及大的环节包括项目立项、项目设计、工程招标、项目验收及后续工作。笔者梳理出高校修建专项项目管理中各经济业务活动以及归口管理部门(见图 1)，并据此分析不同阶段风险点：

1. 项目立项阶段，项目与国家和高校教育发展战略脱节、内容不合规，各职能部门权限配置不合理决策程序不规范，会导致决策失误；没有征求学校教师同学意见、项目细化设计征求意见不充分完整，项目性质、用途模糊，规模、标准不明确，可能造成项目投资估算、进度安排不协调等。由于可行性研究不倒位，申报材料不当，极有可能导致学校申报预算未批复或不能全额批复、设计难以按照准确完整实现预期效益。

2. 设计阶段由于设计深度不足、存在设计缺陷，工程造价信息不对称，技术方案不落实，概预算脱离实际，都可能导致造成施工组织、工期、工程质量、投资失控以及生产运行成本过高等问题。

3. 招标阶段非常容易产生廉政风险，由于巨大利益诱惑极易产生商业贿赂，可能导致中标人实质上难以承担工程项目、中标价格失实及相关人员涉案。施工合同与招标文件不一致或存在订立其他协议则是非常容易在前期忽视的风险。

项目建设过程中风险很多，其中预付款超付、随意变更设计造成变更后造价突破预算，工程物资质次价高、工程监理不到位、项目资金不落实，可能导致工程质量低劣，进度延迟或中断等都是风险点。

4. 项目验收阶段，竣工验收不规范，最终把关不严，可能导致工程交付使用后存在重大安全隐患。资产及档案移交不清晰规范，则会造成后续管理困难。

(三)高校修建专项资金管理风险控制活动

控制高校修建专项资金管理风险，必须加大内部控制制度宣传力度，全校教职工特别是相关职能部门能全面准确认识并重视内部控制要求，完善内部治理、组织结构，明确部门内部岗位职责，增强部门之间的协调配合能力，优化人力资源政策、加强健康的大学文化建设，同时采取有效方式控制风险。

1. 采取有效措施控制风险

(1)合理设置内部控制关键岗位，明确划分职责权限，确保项目可行性研究与项目决策、概预算编制与审核、项目实施与价款支付、竣工决算与竣工审计等不相容岗位相互分离。

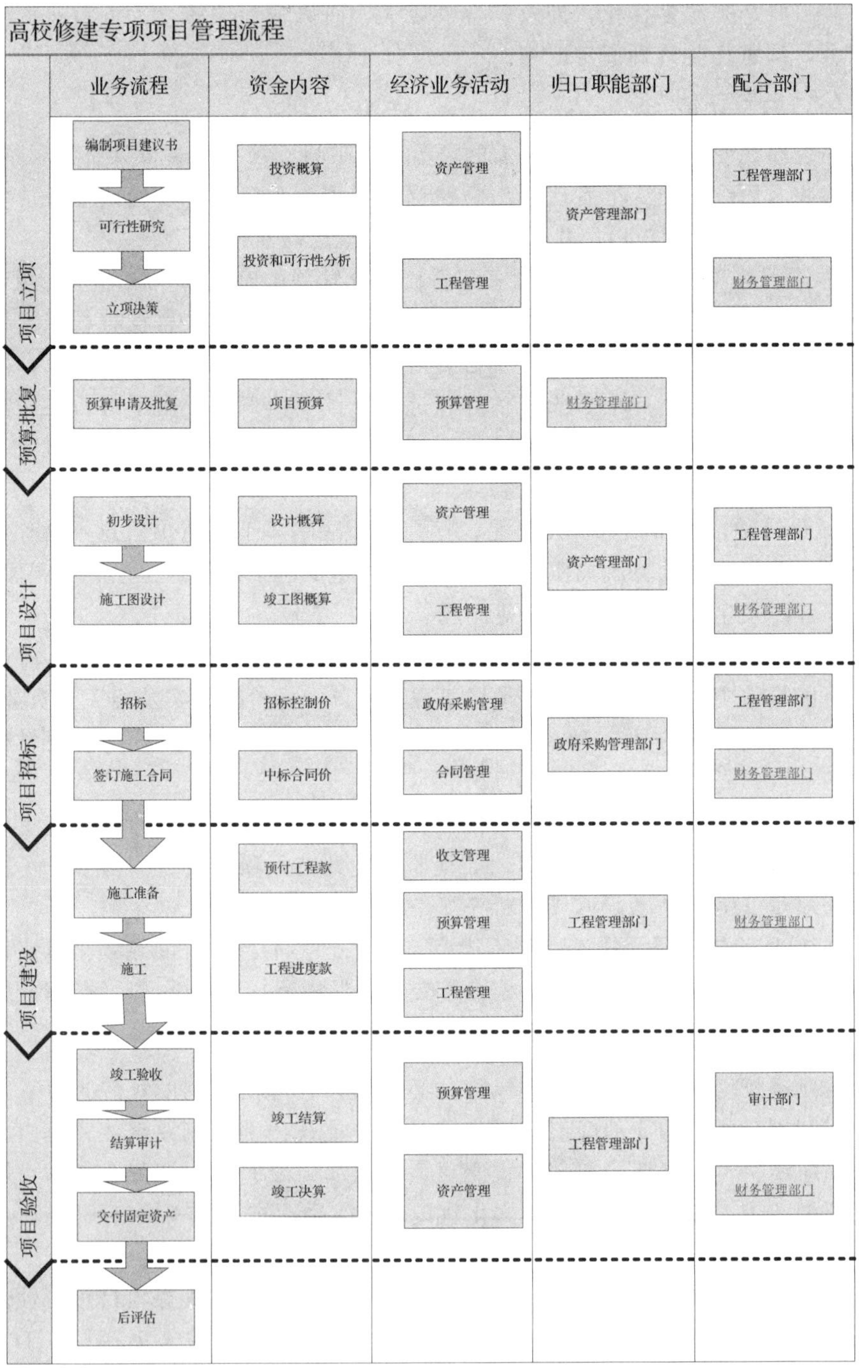

图 1 高校修建专项项目管理流程

（2）明确各岗位办理业务和事项的权限范围、审批程序和相关责任，建立重大事项集体决策和会签制度。相关工作人员应当在授权范围内行使职权、办理业务；建立与建设项目相关的议事决策机制，严禁任何个人单独决策或者擅自改变集体决策意见。

（3）对合同实施归口管理，建立财务管理部门与合同归口管理部门的沟通协调机制，实现合同管理与预算管理、收支管理相结合。

（4）强化对经济活动的预算约束，使预算管理贯穿于单位经济活动的全过程。

（5）建立健全本单位财会管理制度，加强会计机构建设，提高会计人员业务水平，强化会计人员岗位责任制，规范会计基础工作。

（6）根据国家有关规定和单位的经济活动业务流程，在内部管理制度中明确界定各项经济活动所涉及的表单和票据，要求相关工作人员按照规定填制、审核、归档、保管单据。

（7）建立健全经济活动相关信息内部公开制度，根据国家有关规定和单位实际情况，确定专项资金管理立项、预算以及招标等信息内部公开的内容、范围、方式和程序。

2. 完善工程项目各项管理制度，根据重要性原则，高校应制定修建专项资金顶层管理文件，明确各环节存在的风险和每个环节各职能部门职责，按照权责对等的原则，成立修建专项管理小组确定各环节牵头部门或牵头人员等方式，对有关经济活动实行统一管理。

（1）重视项目立项工作，建议将可行性研究报告、概预算、竣工决算报告等由资产管理与规划、技术、财会、法律等相关工作人员或者根据有相应资质的中介机构进行审核。坚持集体审议，且相应财务管理人员或负责人应当参与项目决策。同时实行项目评审应实行问责制。

（2）加强设计时间精力投入。要求设计单位根据使用方意见以能实现基本功能技术方案为基础，在预算额度内，最大可能地优化、深化设计，满足人才培养、科学研究需求。

（3）严格按照政府采购法的要求开展项目队伍的选择，一般应当采用公开招标的方式承包单位和监理单位。采取签订保密协议、限制接触等必要措施，预防腐败，尤其要注重各环节的内部钳制，信息公开等。高校因为缺乏相关专业人才，在合同订立时应强调明确合同订立的范围和条件。对于影响重大、关系复杂的合同，可以要求法律、技术、财会等工作人员参与谈判，或聘请外部专家参与相关工作。

（4）项目建设过程中对合同履行情况实施有效监控。应当实行严格的工程监理制度，按照合同要求和预算管理要求对承包单位在施工质量、工期、进度、安全和资金使用等方面实施监督。重大设备和大宗材料的采购应当按有关政府采购和招标采购规定执行。严格控制项目建设过程中的洽商变更，按照项目决策和概预算控制的有关程序和要求以及规定的权限和程序进行审批，并对工程变更价款的支付进行严格审核。

(5)严格预算控制原则，强调经批准的投资概算是工程投资的最高限额。建设项目竣工后，应当按照规定时限及时办理竣工决算，组织竣工决算审计，并根据批复的竣工决算和有关规定办理建设项目档案和资产移交等工作。

(6)高校修建专项管理小组应建立完工项目后评估制度，重点评价工程项目预期目标的实现情况和项目投资效益等，并以此作为绩效考核和责任追究的依据。

(四)信息与沟通

高校要利用通过网络等类方法建立自下而上、自上而下或者内部部门间信息的流通。加强信息系统建设，保持高效准确的信息传递，同时能够通过信息化固化内部控制流程，在提高工作效率的同时，加强有关内部控制制度相应的规定以利于工作计划的实现。

(五)内部监督

内部控制的建立和实施中，高校内部审计和纪检监察应保持相对独立，加强过程监督。尤其是整个修建资金管理中，要从单纯事后追究责任转变为事前、事中、事后全过程的持续监督，特别是高校重点领域的审计和招标纪检监督等，应当定期或不定期检查高校内部管理制度和机制的建立与执行情况，以及内部控制关键岗位及人员的设置情况等，及时发现内部控制存在的问题并提出改进建议，减少管理过程中的风险因素。

三、结论及建议

加强内部控制提高资金使用效益要求不断创新高校管理模式。通过 COSO 框架下控制环境、风险评估、控制活动、信息和沟通、监督五要素分析法，认真研究高校修建资金管理流程及其风险点，严格根据行政事业单位内部控制规范要求，梳理分析学校层面、经济业务层面的各类风险，明确相关部门和岗位的职责权限，利用相应控制手段进行开展控制活动，建立健全高校修建专项资金内部管理，非常值得在高校其他财务管理工作中借鉴，能促进高校资金的安全有效使用，提高管理水平和风险防范能力，有效防止经济舞弊现象的发生，促进高校持续、稳定、协调、健康地发展。

【参考文献】

[1]财政部会计司.行政事业单位内部控制规范讲座[M].北京经济科学出版社，2013.

[2]财政部.行政事业单位内部控制规范(试行)[Z].2012.

[3]田祥宇，王鹏，唐大鹏.我国行政事业单位内部控制制度特征研究[J].会计研究，2013(9).

[4]王鹏.正确理解行政事业单位内控规范[J].财务与会计，2013(12).

[5]朱宇.高校内部控制制度研究[J].财务管理，2009(10).

[6]陈莹.从COSO报告看我国高校内部控制体系的构建[J].会计之友，2011 (2).

[7]张春雨.高校货币资金的内部控制分析[J].交通科技与经济，2009 (2).

[8]袁咏梅.高校内部会计控制中存在的问题及对策[J].当代经济，2013(21).

[9]陈鹏程.高校治理结构与内部会计控制的对接点[J].事业财会，2005.

[10]张兆亮赵鸿雁.COSO报告对我国高校内部控制构建的启示[J].长春理工大学学报(社会科学版)，2011(3).

高校专项经费管理及绩效评价研究

南通大学　张逸林

【摘　要】专项经费对于高校来说，具有显著的价值作用，主要能够为高校各种项目的顺利开展提供充分有效的保障依据。近年来，在我国教育事业发展迅速的背景下，高校的专项经费也呈现出快速的增长模式，然而高校专项经费管理还存在一些较为明显的问题，显然这将会对高校专项经费使用效率带来很大程度的影响。本文重点对高校专项经费管理存在的问题及解决策略进行了分析，进一步对高校专项经费绩效评价体系的构建进行了探究，希望以此能够为高校专项经费使用效率的提升提供一些具有价值的参考凭据。

【关键词】高校　专项经费　绩效评价

引言

进入 21 世纪以来，我国社会经济呈现了突飞猛进的发展势态。在这一势态下，我国教育事业也快速地发展起来，尤其是我国高校，在诸多方面均有了较大程度的改变，如学生数量、教学规模等。[1]显然，随着高校的日益发展，能够为社会输送更多的人才。但是，高校在发展过程中，会涉及多方面的管理。其中，专项经费的管理便需要逐渐强化，这是因为有效性高的专项经费能够为高校各个项目的顺利开展提供保障依据。鉴于此，本文对"高校专项经费管理及绩效评价"进行分析与探究具有较为深远的意义。

一、高校专项经费管理概述

(一)高校专项经费管理定义

专项经费指的是有关部门下拨的用在某项指定事项的经费。专项经费具有独立性与特殊性的特点，需要和别的款项完全区分，然后独自进行核算，必须遵循"专款专用，并且不可用于其他用途"的原则，与此同时相关部门还需要做好专项经费的认真监督工作。[2]在高校中，专项经费通常指的是相关财政部门与高校以具体情况为依据，下拨将基本支出除外的各项资金，高校所使用的专项经费主要用在制定的工作当中，并且这些经费不能用作它用，必须遵循"专款专用"的原则，同时完成独自的财务核算。在高校，专项经费支出属于高校财务预算的一个重要环节，专项经费管理主要涵盖了四方面的管理，即为：申报、审批、实施以及实施效果的考核。

(二)高校专项经费管理特点

高校专项经费管理特点体现在诸多方面，具体表现为以下三点：

(1)专项性。对于高校来说，其专项经费管理具有专项性特点。专项经费在支出过程中，需以申报审批相关规定为依据，对项目及用途加以明确，独自完成报账立项。也就是说高校专项经费需要与其他经费区别开来，不可进行混合核算。

(2)先行性。在高校专项经费的支出上，需要与高校实际发展状态相适应，满足整体均衡发展目标，所申报的专项项目需要符合高校近些年的发展动态，以此使高校既能体现阶段性发展，又能具备长远发展目标。另外，需充分注重的是，任何一个项目在实施过程中，既要有足够的经费作支撑，又要投入充足的技术及人才。

(3)复杂性及隐含性。在高校，不同的专项项目具有不同的经费管理要求，专项经费在种类上显得繁多且复杂，这些原因导致专项经费在管理上具有复杂性特点。与此同时，大多数专项经费在投入之后，效果不是立竿见影，需要长期实施才能够凸显其经济效益与社会效益，因此高校专项经费管理具备隐含性特点。

二、高校专项经费管理存在的问题分析

(一)管理制度不完善，存在"重立项，轻管理"现象

当下，国家增加了对高校的教育投入。随着教育投入的增大，专项经费额度也逐渐增大，目前成为高校收入的重要来源部分。[3] 所以，高校为了获得更多的教育经费拨款，存在重视"重立项，轻管理"的现象，加之没有完善的管理制度作保证，从而使得高校专项经费管理缺乏有效性。

(二)预算意识薄弱，预算编制不科学

高校在专项项目申报过程中，存在不够重视预算编制的现象，将重点目标放在项目的申请上，而对于预算编制却显得不具科学性，不能很好地以高校具体情况为依据，从而导致预算编制也不够合理。另外，在专项项目立项申报过程中，还普遍存在高校财务部门不主动参与或参与积极性不高的现象。

(三)没有健全的绩效评价体系，监督环节薄弱

一方面，绩效评价指标存在单一化的特点，没有完善的评价指标作支撑。在高校专项预算管理当中，会关系诸多内容及部门，由于经费的使用较为繁杂，便需要拥有科学、合理的指标评价体系作支撑，但是由于这方面的缺失，便导致评价结果不具完全性与客观性。[4]另一方面，在财务上需要具备强有力的监督，这样才能够使财务实现精细化管理，然而现状下却存在监督环节薄弱的现象，在事前、事中以及事后均缺乏监督。显然，在没有长期有效的监督体系作保证的情况下，高校专项经费管理将缺乏有效性。

三、加强高校专项经费管理的有效策略探究

(一)对管理制度进行完善，各部门加强合作交流

要想高校专项经费管理得到有效强化，需对管理制度进行完善，主要指的是专项项目经费相关制度的完善，需针对项目的立项、预算编制以及执行等构建规范科学且可执行性强的制度，对专项经费管理进行强化，进一步让专项经费的效能充分有效地发挥出来。另外，从专项经费至立项过程中，各部门间需加强合作交流，构建完善的信息交流平台，以此使专项经费的合理使用提供保障依据。

(二)预算编制实现合理性与科学性

要想使预算编制实现合理性与科学性，需做好多方面的工作：一方面，需对预算管理理念进行强化。将预算管理理念融入高校专项经费管理当中，从而使专项经费管理全过程更具有效性。增强相关工作人员的预算意识，积极做好专项经费的预算管理。[5]另一方面，财务工作人员需积极主动参与进专项项目立项当中，在做好专项项目立项工作的基础上，使专业的预算管理模式更具完善性。另外，通过构建系统化的信息平台，可使信息的获取更加快速有效，对预算编制中各大因素进行全面分析考虑，以此使预算编制实现合理性与科学性。

(三)构建完善的绩效评价体系，强化监督

一方面，需对绩效评价制度进行完善，同时对绩效评价指标加以明确。绩效评价属于一个复杂程度非常高的工程，基于指标考核过程中，需充分遵循一些原则。同时，还需要对专项经费项目负责人制度进行完善，明确各项责任，实施奖惩制度，从而使专项经费项目管理更加强化。另一方面，需强化监督作用，从立项开始明确专项经费及资金，并做好各个环节的监督工作，事前需做好强化审核、事中需加强监督、事后需加强追踪，以此使监督力度得到有效提

升。另外，高校需做好内部审计的严格监督工作，增强财务的透明度，对专项经费实施全程监督管理，以此使专项经费的利用效率得到有效提升。

四、高校专项经费绩效评价体系构建探究

(一)基本原则

高校专项经费绩效评价需要遵循一些基本原则，西方学者普遍认为，需要遵循效果性、效率性以及经济性三大原则。我国学者经研究表明，高校专项经费绩效评价主要需要遵循的原则包括：(1)内外部评价结合原则。内部评价与外部评价相结合，既能够将内部评价的优势充分发挥出来，又能够在与外部评价相结合的基础上，使整体评价系统更具完整性，从而高校专项经费的使用情况能够客观、真实地反映出来。[6](2)考评指标差异性原则。高校专项经费在使用方面显得较为烦琐，并且复杂程度很高，会与许多人员及部门有所关联，经费使用在不同的地方便会产生不同的效果，所以在评价方面不能一成不变，需要有所差异，这样才能够使评价的精准性和科学性得到有效提升。(3)可操作性原则。为了使评价工作能够有效开展，在评价程序设计过程中，需充分遵循可操作性原则，保证每一个环节的可操作性，避免评价有效性不高以及评价时间过程等情况，以此使评价效果的强化提供有效依据。(4)评价结果与奖惩相结合原则。整个考评程序结束之后，会产生诸多结果，在评价结果过程中需与奖惩策略相结合，以此对工作人员起到激励及约束作用，进一步为高校专项经费绩效评价整体效益的提升提供保障依据。

(二)几种评价方法

在高校专项经费绩效评价体系构建过程中，需要明确评价方法，主要涵盖了四方面：(1)"3E"评价法。此类评价方法重点针对专项经费的支出情况进行评价，着重强调评价专项经费支出的经济情况、效率以及成果。[7](2)逻辑分析评价法。重点对专项经费的投入、使用以及预期效果三者之间的逻辑关系进行评价。(3)主成分分析评价法。此评价方法主要是把专项经费绩效管理当中的多个指标综合起来，然后完成评价。换而言之，便是对主要因素进行评价，进一步得出影响专项经费绩效管理的程度大小。(4)层次分析评价法。此评价法中存在三大层次，即为：目标层、准则层以及方案层。这是一种层次感分明、系统性强的评价方法，能够使专项经费绩效评价的精准性以及科学性得到有效提升。总之，上述四类专项经费绩效评价方法，需要有针对性地使用，这样才能够保证评价效果的提升，进一步为高校专项经费绩效评价体系的优化构建提供保障依据。

(三)主要评价指标

在高校专项经费绩效评价体系当中,评价指标是最为关键的一大内容,评价指标对高校专项经费绩效评价是否能够获得成功起到了关键性作用。高校专项经费绩效评价指标分为四大类:其一为财务评价指标;其二为教学与科研评价指标;其三为师资队伍建设与人才培养评价指标;其四为效益评价指标。[8]

以效益评价指标为例,在效益评价过程中,通常将高校专项经费收益的人员数量视为衡量指标,计算公式为:受益人员率=受益人员数量/在校人员总数×100%。此指标能够把专项经费应用之后,对有关人员教学与科研等方面发挥的效果客观且真实地做出反映。如果指标偏大,那么代表此专项经费获得的绩效优良。成果应用率=实际成果推广数量/高校教学与科研工作获取的成果总数×100%。此指标能够将高校在工作过程中应用专项经费得到的成果的推广使用状况如实地反映出来。对于高校资源共享来说,是指在进展中的项目和项目在完成之后获取的具有实质性价值的资源。将资源共享程度当作一种评价指标,能够将高校专项经费应用当中所体现出来的资源共享水平真实且客观地反映出来,进一步将高校专项经费得到的资源共享效益真实地反映出来。基于高校项目资源共享当中涵盖了诸多资源,比如实验室、实验室有关设备仪器、多媒体教室以及图书馆均属于共享资源,将这些共享资源充分融入高校其他项目团队中或者社会团队中共享,便能够使高校专项经费的使用效益得到全面提升,进一步促进高校的全面发展。

五、结语

通过本课题的探究,我们认识到目前高校专项经费管理还存在一些较为明显的问题。为了使高校专项经费管理得到有效强化,采取有效的策略显得极为重要。比如完善管理制度,各部门间加强协作、预算编制实现合理性与科学性、规范专项项目支出,加强预算执行力度以及构建完善的绩效评价体系,强化监督等。另外,还需要构建高校专项经费绩效评价体系,遵循相关基本原则,选择合理的评价方法,并明确评价指标。相信从以上方面进行完善,强化高校专项经费管理,进一步为高校整体管理水平的提升奠定坚实的基础。

【参考文献】

[1]李树坤,王政新.高等学校专项教育经费绩效评价[J].经济研究导刊,2014,32:256-257.

[2]潘洹.高校专项经费绩效评价指标体系的构建研究[J].江苏理工学院学报,2014(5):71-76.

[3] 姜红. 高校专项经费管理及核算中存在的问题与解决对策探析[J]. 经济师，2012 (8)：138—140.

[4] 林珊. 全面预算管理在高校专项经费管理的应用[J]. 北方经贸，2012(10)：85—87.

[5] 郑斌斌. 高校专项经费管理研究[J]. 企业导报，2015(2)：10—12.

[6] 余芳艺. 基于利益相关者理论的高校专项资金绩效评价研究[J]. 中外企业家，2014 (20)：76—77.

[7] 李杰，张再生. 普通高等院校专项经费管理存在的问题与对策研究[J]. 理论与现代化，2013(4)：65—69.

[8] 傅玮鞾. 关于建立高校科研专项经费绩效评价体系的思考[J]. 发展研究，2013(7)：102—104.

国有资产管理与政府采购

高等学校采购业务中存在问题及解决对策[*]

江苏师范大学　　何文兵①

【摘　要】采购是一项经常性的经济业务活动，是学校进行正常业务活动的基本前提。采购业务虽不复杂，但却蕴藏着巨大风险，成为违规、违纪、违法的高危领域，能给高校带来直接经济损失。根据近年来对高校各类审计及专项检查的报告信息，基于问题导向，针对采购业务中存在的体制机制不健全、采购预算编制不完整、盲目采购、随意调整采购方式、招投标方式不规范、选择供应商不当、采购合同管理不严、采购验收不严格、违规结算、对采购过程监督不够等诸多问题，提出了强化采购控制意识、完善采购内部控制体制机制和制度、规范采购预算的编报及批复、加强请购及审批管理、合理确定采购方式、规范招投标行为、加强合同管理和会计控制、创新监管方式等对策建议，以期规范采购行为，保证采购业务合规合法、采购环节科学合理、采购结果公平公开，提高学校资金使用效益。

【关键词】高等学校　采购业务　存在问题　建议对策

一、高校采购业务中存在的主要问题

（一）采购管理组织机构和机制存在的问题

1. 采购管理组织机构不够健全，采购管理缺乏组织保障

部分高校尚未设置独立的采购管理机构，而是将采购管理工作作为学校国资办、实验设备处或其他相关部门的附带工作，"主副业"混合，职责交叉，责任主体不明确；同时，尚未设定专门岗位，制定岗位职责，负责采购业务的日常管理工作。

---

* 本文系江苏高校哲学社会科学研究专题项目"高等学校内部控制研究"（项目批准号：2014SJA007）阶段性成果。
① 何文兵（1966—），男，江苏如皋人，江苏师范大学计划财务处高级会计师，研究方向：高校财务管理和会计核算。

2. 缺乏完善的采购管理机制，采购管理效率不高

部分高校采购业务管理制度存在缺失，尚未建立采购业务控制流程，采购业务操作无章可循，随意性较大。实际采购业务中，存在多头申请，多头审批，多头采购，业务部门、采购管理、资产管理等部门间协调不畅、相互推诿，管理混乱的现象。

3. 对部门或岗位授权不严谨，暗藏错误舞弊风险

对采购业务审批人员的授权批准方式、权限、程序、责任等未作明确规定，相关控制节点存在盲点，相关控制环节存在盲区，存在审批混乱或越权审批；对经办人员的职责范围和工作要求未作详细规定，对经办人员约束不够；部分高校存在不相容岗位混岗现象。

(二)采购预算编制过程中存在的问题

采购预算编制不完整，计划安排不合理，采购预算与业务活动相脱节。部分高校编制的采购预算内容不全面，少编、漏编采购预算，对纳入政府采购目录或超过政府采购限额标准的采购项目，既不编制政府采购预算，也不编制采购计划；部分高校未按照规定申报追加或调整采购预算；还有部分高校采购预算计划性不强，凭个别领导"拍脑袋"，没有按照实际需求安排采购预算，对资产物资的实际需求心中无数，对资产物资相关配置标准政策不清，政府采购、资产管理和预算编制部门之间缺乏沟通协调，导致无预算购置、重复购置或闲置浪费，降低了采购预算的严肃性和约束力。

(三)采购业务实施过程中存在的问题

1. 盲目采购，导致资源的重复购置、闲置浪费或者延误使用

部分高校对采购申请审查不够严格，存在无预算、无计划采购现象；部分高校采购部门没有根据已经批准的采购计划或请购单进行采购，盲目采购或采购不及时；部分高校采购的实际支出超过采购预算。

2. 随意调整采购方式，导致采购业务违法违规

部分高校将列入政府集中采购目录或超过政府采购限额标准的采购项目，未经批准转为部门集中采购或学校分散采购；部分高校未经批准或通过"化整为零"等方式，将应进行招标采购的项目变为其他方式采购；部分高校未经批准或通过"化整为零"等方式，将应进行公开招标采购的项目变为其他方式采购；部分高校不能严格执行《政府采购法》《招标投标法》等法规，假借时间紧、任务急等为由，规避政府采购监督，降低了政府采购的公开性和透明度，使政府采购达不到预期效果。

3. 招投标方式不规范，导致遭受有关部门处罚、经济损失和信誉损失

部分高校在分散采购时，将自主招标采购作为掩人耳目的手段，事先内定中标方；部分高校虽然公开招标程序，但评标或定标却受到少数学校领导个人意志的左右；部分高校在制定技术规格或指标参数时就有目的性、针对性、倾向性，在技术规定中规定了某些特定的技术指标参数，从而排斥了一些潜在投标人，造成招标范围缩小、缺乏竞争力；少数高校由于部门利益、小团体利益和个人利益的驱动，采购中把"公开制度"变成了"暗箱操作"，出现贪污、受贿、损公肥私等腐败行为；部分高校在委托采购中，既不向政府采购监管机构报批非公开招标方式，也不依法按照规定的程序选择供应商，而直接指定标的品牌型号；部分高校编制的招标文件不符合实际市场供给，很难找到合适的投标方；部分高校的供应商或投标商相互串通、联手操纵标价，恶意抬高价格套标、轮流坐庄；部分高校的少数供应商采取不正当竞争手段，以不合理的低价抢标，然后以"偷梁换柱"的手法牟取利益或抢标后通过协商以高于中标的价格执行；部分高校评标委员会组成人员的确定不符合经济、技术等方面的专家评委不少于三分之二的规定，甚至有的项目评标委员会成员只有一人具有专家资格，而且有的专家不是从专家库中抽取，存在违规自行指定评标委员会成员的现象；部分高校评标委员会成员名单确定过早、泄密；部分高校的少数评审专家缺乏应有的职业道德，以权谋私，诚信缺失，渎职失职等。

4. 选择供应商不当，导致采购物资质次价高，出现舞弊行为或遭受欺诈

所选供应商有意无意地逃避履行采购合同的按时交货义务，拒绝交货或者使其实际的交货日期迟于采购合同所规定的日期；有的供应商为了追逐利益最大化，违反商业领域的游戏规则、经济法规和商业惯例，偷工减料、弄虚作假，存在品质上的瑕疵。

5. 采购合同管理不严，导致学校合法权益受损

合同对方的主体资格和履约能力等未达要求，合同签订随意，条款表述不严谨，内容存在重大疏漏或欺诈，供需双方信息不对称，合同条款与招标文件存在差异，审核不严，合同印章管理不严，合同纠纷处理不当，合同档案管理混乱。

6. 采购验收不严格，账实不符

有的验收人员缺乏责任意识，严重违反操作规程，玩忽职守；对采购物资验收标准不明确、验收程序不规范、对验收中存在的异常情况不作处理，或者未能进行严格验收，存在以少保多、以次充好、人情过关等现象。

7. 违规结算

高校未建立完善的采购资金结算制度，付款审核不严格，付款金额控制不

严，付款方式不恰当，应付款项、预付款项管理混乱，或者在未签订合同的情况下盲目付款。

8. 利用采购之机骗取回折

已支付采购资金符合现金折扣条件，然后将折扣私分或留存"小金库"，或者不及时将现金折扣入账而挪作他用。

(四)采购环节监督与评价存在的问题

1. 对采购需求的预算编制监督不够

部分高校对采购需求审核不细，造成应采未采，延误使用，或者滥采误采，浪费资源。

2. 对采购过程监督不够

在整个采购链中，对采购方式的选择、招标文件的编制、评标委员的组成、价格机制的形成、评价办法和标准的制定、中标商的选择、合同的签订及履行、验收等关键环节监督不力，尤其当上游链决策失误时，往往会对其下游诸多环节产生深刻影响，直接关系到采购效率和影响到采购效果。

3. 对采购结果的评价考核不够

有的高校尚未建立采购业务评价考核机制，重采购，轻管理，在采购业务预算编制、组织实施、验收支付、考核评价等环节中，考核评价最为薄弱，评价主体不明确，既缺乏科学合理的评价指标体系、标准和方法，又缺乏评价考核后的奖惩制度、责任制度，不利于及时发现采购业务中存在的问题，优化采购流程，提高采购管理水平。

二、完善高等学校采购业务管理的对策建议

(一)强化采购控制意识，重视采购控制工作

采购，即选择购买，一般通过支付现金或承诺付款取得物品或劳务，是一项经常性的经济业务活动，是学校进行正常业务活动的基本前提。随着国家对高等教育经费投入力度的不断增强，高校财务收支规模与日俱增，采购业务日趋频繁，成为高校经费支出的主要内容。表面上，采购活动是一种购买交易行为；实质上，采购活动既是高校"实物流"的重要组成部分，又与"资金流"密切相关，涉及资产与资金的进出；同时，采购业务与预算业务、支出业务、资产管理、合同管理等也密切相关。加强对采购活动的控制本质上是加强对经费支出的控制。采购业务各环节虽不很复杂，但却蕴藏着巨大风险，高校如不构建完善的采购控制体系，极易导致舞弊、腐败等问题，成为违规、违纪、违法的高危领域，给高校带来直接经济损失。因此，高校要提高对采购控制重要性的

认识，加强对采购业务的管控。

（二）建立完善采购内部控制体制、机制和制度，为学校实施采购控制营造环境

高校应设置独立的采购业务管理部门，统一管理学校的采购业务活动；设定采购计划编制、采购预算审批、采购执行、合同审查、验收、付款、档案管理、采购监督等业务管理岗位，配备具有良好业务素质和职业道德的专门人员，建立采购业务岗位责任制；建立采购业务决策、执行、监督相分离以及采购管理、资产管理、财务、审计、纪检监察等部门或岗位相互协调、相互制约的机制，明确相关部门和岗位在采购业务管理中的职责、权限，确保办理采购业务的不相容岗位相互分离、制约和监督。严禁由同一部门或个人办理采购业务的全过程，严禁未经授权的机构和人员办理采购业务，保证采购业务活动的合法性、合理性和经济性。

（三）加强采购前的可行性分析，确定采购需求

采购需求，即买什么，买多少。确定采购需求是采购控制的起始环节，关键是要建立采购需求申请与审批相分离机制，确保采购需求的提出和审核审批由不同岗位进行，最终确定的采购需求科学合理。校属各单位提出预算年度的采购需求，明确采购需求具体内容，包括采购项目名称、采购项目分类（货物类采购、服务类采购、工程类采购）、采购金额、采购方式、采购时限、资金来源等。学校财务部门会同国有资产管理、设备管理、房产管理、审计监察等部门进行会审，重大采购需求应在学校校长办公会议或类似权力机构会议决议通过；同时，对于建设项目、大宗专业设备等重要和技术性较强的重大采购项目应组织专家论证，聘请专业的评估机构对采购需求文件进行专业评审，实行集体决策和审批。

（四）规范采购预算的编报及批复，强化部门预算控制

高校采购预算是采购决策的载体，是进行采购支出控制的源头，也是实现政府采购政策目标最为重要的管理手段。高校应遵循"先预算，后计划，再采购"的工作流程，结合学校事业发展规划、年度工作计划、资产配置情况和日常工作业务性质，规范编制政府采购预算，凡属政府采购范围的支出，均应按货物、工程和服务分类，依照《政府采购品目分类目录》、部门预算编制格式和口径，统筹安排，应编尽编，与部门预算同步编制政府采购预算，体现政府采购预算支出规模和方向。对于追加调整预算指标项目，高校应相应调整政府采购预算指标。省级财政部门应加强对政府采购预算的审核，并随同部门预算进行批复。对于不满足政府采购条件的采购业务，学校采购管理部门要编制采购计划，合理确定采购批次，采购计划既要满足学校的需求，又要在采购预算的可控范围之内，并经学校校长办公会议或类似权力机构会议决议通过后执行，做到预算控制计划，计划控制采购，采购控制支付。

（五）加强请购及审批管理，严格执行采购预算

建立采购申请制度，依据采购类型（货物、工程和服务），确定归口管理部门，授予相应的请购权，明确其职责权限及相应的请购程序。具有请购权的部门对于预算内采购项目，应当严格按照预算办理请购手续；对于预算外政府采购项目，应当按照规定的程序追加预算后办理；对于临时性非政府采购项目，一般由使用部门直接提出，详细说明目的和用途，其主管审批同意，并由具备相应审批权限的部门或人员审批采购申请。同时，要建立严格的请购审批制度，明确审批范围、方式、职责、权限，审核时，重点关注采购内容是否准确、完整，是否在采购预算范围内，是否符合采购计划，资金来源是否落实等。对不符合规定的采购申请，应要求请购部门调整请购内容，或拒绝批准。请购申请的提出与审批，建立在采购预算或计划的基础之上，有利于防止盲目采购，分清有关部门和个人的责任。

（六）合理确定采购方式，规范采购行为

采购方式的选择及确定，表明的是学校配置或耗费资源的机制。采购方式的不同，往往会导致等量的资源在不同部门产生不同的结果。高校应严格执行政府采购预算和学校采购计划，根据采购对象的性质及其市场情况，选择确定最优的采购方式。属于政府集中采购和部门集中采购的，包括采购项目属于政府采购目录或者采购金额高于集中采购限额，应委托政府采购代理机构进行集中采购；对政府采购项目，应当采用公开招标方式，因特殊情况需要采用公开招标以外的采购方式，学校需向政府采购监督管理部门报批，并说明理由和提供依据；属于学校自行采购的，遵照自行采购流程执行。一般物资或劳务等的采购采用订单采购或合同订货方式，重要物资或劳务采用订单采购、合同采购或比质比价采购方式，基建或技改项目所需物资及大宗物资的采购可采用比质比价采购方式，小额零星物资或劳务采用直接采购方式，临时性、突发性需求的采购采用紧急采购（即启动应急采购机制，采购部门先紧急采购，保证使用部门急需，但申请采购部门应于事后及时补办有关手续）。对于临时变更采购方式的事项，高校应加强内部审核，严格履行审批手续。

（七）规范招投标行为，保证招投标公平、公正、公开

高校在确定最优采购方式后，应当将属于政府集中采购和部门集中采购的采购业务委托给财政部门指定的政府采购代理机构。政府采购代理机构应当根

据"公开、公平、公正"的原则组织招投标活动，高校不得以公开或暗示的方式指定中标方，不得利用职权干预和插手招投标工作，应当保证评标活动的客观公正，参与政府采购的人员应当执行"回避"制度。对于自行分散采购的招投标，高校应严格遵守《政府采购法》《招标投标法》等法规，规范政府采购招标、投标、开标、评标、中标等流程，明确招标、投标、开标、评标、中标等过程中的主要管控点，规范高校内部采购行为，节约采购资金，提高采购效率和质量。

（八）加强合同管理，促进合同有效履行

高校应依据中标通知书，严格按照采购中标结果以及合同管理的相关要求与中标供应商签订采购合同，对采购合同进行备案，并建立严格的采购合同跟踪制度。同时，把好质量验收关，切实维护学校利益。高校应建立采购业务验收制度，指定相关部门或人员，根据经过批准的订单、合同等采购文件，对所购物资或劳务的品种、规格、型号、数量、质量等进行验收，出具验收报告；重大采购项目验收可委托专业检测机构或聘请外部专家协助办理验收事项；对验收过程中发现的异常情况，应立即向有关部门报告，有关部门应查明原因，及时处理。再者要加强采购付款的管理，完善付款流程，明确付款审核人员的职责、权限，遵循合同规定和国家有关支付结算制度，及时办理付款，防范付款方式不当带来的法律风险；对于大额或长期的预付款项，应定期进行追踪核查，综合分析其期限、占用的合理性、不可收回风险等情况，发现有疑问的预付款项，应及时处理措施，尽快收回款项，保证资金安全。

（九）严格会计核算资料管理，加强会计控制

高校财务部门应加强对采购业务的会计核算，按照会计制度规定处理采购业务，加强会计基础工作，从票据合法性、内容真实性、手续完备性、审批合规性、计算正确性等方面，对采购部门提交的各种原始凭证进行专业审核，复核采购发票、验收报告、入库单、合同等单据和凭证是否齐全，核对货物请购单、采购合同、验收单和供货发票的一致性，及时编制记账凭证，登记会计账簿，做好采购业务各环节的记录，全面完整地反映采购业务发生情况，保证采购业务会计核算资料真实完整，提高会计信息质量。

（十）创新监管方式，建立监督有力的动态监控体系

高校应健全政府采购监控体系，建立采购业务后评估制度。要充分发挥学校监察、审计等职能部门的监督职能，完善财务、监察、审计等部门专业性监督相结合的工作机制。重点监督检查学校内部控制制度是否健全，各项规定是否得到有效执行。加强对政府采购当事人操作执行行为的事前、事中和事后的全过程监督，建立监督与处罚并举的动态监控体系。将学校政府采购预算管理、

物资需求计划管理、供应商管理、资产管理等方面的关键指标纳入考核评价指标体系，促进政府采购、资金管理与资产管理等环节的有效衔接，同时，探索引入公开评议和社会监督机制，不断防范采购风险，全面提升采购效能。

【参考文献】

[1] 财政部. 关于印发《行政事业单位内部控制规范(试行)》的通知[Z]. 财会〔2012〕21号，2012.

[2] 刘永泽. 行政事业单位内部控制制度设计操作指南[M]. 东北财经大学出版社，2013.

[3] 方周文，张庆龙，聂兴凯. 行政事业单位内部控制规范讲解[M]. 立信会计出版社，2013.

[4] 魏明，夏立均，贾玉凤. 事业单位内部控制与管理[M]. 经济科学出版社，2014.

[5] 杨有红. 企业内部控制系统[M]. 北京大学出版社，2013.

[6] 审计署行政事业审计司编. 部门预算执行审计指南[M]. 中国时代经济出版社，2007.

高校无形资产管理的问题解析与政策建议

苏州大学　江建龙

【摘　要】无形资产是高校资产不可或缺的组成部分，也是展现高校科研水平和综合实力的重要载体。本文在明晰高校无形资产内涵和类型的基础上，指出了我国高校无形资产管理存在的意识不强、体系不全、转化不足、流失严重等问题，并针对性地给出了相应的政策建议。

【关键词】无形资产　国有资产　成果转化

一、引言

随着科技的发展和经济全球化的加快，以知识生产为主要特征的知识产权、人力资源、专有技术等无形资产的增值成为财富创造的重要源泉。无形资产管理的提升是知识经济时代提高国家软实力的重要手段。高校资产作为国有资产的重要组成部分，更应发挥其重要作用。

高校的资产包含有形资产和无形资产，无形资产是指高校所拥有的、不具有实物形态，并能为高校提供某种权益的资产。对无形资产的掌握是高校科研水平和综合实力的重要体现，无形资产的质量对其科研与教学活动有直接的影响。然而，长期以来受传统观念的影响，高校一般对有形资产的管理给予了较高的重视，对无形资产的管理则较为滞后，导致高校遭受了巨大的损失。因此，无形资产的管理逐渐成为高校资产管理的重要内容。

二、高校无形资产管理的含义和类型

(一)含义

目前，高校无形资产尚未有统一的定义。有学者将其定义为：高校拥有的，不具备实物形态，能为高校所长期使用的某种特有权利的资产，包含专利权、非专利技术、商标权、著作权、土地使用权、商誉和其他财产权利。也有学者将高校无形资产定义为：同等条件下，大学运行过程中不以其实物形态独立发挥作用，而与其他大学投入一道形成同级大学教育产出价值差异的教育投入成本。根据我国《高等学校会计制度》和《高等学校知识产权保护管理规定》(教育部〔1999〕3号)中的相关规定,结合对高校无形资产的理解,高校无形资产的定义为:高校所拥有的用以培养人、提供教育服务以及商品的生产和供应,且无实物形态并能同时为高校创造社会和经济效益的非货币长期资产。

(二)类型

1. 知识产权类

知识产权类无形资产是以智力成果为客体的独占性权利,知这类无形资产包括专利权、商标权、著作权、专有技术权、土地使用权、特许经营权、商誉以及其他财产权利等。知识产权资产是高校无形资产的重要组成部分,在当前的市场环境中具有广泛的经济开发空间,如科研活动中开发的计算机软件、申请的职务专利等;也包括高校的域名、服务标志,以及与高校相关联的其他标志等。

2. 人力资源类

人力资源类无形资产是高校拥有的各类高级专业人才。一方面,是指高校所拥有的各种优秀人才素质能力所转化成的资产,例如在专业领域具有重要影响力的学者和学术权威;另一方面,指高校毕业生中的知名人物对母校发展给予的经济捐助以及对提高学校知名度产生的积极的作用,也就是分布在各个领域的高校毕业生所带来的影响和作用。

3. 办学理念类

办学理念类资产是指高校在长期的管理实践活动中,经过长期经验积累所形成的管理理念、管理制度、文化特质等的先进性和优秀性,也指高校由于政府给予的优惠政策而拥有的政策优势所转化成的资产。具体而言,办学理念类资产包括高校创立的管理制度和管理方法,独特的办学模式,拥有的文化特质和文化氛围等。

4. 市场资产类

市场资产类无形资产是指高校凭借自身拥有的、与市场相关的无形资产而获得的利益。市场资产包括信息资产、关系网络资产和学校形象资产。信息资产是指由信息技术系统的开发所形成的信息拥有量和信息捕捉能力形成的资产;关系网络资产是指高校经过长期努力建立起来的有助于自身发展的各种社会关系所形成的优势;学校形象资产是指高校在发展过程中,逐渐在公众心中形成的评价和口碑,也就是由高校的美誉度、知名度转化而成的使高校具有竞争优势资产。

三、高校无形资产管理存在的问题

(一)管理意识不强

在对高校资产进行日常管理时,管理者通常只重视有形的材料、设备家具等的投入效益,往往忽视了无形的著作权、专利权、土地使用权等资产的地位和作用。对无形资产的管理通常只注重成果的鉴定和评估,不注重实际应用,法律意识淡薄。例如一些科研人员的研究成果因忽视专利申请而被无限期搁置,科研成果并未得到积极的开发,最终导致无形资产流失。有的研究成果则被其他单位以"申请在先"的规定而申请了专利所有权。

(二)制度体系不健全

高校对无形资产的管理大多仍然参照有形资产的管理模式,且没有统一的牵头部门和管理体系对其进行管理。具体的管理表现形式为:科研成果的产生、校名校徽等无形资产由科研管理部门负责,师资的引进、培训等由人事部门负责,无形资产的核算由财务部门负责,部门之间各司其职、联系较少。此外,高校的声誉、校园文化等由于难以确认和计量,通常处于无人负责的空白状态,侵权现象时有发生。此外,高校无形资产的管理缺少完善的规章制度和专业的管理人员。例如在无形资产管理人员的选拔上,许多高校没有规范的选拔制度,不利于无形资产的保值增值。

(三)轻视无形资产的核算

目前,高校所采用会计核算方法往往会忽视对无形资产的核算,例如企业财务报表的资产负债表上"无形资产"科目一栏多为零,或者只用于核算购入的无形资产。无形资产的价值确认没有形成统一的、规范的评价体系,只是对一些无形资产进行简单登记。因此,高校难以对其无形资产进行量化管理,也未能对无形资产进行有效的评估,更造成了无形资产的严重流失。

(四)人才流动造成无形资产流失

随着教育的发展,高校人才的合理流动已逐渐成为必然的趋势。现在许多高校以国家实施"千人计划"等重大人才计划为契机,加强了人才引进的力度,以优厚的条件和待遇广泛吸纳人才,致使在教学、科研、学术上具有高水平的人才交流频繁,使高校教学、科研、学术上具有高水平的人才大量外流,以致高校声誉和实力水平受损,造成了无形资产流失。

(五)无形资产的转化率较低

目前,我国高校大多数的专利技术被束之高阁,一定程度上导致了人力、物力资源的浪费。究其原因，一方面是因为许多教师、科研人员单纯追求学术水平而忽视了科技成果的实用价值。较多高校科技人员认为科研项目完成的标志是通过成果的鉴定，很少有人会关注到科技成果转化的问题。另一方面，由于缺乏完备的"专利技术——产品"的"孵化器"，导致科技与生产相结合的中间渠道不畅通，致使急需科学技术的企业得不到技术支持。同时，高校的科研成果推销不出去，也在一定程度上影响了无形资产的转化效率。

四、我国高校无形资产管理的对策

(一)加强宣传，改变观念

无形资产与有形资产一样是重要的高校资产，对增加高校的影响力和综合实力而言都是不可或缺的，同样要加以严格保护和科学管理。因此，各高校有必要广泛宣传无形资产的相关知识，包括专利权、土地使用权、非专利技术、著作权、商标权、商誉等，增强人员对无形资产的保护意识和能力，要尽可能使无形资产的研发、使用、核算、处置等过程精细全面，消除无形资产流失的隐患，保护高校无形资产的完整性和安全性。建立无形资产保护意识是一个逐步深入的过程，为保证宣传效果，宣传工作起初主要针对全校范围内的教职员工和在校学生进行，然后逐步完善学校领导、科研人员、资产管理和财务人员等对无形资产的认识和重视，提高对无形资产保护的意识。只有在思想上强化了对无形资产的认识，才能采取相应的措施。

(二)健全体制，完善管理制度体系

鉴于高校无形资产管理的不足，一方面，应尽快建立涵盖各种无形资产的法律保障体系，在现有的《专利法》《商标法》和《著作法权》等法律的基础上结合实际不断完善。另一方面，高校应建立一套无形资产的管理与保护机制，这是高校无形资产管理的重要前提。可以通过制定完善专利管理办法以加强专利管理，鼓励发明创造；通过制定无形资产产权确认制度以确保无形资产的权利归属法制化；通过实行并完善学校科研的保密制度以防治人员流动造成科研成果泄露；通过制定无形资产的评估、合理转让、开发利用制度以加强对无形资产的量化科学管理，推动无形资产成果转化。此外，高校应结合自身实际情况进一步完善无形资产管理制度体系的建设，使其在发生不同问题时都有规章制度可循，确保无形资产管理制度的具体化和易于操作性，使无形资产管理工作有序进行。

(三)规范无形资产核算系统

对高校而言，学校所承担的科研成果与科研项目均是其重要的无形资产。

高校无形资产核算系统的设计应体现高校会计环境所具有的独有特征。具体而言，应该改变传统的收付实现制为基础的核算方法，而应以权责发生制为基准，且通过配比原则摊销无形资产。在预算会计科目的设置上，要增加"无形资产"科目，并进行细化。为了防止无形资产流失，应当先经过评估，依照评估价值及时调整相关的无形资产账户。重视核算工作，明确高校会计无形资产的入账和摊销方法，在对无形资产进行转让或处置时一次性摊销，保证对无形资产的完整反映。最后，财务部门应当及时做好无形资产成本和收益的核算工作，根据实际情况冲减账户。

（四）加强无形资产管理队伍建设

高校无形资产的管理涉及高校的教学、科研以及生产过程管理的各个方面，是一项复杂的系统工程，管理队伍的建设情况直接关系到资产管理的好坏，进而影响高校整体的经营决策和发展战略。鉴于无形资产的特殊性，高校应结合自身的现实情况，配备高素质的管理人员，建设一支专业的管理队伍。这支队伍应由精通法律、财务及经营管理等各方面知识的不同专业人才组成。具体而言，既要有掌握商标法、专利法、著作权法以及有关民法和诉讼法等不同法律法规知识的人才，还要有精通专利申请、专利转让、专利诉讼、专利评估等实务知识的人才，更要有掌握管理科学、懂得管理艺术、善于对知识产权活动中复杂纠纷进行处理和协调的管理人才。同时，管理人员应具有一定的英语水平，熟悉国内外对知识产权的申请、评估、转让和利益分配等方面的规定。此外，高校应注重对无形资产管理人员的业务培训，通过培训增强无形资产管理人员的工作能力，提高他们的专业素养。

（五）提高科研人员工作积极性

作为无形资产的发明创造者，高校人才群体是形成无形资产的重要来源。高校中集中的大批科研人员拥有较强的科技研发能力，如果能有效提高这些科研人员的工作积极性，使他们创造性地开展科研工作，不但有助于实现科研人员自身的价值，而且有利于促进高校无形资产的有效增值。在激励科研人员时，高校的在提供科研奖励的同时积极了解科研人员的切实需求，帮助他们达到更高层次的自我实现需求。此外，随着科技日新月异的发展，科研人员的知识必须及时更新。高校可以有计划地组织科研人员赴外校或国外进修、深造，这既能满足科研人员的求知欲，还能提高其内在激励力量。总之，高校应利用现有条件不断营造创新的学术、政策和法制环境，竭力为科研人员的教学、科研活动创造有利的条件。

(六)加快促进科技成果转化

无形资产的及时转化是实现其价值的重要途径。当今世界科技发展迅猛，无形资产具有时效性，只有进行及时转化才能体现其价值，才能为学校创造收益。加快和促进无形资产转化，必须建立有利于无形资产的激励机制，提高科研人员的积极性。例如，设置专项基金用于奖励科研成果、报销专利申报和维护费用，并对在学校无形资产转化中做出贡献的教职工及部门进行奖励；制订切实可行的科技成果转化收入分配方案，以此确保科研人员的利益；定期组织开展技术转让系列交流和咨询，加强高校教职工的无形资产转化意识；成立类似科技成果转化中心的机构，作为科技成果转化的中介组织，进行科技成果管理和推广，加快和促进无形资产转化步伐，提高无形资产的效益，实现国有资产的保值与增值。

此外，顺应市场需求是达成科技成果成功转化的基础。高新技术在进行转化时都必须以市场需求为前提，确定产业化的方向、时间、进度和规模。在市场经济快速发展的今天，高校应通过产学研结合，积极参与到市场活动中去，发挥高校的社会服务功能，使高校的科研成果迅速转化为现实生产力。这样，既可以实现经济与社会的双重效益，也可以增强高校的办学实力和社会影响力。

五、结论

在知识经济时代，无形资产不但是高校塑造核心竞争力的重要资源，也是高校综合实力的重要体现。随着社会经济改革的深入和高校自身的改革和发展，高校无形资产在其可持续发展中的地位和作用越来越突出。从一定意义上说，无形资产的价值甚至要超过有形资产。目前，我国高校无形资产管理中还存在着许多复杂的问题，有待进一步深入研究和探讨。通过上文分析可以看出，高校无形资产管理存在管理意识不强，制度体系不健全，轻视无形资产核算，人才流动造成无形资产流失以及无形资产转化率较低等诸多问题。

高校无形资产的管理是极其复杂的，面对知识经济时代的挑战，高校可以采取以下无形资产管理措施：一是加强宣传，提高教职工的无形资产管理意识；二是健全体制，完善管理制度体系；三是规范无形资产核算系统；四是加强无形资产管理队伍建设；五是提高科研人员工作积极性；六是加快促进科技成果转化。总之，应通过加大高校无形资产管理的研究力度，进一步规范与加强高校的无形资产管理，保护高校的合法权益，进而保持高校的核心竞争力。

【参考文献】

[1] 刘云. 高校无形资产管理对策分析[J]. 财会通讯：综合，2011 (9)：74－75.

[2] 张建华，卢范强. 高校无形资产管理研究[J]. 北京航空航天大学学报（社会科学版），2012，25(3).

[3] 于志杰. 高校无形资产管理与核算探讨[J]. 财经界，2012 (4)：111.

[4] 吴士英. 高校无形资产管理与核算中的问题与对策[J]. 企业导报，2015 (13)：31－32.

[5] 彭云. 基于解释结构模型法的高校无形资产管理影响因素分析[J]. 技术与创新管理，2014，35(3)：240－242.

[6] 杨盈盈. 基于期权理论的高校无形资产管理应用研究[J]. 柳州师专学报，2014，29 (2)：31－34.

[7] 周冬戈，王德刚. 我国高校无形资产管理存在的问题及对策建议[J]. 中国高新技术企业，2012，3：17－18.

[8] 黄英锋. 新时期高校无形资产管理的思考[J]. 今传媒，2011(2)：123－125.

[9] 卢迎春，起建凌. 无形资产管理的现状及优化对策——以高等农业院校为例[J]. 中国集体经济，2011 (12)：163－164.

[10] 桑秀英. 高校无形资产有效转化研究[J]. 会计之友，2011 (18)：60－62.

"互联网＋"模式下高校物资采供改革初探

苏州大学　　沈　军

【摘　要】伴随着教育、科研事业的高速发展，高校物资采购问题频发，引起高校管理人员和社会各界的关注。本文首先对目前高校物资采供现状进行阐述，并分析了分散采购的弊端所在，提出了高校物资采供改革背景，设计了翔实的改革思路，创新性地提出基于"互联网＋"物资集中采供的管理模式，为管好用好教育经费提供坚实的保障。

【关键词】互联网＋　物资采供　内部控制

伴随着高校办学规模的迅速扩大，教育经费、科研经费的快速增长，高校物资采购的数量、金额呈现成倍增长趋势。然而高校的大多数仪器设备、实验材料、办公物资等物资采购仍然以分散采购为主，高校物资采购问题频发，引起了高校管理人员和社会各界的关注。如何对高校物资采购工作进行有效监督，避免和减少高校资金的损失和浪费，成为摆在财务管理人员面前的一项新课题，本文旨在对高校物资采供深化改革进行探讨。

一、高校物资采供的现状及弊端

目前国内高校物资采购模式中，从物资采供报销量统计，绝大部分为分散采购，主要是师生员工根据教学、科研需要自行购买物资，这种模式相对灵活，但缺少监督，且需要财务部门根据不同的采购业务逐笔核算；少部分是由学校设立的物资采购部门集中采购，师生员工按需领用，主要有教学、科研大型仪器设备的购置及大宗实验材料、办公物资的采购，这种模式通常在招投标管理下进行，采购程序相对规范，但采购后的物资需要库存化管理，增加采购的存储成本和管理成本。

目前高校物资采供主要存在以下弊端：

1. 分散采购容易形成政府采购工作的"盲区"

自 2003 年《政府采购法》实施以来，政府采购实行集中采购和分散采购相结合。然而，高校大多数的采购行为却通过分散采购实现，很容易造成大量的财政性资金游离于政府采购制度之外。从分散采购的特点来看，存在着采购范围广、品种多、单次或单项金额小，但是累计采购金额占比较大。如果高校疏于对采购过程中的管理与监督，就会使政府采购工作形成管理上的"盲区"，造成《政府采购法》执行上的"真空"。

2. 分散采购容易滋生腐败现象

分散采购由于从数量和金额上达不到政府集中采购目录中规定的限额标准，无法实行"阳光下"的公开招投标来确定采购价格。在分散采购方式下，学校物资管理部门无法对物资采供的过程进行管理，难以避免采购人与供应商的直接接触，为一些暗箱操作的行为提供腐败的"温床"。即使有财务、审计、纪检部门的管理与监督，但是这种监督仅仅是事后核算与事后监督。近年来，在科研经费和专项经费审计中，某些项目负责人利用分散采购的"漏洞"，虚构经济业务、开具虚假发票骗取科研经费或项目经费屡屡发生。

3. 分散采购增加采购成本

分散采购往往单次采购数量和金额较小，难以获得批量采购时给予"大客户"的优惠价格，从而增加采购成本。另外，高校教师平时忙于教学和科研事务，分散采购过程中因为寻找货源、评估供货商、样品试用等产生费用支出，也会加大采购成本。分散采购因为时间紧、缺少对市场调研，采购的物资性价比不高，采购后还会面临物资使用效率低下的风险。

4. 物资采供管理成本大幅增加

在高校经费逐年递增和采购物资大幅增长的背景下，财务人员需要花费大量精力核算和管理，成倍地增加了财务核算压力。分散采购的财务报销量大幅增加，会导致学校财务管理费用相应大幅增长。为了应对大量分散采购经费的核算和管理需要，高校不得不聘任更多财务人员，从而使财务人力资源成本大幅递增。另外，即使是部分物资集中采供，实行库存化管理，也相应增加了房产占有和管理人员的人力资源成本。

二、高校物资采供改革背景

1. 目前高校物资采供模式存在的诸多弊端急需解决

在高校物资采供现有模式下，物资采购容易形成政府采购工作的"盲区"，滋生腐败现象，增加采购成本和财务管理成本等诸多弊端急需解决。特别是高校新校区建设的开展，出现多校区办学的情况，给物资管理造成更大的困难。这种现状催化了高校必须进行物资采供改革，改变现有的物资采购模式、物资管理方式和财务核算方法。

2.IT 技术和现代物流业为物资采供改革提供保障

"互联网＋"时代的到来，电子商务可以通过便捷、高效的信息处理手段有效地解决了线上购买时，用户与供应商的信息流交换。同时，现代物流业的高速发展可以实现及时把商品直接配送到用户手中。借着互联网技术与现代物流业协同发展的东风，本文提出高校"互联网＋"物资集中采供模式，采购方式变"分散采购"为"集中采购"，采购资金变"零星结算"为"集中结算"，实现"零库存"管理，大大减低了采购成本、存储成本和管理成本。

3. 用好管好教育经费是物资采供改革的重要目的

教育部在 2013 年 4 月中旬下发文件，要求各地、各校开展"教育经费管理年"活动，进一步用好管好教育经费，促进教育事业科学发展。高校以物资采供改革为契机，利用"互联网＋"物资集中采购的优势，建立物资采购从订购、收货、核算和监督的全过程管理信息系统，加强对物资采购、财务管理的实时监控和数据分析，实现科学化、精细化管理教育经费。

三、高校物资采供改革思路

"互联网 ＋"时代下，高校借助互联网在管理要素配置中的信息集成优势，不断规范和优化物资采购行为，建立集中物资采购平台，促进以物联网、大数据为代表的新一代信息技术与高校物资采购高度整合。充分满足教学、科研、后勤保障等不同的需求，为师生员工提供成本低廉、服务高效的"阳光采购"。

1. 成立物资采供中心，实现所有物资集中采购管理

物资采购中心是负责组织实施物资采购的管理部门，根据《政府采购法》、上级部门和学校内部招投标管理的规定，确定物资供应商，协调和安排师生所需物资，将所有物资纳入学校集中采购目录，实现所有物资集中采购管理。

2. 开发基于"互联网＋"采供管理平台，实现所有物资通过平台购买

基于"互联网＋"采供管理平台主要包括采购计划申请模块、供应商管理模块、财务指标管理模块、财务资金结算模块，通过物资采购系统与财务系统无缝对接，实现所有物资采购在采供管理平台上进行操作。采供管理平台实现物资管理过程中大量数据、资源实时共享，实现物资数量与资金管理统一，做到账账相符、账实相符。

3. 招标确定供应商，加强对供应商的考核管理

所有物资采购供应商均通过招投标确定，实行"一年一招标"或"两年一招标"的方式。通过供应商管理模块，收集师生员工对供应商服务质量评价意见，加强对供应商的考核管理。

4. 设计物资采供结算清单，定期进行采购资金和预算指标结算

根据物资管理和财务管理的需要，物资采供结算清单应同时具有以下三项功能：一是作为每次师生员工确认验收所购物资的有效凭据；二是作为物资采供中心按月、按季、按半年度与供应商进行资金结算的明细清单；三是作为财务处与师生员工(物资使用方)进行校内经费指标结算的重要依据。

实施上述物资采供管理改革后，学校采购各参与主体操作由过去线下操作变为线上操作，需求部门可以通过物资采购平台 7×24 小时发起物资采购申请，供应商直接送货上门，使用方验收后确认签收，实现物资采购"零库存"管理。师生员工不再需要到财务部门办理报销手续，而是由物资采供部门定期集中与供应商进行资金结算，财务部门与物资使用方进行经费项目指标结算，从而为师生员工节约大量报销时间，大幅度减少物资采供的报销工作量。假如某高校物资采购有 30 家供应商，采用按月结算采购资金，月底财务人员只需对 30 张发票进行会计核算，显而易见这种结算模式会大大减少报销差错率，降低财务管理人力成本。具体物资采供流程如图 1 所示。

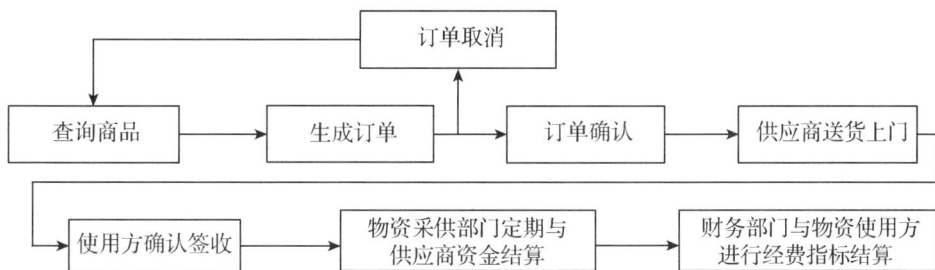

图 1　物资采供流程图

四、"互联网＋"物资集中采供的优点

1. 有利于加强高校物资采供内部控制

"互联网＋"物资集中采购制度下，实现采购活动在物资部门、财务部门、审计部门的全过程管理和监督下进行，是真正意义下的"阳光采购"。通过采供管理平台与财务系统无缝对接，杜绝了物资采购环节腐败现象的发生，保证采供业务真实性、准确性，有效地防范了财务风险。

2. 有利于高校的物资管理水平的提升

"互联网＋"物资集中采供制度下，由于财务系统与物资采购系统数据共享，通过物资采供中项目经费的预算控制，原来"事后结算"变为"事前审核"，从而强化了高校的财务预算管理。高校可以取消各校区的材料仓库，实行"零库存"

管理，减少库房的资源占用。高校也不再需要配备材料仓库管理人员，降低人力资源成本的开支，职能部门可以从物资购买、领用、保管物资的烦琐事务解放出来，有更多的时间和精力加强物资采供管理。

3. 有利于高校的财务核算效率的提高

"互联网＋"物资集中采供制度下，高校实行"先签收后结账"方式，无须垫支资金，有效提高资金的使用效益。通过物资采供部门定期集中进行采供物资资金结算，大大减少物资采购报销量，有效减少财务人员的核算工作量，提高与物资供应商之间的往来清算工作的正确性，大大提高财务管理工作的效率和效能，有效降低了财务管理人力资源成本。

综上所述，在"互联网＋"时代下，借助运行高效的信息化管理系统，从加强内部控制的角度，设计物资采供合理的操作流程和规范，既可为学校节约很大的成本开支（减少房产占用、管理成本和人力资源成本支出等），也可提高学校物资采供的管理水平和管理效能，为管好用好教育经费提供坚实的基础。

【参考文献】

[1] 刘星明. 浅谈高校实行政府采购[J]. 吕梁高等专科学校学报，2008(2)：91－92.

[2] 姚海强，傅祖浩. 积极探索深入推进高校后勤物资联合采供工作[J]. 高校后勤研究，2010(1)：47－48.

[3] 李叶，林培群，黄华平，等. 浅析农业科研事业单位政府采购实施成效与管理[J]. 农业科研经济管理，2014(3)：26－28.

高校校办企业资产控制的着力点探析

江苏师范大学　尤莉娟

【摘　要】高校校办企业资产主要包括满足企业生产所需的生产资料资产及满足企业运转所需的配套家具设备资产，加强校办企业资产控制有利于实现各类资产的有效管理、充分利用、保值增值。在充分认识高校校办企业兼有"高校背景""企业性质"特点的基础上，对校办企业资产控制中的风险点进行排查，对资产控制着力点进行分析，希望通过研究分析，为高校进一步做好校办企业资产控制、实现开办企业目标、展现校办企业作用，提供科学有效的参考。

【关键字】校办企业　资产控制　着力点

高校校办企业区别于其他企业，主要是因为具有高校背景，由高校全部或部分投资，企业法人由校方委派，校方经营或参与经营。高校通过开办企业为科技成果转化搭建了重要平台、为学生生产实践建设了重要基地、为教师进行科研和教学实践提供了重要场所，但高校校办企业因其企业定位，又具有现代企业特点，独立经营、独立核算、自负盈亏，接受社会市场经济调节，并有着健全的企业制度和完整的企业运营机制，来满足其正常运营和实现创益，与此同时，为当地经济发展提供必要的社会服务。

经过多年发展、探索和改革，高校校办企业一定程度上实现了高校办企业的目的，但随之而来的，因理念、体制、管理等问题造成的校办企业资产浪费流失问题不容忽视。高校校办企业资产流失主要包括有形资产和无形资产流失，因管理不善造成的资产损坏浪费、乱用滥用、化公为私等，既包括闲置搁置、损耗过度、重复购置、随意处置等有形资产浪费流失，也包括审核结算制度不健全、收入分配不合理、科技成果转化不深入、产权变动不规范等无形资产浪费流失。

根据校办企业资产存在的问题提出加强资产控制以提高资产使用效率、充分实现资产价值的观点。资产控制即实现资产管理的内部控制，按照管理目标、管理原则结合具体实际进行校办企业资产管理，实现资产能够满足企业运营过程中的资产循环需要，实现资产的充分利用、避免资产流失，实现企业的健康发展以保障高校教学科研事业发展。

一、充分认识资产控制过程中存在的风险点

有形资产管理过程中存在的风险主要包括：

1.因资产购前论证不到位、购置决策失误，造成的资产损失和资源浪费；

2.因资产使用过程中管理不规范，缺少必要的使用维护管理，造成的资产使用率低、资产消耗严重等；

3.因资产处置管理不严格，造成的资产流失；

4.因资产账目与财务账目管理不及时，造成的资产账目不对应，资产账账不符、账实不符；

5.因未进行规定的购置、处置审批或审批不合规定，造成的资产控制差错或遭到主管部门处罚等带来的资产损失和经济损失。

无形资产在采购、审批、管理、处置等环节的管理具有与有形资产管理类似的风险，除此之外，因无形资产的特点还存在因保护意识不强、使用不当、决策失误、违规操作等造成的资产浪费流失。

二、明确资产控制过程中的职责分工和权限范围

无论是有形资产管理还是无形资产管理都应明确资产管理过程中的管理范围、管理权限和职责分工等，只有这样才能实现资产管理的有的放矢和事半功倍，实现资产的有效控制。

(一)明确管理岗位责任制

高校有专门的国有资产管理部门和具体的资产使用管理单位，校办企业也应有符合国有资产管理规定及企业实际特点的资产管理部门专门从事企业资产控制管理工作，明确高校、校办企业的不同资产管理岗位职责，是做好资产控制的重要前提。

(二)确管理职责权限

管理权限是具体开展管理过程中时刻存在的问题，明确管理岗位和管理人员的职责权限，在权限约束下开展工作，做到不越级、不越权，申请人不超出标准申请，审批人不超出权限审批，对审批人超越权限审批的管理业务，经办人有权根据相关规定拒绝办理。明确高校对校办企业资产管理职责权限、校办企业内部不同部门资产管理职责权限，有利于规范管理行为、提高管理效率。

(三)实现管理岗位相对独立

高校校办企业管理一方面来自高校，另一方面来自企业内部，因此，高校

校办企业资产控制管理涉及包括高校行政管理部门在内的多单位，实现不同管理岗位工作的独立性，不相互影响、不交叉，但又在共同酌管理下接受制约和监督，是实现资产有效控制的保障，因为相对独立有利于管理工作严格按照制度、职责权限规范开展。

（四）明确规范标准和管理流程

严格按照相关规定和实际情况进行资产购置、处置，资产购置金额和数量不能无标准、无范围，资产配置不能无计划、无约束，资产处置不能盲目随意，资产控制的整个过程中应根据相关规定进行必要的资产管理论证评估，相关资金收支应有明确的管理规范和操作流程。明确的规范标准和明晰的各类资产管理业务流程是实现资产控制的有力抓手。与此同时，财务审计、纪检监察实时参与、监督，确保了资产控制的有效实现。

三、高校实现校办企业资产控制的着力点

（一）实现有形资产有效控制的着力点分析

1. 加强资产资金预算管理

高校建立严格的校办企业所需资产预算管理制度，同时将校办企业资产管理过程中所需要的资金进行全面系统的掌握和分析，通过对企业资产使用情况、仓储情况、生产计划、合理损耗、经济效益等分析，结合校办企业编报的企业年度、季度或月度资产使用计划与相关资金需求，合理确定出满足企业日常运转和必要的存货比例的资金预算并严格执行。对于突发的、重大的固定资产需求项目，通过组织专家或专门机构论证评价、高校及校办企业相关人员集体决策审批后，对所需资金可临时审批追加。

2. 加强资产采购环节管理

明确采购管理制度；充分开展必要的、有针对性的市场调研；将采购前的研讨论证环节进一步细化、充实；通过增加论证次数，丰富参与论证专家层次、领域、人数等方式实现论证效果，为资产购置提供科学、充分、可行的意见和建议；明确资产管理部门和资产具体使用部门在资产采购环节的职责权限；制定系统周全的资产采购申报及审批流程等措施也是资产采购环节加强资产控制的关键。同时，资产采购应紧贴企业实际需求、行业特点、市场现状、库存情况等。

3. 加强资产验收入库管理

校办企业组织专门人员严格按照购置计划和标准对新购置的资产质量、一数量、性能、规格等重要指标进行验收，认真查看订货协议、供货商提供的相

关证明、产品合格证，检验合格后，办理资产入库手续。对已通过验收并办理了入库手续的资产，应对其入库数量与采购数量进行进一步核对，对存在使用期限的资产进行分类存放并及时关注，确保资产在使用周期内发挥应有功能，校办企业通过建立明确的资产库存管理制度，定期对库存资产进行检查，加强日常保管环节，建立健全的防火、防盗、防潮、防变质等保障措施，明确资产出库审批手续，重点做好贵重资产、生产所需关键资产、危险品、精密仪器等资产的保管、使用审批的同时，也应加强低值易耗品的使用控制，避免流失浪费。

对投外界捐赠、资产交换、投资者投入、无偿划拨等的有形资产也要严格按照资产验收标准履行验收及入库手续。

4. 加强资产保管使用管理

验收合格的资产在入库时就明确了资产编号并建立了资产卡片，通过资产管理信息化建设，将资产信息统一录入资产管理信息系统，通过建立严格的资产领用和日常使用管理规章制度，一方面清晰资产在各使用部门的种类数量，另一方面也有利于明确资产具体使用部门的权利义务。在管理分工上，资产管理部门建立资产管理信息系统与资产目录，负责发放印有资产具体信息与编号的资产标签；资产具体使用部门负责使用过程中的资产维护，确保资产安全完整，负责资产使用动态信息的定时上报，涉及资产转移或调整时，应得到资产管理部门的授权认可并履行正常的资产调整报批手续，由资产具体使用部门资产管理人员及时变更资产管理信息系统中相关资产调整信息。

5. 加强资产维护保全管理

通过建立必要的资产维修保养制度，实现资产的正常使用与充分利用，资产管理部门对资产使用情况进行定期检查、及时开展保养，资产具体使用管理部门有义务及时准确的反馈资产使用情况及需要维护保养资产的类型数量。需要进行大型维修的资产应提交专门的维修申请报告，履行规范的申报程序，由资产管理部门统一安排修理。

对需要资产投保是实现资产保全的重要途径，在进行资产投保前应详细了解投保政策并充分思考投保内容范围，对投保金额超过规定标准的，通过公开招投标方式确定保险公司。对出现损失的资产应及时按照相关要求办理索赔手续。

6. 加强资产处置盘点管理

高校校办企业的资产主要分为两部分，一部分为高校投入的资产，一部分为企业通过申报后自行购置的资产。对于高校投入的资产处置，应根据高校国有资产处置管理相关规定和办法进行操作；对企业自行购置的资产处置，应有企业提出申请，高校分管领导和相关管理部门审批后，按照高校内部资产处置管理规定与程序进行处置。

资产处置主要包括资产报废、内部调拨、出售、出让、捐赠、置换、转让等，根据相关规定进行资产处置后，相关资产管理部门应及时修改资产管理信息系统中的信息。对于重大资产的处置，应进行专门评估论证，通过集体合议、集体审批等方式进行处置，并建立必要的资产处置记录。

资产库存管理部门定期对资产进行盘点，会同财务管理部门对资产实物与资产账、资金账进行比对，避免账账不实的情况，资产管理部门及时处理盘盈与盘亏，规范认真做好盘点记录。相关部门根据盘点情况进行分析，结合存货、消耗及市场行情充分做好资产提货存货、涨价跌价准备。

7. 加强经营性资产管理

校办企业的经营性资产主要是资产的出租出借，高校配合校办企业制定符合企业实际的经营性资产管理办法、起草租赁合同模板、规定租金标准等，对经营性资产的管理还应结合自然环境、社会习惯、经济发展规律等，不能孤立盲目，与财务管理部门、后勤管理部门、资产管理部门做好必要的资产租金税费管理、后勤保障和维护保养，监察审计部门做好实时提醒与监督。

（二）实现无形资产有效控制的着力点分析

在对有形资产控制着力点分析的基础上探究无形资产控制的着力点，无形资产控制除了具备有形资产控制相似的关键点外，还应着力做好以下几个方面的管理。

1. 有专岗专人负责无形资产管理

充分认识到无形资产的重要性，设立专门的无形资产管理岗，让具有过硬的国有资产管理知识、敏锐的资产使用保护意识、良好的职业操守的人进行负责无形资产管理，并建立明确的岗位职责和权限。

2. 有专业的无形资产使用与保护组织

高校校办企业的无形资产主要包括商标权、专利权、商誉权、商业秘密等，专业的无形资产使用与保护组织可以实现无形资产的充分利用、合理保护，为开展无形资产的深入研发、制定无形资产的投资战略、进行无形资产的评价评估、实现无形资产的保值增值、遵守国家无形资产管理法律法规等提供专业支持和智囊保障。

3. 有系统的无形资产审计制度

定期对无形资产的开发、使用与保护情况进行审计主要目的一是监督无形资产管理，二是总结无形资产效果。审计内容主要包括无形资产开发投入资金量与可行性、无形资产运营的经济效益、无形资产管理工作成效、无形资产的综合评价、无形资产信息的准确性等。

大学科技园扶持政策的解读与落实

江苏师范大学　张　青

【摘　要】本文主要介绍政府扶持政策的类型以及在政府扶持政策过程中的存在的难点，提出了如何加强政企合作，更好地落实扶持具体政策。

【关键词】政府扶持政策　类型　难点　对策

大学科技园是中国特色高等教育体系的组成部分，是高等学校产学研结合、为社会服务、培养创新创业人才的重要平台。一流的国家大学科技园是一流大学的重要标志之一，建设和发展大学科技园是党中央、国务院的一项重要战略决策。10 年来，科技部和教育部联合启动的大学科技园建设工作，开创了一条中国特色大学科技园发展之路，在服务经济社会发展和创新型国家建设中取得了显著的成绩，国家大学科技园事业取得了阶段性成果，但一些不利因素依然存在，如：部分地方管理部门和高校对国家大学科技园在国家创新体系中的地位及作用认识不足、相关政策的制定和落实不到位、中小企业融资渠道有限、国家大学科技园自身管理体制和运行机制不够完善等。本文通过对近十年来国家及地方出台的对国家大学科技园的扶持政策进行解读与分析，找出影响政策落实不到位的因素，为大学科技园更充分地利用和享受扶持政策，促进自身发展，更好地实现其服务地方、服务社会的功能提供一些参考依据。

大学科技园在建设过程中倡导"依托学校，政府推动"的建设思路，在各级大学科技园验收指标体系中也都明确要求提供地方政府的扶持情况。政府政策引导和支持是大学科技园生存的要素之一。政府的政策引导依托相应的政策支持作为推动力，政策支持则体现在对国家大学科技园的各项扶持政策的出台与落实上。

一、政府扶持政策的类型

由于各地区经济发展水平、大学的综合实力及管理体制、技术创新水平及发展战略、文化背景有较大的差距，科技园办园模式是多样的，不管模式有多少种，都脱离不了"依托大学，政府推动"的建设思路，都离不开政府的支持。

通过对大学科技园发展历程的研究，通过对国家及地方政府出台的针对国家大学科技园的扶持政策的分析，将政府扶持政策的类型分为以下几种：

（一）按照国家大学科技园发展的不同阶段可分为筹建期扶持政策、建设期支持扶持政策和经营期扶持政策

1. 政府在大学科技园筹建期提供组织保障

大学科技园在筹建期初，多由地方政府与高校组建专门的管理机构（大学科技园管理委员会），涵盖各主管部门及职能部门的领导，构建完善的组织体系，以保障园区建设的高效运行。

2. 政府在大学科技园建设期提供费用减免、项目引导等优惠政策

对建设期扶持政策主要是由地方政府出台。地方政府为支持大学建设科技园，发挥大学科技园对区域经济的推动作用，采取联建或支持高校自建模式，在用地指标、建设规费等方面出台相应的优惠政策。大学科技园建设用地性质为企业用地，需走招拍挂的程序。政府在土地保证金缴纳的比例、土地出让收入返还比例、建设期银行贷款贴息等方面给予政策优惠；将大学科技园建设项目纳入城市总体规划，水、电、气、暖、路、讯等相关市政配套基础设施由所在县区（开发区）及市直有关部门负责优先安排，对于纳入市重点工程的项目，建设期间对自营和自有产权部分的人民教育基金、新型墙改基金、散装水泥专项资金人、基础设施配套费、建筑垃圾及渣土处理费等各项规费给予减免政策；科技园在建设期间，还可以申请各类引导资金及科技项目扶持资金作为对科技园建设资金的补充，比如现代服务业引导资金、文化创意产业引导资金、平台建设科技项目等。

3. 政府在大学科技园经营期提供税收优惠政策

2006年2月7日，国务院国发〔2006〕6号文件，对符合条件的科技园自用以及无偿或通过出租等方式提供给孵化企业使用的房产、土地，免征房产税和城镇土地使用税；对其向孵化企业出租场地、房屋以及提供孵化服务的收入，免征营业税。对符合非营利组织条件的科技园的收入，自2008年1月1日起按照税法及其有关规定享受企业所得税优惠政策。

（二）按照出台扶持政策的主体可分为国家扶持政策、地方政府扶持政策、高校扶持政策

1. 科技部、教育部在《关于进一步推进国家大学科技园建设与发展的意见》中要求对规划、用地、财政等方面提供政策支持

国家对大学科技园的扶持政策主要是指财政部、国家税务总局出台的《关于国家大学科技园有关税收政策问题的通知》（财税〔2007〕120号）、《关于延长国

家大学科技园和科技企业孵化器税收政策执行期限的通知》(财税〔2011〕59 号)等文件。

国家大学科技园自认定之日起，对符合条件的科技园自用以及无偿或通过出租等方式提供给孵化企业使用的房产、土地，免征房产税和城镇土地使用税；对其向孵化企业出租场地、房屋以及提供孵化服务的收入，免征营业税。

2. 地方政府扶持政策主要是指市级、区级政府为支持当地高校兴办大学科技园出台的相关扶持政策

具体包括对进入园的高新技术孵化企业或文化产业示范基地项目租金的优惠及补贴；入园企业按税收级次，其交纳的营业税、企业所得税、增值税地方留成部分，由纳税地财政全额返还作为奖励；科技三项费用、科技发展基金、中小企业创业基金、文化产业引导资金扶持；科技文化型企业领军人物个税形成的地方财务部分返还个人作为奖励；建设期间自营和自有产权部分规费的减免；资助园区企业专利申请费用，等等。

3. 高校作为大学科技园的办园主体，为大学科技园提供的扶持政策

学校为入园企业提供优惠利用学校的图书馆、实验室、研究所、工程中心、网络和测试中心等有关资源的方便；学校设立创新创业基金扶持师生创办高科技企业；通过无偿资助、贷款贴息和资本金注入等方式，对创业初期、商业性资金进入尚不具备条件、最需要支持的各种科技型中小企业的技术创新项目给予资金支持；允许横向科研课题结余经费投资创办相关科技企业；学校可根据成果转化的业绩与单位、教师、科技人员的考核、评优等挂钩；进入科技园创业人员，在职称评定中享受与校内工作人员同样的待遇；对在校大学生、研究生、教师创业减免一定期限的房租，等等。

(三)按照政府扶持政策体系可分为组织保障体系、硬件建设体系、资金投入体系、税收政策体系、人才政策体系、中介服务体系

组织保障体系是指大学科技园建设初期，各级政府组建的专门的管理机构，他们熟悉地方经济的整体规划，以此为依据为园区制定合理的发展计划，从规划建设到招商引资以及运营模式等进行规划，更好地与地方经济相结合，促进地方政府将园区纳入当地经济发展轨道。

硬件建设体系是指政府为支持大学科技园建设，为园区提供良好的经营环境，对园区周边道路交通、绿化、公共配套设施等进行的投入与改造。资金投入体系是指国家和地方政府财政预算的发展基金、种子基金等。税收政策体系是指国家和地方政府出台的扶持入园企业的税收优惠政策。人才政策体系是指地方政府为引进高科技人才，在创业资金、科研经费、户口、子女及配偶安置、

住房等方面出台的激励政策。中介服务体系是政府为大学科技园打造软环境，推行"一站式"政务服务模式，完善政府职能，引入企业注册、财务代理、法律咨询、融资担保、公共服务平台，为园区企业做好服务。

二、政府扶持政策落实过程中存在的难点

（一）组织体系健全，但机构职能不明确，造成管理政策落实不到位

大学科技园的健康发展离不开有效的政府管理。大学科技园大多以管理委员会来负责园区的规划与管理，政府、高校、企业共同组建管理委员会，下设管理办公室，负责日常管理和组织协调，成立大学科技园公司作为科技园运作载体，从事科技园具体的开发建设工作。在实际运作过程中，由于机构的法律地位不明确，领导体制不健全，政府各职能部门的负责人作为管理委员会成员，不具体参与科技园的建设与运行，无法起到很好的协调作用，很难将管理的要求与政策落实到位。

（二）大学科技园自身建设不完善，不符合优惠政策的扶持条件

政府出台的扶持政策，大多需要科技园满足各项条件后才可以享受。比如对高新技术企业的扶持政策要求企业必须符合《国家高新技术企业认定管理办法》的条件；大学生创业扶持政策必须符合毕业年限、注册资金等要求；国家大学科技园税收优惠政策必须符合《国家大学科技园认定及管理办法》的要求。如果自身建设不完善，不符合相应的认定条件，则不能享受相应的优惠政策。

（三）财政资金预算不到位，造成扶持政策无资金配套难以落实

在政府的资金投入体系中，国家和地方各级政府虽然设立了一些扶持基金和种子基金，但额度较小且使用方式落后，加上资本市场不健全，金融支持力度不强，仍是大学科技园发展的瓶颈。

三、如何加强政企合作，更好地落实扶持政策

（一）加强政策研究，改善宏观指导

政府有关部门要加强战略研究和理论探索，正确把握发展方向，建立和逐步完善相应的政策体系，对国家大学科技园进行宏观指导。积极推动将国家大学科技园的发展建设纳入地方发展规划和高校中长期科学与技术发展规划，制定系统的鼓励优惠政策、措施；支持符合条件的国家大学科技园管理公司按程序认定为高新技术企业并享受有关优惠政策；完善《国家大学科技园认定和管理办法》探索符合规律的发展模式，研究科学合理的评价办法和指标体系，实行定

期评估、动态管理，把国家大学科技园的发展绩效作为对依托高校和地方科技教育管理部门评估考核的重要指标之一。

（二）加大财税支持力度，积极为拓宽投融资渠道创造条件

科技部、教育部和地方科技、教育行政管理部门及所依托的高校要积极创造条件，设立国家大学科技园发展专项。同时研究制定优惠税收政策，使国家大学科技园用于孵化的房产可享受房产税、营业税优惠。支持园内的科技企业孵化器（创业中心）成为国家高新技术创业服务中心。地方和依托高校要从领导班子组建、资金投入、用地及园区基本建设、财税、人才引进等各方面给予有力支持。积极促进金融、投资机构与国家大学科技园的合作；推动国家有关部门适时启动二板市场，创造条件推动国家大学科技园和园内高新技术企业优先上市。

（三）推进公共创新服务平台建设，推动国家大学科技园建立战略联合体

国家大学科技园专项，要用于国家大学科技园的产业化技术支撑平台、创业服务公共信息网络平台等基础条件的建设，根据对国家大学科技园的年度评估考核情况择优支持。高校要充分挖掘自身资源，积极利用社会资金，加快基础设施建设，为科技人员创新创业提供包括孵化场地、通信网络等在内的、设备齐全的良好硬件环境。进一步推动中国大学科技园协会发展，鼓励各国家大学科技园通过中国大学科技园协会构建战略联合体。为进一步找出科技部、教育部和地方科技、教育行政管理部门及所依托的高校要积极创造条件，设立国家大学科技园发展专项。同时研究制定优惠税收政策，使国家大学科技园用于孵化的房产可享受房产税、营业税优惠。

关于高校固定资产计提折旧的探讨

沈阳师范大学　张晓民①

【摘　要】本文针对高校固定资产的特殊性，分析了对高校固定资产计提折旧可能出现的问题，对高校固定资产折旧工作如何开展才更稳妥进行了思考。从明确高校固定资产的概念和分类入手，对哪类高校固定资产应计提折旧，哪类固定资产不计提折旧进行了阐述；强调了按分类慎重选择固定资产计提方法的观点；根据高校自身特点及固定资产计提折旧操作的难度，在固定资产折旧计提时间上，坚持目前可只考虑按年或按半年计提一次折旧，随着办学情况的变化，如果教学成本核算需要，再逐步过渡到按季、按月计提折旧的观点；对计提折旧的账务处理归纳为五种方法以供探讨，力求可行之，并有效果于高校固定资产的管理。

【关键词】高校　固定资产折旧　探讨

高校固定资产折旧问题是近年来众多学者研究的热点话题，"高校固定资产要不要提折旧、怎么提、为什么提"已成为国有资产管理研究中的一个重要命题。理论界在"要不要提折旧"和"为什么提"这两方面已经做了很全面的论述。但对"怎么提"，却各有不同的见解。作为高校会计人员，凭着在工作中的体会，认为对高校固定资产折旧具体应该怎样做，确实有必要做认真的思考。本文就根据自身处在高校之中的感受，找一找切实可行的实施方案，为更好地进行高校固定资产计提折旧管理，谈一谈自己粗浅的看法。

一、高校固定资产的概念及其分类

（一）高校固定资产的概念

根据《高等学校财务制度》，固定资产是指一般设备单位价值在 500 元以上、专用设备单位价值在 800 元以上，使用期限在一年以上，并在使用过程中基本保持原有物质形态的资产。

单位价值虽未达到规定标准，但耐用时间在一年以上的大批同类物资，也

---

①　张晓民（1968—）高级会计师，从事财务会计工作，研究方向：财务核算与管理。

作为固定资产管理。

（二）高校固定资产分类

高等学校的固定资产一般分为六类：（1）房屋和建筑物：包括各类房屋、室外构筑物、道路、围墙、广场、各类管道、各类线路等；（2）专用设备：包括教学中使用的仪器仪表、机电设备、电子设备、印刷设备、文体设备、标本模型、实验室家具等；（3）一般设备：包括行政办公和事务性使用的交通运输设备、行政办公设备、一般文体设备、卫生医疗器械、工具、家具等；（4）文物和陈列品；（5）图书：包括校图书馆和各单位资料室的图书、电子图书、期刊、资料（各类磁介质资料）等；（6）其他固定资产：包括土地、被服、装具等。[1]

二、高校固定资产计提折旧的范围

高校固定资产具有其自身的特殊性，具体表现为：（1）高校固定资产种类繁多，单位价值千差万别，数量庞大，提取折旧操作难度大；（2）专用设备中被淘汰的资产较多。当新的技术产生后，有一些实验器具就成了过时的物品，再用这样的设备做实验，学生学到的知识就是落后的，原先的设备就要被淘汰了；（3）一些资产在使用过程中，已经被改造，不易确定是哪一设备。如计算机在使用中，有的机器内存不够了，或哪个部件坏了，就有将几台机器重新组合成一台能工作的机器的情况。这样正在工作的机器具体是哪一台就无法一一对应；（4）文物、陈列品和图书，这类固定资产按原始价值入账，如果保存得好，不仅不会随着时间的流逝而减值，还会增值。因此，需要明确哪类固定资产应计提折旧，哪类固定资产不计提折旧。

（一）高校固定资产折旧的计提范围

高校计提固定资产折旧的范围应该根据资产的使用情况，合理确定。

具体地说，即使用过程中的固定资产，由于会发生物理磨损，其功能会变差，外观由新变旧。同时，固定资产本身的价值也会降低，最后丧失固定资产的使用价值而报废。固定资产在使用过程逐渐磨损而降低的那部分价值就是高校固定资产折旧。[2]

高校固定资产应该计提折旧的主要包括：正在使用的专用设备和一般设备，季节性原因停止使用或因大修理停止使用的高校固定资产，以及融资租入的固定资产，以经营租赁方式租出的高校固定资产，房屋和建筑物。[3]

（二）不应计提折旧的固定资产

固定资产不应该计提折旧的主要包括：未使用和不需用的高校固定资产（房屋、建筑物除外），以经营租赁方式租入的固定资产，按规定单独估价作为高校固定资产入账的土地。此外，文物和陈列品；图书，这类固定资产如不破损，时间越久，价值越大。应不在正常的计提折旧范围之内，需要特殊考虑。

三、高校固定资产计提折旧前的工作基础

高校固定资产种类繁多，数量庞大，而且还要不断大量增加。对高校固定资产计提折旧不是一件简单容易的事，在计提折旧前，要认认真真地做好前期工作，保证计提折旧顺利地进行：

(一)做好固定资产清查

对固定资产进行清查、盘点，摸清家底。由于多数高校是由几所院校合并组建的，拥有几个校区，很多高校又经历过搬迁、新扩建，各院系重组。各高校固定资产分布广、数量大，有的固定资产由于各院系重组，改变了使用部门，固定资产管理难度非常大。所以固定资产计提折旧前，要认真做好清查，做到账实相符。否则，固定资产计提折旧就无法进行。

(二)做好固定资产清理

在高校固定资产计提折旧前，要做好固定资产清理。在高校，一些房屋建筑物已成为危房，但仍然不作报废处理；一些教学用的设备比如计算机等，早已闲置不用多年，高校为了评估时学生人均可以使用固定资产金额水平达标而不进行报废处理。因此，就要先做好固定资产清理，对应报废的资产进行报废处理，这样固定资产计提折旧才更真实、科学。

(三) 做好固定资产分类

对高校目前拥有的固定资产分类进行审核，明确哪些固定资产是应该计提折旧的，哪些可以不计提折旧；明确应该计提折旧的固定资产，应该选取哪一种折旧方法。

(四) 进行信息化管理平台建设，促进全过程动态管理

首先，要加大经费投入，开发高校固定资产管理信息系统，使高校的固定资产管理系统化，使开发的管理软件更加完善。目前，高校固定资产管理软件有很多种，各高校应根据自己的情况慎重选择，固定资产分类要和财政报表的口径相一致。要有计算折旧的功能，软件开发商的售后服务要好，要能根据需要，做进一步的完善。充分利用现代信息系统实行网络管理，进行网上对账，实现固定资产动态管理，达到资产管理、预算管理、政府采购信息共享。对高校固定资产进行从购置到报废全程动态管理，实时记录固定资产增减、调配等变化情况，做到能及时准确地掌握固定资产的采购、使用、处置以及结存等具

体情况。

其次，利用校园网实现网络化管理，建立固定资产管理网络平台，实现财务与固定资产管理部门和各使用部门的对接。财务与固定资产管理部门和各使用部门要经常协调与沟通，保证固定资产账账相符、账实相符、账卡相符。

实行全过程动态管理后，高校固定资产计提折旧才能准确。

四、高校固定资产计提折旧的会计处理

(一)高校固定资产计提折旧的方法

固定资产的折旧方式一般分为三种：综合折旧、分类折旧和个别折旧。高校各类固定资产的功能、用途以及使用情况等各不相同。因此，一般采用分类折旧的方式来计提折旧。

高校在选择折旧方法时，应根据固定资产的性质、受有形损耗和无形损耗影响的方式和速度，并结合科技发展、环境及其他因素来做选择。但实际操作中，在多数情况下，仅是一个或少数因素起决定作用，作用小的其他因素通常会不去考虑。具体地可以选择：(1)平均年限法，其适用于在预计使用年限内提供的效用、损耗的速度比较均衡的固定资产的折旧计算。比如，房屋和建筑物及一般设备。(2)工作量法，其适用于那些损耗程度取决于工作量而非使用期间的固定资产折旧的计算。比如，交通运输工具和大型设备可以选择用工作量法进行计提折旧。(3)加速折旧法，即采用双倍余额递减法和年数总和法。这两种方法共同的特点是在固定资产使用寿命的前期计提折旧的额大，而后期折旧额逐渐减少，从而可以达到固定资产成本在使用寿命内加快得到补偿的目的。对高校购置的具有专门用途和性能的教学、实验、科研用的设备，由于技术含量大、价值比较高、技术生命周期较短、无形损耗十分严重，应该选择采用加速折旧法计算折旧金额；同时，对于计算机等技术更新换代速度较快的一般设备也可以采用加速折旧法。[4]

使用的折旧方法的不同，使得各期计算出的折旧费用差别很大。高校应该谨慎地进行固定资产折旧的核算，折旧方法的选择要慎重。选定一种折旧方法后，在以后各期进行会计核算时都应该保持一致，不得随意变动，当然，在一定条件下也可以变更。同时，在有关会计报表附注中对固定资产折旧的计提状况、金额以及计算方法等，应当详细地予以揭示，以便不同高校之间加以比较。

(二)高校固定资产计提折旧的账务处理

1. 计提折旧的时间

按照现行制度，企业固定资产按月计提折旧。但为了简化核算，实务中通

常采用的做法是：当月增加的固定资产，当月不计提折旧，要从下月起计提折旧；而当月减少的固定资产，当月仍然计提折旧，从下月起不再计提折旧。

高校根据其自身特点及操作难度，在账务处理上，目前可考虑按年或每半年计提一次折旧。随着办学情况的变化，如果教学成本核算需要，再逐步过渡到按季、按月计提折旧。

2. 计提折旧的会计科目应用

如果高校固定资产计提折旧，那么，该应用什么会计科目，如何进行账务处理呢？笔者认为可以选择以下几种方法：

方法一：为了对高校的固定资产进行全面系统地核算，设置"在建工程"和"固定资产清理"科目，分别核算固定资产的增加和减少，新增"累计折旧""资产折耗"科目，用来核算固定资产的折旧，取消专用基金中的"修购基金"二级会计科和"固定基金"一级目会计科目。在资产负债表"固定资产"项目下增设"累计折旧""固定资产净值""在建工程"和"固定资产清理"四个项目，这样能够全面反映固定资产的使用情况、磨损程度和固定资产的净值(固定资产原值－已提累计折旧)。

以购入需要安装的固定资产为例，作会计分录，具体列示有关会计科目的应用为：(1) 购入需要安装的固定资产，①进行安装时，"借：在建工程，贷：银行存款或应付账款等"，②安装完工时，"借：固定资产，贷：在建工程"；(2)计提固定资产折旧时，"借：资产折耗，贷：累计折旧"；(3) 固定资产出售、报废、毁损时，①转入清理状态，"借：固定资产清理、累计折旧，贷：固定资产"，②取得收入时，"借：银行存款、库存物资，贷：固定资产清理"，③支付清理费用时，"借：固定资产清理，贷：银行存款"；(4) 固定资产清理结束后，结转净损失，"借：其他事业支出，贷：固定资产清理"，结转净收益时，"借：固定资产清理，贷：其他事业收入"。[5]

方法二：在每月计提固定资产折旧的同时冲减高校的固定基金，具体会计处理为"借记固定基金，贷记累计折旧"。固定资产以净值(原值减去"累计折旧")在期末资产负债表中的资产列示，当期净资产中的"固定基金"以账面余额列示。

方法三：设置"累计折旧"账户，每期提取折旧时，会计处理为"借：事业支出，贷：累计折旧"，同时，增设"固定资产更新基金"科目，其为净资产科目，并做会计分录："借：固定基金，贷：固定资产更新基金"，使固定资产价值从固定基金逐步转换到更新基金中，这种方法增加了一个"固定资产更新基金"科目，有利于高校对资产的损耗给予正确认识，能够有计划、有目的进行设备更新。[6]

方法四：取消"固定基金"科目，其会计处理为，购置固定资产时，借记"固定资产"增加，贷记"银行存款"减少，不再记入当期"事业支出"，为了核算固定资产折旧而增设"事业支出——折旧费"和"累计折旧"科目。在计提折旧时，记入"事业支出——折旧费"科目的借方，同时记入"累计折旧"科目的贷方，随着固定资产折旧的不断提取，"事业支出——折旧费"金额也同时相应增加，使"事业结余"相应减少。固定资产净值为"固定资产"借方余额与"累计折旧"科目贷方余额的差额。[7]

方法五：目前，高校在购置固定资产时直接记入"事业支出"科目，一次性全额记入费用，使当年的事业基金虚减。基于这一思路，可以用费用摊销的方法代替提取固定资产折旧，从而达到相同的目的：即从增设"事业支出——摊销"子科目，以摊销的方法代替提取折旧的方法，以"固定基金"为中介将已经列入当年事业基金的支出逐年分摊转入"专用基金——修购基金"科目中，这样也可以完成对固定资产更新基金的积累，达到计提折旧的目的。[8]

例：2006 年 12 月 12 日，一所大学购入教学用甲设备一台，设备价款为100000 元；经验收合格后，设备于当月交付使用，用自有资金付款，该设备的预计使用 5 年。假设有三种方案处置甲设备：①2010 年 12 月 12 日，甲设备提前报废，上报财政和主管部门经批准，进行相关报废处理，残值收入 5000 元，清理费用为 2000 元；②2010 年 12 月，甲设备用于对外投资，作价 50000 元，会计进行了有关账务处理；③至 2011 年 12 月 12 日，甲设备正常报废，没有残值和相关清理费用。按分年摊销法下进行相关会计分录的编制。

（1）设备购入时会计分录：

借：教育事业支出 100000
　　　贷：银行存款 100000
借：固定资产 100000
　　　贷：固定基金 100000

（2）每年摊销时会计分录：

借：固定基金 20000
　　　贷：教育事业支出——摊销 20000

（3）2010 年提前报废时会计分录：

借：固定基金（未摊销完的金额）20000
　　专用基金——修购基金（已摊销金额等同于已提折旧）80000
　　　贷：固定资产 100000
借：专用基金——修购基金 2000
　　　贷：银行存款 2000

借：银行存款 5000

　　贷：专用基金——修购基金 5000

（4）2010 年 12 月，对外投资时会计分录：

借：对外投资 50000

　　贷：事业基金——投资基金 50000

借：固定基金（未摊销完的金额）20000

　　专用基金——修购基金（已摊销金额等同于已提折旧）80000

　　贷：固定资产 10000

（5）正常报废时会计分录：

借：固定基金（未摊销完的金额）0

　　专用基金——修购基金（已摊销金额等同于已提折旧）100000

　　贷：固定资产（原值）100000

　　总之，高校计提固定资产折旧，应有利于真实反映高校固定资产的现有净值，应利于有计划对固定资产进行更新改造，应利于高校防范财务风险，应利于正确核算教育成本，应利于提高固定资产的使用效率。真正加强高校固定资产管理，节约教育经费，提高固定资产使用效益，从而促进高等教育事业更好地发展。

【参考文献】

[1] 郭爱珍. 浅谈高校固定资产管理[A]//高师财务管理研究（第九辑）. 华中师范大学出版社，2011：253－258.

[2] 侯新春. 关于建立高校固定资产折旧制度的思考[J]. 实验室研究与探索，2009(12)：228－230.

[3] 师宏. 浅谈高校固定资产计提折旧[J]. 财政监督，2010(16).

[4] 葛欣. 高校固定资产折旧方法探讨[J]. 财会通讯，2011(25).

[5] 张清华. 关于高校固定资产核算引入权责发生制的探讨[A]//高师财务管理研究（第九辑），华中师范大学出版社，2011：259－264.

[6] 王江. 论高校固定资产折旧政策亟待执行[J]. 现代经济信息，2009(12)：303－304.

[7] 吴迅. 关于高校固定资产折旧的探讨[J]. 法制与经济，2009(10)：110－111.

[8] 吴赛. 创新高校固定资产折旧核算之我见[J]. 财会月刊，2010(2)：51－52.

大学城内办学资源共享研究

天津师范大学　周栖梧

【摘　要】大学城功能发挥的关键并不是各高校在地理位置上的简单"聚合"，而是如何通过各高校共享办学资源实现规模经济发展。在挖掘我国大学城办学资源共享真实内涵的基础上，归纳出我国大学城办学资源共享的制约因素，探求我国大学城办学资源共享的路径，提出了实现我国大学城办学资源共享的对策，以期突破我国大学城办学资源共享的困境。

【关键词】大学城　办学资源　共享研究

一、大学城内办学资源共享的现状

(一)教育共享资源的内容单一，层次不深

教学资源可以分为硬件资源和软件资源两部分，硬件资源主要是指包括教室、图书馆、运动场、计算机房、学生宿舍和教师公寓等在内的有形的物质设施；软件资源是指在教育过程中对硬件资源的使用和开发所显示出的价值和使用价值，具体是指课程设置、师资和教学管理。目前我国大学城教育资源共享虽取得一定的进展，但仍处于资源共享的探索与实践的初级阶段。虽然学生对教育资源尤其是优质教育资源有着强烈的需求，但由于大学城共享资源的内容不够丰富，层次不够深，停留在较粗浅层次，主要集中在体育设施和图书馆资源的共享上，共享的载体比较单一，因此大学生参与资源共享活动的积极性不高，共享的受益面窄。另外，各学校之间的交通等还存在很多不够便利的地方，同学们参与的共享活动也存在诸多的问题和困难。

(二)教育共享资源质量不佳，效益效率不高

共享的质量欠缺问题很大程度反映在对共享课程的管理上。目前，许多学校教务部门和院系对选修课和专业课的共享缺乏整体建设规划和实施计划，对已经开展的选修课和少量专业课的共享也很少及时、全面、深入地进行评估和总结，共享课程及其各个环节几乎没有进行过梳理，对是否开设这门课、教学

过程中的问题、师生的评价没有形成较为系统、完整的管理体系，在培养目标、教学计划、教学条件、师资力量、学籍管理等方面存在比较大的随意性，因人设课的现象普遍存在。有的高校管理人员甚至认为开校外选修课和专业课程是院系创收的一个好办法。同时，对共享课程的学习效果和考核也存在不少问题，据学生们反映，由于教师的"走教"，学生所能得到的很多是头脑里一些理解不深的知识，教师授课很少有对学生本专业创新能力的训练，缺乏互动和引导，导致部分学生只求获得学分，考核通过，能否学到知识已不是很重要的事情了。有学生甚至认为，上课的老师是外校的，对自己没有约束力，逃课缺课现象比较普遍。也有老师认为，听课的也不是本校的学生，他们能够学到多少东西与自己关系不大。如果师生都形成这种思维的话，必将形成恶性循环，课程共享的质量自然是大打折扣。

（三）高校的实验室和科研基地互不开放

我国高校管理体制中对教育资源配置上的条块分割、部门所有的现象还是比较普遍。我国绝大多数教育资源为国家所有，所有权属于国家，但国家是一个"虚"的权益主体，教育资源的占有权和使用权基本上属于学校或某些个人所有。一些学校、院系把自己占有的资源视为己有，宁可自己不用也不与他人分享。但他们多愿意分享别人的资源。

在教学实验室方面，大学城各高校都分别根据自身的教学安排设有中心实验室，中心实验室对外校学生不开放。已经进驻大学城的各级重点实验室和科研平台，其开放对象主要针对共同开展科研课题的校内外研究人员，受益面窄，仍然无法满足大学城师生教学科研对实验设备和实验平台的需求。

（四）公共网络平台建设不完善

大学城很少设有专门的网站，大学城的很多情况不能在网上直接查询，公共网络平台建设的极为不完善。另外，大学城中各高校之间没有实现联网办公，相当数量的学生对大学城高教资源共享的情况知之甚少，从上述情况可以看出大学城网络平台建设的情况不容乐观。

二、大学城内办学资源共享存在问题的归因分析

（一）高校缺乏资源共享的传统和制度基础

在硬件资源方面，高校往往十分重视自身资源条件的建设而忽视共享，提到对外提供资源共享时，总是注重自身资源"流失"的一面，没有看重资源共享带来的资源增值。这种增值不仅包括硬件资源设备利用率的提高和设备管理员业务素质的增长，还包括由于共享带来的科研合作的机会以及科技创新的火花，

等等。在制度基础上，虽然在图书馆信息资源、大型分析测试仪器和国家部省级重点实验室方面已有一些现行的共享制度，但是这些制度仍然不能满足大学城这一特殊教育组织形式的需求。在大学城实现硬件资源共享尤其需要在制度上进行探索创新。

在软件资源方面，特别是课程互选、学分互认上，高校缺乏校际学分互认互换的先例，在全国范围内也没有形成一个成熟的学分互认互换制度可供借鉴。推进大学城各高校都参与到学分互认系统中，尚需培育资源共享的氛围，并借鉴国外学分互认互换制度，有步骤地进行制度探索。

（二）实际运行上的困难

一般说来，图书资料是相对比较容易共享的，但是，外校的学生不受本校的制约，图书资料或设备一旦出现损坏或遗失怎么办？为了防范学校的管理风险，必然要制定一些约束措施，但是烦琐的程序可能阻挡了学生享受外校资源的脚步；校方部门管理者因担心管理有难度而积极性不高，校际选修课的管理也同样存在难以克服的矛盾，不少学校反映，跨校选修课出勤率很低，一方面是来自不同学校的学生教师难以约束；另一方面是学生去听课客观上也存在着交通不便、自身课业相重等多种困难。

（三）文化和社会心理上的隔阂

高校在发展过程中都形成了自身鲜明的学校文化特色，这些学校聚集在大学城，从积极面看，增加了文化接触、交流和融合的机会；从消极面看，增加了产生文化碰撞、文化摩擦乃至文化冲突的可能。大学城里各个学校尽管相互之间可能没有建立物理围墙，但是学生之间却可能存在着一道道坚固的心理围墙。在大学城的学生当中缺乏心理上的认同感，他们往往更愿意把自己看成是某某学校的学生，而不愿意把自己看成是大学城的学生，身在名校的不免有优越感，而其他学校的学生或有自卑感，或有不服感，彼此间存在的心理隔阂也影响了相互交往的积极性，从而导致资源共享实施上的困难。

三、我国大学城内办学资源共享的对策

（一）大学城办学资源共享的对策

1. 打破封闭的管理模式，提高大学城高校资源共享的意识

大学城要加快高校资源合理的配置以及资源共享的步伐，首先必须要打破门户之见，改革单一的高校部门所有、条块分隔的纵向管理模式，实行便于校际合作灵活、多样、开放的管理。各大学要在独立办学的前提下，积极地参与到共享资源的管理建设中去，互通高等教育资源的信息。其次，必须提高大学

城教育资源共享的意识，树立"一个大学城"的理念，各高校都是息息相关的办学联合体，并非完全独立的竞争者。要培育、提高大学城教育资源共享的意识，还要从根本上建立资源共享的制度予以保障。"一个大学城"的理念是前提，共享制度的建立则是保障资源共享能否长期顺利进行的关键。

2. 政策导向

政府的高等教育政策应鼓励学校之间的合作，引导学校利用教学资源共享降低办学成本、提高办学效益，在资源配置、项目审批、专业设置、经费投入等方面对共享项目、共享学校、共享人员予以倾斜，帮助学校消除阻碍共享的政策壁垒，营造有利教学资源共享的政策环境。如在评审精品课程时，对共享的课程优先审批、优先投入；对联合申报的教学研究和改革项目优先立项；对共享程度高的专业、课程、教材及学校加大投入；在涉及有关共享的收费时优先审批等。

3. 建立健全大学城管理机制

健全的管理机制是资源共享的又一个关键因素。第一，需要建立一个由政府主导的代表各学校共同利益的或民间性质的由大学城各个学校共同认可的管理机构，科学地研究并切实地推进资源共享工作；第二，由该机构研究制定资源共享的项目实施程序、管理办法，在各个学校认可的基础上，进行规范管理；第三，充分利用现代化教学手段，建立资源共享的信息资源库，做好信息资源的管理，以保证资源共享活动的质量。第四，妥善处理好各高校在资源共享中的利益关系。高校是独立的办学单位，也是独立的经济个体，正视各高校利益的独立性，以及在它们之间存在着竞争态势和矛盾甚至冲突，实事求是地研究和解决好共享当中的利益分割问题，资源共享活动才能够深入持久地开展下去。

(二)大学城办学资源共享的具体形式

1. 互聘教师

根据学科专业的关联度，大学城内各高校之间可通过互聘教师的形式促进师资的共享。通过互聘教师讲授课程或举办高水平学术讲座，既能有效地利用各高校富余的、高水平的师资，又能促进各高校之间教师之间的学习与交流，有利于教师专业水平和教学水平的提高。要互聘教师，相关高校之间应建立相应的运行机制，例如成立或指定专门的管理部门开展联系协调工作，根据学校实际建立"互聘教师信息库"方便其他学校选择外聘教师，并制定相关政策激励教师进行跨校授课或举办学术讲座等。

2. 互认学分

鉴于大学城各项管理工作刚刚开始，选课制的推行应是一个渐进的过程。

因此，学科基础课组群与专业方向课组群的选修基本上在本校完成。互认学分的内容应包括在公共基础课组群(包括"两课"组、人文社会科学基础课组及自然科学基础课组)、公共选修课组群以及各校优质课程资源范围之内。这样既能保证课程资源共享的实现，又能体现各校特色，保持其独立性。具体由各校教学部门负责，做到教育资源信息、教师信息、课程信息、教改信息的相互交流和共享。同时，为确保选课制的充分实施，大学城实行统一的作息时间制度和空间共享方案，对教学空间实行统一协商安排，制定共用的教室分布及使用情况图表。

实行联合学分制、按学分收费制。进入大学城的各高校实行学分制，考虑到各校在制定学分制上的差异，建议在大学城层面构建统一或相容的联合学分制。在校际学分的互认上，各校应积极主动，配合联合学术委员会确定相关学分的互认或相互转换的方式，保证学生在课程选修时，两校都予以认可。实施按学分收费制，针对各校层次不一及专业优势互补的现状，不同的专业按培养计划及学费标准确定每个学分的收费额，不同课程或者相同课程的按其质量、效益进行收费。

3. 共建信息平台

构建相互衔接、沟通顺畅的信息交流平台，及时发布相关信息，实现教学协作信息的网络化管理，构建信息化、智能化的数字校园，满足各校方便、有效、快捷地对协作信息进行本地及异地管理。提升现代教育技术的应用水平，大力建设网络课程，实现多媒体课件、教育资源库的互相开放，通过实施远程教育，最大限度地利用现有的教育资源，满足学生自主学习的需求。

4. 开放实验室与实践教学基地

通过开放实验室与共建实践教学基地，实现实践教学资源的统筹开发与建设，可以减少大学城教学资源建设中的重复投入，从而节约办学成本，提高办学效益。开放培养综合技能的实践教学基地，尤其是示范性实践教学基地，提供多元职业技能培训和职业资格鉴定，使大学城内各高校学生在获得毕业证的同时，取得多个职业资格证书，增强毕业生的就业能力和竞争力。

5. 图书馆资源共享

图书资料的共享，是要让各校学生进入各高校图书馆像进国家图书馆一样，自由阅览。在国外，图书馆的开放已广泛进行了多年，它们大学的教学和科研也并没有受到不利的影响。在西方国家，各大学、各社区的图书馆开放程度之高，借阅手续之便捷，却令我们惊叹不已。哥伦布市的图书馆大门上标有"向所有人开放"，牛津市、剑桥市都有很好的资源共享的传统，牛津市内共有 104 座图书馆和 8 座博物馆，剑桥也有近 100 个图书馆和 7 座博物馆，一张图书馆的读者卡可以在 100 多个图书馆通行无阻。国内大学城内高校间图书馆资源共建共享已有了一些成功尝试，如东方大学城及上海、南京、珠海等地大学城开展了"书刊互借、文献传递、协商采购"等工作。我国大学城中的各高校要实现图书馆资源的共享，必须充分整合大学城图书馆资源，利用网络化服务建设，真正实现图书馆联网和资源共享。实行市场化运作，实施大学城图书馆借阅"一卡通"，使大学城的师生在借阅图书时真正实现大学城图书资源"无校际"，提高大学城图书馆资源的利用效率。

6. 体育资源共享

近年来，随着全国院校的调整，城市化进程的加快，高等教育逐渐由精英化向大众化和普及化方向发展，大学城在我国蓬勃发展。构建高校体育场馆联盟体系，形成一定的场馆规模，一方面可以有效地利用高校体育场馆资源，强化品牌的建立以便于集约化管理。另一方面，校际合作有助于取长补短，可以大大降低人力和管理成本。有学者认为可以把高校体育场馆从不同层面构建为体育场馆联盟，如大学城体育场馆联盟、专项性联盟（网球场馆联盟、篮球场馆联盟等在同一范围内高校按不同类别的体育项目联合）。高校校际体育资源共享能促进各校体育优势资源的合理利用，将大学城内学校优势资源结合起来，提高高校体育场馆的利用率，同时满足学生及老师对体育资源的需求。

四、结束语

我国的大学城，是在政府的主导下，基于"各高校相对独立，而教学资源共享"的理念兴建起来的。我国大学城几乎是和高等学校扩招同时形成、发展的。持续大规模的扩招导致了高校办学资源的严重短缺，原来的高等教育内涵式发展模式已至极限，于是大学城迅速崛起，同时也带来了大学城教学资源共享的问题。因此，如何构建机制，促进大学城教育资源共享目标的实现，是本文的研究所在。本文希望通过研究，能够对大学城的物质环境建构、制度环境建构、精神和人文环境建构方面采用互补、整合、拓展的方式有所创新，寻求更有效的高校组织方式和运作模式，促进新的高校形态的生成。

【参考文献】

[1] 赵修渝，郑春海. 关于大学城共享办学资源的问题与对策研究[J]. 前沿，2007(11).

[2] 李翠. 大学城教育资源共享问题研究[J]. 科教导刊，2011(1).

[3] 王锐. 高校教育资源共享的探讨[J]. 吉林省教育学院学报，2008(8).

[4] 向海英. 论大学城教学资源共享[J]. 世纪桥，2009(5).

[5] 杨毅仁. 我国大学城教学资源共享存在的问题及对策研究[J]. 华南理工大学学报，2007(2).

[6] 何洪涛. 赣州市高等院校教育资源共享模式的研究[D]. 南昌大学，2007.

收费管理与税收筹划

"营改增"后高校财务的应对策略[*]

——增值税的税务筹划

苏州大学　蒋彩萍

【摘　要】"营改增"后高校如何合理选择纳税人类型，特别是一般纳税人高校如何合理进行税务筹划，合法维护高校自身利益，是值得每一位财会人员去积极探索的课题。本文运用案例分析和比较分析的方法深入解读增值税纳税政策，尝试在税法允许范畴内为高校获取最大经济、声誉效益。

【关键词】营改增　税务筹划　一般纳税人　小规模纳税人

一、高校增值税的税务筹划目标

增值税真正走进高校源于 2012 年"营改增"政策所涉及的高校现代服务业项目，由于增值税业务的出现，高校也急需进行增值税的税务筹划。

(一)税负最小化目标

税负最小化是税务筹划的最初始动因，高校"营改增"后相关项目税率由原先的营业税率 5％改为增值税一般纳税人税率 6％、小规模纳税人征税率 3％。根据《增值税一般纳税人的认定管理办法》规定，高校可以选择成为增值税小规模纳税人或一般纳税人，所以在高校选择纳税人类型时，应慎重考量税负增减变动情况，通过测算比较选择税负最小的纳税人类型。

(二)纳税风险最小化目标

因税负最小化目标的初始动因——尽可能的少缴税甚至不缴税，使该目标本身就有可能蕴含着一定的纳税风险。准确估算纳税风险并使之最小化，是高校增值税的税务筹划目标之一。由于税收政策存在阶段性调整和变动因素、高校内外部环境的影响因素，税务筹划一旦失误或失败，就会给高校带来一定的经济性的、声誉的损失，因此税务筹划时纳税风险最小化目标应是高校必须认

---

* 本文系 2013 年度苏州市重点财会科研课题项目（"营改增"对高校财务的影响及其对策）的阶段性研究成果。

真实施的一项指标。

(三)资金使用效益的最大化目标

众所周知，高校负债已是相当普遍的事实，在高校扩张与内涵建设双重需求下，如何提高资金的使用效益，是高校值得探讨的一个重要课题。通过运用合理合法的税务筹划方法延迟纳税或提早抵扣进项税额等方法，充分挖掘资金本身的时间价值，寻求高校资金使用效益最大化的方法，也是高校增值税税务筹划的重要目标之一。

二、拟定并分析税务筹划的方法

(一)拟定方法

税务筹划的方法中最直接也是最容易被接受的是降低使用税率，"营改增"后，其中小规模纳税人税率由原来营业税税率5％下调至增值税小规模纳税人征收率3％，为绝大多数高校所采纳。

增加可抵扣进项税额是另一种税务筹划方法，少数选择了或被认定为增值税一般纳税人的高校，就要充分运用这一方法，为自身创造更多的进项税额抵扣机会。

(二)可行性分析

要使税负最小化，就应当选择与之相匹配的纳税人类型。如何恰当选择纳税人类型，关键是要做好两种"类型"在实际操作中的比较分析。

假定某高校含税服务收入为 R，选择为小规模纳税人高校，"营改增"后纳税下降分析：

"营改增"前应缴营业税(税率5％)、城市建设维护费(营业税的7％)、教育费附加(营业税的3％)，合计税费 $5.5\%R$。"营改增"后应缴增值税(征收率3％)、城市建设维护费(增值税的7％)、教育费附加(增值税的3％)，合计税费 $3.2\%R$。由"营改增"前后税费比较可知，"营改增"后小规模纳税人高校税费下降率为42％。

成为一般纳税人高校从营业税率5％改为增值税率6％，税率提高了就有可能带来高校经济利益的流出，因此是否成为一般纳税人要倍加慎重，选择前要合理评判高校自身以往财务信息，估测成本支出中能获取增值税专用发票抵扣的比例，为此需先计算一般纳税人与小规模纳税人的均衡点：

假设某高校含税服务收入为 R，可抵扣不含税购进金额为 G，购进增值税率为 T。

一般纳税人应缴税费合计：$R/(1+6\%)\times6\%-G\times T+[R/(1+6\%)\times6\%$

$-G\times T]\times(7\%+3\%)$

小规模纳税人应缴税费合计：$R/(1+3\%)\times3\%+R/(1+3\%)\times3\%\times(7\%+3\%)$

令两种纳税人税费相等，则由 $R/(1+6\%)\times6\%-G\times T+[R/(1+6\%)\times6\%-G\times T]\times(7\%+3\%)=R/(1+3\%)\times3\%+R/(1+3\%)\times3\%\times(7\%+3\%)$ 得：$G\times T\times(1+10\%)=3\%R$

令 $T=17\%$，得 $G=16.04\%R$

通过均衡点计算可知，当可抵扣税率为17%时，高校"营改增"范畴的项目成本性支出中，可取得增值税专用发票的税前金额达到并超过含税服务收入的16.04%时，应当选择成为一般纳税人税负更低，否则选择小规模纳税人更有利。

表1　可抵扣增值税税率与两种纳税人纳税均衡点(设含税收入为 R)

一般纳税人 销项税率	小规模纳税人 销项税率	购进增值税进项税率 （使用行业）	纳税 均衡点
6%	3%	17%（销售或者进口货物，提供加工、修理修配劳务）	16.04R
6%	3%	13%（销售或者进口部分优惠税率货物）	20.98%R
6%	3%	11%（交通运输业）	24.79%R
6%	3%	6%（部分现代服务业）	45.45%R
6%	3%	3%（小规模纳税人由主管税务机关代开发票）	90.91%R

三、税务筹划方案的实施

(一)会计处理的调整

"营改增"后一般纳税人高校，因增值税进项税额可以抵减销项税规定，操作起来相对复杂。高校资金来源多元化，核算项目繁多，"拼盘"项目使得"营改增"对高校会计核算与财务管理的影响较企业更深远。因此一般纳税人高校增值税的筹划，首先要准确设置项目，其次要相应地改变核算流程，从而厘清纳税与非纳税项目，防止纳税项目与非纳税项目收支，尤其是支出混同导致的进项税抵扣混淆，做到项目纳税与抵扣相匹配。

以苏州大学会计核算为例，增值税应税项目可分为两类，一类属于科研性专项资金，另一类属于社会服务收入性质资金。首先为避免收入与税款同项目核算导致项目不能真实反映剩余经费情况的发生，增开了增值税项目大类核算税款，每个税款子项目对应一个相应的纳税项目，这样科研性质的纳税专项经费与其他非纳税项目经费就泾渭分明，项目成本支出的进项税抵扣也清晰可辨。

其次是对社会服务收入做了相应的核算与管理的调整，建立了仓库领用制度，一方面规范各种材料物资的购置与管理行为，另一方面也方便了购进增值税核算。核算时运用增值税先抵扣后转出的方法，即对用途不明的购进材料先抵扣进项税额，在材料领用明确支出用途时再将用于不属于纳税项目的进项税额转出，既有效规避超过180天认证期不能抵扣的风险，又有效理顺了学校大盘经费中真正属于纳税项目的成本性支出。另外，对共享性设备等进项税额的抵扣，通过与税务部门积极沟通，划分用于应税项目的比例，按比例抵扣增值税进项税额。

(二)对交易方的选择

如果高校是一般纳税人，那么从其他增值税一般纳税人单位购进货物或服务与从小规模纳税人单位购进，其效益是不同的，由表1可知，购进增值税进项税率越高，意味着可抵扣税额越多。但是除了考虑抵扣因素外，还应考虑价格情况，通常一般纳税人含税销售价格高于小规模纳税人，因此一般纳税人高校购进货物或服务时，应综合考虑进项税率与含税销售价格两种因素。

假定某高校的交易方可以是一般纳税人或者是小规模纳税人，对两者做出选择前可先比较从这两者购入后自身剩余收入的大小，从而选择能使自己资金效益最大的交易方。

设某一般纳税人高校不含税收入为 S，销项税率为 T'，需要购进一批试剂材料，其中一般纳税人供货含税价格为 P_1，购进材料增值税税率为 $T_1=17\%$；小规模纳税人供货含税价格为 P_2，购进材料增值税税率为 $T_2=3\%$（可以取得增值税专用发票）；小规模纳税人供货含税价为 P_3 购进材料增值税税率为 $T_3=3\%$（提供增值税普通发票）。分别测算以上含税购进价格的均衡点。

设剩余收入 $Y=$ 不含税收入－不含税购进价格－其他费用(Q)－城建税和教育费附加(F)

从一般纳税人方购进：$Y_1=S-P_1/(1+T_1)-Q-(S\times T'-P_1/(1+T_1)\times T_1)\times F$

从提供增值税专用发票的小规模纳税人方购进：$Y_2=S-P_2/(1+T_2)-Q-(S\times T'-P_2/(1+T_2)\times T_2)\times F$

从开具增值税普通发票的小规模纳税人方购进：$Y_3=S-P_3-Q-S\times T'\times F$

1. 令 $Y_1=Y_2$，可得出剩余收入均衡点的含税价格比：$P_1/P_2=[(1+T_1)\times$

$(1-10\%T_2)]/[(1+T_2)\times(1-10\%T_1)]$

则 $P_1/P_2=[(1+17\%)\times(1-10\%\times3\%)]/[(1+3\%)\times(1-10\%\times17\%)]=1.1521$

即，当两者含税价格比 $P_1/P_2=1.1521$ 时，可以任意从一般纳税人或从提供增值税专用发票的小规模纳税人方购进材料；当 $P_1/P_2>1.1521$ 时，选择从能开具增值税专用发票的小规模纳税人方购进材料，剩余收入会更多；当 $P_1/P_2<1.1521$ 时，选择从一般纳税人方购进更有利。

2. 令 $Y_1=Y_3$，可得出剩余收入均衡点的含税价格比：$P_1/P_3=(1+T_1)/(1-10\%T_1)=1.1902$

也就是说，当一般纳税人与开具增值税普通发票的小规模纳税人含税供货价格比 $P_1/P_3=1.1902$ 时，一般纳税人高校可以任意选择供货方，当 $P_1/P_3>1.1902$ 时应选择开具普通发票的小规模纳税人所得到的收益更大，当 $P_1/P_3<1.1902$ 时，则应选择从一般纳税人供货方购进材料效益会更大。

3. 令 $Y_2=Y_3$，可得出剩余收入均衡点的含税价格比：$P_2/P_3=(1+T_2)/(1-10\%T_2)=1.0331$

说明同样是从小规模纳税人供货方购进材料，当价格比 $P_2/P_3=1.0331$ 时，是否能取得增值税专用发票都没关系，而当 $P_2/P_3>1.0331$ 时，选择开具增值税普通发票的供货方能让自己剩余收入更多，当 $P_2/P_3<1.0331$ 时，选择能取得增值税专用发票的供货方更有好处。

如果高校是增值税小规模纳税人，因不涉及可抵扣问题，所以只需要选择交易方含税总价最低的，即能使高校自身现金流出量为最小的为最佳。

（三）发票使用与管理

高校在最大限度降低纳税风险，努力营造和谐的征纳税外部环境之际，应当将增值税发票的使用与管理纳入税务筹划的范畴加以更多关注。

高校"营改增"前几乎都不是增值税纳税人，高校财会人员、教师等对增值税业务知识与实际操控能力普遍不足，对增值税发票的使用与管理重视度欠缺。而我国对增值税发票，尤其是增值税专用发票的使用与管理从领购到报废、从开具到认证、从作废到红冲等程序与要求都非常严格，如使用与管理不当，轻则罚款，重则可以刑法处置。因此高校财会人员、教师等应定期通过培训与学习优化高校内部纳税环境，最大限度降低增值税发票使用与管理可能导致的潜在风险。

四、税务筹划的动态信息反馈与改进

国家税收法律法规总是在不断地调整变化之中的，高校的内外部环境不可能一成不变，这使得增值税的税务筹划需要随着各种因素的变化而做出各种调整与改进。

高校税务筹划实施过程中应实时监控出现的各种问题，如税务筹划方案设计的严密性、税收政策的调整、业务人员操作的欠缺等，不仅要关注增值税税务筹划的收益，也应充分估计税务筹划的成本，包括税务筹划的机会成本。通过信息反馈实现对筹划方案的再评价，验证其经济效益与最终效果是否符合税务筹划目标，并对执行过程中存在的偏差及方案缺陷进行改进，从而提高增值税税务筹划的成功率。

五、结论

依法纳税是税务筹划的前提，"营改增"后高校通过增值税的税务筹划来减轻税负，既是一种正当维护自身合法利益行为，也是法律意识提高的表现。高校税务筹划的终极目标是谋求长远健康的发展之道，为此高校需将增值税的税务筹划结合其他纳税项综合进行，并在实践中不断探索与完善。

【参考文献】

[1] 盖地. 税务筹划[M]. 首都经济贸易大学出版社，2008.

[2] 梁文涛. 税务筹划[M]. 清华大学出版社，2012.

[3] 全国注册税务师执业资格考试教材编写组. 税法（Ⅰ）[M]. 中国税务出版社，2013.

加强收费管理确保教育事业健康发展

渤海大学　李大为　彭　伟

【摘　要】改革是发展的内在需要，不改革收费管理体制和收费管理方式，高校发展就会受到制约。目前，高校大学生欠费问题已成为各高校普遍存在的问题，大量的欠费制约学校的预算，影响学校事业的发展。本文针对这一问题，提出一些提高收费额的具体措施和办法，试图探索一条适合高校发展的收费管理的道路。

【关键词】高校收费　管理制度　完全学分制

随着我国教育体制改革的不断深化和高校办学规模的日益扩大，高等学校学宿费收入已成为高校办学经费的重要来源。高校作为非税收入的一个执收单位，如何把收费管理工作进一步纳入系统化、规范化、科学化的轨道，保证高校事务的正常运行具有十分重要的意义。笔者认为，收费改革可以从下面几点入手。

一、高校收费工作的现状及存在问题

(一)收费系统任务重，信息量大

由于招生规模的扩大，一般的高等院校都达到万人以上的规模，办学层次涉及研究生、本科生、专科生、留学生以及继续教育培训的学生，费用也包含学费、宿费、教材、体检、保险及服务性收费等。

(二)收费方式落后

高校传统收费方式有四种：一是面对面现金收费，费时费力；二是学生汇款缴费，往往不及时或额度不足；三是利用 POS 机刷卡缴费，学生人数多，存在大量丢卡、补卡问题；四是银行批量扣缴(后台扣划)，需多次操作，需定期对账及催款。

(三)部门间工作不协调，运行机制不完善

收费工作成为财务分内工作，教务、学工、后勤、各学院参与程度不够，职责不清，管理制度不健全，影响收费工作效率。

(四)缺乏相应奖惩措施

财务部门集中收费后，往往存在大量欠费情况，需发放缴费通知。由于有的学校无奖罚制度，相关激励制约机制也不健全，个别学院不能认真实施催缴工作，学生也一拖再拖，或无力缴费，没有有效的应对措施，致使欠费现象严重。

二、收费工作改革方向

(一)收费工作的组织与管理

1. 财务部门

计财处负责制定学校各项收费管理文件规定，办理各类收费项目的登记、审核、收费立项及向文件部门报批等手续。并及时公示收费项目和标准，未经物价部门批准，任何部门不得另立名目，自行收费。

2. 职能部门

学校各项收费工作由计财处统一管理与指导，各业务处室分口控制、监督和协办，即凡研究生学历教育收费归口研究生学院；二本学费归口学生事务处；三本学费归口文理学院；专科学费归口高职学院；成人继续学历教育及其相关的培训工作收费归口成教学院；涉外性质的学历教育及其相关培训归口国际交流学院；自学考试及技术职能性质的各种培训归口培训学院；宿费归口后勤集团公寓中心。

3. 信息共享

各有关部门要及时向计财处提供相关信息。招生办提供新生信息，教务处提供在校生学分信息；学生处提供新生"绿色通道"信息、在校生减免、缓缴学费信息；后勤部门负责提供学生住宿信息。财务部门可以利用各类收费简报、财务系统查询等平台及时通报收费进度和学生欠费比例情况。

(二)加强制度建设

1. 完善收费管理制度，规范收费行为

(1)贯彻执行"完全注册"制，建立切实可行的权责明确、奖惩分明收费管理制度。同时，做好宣传工作，提高大学生缴费意识。上学缴费，是每一个大学生应尽的义务，提供良好服务是收费管理工作的职责。

(2)建立各个学院为中心的校、院二级管理体制，把收费管理的有关职责和任务以考核指标的形式落实到学院，组织学生按照学校规定的时间及时缴费，学校将年度预算经费指标与学院收费情况挂钩，对于完不成当年收费率的单位，要扣减其缴费指标或量化考核其工作业绩。

(3)规范学费减免行为,成立学费减免审核领导小组,建立贫困生动态档案,对其申请条件严格审查,确定帮困对象,并向全校公示,做好贫困生的资助工作。

(4)把好大学生毕业关,学生欠费的追缴工作作为收费的后续工作,需要各职能部门和各院系、财务部门相互配合,形成一个有机整体,不重不漏,催缴欠费把好最后一关。

2. 加强财务信息沟通,提高缴收费透明度

学校可以通过校园网以及数字化平台等技术条件,实现各职能部门之间收费信息的共享,在计财处网站开通学生收费情况查询功能,将有关收费的信息及时在网上公布,便于各单位及时掌握信息。

3. 根据不同情况开展工作

各学院主管学生工作的院长、辅导员老师要及时了解每位困难学生的真实家庭状况,对确有经济困难的学生区别对待:

(1)做好助学贷款工作,使诚实可信的贫困生圆上大学梦。

(2)加强奖助学金管理,保证奖助学金及时、足额到位。

(3)建立勤工助学制度,为贫困生安排勤工助学岗位,如:图书管理,行政管理,后勤管理工作。

(4)动员有支付能力的学生及时缴纳学费、宿费等。在收费管理工作中重视发挥各学院主管学生院长及辅导员的作用。

4. 实施奖惩制度

在学校管理方面,把收费管理工作按其职责和任务分解,由考核部门确定考核指标,纳入各学院年度考核工作,督促各部门按制度办事,按程序办事,按客观规律办事,坚决遏制失责不究,违规不罚的行为。

每月都要统计在校生的交费率,将各学院的交费排名及欠费名单发送给各学院主管学生工作领导、学生处处长、主管领导及校领导。在强有力的监督措施下,加上各学院学生工作领导和辅导员的积极配合,有效保证了学费收缴工作的顺利进行。

按照学校学费收缴管理暂行规定文件精神,对每年截至 5 月 30 日交费率达到 100% 以上的学院及主管学生院长、辅导员、学生处、计财处给予奖励。

(三)改进收费技术方法,提高收费工作效率

应当利用学校数字化校园网络技术,以及"一卡通"信息系统,改变传统收费方式。开发"网上银行"缴费系统。学校建立学生应交费数据库,计财处根据数据库打印学生交费通知单,随录取通知书寄给新生;老生在每学年结束前,

由计财处打印下一学年度交费通知单。

新、老生按交费通知单的要求把学费、宿费及服务性收费的款项及时存入开户银行，由所在银行自动批量划转。银行收费操作平台提供带有学生信息的数据库，要与学校的收费管理平台联接，对学生的交费情况进行统计、分析、核实。这样既避免了现金流转风险，也大大减轻了收费和对账的工作量。[2]

1. 学费的收缴

具体措施是：

(1)软件管理。收费工作是日常一项经常性的工作，利用上海财大的学费收费软件，管理学生的收费及转学、退学、休学、退费等事宜，大大提高了工作效率。

(2)批量划款。加强与银行的合作与沟通，银行根据学校提供的每年学生录取名单制作银行卡(缴费卡)，学生将当年的学费等存入缴费卡中，我们将学生扣款信息(包括学号、姓名、扣款金额、账号)提供给银行批量划款，银行将扣款成功记录反馈给我们，导入软件中打印收据，再统一发放给各学院。

(3)平时收费。POS机收费，批量划款的同时，对于过来拿银行卡缴费的学生，现场可以刷卡缴费和现金收费，平时我们尽量做到随来随收，收费不设最低收款额。

(4)积极引导外省市学生办理生源地贷款。对于家庭偏远地区的学生，因学校贷款难度大，积极了解学生当地生源地贷款政策，及时告之学生生源地贷款事宜，协调学校各部门为其提供在校证明材料，帮助解决学费问题。

2. 宿费的收缴

具体措施是：

(1)成立专门收费领导小组，组长由主管后勤工作的校领导担任，具体工作由后勤公寓中心和计财处完成。各学院主管学生领导为学院责任人，各学院辅导员和各楼管理员为第一责任人。形成层层负责、层层把关的责任明确的实施方式。

(2)制定《住宿收费奖励办法》，对于完成情况年终进行奖励，形成良好的激励机制。

(3)应年年终都要召开由主管后勤校领导主持的住宿收费总结大会，公布各学院收费率，查找问题，奖励先进。

(4)每年6月份召开专门收费会议，提前布置，提前动员。采取自愿申请预交费预定床位。这样避免学生开学拥挤交费和床位落实不及时、不到位的情况。

(5)每年交费采取集中现场收费和银行卡内充值两种形式。联系银行派业务骨干组成收费小组，收费地点直接设在学生宿舍楼内，方便学生交费和登记。

(6)采取收费信息及时公开制度。对于已缴费和未交费学生名单及时反馈给各学院和各楼管理员。各学院辅导员根据名单及时找学生谈话，查找未交费原因催促交费。各楼管理员每天深入宿舍逐一确认交费情况，提醒学生交费。每周公布一次收费率，各学院针对本学院情况采取措施。

(7)对于未能及时交费的采取学生申请系内担保延缓交费或申请助学岗位以薪代宿费或分期付款形式等多种形式。

3. 服务性收费和代收费的管理

(1)自愿原则。服务性收费和代收费属于非义务性交费，交费者有自由选择的权利，应以自愿为原则，不得强制收取或变相强制收取。

(2)非营利原则。服务性收费和代收费应以服务为宗旨，严格禁止在为学生服务的过程中的营利行为。

(3)即时发生即时收取，多退少补的原则。

(四)收费监督和检查

1. 学校对教育收费实行不定期抽查

由学校纪委负责，相关部门组成教育收费监督和检查小组，根据国家和学校的有关规定开展工作。

2. 建立校内举报制度

对于国家和学校明令禁止的或无政府批准的收费行为，鼓励学生和教职工举报，受理举报部门为学校纪委。

3. 建立"一把手负责制"

学校各部门"一把手"为本部门教育收费管理的第一责任人，应自觉规范其收费行为，遵守国家和学校的相关规定，并接受学校的监督和检查。

4. 违反教育收费管理规定应承担的责任

对于不按照本规定或政府批准的收费项目和收费标准收费，或违反规定巧立名目乱收费，以及没按本办法规定及时、足额上缴学校，存在截留、挪用收费资金的行为，学校将严肃查处，并按相关规定追究相关部门的第一责任人和直接负责人的责任。

5. 学校各类教育收费收入必须严格执行"收支两条线"的原则

学校各相关部门的收费收入必须及时，足额上缴学校计财处，需要上缴财政的，及时上缴财政，纳入学校预算统一管理和使用。任何部门和个人无权截留、挪用。

三、完善相关职能部门的工作

(一)加强收费宣传力度，提高学生主动缴费意识

利用校园网等渠道进行《普通高等学校学生管理规定》的宣传工作，让学校清楚自己的权利和义务。把学生人生观、价值观的教育与诚信教育、法律教育有机地结合起来，通过校园网等形式公开收费项目、标准和金额，开展财务信息公开，主动接受社会、学生和家长的监督。使学校管理进一步规范化、精细化；保证教育经费的正常投入和使用。[3]

(二)完善高校奖助体系，加大对贫困生的补助力度

欠费学生多数来自于弱势群体，在新生入学时和学生在校期间，学校应认真、全面掌握在校贫困学生的基本情况。进一步完善国家助学贷款，简化贷款环节和手续，配合银行直接面对大学生贷款；加强各种奖助学金、困难补助、各项政策的使用；规范各种减免学费制度；完善勤工助学制度，大力加强对学生勤工助学活动的指导和支持。

(三)加强高校收费管理工作的领导

收费工作学校应设专人主管该项工作，做到统一组织、统一指挥、统一协调。其次是完善各类机构设置，配备专业人员。可以根据各学校的规模大小和业务量的多少，在财务部门设置相关科室和配备相应的人员专门负责收管理工作。最后是职责分解，任务落实。从学校发展的大局出发，学校各部门应负有筹集经费的责任和义务，收费涉及的相关部门如计财处、教务处、学生处、各学院等应根据其业务范围，进行职责分解和任务落实，只有这样才能形成相互配合、齐抓共管的局面，学校收费工作才能形成良性循环并收到预期效果。

(四)建立健全相关制度，形成良性循环的长效机制

1. 教育收费许可证制度

教育收费实行收费许可证制度，经省政府物价主管部门批准的收费项目及标准，登记在发给学校的收费许可证上，无政府物价部门批准的收费许可证，不得收费，学校可根据政府批准的收费项目及标准，收取相关费用。

2. 教育收费公示制度

(1)学校教育收费管理部门应定期将国家、学校有关教育收费管理的相关文件，在学校校园网或校园内醒目位置公示并及时更新，同时公示的内容还应包括各类教育收费的项目、收费标准、收费许可证的影印件，以及收费使用的合法票据影印件，以便于学生和教职工的监督，学生可以拒绝交纳不合理的收费。

（2）教育收费现场公示。根据国家相关文件要求，学校各收费执行部门必须在收费现场向收费对象公示收费项目，收费标准以及收费依据的政府文件。

（3）学校在各类招生的过程中，必须在招生简章中明确经政府物价部门批准的学费、宿费的收费标准。

（4）未经公示的收费项目不得收费。

3. 制定奖惩制度

制定《×××大学收费暂行规定》《×××大学学费收缴奖惩办法》等规范性文件，使收费工作做到有章可循，有法可依。

（五）建立学校学、宿费催缴管理体制

1. 要完善学校财务内部收费管理机制，建立学校收费协调机制

催缴欠费工作是各学生管理部门及各学院所做的工作，而这项工作需要计财处等相关部门的配合。

2. 转变观念，运用先进手段为收费方式创新服务

以POS机刷卡缴费和现金收费为基础，开展网上银行、手机银行以及"一卡通"等方式作为补充。

3. 加强收费软件的可兼容性设计

收费软件应向着远程化、动态化、灵活化发展，应充分考虑数据处理能力、传递酌接口、查询功能以及统计功能等。

4. 收费流程的重新构建

包括收费标准的来人、各种收费方式的采用和人员的安排、收费数据的统计好汇总，是整个流程的重点。

四、探索实行完全学分制收费改革新路子

实行完全学分制教学是学校教学体制改革的一种新形式，在数字化校园环境下，学校管理部门与师生之间建立信息平台，快速、有效地做到资源共享，数据互用，使学分制教学管理成为可能，收费管理得以最大的实现。实行完全学分制，将缴费与选课结合起来，提高了收费的透明度，还可缓解贫困大学生筹措学费的难度。

1. 完全学分制的学费由专业学费和学分学费两部分构成

专业学费按学年收取，学分学费按"先选课后缴费"的原则收取。学生在基本学制时间完成学业所交纳的费用不高于物价部门现行规定的学年制学费总额。学校代收的宿舍费、教材费等仍采取学年预缴的方式、多退少补。

2. 专业学费标准

依据不同专业的培养成本、专业特色、学科差异确定，比例为现行学费标准的 30%～50%。对前后两段学费不同的专业，分段计算。提前一年修满最低学分毕业的，免收一年专业学费；提前一学期的，减半收取当年专业学费。基本学制外各专业的年专业学费，距离专业毕业最低总学分小于 5 学分（含）的，按该专业第四学年的年度专业学费的 30% 计收；大于 5 学分小于 10 学分（含）的，按 50% 计收；大于 10 学分的，全额计收。

3. 学分学费按学生所选课程的学分收取

学分学费依据课程性质分为通识课学分费、专业课学分费（含基础课、核心课和自主发展课）和实践环节学分费三类。其中，通识课单位学分费和实践环节的单位学分费全校统一计算，暂定为 60 元、40 元；专业课单位学分费按专业的不同分别测算，具体标准另行通知。

4. 学分奖励

为鼓励学生提高学习质量，对学习成绩优异者给予学分奖励，具体方案另行制订。

5. 免收学分学费

经学校认定的创新学分的奖励部分、获得免修资格的课程免收学分学费。

6. 缴费期限

学生必须在每年的 6 月 15 日前足额缴纳学年专业学费后方可办理注册、选课（新生第一学年按物价部门审批的学费标准预缴学费）。学生在每年 9 月 15 日前参照专业培养方案预缴学分学费，学校在次年的 4 月进行学费结算。如学生缴纳的学分学费超过实际费用的，余额转至下一学年；不足部分与下一学年的专业学费一并缴纳。

学生在开课两周内退课的，不收取学分学费，超过两周的不得退课，不予退还课程学分学费。如确因临时特别困难无法及时足额缴费的学生，可以给予临时补助或者学校捐款救助，在新学期开学一周内办理相关缓交手续，经批准后方可注册、选课，学费缓交期间课程成绩暂不予登记入档。

学生在毕业前应缴清所有学费，未缴清学费的，学校不予提供学习成绩证明，暂缓办理离校手续。

7. 转专业的学生如转入专业的专业学费与原专业不同，当年按转入、转出专业学费标准各一半缴纳。学生已修课程的学分学费不予退还。

8. 学生参加联读、校际联合培养的，须正常缴纳专业学费。学分学费按在我校教务系统实际抵顶的学分数计收。

9. 因生病、服兵役等原因休学但保留学籍的学生，按当年实际在校月数计收专业注册学费(每学年按 10 个月计算,不足 1 个月的按 1 个月计算)。已缴纳的学费不予退还,抵缴复学当年学费。休学后复学的学生,学费按现就读届学生标准计收。

10. 学生缴纳学费后,如因退学、转学、出国等个人原因提前结束学业的,专业注册学费和未修完课程的学分学费,根据学生实际学习时间和学分数计收。按有关规定开除学籍者,不退还当年的专业学费和当学期的学分学费。

总之,高等教育收费不仅能缓解国家教育经费紧张问题,还能较好体现国家教育投入的目的性。高校收费是财务工作中的一项常规工作,也是一项重要工作内容,它需要高校各个职能部门大力合作,也需要学生、家长、社会各方面的配合。只有这样,才能高效、准确、足额地完成收费工作,把财务管理工作做得更好,促进高教事业健康、稳定、持续的发展。

【参考文献】

[1] 李晶. 如何加强高校收费管理[J]. 科技信息,2011(16):15—16.

[2] 王世泽,等. 高校学生欠费原因分析和思考[J]. 温州医学院学报,2007(3):7—8.

[3] 黄杭. 关于加强高校学生收费管理的思考[J]. 财务探索,2007(2):20—21.

[4] 王雨松. 高校学生收费管理问题的思考[J]. 山西财经大学学报,2008(4):9.

[5] 盛品良. 高校收费内部控制探讨[J]. 商场现代化,2005(11):6.

营改增背景下的高校科研经费管理研究

西华师范大学　李艳红

【摘　要】营改增后，高校财务管理的一个重要挑战就是关于科研经费的管理，其中涉及税务申报、会计核算、账户管理等多方面的问题。本文立足高校实际，以涉税经费为出发点，通过制度、政策、人员等多方面的研究思考，对优化高校科研经费管理进行了有益探索。

【关键词】营改增　科研经费　财务管理　优化

一、研究背景

2016 年 5 月全国范围"营改增"试点工作推行，新增建筑业、房地产业、金融业、生活服务业，至此全国范围的营改增试点工作完成最后一步，全部营业税纳税人变更为增值税纳税人。此次改革试点纳入 1000 万户，相比前期总数的 1.7 倍，年营业税规模约 1.9 万亿元，占原营业税总收入的比例约 80%。近年来，我国高等教育发展迅速，国家积极推进双一流大学建设，同时鼓励广大公办民办高校办出特色、分类发展。新形势下，建设高水平大学要充分调动广大教学和科研人员的积极性，所以不能简单套用针对行政人员的规定和经费管理办法，要给教学和科研人员更多的经费使用权，更多的创新成果使用、处置和收益权，更好地调动广大知识分子的积极性和创造性，最终形成青蓝相继、人才辈出的局面，推动教育强国建设。① 影响科研人员创新成果产生和应用的一个直接因素就是科研经费的管理，如果能在营改增的背景下加强对科研经费的管理和优化，将会进一步激发广大高校科研工作者的积极性，推动社会的进步和发展。

《营业税改征增值税试点方案》规定，根据高校的实际情况可以对高校的应税主体资格进行划分：小规模纳税人和一般纳税人。小规模纳税人的高校科研

---

① 《李克强在高等教育改革创新座谈会上的讲话》，http://china.cnr.cn/news/20160418/t20160418_521899040.shtml.

经费的管理难度相对于一般纳税人的高校在技术实现和实务中简单一些，本文主要立足于一般纳税人的视角进行研究。认定为一般纳税人的高校营改增后科研经费的主要变化就在于横向科研经费的管控上，由于其相关科研项目来源广、比重大、经费多样复杂等特点，这就为高校的科研经费管理提出新的挑战，这既是技术上的挑战，同时也是对高校财务管理、人才管理的挑战 。

二、"营改增"对高校科研经费管理的影响

（一）会计核算的影响

营改增后高校科研经费管理的最根本变化就是会计核算的一系列变化。首先，作为一般纳税人的高校由原先的收付实现制变更为权责发生制，一定程度上增加了自身的财务管理和应税成本增加的风险。其次，营改增前后税费核算方法发生相应变化。高校由营业税变更为增值税就涉及进项税和销项税核算，同时增值税作为价外税的相关的科研收入应该是：收入＝实际收到的金额－销项税额，而从科研经费的支出来看其核算的标准也发生相应的变化：成本＝实际的支出－进项税，并且再确认最终税额时计算的方式相对比较复杂：应缴纳的增值税＝销项税额－进项税额。这样就会出现高校科研经费管理收支需要与收入支出确认的不一致。最后，在对科研经费的会计核算中，相关应税科目的明细科目核算更加复杂。根据税法规定一般纳税人高校需要在"应缴税费"科目下设置"应缴增值税"和"未缴增值税"两个明细科目。同时在"应缴增值税"的明细账中设"销项税额""已缴税金""进项税额转出"和"转出未缴增值税""转出多缴增值税"等科目，这样就加大了会计核算的难度和复杂程度，除此增值税附加作为以纳税人增值税为依据的价内税，纳税的主体又是分散为各个不同的科研项目之中，所以只有通过科学合理的增值税核算才能实现。

（二）科研项目管理的影响

"营改增"后科研项目的管理的影响主要表现在两个方面：其一，由于各个分散的科研项目是高校内部财务管理的实际增值税计税核算依据，而在纳税申报时又是以高校名义进行的，最终就会出现税负成本承担主体分配复杂困难的问题。其二，根据增值税相关管理规定，在实际的科研经费的管理过程中对于购进非增值税应税项目、应税劳务、免税项目等的进项税不得用于抵扣销项税。在实际科研经费的管理过程中，对于不同种类多样项目的要正确区分是否为"免税""非税"或"应税"项目相对比较困难，这在相关的实践过程中还存在不完善的方面，应该进一步规范。

(三)高校税务筹划的影响

"营改增"后作为一般纳税人的高校，税务筹划显得尤为重要。相比于营业税，由于可以抵扣进项税以及包含相关的免税项目，这既为高校的税务筹划提供了足够的空间，同时也带来相关挑战。

首先，高校进项税抵扣时，必须使用国家规定的相关专用增值税发票，这就要求在进行项目支出时使用人必须尽量选择具有一般纳税人资质的供应商。实际项目负责人支出往往具有随意性，就会发生高校科研经费筹划需要与实际的背离，造成税负增减变化的不确定性。

其次，根据相关税法规定高校的特定高科技项目可以申请免税；但免税申请程序比较复杂，材料烦琐，高校申请免税时，须持技术转让、开发的书面合同，到试点纳税人所在地省级科技主管部门进行认定，并持有关的书面合同和科技主管部门审核意见证明文件报主管国家税务局备查。另外国家税务总局规定高校免征项目相关进项税不得从销项税中抵扣，这也为税务筹划做出了明确的限制。

最后，高校纳税实务中，科研项目经费是税负的实际承担者，对于不同的科研项目取得的可抵扣进项税不同，所以各项目的税负应该不同。但是科研项目众多，纳税申报时无法分项申报，只能合并纳税。面对这一问题，高校必须进一步加强科研经费的综合管理，合理控制各项目的进项和销项税，并在内部创新"分项抵扣，合并纳税"的专门制度设计，这些都进一步加大了管理的难度，对人财物形成全方位的考验。

三、提升科研经费管理的对策建议

"营改增"后一般纳税人的高校在科研经费管理中应该采取相关措施来应对制度设计、内部控制、人员素质以及相关税收筹划的挑战，从而保证高校科研项目的正常高效运转，进一步激发广大科研工作者的积极性，实现成本最小化。

(一)加强内部控制

在高校施行"营改增"后，高校内部科研经费管理的最直接的相关部门分别为科研部门与财务部门。只有双方的科学合理的内部控制才能产生最大的管理效应。

一方面，科研部门应该严格把控相关横向科研合同的签订与合同管理。针对"增值税"设立专用项目合同书或免税专用合同书等，严格按照国家和税务部门的要求设计。同时应该完善科研管理信息系统，设立涉税项，明确科研经费的涉税分类情况，这样就可以为财务部门的把控提供便利。另一方面，财务部门应该进一步完善和规范相关"营改增"后的涉税会计核算。第一，加强财务立项，根据科研管理部门的相关项目信息区分涉税与非税经费，帮助项目负责人在项目经费支出过程进行合理安排，同时也为财务部门的税务筹划打好坚实的基础。第二，加强信息化建设。财务部门在经费管理中涉及的明细科目繁杂，依靠传统人工操作既效率低下，同时成本过高。财务部门可以和相关财务系统企业合作实现涉税项目核算的信息自动化，通过财务信息系统来统一管理和把控，提高税务核算的准确度，把税务风险降低。

（二）加强税务筹划

"营改增"的主要目的是减轻行业的税负，但是认定为一般纳税人的高校如果不进行合理的税务筹划必然会引起税负的增加，所以税务筹划就成了重中之重。

高校科研经费管理过程中的首要任务就是从科研项目立项开始，加强项目合同内容的规范和管理，让项目经费清晰明了，同时保证免税项目的优先认定和审核工作。其次，制定合理的科研经费涉税分摊规范，满足节省人力资本与高效管理的原则，可以设计弹性的收入分配政策调动项目负责人的税务筹划积极性，实现双向筹划。再次，在项目的引进上应有所倾斜，鼓励免税项目的设立，引进具有一般纳税人资格的企事业单位的研究项目。最后，加强与税务部门的沟通与协调，一方面让免税项目可以快速审核，避免重复工作，增加时间成本，另一方面，对于一些复杂涉税业务可以及时进行沟通和调整，确保纳税申报的准确高效。

（三）加强宣传与培训工作

高校应加强"营改增"相关的宣传与培训工作。一方面，通过宣传可以让相关师生增强税务筹划意识，了解学校及国家最新的税收政策。相关部门应加强项目预算、涉税等关键环节的说明与宣传工作，例如可以通过网页宣传、讲座宣传、座谈、设立咨询岗等方式。另一方面，要不断加强相关科研经费管理人员的业务培训工作，规避税务风险。可以送外培训，或者内部培训、讨论，与税务部门进行沟通，开展同行业务交流会。学习最新的税收政策，最新业务经验等。只有通过不断的宣传与培训工作，提升科研经费管理人员的素质以及科研项目负责人的涉税意识才能保证科研经费管理的有效性。

增值税是我国经济改革的必然选择，对于高校来说只有积极应对。从长远来看，"营改增"后高校科研税负将会在总体上得到减轻，同时促使高校科研管理机制更加科学合理，最终实现高校科研的全面良性发展。

【参考文献】

[1] 蒋彩萍.“营改增”后高校财务的应对策略——增值税的税务筹划文[J]. 商业会计，2014(2).

[2] 财政部. 国家税务总局在全国开展交通运输业和部分现代服务业营业税改征增值税试点税收政策的通知[Z]. 财税〔2013〕37 号，2013.

[3] 财政部. 国家税务总局关于将铁路运输和邮政业纳入营业税改征增值税试点的通知[S]. 财税〔2013〕106 号，2013.

[4] 王蔚 . 营改增对税务管理工作的影响及对策[J]. 行政事业资产与财务，2016(12).

高校"营改增"后进项税额抵扣模式对应的会计核算和管理问题研究

华中师范大学　　吕亮　王天奇
中国地质大学(武汉)　曾珍

【摘　要】 自财政部、国家税务总局印发《交通运输业和部分现代服务业营业税改征增值税试点实施办法》(财税〔2013〕37 号)以及财政部、国家税务总局颁布《关于全面推开营业税改征增值税的通知》(财税〔2016〕36 号)以来，全面税改政策的实施对社会各行各业都产生了极大影响，高校作为现代服务业和生活服务业等业务的纳税义务人，如果成为一般纳税人，则其财务部门受到的冲击尤为严重。在发票开具、合同管理和增值税会计核算，涉税经费项目管理模式等方面带来了一系列问题。其中进项税额处理选择"按经费项目逐个进行抵扣"还是"全校统一汇总综合抵扣"等抵扣模式，所对应的会计核算和管理模式都是不同的，本文就此做相应的分析。

【关键词】 营改增　增值税抵扣

自从营业税改增值税税改政策实施以来，对社会各行各业都产生了极大影响，高校自然也不例外。如果高校成为一般纳税人，则在发票开具、合同管理和增值税会计核算，涉税经费项目管理模式等方面会产生一系列问题。其中进项税额处理选择"按经费项目逐个进行抵扣"还是"全校统一汇总综合抵扣"等抵扣模式，对应的会计核算和管理模式会产生不同的结果。本文以高校横向科研经费项目为例就营改增后对高校进项税额抵扣模式带来的会计核算和管理问题进行分析，为经费项目的涉税业务管理提供有效指导，促进高校现代服务、生活服务等业务良好开展。

一、增值税进项税额的抵扣模式

在营改增之前，高校税务核算是以营业收入乘以税率即可得到应缴税额，收入以实际入账和实际支出成本为依据；在营改增之后，高校会计科目设置和税费性质有了发生了变化，其税务核算也会相应改变。小规模纳税人资格高校应缴增值税可以通过简单计税法计算，与营业税计算方法相差不大，操作较为简单；而高校作为一般纳税人，其增值税专用发票进项税额在应税项目中可以抵扣，其核算程序变得非常复杂。

以高校横向科研经费项目为例。在高校科研经费管理中，横向科研项目实施课题制管理，财务核算上要求分项目单独核算成本，每一个科研项目的收支情况都需要进行单独设立专项辅助账核算。高校会计核算的主体是每一个经费项目，但税务机关认定的纳税主体却是高校，会计主体与纳税主体的不一致进一步增加了税务核算的复杂程度。

从实务操作来看，一般纳税人的高校可选择的增值税进项税额的抵扣模式一般有两种。

(一)按经费项目逐个进行抵扣

"按经费项目逐个进行抵扣"是指每一个应税横向科研经费项目中发生的采购支出，凡是取得了增值税专用发票的，均要进行抵扣认证，通过认证的增值税专用发票在做账时均把"应交增值税（进项税额）"科目归入经费项目账进行专项辅助账核算，即进项税额按照经费项目的不同分项目来进行抵扣。

(二)全校统一汇总综合抵扣

"全校统一汇总综合抵扣"是指全校每个经费项目（含横向科研项目）中发生的采购支出，取得了增值税专用发票先不要进行抵扣认证，由税务岗专人汇集全校专票后根据学校需要来分月或分季进行抵扣认证并确认进项税额；"应交增值税（进项税额）"科目不归入任何部门和经费项目账进行辅助账核算，仅登记会计科目明细账，且该科目只能由税务岗专人做账。

二、不同抵扣模式对应的核算方法和管理方法

(一)在"按经费项目逐个进行抵扣"的模式下，根据管理要求的不同，有两种处理方式

1. 将纳税主体与核算主体严格统一，将增值税的核算严格按每个经费项目分别独立核算。

"应交税费——应交增值税"科目也需要依科研课题要求分项目设置"进项税额""销项税额"等三级子科目进行明细核算。每一个应税横向科研经费项目，发生的采购支出，凡是取得了增值税专用发票的，均要进行抵扣认证，通过认证的增值税专用发票在做账时均将"应交增值税（进项税额）"科目归入经费项目账进行专项辅助账核算，同时将实物专用发票记账联钉入凭证附件、将抵扣联交给财务部门税务岗专人保管和处理。一个项目的增值税进项税额只能抵扣同一

个项目的增值税销项税额，不能用于抵扣其他项目的增值税销项税额。有收入额暨增值税销项税额发生的次月月初，根据销项税额被进项税抵扣后的净额转出该项目，转入学校的"应交税费－应交增值税(已交税金)"科目贷方。

同一项目的销项税额被进项税额抵扣后的剩余额转出该经费项目，所转出的销项税余额比单纯只转出未抵扣的销项税额的金额小，相当于该项目余额减少较少，增值税实际交税额因进项税抵扣了销项税额而获得了部分减免。

对财务的影响：(1)要求每一位报账会计都熟悉增值税相关的账务处理；(2)因为将纳税主体与核算主体严格统一，所以一个项目的销项税额只能用同一个项目的进项税额抵扣，超过销项税额发生的当月，该项目再取得的进项税专用发票都无法进行抵扣了。这将导致学校整体税负增加。

会计核算方法举例说明如下：

假设 2016 年 9 月 1 日某科研项目组 A 收到了横向科研经费 10 万元(到账额)，2016 年 9 月 20 日科研项目组 A 购入 11700 元专用设备，10 月 9 日科研项目组 A 购入 2913.3 元专用材料，2016 年 10－11 月没有新增收入，2017 年 12 月 1 日该横向科研项目结题进项财务结账。

(1)9 月 1 日某科研项目组 A 收到了横向科研经费 10 万元，会计分录如下：

借：银行存款 100000
贷：科研事业收入——部门编号 A——经费项目编号 A 94000
应交税费－应交增值税(销项税额)——部门编号 A——经费项目编号 A
6000

(2)9 月 24 日经过资产验收等必要手续后，项目组 A 前往财务部门报销专用设备费，会计分录如下：

借：科研事业支出——经济分类科目号(31003 专用设备购置)——部门编号 A——经费项目编号 A 10000 元
应交税费—应交增值税(进项税额)——部门编号 A——经费项目编号 A
1700 元
贷：银行存款 11700 元

(3)财务部门税务岗 10 月初计算应交增值税时，会计分录如下：

借：应交税费—应交增值税(销项税额)——部门编号 A——经费项目编号 A
6000
贷：应交税费—应交增值税(进项税额)——部门编号 A——经费项目编号 A
1700
应交税费—应交增值税(已交税金) 4300

10 月初缴纳增值税时，会计分录如下：

借：应交税费—应交增值税（已交税金）全校汇总的金额

贷：银行存款全校汇总的金额

(4)10 月 11 日科研项目组 A 将价税合计 2913.3 元的专用材料费增值税专用发票报销，会计分录如下：

借：科研事业支出——经济分类科目号（30218 专用材料费）——部门编号A——经费项目编号 A   2490 元

应交税费—应交增值税（进项税额）——部门编号 A——经费项目编号 A

423.3 元

贷：银行存款   2913.3 元

(5)2016 年 12 月 1 日科研项目组 A 进行结题财务结账。此时需要把已确认进项税额且没有抵扣的进项税转出，会计分录：

借：科研事业支出——经济分类科目号（30218 专用材料费）——部门编号A——经费项目编号 A   423.3 元

贷：应交税费—应交增值税（进项税额转出）——部门编号 A——经费项目编号 A   423.3 元

2. 核算主体仍为经费项目，但从高校整体角度来汇缴增值税，不同项目的增值税进项税额打通抵扣不同项目的增值税销项税额。即：每月不同经费项目的增值税进项税额可打通抵扣当月发生的不同项目的增值税销项税额。

"应交税费—应交增值税"科目也需要依科研课题要求分项目设置"进项税额""销项税额"等三级子科目进行明细核算。每一个应税横向科研经费项目中发生的采购支出，凡是取得了增值税专用发票的，均要进行抵扣认证，通过认证的增值税专用发票在做账时均把"应交增值税（进项税额）"科目归入经费项目账进行专项辅助账核算，同时将实物专用发票记账联钉入凭证附件、将抵扣联交给财务部门税务岗专人保管和处理。次月初计算应交增值税税额时，税务专岗将全校全部应税经费项目结存的增值税进项税额按照先进先出法抵扣本期发生的全部应税项目的增值税销项税额。某一个经费项目的进项税额去抵扣其他项目的销项税额，进项税额转出其归属的经费项目，转入学校的"应交税费—应交增值税（已交税金）"科目借方。

该项目前期购入货物等情况所确认增值税进项税额时与项目支出的效果类似，都是已经减少了项目余额，现在因打通抵扣所转出该项目的进项税额，会增加项目余额，相当于该项目购货所付出的税金成本因进项税抵扣而获得了返还。

对财务的影响：(1)不要求每一位报账会计都熟悉增值税抵扣的账务处理，只需要税务专岗一人进行增值税的抵扣和汇算。(2)因为不同项目的增值税进项税额打通抵扣不同项目的增值税销项税额，所以一个项目的销项税额可以用不同项目的进项税额抵扣，这会降低学校整体税负。

会计核算方法举例说明如下。

假设 2016 年 9 月 1 日某科研项目组 A 收到了横向科研经费 10 万元（到账额），2016 年 9 月 20 日科研项目组 A 购入 11700 元专用设备，2016 年 10 月没有新增收入。

（1）9 月 1 日某科研项目组 A 收到了横向科研经费 10 万元，会计分录同上例。

（2）9 月 24 日经过资产验收等必要手续后，项目组 A 前往财务部门报销，会计分录同上例。

（3）财务部门税务岗 10 月初计算应交增值税时，会计分录如下：

借：应交税费—应交增值税（销项税额）——部门编号 1
　　　　——经费项目编号 1
　　应交税费—应交增值税（销项税额）——部门编号 2
　　　　——经费项目编号 2
　　……

> 9 月份，全校发生的所有应税项目的销项税金额

　　应交税费—应交增值税（销项税额）——部门编号 N——经费项目编号 N

贷：应交税费—应交增值税（进项税额）——部门编号 B
　　　　——经费项目 B　　××元
　　应交税费—应交增值税（进项税额）——部门编号 C
　　　　——经费项目 C　　××元
　　……
　　应交税费—应交增值税（进项税额）——部门编号 N
　　　　——经费项目 N　　××元

> 全校全部应税经费项目结存的增值税进项税额按照先进先出法进行抵扣

　　应交税费—应交增值税（进项税额）——部门编号 Λ— 经费项目 A

1700 元【按照先进先出法进行抵扣前期结存进项税额，前期进项用完后若仍有可抵扣空间，则继续使用当期的进项税额进行抵扣】

　　应交税费—应交增值税（已交税金）　　　　　　　　　Y 元【借贷差额】

10 月初缴纳增值税时，会计分录如下：

借：应交税费—应交增值税（已交税金）　　　　　　　　　　　　Y 元
贷：银行存款　　　　　　　　　　　　　　　　　　　　　　　Y 元

（二）"全校统一汇总综合抵扣"的模式下的处理方式

纳税主体为学校，核算主体既有学校也有经费项目。"应交税费－应交增值

税"科目中的"销项税额"需要依科研课题要求分项目设置三级子科目进行明细核算，"进项税额""已交税金"等不需要分项目进行明细核算。全校每一个经费项目(含横向科研项目)中发生的采购支出，取得的增值税专用发票先不要进行抵扣认证，报销时将增值税专用发票记账联做账时按照价税合计金额确认支出，不确认"应交增值税(进项税额)"科目发生额，进项税额不归入任何经费项目账进行专项辅助账核算，同时将实物专用发票记账联钉入凭证附件、将抵扣联交给财务部门税务岗专人保管和汇总。税务岗在次月初计算本期应交增值税时，将全校各应税经费项目的销项税额转出这些经费项目，转入学校的"应交税费－应交增值税(已交税金)"科目贷方。根据学校整体需要，如果有必要使用进项税额抵扣的，则从前期收集的合适金额的增值税进项税专用发票抵扣联(满足180天认证期限的要求)按照先进先出法进行抵扣认证，同时确认"应交增值税(进项税额)"科目发生额(仅计入会计科目明细账，不进行专项辅助账核算)并冲减此张发票记账联前期的支出额，在增值税申报表中填报进项税额；根据学校整体需求，如果无须使用进项税额抵扣，则本期不确认"应交增值税(进项税额)"，专用发票抵扣联不进行抵扣认证(注意180天认证期限)。税务专岗收集的增值税进项税额发票可以抵扣不同项目的增值税销项税额。

不同经费项目前期按照增值税专用发票价税合计金额确认的支出，在本期因把增值税专用发票中增值税额确认为进项税额而被冲减，项目余额被增加了，效果相当于该项目前期已交的销项税额因进项税的抵扣而获得了部分返还。

对财务的影响：

(1)不要求每一位报账会计都熟悉增值税进项税额的确认、增值税抵扣等账务处理，只需要税务专岗一人进行增值税的抵扣和汇算。

(2)因为全校的增值税进项税额均可按需抵扣不同项目的增值税销项税额，所以这会降低学校整体税负。

会计核算方法举例说明如下：

假设2016年9月1日某科研项目组A收到了横向科研经费10万元(到账额)，2016年9月20日科研项目组A购入11700元专用设备，10月9日科研项目组A购入3000元专用材料，2016年10月－11月科研项目A没有新增收入，10月20日科研项目B收到了横向科研经费100万。财务处税务专岗已有留存未抵的进项税专用发票抵扣联1张(没有过180天认证期)，税额为340元，其对应记账联价税合计2000元已确认为项目S的支出，9－11月再未收到任何增值税专用发票抵扣联。

(1)9月1日某科研项目组A收到了横向科研经费10万元，会计分录如下：

借：银行存款　　　　　　　　　　　　　　　　　　　　　　100000

贷：科研事业收入——部门编号 A——经费项目编号 A   94000

    应交税费—应交增值税（销项税额）——部门编号 A——经费项目编号 A

                            6000

（2）9 月 24 日经过资产验收等必要手续后，项目组 A 前往财务部门报销专用设备费，会计分录如下：

借：科研事业支出——经济分类科目号（31003 专用设备购置）——部门编号 A——经费项目编号 A   11700 元

贷：银行存款   11700 元

（3）10 月初财务部门税务专岗计算应交增值税时，因前期已有留存未抵的进项税专用发票抵扣联 1 张，税额为 340 元，其对应记账联价税合计 2000 元已确认为项目 S 的支出，会计分录如下：

借：应交税费—应交增值税（进项税额）   2040 元【340＋1700】

贷：科研事业支出——经济分类科目号——部门编号 S——经费项目编号 S

                            340

科研事业支出——经济分类科目号——部门编号 A——经费项目编号 A

1700 元【按照先进先出法进行抵扣前期留存未抵的进项税额，前期进项用完后若仍有可抵扣空间，则继续使用当期的进项税额进行抵扣】

借：应交税费—应交增值税（销项税额）——部门编号 A——经费项目编号 A

                            6000

贷：应交税费—应交增值税（进项税额）   2040

    应交税费—应交增值税（已交税金）   3960

10 月初缴纳增值税时，会计分录如下：

借：应交税费—应交增值税（已交税金）   3960【全校汇总的金额】

贷：银行存款   3960【全校汇总的金额】

（4）10 月 11 日科研项目组 A 将价税合计 2913.3 元的专用材料费增值税专用发票报销，会计分录如下：

借：科研事业支出——经济分类科目号（30218 专用材料费）——部门编号 A——经费项目编号 A   2913.3 元

贷：银行存款   2913.3 元

（5）10 月 20 日科研项目组 B 收到了横向科研经费 100 万元，会计分录如下：

借：银行存款   1000000

贷：科研事业收入——部门编号 A——经费项目编号 A   940000

    应交税费—应交增值税（销项税额）——部门编号 A——经费项目编号 A

                            60000

(6)2016 年 11 月初财务部门税务专岗计算应交增值税时，手头已没有留存未抵的进项税专用发票抵扣联，会计分录：

借：应交税费—应交增值税（进项税额） 423.3 元【2913.3×17％】

贷：科研事业支出——经济分类科目号——部门编号 A——经费项目编号 A
423.3 元

借：应交税费—应交增值税（销项税额）——部门编号 A——经费项目编号 A
60000 元

贷：应交税费—应交增值税（进项税额） 423.3 元

应交税费—应交增值税（已交税金） 59576.7 元

11 月初缴纳增值税时，会计分录如下：

借：应交税费—应交增值税（已交税金） 59576.7【全校汇总的金额】

贷：银行存款 59576.7【全校汇总的金额】

三、两种抵扣模式和三类核算方法的比较

通过对增值税进项税额两种抵扣模式和三种核算方法的分析，我们可知：

进项税抵扣模式	核算方法	对经费项目的影响	对学校的影响
（一）在"按经费项目逐个进行抵扣"的模式	1. 将纳税主体与核算主体严格统一，将增值税的核算严格按每个经费项目分别独立核算	可清晰核算出某个具体项目的成本和税负；但对每个项目而言没有达到税负最低	会增加学校整体税负。财务人员操作较为复杂，计算每个项目已交增值税的工作量巨大
	2. 核算主体仍为经费项目，但从高校整体角度来汇缴增值税，不同项目的增值税进项税额打通抵扣不同项目的增值税销项税额。即：每月不同经费项目的增值税进项税额可打通抵扣当月发生的不同项目的增值税销项税额	对每个项目而言实现了税负最低，进项税抵扣额甚至有可能超过该项目所产生的销项税额	学校整体税负最低；有可能产生大额的未抵扣进项税额挂账
（二）"全校统一汇总综合抵扣"的模式	纳税主体为学校，核算主体既有学校也有经费项目。"应交税费—应交增值税"科目中的"销项税额"需要依科研课题要求分项设置三级子科目进行明细核算，"进项税额""已交税金"等不需要分项目进行明细核算，仅计科目账	对每个项目而言实现了税负较低，但是因为 180 天认证期的限制，项目的税负没有第（2）种核算方法低	学校整体税负较低；无未抵扣进项税额挂账。财务人员操作较为简单

　　一般纳税人身份的高校在处理应税项目的增值税业务时，可以根据自身实际情况，合理选择增值税进项税额的抵扣模式和核算方法，保障学校各项业务有序开展、推动学校事业发展。

新高校会计制度下的收入确认研究
——基于票据使用和收费项目的视角

华东师范大学　钱烈奋　吴文喆

【摘　要】新高校会计制度下，对高校财务收支两条线的管理要求越来越高，收支平衡，量入为出，保障重点，提高资金使用效率，加强对收入有关的收费项目和相应票据的管理，确保学校收入的准确与及时，保证学校发展所需资金的稳定和提高。

【关键词】收入确认　票据使用　收费项目

近年来，随着高校教育体制的不断改革，学校办学的规模不断在扩容，学校资金的来源渠道越来越多样化，总体来说，大部分高校收费管理比较规范，能按照国家规定的收费项目和标准收费，并将该上缴的所收财政性资金上缴国库或财政专户，开具的票据也比较规范。特别是部属高校在这方面作得比较好，乱收费现象越来越少，财政性资金"收支两条线"工作落实较到位。票据管理和收费项目管理是评价高校管理效果的一个重要组成部分，直接影响到高校的财务管理水平。但不能按国家规定的收费项目和标准收费，填写票据不规范等的现象，依旧无法完全避免，致使学校的相关收入不能准确、及时地得到确认，影响了学校发展所需资金的正常运作，因此，必须加强收费项目的立项审批，规范各类票据的使用，避免乱收费乱开票等的情况出现，避免"小金库"、账外账等违规现象的发生，确保学校各类收入的准确及时入账，保障学校发展所需资金的安全和稳步提高。

一、高校收入划分的历史沿革

2003 年，财政部要求预算外资金要单独编制征收计划（预算）表，要求批准留用的预算外资金分项目编制征收计划，对事业收入（不含预算外资金）分项目编制征收计划。征收计划（预算）表在编制软件中可供选择的项目有：学生培养费、学生住宿费、学费（专转本）、成人招生报名费、成人招生录取费、研究生招生费、重修费、补考费等。征收计划在编制软件中没有可供选择的项目，由高校根据项目立项选择。

2004 年，财政要求建立财政性资金收入概念。不再要求编制财政拨款补助预算，"一上"改为上报三项基础资料：人员等基础信息库、非财政拨款补助项目收入预算资料、项目支出预算资料。对预算外资金仍要求单独编制征收计划（预算）表，但取消了对事业收入（不含预算外资金）分项目编制征收计划，仅仅对专户核拨的预算外资金分项目编制征收计划。此外，取消了批准留用的预算外资金栏目，全部改为在专户核拨的预算外资金栏目中反映，且名称改为"财政性资金收入"，项目名称为"高等学校收费"。

2005 年，财政全面推行国库集中支付制度，对高校各类资金重新做了划分：财政拨款（补助）及专户核拨、上年财政专户预算外资金结存数归入财政性资金，其他所有资金包括事业单位经营收入、银行贷款、动用上年基金等皆归为单位其他资金。当年不要求编制财政拨款补助预算，且细化的省级单位财政性资金收入征收计划（预算）表口径、名称与 2004 年的规定一致。

2006 年，财政进一步加大改革力度。对高校预算内外资金全面实行国库集中管理，并将高校部门预算资金划分为三类：预算资金、非税资金、债务资金。将财政拨款（补助）资金定性为"预算资金——公共财政拨款（补助）资金"，银行贷款定性为债务资金，其他所有收入定性为非税资金。同时，取消单位其他资金，将"财政拨款（补助）资金"改称为"公共财政拨款（补助）资金"；将"专户核拨的预算外资金"改称为"专户管理行政事业性收费"；将"预算外资金上年财政专户结存数"改称为"收费上年财政专户结存资金"。并要求对省级单位非税资金计划（预算）表全部分项目编制。编制软件库下拉菜单中可供选择的项目有：学费、住宿费、函授类学费、高等教育自学考试特色专业收费、委托培养博士生研究生学费等，以上收入项目归入专户管理行政事业性收费栏目。其他收入项目如体育加试费、产品质量监督检验收费、其他非税资金等，归入其他非税资金栏目。同年，财政又实行政府收支分类改革，对非税收入进一步分类规范管理，按类、款、项、目四级科目设置。在教育行政事业性收费收入项下列示高校非税收入科目名称：高等学校学费、高等学校住宿费、高等学校委托培养费、函授、电大、夜大及短训班培训费、学历及文凭认证费、考试考务费、高等学历文凭收费、外语、计算机等级考试证书工本费、其他缴入财政专户的教育行政事业性收费等。而事业收入、经营收入、其他收入、附属单位上缴收入、动用上年基金、单位上年专项结转资金等，皆归为其他非税资金，并改称为"转移性收入"。

2007 年，财政对高校收入项目再作归类：预算资金、非税资金、单位其他资金、债务资金、转移性收入。其中非税资金名称不变，但范围缩小了，仅包含专户管理行政事业性收费、政府性基金收入和其他非税收入。此外，单位其他资金也仅包括事业收入（不含收费）、经营收入。如此，单位其他资金和转移性收入的预算不再编入单位非税资金计划（预算）表。

2008 年，财政对高校收入项目划分作进一步调整，将其划分为四大类：公共财政拨款（补助）资金；非税资金；其他资金；上年结转资金。其中，非税资金包括专户管理行政事业性收费、政府性基金收入、专项收入、其他非税收入；其他资金包括事业收入、经营收入、其他收入和债务资金。如此，附属单位上缴收入只能归入其他收入中反映，各类专项结余以及动用上年基金不再逐一反映，也不再认定为上年结余收入，而被认定为上年结转资金。通过以上分析可以发现，财政正在逐步厘清高校收入类别、完善高校非税收入范围，探索并实践高校收入的规范化管理工作。

综上所述，高校收入中收费项目可以分为三类：

1. 行政性收费项目

行政性收费项目，简而言之，就是指学校在行政事务上所要收取的费用，主要包括学生入学时所要交纳的学费、住宿费，以及学生在校期间参加各类考试比赛所需缴纳的报名费等。这种行政性收费必须符合国家和政府的相关政策规定，同时高校在学生交纳上述费用时应提供行政性收费项目专用的票据。

2. 高校服务收费项目

学生在学校学习的过程中，学校为学生提供了图书馆、后勤等各项服务措施，以这些资源帮助学生扩大视野，提高知识和能力水平。这些资源可以在国家方针的允许下收取一定的成本费用，当然这些费用的收取不能以获取利益为前提，而且必须要在学生自愿接受的情况下才能实行。这种高校提供服务的收费必须符合国家的相关规定，同时高校在学生缴纳上述费用时应提供服务项目专用的收费票据。

3. 其他收费项目

学校可以将不用的场地以一定的资金租给其他的培训机构，比如专业的计算机培训机构、外语培训机构、研究生考试辅导机构等。与这些培训机构达成合作，可以在帮助学生学习更多的技能的基础上，合理高效的利用学校空间，获取一定的利润。

二、高校收入确认现状

随着高校的飞速发展，高校在发展上逐渐自主，如何高效利用来自政府以及其他渠道的资金，正确使用票据，高效管理票据，这已经成为高校面临的严峻问题。目前，高校收入中关于收费项目和票据管理工作出现了一些隐患问题，主要表现在以下几个方面：

1. 理论脱离实际

市场经济背景下，国家继续发展和促进知识创新，大学逐渐融入社会和经济生活中去，高校的服务功能和社会功能也得到全方位的加强，从而使大学增加了与社会其他各个阶层的经济交流。随着财产上的往来和交易越来越频繁，账目票据的管理工作也越来越重要。然而实际情况却是高校长期适应了传统收费管理模式的影响，难以接受国家和政府对于收费项目管理的要求。同时学校对于收费项目的管理工作又落后于新的管理思想和方法的发展，故而整个高校环境中，对于各项收费的管理工作难以将纯粹的理论和先进的管理技术结合起来。

2. 对发票的管理不重视

对于收费项目和发票的管理，许多高校并没有意识到它们的重要作用。管理收费票据，对于规范乱收费现象有着重大的作用，是维持学校开销、推进高校发展的必要工作，是高校工作的一个重要组成部分。然而高校中对于发票的管理没有明确规定，票据的使用也没有引起相关部门的注意，没有建立专门的职位来管理票据的收发工作，这在一定程度上造成了资金管理的混乱，某些情况下会助长贪污腐败的风气，不利于国家大政方针的实施。

3. 对税务的不关注

对于高校票据管理工作来说，更鲜为人知的是有关的税收知识，包括会计师在内都对这些知识和相关的法律制度缺乏了解，导致高校票务管理的混乱。不明白非利润收入和利润收入的区别，不会区分各种收费项目的类别，在开具发票时对发票类别的不了解，这些问题都困扰着学校账目管理工作的有效展开。

4. 不合理的收费票据的开具

这些不合理的票据，主要是指结算票据使用的不合理，包括使用范围的不明确，票据的使用不符合相关财政标准的规定等。首先，有些票据已经过了其有效期限。由于高校对于财务知识的匮乏，不明白票据有效期的重要性，以至于没有撤销过期的票据，反而开具了很多无效的票据，这在很大程度上造成了学校财务工作的混乱，增添了很多不必要的财务纠纷。其次，高校在领用票据和回收票据工作上出现了很多缺失。高校在开具票据时不做有效的记录，使得票据的使用上存在很多空白，同时已收到的票据，也没有得到合理的保存，甚至由于财务人员的疏漏，保管不得当，造成票据破损、遗失的现象时有发生。

5. 高校的票据管理工作与票据使用人脱节

规范票据使用的业务工作，必须得到每个老师、学生以及合作企业的理解和支持。目前，随着高校收费项目的日益复杂化和多样化，涉及学校内部的所有师生和合作的企业机构，但高校财务部门一般只是开具与发票管理工作有关的文件和通知，很少进行进一步的宣传，也没有发展建立相关的规范系统，形成票据使用人与票据脱节的普遍现象，在一定程度上影响了正常工作的管理。

三、票据的种类与使用

(一)票据简单划分，可分为税务发票和财政票据

"发票"又称发货票，也叫商事凭证。是在购销商品，提供或者接受服务以及从事其他经营活动中，开具、收取的收付款凭证，是会计核算的重要原始凭证，也是税务部门检查的重要依据。

财政票据是指国家机关、事业单位、社会团体、具有行政管理职能的企业主管部门和政府委托的其他机构(以下简称"收费单位")，为履行或代行政府职能，依据法律、法规和具有法律效力的行政规章的规定，在收取行政事业性收费和征收政府性基金时，向被收取单位或个人开具的收款凭证。财政票据是单位财务收支的法定凭证和会计核算的原始凭证，是财政、审计等部门进行检查监督的重要依据。

发票与收据最大的区别在于监制单位不同，发票的监制单位是税务机关，而财政票据的监制单位是财政部门。按照我国现行税法的规定，使用发票必须缴纳营业税，而使用财政票据无须缴税，因为财政票据结算的是财政性资金。因此，税务发票和财政票据有着严格的界定，不能混为一谈。由于高校从事的是公益性事业，所收取的资金绝大多数为财政性资金，因此，应当使用财政票据、凭证作为权利义务的文书载体。特别是收费项目、收费价格、收费标准在层层报批、公示的情况下，更应当主要使用财政监制的行政事业性收费收据。比如按照国办发〔2001〕93 号文件的规定，中央部门和单位所属高校(包括所属函授学院)学费、住宿费、委培费和函大、夜大以及短训班培训费等行政事业性收费收入，一律全额上缴中央财政专户。而学费是学校经费的主要来源之一，必须纳入单位财务统一核算，统筹用于办学支出。任何部门、单位和个人不得截留、挤占和挪用。学费的收支情况应按级次向教育主管部门和财政、物价部门报告，并接受社会和群众监督。又如场地使用问题，恰恰因为高校暂未实行成本核算，造成不同见解。从外部来看，收了场地使用费似乎提高了价格，获取了利润，可视同经营行为，应当使用服务业通用的发票。但从高校角度来看，收一些水电费和一些场地维修费，正是为了加强教育资源的有效管理，提高其使用效率，为社会做贡献，没有经营的主体构件，应当使用行政事业性收费收据。而对于事业单位和社会团体等非企业组织按照自愿有偿原则发生的经营性

收费行为，应依照财政部和国家计委《关于印发事业单位和社会团体有关收费管理问题的通知》(财规〔2000〕47 号)规定，使用税务发票，依法纳税。

(二)财政票据的种类和适用范围

1. 非税收入类票据

(1)非税收入通用票据，是指行政事业单位依法收取政府非税收入时开具的通用凭证。

(2)非税收入专用票据，是指特定的行政事业单位依法收取特定的政府非税收入时开具的专用凭证。主要包括行政事业性收费票据、政府性基金票据、国有资源(资产)收入票据、罚没票据等。

(3)非税收入一般缴款书，是指实施政府非税收入收缴管理制度改革的行政事业单位收缴政府非税收入时开具的通用凭证。

2. 结算类票据

资金往来结算票据，是指行政事业单位在发生暂收、代收和单位内部资金往来结算时开具的凭证。

3. 其他财政票据

(1)公益事业捐赠票据，是指国家机关、公益性事业单位、公益性社会团体和其他公益性组织依法接受公益性捐赠时开具的凭证。

(2)医疗收费票据，是指非营利医疗卫生机构从事医疗服务取得医疗收入时开具的凭证。

(3)社会团体会费票据，是指依法成立的社会团体向会员收取会费时开具的凭证。

4. 其他应当由财政部门管理的票据。

(三)高校使用票据的种类和范围

表 1 高校财政票据适用范围

票据名称	适用范围	适用情形	不得适用情形
中央非税收入统一票据	行政事业单位依法收取政府非税收入时开具的通用凭证	国务院或者省级人民政府及其财政、价格主管部门批准收取行政事业性收费的文件复印件	经营服务性收费

续表

票据名称	适用范围	适用情形	不得适用情形
中央行政事业单位资金往来结算票据	行政事业单位在发生暂收、代收和单位内部资金往来结算时	暂收款项、代收款项、其他资金往来且不构成本单位收入、行政事业单位取得非国库集中支付来源的财政性资金	经营服务性收费,政府非税收入,(包括代收),会费收入,国库集中支付方式取得的财政性资金
公益事业捐赠统一票据	国家机关、公益性事业单位、公益性社会团体和其他公益性组织依法接受公益性捐赠	自愿和无偿原则依法接受捐赠	集资、摊派、筹资、赞助等行为,与出资人利益相关、从事营利活动的行为;非税收入、应使用税务发票的行为

表 2 高校收费行为和使用票据

收费项目	具体项目	使用票据	规定文件
行政事业性收费	学费、住宿费、考试费	中央非税收入统一票据	《关于进一步规范高校教育收费管理若干问题的通知》(教财〔2006〕2 号)
服务性(培训)收费	自愿有偿服务、培训	税务发票	
	法律法规规定和国务院有关部门的强制要求进行的培训	中央非税收入统一票据	《财政部关于进一步规范中央直属高等院校财政票据使用管理的通知》(财综〔2010〕53 号)
代收高校收费行为和票据使用费	教材费、体检费、高校内部资金结算	中央行政事业单位资金往来结算票据	《财政部关于进一步规范中央直属高等院校财政票据使用管理的通知》(财综〔2010〕53 号)

(四)财政票据使用中存在的问题

1. 不按国家规定的项目和标准收费的现象在一定程度上仍然存在。一些单位在行政性收费票据上开具了国家没有规定或批准的收费项目,如科研费、会务费、合同款、考察费、管理费、房租、分开证明费、单位立户费、招工手续费、财务决算费、专家工作座谈会费、协作费、资料费、阅卷费、电能质量监测、教学改革款、版面费、信息费、药费超出部分、扫描费、资金税,等等。

2. 一些单位不能按国家规定将收取的资金上缴国库或财政专户。如一些培训中心、幼儿园等单位,所收资金不上缴国库或财政专户的现象比较多。

造成这种问题的主要原因是：

一是个别主管部门对这个问题不够重视，对"收支两条线"管理规定落实不得力，对本级的"收支两条线"抓得比较紧，而对下属部门管理的比较松，有的一些下属部门还不知什么是财政专户，也不了解财政专户的收缴程序。

二是这一类单位基本上是自收自支单位，所收费用马上要用于事业支出，且经济效益不太好，本来就收不抵支，所以也就无资金上缴国库或财政专户了。

三是基层单位上缴国库或财政专户环节较多，收入需要按隶属关系层层上缴，上缴后资金拨付不够及时影响了这些单位开支的正常使用，据了解，有的单位不得不到银行贷款，用于本单位的事业支出，因此影响了他们上缴国库或财政专户的积极性。

3. 存在票据使用不规范。许多单位在开具收费票据时内容填写不完整、不清楚，在检查中，不宜弄清收费项目或标准是否符合国家规定，无法发挥财政票据的监督作用。

4. 存在个别单位丢失财政票据和财政票据管理制度不健全现象。个别单位财政票据管理不完善，没有建立健全严格的财政票据管理制度，出现丢失财政票据现象。

5. 存在串用票据现象等其他问题。个别单位收取的经营服务性行为，使用了行政性收费票据，逃避了税收的征管。

(五)加强财政票据等的管理

1. 专人负责管理财政票据，建立票据使用登记制度，设置票据管理台账，分类记载各种票据的领、用、存情况，并落实专人加强日常管理。同时要严格内部票据领用手续，每次票据领用和存根收回，都应有经管人和领用人的签字，以方便每一本票据的去向核对。票据管理员工作变动时，必须在单位负责人的监督下将其经管的票据及相关凭证、台账、报表等资料移交给新接管人员；其他票据领用人员发生岗位变动的，亦应及时办理票据及相关凭证的缴销手续，做到票清离岗。

2. 财政票据必须按号码顺序填开，各联次一次复写或打印，各联次内容和金额一致，做到填写项目齐全、内容真实、字迹清楚，并加盖单位财务专用章或收费专用章。填写错误的，应当另行填写。电脑版连打式财政票据应使用电子计算机开具，不得用手工填写；胶头或胶边无碳纸财政票据可以用手工开具，但存根联必须连同票据封面顺号装订成册，并按规定保管，以备检查。

3. 填写财政票据应当统一使用中文。财政票据以两种文字印制的，可以同时使用另一种文字填写。

4. 财政票据使用单位不得转让、出借、代开、买卖、擅自销毁、涂改财政票据；不得串用财政票据，不得将财政票据与其他票据互相替代。

5. 财政票据使用完毕，使用单位应当按照要求填写相关资料，按顺序清理财政票据存根、装订成册、妥善保管。

6. 设置财政票据专用仓库或者专柜，指定专人负责保管，确保财政票据安全。

7. 作废的财政票据，应当加盖作废戳记或者注明"作废"字样，并完整保存各联次，不得擅自销毁。

8. 财政票据丢失的，应当查明原因，并积极追查，及时以书面形式报告原核发票据部门。对于造成票据遗失的有关责任人，应根据情节轻重和责任大小，由本单位根据内部管理和干部职工考核的有关规定给予必要的行政处分或相应的经济处罚。

四、相关建议

在新高校会计制度准则下，从收费项目以及票据使用的角度来完善高校收入，是高校财务改革和创新的重点和难点，也是摆在高校面前亟须解决的难题。

(一)加强高校对票据信息化管理的重视

1. 重点实行对发票收发管理的监督

对高校的财务工作加大管理力度，高校的收费项目要符合国家和教育部门的规章制度，避免乱收费现象的发生，同时必须要加大对高校票务收发工作的管理。在学校财务部门的集中管理下，在校园内的单位，包括教师、学生以及合作企业都需要去学校财务部门领取票据。这一措施，使得高校票据的收和发都建立了合理的体系，实现了票务的制度化管理，在一定程度上缓解了票据开具混乱的状况，也避免违法腐败现象的发生，为净化高校环境做出了贡献。

2. 建立专门的岗位

对于高校的票据信息化体系来说，建立管理票据的专门性岗位是必不可少的。另外，高校收费票据的信息化管理也要逐渐由以人为主转变为人机结合的形式。一方面，在开具发票时，做好记录工作，同时根据一定的标准建立信息化体系，为以后学校账目的核查工作做好准备。另一方面，做好已开具票据的保存工作，设立专门的保存空间，改善高校在领用票据和回收票据工作上出现的缺失现象，避免由于财务人员的疏漏和保管的不得当，而造成票据破损、遗失的问题。同时，这种专人管理、责任到人、各司其职的模式，也避免了相互推诿现象的发生，在一定程度上实现了票务管理的高效和高质。

3. 加强信息化软件的配置和管理

采用信息化设备和计算机网络等对高校票据业务的各个关键点进行控制管理，达到信息化管理的目标，有助于保证数据的正确性、完整性和系统性，有助于预防和规范不合理现象的发生，建立系统的数据管理体系。

(二)加大财务人员的培训和人才的引进

为弥补现阶段高校票据管理工作的漏洞，提高财务人员的服务质量，一方面要加大对财务人员的培训，针对财务专业的相关理论知识、票据的划分和票据的使用范围，以及现阶段高校票据管理工作中出现的种种问题，而展开职工的再教育，弥补职工在相关政策标准上的漏洞，减少失误的发生。另一方面要吸引更多的专业人才投入高校票据管理信息化体系的建设中来，他们术业有专攻，有更加科学的、成体系的管理办法，能最大程度上完成管理的目的，避免了高校在票据管理的过程中可能出现的不科学的现象，同时节省资金，使管理的功能达到最大化而成本达到最小化，最大程度上提高高校票据管理的成果。而对于社会而言，吸引人才的同时可以缓解社会上的就业压力，可以以高校的力量来促进社会的发展。

(三)修改票据的划分标准

为了避免票据使用过程中出现过多的问题，国家税务部门应该根据国家的大政方针，按照目前高校自主招生、自主发展的发展趋势，根据高校的收费项目和收费范围，而对票据的种类划分进行改进，从而缩小票据使用时的难度。这一措施，在一定程度上降低了票据管理过程中问题的发生率，同时扩大了高校票据的使用空间，方便了来自校外和校内两方面的监督管理，有利于建立体系化、信息化的票据管理系统。

【参考文献】

[1] 关于加强中央部门和单位行政事业性收费等收入"收支两条线"管理的通知(财综〔2003〕29 号)[Z]. 2003.

[2] 教育部. 关于进一步规范高校教育收费管理若干问题的通知(教财〔2006〕2 号)[S].

[3] 财政部. 财政部关于进一步规范中央直属高等院校财政票据使用管理的通知(财综〔2010〕53 号)[Z]. 2010.

[4] 财政部. 关于进一步加强行政事业单位资金往来结算票据使用管理的通知(财综〔2013〕57 号)[Z]. 2013.

[5] 张甫香，顾兴平. 浅探完善高校收入项目管理[J]. 财会月刊，2010(5).

[6] 刘艳红. 高校收费票据信息化管理探析[J]. 中国外资，2013(4).

[7] 财政部. 中华人民共和国发票管理办法》(财令〔1993〕6 号)[Z]. 1993.

[8] 国税总局. 中华人民共和国发票管理办法实施细则(国税发〔1993〕157 号)[Z]. 1993.

"互联网+"模式下的我国高校学生收费管理问题探析

——以 E 大学为例

华东师范大学　吴文喆

【摘　要】随着"互联网+"模式在我国各领域的兴起并取得的显著成功,"互联网+"学生收费的新管理模式也势必在我国高校逐步普及与完善。本文通过对目前我国高校互联网+学生收费管理模式的介绍,并辅以E大学的案例,提出了三个主要的问题:信息孤岛现象严重;个人信息与支付存在安全隐患;缴费过程烦琐,支付体验度差。通过对这些主要问题的分析,笔者提出了建设校级收费信息平台,提高支付安全等三个对策,对国内的互联网+学生收费管理模式的健康发展提供了一些可行性建议。

【关键词】互联网+　学生收费高校

一、引言

"互联网+"计划在 2015 年第十二届三中全会的报告中第一次以国家战略的形式被提出,该计划旨在推动移动互联网、云技术、大数据等在各个领域的运用和发展。"互联网+"是知识社会创新 2.0 下的互联网发展新形态、新业态,有着功能广阔的应用前景。"互联网+学生收费管理"是以互联网为载体、以信息技术为手段(包括通信(移动)技术、移动支付、云技术、大数据等)与传统高校的学生收费管理深度融合而形成的一种新型管理和服务形态。可以说互联网技术,尤其是移动互联网技术在学生收费管理中的运用,是我国互联网普及大潮的必然结果,也是我国高校对收费效率追求的自然选择。在这一新形势下,收费工作如何提高数据的处理效率,如何提供更便捷的支付方式,如何保障网络时代的信息、支付安全,成为新时期我国高校学生收费管理中务须解决的重要问题。

二、现状

根据 2017 年发布《中国互联网络发展状况统计报告》显示,我国网民规模达

7.31 亿，手机网民规模达 6.95 亿，此外手机网上支付用户规模增长迅速，网上支付的使用比例由 57.7％提升至 67.5％。手机支付向线下支付领域的快速渗透，极大丰富了支付场景，有 50.3％的网民在线下实体店购物时使用手机支付结算。大学生作为手机网民的重要组成部分，早就不满足于传统的缴费模式与场景。

其中 E 大学作为一所教育部直属高校，早在 2011 年便率先与"金智教育"开展合作，并依托高校良好的信息化基础设施和校内公共数据库平台，尝试开发了互联网＋学生收费的模式，通过多年改进升级，目前已全面支持使用微信、自助 POS 机、网银支付等多种模式缴费，实现了移动端到 PC 端以及现场自助的多维立体缴费场景，完全实现高度信息化、无人值守，且不受时间、地域限制的 7×24（小时）无障碍式缴费。此外，值得一提的是，E 大学依然保留了银行扣款的缴费方式，只是不同于传统的是，银行扣款同样是通过全信息化手段实现——E 大学收费管理系统直接通过与银行的数据接口，传输指令和结果，完成扣缴，免去了以往制盘、送盘、验盘、返回等物理传输手段。命令实施和反馈效率得到极大提高，从某种角度来说，这种扣款模式也是一种互联网＋模式的缴费方式。

目前很多商业化的收费管理系统，都在收费管理方面提供了较好的功能实现，而且各有所长。有的高校采用了天财高校学生收费管理系统，有的采用了复旦天翼学生收费管理系统，还有一部分高校采用了自行开发的收费管理系统。这些以开发账务系统为起点的产品，在学生信息管理、账务系统衔接和数据统计方面有着较强的优势，而又如"金智教育"这类网络软件公司为代表，主要开发网页版收费管理系统，其优势就是界面简单，结构开放，网上收费平台功能成熟，管理便捷，无须登入局域网。但是缺陷就是与账务系统衔接困难，统计功能受限于网页设计。目前 E 大学采用的就是天翼加金智双系统并用的管理方式，既能发挥天翼强大的数据处理优势，将其设为数据源，通过接口将数据同步进金智收费平台，同时发挥金智产品的优势，在其平台中管理网上收费等功能。

三、现有问题

(一)校内各部门系统互相封闭，信息孤岛情况严重

学生收费有关的信息数据长期以来都存在多个职能部门"各自为政"的情况。目前国内大部分高校学生收费数据在校内各部门间是互不相通，信息互不共享的。虽然，从技术上来说，要达到互联互通的目标并不存在着障碍，但在实际

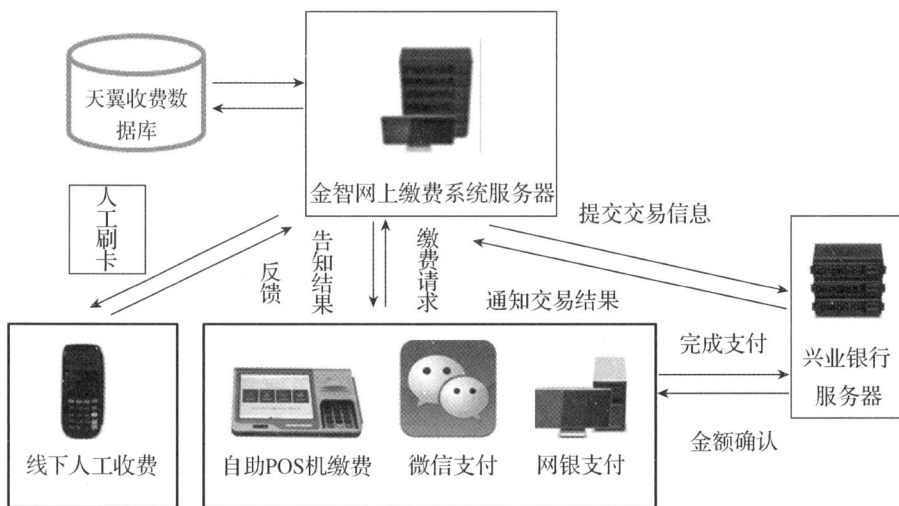

图1　E大学收费网络拓扑图

操作中却长期未能实现。以 E 大学为例，住宿费来自于后勤、本科生学费来自教务处、研究生学费来自研究生院，夜大学费来自继续教育学院等等。而这些部门却都各自采用不同公司提供的软件和数据库，各有自己一套独立的、复杂的信息管理系统。一般只能以人工导出数据的方式，交由财务处工作人员，再由财务处人员导入财务系统进行执收。从学生职能部门整理学生费用信息，到财务处进系统，再到最后将缴费信息呈现到学生面前，整个收费过程繁杂冗余，且多靠人力进行传输和再整理。假设该环节中途一名学生发生退学，有需要退费的情况，学生就必须在所有不同部门中分别去办理，最后人工将更改后的书面信息从相应部门带至财务处，整个过程与"互联网＋"完全无关，完全无法享受到信息化的便捷。

此外，各部门也并不接受财务处的末端收费结果，没有建立一套互联网信息反馈机制。因此，各学生管理部门对学生的缴费情况一无所知，往往造成管人的却管不了缴费，管缴费的却找不到人。由此也直接导致了学生欠费不受制约，缴费积极性差，欠费现象严重。

"互联网＋"模式的核心精神就是数据互联、信息共享。正是由于校内各个部门的"各自为政"，在收费管理方面，造成学生收费数据无法在各个部门中自由流通，严重阻碍了各个部门协同业务与管理流程的设计与优化。因此，这也成为互联网＋学生收费管理的头等问题。

(二)个人信息与支付存在安全隐患

互联网收费模式涉及大量的学生个人信息,学生管理系统,尤其是财务相关的系统,内部存储着大量的学生个人财务信息。相对传统单机版的各类管理系统来说,一旦系统遭到攻击,就存在海量数据泄露的风险。从公安机关披露的信息来看:根据个人的财务信息,伪装各类银行、公职结构进行诈骗,是目前主流的网络与短信诈骗手段。而高校学生,相对社会经验不丰富,防范意识较差,很容易成为骗子下手的重要对象。如何从制度和技术上守好安全关,确保信息系统"进不去""看不见""拿不走"和"赖不掉",是推行互联网收费管理的重要前提。

此外,互联网+学生收费方式的推出,使广大学生缴费更加高效、便捷的同时也带来一定的其他风险和安全隐患。比如,互联网支付方式突破了传统支付方式的交易限制,管理人员与学生见面的机会变少,使得管理者对学生情况的了解和对突发问题的获取也变得更为滞后与困难,因此让信用卡套现,钓鱼网站诈骗等行为存在了可乘之机。

(三)缴费过程烦琐,支付体验度差

由于安全原因,又由于高校财务部门没有较好的支付保障团队,目前各种互联网模式下的缴费方式都设计得较为烦琐,支付限制较多。此外,由于多种支付方式,往往要选择多家软件服务商、支付公司,所以数据和交易页面需要在多家公司中跳转,受制于网络、服务器、前置机等的运行情况,往往出现多种故障。根据 E 大学的一项问卷调查发现(部分内容见下图),接近 50% 的学生在缴费过程中,困扰于"支付过程太烦琐",另有接近一半的人选择了"网络不稳定"。而在不满意的支付方式中,网银支付和自助缴费机缴费方式是排名靠前,原因同样是这两种方式采用了较多服务商共同开发合作的模式,包括银行在内,服务商都超过了 3 家。而学生普遍希望加入支付宝方式支付,也是间接的一种对这一模式的不满意。

表 1　E 大学学生缴费满意度调查统计结果部分内容

1. 在缴费过程中,遇到较为困扰您的问题是?	满意度
不能及时获得应交信息	16.67%
支付过程太烦琐	47.22%
应交金额有误	2.78%
缴费平台网络不稳定	47.22%
其他问题	0

续表

2. 在现有的缴费方式中，您对哪些缴费方式不满意？	满意度
银行卡扣款	8.33%
网银支付	36.11%
微信支付	13.89%
自助缴费机缴费	58.33%
3. 如果可以，您希望优先新增什么收费方式？	满意度
支付宝	86.11%
人工收现金	2.78%
现场扫二维码	44.44%
人工刷 pos	11.11%
银行转账	8.33%
其他方式	0

四、对策

(一)加快高校信息化建设的顶层设计，建设学校级收费信息平台

做好顶层设计是推动各项工作科学开展的基础和根本，高校学费管理信息化工作也不例外。我国高校的信息化建设是除基建以外，另一资金投入大头，虽然每年投入了大量资源，却变成了校内一系列信息孤岛，而学生收费信息孤岛正是这众多孤岛的一个部分。当前首要任务是：将建设互联互通的全校级信息平台与高校的战略规划相挂钩，建立一个时间表。上文中已提到，学生收费信息的互联互通，并不是技术问题，而是各部门间的利益问题，是一个工作重分配的过程。在信息不直联的校内环境中，数据经过转移后都是有人工二次处理的过程的，其中会有一个再检查再整理的过程。而实现互联互通的信息化平台，显然对数据源头的部门的工作质量与响应速度提出了更高的要求，任何一个环节的小问题，都可能实时展现在各个部门的平台上。这显然会打破原有的校内工作与职责分配格局，会触动到一系列部门的利益。所以只有学校战略的层面来解决问题，才能实现学校级学生收费信息化平台，推动收费工作的无线化、便捷化、共享化，切实发挥出"互联网＋"模式在学生收费管理工作中的威力。

(二)提高高校互联网支付的安全性

确保自身的技术安全等级达标。高校的财务部门及信息化部门应紧密联合，

始终将支付体系的安全放在首位，提高支付环境安全，制定数据保护，数据备份、灾难恢复，设备维护，密码管理，网络监控，系统日志等安全措施，不断提高支付服务的安全级别，积极推动诸如安全技术、反欺诈、反洗钱、防钓鱼、"黑名单"共享等具体措施的落实，以确保支付交易的安全性和机密性。

引入成熟的互联网服务商。支付安全是一个高难度高危险的信息化难题，凭目前我国高校财务部门和信息化部门的专业实力显然是难以应付的。所以在支付环节，应引进一些较大的较成熟的第三方支付平台，如支付宝、财付通，甚至可以推广四大银行的直线支付通道；在信息系统选择方面，应与较为领先的软件服务商相合作，也可实现部分外包，凭借服务商的专业化的运作，提高高校的科学分类、风险分级、安全审查流程；在整体安全方面，亦可引入先进的整体安全防护方案与国内外公司合作，对全校的各系统的进行安全全覆盖。毕竟一旦实现数据互联互通，校内各部门数据库包括一些黑客攻击的非热门部门，也将暴露在高度危险中。

（三）强化创新工作意识，努力提高缴费体验度

良好的客户体验是互联网支付服务取得客户认可主要标准。高校应高瞻远瞩，坚定支持国家的"互联网+"战略，大胆利用新技术、新工具、新思路创新互联网支付模式。持续完善互联网支付的功能，果断摒弃陈旧低效的传统方式，诸如现场现金收款等方式。但同时要提高微信支付、自助缴费机缴费等新支付场景的便捷性、可用性与易用性。高校在与社会软件供应商的合作时，要通过大数据分析、定期的问卷回访，开展相关测试，确保产品能够满足消费者的学生的支付习惯，提高学生的缴费满意度。

【参考文献】

[1] 谢靖. 基于银校互联平台的学生收费系统设计与实现[J]. 软件，2011，32(6)：49—50.

[2] 黄力. 论高校收费管理网络信息化[J]. 投资与合作，2012(10).

[3] 章发东. "互联网+"背景下高校学生收费信息公开的设计与实现[J]. 无线互联科技，2017(2)：70—74.

[4] 茅粉红. 网络环境下高校学生收费管理系统的创新研究[J]. 财会学习，2017(6)：192—192.

浅析"金税三期系统"上线后对高校薪酬发放业务流程的影响

——以 G 大学为例

贵州师范大学   喻   婷

【摘 要】启用"金税三期系统"对我校工资薪酬的发放及个人所得税纳税申报产生了重要影响。文章通过对贵州师范大学启用"金税三期系统"情况的具体说明,指出该系统对高校薪酬发放及申报缴纳个人所得税的影响以及使用该系统进程中所面临的问题,并针对这些问题提出了具体的建议,希望完善和促进税改效果。

【关键词】"金税三期系统"   薪酬发放业务流程

金税工程是经国务院批准的国家级电子政务工程,是国家电子政务"十二金"工程之一,是税收管理信息系统工程的总称。自 1994 年开始,历经金税一期、金税二期、金税三期工程建设。其目的在于进一步规范税收执法,优化纳税服务,降低征纳成本,提高税收征管质效。按照国家税务总局的统一部署,贵州省国家税务局和贵州省地方税务局各级税务机关于 2015 年 9 月 8 日起统一启用金税三期工程省级应用集中优化版,简称"金税三期系统"。

金税三期工程新建系统包括核心征管、个人税收管理、决策支持 1 包、决策支持 2 包、纳税服务、外部交换、应用集成平台、安全策略 2 包等系统。我校主要使用其中的个人税收管理和纳税服务。启用金税三期系统对我校影响最大的地方体现在个人所得税的纳税申报。在此之前,使用的申报系统为贵州省电子申报和发票开具系统,所有税种均以单位为整体申报。个人所得税申报并不需要明细到每个人,也既对单个人当月全部所得的统计要求不高。而在启用该系统之后,贵州省地方税务局的个人所得税申报软件易税门户是以单个人为纳税单位,需要分别统计出每个人的各类当月全部所得。

一、之前薪酬发放及个人所得税纳税申报存在的问题

我校的薪酬项目主要包括:(1)国家工资、省市地方的各类补贴;(2)奖金:主要是年节慰问费、年终一次性奖金、考核奖等;(3)其他酬金:主要是岗位津

贴、课时费、教学科研劳务、班主任津贴、各类评审费、各类劳务费和工作交通补贴等。发放方式主要是两种，一种是通过每月工资发放，另一种是通过各类发放表，以现金或打卡的方式发放，主要的职能部门是人事部门、各学院和财务部门。

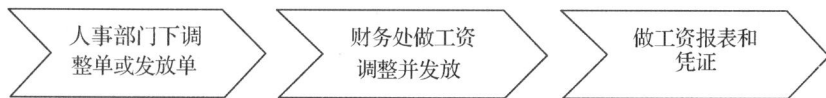

图 1 工资发放流程

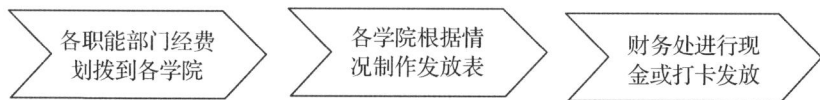

图 2 其他酬金发放流程

通过对以上工作流程进行分析，我们发现在这种发放模式下，业务间应该相互联系、相互交叉的管理活动，以部门为单位被分割成相互独立，各自为政的管理活动，易造成当月个人所得税的计算出现问题。其主要原因有以下几点：

(一)各部门间分工不合理

人事和财务部门的工资管理业务上存在本末倒置的现象，人事部门历来只出政策，对薪酬发放的操作层面考虑较少；一些本该由相关部门进行统筹管理的经费在实际工作中各学院部门各自为政，直接对财务部门下调整单和发放单，导致人员经费管理混乱；而财务部门也疲于应付各类调整单和发放单，重发放、轻统计，对人员经费的准确分类重视不够，基本上都是工资薪金的方式发放，难以提供完整、全面的收入统计数据，决策者不能准确及时地获得经费决策信息，给学校的高效管理和准确决策带来影响。

(二)部门间的沟通渠道不畅，缺乏公共信息平台

由于历史等原因，信息资源彼此分割，各自分散。工资是由财务处统一发放，除了工资以外，各学院还会对财务部门下调整单和发放单直接发放其他薪酬，有的学院会以当月工资为基础来计算这笔薪酬的个人所得税，但是这当中忽略了一个问题——并不是只有本学院给各位老师发其他薪酬，所以他们计算个人所得税的计税基础是错误的。因为在其他薪酬发放过程中缺乏公共信息平台，各学院之间信息无法共享、无法交换，使得一些薪酬发放处理业务上不能及时沟通，明显导致了个人所得税计算的错误，无法提高工作的准确率。

(三)财务内部管理体制不完善

由于薪酬款项内容和发放方式的多样性,财务部门在发放其他薪酬的时候,以各学院及教辅单位提供的发放单为依据直接发放,并没有以个人为单位对当月全部所得一一统计,造成个人的个税计税基础不正确。财务部门疲于应付各种调整单和发放单,对于提供完整全面的薪酬发放信息比较困难,也很难对人员经费的构成情况和金额做具体分析,不能及时准确地提供给决策者经费决策信息。我校全校师生人数庞大,对各类薪酬业务发放的劳资工作量十分烦琐,同时还需要分别统计出各类薪酬对应的个人所得税,之前的薪酬发放管理模式已经难以适应现代高校薪酬管理的需要,建立一套新的高效薪酬发放业务以及建设完善的发放系统已经迫在眉睫。

二、薪酬发放业务流程优化措施

高效薪酬发放业务流程优化的理论基础:可引入企业管理的 ERP 思想。ERP 的基本思想是将企业的业务流程看作一个紧密联系的供应链,其中包括供应商、制造商、分销网络和客户等,将企业内部划分成几个相互协同作业的支持子系统,它是基于时间的,面向整个供应链管理的企业资源计划,它是建立在信息技术基础上,系统化的管理思想,为决策层及员工提供决策运行手段的平台。通过集中数据储存和业务系统建设,统一业务规范,实现人员编制、工资标准等基础数据的集中管理,通过人事、财务部门和银行间的联网,实现薪酬管理及每月薪酬发放业务的网上编制,网上审批,银行发放,自动生成薪酬发放凭证和各类报表,才能真正实现高效薪酬发放业务的规范化管理。

为了与时俱进地加快我校的财务信息化建设,同时也是为了满足工资相关职能部门的管理需要及广大教职工的用表需求,我校引入了神州浩天的"收入申报系统"。与"个人收入管理系统"配合使用,自动计算个人所得税,将财务人员从重复的机械劳动中解脱出来。同时也提高了薪酬填报数据、会计制单以及银行发放数据的准确性,强化了对本校既定财务制度的实施。

收入申报系统与工资系统实现连接,每月从工资系统导入基础数据,也就是计税基础。除了工资以外的各类薪酬都通过该系统发放,不仅能够准确的统计当月的计税基础,还能为决策者提供各类收入报表。

(一)人事部门审核

人事部门根据国家的相关规定和学校的经费使用办法对各学院提交的人员经费进行审核。审核范围包括人员部门、人员类型、人员编制、发放项目、发放标准及其他与人员经费等相关信息。若审核通过后学院才能进行下一步的操

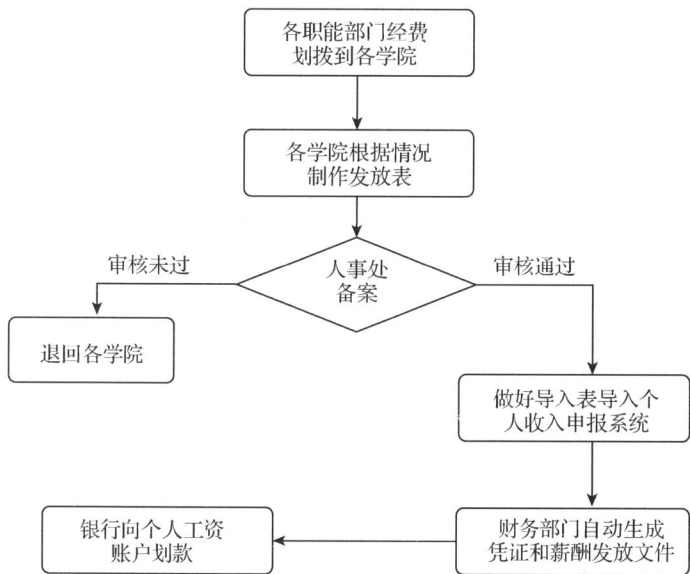

图 3　其他薪酬发放流程

作，若未通过则退回学院重新编制其他薪酬发放数据。人事部门参与其他薪酬的发放，达到与财务部门相互检查审核学校教职工其他经费的发放情况。

(二)财务部门明细操作处理

1. 其他薪酬审核

在人事部门审核通过后，各学院将发放表导入个人收入申报系统，保存并提交。记下自动生成的流水号，将原始单据同流水号一起提交到财务处报账。

2. 账务处理

财务部门根据学院提供的原始单据及流水号，再次审核该笔人员经费的发放是否符合要求。审核通过后通过账务系统提取流水号自动生成凭证，并在账务系统中进行相关的凭证审核、记账等处理。

3. 人员经费发放

人员经费核发人员将发放文件提交银行，银行根据学校财务提供的发放文件进行发放，向个人工资账户划款。

4. 相关管理报表

根据用户定义的辅助核算项目生成查询条件后，系统会根据用户输入的不同条件组合成不同的报表。报表查询功能面向财务处、人事部门等于工资数据相关的职能部门及全校教职工，因地制宜地为广大用户提供各类报表。

三、结语

高校是个较为庞大的体系，薪酬发放业务是一项非常烦琐复杂且政策性极强的日常工作。不仅关系到单位所有教职员工的切身利益，而且服务质量的好坏也直接关系到职工对学校的信任度和满意度，因此重新梳理和优化发放流程是提高薪酬发放管理效率的必经之路，根据标准化的管理流程，建立统一的信息化管理系统，对发放管理中的每个环节进行模块化和标准化管理，将大大提高高校薪酬发放的管理水平，同时，对提高个人所得税申报纳税的准确率也有积极的意义。

【参考文献】

[1] 柳红．关于高等学校财务信息化建设问题的探讨[J]．事业财会，2005(2)．

[2] 赵普光．高校薪酬管理的问题与对策[J]．世纪桥，2007(6)．

[3] 杜琼辉．高效薪酬发放业务流程及系统建设[J]．高师财务管理研究，2013(9)．

[4] 天津神州浩天科技有限公司．天财高校财务信息化培训系列[A]．2016．

高校收费新模式对财务管理的意义和影响

天津师范大学 周彤欣

【摘 要】本文阐述了诸多高校收费新模式，以高校统一收费平台为代表的新模式给高校财务信息化进程提供了强有力的保障，通过对高校传统收费模式与新收费模式的对比分析，揭示出新高校收费模式的优势和特点，随着收费模式的不断丰富和创新，高校财务管理工作也会得到相应提升和改善，加速高校财务信息化进程。

【关键字】收费模式 高校统一收费平台 高校财务信息化

各高校在扩大招生规模的同时，对管理的诸多方面都带来了前所未有的挑战，在信息化背景下，原来人工参与较多的管理方式在逐步被更为安全、智能、人为干预较少的网络化管理方式所替代，作为高校管理较为重要的财务管理，同样面临机遇与挑战。招生规模的日益扩大考验着高校财务收费工作，各高校急需一个强大的、集成化的系统支持学生基本信息和收费信息完成日常管理；为了规范收费项目管理，避免各学院私设小金库、以收坐支等现象，资金由缴费人员直接流向学校开户银行，减少中间环节的人为干预，加强项目和批次管理；纪检监察部、财政部、发改委等上级主管等部门需要对高校收费进行监管，透明、安全的收费新模式可以满足上述要求。

一、各类高校收费模式的对比分析

收费新模式和传统的收费模式有着很大的差别，传统的收费模式侧重流程化地完成收费过程，而新收费模式更注重数据维护和管理需求。

传统的收费模式主要指现场收费、集中收费(现金、刷卡和电汇)，收费形式受时间、地点、人员等制约，收费效率较为低下，收费信息不便于管理和处理。收费新模式主要是指银行代扣、ATM 自助缴费、直连扣费、第三方支付平台支付，校园统一收费平台支付等方式。银行代扣、直连扣费收费模式是将银行卡号和学生信息绑定，由学校在特定时间将扣款信息传递给银行进行对扣费缴费的方式，这种模式是由学校发起，对学生扣费信息进行加工，扣款成功后反馈到财务数据库的流程，这大大减轻了收费管理工作，提高了财务收费工作效率与工作质量，然而这种收费模式需要学生、学校、银行的信息一致，而且扣费指令是有时间限制，一旦银行卡信息、卡金额错误就不能顺利完成成功扣费。ATM 自助缴费、第三方支付平台支付和校园统一收费平台支付等方式是将收费发起形式由被动扣款变成主动缴费，这样就打破了对缴费时间的限制，提升了缴费主体的主动性，ATM 自助缴费虽然便捷，但是可能会造成 ATM 缴费地点的人员拥堵，对 ATM 设备的要求高，需要有日常维护成本，采用成熟的第三方支付平台就将缴费信息上传到网络，这样缴费的过程就不受时间、地点、银行卡开户银行的诸多限制，可以实现 24 小时全天候无障碍缴费，其便捷性能够满足高校收费需要，但是进入的通道是第三方支付平台的界面，不利于高校品牌建设的需要和系统化管理要求。校园统一收费平台的建立既能够满足日常收费管理的需要，也可以满足其他业务部门管理和收费需要，比如教务处对四、六级考试收费管理，研究生院对研究生报名费管理。校园统一收费平台是集成化的系统，将各个部门的收费信息归集于此，业务部门进行数据维护和处理，财务和管理部门进行资金监管，通过建立的网上平台进行缴费处理全过程。

收费模式	优点	缺点
现场收费、集中收费	面对面进行，当场结清款项，打印票据	受时间、地点、人员制约，收费效率低下
银行代扣	批量处理数据	被动缴费，学校与银行进行数据交换，存在数据安全性问题，受时间、地点、卡开户行制约
直连扣费	批量处理数据，无数据转换过程，在系统中直接完成	被动缴费，受时间、地点、卡开户行制约
ATM 自助缴费	主动交费	交费地点的人员拥堵，对 ATM 设备的要求高，需要有日常维护成本
第三方支付平台支付	第三方支付平台接口进入，标准化收费信息	不能满足高校品牌建设的需要和系统化管理要求
校园统一收费平台	校园网接口进入，个性化收费信息	系统维护，服务器上数据安全性管理

二、高校收费新模式的特点及优势

高校财务信息化的不断深化对收费模式提出了更高的要求，便捷化、及时化、系统化的收费新模式将更加符合信息化建设的需求。

(一)高校收费的便捷化使得收费空间、范围不再受限

相对于传统的高校收费模式，新模式能够提高广大师生收费的效率和便捷性。传统的收费方式是面对面的形式，无论是采用何种结算方式，需要现场核对、收费、制单、开具票据、入账的过程，这样收费人员需要不断重复流程化的程序，集中收费的形式造成的大量人力、物力的资源浪费。采用学费代扣形式能够使财务收费人员大批处理学生交费信息，使得面对面的形式变成学校、银行和收费对象的形式，使得财务收费人员可以准确地确认信息，提高工作效率。现在高校统一收费平台的出现，可以使广大师生在平台上准确查找欠费信息，根据自己的财务状况和存款银行自主发起交费过程，使得收费对象足不出户就能完成网上交费程序，大大简化了收费流程，提高了工作效率。

(二)高校收费的及时化使得收费信息及时反馈

传统的高校收费形式下，在完成收费流程后需要和银行进行核对，造成了入账的滞后。采用银行代扣形式，需要有递交数据和返回数据的过程，需要对数据进行整理分析后导入收费数据库，进行票据打印和入账工作。高校统一收费平台可以实现实时收费，实时反馈信息，实时写入学生收费数据库系统，并自动生成财务凭证，能够实现收费信息的实时反馈，方便管理部门进行决策。

(三)高校收费的系统化使得收费信息服务于各个部门

以往的高校收费模式只能是财务部门收集和掌握数据，其他管理、监管部门需要相关信息时，财务需要将数据进行处理和传递，这大大影响了财务收费部门的工作效率，新的收费模式能够打破这种局限，实现实时准确地反馈信息。高校统一收费平台将业务部门、管理部门、监管部门纳入进来，采用不同权限进行管理，提供相应数据给决策管理部门，形成一个联动的统一体，任何对数据的操作均能够反映到各个部门，能够对整个财务收费数据实现全程操作、整理、监管。

三、高校收费新模式对财务管理的意义和影响

高校收费新模式的完善和创新不断推动着高校财务管理工作，并对其产生深远的意义和影响。

(一)高校收费新模式能够完善高校财务信息化进程，加强系统化管理

高校财务作为信息化中的数据中心，起到了连接、汇总、处理各部门数据，提供完善、准确财务信息的作用，新的收费模式能够充分发挥财务管理的作用，使财务部门能够将收费集成化的数据进行统一管理，按部门、收费项目、收费批次进行多层次、多维度的管理。以高校统一收费平台为例，财务部门是数据处理中心，负责审核收费项目及收费标准的规范性和合规性，授权其他业务部门进行收费批次、收费人员管理和收费信息加工处理，配合上级管理部门进行专项检查和资金监管，核对缴费信息进行账务处理。收费信息批量化和收费环境复杂化日益扩大考验着高校财务收费工作，一个强大的、集成化的收费系统将支持高校各部门相互联动、相互制约地完成收费管理工作。

(二)高校收费新模式能够使涉及收费业务的部门进行规范化管理

业务部门是对收费项目有直接管理职责，对收费标准负责的部门，对于代收项目和经营性收入，业务部门需要对收费人员、收费信息、收费批次进行管理。高校收费新模式就需要既能满足业务部门的收费管理需要，又能一定程度上制约和监管各级业务部门的收费行为。高校统一收费平台的搭建，一方面可以给业务部门权限管理收费批次、收费人员；另一方面能够有效避免各学院、各部门私设小金库、以收坐支等现象，资金直接由缴费对象流向学校开户银行，减少了人为干预，加强了内控管理，各个业务部门操作员之间、业务部门和财务部门操作员之间的制约关系能够保证资金的安全性和透明性。

(三)高校收费新模式能够满足纪检监察部、财政部、发改委等上级主管等部门监管需要

有效的监督对收费过程至关重要，将影响到收费过程是否合法合规，资金流向是否公开、透明，是否形成有效的内部控制。高校收费模式就是要引入监管机制，使资金在阳光下健康运行。高校统一收费平台将设立监管部门权限制度和收费手续备案制度，使得收费项目和标准有施行依据。

四、高校收费模式的一些展望

2015 年 3 月 5 日，在十二届全国人大第三次会议上，李克强总理在政府工作报告中首次提出"互联网＋"行动计划。"互联网＋"就是充分发挥互联网在生产要素配置中的优化和集成作用，将互联网的创新成果深度融合于经济社会各领域中，高校财务也应该借助互联网和新的渠道实现管理信息化，高校的收费模式与互联网、移动终端、数据挖掘的结合必将迸发出无限活力，日新月异地改变着传统高效收费模式。互联网的介入使得收费不再受空间、时间的限制，

财务人员能够快捷、准确地处理网上收费数据，提供财务信息。移动终端的加入会使得收费信息将更隐私化和个人化的传输到缴费人员的手中，能够实时查询自己的欠费信息并进行缴费处理，并将收费信息状态进行手机推送，使缴费者第一时间掌握信息相关动向和资金流向状态。数据挖掘技术能够使集成化的数据进行批量处理、汇总，将多维度的管理数据提供给相关部门进行管理决策。这些新技术、新手段将便捷、高效、透明、全方位、不间断地服务广大师生，高校收费模式的不断完善是与科技进步同步发展的，高校收费管理水平提升将得益于这些新手段的运用，高校的财务信息化水平也会不断深化。

【参考文献】

[1] 邹秀华. 高校财务管理信息化建设研究[J]. 中国科技信息，2008(3).

[2] 郑晓薇. 高校财务管理目标研究概述[J]. 财会月刊，2007(36).

[3] 张艳. 论高校会计信息化建设[J]. 贵阳学院学报(自然科学版)，2007(4).

[4] 劳富顺. 新形势下高校财务信息化改造的探讨[J]. 中国管理信息化(会计版)，2007(6).

[5] 武春江. 高校财务信息化管理模式的设计与完善[J]. 深圳大学学报(人文社会科学版)，2007(2).

[6] 章雯华，陈彬. 我国财务信息化发展进程研究[J]. 安徽工业大学学报(社会科学版)，2007(2).

[7] 吕学典. 会计信息化目标架构探析[J]. 财会通讯(学术版)，2006(8).

[8] 骆良彬，王河流. 高校财务信息化问题研究[J]. 中国管理信息化(综合版)，2006(5).

[9] 刘国斌，吴旗，姜广新，刘静. 高校会计信息化技术研究[J]. 情报科学，2005(11).

[10] 李俊. 高校会计信息化的现状及其改革研究[J]. 湛江海洋大学学报(社会科学)，2005(5).

营业税改增值税对高校财务的影响分析

天津师范大学   周彤欣

【摘　要】营业税改增值税试点工作 2012 年已在上海展开，国家规划力争在"十二五"期间在全国全行业推广，意味着我国将逐步告别营业税，改缴增值税。本文首先阐述了营业税改增值税的意义，接着分析了高校营业税和增值税的缴税现状及营改增对高校的影响，最后提出几点建议。

【关键词】营业税 增值税 改革

2011 年 11 月 17 日，财政部、国家税务局联合发布的财税〔2011〕110 文件《营业税改征增值税试点方案》，明确从 2012 年 1 月 1 日起，在上海市交通运输业和部分现代服务业开展营业税改征增值税试点。营业税改增值税后，增值税税率体系新增 11％和 6％两档税率，为保持现行营业税优惠政策的连续性，对现行部分营业税免税政策，在改征增值税后继续免征，对部分营业税减免税优惠，调整为即征即退政策，对税负增加较多的行业，给予适当的税收优惠，此项政策的实施将对各行业有很大影响。如何适应改革，做好税制改革的准备工作、顺利过渡是个值得研究的课题。本文通过研究相关政策文件和高校的实际情况，分析营改增对高校的影响，以期为高校内部纳税管理提供有益参考。

一、营业税改增值税的意义和目的

增值税是对在我国境内销售货物或提供加工修理修配劳务以及进口货物的企业单位和个人，就其货物销售或提供劳务增值额和货物进口金额为计税依据而课征的流转税，而对其他劳务（大部分服务行业）、销售不动产、转让无形资产则征收营业税，增值税和营业税并行，破坏了增值税的抵扣链条，影响了增值税作用的发挥。1994 年实施对货物和劳务征收增值税和营业税以来，增值税纳税人外购劳务负担的营业税，营业税纳税人外购货物所负担的增值税均不能抵扣，重复征税问题一直未解决，不利于企业发展，营业税重复征税的弊病必须通过改征增值税才能避免。营业税改增值税，是我国继 2009 年全面实施增值税转型之后，货物劳务税收制度的又一次重大改革，也是一项重要的结构性减税措施。增值税是国税第一税种，营业税是地税第一税种，营业税属于流转税，流转环节越多，重复征税现象越严重，通过营改增，允许进项税额抵扣，可以消除重复征税，进而增强企业竞争力，促进社会专业化分工，促进三次产业融合，扶持微小企业发展，带动就业，促进科技创新，有利于优化投资，消费和出口结构，促进国民经济健康协调发展。此外，由于增值税管理比较成熟，营业税改增值税之后，实行稽核比对信息，更有利于监管。但此次税改的目的不是减税，而是为了解决企业在经营过程中的重复征税问题。虽然整体税负略有下降，但不排除某些企业税负加重。因为有些企业税率由 3％、5％调为 6％、11％、13％、17％，如果可抵扣的进项税较少，则税负可能加重。

二、高校营业税和增值税业务现状分析

高校涉及增值税的业务主要有：出售光盘、书籍、软件、培训资料费等收入，对外提供餐饮服务收入，校办企业对外销售货物收入等；涉及营业税的业务主要有：学校场地、房屋、设备对外出租出借收入、转让无形资产、打印、复印、报名费、证书制作费、高校接受政府及其部门、企业或其他单位委托进行科研的课题费、上机费、借阅费、进修费、培训班收入等。目前，高校的增值税纳税范围较窄，除独立实体外，涉及缴纳增值税业务较少，但涉及营业税的业务较多，营业税是除个税外高校缴税最多的税种。高校营业税率一般是 5％和 3％，虽然涉税业务量和金额不大，但业务种类繁多，不同业务适用的税率不同，因有些业务税法中并没有明确规定，纳税时税务机关和纳税单位往往在适用税率、是否属于纳税范围上出现分歧。很多高校领导对税收征管工作重视不够，办税业务人员水平不高，对税收政策不了解，经常出现多纳税、少纳税问题，学校面临补税、罚款、承担不必要的税收负担等税收风险。特别是近年来，税务机关加大了对高校税收的征管力度，税务稽查工作中出现很多问题。在营改税试点初期，更应该加强对高校纳税业务的研究，出台适合高校的税收政策。

三、营业税改增值税对高校的影响

（一）对高校本身零星纳税业务的影响

高校属于公益类的事业单位，有其特殊性，不同于生产、销售或提供服务的企业，高校的主要业务是教学、科研。营改增前，营业税是按不同性质销售额为依据计征营业税，税率不统一。改革后，根据税法规定：非企业单位、不经常发生应税行为的企业可选择按小规模纳税人纳税。如果高校按现有的小规

模纳税统一征收税率 3% 计算，且是按不含税的销售额为计征依据，税负应有所减少。比如，原培训费收入 50000 元，原来按 3% 交营业税 1500 元，改交增值税后，增值税为 50000/1.03×0.03＝1456.31 元。原对外场租费 10000 元，按 5% 交营业税为 500 元，改成按 3% 征收增值税则为 291 元。可以看出营业税改为增值税后，高校税负减少了，因为不涉及进项税抵扣的问题，试点初期的地区税差等对高校影响不大，税率统一更有利于纳税管理。

（二）对校办企业税负的影响

高校校办企业多是高新技术企业，涉及行业较多，根据试点方案规定，研发和技术服务、文化创意、鉴证咨询等适用 6% 的增值税率，房屋出租适用 17% 税率。高校增值税业务税负因不同行业不同企业情况不同而会有所不同，主要分两种情况，一种原来是缴营业税的，营业税改为增值税后，由于原来营业税税率较低，如果改为增值税，税率增加了，进项税抵扣少的企业，税负可能增加，如果抵扣较多，则税负会减少。如北京的文化创意产业和独立核算的培训机构原来享受营业税 3% 的优惠税率，改增值税后可能税率是 6%，虽然是对增值额计税，但因文化创意产业人员成本占较大部分，不能抵扣，如果设备投入不多或取得能抵扣的增值税发票较少，可抵扣进项税较少，则企业可能面临税负增加的潜在危险，反之，如果能够抵扣的进项税额较多，则税负会减少；另一种情况是原来就是交纳增值税的企业，改革后，由于全行业营业税都改为增值税，可抵扣范围增加，从而减少增值税税负，如购进的办公耗材、固定资产、租赁费等原来不能抵扣的改革后可以抵扣了，总体税负会减少。但进项税抵扣也往往容易遇上发票不规范的问题，因此能抵扣的进项税额比理论额低，所以不同高校因业务不同税负增减会有所不同。

（三）对科研人员和单位项目引进的影响

因为高校如按小规模纳税人管理，不能开具增值税发票，不能抵扣进项税。如有些项目可能支付出版费、电子出版物、购书、购置设备、材料等费用较多，但进项税都不能抵扣，项目本身承担的税负较大，影响科研人员的工作积极性。增值税代替营业税在全国全行业推广后，减少税负主要通过进项税抵扣来实现，如果进项税抵扣少，税负会加大。各企业必然尽量得到增值税发票抵扣，有些企业因为高校不能开具增值税专用发票，不能给他们抵扣进项税额，不愿意和高校合作，影响了校企合作项目的引入。

（四）对办理纳税业务人员的影响

因为新的税制改革，涉及很多新的知识和政策，对办税人员的业务水平要求也大大提高了，原来的知识和经验不能满足业务需要，需要不断地学习才能胜任。如何根据政策，做好增值税核算、使用税控机等，对办税人员也是个考验和挑战。

四、对高校财务实行"营改增"的几点建议

(一)校办企业与学校完全剥离

有些高校校办产业还未脱离完全学校，虽然独立核算但不是独立法人，在纳税、统计、决算等方面都存在问题，应尽快在高校营改增前，完成清产核资，进行改制，独立经营，理顺关系，这样更有利于新税制下纳税管理，有利于高校的规范管理，为营改增做好准备。同时高校还应该调整与改革试点相关的财务管理方法，提前做好一般纳税人认定等方面的准备工作。

(二)国家要针对高校及校办企业出台相关税收政策

我国目前还没有统一、专门的事业单位税收政策文件，高校作为特殊的事业单位各方面都有其特殊性，面对教育体制改革给高校带来的新变化，税收政策的出台显得非常仓促，大多是以通知或补充通知的形式出现，某些税收政策已经跟高校的财务核算体制不匹配，造成缴纳税款的不可操作性。营改增试点工作刚刚开始，还会有很多新问题会不断出现，国家应对事业单位情况进行调研，对原来发布过有关高校营业税和增值税的优惠政策进行重新梳理研究，结合将开始的行政事业单位改制规定和高校的实际情况，在适用税种、税率、起征点标准、计税方法、进项税抵扣等方面，做出合理的、易操作的、细化的规定，特别是税率的确定，因为税率选择对税负大小有很大影响。

(三)加大和当地税务机关的沟通合作

有些高校行政权因不属所在地区管理，与当地税务机关交流很少，有些新的税收政策和优惠政策不能及时掌握并及时实施，有时可能造成一些不必要的麻烦和损失。可以通过请税务人员来校讲课、不定期座谈等方式加强沟通和交流，让师生更多的了解各种税收政策，理解支持财务人员纳税管理，同时可以让税务机关更加了解高校，更好配合。

(四)高校可以根据政策自行选择为一般纳税人或小规模纳税人

对高校未独立核算的零星涉税业务，如场租、培训、横向科研收入等可按小规模纳税人核算纳税。对业务较频繁，年销售额大且可抵扣进项税较多的项目可按一般纳税人来核算，这也要求高校对各项涉税业务要做好分类，分别核算，不能混在一起。对高校独立核算的企业，如校办企业可允许根据实际情况自行选择是按小规模纳税人还是一般纳税人核算，这样更有利于高校发展和壮

大，降低税负。

(五)真正做到减轻税负，支持教育事业

中央财经大学财政学院 2012 年 4 月 8 日发布的中国税收风险研究报告认为，与世界各国相比，我国目前税负水平高于中上等收入国家，大口径宏观税负水平过高，确定一个合理的税负水平是优化我国宏观税负要解决的首要问题。此次营改增是为了降低总体税负，对于在改革初期税负有所增加的企业还是应该给予一定的优惠或过渡政策，减少企业负担。高校作为特殊的事业单位，主要资金来源是财政拨款，有一部分经营性的涉税收入都是日常教学科研过程中的对外服务收入，主要用于弥补经费不足，有些校办企业也是为学校的学生实习等服务，与企业的经营收入有很大不同，所以国家应该区别对待，给予更多的优惠政策和支持，减轻高校税负。

营业税改增值税是"十二五"期间一项重大税制改革，改革对各行业都会有很大影响。营改增在试点初期的应用尚处于探索阶段，相关的研究比较少，实际操作中面临的问题会很多。增值税改革试点是个契机，国家财政和税收部门要根据试点情况充分调研，制定适合高校发展的相关税收政策，如果在试点情况下错失良机没能真实反映行业诉求，遗留下来的问题在增值税改革定型后将很难改变。高校各级领导要充分认识到税收工作在财务管理工作中的重要性，正确处理好税制改革和学校发展的关系，逐步建立和完善税收管理、运行、监督体系，为高校创造良好的经济运行环境，促进高校教育事业不断发展。

【参考文献】

[1] 蔺红，厉征. 营业税改增值税探析[J]. 财会通讯，2011，12(34)：103.

[2] 贾康. 为何我国营业税要改征增值税[J]. 财会研究，2012，1：25.

[3] 宋时飞. 营业税改增值税给调整结构带来动力[N]. 中国经济导报，2011-11-19.

[4] 韩春梅，卫建明. 论"营改增"税制改革对企业的影响[J]. 辽宁省交通高等专科学校学报，2011，13(6)：30.

[5] 谢燮. 增值税改革对水运业的影响[J]. 交通财会，2012，1(294)：26.

财务信息化建设与管理

浅谈高校会计电算化后的档案管理

天津师范大学 单秀兰

【摘 要】在计算机信息化高度发达的今天，高校传统的会计做账形式已经逐步转变成电算化会计做账形式，这让纸质手工记账彻底以无纸化信息形式展现，而会计的数据档案也彻底发生了改变，新的档案呈现形式不管是范围还是内容都增加了。而这就给会计电算化后档案的管理工作带来新的变革，怎样的管理方式能够让电算化后的档案继续保持其主要作用，并且在原有基础上能有功能上的突破，让会计电算化后的档案在实际管理中更具优势，这就使我们必须高度重视电算化会计档案的管理工作。

【关键词】电算化 会计档案

一、研究背景、目的和意义

(一)研究背景

在未来高校发展进程中，高校会计档案的管理工作因为互联网信息化时代的大势所趋，会逐渐成为高校日常管理活动关键主题。为了适应时代需求，高校的会计电算化工作已经形成一种普遍态势，而且发展快速，这样的变化带来了会计工作的信息化、专业化，整个工作的效率都得到了提升，与此同时档案管理工作方式的改变自然会成为新的课题，如何从原有的档案管理传统方式，转变成符合时代背景下信息化浪潮中所需的全新管理方式，让档案管理工作更全面高效的运营，就要从档案存储和使用上的变化进行分析。这里的变化主要是会计档案载体的改变所引发的一系列变化。一方面，会计档案从原来的纸质载体转变成一些信息化存储设备并以电子文档的方式进行存储。另一方面，在会计信息档案使用安全方面也进入到了一个全新更高要求的管理模式，在确保纸质档案安全性的基础上还要对信息化存储的安全性进行改变创新，在会计信息档案的调用权限、会计报表的打印、会计核算信息的查找等这些方面都需要建立一套行之有效的安全性措施，并对存储载体上的会计信息的复制、存储、人员权限等方面的安全性表现出较高的需求。从这些方面，我们已经发现过去的档案管理方法已经不能适用于现在的电算化后带来的一系列改变后的会计档案管理工作，所以档案管理工作的改变显得相当必要。

(二)研究目的和意义

会计电算化主要是利用信息化形式操作会计工作，让整个会计工作在计算机上运行，并完成整个会计工作的方式。也就是说，利用电子计算机取代传统的做账程序，包括一些需要计算汇总的核算，通过对数据的分析计算机自动生成简单报表的工作等所有的自动化步骤。会计电算化在一定程度上将财务计算和财务管理工作做了很大的提升。

为了使会计电算化持续稳定发展，就需要一套合适的档案管理方式来支撑。这样能够确保整个会计电算化工作的安全性和可操作性，让财务信息在计算机上更安全高效。做好会计档案的管理是整个社会形式所使，是未来会计行业的发展所需。因此，在高校的财务工作中要将档案管理工作作为管理重点，狠抓落实。

二、电算化会计档案的概述

(一)电算化会计档案的定义

在会计电算化过程中，所录入和生成的一切财务数据，都可以称为电算化会计档案。这和纸质档案的区别主要是，整个档案的操作都是通过计算机来完成的，在管理和储存档案时也是通过计算机来完成。随着信息化时代的来临，电算化会计档案以其更适应时代发展的需要被越来越多的人接受。就我国目前会计电算化的发展情况来分析，在迅猛发展的过程中，逐渐呈现了很多不足之处[1]。

(二)电算化会计档案的主要特征表现

相对于传统纸质会计档案来说，电算化会计档案有如下特征表现：

1. 广泛性

利用计算机技术生成的高校电算化会计档案涵盖的内容远远超过了传统的纸质高校会计档案。因为高校电算化会计档案除了各种会计录入数据的纸质书面形式外，还包含了各种计算机存储设备上面的会计数据内容。[2]

2. 技术性

计算机中的一切数据的查找都要建立在计算机的软、硬件系统的基础上操作的。而计算机的发展更新速度非常快，这让在不同时期不同的软件系统中完成的会计数据只能支持原有系统下的操作，所以在处理这样的问题时要注意不同时间内的不同系统的会计档案必须与之相对应的系统下进行操作。

3. 不可视性

由于在利用了电算化会计后的数据呈现形式完全的不同，就会造成在数据变化时的改变也不同。电算会计的储存设备的性质让其在数据发生变化时不易从外表形式看出变动痕迹，而纸质存储就容易留下改动的痕迹从而方便追溯。

4. 安全性

在档案的保管方面，纸质档案比较注重的是外在的对纸质物品产生影响的普遍常见的自然或人为因素，而电算化除了要考虑这些常见因素外还要注意光线、磁场，以及电力方面的不利影响。

5. 快捷性

从计算机存储特点可以发现，计算机的存储空间巨大，可以将时间跨度很大的会计数据一起大批量的存储到计算机中。这样在数据调阅以及数据分析对比时，通过计算机的搜索功能很容易在最短的时间得出相关的结论。这样做避免了传统方式中查找大量资料耗费人力财力等不利因素，从而在很大的程度上提升了会计档案的功能作用，让档案更直接灵活的运用到实际工作中。[3]

三、高校电算化会计档案管理存在的问题

(一)管理层忽视，档案认识不够

电算化会计档案管理工作主要是结合一些科学合理的方法，通过一定的技术手段，采取一些行之有效的措施对会计电算化的一些数据进行规范化的管理，让会计数据信息在高校的财务行为活动中起到积极的作用，帮助高校管理人员更好的做出财务决策。可就目前我国高校中很多管理人员对电算化档案管理工作并没有认识到其重要性，还停留在过去的传统思想中，不能适应当今信息化发展的大趋势。

(二)电算化会计档案管理体系不完善

在信息化高速发展的今天，档案管理部门很多的规章制度还存在滞后性，一些关于电子档案管理的要求还没有出现在相关的会计档案管理的规范性范围里，而一些已经颁布的电子档案的管理规范性的文件中，也没有系统化全面的对电算化会计档案制定相关的条文规定。

在已经采用会计电算化的高校中，很多高校也没有制定一套合适的会计档案管理的条文规范，因此在会计电算化档案的管理工作中，人员职责分工不明确，管理具体的内容范围也没有明确的界定，使得高校电算化会计档案管理混乱，长期下去甚至会导致一些重要信息数据丢失，使得会计档案不完整。

（三）高校电算化会计档案管理人员综合素质较低

在电算化会计档案管理人员方面，需要一些具备档案管理工作经验的人员，并且对计算机技术以及互联网方面可以熟练操作的人员，并且对拥有一定的计算机数据库方面的管理技能。但在现实情况中很多的会计人员因为电算化水平不高，电算化档案认识不够，操作过程随意性较大，导致一些重要的财务信息没有及时得到存储，对电子文档的使用操作也有障碍，从而严重影响会计档案管理工作的运营，导致会计信息的失真和丢失等严重现象。

（四）会计档案鉴定销毁难

在会计档案管理中，会计档案销毁工作常常被忽视，很多档案到期后没有相关人员前来销毁。出现这样的问题主要有三方面因素。首先，因为档案数量比较大，造成销毁的工作量非常大，耗费太多人力财力资源。其次，对于执行销毁工作时没有一套完整且执行度高的要求范围。现有的档案销毁规定不健全，仅仅是强调到期日而已，并没有更多细节方面的相关规定的颁布。对于高校来说这些会计档案数据都曾是学校经济活动的重要证明，为了避免责任过失，很多管理人员无法对档案的销毁依据范围，有一个明确的判断，因此也就不敢简简单单地出具销毁决定。而《会计档案管理办法》的相关规定销毁期限为十五年，在这十五年中，高校管理层因为职位的变动，一些财务数据的当事人早已不在原岗位甚至不在原单位任职，这样现任的管理人员在鉴定审核过程中出现断层现象，作为面管理人员的在经济管理活动中的一些主要财务证明，现任管理者也不能轻易做出销毁决定，导致销毁工作一再滞后。最后是一些档案中还存在没能结清的债务关系。

因为单位性质的不同，学校作为非盈利单位，在未结算的债务关系中，所做的坏账不能单纯地由时间而定。学校中的这类会计账目需要一直保存，并以这个财务账目作为依据具有长期的追偿权利。所以在高校的档案管理中，牵涉的问题比较多和复杂，从而让档案管理人员无法正常执行账目档案销毁的工作，导致高校档案管理工作提升遇到阻碍。

四、改善高校会计电算化后档案管理工作的对策

（一）增强电算化会计档案管理意识

会计档案作为一种财务过长中的重要凭证，一旦形成就已定性，在一定程度上甚至反应了当时的历史情况，因此在社会经济发展中发挥了重要功能和关键作用。成为国家在经济发展中制定一些相关政策、法律法规以及重大决策判断的重要参考，起到了反映当下情况，指引未来发展的决定性功能。

电算化会计档案伴随着经济快速提升，充分显示了其关键性的位置，作为重用的参考依据价值，给社会经济的健康发展带来巨大推动力。所以需要加强电算化会计档案的认识理解，以便让其发挥更大效用。

作为高校财务管理中不可或缺的一项进程，高校管理层应将电算化会计档案当作重点来落实，从而让全体人员认识到这项工作的关键性，从而将这项工作真正地用到实处。

(二)强化电算化会计档案管理的制度建设

1. 在会计电算化档案范围中，要将电算化系统以及各种软硬件程序一同作为档案进行管理；在纸质书面数据还没有形成时，要对各类账目副本以及会计记账的相关账簿、报表根据国家相关部门的规定，进行系统整理打印。

2. 电算化会计档案的管理工作必须在国家有关部门相应规范要求下进行。在档案的保存环境下要避免灰尘、磁场、湿气等不利因素的影响，要准备一个特定的消磁容器放置存储设备，再将其整理后放入统一的存储区域。对于系统安全方面要加以重视，对操作过程中的每一个步骤都要设置相应的权限管理。

3. 在电算化档案使用的软件版本上要确保统一性，从而避免因为系统版本的差异导致档案不能及时被调取，造成其他工作的延误。在做完信息备份后，需要对一些信息加以补充：录入字体、操作软硬件系统、存储设备的空间值、互联网操作环境、外部存储设备的型号、计算机语言、数据库相关信息、财务软件的发行公司、售后联系人姓名、电话、软件使用的计算机系统、具体操作说明的相关资料文件。

4. 要加强抵御各类电脑病毒的入侵，从而为电算化档案提供一个安全的电脑环境。平时管理中要注意病毒的各种查杀工作，安装高效率的查杀程序，按时对电脑系统进行升级保护，从而有效控制因为网络恶意程序导致档案信息的泄露和丢失篡改。另外不得让无关的操作人员让电脑系统接触外接设备，即便在需要安装相关程序时必须要经过管理人员的查验允许后才能操作。

(三)提高电算化会计档案管理人员素质

因为档案管理人员的流动性较大，档案管理人员工作交接时，易产生一系列的问题。所以，各单位要对档案人员进行多方面，多角度的学习培训工作，增强档案管理人员的工作能力，和专业理论知识，从而让档案管理人员不管是思想上还是业务上以及道德上都能得到提升。此外作为档案管理人员自身也要主动地加入到学习中去，要认识不足，针对性地进行各方面素质的提升，特别是在计算机运用理论和基本操作上以及会计专业当面的知识技能，跟上时代发展的步伐，更好地胜任档案管理工作。

(四)建立完善的会计档案鉴定销毁制度

在会计档案鉴定销毁范围方面，要针对销毁对象，参照相关标准，进行分析判断该档案的存在价值，查看档案的保存期限，将那些确实没有保存意义的档案进行销毁。这样有调理有程序的进行档案的销毁，可以进一步减少财务成本，从而让会计档案管理更高效。[4]

五、结论与展望

随着时代的前进，电算化会计将逐步代替传统会计成为经济和社会活动中不可或缺的一个重要方向。但是，由于我国在电算化会计档案管理方面起步比较晚，因此在发展中遇到了很多问题。因此，做好会计档案管理电算化工作，有机地将会计核算、系统安全有效长期运行结合起来，充分发挥电算化会计档案快捷、方便的特点，才能确保高校内部信息资源的共享，更好地为决策者服务，为学校服务，为学校的发展提供重要的信息保证。

【参考文献】

[1] 丁雪清. 电算化会计档案管理的思路优化和改进措施[J]. 中国乡镇企业会计，2014(1)：184.

[2] 邓漓虹. 浅谈高校电算化会计档案管理工作[J]. 商业经济，2008(6)：116.

[3] 杨敏. 论高校电算化会计档案的管理[J]. 经济与管理攀枝花学院学报，2010(2)：63.

[4] 张莉. 论高校电算化会计档案管理存在的问题与对策[J]. 会计师，2009(7)：29.

浅谈高校网上报账的优势、存在的问题及解决方案

—— 以贵州师范大学为例

贵州师范大学　　姬晓丽

随着高校办学规模的不断扩大，教学经费、科研经费等资金来源呈现多元化，经济活动的业务量和经济事项处理的复杂程度也日渐增加，加之大部分高校都是多校区管理运行，财务人员分散在各个校区，使得财务报账工作量越来越大，财务人员既要对原始票据粘贴的合规性进行审核，又要对原始票据本身的真实性、合法性进行审核，还要按报账流程对签字手续的完整性进行把关，甚至要为报账人员详细解释报账流程、报账制度、经费管理办法等事项。报账人员等候时间长，"报账难"问题日益突出，报账人员和财务人员的矛盾也日益激烈。为解决这一难题，很多高校都相继推行了网上自助报账系统，利用网络提高工作效率。

一、网上报账的概念

网上报账是指经费项目负责人登录数字化校园财务办公平台，通过网上自助报账系统，进行票据录入、选择支付方式等一系列操作。经费项目负责人也可以将自己负责的全部或部分经费项目授权给其他教职工或学生进行操作。录入完成生成自助报账单，经费项目负责人在报账单上签字确认，连同粘贴好的原始票据一起投递到财务部门指定地点。财务人员对投递的网报单进行审核，对有问题的网报单需要与报账人联系处理直至所有票据均符合报销规定；审核无误的网报单由财务人员生成记账凭证并直接支付报账金额到报账人指定的银行账户上。

为了配合网上自助报账系统的推行，我校财务部门推出多种网报单投递方式：已经在网上完成录入操作的报账人可以直接到财务部门投递，也可以到财务部门设在学校内的投递点进行投递；对网上报账系统还不熟悉、未在网上完成录入操作的报账人，则可以到报账大厅在专人的指导下当场录入，录入完成

后直接将网报单及原始票据交与收单人。

二、网上报账对比传统报账方式的优势

第一，实现了"7×24 小时"报账。实行网上自助报账后，报账人可以在任何时间、任何地点在网上进行自助报账，避免了在报账大厅长时间的排队等候，同时也给财务人员营造了一种良好的报账环境，有利于提高报账效率。

第二，原始票据的分类审核变得容易。因网上报销系统已按经济分类对原始票据进行了区分，故报账人员需提前对原始票据进行明细分类，以往一张粘贴单上粘贴大量、混乱的票据的情况有所好转，报账人员为了偷懒直接在报销单上填列原始票据总金额而不加以分类核算的情况也不复存在，财务人员在审核原始票据方面节省了很多时间。

第三，报账过程透明化。报账人员可以通过"我的项目"查看已填报业务的进度或对已填报业务进行管理，"我的项目"下设待修改业务、已提交业务、已受理业务以及失败业务，某笔报销业务处于哪个报销阶段，报账人员都可以一目了然。财务人员审核未通过需报账人员修改的业务在"失败业务"下都能看到，报账人员可以在网上直接修改，然后再提交等待财务人员审核即可，节约了往返报账大厅的时间。

三、网上报账存在的问题及解决方案

网上自助报账确实对提升高校财务报账工作效率起到了相当重要的作用，但是在实际操作过程中也暴露出一些问题。

第一，不合规票据难处理。有些报账人员嫌麻烦，在财务人员通知其票据不合规时就直接让财务人员将其不合规票据进行销毁，但财务部门出于谨慎还是会将不合规票据保管一段时间，这样就增加了财务人员的工作量；有些报账人员随口答应某天来取回不合规票据，但是往往很长时间都不会来，导致不合规票据的长时间保管问题。为解决这一问题，财务部门可以出台相关规定，起草免责声明并要求报账人员在免责声明上签字，明确不合规票据的保管期限，对超期未取回的票据进行集中销毁。

第二，存在沟通风险。网上报账推行后，如遇网报票据有问题，大多数高校均采用电话沟通。但电话沟通在效果及方便程度上来说远不如面对面沟通，而且也很难保留沟通证据。解决方法就是转变沟通方式。在网上报账出现问题时不应该仅限于传统沟通模式——电话沟通，而应该寻找更为适当、更为灵活多样的沟通方式，比如微信、QQ 均较为方便，也容易保存沟通纪录。

第三，特殊事项难以提供补充资料。报账过程中难免有一些特殊事项，比

如报销参会相关费用需要提供会议通知、发票上未注明数量单价等信息的大额实验材料支出需要附采购清单以及一些需要单独提供说明的特殊事项，在现场报账时报账人员可以立即补充，但实行网上报账后为了补充上述材料报账人员还要再跑一趟报账大厅，难免引发不满。为解决这一问题，财务人员应当加强宣传培训力度，通过财务处网站、微信平台、报账大厅内播放一些小视频，提醒报账人员注意特殊事项的报销要求。

高校财务网上自助报账系统作为一种全新的报账模式，有其独特的优势，节约了报账时间，提高了报账效率，提升了财务部门的服务水平，缓解了财务部门与教学部门、科研单位之间的矛盾。但任何事物都有其两面性，网上自助报账系统的应用也不例外，在其推行过程中也会出现这样那样的问题，这就需要财务人员、报账人员以及其他相关人员共同努力，在实践中不断摸索、改进，唯有这样，网上自助报账系统才能发挥出最大效用，该系统的应用也才能最大限度地节省财务人员与报账人员的时间、精力，使其能更好地从事管理、教学、科研等工作。

"互联网＋"下高校网上收费管理平台构建研究
——基于风险防范视角

江苏师范大学   江小琴

【摘　要】随着高等教育体制改革的不断深化，高校收费已成为学校教育经费的重要来源。在当前国家大力推进智慧校园建设和"互联网＋"背景下，如何运用信息网络技术加强收费管理，规范高校内部控制，防范相关风险点日显重要。本文根据高校收费业务的具体环节，分析确定出各环节中存在的主要"风险点"，在此基础上提出运用信息化手段，构建将收费项目、收费标准、缴费方式、票据管理、财务记账等整合于一体，实现全方位数据共享的网上收费管理平台，详细阐述了平台实现的功能和操作流程，以期达到防范收费业务中的各类风险，提高收费管理内部控制水平的目的。

【关键词】互联网＋   收费管理   风险防范   内部控制

高校收费管理是高校财务管理中的重要环节，也是高校内部控制中的重要风险节点，具有收费项目多、政策性强、影响面广、社会关注度高等特点。实践中由于内部控制的缺失以及收费模式的落后，很容易造成工作上的差错或滋生腐败，给高校造成不利影响甚至经济损失。

《关于全面推进行政事业单位内部控制建设的指导意见》(财会〔2015〕24号)指出，行政事业单位内部控制，要"以信息系统为支撑，突出规范重点领域、关键岗位的经济和业务活动运行流程、制约措施"。因此，要做好高校收费管理过程中的内部控制，更好地防范收费环节中的风险，高校财务人员迫切需要探索收费管理的新思路，借助"互联网＋"时代下信息化技术，将收费项目、支付平台、票据管理、财务记账置于统一的电子化数据系统中，减少人为干预，加强系统控制，实现高校收费管理制度化，制度流程化，流程信息化，具有重要的现实意义。

一、高校收费管理的内部控制流程和主要风险点

传统的高校收费一般经过收费设置、款项收缴、开具票据和款项入账四个

业务流程才能完成。

(一)收费设置环节

收费设置环节主要工作是收费基础信息准备和汇总，生成收费数据。

1. 收费数据信息不共享，产生数据传输风险

高校收费工作是一个系统工程，要做好这一工作必须由各学院、财务处、教务处、招生就业处、研究生院、后勤中心、合作银行等部门来共同协作完成。在实践中，虽然各部门有自己独立的信息管理系统，但由于学校层面缺乏总体的信息网络构思与设计，各职能部门分工不清，不能密切配合，无法实现各部门有关学生学籍、专业、住宿、贷款等学生信息系统数据与财务处收费系统数据的实时共享和交换。所以一旦信息不能完全共享，或哪个部门工作失误，都会导致财务处不能从外部获取准确的信息，造成应收款设置错误、学费住宿费等错收或漏收。

2. 收费项目未经审批，产生廉政风险

高校收费工作是一项政策性强的工作，各项收费均需在各级物价部门的许可和监督下开展，高校应做好收费审批备案工作。当前，仍有部分高校针对非全日制学生收费、短期培训班收费等收费项目出现超范围、超标准等违规行为，或者高校的二级单位与财务部门沟通不够，未经审批或备案，擅自办理收款业务，缺乏收入统一管理和监控，可能导致私设"小金库"或滋生腐败的风险。

(二)款项收缴环节

1. 不相容岗位未分离，产生舞弊风险

随着学费按专业大类调整收费和研究生全面收费改革的逐步深入，高校收费业务越来越烦琐，不仅仅局限于全日制学生学费、住宿费和代收费、报名考试费的收取，还包成人教育收费、留学生收费等非全日制学生类型收费及房屋租金、上机上网费等经营性收费以及各类学术会议培训收费等等。然而，对高校财务人员的配备却跟不上收费业务的需求，很多高校往往在收费上仅安排一至二人负责学校的所有收费工作，起不到岗位之间相互钳制的作用，在款项收缴环节很容易出现错误或者舞弊现象。

2. 缴费方式的单一落后，产生资金迟滞风险

目前高校的缴费方式主要有四种：现金缴费、POS机刷卡缴费、汇款和预存银行卡批量代扣缴费。前三种缴费方式缺点很明显，学生缴费受时间空间限制，费时费力，财务人员的工作量也大，效率低下。银行批量代扣是高校目前主要采取的方式，方便学生缴费，也提高了财务人员的工作效率，但是其弊端也逐渐显现。银行代扣仍属于被动缴费，学生必须向代扣的银行卡中预存足额

款项，否则缴费失败。同时，若学生银行卡挂失、卡号变更等问题都会导致学生没法通过批量代扣方式成功缴费。另外，目前高校的收费管理系统仅适用于全日制学生的学费住宿费和各种报名考试费的收取，对于留学生、在职教育硕士、远程网络教学培训班学生等非全日制类型学生的缴费、校外人员的培训费、会议费等，大多数高校仍为现金收款方式，大量现金滞留于二级收费单位，难免发生部门坐收坐支、挪作他用的情形，产生资金风险。

（三）票据开具环节

收费票据不规范使用产生票据管理风险。票据管理是收费管理中的重要组成部分，严格的票据管理对收费的合法合规、资金的及时入账是一种保障。目前，由于高校财务人员日常工作繁重，对票据管理没有纳入高校信息化管理范畴，对票据的领用、发出、核销、缴验、查询仍采用传统的手工记录方式，一方面工作量大、效率低，差错难以避免；另一方面无法实时了解领用票据的实际使用及缴销情况，存在二级收费单位擅自更改票据使用用途、串用票据等违规开票现象。票据管理不规范，出现隐藏、截留和转移学校收入等监管漏洞。

（四）款项入账环节

无法实时对账和入账产生会计核算风险。由于一般高校的收费系统和财务核算系统是两个独立的系统，没有实现对接，所以高校应收学费明细账、因学生学籍异动、专业调整、住宿变动等导致应收金额调整以及实际所收学费等项目，在收费系统和账务系统之间没有形成核对或制约机制，无法实现实时对账和及时入账，容易出现账实不符。

二、高校网上收费管理平台构建研究

（一）高校网上收费管理平台框架和功能介绍

高校网上收费管理平台是一个基于 B/S（浏览器/服务器模式）和 C/S（客户机/服务器模式）模式相结合的网络技术，通过建立统一的网上支付接口，内部无缝对接财务处的学生学费缴费系统、票据管理系统和财务核算系统，外部提供多个标准接口，对接校内各职能部门的业务系统，实现全方位数据共享的统一收费管理平台（见图1）。

1. 建立与各职能部门数据共享的平台，实现收费信息共享，有利于降低数据传输风险

网上收费管理平台通过提供各种标准接口，与各职能部门业务系统做到无缝对接，实现数据共享。

如图1所示，高校缴费项主要分为三类：

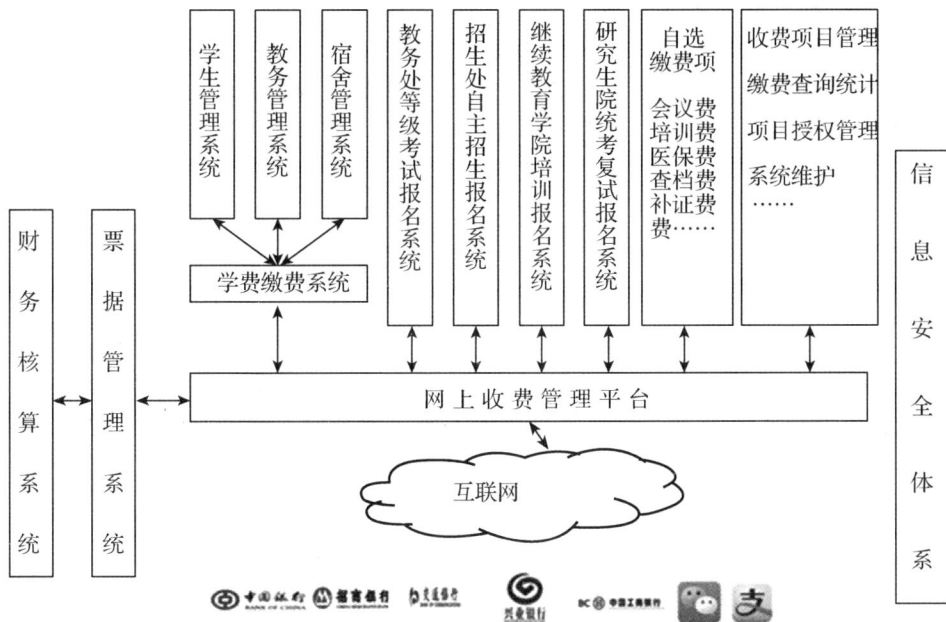

图 1　高校网上缴费平台框架

　　(1)长期固定缴费项，主要是在校生学费、住宿费。该类缴费项由学费缴费系统统一管理，此系统分别与学工处、教务处和公寓中心管理系统对接，消灭信息孤岛。财务处收费人员能实时掌握学生收费相关的基本信息以及学籍异动、专业学分调整、住宿变动等变动信息，保证财务收费数据的准确性和及时性，大大降低了数据传输的风险，也提高了财务人员工作效率。同时，学工处、教务处和公寓中心也能实时查询学生的缴费情况，决定学生是否按期注册/毕业、选专业或住宿等业务的正常办理。该系统还与缴费平台对接，通过设置学费系统与收费平台对应关系，将学费系统收费数据同步到收费平台，学生登录收费管理平台自主缴费。

　　(2)一次性缴费项，有业务报名系统，如四六级考试、计算机考试、自主招生、研究生统考、成教生培训等各类报名考试费。由于各职能部门有独立的报名系统，通过技术手段提供通信接口，以网上收费管理平台为纽带，充分兼容接入高校现有业务系统。各职能部门业务系统中的缴费人、缴费项目及缴费金额等信息可以通过接口直接传输到收费平台，缴费人只需登录各职能部门的业务系统填写报名信息，报名成功后产生支付订单，系统会自动切换到收费管理平台完成缴费。支付成功的信息、票据打印的信息也能实时返回到各职能部门业务系统，供其随时掌握缴费情况。

（3）随机缴费项，无业务系统，如校外人员的会议费、培训费等。系统管理员预先设置好学生、教师、访客等角色，财务人员在收费管理平台通过角色定义直接生成应收款项，参会缴费人员可按访客角色登录平台选择对应的缴费项缴费。

2. 支持多种缴费方式，有利于资金的实时到账，防范资金迟滞风险

为了更好地服务于师生，提供更加高效的管理模式，网上收费管理平台顺应互联网时代发展趋势，将广泛应用于电子商务的第三方支付方式引入到教育行业，改变传统的现场排队缴费模式，为学生提供多家银行的网银缴费、支付宝支付和微信支付等第三方支付多种缴费方式，实现了缴费人员"坐在家中就能缴费"的全新模式，不仅方便高校收费的及时到账结算，避免二级单位坐收坐支，也极大地方便了学生等缴费人员打破时空限制按时缴费。

3. 缴费业务、票据管理和账务核算系统之间无缝对接，实现票据全过程跟踪管理和实时对账，有利于防范票据管理风险和会计核算风险

从高校网上收费管理平台框架和缴费流程可以看出（见图1和图2），以网上收费管理平台为纽带，将收费业务系统、票据管理系统、账务核算系统进行一体化整合，三者彼此联动、实时互动。该平台不仅为高校收费项目提供统一的收费途径及通道，方便二级收费部门随时了解收费项目的进度，也为财务部门提供了一个规范的收费管理、票据使用、财务核算监管平台。只要在收费业务系统中有新的缴费业务，必然实时在票据系统中反映出票据类型和数量需求，同时将缴费系统中的到账金额和票据系统中已开票信息传递给财务核算系统，完成实时对账和自动生成财务入账凭证。因此，财务处内部的应用系统之间建立有效的联动机制，实现缴费业务、票据管理、财务核算之间的信息流转及闭合的回路管理，能加强票据的全过程监管和财务核算准确性，减少票据不规范使用行为，提高会计核算水平。

（二）高校网上收费管理平台操作流程

1. 收费项目需经申请审批，保证缴费项合法合规，有效降低廉政风险

网上缴费平台操作流程（见图2）包括五个主要环节：收费申请、审批、缴费、开票和账务处理。以招生处自主招收艺术类学生，收取报名费为例说明。招生处经办人登录网上收费管理平台发起缴费申请，填报有关收费项目名称、收费标准、缴费人员角色、收费起止时间、票据类型，并上传艺术类自主招生报名费的收费依据等信息。发起部门提交的申请通过系统流转至财务处主管收费的部门，由收费部门负责人核实信息，进行审批，审批意见通过平台反馈至

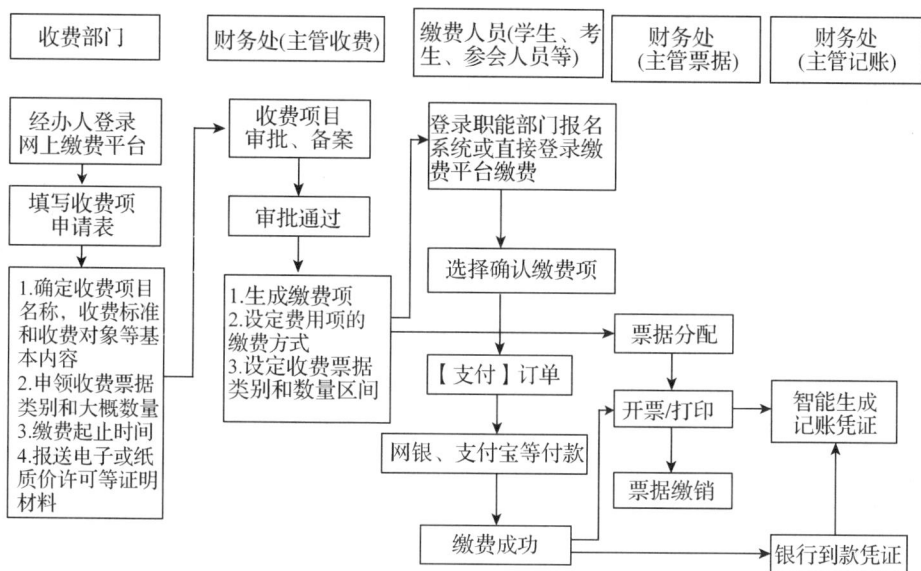

图2　网上收费管理平台操作流程

收费发起部门。

　　无业务系统的随机增加的缴费项，同样需要收费部门发起申请和财务审核。同时，财务部门自身作为收费部门发起的学费、住宿费缴费项，同样需要申请审批。一般由收费业务员提交在校生基本学籍信息、学费的专业大类收费标准和住宿数据，由分管收费的副处长审核通过后，方可开展后续缴费流程。由此可见，网上收费管理平台是高校所有收费项目统一的收费途径及通道，所有收费项目必须经过申请审批的初始环节。通过财务收费部门的审核，保证了收费项目的合法合规性，能从源头上预防超范围超标准收费、票据串用等违规行为，通过流程化的系统控制实现了事前监管和阳光收费。

　　收费审批通过后，缴费人员通过登录业务系统报名缴费或直接登录收费管理平台，按照程序和提示选择网银或第三方支付便可完成网上缴费。票据打印有两种途径：由财务部门票据管理员或者收费部门经办人发起打印。考虑到平台使用初期，各二级收费部门经办人操作不熟练，可以由财务处发起打印，收费部门领取、签收票据。后期为了提高财务部门工作效率，收费部门依据审批通过的收费申请单，申领票据，根据缴费情况自行打印票据，并上传票据信息至票据管理系统，财务处票据管理员在后台进行统一的监控管理。缴费完成后，收费管理平台根据银行或第三方支付的到款信息，自动生成对账单，财务核算人员核对本次缴费的类别、到账金额和票据系统的开票信息，确认无误后，利用智能模块自动生成该笔收费业务的记账凭证。

整个过程从缴费申请、审批、付款到票据管理、财务核算环环相扣，不仅大大提高了财务人员工作效率，节省缴费人员时间，更能有效规避收费过程中的各类风险，增强高校收费业务的内部控制执行力。

2. 明确层级授权，做到不相容岗位相互分离，防范舞弊风险

从网上收费管理平台操作流程图可以看出，分别有职能收费部门、学生/考生/参会人员、财务处内部三大类人员使用到该收费管理平台，针对不同身份的人员设置不同权限，未经授权人员，一律不得进入该收费平台。例如，对外部职能部门经办人设置收费申请、项目缴费单个/汇总查询、票据打印等权限，对于学生等缴费人员设置付款、查询本人缴费情况等权限。对于财务部门，涉及系统管理员、收费审核员、收费业务员、票据管理员和记账员等岗位安排。上述岗位之间要相互分离，使收费工作相互钳制与制约，这样才能及时发现错误，防止人为舞弊。

三、结语

高校网上收费管理平台的构建是学校收费管理工作的一项重大革新，不仅由以往的财务处被动收费变为缴费人主动缴费，而且树立了全校一盘棋的新理念，统一收费路径，统一收费流程，统一资金监管，有利于规范收费行为，强化内部控制，规避收费过程中的各种风险。因此，高校领导要转变理念，高度重视平台建设，各职能部门要通力合作，各司其职，财务部门要做好收费管理平台具体操作流程与方法的培训工作。

"互联网＋"时代下信息技术迅猛发展，网上收费管理平台系统应适应高校个性化需求，不断优化改进，特别注重防范新的网络安全风险，以期逐步规范高校内部控制，持续防范和管控各类风险，提高财务管理信息化水平。

【参考文献】

[1] 康璐. 浅议高校收费内部控制制度[J]. 商业会计，2014(12)：51—53.

[2] 王作珍. 高校收费风险识别与应对策略[J]. 会计之友，2015(22)：108—110.

[3] 骆浩泰. 天翼系统在广西大学收费管理的应用与思考[J]. 传承，2015(5)：152—153.

[4] 沈平燕. 会计信息化下高校网上收费管理架构研究[J]. 会计之友，2015(1)：84—87.

[5] 陈珍红. 引进第三方支付 创新高校收费模式[J]. 财务与会计，2015(4)：18—20.

信息化环境下的会计档案工作

天津师范大学　李小涛

【摘　要】信息化环境下的会计档案利用既是档案的重要组成部分，也是企业发展的重要信息资源，它不仅能完整地呈现出企业组织发展的历史画面，而且能为管理当局的会计预测、决策、控制提供依据。随着高新技术的发展以及人们对会计信息需求的增加，要使我国的信息化环境下的会计档案利用工作能够健康的发展，还必须从理论上和实践上进行认真的探讨，从真正意义上体现信息化环境下的会计档案在现代经济时代的作用。

全文的逻辑思路是以信息化环境下的环境下会计档案利用为主题，从问题出发，运用理论分析方法，从信息化环境下的企业管理对会计档案信息的需求入手，分析了当前信息化环境下的会计档案利用中存在的问题和主要的影响因素，进而寻找出信息化环境下的会计档案开发和利用的新思路和新途径，以求实现在现代信息技术条件下会计档案的开发利用工作得以进一步拓展和进步的目标。

【关键词】信息化　会计档案

随着信息化建设和计算机在会计领域的广泛应用，会计信息化环境下的成为会计工作的发展方向，成为促进会计工作规范和现代化的重要手段。信息化环境下的会计档案除包括传统概念上的会计档案外，还包括会计信息化环境下的过程中形成的纸质文件、电子文件以及系统软件，决定了其具有比纸质会计档案更高的经济价值，更能适应单位生产经营活动的发展，能为企事业单位的生产经营活动带来更大的经济利益。一方面，数字化的会计信息经过简单的加工整理，可以通过信息网络传输、电子磁盘等介质的传递等方式，实现会计信息的异地查询、检索、计算以及汇总统计等，提高生产经营效率，降低信息传递运输成本，促进生产经营的发展；另一方面，通过对历年会计数据的分析比较，可以为决策者提供更有效的决策依据。同时，通过总结历史，可以预见未来的变化情况及发展趋势，使决策者在遵循市场经济规律的前提下，制定出适合自身发展状况的中长期经营战略，促进生产经营发展。因此，信息化环境下的会计档案是重要的经济资源，是管理者进行决策的重要参考资料，充分利用信息化环境下的会计档案将为单位的经营发展带来巨大的利益。

会计信息化环境下的产生的会计档案的开发利用既是会计事业发展的一个新的研究课题，也是档案事业发展的一个新的研究课题。但同时，信息化环境下的会计档案的开发利用，是一项技术性要求较高、难度较大、极具挑战性的工作，很多工作尚处于初级开发阶段，有待于进一步发展完善。此项研究希望通过多渠道的探索，找出合理开发利用信息化环境下的会计档案的新途径和方法，使信息化环境下的会计档案信息能够充分发挥作用，更好地发挥其经济效益，提高财务管理水平，促进单位的生产经营发展。

一、信息化环境下会计档案的特点

"传统的会计档案是指会计凭证、会计账簿和会计报表等会计核算的专用材料，是记录和反映单位经济业务的重要史料和证据"。这些资料具有严格的数据平衡性、时序性和严肃性，不得随意篡改。而信息化环境下的会计档案有广义和狭义之分。就广义而言是指存储会计数据的各种凭证、账簿、报表和程序的软盘及其他存贮介质，系统开发运行中编制的各种文档以及其他会计资料，同时辅之以打印输出的各种纸质账簿、报表、凭证等。而狭义的信息化环境下的会计档案只包括前者，即保存在磁盘、可读写光盘、磁带等存储介质上的会计档案。

各级企、事业单位实行会计信息化环境后，由于产生了许多依附于计算机磁性介质上的记录与文件，财务人员的所有日常工作以及历年会计档案的查找利用，均可在计算机上完成，随之也使会计档案赋予了许多新的特点。笔者最近半年在合肥多家单位进行实地调查并通过对安徽省政府政策咨询中心、安徽省政府研究室网络中心、合肥华宏科技咨询有限公司以及合肥华宏置业有限公司等单位的信息化环境下的会计工作进行实践，总结出信息化环境下的会计档案具有下列一些显著特点：

(一)信息化环境下的会计档案存储的范围比传统的会计档案更广

信息化环境下的会计档案比传统会计档案具有更广泛的内涵。"信息化环境下的会计档案不仅保留了传统意义上的会计信息内容，而且还包括会计信息化环境下的过程中形成的纸质文件、电子文件以及系统软件"。在会计信息化环境的条件下，由于计算机技术的应用和会计信息的数据化和程序化，会计档案的载体本身发生了巨大的变化，它除了包括打印输出的记账凭证、会计账簿、会计报表外，还包括信息化环境下的会计系统中的所有系统软件、会计软件程序及其全套文档资料。信息化环境下的会计档案存储的会计信息的范围和领域得到了扩大，也拓展了会计档案工作的新领域。

（二）电算化会计档案需要一定的软硬件环境支持

传统的会计档案由于多采用模拟方式记录和存储会计信息和数据，因此具有直观可视性的特征；但是实行会计电算化以后，所有的会计核算业务都是通过计算机来完成的，由于计算机是一种特殊的操作工具，财务人员首先需要掌握能被计算机识读的程序文件、数据结构文件以及各种代码，然后才能借助计算机进行会计核算、处理。由于这些程序文件、数据结构文件以及各种代码既是使电算化会计信息系统能够运行的前提条件，又是保证电算化会计信息系统正常运转的故障维护查询资料，因而这些资料虽然不是会计核算活动的产物，没有具体的数据和表格，但是由于没有它们的支持，整个会计核算过程就无法进行，所以必须作为电算化会计档案的特殊部分予以保存。所以，与传统会计档案相比，电算化会计档案必须在特定的计算机硬件与软件系统环境中才能运行，而且电算化会计档案的使用和会计软件的版本密切相关，电算化会计档案必须在相应的软件环境支持下使用。电算化会计档案的系统依据性是这种新型会计档案的一个需要注意的特点。现代科学技术日新月异，计算机不断推陈出新，电脑操作系统不断更新换代，财务管理和会计电算化应用软件也不断升级，这说明会计档案也在不断技术化、知识化和信息化。

（三）电算化条件下的会计档案管理的科学性要求更高

不论机关还是企事业单位，凡是实行独立经济核算的，都会形成会计档案。所形成的专业材料也是相同的，都是会计凭证、会计账簿和会计报表。每个单位每天在处理会计各项业务事项时，都会产生会计材料，小单位每天几件，大单位每天形成几十件甚至几百件，全年就会形成较多的会计凭证，具有广泛性。加之电算化会计档案更有存贮价值，电算化会计档案通过计算机系统的运营使用起来更方便、更快捷、更直观，而且通过计算机数据处理系统的处理也更容易产生一些有决策参考价值的分析结果，可以为管理和决策提供较好的支持。在电算化条件下，要管理好会计档案信息，必须配备专兼职档案管理人员，有效控制会计档案信息源头质量。另外在利用会计档案时，要严格办理利用手段。实行电算化的时间越长，会计档案与财务软件的版本数就越多，需要科学地对不同版本的软件和相应的档案进行科学的分类、存储、调用。档案应专人专室管理，应制定严格的会计电算化档案管理制度，如硬盘数据保管期限、软盘备份保管和账表打印输出后装订、保管等方面管理制度。因而，为了更有效地做好电算化会计档案工作，必须根据电算化会计档案的特点，分别做好会计档案的收集、管理与保存、调阅、移交、销毁等方面的工作。从电算化会计档案的收集工作来看，电算化会计档案的收集是指在一定的时间内，把计算机财务软件系统中的所有会计数据备份到磁性介质或光盘上，从而形成脱离于原计算机系统的会计档案。财务部门应把财务数据的备份文件储存好，以防计算机硬件系统损坏后能在最短的时间内，在最小的损失下恢复原有的会计电算化系统。除了备份之外，还应收集有关计算机硬件系统的型号、存储空间的大小、外部设备的配套类型、计算机操作系统、网络操作系统以及汉字操作系统、财务软件的编程语言、数据库系统类型、财务软件的系统名称、版本号、财务软件的销售与维护公司的名称、地址、电话与联系人等信息以及与会计电算化软件系统相配套的各种说明书及使用手册。

(四)电算化会计档案的安全性完整性具有更高的要求

准确、真实和安全是会计档案的生命所在，是对会计工作提出的最基本的要求。由于会计档案主要对财务收支进行价值量的记录和描述，反映经济活动的质的变化，要求极准确的资料。会计档案是在会计核算过程中通过设置账户、复式记账、填制和审核凭证、登记账簿及编制会计报表等一系列专门方法，进行连续、系统、完整的记录、计算、反映和监督而形成的，要求较强的严密性和准确性。

然而，在会计电算化条件下，由于会计数据被记录在磁盘或光盘等磁性介质上，在技术上对电子数据非法修改可做到不留痕迹，若被修改，就很难辨别出经济业务的"原貌"，会计信息的真实性就难以保证；再者，电算化条件下，会计数据高度集中在磁盘、光盘等磁性介质上，未经授权的人员出于私利和不正当的目的有可能通过计算机和网络浏览全部数据文件，复制、伪造、销毁一些重要的会计数据，会计信息的完整性、安全性也因此受到挑战。由于这种通过计算机技术手段实施的信息篡改、修改复制、伪造、销毁等违法行为具有很强的隐蔽性和社会危害性。相对手工会计系统而言，发现利用计算机舞弊和违法的难度更大，但所造成的危害和损失更大。加之电算化会计档案又受载体的质量、存放环境、存储信息的有效期等条件的影响。因此，在保密性和安全性等方面对电算化会计档案的要求都比传统的会计档案要求要高。

二、信息化环境下会计档案利用存在的主要问题

电算化会计档案作为一种经济档案，是重要的经济资源，是管理者进行决策的重要参考资料，对单位日后用于分析经济情况、调控经济发展、总结经验教训具有不可替代的作用。但是许多单位对其经济价值没有足够的重视，认识不充分，很少利用电算化会计档案来检查或反思以往的经济管理活动，更不会用来指导今后的工作，一定程度上造成了经济资源的巨大浪费。主要表现在以

下方面：

(一)对电算化会计档案资源利用缺乏客观认识

在市场竞争日趋激烈的今天，电算化会计档案作为各单位经济发展的重要参考资料，对促进单位发展有重大作用。电算化会计档案涵盖的是过去一定时期的经济信息，由于会计核算的承继性和连续性，它对当前的会计核算有不可替代的作用，对未来的财务预测和会计管理有着信息支持的作用。此外，电算化会计档案所具有的功能——凭证功能，也为企业在经济纠纷或反倾销应诉中挽回或降低损失起到举足轻重作用。但是目前许多单位管理人员对电算化会计档案认识不到位，认为会计档案只是过期"船票"，除了外部审计和行政检查以外，无法为企业带来任何经济效益。这种短期、片面的认识造成了会计档案管理内容不全。有的企事业单位会计电算化由于开展的时间还不长，电算化对他们来说仍是一个新兴事物；无论是档案管理部门还是档案形成部门，尚没有适应电算化条件下档案管理的新环境与新要求，对会计档案的认识仍局限于传统习惯思维上的会计档案观念，没有与现代财务的发展予以紧密的链接，"对电算化会计档案的组成内容不甚清楚，缺乏对电算化会计档案的管理经验，造成存有会计数据、会计软件的磁盘介质会计档案和其他会计文档资料不能及时归档"，致使会计档案既不完整也不安全。有的单位只重视对资金的管理使用，而对电算化会计档案资源的管理和利用却没有引起足够的重视，很少利用电算化会计档案来检查和反思以往的经济管理活动，一定程度上造成单位电算化会计档案资源的浪费。

(二)过分强调保密

在手工会计中，许多会计资料分散保存在企业各个责任部门。但在会计电算化中，会计数据全部都高度集中于电子数据处理部门，如没有必要的防范措施，未经批准的人有可能通过计算机和网络来浏览全部数据文件，企业重要的数据可能被不法分子方便地拷贝、非法篡改而不留任何痕迹。另外，会计电算化的另一种风险是责任的高度集中。在手工会计中，由经济业务产生原始凭证，根据原始单据填制记账凭证，再根据记账凭证、登记账簿、会计报表，每一步都有文字记录，每一步都有经手人负责，而在会计电算化中，原始数据一经输入计算机，就由计算机按程序自动处理，中间一般没有经手人负责，全部责任都高度集中于会计电算化系统。由于电算化会计档案利用制度中或多或少地存在过分强调保密，对利用电算化会计档案人员的利用身份和利用目的做了严格的限制，导致一批电算化会计档案用户被拒之门外，电算化会计档案的凭证和参考作用难以得到最大限度地发挥。

（三）电算化会计档案管理人员素质不高

主要表现为业务能力不强，尤其是计算机操作与维护欠熟练，使电算化会计档案的安全保密难以达到要求。另外，电算化会计人员责任意识不强，不能及时做到备份数据和档案资料的整理。此外，也存在会计档案管理人员的业务素质不高和内部激励机制缺失的问题。实际调查发现，大多数企业没有专门的会计档案管理部门或会计档案管理人员，即便有也很少得到重视，更谈不上相应的激励措施了。

（四）电算化会计档案利用措施单一

如何做好电算化会计档案利用工作，有的企业可能建立了有关电算化会计档案的收集、整理、鉴定、保管等一系列工作规范，上述这些措施虽有一定成效，但却不能从根本上解决问题，其原因是这些措施都是只在围绕电算化会计档案本身做文章。然而，电算化会计档案参与管理和支持决策的作用发挥并不明显，因而电算化会计档案利用工作仍然具有巨大的挖掘潜力。这些作用的实现有赖于电算化会计信息系统的完善、计算机信息处理技术的提高、管理层观念的转变以及会计人员自身素质的提高。

（五）计算机固有的特点制约了其对不合理业务的识别能力

一方面，会计电算化的软件升级换代快。由于会计电算化的软件升级换代很快，在不同的版本下会计数据有可能不同，有的单位没有把会计软件的版式及软件系统很好地保存，造成会计电算化档案不能被调阅。另一方面，虽然计算机处理速度快，计算机准确性高，但在数据处理时却一定程度上丧失了人类所具有的对不符合逻辑、不合理及例外事件的理性判断和处理能力。计算机进行的逻辑判断一般是按事先编入有关的程序才能进行，如程序设计错误或对输出文件没有进行检查，很可能导致会计电算化系统输出一些错误的、不合法的会计信息。从以上问题我们发现，目前，电算化会计档案在管理和利用方面缺乏系统性、时效性和便利性，无论是微观层面还是宏观层面都有很大的改进和完善的空间。而且随着企业竞争环境的变化和企业管理理念的提升，电算化会计档案利用的这种现状是难以适应信息时代发展需求的，其主要表现是会计档案利用率急剧下降，这已是毋庸置疑而又难以回避的残酷现实。这也充分说明电算化会计档案信息在当今企业管理中的作用并未得到有应有的重视，高质量的电算化会计档案信息提供与现实企业管理活动需求的距离正在逐渐加大。

三、合理开发和利用电算化会计档案

由于电算化会计档案的利用具有全新的方式和特点，因此必须建立和遵守新的利用工作原则，并建立相应的利用活动规则。它们一方面要方便利用者的利用需要，另一方面要有利于保证电算化会计档案的安全。总之，它们要符合电算化会计档案利用活动的特点与性质。与纸质会计档案相比，电算化会计档案利用活动中较突出的问题是信息安全难以保障的问题。一方面，会计档案电子会计信息的易变性使利用活动中潜藏着对会计信息原始性的威胁；另一方面，随着网络的普及，电算化会计档案的利用"窗口"将从会计档案室分散到四面八方的计算机显示屏，以往许多行之有效的控制手段都将变得无能为力。有效防止利用过程中的资源流失，并保证利用活动顺利便捷，制定和推行专门的电算化会计档案利用制度和利用规则是极为必要的。

（一）严格执行电算化会计档案的双套备份制度

电算化会计档案的管理采取双套备份制度。其中一套封存起来，一般用于与拷贝件的对照校验，而不能对外提供利用。《电子文件归档与电子档案管理办法》规定："电子档案的封存载体不得外借""利用时使用拷贝件""尽量使用存储量大、优质的光盘备份会计数据，或利用现代信息技术，建立基于网络的数据备份与传输系统，实现异地实时备份，以确保会计数据不会丢失"。这里封存的实际是电算化会计档案的"原始性"，是它作为"档案"的资格。当然，对外提供也应该采取多种方法保证其原始性。对外提供的一般应为只读文件，会计档案室应为利用者配备阅览终端，不宜直接向利用者提供拷贝件。

（二）采用适当的控制技术

对需要控制使用的电算化会计档案用密钥技术、用户身份验证技术等方法进行加密管理。由于某些会计档案需要控制使用，因此，必须用密钥技术、用户身份证技术等方法进行加密处理，使无关人员无法进入该文件。会计档案工作人员无法面对身在各处的利用者，这样，对于利用者和利用权限只能靠系统来鉴别和控制。当然，有些可以开放的会计信息应及时解除加密措施，使大家可以公开利用。在适当加密的同时，还应加强使用权限的审核。利用者和提供者，都应该通过审核才能确定其使用权限和操作权限。提供者权限的审核由财务部门和单位负责人进行；利用者权限的审核应由提供者或系统自动执行。

首先，在整个利用系统的使用上，要登记各种人员的职务、级别、工作性质等，进行使用权限的认定，并依此向利用系统注册登录。在利用中，当进入系统时，由系统自动判定当前使用者身份的合法性及所使用功能的范围，并由系统自动对其使用的各种功能操作的路径进行跟踪与记录。对涉及使用未经授权的功能时，应拒绝响应并给予警告提示，以确保系统的安全和进行有效的监督与控制。

其次，在电算化会计档案存储载体的使用上，要根据电算化会计档案内容的密集和开放程度，确定其使用控制程度。在使用中依据利用者背景情况和利用目的来决定对他的授权。电算化会计档案存储载体分为可复制与不可复制两种类型。对可任意复制的授权应非常谨慎，范围越小越好。

此外，建立的规章制度应注意有效性与可行性。既要确保电算化会计档案的保密性、安全性，同时又要照顾到利用者在利用过程中的易用性。对电算化会计档案保密或利用者利用不利的审核方法都不是好方法。

(三)限制利用方式，确保电算化会计档案安全

电算化会计档案室应根据现有的信息安全技术水平采取适当的利用方式，在不能确保安全时可以对利用方式加以限制。如仅在会计档案室内阅览、转换成纸质文件提供等，以防出现泄密、信息系统失真、损失、病毒入侵等方面的问题。

在会计档案室内操作、拷贝件外借、复制等方面都应有具体的规定。在电算化会计档案进入网络之前应对网络安全状况进行深入细致的研究，因为进入网络的信息不仅扩大了使用范围，而且改变了人们的利用方式。设计和选择电算化会计档案利用方式不仅要考虑有利于信息安全，同时也要考虑方便利用。

由于电算化会计档案自身特点决定了电算化会计档案在利用活动中的保密与安全问题更加难以控制。因此，我们应注意采取更为严密的安全措施，确保电算化会计档案的安全与保密。第一，采用的利用方式，应根据利用者具体情况而定，不能无原则地向所有利用者提供全部利用方式和利用功能。第二，应依据电算化会计档案信息内容的密级，进行分层次的有效管理。一般情况下，对于有一定保密范围的电算化会计档案，不宜用拷贝的方式提供利用，提供利用电算化会计档案的复制工作，必须在有效监控下进行。第三，在大多数情况下，特别是在线利用的情况下，应对电算化会计档案信息内容进行加密处理，并对所使用的密钥进行定期或不定期的更换。第四，系统应对利用的全过程进行有效的跟踪监控，并自动进行利用活动信息记录，作为对利用工作进行监控与查证的依据。第五，利用系统应具有较强的容错能力和恢复能力，避免由于误操作带来不可挽回的损失。

(四)最大限度地发挥电算化会计档案的优越性

利用计算机数据库、通信、网络等技术，将电算化会计档案的收集、整理、存储、计算、分析等全过程有机结合起来，建立一个科学的完整的电算化会计档案分析、传输系统，并进行自动操作。这样不但可以大大地缩短会计档案的传输时间，促使电算化会计档案得到更充分、有效、及时的利用，也可以使会

计档案在宏观控制和微观管理中的作用得以充分发挥，实现电算化会计档案的全社会共享。另外，利用分析系统对会计档案信息进行分析，可产生大量的、常新的会计信息，为经济建设服务。同时，开展形式多样的社会服务，如提供咨询，进行经济预测和决策等，建立市场经济条件下电算化会计档案信息产业，从而获得更多的社会经济效益，以最大限度地发挥电算化会计档案的优越性。

【参考文献】

[1] 王必战，王向阳．会计电算化会计档案研究[J]．会计研究，1998(7)．

[2] 蔡济民．电算化会计档案管理的探讨[J]．内蒙古财会，2003(S1)．

[3] 姚健萍，叶慧敏．谈会计电算化档案管理[J]．财会电算化．2005(8)．

[4] 王必战，王向阳．会计电算化会计档案研究[J]．会计研究，1998(7)．

[5] 吕榜珍．会计档案信息与企业管理[J]．云南师范大学学报，2000(7)．

[6] 周敏．管理会计档案，堵塞经营漏洞[EB/OL]．http：//www.cqvip.com．

[7] 郝春芳．会计档案——企业未发掘的宝藏[J]．现代会计，2004(5)．

[8] 黄宏杰．电算化会计档案管理的现状和对策[J]．南京医科大学学报，2002(6)．

[9] 会计档案管理办法[Z]．财会字〔1996〕17号．

[10] 李阳生．未来档案开发利用趋势的预测分析[J]．档案学通讯，2002(2)．

[11] 朱庆华．企业电算化会计档案的管理[J]．中国乡镇企业会计，2006(4)．

[12] 刘颖．浅谈电算化会计档案管理中的几点思考[J]．福建电脑，2006(7)．

[13] 罗翠英，苏颖．电子档案的管理与利用[J]．沈阳电力高等专科学校党报，2000(10)．

[14] 丁海斌．电子文件与电子档案管理[A]．辽宁大学出版社，2000(3)：164－175．

[15] 杨润珍．信息化时代的档案信息服务[J]．喀什师范学院学报，2002(2)．

[16] 宋丹，郭君，等．刍议多媒体技术在档案信息管理中的运用[J]．齐齐哈尔大学学报，2002(4)．

[17] 王英玮．会计档案管理的原理与应用[M]．中国档案出版社，2003：256－261．

[18] 宇然，张跃山．数据仓库技术在档案工作中的应用[J]．兰台世界，2003(11)．

高校网上报销系统的设计与实现

天津师范大学　刘绍贺　王桂芬　周　彤

【摘　要】随着数字化校园建设日趋完善，高校的财务报账模式也应逐步向网络化、信息化、数字化方面发展。高校网上预约报账系统的应用，将极大地提高高校财务管理工作，实现财务管理的规范有序、监督有力，有效地促进高校会计工作从传统的核算型向管理型转变，优化报销流程，提升服务质量，提高报销效率，较好地进行预算执行的过程控制，合理安排学院资金，提高资金使用效率。

【关键词】高校财务　网上报销

一、高校网上报销概念及发展现状

网上报销是基于网络的在线报销流程。和传统报销流程不同，在这一流程下，教师可以在任何时间、从任何地点提交财务报销申请，领导可用通过软件进行业务审批，财务部门对原始凭证审核无误后，自动生成记账凭证，并可以通过网上银行进行支付。具体说就是：

报账人员登录学校网上报账系统，填写报账金额、提交报账内容、生成打印报账预约单并送到财务处。

财务人员接单后，在账务系统中根据预约单自动生成凭证，经复核后，将报账款转入个人银行卡或者单位对公账户中，并以短信形式通知报账人员。

报账人员　　　　　　　　　　　　　　财务人员

网络填单、预约	→	接单、分配	→	审核、制单	→	复核、支付	→	短信通知	→	废票取回

图 1　通过条形码扫描实现物流化管理

随着业务量不断攀升，高校财务核算工作面临的压力越来越大，尤其是学期末和年终时，教师扎堆报销的场面时有发生，甚至早上五六点钟教师派学生排队报销的场景都会出现。为解决高校财务报销的紧张局面，高校网报系统应运而生。各高校根据自身的财务管理需要采用适合自己的网报模式，网报初期仅仅达到了教师不用到财务处就能报账的目的。而在科学化管理上还存在欠缺。后米，随着额度控制概念的引入和网银的应用，使网报达到一个比较高的水平，教师感受到了网报的极大便捷性，并使网报成为财务报销的主流方式。南方高校和部分部属院校在网报的推行上走在前列并积累了大量的经验。

天津市市属高校在近年推行财务信息化建设过程中也逐步尝试网上报销方式并取得了一定效果，随着网络化信息化的普及，高校财务管理工作也一定会迈上快车道并取得一个又一个的成果。

二、网上报销与传统报销的差异

（一）时间与地域差异

网上报销不受时间与地域的限制，报账人可以在方便的任何时间在有网络的地方做报销的准备工作，比较自由；传统报销必须在财务处上班时间完成，而这段时间又经常与教师讲课时间重叠，使教师的报销时间无法保障，由于报销后要拿现金或支票，教师不得不亲临柜台办理业务，财务处经常出现教师排长队报销的场面。

（二）岗位设置差异

各高校根据实际的报销情况，在网上报销推行时要设置相关的岗位进行匹配。比如，配合网上报销推行的投递箱，需要有专门的人员收取投递箱的报销单；采取前台接单方式的高校，需要设置接单岗，初审单据，以节省教师的等候时间。而传统报销方式下这两种岗位都不需设置。

（三）问题单据处理差异

网上报销方式下，当审核到问题单据时，财务处需将问题单据原因描述清楚，在网上进行退回，教师需尽快到财务处领取问题单据进行更正；而传统报销方式下，由于临柜办理业务，在遇到问题单据时，财务审核人员与教师能面对面沟通，一般的问题单据现场就能解决，教师无需反复到财务处领取问题单据。

（四）资金支付方式差异

网上报销方式需要与快捷的资金支付方式有机结合才能发挥真正的作用。在网上报销的最后环节，支付方式需要采取网上银行支付才能让教师体会到网上报销的便捷，使他们认识到网上报销的真正意义。而传统报销一般需要现金支付或需要领取支票，报账人需要等候并办理签字或登记手续。

三、网上报销的设计及注意问题（以神州浩天财务软件为例）

网上报销要解决的是实现自动化程度很高的一个体验，无论对于财务人员还是对于教师都要收到事半功倍的效果，要达到这样一个效果必须对网报的环节和内容做详细而周到的设计，所谓磨刀不误砍柴工，设计科学、严谨、周到势必会收到良好的效果，为以后的应用与管理打下良好的基础。所以，网上报销的设计无非就是站在财务人员和报账人两个角度进行全面考虑。相比较报账人而言，对于财务人员的使用需求的设计显得更加复杂，而报账人的需求主要体现在使用说明上。

（一）制单界面的后台设计

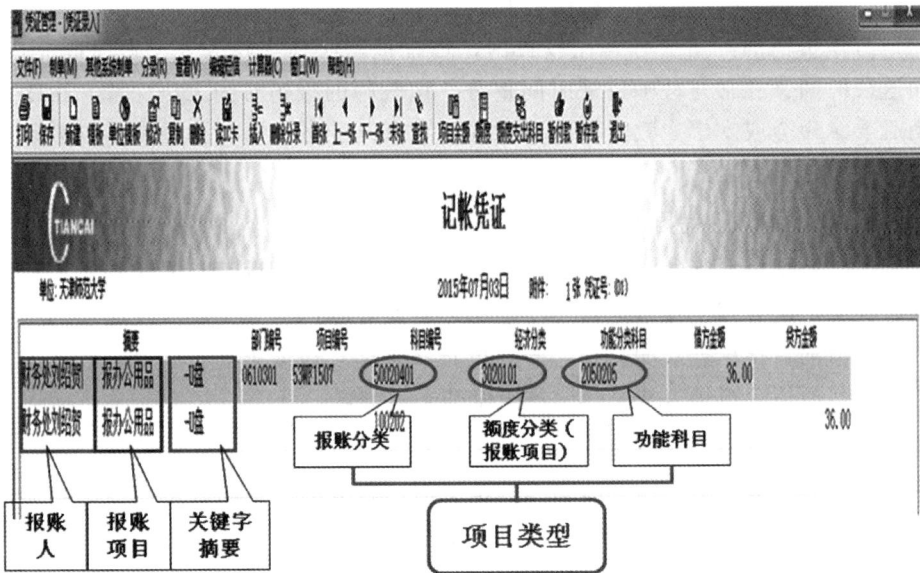

图 2　财务人员制单界面

通过网报系统，以上记账凭证各要素，如摘要、部门编号、项目编号、科目编号、经济分类编号、功能分类科目编号及借贷方金额等全部自动生成，这是传统报销方式下根本完不成的。

看似简单的凭证自动生成界面中各要素都要事先进行设定，它们与一些概念分别相关，比如摘要中的报账内容与报销模板、报销项目相关；科目编号与报账类型相关；经济分类科目与额度分类相关。而相同的报账分类、额度分类、功能科目又可归并为一种项目类型。

这些概念分别为：

1. 项目类型的设置

项目类型就是把收支科目、经济分类科目、功能科目、报账分类、额度分类等要素一致的项目归并为同一类，定义为一种项目类型。也就是说，同一种项目类型的项目具有相同的属性。引入项目类型这一概念有助于对同一项目类型的项目进行日常维护，极大减少日常维护项目的工作量，并能做到准确无误。

2. 额度控制的设置

在对项目进行管理或收支控制过程中，我们有时需要对该项目在某一类支出进行动态控制，比如我们可以控制"设备购置费"、"劳务费"或"招待费"等支出不能超过某种限额或比例，这样即便项目整体不超支，如果所设定的分项支出超出限额或比例，制单时系统同样不准通过，这叫作"项目额度控制"。这种办法对于科研经费，尤其是纵向科研费，是非常必要的。

3. 报账类型的设置

报账类型是由用户自己设置的，用以区别不同的支出大类，比如教学支出、科研支出等，因为根据《高等学校会计制度》中支出科目的特点，支出大类虽然不同，但其下面的明细科目可能是相同或相近的。所以，此功能的目的就是将每个项目都规入正确的报账类型分类中，这样在今后网上的"报销单"生成会计凭证时才能保证科目的正确性。

4. 报账模板的设置

报账模板的生成可以根据一个（类）项目的报销范围来设定，名称与经济分类非常相似，并与经济分类科目紧密绑定。为了快速生成报账模板，在实际工作中我们可以充分利用额度分类这一概念让系统自动生成报账模板。利用额度分类生成的报账模板，允许报销的范围与额度控制完全一致，项目不允许报销的项目不会显示出来，使教师在项目允许的报销范围下填写报销项目，明确报销范围，使审核过程前移，为教师服务的同时也避免财务人员退单的无用功。

5. 报销项目的设置

所谓报销项目就是报销的内容列表。报账模板定义完后，报销项目便可自动生成。常用的报销项目有差旅费、交通费、办公费、招待费、维修费、材料费（消耗品）等，而每一种报销项目下面又可划分若干小类：比如"邮电费"下面又细分为邮费、电话费、手机费等。对于每一种报账项目都要定义它的支出科目（必须是最末级科目），这样教师提交的"报销单"才能自动生成记账凭证。

（二）报账人使用界面的设计

提供给教师做网报的主界面要简洁并清晰，尽量为使用者提供全面的服务，

图 3　教师登录网报系统的主界面

包括制度查询、额度查询、项目余额、借款情况查询等，在使用中要用简洁易懂的语言指导使用者正确完成报销单的填报过程，使初学者也非常容易上手。尤其在报销项目的设计上尽量通俗，不要产生歧义，借助描述功能，让教师轻松操作。

图 4　教师选择报销项目的界面

教师能否正确选择报销项目是网报成功的关键，因为表面的每一个报销项目背后都与一个经济分类科目相对应，报销人员选得不准，财务人员就要进行修改，无形中增加了劳动量。报销项目是报销人看到的，应相对通俗易懂，对于非专业人员容易接受；而经济分类科目是财务人员制单需要用到的相对专业的东西。专业与非专业人员就是通过这个界面设计有机地结合在一起，共同完成了网上报销的信息录入与采集工作。所以，在设计这个界面时，尽量充分正确引导报销人员正确选择报销项目，发挥描述的功能，把报销需要注意的问题充分体现出来，使非专业的人能够干专业的事。在报销项目设计上，尽量不要显示与报销人报销内容不相干的条目，这就需要发挥项目额度控制功能，使报销项目多样化，不同的报销项目适用不同的报销条目，防止报销项目简单粗暴，没有个性。

四、网上报销的优势及存在的问题

（一）优势

1. 节省教师的报账时间

通过校园网实现，不受时间和空间的限制，老师可在任何一台联网终端进行申请、预约、打印等操作。报账人通过访问财务处"网上报销系统"网站可自助填报报销内容，审核通过后到财务处会计核算科的指定窗口办理报销业务，无须排队、直接办理、方便快捷，体现了财务部门良好的服务意识和风范。

2. 简化财务人员的录入工作

实行网报后，财务制单人员在制作记账凭证时省去了输入摘要、科目、支付信息及金额等过程，极大地节省了凭证制作时间，并保证了凭证制作的准确性，使制单人员可以腾出更多时间审核报销内容的合规性、票据的真伪性与规范性。传统报销方式下容易产生的串号、错别字、金额不准等弊端都可以避免。

3. 传递给教师更多的财务信息

由于网上报销系统开辟了专门进行政策规定宣传窗口，教师可以了解报销相关的政策并下载需要的表格；报销项目的借款情况能够及时显示，起到催报借款的作用；项目额度控制的启用，更让教师准确掌握项目的报销范围及额度，避免不必要的开支。总之，通过网上报销这一窗口能够提供给教师很多报销知识，是财务知识宣传的重要途径。

4. 化解财务人员与教师之间的矛盾

财务工作是学校行政管理工作的重要组成部分，财务服务水平的高低直接体现财务与教师之间的关系好坏。在全社会整体信息化水平不断提升的大背景下，高校财务信息化更应跟上时代发展，为教师创造一个方便、快捷、科学的报账平台，为教师的教学科研服务，体现现代化管理理念。随着高校财务由核算型向管理型的转变，财务工作者的角色在发生显著变化，在工作的职能与范围上都发生了很大变化，财务人员通过网报等信息化建设项目开拓了视野，优化了知识结构，对自己的工作岗位有了重新的认识，增强了信心。报账人通过网上报销系统掌握了报账流程、熟悉了相关政策，更容易从思想上认同财务相关规定，对退回的报账单据比较想得通，减少了财务人员与报账人当面发生的不必要争议。尤其是在报账比较集中的时间段，教师难以腾出大量时间亲临现场，或现场等待时间过长容易产生急躁情绪，诱发与财务人员的冲突。网上报销实行后，报账人的需求行为与财务人员的服务行为相一致，极大地提升了师生对财务报账的效率、服务水平及满意度的评价，财务处的整体形象得到提高。

5. 提升财务整体管理水平

网上报销系统虽说是一个独立的系统，但是为了最大限度发挥网报系统的使用价值，在设计时，将项目的额度控制、银校互联系统的使用都与网报系统紧密结合起来，使项目预算执行规范、资金支付方便快捷，在数据信息的传递过程中减少人为干预，保证了数据的准确。可以说，网报系统的使用对于加强项目执行过程监督和资金结算电子化都起到积极作用，使财务管理整体水平得到显著提高。

(二)问题

1. 教职工存在畏难、抵触情绪

网报系统在使用过程中需要对业务进行分类，以便准确填入报销项目中。而恰巧是这一环节被大多数教师认为比较倾向于会计人员的业务范围，对他们来说是为难他们，以至于教师对网报比较抵触。另一方面，年龄较大一些的教师对网络比较恐惧，不接受网络报销。

2. 财务人员容易造成工作疏忽

当网报代替传统报销后，网报会自动生成记账凭证中的各种要素信息，时间一长，会计人员对系统自动生成记账凭证产生依赖，对凭证的信息是否合理容易疏忽，以至于同一类的问题大量暴露后才被发现。

3. 问题单据处理效率低

网上报销的单据一次性通过审核势必提高工作效率，但实际工作中难免遇到有问题的单据，比如金额错误、审批手续不齐、票据不合格等情况，需要与报销人进行沟通。网上报销过程中，往往报销人不在现场，问题的沟通需要打电话，报销人无法及时到场的，财务人员还要负责保管好问题单据。问题单据大量出现时，将会影响网报的效果。

4. 培训工作跟不上

网报的普及功能的改进都需要对使用者进行全面培训。但由于财务处人员非常紧张，时间不能充分保障，致使网报知识的普及仅能局限于各部门的财务联络人，财务联络人的水平又参差不齐，使得网报知识普及成为制约网报推行的一个瓶颈问题。

5. 其他关联工作不能同步

目前除了科研项目有额度控制外，其他经费支出没有执行额度控制，使网报的功能没有最大地发挥出来；一些学校银行账户没有开通网银功能，教师需要临柜刷卡或取支票，使得网上报销效果大打折扣；单位零余额账户在不能开通网银情况下，开通网上报销也受到限制。所以，资金支付渠道是否快捷、方便也是能否保障网报顺利实施的关键一环。

五、顺利实施网上报销的建议

(一)做好宣传、培训工作

网上报销的顺利实施离不开正确的宣传和培训。在开始执行初期，一定会搞全校性的培训，但是使每一位教师都清楚网报的使用步骤和注意事项是一件非常困难的事情。所以，后期要选择正确的宣传途径并及时做好培训工作。学校可以建立财务联络员制度，先对财务联络员培训，然后通过联络员将网报要求传达到教师；财务处可以安排精通网报业务的财务人员深入学院、处室讲解网报知识，通过讲解一面进行宣传一面可以了解教师的需求，以便改进网报工作；还可以利用现代化的传播途径如网络、微信等手段进行宣传，并与教师保持互动。

(二)整体提高财务信息化建设的水平

网上报销的使用需要对项目进行精细化管理，区分不同的项目类型分别管理并明确报销范围，做好项目的日常维护工作。结合网上报销的推行开通短信通知功能，让教师了解单据处理的进程。开通网上银行功能，实现资金支付的电子化。所以，网上报销是集合其他财务信息化功能的典型应用，其他功能都能在网报系统的使用中得到充分的发挥。

(三)报销项目的设计宜细不宜粗、描述说明要通俗易懂

在报销项目的设计上要让人看得懂、用得准。一般情况下，报销项目是由经济分类科目生成的，但由于经济分类科目比较专业一些，教师不容易看懂。这时，需要对报销项目进行调整，转化成大众化的语言，并在旁边的解释说明中详细说明。

(四)逐步推开、以点带面

如果条件不具备，学校可以根据实际情况选择成熟的财务业务先推行网报业务，比如科研专项一般有额度控制，报销范围及额度比较明确；同时，教师受兼课时间的限制，无法抽出大量时间从事琐碎的报销工作。这一部分的业务具备推行网报的条件，推行起来难度相对较小。从实际运行效果看，先在科研项目上推行网报已经得到教师的认可。当预算管理软件运行后，今后网报的范围可以扩大，到那时，全面网报时机就成熟了。

(五)建立健全相应的规章制度和操作规程

网报推行后,教师送单的时间和财务处理期限都要以制度形式做出具体规定,对审核岗的岗位职责做出明确规定。有的学校为网报工作单独设置了接单岗,这个岗位负责对报送的单据进行初审,人员素质要求较高,接单岗的审核内容及要求要做具体规定。另外,对于问题单据的最终确定及退回等操作都需要做出明确规定。

【参考文献】

[1]许志俊.高校网上预约报账实践的思考[J].会计之友,2011(33).

[2]王志成.网络报销——高校财务报销的新途径[J].教育财会研究,2011(6).

[3]黄秀蘅.浅谈高校推行网上预约报账的利与弊[J].现代经济信息,2012(22).

[4]马丽蓉.浅论高校网上预约报账管理[J].会计师,2015(11).

[5]祝菊锋.高等学校网上预约报账的利弊探讨[J].经济师,2015(8).

浅论高校财务信息系统

贵州师范大学　　孟晓东

如今一所大学的财务工作水平高低已经完全由该校财务信息系统的建设水平所决定，而财务信息系统的水平又由系统网络化程度来决定其高低，因此，研究网络环境下高校财务信息系统存在的问题，找出解决问题的对策，对促进高校财务信息化，提升高校财务工作及管理水平，提高资金使用效益，将具有十分重要的现实意义。

一、网络环境下高校财务信息系统

高校财务信息系统是一个区别于学校信息系统，又与学校信息系统紧密接触的系统，它支持日常高校财务工作，为高校财务管理与决策活动提供及时、准确、适用的信息服务，辅助各级财务人员有效地履行高校财务管理功能。该系统用到计算机硬件软件、网络技术、人工作业程序以及数据库技术。研究网络环境下高校财务信息系统，有助于以信息管理的方法和现代信息技术进行高校财务信息处理，提供充足、准确、及时、集成、综合的财务信息资源，支持高校财务与决策活动，以提高高校资金使用的效益与效果；有助于利用现代信息技术对高校财务工作模式进行重组，在重组的模式上，建立一个由人员、组织结构、工作模式、信息技术相融合的应用体系；有助于财务部门通过网络随时得到其他部门数据，并利用木部门的信息系统实时加工而成各种信息供决策者实时调用，极大地提高财务信息的时效性；有助于把财务工作人员从烦琐的账务处理工作中解脱出来，从而把更多的精力和时间投入信息分析与利用、预测与决策等创造性的工作中。

二、目前高校财务信息系统存在的问题

1. 财务业务及人员专业化与教职工生对财务信息透明化的矛盾

传统的高校财务工作组织模式是以功能活动而划分的层级组织模式，其典型的功能包括资金管理、现金、财务控制、预算与费用、账务、一般会计、内

部稽核等。这种工作组织模式是以定义出作业的各细项作业流程，管理者被加入这个工作活动层级中来确保工作能符合标准作业程序，来管理与掌控整个财务活动的。所有的业务专业性强，很多教职工生没有基础的财务知识，对于财务处公布的数据一头雾水，很难理解并转化成自身需要的信息。

2. 现行财务软硬件及财务信息管理人员不足与财务处人员配置的矛盾

如今对于财务信息系统建设的投入上比过去有很大的进步，财务软件硬件投入比过去增加很多，但是相应的系统维护管理人员严重不足。再加上财务工作网络化的突进对专业财务系统维护管理人员的要求不断提高。网络环境要求财务工作在管理方式上，能够实现与业务协同、远程处理、在线管理，最终实现管理工作的扁平化；在工作方式上，能够在线办公，处理电子单据、电子货币等。现行的高校财务信息系统虽然具有账务管理、学生收费管理、银行票据管理、财政票据核销管理、奖贷学金管理、工资管理、学生宿舍管理、固定资产管理、财务信息查询及其他辅助功能，但还不能实现远程处理、在线管理，更不能真正打破时空的限制，使高校财务工作变得即时和迅速。很多学校财务处人员配置上，极少有系统维护及管理人员，即使有很多也是半路出家，人员稀少，忙于日常网络维护，无法进一步发掘财务信息系统软硬件的各项功能。

3. 高校财务管理方式与财务信息系统之间的矛盾

高校财务信息系统是一个整合系统。这要求某些工作最好由人担任，而某些工作最好由电脑担任，人和电脑形成一个密切配合的共同系统，交互作用，解决问题。现有的高校财务工作者，习惯于传统的思维与工作方式，难以适应新的工作要求。他们不明了信息的性质，不了解信息与信息系统如何有助于他们的工作，从而无法融入网络环境中，与系统进行畅通无阻地交互作用。现行高校财务信息系统由于是建立在传统的工作组织模式和业务流程的基础上，信息分散存储在子系统，各子系统之间缺乏信息的交流与统一，信息传递缓慢，各子系统间存在不一致及不相容的情形。信息处理方法不规范，数据未实现标准化，同一数据，在不同的应用子系统中，有不同的定义与用法。使用者要从两个以上的应用系统取出资料作分析非常困难。这种未有效整合的高校财务信息系统存在极大的局限性。例如，资料的重复，造成信息闲置、冗余与成倍的存储成本；数据的不一致，造成信息失真与作业上的困扰；系统的不相容，使得信息不能共享，资料分析受到极大限制，造成管理分割，管理不衔接或管理失效。

4. 财务信息系统存在信息孤岛与信息协同的矛盾

随着互联网络技术的迅速发展与普及，许多组织对信息科技的应用已经由一个部门内部扩大到部门外部，由组织内部扩大到组织外部，建立了跨部门、跨组织的信息系统。从最简单的高校财务业务收取学费来说，随着银行卡支付网络、银行电子支付系统、网上接待服务以及微信支付、支付宝支付系统等全新的服务模式的出现，如果高校财务信息系统仍然是立足于部门内部，完成部门内部的业务处理，存在严重的信息孤岛现象；对外提供的功能也仅仅是限于网上信息的查询。与其他部门数据与信息的交换仍然是通过纸张凭证来完成，与银行间的往来业务处理还是遵循传统的交易方式，即通过纸张凭证来实现高校与银行的业务结算与资金的划拨。例如，由于高校各部门信息系统孤立运行，没有形成一个跨内部财务处、教务处、学生处与外部银行的缴款管理与监督系统，财务部门不能及时从银行获得学生已缴款信息，教务处、学生处也因此无法及时地从财务部门获取关于学生缴费情况的信息，从而不能采取及时有效的措施，督促学生缴款。

三、完善高校财务信息系统的整合

1. 建立高度集成的高校财务信息系统

现行的高校财务信息系统大多缺乏整体规划，系统整合效果差。应该运用Web数据库开发技术，基于集成的理念来改变原有的信息系统，建立一个集成的、全局的、共享的信息系统。该系统应当集成业务与信息处理、集成管理与核算为一体，实现远程报账、远程查账、网上支付、网上信息查询等，从而真正支持高校财务工作日常作业、控制、决策。

2. 财务工作组织模式创新

随着高校财务工作的电脑化以及对外业务往来网络化的推进，传统的财务工作组织模式已对建立集成的高校财务信息系统构成了限制，因此，必须进行工作组织的创新。首先，相关领导者应接受改革的需要，承诺改革，向过去的观念告别，构思新流程、创造并发掘财务工作中的新事实和愿景。其次，将理念和愿景翻译成计划、方案。最后，开发新的功能别流程，包括组织层级结构、作业流程、管理、技术、决策过程、沟通模式以及行为推动。压缩组织结构的层级数，建立具有更大管辖幅度的扁平化组织模式，在新的组织模式上构建网络式的协调机制，以及整合规划、资源分配、绩效管理等管理程序，并通过信息、机构和监督来建立严密的控制机制。

3. 实现财务工作业务流程与系统的整合

所谓业务流程是指组织或部门为了实现特定结果所执行的逻辑相关任务集合。任务是指作业上不可分割的最小单位。一个完整的高校财务工作体系是由许多流程构成的，流程通常会跨越好几个不同部门，甚至跨越到高校外部实体，如银行、腾讯公司等。实现财务业务流程与系统的整合就是利用信息技术去再造工作流程，在流程再造的基础上建立高校财务信息系统，实现系统与流程的高度整合，而不是让旧的流程自动化。现行的高校财务信息系统是在传统的财务工作程序的基础上建立的，忽略了信息技术的能力会影响到流程的设计。由于信息技术对组织结构、管理模式、工作方式都产生巨大的影响，在建立高校财务信息系统的开始阶段，应该考虑信息技术的功效，进行流程再造，详细检查目前财务活动的流程以确定需要做哪些根本性的改变，建立一套完整的、标准的、规范的财务管理制度和财务流程，以适应网络环境下高校财务信息系统的功能需求，实现作业程序与信息系统的整合。

4. 完善财务软件功能，建立财务决策支持系统

由于现行高校财务信息系统只能够处理日常的例行业务，所以应该对现有功能进行扩展，增加财务分析、财务预测、计划编制、预算编制与控制等功能，在此基础上建立智能型财务决策支持系统。智能型财务决策支持系统追求提高决策的科学性和现代化水平，着眼于未来事件的预测与规划，支持随时间与环境的变化而变化的、半结构化或非结构化问题的解决。在现有系统的基础上构建的财务智能型财务决策支持系统可以利用现行系统收集、整理、存储的内外部有关数据，通过各种辅助决策模型，如现金流量分析模式、预算模拟分析模式、资金使用效益分析模式，做好财务参谋，支持决策者，进行财务分析、决策。

5. 加强与完善系统控制

网络环境下高校财务信息系统能够提高高校财务工作的便捷性，提高高校财务管理与决策的效率与效果，但也给高校财务工作的各个环节带来了许多隐患。因此，必须建立适应于信息网络技术环境下的控制活动，确保系统安全，减少发生错误与舞弊的可能性。(1)规范控制环境，提高员工的控制意识。(2)根据业务流程的各个环节以及处理方式来建立内部控制体系，把传统的控制活动嵌入在信息网络技术的应用上，实现人工控制和计算机程序控制的相结合实现自动化业务控制。(3)健全高校财务信息系统，有效地传输或沟通各种信息，使财务工作者能取得他们在执行、管理和控制业务过程中所需信息。(4)在信息网络技术环境下，必须考虑与计算机软硬件系统、网络攻击与犯罪、数据剽窃与非法利用、管理方式的改变、新员工的变动等相关的风险，设立相应的风险识别与评估机制，尽可能消除各种风险对系统的威胁。

6. 建立跨部门、跨组织信息系统

跨部门、跨组织信息系统可以把高校财务部门与高校其他部门如教务处、学生处、资产处、各学院等，以及高校外围企事业单位如教育厅、财政厅、税务局、银行金融机构等连接起来。链接的道路有两条，一条是建立相关接口进

行链接，另外一条是扩大现有财务软件功能，按照相关业务单位的需要扩展功能，前者见效快投资少，后者投资相对较大整合相对困难，但是后期使用均在同一软件公司平台上运作，稳定性、数据共享性都更强大。学生通过一卡通或现金方式在银行缴学费后，银行把钱划入学校指定的账户，并把学生缴款信息记录到学费管理系统，学校财务处可通过该系统进行直接查询和核对，从而提高学费收取的效率。

建立和完善网络环境下高校财务信息系统，为高校财务工作例行作业、管理与决策提供一个现代化的信息平台，能够提高财务信息质量，保证资产安全，促进财务与业务协同化，提高财务工作的便捷性与工作效率，减少财务决策的失误，提高资金使用效率。但是，建立网络环境下高校财务信息系统，也对高校财务工作提出了挑战，需要高校进行艰巨的组织变革与流程再造，加强信息技术网络环境下的安全控制与风险防范，需要我们不断去摸索、发展和应用，各学校财务处应该结合其他学校经验与本地区本单位实际情况，创造性地发展出适合自身的财务信息系统的建设之路。

本科院校财务公开及其信息化管理研究

泉州师范学院　孙翠蓉①

【摘　要】财务信息公开是高校财务透明化管理的表现，也是高校财务民主化理财水平的显著标志。本科院校的财务管理从会计电算化的核算型方式逐步向管理型方式转变，从而对财务管理信息化提出了更高的要求。而且，本科院校加强财务公开及其信息化管理有助于建立健全公开、透明、规范的财务监督机制，提高财务工作的透明度和办事效率，实现阳光民主理财，保障师生对财务工作的知情权、参与权和监督权。

【关键词】本科院校　财务公开　信息化管理

一、本科院校财务公开及其信息化管理的意义

高校财务公开是指高校在法律、法规和高校规章制度范围内，按照一定的程序，将关系教职工、学生切身利益、干部廉洁自律等方面的重要情况，适时、规范、如实地向教职工、学生和社会公布的一种制度和措施。它是校务公开的一个重要组成部分。财务公开是加强高校财务管理的内在要求，是实行群众民主理财，从源头上预防高校内部腐败现象的迫切需要，可以广泛调动群众的积极性。[1]

本科院校加强财务公开及其信息化管理是加强学校财务管理的内在要求，是落实科学发展观，实行依法理财、科学理财、民主理财，提高学校办学成本效益和资金使用效益的重要举措。学校财务公开，可以增加财务工作的透明度，提升学校财务管理水平，赢得公众的信任和好评，获取更多资金和捐款支持。

随着本科院校投资主体多元化、筹资渠道多样化、财务管理手段现代化，目前本科院校财务信息公开制度及其公开方式已经不能适应学校改革发展的需要。因此，作为完善本科院校校务公开制度的一个重要内容，改革和完善本科院校财务公开制度是必然的，有利于防范财务风险，促进学校财务可持续发展，

---

① 作者简介：孙翠蓉（1982—），福建泉州人，会计师，从事高校财务管理研究。

增进校园和谐。

财务公开能够充分发挥群众监督的作用，保证财务信息的真实性；有利于校领导及时掌握学校财务状况以及了解学校教育培养成本，做出正确决策；有利于学校廉政建设，防止违反财经制度纪律现象发生，预防职务犯罪，打造"阳光财务"；有利于防止学校盲目扩张、盲目投资、违规财务运作、铺张浪费等，切实用好经费，提高经费使用效率，构建"节约型学校"。

二、本科院校财务公开的主要内容与基本形式

目前，财务公开的内容包括财务制度公开、预算公开、执行公开、决算公开、收费项目标准公开等项目。具体来说，有以下几个方面：①财务收支及重大开支预决算、各项资产与债权、债务。本科院校在内网和外网都应该设立一个财务公开的栏目，定期向社会、师生和家长提供季度性、年度性的数据，向社会主动公开学校经费来源和年度经费预算决算方案，以及财务资金的具体使用情况；要建立重大事项决策信息公开工作机制，对涉及学校师生员工切身利益的重大事项实行决策前的信息公开和实施过程中的动态信息公开。②收费标准及教育成本信息。学校应通过收费公告栏等方式向社会、学生和家长公开各种收费的项目、标准、范围和政策依据。此外，学校还应当适当公开生均教育成本等重要信息。③财务管理制度。包括学校的各种报销管理规定（如差旅费报销管理规定、会议费报销管理规定、暂付款规定）、教学科研财务管理制度、财务审批制度、创收收入分配制度、教职工岗位津贴实施细则等。④财务办事流程和规则。设计一个简明的办事程序流程图，方便广大师生员工到财务处报账、查账等，从而减少师生员工办理财务业务时的盲目性，同时也可以提高财务人员的工作效率，提升了服务水平。⑤其他重大财务活动信息公告。例如基建方面，要大力推行招投标制度，对招标范围、招标项目、招标要求、招标程序等及时进行公开，提高项目建设的质量和效益。⑥职工补贴发放标准和办法。主要包括学校职工的绩效工资、补贴以及科研津贴的发放。⑦报表。包括月报表、决算报表等。⑧应披露的其他信息，主要是指本科院校向银行举债贷款的额度。随着办学规模的持续扩大和办学水平的不断提升，本科学校必须投入大量资金用于学校发展，于是不得不依靠银行贷款负债建设。财务公开透明，则能使本科院校赢得公众信任和好评，有助于吸引更多优秀生源，获取更多资金和捐款支持。

本科院校财务公开的基本形式包括以下几个方面：①学校教职工代表大会。学校教代会是实施学校财务公开的最基本最重要载体，学校财务公开主要包括向师生员工公开财务预算安排与执行情况等。②设立财务公开栏。③学校文件。

有关财务规章制度、财务管理实施细则等都应以学校或财务处的文件形式公布执行。④民主管理联席会议等，定期接待师生来信和来访。⑤财务简报。通过财务简报将学校出台的一些重大财务决策、规章制度，以及群众关心的热点问题进行通报。⑥网络公开。包括学生的各类收费情况与补贴发放、与教职工有关的各项福利开支情况等。相关人员可凭个人网络账号及时查询了解。

三、本科院校财务公开的现状及其存在的问题

1. 本科院校财务公开的现状

大多数新建本科院校是在国家大力发展国内高等教育的背景下，由师范专科学校和教育学院通过联合、合并而成为本科师范院校或本科综合类院校。经过几年的发展，这些院校在办学理念、办学质量、办学条件和规模等方面已逐步实现了由专科到本科的转型，呈现出良好的发展势头。就财务公开而言，大部分本科院校已实现财务报销、学生收费、工资核算和计税工作的电算化，建立了一个较完整的财务信息管理系统。但是，由于新建本科院校成立的时间短、底子薄，各种规章制度还未完善，在财务公开这方面做得还有所欠缺。

2. 本科院校财务公开存在的问题

①从财务公开的内容来看，尽管本科院校也注重向其他关注学校财务状况的单位和个人提供财务信息，但公开的信息基本属于综合性的，缺乏针对性的、细节性的内容，而且公开的范围和深度也不够，涉及教师和学生个人的财务信息较难获得。②从财务公开的形式来看，主要是在教代会上以书面形式发布，财务公开的形式有限。这使得财务公开的成本高、信息量小、途径少，造成公开不及时、随意性大，也不便于信息的再加工再利用。③缺乏常态机制和事后监督。财务公开是一个持续的过程，应形成一种常态化机制——不仅是公开形式和程序，更重要的是建立一套动态的财务信息公开和披露机制。而且，在权衡公开性与保密性前提下，这种机制应该集财务信息生成整合、传递公开、监督反馈为一体。其中，监督反馈既从属于机制又独立于机制。我们不能只为公开而公开，仅仅停留在公开的形式和表面上，而忽略了公开的效果与目的。如此，必须建立相应的反馈途径或通道，以加强监督和反馈。

四、网络环境下本科院校加强财务公开新举措

随着信息网络技术的发展和学校需求的不断变化，本科院校基本上实现了财务报销、学生收费、工资及税收等核算工作的电算化。而且，学校财务信息平台的搭建也有利于提高财务公开的工作效率，增加财务公开的透明度。因此，学校要加强调查研究，力求形式上多样化，内容上既符合上级要求和学校实际，

又满足师生群众的切身利益需求，做到凡是能公开的都以公开。

1. 创设数字化校园，努力构建财务信息化服务体系

建设数字化校园是加强和改进学校信息化管理工作的重要途径，而校园"一卡通"系统建设是校园数字化建设的一个切入点。因此，本科院校信息化建设应针对本校实际，在校园卡平台上推进财务信息化建设。不管是教职工的工资、科研奖金发放，还是学生奖学金、助学金发放，乃至学生各项费用的上缴，都能通过"一卡通"系统实现数据的实时查询，并导入财务核算系统，完成会计核算。如此，可进一步提高财务管理的工作效率。

2. 财务文件、制度等信息实现网上发布

本科院校可以通过校园网发布学校广大教职员工关注的相关财务信息，包括财务报销审批办法、报销程序、暂付款制度、支票领用办法等财务管理制度和办法，学生各类收费项目和标准，学生奖助学金的发放情况，以及个人所得税缴纳办法和公积金使用办法等其他财经政策、法规等。而且，应加强财务公开的持续性，及时公布财务收支情况，通过信息公开的方式主动接受师生监督，不要等到每年一次的教职工代表大会才公布。广大师生员工可以通过访问财务部门网页，方便快捷地了解和掌握自己需要的信息，在减少财务部门应付各种政策咨询和资料查询的工作量的同时，又监督了财务部门的相关工作。

3. 网上学生欠缴费信息查询

目前，本科院校都采用银行卡自动代扣学生学杂费，而学生可以通过网上缴费系统查询平台及时了解个人学费的缴费情况和欠款情况。网上学生欠缴费信息查询系统的构建，有利于学校及时收回学费收入，减轻资金不足的压力。

4. 网上财务核算信息查询

学校的部门经费、专项资金、科研课题经费、创收资金等通过项目进行核算的都可以在网上发布信息。这样做的意义是：项目负责人可以及时了解项目资金的使用和结余情况，合理安排资金的使用；教学科研人员通过校园网科研经费查询系统就可以查询到本人的科研经费收入、支出及结余情况；学校各个部门的负责人可以通过口令和授权了解预算的执行情况，对经费的使用做到科学预算与使用，节约不必要的支出，从而降低学校总体经费支出，达到实现内部会计控制制度的效果。当然，只有整个学校处于有效的信息沟通状态，才能实时动态地反映学校的财务状况及经费使用情况。

5. 构建网上预约报销系统

随着本科院校发展规模的扩大，学校资金量快速增长，相应地，学校财务处工作量较之以往任何时候都多。业务量的持续增长，加上财务前台报账是财务处最为基础的工作，造成财务部门报销大厅拥挤不堪。财务人员编制的有限

性与高校财务管理工作集中性所形成的矛盾，使构建网上预约报销系统成为必要。这一方法既是当前本科院校财务报账工作所需，又是对工作的一种创新。

6. 创设反馈途径或通道，加强事后监督

本科院校可以在财务处网页上设置在线问答系统，广大师生员工可以通过在线问答系统进行提问。这样做，既有利于增进财务部门与广大师生员工之间的交流，又可以加强事后监督，达到增强财务信息透明度、保证财务信息真实性的目的。

7. 加强本科院校会计人员的计算机和网络知识培训

加强本科院校财务人员队伍建设，使财务人员不仅精通财务知识而且掌握计算机和网络知识，从而推进学校财务工作信息化管理。当然，学校在推行财务公开及其信息化管理的同时，要加强财务网络安全管理，保证财务信息化系统安全运行。

综上所述，高校财务信息化是高等学校信息化的重要组成部分，也是提高高校财务管理水平的重要手段。由于本科院校财务管理方式和环境都发生了变化，财务信息化将会在学校事业发展中发挥越来越大的作用。本科院校只有立足本校的实际情况，并借助不断发展的网络信息技术，着力做好教育经费基础数据库的建设工作，积极推进财务公开及信息化建设，实现财务管理数据收集、处理和分析的电子化，才能全面提升学校教育经费管理科学化和精细化水平，使学校财务的现代化管理水平迈上一个新的台阶，从而达到提高办学质量和效益、走可持续发展道路的目的。

【参考文献】

[1] 蔡爱华，林培榕. 构建高校财务信息管理体系，推进财务公开[J]. 内蒙古科技与经济，2006(7)：123－125.

[2] 毛金，杨松茹. 关于高校财务公开的探讨[J]. 经济师，2005(5)：87－88.

[3] 郭收库，赵丽君. 高校财务信息披露的必要性与制度构建[J]. 陕西理工学院学报，2005，23(4)：70－74.

[4] 刘华秋. 浅议高校财务公开[J]. 国家教育行政学院学报，2003(3)：81－84.

[5] 张琼瑜. 建立财务网络环境，推进高校财务公开[J]. 科技信息，2008(4)：226.

[6] 骆良彬，王河流. 网络环境下高校财务信息系统的问题及对策[J]. 集美大学学报，2006(3)：19－21.

网上缴费平台在苏州大学的实践与思考

苏州大学　孙琪华

【摘　要】随着高等教育体制改革的不断深化，高校收费已成为学校教育经费的重要来源。高校收费管理工作面广量大，如何运用信息化手段，加强收费管理，已成为高校财务管理工作的一项重要内容。苏州大学充分利用财务信息化手段，积极探索高校收费管理的新方法，文章就网上缴费平台在苏州大学研发的背景、主要功能、操作流程进行了阐述，并就今后实施网上缴费平台做进一步思考。

【关键词】缴费平台　实践　思考

随着高等教育体制改革的深化，高校收费已经成为学校教育经费的重要来源，对改善办学条件，提高办学质量，具有十分重要的意义。高校收费管理工作面广量大，如何运用信息化手段，加强收费管理，规范收费行为、杜绝乱收费、防止"小金库"产生，使收费管理工作纳入系统化、规范化的轨道，有力地保障学校各项收入的全面实现，已成为高校财务管理工作的一项重要内容。苏州大学充分利用财务信息化手段，积极探索高校收费管理的新方法。自 2012 年与复旦天翼公司合作研发网上缴费平台，2013 年正式运行。

一、网上缴费平台研发背景

1. 原有收费系统适用范围太窄

随着高校办学规模的扩大，高校收费项目不断增多，既包括学生学费、住宿费，还包括上机及上网服务费、补办证卡工本费、技术服务等服务性收费和会议费、教材费、报名费等代收费以及水电费等成本补偿性收费。而目前高校的收费管理系统仅适用于本科生、研究生、成教生学费、住宿费以及代办费等项目的收费，一方面没有涵盖全校所有收费项目，致使各种收费大多采用手工开票方式，且多为现金收款方式，大量现金滞留在各二级单位，难免会发生部门坐收坐支、挪作他用的不良情况，现金收款风险凸显。另一方面原有的收费系统与各职能部门的管理系统都各自独立，并未建立起学生信息交互的共享管理平台，如：学生休学、复学、退学、转专业、留级等学籍变动、学费减免、贷款抵扣学费、住宿费调整等不能在收费系统中实时更新。

2. 票据管理手段落后

高校使用票据包括财政票据、捐赠票据、税务票据、内部结算使用的自制票据等，品种多、数量大、经办人多，如何规范使用各类票据，确保开具票据金额准确入账，并及时缴销票据，是高校票据管理的重要内容。加强票据管理也是规范收费行为，杜绝乱收费、防止小金库产生的一项有效制约方法。而目前，大多数高校没有票据管理系统，没有将票据管理纳入信息化管理，票据的领用、发放、缴销、查询及库存管理等日常工作仍采用传统的手工登记台账方式，一方面，工作量大、效率低、差错率高，且不能实时监控二级收费单位开票情况，另一方面无法实时了解领用票据的实际使用及缴销情况。存在二级收费单位擅自更改票据使用用途、提高收费标准等违规开票现象。票据管理不规范，成为隐藏、截留和转移学校收入的源头。

3. 收费核算与收费管理信息不对称

原有的收费系统、票据系统与财务账务系统各自独立，信息不共享，因此当收款业务完成后，既不能将收费系统开具票据的信息实时在票据系统中生成票据的使用信息，致使财务部门不能实时掌握二级单位领用票据的实际使用情况，也不能将收费系统的收费项目、收费金额等信息自动生成财务账务系统的入账凭证，确保收款业务及时进行入账处理，致使开具的票据入账与否还需手工核对。当二级单位代收费用时，存在部门坐收坐支、挪作他用的不良情况，无法从源头上遏制。

二、网上缴费平台功能

网上缴费平台(图 1)是一个基于网络技术，将缴费系统、票据管理系统与账务系统进行无缝集成的收费管理平台，通过建立统一的网上支付接口，对接校内各职能部门应用系统和无应用系统的收费项，各类收费项目的信息可快速、安全、可靠地接入，实现对全校范围内各收费项审批、票据分发、收入款入账、票据缴销的全过程综合管理，完成收缴款管理及票据管理。以及支持银行卡代扣、网上银行、校园一卡通、第三方支付或现场(现金、POS)等缴费方式。

三、网上缴费平台特点

1. 实现了财务应用系统之间的数据共享

缴费系统、票据管理系统、财务账务系统三个系统之间无缝对接，实现了数据共享。缴费系统与票据系统彼此联动，收缴费与票据既各成体系又相互关联。只要在缴费系统中使用票据，必然实时在票据系统中反映，两者实时互动。

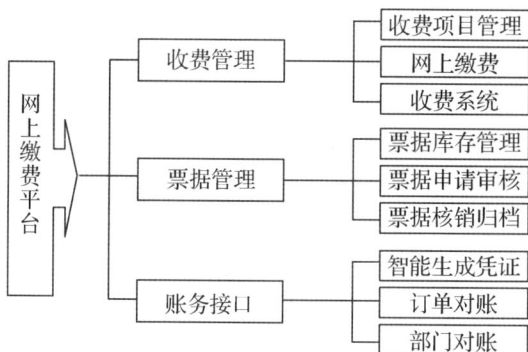

图 1 数据共享模型

同时缴费平台与财务账务系统数据共享，将缴费系统的收费项目、收费金额等信息传递给财务账务系统，自动生成财务入账凭证，实现智能记账。

2. 建立了与各职能部门数据共享的平台

网上缴费平台通过提供各种标准接口，可与各职能部门应用系统无缝对接，实现数据共享。即各职能部门应用系统中的缴费人、缴费项目及缴费金额等缴费信息，可通过接口直接传输到缴费系统，缴费人只需登录各职能部门的应用系统就能完成缴费。同时缴费完成后，支付成功的信息、票据打印的信息也能实时返回到各职能部门应用系统，供各职能部门实时掌握缴费情况。

四、网上缴费平台操作流程

1. 缴费业务管理流程

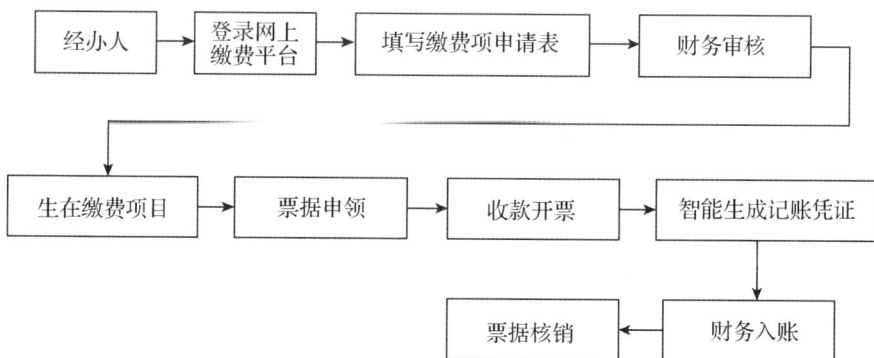

图 2 缴费业务管理流程

2. 缴费流程

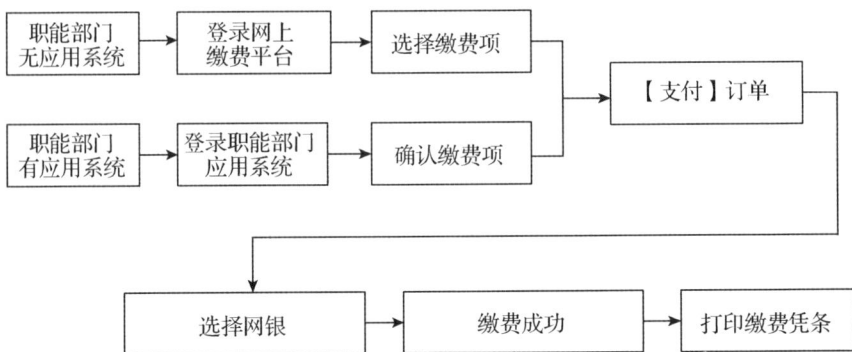

图 3　缴费流程

例如：教务部收学生四、六级报名费。教务部经办人登录网上缴费平台填写四、六级报名费申请表，上传有关收取四、六级报名费的收费依据；财务审核人员网上审批四、六级报名费申请表；教务部经办人打印财务审核通过的申请表；教务部经办人凭申请表到财务部门申领票据；财务处票据管理员发放票据；学生登录教务部门四、六级报名系统，填写报名相关信息，确认缴费项，选择网银或第三方支付方式；教务部经办人打印票据；财务处审核生成记账凭证；教务部经办人缴销票据；财务处票据管理员票据核销并归档。

五、实施缴费平台的几点思考

1. 领导要高度重视，广泛宣传缴费平台实施的意义

缴费平台的实施，即由原先财务部门被动收费变为缴费人主动缴费，是学校收费管理工作的一项改革。这种变革必须得到教职工与学生的理解与支持。首先，学校领导必须高度重视此项改革，要采取多渠道、多形式地做好宣传动员工作，广泛宣传实施缴费平台的目的与意义，提高教职工与学生变被动收费为主动缴费的思想认识水平。其次，财务部门要做好缴费平台具体操作流程与方法的培训工作，以便让教职工与学生掌握和正确使用缴费平台。

2. 各职能部门沟通合作，提高综合信息化管理水平

收费管理工作涉及多个职能部门，如教务部、学生处、研究生部、继续教育处、后勤管理处等，高校收费信息系统管理工作是一项综合性很强的工作，它需要高校各部门通力合作，缴费平台的推广与应用更需要相关职能部门的配合，如何将这些职能部门的管理软件与财务缴费平台无缝对接，做到实时收费和资源共享，财务部门应加强与各职能部门的沟通合作，协调好财务部门和其

他相关部门之间的关系，明确各自的职责，规范业务操作，优化工作流程，实现资源共享，提高效益，降低财务风险。

3. 积极争取得到上级主管部门的理解与支持

实施网上缴费平台最好在完成收费业务的同时即能打印票据，这就要求使用的票据是机打的票据。而目前，江苏省行政事业性收费收据和江苏省行政事业单位资金往来结算票据都是手工票据。江苏省财政厅只同意高校收取学费、住宿费时可自行印制机打的收费收据，因此，高校应主动与上级主管部门沟通，争取得到上级主管部门的理解与支持，同意高校印制机打收费收据和结算票据。

"数字化"校园环境下的高校财务信息化建设

天津师范大学　王志勇　于艳华

【摘　要】近年来，高等学校"数字化"校园建设蓬勃发展，在此背景下，高校财务信息化建设如何适应"数字化"校园的要求和发展逐渐成为高校财务部门的努力方向。文章通过分析高校财务信息化的含义，并结合当前我国高校财务信息化建设的实际，指出了其存在的主要困境，以及在"数字化"校园的大背景下，不可忽视的财务管理和财务信息安全方面的风险，由此提出了针对性的对策措施和建议。

【关键词】数字化　高校　财务信息化

一、高校财务信息化的内涵

高校财务信息化是指高等学校借助互联网平台，依托计算机信息技术，以会计核算为基础，在网络环境下，收集各类有用的财务资源，实现财务部门对财务信息的有效管理和监督，实质是通过网络信息技术手段实现高校财务管理的精细化及多重效益，进而提高会计信息质量，为决策者提供有效的财务信息。

二、高校财务信息化建设的现状

当前，为了加强管理，财务信息化建设在多数高校进行得如火如荼，各高校都着力于构建新型的、便捷的大学校园财务服务系统。信息化建设作为一种新的管理模式，要不断完善其功能，进一步推动"数字化"校园的发展，实现单位之间多种信息资源共享，增强财务管理信息时效性。目前来看，高校财务信息化建设大多处于不断完善的阶段，虽然取得了一定的成绩，但还是有一些问题需要解决：

(一)高校财务信息的孤岛问题急需解决

"数字化"校园建设要求各部门的信息都应该集成到"数字化"校园中来，财务管理在高校管理中的特殊地位，决定了它的信息更应该全面及时的推向校园网。然而目前来看，财务信息的孤岛问题还是比较明显的。当前，高校各部门为了加强管理，多数都已建立了与本部门业务性质相适应的管理系统。但是当部门之间发生业务往来时，由于各部门的业务特殊性和要求的不一致，各部门之间不能信息共享，导致信息不对称的情况时有发生。也就是高校各部门在搭建本部门的管理系统之前都是各自为政，没有对学校的各类资源进行统一的整合，更没有建立一个有着学校统一管理要求和技术标准的公用信息资源库，从而形成了多个信息孤岛，不利于高校管理工作的开展。

(二)财务管理系统的功能有待完善

当前，多数高校用的都是软件公司提供的现成产品，其功能不可能适合任意一所高校，如果高校一味模仿和生搬硬套，不仅不会提高效率，还会事与愿违，违背了原始的初衷。另外，财务信息与数字化校园平台的对接也有待提高，需要按照校园网的要求修改财务管理系统的数据结构和格式，将校园网与财务网有效连接，这样便可以通过校园网门户采集、汇总、统计财务数据，将纷繁复杂的工作由手工化转为自动化。为了丰富财务管理系统功能，满足管理的特色需要，高校财务部门应主动加强与系统开发公司之间的合作，根据自身的工作实际，提出适合自己管理的各项需求，由开发公司根据需求完善系统功能，使之与高校的整体数字化建设相适应，推动"数字化"校园建设发展。

(三)财务信息化带来了内部控制的风险

随着财务信息化的广泛应用，高校的内部控制也将面临新挑战。首先，高校财务信息化的不断推进与发展，财务管理系统逐渐取代了人工操作，财务内部控制也由对人的控制转为对人和计算机的同时控制，这样的转变给高校的内部控制带来了一定的风险；其次，通过计算机手段，财务内部控制亦由以往通过查账等方式的事后控制逐渐向通过对财务管理系统的后台设置，利用计算机程序一键生成的事前和事中控制延伸，因此，内部控制的内容也在发生相应的改变。

(四)网络的安全性还没有彻底解决

网络的安全性还存在隐患，首先，信息网络的开放性，给不法分子利用计算机进行作弊、诈骗和贪污等违法犯罪行为提供了方便；其次，财务信息化的应用还增加了高校财务管理系统遭受"黑客"和"病毒"攻击的可能性。由于当前高校的安全防范意识和防范能力水平还不是很高，导致高校财务信息的公开和使用存在一定的安全风险。

三、加强高校财务信息化建设的有效策略

(一)"数字化"校园建设能够有效地解决信息孤岛问题

解决信息孤岛问题是解决财务信息资源共享的关键。"数字化"校园建设的显著特征是信息资源的技术标准统一，数据格式规范，更重要的是其具备安全的统一身份认证系统，教工和学生进入数字化校园平台，可以任意访问校园信息化平台里的各个系统，分别进入每个系统时，无须二次登录，实现了一键登录，使财务系统真正地融入到了"数字化"校园平台里去。而且每个人都只能看到各自的信息，从根本上杜绝了财务数据的泄露，解决了既要保证财务信息的安全性和保密性又要满足广大教工和学生要求财务信息资源共享之间的矛盾，避免了财务信息孤岛的形成。

(二)财务信息化软件要与学校的制度以及校园"数字化"建设相和谐

1. 财务软件要与学校的财务管理制度相适应

实现财务信息化，如果根据自己学校财务的情况开发财务应用程序，这样从开发到后期维护都比较麻烦，这种做法在大多数高校中都不太现实。目前，绝大多数高校都会选择购买现成的财务软件，可是，再好的财务软件也不可能绝对适应每一个高校，每个高校的财务管理制度也不一样，购买回来的财务软件要根据自己单位的特点进行适当合理的改造；同时，由于财务管理系统是不断在发生变化的，因此，与之相适应的管理制度也要适当地发生相应的改变，应该建立与财务信息化相适应的管理制度，各个岗位的职责也要做出相应的改变。所以，对于单位的管理部门来说，不能单纯地利用技术来解决问题，而要充分利用技术平台，不断地完善管理制度，这样才能保证科学、有效地开展财务工作。

2. 财务软件要与学校的"数字化"校园建设相协调

对高校财务信息化系统进行适当合理的改造，使它能够支持高校"数字化"建设，提高财务管理水平。按照统一的技术标准和要求对财务信息化系统进行升级改造，实现无缝对接，保证财务信息资源的传输与交换的通畅。"数字化"校园建设促进了高校财务信息发布能力，教工和学生可以随时登录"数字化"校园平台，查询到与自己相关的财务信息，如自己的工资和其他收入的发放情况、个人的主管的公共项目和主持的科研项目明细账，各部门预算的申报、网上报销、自助修改财务系统里的个人信息等，以及学生的自助缴费和选课等，都可以通过财务平台查到所需的相关信息。

（三）根据实际情况，加强高校内部控制

1. 营造良好的内部会计控制环境

由于财务信息在"数字化"校园信息中的重要作用，高校的相关管理部门应树立起财务内部控制的意识，为内部控制的实施营造良好的氛围。特别是近些年，各高校都在加强本校的财务信息化建设，财务管理系统在得到了广泛应用，每个部门、每位员工都可以在财务管理系统中担任重要角色，或是管理者，或是使用者。由于财务内部控制多与钱打交道，往往涉及每位员工的切身利益，故各部门及教职员工应积极配合财务部门开展内部控制工作，营造良好的内部会计控制环境。

2. 加强财务信息化环境下的风险管理

财务管理系统在高校中的应用，有效地提高了工作人员的效率，但也给高校财务带来了新的风险问题。高校在进行内部会计控制工作时，一定要不断对财务管理系统的检查和监控，严格规范的处理重要的财务数据及信息，对财务信息化系统的软件和硬件经常的进行监督和检测，建立财务管理系统的风险控制机制，确保财务数据安全。

（四）加强财务系统的网络安全建设

高校开展财务信息化建设，目的是要实现财务信息共享，但前提是要保证财务数据安全，高校财务信息化建设过程中必须重视财务系统的网络安全维护建设。

1. 高校财务部门需要配置专门的网络维护人员

财务部门的信息化建设安全应该有专门的人员来管理，对整个系统进行管理和保护，做好日常维护工作：经常检查和升级防火墙及杀毒程序；做好财务信息的备份和存储工作，防止数据的破坏和丢失；及时升级更新各类财务应用软件，保证各个岗位工作能够顺利进行；解决工作中出现的网络问题，保证整个财务网络畅通；对每个用户使用系统进行身份授权，保护好服务器和 PC 机的登录密码等。

2. 财务信息化建设的网络布局要系统化

财务信息化平台融入"数字化"校园建设中后，在外网平台就可方便地查到个人的财务信息。这种情况下就存在着一定的安全隐患，财务信息容易泄露，财务网络容易被不法分子攻破等问题。这些情况都要求财务信息化建设网络规划安全，系统，合理，可靠性强，实行财务内外网分离，用户从外网进入访问受防火墙的限制，内外网间有硬件网闸的隔离，内外网信息交换之间要经过通信访问规则设置才能实现信息的访问。

四、结束语

财务信息化建设是高校"数字化"校园建设的核心和基础,"数字化"校园建设又为高校财务信息化建设和发展提供了良好的机遇和推动力,校园内的各项活动都不能离开财务信息,高校财务信息化建设关系到"数字化"校园建设的成败。

财务信息化建设要达到将财务由基础核算型向专业管理型、决策型转变,充分利用"数字化"校园建设为财务信息化提供的信息技术平台,进一步完善,最终建设成与"数字化"校园相适应的高校财务信息化系统。在保证财务信息的安全的前提下,科学可持续地开展财务信息化建设,不能盲目地模仿和生搬硬套,要结合各个高校财务工作的实际情况,科学地规划符合学校发展的信息化道路。

【参考文献】

[1] 苏钰雅. 基于价值链的高校会计信息化建设探讨[J]. 会计之友,2012(10):60—61.

[2] 张佩佩. 提升高校会计信息化水平的思考[J]. 沧桑,2011(1):237—238.

[3] 侯玉凤. 会计信息化发展阶段及其发展趋势探析——基于诺兰模型[J]. 会计之友(中旬刊),2010(12):58—59.

[4] 王慧蔚. 高校会计信息化建设存在问题及对策[J]. 商业经济,2010(16):115—117.

[5] 姜涌,孟祥利. 高校会计信息化建设中的问题与对策[J]. 中国乡镇企业会计,2015(11):179—180.

高校财务档案信息化建设及意义探索

新疆师范大学　晏灿业

【摘　要】高校财务档案信息化是高校信息化建设的重要组成部分，随着国家政治经济体制的不断改革，信息化建设也成为未来发展的趋势。但是在高校财务档案信息化建设工作中由于受到一些现实条件的限制，导致工作难以顺利进行。面临建设困难如何去解决是本文中需要分析的重点。

【关键词】高校财务档案　信息化建设　意义探索

高校财务档案信息化建设是国家不断发展中的产物，信息化建设也是适应国家发展趋势。但是在高校财务管理中存在有管理人员综合素质水平限制，管理机构不完善等客观因素的原因导致高校财务档案在建设信息化过程中遇到各种阻碍。下面针对高校财务档案实行信息化建设的意义和其问题产生的原因进行分析，探索如何建设信息化的措施。

一、高校财务档案信息化建设的意义探索

高等学校是我国人才培养和输出的重要场所，随着国家政治经济体制改革，信息化建设不断深入和发展，高校中的信息化建设也要适应社会发展的步伐不断发展创新。国家颁发《全国档案事业发展"十一五"规划》中的规定明确指出了要将档案信息化建设作为一项战略性任务。目前我国高校财务档案信息化建设虽然较以前有所进展但是仍然达不到国家的规定要求。高校财务档案管理是高校信息化建设中的重要组成部分，随着信息技术和网络技术的发展，在高校档案管理中出现电子化信息档案管理，高校财务档案信息化建设对于整个高校信息化建设有举足轻重的作用，在高校财务档案管理中实行信息化建设也是适应现代社会发展的必然要求。高校财务的档案管理是学校在各项财务上的支出和收入的信息，具有保存价值。虽然信息化建设在高校财务档案管理中具有重要作用并也在不断完善信息化建设，但是由于信息化建设中需要管理者不断提高自身的职业素养和一些管理方式的优化，因此在信息化建设过程中还存在一些问题。目前面临在信息化建设过程中遇到的一些问题，我们应该加强组织领导、

整理和采集，并且提高档案的使用效率，建立健全财务档案的信息化建设。

二、高校财务档案信息化建设中存在的问题

(一)对高校财务档案信息化建设重视程度不够

高校财务档案的信息化建设是在信息技术和网络科学技术的基础之上，需要具有创新思维和掌握新技术的管理人员进行操作，但是受到长久旧观念影响，部分高校的管理人员在思想上没有真正认识到财务档案管理进行信息化建设的重要性。管理者对信息化建设的意识不强势必会导致在建设过程中进度过慢，例如资金、设备、人才等方面的支持力度不够。管理者对信息化建设领导和组织能力不强，不能将信息化建设放在工作革新的首位，在一定程度上会削弱人们进行改革的积极性，减慢信息化建设的进程。

(二)高校财务档案信息化建设没有规范的标准

高校财务档案信息化建设的概念早在十几年前就已经被提出，但经过这些年的发展，信息化建设虽然有一定的进展，但没有很大的突破，究其原因还是因为管理者根深蒂固的传统思想，对新鲜事物接受能力不高导致在执行过程中不顺利。在对高校财务档案信息化建设中提出的一些标准没有一个规范制度限制，人们在进行信息化建设管理中，没有与高校财务档案管理工作中的一些实践工作相联系，导致理论与实践的脱节。由于我国高校财务在档案信息化建设中都是从头开始，没有成功案例和经验可以值得借鉴，没有标准的范例可遵循，使得管理人员在改革过程中困难重重，这在一定程度上也限制了信息化建设的步伐。

(三)高校财务档案管理人员缺乏信息化建设的相关知识

高校经过多年的发展加上人们整体素质的提升，高校中的工作人员整体素质较之过去都有很大的提升，无论是从学历还是职称上都基本符合目前的岗位要求。但是由于受到传统工作理念的影响，高校财务管理人员对于工作的侧重点不一样，大多只是按照工作惯例重视财会理论与实践的学习，加上高校目前对于财务档案管理中的信息化建设还没有引起足够的重视，导致管理人员的一些思想观念不能得到及时的转变，仍然停留在以往对于工作的认知程度上，对于信息化建设的工作也是简单化、随意化和粗放化。学校对于高校财务档案的信息化管理和建设的认知程度不够，导致在人才的培养和选择上存在限制，没有既能够熟悉财务和档案，又能将纸质档案数字化和信息化处理的复合型人才。

(四)高校财务档案信息化建设中没有明确的目标

高校财务档案的信息化建设看似很简单，但是其中档案资料的管理是涉及

高校各个部门之间的工作配合的。档案管理在高校中一直没有得到足够的重视，导致高校领导层没有直接对档案管理进行领导，各部门的领导人员没有尽到自己的领导义务，在工作上出现责权分不清的现象。学校领导对高校财务档案管理中的信息化建设没有确定明确的目标，使得在建设工作中没有目标可循，工作进程受阻，重视程度不够。

三、构建高校财务档案信息化建设的策略

（一）建立健全高校财务档案信息化管理制度

规章制度的建立是为了规范行为，所谓"没有规矩，不成方圆"，因此建立健全高校财务档案信息化建设的管理制度是完善信息化建设的前提和保障。财务档案的信息化建设不仅是高校财务部门的事情，其他部门也涉及在内，需要在工作上给予支持，各个部门积极参与到制度建设中，结合实际情况，从实践出发，制定一套行之有效的管理制度。

（二）切实完善现代化的基础设施建设

实现档案管理的信息化建设主要是借助了现代先进的信息技术和网络技术，信息化技术是借助一些设备进行依托的，因此基础设施的建设在信息化管理中有着很重要的地位和作用。本文中所说的基础设施包括有计算机、服务器、路由器、数据库管理系统等各种硬件和软件设备。档案信息化建设是借助这些设备进行的，操作人员通过借助硬件和软件设备的操作对档案进行信息化处理。档案信息化基础设施建设应该在硬件和软件设备中找到平衡点，对于软件系统应该做到力求完美，这样才便于操作人员在硬件设备上信息化处理档案资料。完善信息化建设中的基础设施才能保障档案的信息化建设稳定、高效的进行。

（三）进一步做好档案网站的建设

档案网站的建设是实现档案信息化管理的重要一步，档案网站建设时需要注意几点：一是服务功能的完善，二是宣传功能的体现，三是交流功能的加强。健全档案网站的建设有利于提高档案信息化建设的工作水平和管理能力。

（四）加强高校财务档案管理的辅助决策系统的建设

随着信息化技术的应用，档案管理中对于信息化的要求也越来越高，在管理方式上也有所提高，单纯依靠传统的单一管理方式不仅效率较低也不适应发展中的档案管理制度，为了适应现代化管理水平的需要，必须建立一个较为完善的高智能化的辅助决策系统，保障高校繁重的档案管理工作。

(五)提高档案管理人员的业务水平

随着信息化建设的不断完善,管理人员自身的业务水平和工作能力也要适应变革中的信息化建设步伐。加强对管理人员的再教育,在工作中对其进行培训,注重培养人员专业性的知识和操作技能,以便更好地进行工作操作做好技术支持。

总结

高校财务档案建设的目的在于保存信息,做好财务方面进出有据可循,加强高校财务档案信息化建设是借助现代发展的先进技术将档案管理方式更加信息化、科学化,优化管理方式。本文通过分析高校财务档案信息化建设必须实行的现实问题,探索在实行过程中所遇到的一系列问题并进行解决,希望能够引起高校的普遍重视,加强信息化建设进程。

【参考文献】

[1] 刘迎春. 高校财务档案信息化管理研究[J]. 沿海企业与科技,2010(7).

[2] 程苑. 对学校档案信息化建设的思考[J]. 黑龙江史志,2009(23).

[3] 刘远,肖金良. 高校档案信息化建设探析[J]. 兰台世界,2009(16).

[4] 傅荣校,韩云云. 基于功能角度的档案网站评价指标体系研究[J]. 档案管理,2006(5).

数字化环境下高校会计档案管理的研究

天津师范大学　　于艳华

【摘　要】随着网络技术的发展，信息化进程的加快，财务管理和会计信息化应用软件也不断升级，给会计档案管理注入了新的生命，同时对于依赖信息化软件的会计档案也有了更高的要求，会计档案的产生与保管发生了根本性变化。结合高校会计工作的性质和特点，高校会计档案管理也要与时俱进。本文主要结合数字化环境下会计档案的特点，针对高校会计档案管理存在的误区和不足之处，分析现状，总结原因，提出对策和完善办法，并展望高校会计档案的发展方向。

【关键词】数字化　高校会计档案　管理

会计档案正随着计算机的广泛应用以及电算化会计的实施而逐步走向信息化。作为记录和反映高校经济业务的重要史料和证据的会计档案，决定着高校财务工作，乃至学校整体的管理水平。高校财务工作是以提供财务信息为主的经济信息系统和一项经济管理工作，对于加强学校的宏观管理和微观经济管理、提高教育投资的经济效益、促进事业的发展，具有重要的意义。

随着高校管理规范化的发展，对高校财务信息的要求也越来越高。在"数字化"校园建设蓬勃发展的大背景下，高校会计信息化的建设也要与之相适应。"数字化"校园建设对高校财务信息化产生了很大的影响，完善了会计信息化系统，实现了财务信息资源共享。利用网络技术和信息技术可以提高财务信息本身透明性，方便广大师生的同时，还能够使信息使用者能够更加充分地了解相关信息，以便做出正确的科学决策。

根据高校会计档案的特点，结合数字化技术的优势，在财务管理和会计信息化应用软件也不断升级的基础上，在人力、物力和财力的支持下，高标准、高效率地实现会计档案的管理，实现会计档案从产生到保管再到利用的全过程有效管理，保护会计档案资料，提高会计档案使用效果。

一、会计信息化下电子档案的概念及特点

信息化环境下会计档案管理是相对传统非信息化背景下会计档案管理而言

的，它是按照有关法规收存的、纸质和非纸质的会计档案，是在一定时间内（比如一个会计年度），把计算机信息系统中储存的会计档案打印出来、装订起来就类同于纸质会计档案。但是信息化环境下会计档案在形式和载体上与传统会计档案已有了重大区别，它需要通过媒介才能阅读，其内容及其规模通过肉眼无法辨别，对其保存、使用和管理有着一系列的特殊要求。它具有以下特点：

(一)电子档案的载体对环境的要求较高

存储介质由传统单一的纸质载体转化为多元化、多系统的基于网络和信息交互系统条件下的存取方式。较原始的载体方式在信息传递、查阅等需求时更为方便、灵活。电子档案的载体是磁盘和光盘等磁性介质，存储空间相对较小，查阅容易。但磁性介质对环境依赖性较强，既要防水、防火、防潮、防磁还要防止被人恶意篡改。因此要加强数据安全管理，否则可能会造成很大的损失。

(二)电子档案的内容丰富、领域宽泛

传统的会计档案包括原始凭证、记账凭证、会计账簿、报表等会计核算资料，是记录和反映经济业务的重要经济资料。在会计信息化下，不仅包括传统意义上的会计档案，还包括了存储在计算机硬盘以及其他磁性介质中的电子会计数据。

(三)电子档案信息有共享性和处理的高速性

基于会计信息系统和网络技术的应用，可以实现会计信息系统和其他管理系统的整合，使资源得到共享。电子档案因其会计信息的数字化，相较手工会计大大提高了会计档案的查询和使用效率。

(四)现代化管理要求相应提高

由于信息化环境下会计档案的特点决定了对其进行管理的要求远比纸质会计档案要提升许多。在信息化环境下实行会计档案管理的时间越长，会计档案信息涉及的计算机财务软件的版本数量越多，会计档案就更需要采用科学、合理的可行理论和方法，就需要实施更加系统有效的科学管理，由此信息化环境下会计档案管理的任务就愈加繁重。

二、会计信息化下电子档案管理存在的问题

(一)电子档案容易遭到破坏

由于电子档案存储于磁性介质内，信息高度集中，给一些恶意篡改数据的人员提供了便捷的路径，电子档案被修改后不易留下痕迹，难以使数据恢复原状，这样就使会计数据失真。又由于载体的质量、会计数据存储的有效期、硬

件设施更新等问题，都会影响会计数据的真实可靠性。

（二）会计信息化档案管理制度不完善

传统的会计档案保管只包括手工或电算化条件下的档案管理。但随着信息技术在会计领域的应用，该管理制度已经不适用。会计信息化使得会计工作越来越精细，但由于缺乏规范的会计信息化档案管理制度，会计电子档案都由财务软件的管理人员负责保存，但他们毕竟不是专业的档案管理人员，有时就会出现会计数据和其他会计资料未及时归档的现象。档案管理制度的不完善使得财务人员的职责不明确，从而会造成档案人为破坏和自然的损害，使得会计信息不完整，失去了原有的利用价值。

（三）计算机财务软件版本的使用不一致

由于财务软件开发商之间没有统一的开发标准，使得市面上的财务软件种类繁多，而财务人员熟悉的财务软件又是有限的，不能对每一款软件都很了解，这就在使用时可能会出现错误。另一方面由于会计制度、会计准则的变化也会使财务软件不断发生变化。

（四）档案管理人员没有足够认识电子档案的重要性

会计电子档案从收集、整理到归档都离不开计算机，由于传统档案的保管对管理人员的计算机操水平没有太高的要求，使得管理人员的计算机应用能力不强，对电子档案不够重视。有时就会出现不能及时对电子档案进行备份的情况，这种人为的错误就会影响财务软件系统的正常使用，如果数据丢失不能恢复，损失可谓惨重。

（五）缺乏专业的计算机维护人员

会计信息化下电子档案的管理涉及网络的应用，而网络本身就是不安全的，这就需要必要的计算机维护和网络安全人员进行日常维护。但是很少有单位聘用专业的计算机维护人员，大多数都是将单位的财务人员进行短期的培训，然后财务人员就又充当了维护人员的角色。由于财务人员很难在短期内掌握计算机的维护技能，这样在工作中很容易出现操作错误。

三、会计信息化下高校会计档案管理的对策

（一）确保会计电子档案保存环境的安全，保证网络环境及硬件设备的稳定

电子档案是会计信息化的产物，因而要用现代化的设备加以保存。目前大部分的企业都是纸质档案与电子档案并存，如果电子档案出现差错，纸质档案

还可以弥补。存放电子档案的场所应有防潮、防磁、防尘、防火、防热、防虫等必需的硬件配套设施，库房温度应控制在 $17\sim20℃$，相对湿度应保持在 $35\%\sim45\%$，要避免阳光直射和有害气体，最重要的是远离磁场。入库的电子档案存储介质要放入特制的软件盒中，直立排放，防止挤压变形和意外的损坏，软件盒要放在特制的防磁档案柜内保存。为了保证电子档案信息的安全，要做好计算机病毒的杀毒措施，定期用最新的病毒库查杀病毒，防止财务专用机感染上计算机病毒。

由于网络信息化环境下产生会计档案的新形式——电子数据(电子档案的原始状态)对网络的要求相对较高，网络环境的安全性、硬件设备的稳定性都会对会计档案造成影响。因此，单位日常工作中应做好网络日常维护及对硬件设备进行病毒查杀，定期对病毒库进行升级，给电子数据创造一个良好的外界环境，对进一步形成会计档案打下坚实的基础。

(二)建立严格的内部控制制度

内部控制制度是指一个单位的各级管理层，为了保护其经济资源的安全、完整，确保经济和会计信息的正确可靠，协调经济行为，控制经济活动，利用单位内部分工而产生的相互制约，相互联系的关系，形成一系列具有控制职能的方法、措施、程序，并予以规范化，系统化，使之成为一个严密的、较为完整的体系。与传统的内部控制制度相比，会计信息化下的内部控制范围更宽，其中一些内容是手工内部控制中没有的，如对程序的修改和调用。按照《电子文件归档与管理规范》和《会计档案管理办法》的规定，建立会计信息化档案管理制度，包括归档制度、保管制度和借阅制度，是保证会计信息系统安全有效的关键所在。

(三)选择统一版本的财务软件

选择财务软件不仅要选择软件功能好的，还要看软件的开发者是否具有好的信誉、充足的开发资金和足够的能力。另外，还要注意会计电子档案与选择的财务软件版本要保持一致，将会计电子档案的格式随着文档技术的发展不断升级，使在任何时候形成的电子档案都具有兼容性。同时，会计信息化档案不同于普通的会计电算化档案，它还包括通过会计数据运算和分析而得出的企业决策所需的参考信息，因此在对会计信息化档案进行保存时，还应注意这些信息与会计数据的对应关系。

(四)提高档案保管人员的素质

首先，要提高在职人员的素质。单位领导应该重视会计电子档案的管理，对会计电子档案有一个正确的认识，优化人才的知识结构。保管人员的素质要符合会计电子档案保管工作的要求，保管人员具有怎样的素质是会计档案管理工作中重要的要求之一。保管人员既要有良好的职业道德，又要掌握会计学、管理学和档案学的基本理论知识和能熟练运用现代信息技术。要提高会计人员的计算机操作水平，就要加大培训力度，立足于企业长期发展的需要，培养适合企业会计电子档案管理的高素质人才，注重培训的实际操作能力。可以让档案保管人员、会计人员和系统维护人员进行岗位交叉培训，这是最好的培养会计电子档案保管复合型人才的途径。其次，要注重吸收新的人才，给企业增加新鲜血液。在选聘人才的过程中，要进行适当的考试来衡量其理论知识和操作技能的掌握情况。最后，要实行适当的激励和约束机制，坚持优胜劣汰的原则，确保每个岗位的人员都有竞争和危机意识，努力做好自己的本职工作。

(五)配备专业的计算机维护人员，强化数字化环境下会计档案的安全保障

会计信息化下电子档案的管理涉及网络的应用，网络本身的不安全性决定了单位应该有专业的计算机维护和网络安全人员进行日常维护。

维护工作主要从保护档案信息的安全性和补救丢失的信息等方面进行，可以通过以下几个措施来进行安全保障：通过访问控制防止不想管人员非法进入系统并访问会计档案内容，这是保护数字化会计档案资源安全的重要手段；通过设置防火墙，使重要的会计信息和机密资料从信息网络上不能被非法盗用，还可以使被保护的网络信息和结构不受侵犯；通过信息加密，使不宜公开的数字化会计档案成为非公开的内容，从根本上满足信息完整性的要求；通过对会计档案数据备份与恢复策略，保障数字化会计档案的安全。建立备份与恢复系统，目前可以采用静态备份(离线异地保存)和同步备份(用于灾难数据恢复)相结合的方式。但这种策略只是对数字化会计档案信息丢失和失真的一种补救措施。要实现数据的万无一失，平时就应该多注意会计档案数据的安全。

四、结束语

高校会计档案实现数字化管理，是适应现代化管理的需要，从而能更好地生存和发展，提高会计档案信息资源的运用效率；既为现代会计档案利用提供了重要手段，又为高校发展所需重要信息资源提供了来源；既继承了传统概念上的纸质化的理念，又发展了系统软件、数字影像的特征；既合理开发和科学利用一切关于档案管理和发展的理论，趋利避害，拓展了会计档案的内涵，又提高了会计档案的知识和技术含量，满足了会计，审计和内控对于会计各种档案资料的要求。

总之，随着数字化技术在财务上的不断应用和财务共享模式的逐渐建立，会计档案的数字化管理也应顺应这种数字化共享模式的潮流，实现会计档案的信息资源的共享。这种共享管理不仅要借助于网络化的平台，先进的共享技术，还要配合会计的流程管理、内控体系、风险管控等。我们必须切实做好会计电子档案的管理工作，使它同纸质档案一样发挥作用，能够长期的存真、保实。总之，会计电子档案是传统会计档案管理的一次质的改变，它代表着未来档案管理现代化、信息化的发展方向。

【参考文献】

[1] 张莉军．浅谈信息时代财务电子档案的管理[J]．现代商业，2011(27)．

[2] 葛桂珍，胡小玲．谈会计电子档案的保管[J]．财会月刊，2006(3)．

[3] 刘雪晶．浅析会计信息化档案安全与维护[J]．财会通讯，2008(12)．

[4] 孙瑾．会计信息化档案管理中的问题及对策[J]．人力资源管理，2010(4)．

[5] 江红．浅谈会计档案管理的现状及建议[J]．经营管理，2009(4)．

[6] 刘仁芝，王群．浅谈数字校园环境下的高校财务管理信息化体系建设与发展[J]．黑龙江科技信息，2011(31)．

[7] 许佳，隋春侠．浅谈"数字化"校园下的高校会计信息化建设[J]．中国外资，2011(8)．

[8] 张育强，靳敏．论财务转型过程中会计档案管理工作的新思路——基于财务共享模式的探讨[J]．中国总会计师，2011(2)．

[9] 王晓芳．数字化会计档案信息安全管理策略研究[J]．机电兵船档案，2011(3)．

[10] 刘阳，刘雪晶．会计信息化下电子档案的管理[J]．商业经济，2011(2)．

基于贵州师范大学实行网上预约报账的
几点思考

贵州师范大学　张光绪

【摘　要】在网络技术不断发展的今天，为了有效缓解目前高等学校财务部门的报账压力，节约报账人员的等候时间，提高财务管理水平和服务水平，网络报账预约服务系统逐渐走进各个高校开始运行，贵州师范大学也不例外。本文就贵州师范大学网上预约报账的产生背景、实施网上预约报账系统将会产生的问题进行剖析，并提出相应的解决意见及措施。

【关键词】贵州师范大学　网上预约报账　推行　建议

随着学校经费来源的多元化发展，巨大的工作量与有限的财务人员形成了尖锐的矛盾。"报销难"成了教职员工经常议论的话题，学校从"无现金报账"到"接单报账"，这每一次的变革都在一定程度上缓解报账压力，但都没能从根本上解决问题。随着财务信息化的不断发展和学校网络平台的不断壮大，学校将推行基于 INTERNET 的网上预约报账系统，这是财务信息化下又一次革命性的创新。

一、贵州师范大学网上预约报账的实践背景

(一)传统报账模式单一、服务质量停滞不前

在教职工的眼中，报账工作往往被看作一项服务工作，忽视了会计工作的专业性，在报账过程中，当会计人员当面提出某项内容不能报销时，就会面临指责和谩骂，质项的核算工作量已经使会计人员长期处于超负荷工作状态，面临着生理与心理的双重压力，这种干扰现象使会计人员的工作积极性受到严重影响，服务力量难以提升。

(二)多校区办学模式，在财务人员编制数一定的条件下加重了财务人员的工作量

贵州师范大学目前有三个校区，分别为宝山校区、白云校区和花溪校区，

每个校区都设有财务室，如要求每个校区的财务都能正常开展报账业务，在统的报账模式下，就要求每个校区的财务室对于每个特定的财务岗位都需要有财务人员，这样，在财务人员人数编制一定的条件下就加重了前台财务人员的工作量。

（三）报账排队等待时间长

国库集中支付在高校普遍实施后，更是加重了财务人员报账的工作量，造成了财务人员埋头苦算，而报账人却在长时间耐心等待的局面，究其原因是传统报账流程烦琐，且多为手工作业，尤其是每学期期末，由于报账人的迅速增加，财务人员数不变的情况下，每个财务人员的工作量都在成倍地增加，长时间这样的业务量更是造成了财务人员的疲倦，这样，业务量的增加与工作人员的疲倦双重导致工作效率低下，报账人等待的时间就会越来越长，排队现象不可避免。

（四）财务制单人工作量大

随着国家对高校教育经费的不断投入，贵州师范大学取得的学科建设、重点实验室、国家重点科研工程等经费大幅上升；科研人员取得的"十二五""十三五"等攻关项目明显增多，科研横向协作经费更是渠道多、经费节节攀升。而所有这些经费的使用，必须通过财务进行支付，繁杂的费用，如出租车费、过路费等小额发票多，在服务窗口不变的情况下，无形中加重了前台财务审核人员的工作量。

（五）资金支付滞后

在传统的银行支付手段下，资金支付受报销流程和银行处理速度的双重制约，滞后于业务发生，同时，大量的资金支付大量的银行对账工作，财务人员工作负荷大，且出错率高，导致各部门，各项目在编制预算时，无法得到及时准确的支出数据，严重影响了预算编制的进度和准确性。

（六）制度信息的不透明现象严重

进行报账时，由于报账办理人员对于相关的制度与法规的了解不足，在不了解制度以及办理流程的情况下，往往会出现手续不齐全、票据不合理的现象，这样的现象下，往往会导致在消耗了大量的时间与精力来完成票据整理，排队等候以及审批过后，又因为不合报销规定而不能够报销的现象，该种现象会进一步导致报账效率的降低，工作人员的人力成本的浪费，与此同时，报账办理人员的抵触心理也会增强，这一系列的现象实际上究其原因，都是由于财务部门对于流程与制度的宣传力度不足，制度信息不对称，报账的依据不透明。

(七)贵州师范大学自身发展的需要

贵州师范大学正经历从核算处理型向核算与管理并重型、从会计电算化到会计信息化的转变，这种转变对财务管理的手段和水平也提出了越来越高的要求，因此，作为高校财务管理重要支撑手段的会计信息系统必须按照财务管理的要求进行功能扩展，必须由原来的事后控制转向事前和事中控制。随着校园网的开通，无现金报账系统的实施，财务软件建设日趋完善，会计环境，会计依赖的技术手段日趋丰富，传统的财务处理流程无法满足教职工的需要，网上预约报账系统正式诞生了。

二、会计信息化背景下贵州师范大学网上预约报账存在的问题

(一)使用者不熟悉操作流程

贵州师范大学实施网上预约报账时间比较短，大部分教师对于该系统不熟悉，同时由于系统设定了相应的牵制机制，有报销需求的教师在登录系统之前，需要根据系统的要求录入必要的报销信息，然后在纸质的报销单上填写信息，有些单据上需要填写的内容比较繁杂，比如差旅费等，这让一些手续比较烦琐的报账业务无法顺利完成报销，在这种情况下，一些教师就会重新使用传统的报销程序，到财务部门排队等待，这种情况明显制约了网上预约报账系统的传播。

(二)系统的完备性与稳定性有待增强

贵州师范大学的教育不断发展，财务状况更加复杂，各种经费的额度逐年升高，报销量急剧增加，尤其是开学和期末，进行网上预约报账的人数非常多，由于人数激增，系统的访问量迅速增加，往往会在高峰时导致系统出现中断，教师不得不选择传统的报销方式，浪费了时间，也会让教师对系统的便捷性产生怀疑，这就要求网上预约报账系统的设计者对其进行改进，以适应使用者的要求。

(三)网上审批问题

贵州师范大学目前只推出了网上申报系统，网上申报系统与网上预约系统有着本质的差异，就审批问题而言，网上预约报账系统的审批更规范化和流程化，但从以实施网上预约申报系统的高校来看，大部门的尚未直接与审批系统互联，使得教师们在报账审批环节还需要传统的审批流程进行审批，而高校财务在审批方面有着严格的规定，有些经费报销需要经过重重关卡，一旦某个环节的负责人外出办公，审批就会被搁置。虽然网上预约报账系统已经尽可能的

考虑到这一点，但还是没有达到高效的目的。

（四）数据库的维护问题

网上预约报账推行后，系统管理员的工作变得更加重要，网上银行支付的基础在于教工银行卡数据库和学生银行卡数据库，一旦银行卡发生挂失，补办等情况，需要及时更新数据库，以保证数据库的准确性，确保支付的顺利进行。

三、贵州师范大学网上预约报账系统顺利推行的几点建议

（一）加大预约报账系统的推广力度

针对部分教师对该系统的便捷性等有时存在怀疑的情况，应加大对预约报账系统的推广宣传力度，在推广过程中应充分宣传网上预约报账系统的便捷性，计财处应制定推广与操作讲解方案，让教职员工详细深入地了解系统的具体优势，并根据网上预约报账系统的更新程度和实践中存在的普遍性问题加以及时解决，从宣传平台来看，可以撰写简洁的系统优势说明书，发布在校园网络上，也可以邀请相应的专家或技术人员在学校进行专题讲座，让系统的使用群体能够对系统带来的便捷有更深入的了解。

（二）实现预约报账系统和审批系统互联

从国外和国内某些管理水平较高的高校来看，微软等一些大型公司，早已凭借自身的技术开发优势，以 ERP 系统为基础，将报账系统与审批系统实施有效连接，成功地实现了财务信息与审批信息的共享，让财务工作的效率得到大幅度的提升。但是，这样的连接需要选择相应的 ERP 系统兼容，而目前贵州师范大学使用的 ERP 系统不能兼容神州浩天的网上预约报账系统。鉴于这一点，贵州师范大学应选择与神州浩天的网上预约申报系统相兼容的网上审批系统、AC 认证系统等一系列软件，实现网上预约报账真正的便捷、高效。

（三）增强系统的安全性

财务信息十分敏感，因此，在使用网上预约报账系统之后，财务信息和数据的保护十分重要。利用技术手段保证相应信息不遭到篡改，严格监管不同使用者的使用情况，重点防范信息的遗失，还应该利用此系统中的数据信息，建立起相应的预警机制，对财务状况进行分析，防止财务风险，就系统设定内部管理人员进行规范，防止内部控制风险造成重大损失，对于已经落后的加密技术实施更新换代，使用最先进的数据加密技术，尽量让财务信息的录入安全保持在最高水准。由于使用系统的人数会迅速增多，这就对系统服务器的存储与计算能力提出更高要求，应该及时对服务器进行维护。

(四)提升工作人员的操作能力和系统有关的专业知识

网上预约报账系统实际上是对传统报账模式的一种创新的表现，是财务管理工作与网络信息技术的巧妙融合，计财处的工作人员作为该系统的操作者，其不仅需要掌握有关财务管理工作的相关知识，还需要具备有关信息系统运作与使用的相关知识。目前，由于贵州师范大学计财处的工作人员并不是信息化系统的专业人员，对该项技术的了解与应用知之甚少，因此，想要更好地实现网上预约报账，就需要对工作人员进行专业系统知识的培训，从而提升其对系统的掌控能力。

(五)对使用人员进行培训

贵州师范大学计财处应该组织专门的系统使用培训，让广大教职员工参与其中，撰写相应的使用材料，发放给教职员工，然后邀请相应的专家进行讲解，让其详细了解系统的操作程序，可以使用图文结合的方式，让讲解过程更加直观，让每种类型的填报单的具体使用步骤进行讲解，培训的重点是填报信息的填写过程，让使用者了解如何对相应的信息进行修改账务处理的各个环节也应该重点进行讲解，一般情况下，会有多个业务同时出现的情况，要让教职员工了解如何同时办理多项同类型的业务，这些环节的培训很大程度上减轻了财务工作人员的工作量，提升了业务办理的效率，也让报账流程更加规范化、合理化。

(六)建立相应的网上预约报账运行机制

网上预约报账是学校财务信息化建设的重要步骤，一套完善的网上预约报销体系必须具备完善的机制约束，机制建设应坚持科学性与适用性相结合，原则性和灵活性相互补，系统性与前沿性相协调的原则，通过科学、系统的分析来制定网上预约报账约束机制。在推行网上预约报账的过程中，由于用户的层次不同，难免会出现抵触情绪，有教职工习惯了原有的报账模式，对使用新操作系统积极性不高，因此，必须做好解释、宣传工作，让用户真正体会到网上预约报账系统的优点。同时充分维护机制的权威性，并切实抓好机制的落实，以真正发挥财务信息化的合力。

【参考文献】

[1] 张燕，王可. 网上预约报账系统的利与弊[J]. 商业文化，2014(8).

[2] 梁霄宁，沈哲，罗俊强. 基于用户体验的高校无等候报账系统实践[J]. 教育财会研究，2014(2).

[3] 汪慧. 网上报账系统的实践与探索[J]. 新会计，2013(7).

[4] 于丽娟. 浅析高校网络报销中存在的问题及对策建议[J]. 经济师，2015(10).

[5] 何志勤. 对提升高校网上报账效率的思考[J]. 经济师，2015(10).

天津师范大学校园统一支付平台系统研究

天津师范大学 张吉丽

【摘 要】长期以来，教育收费都是社会普遍关注的热点，特别是 2014 年天津市在市属高校范围内正式实施了新的全日制普通本科、全日制研究生收费标准，再一次引起了各方关注。在这样的形势下，如何以"制度加科技"的工作思路为引领，积极探索、不断创新，通过"校园统一支付平台"的应用，进一步提升收费管理工作的规范化、科学化水平，实现教育收费的管理目标，是摆在每一位财务管理人面前的重要课题。本文以天津师范大学为实证对象，详细分析了校园统一支付平台的总体架构及内部系统，并用实际的案例具体说明如何在管理上设计并实现相关功能，希望能够抛砖引玉，给兄弟院校的同行提供有益的启示。

【关键词】教育收费 收费管理 校园统一支付平台

一、天津师范大学教育收费管理模式发展概述

(一)学校基本情况

天津师范大学作为天津市属重点院校，始建于 1958 年，原名天津师范学院，1982 年更名为天津师范大学。学校现有 25 个学院，68 个本科专业，涉及文学、理学、教育学、历史学、法学、经济学、管理学、工学、艺术学等 9 个学科门类。有 6 个一级学科博士学位授权点，28 个一级学科硕士学位授权点，13 个专业硕士学位授权点，7 个博士后科研流动站。全日制在校生 28578 人，其中本科生 23191 人、博士研究生 306 人、硕士研究生 3328 人、港澳台学生 91 人；各类留学生 3149 人。

(二)教育收费管理模式演进

随着近年来学校的加快发展，招生规模持续扩大，收费标准不断细化，学校的教育收费模式也呈现为从"以现场收取现金的传统收费模式"逐渐过渡到"以银行卡批量扣款为主、现金为辅的半自动化收费模式"，再发展到"以取消收费现场、全面实行银行卡扣款的全自动化收费模式"这样的演进过程。各阶段的主要特征表现为三点。

1. 传统收费模式

在此模式下，主要的收费方式是现金、POS，必须设立长期的、面对面的收费现场，排队等候时间长，安全性差、风险性高，工作效率低、管理成本高。同时，由于没有建立收费辅助账，无法提供查询服务，财务对账便捷性很低，服务对象的综合体验较差。

2. 半自动化收费模式

此模式下，主要收费方式是银行卡委托代扣，取消了大规模收费现场，只在财务处选择性设置。虽然在学生集中前往的时候可能造成排队等候，但相对前一种模式已经得到很大改善，资金的安全性及工作效率有了较大程度地提高，风险及管理成本得到很大降低。这时已经建立了比较完善的收费辅助账，但由于混杂着现金收费，人为因素很多，往往产生比较高的误差概率，从而造成所提供的查询服务准确性不够高，财务对账的便捷性和用户的综合体验也有待进一步改进。

3. 全自动化收费模式

在这种模式下，全面实行了银行卡代扣，收费现场完全取消，排队等候完全消失。数据的一致性，资金的安全性及工作效率达到了前所未有的高度，风险及管理成本达到很低的水平，辅助账误差概率很小，提供的查询服务基本准确，财务对账的便捷性及用户的综合体验都达到了比较高的水平。

二、应用校园统一支付平台的必要性

通过对学校收费管理模式的演进过程进行归纳，各发展阶段的特征充分对比分析，可以看出全自动化收费模式已经对传统的现金收费模式进行了较大程度的变革。但这种收费模式也存在固有缺陷：一是在银行卡存在年费、小额账户管理费等使用费用，对家庭经济困难学生形成一定压力，特别是对于广大外地学生而言，汇款手续费也不容小觑；二是收费行为只能由学校单方发起，学生只能被动等待扣款，信息不对称，容易错过扣款时点而影响缴费；三是扣款银行卡为唯一指定，若原卡丢失则需补办并重建扣款关系，必要手续多，耗时耗力；四是只能在工作时间提供缴费服务，而实际的情况是学生更会在非工作时间提出缴费要求，缴费便捷性不足；如此，便呼唤一种更经济、更主动、更快捷的方式来弥补。

三、天津师范大学校园统一支付平台系统的设计

(一)设计目标

平台提供的是在线式一揽子解决方案，设计的目标是可以实现在校生在学

期间所有应缴费用全部通过本平台完成，主要包括学费、住宿费、报名考务费等行政事业性收费，还包括为了教学服务的教材费、保险费等代收费；同时，各办学单位举办的短期培训费，只要是符合相关规定准予收取的，均应统一纳入平台执收。收费对象既包括学籍生，也应涵盖无学籍生。最终的目标是通过支付平台的应用，从管理上实现真正意义上的"无现金"，从缴费便捷性上实现"7×24 小时全天候无人值守"。

（二）设计结构

校园统一支付平台的设计架构采用目前比较流行的 Browser /Server 模式，分为前端登陆平台和后端管理平台两个部分。前端登陆平台是缴费人员的登陆界面，缴费人员输入身份证号、姓名和验证码实现登陆，随后查询欠费，生成订单，直连到银行或者选择第三方都可以轻松完成支付。后台管理平台除了可以供业务部门申请收费业务、维护收费批次的人员信息、查询缴费结果之用以外，还可以为财务对账、入账和纪检监察部门实时监控提供便捷的接口。

（三）流程设计

支付平台作为一个通用商业软件，要想运行好，必须根据本单位、本部门的实际进行充分地调查研究，以用管分离为基本思路，以提高效率、加强内部实时监控为目标，设计出适应自身的管理流程。

1. 管理流程设计

为满足整体流程中不同环节的各自需求，在系统管理、业务管理、监控管理这三个管理层面上，共量身打造了五种管理角色，并根据不同角色的管理需求分配了不同的管理权限。

（1）系统管理层面：财务处作为财务管理角色，主要负责审核业务部门申报的每一项收费项目是否在财政物价部门批准的范围内，其收费金额是否符合相关标准，从源头上杜绝违规收费、乱收费、超标收费等不合法行为。

（2）业务管理层面：包含部门领导角色、收费管理角色、二级业务人员角色。其中部门领导角色是业务部门领导，具备查询权限，可以随时看到本部门下所有待审批、进行中、已完成的收费批次及资金收入情况；收费管理角色是经过部门领导授权的收费业务具体负责人，具备申报收费项目、申报收费批次、缴费人员名单维护、相关查询等权限，为日常管理提供支持；二级业务人员角色是经过部门领导授权的合作办学单位负责人，具备查询权限，可实时了解合作办学缴费情况。

（3）在监控管理层面：纪检部门作为实时监控主体，具备全面而实时的查询权限，可随时随地了解处在各个流程阶段的收费项目的相关情况，对每个项目提出问询，及时纠正相关问题，切实执行"无现金收费"，保证全校的教育收费都在实时监控下有序进行。

2. 支付流程设计

天津师范大学校园统一支付平台的缴费登陆接口设置在校园官网首页。支付流程设计力求便捷，可以简单地用"登、查、缴"三个字来概括。具体是指学生可随时凭身份证号、姓名登陆平台，查询当前期间的欠费明细，选择应缴费用生成订单，采用农行网银或者支付宝缴费，成功后即可打印已缴费信息。

四、使用效益

天津师范大学统一支付平台自 2014 年 1 月起正式上线，已将学校所有的事业性收费、部分经营收费、部分小额代收费纳入其中，截止截稿日已实现 66341 人登陆注册，64545 人次成功缴费，归集的资金已超过 1.8 亿元，取得了良好的使用效益。

五、研究展望

校园统一支付平台的应用过程中，除了技术手段外，更应注重的是相关管理制度的配套实施。所谓制度是技术的保障，应该通过设计合理、严密的内部控制制度对收费过程进行全过程的监管，使在校生等广大平台使用者获得更安全、更友好、更便捷的缴费体验的同时，保证学校总体教育缴费工作在科学化、规范化的道路上取得更大的进展。

【参考文献】

[1] 朱靖. 基于网银支付的高校网络缴费平台研究[J]. 广东轻工职业技术学院学报，2012(2).

[2] 李明涛，王映雪，罗念龙. 清华大学电子支付平台的模型研究与设计[J]. 教育信息化，2006(7).

[3] 张波，章潜才，何斌斌等. 基于分布式自助终端的网络缴费系统的研究与实现[J]. 电脑知识与技术，2010(25).

队伍建设与其他

如何提高财务报销服务满意度
——基于高校财务报销问卷调查

华东师范大学　曹芳　朱丹　杨美玲　杨雨泓等

【摘　要】高校的财务处是维护学校教学科研工作以及日常行政管理工作的重要部门，其服务工作的好坏直接影响了高校的和谐健康发展。本文采用问卷调查的方法，通过对调查数据的统计，分析财务报销服务工作的满意程度，发现财务报销服务中存在的问题，并针对问题提出整改意见，最后对财务服务的拓展方向进行进一步的展望。

【关键词】高校财务　报销服务　满意度

一、高校财务服务的基本介绍

(一)高校财务服务的理念

高校财务服务，是指高校的财务部门基于高校的发展计划和经济状况，根据财务管理要求对预算内、外资金的筹措、计划、使用、监督和调节，通过收、支会计核算，为学校各部门开展业务活动提供资金管理，同时加强财务预算管理，以促进高校教学、科研等工作的顺利开展。财务部门作为高校的重要职能部门，是集管理与服务为一体的综合管理部门，是学校的"窗口"行业，对内要面对全校的师生员工，其工作效率和水平对全校的教学科研及日常行政管理工作起着重要影响作用；对外代表学校的一级组织，其工作形象和工作态度也代表了一个学校的整体形象，其服务渐渐成为了财务工作的重点，也是财务管理的延伸和深化。高校财务服务理念，实际上就是在法规框架内，财务部门对于自身提供劳务所追求的价值目标以及其中的价值标准的定位。不同高校的财务部门对财务服务理念的理解有所不同，基本可以归纳为在记录会计信息方面做到高效、准确、及时、严谨，体现出专业化的特点，平等待人，处处体现出对师生的关爱，实现个人与集体、社会的共赢。

随着高校二级财务管理的不断深化，高校财务的服务理念又有了进一步延伸，高校财务为学校的发展提供财务服务的同时，与学院及各部门通过多方面的合作，逐步建立一种相互信任的伙伴关系、顾问关系和监控关系，为其提供专业财务管理知识，做好财务咨询服务，并按照财务管理制度对其经济行为进行合理有效的监管，以促进高校的健康发展。

（二）高校财务服务的特点

1. 服务对象多样性

高校财务部门除了政府、上级教育主管部门及财政部门等外部服务对象，最常接触的就是内部的服务对象：校领导、各学院以及全体师生，为学校领导决策提供科学依据，做好参谋服务；为各学院提供专业财务管理知识，做好财务咨询服务；为教学、科研做好资金管理，有效利用学校资源。此外，还要向上级教育主管部门及财政部门及时提供各种财务信息数据、报送各种统计报表以及学校预决算情况，协助上级教育主管部门做好高校教育收费的监管服务；按税法规定，加强学校各项税收管理，为税务部门加强税收管理服务；为科技部门监管好科技经费提供信息服务。

2. 服务工作在特定时段相对集中

由于高等学校一年两学期制的存在，在学期初和期末，教师学生进校和离校的时段，服务工作量相对集中；其次，年末课题项目的结束导致财务报销工作的大量增加，财务结账工作量也相对集中增加。

3. 服务质量的差异性

高校财务在提供财务服务的过程中，因财务人员的业务素质、道德修养以及对财务政策的理解和认识、经历等各种因素的存在，不同人即使对同一对象服务也会产生不同的服务理念，从而产生服务差异，被服务的对象也会有不一样的服务感知。例如，由于对财务政策的理解和把握的不同，会出现同一事情在一个柜台行不通，而在另外柜台就可以办到的现象。另一方面，即使同一服务人员，在不同的时期、不同的情绪下，所提供的服务也会存在差异。而且高校会计人员以女性居多，女性特有的心理和生理特征，使得财务人员在同一天服务过程中心理和服务态度都会有变化。此外，服务对象的个体存在差异性，对服务质量的要求也有所不同，从而导致服务质量的外在差异。

4. 财务服务的现代信息化

随着财务信息化建设水平的不断提高，高校财务已实现会计电算化。财务预算、决算、核算，教职工工资发放、学生收费、科研经费使用情况等一系列财务活动均通过财务电算化管理系统完成，大大提高了财务数据的统计、分析准确性和财务服务效率。同时，网银支付功能的开通也大大减少了师生排队等待支付现金的现象。服务的现代信息化极大提高了高校财务服务的效率，这也对财务服务人员提出了要求，其不仅仅要具有扎实的会计、金融、投资、经济学等方面的知识，以提供诸如记账、报销之类的会计服务，提供财务分析、投资建议、融资渠道等理财类服务，还须具备一定的计算机及其网络技术方面的知识和能力。

（三）高校财务报销服务的重要性

随着高校教育事业的快速发展，办学规模的不断扩大，教学、科研、实验室建设等资金来源渠道多元化的发展，学校的财务由管理型会计职能逐步转向服务型会计职能，使得服务的复杂性及难度不断增加，所以提供高质量的财务服务至关重要。在所有的财务服务工作中，报销服务可以说是对外接触最多的，是财务服务工作的第一步，这也就显得尤为重要。财务报销前台是一个为全校师生员工服务的窗口，在新形势下如何适应这种变化，更好地发挥服务于教学的职能作用，不仅关系到财务部门的形象，而且是财务管理水平的直接体现，影响到对学校整体管理水平的评价，财务报销服务工作做不到位就直接影响了财务服务工作的满意度。财务服务是无形的，不可储存、也无法撤销的，是一种在特定时间内的需要，一旦错过了，服务就会消失，同样，一旦提供的服务满足不了需求，即使有再好的补救措施，也常常事倍功半，难以挽回。所以，财务服务人员，尤其是报销服务人员应该认真对待每一次服务工作，努力提供优质服务，以防不必要的矛盾发生。

1. 高质量的服务有助于提高财务处乃至学校的整体形象

近年来高校老师的科研能力不断增强，科研经费也呈现上升趋势，无形中增加了财务人员与师生的接触面。在提供财务报销的服务工程中，财务人员的业务素质和服务效率，甚至一言一行都会直接给师生留下直观印象，进而直接决定财务部门在师生中的形象；同时，高校财务对外与财政、物价以及税务等部门发生业务时，会计人员的服务态度、服务质量，除影响财务部门的形象外，还直接影响学校的社会形象。

2. 服务水平的高低直接影响学校的教学科研工作

学校的核心工作是教学和科研，高校的财务服务工作也必然紧紧围绕教学和科研展开工作，为其提供高质量的财务服务能确保学校各项工作顺利开展。

高校财务提供的报销服务工作，每一个服务细节都关系到学校事业的发展；财务报销服务的工作水平和工作质量直接影响到师生情绪的稳定、学校教学科研的正常运行以及日常行政管理工作的正常进行。高效的财务报销服务能确保学校的稳定发展，保证合理的资金安排，以有效促进学校各项工作顺利开展。

3. 财务服务水平的高低影响校领导决策

学校为了提高资源使用效率，对外出租出借，投资校办企业等多样化发展，预算、决算在高校财务中渐渐占据重要的位置，高校财务应把重心放到提高资金使用效率、开拓资金来源渠道，合理配置资产，给学校领导做好参谋，为其决策提供科学依据，为高校的可持续发展提供优质的财务顾问服务。

4. 服务水平的高低体现财务管理水平的高低

随着财务管理目标由最初的规范性管理转变为以人为本理念的财务管理，提供优质的财务报销服务可以促进财务部门与广大师生之间良好关系的建立，融洽的合作关系和畅通愉悦的交流也能帮助财务处外部师生更容易理解各项财务规定，积极配合财务制度的执行，使财务管理实现管理的最高境界，即人人参与的管理。

因此提供满意的财务报销服务一直是财务处全体工作者孜孜不倦所追求的。

（四）部门间的协作服务

财务报销作为财务服务工作的第一步，是财务服务工作中的重要环节，但其并不是独立存在的，而是与其他科室相互依存，相互影响和穿插，在直接对外提供报销服务的过程中，会与专项资金办公室以及预算管理科相互配合，而其工作的有效性会直接影响后续资金管理科和预算管理科的工作，同时也为其他科室部门的工作提供数据材料依据。

高校教学科研工作不计其数，不同的项目有专门的资金支持，才能保证课题项目资金得到有效管理，这是由专项资金管理科进行统一管理。在财务报销过程中，财务审核人员应严格按照项目资金安排对报销材料进行报销，杜绝专项资金的乱用、混用情况，保证专项专用；同时，在账务处理过程中遇到的项目资金问题，及时与专项资金管理科进行沟通，使得报销工作能够得到顺利进展。

不仅仅是企业，作为事业单位也要对每年的科研教育收入、支出进行预决算管理，其依据就是财务报销的账务处理结果，同时，预决算科根据实时收入、支出情况对报销处理给予相应的指导、安排，以保证年度预决算的顺利完成。办公室是联系财务处各个科室和部门之间的枢纽，各部门之间看似联系不大，实际上，各部门之间工作相互穿插、相互影响，只有真正的协调一致才能确保财务服务工作的有效进行。

二、高校财务报销服务问卷调查

在现实财务报销服务中，因对财务制度的理解有差异，个人道德素质等因素的存在，财务部门在日常工作中有时会发生误会、争执乃至冲突，这不仅对学校形象产生一定的负面影响，不利于学校教学科研工作的开展，更不利于学校的长期发展。因此，有必要针对高校的财务报销工作进行服务满意度调查研究，通过实时监测财务工作中师生员工的满意度来不断改善报销服务机制，优化服务环境，提高服务效率，使广大师生员工切实受益，从而促进学校各项事业的和谐有序发展。

服务满意度研究，一般是指企业等营利性机构通过分析研究影响顾客满意度的因素，发现影响顾客满意度的因素、顾客满意度以及顾客消费行为三者之间的关系，从而建立相应的服务机制和体系，以减少顾客抱怨和流失，达到提升企业竞争力与盈利能力的目的。随着非营利性公共服务事业的兴起和发展，其公共服务的满意度也逐渐引起了大家的关注，具有公益性的公办高等院校作为公共服务事业领域的一个重要方面，国内部分学者对其部门服务工作的满意度也进行了研究。比如王向峰和杨玫在 2006 年研究了高校图书馆的用户满意度；在 2009 年，高庆对高校学生食堂的满意度影响因素进行了研究，其还同黄庆、马勇锋一起研究了高校学生公寓服务满意度；瞿沙蔓在 2010 年就高校档案信息服务满意度进行了研究，刘希洋等人在同年研究了高校医院的满意度影响因素；徐宝华等人在 2012 年以某高校为例，针对高校职能部门——财务部门进行了服务工作满意度的测评研究，另外，钟小陶等人针对提升高校财务服务满意度提出了新思路。

(一)调查概况

针对上述本次调查由课题组的七位成员负责实施，包括调查问卷设计、样本抽取、数据统计、调查对象访谈及调查报告的撰写等工作，其中数据统计包括调查问卷的发放、收回以及运用统计软件对问卷进行分析三个部分，整个调查的执行实施时间从 2014 年 11 月 20 日至 12 月 17 日。

(二)调查目的

为了更好地了解财务处报销服务在学校各个部门及财务处内部的满意程度，掌握学校师生对财务处报销服务质量的评定、要求和建议，以便进一步改善服务管理工作，提高服务的效率和水平。

本课题小组不仅调查了财务处对外报销的服务满意度，还同时调查了财务处内部对前台报销提供的服务是否满意，同时了解对外报销和对外服务的情况，认清服务中存在的缺陷，努力提高对外服务的质量，在满足师生需求的同时也要让财务处内部其他科室的同事对报销所提供的服务感到满意。具体的目标有：

1. 确定报销师生的需求以及现在报销服务是否满足了需求；

2. 确定财务报销服务满意度的关键绩效因素；

3. 评判财务服务存在的问题，提出改进措施。

(三)调查对象

本课题小组问卷设计分为对外调查和对内调查两份，对外调查的对象是华东师范大学中山北路校区经常到财务处报销的各个院系的老师和同学；对内调查的对象是华东师范大学财务处各个科室的财务老师。

(四)调查内容

这次课题的调查内容分为财务报销对外服务的满意度和财务处内部对报销服务的满意度调查两部分，以对外服务满意度调查为主，内部服务满意度调查为辅，主要测量学校各个部门的师生对财务处报销服务的满意程度，比较财务报销服务与师生预期服务之间的差距，为改善财务报销服务的基本措施提供依据。同时调查财务处其他科室对会计审核科提供服务的期望，努力做到对内对外都能提供满意的财务服务。

(五)样本分布

本次调查抽样为人工随机抽样，分为内、外部两部分进行，外部调查从前来报销的师生中随机抽取，内部抽样从财务处内部工作人员中抽取，其中有效调查问卷一共 375 份。其中财务报销外部满意度调查表 350 份，财务报销服务内部满意度调查表由于财务本身人数的限制，只有 25 份。

问卷反馈及有效率为 93.75%。

(六)财务报销对外服务满意度调查结果

1. 调查对象总体情况

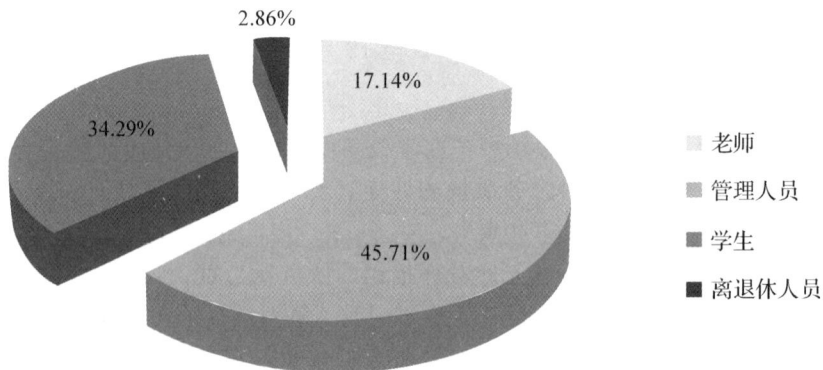

图 1　调查对象的身份统计

经过对调查问卷的具体统计分析，被调查者中男性的比例占 28.6%，女性比例占 71.4%，可能与华东师范大学本生的男女比例有关，加之由于性格和态度的原因，一般负责财务的老师或者学生本身女性偏多。

外部被调查对象中管理人员所占的比例最大，占 45.71%，其次是学生，占 34.29%，老师和离退休人员所占比例较少（见图 1），一般老师兼顾教学和科研两个方面，工作比较繁忙，所以老师自己的科研经费会委托学院专门负责财务的老师或者自己的助管或者学生到财务处报销，而像成本基金、奖福基金以及业务费等学院的经费一般是由学院的财务老师负责报销，所以报销人员中行政管理人员比例最大，其次是学生。

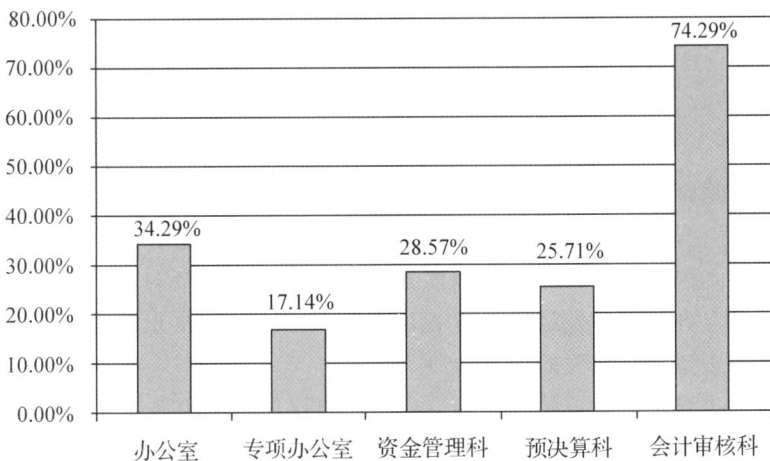

图 2　各科室对外服务比例

从外部调查对象的数据来看，在会计审核科也就是到前台财务报销的概率最高，有 74.29% 的比例经常到会计审核科办理业务。其次是办公室和资金管理科，具体数据见图 2，所以财务处的对外服务窗口主要是会计审核科的报销窗口。

据统计，来财务报销的人员有 74.29% 是从财务处网站上获取的财务制度的信息，其次是通过业务咨询和服务手册获知（见图 3）。调查的数据表明财务处的网站及时更新是必要的，因为很多前来报销的老师会去网站上查看相关的财务制度，财务制度更新及时既能为报销的老师提供便利也能提高前台财务报销的效率。另外纸质版的财务制度手册方便查询，也方便携带，因此想要提高报销服务的水平，可以从发放更多更详细的服务手册开始。自从前台报销的咨询窗口开始就一直深受好评，当各位老师和同学对报销的问题存在疑问的时候

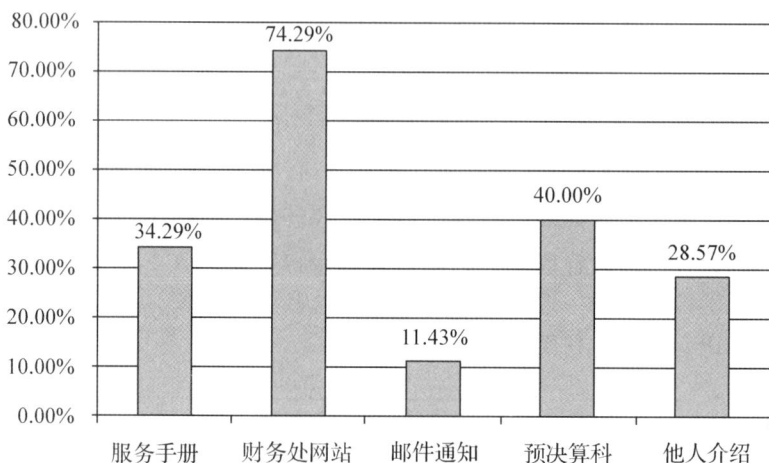

图 3　获取财务制度信息的途径统计

就来咨询窗口询问，有 40％ 的被调查者从咨询窗口获取信息。其他需要加强的是邮件通知，只有 11.43％ 的老师获得过财务制度更改或者财务报销服务的相关有限通知，因此当有新的财务制度发生变化或者财务处对外服务发生变化时可以通过信息办的邮件发送平台给各位老师发送通知，尽量保证各位老师和同学能从多种渠道获得相关的信息。

调查数据显示，学校的师生有 42.86％ 的比例认为财务报销的办公环境需要改进，其次是财务知识普及方面以及服务的整体环境都需要进一步加强。在报销工作人员的服务态度和专业能力方面都相对比较满意，具体见图 4。

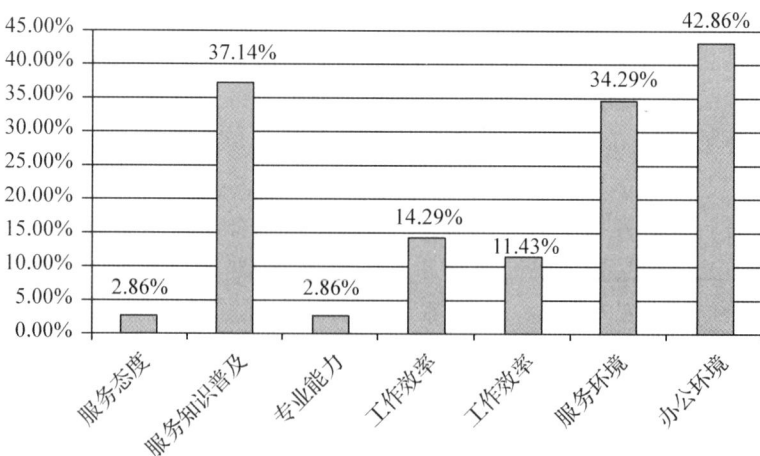

图 4　财务服务需要改进的统计

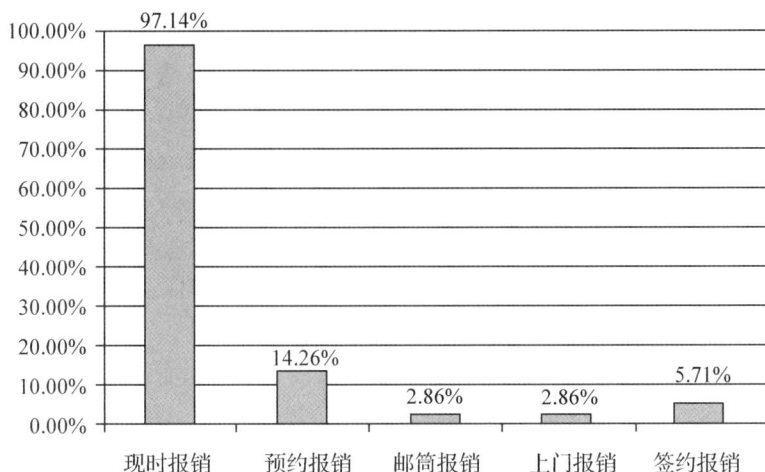

图 5　报销形式使用统计

据调查，有 97.14％ 的调查对象还是选择柜台现时报销（见图 5），预约报销也算是现时报销的一种，对于财务处新开通的邮筒报销、上门报销以及签约报销都还是不被信任和选择，因此现时报销的压力就非常大，难以提高服务的效率。因此财务处需向各位老师解释每种报销方式的特点和优势，建议引导可以体验柜台现时报销以外的方式来报销。

另外，在被调查对象中有 71.43％ 认为差旅类是所有报销业务中最复杂的报销项目，可能是由于教育部关于差旅费的报销提出了新的报销办法，使得很多老师之前的没有住宿费的差旅费没有办法报销，需要写说明，负责人签字及盖章等，程序较为复杂。其次是招待类和设备材料类，招待类每张发票超过限额需财务处负责人签字，且只有横向经费和已结题经费才能报销，设备材料类需要合同以及设备处的验收，需要的手续较多。相比较而言，办公类和暂借款算是比较简单的报销项目。

对于财务报销所需的基本材料、基本流程和基本要求，只有 5.71％ 的前来报销的老师或者同学是非常清楚的，91.43％ 的属于大概清楚或者不是很清楚的，另外 2.86％ 属于第一次报销，对于与报销相关的完全不清楚。因此为了提高财务报销工作的效率，为经常报销的老师和同学提供相应的培训或者经常发放报销手册，或者建立相关的方便快捷的信息平台。

2. 满意度调查结果

满意度主要是反映一种心理状态，是指对一种产品和服务可感知的效果与期望值相比较后所形成的愉悦或失望的感觉状态。Fornell（1989）在总结理论研

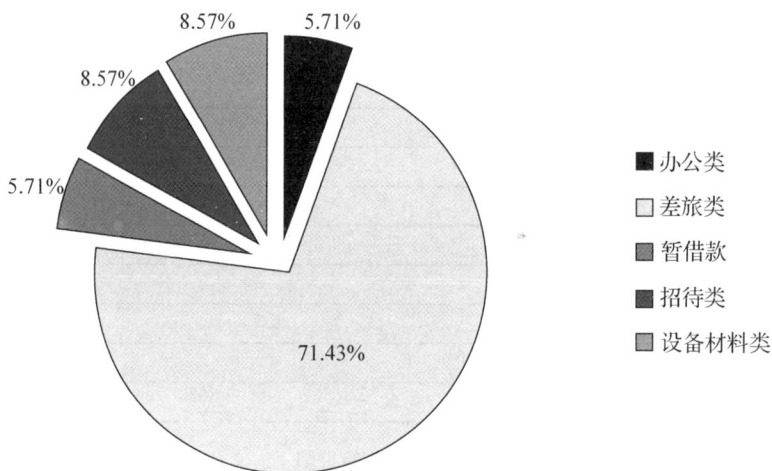

图 6　各类报销复杂程度统计

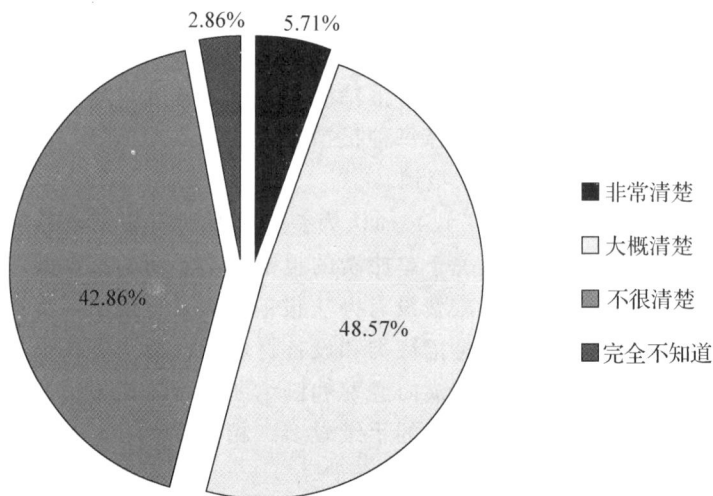

图 7　报销对象对报销工作熟悉度统计

究的基础上提出了客户满意度测评体系。测评体系主要由感知质量、预期质量、感知价值、客户满意度、客户抱怨和客户忠诚度等 6 个指标构成。其中，感知质量、感知价值和客户满意度是因，客户抱怨和客户忠诚度为果，作为因的三个变量可以作为一级指标并进行深层次划分，从而得到更多层次的指标体系。高校的财务服务满意度评价指标体系就是衡量高校的师生员工对财务报销工作的要求及评价因素的指标集。建立满意度测评指标体系必须遵循全面性、代表性、可控性、独立性和可操作性几个原则。为了使满意度评价指标体系能客观、准确，我们小组分别征求了财务工作人员、老师、学生以及其他行政管理人员的意见，最后确定高校财务报销服务满意度的指标共有 15 个指标(见表 1)。

表 1　满意度调查指标

	一级指标	二级指标
总体指标	服务感知	工作人员服务态度
		工作人员仪表仪容
		服务方式和手段
		财务制度的及时更新普及
		业务咨询指引
	服务质量	等待时间
		服务效率
		业务能力及服务水平
		服务途径的多元化
	服务环境	服务环境的舒适整洁度
		工作秩序
	服务条件	服务设备的有效性
		办公设备的系统信息化
		财务网站的及时性
		等待室的人性化服务

本课题小组以这 15 个指标为基础设计了调查问卷，对满意度的评价分为非常满意、满意、一般、有待进步和不满意五个等级，每个等级的标准见表 2。

表 2　满意度评价标准

满意程度	内　　容
非常满意	服务完全满足甚至超出期望，服务对象激动、满足
满意	服务基本满足期望，服务对象称心愉快
一般	服务符合最低期望，服务对象无明显的正负情绪
有待进步	服务在某些方面存在问题，令服务对象烦恼，有进步空间
不满意	服务存在重大问题，令服务对象愤慨、愤怒

(1)服务感知

针对服务感知的几个指标我们进行了对外服务满意度的调查，具体的调查数据如下表：

表 3   服务感知满意度调查表

	非常满意	满意	一般	有待进步	不满意
服务态度	71.43%	25.71%	2.86%	0.00%	0.00%
仪表仪容	62.86%	28.57%	5.71%	2.86%	0.00%
制度更新的及时性	28.57%	60.00%	11.43%	0.00%	0.00%
业务咨询	65.71%	31.43%	0.00%	2.86%	0.00%

由表 3 可以看出，高校财务服务的服务感知 90% 以上的服务对象都是满意的，其中对于财务报销人员的服务态度最为满意，其次是业务咨询，需要加强的是财务制度更新的及时性。

对于报销服务的不同方式，我们不管从图 8 上还是从表 4 上都可以看到相对于预约报销、快速报销、签约报销和邮筒报销，一般的现时报销满意度不是很高，可以尽量提高报销的效率，缩短报销等待的时间来提高满意度；其次是预约报销，因为预约报销需要老师自己在网上进行预约，并且要求预约报销的老师将各个报销的明细金额填列清楚，可能很多老师不知道预约报销的途径，以及对于财务处报销制度中各个明细的分类不太了解，因此填列的金额与实际出入较大或者分类错误，手续不全等，增加了预约报销工作人员的工作量。

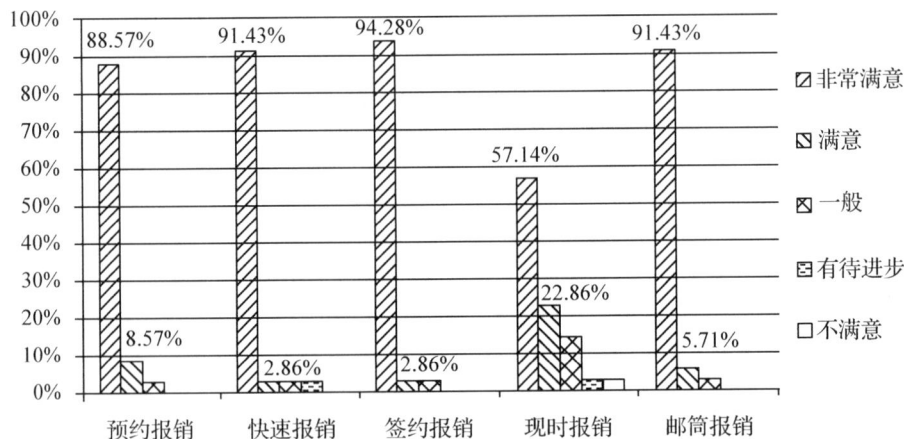

图 8   报销形式满意度统计

表 4   报销形式满意度调查表

	非常满意	满意	一般	有待进步	不满意
预约报销	88.57%	8.57%	2.86%	0	0
快速报销	91.43%	2.86%	2.86%	2.86%	0.00%
签约报销	94.28%	2.86%	2.86%	0.00%	0.00%
现时报销	57.14%	22.86%	14.28%	2.86%	2.86%
邮筒报销	91.43%	5.71%	2.86%	0.00%	0.00%

(2)服务质量

服务的质量包括等待的时间、服务的效率、业务能力以及服务途径的多元化这四个指标。分别对这四个指标进行问卷调查，调查的结果见表5。

表 5   服务质量满意度调查表

	非常满意	满意	一般	有待进步	不满意
等待的时间	28.57%	34.29%	22.86%	8.57%	5.71%
服务的效率	42.86%	28.57%	20.00%	8.57%	0.00%
业务能力	80.00%	20.00%	0.00%	0.00%	0.00%
服务途径的多元化	77.14%	17.14%	2.86%	2.86%	0.00%

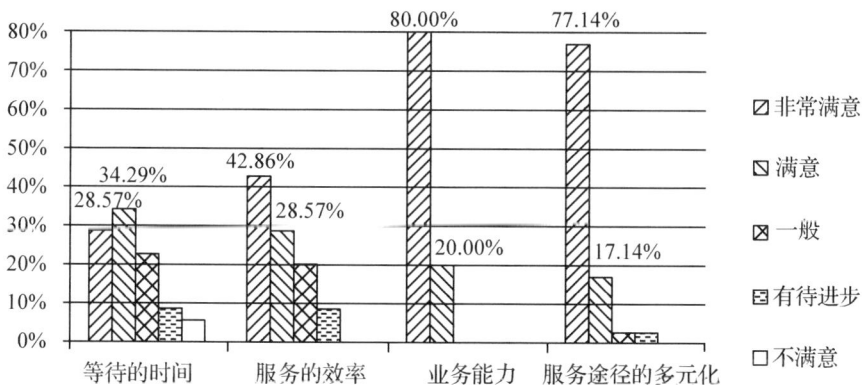

图 9   服务质量满意度统计

从图9中可以直观地看出，在服务质量中，调查对象对于财务报销人员的业务能力和服务途径的多元化相对比较满意，而对于他们财务报销时的等待时间和财务报销服务的效率则不是很满意，根据具体的访谈，各位师生平时财务报销时的平均等待时间都在一个小时左右，在年底繁忙的时候更是三四个小时的时间，等候的时间较长导致被调查对象认为财务报销服务的效率较低。

（3）服务环境

本课题中服务环境的衡量指标选取了服务环境的舒适整洁度及工作秩序两个指标。

表 6   服务环境满意度调查表

	非常满意	满意	一般	有待进步	不满意
舒适整洁度	42.86%	28.57%	11.43%	11.43%	5.71%
工作秩序	74.29%	17.14%	8.57%	0.00%	0.00%

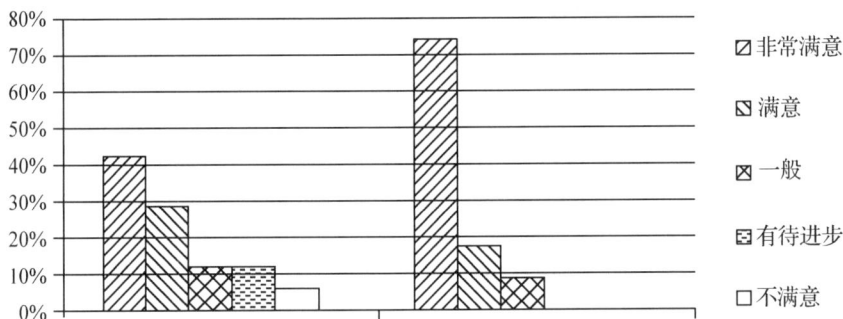

图 10   服务环境满意度统计

从表 6 和图 10 中可以清晰地看出由于财务报销的凭证、发票较多，而且中北校区报销大厅所在的办公楼属于旧楼房，给人一种狭小、阴暗、嘈杂和压抑的感觉。因此报销对象对于服务环境的舒适整洁度不是很满意，好消息是财务处即将搬到新的大楼，肯定会给财务报销的服务对象提供更好更舒适的报销环境。

相对于报销环境的舒适整洁度，财务报销的工作秩序的满意度则较高，因为财务报销人员业务能力和业务素养较高，因此在财务报销服务的过程中一般都会保持良好的秩序，保证报销服务有条不紊地进行。

（4）服务条件

本课题服务条件所选取的指标有服务设备的有效性、系统信息化程度、财务网站的及时性以及等候室的人性化这四个指标。由表 7 和图 11 中的数据可以看出，相对于前面所衡量的服务感知、服务质量和服务环境，服务条件的满意度不是很高，可能受限于服务设备以及服务系统的原因。财务报销的设备包括取号叫号机、电脑、打印机等，对于取号叫号机，当取号人数较多时，可能机器工作负荷量过大，容易发生故障。对于系统信息化程度，财务处已经尽量将财务处系统与公共数据库更新同步化，即在财务前台报销之后的几分钟即可同步反映在老师的公共数据库上，还是比较及时准确的。对于财务处网站更新的及时性，可能是老师和同学很少关注财务处的网站，或者财务处的网站缺乏吸引眼球的内容，其网站上信息的更新时效及内容也往往不被关注。目前财务处等候室的环境还是较差的，由于空间的限制，等候室和办公室合并也是迫不得已，而且等候室的咖啡机以及电视业已经很久不用了，报销人次较多时，等候室就会变得拥挤不堪，没有给大家提供一个相对舒适，宽敞的等候环境，这是需要改进的地方之一。

表 7 服务条件满意度调查

	非常满意	满意	一般	有待进步	不满意
设备的有效性	48.57%	20.00%	14.29%	14.29%	2.86%
系统信息化程度	57.14%	22.86%	11.43%	5.71%	2.86%
财务网站更新的及时性	28.57%	60.00%	11.43%	0.00%	0.00%
等候室的人性化	51.43%	28.57%	8.57%	5.71%	5.71%

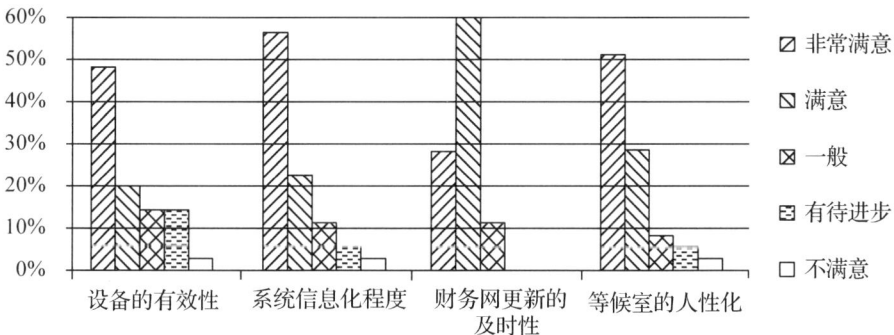

图 11 服务条件满意度统计

(七)财务报销内部服务的调查结果

根据部门间的服务协作理论，服务分为内部服务和外部服务，外部服务是指对外提供报销所提供的服务，内部服务是指财务处内部，会计审核科的工作人员对其他科室的工作人员所提供的帮助和服务。本课题小组调查的特色是除了调查财务报销的外部服务，还调查了财务报销人员提供科室间的服务的情况，由于局限于财务处内部工作人员的数量，本课题内部服务满意度的调查问卷只有 25 份，虽然问卷调查的份数较少，但是还是能够说明一些问题。

根据调查，在财务处内部工作人员的工作与会计审核科即财务报销的工作人员的联系较多，有 68％的工作人员与会计审核科的工作存在关联（见表 8），其次是预决算科、办公室、专项办公室等，从数据可以看出财务报销人员不仅是财务处提供对外报销服务最多的，对财务处内部工作人员提供的服务的比例也是最高的。因此作为财务报销人员，服务的专业度，态度等至关重要，同时调查财务报销服务的外部和内部满意度很有必要。

表 8　工作与各办公室关联

	关联人数	关联百分比
办公室	8	32％
专项办公室	6	24％
资金管理科	5	20％
预决算科	13	52％
会计审核科	17	68％

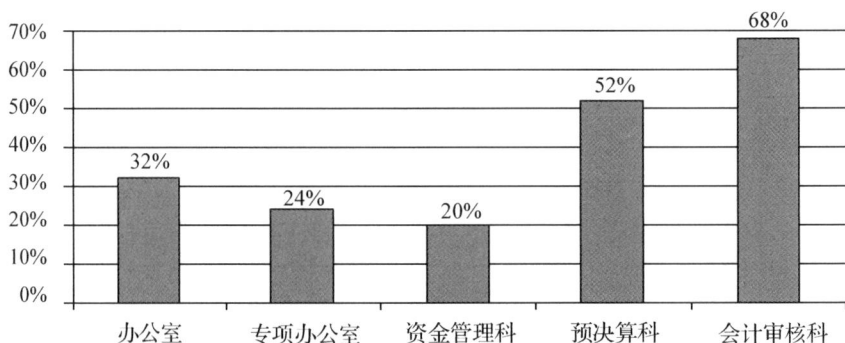

图 12　工作与各办公室关联统计

总体来说其他办公室的工作人员对财务报销的工作人员所提供的帮助整体都比较满意，满意度一般都在 90％以上，具体评价指标见表 9。

表 9   内部服务满意度调查

	满意	一般	有待进步	不满意
专业能力	96%	4%	0%	0%
报销效率	92%	8%	0%	0%
服务态度	100%	0%	0%	0%
制度更新的及时性	88%	8%	0%	4%
信息报销系统	88%	4%	8%	0%
内部培训	80%	20%	0%	0%
提供服务的效率	92%	4%	4%	0%
信息共享程度	88%	8%	4%	0%

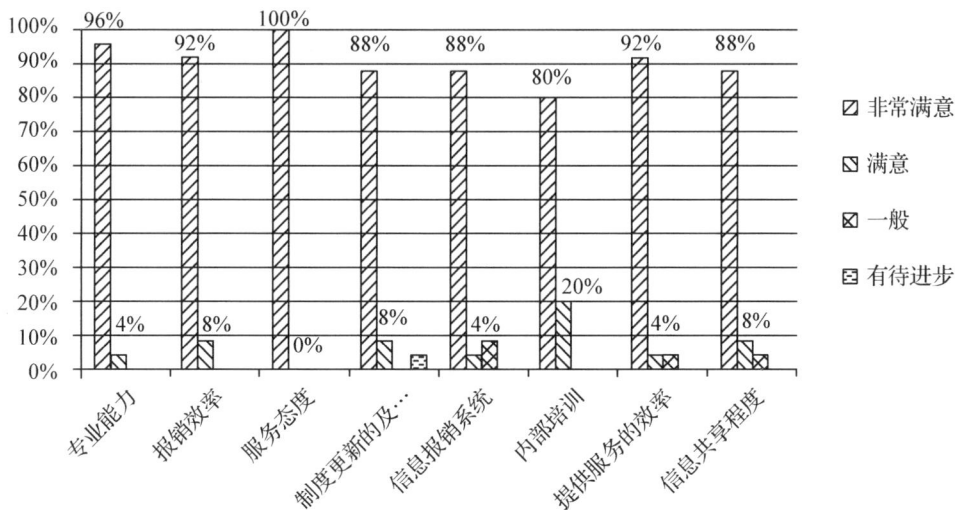

图 13   内部服务满意度统计

内部工作人员认为财务处报销人员的专业能力、报销的效率、服务的态度以及对内提供服务的效率的满意度都在 90% 以上，其中对报销人员提供服务的态度满意度是 100%。在各项指标当中财务工作人员对内部提供的培训满意度最低（见图 13），财务制度更新的及时性、信息报销系统以及信息共享程度的满意度也不高，所以对不在会计审核科的工作人员也应提供相应的报销制度的相关培训，以便负责信息系统、预决算以及专项经费的老师可以根据相应的财务报销制度提供更加方便的服务，提高工作效率，同时也提高了信息共享的程度以及可以及时向工作人员传达最新的财务报销的制度。对于制度更新及时性的问题，我们小组觉得可以建立微信公众平台，因为现在不管是老师还是学生，使用微信的比例还是很高的，而且微信是一个方便及时的平台，可以很好地宣传学校财务报销制度的变化或者及时传达财务处的通知，方便报销的老师和同学更好地了解相关的信息。

三、报销服务中存在的问题

根据财务报销服务的外部满意度调查和内部满意度调查的结果，我们可以看出我校财务处的财务报销还存在以下一些问题：

(一)报销排队问题严重

随着学校各项科研教育事业的快速发展，财务报销业务量呈现持续增长趋势，报账大厅经常出现排长队现象，既浪费了师生宝贵的时间和精力，也使得财务服务工作面临着极大的压力和困难。由于学校老师平时主要忙于教学和科研工作，闲暇时间较少，报销方面的事又比较烦琐、费时，所以只能等到期末没有课的时候来报销，这就造成平日财务报销人较少，学期末师生扎堆报销的情况，报销时间分配不均；另外，大部分师生对发票数额的合计以及发票是否符合规范不够清楚，经常发生材料不全、退票、重新审核报销的情况，从而延长了师生的等候报销时间，造成排长队的现象。在期末报销高峰期，有时为了取得报销的号，有些老师和学生凌晨五点多就开始排队，还可能为了一个报销号发生争执，这是给财务报销人员的压力，也是对财务人员报销效率的极大的考验。

(二)财务报销审核工作压力大

一方面，财务审核报销的工作时间与其他部门工作人员的工作时间是一致的，科研教育项目的逐年增加导致财务报销工作量的大幅增加，而财务报销人员的配置不足，并未随工作量的增加而增加；另一方面，财务报销工作人员自身的工作非常繁忙，审核处理材料也需要时间，再加上因其他老师对财务制度的不了解，提交的材料会存在不符合规定的情况，这一切都导致实际审核报销的等待时间过长，使得"报销难"的矛盾日益明显；同时，在大量的等待报销的师生的注视下，财务人员处于一种高度紧张状态，无形压力增加，存在超负荷工作情况，更容易出现疲劳和差错。除了报销时的"被注视"，还有学校的内部审计、教育部的外部审计以及各种期中、期末的审计，财务报销工作人员的工作还会被各种抽查、审核，而且本身财务工作就十分严谨、细致，需要非常小心谨慎，所以财务报销的工作压力较大是不容置疑的。

（三）报销材料审批环节多、效率低

高校报销材料普遍实行"一支笔"制度，即对于大额交易往来，需院系或部门一把手负责人签字审批。而部门一把手一般是教学、科研、行政身兼数职，公务繁忙，领导签字很难一两次完成，往往一笔账要跑三五趟找领导审批，浪费时间，报销人员也因此会产生负面情绪，进而延伸到财务报账等环节；其次，对于差旅报销材料审核中存在的大量问题，均需要财务领导签字，间接导致财务报销工作效率降低，进而使得前来报销的师生对财务部门产生抱怨心理。另外，严格的财务管理制度使得教职工完成一项事项，需要往返各部门多次，从而对财务报销服务产生不满。比如设备购置需要到学院资产秘书处填写资产购置清单、再到设备处办理资产登记手续，再到财务处办理报销手续。

（四）财务报销制度普及度不够

有关财务报销的相关制度虽然在财务处网站和学校主页通知上均有发布，但是大部分师生由于各种原因并没有熟知相关的规定：一方面，大部分师生对发布的财务制度并没有仔细查看阅读；另一方面，部分师生对于财务制度的理解存在偏差。这都导致前来报销的师生对于报销材料的完整性、合规性解释不清，相应的审批手续不够完整等，对于报销审核人员的询问通常也是一问三不知，使得报销服务无法顺利进行。对于财务系统的信息共享程度仍需提高，由于系统的故障或者人为的疏忽，有不少老师会反映在自己的公共数据库里找不到相关的财务信息，会一直来询问前台报销的人员，增加了前台报销工作人员的工作量，降低了工作效率。

四、提升高校财务报销服务满意度的对策

根据调查问卷的研究结果，财务处的对外报销服务以及内部对其他办公室提供服务时出现的问题已经较为清晰了，针对上述这些问题，我们需要提出相应的对策，具体提升财务报销服务的对策如下：

（一）加强业务学习，提高服务水平

着眼于未来高校财务管理的发展趋势，实现高校财务报销管理工作的信息化，是高校内发展的必由之路。因此，在加强财务报销人员专业知识学习的同时，还要进行相应的电子信息技术的培训和教育，帮助财务人员掌握相关软件的使用技巧，能够使得财务报销工作顺利进展，从而完成从纸质工作到无纸工作的转变。通过全面性知识的教育，全面提高财务报销管理人员的综合素质，建立学习型团队。同时，作为高校职能部门，应时刻不忘为他人服务的宗旨，积极做好服务工作，耐心解答、处理问题。

(二)健全多样化报销形式

面对大幅增加的财务报销工作,但受困于管理人员编制、部门工作效率、绩效水平等原因使得高校财务部门不可能无限制的增加工作人员,为了促进财务工作的顺利进展,提高财务报销服务工作的实质性,在提高工作效率的基础上,可着重强化以下报销模式:

邮筒报销模式:报销人员将报销材料按照相关规定准备好,放置信封内交由财务报销人员;上门报销模式:对于报销业务量较大的部门和院系,定时安排专人上门收取报销材料;其报销人员均无须在财务处耗时间等待,报销结果可通过网上系统查看,既节省了师生的时间,也减少了财务报销人员的工作压力。

网上预约报销:通过网上系统提前预约报销,财务人员在报销人员填制报销资料的基础上进行审核,节约了时间,提高报销工作的效率。

设置二级财务机构,根据相关的职责权限,将部分工作分配给其他具有同等权限的可以对相关单据报销进行审核的财务管理人员进行前期统一处理,并逐步实现无见面式的报销流程,实现财务审核管理的系统信息化,不仅能有效降低高校财务报销管理工作人员的工作压力,也提高了高校财务审核的工作效率。

此外,还可以考虑通过试行劳务派遣形式,不断积累用劳务形式完成高校财务服务工作的经验,并最终实现高校财务报销服务业务外包形式,从而既解决了"报销难"问题,也使财务专业人员有更多的时间和精力从事财务管理工作,提高财务管理水平。

(三)加强财务服务信息化建设

信息化建设是创新财务服务模式的途径,其能推动财务制度的建设和组织建设,同时也为全新的财务报销服务模式打下坚实基础。信息化的建设能够促进科学信息化的管理,加强有形化建设,减少报销流程中的现金流转,减少报销过程中的排队等候情况,逐步实现无见面报账;同时信息系统的建设也提供了另一沟通渠道,师生可以通过网上系统随时查看材料审核报销过程中遇到问题,并及时补充和更正,从而提高报销效率。尽可能提高财务报销工作的信息化水平,为师生员工提供自助式服务,提高财务工作效率。

(四)完善财务制度体系,规范财务审核工作

《高等学校财务制度》明确规定了高校实行"统一领导、集中管理"的财务管理体制;对于规模较大的学校,则可实行"统一领导、分级管理"的财务管理体制。切实改革高校财务制度,在遵照上级部门财务制度的规定的基础上,使其

与事业单位的财务特殊性相适应，促进高校实际财务审核报销工作顺利进展，不仅加强完善财务管理制度，并明确财务的相关制度均得到有效的严格执行。另外，针对可能发生的重大财务风险或突发财务事件，制定应急反应机制、明确责任人员、规范处理程序，保证突发事件能够得到及时妥善的解决，以保持高校良好的财务状况，促进学校持续、健康、稳定发展。

在实际工作中发现问题，提出改进意见，完善制度人性化。高校财务部门应随时关注服务对象的反馈信息，并及时改进工作机制，不断提高报销服务质量和效率。此外，改进工作机制，减少不必要的服务环节，如办理报销业务时，应尽量减少业务处理环节，缩短教职工等待时间，提高服务效率。

（五）普及财务知识，减少信息不对称性

在日常财务报销中，报销人员主要分为对经费具有审批权的人员、办公室工作人员、学院老师、学生及与学校有资金往来的单位和个人，主要涉及教育事业经费报销和科研经费报销。财务处为财务工作的有效进展，一方面，应针对不同类型的人群进行不同业务的培训，加强对国家和学校的财经方针政策的宣传和咨询服务工作，使报销人员在办理业务前，能够了解政策规定和具体要求，尽可能避免不和谐事件的发生；另一方面，充分利用财务网络平台对财务报销制度、财务报销流程、财务报销服务指南进行发布，全校师生普及基本财务审核报销知识，全面提高财务制度的普及性。这不仅有利于审核报销工作的有效顺利进行，也有利于全校师生的制度规范意识，强化责任意识，便于对财务报销审核工作的监督，塑造与学校文化基调相结合的财务文化。

教育经费统计工作的问题及建议

山东师范大学　韩　英

【摘　要】随着我国教育经费投入的不断加大，教育经费统计工作越来越重要并且意义重大。然而，在现实工作中，教育经费统计工作却存在着统计口径不一致、数据不准确、统计和会计工作不衔接、统计指标体系不够科学等诸多问题。本文通过阐述做好教育经费统计工作的意义，分析教育经费统计工作现存的主要问题，提供做好这项工作的合理化建议，以期达到完善这项工作的目的。

【关键词】教育经费统计　统计口径　统计指标体系

教育经费统计作为教育的重要组成部分，在教育发展中起着重要作用。随着我国教育经费投入的不断加大，教育经费统计工作越来越重要并且意义重大。做好教育经费统计工作，能够推动教育事业不断发展，能够使各教育部门掌握各项教育经费投入是否合理，经费管理是否规范，经费使用是否效益最高。然而，在现实工作中，教育经费统计工作却存在着统计口径不一致、数据不准确、统计和会计工作不衔接、统计指标体系不够科学等诸多问题。本文通过分析教育经费统计工作现存的主要问题，提出做好这项工作的合理化建议，以期达到完善这项工作的目的。

一、做好教育经费统计工作的意义

教育经费投入有两层含义，广义的教育经费投入，指全部的教育经费投入，包括国家财政性教育投入、社会投入和公民个人投入、企业办教育投入和其他教育投入；狭义的教育经费投入，指财政性教育投入，即中央和地方财政部门的财政预算中实际用于教育的费用，包括教育事业费（各级各类学校的人员经费和公用经费）和教育基本建设投资（包括校舍建筑和购置大型教学设备的费用）等。教育经费投入是办学必不可少的财力条件，做好教育经费统计工作意义重大。

(一)准确、及时、全面地反映全国教育经费投入及使用情况

教育经费投入范围较广，凡是用于教育的经费应全部进行统计，通过统计

报表及时反映出来。包括各级政府所属学校、民办学校、企业内部学校，经费涵盖了财政预算经费、教育事业费、基本建设和设备购置费等，全面体现了国家、社会和个人共同分担教育经费的投入情况。

（二）为国家和地方政府制定教育政策提供依据

教育经费统计能够为国家和地方政府编制教育发展规划、制定教育政策提供重要决策参考依据。国家财政性教育经费支出占国内生产总值4%的指标是世界衡量教育水平的基础线。自1993年中共中央、国务院发布《中国教育改革和发展纲要》提出这一目标到2011年，教育经费投入一直未实现这一目标，党的十六大以来，国家先后出台了一系列增加教育投入的措施，教育财政投入大幅增加，2012年的统计结果显示，国家财政性教育经费支出占国内生产总值达到4.28%。教育的健康可持续发展，教育经费科学合理地投入，离不开教育经费统计工作的支持。

（三）为教育经费投入的分析和评价提供真实、准确的数据资料

教育经费投入是否科学，是否能够满足教育的需求，是否效益最大化，需要通过对教育经费投入的总量、结构、生均支出等方面的数据进行统计并进行分析和评价后来证明。教育经费统计是教育经费投入分析和评价的基础，也是加强教育经费管理的重要依据。

二、教育经费统计工作现存的主要问题

（一）统计口径不一致

由于各地对教育经费统计工作的重视程度、管理手段、基础工作要求标准等不一，出现统计口径不一致、统计数据错填报等现象，如将纳入事业收入的学费、住宿费统计到了教育经费拨款中。由于对科目支出内容没有统一的要求，造成不同学校相同科目的数据差别很大，为统计分析和评价带来不同程度的困难。

（二）统计指标体系不够科学

经过多年的努力和探索，我国的教育经费统计基本上形成了一套自己的统计指标体系，但随着教育和会计改革的重大变化，以及和国际接轨的需要，教育经费统计指标体系已不能适应新情况、新问题，教育经费统计也不仅仅是数量的统计，而且反映教育发展需要的指标相对较少。

（三）统计、会计工作不衔接

由于管理手段的落后，使得会计软件和统计软件系统不相衔接，出现统计

工作难度较大、效率不高等经费统计问题；由于两项工作联系和协调不够，统计要求的指标和会计要求的指标不一致，统计口径也不一致，造成统计数据和会计数据有差异，还造成工作重复、资源浪费。

（四）统计人员的业务水平不够高

由于统计工作不是经常性的工作，因而，从事统计工作的人员兼职较多，不是专门的统计专业人员或会计人员，缺乏统计管理经验和分析能力，不能对统计信息来源进行有效的分析和运用，更起不到决策参谋的作用。

三、教育经费统计工作的建议

（一）统一领导，建立健全统计工作机制

国家、各地政府、各教育部门要高度重视教育经费统计工作，加强对统计工作的统一领导，建立健全统计工作机制，做好相关业务指导工作；单位要设立统计工作岗位，安排专人从事这项工作，把这项工作作为一项经常性、重点性工作来抓；从各方面强化统计保障措施，全面提升统计质量。

（二）统一口径，提供准确可靠的统计数据

在每一次的教育经费统计工作之前，首先要对这项工作进行培训，统一所要统计的各个项目、指标、数据来源、统计范围等要素，这是教育经费统计工作顺利进行的前提。要在会计基础工作上下功夫，各主管部门对各项支出的内容要统一要求并经常培训，统一和规范支出科目的使用，以免各个部门甚至各个会计人员理解不一致，列支科目不一致，造成统计数据失真，可比性差，能作出统一规定的，一定要统一规定，各级部门要经常检查和规范学校统计和会计基础工作。

（三）顺应改革，科学设置统计指标体系

高校的"学分制"改革、会计制度改革都需要调整统计指标体系，增强实用性、时效性和准确性。教育经费统计还要和国际接轨，中国的教育经费投入在国际上究竟立于什么位置，是否具有竞争力，需要有统计数据来证明，依靠统计数据来制定改革政策和方案，这就需要在设置指标的时候和国际统一。统计指标的设置不仅要求进行数量的统计，还要能够为分析提供方便。

（四）统一管理，做好会计和统计的衔接工作

在设置会计明细科目时应考虑到教育经费统计报表指标的需要，确保能够全面、准确地进行统计，统计的数据直接来源于会计核算；在统计指标的设定上，要以会计指标体系为基础，随着会计制度的变化而变化，统计数据充实会计指标体系。要做好二者的衔接工作，各级政府和教育部门要舍得在管理软件上的投入，使得会计软件和统计软件相衔接，保证统计工作能够快捷、方便。二者相互依赖，相互融合，统计口径的统一，能使统计信息可以直接通过整理会计报表来取得，简单方便，节省资源。

（五）加强培训，提高统计人员和会计人员的素质

教育经费统计工作专业性强又非常重要，统计人员的综合素质非常关键，加强统计工作人员素质的培养，能够提高统计效率，提升统计质量。要经常对统计人员和会计人员进行业务培训和软件操作培训，提高他们的统计工作能力和专业水平，提高他们的分析能力，为决策者提供决策依据。

【参考文献】

[1] 叶刘瑜. 教育经费统计工作探讨[J]. 经营管理者，2013(12).

[2] 梁勇，肖薇. 论高校教育经费统计工作与会计工作的融合与发展[J]. 统计教育，2006(7).

[3] 杨聪杰. 北京市财政性教育经费投入分析及政策建议[J]. 地方财政研究，2011(6).

[4] 潘志芳. 教育统计问题研究[J]. 辽宁教育研究，2008(4).

[5] 王振龙. 可持续发展中的教育统计问题研究[J]. 中国高等教育，2008(5).

对高校会计业务引入 SOP 概念的思考[*]

哈尔滨师范大学 刘广锋 周海泉 马勇

【摘 要】企业标准操作程序(简称 SOP)能够使企业提高生产效率和管理运营能力,使企业获得更大的效益,高等学校会计业务引入 SOP 也一定能够促进高等学校财务管理水平,提升服务师生的能力。本文从高校会计业务流程标准化的优点,如何进行流程标准化,应注意哪些问题等几个角度对高校会计业务引入 SOP 进行说明,对高校财务管理提出崭新的思路。

【关键词】高等学校 会计业务 流程标准化

在企业管理中有一种标准操作程序,英文称之为 SOP(Standard Operating Procedure),就是找出某一事件的规范操作步骤和要求以统一的格式描述出来,用来作为日常生产和管理工作的标准。高校会计业务从管理学角度,与企业财务管理有很多相通之处,因此我们完全可以借鉴企业管理的经验,在高校会计业务中引入 SOP 概念,重新对高校会计业务进行梳理,优化操作流程,确定执行步骤,编制业务流程标准化操作手册,形成一整套的高校会计业务标准化流程,我们称之为高校会计业务流程标准化。

一、高校会计业务流程标准化概述

SOP 的思想就是最优化,高校会计业务流程标准化是对会计业务进行的流程再造,在分析制度的基础上,对每一项业务重新确定流程,按照统一标准划分步骤,在每一步骤中对环节进行细化、优化,用统一格式进行描述,形成操作手册,用于指导日常工作与管理,促进高校财务管理效率和服务水平的提升。标准化流程包括规章制度、标准规范、操作手册和表格单据等。

流程标准化要对每一环节进行量化、优化,量化的程度就是要让一般人在正常情况下能够理解而不产生歧义,能够按照操作手册独立完成操作。高等学校会计流程标准化有别于内控建设的流程再造,因为 SOP 所要求的程度更细,

---

* 本文是黑龙江省会计学会 2016 年会计科研课题"高校会计业务流程标准化研究"阶段性成果。

是具有操作指导意义的，流程中的每一个步骤都会详细描述过程，参与人、审批人，过程先后顺序，需提交的材料，材料格式、样式等，而内控的流程描述则是概略描述，重点是描述流程的参与部门与节点，不会对细节进行详细阐述。

二、高校会计业务流程标准化的优点

1. 有利于服务师生。有了标准化流程就可以把流程图示和流程说明制成宣传材料，向通过网站、微信平台等向广大师生等服务对象宣传，使要申请办理业务的人员对业务有详细的了解，做到心中有数，提前做好准备。师生了解政策后能够避免发生会计违规行为，同时师生按流程办理业务会更顺畅，提高服务满意度。

2. 有利于统一规范。制定标准化流程可以使每一项会计业务都有一个统一的执行标准，不论哪一个人来执行，掌握的尺度是一样的，不会因为人员轮换而出现前后不一致的问题。有了统一规范还有利于在实践中不断探索完善标准，使流程沿着循序渐进的优化过程逐渐达到最优。

3. 有利于提高效率。有了统一的执行标准，在处理会计业务时就会有制度可依，知道先做什么，后做什么，每一步骤需要审核什么材料，需要履行哪些手续。严格按一个标准执行就会提高操作的熟练度，而且流程的标准化还有利于流水化作业，或者借助科技手段进行自动化处理，从而提高工作效率，比如引进自动识别技术提高录入和信息采集速度，引入网络和信息加密技术进行移动签批，引入人工智能自动处理凭证，等等，这些都需要以标准化为基础。

4. 有利于减少差错。有了标准化流程，就可以按照程序有序地进行业务处理，每一步骤、每一细节的执行标准都有明确规定，每一环节都有完成标准，只要按照程序进行，就不会遗漏管理的关键点，每一环节都达到规定标准，就不会出现制度偏差，不会因为个人对政策理解能力不同，而导致执行结果不同。

5. 有利于人才培养。每个单位的会计人员都有一个以老带新，逐渐成熟的过程。对于新入职人员，理论与实践毕竟有些差距，他们往往需要 2－3 年才能达到熟练处理每一项会计业务的能力，有了标准化流程，新手完全可以依靠自学熟悉每一项业务内容，由新手变为成手这个时间周期就会大大缩短。在没有别人协助的情况下，按照标准化流程，新人也能独立处理全新的会计业务。

三、如何进行高校会计业务流程标准化

与企业做 SOP 类似，高校会计业务流程标准化也要区别不同的管理模式和管理方式，相同业务在不同学校的标准化流程有可能不同。但从做 SOP 的角度来看，高校会计业务流程标准化大体上可以按以下几个步骤来进行：

1. 梳理制度。在对高校会计业务进行标准化改造之前，需要对现行制度进行梳理，按经济业务对涉及的管理制度进行分类，对照业务查找制度缺陷，修订不适宜的制度或起草新制度，堵塞漏洞，形成全新的制度体系。要对单位的现实情况进行充分调研，特别是一项业务涉及多个部门的，一定要做好研讨和征求意见，避免制度出台之后出现各部门扯皮，制度执行难的问题。

2. 优化流程。按照对高校会计业务的分类，首先将每一项业务相应的主流程图做出来，然后根据主流程图做出相应的子流程图，并依据每一子流程做出相应的程序。每一项业务，都应当考虑清楚，分清业务步骤，涉及部门，相互关系等，并制定出来具体流程。在制定和优化流程过程中要把相应的管理制度在具体的流程中体现出来，确定执行步骤的关键点，对关键点进行措施控制。

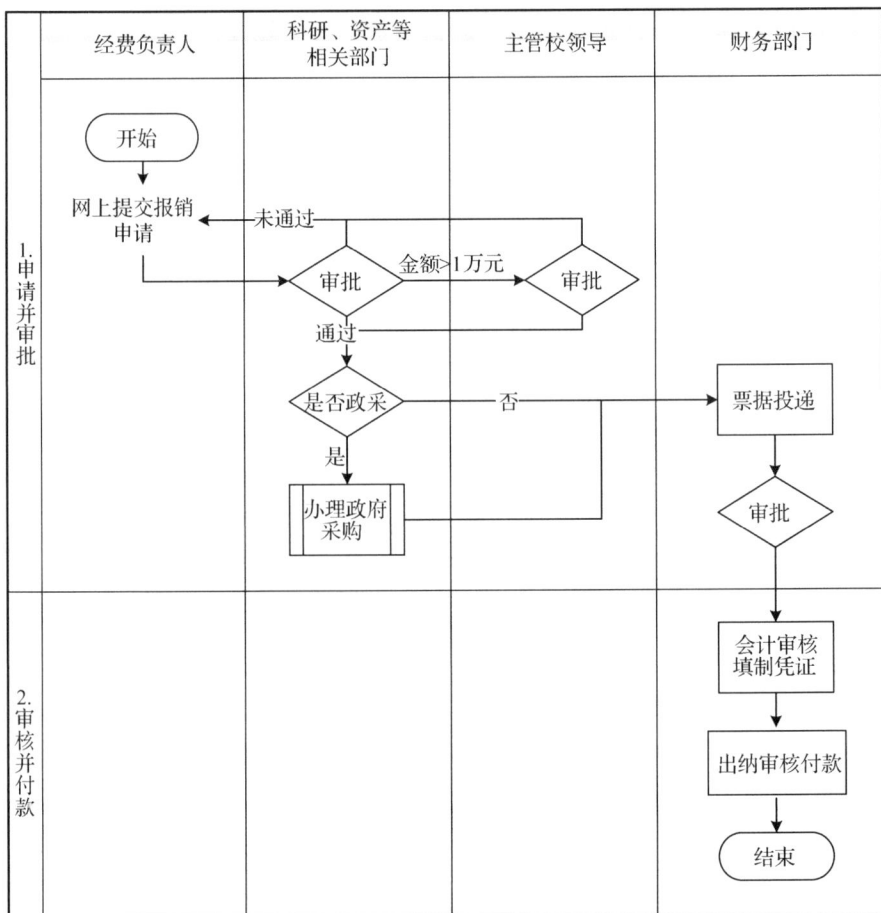

图 1　科研经费报销流程图

3. 划分步骤。划分每一项会计业务的执行步骤，列示每一步骤的执行细节，并对细节进行描述。执行步骤的划分应有统一的标准，比如按先后顺序划分，或者按部门划分等。细节描述要以可执行为标准，每一步骤细节要说清需提交的文件、办理的手续、符合的标准，能够达到按图索骥的程度。

4. 编写手册。单位要制定统一的标准化流程模版，然后对每一项业务套用标准模版，编写标准化流程手册。在编写手册时，不要改动模版上的格式，以达到统一规范的效果，但可以对相关细节增加文字说明，除了文字描述外，还可以增加图片或示意图等，目的是使用手册的人员能够很清晰地理解流程中的表述，知道应该怎么做，不致有不明白的地方或者引起歧义误解。

表1　会计流程标准化操作手册

所属部门：会计科　　　　　　　　　　　　　　　　文件编号：B201－03
岗　　　位：审核报账　　　　　　　　　　　　　　版　　次：1.0
流程名称：科研经费报销流程—差旅费　　　　　　　页　　次：第1页共1页

业务流程	标准化操作程序	操作要点	提供材料	相关部门/人员	备注
1. 申请并审批	1. 经办人准备出差审批单，会议（或培训）通知（或考察计划）等材料，收集整理出差票据，计算机票或车票金额及张数，计算宿费票据金额及张数。 2. 登录财务处门户网站，进入网上自助报系统。 3. 点"差旅费报销"按钮，填入出差人姓名、单位及级别，出差事由，出差地点，出差人数等信息。 4. 选择经费项目，填入机票或车票金额及张数，计算宿费票据金额及张数。 5. 确认无误，保存提交。 6. 相关人员收到提示信息进行网上签批。 7. 签批完结，系统提示经办人打印出差报销单，连同票据、文件等一起装袋投递到财务处。	1. 必须提供会议（或培训）通知（或考察计划）等出差依据。 2. 经办人如果不是项目负责人，需取得项目负责人授权。 3. 如果行程分段要分开计算。	1. 机票或车票 2. 宿费票据 3. 出差审批单、会议（或培训）通知（或考察计划） 4. 出差报销单	科研项目负责人 科技处负责人 *主管科研校领导 财务处负责人	3. *如果金额大于1万元，需提交主管科研校领导审批。

续表

业务流程	标准化操作程序	操作要点	提供材料	相关部门/人员	备注
2.审核并付款	1. 审核报账会计接到报销袋，拆袋扫描报销单、系统接收网上报销数据。 2. 审核出差审批手续是否齐全，审核原始单位原始单据合法性。 3. 计算填写出差人补助，生成记账凭证，提交复核。 4. 复核人员复核凭证。 5. 出纳人员复核出差人姓名及银行账号信息，支付款项。	1. 审核出差是否经过审批，是否使用公务卡。 2. 鉴定票据真伪需到税务局网站查询。 3. 复核重点科目使用、金额计算、支付信息。	记账凭证	审核报账会计 主管会计 出纳员	

5. 评估修正。手册完成后还要组织人员对操作手册中的流程逐一测试，检验按手册执行流程是否能够完成，评估流程的合理性，环节的严密性，修正不科学不规范的地方。这一过程是持续性的，可以定期或不定期评估，只要是影响流程的环境发生变化，或出现技术进步等情况，都要对标准化流程进行重新评估、修正以使流程达到最优化。

四、高校会计业务核算流程标准化注意的问题

1. 标准化流程是一个整体

标准化流程不仅仅是把某一个业务的流程标准化，它一定是一个体系，是所有会计业务标准化流程的集合，它是一个包含制度、流程、规范、手册、表格等的一个有机的整体，各个组成部分之间是相辅相成的。只有把所有流程都进行标准化改造，并且在实践中严格执行，每一项业务、每一个细节的转变，小的效率提升积累在一起，在整体上才能有一个累积效应，在管理上才能有一个大的改观。

2. 标准化流程是一个动态的过程

所谓标准化实际上是最优化的概念，最优化是相对的，是在一定时期，一定环境下的最优化，它还受人的认知程度的影响，因此标准化是一个逐步完善的过程，随着时间的推移，环境的变化，制度规范的改变，标准化流程也要随之修正。高校财务管理者应该重视并拿出时间和精力，对标准化流程进行研究，定期组织人力对标准化流程进行评估，剔除不合理因素，补充新增环节，在管理与成本之间寻求一个合理的平衡，形成最优化流程。

3. 标准化流程必须强化执行

标准化流程不是制定完之后就万事大吉了，必须在实践中严格按照程序执行，否则制定标准化流程就没有任何意义。标准化流程形成之后就是制度，必须保证制度的严肃性，不能因为工作过程中嫌麻烦而搞变通和打折扣。如果发现标准化流程有不合理的地方，或者环境、政策发生改变等情况，只能通过修改标准化流程的办法来修正，而不应有时执行有时不执行，尺度不一，既达不到提高效率的效果，也会造成管理的混乱。

4. 标准化流程改造需要借助工具

制定标准化流程的过程中，需要对流程中每一个细节进行优化，在需要进行资料流转的过程中，有时需要借助甚至重新设计一些工具，来实现自动化传递过程，类似于工业生产的流水线，从而提高执行效率。比如借助互联网进行网上报账，报账人员可以把原始单据信息在网上提交，信息通过网上进行流转、审批，然后进行报账处理。在有些流程中还可以借助自动识别技术、移动互联技术、智能化设备等，可以提高流程执行的自动化程度。

5. 标准化流程要与单位内控建设相结合

高校会计业务流程标准化必须符合内控的总体要求，否则流程就是不科学不规范的，就会有漏洞产生风险。流程标准化过程包括梳理制度、优化流程、划分步骤、编写手册等过程，这与单位内控建设的过程有很多契合之处，而且进行流程标准化的目的之一也是为了加强单位的内部控制，防范由于操作人员不熟悉业务，不按规程处理业务而出现差错，从而产生风险。内控建设要求业务流程化、流程标准化，因此流程标准化做得规范、科学，也会促进提升内控建设的效果，保证内控目标的实现。

综上所述，高校会计业务流程标准化是引入企业管理 SOP 思想，对高校会计业务流程进行再造的过程。在这一过程中借助于新技术、新手段简化操作步骤，提高业务处理的自动化程度，有利于统一规范，减少人为差错，提高管理效率，更有利于会计人才的培养和储备，对提高高校财务管理水平具有重要的现实意义。

【参考文献】

[1] 胡博洋. 浅谈标准作业程序[J]. 经济管理，2015(8).

[2] 苏叶. 关于全面推进高校内控建设的思考[J]. 经营管理者，2016(15).

[3] 段海燕. 浅谈 SOP 在财务管理中的运用[J]. 东方企业文化，2015(3).

新时期高校财务队伍建设之思考*

信阳师范学院　　田照俊①

【摘　要】"十二五"以来，我国高等学校会计围绕服务经济社会发展大局和财政中心工作，进行了一系列的改革，取得了显著成绩。但值得关注的是，制度改革的落实工作并没有达到预期效果，原因是多方面的：一是与《高等学校财务制度》《高等学校会计制度》改革相配套的规章制度出台滞后；二是高校办学隶属关系及办学层次差别导致执行困难；三是高校管理部门对财会工作重视不够，等等。笔者认为，高校财会队伍建设落后也是一项不可忽视的重要因素。高校作为人才培养的摇篮，一定程度上讲，高校财会队伍综合素质在我国行政事业单位具有一定的代表意义，但实际情况并不理想。本文根据新时期高校财会工作面临的主要任务、财会队伍负面清单等进行分析，以期通过落实会计法、制定财会队伍建设中长期发展规划、建立健全财会队伍激励约束机制、加强财会人员职业道德体系建设等，全面提升财务工作服务我国高等教育事业持续健康发展的能力。

【关键词】高校　财会队伍　建设

近年来，随着我国经济体制改革的不断深入，普通高校也逐步从靠财政吃饭的计划经济管理模式走向市场，扩校区，建高楼，抢生源，挖人才，创品牌，促发展，经过多年的外延扩张之后，高校发展正在向校企化、国际化迈进。伴随着高校财务管理体制改革的不断深入，高校管理重心的转移，传统的财会队伍已逐渐适应不了新形势的需要。因此，进一步加强财会队伍建设，全面服务高校科学发展已成为当务之急。目前，对高校会计队伍建设研究主要表现在对财会队伍业务素质提升、思想观念转变等方面，本文从新时期高校财会工作面临的主要任务、财会队伍负面清单进行分析，以期通过落实会计法、制定中长期发展规划、建立健全激励约束机制、加强职业道德体系建设等方面全面提升高校财会队伍综合素质，服务我国高等教育事业持续健康发展。

---

* 本文系 2015 年河南省教育厅人文社科重点研究项目"高校内部控制评价体系研究"（2015-ZD-024）。

① 田照俊（1977—），河南泌阳人，高级会计师，管理学硕士，信阳师范学院财务处副处长，主要从事高校财务管理研究。

一、新时期高校财务工作面临的主要任务

(一)财务信息公开，全面有序推进

近年来，中央和地方预决算公开范围逐步扩大、内容也在不断细化，仅教育部就先后下发了《高等学校信息公开办法》(中华人民共和国教育部令第 29号)、《教育部关于做好高等学校财务信息公开工作的通知》(教财〔2012〕4 号)、《教育部关于进一步做好高等学校财务信息公开工作的通知》(教财函〔2013〕96号)、《教育部关于公布〈高等学校信息公开事项清单〉的通知》(教办函〔2014〕23号)等多个文件。目前，部属高校的财务信息公开工作在有序推进，但地方高校财务信息公开工作不够理想。2016 年 2 月，中共中央办公厅国务院办公厅印发了《关于进一步推进预算公开工作的意见》(中办发〔2016〕13 号)，提出了扩大预算公开范围、进一步公开预决算信息、细化预算公开内容、加快预算公开进度、规范预算公开方式等五项主要任务，涉及经济行为的各个方面。要求使用财政资金的部门和单位自本级财政部门批复预决算及相关信息形成或变更之日起 20日内通过门户网站等平台主动、长期公开。如何做好财务信息及时公开、正确应对社会关切的回应工作，更是我们财务人面对的一个课题。

(二)内控制度建设，任重而道远

财政部 2012 年 11 月印发，并于 2014 年 1 月 1 日起施行的《行政事业单位内部控制规范(试行)》(财会〔2012〕21 号)，明确要求对党政机关、人民团体和事业单位等的经济活动实施内部控制，通过制定量化指标体系，逐步实现从单位宏观经济层面拓展到各个微观经济活动，做到权力运行规范有序。2015 年 12月，财政部下发《关于全面推进行政事业单位内部控制建设的指导意见》(财会〔2015〕24 号)，要求行政事业单位应于 2016 年底前完成内部控制建设实施工作。2016 年 6 月，财政部下发《关于开展行政事业单位内部控制基础性评价工作的通知》(财会〔2016〕11 号)，要求各行政事业单位坚持全面性、重要性、问题导向、适应性原则，通过开展组织动员、开展评价、评价报告及其使用、总结经验等一系列工作，有针对性地建立健全内部控制体系，即通过时间节点的有效控制，按照摸底评价、以评促建的方式，敦促各单位全面开展内部控制建立与实施工作，确保在 2016 年底前顺利完成内部控制建立与实施工作。高校刚刚起步的内控制度建设工作，任重而道远。

(三)会计制度改革，进入快车道

党的十八届三中全会提出了"建立权责发生制政府综合财务报告"的重大改革举措。2014 年新修订的《中华人民共和国预算法》也对各级政府提出了按年度

编制以权责发生制为基础的政府综合财务报告的明确要求。2014 年 12 月，国务院批转财政部《权责发生制政府综合财务报告制度改革方案》(国发〔2014〕63号)明确要求各级政府按照党中央、国务院决策部署，加快推进政府会计改革。要坚持"立足中国国情，借鉴国际经验、坚持继承发展，注重改革创新、坚持公开透明，便于社会监督、做好总体规划，稳妥有序推进"的原则，建立健全政府会计核算体系、政府财务报告体系、政府财务报告审计和公开机制、财务报告分析应用体系。该方案的下发，意味新一轮政府会计改革的正式开始。2015 年10 月，《政府会计准则——基本准则》经财政部审议通过，自 2017 年 1 月 1 日起实施。2016 年 8 月，财政部办公厅印发了《政府会计制度—行政事业单位会计科目和会计报表(征求意见稿)》，面向社会公开征求意见。2016 年 10 月，财政部印发了《会计改革与发展"十三五"规划纲要》(财会〔2016〕19 号)，提出"建立健全与社会主义市场经济相适应的会计体系，深入推进会计工作法治化、信息化、现代化"的会计改革与发展的总体目标。具体包括加强会计法制建设、加快推进政府及非营利组织会计改革、健全企业会计准则体系、推进管理会计广泛应用、完善内部控制规范体系、加强会计信息化建设、大力发展会计服务市场、实施会计人才战略、繁荣会计理论研究等九大方面共计 32 项具体措施，并就各项目标任务的贯彻落实工作做出明确部署，确保规划落到实处。新的高等学校会计制度刚刚施行，固定(无形)资产折旧等会计事项尚未提上日程，新的会计制度又将很快实施。

(四)互联网＋会计，熟悉又陌生

随着信息技术的不断发展，作为服务经济社会发展的财务工作，更不会独善其身，财务工作也逐步从原始的手机记账发展到微机录入、财务局域网与因特网的数据交换对接，财务工作逐步向互联网时代迈进。社会的进步，时刻在推动会计事业的发展。2015 年 3 月，李克强总理在十二届全国人大三次会议上首次提出"制定'互联网＋'行动计划，推动移动互联网、云计算、大数据、物联网等与现代制造业结合，促进电子商务、工业互联网和互联网金融健康发展，引导互联网企业拓展国际市场。"2015 年 7 月，国务院发布了《关于积极推进"互联网＋"行动的指导意见》，对全面推进"互联网＋"工作提出了明确的发展目标和具体行动指南。2015 年 7 月，财政部党组成员、部长助理戴柏华在中国财会高峰论坛上发表了"'互联网＋'与大会计时代"主题发言，进一步推进财务工作的"互联网＋"计划，更好地发挥会计预测、计划、决策、控制、分析和监督等功能，推动会计工作提质升级。相信不久的将来，随着管理会计体系建设的全面推进，会计行业也将迎来一场前所未有改革、转型，财务人员真正到了"适者生存"的新时代。

以上只是新时期高校财务重点工作的缩影，高校财务如何进一步加强成本核算、绩效管理、科学规划、导向引领等，还有很多重要的事情要做，都是财务人急需解决的重要课题。但高校财务队伍现状，并没有适应时代发展需要。

二、高校财会队伍负面清单

（一）财会队伍严重不足

随着高校发展无序竞争的进一步加剧，人事编制限制与人才引进的矛盾凸显，为进一步保障教学、科研中心地位，高校在总体上对教辅、管理岗位实施了严格的进人限制。目前，高校普遍存在财务人员严重不足现状。以河南省为例，全省教育事业发展统计公报等有关资料显示，2005 年全省普通本科院校 28 所，校均学生规模 16637 人[1]，生均预算内教育事业费支出 3727.09 元[2]；2015 年全省普通本科院校 44 所（不含 8 所独立学院），校均学生规模 23209 人[3]，生均公共财政预算教育事业费支出 12572.33 元[4]。2015 年本科院校校均学生规模是 2005 年的 1.4 倍，2015 年生均公共财政预算教育事业费支出是 2005 年的 3.37 倍，学生逐年增多，教育经费投入逐年增加，但财务人员队伍较 2005 年基本上保持平衡，并有下降趋势。财务人员严重不足，导致整天忙于事务性工作，这与高校实施科学化、精细化财务管理与服务工作的要求还有很大的差距。

（二）财会队伍结构不合理

作为业务与管理并重的财会队伍，因个人发展等原因，具有高学历的专业人才已不愿从事财务工作。经过多年的人才荒之后，财务部门逐渐形成了学历层次低、人员老化严重、专业结构不合理的"青黄不接"局面，基本成为高层次人才配偶的集聚地，财会队伍建设边缘化问题严重。笔者对河南省教育厅直属 20 余所本科高校财务人员状况对行了调查，总体上，财务人员占教职工总数的 1.3%，其中在编人员占教职工总人数的 0.9%，外聘财务人员占财会队伍总人数的 30%；财务会计相关专业具有硕士以上学历人员不足 28%，具有博士学历人员更是微乎其微。一方面是国家实施的一系列财务管理体制改革在逐年推进，另一方面是学校领导层面对新形势发展对财务管理与服务工作提出的更高期望。作为肩负重任的财务工作，面临的是进退两难的尴尬境地。

（三）信息化应用能力不足

随着信息技术的不断提升，从某种意义上讲，财务工作主要是借助计算机对资金进出实施流程化管理来完成的。高校财务作为行政事业单位财务的一个分支，本质上与其他行政事业单位会计有着很大的区别，伴随高校办学自主权不断扩大，在政府投资占主导地位不变的情况下，高校企业化管理已成为发展的必然。以"预算组织、预算目标体系、预算编制、预算执行、预算考评"为核心的全面预算管理也已提上日程。目前，相当一部分财务人员只会对财务软件进行模块化操作，运用计算机分析、解决问题的能力有待进一步加强。

(四)管理、创新意识欠缺

由于受计划经济体制的影响，财务工作基本上处于以老带新的传承式教学模式，老思想、经验主义作风盛行，财务工作者开拓进取意识差强人意，学校事业发展主人翁意识淡薄，仅仅满足于算账、报账等微观经济活动。再加上目前一些高校不尽合理的综合事项考核联评制度，职称、职务晋升的"天花板"现象，导致财务工作者对日常工作疏于要求，好人作风盛行。财务工作是一个动态的链条式管理工作，因工作人员长期超负荷工作，往往出现岗位懈怠现象，科室间工作的不协调，团队协作精神差，管理、创新意识欠缺，对财务管理工作的广度、深度、可持续发展研究不够，潜藏巨大的财务风险。

三、新时期加强财务队伍建设的建议

(一)落实会计法，让会计工作成为受尊敬的职业

《中华人民共和国会计法》自 1985 年实施以来，经过全国人大两次修订已趋于完善。30 年来，在有关部门的监督检查下，《会计法》在各行业的落实工作取得了显著成效，为我国经济体制改革的深入推进做出了应有的贡献。但在行政事业单位，尤其是普通高校，在会计核算、会计监督、会计机构设置和会计人员任用等方面还存在一些落实不到位的地方，这与有关部门领导对财务工作重要性缺乏认知有关，对单位的管理还停留在人管人的状态，财务工作边缘化思想严重。落实会计法，健全财务管理与服务岗位和财务队伍，让会计工作成为受尊敬的职业，是新时期加强财会队伍建设的首要任务。

(二)制定财会队伍建设中长期发展规划

科学规划，是单位建设事业持续健康发展的先导。为更好地服务国家经济社会发展和财政中心工作，财政部制定了《会计改革与发展"十三五"规划纲要》，预期在"十三五"时期，对会计工作的高端会计人才相对欠缺，内部控制、会计法治、会计诚信建设等问题和不足，通过理论创新、机制创新、制度创新等加以解决，通过转型升级来适应经济管理的要求。作为普通高校，财务工作同样是服务学校科学发展的重要决策部门，财务管理工作的质量和水平，在一定程度上反映出学校未来发展的层次和水平。高校应根据《国家中长期教育改革和发

展规划纲要》等纲领性文件精神，结合学校实际，制定本校的会计改革与发展规划纲要，做好财会队伍的引领、培养等建设工作，着力打造一支强有力的财会人员队伍，以适应时代发展需要。

(三)建立健全财会队伍激励约束机制

2010年1月1日，我国事业单位全面推行绩效工资改革，以期通过激励与约束机制，全面调动工作人员积极性，实现责、权、利的有机统一。受计划经济及"官本位"思想的影响，高校中层管理者对单位的治理还主要处在以约束机制为主的管理阶段，往往形成三分干、七分看的不利局面。同时，对于绩效考评的理解，仅仅局限于物质方面的奖惩，对科学的岗位设置，合理的职责分工，员工的日常表现，外出学习交流机会，职务职称晋升渠道及年度综合考评等重视不够，这往往是形成工作效率低下的根本原因。因此，财务部门应建立健全科学合理的岗位责任制度、内部控制制度、绩效评价制度及绩效分配制度等激励约束机制，通过激励与约束功能的有机结合，全面增强高校的财会队伍工作积极性和岗位自信心，不断提升财会队伍干事创业的能力。

(四)加强财会人员职业道德体系建设

职业道德是职业人在职业活动过程中应该遵守的行为准则和规范。财会人员不仅应具备扎实的会计专业知识，更应具有良好的会计职业道德。应该说，加强财会队伍建设，不但要重视财会人员的专业素质教育，还应高度重视财会人员的职业道德教育，引导其树立正确的世界观、人生观和价值观。同时，应根据会计行业的职业性质和职责任务，建立健全会计职业道德规范、会计职业道德评价体系、会计从业人员信用档案及必要的奖惩机制。主管部门在加强宣传教育的同时，加强会计职业道德监督检查力度，只有做到两手抓，促进财会人员自觉按照会计职业道德规范要求严格要求自己，才能逐步建立一个完整良好的会计职业道德体系，达到培养高素质合格会计人才的目的。

【参考文献】

[1] 河南省教育厅．2005年全省教育事业发展统计[EB/OL]．[2005-10-17]，http：//www.haedu.gov.cn/2010/10/30/1288408721140.html

[2] 教育部 国家统计局 财政部．2006年全国教育经费执行情况统计公告[EB/OL]．[2008-08-08]，http：//www.haedu.gov.cn/2010/4/21/633538125497543750.html

[3] 河南省教育厅．2015年河南省教育事业发展统计公报[EB/OL]．[2016-05-16]，http：//www.haedu.gov.cn/2016/05/16/1463367234225.html

[4] 教育部，国家统计局，财政部．2015全国教育经费执行情况统计公告[EB/OL]．[2016-11-11]，http：//www.jyb.cn/china/gnxw/201611/t20161111_682322.html

［5］刘宇婧.当前我国会计职业道德存在的问题与对策［J］.中共银川市委党校学报，2016(1)：94－96.

［6］财政部.关于印发《会计改革与发展"十三五"规划纲要》的通知［EB/OL］.［2016-10-18］，http：//www.mof.gov.cn/pub/kjs/zhengwuxinxi/zhengcefabu/201610/t20161018＿2437976.html

浅析高校财务管理与服务的融合

天津师范大学　王　晴　张吉丽　周彤欣　肖　强

【摘　要】随着高等教育体制改革的不断深入，高校财务被赋予了更为艰巨的责任。财务工作具有专业性强、规范度高、制度更新较快的特点，基于各院校财务发展现状，单纯追求管理水平或服务质量都不是最优策略，只有将二者进行融合，寻求管理与服务的平衡点，才能顺应时代发展，在提高高校资金使用效率、降低财务风险的同时，创新服务理念、提升服务水平，使高校持续、稳定、健康发展。

【关键词】高校财务　管理　服务　融合

高等院校财务管理牵动着教学、科研各个环节，健全的财务管理体系为学校各项资金的合理使用和财产安全筑起了一道牢固的屏障。同时，在以人为本以及建设服务型政府的大环境下，服务意识与服务思维对高校财务提出了更高的要求，即需要在不断提高财务管理水平的基础上，树立科学的服务理念，进一步创新财务服务思路。

一、高校财务管理与服务相融合的内涵

财务处是高等院校重要的职能管理部门，同时又是窗口单位，这一特性决定了财务工作既有管理的一面，又有服务的一面，常言道"寓管理于服务之中"，单纯注重管理或服务都无法满足高等院校与时俱进的发展需求，因此将管理与服务相融合是优化财务工作的必由之路。

高校财务管理与服务相融合是指在实际工作中坚持管理与服务并重，强化管理就是服务的理念，抵制二者相对立的局面，使管理与服务相辅相成、相互促进，营造和谐的财务发展模式。

二、高校财务管理与服务的现状描述

近年来，高校财务管理日益规范化、科学化，服务意识也不断增强，但是在财务管理与服务相互融合的层面尚存待完善之处，主要表现在以下方面：

(一)财务信息不对称

高校财务具有专业性较强、制度更新较快的特点，财务人员需要不断学习领会最新政策，在严格把握各项规定的基础上开展工作，才能保证财务管理合规合法，降低财务风险。然而对于非财务人员，由于其专业知识不充分以及信息传递的滞后性，导致对报销流程，各类缴费方式方法，项目额度控制等业务不熟悉，尤其是对于部门内无专人负责财务报销的高校而言，信息不对称表现得尤为明显。由此为服务对象带来的手续反复必然导致其对财务管理的满意度下降，降低高校财务的服务水平。

(二)财务信息化需进一步完善

随着高等教育体制改革的不断深入、高校规模的不断扩大，财务管理被赋予了愈加重要的意义，财务管理状况直接关系到高校的办学质量和办学水平。然而财务作为高校对内、对外服务的窗口，在追求高效率财务管理成果的基础上，必须兼顾服务理念，这就要求我们不断创新财务管理模式，与时俱进，使财务管理与服务二者形成相互促进、相互补充的效果。

在数字化校园的大背景下，创新财务管理模式可以借助计算机、网络等辅助工具，将财务与信息技术相结合，通过高校财务信息化建设完善报销流程、收费方式，同时简化工作流程、提高工作效率，进而节约报账人的等候时间、增加收费对象的缴费途径、确保财务数据提供的及时性和完整性等，对于服务对象、财务部门工作人员、其他相关处室以及上级领导部门都具有重要意义。但部分高校财务信息化受制于缺乏专业人员、缺少完善的网络环境等因素，导致信息化进程缓慢，财务管理也因固化于传统模式而偏离了管理与服务的平衡点。

(三)部门间配合机制需进一步优化

相对于其他部门而言，财务工作规范性更强、灵活性相对较低，这一特点也增加了提高财务服务水平的难度，同时财务工作的顺利进行需要各部门的协调配合，如报销业务涉及所有学院，而且需科研处、国资处等处室的合作，收费业务需学生处、教务处、宿管中心等部门的协调。

因此在优化高校财务管理与服务关系的论述中，探讨部门间的协调配合必不可少。健全的配合机制并不单纯局限于各部门间正常的信息传递，而应拓展到管理与服务的领域，在完善高校资金内控机制的同时，践行以人为本的理念，简化业务流程。然而现实管理中仍存在由于部门间缺乏沟通协调，导致服务对象往返于多个处室的现象，势必降低其对财务工作的满意度。

三、高校财务管理与服务融合的重要性分析

实现高校财务管理与服务的融合是财务工作发展的必然趋势，管理与服务两个职能之间不是对立的，服务是管理的前提、管理是服务的保障，发挥二者相互补充、相互促进的作用能够达到事半功倍的效果。

（一）高校财务管理与服务的融合有利于构建和谐校园

高等院校作为整个社会体系中的重要组成部分，理应成为构建社会主义和谐社会的重要力量，高校和谐校园的建设应当遵循以人为本、统筹协调、持续发展的原则，合理化融合财务管理与服务是建设和谐校园的重要条件。

财务部门作为对外服务的窗口，在一定程度上展现了高校的整体形象，将财务管理与服务相融合，寻求二者相结合的最优解能够在实现财务管理目标的基础上创建和谐的服务环境，使高校保持持续、稳定、健康发展。

（二）高校财务管理与服务的融合有利于提高办学质量

中国共产党第十八次全国代表大会报告中指出，我国教育的重要任务是科学发展，人民满意，进一步强调了教育在国家战略中优先发展的地位，而高等院校在整个教育体系中居于关键地位，办学质量和办学水平决定了高校的长远竞争力。

高校办学质量取决于科研成果、教学资源、配套设施等与财务资金密切相关的诸多方面，财务管理水平和服务方式通过科研项目报销、学费住宿费缴纳、基础建设资金管理等渠道影响着办学质量。

深化高校财务管理与服务的融合，寻找管理与服务的平衡点，在提高资金使用效率、降低财务风险的同时，创新服务理念、提升服务水平，间接推动教师的科研热情，不断丰富教学资源，促进配套设施的更新换代，从而提高办学质量，提高高校持久竞争力。

（三）高校财务管理与服务的融合有利于优化监督机制

随着教育事业的不断发展，办学形式日益多元化，高校财务管理面临着新的挑战，基于这一背景，完善的财务监督机制在提高高校资金使用效率，顺应时代发展的层面具有重要意义。

通过提高服务对象的业务流程熟悉程度、创新财务信息化模式，优化部门的协调配合等途径寻求管理和服务的平衡点，能够进一步发挥高校财务管理与服务相互补充、相互促进的作用，不断健全内控机制，形成有效的监督合力，提高财务透明度，对薄弱环节加强建设，逐步形成事前、事中、事后相对完备的监督体系，如对私设"小金库"等违法行为的遏制、专项资金使用情况的追踪

等，从而使学校利益和财产安全得到保障。

四、推进高校财务管理与服务相融合的改革建议

在高校财务的发展过程中，单纯提高管理水平或服务质量都不是最优方案，只有将二者相结合，寻求管理与服务的平衡点，才能顺应时代发展，使高校保持长远竞争力。

(一)提高财务人员综合素质

党的十八大报告强调要坚持以人为本，"服务"是本质属性，服务质量与财务人员的自身素质密不可分，通过提高财务人员素质能够提升业务能力，确保良好的服务态度，逐步实现财务管理与服务的融合。提高财务人员综合素质包括两个方面：一是专业素质，包括对财务基础知识和最新政策的掌握水平；二是道德素质，包括服务意识和全局意识。相应对策包括以下两个方面：

首先，定期组织财务人员参加岗位培训和政策讨论。财务部门属于专业性较强的管理部门，而且财会制度随政治、经济政策而更新，因此财务人员只有不断学习，与时俱进，才能在把握财务规定的基础上提高服务质量。因此学校和部门内部应定期组织财务人员参加相应培训，交流实施细则，更好地领会政策精神，防止理解偏差降低管理水平或服务质量。

其次，完善岗位轮换制度。健全的财务管理体制离不开具备优秀业务素质的财会队伍，轮岗制度能够培养财务人员更为全面的业务能力，形成完整的收支体系，进而以完善的全局意识处理业务，降低财务风险，提升管理和服务的水平；而且轮岗制度能够提高财务人员工作积极性，增强责任意识，创新管理及服务方式，最大化发挥财务人员的潜能。因此财务部门应制定完整的岗位轮换制度，对于轮岗周期、轮岗目标、岗位协调等应有明确规划，对于轮岗前的业务交接和培训应有细致安排，确保个人能力与岗位要求顺利衔接和过渡，保证轮岗达到预期目标。

(二)提高财务知识的宣传力度

财务信息不对称是降低财务服务水平的重要因素，提高宣传力度、增强认知水平能够改善信息不对称这一现状，在优化管理模式的同时提高服务水平。具体宣传方式包括以下两个方面。

首先，在出台新的财务政策或改变原有业务流程后，财务部门应及时组织相关处室人员进行培训，进行详细的政策解读和流程介绍，使服务对象尽快理解相应的制度变化，降低政策不对称带来的负面效应。此外，由于财务信息具有复杂性和多变性，且涉及人员广泛，应将面向全校师生的培训宣讲形成常态

化模式,包括报账流程、缴费方式、科研业务等诸多方面,从而提高其对财务信息掌握的连贯性,既是对服务对象负责任的体现,也有助于打破服务对象以固有思维处理业务,减少矛盾的发生。

其次,完善财务部门网站建设,将财务政策、业务流程、办理业务所需资料完整公布在网站中,并及时更新,便于服务对象查询和下载,做到财务信息的透明、公开,同时增强便捷性和高效性。

(三)加强部门间协调配合

高校基础建设、科研管理、专项投资等关系学校长远发展的重点项目均涉及财务在内的诸多部门,只有部门之间协调配合,形成完善的内控机制,才能保障高校资金安全、高效地运行。进一步优化部门间的协调配合要明确分工、统筹协调,以此来提高财务管理与服务水平,实现二者的融合。

首先,明确各个部门的责任,各部门在职责范围内对服务对象负责。其次,定期组织相关部门对优化配合模式的方案进行沟通,寻求最佳统筹途径,包括如何简化业务流程、提高工作效率,如何加强监督、形成健全的内控机制,如何适应最新政策变化、合理化使用资金等方面:

(四)推进财务信息化进程

财务信息化是高校财务工作发展的必由之路,也是财务管理与服务融合的必然选择,未来财务信息系统将成为数字化校园的一个重要组成部分,承担着高校内部计划、控制、预测等职能以及对政府管理部门和社会公众提供财务信息的职责。财务信息化进程的推进离不开上级主管部门、财政部门的推动,更依赖于高校自身信息化资源是否充足,因此信息化平台建设的对策包括以下几个方面:

第一,系统研发前进行充分调研。只有符合广大师生需求、能够切实解决问题的信息化平台才具有长远使用价值,才能从根本上践行以人为本的理念。因此在开发新系统、更新原有系统前应充分进行市场调研,例如在调查学生对缴费系统使用建议的基础上调整统一支付平台设置,在调查教工对报销流程建议的基础上改进网上报销系统等,从使用者的立场获取推进信息化进程的路径,完善财务信息化平台建设,进而实现财务管理与服务的融合。

第二,注重可共享系统的研发。高校财务信息化建设是一项长期、复杂的工程,不仅需要充足的人力、财力支持,而且只有在反复试验、修改后才可投入使用。增强系统的共享性能够降低研发成本,提高系统的使用效益。

因此在高校财务信息化平台建设过程中,应当注意财务内部各个系统间以及财务相关部门间实现资源共享。例如学生收费系统与教务学籍管理系统、新生报到系统、奖助学金发放系统等应实现完美对接，通过数据在系统间的传输来提高管理效率、降低财务风险，同时创新服务方式，提高服务水平。在系统开发过程中要预先做好规划，综合考虑各系统的需求，在数据结构方面使用统一标准，保证数字化校园平台的兼容性和稳定性。

第三，建立信息化系统的绩效评价机制。绩效评价能够对现行财务信息化系统的运行质量进行评估，以评估结果作为是否继续追加投资的依据，确保研发出更合理的系统平台，提高资金的使用效率。例如在一项信息化工程的研发、投入使用、优化的过程中，采用阶段性投资方案，提前制定相应的绩效评价计划，及时通过服务对象、相关管理部门等评价系统的使用效果，对于有价值的系统制定优化方案、对于适用性较差的系统及时终止投资，推进财务信息化有序运行。

【参考文献】

[1] 张蓓. 建构和谐高校财务的策略探究[J]. 财经界，2016(7).

[2] 胡运江. 高校财务管理如何为高校发展服务[J]. 智富时代，2016(4).

[3] 陈先容. 高校财务管理信息化建设思考[J]. 合作经济与科技，2016(8).

[4] 徐晶晶. 高校财务工作管理与服务[J]. 财会通讯，2015(23).

[5] 孔祥忠."三严三实"指导下的高校财务管理服务体系建设[J]. 商业会计，2015(19).

[6] 屈凯萍，肖清，陈静. 高校财务部门职能之管理与服务的博弈[J]. 绵阳师范学院学报，2013(12).

[7] 刘云. 高校财务工作的管理与服务探析[J]. 中国外资月刊，2012(24).

[8] 李明玉. 处理高校财务管理与服务关系浅议[J]. 会计之友，2011(10).

完善高校贫困生资助体系　构建和谐校园

华中师范大学　吴念芝

【摘　要】我国高校已基本建立以"奖、贷、助、补、减、免"为主要内容多元化的学生资助体系，但也存在一些缺陷和不足，为此，本文就高校贫困生资助体系存在的问题，结合长期从事高校贫困生学生资助和管理工作的实践，提出了进一步完善高校贫困生资助体系的建议。

【关键词】高校贫困生　资助　助学贷款

当前，高校贫困生问题已成为我国高等教育改革的焦点问题之一，也成为社会、政府、学校所关注的热点问题，贫困不仅给大学生带来的是经济问题，也是引起贫困大学生心理问题的重要因素，大学生犯罪也与贫困息息相关，因此，完善高校贫困生资助体系，做好高校贫困生资助工作是建设和谐高校的关键。

一、高校贫困生的现状

随着我国高校在校生人数的增加，贫困家庭学生人数也不断增加。据教育部统计，截至 2009 年年底，全国普通高校在校生总人数 2285.15 万人，其中，家庭经济困难学生人数 527 万人，占全部在校生总人数的 23.06%；家庭经济特别困难学生人数 166.1 万人，占全部在校生总人数的 7.27%。

高校贫困家庭学生数量之所以增加，有多方面的原因：一是我国的经济总体发展水平较低，人均收入不高，经济与社会发展不平衡；二是我国普通高校的学生有近一半来自农村以及偏远的山区、牧区、少数民族地区或其他自然环境恶劣的地区，这些地区经济发展缓慢，学生家庭收入普遍偏低；三是少数学生虽来自城镇，由于国家产业结构调整、企事业人员下岗分流等原因，致使父母一方或双方不能就业，降低了家庭收入；四是家庭或本人突遭意外或不幸，如家庭经济破产或家有病人长年治疗，面临长期或短期经济困难的学生；五是一些学生来自于负担较重的多子女家庭。另外，高校实行收费政策后，上学费用提高，客观上也加重了学生与家长的负担。

二、高校贫困生资助工作状况

资助方式多样，资助力度强，资助对象覆盖面广。多年来，政府采取了一系列资助政策，加大了对经济困难学生的资助，基本建立起以"奖、贷、助、补、减、免"为主要内容多元化的学生资助体系，据教育部统计，2009年，资助学生3106.04万人次，资助总金额347.2亿元。各高校还在努力拓展资助渠道，接受来自社会团体、经济组织、科研机构、个人等非本校或非政府部门捐资，社会资助属于非正式资助，是以政府为主导的资助体系的重要补充。

社会资助的方式多样，可以是无偿投入即赠予性的，也可以是以借贷的形式提供资助，还可以足以有偿服务的形式提供资助。完善社会资助体系有利于形成多层次、全方位的混合型资助体系。资助方式多样，在资助贫困学生方面发挥了巨大的作用，从很大程度上缓解了贫困生的学习、生活困难，保证了绝大多数经济困难学生能够顺利完成学业。

三、高校贫困生资助工作存在的问题

(一)资助资金的供给不足，资助体系分散

20世纪90年代以来，高等教育体制的改革逐步深入，特别是高等教育实行收费制以来，由于政府对高等教育经费的投入不足，高校收费逐年增加，高校贫困生问题日渐凸显出来。据统计，我国政府对高等教育的投入还比较低，占GDP的2.5%，与发达国家的投入比率相差较远，美国占5.1%，日本占6.7%，甚至低于多数欠发达的非洲国家。而普通高校学生的平均学费却在逐年增加，近几年，高等教育由精英教育向大众教育转变，高校不断扩招，在校学生的基数进一步增大，贫困生群体的数量也越来越大。学费的逐年增加而且增加幅度超过人均收入增长的幅度，大量学生入学与政府投入不足形成的矛盾，必然使高校产生相当数量的贫困生。资助体系分散，资金分配不均，高校大多按照相关规定执行奖助学金、助学贷款、勤工助学、学费减免等政策，而缺乏一整套针对学生个体的帮困助学方案，以致各项措施交叉执行，形成重复资助、覆盖面过窄等分配不均衡现象，经常出现大家都关注个别最困难的学生，而使个别困难学生的受助总额大大超过本身资助需求的情形；同时，其他困难学生则得不到应有的资助，最终影响了贫困生资助的公平公正。这也使得不少贫困坐难以享受到国家的优惠政策，而一些不应该享受资助的学生却迟迟没有退出资助行列，占用了有限的资助资金。

(二)银行缺乏贷款助学的积极性，严重制约了贫困生资助问题的解决

国家助学贷款是党中央、国务院在社会主义市场经济条件下，利用金融手段完善我国普通高校资助政策体系，加大对普通高校贫困家庭学生资助力度所采取的一项重大措施，国家助学贷款是由政府主导、财政贴息、财政和高校共同给予银行一定风险补偿金，银行、教育行政部门与高校共同操作的专门帮助高校贫困家庭学生的银行贷款。借款学生不需要办理贷款担保或抵押，但需要承诺按期还款，并承担相关法律责任。借款学生通过学校向银行申请贷款，用于弥补在校学习期间学费、住宿费和生活费的不足，毕业后分期偿还。但对于商业银行而言，助学贷款属于政策性贷款，政府虽然给予财政贴息、免交营业税、呆坏账核销等政策上的支持，但国家助学贷款的资金均由银行自行筹措，还贷风险由银行承担。一方面，国家助学贷款笔数多、金额小，相对经营成本过高，贷后无相应管理办法；另一方面，助学贷款违约行为非常严重，从2000年起正式启动国家助学贷款后，尽管在国家统一管理下，学校、金融、社会的大力支持配合，效果显著。但还贷状况却不尽人意，部分学生到了还贷期限后却迟迟不还，有的毕业后就不知去向逃避还贷，这就人为地把风险转嫁到银行。这样一来，在银行内部形成一种观点，认为开办此项业务只有社会效益而没有经济效益，银行执行国家法定利率，利润很难保证。但对于国家助学贷款，商业银行又不能不贷，因而表现被动应付，在办理贷款中能拖则拖，能不贷的则不贷，有的甚至出现了停贷现象。

(三)贷款门槛高、贷款幅度低

国家助学贷款大大缓解了高校助学方面的压力，但是，贷款本身的门槛过高，一定程度上将部分急需资助的贫困生拒之门外。据介绍，申请助学贷款必须要学生提供成绩单，而且不能有不及格的科目或者不及格科目不能超过多少门，这使得很多学生因为这一规定而没有获得贷款。

(四)管理制度不完善，信息渠道不畅通

一些高校没有把解决好贫困家庭学生的困难问题摆在突出的位置，人力、物力、财力投入不足，政策宣传力度不够，以致不少贫困生对资助政策不了解，凑不齐学费上不了学，学校在资助经费使用上也存在不规范情况。贫困生界定标准模糊，"贫困生"就是指那些家庭人均经济收入较少，有一定数额的债务，在校期间支付学杂费和生活费都比较困难或基本生活费得不到保障的学生。这个界定标准相对比较模糊，对工作的现实指导性和可操作性不强，无法满足高校助学工作的实际需要。高校贫困生认定作为高校贫困生资助工作的重要环节直接影响到贫困生资助的效果。然而，目前高校对贫困生的认定大部分是通过学生所在生源地开具的贫困证明和简单的家庭情况调查来认定，而学生当地的民政部门虽然在家庭情况调查表上加盖了公章，却很少对调查表上学生所填的情况进行核实，这样一来，贫困生认定工作就缺乏规范合理的标准。在这一现状下，一方面，有些贫困生因为虚荣心等原因不愿意表明身份申报资助；另一方面，高校会出现了部分伪贫困生，占用了有限的资助资金。

四、改善贫困生资助工作的对策

(一)建立资金来源多元化的资助体系，保证资助资金来源的稳定

困扰我国高等教育发展的最大问题是资金的问题，高校贫困生资助工作遇到的最大难题也是资金不足问题。因此，政府应加大财政投入．增加国家和省级奖助学金额度，增加用于申请助学贷款的风险补偿金的分摊比例。增加高等教育经费投入保障机制，保证政府对高等学校经费投入增长与财政经常性收入同步增长，制定高等学校生均经费和生均公用经费预算目标，并据此测算年均需增加的政府拨款，逐年安排并保证落实。努力拓展资助渠道，寻求社会资助，进一步加强舆论宣传工作，报纸、电视、互联网等媒体要充分发挥传播优势，大力宣传高校贫困生的情况，包括规模、现状、典型事例等，让更多的人了解高校贫困生这个群体，广泛动员社会各界伸出援助之手帮助困难学生，充分调动各方面的主动性和积极性，在全社会形成关心支持高校贫困生的强大合力，确保每一位贫困生不因家庭经济困难而失去接受高等教育的机会，进而保证资助来源的相对稳定性。

(二)加强政府、高校与银行的合作与协调，促进助学贷款的可持续进行

1. 政府与银行要加强政策调控，既要资助又要避险

由政府成立专门国家助学贷款管理机构，在财政担保下向商业银行融资，专门从事贷款业务；建立国家助学贷款风险基金，作为银行来说，担心学生不能按期还贷是正常的，客观上，由于种种原因部分学生不能还贷也是难免的，因此，在完善资助体系的过程中应主要通过国家出资建立助学贷款风险基金，以减轻银行压力，促进助学贷款的可持续进行。

2. 加强高校与银行的合作，发挥学校的监督作用，推进助学贷款工作的顺利进行

银行与学校建立沟通机制，通过建立银行与学校沟通机制，学生用款期间由学校进行观察监督，及时将情况反馈给银行。银行会同高校组成还贷督办联合机构，对于具备偿还能力的毕业生要督促其按约偿还，打消部分学生拖欠贷款或一贷了之的侥幸心理。学校应加强对学生的诚信教育，完善高校受助毕业

生个人信用体系，要把诚信教育纳入整个思想教育体系，作为经常性的工作，教育学生提高信用意识，对于受助贫困生，要进行系统的助学贷款政策教育，要讲清助学贷款的性质、对象以及违约所产生的法律后果；讲清助学贷款的意义以及违约对本人、学校和社会带来的影响。让学生懂得助学的原则是扶贫先扶志，受助学生要做到家穷志不穷，经济困难而道德富裕；让助学贷款成为大学生跨入社会的第一份信用记录，它将对其终生的个人信誉影响深远。

(三)大力发展生源地贷款，强化贷款资金的监督，弱化银行风险

生源地信用助学贷款是指银行金融机构向符合条件的家庭经济困难的学生发放的，学生和家长向学生入学户籍所在地的金融机构申请办理的，帮助家庭经济困难学生支付在校学习期间所需的学费、住宿费的助学贷款。生源地信用助学贷款为信用贷款，不需要担保和抵押，学生和作为法定监护人的家长为共同借款人，共同承担还款责任。大力发展生源地贷款可以解决诸多问题：(1)生源地贷款对于贷款对象的鉴定成本低，鉴定准确率高，这可以很大程度上克服现行国家助学贷款模式中的"假贫困"占用贷款资源的弊端；(2)生源地贷款金融风险小，还款率高，由家长作为贷款人，沿用目前政策中对于贫困学生优惠的利息和还款政策，同时变信用贷款为担保贷款，学生作为贷款的第二责任人记入信用系统，以此保证较高的还款率；(3)生源地贷款可以减轻学生的心理压力，学生在入学之前就可以获得国家助学贷款足额缴纳学费，这对于他们来讲可以不再被明显地贴上贫困学生的"标签"，从而更加有利于贫困学生健康、全面的发展，也有利于高校更好地开展以提高贫困生素质为主的发展性工作。

(四)建立科学的贫困生评定指标体系，制订资助计划

贫困生的认定工作是做好贫困生工作的基础，客观、公正地做好贫困生认定工作直接关系到有限的资助资金能否给最需要的人。各校助学资金基本能覆盖到每个贫困生头上，但是每人获得的资助有多有少，悬殊比较大，有的能拿到几千元，而少的只有几百元，相差很大，应建立一个科学合理的贫困生认定制度，才能从根本上保证贫困生认定的准确性，一方面要依据区域经济水平、家庭成员结构及其劳动能力，判断其收入状况；另一方面可采取学生参与测评、开展在校消费调查等方式了解学生实际生活水平。在此基础上进行综合测算排序，划分"贫困"档次，确定资助对象。并且在实施的过程中进行信息系统的动态维护，依据家庭经济变化和个人消费状况及时进行资助调整，保证资助的公正公平。经过评定后，根据每一位受助学生的具体情况设计一份完整的资助计划，并监测其在校期间的整个受助过程。资助计划中包含学生基本信息以及他可能获得的所有资助项目，包括奖助学金、助学贷款、勤工助学和减免学费等在内的贫困生资助项目全部归入资助计划，并统一实施监测，保证工作更加有效、更具有针对性，避免因管理分散而产生的资助金额不均衡的情况。

（五）建立健全高校贫困生勤工助学体系，拓宽助学渠道，耨助学金与勤工助学报酬相结合

1. 充分挖掘校内潜力

在校内没立管理、科研、后勤等助学岗位，奖助学金以勤工助学报酬的方式发放。可以将学生能完成的临时性、突击性的工作优先安排给贫困生，将为师生员工服务的大量后勤管理工作，转化为社会管理，尽量设置可由学生承担的勤工助学岗位，为勤工助学的持久开展创造良好条件。同时，高校还应该发挥其知识和技术的优势，将勤工助学与教学、科研相结合，与校办科技产业相结合，增加科技含量，提高活动档次，激发大学生参与勤工助学的热情，促进勤工助学持久、广泛地开展。

2. 形成政府、社会、学校、家长一体化的助学体系

学校要加强和社会的联系，把勤工助学与"社会服务"相连接，使勤工助学范围从校内扩大到社会，把服务的内容扩展到社会需要的各个领域，理论与实践的结合，勤工助学项目应与学生专业相结合。在勤工助学工作中，学生可以将课堂所学的知识与现实的需要，与最新的科技发展紧密地结合在一起，促进对知识不断深入理解。当然，其中的许多知识在课堂上是根本学不到的，现在社会不仅需要扎实的专业知识，亦需要与之相关的综合知识，勤工助学正好提供了解社会、丰富知识的良好时机。

【参考文献】

[1] 张青兰. 做好高校资助经济困难学生工作　共筑"科教兴国"大业，高师财务管理研究，第六辑.

[2] 2009 年全国普通高校资助政策执行情况. 教育部网站.

加强地方一般本科院校财务队伍建设的思考

泉州师范学院　吴小玲　郭艳萍

【摘　要】地方一般本科院校无论是经费来源还是其他软硬件方面与老牌重点本科院校相比都有很大的差距。发挥好财务部门对学校发展的保障作用，更加需要加强财务人员队伍建设。本文在分析了加强地方一般本科院校财务人员队伍建设的必要性和目前财务人员队伍现状的基础上，提出了建设和培养适应地方一般本科院校改革发展需要的财务队伍的途径。

【关键词】地方一般本科院校　财务队伍　建设

一、引言

随着高等教育的不断改革发展、高校办学自主权的扩大以及教育经费投入的多元化，高校经济活动日趋复杂，财务工作面临着更加严峻的局面。高校财务队伍建设作为财务工作的重要组成部分，其是否适应学校改革发展趋势，对学校的规划建设和内涵发展具有重要意义。近年来，国家越来越重视高等教育，地方一般本科院校 兴办力度不断扩大，要保证高校的规划建设和内涵发展顺利进行，保证财务管理规范化、高效化，就必须建设和培养一支思想素质高、业务能力强、适应地方一般本科院校改革发展需要的财务队伍。

二、加强地方一般本科院校财务队伍建设的必要性

2010 年财政部出台的《会计行业中长期人才发展规划》中指出"会计人才是我国人才队伍的重要组成部分，是维护市场经济秩序，推动科学发展、促进社会和谐的重要力量。加强会计人才队伍建设，着力培养高层次会计人才，并以此引导和带动我国会计人才队伍发展，不仅关系到提高会计行业核心竞争力、确保会计工作促进经济社会发展的职能作用有效发挥，而且关系到全国实施人才战略、建设创新型国家的大局"。[1]

2007 年国家出台的《教育部、财政部关于"十一五"期间进一步加强高等学校财务管理工作的若干意见》中强调"加强财会队伍建设，为高等学校财务工作

的正常开展提供人力资源保障"。[2]

只有加强财务队伍建设，才能优化资源配置，提高资金使用效益，提高财务管理水平，为学校的规划建设和内涵发展做好后勤保障。地方一般本科院校由于建校时间短、前期投入少、资金紧缺等原因，缺乏一批强有力的人才储备队伍，又要面对激烈的外部竞争环境，更加需要加强财务人员队伍建设。

(一)地方一般本科院校财务自主权不断扩大的必然选择

《中华人民共和国高等教育法》规定"高等学校应当面向社会，依法自主办学"。随着我国财政制度改革和高校体制改革的不断深入，政府一直在不断扩大高校的办学自主权。2012 年 9 月福建省人民政府就出台了《福建省人民政府关于支持高校加快发展的若干意见》，提出"为进一步落实高校办学自主权，营造更为宽松的环境，给予更加有力的支持，推动我省高校加快发展"。[3]与此同时，高校成为面向社会，依法自主办学，实行民主管理的法人，必须依法建立健全财务管理制度，合理使用、严格监管教育经费，提高教育投资使用效益，建立与之相适应的财务管理体制和财务管理模式。不断扩大的财务自主权要求地方一般本科院校财务人员加强财务监管，开拓创新思维，在预算管理、经费使用、贷款建设等方面进行探索，推动地方一般本科院校财务自主决策、自主实施以进一步改善高等教育运行机制、提高教育投资效益。

(二)地方一般本科院校适应市场体制改革及合理配置资源的需要

随着市场体制的深化改革，地方一般本科院校的办学经费来源由完全财政拨款向以财政拨款为主、多渠道筹措办学经费的方式转变，以往传统的财务管理模式和观念已经不适应市场体制下的地方一般本科院校发展。因此，如何在市场机制下利用有限的资源进行科学的资金筹集和资金投放以达到资金使用价值最大化和风险控制最小化，使得地方一般本科院校得到有效的内部控制和资源的优化配置就显得至关重要，这就对地方一般本科院校如何建立科学合理、秩序优化的财务管理模式提出了更高的要求。显然，对如何建设与之相适应的财务队伍亦提出了更高的要求。

(三)地方一般本科院校提高财务管理综合能力的战略任务

近年来，高校办学模式逐渐转变，高校已经由单一的教学科研单位转变为教学、科研、技术输出等多项工作并举。资金调度额度的增加、资金周转量的频繁、日常会计业务的复杂和烦琐，原始、简单的记账管理已经不适应现代财务管理目标需求。高校财务要向管理要效益，讲究财务管理成本与效益的配比。因此，建设和培养思想素质高、业务能力强、适应地方一般本科院校改革发展需要的财务队伍是高校财务管理改革与创新的重要内容，也是其提高财务管理综合能力的一项战略任务。

三、当前地方一般本科院校财务队伍存在的问题

（一）政治理论水平不高，服务管理意识不够

现今，高校发展越来越向教学、科研等内涵建设倾斜，从事教学、科研的教师实际收入越来越高，同样在高校工作，财务人员终日兢兢业业地工作，实际收入却与教师相差甚远。因此，有些同志思想上颇为不满，容易产生委屈情绪，甚至消极怠工，影响了正常财务工作。旧的高校管理理念简单地将财务部门定义为服务机构，强调的是如何服务师生，淡化了其管理职能，认为财务工作就是简单的记账核算，这种理念导致在地方一般本科院校初期建设中财务人员素质普遍不高，财务人员对自身专业素质教育不够重视，财务队伍总体战斗力不强。部分财务人员还存在一些服务意识欠缺的问题，主要表现在服务观念滞后，不能一视同仁，对不能报账的原因不进行耐心解释，甚至与报账人员发生争吵。上述问题产生的原因就在于日常财务管理中忽视了思想政治教育，一些财务人员由于工作压力大，放松了对思想政治理论的学习。因此，地方一般本科院校必须结合财务管理工作的需要，坚持不懈地加强财务人员思想政治教育以强化财务人员服务意识。

（二）财务队伍结构不合理，知识更新缓慢

20世纪末新建的地方一般本科院校经过几轮合并、评估，一批财务工作人员经过组合后成为如今财务队伍中的"前辈"，这些人员学历水平、专业知识及业务水平普遍偏低，会计专业知识学习不够，缺乏较为完整、系统的财务管理理论和财务政策性知识，虽然在财务岗位工作多年，业务熟练，能较好地应对日常报账，但该年龄层次人员一般比较安于现状，工作中缺乏创新意识，接受新事物能力弱，在会计电算化变革中角色转变慢。同时，队伍中缺乏新生力量，没有积极向上的学习氛围，导致整个财务队伍缺乏活力，知识更新缓慢。例如笔者所在学校的财务人员，年龄40岁以上的与年龄30岁以下的各占一半，30—40岁的人员只有一人，中坚力量严重缺失，存在严重的断层现象，老同志往往只注重完成记账核算等简单流水工作，对财务管理钻研得少，年轻同志由于经验不足还不能完全担当起财务管理的重担。有些财务人员多年从事一个岗位工作，对本岗位工作很专很熟，对其他岗位不甚了解，搞核算的不懂管理，搞管理的不懂核算，懂得会计实务知识，但会计电算化操作有时却不能得心应手。因此，高校必须根据学校改革发展的形势和内涵建设的要求，优化现有的财务队伍配置，提高财务管理的整体实力，建设一支有朝气、有活力、知识化

的财务队伍。

(三)工作主动性不够，主人翁意识淡薄

在科技和信息高度发达的知识经济时代，知识更新速度不断加快，新的管理概念和方法应运而生，必然会给高校财务管理带来机遇和挑战。高校财务管理的组织形态必然要向学习型组织转变。学习型组织是通过持续有效的组织学习获得生存与发展机会的组织形态，也是 21 世纪最具竞争优势和最具适应能力的组织形态。[4]这其中重点强调了财务人员的主观能动性与主人翁意识。一个人所能创造的价值有多大，不仅与其所掌握的知识、技能相关，而且还应该看其是否具有不断学习和创新的能力。财务人员要从学校发展的大局出发，充分发挥主观能动性，以主人翁的态度和高度的责任感对待日常会计核算和财务管理，发挥财务的监督职能。

四、建设和培养适应地方一般本科院校发展的财务队伍的途径

(一)加强政治理论职业道德学习，牢固树立为师生服务意识

1. 加强政治理论学习，提高政治思想素质

加强政治理论学习，既是做好财务工作的理论基础，也是高校财务人员不可推托的责任。高校财务人员要自觉加强政治理论学习，加强自身道德修养，树立正确的世界观、人生观、价值观。严格遵守和执行国家制定的各类财经法律规定，遵守学校的财务规章制度，克服执行财务政策中的主观性、盲目性、片面性，掌握正确的方法方式，真正做到客观公正、实事求是。财务人员通过不断的理论学习，道德修养得到提高，思想境界也随之提高，对个人的名誉、得失就会看得淡、想得开，不会去斤斤计较个人得失，更不会去滥用职权牟取私利，真正做到拒腐防变，自觉抵制社会上形形色色的不良之风。

2. 加强职业道德建设，牢固树立服务意识

财务人员职业道德规范，要求从爱岗敬业、诚实守信、廉洁自律、坚持原则等方面遵循职业道德行为规范。要求财务人员热爱本职工作，认真钻研本职工作，对本职工作尽心尽力，尽职尽责。高校财务工作既不能脱离各个部门独立存在，又不能凌驾于各个部门之上，在日常财务工作中可以从以下几个方面提高财务人员的服务意识：一是热情服务，对前来报账的教师热情接待，耐心听取他们的意见及需求，认真做好政策解读，及时为其排忧解难；二是转变沟通方式，在沟通语气上委婉些，态度上亲和些，多一些理解，就会少一些误会；三是以诚相待，尊重同事及服务对象，对待同志与人为善，团结互助，和谐相处。

3. 加强规章制度建设，增强法制规范意识

实践证明，得控则强，失控则弱，无控则乱。地方一般本科院校要通过大量的内部调研和对其他老牌重点高校的借鉴学习，制定出一整套符合本单位实际经济情况的内部控制制度，为财务人员开展工作提供制度保障。加强制度建设，用制度来规范和约束财务人员的行为，既有利于财务工作的顺利开展，也有利于提高财务人员的思想素质水平。作为高校财务人员，要视国家利益高于一切，牢固树立财经法律意识，认真掌握国家各项财经纪律、法规和会计制度的主要内容和精神实质，一丝不苟地按财务制度办事，认真细致地进行核算和管理，自觉依法进行高校各项经济管理活动，忠实履行财务监督管理职能，在抵制和纠正不良作风中发挥积极作用。

（二）优化队伍结构，建设一支富有活力和战斗力的财务队伍

1. 优化年龄结构，形成一支富有发展前景的财务队伍

优化财务队伍年龄结构是财务队伍建设的一个重要任务。只有财务队伍年龄结构得到优化，才能形成一支富有凝聚力和战斗力的高校财务队伍。合理的财务队伍年龄结构，应当由各种不同年龄的财务人员组成，形成一个富有发展前景的以中年带领青年的梯形年龄结构。中年财务人员一般具有较高职称，同时在会计岗位上具有较为丰富的经验，可以发挥其"传帮带"的作用，帮助青年财务人员尽快地适应会计岗位工作需要。同时，地方一般本科院校可以考虑有计划地吸收一些与会计相关的专业的本科毕业生，如计算机专业、统计学专业、经济学专业，一方面适应会计电算化网络维护管理需要及终端查询维护管理需要，另一方面有利于财务分析管理的需要，将基础会计数据转化为决策支持信息，服务领导决策。

2. 实施会计轮岗制度，提升财务人员整体实力和全局意识

财政部出台的《会计基础工作规范》（财会字〔1996〕19 号）第二章第十三条规定："会计人员的工作岗位应当有计划地进行轮换。"[5]实施有计划的会计轮岗制度，有利于加强高校会计工作的内部控制和监督，形成有效的内部钳制机制，提高拒腐防变的意识；有利于高校财务人员熟悉整个财务流程，实现业务能力上由"单一型"到"多能型"的转变，从而提高高校财务人员队伍的整体实力；有利于充分发挥财务人员的积极性和创造性，通过接触不同岗位的业务，形成全局意识，提出适应地方本科院校财务管理发展的新思路。

3. 优化财务管理系统，建设高效的财务服务队伍

对地方一般本科院校而言，会计电算化已开展多年，经济业务的发展对财务系统提出了更高的要求，需要建立一个更加先进、高效的财务管理平台为财

务工作服务。高校各个层次信息需求者对财务信息的需求越来越具体，例如，教师对薪酬信息的需求，学生对缴费信息的需求，科研项目负责人对项目资金使用情况的需求，部门负责人对部门资金使用情况的需求。要满足各个层次的财务信息需求，首先要优化财务管理系统，在财务预算及核算环节按项目进行归集，为细化项目及信息采集提供保障；其次要建立多个财务查询终端，简化操作流程，便于各层次财务信息需求者的需求；再次要通过搭建信息平台，实现教学、科研、人事、财务等信息资源充分共享，缩短信息传递时间，提高信息统计质量；另外还应当引进计算机专业技术人员进入财务队伍，同时加强对现有财务人员会计电算化业务的培训。

(三)加强高层次财务管理人才培养，提升一般本科院校财务管理水平

1. 重视多学科知识学习，争当复合型财务管理人才

复合型人才是指不仅在专业技能方面有突出的经验，还具备较高的相关技能的人。高校财务管理复合型人才的内涵即在财务管理相关方面有一定能力，在财务会计专业方面有突出的经验，技能出类拔萃的人。[6]财务人员只有转变观念、更新知识，与时俱进地掌握业务知识、工作规范，提高自主学习能力，才能适应快速发展经济的需要。这里所说的自主学习能力，一方面指学习专业知识，提高业务水平；另一方面指学习综合知识，提高复合能力。财务人员除了具备扎实的财务管理基础理论和技能，学习新的高校财务制度和新的高校会计制度，了解和掌握财税制度改革、现行会计法律法规外，还要掌握多学科知识，包括管理学、经济法律、计算机技术、网络技术等知识，融会贯通解决实际财务问题。同时要加强沟通协调合作能力锻炼，提高自身综合素质和工作管理水平，争当复合型财务管理人才。

2. 积极参与财务管理，当好领导决策参谋

随着地方一般本科院校办学规模不断扩大，质量不断提高，财务工作重心已由核算逐渐向管理转变，办学资金来源由以财政拨款为主转变为多渠道、多途径筹资的新格局，经济决策行为更加依赖于财务分析结果，这就对高校财务人员参与财务分析管理提出了更高的要求。在一定程度上具备广泛的知识面和熟练的业务能力后，财务人员需要通过自身的复合型知识结构体系组织协调工作，团结协作，沟通信息，及时发现工作中存在的问题。财务人员应当尽快适应新形势下的学校财务发展格局，实现知识结构上由"浅窄型"向"广深型"转变，工作职能上由"反映型"向"决策顾问型"转变，[7]分析财务数据信息，充分挖掘学校发展潜力，统筹资产优化配置，提高资金使用效益，服务领导决策。

地方一般本科院校要建立激励评价机制，通过对财务人员进行德、能、勤、

绩、廉综合考核，对考核优秀的财务人员进行表彰、奖励，在晋升职务中给予优先考虑，对考核比较差的财务人员进行教育、帮助。同时，有计划、有组织地开展多种有效的活动提高财务人员的个人素质。首先，定期开展培训、学习等活动。随着地方一般本科院校的快速发展，财务工作目标、财务工作重点也在与时俱进地发生改变，为了保证财务管理与学校的发展相匹配，必须对财务人员进行定期的培训、学习，使他们在理论水平和具体实务中有所提高，顺应学校改革发展的潮流；其次，在财务部门引入良性的竞争机制，在队伍中形成学习风气，调动学习积极性，提高财务人员素质。一方面，鼓励财务人员在职学习，攻读更高的学历学位，提高财务理论水平，另一方面，调动财务人员参加会计职称考试的积极性，增强学习紧迫感，提升专业素质。地方一般本科院校还应该关心和改善财务人员的生活条件，努力为他们的发展营造良好环境，千方百计为他们排忧解难，既要"用薪"留人，更要"用心"留人。

五、结语

总之，面对日新月异的经济发展和突飞猛进的知识经济新时代，地方一般本科院校财务人员要以主人翁的态度和高度的责任感，主动融入创新学习，积极应对高校财务管理的机遇和挑战，争当复合型财务管理人才。地方一般本科院校要重视财务复合型人才培养，建立财务人员激励评价机制，建设和培养一支思想素质高、业务能力强、富有凝聚力和战斗力、适应地方一般本科院校改革发展需要的财务队伍，提升财务管理水平，促进学校各项事业持续健康稳定发展。

【参考文献】

[1] 财政部关于印发会计行业中长期人才发展规划（2010—2020 年）的通知（财会〔2010〕19 号）[Z]. 2010.

[2] 教育部、财政部关于"十一五"期间进一步加强高等学校财务管理工作的若干意见（教财〔2007〕1 号）[Z]. 2007.

[3] 福建省人民政府关于支持高校加快发展的若干意见[Z]. 闽政〔2012〕4 号. 2012.

[4] 余骏，李永宁. 提升地方高校财务管理能力的几点思考[J]. 会计之友，2012(5).

[5] 会计基础工作规范[Z]. 财会字〔1996〕19 号. 1996.

[6] 胡丹. 浅谈高校财务管理复合型人才的培养[J]. 教育财会研究，2012(4).

[7] 刘丽，王微微. 浅谈财会队伍建设——以高校为例[J]. 中国集体经济，2012(10).

关于提升财务服务满意度的调研报告

华东师范大学 杨东嵘 马潇雅

【摘 要】财务处作为学校的核心职能部门，财务工作对于学校的教学科研及日常行政管理的正常运作起着重要作用。由于财务工作的特殊性，很多时候工作都是在部门内部运行，因此开展对于财务服务满意度的调查研究，对于促进财务处工作效率和服务质量、优化财务报销政策、提高经费使用率、提供决策依据、加强部门内部监管等方面有着重要的现实意义。本文将通过问卷调查的方式，以我校师生为目标群体进行财务工作满意度总体测评，针对测评结果有针对性地对财务处财务服务提出整改措施和改进意见。

【关键词】财务服务 财务报销 满意度

一、高校财务服务理念

高校的财务服务，是指高校的财务部门基于本校的发展计划和经济状况，根据财务管理要求对预算内、外资金的筹措、计划、组织、使用、监督和调节，通过收、支会计核算，增收节支，为学校各部门开展业务活动提供资金支持，同时加强财务预算管理，促进高校教学、科研等工作顺利开展。高校财务处的基本工作是按照高校会计制度和财务管理制度的要求，积极筹措资金，开源节流，对教学和科研活动进行全面、完整、真实地反映，保证教学科研的正常进行，服务整个高校的日常经济活动。同时，与学院及各部门共同合作，为其提供专业财务管理知识，做好财务咨询和报销服务，按照财务管理制度对其经济行为进行合理有效的监管，不断提供财务服务，促进大学完成自己的使命。

(一)高校财务服务的特点

1. 服务对象广泛性

政府和社会力量是高校的主要投资主体，是高校财务部门直接面对的客户，也是高校重要的服务对象。高校财务对内的服务对象是校领导及各二级学院、全体师生。为学校领导决策提供科学依据；为二级学院提供专业财务管理知识，做好财务咨询服务。此外，高校财务在对外发生经济往来活动中，还要向上级教育主管部门及财政部门提供各种财务信息数据、统计报表、学校预决算情况等等，协助上级教育主管部门做好高校教育收费的监管服务；按税法规定，加强学校各项税收管理，为税务部门加强税收管理服务。综上所述，高校财务服务对象呈现出广泛性的特点。

2. 服务手段现代化

随着财务信息化建设水平的不断发展，高校财务已基本实现会计电算化。财务预算、决算、核算，教职工工资发放、学生收费等一系列财务活动均通过财务电算化管理系统完成，大大提高了财务数据的统计、分析准确性和财务服务效率。教职工在家就可以查到科研到款情况、工资明细、公积金缴纳情况以及科研经费使用情况。特别是网银支付功能的开通，师生的报销款项直接打入银行卡内，避免了排队等待支付现金的现象。服务手段的现代化极大提高了高校财务服务的效率。

3. 服务质量可变性

服务本身就因提供服务的主体能力、素质的不同而存在着差异。高校财务在提供财务服务的过程中，也因财务人员的业务素质、道德修养以及对财务政策的理解和认识，不同人对同一事情会有不同的服务效果，产生服务差异。服务对象的个体存在差异性，对服务质量的要求也有所不同。比如，同一服务在A老师看来是满意的，在B老师看来则是不够到位，服务质量存在可变性。

4. 服务内容多样性

随着高校投资主体多元化、经济运作社会化，高校财务服务内容呈多样化。高校财务服务内容也慢慢从记账、算账和报账等一系列最基本的职能转向以基本职能为基础，根据高校的发展方向和发展战略，运用财务数据分析功能，优化教学资源配置，发挥会计预测的作用，为领导决策当好参谋和助手，为高校健康发展提供会计信息服务。同时，充分利用专业优势，积极为学院、部门及教职工提供财务方面的政策咨询服务。充分发挥财务预算职能，从支出的合法性、合理性、效率性等方面对学校各项支出进行监督，开源节流，全力做好预算执行的绩效考评，为高校健康发展提供专业保障和服务。

5. 服务理念发展性

高校财务服务具有其特殊的专业性要求，高校财务在充分发挥其核算、监督、决策等一系列服务功能时，财务的服务理念也随着学校的发展而有所变化。特别是随着社会经济环境和科学技术的发展，高校财务更要根据学校每一时期的发展方向和发展战略，不断拓展和调整自己的服务理念。

（二）高校财务服务的重要性

由于高校的财务工作对学校教学科研及日常行政管理的正常运作起着重要

作用，因此高校财务服务工作是否达到师生的期许，即其满意度对于促进高校和谐快速发展具有重要意义。其重要性主要体现在以下几个方面：

1. 高质量的服务水平有助于提高财务部门乃至学校的整体形象

教师和学生是高校财务对内主要服务对象，特别是近年来随着高校教师的科研能力不断增强，科研经费呈上升趋势，无形中增加了财务人员与教师的接触面。在提供财务服务过程中，财务人员的业务素质和服务效率，甚至一言一行都会直接给师生留下直观印象，进而直接决定财务部门在师生中的形象。同时，高校财务也是对外服务窗口，高校财务对外与财政、物价以及税务等部门发生业务时，会计人员的服务态度、服务质量，除影响财务部门的形象外，还直接影响学校的社会形象。

2. 高质量的财务服务水平有助于提高学校各项工作地开展效率

高校的核心工作是教学和科研，高校财务要紧紧围绕教学和科研开展工作，为其提供高质量的财务服务，进而确保学校各项工作顺利开展。高校财务提供的服务有小有大，小到为老师电话解答一个问题，大到全校经费的统筹安排，每一个服务细节都关系到学校事业的发展。比如，教职工每月工资的准时发放，学生学费的及时收取，会计财务报销工作，等等，财务部门的工作水平和工作质量直接影响到师生情绪的稳定、学校教学科研的正常运行以及日常行政管理工作的正常开展。

3. 高质量的财务服务水平有助于提高学校领导的决策全面性

高校财务的角色已不单纯是记账、核算，如今预算、决算在高校财务管理中日渐占据重要的地位。高校财务需要给学校领导层提供准确的会计信息，特别是对历史财务数据的有效分析，积极主动做好事前财务预测、事中财务控制、事后财务分析，并及时汇报，使学校领导做出正确的决策。高校财务要把重心放到提高资金使用效率、开拓资金来源渠道，合理配置全校资产，给学校领导做好参谋，为其决策提供科学依据，为高校的可持续发展提供优质的财务顾问服务。

二、我校财务服务满意度调查问卷分析

为了更好地掌握师生对财务服务满意度的评价，我们采用问卷调查的方式，通过《财务服务满意度调查问卷》对在我校财务部门办理业务的师生员工进行随机问卷以获取数据。问卷采取现场填写，当场收回的方式，在 2014 年 11—12 月间共发放问卷 100 份，收回 100 份，均为有效问卷。其中在职教职工 54 份，离退休人员 2 份，研究生 28 份，本科生 16 份，因为在职教职工和研究生是财务工作服务的主体，所以在调研过程中占据了主要部分。

（一）调查问卷的结果统计

1. 参与调查的师生比例

表 1   参与调查的师生比例

	师生比例（100%）
本科生	16
研究生	28
教师	56

2. 对财务人员业务水平的满意度

表 2   报销人员对财务人员业务水平的满意度

	报销人员对财务人员业务水平的满意度（%）
非常满意	68
满意	26
一般	6
不满意	0
非常不满意	0

3. 对财务人员的精神面貌、服务态度的满意度

表 3   对财务人员的精神面貌、服务态度的满意度

	对财务人员精神面貌的满意度（%）	对财务人员服务态度的满意度（%）
非常不满意	0	0
不满意	0	0
一般	6	2
满意	36	34
非常满意	58	64

4. 对各项业务的办理流程、财务制度的规范程度的满意度

表 4   对各项业务的办理流程、财务制度的规范程度的满意度

	对办理流程的满意度（%）	财务制度规范程度的满意度（%）
非常不满意	2	0

续表

	对办理流程的满意度(%)	财务制度规范程度的满意度(%)
不满意	2	4
一般	6	12
满意	38	44
非常满意	52	40

5. 对报账大厅的整洁舒适度满意度

表5　对报账大厅的整洁舒适度满意度

	报销大厅舒适度的满意度(%)
非常满意	46
满意	44
一般	8
不满意	2
非常不满意	0

6. 对叫号秩序及规则、报账大厅的服务设施(电脑等)的满意度

表6　对叫号秩序及规则、报账大厅的服务设施(电脑等)的满意度

	叫号秩序及规则满意度(%)	报销大厅服务设施满意度(%)
非常不满意	6	0
不满意	8	0
一般	14	16
满意	34	44
非常满意	38	40

7. 对叫号秩序及规则、报账大厅的服务设施(电脑等)的满意度

表 7　对叫号秩序及规则、报账大厅的服务设施(电脑等)的满意度

	财务处官网信息发布和更新速度的满意度(%)	财务资源管理系统便捷性的满意度(%)
非常不满意	6	6
不满意	4	4
一般	18	22
满意	38	38
非常满意	34	30

8. 对上门报销、对邮筒报销满意度

表 8　对上门报销、对邮筒报销满意度

	上门报销	邮筒报销
非常不满意	0	0
不满意	4	4
一般	10	16
满意	42	44
非常满意	44	36

9. 对财务服务工作有何新的意见和建议

①排队时间少些，希望能增加窗口(11 人提出)

②排号制度不合理，望增加。希望引进餐饮业叫号系统，这样提前一两个号可以短信提醒，不必一直在财务处站着或等着。(5 人提出)

③希望财务处后台支持要得力，为前台做好保障工作，保证前台工作能正常运行。(5 人提出)

④非常满意(3 人提出)

⑤财务报销制度有变动，希望能及时通过群发邮件通知广大普通教师，免得白跑一趟。(1 人提出)

⑥希望经费最后截止期限能延长(1 人提出)

(二)调查问卷结果分析

对于目前财务处的财务服务，多数师生持肯定的态度及评价，由于调研时期正好处于财务处关账前夕，对于主观的意见和建议主要针对报销前台提出。

从统计的调查数据中可以看出，满意度较高的几方面多为对于财务人员的服务态度和业务处理等。对"财务人员的业务水平、精神面貌、服务态度方面"满意度均达到 94% 以上，说明师生对我处工作人员的工作态度整体满意度较

高；对于"报账大厅的整洁舒适度以及服务设施"满意度分别为 90％和 84％，说明在整洁舒适度方面基本满足了师生的需求，在电脑等服务设施方面还存在一定的改进空间，有老师希望在报销大厅的电脑旁提供一份财务系统使用帮助；对于"业务的办理流程"满意度为 90％，说明师生对于我处财务服务的流程安排、财务人员的业务熟练度较为满意。对"上门报销、邮筒报销"的满意度分别为 86％和 80％，说明对于财务处新推出的报销方式推广反响良好，值得进一步实施。

另一方面，满意度较低的多为财务管理系统和财务网站方面，在"财务处网站信息的发布和更新速度"方面可以发现满意度大大降低至 72％，结合老师提出的"希望财务处后台为前台做好保障工作，保证前台工作能正常运行"和"财务报销制度有变动，希望能及时通过群发邮件通知广大教师"的建议，说明一方面财务网站的更新不迅速，对于关于报销和酬金等热点问题没有放在显著置顶位置引起足够重视，另一方面也说明老师对于学校邮箱和财务处网站的关注度不高，信息不能及时迅速传达给全校师生；对于"叫号秩序及规则"满意度为72％，多数老师认为叫号规则不合理不人性化，可能等待很久结果最后拿不到号码不能办理，或者拿到号码却等到工作时间结束还没有办理；对于"财务资源管理系统的便捷性"满意度仅为 68％，老师多反映对于公共数据库中的财务系统操作不熟练，很难寻找到需要办理的事项，如在 12.12 号后的酬金失败落账阶段，多数老师对于酬金发放失败后不会在数据库的显著位置提醒不满意，认为过程过于繁杂，希望可以改进。

根据调查问卷统计的结果统计可以得出目前师生认为财务服务中存在的问题主要为以下几个方面：①报销排队叫号规则的不合理；②报销窗口不足；③财务信息发布及时性及普遍性不足；④财务资源管理系统使用生疏和不便捷。

三、财务服务存在的问题分析

结合调查问卷的统计结果，以及日常报销工作中的经验，可以将目前财务服务中存在的问题总结出以下几个方面。

(一)前台报销时段过于集中

由于高校学业时间的特殊性，多数师生员工会选择在学期初学期末、年末科研结题后或财务关账前来报账。而这期间也正是财务处最忙的时候，新学期的工作布置、新老生的交费、学期末的工作总结、年末的结账决算工作和账簿的打印装订工作，年初的预算工作、年末年初接待来自各职能部门的财务大检查、审计等这些工作都要占用大量的时间和人力去做，有时还得抽出专人来完成，这样势必造成更严重的人员短缺。大量的报销业务都集中在这一时间段，使财务核算量在短期内剧增，报销大厅的拥挤程度就不难想象了，在 12.12 关账前夕，每天凌晨就有师生在报销大厅前排队的景象已经屡见不鲜。工作环境的嘈乱在一定程度上会影响财务人员的效率，使其在高强度的脑力劳动下处于更加紧张的状态，影响了报账的速度和准确度，同时由于每一笔业务都牵扯动辄上万元的票据整理，等待的报销师生情绪容易激化，也使得报销变得愈加困难。

另外年底和学期末集中报账用款还会造成每学期末集中大量取现的现象，这样会造成资金的安全得不到保障，还会不利于预算的有序控制。

(二)财务信息不对称

报销师生对财务制度的了解程度，直接影响到报销业务是否一次性顺利通过。财务工作人员熟悉各类经费的报账制度，但是报销师生对于财务制度的了解不可能像财务人员一样及时更新，财务相关制度的更新一般通过校情通报、华师大主页校内通知、各院系财务负责人三种方式传达，由于很多师生对于校情通报和校园网主页的关注度不高、报销频率不高，所以对于报销制度、规范不了解，都需要前台报销时报销人员告知。因此，在报销的过程中一直会出现由于不合格票据、报销手续不完善等无法办理的情况堵塞报销通道，这不仅极易造成师生员工对财务部门的不满，甚至与财务人员产生矛盾，而且在极大程度上影响了财务人员的报账效率。

同时，教师的科研项目余额、明细、具体支出等情况在每个教师的个人信息系统中均可以查询，财务处网站也会定时更新各项明细操作，由于这方面一直没有对老师进行系统的教学指导以及老师对于财务信息化的掌握程度不高，这些可以后台内部处理的问题往往老师都会来柜台咨询，这样会大大耗费双方时间，若遇到学生代替老师来咨询报账，往往会几次往返都难以得到解决。

另外，随着改革的不断深入，各类新法规新政策不断出台，由于对新法规观念的理解偏差，在一定程度上影响着财务人员的业务判断能力，增加了业务处理的难度，如遇到政策中没有明确规定的事项，财务人员在处理时既要考虑票据的合法性又要判断事项的合理性，以及制度报销范围是否允许支出等一系列问题，此类问题在纵向经费及科研经费报销中显得尤为突出。

(三)报销经办人的多变

严格来说报销业务的经办人应该是学校正式编制的有科研项目的教职工，但由于不少项目经办人是学院学科带头人，授课任务、科研工作较重，每笔业务都亲自到财务报销大厅排队等候报销的可能性不大，根据老师们的反映在报销实践中经办人已经发生了变化，经办人多为在读研究生或本科生，并且多为组团来办理，人员繁多且对于财务报销流程一知半解不利于报销业务的办理。另外，由于近年来教职工人数的逐年增加，新进教师对学校的财务制度了解太少，如对本院系的财务一支笔、报销所需的支付凭证、个人的科研项目号、授权审批等相关财务知识在来前台报销时都一无所知，往往多次因相关环节手续不齐而无法完成报销任务，给报销工作的进行带来很大困难。

（四）财务服务与财务监督的不对等

会计的基本职能之一是监督，高校财务在财务管理过程中，需要严格执行国家的政策法规，按照学校的各项财经制度对各单位及个人的经济活动进行监控和调节，而财务服务要求以服务对象需求的满足作为财务服务基础。当财务监督的约束管理与财务服务的满足相遇时，两者的矛盾就会激化，如设备购置需要到学院财务负责人处填写购置清单、再到设备处办理资产登记手续，再到财务处办理报销手续。严格的制度管理使得教职工完成一项事项，需要往返各部门多次才能完成，从而对财务服务产生不满。特别是报销流程的固化，报销手续的严格化，都被视为服务不到位。师生们希望高效率的报账服务，但是严格的财务审核的监督功能不能少，两者的矛盾直接影响财务部门年终考核成绩。

四、提升财务服务满意度的对策及建议

（一）树立"以人为本"的工作态度，增强财务管理人员服务意识和质量

1. 建设内部组织文化，变行政指令为自主意识

随着现代管理制度的建立和完善，文化因素的重要性越来越凸显，组织文化成为增强组织核心竞争力的迫切需要，也是组织可持续发展、提升创造力的重要保障。现代大学呼唤现代的管理，现代的管理只有依靠人的自主意愿而非传统行政指令方可事半功倍。管理是基础，人才是关键。组织应当重视教育人力资源，营造良好的"生态文化圈"，有效地开发是高校财务文化的重心。积极建立学习型组织，通过员工内在的交往互动，在成人中成事，成事中成人，形成健康向上充满正能量的组织，这样才能使财务人员真正用心做好服务。

2. 建立员工培训机制，追求精细化、专业化服务

高校财务工作烦琐又复杂，有时还会伴有较大风险，作为高校财务报销窗口，代表的是财务部门甚至是高校的形象。财务工作力求严谨、细致，这就要求所有财务人员应当具有极强专业化知识和素养，而现实中往往是以"老师傅带新徒弟"传统方式培训新进员工，这种情况下，"师傅"的专业技能一定程度上决定着"徒弟"的专业技能，并且由于缺少评价检验手段，新进员工对业务的掌握

程度也无从判断。因而，笔者认为可以通过建立入职培训以及定期继续教育培训来加工业务能力，对新进财务人员进行适时有效的入职帮助与指导，有助于他们从"适应期"向"发愤期"顺利过渡。并加强后续定期的业务培训和评价检验从而使财务工作能够做到精细化、专业化服务，减少客户对差异化、非专业化服务的不满。

(二)创新管理思路，提高财务管理水平

1. 无纸化远程报销

财务部门可以在财务信息化平台开设网络报销模块，报销人可以事先将各种票据分类并拍照上传，填写电子报销单，选择报销经费号码后提交，系统根据经费预设的审批权限自动提交至审批人签批，审核人可以利用电子签名等技术手段进行网上无纸化签批，并提交财务部门审核，如若单据不合格或缺少材料等就会退回给报销人；如若审核无误，则由财务人员打印该电子报销单制作记账凭证，报销款项可通过对应的工资卡自动划转至报销人。这一方式现正在各大高校探索和尝试，虽然还是会有各种问题，但是不可否认确实受到广大报销者的热烈欢迎，免去了他们排队等候的辛苦。

2. 智能排队系统

除了我们目前广泛使用的类似银行的排队叫号系统外，还应体现智能化，提供诸如短信提醒的功能。短信功能已在一些餐厅被采用，是指前来报销人员在现场到财务报销大厅的智能排队取号机取号时，需输入手机号码，当报销业务处理到接近该号码时会有提示短信发至预留手机号码，可避免报销人员的长时间现场等待，同时缓解了财务报销大厅紧张的工作气氛。

3. 移动查询、审批应用

随着智能手机移动终端的普及，手机的各种 APP 应用功能也日益强大。移动办公也将是未来云时代发展的必然产物，它使工作变得更加便利和高效。员工可以利用手机 APP 客户端收发邮件、浏览校内新闻等。今后，更是可以利用各种现代化信息技术手段，将财务查询和网络报销模块融入到校园网 APP 应用中，实现移动查询功能和审批功能。这样方便经费管理者随时随地查询经费情况，对于领导也可以随时进行业务审批。

4. 机关综合服务平台建设

机关综合服务网上在线平台建设，旨在通过信息化便捷手段，畅通相关业务的多部门间沟通渠道，尽可能实现"一次性告知"。现实情况中，很多财务业务的问题并非财务部门一家就可以处理和解决，而是需要协调各相关其他部门，如经费预算的调整要协调科研职能部门，因而可以结合各部门联合建立网上平台，以便师生进行业务咨询与办理。除了网络平台之外，还可建立实地机关服务办事大厅，省去了师生奔波的辛苦，为全校师生提供"一站式"的公共服务。当然，这不是财务部门一家的任务，而是需要各机关管理部门协同建设和运作的。

（三）加强信息化建设，促进财务管理高效性

1. 注重财务信息的公开、透明

《高等学校财务制度》中明确制定了"高等学校应当建立健全内部控制制度、经济责任制度、财务信息披露制度等监督制度，依法公开财务信息"。与师生密切相关的高校财务管理制度（包括差旅费开支范围、标准，职工借款、还款报销制度，教学科研经费管理办法等）如有变更应通过校园网平台或教职工邮箱等方式及时予以告知，遇重大教育部相关文件下发也应有相对应地财务解读与公开，并建立反馈机制。

2. 完善信息集成化

（1）内部信息集成化

今年伊始，财政部公布新高校会计制度。新制度不仅要求高校加强日常的教学、科研管理，还将原来进行独立核算的基建财务纳入统一的财务管理，增加了对资产折旧的管理，这无疑增加了高校财务管理的内容和科目，要求高等学校财务管理部门必须及时全面地掌握各种财务与业务信息，这也为高校财务管理信息的集成化提出了更高的要求。同时，新制度还调整了会计科目，增加了新的内容，对高校财务信息采集和加工要求也更高。除此之外，新旧财务系统、新老校区等客观情况同样要求高校财务信息的集成化。

（2）外部信息集成化

现在的高校除了传统的教学、科研活动，还包括校办产业，且引进了校企、校地等合作方式，财务管理活动变得非常复杂，这就要求财务管理能够及时采集、加工和汇总各类业务活动的信息，从而形成关于各种业务活动的信息集成。在传统高校财务管理情况下，各种信息之间基本上处于分散状态，运用传统的业务处理方式也不容易形成关于各类业务的整体数据。"高校的财务系统与其他业务系统的集成状况较差，财务数据无法与科研数据、教学数据、人事信息等实时匹配，导致高等学校内部各部门的信息系统各自为营，信息'孤岛'现象严重"，各业务部门数据无法实现完美对接，这往往给师生造成极大的困扰，产生很多重复的申请、审批等。

3. 优化财务信息系统

（1）加强全面预算控制

结合财政部门的部门预算管理，在校内实现全面预算控制管理。依靠财务软件系统的预算控制模块和信息发布系统，对高校内部各管理部门和教学单位，实现全面预算控制，强化预算管理。确立以预算管理为核心的财务集中管理思想，并建立全面预算管理和控制体系。为项目的支出做好事前的"未雨绸缪"。

（2）加强资金动态管理

通过集中式财务管理，实现对高校全部资金的集中管理，提高资金使用效益，体现高校发展过程中"集中财力办大事"原理，实现对资金有效控制。同时，在财务系统中设立预警指标，对有关科目、项目或者内部报表数据实行实时监控，有效预测危机和防范风险。监控和测量项目使用情况和效率，对于不合理的使用可及时予以告知，防止项目临近结束的"突击消费"、虚假报销等请，做好事中控制。

（四）加强职能部门间沟通，合力促进学校发展

提升高校财务服务也是一个系统工程，需要全校的院系和部门树立全校一盘棋的思想来努力。如为保障年初预算的顺利实施，财务部门应严格规范预算管理制度，确保预算执行有效性，及时、定期向各院系部门负责人通报预算执行情况，并进一步优化预算执行奖惩制度。加大科研收入、校办企业收入、后勤社会化服务收入等收缴力度。与科研管理部门配合，可适时地制订出一系列的科研经费管理办法，切实提高高校科研经费使用效益，推动科研事业又好又快发展。

【参考文献】

[1] 梁勇，刘东. 基于信息不对称下的高校人员财务知识的普及研究[J]. 教育财会研究，2010(1).

[2] 杨朝晖. 高校财务报销流程存在的问题和优化思路[J]. 教育财会研究，2010(8).

[3] 侯利敏. 高校财务报账审核中的问题与对策[J]. 会计之友，2010(10).

[4] 林慧卿. 浅议高校财务前台报账管理中的问题及对策[J]. 教育财会研究，2003(3).

[5] 蔡陈燕. 高校预算绩效评价体系研究[J]. 财会研究，2009(5).

[6] 谷佩云. 基于绩效预算的高等学校会计核算改革探讨[J]. 财会通讯，2008(12).

[7] 凌艳平. 基于BP网络的高校绩效预算管理模型[J]. 湖南广播电视大学学报，2010(1).

[8] 肖广华. 高等教育成本控制探讨[J]. 会计之友，2010(1).

[9] 徐晓辉，韩丽萍. 我国高等学校教育成本核算现状、形成机制及对策研究[J]. 辽宁

教育研究，2006(2).

[10] 赵中建．教育财务与成本管理[M]．华东师范大学出版社，2003．

[11] 袁莉婷．高校财务信息公开探讨[J]．财会通讯，2012(2).

[12] 朱宇坤．信息化提升高校财务管理水平的快车道[J]．会计之友，2014(5).

[13] 李慧．以组织文化建设助推高校行政管理上水平[J]．中国高等教育，2011(17).

[14] 陈丽羽．基于网络环境下的高校财务信息化探讨[J]．会计之友，2009(1).

当代中国会计职业道德内涵及体系研究

闽南师范大学　杨金瑞　蔡爱华

【摘　要】当今科技日新月异，经济迅猛发展，信息爆炸的年代，诚信缺失、社会道德滑坡，公信力下降，道德水平恐怕到了一个历史的波谷，从市井小民到高等学府象牙塔里道德沦丧的现象匪夷所思，社会道德已然成为公众议论纷纷的社会热点问题，也严重影响到了社会的和谐发展，阻碍了实现民族伟大复兴的建设进程。如何反制当前会计人员职业道德的意识淡薄和缺位，如何加强企事业内部控制制度建设，完善会计人员从业管理制度。本文通过对会计职业道德的基本内涵的剖析，透过会计职业道德的基本准则和基本规范要求，紧密联系我国会计职业道德目前现状和发展趋势，践行"四讲四有"，致力改革创新，积极探索提高和完善会计职业道德的水平体系新模式，建立会计职业道德有效运行新机制。

【关键词】经济　道德　会计职业道德　真实完整

当今科技日新月异，经济迅猛发展，信息爆炸的年代，诚信缺失、社会道德滑坡，公信力下降，道德水平恐怕到了一个历史的波谷，从市井小民到高等学府象牙塔里道德沦丧的现象匪夷所思，社会道德已然成为公众议论纷纷的社会热点问题，也严重影响到了社会的和谐发展，阻碍了实现民族伟大复兴的建设进程。在会计行业中，因会计职业道德修养不够，诚信不足，专业胜任能力匮乏，导致会计数据严重失真、会计报表弄虚作假、会计"账实"不相符、国家资产浪费流失、会计人员以权谋私、违反财经纪律等现象屡见不鲜，对会计人员职业道德的考量和审思已备受国际、中外和社会公众的关注。如何反制当前会计人员职业道德的意识淡薄和缺位，如何加强企事业内部控制制度建设，完善会计人员从业管理制度。本文通过对会计职业道德的基本内涵的剖析，透过会计职业道德的基本准则和基本规范要求，紧密联系我国会计职业道德目前现状和发展趋势，践行"四讲四有"，致力改革创新，积极探索提高和完善会计职业道德的水平体系新模式，建立会计职业道德有效运行新机制。

一、会计职业道德的基本内涵的剖析

首先，《公民道德建设实施纲要》指出：社会主义道德建设要坚持以为人民服务为核心，以集体主义为原则，以爱祖国、爱人民、爱劳动、爱科学、爱社会主义为基本要求，以社会公德、职业道德、家庭美德为着力点。在公民道德建设中，应当把这些主要内容具体化、规范化，使之成为全体公民普遍认同和自觉遵守的行为准则。

会计职业道德作为公民道德建设的一个重要组成部分，是完善社会道德体系的重要方面，是先进文化的代表，是社会道德在微观经济领域的细化和延伸。道德是人类社会的一种重要意识形态，是社会的产物，是一种社会性的行为，是由人们在社会生活实践中形成的并由经济基础决定的。以善恶为评价形式，依靠社会舆论、传统习俗和内心信念，不是以某个人的观念为依据，而是以整个社会的观念为准。用以调节人际关系的心理意识、原则规范、行为活动的总和，并形成和谐有序的社会秩序。

中华人民共和国第九届全国人民代表大会常务委员会第十二次会议于 1999 年 10 月 31 日修订通过的《中华人民共和国会计法》明确现定，规范会计行为，保证会计资料真实、完整，加强经济管理和财务管理，提高经济效益，维护社会主义市场经济秩序。会计职业道德是指在会计职业活动中应当遵循的，必须坚持相关法律准则，具有一定的强制性。会计职业道德是规范会计行为的基础，体现会计职业特性的、调整会计职业关系的职业行为准则和规范，是实现会计目标的重要保证，对会计法律制度的重要补充。

二、针对我国会计职业道德现状的研究

从我国审计署公布的《中央部门单位 2015 年度预算执行情况和其他财政收支情况审计结果》报告中，有虚报企事业经营成果，违反廉洁自律从业规定的情况。如：审计发现，虚报资产金额达 64 多亿元、虚报收入达 585.82 亿元、虚报利润达 71.96 亿元的企事业有十余户，虚报金额之大，让人匪夷所思；工程施工、资产采购和投资活动中不规范问题涉及金额为 808.76 亿元，造成流失浪费等的金额为 20.84 亿元。中央八项规定出台后，包括中国海油等七家企事业所属的八家单位，"顶风作案"，违规发放津贴、补贴等，共计 591.23 万元，涉及 60 多名单位的领导班子成员；10 家企事业所属的 70 个单位存在违规购建楼、堂、馆、所、超标准举办会议、违规购置车辆、利用公款旅游、打高尔夫球进行高消费等严重问题，涉案金额高达 11.16 亿元。

审计署直接抽查审计了近 30 个省本级和近 40 个中央级部门单位，通过对 23 个方面的 80 多项政策，涉及的审计单位总共有 5000 多个，并做出如下处理意见：取消职业资格、营业资质鉴定等 241 项，叫停或取消收费一百多项；出台风险规避控制措施 20 多项，促进完善制度 50 多项；审计中，有 2000 多人受

到撤职、停职检查等处理，其中有 90 多人被移送纪检监察和司法机关查处。

三、建立、探索创新新时期会计职业道德体系的新模式

会计职业道德作为会计日常活动中，践行会计从业行为的基本准则和基本规范，是会计工作者执业行为的衡量标准，起标杆和约束作用。当前，在我国社会主义市场经济建设过程中，大力推进财经工作，个人利益和若干经济实体的利益与集体的利益乃至社会和国家的公共利益常常发生矛盾。对于会计工作中发现不够完善的地方要即知即改，并提出相应整改建议及措施，进一步转变工作思路，强化财经纪律，为经济建设提供强有力的资金保障。

财经工作是一项法律性和政策性要求十分强的工作，在财政部、国务院的统一领导和部署下，各相关财务部门要建立健全各项规章制度，并逐步完善。全体会计工作者要高度重视财经制度、财经纪律的学习，严肃财经纪律。财务部门要实现管理制度化、体制化，把财经纪律挺在前面，将问题"抓早抓细"，领导和会计工作者要对经济事项的必要性、真实性负责。

会计人员作为市场经济活动中会计基础数据的第一经手者，是整个庞大经济信息的源头提供者。这就要求会计工作者，不但要有专业胜任技术水平，更要有高尚的会计职业道德修养。不断发扬良好的职业道德风尚，进一步加强历史责任感和使命感，守土有责，守土尽责。在实现民族伟大复兴的经济建设中做一名合格的会计从业人员，使会计人员切实做到爱岗敬业、诚实守信、廉洁自律、客观公正、厉行节约，加强管理，明确责任，遵守财经纪律，主动接受监督和强化服务。

四、建立会计职业道德有效运行新机制

要严格按照《中华人民共和国会计法》和国家统一会计制度的规定进行账册登记，依据原始的合法合规的票据如实进行账务处理。根据登记完整、核对无误、收支平衡、账实相符的会计账簿记录资料，和其他相关辅助凭证，编制财务报表。及时提供合法、真实、准确、完整的财务报告和编制相应的附注。

会计人员不得违反会计法律法规和国家统一的会计准则制度编制虚假的财务报告，应当如实列示当期收入和支出，不得虚列或者隐瞒收入，各项收入应符合规定，不得随意增减变动成本费用，为达到某一目的，人为调整利润，违规粉饰财务报表。

因此，建立会计职业道德有效运行新机制的精髓就可浓缩为"合法合规、数字真实、内容完整、报送及时"这十六个字，也可概述为十六字方针，充分发挥出新机制补钙壮骨、立根固本的作用。这不仅是鞭策会计人员的座右铭，更是

激励会计人员在提高从业职业道德之路不断前行。会计人员务必如实记录和反映会计主体的相关经济事项，在实际经济活动中，为单位站好岗，值好勤，把好这一道关。爱岗敬业、厉行节约、客观公正、诚实守信、文明服务、讲究效益、廉洁自律、不断提高拒腐防变能力，进一步夯实共和国宏大坚实的经济基础，才能创造出史无前例的繁荣昌盛、民族伟大复兴的丰功伟绩。

1. 合法合规

(1)自觉遵守财经纪律，把财经纪律挺在前面

遵守财经纪律，依法办事是会计职业道德规范的基础保障和关键所在。《中华人民共和国会计法》《预算法》《审计法》《内部会计控制制度》《事业单位会计准则》《高等学校财务制度》等国家的诸多财经方面的相关法律、法规，均需要平稳落实，全面贯彻实施，有法可依，有法必依，执法必严。会计人员必须认真学习各种基本会计法律法规与制度，充分了解最新财经方针政策，正确把握会计计量和核算方法，并准确运用于日常会计账务处理工作之中。确保会计计量结果反映信息的合法合规、内容真实完整、计算准确、报送及时。树立会计职业自己的品牌形象，赢得社会和公众的认可和尊重，确立会计人员的地位，维护会计行业的信誉。

(2)严格执行会计从业人员准入制度

会计工作的职责和权利和义务在新颁布的《会计法》中，明确用法的形式确立下来了，这就意味着会计工作不仅有法的保障，又有法的约束，是法治会计的重要标志。而且，会计工作是整个经济管理的重要组成部分，国民经济中必不可少的一部分，所以给广大会计人员综合素质提出了较高的要求。会计人员的基本素质、职业道德水平和综合能力决定了会计队伍的纯洁性。所以严格执行会计从业人员准入制度尤为重要，选拔、任用具有专业胜任能力和崇高职业道德的会计人员十分必要。

(3)建立会计人员继续教育和强制退出机制

社会向前发展，现代化进程不断推进，必然伴随着经济迅猛发展，中国经济到了一个发展和转型的节骨眼上。面对国际金融环境复杂多变，为了顺应国际经济新模式，会计人员只有不断学习新的财会知识，夯实专业技能，熟悉并掌握不断出台的政策法规，提高职业道德修养，才能与国际经济接轨，才能跟得上社会主义市场经济时代大潮流。真实、客观、公正、专业是会计职业素养的基本准则。会计人员要严守职业道德，严以修身，自觉抵制各种不正之风，并且不受权势和外界的影响，确保会计资料能准确、公允地反映会计主体的财务状况和经营成果。

对于会计队伍中那些玩忽职守、假公济私，挪用公款，贪赃枉法的人员，

应依法加以严厉打击，启动问责，追究责任，吊销其会计从业资格证，情节严重涉嫌构成犯罪的，应依法移送司法机关处理。

2.数字真实、内容完整

(1)会计信息真实完整

真实会计信息不仅能准确反映出会计主体的经营成果和财务状况，也能在规范市场秩序、提高诚信、维护社会公众利益等方面起着举足轻重的任用。会计人员应该始终保持严谨务实、一丝不苟的工作作风，保持良好的精神风貌，精益求精的工作态度，创造出实事求是、客观公正高保真的会计信息，以便提供科学决策的依据。若因诚信缺失，道德缺失导致会计数据失真、会计报表弄虚作假、会计账实不符，严重的会造成国有资产严重流失浪费，进一步误导决策，把实体经济发展带入困境，伤害集体经济利益。

(2)定期、不定期监督检查

为了确保经济业务运行中的会计凭证、账簿、报表等资料的合法性与真实完整性，可根据国家的有关规定和政策进行会计检查。会计检查是会计工作的重要组成部分，是充分发挥会计监督职能优势的具体表现。一般采用事前、事中、事后检查，既要有对现有会计数据信息进行检查，也要进行未雨绸缪的抽检，防患于未然，以便起到防微杜渐的作用。可以采用日常巡查和专项检查、全面清查和局部清查、定期检查和不定期抽查，也可根据实际情况选择一种或多种组合综合运用。

通过发现问题、分析问题、查明原因，明确各自的责任。找出缺陷，查明损失情况，摸清家底。验证会计核算资料的可靠情性，检验专业胜任能力和职业道德水平，及时纠偏，依法调整，寻求改进，进行总结，解决问题。

(3)发挥社会舆论监督，规范职业行为

良好会计职业道德作风的确立，离不开社会舆论的评判和监督。充分利用广播电视、报章杂志、QQ和微信公众平台等新闻媒体，广泛开展会计职业道德的宣传教育。反对违反会计职业道德的不良行为，倡导诚信为荣，失信为耻的职业道德意识，树立正确的价值观和荣辱观，弘扬正气。增强会计人员的社会责任感，形成全社会诚实守信的氛围，营造良好的文化环境，建立健全社会舆论监督机制，进一步规范会计职业行为。

为使我国经济建设更加稳健有力的持续发展，完善我国会计职业道德体系和建立以社会舆论和诚信档案制度为基本形式的社会评价机制显得十分必要。

3.会计信息报送及时，用心服务

(1)报送及时

会计信息不仅能反映出经营成果的好坏，也能反映经济实体资产负债的状况，反映现金流量的变化趋势，承载经济实体真实的财务信息，既能评价过去，也能预测未来。因此，会计信息不仅要确保其具备真实性、准确性、完整性，还应当确保会计信息的时效性。时效性原则就意味着会计核算应当及时处理，滞后的信息将失去其内在的有用性。信息越及时其内在价值越高，有用性越强，越能满足会计信息使用者的经济决策的需要。因此会计核算中必须做到及时取得有关凭证，对会计数据及时进行核算，及时入账，及时编制财务报表。将会计信息及时传递给领导层或类似权力机构进行使用和决策。

（2）贴心服务

服务意识是一种积极主动、热情、周到为用户提供卓越服务的观念，是发自内心，潜在的、自发自愿的一种行为。优质的客户服务意识不仅是我们取得成功的保障，也是快乐工作法，更是爱的源泉。所以，培养和提高会计人员的职业道德修养，提高员工的服务意识，那么员工服务的质量也就自然而然提高了。

财务部门作为一个的对外的服务窗口，端正工作态度，贴心服务，充分发挥会计人员的主观能动性势在必行。会计人员只有在周而复始的职业道德践行中，才能获得真知，强化道德信念，培养良好的职业道德品质，不断拓宽、延伸服务意识，让服务意识开花结果，提供优质的服务，创建公众满意窗口。

（3）借鉴国外先进经验，扬长避短

从 20 世纪 90 年代开始，随着世界经济全球化，区域经济一体化，我国和世界发达国家之间经济贸易日益频繁。世界经济进入了蓬勃发展时期，而彼此之间的会计计量准则和标准的差异，成了中外经济来往的绊脚石。而国外先进的会计经验和成果，在良好职业道德领域建设的模式，都值得我们借鉴和引用。结合我国的经济现状和具体国情，消化吸收西方国家先进的会计理念，中外结合，取长补短，制定出一套具有中国特色的可操作的会计职业道德规范体系，以便于与国际接轨。

最后，诚如"问渠哪得清如许，为有源头活水来"，加强会计专业胜任能力锻炼和职业道德修养，心存敬畏，手握戒尺，慎独慎微，勤于自省，不断推进职业道德理论创新、实践创新，再次把会计职业道德教育推向前进，实现会计职业道德第二次爆发式飞跃。

【参考文献】

[1] 田昆儒，苏亮. 关于我国会计职业道德建设的思考，天津财经学院学报，2002，22（6）：57－60.

［2］论中西方财务差异［J］. 商务报，1999(5).

［3］陈慧，邹雅君. 我国会计失信问题产生的原因分析及对策［J］. 经济问题探索，2006 (12)：157－160.

［4］王仲平. 纵观财务会计的发展［M］. 朝华出版社，2003.

信息化时代高校财会人员队伍建设现状及对策*

南通大学　印巧云　王翠芳　胡玉萍①

【摘　要】信息化时代高校财会人员的知识结构已不能满足高校会计核算和财务管理的需要，社会环境的变化、财政性资金支付形式改革要求、信息化发展的需求及高校内部核算和管理的要求，加强高校财会人员队伍建设成为历史必然。本文从加强财会人员职业道德教育、制订会计人才培养计划、注重财会人员软实力的培养、完善财会人员继续教育、优化财会人员结构、对财务会计人员进行灵商教育、引入批判性思维提升财务会计人员的创新能力等方面入手，建立高标准、高要求、综合能力强的高校财务会计人员精英队伍。

【关键词】信息化　高校　财会人员

人才是指具有一定专业知识或专门技能，能进行创造性劳动，对社会作出贡献的人，是人力资源中能力和素质较高的"劳动者"。会计专业人才是具备管理学、经济学、会计学和法律等方面知识，从事会计实务、教学、科研工作的工商管理学科"高级专门人才"。[1]会计已成为一个需求旺盛的、潜在需求量很大的"体面职业"，高校的会计专业招生也是长盛不衰。随着现代信息技术的不断涌现，经济、社会、生活、文化全球化的发展趋势，社会活动显现日趋复杂的趋势，高校的事物也呈现复杂化趋势，对会计人员提出了更高的要求，面向世界、面向未来，培养出高素质的、懂会计业务、精通信息技术、又要懂管理的复合型财务会计人才成必然趋势。

随着高等教育改革的深入发展，经济社会多元化的发展趋势，社会公众多

* 本文系江苏省高校哲社会科学研究课题"大数据环境高校财务管理信息化建设研究"（2015GJB627）、南通大学高等教育研究所课题"信息化时代高校财务管理模式研究"（2014GJ025）阶段性成果。

① 印巧云，女，1966年生，江苏如皋人，大学本科学历，学士学位，高级会计师。南通大学财务处工作。研究方向：高校财务管理。王翠芳，女，1966年生，江苏如东人，大学本科学历，学士学位，高级会计师。南通大学财务处工作。研究方向：高校财务管理。胡玉萍，女，1966年生，江苏无锡人，大学本科学历，学士学位，高级会计师，工作单位：公安部交通管理科学研究所，主要研究方向：事业单位财务管理、审计管理。

层次需求现状，信息社会瞬息万变的时代特征，高校的事物发展呈现多元化、多样化、复杂化趋势。这就对高校的财会人员提出了更高、更新、更全面的要求，传统的会计核算方法、业务流程已不能满足高校事物发展的要求。高校财会人员如何面对新的发展需求不断提升自身的综合能力，处理突发事物的能力，协调方方面面的关系，加强师生员工之间的有效沟通成为重中之重，提高财务人员的综合素质提上议事日程。

一、研究的必要性

（一）环境的变化，要求加强高校财会人员队伍建设

社会环境发生了变化，高校法人地位的确立，自助招生权进一步扩大，高校招生规模越来越大，筹资渠道的多元化，科研项目的五花八门，高校的总体资金运作规模越来越大，相比十年前几乎翻了一番，但高校的财会人员数量和结构、核算模式、业务流程较之十年前基本没有太大的变化。这就对在职的高校财会人员提出了更高的要求。适应社会经经济形势的变化，要跟上信息化时代发展的要求，加强财会人员队伍建设成为历史必然趋势。

（二）财政资金支付形式改革的需求[2]

信息的发展推动了政府财政资金支付形式的改革，财政性资金的支付形式主要有：财政性资金采用国库集中支付、大型设备和办公用品采用政府采购（集中、分散）、优势学科、协同创新等专项资金专款专用、公共业务采用"公务卡"结算方式，对高校的会计核算和财务管理提出了新的要求，相应对高校财会人员业务知识和管理水平也提出了更高的要求。高校的财会人员要拓宽自己的知识面，才能适应新形势下高校会计核算和财务管理的需求，国家财政性资金的管理要求、核算形式、具体付款渠道等。随着信息化社会趋势的发展需求，政府支出也在改革之中，高校要结合财政性资金改革的要求，结合自身实际，加强对财务会计人员的管理和知识更新，建立有效的高校财会人员培养计划，建立一支高效的、高能的、知识面全、会核算、更懂管理的高校财会人员队伍。

（三）信息化发展的需要

随着现代信息技术的发展和普遍应用，对高校的会计核算和财务管理提出了更高的要求。互联网技术的迅猛发展，移动通信的"侵入"，高校的会计核算仅仅电算化已远远不能满足现代财务管理的需求。面对云计算、物联网、大数据、"互联网＋"时代的到来，对高校的财务会计人员来说：信息化技术是未来社会的必备技术，我们准备好了吗？现代信息技术已被运用到企业（机器人的运用）、商业（电子商务的发展）、政府部门（网上办公）、教学（多媒体教学）、广播

新闻(实时、全球化)等方面。2016年被认为是虚拟实现元年，信息时代被认为是共享经济时代，互联网以大数据、云计算为基础，实现"多个服务个体"对接"多个性化需求"。在互联网发展的今天，高校财务管理又如何运用现代信息技术来为高校的会计核算和财务管理服务？高校的财务会计人员如何利用信息技术把我们的服务工作做得更好？如何运用现代信息技术来提高我们的财务管理水平？如何对高校的海量数据加以分析、提炼、分享？要赢在数据分析。[3]

（四）高校会计核算和财务管理的内在要求

目前大多高校的会计核算和财务管理水平相对较低，不能完全适应新形势下社会大众的需求，最显著的特征就是：会计核算疲于应付，财务管理处于被动状态。每逢年底财务结账之前，前来报销的人员排成长龙，会计人员每天面对那么多的人、那么多的报销单据、纷繁复杂的会计业务，难免会有服务不到位、语气不够亲切、录入凭证出差错，如何才能改善环境，提高财务管理水平呢？"网上预约报销"可以做到！问题是怎么去做？谁来负责实施？这就对会计人员的业务知识水平和管理能力提出了要求。"网上预约报销"需要宣传相关政策、思考业务流程和具体的管理方法等等，其最大的特点是：服务窗口前移，紧跟着的相关政策、规定、方法也要在网上公示，且部分业务如：报销业务录入都可以由报销的个人在财务处网页上填写，前提是你要告诉他怎么去做，否则后面工作量更大。所以高校内部会计核算和财务管理要求财会人员要有较高的业务水平和超强的管理能力。

二、高校财会人员现状

（一）人员结构不合理

人员结构主要是年龄结构、专业知识结构、专业职称结构和男女比例结构。高校合并走过了十多个年头，人员结构不合理主要体现在：年龄相对集中，面临着集体退休的局面；专业知识结构不合理主要体现在，高校的发展对高校新进会计人员的要求等同于教师岗位的要求，研究生毕业的才能进高校，而新招聘的研究生不一定是会计专业的，就算研究生进来在前台报销窗口还是有点屈才的，而从事的岗位有的只要会计专业的本科毕业生就可以了，灵活一点的大专生也能应付；专业职称结构不合理主要体现在有的高校专业技术人才主要集中在会计师，也有个别高校职称主要集中在高级会计师；关于男女结构比例问题也算普遍现象。

（二）服务意识淡薄

高校财务部门是高校资金集中管理的部门，是服务高校教学、科研的关键部门，大多高校财务只能是保障型的，每天接待各种各样的报账人群，工作单调、重复劳动，每天和"10个数字"打交道，难免会出现服务态度不好的时候。当然也存在个别人员素质低下的财会人员在忙忙碌碌中摆架子，摆脸色，说话语气生硬现象，特别遇到个别老师也有脾气的时候难免有冲突。遇到问题如何去解决才能体现出一个人的水平高低，如何一句话让对方笑起来，避免一句话让对方跳起来。这就是说话的艺术问题。服务只有更好，没有最好。我们要恪守并践行"为人民服务"，做到服务与信息化同步，管理与世界接轨。我们要对前来报销的每一位老师做到一视同仁，服务是我们的天职。

（三）综合能力不强

高校财会人员综合素质低下，由于业务分工较细，大都人员只熟悉自己手上做的业务，对于其他人员和其他岗位的业务一知半解。在前工作人员对后台的预算管理、资金调度、票据管理、税务业务、会计报表的编制、银行账户的开设和变更、银行贷款、国库资金的付款等等鲜有了解，当然也存在个别人不是财会出生的，对财务会计业务知识的账务也存在掌握不全面的情况，甚至有人对会计业务的流程、会计核算的特点、财务管理的需要等均不能全面宏观地掌握，财务会计工作不仅仅是对外报销、发放工资，预算是财务的龙头，会计核算是日常工作，编制财务报表是会计活动的总结，当然财务会计不是孤立的，他还要定期向校领导汇报学校的资金概况，要和物价、税务、财政和审计部门有联系，每年还要接待来自方方面面的审计，良好的沟通能力尤其重要，没有全面的业务能力和一定理论水平是很难圆满完成这些工作的。在信息化发展的今天，高校财务会计人员要有全面了解会计业务的能力、全面熟悉相关法律法规、敏捷的反应力和极强的沟通能力。

三、对策建议

（一）全面加强财会人员职业道德教育

德是一个人的立身之本。尤其是针对会计人员，整天与钱打交道，要坚守自己的道德底线：不为任何钱、权所动！有人要说，我一个小会计没有权不会出事的，要知道曝光出来的没有权的小会计出事的大有人在，人品的高尚没有岗位的高低之分，也没有职务的大小之分。

有个女孩在法国留学，发现当地公共交通系统管理存在漏洞，选择经常逃票。大学毕业凭借名牌大学的招牌和优异的成绩在巴黎推销自己，很多公司对她热情有加，随后都拒绝录用她。她要求对方给出不被录用的理由。"我们很认同你的能力，拒绝你是因为你有三次乘公交车逃票被处罚的记录。""为了这点小事你们就放弃一个优秀人才?"对方认为人品是大事:一你不尊重规则,擅长发现规则中的漏洞并恶意使用;二你不值得信任。道德常常能弥补智慧的缺陷,然而智慧却永远填补不了道德的空白。道德是一个人的最基本素质,即一个人的人格。职场上丧失人格的行为就更为可怕,为了眼前的一点小利益而做出破坏体制行为,绝对是一个人职业生涯的葬送,职场要凭本事和真心,输什么也别输人品。[4]会计人员尤其要重视对人品的培养和修炼,在业务能力和人品面前,我们选择人品。

(二)优化高校财会人员结构

财会人员的结构主要包括年龄结构、知识结构、职称结构和男女比例结构。年龄结构主要是在单位进人的时候领导要考虑的方案,建议在考虑岗位需要的前提下再考虑进什么样的人;知识结构主要是考虑到如今知识经济社会,信息化发展之迅猛,新的技术、新的知识层出不穷,不学习就会落后,就会被淘汰,老会计的专业知识不用说,但现代信息技术运用就不如年轻人,年轻人新的技术用起来很上手,但会计专业知识的运用还欠火候,所要相互学习,取长补短,共同进步;职称结构主要取决于人员的年龄结构和学历结构,年龄结构安排好了,基本上职称结构也会层次分明,最好是金字塔结构;男女比例是高校财务的一个难题。

(三)树立财会人员全心全意为人民服务意识

高校的发展离不开资金的保障,高校财务部门是高校资金的监管部门。我们要树立全心全意为人民服务的意识,为高校的发展提供资金保障,为教职员工提供全方位服务,为广大师生提供政策咨询、问题解答等,从专业知识和生活等方面提供服务,对学生要像家人一样关心,对教职员工要像朋友一样贴心,从说话的语气、措辞、语调、声音等方面注意自身的形象。监管是措施,是手段;服务是宗旨,是方法,发展是目的,是责任。我们要监管中优化服务,在贴心服务中促进发展,强化服务意识,建立一支政治上过硬、业务上过硬、作风上过硬的高校财会人员队伍,与时俱进,不断创新,争创优质服务示范岗。

(四)注重高校财会人员的综合能力培养

1. 制订会计人才培养计划

美国会计教育界和实务界联合建立了"下一代会计师的国家战略"(AAA&AICPA,2012)计划。2008年美国会计学会(AAA)和美国注册会计师协会(AICPA)组建了会计高等教育路径委员会(The Pathways Commission on Accounting Higher Education,简称"路径委员会")。对"会计高等教育的未来"负责,美国审计专业委员会建议:为会计专业的学生提供以市场为导向的、动态的课程体系，并建议"路径委员会"建立一支强大精悍的队伍。"路径委员会"给出了会计教育和会计实践方面的改革建议：建立一个整合会计研究、会计教育、会计实践、目标明确、学识精通的专业；建立会计人才数据库，同时关注会计教育教师的供给和需求数据库，这些数据库是开放的。

随着我国改革步伐的加快，会计高层次人才需求与日俱增。2007 年财政部发布了《全国会计领军(后备)人才培养十年规划》，在全国范围内有计划地按业类培养会计领军人才。中共中央、国务院 2010 年联合发布了《国家中长期人才发展规划纲要(2010—2020)》，同年 9 月财政部发布《会计行业中长期人才发展规划(2010—2020)》，提出会计高层次人才规划的目标：培养具有国际影响力的高级会计人才；培养国际认可度的注册会计师；培养高水准会计学术高端会计人才。培养"下一代会计师"，塑造未来的卓越会计人才以成为各国的战略选择。

高校应该对财会人员有培养计划，如上海工业大学财务处分期分批送会计人员去进修，有的单位没有这方面的计划，个别单位用十年前的知识在为今天的业务服务。可想而知有多累，当然管理水平也高不了。财务会计人才培养计划应写进高校的工作计划。

2. 加强高校财会人员软实力的培养[2]

哈佛大学教授约瑟夫·奈 20 世纪 90 年代初提出"软实力"的概念，信息时代"软实力"正变得更加突出，"软实力"主要是思维能力、沟通能力、表达能力、领导能力、分析能力、团队协作能力、个人品质、快速学习能力等。高校的会计业务涉及面广，业务门类繁杂，需要高校财会人员不仅仅拥有书本上的知识，还要拥有超强的思维能力；遇事要冷静分析问题，而不是推卸责任；要有亲和力和沟通能力；团队协作也很重要。非洲谚语说：倘若你想走的快些，尽管一个人独行；倘若你想走得更远，则应该结伴而行。[5] 个人业务水平好很重要，团队齐心协作更重要。当然知识面、业务技能、遇事分析问题和解决问题的能力、团队协作能力、接受新知识和新技术的能力、与他人的沟通能力等都是一个优秀的会计人员必须拥有的。所以会计人员要有终身学习的意识，用新知识和新技能来武装我们的头脑，要练好基本功，用"软实力"解决工作中遇到的新问题和硬问题，履行一个会计人的岗位职责。

3. 对高校财会人员进行灵商教育[7]

智商是抓住机会，情商是利用机会，灵商是创造机会。会计灵商是会计人员独特的禀赋，是会计人员和会计环境，会计事项的迁移、顿悟和权变的能力和指数，体现会计人员随环境变化对会计事项的灵敏反映和处理能力，主要表现为：会计迁移力、会计顿悟力、会计创新力、会计权变力。会计知识的更新包括核心课程(基础会计、财务会计、成本会计等)，相关课程(管理学、经济学、战略管理学），拓展课程（美学、哲学、心理学、艺术等）。信息社会的发展，人文环境的变化，随着高校会计业务的范围越来越大，科研项目的门类繁多（国家级、部级、省级、市厅级、校级、纵向课题、横向课题等等）；人员迁移频繁，全国各地各民族国际人才流动，人与人之间的沟通越发重要，不同的人，不同的业务，因公还是因私，财务人员说话的语气、说话的态度等都会影响到当事人之间的情绪，进而影响到财务服务窗口的形象，财会人员要有扎实的业务基本功，还要有现代信息技术能力，懂专业，会管理，还要学一点心理学、美学、哲学、艺术，处理好每一个前来办理业务，体现更高的灵商。

4. 引入批判性思维，提升高校财会人员创新力[7]

会计人员大多是固化思维，这在过去的业务办理中是合适的。信息化时代新兴事物层出不穷，新的业务也随时发生，我们还用固化了的思维方式来解决新的问题，可能真的是"小脚与西服"的尴尬，这就对高校财会人员提出了更好的要求。在遵守各项法律法规的基础上要有创新的思维方式。批判性思维是一种独特果断的思维，思考者要系统地、全面地提出行动标准，并根据标准来指导方案的构建。这种思维方式对会计人员来说是一个挑战，因为在过去以来一直在墨守成规地按规定办事，按制度执行，只能在界内玩"有限的游戏"不敢越雷池一步；创造性思维要求我们要与时俱进，有批判才能激发灵感，有破旧才能有立新，信息化时代我们会计人员要敢于创新，敢于创造，设计新规则，允许在界内玩"无限的游戏"。所以要敢于批判陈旧的陋习，突破传统思维大胆创新。"网上预约报销"应该是在原来基础上的大胆创新，如何更好地运用还有很多细致的工作要做。

5. 提倡外语能力的培养

随着国际化的发展趋势，会计业务的国际趋同，对高校的财会人员来说，外语是门外汉，时代在发展，业务在扩大，合作办学越来越多，国际业务越来越多，对会计工作也提出了潜在的要求：或外的票据要会看。当然相关业务发生可以请翻译，但如果财会人员能自如地和外籍人员沟通那不更好吗？况且高校财会人员对外交流的也有，语言不畅也是硬伤。所以学习外语应该成为高校财会人员的一种选择。

（五）完善会计人员继续教育

财政部 2006 年出台了《会计人员继续教育规定》（财会〔2006〕19 号），并于 2013 年重新修订了《会计人员继续教育规定》（财会〔2013〕18 号），其目的是为了推进会计人员继续教育科学化、规范化、信息化，培养造就高素质的会计人才队伍，提高会计人员专业胜任能力。本着以人为本，按需施教，突出重点，提高能力，加强指导，创新机制，继续教育管理部门应当积极推广网络教育、远程教育、电化教育等方式。[7]会计继续教育流于形式居多，认真学习、认真领会的不多。单位内部也可以安排一些和工作相关的业务商榷和座谈会形式，探讨工作中遇到的问题，寻求解决问题的办法，共同探讨、共同学习，共同提高。会计人员要自主学习、自觉学习，不要等到继续教育了才去学习。

四、结语

信息化时代的到来，社会的变迁，高校的发展，新的信息技术的产生，对高校财会人员提出了更高的要求，高校的财会人员要与时俱进，接受新兴事物，学习新的技术和新的知识，强练基本功和内功，为了高等教育的未来，为了更加能胜任未来的高校财务会计工作，加强学习，注重道德培养，遵守规则，创新思维，创新服务手段，用最好的自己迎接挑战。做新时代综合素质强的卓越会计人才。

【参考文献】

[1] http：//baike. baidu. com/view/146411. htm[2016-08-04].

[2] 孙铮，李增泉. 会计高等教育的改革趋势与路径[J]. 会计研究，2014(11)：3—15.

[3] 李文璐，刘艳华. 高校财会人员队伍建设对策研究[J]. 经济师，2012(11)：123—124.

[4] [澳]Evan Stubbs，柯晓燕，张淑芳，郭丽芳译. 赢在数据分析[M]. 人民邮电出版社，2014.

[5] 陈阳. 高校会计人员软实力构建浅析[J]. 商业会计，2013(5)：65—66.

[6] http：//kjs. mof. gov. cn/zhengwuxinxi/zhengcefabu/201308/t20130830 _ 983819. html[2016-08-11].

[7] 吴艾莉，王开田. 我国会计灵商教育初探[J]. 会计研究，2014(10)：89—95.

乌鲁木齐市大学生网络安全意识的现状及对策研究[*]

——以新疆师范大学为例

新疆师范大学   张宁   王建虎   潘伟民 ①

【摘　要】为了解乌鲁木齐市大学生的网络安全意识现状，对新疆师范大学300名大学生基于网络安全相关问题进行了深入调查研究，结合问卷调查和学生访谈的情况，分析了大学生计算机网络安全意识中存在的问题，并提出加强大学生计算机网络安全意识的建议。

【关键词】网络安全意识   大学生   现状及对策

一、研究背景和意义

如今，互联网已成为人们社会生活的一种普遍方式，也成为大学生一个非常重要的学域。随着互联网的不断发展，网络安全已慢慢成为高技术领域的关注点。国际标准化组织(ISO)将"计算机安全"定义为："为数据处理系统建立和采取的技术和管理的安全保护，保护计算机硬件、软件数据不因偶然和恶意的原因而遭到破坏、更改和泄漏"。该定义把计算机安全的内涵分为物理安全和逻辑安全两方面，其中逻辑安全的内容亦指信息安全，是指对信息的保密性、完整性和可用性的保护，而网络安全则是指对信息安全的引申，即对网络信息保密性、完整性和可用性的保护[1]。

作为网络的重要群体，大学生在享受网络正面便利的同时，也常常经受网络的负面侵扰。因此，网络安全成为一个亟待关注的重要领域。在民族地区，

* 计算机应用技术重点学科研究生创新基金(20131202)；教育部人文社会科学研究新疆项目"网络虚拟社区中的公民教育研究"阶段性成果(项目批号：10xjjc880003)

① 张宁(1987—)，河南临颖人，硕士研究生，主要研究方向：计算机网络。王建虎(1980—)，新疆哈密人，讲师，硕士。研究方向：计算机课程与教学论。潘伟民(1963—)，上海浦东人，教授，硕士，主要研究方向：计算机应用技术。

网络安全更是被赋予新的内涵，因为缺乏网络安全意识的培养，大学生遭受不良网络信息诱导的事件时有所现。因此拥有健全的网络安全意识是保证网络安全的重要前提[2]。本文所提出的网络安全意识主要是指网民对网络安全的敏感程度，对自己在网络上浏览发布或传输信息过程中的个人防范意识及对商业利益信息安全的认识程度[3]。

因此，研究新疆大学生的网络安全意识现状，找出网络安全意识存在的问题并提出相应对策，对于校园安全建设及提高构筑和谐社会主义社会有着极其重要价值和意义。

二、研究对象和方法

为了解在校大学生对网络安全的认知现状，以新疆师范大学在校学生为调查对象，本次调查主要采用网络安全知识问卷调查及学生采访等两种方式。通过编制科学的调查问卷，进行抽样调查。问卷共 30 道题，以封闭性问题为主，兼有少量开放性问题。整套问卷主要包括大学生上网的基本情况调查和网络安全的知识与技能两部分，后者包括大学生网络安全知识及遇到的网络安全问题和采取的措施等。调查时从各专业随机抽取学生，取样时兼顾学生的性别、民族、年级、专业等方面的分布，共发放问卷 300 份，收回 289 份，有效问卷 289份，有效率为 96.3%，符合抽样调查的原则。

在 289 份有效问卷中，男女生比例为 1∶4，计算机专业相关类学生为 61人，非计算机专业学生为 228 人。大一、大二学生共 211 人，大三、大四学生为 78 人。其中，44.25% 学生有个人电脑。

三、大学生网络安全意识的现状

1. 大学生上网的基本情况

通过对新疆师范大学大学生的上网地点选择、网龄、上网目的以及对望的依赖程度了解大学生的上网基本状况，调查结果显示，大部分的学生（93.98%）主要在学校机房、电子阅览室、宿舍等地点上网，其余学生（6.02%）选择去网吧上网。关于网龄，53.63% 的学生的网龄在 3 年以上。当问到上网的目的时，45.05% 的学生上网的目的是聊天、听歌、看电影等休闲娱乐活动，40.61% 的学生是为了浏览信息或查找资料。超过一半的学生（53.78%）觉得对上网的依赖程度很轻，只是为了娱乐、放松。25% 的学生偶尔会懊恼自己在网上花费的精力，9.53% 的学生认为自己上网很有效率，对自己很有帮助。

2. 大学生的网络安全知识情况

对大学生是否感染过病毒、了解哪些计算机病毒以及对个人资料有无备份习惯等网络安全相关知识的调查结果中，67.72％的学生的电脑曾经感染过病毒，但并没有造成数据丢失，只是对系统产生了影响。43.48％的学生了解常见的计算机病毒：木马下载器、U盘杀手、Autorun等病毒，对于网游大盗、灰鸽子等病毒则少人问津，仅有7.14％的学生了解，还有8.85％的学生不了解计算机病毒。学生认为计算机病毒的感染途径，37.10％是通过电子邮件、浏览器或下载，以及移动存储设备等途径传染的。59.8％的学生在储存信息和资料的时候没有备份的习惯。

3. 大学生的网络安全意识情况

在选择您遭遇的网络安全事件类型中，排列前三位的是：感染病毒/蠕虫/木马程序/恶意代码（47.26％）、垃圾邮件（23.29％）、网页遭篡改（11.30％）。11.64％的学生表示自己的电脑被病毒感染后造成大量数据流失，个人信息被窃，大多数学生都或多或少的遇到文件被破坏，机器无法正常启动等问题。面对这些网络安全事件，将近一半的学生（49.21％）没有刻意关注媒体或官方机构发布的病毒预警信息和系统漏洞信息，当接收到非法不良信息时，大多数的学生（69.78％）只是选择删除，仅有7.50％的学生选择向学校相关部门举报。68％的学生在网络上上传照片的时候从不添加自己的水印。57.68％的学生上网时会偶尔或从不公布自己的真实资料或真实照片，57.14％的学生认为盗窃别人虚拟财产（如Q币、游戏币）是犯罪行为。可观地是，超过80％的学生觉得学校应当加强网络安全相关知识的教育。

通过走访的方式，对不同年级的学生随机进行采访，访谈结果表明，大部分学生认为计算机病毒通过网络下载资料或浏览信息，移动存储介质等进行传播，也有少部分学生因打开恶意邮件导致计算机中毒。对高校网络安全存在的主要隐患这个问题，大部分学生认为病毒是影响网络安全的最主要因素，计算机病毒不仅影响到系统的正常运行、破坏系统软件和文件系统，从而使网络速度变慢，造成计算机和网络系统的瘫痪。也有学生认为操作系统对网络安全也有一定的影响，每一种操作系统都有自己不同的安全问题，很多病毒都是利用操作系统的漏洞进行传染和传播的。如果操作系统不及时的更新和弥补漏洞，计算机就会受到侵害。因此，大多数的学生（57.67％）会经常清理计算机垃圾，扫描修复漏洞和杀毒。

四、对大学生网络安全意识调查的分析

通过以上对乌鲁木齐市大学生网络安全意识现状的调查可以看出，造成大学生网络安全意识薄弱的原因是多方面的，其中既有整个网络环境自身的问题、学校教育措施的忽视，也有大学生自身网络素质的问题。

1. 网络本身的安全性有待提高

本文中网络安全是指网络信息安全，其中还包括网络硬件安全和网络软件的安全[4]。由于互联网技术原因，电脑的操作系统普遍存在着安全漏洞，同时网络的不安全因素相对比较隐蔽，入侵者可以利用各种工具借助系统漏洞入侵他人电脑，窃取他人的隐私，或借用他人电脑对网络中的个人或站点实施恶意攻击。所以，网络的安全性下降或出了问题不仅会造成个人隐私的泄露，而且可能造成经济损失，甚至使自己陷入法律纠纷当中。

2. 网络安全的相关知识有待加强

一般高校都开设了计算机公共课程，讲授一些计算机基础知识和基本操作，但在网络安全的教育方面，却严重滞后或空缺，这这就造成了学生的网络安全知识储备不足。网络安全知识的匮乏，使得大学生面对网络危险时却不自知[5]。

根据对大学生的访谈结果发现，对于诸如防火墙、病毒、木马等网络安全方面的常用术语，大部分学生普遍知道。对于给电脑安装防火墙，定期升级杀毒软件等电脑操作，大部分学生知道这些很有必要。然而，他们认为只要有防火墙、杀毒软件等网络安全工具就可以保证他们电脑中信息的安全及网络的安全，却不知道不良的上网习惯、网络安全工具的不正确操作、操作系统自身的漏洞等都会危害网络的安全。

3. 网络安全的保护意识有待加强

从以上的调查结果可以看出，大学生在上网时主要考虑的是如何从网上获得信息，较少考虑如何在网络环境下保护自己的信息[6]，比如，在没有加密的电子邮件中发送密码、个人识别号码和账户等敏感信息；登录口令采用弱口令或者空口令；使用答案很容易被发现的"安全"问题。发生这样的信息安全事件是因为缺少信息安全意识[7]。为了从根本上提高计算机的安全性，提高大学生的网络信息安全意识是必须的。

4. 网络安全法制教育有待加强

目前，很多高校没有开设专门的网络安全法制教育课程，只有在公共必修课《思想道德修养与法律基础》中有部分关于健康、安全上网的内容，但是这些内容几乎没有涉及相关的法律法规[8]。因此，高校在加强大学生的传统道德教育的同时，也不能忽视网络安全的法制教育，最好把网络安全法制教育纳入德育教育的范畴。

五、增强大学生网络安全意识的对策

通过以上对大学生网络安全意识调查的分析，可得出大学生网络安全意识教育存在两方面的问题：一是大学生对网络安全相关知识和安全意识认识不足，二是对大学生网络安全教育相对其他课程比较匮乏。因此，针对如何增强大学生网络安全意识给出以下几点建议。

1. 加强大学生网络安全道德伦理和法律法规教育

大学生作为使用计算机及网络的主题，应该熟悉和掌握我国的信息安全方面的法律法规[9]。我国的法律法规从不同层次对信息安全问题做出了规范，如《宪法》《国家安全法》《国家保密法》等法律对公民、法人及其他组织在有关信息活动中参与及国家安全的权利义务进行了规范。

2. 提高大学生识别安全威胁、规避信息安全风险的能力

增强大学生对信息及信息资产价值的理解，以及识别网络安全威胁并规避网络安全风险的能力，通过向大学生分析和演示各类世纪的网络安全威胁，讲解和分析信息系统主要应用领域面临的各类网络安全陷阱，以及各类典型的重大网络安全事件，促使他们吸取各类网络安全教训，培养他们养成良好网络安全思维方式和日常操作习惯。

3. 充分运用高校教育资源，积极开展网络安全教育

高校在大学基础课程中开设专门的信息安全教育课程，使大学生能够系统地、全面地掌握网络知识和信息安全知识；通过开展信息安全学术研讨会、信息安全知识竞赛、信息安全知识讲座等多样化的教育形式，加强大学生的信息安全意识教育；督促大学生自觉、主动地搜集、学习网络信息安全方面的新知识、新技术，例如云安全；利用学校传播媒介和舆论工具，通过校刊、报刊、校园网络、广播、宣传栏等全方位的进行网络安全意识教育。

4. 加强法律法规的监管

目前我国互联网的相关法律法规还比较欠缺，相关部门应根据网络体系结构以及网络安全的特点，尽快建立比较完善的网络应急体系，为破解网络安全难题提供法律方面的依据。

【参考文献】

[1] 百度百科. 网络安全定义[EB/OL]. http://baike.baidu.com/view/17495.htm, 2010-12-01/2013-09-08.

[2] 彭国军, 黎晓方, 张焕国, 刘丹. 信息安全意识培养应纳入大学生素质教育培养体系[J]. 计算机教育, 2008, 22: 44—45+31.

[3] 陈世伟, 熊花. 大学生网络信息安全教育探析[J]. 武汉科技学院学报, 2005(1): 101—103.

[4] 杨莹. 高校信息安全探讨[J]. 电脑知识与技术, 2008, 36: 2955—2956.

[5] 卢伟. 大学生网络安全意识现状与对策研究[J]. 山东行政学院山东省经济管理干部

学院学报，2009(3)：139—140.

　　[6] 十条基本错误引正安全维护[EB/OL]. http：//safe. it168. com/a2009/0607/584/
000000584612 _ 1. shtml，2009-06-07/2013-09-20.

　　[7] 张靖，贾璐洁. 信息安全教育探析[J]. 科技信息(科学教研)，2007，18：70，75.

　　[8] 付沙，肖叶枝. 试论加强高校网络信息安全教育[J]. 当代教育论坛(学科教育研
究)，2007(5)：81—82.

　　[9] 朱波. 浅谈大学生网络安全教育[J]. 高校图书馆工作，2010(2)：86—87.